Risk management e istituzioni finanziarie
Sesta edizione

John C. Hull
Edizione italiana a cura di Emilio Barone

Copyright © 2023 by John C. Hull. All rights reserved.

Authorized translation from the English language edition, entitled: **Risk Management and Financial Institutions, 6th edition by John C. Hull,** *published by John Wiley & Sons, Inc., Hoboken, New Jersey, ISBN: 9781119932482.*

The third, fourth and fifth edition of this book were published by John Wiley & Sons, Inc. in 2012, 2015 and 2018. The first and second editions were published by Prentice Hall in 2006 and 2009.

All rights reserved. No part of this book may be reproduced or transmitted in any form or by any means, electronic or mechanical, including photocopying, recording or by any information storage retrieval system, without permission from John C. Hull.

Italian language edition published by Kindle Direct Publishing.

Traduzione e curatela: Emilio Barone

Grafica di copertina: Mariella Barone

Immagine di copertina: Andrea Gherardo Ligi

Tutti i marchi citati nel testo sono di proprietà dei loro detentori.

ISBN 9798864765692

6^a edizione: ottobre 2023

Ristampa
00 01 02 03 04

Anno
23 24 25 26 27

Indice Sintetico

Prefazione…xxiii

Capitolo 1…Introduzione: Rischio e Rendimento…1

Parte I: Istituzioni Finanziarie…21

Capitolo 2…Banche…23

Capitolo 3…Compagnie d'Assicurazione e Fondi Pensione…43

Capitolo 4…Fondi Comuni d'Investimento, ETFs ed Hedge Funds…73

Parte II: Mercati Finanziari…103

Capitolo 5…Prodotti Finanziari…105

Capitolo 6…Derivati OTC…141

Capitolo 7…Cartolarizzazioni e Crisi Finanziaria Globale…157

Capitolo 8…Volatilità…173

Capitolo 9…Correlazioni e Copule…199

Capitolo 10…Valutazioni e Scenari…221

Parte III: Rischio di Mercato…235

Capitolo 11…Valore a Rischio ed Expected Shortfall…237

Capitolo 12…Simulazioni Storiche ed Extreme Value Theory…259

Capitolo 13…Costruzione di un Modello…283

Capitolo 14…Rischio d'Interesse…295

Capitolo 15…Rischio Derivati…325

Capitolo 16…Analisi di Scenario e Stress Testing…355

Parte IV: Rischio di Credito…371

Capitolo 17…Probabilità d'Insolvenza…373

Capitolo 18…XVAs…405

Capitolo 19…VaR Creditizio…423

Parte V: Altri Rischi…439

Capitolo 20…Rischio Operativo…441

Capitolo 21…Rischio di Liquidità…461

Capitolo 22…Rischio di Modello…489

Capitolo 23…Rischio Climatico, ESG e Sostenibilità…509

Capitolo 24…Rischio d'Impresa…525

Parte VI: Regolamentazione…541

Capitolo 25…Basilea I, Basilea II e Solvency II…543

Capitolo 26…Basilea II.5, Basilea III e Altre Modifiche Post-Crisi…573

Capitolo 27…Revisione Fondamentale del Trading Book…597

Capitolo 28…Capitale Economico e RAROC…611

Parte VII: Altri Argomenti…627

Capitolo 29…Innovazione Finanziaria…629

Capitolo 30…Risk Management: Errori da Evitare…653

Risposte a Domande e Problemi…665

Glossario dei Termini…719

Software RMFI…753

Tavola per $N(x)$ quando $x \leq 0$…759

Tavola per $N(x)$ quando $x \geq 0$…760

Indice degli Autori…761

Indice degli Argomenti…765

Indice delle Figure…785

Indice delle Tavole…787

Indice dei Riquadri…791

Files in Formato Excel…793

Indice

Prefazione...xxiii
    Diapositive...xxiv
    Software...xxiv
    Soluzioni dei Quesiti...xxiv
    Manuale del Docente...xxiv
    Ringraziamenti...xxiv

Capitolo 1...Introduzione: Rischio e Rendimento...1
    1.1 Rischio e Rendimento per gli Investitori...2
          Quantificare il Rischio...3
          Opportunità d'Investimento...3
    1.2 Frontiera Efficiente...5
    1.3 Capital Asset Pricing Model...8
          Ipotesi...10
          Alfa...11
    1.4 Arbitrage Pricing Theory...13
    1.5 Rischio e Rendimento per le Società...13
          Oneri Fallimentari...14
          Istituzioni Finanziarie...16
          Regolamentazione...16
    1.6 Risk Management e Istituzioni finanziarie...16
    1.7 Ratings...18
        Sommario...19
        Suggerimenti per Ulteriori Letture...19
        Domande e Problemi...20

Parte I: Istituzioni Finanziarie...21

Capitolo 2...Banche...23
    2.1 Banche Commerciali...24
    2.2 Requisiti Patrimoniali...26
          Adeguatezza del Capitale...27
    2.3 Assicurazione dei Depositi...29

2.4 Banche d'Investimento...30
    IPOs...31
    Asta Olandese...31
    SPACs...32
    Servizi di Consulenza...33
2.5 Negoziazione Titoli...35
2.6 Conflitti d'Interesse...35
2.7 Banche di Grandi Dimensioni...37
    Aspetti Contabili...37
    Cartolarizzazioni...38
2.8 Rischi Bancari...40
    Sommario...41
    Suggerimenti per Ulteriori Letture...41
    Domande e Problemi...41

Capitolo 3...Compagnie d'Assicurazione e Fondi Pensione...43

3.1 Assicurazione Vita...44
    Temporanea...44
    A Vita Intera...44
    A Prestazioni Variabili...46
    Universal...46
    Variable-Universal...47
    A Prestazioni Definite...47
    Collettiva...47
3.2 Rendite Vitalizie...47
3.3 Tavole di Mortalità...49
3.4 Rischio di Longevità e Rischio di Mortalità...52
    Derivati sulla Longevità...53
3.5 Assicurazione Danni...53
    CAT Bonds...55
    Rapporti di Bilancio...55
3.6 Assicurazione Sanitaria...56
3.7 Azzardo Morale e Selezione Avversa...58
    Azzardo Morale...58
    Selezione Avversa...59
3.8 Riassicurazione...59
3.9 Requisiti Patrimoniali...60
    Compagnie d'Assicurazione Vita...60
    Compagnie d'Assicurazione Danni...61
3.10 Rischi Assicurativi...61
3.11 Regolamentazione...62
    Stati Uniti...62
    Europa...63
3.12 Fondi Pensione...64
    Praticabilità dei Piani a Prestazioni Definite...66
    Sommario...67
    Suggerimenti per Ulteriori Letture...69
    Domande e Problemi...69

Appendice 3a...*Frequenze di Capitalizzazione e Tassi d'Interesse...71*
Capitalizzazione Continua...72

Capitolo 4...Fondi Comuni d'Investimento, ETFs ed Hedge Funds...75

    4.1   Fondi Comuni d'Investimento...75
          Fondi Indice...77
          Costi...78
          Fondi Chiusi...79
    4.2   ETFs...80
    4.3   Strategie Attive e Passive...81
    4.4   Regolamentazione...83
    4.5   Hedge Funds...84
          Commissioni...86
          Incentivi 88
          Prime Brokers...89
    4.6   Hedge Funds: Strategie...90
          Long / Short Equity...90
          Dedicated Short...91
          Distressed Securities...91
          Merger Arbitrage...92
          Convertible Arbitrage...93
          Fixed Income Arbitrage...93
          Emerging Markets...94
          Global Macro...94
          Managed Futures...94
    4.7   Hedge Funds: Performance...95
        Sommario...96
        Suggerimenti per Ulteriori Letture...97
        Domande e Problemi...97
        Appendice 4a...*Zero Rates, Forward Rates e Zero Curves...99*
          Valutazione delle Obbligazioni...100
          Bond Yields...101
          Tassi dei Titoli di Stato...101
          Determinazione dei Treasury Zero Rates...101

Parte II: Mercati Finanziari...103

Capitolo 5...Prodotti Finanziari...105

    5.1   Posizioni Lunghe e Posizioni Corte...105
          Vendite allo Scoperto...106
    5.2   Mercati dei Derivati...108
    5.3   Derivati "Plain Vanilla"...109
          Forwards...109
          Futures...111
          Tassi Libor: Graduale Eliminazione...114
          Swaps...115
          Opzioni...118
          Opzioni su Tassi d'Interesse...121

5.4 Altri Derivati...121
   Derivati Atmosferici...121
   Derivati sul Petrolio...123
   Derivati sul Gas Naturale...123
   Derivati sull'Energia Elettrica...124
 5.5 Opzioni Esotiche e Prodotti Strutturati...125
 5.6 Sfide per il Risk Management...127
   Sommario...127
   Suggerimenti per Ulteriori Letture...129
   Domande e Problemi...129
   Appendice 5a...*Forwards e Futures...132*
   Appendice 5b...*Swaps...133*
    Interest-Rate Swaps...133
    Tassi Forward...133
    Currency Swaps...134
   Appendice 5c...*Opzioni Europee...136*
   Appendice 5d...*Opzioni Americane...138*

Capitolo 6...Derivati OTC...141
 6.1 Un Punto di Riferimento: i Mercati di Borsa...141
 6.2 Compensazione e Liquidazione dei Derivati OTC...143
   Margini...143
   Central Clearing...145
   Bilateral Clearing...147
   Netting...147
   Gestione delle Insolvenze...147
 6.3 Modifiche Regolamentari Adottate Dopo la Crisi...148
   Uncleared Trades...149
   Determinazione dei Margini Iniziali: SIMM...150
 6.4 Effetti della Nuova Regolamentazione...151
   Liquidità...152
   Rehypothecation...152
   Convergenza tra Mercati di Borsa e Mercati OTC...153
 6.5 CCPs e Fallimenti...154
   Sommario...154
   Suggerimenti per Ulteriori Letture...155
   Domande e Problemi...155

Capitolo 7...Cartolarizzazioni e Crisi Finanziaria Globale...157
 7.1 Mercato Immobiliare...157
   Insufficiente Rigore nelle Istruttorie Creditizie...158
   Bolla del Mercato Immobiliare...159
 7.2 Cartolarizzazioni...161
   Asset-Backed Securities (ABSs)...161
   ABS CDOs...163
   ABSs e ABS CDOs...165
 7.3 Perdite...167
 7.4 Cos'è Andato Storto?...167

    Arbitraggi Regolamentari...168
    Incentivi...168
 7.5 Insegnamenti che Possiamo Trarre dalla Crisi...169
   Sommario...170
   Suggerimenti per Ulteriori Letture...171
   Domande e Problemi...172

Capitolo 8...Volatilità...173
 8.1 Definizione di Volatilità...173
    Tasso di Varianza...174
    Giorni di Calendario e Giorni Lavorativi...175
 8.2 Volatilità Implicite...176
    Indice VIX...176
 8.3 Normalità delle Variabili Finanziarie...177
 8.4 Power Law...178
 8.5 Tenere Sotto Controllo le Volatilità...180
    Schemi di Ponderazione...182
 8.6 Modello EWMA...183
 8.7 Modello GARCH(1,1)...185
    Pesi...186
 8.8 Scelta del Modello...186
 8.9 Metodo della Massima Verosimiglianza...187
    Varianza Costante...187
    Stima dei Parametri del GARCH(1,1)...188
    Quanto è Attendibile il Modello?...191
 8.10 Prevedere la Volatilità con il GARCH(1,1)...192
    Term Structure delle Volatilità...193
    Impatto delle Variazioni di Volatilità...195
   Sommario...195
   Suggerimenti per Ulteriori Letture...196
   Domande e Problemi...197

Capitolo 9...Correlazioni e Copule...199
 9.1 Definizione di Correlazione...199
    Correlazione e Dipendenza...200
 9.2 Tenere sotto Controllo le Correlazioni...201
    Modello EWMA...202
    Modello GARCH...203
 9.3 Matrici: Correlazioni e Varianze/Covarianze...203
    Condizioni per la Coerenza tra Covarianze...204
 9.4 Distribuzioni Normali Multivariate...205
    Generazione di Campioni Casuali...206
    Modelli Fattoriali...206
 9.5 Copule...207
    Copule Gaussiane...210
    Altre Copule...211
    Tail Dependence...211
    Copule Multivariate...213

Copule Fattoriali...213
9.6 Portafogli di Prestiti e Modello di Vasicek...213
Dimostrazione del Risultato di Vasicek...215
Stima di PD e ρ...216
Alternative alla Copula Gaussiana...217
Sommario...218
Suggerimenti per Ulteriori Letture...219
Domande e Problemi...219

Capitolo 10...Valutazioni e Scenari...221
10.1 Prezzi e Volatilità delle Attività Finanziarie...222
10.2 Valutazione Neutrale verso il Rischio...223
Applicazione ai Contratti Forward...224
Applicazione alle Opzioni Binarie...225
Applicazione alla Formula di Black, Scholes e Merton...226
Derivati che Dipendono da Più Eventi...226
Applicazione alle Probabilità d'Insolvenza...227
10.3 Analisi di Scenario...228
10.4 Combinato Utilizzo dei due Diversi Metodi...228
10.5 Metodi Utilizzati nella Prassi...229
Sommario...231
Suggerimenti per Ulteriori Letture...232
Domande e Problemi...232

Parte III: Rischio di Mercato...235

Capitolo 11...Valore a Rischio ed Expected Shortfall...237
11.1 Definizione di Valore a Rischio (VaR)...237
11.2 Esempi di Calcolo del VaR...239
11.3 Inconvenienti del VaR...240
11.4 Expected Shortfall (ES)...241
11.5 Misure di Rischio Coerenti...242
Misure di Rischio Spettrali...245
11.6 Scelta dei Parametri per VaR ed ES...245
Orizzonte Temporale...246
Impatto dell'Autocorrelazione...247
Livello di Confidenza...248
11.7 VaRs ed ESs Marginali, Incrementali e Parziali...249
11.8 Teorema di Eulero...250
11.9 Aggregazione dei VaRs e delle ESs...251
11.10 Back-Testing...252
Bunching...254
Sommario...255
Suggerimenti per Ulteriori Letture...256
Domande e Problemi...256

Capitolo 12...Simulazioni Storiche ed Extreme Value Theory...259
12.1 Metodo Base...259

Pesi Uguali...260
Expected Shortfall...264
Stressed VaR e Stressed ES...264
12.2 Accuratezza del VaR...264
12.3 Estensioni...266
Ponderazione delle Osservazioni...266
Aggiornamento delle Volatilità per le Variabili di Mercato...268
Aggiornamento delle Volatilità per il Portafoglio...269
Metodo Bootstrap...271
12.4 Questioni Computazionali...271
12.5 Extreme Value Theory (EVT)...272
Risultato Chiave...272
Stima di ξ e β...273
Stima della Coda di una Distribuzione...273
Equivalenza della Power Law...274
Coda Sinistra...274
VaR ed ES...274
12.6 Un'Applicazione dell'EVT...275
Scelta di u...276
Sommario...277
Suggerimenti per Ulteriori Letture...277
Domande e Problemi...278
Appendice 12a...*Espansione in Serie di Taylor...279*
Funzioni di Due Variabili...280
Risultato Generale...281

Capitolo 13...Costruzione di un Modello...283

13.1 Metodologia...283
Due Titoli...285
Benefici della Diversificazione...286
13.2 Modello Lineare...286
Varianza di $\Delta P/P$...288
13.3 Quattro Investimenti...288
EWMA...289
13.4 Estensioni del Modello Lineare...290
Misure di Rischio Stressate...290
Non-Normalità delle Distribuzioni...291
13.5 Coefficienti di Rischio e Sensitività Ponderate...291
13.6 Modello Non-Lineare...292
13.7 Confronto tra Model Building e Simulazioni Storiche...292
Sommario...293
Suggerimenti per Ulteriori Letture...293
Domande e Problemi...293

Capitolo 14...Rischio d'Interesse...295

14.1 Tipologie di Tasso...296
Tassi dei Titoli di Stato...296
Tassi Overnight...296

Tassi di Riferimento...296
Tassi di Riporto...297
14.2 Metodo dei Vertici Multipli...298
14.3 Analisi delle Componenti Principali...301
Calcolo del VaR e dell'ES...303
14.4 Gestione del Reddito Netto da Interessi...304
Liquidità...306
14.5 Duration...307
Duration Modificata...309
Dollar Duration...309
14.6 Convexity...310
Dollar Convexity...311
14.7 Generalizzazione...311
Immunizzazione di Portafoglio...314
14.8 Spostamenti non Paralleli della Zero Curve...314
Delta per Segmento...317
Calcolo dei Delta per Fini di Copertura...317
Sommario...318
Suggerimenti per Ulteriori Letture...319
Domande e Problemi...319
Appendice 14a...*Eigenvectors ed Eigenvalues...321*
Appendice 14b...*Analisi delle Componenti Principali...323*

Capitolo 15...Rischio Derivati...325

15.1 Delta...325
Prodotti Lineari...326
Prodotti non Lineari...328
Come si Forma il Costo...332
Costi di Transazione...333
15.2 Gamma...333
Annullamento del Gamma di un Portafoglio...334
15.3 Vega...335
15.4 Theta...337
15.5 Rho...338
15.6 Lettere Greche...338
15.7 Relazione tra Delta, Theta e Gamma...339
15.8 Coperture Dinamiche...341
15.9 Copertura delle Opzioni Esotiche...341
15.10 Analisi di Scenario...343
15.11 Risultati Analitici: Approssimazioni...344
Espansione di Cornish e Fisher...345
Teorema di Isserlis...347
Sommario...348
Suggerimenti per Ulteriori Letture...349
Domande e Problemi...349
Appendice 15a...*SIMM: Determinazione dei Margini Iniziali...351*

Capitolo 16...Analisi di Scenario e Stress Testing...355

16.1 Generare gli Scenari...355
    Variazioni da Apportare a una Singola Variabile...356
    Variazioni da Apportare a Diverse Variabili...356
    Scenari Generati dal Management...357
    Variabili Fondamentali e Periferiche...358
    Completare gli Scenari...359
    Reverse Stress Testing...360
16.2 Regolamentazione...361
    Scenari Scelti dalle Autorità di Vigilanza...364
16.3 Come Utilizzare i Risultati...365
    Integrare Stress Testing e Calcolo del VaR...366
    Probabilità Soggettive e Oggettive...367
Sommario...368
Suggerimenti per Ulteriori Letture...369
Domande e Problemi...369

Parte IV: Rischio di Credito...371

Capitolo 17...Probabilità d'Insolvenza...373

17.1 Ratings...373
    Ratings Interni...374
    Z-score di Altman...374
17.2 Probabilità d'Insolvenza e Dati Storici...375
    Intensità d'Insolvenza...376
17.3 Tassi di Recupero...378
    Correlazione tra Tassi di Recupero e Tassi d'Insolvenza...379
17.4 Credit Default Swaps...379
    Cheapest to Deliver...382
    Indici Creditizi...382
    CDSs: Tasso Cedolare...383
17.5 Credit Spreads...384
    CDS Spreads e Bond Yields...384
    Tassi d'Interesse Privi di Rischio...384
    Asset Swaps...385
    CDS-Bond Basis...385
17.6 Probabilità d'Insolvenza e Credit Spreads...386
    Calcolo Approssimato...386
    Calcoli più Precisi...387
17.7 Probabilità d'Insolvenza: Stime a Confronto...389
    Extra Rendimenti: Come si Spiegano?...390
    Quali Stime Utilizzare?...392
17.8 Probabilità d'Insolvenza e Prezzi delle Azioni...392
    Performance del Modello di Merton...394
    Probabilità Effettive e Probabilità Neutrali verso il Rischio...394
    Distanza dall'Insolvenza...395
Sommario...395
Suggerimenti per Ulteriori Letture...396
Domande e Problemi...396

Appendice 17a...*Valutazione dei Credit Default Swaps*...399
Marking to Market di un CDS...401
Appendice 17b...*Valutazione delle CDOs Sintetiche*...402

Capitolo 18...XVAs...405

18.1 Derivati ed Esposizione Creditizia...406
18.2 CVA...407
Garanzie e Periodi di Grazia...408
Peak Exposure...409
Downgrade Triggers...410
18.3 CVA e Nuovi Contratti...410
18.4 Rischio CVA...412
18.5 Wrong Way Risk...413
18.6 DVA...414
18.7 Alcuni Esempi...415
Derivati che Possono Assumere solo Valori Positivi...415
Interest Rate Swaps e Currency Swaps...416
Contratti Forward...417
18.8 Altri XVAs...418
Sommario...419
Suggerimenti per Ulteriori Letture...420
Domande e Problemi...420

Capitolo 19...VaR Creditizio...423

19.1 Matrici delle Transizioni di Rating...424
19.2 Modello di Vasicek...426
19.3 Credit Risk Plus...427
19.4 CreditMetrics...429
Correlazioni...430
19.5 Credit Spreads...431
Costanza del Livello di Rischio...434
Sommario...435
Suggerimenti per Ulteriori Letture...435
Domande e Problemi...436
Appendice 19a...*Matrici delle Transizioni di Rating*...437

Parte V: Altri Rischi...439

Capitolo 20...Rischio Operativo...441

20.1 Definizione di Rischio Operativo...443
20.2 Classificazione dei Rischi Operativi...444
20.3 Frequenza e Severità delle Perdite...445
Dati Interni e Dati Esterni...446
Analisi di Scenario...448
20.4 Metodo Standardizzato...449
20.5 Prevenire le perdite...451
Relazioni di Causalità...451
RCSA e KRIs...452

E-mails e Conversazioni Telefoniche...453
20.6 Allocazione del Capitale a Fronte dei Rischi Operativi...453
20.7 Utilizzo della Power Law...454
20.8 Assicurazione...455
Azzardo Morale...455
Selezione Avversa...455
20.9 Sarbanes-Oxley...456
Sommario...457
Suggerimenti per Ulteriori Letture...458
Domande e Problemi...458

Capitolo 21...Rischio di Liquidità...461

21.1 Negoziazioni...462
Importanza della Trasparenza...464
Misurare la Liquidità del Mercato...465
Correggere il VaR per Tener Conto del Rischio di Liquidità...467
Unwinding Ottimale...467
Altre Misure di Liquidità del Mercato...469
21.2 Rischio di Liquidità nella Provvista...469
Fonti di Liquidità...471
Attività Liquide...471
Smobilizzo di Posizioni nel Trading Book...472
Finanziamenti a Breve Termine...472
Depositi all'Ingrosso e al Dettaglio...472
Cartolarizzazioni...473
Finanziamenti presso la Banca Centrale...473
Coperture...474
Riserve Obbligatorie...475
Regolamentazione...475
21.3 Buchi Neri di Liquidità...478
Strategie Pro-cicliche e Strategie Anti-cicliche...478
Leveraging e Deleveraging...481
Esuberanza Irrazionale...482
Impatto della Regolamentazione...483
Importanza della Diversità...484
Sommario...484
Suggerimenti per Ulteriori Letture...486
Domande e Problemi...486

Capitolo 22...Rischio di Modello...489

22.1 Normativa...490
Sviluppo dei Modelli...491
Convalida dei Modelli...492
Solidità concettuale...493
Monitoraggio continuo...494
Analisi dei risultati...495
Modelli Esterni...495
22.2 Fisica e Finanza...496

22.3 Modelli Semplici ed Errori Costosi...496
  Monitorare le Negoziazioni...498
22.4 Modelli per Contratti Attivamente Negoziati...499
  Modello Black-Scholes-Merton...499
  Fonti del Rischio di Modello...500
  Coperture...500
  Scomposizione di Profitti e Perdite...502
22.5 Modelli per Contratti fuori Standard...502
  Simulazioni Monte Carlo Ponderate...503
22.6 Aspetti Contabili...504
22.7 Cos'è che Spiega il Successo di un Modello?...504
22.8 Errori nella Costruzione dei Modelli...505
  Sommario...506
  Suggerimenti per Ulteriori Letture...506
  Domande e Problemi...507

Capitolo 23...Rischio Climatico, ESG e Sostenibilità...509

23.1 Rischio Climatico...509
  Compagnie d'assicurazione...513
  Banche...514
  Investitori Istituzionali...517
23.2 ESG...519
23.3 Sostenibilità...520
23.4 Greenwashing...521
  Sommario...522
  Suggerimenti per Ulteriori Letture...522
  Domande e Problemi...523

Capitolo 24...Rischio d'Impresa...525

24.1 Propensione al Rischio...526
24.2 Cultura del Rischio...531
24.3 Identificazione dei Principali Rischi...534
  Distorsioni Cognitive...535
24.4 Risk Management e Pianificazione Strategica...537
  Sommario...538
  Suggerimenti per Ulteriori Letture...539
  Domande e Problemi...539

Parte VI: Regolamentazione...541

Capitolo 25...Basilea I, Basilea II e Solvency II...543

25.1 Motivi della Regolamentazione Bancaria...543
25.2 Regolamentazione Bancaria prima del 1988...545
25.3 Accordo di Basilea (1988)...545
  Cooke Ratio...546
  Requisiti Patrimoniali...548
25.4 Raccomandazioni del G-30...549
25.5 Netting...550

25.6 Emendamento dell'Accordo (1996)...552
  Back-Testing...554
25.7 Basilea II...555
25.8 Requisiti Patrimoniali a fronte del Rischio di Credito...556
  Metodo Standardizzato...557
  Trattamento delle Garanzie Reali...558
  Metodo IRB...559
  Exposure at Default...561
  Esposizioni verso Stati Sovrani, Banche e Società...561
  Esposizioni al Dettaglio...564
  Garanzie Personali e Derivati Creditizi...565
25.9 Requisiti Patrimoniali a fronte del Rischio Operativo...565
25.10 Controllo Prudenziale...566
25.11 Disciplina di Mercato...567
25.12 Solvency II...567
  Sommario...569
  Suggerimenti per Ulteriori Letture...570
  Domande e Problemi...570

Capitolo 26...Basilea II.5, Basilea III e Altre Modifiche Post-Crisi...573

26.1 Basilea II.5...573
  Stressed VaR...574
  Incremental Risk Charge...575
  Comprehensive Risk Measure...576
26.2 Basilea III...577
  Definizione di Patrimonio e Requisiti Patrimoniali...578
  Capital Conservation Buffer...579
  Countercyclical Buffer...580
  Leverage Ratio...580
  Rischio di Liquidità...581
  Rischio d'Insolvenza della Controparte...584
  G-SIBs, SIFIs e D-SIBs...585
26.3 Contingent Convertible Bonds...586
26.4 Metodi Standardizzati e SA-CCR...588
26.5 Dodd-Frank Act...589
26.6 Innovazioni Legislative in Altri Paesi...591
  Sommario...593
  Suggerimenti per Ulteriori Letture...594
  Domande e Problemi...594

Capitolo 27...Revisione Fondamentale del Trading Book...597

27.1 Generalità...597
27.2 Metodo Standardizzato...600
  Sensitivities-Based Risk Charge...600
  Delta...600
  Vega...601
  Term Structure...602
  Gamma...602

Default Risk Charge...603
Residual Risk Add-On...604
Metodo Semplificato...604
27.3 Metodo dei Modelli Interni...604
Back-Testing...607
Profit and Loss Attribution...607
Rischio di Credito...608
Cartolarizzazioni...608
27.4 Trading Book e Banking Book...609
Sommario...609
Suggerimenti per Ulteriori Letture...610
Domande e Problemi...610

Capitolo 28...Capitale Economico e RAROC...611

28.1 Definizione di Capitale Economico...611
Metodi di Misurazione...612
28.2 Componenti del Capitale Economico...613
Rischio di Mercato...613
Rischio di Credito...614
Rischio Operativo...615
Rischio d'Impresa...615
28.3 Configurazioni delle Loss Distributions...616
28.4 Importanza Relativa dei Rischi...617
Interazione tra Rischi...618
28.5 Aggregazione del Capitale Economico...618
Ipotesi di Normalità...619
Utilizzo delle Copule...619
Metodo Ibrido...619
28.6 Allocazione del Capitale Economico...621
28.7 Capitale Economico di Deutsche Bank...622
28.8 RAROC...623
Sommario...625
Suggerimenti per Ulteriori Letture...625
Domande e Problemi...625

Parte VII: Altri Argomenti...627

Capitolo 29...Innovazione Finanziaria...629

29.1 Progresso Tecnologico...630
Machine Learning...630
Blockchain...633
29.2 Sistemi di Pagamento...635
Criptovalute...637
Central Bank Digital Currencies (CBDCs)...639
29.3 Open Banking...639
29.4 Prestiti...640
Prestiti P2P...640
Crowdfunding...641

29.5 Gestioni Patrimoniali...642
29.6 Assicurazioni...644
29.7 Regolamentazione e Conformità Normativa...646
Regolamentazione dell'Innovazione Finanziaria...646
RegTech...647
29.8 Come Dovrebbero Reagire le Istituzioni Finanziarie?...648
Sommario...651
Suggerimenti per Ulteriori Letture...652
Domande e Problemi...652

Capitolo 30...Risk Management: Errori da Evitare...653
30.1 Limiti di Rischio...653
Situazioni Difficili...655
Non Pensare di Poter Battere il Mercato...655
Non Sottostimare i Benefici della Diversificazione...656
Effettuare Analisi di Scenario e Stress Testing...656
30.2 Gestire le Trading Rooms...657
Separare Front Office, Middle Office e Back Office...657
Non Fidarsi Ciecamente dei Modelli...657
Essere Prudenti nel Riconoscere i Profitti Iniziali...658
Non Vendere Prodotti Inappropriati ai Clienti...658
Fare Attenzione ai Facili Profitti...659
30.3 Non Trascurare il Rischio di Liquidità...659
Fare Attenzione Quando Tutti Seguono le Stesse Strategie Operative...660
Non Finanziare Attività a Lungo Termine con Passività a Breve Termine...661
Approfondire la Comprensione dei Prodotti Strutturati...661
30.4 Insegnamenti per le Società non Finanziarie...661
Essere Certi di Aver Compreso a Pieno le Operazioni...662
Accertarsi che un Hedger non Diventi uno Speculatore...662
Essere Cauti nel Trasformare le Tesorerie in Centri di Profitto...662
30.5 Un'Ultima Considerazione...663
Sommario...664
Suggerimenti per Ulteriori Letture...664

Risposte a Domande e Problemi...665
Capitolo 1 *Introduzione: Rischio e Rendimento...665*
Capitolo 2 *Banche...667*
Capitolo 3 *Compagnie d'Assicurazione e Fondi Pensione...668*
Capitolo 4 *Fondi Comuni d'Investimento, ETFs ed Hedge Funds...671*
Capitolo 5 *Prodotti Finanziari...673*
Capitolo 6 *Derivati OTC...678*
Capitolo 7 *Cartolarizzazioni e Crisi Finanziaria Globale...679*
Capitolo 8 *Volatilità...681*
Capitolo 9 *Correlazioni e Copule...684*
Capitolo 10 *Valutazioni e Scenari...687*
Capitolo 11 *Valore a Rischio ed Expected Shortfall...688*
Capitolo 12 *Simulazioni Storiche ed Extreme Value Theory...690*

Capitolo 13   *Costruzione di un Modello*...691
Capitolo 14   *Rischio d'Interesse*...693
Capitolo 15   *Rischio Derivati*...696
Capitolo 16   *Analisi di Scenario e Stress Testing*...697
Capitolo 17   *Probabilità d'Insolvenza*...699
Capitolo 18   *XVAs*...704
Capitolo 19   *VaR Creditizio*...705
Capitolo 20   *Rischio Operativo*...706
Capitolo 21   *Rischio di Liquidità*...708
Capitolo 22   *Rischio di Modello*...709
Capitolo 23   *Rischio Climatico, ESG e Sostenibilità*...711
Capitolo 24   *Rischio d'Impresa*...711
Capitolo 25   *Basilea I, Basilea II e Solvency II*...712
Capitolo 26   *Basilea II.5, Basilea III e Altre Modifiche Post-Crisi*...715
Capitolo 27   *Trading Book*...715
Capitolo 28   *Capitale Economico e RAROC*...716
Capitolo 29   *Innovazione Finanziaria*...717

Glossario dei Termini...719

Software RMFI...753

Come Iniziare...753
Passi Successivi...754
    Opzioni su Azioni, Valute, Indici e Futures...754
    CDSs...755
    CDOs...756
    Funzioni per la Valutazione delle Opzioni...758
    Valore a Rischio...758
    Greche...758

Tavola per $N(x)$ quando $x \leq 0$...759

Tavola per $N(x)$ quando $x \geq 0$...760

Indice degli Autori...761

Indice degli Argomenti...765

Indice delle Figure...785

Indice delle Tavole...787

Indice dei Riquadri...791

Files in Formato Excel...793

A Michelle, Peter e David

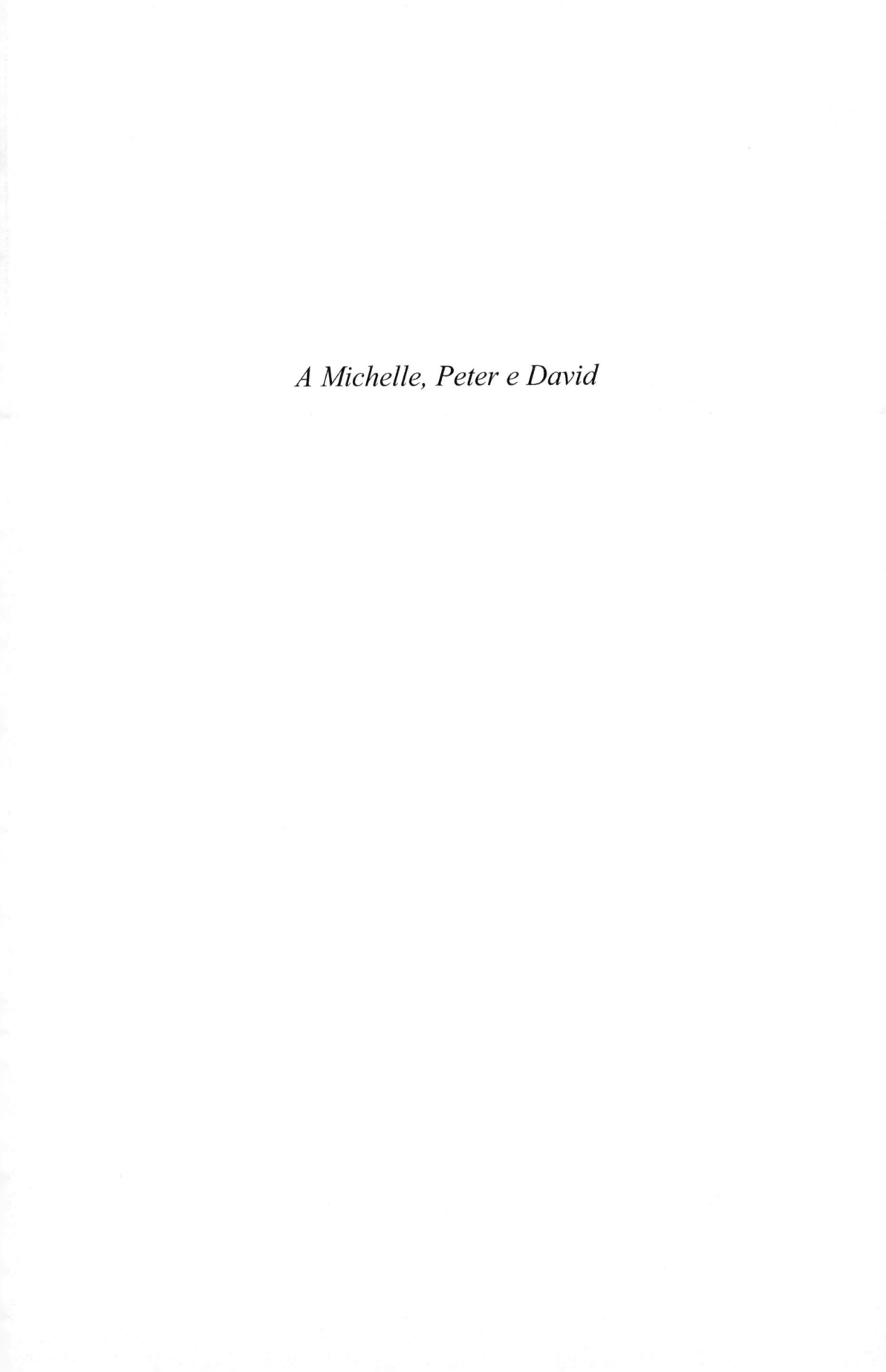

Prefazione

La sesta edizione di *Risk Management e Istituzioni Finanziarie* è stata completamente aggiornata. La presentazione del materiale è ora molto migliorata.

Come nel caso del mio volume su *Opzioni, Futures e Altri Derivati*, anche questo libro si rivolge sia ai *managers* che hanno responsabilità operative sia agli studenti universitari. Lo troverà particolarmente utile anche chi si deve preparare per gli esami di Financial Risk Manager [FRM - Global Association of Risk Professionals (GARP)] e di Professional Risk Manager [PRM - Professional Risk Managers' International Association (PRMIA)].

Non sono richiesti prerequisiti, se non una conoscenza base della statistica. Nel realizzare la 6ª edizione ho riordinato i capitoli in modo da rendere più logica la sequenza degli argomenti. Le istituzioni finanziarie, i mercati finanziari e la gestione delle diverse tipologie di rischio sono ora discussi nei primi 24 capitoli, mentre gli aspetti regolamentari sono trattati verso la fine del libro. I docenti che non vogliono coprire la parte regolamentare troveranno la nuova struttura più facile da gestire. Chi si occupa di regolamentazione sarà probabilmente d'accordo sul fatto che gli studenti dovrebbero innanzitutto imparare a conoscere le diverse tipologie di rischio.

C'è un nuovo capitolo su *Rischio Climatico, ESG e Sostenibilità* (Capitolo 23). È ora sempre più necessario che tutte le aziende, comprese le istituzioni finanziarie, forniscano informazioni sul modo in cui i rischi ambientali vengono gestiti. Questo capitolo descrive la natura dei rischi ambientali e il ruolo chiave che le istituzioni finanziarie possono svolgere per salvare il pianeta.

Per rendere il libro accessibile a un vasto pubblico, ho prestato molta attenzione al livello della sofisticazione matematica e al modo in cui il materiale viene presentato. Ad es., quando spiego le copule nel Capitolo 9, illustro subito il concetto con un esempio numerico. Quando spiego il metodo della massima verosimiglianza nel Capitolo 8 e l'*extreme value theory* nel Capitolo 12, offro vari esempi numerici e diverse spiegazioni dettagliate, in modo che i lettori possano essere in grado di costruire da sé i propri fogli Excel. Quando ho ritenuto che potessero essere utili, ho anche reso disponibili alcuni *files* in formato Excel nel mio sito *web*:

www-2.rotman.utoronto.ca/~hull.

[I corrispondenti *files* in italiano sono disponibili nel sito *web* del traduttore: docenti.luiss.it/barone/john-c-hull/risk-management/].

Diapositive

Diverse centinaia di diapositive in PowerPoint sono disponibili nel sito *web* del libro. I docenti possono modificarle per adattarle alle loro esigenze. [Le diapositive in italiano sono disponibili nel sito *web* del traduttore]

Software

Il *software* RMFI (versione 1.00) è disponibile nel mio sito *web*.

Soluzioni dei Quesiti

Le soluzioni dei quesiti contenuti in "Domande e Problemi" sono riportate alla fine del libro.

Manuale del Docente

I docenti che adottano questo volume come libro di testo possono richiedere il *Manuale del Docente* scrivendo a ebarone@luiss.it. Il *Manuale del Docente* contiene le note sull'organizzazione di un corso di *Risk Management*, i suggerimenti sullo svolgimento della didattica, gli "Esercizi" da assegnare agli studenti (unitamente alle loro soluzioni e ad alcuni *files* in formato Excel) e una copia delle diapositive in PowerPoint che accompagnano la sesta edizione del libro.

Ringraziamenti

Durante la stesura di questo libro ho beneficiato dell'interazione con molti accademici e *risk managers*. In particolare, desidero ringraziare Jan Mahrt-Smith (Rotman), Jun Yuan (Royal Bank of Canada) e Beth Creller (CARP) per i loro suggerimenti su come migliorare il Capitolo 23. Desidero anche ringraziare i miei studenti di MBA, Master of Finance e Master of Financial Risk Management della Rotman School of Management (University of Toronto) per i loro utili suggerimenti.

Alan White, collega di lunga data in Rotman, merita un ringraziamento speciale. Alan ed io abbiamo condotto insieme ricerche e consulenze per molti anni. Abbiamo passato moltissime ore a discutere di vari argomenti importanti. Molte delle nuove idee contenute in questo libro e molti dei nuovi modi utilizzati per spiegare vecchie idee sono tanto di Alan quanto miei. Alan ha anche svolto gran parte del lavoro di sviluppo del *software* RMFI.

Uno speciale ringraziamento va a Wiley e in particolare a Bill Falloon, Purvi Patel, Samantha Wu, Susan Cerra e Premkumar per l'entusiasmo, i consigli e l'incoraggiamento.

I commenti sul libro da parte dei lettori sono ben accetti. Il mio indirizzo di posta elettronica è hull@rotman.utoronto.ca

John C. Hull
Joseph L. Rotman School of Management
University of Toronto

Capitolo 1
Introduzione: Rischio e Rendimento

Immaginate di essere il «Responsabile del Risk Management» (*Chief Risk Officer* - CRO) di un'importante società. L'«Amministratore Delegato - AD» (*Chief Executive Officer* - CEO) vuole la vostra opinione su un nuovo importante progetto. Siete stato subissato di appunti nei quali si mostra che il progetto ha un valore attuale positivo e che sarà in grado di accrescere il valore dell'impresa per gli azionisti. Che tipo di analisi e che idee l'AD si aspetta da voi?

Come responsabile del *risk management*, il vostro compito è quello di esaminare il grado di integrazione del nuovo progetto con gli altri già presenti nel portafoglio della società. Qual è la correlazione tra la *performance* del progetto e la *performance* delle altre linee operative? Se le altre linee operative andranno male, anche la nuova andrà male o avrà l'effetto di smorzare le ciclicità del resto del *business*?

Le società devono assumersi dei rischi se vogliono sopravvivere e prosperare. La principale responsabilità del *risk management* è quella di capire i rischi cui è esposta la società e quelli ai quali sarà esposta in futuro. Il responsabile del *risk management* deve capire se i rischi sono accettabili e, se non lo sono, decidere le azioni opportune da intraprendere.

Gran parte di questo libro è dedicata alle modalità con cui le banche e le altre istituzioni finanziarie gestiscono i propri rischi, ma molte delle idee e dei metodi che presenteremo si applicano altrettanto bene anche alle società non-finanziarie. Negli ultimi decenni, il *risk management* ha svolto un ruolo sempre più importante in tutte le società. In particolare, le istituzioni finanziarie si trovano a dover accrescere le risorse destinate alla gestione dei rischi. Ciononostante, le istituzioni finanziarie continuano a fare errori.

Esempio 1.1

Nel marzo 2021 Archegos, un *hedge fund* che gestiva le attività di Bill Hwang, un facoltoso imprenditore statunitense di origine coreana, è fallito a causa di investimenti rischiosi ad alto *leverage*. Diverse banche, coinvolte nel fallimento, hanno subito enormi perdite. In particolare, Credit Suisse ha perso oltre $5 miliardi e Nomura quasi $3 miliardi.

Il *risk management* non si occupa della minimizzazione dei rischi. Dovrebbe assicurare che i rischi siano gestibili e che i rendimenti attesi siano commisurati ai rischi.

TAVOLA 1.1 Azioni: tassi di rendimento a 1 anno

Probabilità	Tasso di rendimento
0,05	–30%
0,25	–10%
0,40	+10%
0,25	+30%
0,05	+50%

In questo capitolo vengono esposte le linee generali del libro. Si inizia con la revisione dei classici argomenti concernenti le alternative di rischio e rendimento che si prospettano agli investitori, ben diversificati, che devono selezionare un portafoglio di azioni e obbligazioni. Quindi si verifica se le stesse argomentazioni possono valere anche per le società che devono scegliere i nuovi progetti da intraprendere e gestire le proprie esposizioni. Dopodiché l'attenzione si sposta sul perché tutte le aziende, comprese le istituzioni finanziarie, dovrebbero preoccuparsi dei rischi complessivi a cui sono esposte, non solo di quelli affrontati da azionisti ben diversificati.

1.1 RISCHIO E RENDIMENTO PER GLI INVESTITORI

Passiamo ora a occuparci del «tasso di sostituzione» (*trade-off*) tra rischio e rendimento. La prima cosa da dire è che il *trade-off* riguarda il rendimento atteso (*ex ante*), non il rendimento effettivo (*ex post*). Il termine «rendimento atteso» (*expected return*) è talvolta fonte di equivoci. Nel linguaggio di tutti i giorni, si ritiene probabile che un risultato "atteso" si verifichi. Tuttavia, in statistica, il valore atteso di una variabile è pari al suo valore medio. Pertanto, il rendimento atteso è una media ponderata dei rendimenti, con pesi pari alle probabilità che essi si verifichino. I tassi di rendimento, e le rispettive probabilità, possono essere stimati in base ai dati storici o quantificati in base all'esperienza soggettiva.

Esempio 1.2

Supponiamo di avere $100.000 da investire per un anno. Una possibilità è quella di comprare i *Treasury bills* a un anno. Il loro rischio è nullo e il tasso di rendimento atteso è pari al 5%. In alternativa, possiamo comprare un'azione. Per semplicità, supponiamo che i rendimenti dell'azione siano quelli mostrati nella Tavola 1.1. La probabilità associata a un tasso di rendimento di –30% è pari a 0,05; la probabilità associata a un tasso di rendimento di –10% è pari a 0,25; e così via. Il «tasso di rendimento atteso» (*expected rate of return*) dell'azione è pari al 10%:

$$0,05 \times (-30\%) + 0,25 \times (-10\%) + 0,40 \times 10\% + 0,25 \times 30\% + 0,05 \times 50\% = 10\%.$$

Pertanto, se siamo disposti a prenderci un certo rischio, possiamo aumentare il tasso di rendimento atteso dell'investimento, passando dal 5% dei *Treasury bills* al 10% dell'azione. Se le cose vanno molto bene, l'azione può rendere il 50%, ma se le cose vanno molto male l'investimento azionario può comportare una perdita del 30%, pari cioè a $30.000.

Uno dei primi tentativi per misurare il *trade-off* tra rischio e rendimento atteso è stato quello di Markowitz (1952). Successivamente Sharpe (1964) e altri hanno fatto compiere all'analisi di Markowitz un ulteriore passo avanti sviluppando il «modello di valutazione delle attività finanziarie» (*capital asset pricing model* - CAPM), con la ben nota relazione lineare tra il tasso di rendimento atteso e il «rischio sistematico» (*systematic risk*), che vedremo più avanti in questo capitolo.

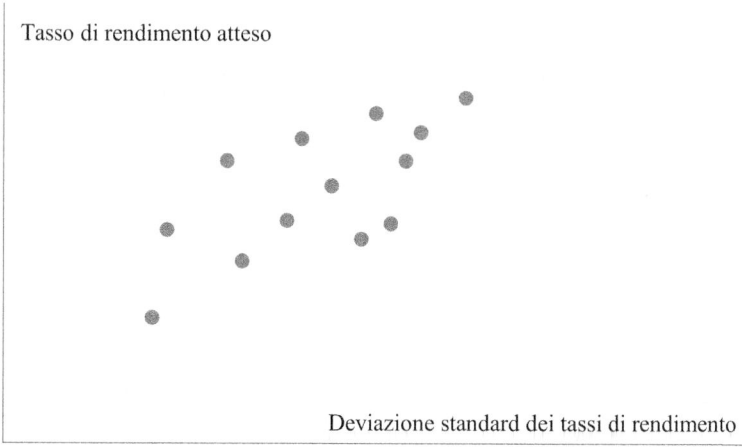

Figura 1.1 Titoli rischiosi: possibili alternative.

Nel 1976 Ross ha sviluppato la «teoria della valutazione in assenza di opportunità d'arbitraggio» (*arbitrage pricing theory*)—un'estensione del *capital asset pricing model* al caso in cui le fonti di rischio sistematico siano più di una.

Le intuizioni fondamentali di questi accademici hanno avuto importanti effetti sul modo in cui i gestori analizzano il *trade-off* tra rischio e rendimento atteso. Esamineremo ora queste intuizioni.

Quantificare il Rischio

Come si quantifica il rischio di un titolo? Una misura che viene spesso utilizzata è la deviazione standard del tasso di rendimento a un anno. In termini analitici, la deviazione standard può essere espressa con la seguente formula

$$\sqrt{E(R^2) - [E(R)]^2}$$

dove R è il tasso di rendimento e il simbolo E indica l'operatore «valore atteso» (*expected value*). Pertanto, $E(R)$ è il valore atteso del tasso di rendimento a un anno.

Esempio 1.3

Come si è visto nell'Esempio 1.2, il tasso di rendimento atteso dell'azione cui si riferisce la Tavola 1.1 è pari al 10%. Pertanto $E(R) = 10\%$. Per calcolare $E(R^2)$ dobbiamo ponderare i quadrati dei tassi di rendimento con le rispettive probabilità:

$$E(R^2) = 0,05 \times (-30\%)^2 + 0,25 \times (-10\%)^2 + 0,40 \times 10\%^2 + 0,25 \times 30\%^2 + 0,05 \times 50\%^2 = 4,6\%.$$

Pertanto, la deviazione standard del tasso di rendimento è pari al 18,97%:

$$\sqrt{4,6\% - 10\%^2} = 18,97\%.$$

Opportunità d'Investimento

Supponiamo che ogni titolo sia caratterizzato da una particolare combinazione tra valore atteso e deviazione standard del tasso di rendimento (Figura 1.1). Se è così, i titoli rischiosi che sono disponibili possono essere rappresentati graficamente su un

TAVOLA 1.2 Valore atteso e deviazione standard di un portafoglio.

Quota del titolo 1 (w_1)	Quota del titolo 2 (w_2)	Tasso di rendimento del portafoglio	
		Valore atteso (μ_P)	Deviazione standard (σ_P)
0,0	1,0	15%	24,00%
0,2	0,8	14%	20,09%
0,4	0,6	13%	16,89%
0,6	0,4	12%	14,87%
0,8	0,2	11%	14,54%
1,0	0,0	10%	16,00%

Nota: $\mu_1 = 10\%$; $\mu_2 = 15\%$; $\sigma_1 = 16\%$, $\sigma_2 = 24\%$ e $\rho = 0,2$.

diagramma in cui sull'asse orizzontale viene misurata la deviazione standard e sull'asse verticale il tasso di rendimento atteso.

Dopo aver stimato il valore atteso e la deviazione standard del tasso di rendimento dei vari titoli, è naturale chiedersi cosa succede quando i titoli vengono combinati tra loro per formare un portafoglio.

Consideriamo due titoli i cui tassi di rendimento sono pari, rispettivamente, a R_1 e a R_2. Il tasso di rendimento del portafoglio composto per una quota w_1 dal primo titolo e per la restante quota $w_2 = 1 - w_1$ dal secondo titolo è pari a

$$w_1 R_1 + w_2 R_2.$$

Il valore atteso, μ_P, del tasso di rendimento del portafoglio è pari a

$$\mu_P = w_1 \mu_1 + w_2 \mu_2 \tag{1.1}$$

dove μ_1 e μ_2 sono i valori attesi dei tassi di rendimento dei due titoli.

La deviazione standard del tasso di rendimento del portafoglio è pari a

$$\sigma_P = \sqrt{w_1^2 \sigma_1^2 + w_2^2 \sigma_2^2 + 2 w_1 w_2 \rho \, \sigma_1 \sigma_2} \tag{1.2}$$

dove σ_1 e σ_2 sono le deviazioni standard dei tassi di rendimento dei due titoli e ρ è il loro coefficiente di correlazione.

Esempio 1.4

Sia $\mu_1 = 10\%$; $\mu_2 = 15\%$; $\sigma_1 = 16\%$, $\sigma_2 = 24\%$ e $\rho = 0,2$. La Tavola 1.2 mostra i valori di μ_P e σ_P per diverse combinazioni di w_1 e w_2. I calcoli mostrano che, facendo variare le quote degli investimenti nei due titoli, si può ottenere un'ampia varietà di combinazioni tra rischio e rendimento. Le diverse alternative sono illustrate nella Figura 1.2.

Molti investitori sono avversi al rischio. Essi desiderano aumentare il rendimento atteso ma ridurre il rischio. Ciò vuol dire che, nella Figura 1.1 e nella Figura 1.2, vogliono muoversi quanto più è possibile in direzione "nord-ovest". Come si è visto nella Figura 1.2, la costruzione di un portafoglio composto da due titoli li aiuta a raggiungere quest'obiettivo. Ad es., se le quote investite nei due titoli sono pari, rispettivamente, al 60 e al 40%, il valore atteso e la deviazione standard del tasso di rendimento del portafoglio sono pari, rispettivamente, al 12% e al 14,87%. Si tratta di un miglioramento rispetto al *trade-off* tra rischio e rendimento atteso che si ottiene investendo tutto il capitale sul primo titolo: il tasso di rendimento atteso è più alto, in misura pari al 2% (= 12% − 10%), mentre la deviazione standard è più bassa, in misura pari all'1,13% (= 14,87 − 16). Se si

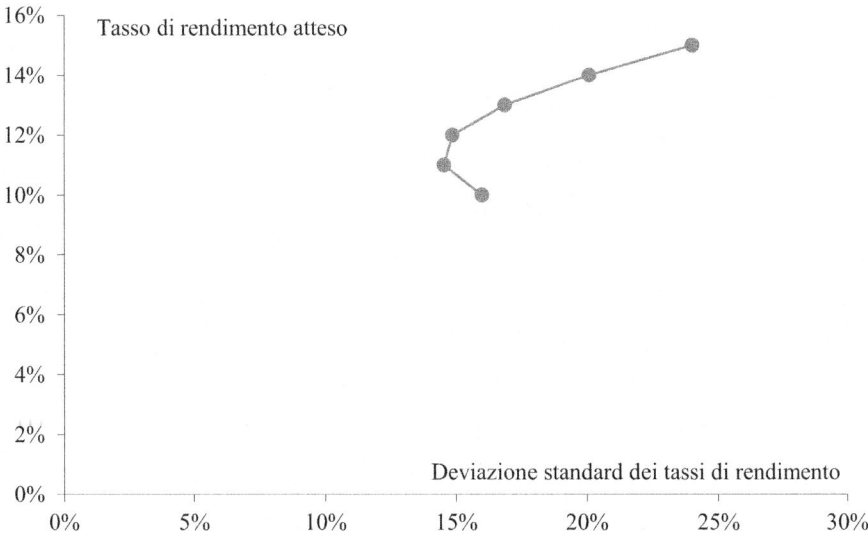

Figura 1.2 Due titoli rischiosi: combinazioni rischio/rendimento.

ipotizza che l'investitore sia avverso al rischio e sia interessato solo alla media e alla deviazione standard dei tassi di rendimento, possiamo dire che investire tutti i fondi sul primo titolo è sub-ottimale. Si tratta di un investimento "dominato" da altre opportunità.

1.2 FRONTIERA EFFICIENTE

Estendiamo ora la nostra analisi, considerando cosa succede se includiamo nel portafoglio un terzo titolo. Il terzo titolo può aggiungersi a una qualsiasi combinazione degli altri due, dando luogo a nuovi *trade-offs* tra rischio e rendimento atteso. Ciò consente agli investitori di muoversi ancor di più in direzione nord-ovest. Possiamo poi includere un quarto titolo, che può aggiungersi a una qualsiasi combinazione degli altri tre, dando luogo a nuove opportunità d'investimento. Continuando così fino a considerare tutti i possibili portafogli che si possono ottenere combinando tra loro i titoli rischiosi disponibili nel mercato (Figura 1.1) otteniamo la cosiddetta «frontiera efficiente» (*efficient frontier*). La frontiera efficiente, illustrata nella Figura 1.3, individua il limite oltre il quale non possiamo spingerci in direzione nord-ovest.

Non esistono investimenti che dominano i portafogli che giacciono lungo la frontiera efficiente. In altri termini, non esistono investimenti caratterizzati da un tasso di rendimento atteso più elevato a parità di deviazione standard. L'area tratteggiata che si trova al di sotto della frontiera efficiente nella Figura 1.3 rappresenta l'insieme di tutte le opportunità d'investimento.

Per ogni punto dell'area tratteggiata possiamo trovare un punto sulla frontiera efficiente che sia caratterizzato da un tasso di rendimento atteso più elevato, a parità di deviazione standard, o da una deviazione standard più bassa, a parità di tasso di rendimento atteso.

Per costruire la frontiera efficiente riportata nella Figura 1.3 sono stati considerati solo i titoli rischiosi. Ci possiamo ora chiedere che aspetto assuma la frontiera efficiente se consideriamo anche i portafogli che includono un titolo privo di rischio.

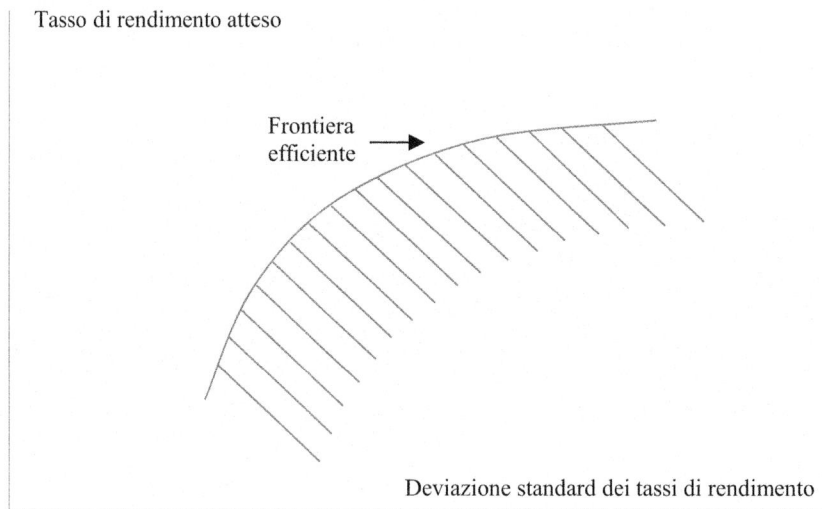

Figura 1.3 Frontiera efficiente dei titoli rischiosi.

Sia R_F il tasso di rendimento privo di rischio. Nella Figura 1.4, il titolo privo di rischio, che per definizione ha un tasso di rendimento con deviazione standard nulla, è individuato dal punto F. Tracciamo ora dal punto F la tangente alla frontiera efficiente dei titoli rischiosi. Sia M il punto di tangenza. Come dimostreremo, la linea FM è ora la nostra nuova frontiera efficiente.

Vediamo cosa succede se costruiamo un nuovo portafoglio, I, investendo nel portafoglio M una quota β_I ($0 < \beta_I < 1$) dei fondi disponibili e nel titolo privo di rischio, F, la quota restante, $1 - \beta_I$.

In base all'Equazione (1.1), il tasso di rendimento atteso, $E(R_I)$, del nuovo portafoglio è pari a

$$E(R_I) = (1 - \beta_I) R_F + \beta_I E(R_M) = R_F + \beta_I [E(R_M) - R_F]$$

mentre, in base all'Equazione (1.2), la deviazione standard, σ_I, è pari a

$$\sigma_I = \sqrt{\beta_I^2 \sigma_M^2 + (1-\beta_I)^2 \times 0^2 + 2\beta_I(1-\beta_I) \times 0 \times \sigma_M \times 0} = \beta_I \sigma_M$$

dove σ_I e σ_M indicano, rispettivamente, la deviazione standard del tasso di rendimento dei portafogli I e M.

La combinazione rischio / rendimento del nuovo portafoglio è indicata con il simbolo I nella Figura 1.4.

Il punto I rappresenta la frazione β_I della distanza tra F a M. Tutti i punti che giacciono sul segmento FM possono essere ottenuti scegliendo un'idonea combinazione dell' investimento rappresentato dal punto F e dell'investimento rappresentato dal punto M.

I punti da cui è formato il segmento FM dominano tutti i punti che giacciono sulla precedente frontiera efficiente perché offrono un migliore *trade-off* tra rischio e rendimento atteso. Pertanto, la nuova frontiera efficiente è rappresentata dal segmento FM.

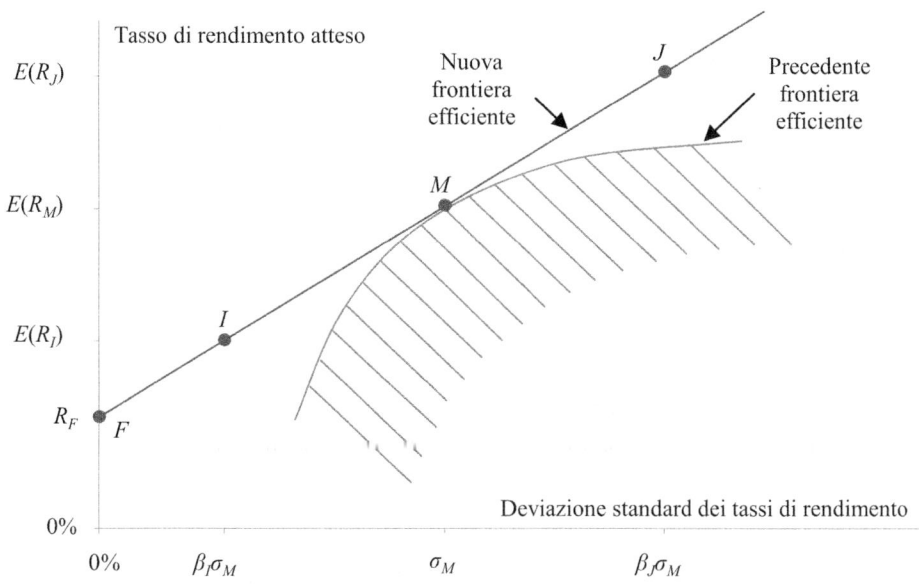

Il punto *I* si ottiene investendo nel portafoglio *M* la quota β_I dei fondi disponibili e nel titolo privo di rischio la quota restante, $1 - \beta_I$.

Il punto *J* si ottiene prendendo a prestito, al tasso privo di rischio, la quota $\beta_J - 1$ dei fondi disponibili ed investendo nel portafoglio *M* tutti fondi disponibili.

Figura 1.4 Frontiera efficiente (titoli rischiosi e non rischiosi).

Se facciamo l'ipotesi semplificatrice che si possa prendere in prestito denaro allo stesso tasso, R_F, a cui lo si dà in prestito, possiamo costruire portafogli che giacciono sulla linea che parte da *F*, passa per *M* e continua oltre *M*. Supponiamo, ad es., di voler costruire il portafoglio rappresentato dal punto *J* nella Figura 1.4. La distanza di *J* da *F* è pari a β_J ($\beta_J > 1$) volte la distanza tra *M* e *F*. Per costruire il portafoglio *J* dobbiamo prendere in prestito al tasso R_F un importo pari al prodotto tra ($\beta_J - 1$) e le nostre disponibilità iniziali e quindi investire nel portafoglio *M* tutto quello che abbiamo (le disponibilità iniziali e i fondi presi in prestito). Il tasso di rendimento atteso, $E(R_J)$, del portafoglio così ottenuto è pari a

$$E(R_J) = \beta_J E(R_M) - (\beta_J - 1) R_F = R_F + \beta_J [E(R_M) - R_F]$$

mentre la deviazione standard, σ_J, è pari a

$$\sigma_J = \beta_J \sigma_M.$$

Si è così dimostrato che la combinazione rischio / rendimento corrisponde effettivamente al punto *J*.

Possiamo quindi concludere che, se includiamo tra le opportunità d'investimento anche il titolo privo di rischio, la frontiera efficiente è rappresentata da una linea retta. In altri termini, il *trade-off* tra il valore atteso e la deviazione standard dei tassi di rendimento è di tipo lineare, come si vede nella Figura 1.4. Tutti gli investitori dovrebbero destinare una certa quota delle loro disponibilità allo stesso portafoglio di titoli rischiosi, quello che nella Figura 1.4 è indicato con la lettera *M*. A seconda dell'atteggiamento nei confronti del rischio, quest'investimento verrà associato all'acquisto del titolo non rischioso o verrà invece in parte finanziato con denaro preso in prestito al tasso privo di rischio.

A questo punto è facile arguire che il portafoglio rischioso M deve essere composto da tutti i titoli rischiosi disponibili sul mercato. Altrimenti come potrebbero gli investitori destinare una certa quota delle loro disponibilità al medesimo portafoglio M? La quantità di ogni titolo presente nel portafoglio M deve essere proporzionale alla quantità in circolazione nel mercato. È per questo che il portafoglio M è detto «portafoglio di mercato» (*market portfolio*).

1.3 CAPITAL ASSET PRICING MODEL

Come fanno gli investitori a decidere qual è il tasso di rendimento atteso che ritengono appropriato per i singoli titoli? Se ci si basa sull'analisi che abbiamo presentato, è chiaro che il portafoglio di mercato dovrebbe svolgere un certo ruolo. Il tasso di rendimento atteso di ogni titolo dovrebbe essere tanto più elevato quanto maggiore è il contributo del titolo al rischio del portafoglio di mercato.

Un metodo che viene comunemente seguito è quello di utilizzare le serie storiche per stimare i parametri di una relazione lineare che spieghi il tasso di rendimento di un titolo in funzione del tasso di rendimento del portafoglio di mercato. La forma della relazione è la seguente

$$R = \alpha + \beta R_M + \varepsilon \tag{1.3}$$

dove R è il tasso di rendimento del titolo, R_M è il tasso di rendimento del portafoglio di mercato, α e β sono due costanti ed ε è una variabile casuale che rappresenta l'errore della regressione.

L'Equazione (1.3) mostra che la rischiosità del titolo è determinata da due componenti:

1. la componente βR_M, che è proporzionale al tasso di rendimento del portafoglio di mercato;
2. la componente ε, che non è legata al tasso di rendimento del portafoglio di mercato.

Le due componenti rappresentano, rispettivamente, il «rischio sistematico» (*systematic risk*) e il «rischio non sistematico» (*non-systematic risk*) del titolo.

Consideriamo innanzitutto il rischio non sistematico. Se supponiamo che le ε relative ai diversi titoli siano indipendenti tra loro, il rischio non sistematico si annulla quasi completamente se il portafoglio è ben diversificato. Pertanto, gli investitori non dovrebbero preoccuparsi del rischio non sistematico e non dovrebbero chiedere un compenso per il rischio non sistematico a cui decidessero di esporsi.

È il rischio sistematico la componente a cui gli investitori ben diversificati dovrebbero prestare attenzione. Anche se il portafoglio è grande ed è ben diversificato, il rischio sistematico, rappresentato da βR_M, non scompare. È quindi naturale che gli investitori chiedano un compenso per il rischio sistematico a cui si espongono.

Come sappiamo, il *trade-off* tra il tasso di rendimento atteso e il rischio sistematico di un portafoglio è quello illustrato nella Figura 1.4. Se $\beta = 0$, il rischio sistematico è nullo ed il tasso di rendimento atteso è pari a R_F. Se $\beta = 1$, il rischio sistematico è pari a quello del portafoglio di mercato, M, ed il tasso di rendimento atteso è pari a $E(R_M)$.

Sez. 1.3   *Capital Asset Pricing Model*   9

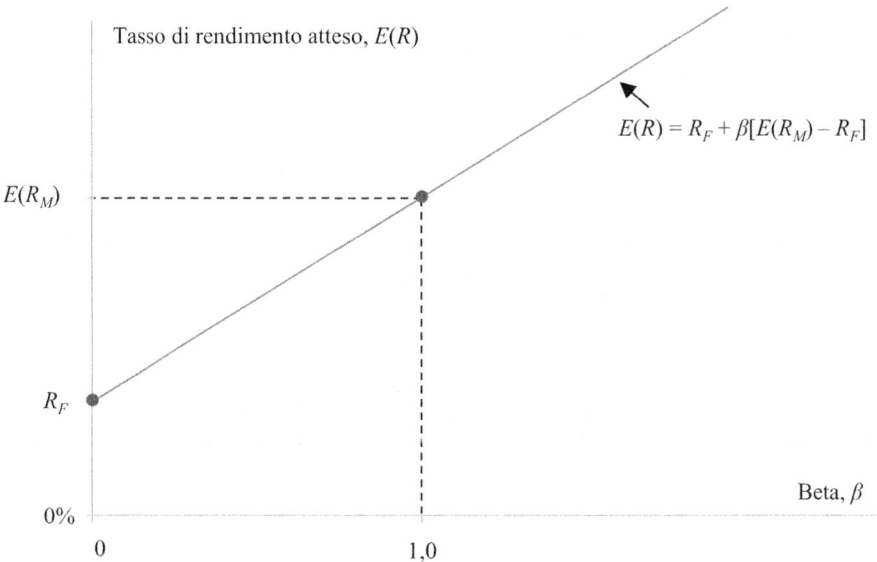

Figura 1.5 *Capital asset pricing model.*

In generale,

$$E(R) = R_F + \beta\,[E(R_M) - R_F]. \tag{1.4}$$

È questo il *capital asset pricing model*. Il «valore atteso del tasso di rendimento extra» (*excess expected rate of return*) di un titolo, $E(R) - R_F$, dovrebbe essere pari a β volte il valore atteso del tasso di rendimento extra del portafoglio di mercato, $E(R_M) - R_F$. Questa relazione è illustrata nella Figura 1.5.

Esempio 1.5

Supponiamo che il tasso privo di rischio sia pari a 5% e che il tasso di rendimento del portafoglio di mercato sia pari al 10%. Un titolo con un β nullo dovrebbe avere un tasso di rendimento atteso del 5%; un titolo con un β di 0,5 dovrebbe avere un tasso di rendimento atteso del 7,5% [= 5% + 0,5 × (10% − 5%)]; un titolo con un β di 1,2 dovrebbe avere un tasso di rendimento atteso dell'11% [= 5% + 1,2 × (10% − 5%)]; e così via.

La variabile β è il «beta» (*beta*) del titolo.

Si può dimostrare che

$$\beta = \rho\frac{\sigma}{\sigma_M}$$

dove σ è la deviazione standard del tasso di rendimento del titolo, σ_M è la deviazione standard del tasso di rendimento del portafoglio di mercato e ρ è il coefficiente di correlazione tra il tasso di rendimento del titolo e quello del portafoglio di mercato.

Il beta misura la «sensitività» (*sensitivity*) del tasso di rendimento del titolo rispetto al tasso di rendimento del portafoglio di mercato. Il beta di un qualsiasi portafoglio può essere definito in modo simile. Se il tasso di rendimento, R, dell'Equazione (1.3) si riferisce a un generico portafoglio, allora il *capital asset pricing model*, definito dall'Equazione (1.4), continua a valere anche per i singoli portafogli.

Nella Figura 1.4, il portafoglio di mercato, rappresentato da *M*, ha un beta di 1 mentre il portafoglio privo di rischio, rappresentato da *F*, ha un beta nullo. I portafogli rappresentati da *I* e *J* hanno un beta pari, rispettivamente, a β_I e β_J.

Ipotesi

L'analisi "idealizzata" che abbiamo presentato porta alla sorprendente conclusione che tutti gli investitori vogliono detenere lo stesso portafoglio (rappresentato da *M* nella Figura 1.4). È chiaro che questa conclusione non è valida. Se lo fosse, i mercati non funzionerebbero: nessuno vorrebbe fare scambi con gli altri! In realtà, gli investitori hanno diverse percezioni sulle prospettive dei vari titoli rischiosi. È questo che giustifica gli scambi e sono gli scambi che portano alla formazione dei prezzi di mercato. Il motivo per cui la precedente analisi porta a una conclusione diversa dalla realtà dei mercati è che, nel presentare le argomentazioni, abbiamo fatto diverse ipotesi semplificatrici:

1. gli investitori considerano solo il valore atteso e la deviazione standard dei tassi di rendimento. In altri termini, abbiamo ipotizzato che gli investitori prendano in considerazione solo i primi due momenti della distribuzione dei tassi di rendimento. Se i tassi di rendimento fossero distribuiti in modo normale, l'ipotesi sarebbe corretta. Tuttavia, in genere, i tassi di rendimento non sono distribuiti in modo normale: presentano «asimmetria negativa» (*negative skewness*) e «leptocurtosi» (*excess kurtosis*). L'asimmetria è funzione del terzo momento della distribuzione e la curtosi del quarto momento. In caso di asimmetria positiva, la coda destra della distribuzione effettiva è più spessa e la coda sinistra è meno spesso di quella della distribuzione normale. In caso di asimmetria negativa è vero il contrario: la coda destra è più sottile e la coda sinistra è più spessa. Se la distribuzione effettiva è leptocurtica, entrambe le code sono più spesse di quelle della distribuzione normale. Molti investitori si preoccupano della possibilità di risultati estremamente negativi. È quindi probabile che essi chiedano tassi di rendimento più elevati in caso di distribuzioni con asimmetria negativa e leptocurtosi;
2. le ε dell'Equazione (1.3) relative ai diversi titoli sono indipendenti tra loro. In altri termini, abbiamo ipotizzato che i tassi di rendimento dei vari titoli siano correlati tra loro solo a causa della correlazione con il tasso di rendimento di mercato. È chiaro che anche quest'ipotesi rappresenta una semplificazione della realtà. Ad es., Ford e General Motors operano entrambe nel settore automobilistico. È probabile che parte della correlazione tra i tassi di rendimento dei rispettivi titoli sia dovuta alla correlazione con fattori specifici del settore in cui operano. È quindi probabile che le ε non siano indipendenti tra loro;
3. l'ottica degli investimenti è uniperiodale e la lunghezza dell'orizzonte temporale è la stessa per tutti gli investitori. Anche questa è un'ipotesi semplificatrice. Alcuni investitori istituzionali, come i fondi pensione, hanno orizzonti temporali molto lunghi. Altri investitori, come i *day traders* (che mantengono le loro posizioni per meno di un giorno), hanno orizzonti temporali molto brevi;
4. è possibile prendere e dare denaro in prestito allo stesso tasso d'interesse privo di rischio. Quest'ipotesi vale, in prima approssimazione, per le grandi istituzioni finanziarie, se il loro *rating* è elevato e le condizioni di mercato sono normali. Non vale per i piccoli investitori;

5. non ci sono considerazioni di ordine fiscale. In alcune giurisdizioni, i «guadagni in conto capitale» (*capital gains*) vengono trattati in modo fiscalmente diverso dai dividendi e dalle altre fonti di reddito. Alcuni investimenti ricevono un trattamento fiscale differenziato. Inoltre, non tutti gli investitori vengono tassati in base alla stessa aliquota. In realtà, le considerazioni fiscali giocano un ruolo importante nelle decisioni degli investitori. Un investimento appropriato per un fondo pensione non soggetto a imposte potrebbe essere inappropriato per un contribuente di New York con elevata aliquota marginale. E viceversa;
6. infine, e questa è forse la cosa più importante, le stime dei parametri fondamentali (valore atteso e deviazione standard dei tassi di rendimento, correlazioni) sono le stesse per tutti gli investitori. In altri termini, si è ipotizzato che gli investitori abbiano «aspettative omogenee» (*homogeneous expectations*). È chiaro che quest'ipotesi non corrisponde alla realtà. Se vivessimo in un mondo con aspettative omogenee, non ci sarebbero scambi.

Ciononostante, il *capital asset pricing model* ha dimostrato di essere un utile strumento per i «gestori di portafogli» (*portfolio managers*).

Le stime dei beta sono facilmente disponibili e il tasso di rendimento atteso dei portafogli, stimato in base al *capital asset pricing model*, viene ampiamente utilizzato – come ora vedremo – per valutare la *performance* dei gestori.

Alfa

Se il tasso di rendimento effettivo del portafoglio di mercato è R_M e il beta di un portafoglio è β, qual è il tasso di rendimento atteso del portafoglio?

Il *capital asset pricing model* mette in relazione il tasso di rendimento atteso del portafoglio, $E(R_P)$, con il tasso di rendimento atteso, $E(R_M)$, del portafoglio di mercato, ma può anche essere utilizzato per mettere in relazione il tasso di rendimento atteso del portafoglio, $E(R_P)$, con il tasso di rendimento effettivo, R_M, del portafoglio di mercato:

$$E(R_P) = R_F + \beta (R_M - R_F)$$

dove R_F è il tasso d'interesse privo di rischio.

Esempio 1.6

Consideriamo un portafoglio con un beta di 0,6. Il tasso d'interesse privo di rischio è pari al 4% e il tasso di rendimento effettivo del portafoglio di mercato è pari al 20%.
Pertanto, il tasso di rendimento atteso del portafoglio è pari al 13,6%:

$$0{,}04 + 0{,}6 \times (0{,}20 - 0{,}04) = 0{,}136.$$

Se il tasso di rendimento effettivo del portafoglio di mercato è pari al 10%, il tasso di rendimento atteso del portafoglio è pari al 7,6%:

$$0{,}04 + 0{,}6 \times (0{,}10 - 0{,}04) = 0{,}076.$$

Se il tasso di rendimento effettivo del portafoglio di mercato è pari al −10%, il tasso di rendimento atteso del portafoglio è pari al −4,4%:

$$0{,}04 + 0{,}6 \times (-0{,}10 - 0{,}04) = -0{,}044.$$

La relazione tra il tasso di rendimento atteso del portafoglio e il tasso di rendimento effettivo del portafoglio di mercato è illustrata nella Figura 1.6.

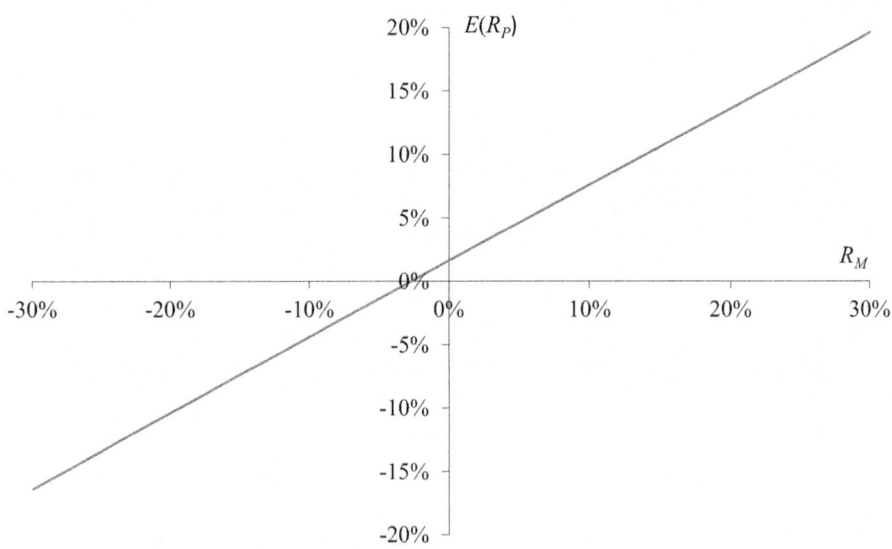

Figura 1.6 Relazione tra $E(R_P)$ e R_M.

Se il tasso di rendimento effettivo, R_P, realizzato dal gestore, è maggiore del tasso di rendimento atteso, $E(R_P)$, ossia se

$$R_P > R_F + \beta (R_M - R_F),$$

il gestore ha prodotto un tasso di rendimento superiore a quello coerente con il rischio sistematico che si è assunto.

Per definizione, il tasso di rendimento extra, α, è pari a

$$\alpha = R_P - R_F - \beta (R_M - R_F).$$

La variabile α è l'«alfa» (*alpha*) prodotta dal gestore del portafoglio.[1]

Esempio 1.7
Il portafoglio di un gestore ha un beta di 0,8. Il tasso d'interesse privo di rischio a 1 anno è pari al 5%, il tasso di rendimento effettivo del portafoglio di mercato è pari al 7% e il tasso di rendimento realizzato dal gestore è pari al 9%.
L'alfa del gestore è pari al 2,4% [9% – 5% – 0,8 × (7% – 5%)].

I gestori sono continuamente alla ricerca di metodi che producano alfa positivi.
Un metodo è quello della «selezione di titoli che battano il mercato» (*stock picking*).
Un altro riguarda la «tempistica degli ordini» (*market timing*). In questo caso si tratta di anticipare le fasi di mercato, investendo in azioni quando si prevede un «rialzo» (*upturn*) e investendo in titoli sicuri, come i *Treasury bills*, quando si prevede un «ribasso» (*downturn*) del mercato azionario.

---

[1] A volte è chiamato alfa di Jensen perché stato utilizzato per la prima volta da Michael Jensen al fine di valutare la *performance* dei fondi comuni d'investimento (Sezione 4.3).

Altre strategie, utilizzate dagli *hedge funds* per cercare di produrre alfa positivi, verranno presentate nel Capitolo 4.

Anche se il *capital asset pricing model* si basa su ipotesi semplificatrici, l'alfa e il beta sono ampiamente utilizzati per caratterizzare gli investimenti. Il beta descrive il tasso di rendimento che si ottiene quando ci si espone al rischio sistematico. Maggiore è il beta, maggiore è l'esposizione al rischio sistematico e maggiore è la dipendenza dal tasso di rendimento di mercato. L'alfa rappresenta il tasso di rendimento extra che si ottiene grazie a superiori capacità di gestione (o solo a causa della buona sorte). Dato che è possibile realizzare un alfa positivo solo a spese di investitori con alfa negativi, la media ponderata degli alfa è sempre nulla.

1.4 ARBITRAGE PRICING THEORY

La «teoria della valutazione in assenza di opportunità di arbitraggio» (*arbitrage pricing theory* - APT) può essere vista come un'estensione del *capital asset pricing model*. L'APT ipotizza che il tasso di rendimento dei titoli dipenda da più di un fattore di rischio, quali il «prodotto nazionale lordo – PNL» (*gross national product*), il tasso d'interesse interno, il tasso d'inflazione, ecc. Esplorando il modo in cui gli investitori possono costruire portafogli che eliminino le loro esposizioni nei confronti dei fattori, l'*arbitrage pricing theory* dimostra che il tasso di rendimento atteso dei titoli dipende in mondo lineare dai fattori.

Nell'Equazione (1.3), che descrive il *capital asset pricing model*, l'ipotesi che le ε relative ai diversi titoli siano indipendenti tra loro comporta che ci sia un solo fattore che governa i tassi di rendimento attesi; esiste quindi una sola fonte di rischio sistematico ed essa è rappresentata dal portafoglio di mercato. Nell'*arbitrage pricing theory* i fattori che influenzano i tassi di rendimento dei titoli sono più di uno. Ogni fattore rappresenta una diversa fonte di rischio sistematico. Il rischio non sistematico è il rischio che non è legato ad alcun fattore. Può essere eliminato se il portafoglio è ben diversificato.

1.5 RISCHIO E RENDIMENTO PER LE SOCIETÀ

Passiamo ora a occuparci del *trade-off* tra rischio e rendimento atteso nell'ottica delle società. Come fanno le società a decidere se il tasso di rendimento atteso di un nuovo progetto è sufficiente a compensarle dei rischi cui vanno incontro?

In ultima analisi, i proprietari delle società sono gli azionisti ed i *managers* dovrebbero agire nell'interesse degli azionisti. È quindi naturale sostenere che il nuovo progetto dovrebbe essere visto alla stregua di un titolo di cui si valuta l'inserimento nel portafoglio degli azionisti. La società dovrebbe calcolare il beta del progetto ed il tasso di rendimento atteso. Se il tasso di rendimento atteso è maggiore di quello richiesto dal *capital asset pricing model*, il progetto rappresenta una buona opportunità per gli azionisti e merita quindi di essere realizzato. Altrimenti non dovrebbe essere accettato. Nel decidere se accettare o respingere il progetto non dovrebbero essere prese in considerazione le stime dei rischi non sistematici.

In realtà, le società si preoccupano sia dei rischi sistematici sia di quelli non sistematici. Ad es., molte società si assicurano contro il rischio di incendi che possano danneggiare i propri edifici, anche se questo rischio non è sistematico e potrebbe essere annullato dagli azionisti attraverso un'opportuna diversificazione.

Le società cercano di evitare i grandi rischi e spesso coprono le loro esposizioni nei confronti dei tassi di cambio, dei tassi d'interesse, dei prezzi delle merci e di altre variabili di mercato. La stabilità degli utili e la sopravvivenza della società rappresentano due importanti obiettivi manageriali. In effetti, le società cercano di far in modo che i nuovi progetti siano coerenti con i *trade-offs* rischio / rendimento dei loro azionisti, ma non si assumono rischi che potrebbero risultare eccessivi.

Anche molti investitori si preoccupano del rischio complessivo delle società in cui investono e non del solo rischio sistematico. Non gradiscono le sorprese e preferiscono investire in società che mostrino solidi tassi di crescita e rispettino le previsioni degli utili. Privilegiano le società che gestiscono attentamente i rischi e che limitano i rischi, sistematici e non sistematici, cui si espongono.

Le argomentazioni teoriche che abbiamo presentato nelle Sezioni 1.1 - 1.4 suggeriscono che gli investitori non dovrebbero comportarsi in questo modo. Dovrebbero incoraggiare le società a investire in progetti ad alto rischio quando il *trade-off* tra tasso di rendimento atteso e rischio sistematico è favorevole. Alcune società presenti nel portafoglio degli azionisti falliranno ma altre realizzeranno utili eccezionali. Nel complesso, il rendimento ottenuto dagli azionisti dovrebbe risultare soddisfacente.

Ci si può allora chiedere se è vero che gli investitori e le società si comportino effettivamente in modo sub-ottimale e se è vero che le società farebbero meglio ad assumersi più rischi non sistematici, dato che gli investitori sono in grado di eliminarli con una buona diversificazione. C'è però un'importante argomentazione che mina la validità delle prescrizioni teoriche. L'argomentazione riguarda gli «oneri fallimentari» (*bankruptcy costs*). Quest'argomentazione viene spesso utilizzata per spiegare i motivi per cui le società dovrebbero limitare il ricorso all'indebitamento, ma può anche essere estesa a un più ampio spettro di decisioni.

Oneri Fallimentari

In un mondo perfetto, il fallimento funzionerebbe in modo molto semplice, attraverso la vendita delle attività (tangibili e intangibili) al prezzo di mercato.

Il ricavato verrebbe poi distribuito agli obbligazionisti, agli azionisti e agli altri «soggetti interessati alle attività svolte dalla società» (*stakeholders*).

Se vivessimo in un mondo perfetto, le procedure fallimentari non distruggerebbero valore per gli azionisti. Purtroppo, il mondo è lontano dall'essere perfetto. Già quando la società si avvicina al «punto d'insolvenza» (*point of bankruptcy*), le sue attività tendono a perdere valore. Il loro valore si riduce ulteriormente quando vengono avviate le procedure fallimentari. I costi rappresentati da quest'ulteriore riduzione di valore sono detti «oneri fallimentari» (*bankruptcy costs*).

Qual è la natura degli oneri fallimentari? Quando si annuncia una procedura fallimentare, i clienti e i fornitori diventano meno propensi a trattare con la società; talvolta le attività devono essere cedute rapidamente a prezzi ben più bassi di quelli che si sarebbero potuti realizzare in condizioni normali; spesso il valore di importanti attività intangibili, come il «marchio» (*brand name*) e la reputazione, diventa nullo; la società non viene più gestita nel miglior interesse degli azionisti; spesso vengono pagati elevati onorari a revisori e avvocati; e così via.

Nel Riquadro 1.1 viene raccontata una storia immaginaria ma comunque rappresentativa di quel che può succedere nel mondo reale: quando viene presa una decisione sbagliata, le conseguenze possono essere gravissime e comportare disastrosi oneri fallimentari.

Riquadro 1.1 I costi occulti del fallimento.

Diversi anni fa una società aveva una capitalizzazione di mercato pari a $2 miliardi e un debito di $0,5 miliardi. L'Amministratore Delegato (AD) decise di spendere $1 miliardo per acquistare una società operante in un settore attiguo. L'acquisizione venne finanziata in parte con prestiti bancari e in parte con obbligazioni. Il prezzo pagato era prossimo al valore di mercato della società, che presumibilmente rifletteva le stime sul tasso di rendimento atteso e sul rischio sistematico effettuate dal mercato al momento dell'acquisizione.

Molte delle sinergie attese, utilizzate per giustificare l'acquisizione, non si realizzarono. Inoltre, la società acquistata non produceva utili. Dopo tre anni l'AD fu costretto a rassegnare le dimissioni. Il nuovo AD la cedette per $100 milioni (pari al 10% del costo) e annunciò che si sarebbe nuovamente concentrato sul *business* originario. Tuttavia, si trovò a gestire una società che a quel punto era fortemente indebitata. La congiuntura economica sfavorevole non gli consentì di far fronte al pagamento degli interessi e la società fu costretta a dichiarare il fallimento.

Gli uffici della società si riempirono presto di revisori ed avvocati che rappresentavano gli interessi delle varie parti (le banche, gli obbligazionisti, gli azionisti, i dipendenti e il consiglio di amministrazione). Gli onorari chiesti direttamente o indirettamente da queste persone ammontarono a circa $10 milioni al mese. Il fatturato della società diminuì sensibilmente perché nessuno voleva fare affari con una società fallita. I dirigenti che ricoprivano i posti chiave si dimisero. La quotazione delle azioni della società si ridusse in modo drammatico.

Dopo due anni e tre tentativi di riorganizzazione, fu raggiunto un accordo tra le varie parti e venne creata una nuova società, con una capitalizzazione di mercato pari a $700.000, cui fu affidato il compito di gestire le parti "sane" del *business*. Le azioni della nuova società andarono tutte alle banche e agli obbligazionisti. Agli azionisti non venne dato nulla.

Esempio 1.8

Il più grande fallimento nella storia degli Stati Uniti è stato quello di Lehman Brothers, il 15 settembre 2008. La procedura fallimentare è andata avanti per diversi anni. Denison, Fleming e Sarkar della Federal Reserve Bank di New York hanno stimato, nel 2019, che gli oneri fallimentari diretti e indiretti sono stati compresi tra i $46 e i $63 miliardi, ossia tra il 15% e il 21% delle attività che figuravano nel bilancio consolidato di Lehman prima del fallimento.[2]

Abbiamo già detto che la sopravvivenza della società rappresenta un importante obiettivo manageriale e che gli investitori gradiscono le società che evitano i grandi rischi. Siamo ora in grado di comprenderne il motivo. Le leggi fallimentari variano da Paese a Paese, ma hanno tutte l'effetto di distruggere valore, a causa della lotta che si accende tra le banche e gli altri creditori per il rimborso dei prestiti. In genere occorrono molti anni per creare valore ed è quindi ragionevole che le società si adoperino per limitare il loro rischio complessivo (sistematico e non sistematico), in modo da ridurre al minimo la probabilità di fallimento.

Quando si esamina un nuovo progetto, è importante tener conto di come esso interagisca con gli altri sotto il profilo dei rischi. Spesso investimenti relativamente piccoli sono in grado di ridurre i rischi cui la società è esposta. I grandi investimenti possono invece accrescerli in modo drammatico. La responsabilità di molti spettacolari fallimenti (come quello immaginario descritto nel Riquadro 1.1) può essere ricondotta ad amministratori delegati che, facendo leva sull'indebitamento, hanno portato a termine importanti acquisizioni che non hanno poi funzionato.

---

[2] Si veda DENISON, E., FLEMING, M. J., e SARKAR, A., "How Much Value Was Destroyed by the Lehman Bankruptcy?," Federal Reserve Bank of New York Liberty Street Economics (blog), January 14, 2019, https://libertystreeteconomics.newyorkfed.org/2019/01/how-much-value-was-destroyed-by-the-lehman-bankruptcy.html.

Istituzioni Finanziarie

Si può discutere se i costi fallimentari sono importanti per le decisioni prese dalle società non-finanziarie, ma è chiaro che lo sono per istituzioni finanziarie che, come le banche, devono tenere molto bassa la probabilità d'insolvenza. Per fare provvista, le banche di grande dimensione fanno affidamento sui depositi all'ingrosso e su altri strumenti come le «cambiali commerciali» (*commercial paper*). La fiducia è fondamentale per la loro sopravvivenza. Se il mercato percepisce che il rischio d'insolvenza non è estremamente basso, la perdita di fiducia farà esaurire le fonti di finanziamento. La banca si vedrà costretta ad avviare le procedure di liquidazione anche se non è tecnicamente insolvente (il valore del capitale azionario è positivo). Il fallimento di Lehman Brothers è stato il più grave nella storia degli Stati Uniti e quello di Northern Rock uno dei maggiori nella storia del Regno Unito. In entrambi i casi, il fallimento è stato causato dalla mancanza di fiducia e dal conseguente esaurimento delle tradizionali fonti di finanziamento.

Regolamentazione

C'è anche un'altra ragione per cui le istituzioni finanziarie controllano attentamente i rischi complessivi: devono adempiere agli obblighi imposti dalle autorità di vigilanza. Diversamente dalle altre società, le istituzioni finanziarie sono ampiamente regolamentate. In tutto il mondo, si vuole che il settore finanziario sia stabile. È importante che le società e i singoli individui abbiano fiducia nelle banche e nelle compagnie d'assicurazione. Le regole mirano ad assicurare che le grandi banche e le grandi compagnie d'assicurazione abbiano una bassa probabilità di incorrere in forti difficoltà finanziarie. I «salvataggi» (*bail-outs*) effettuati nel 2008, durante la «Crisi Finanziaria Globale» (*Global Financial Crisis* - GFC), sono la chiara dimostrazione della riluttanza a lasciar fallire le istituzioni finanziarie di grandi dimensioni.

In genere, i fallimenti sono causati da perdite impreviste. Le autorità di vigilanza cercano di far in modo che il capitale detenuto dalle banche sia sufficiente ad assorbire la maggior parte delle perdite impreviste.

Esempio 1.9

Supponiamo che un'istituzione finanziaria abbia una probabilità dello 0,1% di subire, nel prossimo anno, una perdita di $2 miliardi o più. L'autorità di vigilanza potrebbe richiedere che il capitale della banca sia almeno pari a $2 miliardi. In tal modo, la banca riuscirebbe ad assorbire le perdite nel 99,9% dei casi.

I modelli utilizzati dalle autorità di vigilanza verranno discussi più avanti, in altri capitoli del libro. Il punto chiave, qui, è che le autorità di vigilanza sono interessate ai rischi complessivi, non solo a quelli sistematici. Il loro obiettivo è quello di far sì che l'insolvenza sia un evento altamente improbabile.

1.6 RISK MANAGEMENT E ISTITUZIONI FINANZIARIE

Sono due i principali metodi che le banche (e le società in generale) possono seguire nella gestione dei rischi. Il primo è quello di identificare i rischi uno per uno, per poi trattarli separatamente. In questo caso si parla di «scomposizione del rischio» (*risk decomposition*). Il secondo metodo consiste nell'essere ben diversificati. In questo caso si parla di «aggregazione del rischio» (*risk aggregation*). In pratica le banche seguono entrambi i metodi, sia nella gestione del rischio di mercato sia in quella del rischio di credito.

Il rischio di mercato trae origine principalmente dall'attività di negoziazione su titoli e valute. Le banche sono in genere esposte nei confronti dei tassi d'interesse, dei tassi di cambio, dei prezzi delle azioni, merci e di altre variabili di mercato. Questi rischi vengono gestiti in prima istanza – con la *risk decomposition* – dai «negoziatori» (*traders*), cui è affidata la responsabilità dei contratti che dipendono da una certa variabile di mercato (o a un gruppo ristretto di variabili di mercato).

Esempio 1.10

È probabile che, in una banca statunitense, ci sia un *trader* (o un gruppo di *traders*) che abbia la responsabilità del rischio relativo al tasso di cambio dollaro/yen. A fine giornata, il *trader* deve assicurarsi che i limiti di rischio fissati dalla banca non vengano superati. Se verso la fine della giornata uno dei limiti di rischio è stato superato, il *trader* deve mettere in atto le operazioni necessarie per riportare le posizioni entro i limiti previsti (le misure di rischio e i modi in cui sono utilizzate dai *derivatives traders* verranno discussi nel Capitolo 15).

In seconda istanza, sono i *risk managers* (che operano nel cosiddetto *middle office* della banca) che analizzano i rischi di mercato residui, derivanti dall'attività di tutti i *traders*, e determinano – con la *risk aggregation* – il rischio di mercato complessivo. Se la banca è ben diversificata, la sua esposizione nei confronti delle variabili di mercato sarà piuttosto bassa. Se invece i rischi sono inaccettabili, perché troppo elevati, i *risk managers* dovranno accertarne i motivi e provvedere affinché vengano prese le opportune azioni correttive.

La *risk aggregation* è fondamentale per le compagnie di assicurazione.

Esempio 1.11

Si consideri l'assicurazione auto. I pagamenti per i sinistri relativi ad una singola polizza sono molto incerti. Tuttavia, i pagamenti per i sinistri relativi a 100.000 polizze possono essere previsti con una ragionevole accuratezza.

Anche i rischi di credito vengono in genere gestiti con la *risk aggregation*, assicurandosi che il portafoglio crediti sia ben diversificato. Se la banca prestasse tutte le sue disponibilità a un unico soggetto, la sua esposizione creditizia sarebbe tutt'altro che diversificata ed il rischio di credito sarebbe enorme. Se il debitore incontrasse difficoltà finanziarie e non fosse in grado di pagare gli interessi e rimborsare il debito, la banca verrebbe a trovarsi in stato d'insolvenza.

Se la banca diversifica i prestiti, la sua posizione è molto più sicura.

Esempio 1.12

Supponiamo che la banca presti a ognuno dei suoi 10.000 clienti lo 0,01% delle sue disponibilità. Supponiamo, inoltre, che la probabilità d'insolvenza di ogni cliente sia pari, ogni anno, all'1%. La banca deve aspettarsi 100 (= 10.000 × 0,01) insolvenze all'anno. Le perdite su questi 100 prestiti saranno più che compensate dai profitti realizzati sui restanti 9.900 (= 10.000 – 100).

La diversificazione fa diminuire il rischio non sistematico. Non elimina però il rischio sistematico. Anche le banche ben diversificate sono esposte al rischio di recessione e del conseguente aumento della probabilità d'insolvenza dei clienti a cui hanno concesso prestiti. Per massimizzare i benefici della diversificazione è opportuno che questi clienti si trovino in aree geografiche diverse e che operino in settori industriali diversi.

Esempio 1.13
È probabile che una grande banca internazionale, con diversi tipi di clienti sparsi in tutto il mondo, abbia un portafoglio crediti che è diversificato molto meglio di quello di una piccola banca del Texas che concede prestiti solo a società petrolifere.

Tuttavia, ci sono sempre rischi sistematici che non possono essere eliminati con la diversificazione. I rischi sistematici fanno variare, anno dopo anno, le probabilità d'insolvenza dei debitori.

Esempio 1.14
Supponiamo che, in un certo anno, la probabilità d'insolvenza dei debitori sia pari all'1%. Se l'economia va bene, la probabilità d'insolvenza si riduce, mentre aumenta se l'economia va male.

Nei successivi capitoli vedremo che alcuni modelli cercano di tenerne conto.
    Sul finire degli anni '90 ha cominciato a svilupparsi un attivo mercato di derivati creditizi. I derivati creditizi consentono alle banche di gestire i rischi di credito uno per uno, con la *risk decomposition*. Possono, inoltre, essere utilizzati per acquistare protezione contro il livello complessivo delle insolvenze nel sistema economico. Molti venditori di protezione, che sono entrati in derivati creditizi scritti su singole società o su gruppi di società, hanno subìto enormi perdite nel corso della Crisi Finanziaria Globale. La crisi verrà trattata, in particolare, nel Capitolo 7.

1.7 RATINGS

I *ratings* offrono informazioni che sono ampiamente utilizzate da chi opera sui mercati finanziari al fine di gestire il rischio di credito cui è esposto. Il *rating* è una misura della qualità creditizia di una certa posizione debitoria, quale può essere quella su un'«obbligazione» (*bond*). Tuttavia, il *rating* di un'obbligazione o di un titolo di Stato viene spesso associato all'emittente piuttosto che al titolo stesso. Pertanto, se le obbligazioni emesse da una certa società hanno il *rating* AAA, spesso si dice che la società ha un *rating* pari a AAA.
    Le tre principali agenzie di *rating* sono Moody's, S&P e Fitch. Secondo lo schema di Moody's, il miglior *rating* è Aaa (le obbligazioni con questo *rating* hanno una probabilità d'insolvenza quasi nulla). A seguire ci sono Aa, A, Baa, Ba, B, Caa, Ca e C. I *ratings* di S&P e Fitch corrispondenti a quelli di Moody's sono AAA, AA, A, BBB, BB, B, CCC, CC e C. Per affinare i *ratings*, Moody's ha suddiviso la categoria Aa in Aa1, Aa2 e Aa3, la categoria A in A1, A2 e A3, e così via. Analogamente, S&P e Fitch hanno suddiviso la categoria AA in AA+, AA e AA−, la categoria A in A+, A e A−, e così via (solo le categorie Aaa di Moody's e AAA di S&P/Fitch, oltre alle due categorie più basse, non sono state suddivise).
    Di solito si ritiene che ci sia equivalenza tra il significato dei *ratings* assegnati dalle tre agenzie. Ad es., il *rating* BBB+ di S&P viene considerato equivalente al *rating* Baa1 di Moody's. Solo i titoli con *rating* BBB− (Baa3) o migliore vengono considerati di «qualità elevata» (*investment grade*). Quelli con *ratings* inferiori a BBB− (Baa3) hanno una «scarsa qualità creditizia» (*non-investment grade*) e sono detti «titoli speculativi» (*speculative grade*) o «titoli spazzatura» (*junk bonds*).

I *ratings* verranno richiamati più avanti, in altri capitoli del libro. Ad es., nel Capitolo 7 verrà discusso il ruolo dei *ratings* nella Crisi Finanziaria Globale. Nel Capitolo 25 e nel Capitolo 26 verranno fornite informazioni sulle modalità con cui i *ratings* vengono utilizzati da parte delle autorità di vigilanza. Nel Capitolo 17 e nel Capitolo 19 verranno riportate, rispettivamente, alcune statistiche sulle probabilità d'insolvenza delle società in funzione dei *ratings* e le matrici delle transizioni, che mostrano come i *ratings* si modificano nel tempo.

SOMMARIO

Un importante principio generale in finanza è che c'è un «tasso di sostituzione» (*trade-off*) tra rischio e tasso di rendimento atteso: in genere, tassi di rendimento attesi più elevati possono essere ottenuti solo a costo di maggiori rischi. In teoria, gli investitori non dovrebbero preoccuparsi dei rischi che possono essere eliminati con la diversificazione e dovrebbero chiedere un tasso di rendimento extra, rispetto al tasso d'interesse privo di rischio, solo per il rischio sistematico, non diversificabile, che si assumono.

Per le società, le decisioni d'investimento sono più complesse. In genere, le società non sono diversificate quanto gli investitori e non trascurano i rischi non sistematici (che i propri azionisti possono diversificare). Le loro decisioni di finanziamento e investimento dovrebbero essere prese in modo da rendere bassa la probabilità di incorrere in difficoltà finanziarie. Il motivo è che le difficoltà finanziarie possono poi comportare rilevanti oneri fallimentari, che determinano un'ulteriore riduzione del valore per gli azionisti oltre a quella determinata dagli eventi avversi che portano al fallimento.

Queste considerazioni sugli oneri fallimentari valgono ancor più per le istituzioni finanziarie, come banche e compagnie d'assicurazione. C'è poi un altro importante motivo per cui le istituzioni finanziarie devono prestare molta attenzione ai rischi cui si espongono: la regolamentazione. L'attività svolta dalle autorità di vigilanza mira a minimizzare la probabilità d'insolvenza dei soggetti controllati. La probabilità d'insolvenza dipende dal complesso dei rischi assunti, non solo da quelli che non possono essere diversificati dagli azionisti. Come vedremo in successivi capitoli, le autorità di vigilanza cercano di fissare regole che aiutino a garantire che il patrimonio delle istituzioni finanziarie sia commisurato ai loro rischi.

Due metodi generali che vengono seguiti nel processo di gestione dei rischi sono la «scomposizione del rischio» (*risk decomposition*) e l'«aggregazione del rischio» (*risk aggregation*). La *risk decomposition* consiste nell'identificare i rischi uno per uno, per poi trattarli separatamente. La *risk aggregation* consiste nel perseguire i benefici della diversificazione. Le banche seguono entrambi i metodi nel gestire i rischi di mercato. I rischi di credito sono stati tradizionalmente gestiti con la *risk aggregation*, ma con l'avvento dei derivati creditizi può essere ora utilizzata anche la *risk decomposition*.

SUGGERIMENTI PER ULTERIORI LETTURE

MARKOWITZ, H., "Portfolio Selection", *Journal of Finance*, 7, 1 (March 1952), 77-91.

ROSS, S., "The Arbitrage Theory of Capital Asset Pricing", *Journal of Economic Theory*, 13, 3 (December 1976), 341-60.

SHARPE, W., "Capital Asset Prices: A Theory of Market Equilibrium under Conditions of Risk", *Journal of Finance*, 19, 3 (September 1964), 425-42.

SMITH, C. W., e STULZ, R. M., "The Determinants of a Firm's Hedging Policy", *Journal of Financial and Quantitative Analysis*, 20 (1985), 391-406.

STULZ, R. M., *Risk Management and Derivatives*. Southwestern, 2003.

DOMANDE E PROBLEMI
(le risposte si trovano alla fine del libro)

1.1. Ai tassi di rendimento di un titolo (–15%; –5%; +15%; +30% e +40%) sono associate le seguenti probabilità: 0,10; 0,25; 0,35; 0,20 e 0,10. Quali sono il valore atteso e la deviazione standard dei tassi di rendimento?

1.2. I tassi di rendimento di due titoli hanno la stessa distribuzione probabilistica del titolo considerato nel Problema 1.1. Il coefficiente di correlazione è pari a 0,15. Calcolate il valore atteso e la deviazione standard del tasso di rendimento di un portafoglio composto in parti uguali dai due titoli.

1.3. Considerate i due titoli utilizzati per costruire la Figura 1.2 e la Tavola 1.2. Quali sono le combinazioni rischio/rendimento se la correlazione è pari a: **(a)** 0,3; **(b)** 1,0 e **(c)** –1,0?

1.4. **(a)** Qual è la differenza tra rischio sistematico e non sistematico?
(b) Quale dei due è più importante per chi investe in azioni?
(c) Quale dei due può portare una società al fallimento?

1.5. **(a)** Perché tutti gli investitori dovrebbero investire una quota delle loro disponibilità nello stesso portafoglio di titoli rischiosi?
(b) Quali sono le ipotesi chiave?

1.6. Il tasso di rendimento atteso del portafoglio di mercato è pari al 12% e il tasso d'interesse privo di rischio è pari al 6%. Qual è il tasso di rendimento atteso di un titolo con un beta di: **(a)** 0,2; **(b)** 0,5 e **(c)** 1,4?

1.7. «L'*arbitrage pricing theory* è un'estensione del *capital asset pricing model*». Spiegate quest'affermazione.

1.8. «La composizione del passivo è il risultato del *trade-off* tra oneri fallimentari e convenienza fiscale del debito». Spiegate quest'affermazione.

1.9. **(a)** Cosa s'intende per *risk decomposition* e per *risk aggregation*?
(b) Quale delle due richiede un'approfondita comprensione dei singoli rischi?
(c) Quale delle due richiede una dettagliata conoscenza delle correlazioni tra i singoli rischi?

1.10. Il rischio operativo di una banca è il rischio di forti perdite per frodi da parte di impiegati, disastri naturali, liti giudiziarie, ecc. Verrà trattato nel Capitolo 20. Questo tipo di rischio si presta meglio a essere trattato con la *risk decomposition* o con la *risk aggregation*?

1.11. Il rapporto tra l'utile che verrà realizzato da una banca il prossimo anno e il valore delle attività si distribuisce in modo normale con media pari allo 0,6% e deviazione standard pari all'1,5%. Il patrimonio netto della banca è pari al 4% delle attività. Qual è la probabilità che tra 1 anno la banca continuerà ad avere un patrimonio netto positivo? Trascurate le imposte.

1.12. Perché le banche sono soggette a regole volte a garantire che non si espongano a rischi eccessivi mentre ciò non vale anche per le altre società (ad es. quelle che operano nel settore manifatturiero e delle vendite al dettaglio)?

1.13. Elencate gli oneri fallimentari cui è andata incontro la società considerata nel Riquadro 1.1.

1.14. L'anno scorso, il tasso di rendimento di mercato è stato pari al 10%. Il tasso d'interesse privo di rischio era pari al 5%. Il gestore di un *hedge fund* con un beta di 0,6 ha realizzato un alfa pari al 4%. Qual è stato il tasso di rendimento dell'*hedge fund*?

Parte I:
Istituzioni Finanziarie

Capitolo 2
Banche

La parola «banca» (*bank*) trae origine dal termine italiano "banco", un piano di legno sostenuto all'estremità da due montanti e coperto da un panno verde, che veniva utilizzato diverse centinaia d'anni fa dai banchieri fiorentini.

Il ruolo tradizionale delle banche è stato quello di raccogliere depositi e concedere prestiti. Il tasso d'interesse addebitato sui prestiti è maggiore del tasso d'interesse accreditato sui depositi. La differenza tra i due deve coprire i costi amministrative e le «perdite sui prestiti» (*loan losses*), ossia le perdite dovute al mancato pagamento di interessi e capitale, e deve consentire di offrire agli azionisti un tasso di rendimento adeguato.

Oggi, quasi tutte le banche di grandi dimensioni si occupano sia dei «servizi bancari commerciali» (*commercial banking*) sia dei «servizi bancari per gli investimenti» (*investment banking*). Il *commercial banking* consiste, tra l'altro, nel raccogliere depositi e concedere prestiti, come si è già detto. L'*investment banking* consiste nell'assistere le società nelle operazioni di collocamento dei titoli obbligazionari o azionari e nell'offrire servizi di consulenza su fusioni, acquisizioni, ristrutturazioni e altri temi di «finanza aziendale» (*corporate finance*). Spesso, le banche di grandi dimensioni si occupano anche della negoziazione di titoli, offrendo ad es. «servizi d'intermediazione mobiliare» (*brokerage services*).

Il *commercial banking* riguarda sia l'«attività bancaria all'ingrosso» (*wholesale banking*) sia l'«attività bancaria al dettaglio» (*retail banking*). Il *retail banking* consiste nel raccogliere depositi, relativamente piccoli, da persone fisiche o imprese e nel concedere prestiti, relativamente piccoli, agli stessi soggetti. Il *wholesale banking* consiste nel fornire servizi bancari a società medio-grandi, gestori di fondi e altre istituzioni finanziarie. Le dimensioni dei prestiti e dei depositi sono molto maggiori nel *wholesale banking* rispetto al *retail banking*.

In genere, lo *spread* tra il ricavo atteso dall'impiego e il costo della provvista è minore nel *wholesale banking* rispetto al *retail banking*. Tuttavia, il minore *spread* tende a essere compensato da minori costi (le perdite attese sui prestiti e i costi di amministrazione sono molto minori nel *wholesale banking* rispetto al *retail banking*). Le banche che fanno provvista sui mercati finanziari sono dette *money center banks*.

In questo capitolo vedremo come le banche commerciali e le banche d'investimento statunitensi si sono evolute nel corso degli ultimi cento anni.

TAVOLA 2.1 Concentrazione bancaria negli Stati Uniti.

Dimensione dell'attivo	1984			
	Numero	Quota (%)	Attività (mld. di $)	Quota (%)
Sotto $100 milioni	14.034	78,47	482,5	14,30
Tra $100 milioni e $1 miliardo	3.398	19,00	874,9	25,93
Tra $1 miliardo e $10 miliardi	425	2,38	1.078,6	31,97
Tra $10 miliardi e $250 miliardi	28	0.16	937,9	27,80
Oltre $250 miliardi	0	0,00	0,0	0,00
Totale	17.885	100,00	3.373,9	100,00
Dimensione dell'attivo	2023 (1° trimestre)			
	Numero	Quota (%)	Attività (mld. di $)	Quota (%)
Sotto $100 milioni	744	15,92	44,9	0,19
Tra $100 milioni e $1 miliardo	2.940	62,93	1.085,4	4,58
Tra $1 miliardo e $10 miliardi	828	17,72	2.265,2	9,55
Tra $10 miliardi e $250 miliardi	146	3,13	6.814,5	28,73
Oltre $250 miliardi	14	0,30	13.509,5	56,96
Totale	4.672	100,00	23.719,5	100,00

Fonte: FDIC Quarterly Banking Profile - www.fdic.gov.

Esamineremo il modo in cui vengono regolamentate, analizzeremo la natura dei rischi cui sono esposte e vedremo che il ruolo chiave svolto dal capitale è quello di servire da «cuscino» (*cushion*) per l'assorbimento delle perdite.

2.1 BANCHE COMMERCIALI

In quasi tutti i Paesi le banche sono soggette a numerosi vincoli regolamentari, perché lo Stato ritiene sia importante che gli individui e le imprese abbiano fiducia nel sistema bancario. Tra le questioni trattate dalle autorità di vigilanza figurano la quantità minima di capitale che le banche devono detenere, le attività che possono acquistare, l'assicurazione dei depositi e la misura in cui consentire fusioni e acquisizioni da parte di soggetti esteri. La natura della regolamentazione bancaria nel corso del XX secolo ha influenzato la struttura delle banche commerciali in diversi Paesi. Per illustrare questo punto, prenderemo in esame il caso degli Stati Uniti.

Negli Stati Uniti, il numero delle banche è molto elevato (4.672 nel primo trimestri del 2023), per cui il sistema dei pagamenti è relativamente complicato rispetto a quello di altri Paesi. Ci sono alcune *money center banks*, come Citigroup e J.P. Morgan Chase, diverse centinaia di banche regionali, che operano sia nel settore all'ingrosso sia in quello al dettaglio, e diverse migliaia di banche locali specializzate nel *retail banking*.

La Tavola 2.1 riporta i dati sulla concentrazione del sistema bancario statunitense prodotti dalla Federal Deposit Insurance Corporation (FDIC) per il 1984 e il 2023. Tra le due date, il numero delle banche è diminuito di circa il 74% [≈ (4.672

− 17.885)/17.885]. Nel 2023, c'erano meno banche locali e più banche di grandi dimensioni rispetto al 1984.

La struttura del sistema bancario statunitense è stata in gran parte determinata dalla regolamentazione dell'«attività bancaria oltre i confini dello Stato di origine» (*interstate banking*). All'inizio del ventesimo secolo, la maggior parte delle banche statunitensi aveva una sola «filiale» (*branch*) con cui venivano serviti i clienti. Successivamente, molte di queste banche hanno aperto nuove filiali per servire meglio la clientela. Questi sviluppi sono stati ostacolati per due motivi:

1. le piccole banche che avevano ancora una sola filiale temevano di perdere quote di mercato;
2. le grandi *money center banks* temevano che le banche multi-filiale sarebbero state in grado di offrire, tra l'altro, i servizi di «compensazione degli assegni» (*check-clearing*), erodendo così i loro profitti.

Pertanto, ci sono state pressioni per limitare l'espansione delle banche locali. In vari Stati sono state emanate leggi tese a limitare la possibilità di aprire più di una filiale.

Nel 1927 è stato emanato il McFadden Act, poi emendato nel 1933, che vietava a tutte le banche di aprire filiali in più di uno Stato. Questa restrizione valeva sia per le «banche d'interesse nazionale» (*nationally chartered banks*) sia per le «banche d'interesse statale» (*state-chartered banks*). Un modo per aggirare il McFadden Act è stato quello di creare delle «società finanziarie con partecipazioni in diverse banche» (*multibank holding companies*), che operavano come sussidiarie. Entro la fine del 1956 erano state costituite 47 *multibank holding companies*. Nel 1956 è stato emanato il Bank Holding Company Act e, l'anno dopo, il Douglas Amendment che non consentiva alle *multibank holding companies* di comprare banche in Stati che proibivano le acquisizioni al di fuori dei loro confini. Tuttavia, le acquisizioni effettuate prima del 1956 venivano «preservate»» (*grandfathered*). Non dovevano quindi essere liquidate.

Le banche sono state molto creative nell'aggirare le regole, soprattutto per aumentare gli utili. Dopo il 1956, uno dei metodi usati è stato quello di creare delle «società finanziarie con un'unica partecipazione bancaria» (*one-bank holding companies*). Le *one-bank holding companies* avevano un'unica sussidiaria bancaria e, negli Stati diversi da quello in cui operava la banca, diverse sussidiarie non bancarie. Queste ultime venivano utilizzate per creare una rete, al di fuori dello Stato, in grado di offrire servizi finanziari quali il «credito al consumo» (*consumer finance*), l'«elaborazione dati» (*data processing*), la «locazione finanziaria» (*leasing*).

Gli emendamenti del 1970 al Bank Holding Company Act hanno limitato le attività delle *one-bank holding companies*. È stato loro concesso di svolgere solo attività strettamente collegate con quella bancaria ed è stato loro imposto di alienare, entro la fine del 1980, le partecipazioni non conformi con le nuove norme. Le acquisizioni da parte delle *one-bank holding companies* sono state assoggettate all'approvazione della Federal Reserve.

Dopo il 1970, gli ostacoli all'*interstate banking* sono stati gradualmente rimossi. Alcuni Stati hanno emanato leggi tese a consentire alle banche di altri Stati di comprare le proprie banche locali (il Maine è stato il primo Stato a farlo, nel 1978). Altri Stati hanno deciso di concedere la piena libertà d'ingresso o di subordinare la libertà d'ingresso all'esistenza di accordi reciproci. In altri termini, lo Stato *A* concedeva la libertà d'ingresso alle banche dello Stato *B* solo se, a sua volta, lo Stato *B* concedeva la libertà d'ingresso alle banche dello Stato *A*. In alcuni casi, gruppi di Stati sottoscrissero accordi regionali che consentivano l'*interstate banking*.

Nel 1994 è stato emanato il Riegel-Neal Interstate Banking and Branching Efficiency Act che ha completamente rimosso gli ostacoli all'*interstate banking*. Il Riegel-Neal Act ha consentito alle *holding companies* bancarie di comprare filiali in altri Stati e ha annullato le leggi statali che consentivano l'*interstate banking* solo in caso di accordi reciproci o regionali. A partire dal 1997, le *holding companies* bancarie hanno potuto trasformare in filiali di un'unica banca le proprie sussidiarie bancarie dislocate al di fuori del territorio statale. Molti sostengono che questo tipo di consolidamento è stato necessario per consentire alle banche statunitensi di raggiungere dimensioni adeguate per competere a livello internazionale. Il Riegel-Neal Act ha spianato la strada al consolidamento del sistema bancario statunitense (un esempio significativo è quello dell'acquisizione, da parte di J.P. Morgan, di banche quali Chemical Banking Corp., Chase Manhattan Bank, Bear Stearns e Washington Mutual).

Il 21 luglio 2010, in conseguenza della Crisi Finanziaria Globale iniziata nel 2007, che ha portato al fallimento di molte banche, il presidente degli Stati Uniti, Barack Obama, ha emanato il Dodd-Frank Wall Street Reform and Consumer Protection Act. Il Dodd-Frank Act verrà trattato più avanti, nella Sezione 26.5.

2.2 REQUISITI PATRIMONIALI

Per illustrare il ruolo del capitale nell'attività bancaria, si consideri il seguente esempio.

Esempio 2.1

Il *business* dell'ipotetica banca DLC (Deposits and Loans Corporation) è quello tradizionale: raccolta di depositi e concessione di prestiti. La Tavola 2.2 e la Tavola 2.3 riportano lo stato patrimoniale e il conto economico di DLC per il 2023.

La Tavola 2.2 mostra che la banca ha attività per $100 milioni. La maggior parte delle attività è rappresentata da "prestiti", che formano l'80% del totale. Le "disponibilità liquide" e i "titoli negoziabili" formano il 15% del totale, mentre il restante 5% è rappresentato da "beni immobili" (edifici, impianti, ecc.). Il 90% delle passività è rappresentato da "depositi" effettuati dalla clientela e da altre controparti mentre il 5% è dovuto al "debito subordinato di lunga scadenza", ossia da obbligazioni di DLC sottoscritte da investitori che, in caso di liquidazione della banca, verranno soddisfatti dopo i depositanti. Il restante 5% è rappresentato dal «capitale proprio» (*equity capital*), pari alla somma dell'importo originariamente conferito dagli azionisti e delle riserve formatesi con gli utili non distribuiti.

Consideriamo ora il conto economico riportato nella Tavola 2.3. La prima voce è rappresentata dai «redditi netti da interessi» (*net interest income*), ossia dal saldo tra gli interessi percepiti e quelli corrisposti. Questa voce è pari al 3% delle attività. È importante che la banca venga gestita in modo che il reddito netto da interessi rimanga pressoché costante, indipendentemente dal livello dei tassi d'interesse. Quest'aspetto verrà ulteriormente discusso nella Sezione 14.4.

La voce successiva è rappresentata dalle «perdite su crediti» (*loans loss*). Si tratta di un importo pari allo 0,8% delle attività. Naturalmente, la gestione e la quantificazione dei rischi di credito sono cruciali per una banca. Tuttavia, quale che sia l'attenzione che la banca dedica all'esame della salute finanziaria della clientela, prima di concedere un prestito, è inevitabile che qualche debitore risulterà insolvente. In questi casi si avranno perdite su crediti. Questi importi tenderanno a fluttuare di anno in anno, in funzione della congiuntura economica. In alcuni anni i «tassi d'insolvenza» (*default rates*) risulteranno alti e in altri bassi.

Sez. 2.2   Requisiti Patrimoniali

TAVOLA 2.2 Stato patrimoniale di DLC (fine 2023, $ milioni).

Attività		*Passività e Patrimonio Netto*	
Disponibilità liquide	5	Depositi	90
Titoli negoziabili	10	Debito subordinato di lunga scadenza	5
Prestiti	80	Patrimonio netto	5
Beni immobili	5		
Totale	100	Totale	100

TAVOLA 2.3 Conto economico di DLC (2023, $ milioni).

Redditi netti da interessi	3,00
Perdite su crediti	(0,80)
Altri redditi	0,90
Altri costi	(2,50)
Utile operativo prima delle imposte	0,60

La voce successiva, gli "altri redditi", è formata dai redditi derivanti da attività diverse da quella della concessione di prestiti. Tra queste rientrano la negoziazione di titoli, le commissioni percepite per l'organizzazione di finanziamenti obbligazionari o azionari per le società e le commissioni derivanti da molti altri servizi che la banca offre alla sua clientela, individuale o societaria. Nel caso di DLC, gli altri redditi rappresentano lo 0,9% delle attività.

L'ultima voce è rappresentata dagli "altri costi" ed è pari al 2,5% delle attività. Comprende tutte le spese diverse da quelle per interessi. In essa figurano la remunerazione dei dipendenti, le spese di tipo tecnologico e altri esborsi. Come nel caso di altre importanti settori economici, questi costi tendono a crescere nel tempo se non sono monitorati con attenzione. Le banche devono cercare di evitare di subìre forti perdite per liti giudiziarie, interruzione del servizio, frodi da parte di impiegati, ecc. Il rischio associato con questo tipo di perdite è detto «rischio operativo» (*operational risk*). Verrà trattato nel Capitolo 20.

Adeguatezza del Capitale

Un indicatore di *performance* è la «redditività del capitale proprio» (*return on equity* - ROE). La Tavola 2.2 e la Tavola 2.3 mostrano che il ROE di DLC, prima delle imposte, è pari al 12% (= $0,6 / $5). Se questo livello non viene considerato soddisfacente, un modo per migliorarlo potrebbe essere quello di procedere all'«acquisto di azioni proprie» (*buyback*) e di sostituire il finanziamento azionario con la raccolta in forma di depositi, in modo da ridurre il denominatore del rapporto.

Esempio 2.2

Se si passa dalla Tavola 2.2 alla Tavola 2.4, il patrimonio netto scende da $5 milioni a $1 milione e i depositi salgono da $90 a $94 milioni. A parità di utile operativo prima delle imposte ($0,60 milioni), il ROE passa dal 12% (= $0,6 / $5) al 60% (= $0,6 / $1).

Il patrimonio netto riportato nella Tavola 2.2 è pari al 5% delle attività mentre quello "estremo" riportato nella Tavola 2.4 è pari all'1% delle attività. Questi livelli sono adeguati? Uno dei modi per rispondere a questa domanda è quello di considerare uno scenario fortemente avverso per poi verificare se la banca sarebbe sopravvissuta in questa situazione di *stress*.

TAVOLA 2.4 Stato patrimoniale di DLC: nuova ipotesi (fine 2018, $ milioni).

Attività		Passività e Patrimonio Netto	
Disponibilità liquide	5	Depositi	94
Titoli negoziabili	10	Debito subordinato a lunga scadenza	5
Prestiti	80	Patrimonio netto	1
Beni immobili	5		
Totale	100	Totale	100

Esempio 2.3

Supponiamo che si determini una severa recessione e che le perdite su crediti che la banca subirà il prossimo anno passino dallo 0,8% al 4% delle attività.

Se le altre voci del conto economico restano invariate, la banca regista una perdita prima delle imposte pari al 2,6% delle attività (contro il +0,6% dell'anno precedente). Con un'aliquota fiscale pari al 30%, la perdita dopo le imposte risulterà pari all'1,8% [= 2,6% × (1 − 0,3)] delle attività (contro il +0,4% dell'anno precedente).[1]

Nella Tavola 2.2 il patrimonio netto è pari al 5,0% delle attività, per cui la banca sarà in grado di assorbire una perdita dopo le imposte pari all'1,8% delle attività. Il patrimonio netto passerà al 3,2% (= 5,0% − 1,8%) delle attività. Anche se ci fosse un secondo anno con lo stesso risultato, la banca sarebbe ancora in grado di sopravvivere perché il patrimonio netto resterebbe comunque positivo.

Esempio 2.4

Supponiamo che la struttura del passivo di DLC sia più aggressiva (Tavola 2.4). Non cambia nulla rispetto alla Tavola 2.2 fatta eccezione per il fatto che il patrimonio netto è ora pari all'1% delle attività (contro il precedente 5%) e che i depositi rappresentano il 94% delle attività (contro il precedente 90%). In questo caso basterebbe un anno di perdite dopo le imposte pari all'1,8% delle attività per far svanire l'intero patrimonio. Non c'è dubbio che la banca cercherebbe di raccogliere nuovo capitale in forma azionaria ma è molto probabile che, con una posizione finanziaria così debole, il suo tentativo non andrebbe a buon fine.

Ci sarebbe una fuga dai depositi e la banca sarebbe forzata a dichiarare il proprio fallimento. Se tutte le attività venissero liquidate al valore nominale (ipotesi molto forte), è probabile che i portatori delle obbligazioni subordinate riceverebbero $4,2 milioni (contro $5 di valore nominale), poiché è su di essi che si scaricherebbe l'effetto di un patrimonio netto negativo per $0,8 (= $1 − $1,8) milioni. Invece i depositanti verrebbero rimborsati in pieno.

Si noti che tanto le azioni quanto il debito subordinato rappresentano entrambi fonti di capitale per la banca. Il capitale azionario offre la migliore protezione contro gli eventi avversi (nell'Esempio 2.3 in cui il patrimonio netto è di $5 milioni, piuttosto che di $1, la banca resta solvibile e non viene liquidata). Se la banca viene liquidata, i portatori delle obbligazioni subordinate vengono soddisfatti dopo i depositanti. Tuttavia, il debito subordinato a lungo termine non offre alla banca una protezione altrettanto buona rispetto a quella offerta dal capitale in forma azionaria. Come si è visto in quest'esempio, la presenza del debito subordinato non ha impedito l'insolvenza della banca.

Come vedremo più avanti (dal Capitolo 25 al Capitolo 27), le autorità di vigilanza si sono adoperate per far sì che le banche abbiano un capitale sufficiente a coprire i rischi verso cui sono esposte: rischi di mercato, rischi di credito, rischi operativi, ecc.

---

[1] Si ipotizza che le perdite fiscali possano essere portate a compensazione di utili pregressi.

2.3 ASSICURAZIONE DEI DEPOSITI

Per mantenere la fiducia nelle banche, le autorità di vigilanza di molti Paesi hanno introdotto piani assicurativi che garantiscano i depositanti dal rischio di perdite, almeno fino a un certo livello.

Gli Stati Uniti, che hanno un numero elevato di piccole banche, sono particolarmente soggetti alle insolvenze bancarie. Dopo il *crash* dei mercati azionari del 1929, hanno subìto una severa recessione e – dal 1930 al 1933 – circa 10.000 insolvenze bancarie. Le «corse agli sportelli» (*bank runs*) e i casi di panico sono stati frequenti. Nel 1933, il governo degli Stati Uniti ha creato la Federal Deposit Insurance Corporation (FDIC) per offrire garanzie assicurative ai depositanti. Originariamente, il massimo livello di protezione fornito era di $2.500. Questo livello è aumentato diverse volte. Nell'ottobre 2008 è stato portato a $250.000 per depositante (per ciascuna delle banche con cui il depositante intrattiene rapporti). Le banche pagano un premio che è commisurato ai «depositi di residenti» (*domestic deposits*). Il rapporto tra premio e depositi dipende dal patrimonio netto della banca e da quanto la banca viene considerata «sicura» (*safe*) dalla autorità di vigilanza.

Fino al 1980, il sistema ha funzionato bene. Non ci sono stati *bank runs* e poche banche sono fallite. Le insolvenze sono, però, progressivamente aumentate tra il 1980 e il 1990. In questi dieci anni, i fallimenti bancari sono stati oltre 1.000, un numero superiore a quello delle insolvenze registrate dal 1933 al 1979.

I motivi di questo fenomeno sono diversi:

1. uno è dovuto al modo in cui le banche trattavano il rischio d'interesse, come vedremo nel Capitolo 14;
2. un altro motivo è riconducibile alla riduzione del prezzo del petrolio e di altre merci, che si è tradotta nel mancato rimborso di prestiti concessi a società operanti nel settore del petrolio e del gas, oltre che nel settore agricolo;
3. un terzo motivo è che l'esistenza dell'«assicurazione dei depositi» (*deposit insurance*) ha indotto le banche a seguire strategie rischiose che non sarebbero state altrimenti possibili. Ad es., offrendo ai depositanti tassi d'interesse più elevati, potevano aumentare la base dei depositi e utilizzare i fondi per concedere prestiti rischiosi. Senza l'assicurazione dei depositi, la banca non avrebbe potuto seguire questa strategia perché i depositanti, vedendo che il comportamento della banca metteva a rischio i loro risparmi, avrebbero ritirato i propri fondi. In presenza dell'assicurazione dei depositi, la banca può seguire una strategia rischiosa perché i depositanti sanno che, se le cose vanno male, vale comunque la garanzia della FDIC. È questo un esempio di «azzardo morale» (*moral hazard*). Lo tratteremo nel Capitolo 3. Il *moral hazard* può essere definito come la possibilità che l'esistenza dell'assicurazione cambi il comportamento della parte assicurata. L'introduzione di premi basati sui coefficienti di rischio delle banche, cui si è fatto cenno in precedenza, attenua in una qualche misura il *moral hazard*.

Nel corso degli anni '80, la FDIC ha visto ridursi notevolmente i propri fondi ed è stata costretta a chiedere al Tesoro un finanziamento di $30 miliardi. Nel dicembre 1991, è stato emanato il FDIC Improvement Act per prevenire la possibilità che la FDIC possa fallire. Tra il 1991 e il 2006, i fallimenti bancari negli Stati Uniti sono stati relativamente rari e alla fine del 2006 la FDIC aveva riserve per circa $50 miliardi. In seguito alla Crisi Finanziaria Globale iniziata nel 2007, le insolvenze bancarie hanno svuotato le casse della FDIC. Le riserve sono state poi ricostituite entro la fine del 2022.

2.4 BANCHE D'INVESTIMENTO

La principale occupazione delle «banche d'investimento» (*investment banks*) consiste nel provvedere al finanziamento di società o Stati, curandone l'emissione di titoli obbligazionari o azionari. L'emissione dei titoli richiede tre fasi: «creazione» (*origination*), «sottoscrizione» (*underwriting*), «collocamento» (*placing*).

In genere, la società prende contatto con l'*investment bank* indicando di voler raccogliere fondi in forma di azioni, obbligazioni o strumenti ibridi come le obbligazioni convertibili.

Le caratteristiche dei «titoli» (*securities*) vengono definite in un documento legale che descrive i diritti di chi li acquista. Viene quindi redatto un prospetto che riporta la *performance* storica della società e le sue prospettive. Vengono dettagliatamente descritti i rischi cui la società è esposta a causa di eventi quali l'esito di cause giudiziarie in corso. Viene poi organizzata una «serie di presentazioni» (*road show*), da parte della banca e del *senior management* della società, per promuovere il collocamento dei titoli presso gli investitori istituzionali. La banca e la società si mettono d'accordo sul prezzo di vendita dei titoli e la banca li colloca sul mercato.

Il collocamento può avvenire in due diverse forme:

1. «collocamento con trattativa privata» (*private placement*);
2. «collocamento con offerta al pubblico» (*public offering*).

Nel primo caso la banca riceve una «commissione» (*fee*) per collocare i titoli presso una ristretta cerchia di investitori istituzionali, quali compagnie d'assicurazione e fondi pensione. Nel secondo caso, i titoli vengono collocati presso il pubblico dei risparmiatori.

Il *public offering* può essere «al meglio» (*best efforts placement*) o «a fermo» (*firm commitment*). Nel caso di *best efforts placement*, la banca fa il possibile per collocare i titoli presso gli investitori e la sua commissione dipende, in una certa misura, dall'esito del collocamento. Nel caso di *firm commitment*, la banca acquista i titoli dalla società a un certo prezzo e cerca poi di collocarli sul mercato a un prezzo leggermente più alto. L'utile d'intermediazione è pari alla differenza tra il prezzo di vendita e il prezzo d'acquisto dei titoli. Se, per un qualsiasi motivo, non riesce a collocarli, finirà per tenerli nel suo portafoglio.

Le due tipologie di collocamento sono illustrate nel seguente esempio.

Esempio 2.5

Una banca deve collocare 50 milioni di azioni dell'ABC Corporation. È stato concordato che il prezzo netto unitario per la società sia di $30. In altri termini, la società si aspetta di incassare $1.500 (= $30 × 50) milioni. La banca può offrire al cliente un *best efforts placement* o un *firm commitment*. Nel primo caso, chiede una commissione di $0,30 per ogni azione collocata. Se riesce a collocare tutte le azioni, il suo ricavo complessivo sarà di $15 (= $0,30 × 50) milioni. Nel secondo caso la banca si impegna a sottoscrivere l'intera emissione a $30 per azione.

La banca ritiene di essere in grado di collocare l'intera emissione, ma è incerta sul prezzo di vendita. Per definire il rischio dell'operazione, considera due scenari alternativi. Nel primo il prezzo di vendita è pari a $32, mentre nel secondo è di $29.

Nel *best efforts placement*, il ricavo complessivo della banca è sempre pari a $15 milioni, quale che sia lo scenario. Nel *firm commitment*, il ricavo è incerto. Se il prezzo di vendita è pari a $32, il ricavo complessivo è di $100 [= ($32 – $30) × 50] milioni, dato che la banca si è impegnata a pagare ad ABC Corporation $30 per azione. Se invece il prezzo di vendita è pari a $29, la banca chiude l'operazione in perdita. Dato che si è impegnata a pagare ad ABC Corporation $30 per azione, il ricavo è pari a –$50 [= ($29 – $30) × 50] milioni.

Queste cifre sono sintetizzate nella tavola seguente.

Prezzo di vendita	Ricavo complessivo per la banca	
	best efforts placement	*firm commitment*
$29	+$15 milioni	–$50 milioni
$32	+$15 milioni	+$100 milioni

La banca sceglierà l'effettivo tipo di collocamento, *best efforts placement* o *firm commitment*, dopo aver stimato le probabilità di ciascuno dei due scenari alternativi. La scelta dipenderà dalla sua «propensione al rischio» (*risk appetite*), un concetto che verrà trattato nella Sezione 24.1.

Quando deve curare il collocamento delle azioni di una società che è già quotata in borsa, la banca può definire il prezzo di vendita sulla base delle quotazioni osservate qualche giorno prima che il collocamento abbia luogo. In genere, il «prezzo obiettivo» (*target price*) è leggermente inferiore alla quotazione di borsa. Il principale rischio è quello di un forte ribasso della quotazione immediatamente prima che inizi il collocamento.

IPOs

Quando la società non è quotata in borsa, il collocamento delle azioni rappresenta un'«offerta pubblica iniziale» (*initial public offering* - IPO).

In genere, le modalità dell'IPO sono quelle tipiche di un *best efforts placement*. Il corretto prezzo di vendita è difficile da determinare e dipende dalle stime sul valore della società effettuate dalla banca d'investimento. Il prezzo di mercato di un'azione viene determinato semplicemente dividendo il valore della società per il numero delle azioni in circolazione. Il prezzo di vendita è in genere minore del prezzo di mercato, perché la banca d'investimento non vuole correre il rischio del mancato collocamento (in genere, le commissioni a suo favore non dipendono dal prezzo di vendita).

Spesso, immediatamente dopo l'IPO, si osserva un forte aumento delle quotazioni (a volte anche dell'ordine del 40%). Questo vuol dire che la società avrebbe potuto raccogliere più fondi se il prezzo di vendita fosse stato più alto, ma anche che le IPOs sono dei buoni affari per molti investitori.

Spesso le banche offrono le azioni delle IPOs a gestori selezionati tra i migliori clienti e a dirigenti di grandi società, nella speranza di fare affari con loro. Questo fenomeno è detto «tornitura» (*spinning*). Non è illegale, ma è visto male dalle autorità di vigilanza.

Asta Olandese

A volte le società hanno utilizzato il metodo dell'«asta olandese» (*Dutch auction*) per le loro IPOs. Anche in questi casi va redatto un prospetto e di solito c'è un *road show*. Persone fisiche e giuridiche partecipano all'asta indicando il numero delle azioni che vogliono comprare e il prezzo unitario che sono disposte a pagare. Le azioni vengono allocate al miglior offerente, quindi al successivo e così via, finché l'intera offerta non viene assorbita. Il prezzo pagato da tutti gli «aggiudicatari» (*successful bidders*) è pari al prezzo più basso tra quelli da essi indicati. Le richieste fatte a questo prezzo vengono soddisfatte *pro quota*.

Esempio 2.6

Una società vuole collocare 1 milione di azioni con un'IPO e decide di utilizzare il metodo dell'asta olandese. Le proposte d'acquisto sono riportate nella seguente tavola.

Partecipanti	Numero di azioni	Prezzo unitario ($)
A	100.000	30,00
B	200.000	28,00
C	50.000	33,00
D	300.000	29,00
E	150.000	30,50
F	300.000	31,50
G	400.000	25,00
H	200.000	30,25

In questo caso, le azioni vengono innanzitutto allocate a C, e poi – nell'ordine – a F, E, H, A. A questo punto sono state assorbite 800.000 azioni. Ne restano 200.000, ma il successivo aggiudicatario, D, ne ha chieste 300.000. La sua richiesta viene soddisfatta *pro quota*, ossia per 2/3 (= 200.000 / 300.000). Il prezzo pagato da tutti gli aggiudicatari (C, F, E, H, A, D) è pari al prezzo indicato da D, ossia $29,00.

Il metodo dell'asta olandese evita, almeno in teoria, due problemi (già menzionati) che riguardano le IPOs tradizionali:

1. innanzitutto, nelle aste olandesi, il prezzo di vendita è uguale al prezzo di mercato (se tutti i possibili investitori partecipano all'asta);
2. inoltre, si evita la possibilità che le banche d'investimento offrano le azioni solo ai loro migliori clienti.

Tuttavia, questo metodo non consente alla società di sfruttare le relazioni tra banche d'investimento e grandi investitori istituzionali, che facilitano di solito il rapido collocamento delle azioni di una IPO. Una IPO di alto profilo realizzata con il metodo dell'asta olandese è stata quella di Google nel 2004 (Riquadro 2.1).

SPACs

Le «società di acquisizione per scopi speciali» (*special purpose acquisition companies* - SPACs) rappresentano un altro modo per collocare le azioni presso il pubblico. Le SPACs sono «società di comodo» (*shell companies*) che raccolgono capitali attraverso un IPO per fondersi con un'altra società e poi collocarla sul mercato. In genere hanno 2 anni di tempo per completare l'acquisizione o restituire i fondi agli investitori. C'è stata una «bolla SPAC» (*SPAC bubble*) nel primo trimestre del 2021, quando 295 SPACs hanno raccolto 96 miliardi di dollari (nel 2010 erano state create solo 2 SPACs). Il Riquadro 2.2 tratta il caso della SPAC di Donald Trump.

Riquadro 2.1 L'IPO di Google.

Nel 2004, Google –la società che ha sviluppato il famoso motore di ricerca per Internet – decise di «collocare le sue azioni presso il pubblico» (*to go public*) e di utilizzare il metodo dell'«asta olandese» (*Dutch auction*). Il collocamento venne curato da Morgan Stanley e Credit Suisse First Boston. La SEC autorizzò l'emissione per un controvalore massimo di $2.718.281.828 (perché questa strana cifra? La costante matematica e è pari a 2,718281828 ...). Il metodo effettivamente utilizzato nell'IPO non fu un'asta olandese pura perché Google volle riservarsi il diritto di modificare il numero delle azioni da emettere e la quota da allocare a ogni «partecipante all'asta» (*bidder*) una volta che fossero state rese note le «proposte d'acquisto» (*bids*).

Alcuni *traders* si aspettavano che il prezzo di vendita sarebbe stato di $120, ma Google – dopo aver esaminato le proposte d'acquisto – decise che il prezzo di vendita sarebbe stato pari a $85. Il numero delle azioni collocate e il valore complessivo dell'emissione furono pari, rispettivamente, a 19.605.052 e a $1,67 ($\approx$ $85 × 0,019605052) miliardi. La quota allocata a ogni *trader* che aveva offerto $85 o più per azione fu pari al 74,2% del numero di azioni richiesto. La data dell'IPO fu il 19 agosto 2004. Molte società avrebbero esaudito al 100% le richieste dei *traders*, in modo da incassare $2,25 ($\approx$ $85 × 0,019605052 / 0,742) miliardi invece di $1,67, ma forse Google riteneva – correttamente – che avrebbe poi potuto collocare senza difficoltà altre azioni a un prezzo più elevato.

La capitalizzazione di borsa iniziale fu di $23,1 miliardi, con oltre il 90% delle azioni in mano ai dipendenti, tra cui i fondatori, Sergei Brin e Larry Page, e il CEO, Eric Schmidt. Nel primo giorno di contrattazione, le azioni chiusero a $100,34, il 18% ($\approx$ $100,34/$85 − 1) in più del prezzo di collocamento. Il giorno dopo ci fu un ulteriore aumento del 7%. Pertanto, le azioni erano state sottovalutate in fase di collocamento – ma non così tanto quanto altre azioni tecnologiche collocate con i tradizionali metodi delle IPOs.

Il costo dell'IPO di Google (commissioni pagate alle banche d'investimento, ecc.) fu pari al 2,8% del valore delle azioni collocate (contro il 4% di una tipica IPO).

Ci furono alcuni errori, ma, fortunatamente per Google, questi non impedirono che il collocamento venisse portato avanti con successo. Sergei Brin e Larry Page furono intervistati da *Playboy* nell'aprile 2004 e l'intervista apparve nel numero di settembre della rivista. Furono così violate le norme SEC secondo le quali – prima di un'IPO – deve esserci un «periodo tranquillo» (*quiet period*), senza campagne pubblicitarie. Per evitare sanzioni da parte della SEC, Google dovette includere l'intervista a Playboy (insieme ad alcune correzioni) nella «documentazione» (*filings*) inviata alla SEC. Inoltre, Google ammise di aver dimenticato di registrare 23,2 milioni di azioni e 5,6 milioni di *stock options*.

Dopo l'IPO, la quotazione delle azioni Google crebbe rapidamente. Circa un anno dopo, nel settembre 2005, Google fu in grado di raccogliere altri $4,18 miliardi collocando, a un prezzo unitario di $295, altre 14.159.265 azioni (perché questa strana cifra? La costante matematica π è pari a 3,14159265 ...).

Servizi di Consulenza

Oltre ad assistere le società nel collocamento di nuovi titoli, le banche d'investimento offrono servizi di consulenza per «fusioni e acquisizioni» (*mergers and acquisitions* - M&A), disinvestimenti, ristrutturazioni, ecc. Aiutano a individuare sia le società da prendere in considerazione per possibili fusioni o «scalate» (*takeovers*) sia i compratori di rami aziendali da cedere. Offrono consulenza anche al *management* di società che sono oggetto di fusioni o scalate. A volte suggeriscono le azioni da intraprendere per evitare di essere oggetto di una fusione o di una scalata, le cosiddette «pillole avvelenate» (*poison pills*).

Riquadro 2.2 Special Purpose Acquisition Companies (SPACs): il caso Trump.

Le Special Purpose Acquisition Companies (SPACs) hanno fatto notizia nel 2021-22 quando è stato reso noto che una SPAC, la Digital World Acquisition Corp (DWAC), era stata utilizzata per collocare sul mercato la Trump Media & Technology Group (TMTG), una società di Donald Trump creata per lanciare una nuova piattaforma di *social media*, in concorrenza con Twitter e Facebook che avevano «bandito» (*banned*) l'ex presidente a causa del suo ruolo nell'«assalto al Campidoglio» (*Capitol riots*) del 6 gennaio 2021.

La DWAC ha attirato l'attenzione delle autorità di vigilanza perché è stata accusata di aver tenuto incontri con Trump prima del collocamento, senza comunicare la notizia agli investitori.

Esempi di *poison pills* sono:

1. aggiungere allo «statuto» (*charter*) una clausola in base alla quale, se un'altra società acquista un terzo delle azioni, gli altri azionisti hanno il diritto di venderle le loro azioni a un prezzo pari al doppio del livello medio corrente;
2. concedere ai propri dipendenti-chiave delle *stock options* che «si vestono» (*vest*), ossia diventano esercitabili, in caso di *takeover*. Questa clausola rende più difficile l'acquisizione di una partecipazione di controllo e può determinare un esodo di dipendenti-chiave subito dopo il *takeover*, facendo sì che alla nuova proprietà resti solo una «scatola vuota» (*empty shell*);
3. aggiungere allo statuto delle clausole che rendano impossibile il licenziamento dell'attuale dirigenza per uno o due anni dall'acquisizione;
4. emettere azioni privilegiate che si trasformano automaticamente in azioni ordinarie quando si verifica un cambiamento nel controllo della società;
5. aggiungere allo statuto una clausola che dia ai vecchi azionisti il diritto di acquistare nuove azioni a prezzi scontati durante o dopo un *takeover*. Questa pratica è nota come «rovesciata» (*flip in*);
6. cambiare i diritti di voto in modo che le azioni del *management* abbiano più voti di quelle degli altri azionisti.

Le *poison pills*, che sono illegali in molti Paesi al di fuori degli Stati Uniti, devono essere approvate dalla maggioranza degli azionisti. Spesso, gli azionisti si oppongono perché le vedono come strumenti che vanno a esclusivo beneficio del *management*. Tuttavia, le *poison pills* possono far sì che gli azionisti ricevano, per le loro azioni, un prezzo più elevato di quello che avrebbero ricevuto altrimenti.[2]

La valutazione, la strategia e la tattica sono aspetti chiave dei servizi offerti dalle banche d'investimento.

Esempio 2.7

Nell'offrire servizi di consulenza alla Società A su un possibile *takeover* nei confronti della Società B, la banca d'investimento deve valutare la Società B e aiutare la Società A a individuare le possibili sinergie tra le due società. Inoltre, la banca deve valutare se è meglio offrire contanti agli azionisti della Società B o effettuare uno scambio di azioni, ossia dare un certo numero di azioni della Società A in cambio di ogni azione della Società B.

Quale dovrebbe essere la proposta iniziale? Quale si aspetta che sarà la proposta finale? La banca deve decidere qual è il modo migliore per prendere contatto con i *senior managers* della So-

---

[2] Per una discussione delle *poison pills* si veda si veda HERON, R. A., e LIE, E., "On the Use of Poison Pills and Defensive Payouts by Takeover Targets", *Journal of Business*, Vol. 79, No. 6, 1783-1807, 2006.

cietà B ed analizzare il loro atteggiamento. Il *takeover* sarà ostile o amichevole? Verrà cioè osteggiato o favorito dai *managers* della Società B? In alcuni casi, la banca dovrà anche affrontare le questioni legate alla legislazione antitrust e sarà necessaria l'approvazione da parte di qualche organo dello Stato.

2.5 NEGOZIAZIONE TITOLI

Spesso le banche si occupano della «negoziazione titoli» (*securities trading*), agendo in qualità di *broker* o di *market maker* su singoli titoli. In questo settore, le banche competono con le «società finanziarie d'intermediazione mobiliare» (*securities firms*), che non offrono gli altri servizi bancari.

Come vedremo più avanti (Sezione 26.5), il Dodd-Frank Act non consente alle banche statunitensi di negoziare in proprio. In altre nazioni, il *proprietary trading* è consentito, ma di solito deve essere organizzato in modo che le perdite non ricadano sui titolari dei depositi.

Le banche commerciali e le banche d'investimento di maggiore dimensione sono molto attive nella negoziazione titoli. A parte il *proprietary trading* (che può essere o non essere consentito), le banche possono negoziare per conto della clientela (ad es. trattando un derivato che riduca il rischio valutario di un certo cliente) o possono negoziare per proprio conto (ad es. trattando un derivato che copra la propria esposizione nei confronti di un certo rischio).

I *brokers* sono "agenti di cambio" che raccolgono gli ordini dei clienti e li trasmettono in borsa affinché vengano eseguiti. Alcuni *brokers* operano a livello nazionale, altri a livello locale.

I *full-service brokers*, mettono a disposizione dei clienti i risultati dei propri «studi sulle opportunità d'investimento» (*investment research*) e offrono servizi di consulenza. Altri, i *discount brokers*, addebitano commissioni più basse, ma non offrono servizi di consulenza. Alcuni offrono servizi *online* e altri ancora, come E-trade, mettono a disposizione dei clienti una piattaforma che consente di operare direttamente sui mercati.

I *market makers* sono intermediari che quotano due prezzi: un «prezzo denaro» (*bid price*), al quale sono disposti a comprare, e un «prezzo lettera» (*ask price* o *offer price*), al quale sono disposti a vendere. Quando viene loro richiesta una quotazione, i *market makers* quotano entrambi i prezzi, senza sapere se le controparti intendono acquistare o vendere. Il margine d'intermediazione dei *market makers* è rappresentato dal «differenziale denaro-lettera» (*bid-ask spread*), che dovrebbe compensarli per il rischio di trovarsi ad avere un portafoglio di posizioni eccessivamente sbilanciate.

Sono diverse le borse che utilizzano i *market makers* per le negoziazioni di azioni, opzioni e *futures*. Di solito, esse definiscono il livello massimo dei *bid-ask spreads*. In passato, le banche hanno operato da *market makers* anche nei mercati «fuori borsa» (*over the counter* - OTC), negoziando *forwards*, *swaps* e opzioni (si veda il Capitolo 5 per una discussione di questi contratti).

2.6 CONFLITTI D'INTERESSE

Sono diversi i possibili conflitti d'interesse nei settori del *commercial banking* e dell'*investment banking*, soprattutto quando queste attività vengono svolte sotto lo stesso ombrello societario.

Ad es.:

1. quando le viene chiesta una consulenza in materia d'investimenti, la banca potrebbe essere tentata di raccomandare i titoli che sta cercando di collocare. Quelli per i quali il collocamento è più difficile potrebbero essere «piazzati» (*stuffed*) nelle «gestioni fiduciarie» (*fiduciary accounts*), i cui investimenti sono delegati alla banca;
2. nelle fasi istruttorie per la concessione dei prestiti, le banche commerciali ricevono spesso informazioni confidenziali sulle società da finanziare. Potrebbero essere tentate di passare queste informazioni – utili per possibili *takeovers* – a chi si occupa di fusioni e acquisizioni;
3. i «servizi studi» (*research departments*) delle banche d'investimento potrebbero essere tentati di raccomandare l'acquisto delle azioni di una certa società per compiacerne il *management* e ottenerne in cambio nuove commesse;
4. supponiamo che una banca commerciale non desideri più avere in bilancio un prestito erogato a una certa società, la cui probabilità d'insolvenza – secondo informazioni ricevute in via confidenziale – è sensibilmente aumentata. La banca commerciale potrebbe essere tentata di chiedere alla banca d'investimento di organizzare il collocamento di un prestito obbligazionario della società in questione, il cui ricavato sarebbe destinato a estinguere il prestito della banca. L'effetto sarebbe quello di sostituire il prestito concesso dalla banca con un prestito concesso da investitori meno informati.

A causa di questi possibili conflitti d'interesse, gli organi legislativi di alcuni Paesi hanno cercato in passato di separare il *commercial banking* dall'*investment banking*. Negli Stati Uniti, il Glass-Steagall Act del 1933 aveva limitato la possibilità che le banche commerciali si occupassero delle attività proprie delle banche d'investimento, e viceversa. Le banche commerciali potevano continuare a sottoscrivere i titoli del Tesoro e le obbligazioni di alcuni «enti locali» (*municipalities*). Potevano anche curare i collocamenti di titoli con trattative private, ma non potevano occuparsi di altre attività, come ad. es. i collocamenti con offerta al pubblico. Analogamente, le banche d'investimento non potevano raccogliere depositi e concedere prestiti.

Nel 1987, il Federal Reserve Board ha allentato le regole ed ha consentito alle banche di creare delle *holding companies* con due sussidiarie, una specializzata nel *commercial banking* e l'altra nell'*investment banking*. I ricavi di quest'ultima non potevano superare una certa percentuale dei ricavi complessivi del gruppo.

Nel 1997, le regole furono ulteriormente allentate, in modo da consentire alle banche commerciali di acquistare le banche d'investimento esistenti. Infine, nel 1999, fu approvato il Financial Services Modernization Act, che eliminava di fatto tutte le restrizioni alle operazioni di banche, compagnie d'assicurazione e *securities firms*. Nel 2007, le grandi banche d'investimento senza legami con le banche commerciali erano cinque: Goldman Sachs, Morgan Stanley, Merrill Lynch, Bear Stearns e Lehman Brothers. Nel 2008 – a causa della Crisi Finanziaria Globale – Lehman Brothers è fallita, Bear Stearns è stata acquistata da J.P. Morgan Chase e Merrill Lynch è stata acquistata da Bank of America. Goldman Sachs e Morgan Stanley sono diventate *holding companies* con interessi sia nel *commercial banking* sia nell'*investment banking*. Di conseguenza, hanno dovuto ridurre la propria «leva finanziaria» (*leverage*) e sono state assoggettate a più stringenti requisiti regolamentari. Negli Stati Uniti, il 2008 è stato un anno che ha segnato la fine di un'era per l'*investment banking*.

Non siamo tornati al "mondo Glass-Steagall", in cui le banche commerciali erano separate dalle banche d'investimento, ma è sempre più richiesto che l'amministrazione dei depositi venga protetta in modo da evitare che possa essere contaminata da perdite nel settore dell'*investment banking*.

2.7 BANCHE DI GRANDI DIMENSIONI

Le banche di grandi dimensioni operano in modo globale e in diversi settori. Si occupano dell'attività bancaria tradizionale, raccogliendo depositi, concedendo prestiti e offrendo servizi di compensazione degli assegni, a livello nazionale e internazionale. Sono anche attive nel settore delle carte di credito, dei servizi bancari per telefono oppure *online* e dei «Bancomat» (*automated teller machines* - ATMs). Offrono alle imprese i servizi amministrativi per «paghe e contributi» (*payrolls*) e, come si è già detto, sono attive nel settore della negoziazioni titoli.

Le banche offrono linee di credito a persone fisiche e a persone giuridiche. In particolare, offrono numerosi servizi alle imprese esportatrici. Le società possono negoziare con le banche diversi contratti per proteggersi dai rischi connessi con le variazioni dei tassi di cambio, dei prezzi delle merci, dei tassi d'interesse e di altre variabili di mercato (questi contratti verranno discussi in altri capitoli). Le imprese si possono proteggere anche dai rischi atmosferici.

Le banche si basano sulle analisi svolte dai propri servizi studi per suggerire ai clienti di acquistare ("*buy*"), vendere ("*sell*") o mantenere ("*hold*") determinati titoli. Inoltre, offrono servizi d'intermediazione mobiliare, se agiscono come *discount brokers* o come *full-service brokers*, e servizi di gestione fiduciaria, se sono pronte a gestire i portafogli titoli dei clienti. I loro servizi studi analizzano le tendenze macroeconomiche e i possibili interventi delle banche centrali, producono previsioni sui tassi d'interesse, i tassi di cambio, i prezzi delle merci e altre variabili. Le banche offrono ai clienti numerosi fondi comuni e, a volte, i propri *hedge funds*. È sempre più frequente anche l'offerta di prodotti assicurativi.

Le banche d'investimento hanno piena libertà quando si tratta di sottoscrivere titoli emessi da Stati sovrani o da società. Possono offrire le loro consulenze in tema di fusioni e acquisizioni e su altri argomenti di finanza aziendale. Come vengono risolti i conflitti d'interesse menzionati nella Sezione 2.6? Le banche erigono "barriere" tra le diverse aree di attività. Sono queste le cosiddette «muraglie cinesi» (*Chinese walls*). Queste barriere interne impediscono il passaggio delle informazioni da un'area all'altra della banca quando occorre tutelare gli interessi della clientela.

Ci sono stati casi ben noti di violazione di queste regole, da parte di banche di grandi dimensioni, che hanno comportato pesanti multe e «cause legali» (*lawsuits*). Il *top management* è fortemente incentivato a far rispettare le *Chinese walls*. Non si tratta solo di evitare multe e cause giudiziarie, ma di mantenere la buona reputazione della banca, che rappresenta il bene di maggior valore. La cattiva pubblicità associata alle violazioni delle regole in tema di conflitti d'interesse può portare a una perdita di fiducia nei confronto della banca e alla perdita di clienti in diverse aree di attività.

Aspetti Contabili

È opportuno, a questo punto, descrivere brevemente i modi in cui le banche calcolano i profitti e le perdite sulle diverse operazioni. Se le operazioni generano delle commissioni, come avviene nella maggior parte delle attività d'*investment banking*, il calcolo è semplice. In tal caso si applicano le regole proprie della «contabilità per competenza» (*accrual accounting*), come in qualsiasi altra impresa.

Per le altre attività bancarie, bisogna tener conto dell'importante distinzione tra «portafoglio bancario» (*banking book*) e «portafoglio di negoziazione» (*trading book*). Come dice il nome, il *trading book* è formato dall'insieme di tutti i contratti in cui la banca entra quando effettua operazioni di *trading*. Le attività e le passività presenti nel *trading book* sono soggette al *marking to market* giornaliero. Questa procedura fa sì che i valori delle attività e delle passività presenti nel *trading book* siano costantemente allineati alle quotazioni di mercato.

Esempio 2.8
Se la banca compra una certa attività per $100 e il giorno successivo il prezzo scende a $60, la banca registra immediatamente una perdita di $40 (= $100 − $60), anche se non ha nessuna intenzione di chiudere la posizione.

A volte, non è facile stimare il valore dei contratti, non essendoci quotazioni per contratti analoghi a quello negoziato dalla banca. Questo si verifica, ad es., quando il mercato per quel genere di contratti è insufficientemente liquido, oppure quando il contratto in questione è rappresentato da un derivato complesso, fuori standard, che non viene negoziato spesso e per il quale non esistono quotazioni di riferimento. Tuttavia, ci si aspetta che le banche dispongano in questi casi di un "prezzo di mercato" ricavato sulla base di un modello. La procedura adottata è chiamata *marking to model* perché le banche usano un modello per determinare il valore del contratto (si veda il Capitolo 22 per un'analisi del rischio di modello e un'ulteriore discussione degli aspetti contabili).

Il *banking book* è formato dall'insieme dei prestiti concessi a persone fisiche o a persone giuridiche. In passato, queste attività non sono state assoggettate al *marking to market*. Tuttavia, le cose sono cambiate. L'IFRS9 dell'International Accounting Standards Board (IASB) e le analoghe norme contabili emanate negli Stati Uniti dal Financial Accounting Standards Board (FASB) prevedono che i creditori debbano aggiustare il valore del portafoglio crediti in base alla stima delle perdite attese. L'orizzonte temporale da utilizzare per la stima è pari a 1 anno per lo IASB e all'intera vita del prestito per il FASB. Tuttavia, quando il rischio di credito è alto, anche lo IASB richiede che venga utilizzata l'intera vita del prestito.

Le nuove regole sono, almeno in parte, la conseguenza della Crisi Finanziaria Globale. Le banche avevano concesso mutui *subprime* a soggetti che non erano in grado di far fronte al servizio del debito e, dato che non erano obbligate a registrare le perdite prima che si fossero manifestate concretamente, a volte hanno fatto ricorso a espedienti per evitare di far emergere i prestiti in sofferenza (Riquadro 2.3).

Cartolarizzazioni

Il *business* della banca DLC (Deposits and Loans Corporation), considerata nella Sezione 2.2 (Tavola 2.2 - Tavola 2.4), è quello tradizionale: raccogliere depositi e concedere prestiti. In alternativa, le banche possono seguire il «modello "promuovere per distribuire"» (*originate-to-distribute model*). In questo secondo caso, le banche svolgono il ruolo di «promotrici» (*originators*) dei prestiti e non si impegnano a mantenerli in bilancio. I prestiti vengono «impacchettati» (*packaged*) in prodotti strutturati, le cui *tranches* vengono cedute agli investitori.

Riquadro 2.3 Come evitare di far emergere i prestiti in sofferenza.

Quando un debitore si trova in difficoltà finanziarie e non è in grado di far fronte ai pagamenti per capitale e interessi, le banche potrebbero essere tentate di prestargli altro denaro così da consentirgli di onorare gli impegni presi. Quest'espediente viene chiamato «riscadenzamento del debito» (*debt rescheduling*). Consente alle banche di contabilizzare gli interessi maturati sui prestiti ed evita (o almeno posticipa) il riconoscimento delle perdite su crediti.

Negli anni '70, le banche statunitensi e quelle di altri Paesi hanno concesso enormi finanziamenti all'Europa dell'Est, all'America Latina e ad altri «Paesi in via di sviluppo» (*less developed countries* - LDCs). Alcuni finanziamenti miravano a far crescere le infrastrutture del Paese ma altri erano meno giustificabili (ad es., un prestito venne utilizzato per finanziare l'incoronazione di un *leader* africano). A volte, il denaro finì nelle tasche di qualche dittatore. Ad es., si ritiene che nelle Filippine, la famiglia di Ferdinand Marcos abbia trasferito miliardi di dollari nei propri conti bancari.

Nei primi anni '80, molti Paesi in via di sviluppo non sono stati in grado di onorare gli impegni presi. Una possibilità è stata quella del «disconoscimento del debito» (*debt repudiation*). Un'altra possibilità, meno "aggressiva", è quella del *debt rescheduling*: gli interessi sui prestiti sono stati capitalizzati grazie a ulteriori fondi raccolti dalle banche. I Paesi in via di sviluppo avevano ben presente che le banche volevano evitare di far emergere prestiti in sofferenza, per poter presentare bilanci con utili lusinghieri. Pertanto, avevano una forte posizione negoziale quando i pagamenti a servizio del debito non venivano effettuati e le banche si trovavano in prossimità delle scadenze trimestrali di bilancio.

Nel 1987, Citicorp (ora Citigroup) fu la prima banca a rifiutarsi di riscadenzare il debito dei Paesi debitori (e aumentò di $3 miliardi le sue riserve per perdite su crediti). Altre banche con forti esposizioni nei confronti dei Paesi in via di sviluppo ne seguirono l'esempio.

Il modello *originate-to-distribute* è stato utilizzato, per diversi anni, nel mercato statunitense dei «mutui ipotecari» (*mortgages*). Per accrescere la liquidità di questo mercato e facilitare l'accesso alla proprietà delle abitazioni, sono state create tre agenzie supportate dallo Stato: la Government National Mortgage Association (GNMA), detta "Ginnie Mae", la Federal National Mortgage Association (FNMA), detta "Fannie Mae", e la Federal Home Loan Mortgage Corporation (FHLMC), detta "Freddie Mac".

Queste agenzie acquistano una «serie» (*pool*) di mutui dalle banche e da altri *originators*, ne «impacchettano» (*package*) i relativi «flussi di cassa» (*cash flows*) e, dopo aver garantito il pagamento puntuale di interessi e capitale, li vendono agli investitori. Di solito, gli investitori si assumono il cosiddetto rischio di «estinzione anticipata» (*prepayment*), ossia il rischio che i mutui vengano estinti anticipatamente in seguito a una riduzione dei tassi d'interesse. Non si assumono però alcun rischio di credito perché i mutui sono garantiti da GNMA, FNMA o FHLMC. Nel 1999, queste agenzie hanno iniziato a garantire i mutui *subprime*. Sono così incorse in serie difficoltà finanziarie.[3]

Il modello *originate-to-distribute* è stato utilizzato per molti tipi di prestiti bancari, tra cui: prestiti agli studenti, prestiti commerciali, mutui commerciali, «mutui per la casa» (*residential mortgages*), «prestiti con carte di credito» (*credit card receivables*). Fatta eccezione per i mutui garantiti dalle agenzie sopra menzionate, di

---

[3] GNMA è sempre stata un organismo governativo, mentre FNMA e FHLMC erano società private. In seguito alle difficoltà finanziarie del 2008, il governo degli Stati Uniti è dovuto intervenire ed ha assunto il completo controllo di FNMA e FHLMC.

solito sono gli investitori che si assumono il rischio di credito quando i prestiti vengono impacchettati e collocati sul mercato.

Le procedure seguite dalle banche che seguono il modello *originate-to-distribute* sono chiamate «cartolarizzazioni» (*securitizations*). Questo nome deriva dal fatto che gli attivi bancari vengono trasformati in "carta", ossia in titoli da collocare sul mercato.

Le cartolarizzazioni sono operazioni interessanti per le banche, perché consentono di acquisire risorse da utilizzare per nuovi impieghi. Consentono anche di «liberare» (*free up*) capitale che può essere utilizzato per coprire rischi assunti in altri settori dell'attività bancaria (questa possibilità è particolarmente gradita se la banca ritiene che i requisiti patrimoniali a fronte dei prestiti siano eccessivamente elevati). La banca riceve una commissione come *originator* del prestito e un'ulteriore commissione se svolge i servizi amministrativi dopo che il prestito è stato ceduto.

Come vedremo nel Capitolo 7, il modello *originate-to-distribute* è andato fuori controllo nel periodo 2000-6. Le banche hanno allentato i propri standard nelle istruttorie per la concessione di mutui e la qualità creditizia degli attivi cartolarizzati è nettamente diminuita. Questi comportamenti hanno causato una grave crisi finanziaria. È quindi iniziato un periodo nel quale le banche non hanno più potuto utilizzare le cartolarizzazioni perché è venuta la mancare la fiducia degli investitori nei titoli così creati.

2.8 RISCHI BANCARI

Le operazioni bancarie danno origine a diversi rischi. Gran parte del resto di questo libro è dedicata all'esame dettagliato di questi rischi.

Le autorità di vigilanza impongono alle banche di detenere capitale sufficiente per far fronte ai rischi che si assumono. Nel 1988, sono stati definiti gli *standards* internazionali per i requisiti patrimoniali delle banche. Questi *standards*, e il modo in cui si sono evoluti, verranno descritti più avanti (dal Capitolo 25 al Capitolo 27). Le banche devono detenere capitale a fronte di tre tipologie di rischio: il rischio di credito, il rischio di mercato e il rischio operativo.

Il rischio di credito è il rischio che le controparti – in un prestito o in un derivato – falliscano. In genere, questo è sempre stato il rischio più importante per una banca. Il rischio di mercato deriva soprattutto dalle operazioni di *trading* effettuate dalla banca. È il rischio che il valore dei contratti presenti nel *trading book* diminuisca. Il rischio operativo, che ora viene spesso considerato il principale rischio bancario, è il rischio di perdite causate dal malfunzionamento dei sistemi interni o da eventi esterni.

L'orizzonte temporale utilizzato dalle autorità di vigilanza per misurare le perdite dovute al rischio di credito e al rischio operativo è pari a 1 anno, mentre quello utilizzato per misurare le perdite dovute al rischio di mercato è di solito molto più breve. L'obiettivo delle autorità di vigilanza è quello di far sì che le banche abbiano livelli patrimoniali sufficientemente elevati, in modo che le probabilità di fallimento siano molto basse.

Oltre al «capitale regolamentare» (*regulatory capital*), la maggior parte delle banche di grandi dimensioni calcola il cosiddetto «capitale economico» (*economic capital*). Quest'argomento verrà trattato nel Capitolo 28. Il capitale economico è il capitale che la banca ritiene di dover avere sulla base delle indicazioni fornite dai propri modelli, in alternativa ai modelli prescritti dalle autorità di vigilanza

Il capitale economico è spesso inferiore a quello regolamentare. Tuttavia, le banche non possono non rispettare i minimi patrimoniali previsti dalle autorità di vigilanza. La forma che il capitale può assumere (azioni, debito subordinato, ecc.) è anch'essa prescritta dalle autorità di vigilanza. Per evitare di dover raccogliere capitale con breve preavviso, le banche cercano di assicurarsi che i livelli patrimoniali siano ben al di sopra dei minimi regolamentari.

Quando, nel 2007-8, le banche hanno reso nota l'entità delle perdite subite sui mutui *subprime*, molte hanno dovuto raccogliere in fretta nuovo capitale azionario. Parte di questo capitale è stato fornito dai «fondi sovrani» (*sovereign wealth funds* - SWFs), ossia da fondi d'investimento controllati dal governo di un Paese.

Esempio 2.9
Citigroup, che ha riportato perdite dell'ordine di $40 miliardi, ha ricevuto capitale azionario per $7,5 miliardi dall'Abu Dhabi Investment Authority nel novembre 2007 e per $14,5 miliardi da Singapore, Kuwait e altri investitori nel gennaio 2008. Successivamente, Citigroup e molte altre banche hanno avuto bisogno dell'iniezione di fondi statali per poter sopravvivere.

SOMMARIO

Le banche sono complesse organizzazioni globali che si occupano di diversi tipi di attività. Oggi, le banche di maggiori dimensioni raccolgono depositi, concedono prestiti, sottoscrivono titoli sul mercato primario, li negoziano sul mercato secondario, offrono servizi d'intermediazione mobiliare, gestioni fiduciarie, servizi di consulenza su molte temi di finanza aziendale, fondi comuni d'investimento, servizi agli *hedge funds*, ecc.

Sono diversi i possibili conflitti d'interesse nell'attività bancaria. Per evitarli, le banche si sono auto-regolamentate. È importante che i *senior managers* si adoperino affinché queste regole vengano rispettate. I costi in termini di reputazione, cause giudiziarie e multe derivanti da comportamenti inappropriati, a vantaggio di un cliente (o della banca) e a spese di un altro, possono essere molto rilevanti.

Ci sono ora accordi internazionali per la regolamentazione delle banche. Di conseguenza, il capitale che le banche devono detenere a fronte dei rischi che si assumono non varia troppo da Paese a Paese. Molte nazioni hanno adottato programmi assicurativi che proteggono i piccoli depositanti dalle perdite conseguenti ai fallimenti bancari. Questi programmi tutelano la fiducia nei confronti del sistema bancario ed evitano prelievi di massa dai depositi quando si diffondono cattive notizie su qualche banca, o anche solo «voci» (*rumors*) di difficoltà finanziarie.

SUGGERIMENTI PER ULTERIORI LETTURE

HERON, R. A., e LIE, E., "On the Use of Poison Pills and Defensive Payouts by Takeover Targets", *Journal of Business*, Vol. 79, No. 6, 1783-1807, 2006.

DOMANDE E PROBLEMI
(le risposte si trovano alla fine del libro)

2.1. Com'è cambiato il grado di concentrazione del sistema bancario statunitense tra il 1984 e il 2023?

2.2. Quali interventi normativi spiegano l'elevato numero di banche locali negli Stati Uniti?

2.3. Quali rischi si assume una banca che finanzia prestiti a lungo termine, a tasso fisso, con depositi a breve?

2.4. Un *trader* che lavora per la banca DLC (cfr. la Tavola 2.2 e la Tavola 2.3) perde $7 milioni in operazioni su cambi. Cosa pensate che succeda?

2.5. Cosa s'intende per "redditi netti da interessi"?

2.6. Considerate il conto economico di DLC riportato nella Tavola 2.3. Quali voci è più probabile che siano soggette a: **(a)** rischio di credito, **(b)** rischio di mercato e **(c)** rischio operativo?

2.7. **(a)** Spiegate i termini *private placement* e *public offering*.
(b) In una *public offering*, qual è la differenza tra *best efforts* e *firm commitment*?

2.8. In un'asta olandese sono state presentate le seguenti proposte d'acquisto:

Partecipanti	Numero di azioni	Prezzo unitario ($)
A	20.000	100
B	30.000	93
C	50.000	110
D	70.000	88
E	60.000	80
F	10.000	105
G	90.000	70
H	80.000	125

Le azioni vendute all'asta sono 150.000.
(a) Quante azioni riceve ogni *trader*?
(b) Qual è il prezzo pagato dagli aggiudicatari?

2.9. **(a)** Quali sono i vantaggi di un'asta olandese rispetto a una classica IPO?
(b) Quali sono state le peculiarità dell'IPO di Google rispetto a una tipica asta olandese?

2.10. A volte il *management* sostiene che le *poison pills* si traducono in un vantaggio per gli azionisti, perché consentono di far aumentare il prezzo pagato dai possibili acquirenti. Discutete quest'affermazione.

2.11. **(a)** Fate almeno tre esempi dei possibili conflitti d'interesse presenti nelle banche di grandi dimensioni.
(b) Come vengono gestiti?

2.12. Spiegate la differenza tra *banking book* e *trading book*.

2.13. Come sono cambiate le regole contabili per i prestiti bancari dopo la Crisi Finanziaria Globale?

2.14. Cos'è il «modello "promuovere per distribuire"» (*originate-to-distribute model*)?

Capitolo 3
Compagnie d'Assicurazione e Fondi Pensione

Il ruolo svolto dalle compagnie d'assicurazione è quello di offrire protezione dagli eventi avversi. Le società o gli individui che cercano protezione sono detti "contraenti assicurati" o «titolari delle polizze» (*policyholders*). Gli assicurati effettuano pagamenti periodici, detti «premi» (*premiums*), e ricevono dei pagamenti dalle compagnie d'assicurazione se certi eventi specifici si verificano. Di solito si distingue tra «assicurazione vita» (*life insurance*) e «assicurazione danni» (*property-casualty insurance*), con una terza categoria dedicata all'«assicurazione sanitaria» (*health insurance*).

In genere, i contratti d'assicurazione del ramo vita durano diversi anni e offrono ai titolari delle polizze un pagamento che dipende dal verificarsi dell'evento "morte". Invece, i contratti d'assicurazione del ramo danni durano un anno (anche se sono rinnovabili a scadenza) e offrono agli assicurati un rimborso in caso di sinistri (incidenti, incendi, furti, ecc.).

Le assicurazioni esistono da molto tempo:

1. nell'antica Grecia del 200 avanti Cristo, già esisteva una forma di assicurazione "caso vita", in cui il titolare della polizza, dietro versamento di un premio unico il cui importo variava in funzione dell'età dell'assicurato, si garantiva una rendita vitalizia;
2. gli antichi Romani avevano una polizza "caso morte" che garantiva ai parenti del titolare un certo pagamento in caso di morte del congiunto;
3. nell'antica Cina già esisteva una forma di assicurazione "danni": se la nave di un mercante affondava, gli altri mercanti erano tenuti a versagli un compenso.

I «piani pensionistici offerti dai datori di lavoro» (*employer pension plans*) sono forme di assicurazione per i dipendenti delle società. Sono disegnati in modo da offrire agli assicurati un reddito dopo la cessazione del rapporto di lavoro. In genere, i contributi pensionistici vengono pagati mensilmente e sono a carico sia della società sia dei dipendenti. Le disponibilità affluite ai fondi pensione vengono investite in modo da consentire di offrire un reddito ai pensionati.

In questo capitolo verrà descritto il funzionamento dei contratti offerti dalle compagnie d'assicurazione, verranno esaminati i rischi cui le compagnie sono esposte e le regole cui sono soggette. Verranno anche analizzate le principali caratteristiche dei fondi pensione.

3.1 ASSICURAZIONE VITA

Nei contratti d'assicurazione del ramo vita, il pagamento a favore dei beneficiari dipende – almeno in parte – da quando il titolare della polizza morirà.

Al di fuori degli Stati Uniti:

1. il termine *life "assurance"* viene usato per descrivere un contratto in cui l'evento contro cui ci si assicura deve certamente verificarsi (ad es., un contratto che pagherà ai beneficiari $100.000 in caso di morte del titolare della polizza);
2. il termine *life "insurance"* viene usato per descrivere un contratto in cui l'evento contro cui ci si assicura non deve necessariamente verificarsi (ad es., un contratto che pagherà ai beneficiari $100.000 in caso di morte accidentale del titolare della polizza).

Negli Stati Uniti, tutte le polizze vita vengono chiamate con il termine *life insurance* e questa è la terminologia che verrà qui seguita.

Esistono diversi tipi di assicurazione sulla vita. Le polizze disponibili variano da Paese a Paese. Passeremo in rassegna quelle più comuni.

Temporanea

L'«assicurazione "caso morte" temporanea» (*term life insurance* o *temporary life insurance*) dura per un numero prefissato di anni. Se il titolare dell'assicurazione muore durante la vita della polizza, la compagnia d'assicurazione paga ai beneficiari un importo predeterminato, pari al valore nominale della polizza. Se il titolare dell'assicurazione non muore durante la vita della polizza, la compagnia d'assicurazione non effettua alcun pagamento.

Il titolare della polizza è tenuto a corrispondere alla compagnia d'assicurazione i premi pattuiti (mensili o annuali) fino alla scadenza della polizza o fino alla sua morte, se questa si verifica prima della scadenza del contratto. In genere, il valore nominale della polizza resta inalterato o diminuisce col passare del tempo, mentre i premi restano in genere inalterati. Un caso in cui i premi non sono costanti è quello dell'«assicurazione "caso morte" temporanea rinnovabile annualmente» (*annual renewable term life insurance*). In occasione del rinnovo annuale del contratto, la compagnia d'assicurazione chiede al cliente il versamento di un premio che è commisurato alla sua età, ma non dipende dalle sue condizioni di salute.

Il motivo più comune per cui si sottoscrive una polizza temporanea è quello di sollevare i propri familiari dagli oneri del mutuo in caso di morte.

Esempio 3.1

Un individuo di 35 anni, con un mutuo che scade tra 25, potrebbe sottoscrivere una polizza "caso morte" temporanea con scadenza dopo 25 anni e valore nominale che diminuisce col passare del tempo. In caso di morte del titolare della polizza, il pagamento effettuato dalla compagnia d'assicurazione a favore dei beneficiari potrebbe consentire loro di estinguere il mutuo.

A Vita Intera

L'«assicurazione "caso morte" a vita intera» (*whole life insurance* o *permanent life insurance*) offre protezione per l'intera vita dell'assicurato. Il titolare della polizza è tenuto a corrispondere alla compagnia d'assicurazione i premi pattuiti (mensili o annuali) fino alla sua morte. In tale data, il valore nominale della polizza viene pagato ai beneficiari.

Mentre nella polizza temporanea non c'è certezza che il pagamento venga effettuato, nella polizza vitalizia il pagamento verrà senz'altro effettuato, ammesso che il titolare della polizza continui a versare regolarmente i premi (l'unica incertezza riguarda la data di pagamento). Non sorprende quindi che i premi previsti dalle polizze a vita intera siano notevolmente più elevati di quelli relativi alle polizze temporanee. Di solito, i premi e il valore nominale delle polizze a vita intera restano inalterati nel tempo.

Spesso, gli assicurati possono «riscattare» (*redeem*) le polizze, ossia «recedere» (*surrender*) dai contratti, oppure utilizzarle come garanzie per prendere in prestito denaro. A volte, gli assicurati cedono le polizze a investitori che le pagano più di quel che verrebbe offerto dalle compagnie d'assicurazione. In questi casi, gli investitori si accollano il pagamento dei premi e aspettano la morte degli assicurati per incassare il valore nominale delle polizze dalle compagnie d'assicurazione.

Esempio 3.2

Supponiamo che un uomo di 40 anni compri una polizza "caso morte" a vita intera con valore nominale di $1 milione. Il premio annuo è di $15.000.

Nel 1° anno, il costo atteso per la compagnia d'assicurazione è molto minore di $15.000. Come vedremo più avanti, nella Tavola 3.1, la probabilità condizionata che un uomo di 40 anni muoia tra il 40° e il 41° compleanno è pari a 0,003333. Ne segue che il costo atteso per la compagnia d'assicurazione è di $3.333 (= $1.000.000 × 0,003333). Pertanto, nel 1° anno, il *cash flow* atteso della polizza è pari a $11.667 (= $15.000 – $3.333).

Supponendo che il titolare della polizza non muoia nel corso del 1° anno, all'inizio del 2° anno viene nuovamente pagato il premio di $15.000. La probabilità condizionata che un uomo di 41 anni muoia tra il 41° e il 42° compleanno è pari a 0,003464. Ne segue che, per la compagnia d'assicurazione, il costo atteso condizionato, è di $3.464 (= $1.000.000 × 0,003464). Pertanto, nel 2° anno, il *cash flow* atteso condizionato è pari a $11.536 (= $15.000 – $3.464).

Il costo atteso condizionato continua ad aumentare col passare del tempo finché a un certo punto diventa maggiore del premio pagato. Ad es, supponendo che non muoia prima, il titolare della polizza verserà un premio di $15.000 quando compirà 70 anni. A quell'età, la probabilità condizionata di morire tra il 70° e il 71° compleanno è pari a 0.026137. Ne segue che, per la compagnia d'assicurazione, il costo atteso condizionato, è di $26.137 (= $1.000.000 × 0.026137). Pertanto, nel 71° anno, il *cash flow* atteso condizionato è pari a –$11.667 (= $15.000 – $26.137).

Il corrispondente *cash flow* atteso non condizionato (–$8.087), visto alla data di sottoscrizione della polizza, è pari al prodotto tra quest'importo (–$11.667) e la probabilità che un uomo di 40 anni sia ancora vivo in occasione del suo 70° compleanno (0,726155 = 0,68565 / 0,94422). [Questo calcolo non tiene conto del valore temporale del denaro.]

L'evoluzione del *cash flow* atteso non condizionato è illustrata nella Figura 3.1. Fino al compimento del 61° compleanno, il *cash flow* è positivo. Si parla in questi casi di *surplus* del premio. Negli anni successivi il *cash flow* è negativo, finché giunge quasi ad annullarsi quando il titolare della polizza compie il suo 100° compleanno, un evento la cui probabilità è minima.

La Figura 3.1 mostra che c'è una forma di risparmio nelle assicurazioni a vita intera. Nei primi anni, il risparmio rappresentato dal *surplus* del premio viene investito dalla compagnia d'assicurazione per coprire i futuri *cash flows* negativi.

Molte giurisdizioni prevedono benefici fiscali per le polizze vita. Se l'assicurato fosse lui stesso a investire il *surplus* del premio, i frutti dell'investimento verrebbero tassati annualmente in base alla sua aliquota ordinaria. Se invece è la compagnia d'assicurazione a investirlo, i frutti vengono tassati solo alla morte dell'assicurato, quando viene effettuato il pagamento a favore dei beneficiari della polizza.

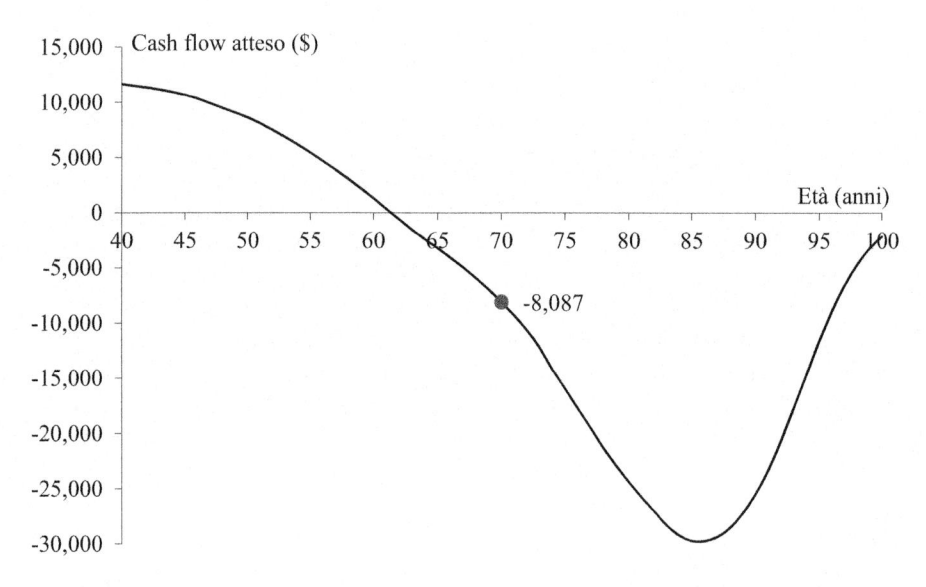

Figura 3.1 Assicurazione "a vita intera" per un uomo di 40 anni: *cash flow* atteso.

A Prestazioni Variabili

Dato che, nelle polizze a vita intera, i premi iniziali vengono investiti per conto del titolare della polizza, una naturale evoluzione consiste nel consentire all'assicurato di specificare la tipologia dell'investimento. L'«assicurazione a prestazioni variabili» (*variable life insurance* - VL) è una forma di assicurazione sulla vita in cui il *surplus* iniziale dei premi viene investito in un fondo (azionario, obbligazionario o monetario) scelto dall'assicurato.

Di solito, nel contratto viene specificato l'importo minimo che verrà pagato ai beneficiari in caso di morte dell'assicurato, ma l'importo effettivo potrà essere maggiore se la *performance* del fondo è buona. Se il titolare della polizza lo desidera, il reddito prodotto dall'investimento potrà essere portato in deduzione dai premi dovuti. Di solito, l'assicurato può scegliere, in qualsiasi momento, di passare da un fondo a un altro.

Universal

Tra le forme di assicurazione a vita intera figura la *universal life insurance* (UL). Quest'assicurazione prevede che il titolare possa ridurre il premio fino a un importo minimo prefissato senza che la copertura assicurativa venga meno. Il *surplus* dei premi viene investito in prodotti a tasso fisso, come obbligazioni, mutui e strumenti di mercato monetario. La compagnia d'assicurazione garantisce un certo tasso di rendimento minimo, ad es. il 4%, sui fondi così investiti. L'assicurato ha due possibilità: chiedere che, in caso di morte, venga pagato un importo prefissato ai beneficiari, oppure chiedere che ai beneficiari venga corrisposto un importo più elevato qualora il tasso di rendimento degli investimenti risulti maggiore del minimo garantito. È chiaro che in questo secondo caso i premi dovuti saranno più elevati.

Variable-Universal

La *variable-universal life insurance* (VUL) ha caratteristiche intermedie tra quelle delle polizze di tipo VL e UL. Il titolare della polizza può scegliere tra diverse alternative d'investimento. La compagnia d'assicurazione garantisce il pagamento di un importo minimo ai beneficiari, in caso di morte dell'assicurato. Il reddito prodotto dagli investimenti può essere portato in deduzione dai premi dovuti e i premi possono essere ridotti fino a un importo minimo prefissato senza che la copertura assicurativa venga meno.

A Prestazioni Definite

L'«assicurazione a prestazioni definite» (*endowment life insurance*) dura per un periodo prefissato e paga ai beneficiari un certo importo, prima della scadenza, se il titolare della polizza muore o, alla scadenza, se è ancora in vita. Ne esistono diversi tipi. Si può specificare in anticipo che l'importo pagato debba essere lo stesso sia in caso di morte sia in caso di sopravvivenza del titolare della polizza. A volte, il pagamento viene effettuato anche quando l'assicurato subisce un'invalidità permanente. Se la polizza è del tipo *with profits*, la compagnia d'assicurazione comunica periodicamente l'entità del *bonus*, che dipende dalla *performance* degli investimenti. Il *bonus* va in aumento del pagamento che verrà effettuato ai beneficiari della polizza. Se la polizza è «agganciata al valore unitario delle quote di un fondo comune» (*unit-linked*), l'importo pagato dipende dalla *performance* del fondo scelto dall'assicurato. Le assicurazioni a prestazioni definite del tipo «"caso vita"» (*pure endowment*) sono caratterizzate dal fatto che il pagamento viene effettuato solo nel caso in cui l'assicurato sia in vita alla scadenza della polizza.

Collettiva

L'«assicurazione collettiva sulla vita» (*group life insurance*) offre protezione a molte persone con un'unica polizza, che viene spesso acquistata dalle società per i propri dipendenti. La polizze possono essere «a premio condiviso» (*contributory*), quando il pagamento del premio è a carico sia del datore di lavoro sia del dipendente, o «a premio non condiviso» (*noncontributory*), quando il pagamento del premio è a totale carico del datore di lavoro. Nelle assicurazioni collettive sono presenti economie di scala. I costi di distribuzione e di amministrazione sono più bassi. Mentre nelle polizze individuali sulla vita gli assicurati devono sottoporsi a esami medici, nelle assicurazioni collettive le visite mediche non sono in genere previste. La compagnia d'assicurazione sa che, in alcuni casi, i rischi saranno superiori alla media, ma che in altri saranno inferiori alla media.

3.2 RENDITE VITALIZIE

Tra i prodotti offerti da diverse compagnie d'assicurazione del ramo vita figurano anche le «rendite vitalizie» (*lifetime annuities*). Mentre le assicurazioni sulla vita trasformano i pagamenti periodici dell'assicurato nel pagamento di un «unico importo» (*lump sum*) da parte della compagnia d'assicurazione, le rendite producono l'effetto opposto: trasformano una *lump sum* a favore della compagnia d'assicurazione in una serie di pagamenti a favore dell'assicurato. Questi pagamenti iniziano in una certa data e durano per tutta la vita dell'assicurato.

In alcuni casi, la rendita inizia a decorrere dalla stessa data in cui avviene il pagamento della *lump sum* da parte dell'assicurato. Di solito, però, trascorrono parecchi anni prima che inizi a essere erogata, in modo da consentire alla compagnia d'assicurazione di precostituire i fondi necessari. In quest'ultimo caso si parla di «rendita differita» (*deferred annuity*). Invece di effettuare un unico versamento, a volte l'assicurato effettua versamenti periodici (mensili, trimestrali o annuali) a favore della compagnia d'assicurazione.

Al pari delle assicurazioni sulla vita, le rendite vitalizie possono consentire di differire il pagamento delle imposte, perché le imposte vanno pagate solo quando si incassano le rate della rendita. Il valore raggiunto dai fondi investiti dalla compagnia d'assicurazione per conto dell'assicurato è detto «valore accumulato» (*accumulation value*). Di solito, i fondi possono essere ritirati anticipatamente, ma sono previste delle penali. In altre parole, il «valore di recesso» (*surrender value*) è in genere minore del valore accumulato, dato che la compagnia d'assicurazione deve recuperare i costi di distribuzione e di amministrazione. A volte, le polizze prevedono, ogni anno, la possibilità di «prelievi senza penali» (*penalty-free withdrawals*) fino a una certa percentuale del valore accumulato o dell'investimento originale. Nel caso in cui l'assicurato muoia prima della data di decorrenza della rendita (e a volte anche nel caso in cui venga ospitato in una casa di riposo), l'intero valore accumulato può essere ritirato senza dover pagare alcuna penale.

Negli Stati Uniti, le rendite possono avere «opzioni incorporate» (*embedded options*). A volte, quando il valore accumulato viene calcolato in modo da seguire da vicino un indice azionario (ad es. lo S&P 500), possono essere previsti limiti inferiori e superiori per la *performance* dell'indice. Se, in un certo anno, la *performance* dell'indice è minore del limite inferiore, il valore accumulato cresce in base al limite inferiore; se invece la *performance* dell'indice è maggiore del limite superiore, il valore accumulato cresce in base al limite superiore; altrimenti, cresce in base allo stesso tasso dell'indice.

Esempio 3.3

Supponiamo che i limiti, inferiore e superiore, siano pari, rispettivamente, allo 0% e all'8%. Il titolare della rendita è sicuro che il valore accumulato non diminuirà mai, ma in cambio deve rinunciare a godere dell'eventuale eccedenza dei tassi di crescita rispetto all'8%.

In questi tipi di contratto, il titolare della rendita non viene in genere compensato per i dividendi che avrebbe altrimenti ricevuto nel caso di un investimento diretto nelle azioni sottostanti l'indice. Inoltre, la compagnia d'assicurazione si riserva il diritto di variare la misura dei limiti, inferiore e superiore, da un anno all'altro. Questi tipi di contratto piacciono agli investitori che vogliono beneficiare di eventuali rialzi del mercato azionario, ma che sono restii a sopportare il rischio di una riduzione del valore accumulato. A volte, il modo in cui il valore accumulato cresce da un anno all'altro è determinato da una funzione complessa della *performance* dell'indice.

Nel Regno Unito, le rendite offerte dalle compagnie d'assicurazione prevedevano, in genere, un tasso di rendimento minimo garantito. Molte compagnie d'assicurazione consideravano questa garanzia – una *put* su tassi d'interesse a favore del titolare della rendita – come un costo di *marketing*. Non calcolavano il valore della *put* né mettevano in atto le necessarie operazioni di copertura. Con la riduzione dei tassi d'interesse e l'aumento delle speranze di vita, le compagnie d'assicurazione si sono trovate in difficoltà finanziarie e una di loro è fallita (Riquadro 3.1).

Riquadro 3.1 Equitable Life.

Equitable Life era una compagnia d'assicurazione britannica, specializzata nel ramo vita. Era stata fondata nel 1762 e giunse ad avere 1,5 milioni di assicurati.

Equitable Life vendeva rendite con tasso di rendimento minimo garantito. L'opzione che implicitamente cedeva ai titolari delle rendite è detta *guaranteed annuity option* (GAO). Il tasso minimo garantito venne gradualmente aumentato in seguito alle pressioni competitive e all'aumento dei tassi d'interesse.

Verso la fine del 1993, i tassi d'interesse iniziarono a scendere. Le speranze di vita continuarono a crescere, cosicché le compagnie d'assicurazione dovettero progressivamente aumentare gli accantonamenti per futuri esborsi. Equitable Life non prese alcun provvedimento. Anzi, continuò a crescere con la vendita di nuovi prodotti.

Nel 2000 fu costretta a chiudere i battenti. Un rapporto del luglio 2008, a firma di Ann Abraham «difensore civico» (*ombudsman*) inglese, ha avanzato forti critiche nei confronti delle autorità di vigilanza e ha chiesto che i titolari delle polizze venissero rimborsati.

Un'interessante corollario è che, a un certo punto, le autorità di vigilanza chiesero alle compagnie d'assicurazione che offrivano GAOs di coprire le loro esposizioni nei confronti della discesa dei tassi d'interesse. Molte compagnie d'assicurazione si affrettarono ad acquistare dalle banche *swaptions* che sarebbero entrate *in the money* in caso di discesa dei tassi a lungo termine.

A loro volta, le banche si coprirono acquistando grandi quantità di obbligazioni a lungo termine denominate in sterline. La scala delle operazioni fu tale che i prezzi delle obbligazioni salirono e i tassi d'interesse a lungo termine in sterline diminuirono nettamente (accentuando le perdite delle compagnie d'assicurazione sulla quota non coperta delle loro esposizioni).

Questo dimostra che, quando molte società hanno esposizioni simili, si creano problemi seri se tutte decidono di coprirsi nello stesso tempo. È probabile che non ci siano abbastanza investitori disposti ad assumersi rischi senza che i prezzi di mercato cambino.

3.3 TAVOLE DI MORTALITÀ

Le tavole di mortalità svolgono un ruolo fondamentale per la valutazione delle assicurazioni sulla vita. La Tavola 3.1 mostra alcuni dei dati riportati nelle tavole di mortalità degli Stati Uniti stimate dal Department of Social Security per il 2020.

Per comprendere la tavola, si consideri il seguente esempio.

Esempio 3.4

Consideriamo la riga corrispondente a un'età di 31 anni.

La seconda colonna mostra che la probabilità condizionata che un uomo di 31 anni muoia tra il 31° e il 32° compleanno è pari a 0,002368 (ossia allo 0,2368%).

La terza colonna mostra che, per un uomo, la probabilità di sopravvivenza fino a 31 anni, calcolata alla nascita, è pari a 0,96773 (ossia al 96,773%).

La quarta colonna mostra che la «speranza di vita» (*life expectancy*) di un uomo di 31 anni è pari a 44,97 anni. In altri termini, ci si aspetta che – se ha raggiunto i 31 anni – egli viva fino a un'età di 75,97 (= 31 + 44,97) anni.

Le altre colonne riportano le stesse informazioni per una donna. La probabilità condizionata che una donna di 31 anni muoia tra il 31° e il 32° compleanno è pari a 0,001041 (ossia allo 0,1041%), la probabilità di sopravvivenza fino a 31 anni è pari a 0,98383 (ossia al 98,383%) e la speranza di vita di una donna di 31 anni è pari a 49,84 anni.

Dall'esame dell'intera tavola, si può notare che le probabilità condizionate di morire nell'anno successivo al compleanno diminuiscono nei primi 8 anni di vita, per poi aumentare. Le statistiche sulla mortalità sono un po' più favorevoli alle donne rispetto agli uomini.

TAVOLA 3.1 Tavola di mortalità (U.S.A, 2020)

Età esatta	Maschi			Femmine		
	Prob. di morte entro 1 anno	Prob. di sopravvivenza	Speranza di vita	Prob. di morte entro 1 anno	Prob. di sopravvivenza	Speranza di vita
0	0,005837	1,00000	74,12	0,004907	1,00000	79,78
1	0,000410	0,99416	73,55	0,000316	0,99509	79,17
2	0,000254	0,99376	72,58	0,000196	0,99478	78,19
3	0,000207	0,99350	71,60	0,000160	0,99458	77,21
...	...	...	...	...	...	...
10	0,000127	0,99254	64,67	0,000092	0,99381	70,27
11	0,000146	0,99241	63,68	0,000104	0,99372	69,27
12	0,000174	0,99227	62,69	0,000123	0,99362	68,28
13	0,000228	0,99209	61,70	0,000145	0,99349	67,29
...	...	...	...	...	...	...
20	0,001398	0,98745	54,97	0,000485	0,99159	60,41
21	0,001524	0,98607	54,04	0,000533	0,99111	59,44
22	0,001612	0,98456	53,12	0,000574	0,99058	58,47
23	0,001682	0,98298	52,21	0,000617	0,99001	57,50
...	...	...	...	...	...	...
30	0,002275	0,96994	45,86	0,000976	0,98480	50,79
31	0,002368	0,96773	44,97	0,001041	0,98383	49,84
32	0,002441	0,96544	44,07	0,001118	0,98281	48,89
33	0,002517	0,96308	43,18	0,001186	0,98171	47,94
...	...	...	...	...	...	...
40	0,003333	0,94422	36,97	0,001735	0,97215	41,38
41	0,003464	0,94107	36,09	0,001850	0,97047	40,45
42	0,003587	0,93781	35,21	0,001950	0,96867	39,52
43	0,003735	0,93445	34,34	0,002072	0,96678	38,60
...	...	...	...	...	...	...
50	0,005998	0,90507	28,33	0,003476	0,94931	32,24
51	0,006500	0,89964	27,50	0,003793	0,94601	31,35
52	0,007081	0,89380	26,67	0,004136	0,94242	30,47
53	0,007711	0,88747	25,86	0,004495	0,93852	29,59
...	...	...	...	...	...	...
60	0,013485	0,82730	20,47	0,007926	0,90103	23,67
61	0,014595	0,81614	19,74	0,008544	0,89389	22,85
62	0,015702	0,80423	19,03	0,009173	0,88625	22,04
63	0,016836	0,79160	18,32	0,009841	0,87812	21,24
...	...	...	...	...	...	...
70	0,026137	0,68565	13,59	0,016634	0,80537	15,82
71	0,028125	0,66773	12,94	0,018294	0,79197	15,08
72	0,030438	0,64895	12,30	0,020175	0,77748	14,36
73	0,033249	0,62919	11,67	0,022321	0,76180	13,64
...	...	...	...	...	...	...
80	0,065568	0,45397	7,74	0,047148	0,60931	9,10
81	0,072130	0,42420	7,25	0,052545	0,58058	8,53
82	0,079691	0,39360	6,77	0,058685	0,55007	7,98
83	0,088578	0,36224	6,31	0,065807	0,51779	7,44
...	...	...	...	...	...	...
90	0,182632	0,14370	3,72	0,146985	0,25522	4,41
91	0,202773	0,11746	3,44	0,163592	0,21771	4,08
92	0,223707	0,9364	3,18	0,181562	0,18209	3,78
93	0,245124	0,7269	2,96	0,200724	0,14903	3,51
...	...	...	...	...	...	...

Fonte: US Department of Social Sciences (www.ssa.gov/OACT/STATS/table4c6.html).

Sez. 3.3   Tavole di Mortalità

Esempio 3.5

Se un uomo raggiunge i 90 anni, la probabilità di morte nell'anno successivo è pari al 18,2632%. Se raggiunge i 100 e i 110 anni le probabilità di morte nell'anno successivo sono pari, rispettivamente, al 38,4967% e al 62,7071%. Nel caso delle donne, le tre corrispondenti probabilità sono pari, rispettivamente, al 14,6985%; 33,3610% e 59,7445%.

Le probabilità di morte riportate nella tavola consentono di ricavare sia le probabilità di sopravvivenza sia le speranze di vita.

La probabilità che un individuo sopravviva fino all'$(n + 1)°$ anno di età è pari al prodotto tra la probabilità che sopravviva fino all'$n°$ anno e il complemento a 1 della probabilità che muoia tra l'$n°$ e l'$(n + 1)°$ anno.

Esempio 3.6

La probabilità che un uomo sopravviva fino all'età di 61 anni è pari alla probabilità che sopravviva fino a 60 anni (82,730%) moltiplicata per la probabilità che non muoia tra il 60° e il 61° compleanno (1 − 1,3485%). In altri termini, è pari all'81,614%:

$$82{,}730\% \times (1 - 1{,}3485\%) = 81{,}614\%.$$

Le speranze di vita vanno calcolate moltiplicando tra loro le probabilità di non morire entro 1 anno e le probabilità condizionate di non morire tra il 1° e il 2° compleanno, tra il 2° e il 3° compleanno, e così via.

Esempio 3.7

Consideriamo un uomo di 90 anni. Qual è la sua speranza di vita? La probabilità che muoia entro 1 anno è pari al 18,2632%. La probabilità condizionata che un uomo di 90 anni muoia nel secondo anno, tra il 91° e il 92° compleanno, è pari al prodotto tra la probabilità che non muoia nel primo anno e la probabilità che muoia nel secondo. In base alle cifre indicate nella seconda colonna della tavola, questa probabilità è pari al 16,5740%:

$$(1 - 18{,}2632\%) \times 20{,}2773\% = 16{,}5740\%.$$

Analogamente, la probabilità che egli muoia nel terzo anno, tra il 92° e il 93° compleanno, è pari al 14,5774%:

$$(1 - 18{,}2632\%) \times (1 - 20{,}2773\%) \times 22{,}3707\% = 14{,}5774\%.$$

Se si continua a fare questo tipo di calcoli, la speranza di vita (indicata nella quarta colonna della tavola) risulta pari a 3,72 anni:

$$0{,}5 \times 18{,}2632\% + 1{,}5 \times 16{,}5740\% + 2{,}5 \times 14{,}5774\% + \ldots + 29{,}5 \times 0{,}0000\% = 3{,}72.$$

Il numero di anni mancanti a un novantenne per arrivare al 119° compleanno (l'età più avanzata considerata nella tavola di mortalità) è pari a 29. Lo 0,5 viene aggiunto perché l'uomo vivrà in media 6 mesi dopo l'ultimo compleanno.

Il prossimo esempio mostra come si calcola il premio annuo per una polizza vita "caso morte" temporanea.

Esempio 3.8

Consideriamo una polizza vita temporanea che paga ai beneficiari $100.000 in caso di morte dell'assicurato. L'assicurato è un uomo di salute media che ha appena compiuto 90 anni. I tassi d'interesse sono pari al 4% (composto semestralmente) per tutte le scadenze (la frequenza di capitalizzazione degli interessi è discussa nell'Appendice 3a).

Supponiamo che la polizza scada tra 1 anno. In tal caso, il pagamento atteso è pari a

$$0{,}182632 \times \$100.000 = \$18.263.$$

Se il pagamento avviene a metà anno (ed è probabile che ciò sia vero in media), il «premio d'equilibrio» (*break-even premium*) è pari a $17.905:

$$\frac{\$18.263}{(1+4\%/2)} = \$17.905.$$

Supponiamo ora che la polizza scada tra 2 anni. In tal caso, il pagamento atteso nel 1° anno è, come prima, pari a $18.263. La probabilità che l'assicurato muoia nel corso del 2° anno è pari al 16,5740%:

$$(1 - 18{,}2632\%) \times 20{,}2773\% = 16{,}5740\%.$$

Pertanto, il pagamento atteso nel 2° anno è pari a $16.574:

$$0{,}165740 \times \$100.000 = \$16.574.$$

Se il pagamento avviene a metà anno, il suo valore attuale è pari a $15.618:

$$\frac{\$16.574}{(1+4\%/2)} = \$15.618.$$

Ne segue che il valore attuale dei pagamenti attesi è pari a $33.523:

$$\$17.905 + \$15.618 = \$33.523.$$

Consideriamo ora i due premi annui. Siamo certi che il primo verrà pagato. La probabilità che anche il secondo verrà pagato, all'inizio del secondo anno, è pari alla probabilità condizionata che l'uomo non muoia nel corso del primo anno. Questa probabilità è pari all'81,7368%:

$$1 - 18{,}2632\% = 81{,}7368\%.$$

Se P è il premio annuo (costante), il valore attuale dei premi attesi (pagabili all'inizio del 1° e del 2° anno) è pari a

$$P + \frac{81{,}7368\% \times P}{(1+4\%/2)} = 1{,}785629 \times P.$$

Il premio annuo d'equilibrio è quel valore di P che uguaglia il valore attuale dei premi attesi al valore attuale dei pagamenti attesi, ossia è il valore di P che risolve la seguente equazione

$$1{,}785629 \times P = \$33.523,$$

da cui

$$P = \frac{\$33.523}{1{,}785629} = \$18.774.$$

Pertanto, il premio annuo d'equilibrio è pari a $18.774.

3.4 RISCHIO DI LONGEVITÀ E RISCHIO DI MORTALITÀ

Il «rischio di longevità» (*longevity risk*) è il rischio che i progressi della medicina e i cambiamenti negli stili di vita facciano sì che la gente viva più a lungo. Gli aumenti di longevità influenzano negativamente la redditività, per le compagnie d'assicurazione, della maggior parte delle rendite vitalizie (dato che le rendite devono essere pagate per un numero maggiore di anni), ma fanno aumentare la redditività della maggior parte delle assicurazioni sulla vita "caso morte" (dato che il pagamento viene differito nel tempo o, nel caso delle polizze temporanee, è meno probabile che venga effettuato). La speranza di vita varia da Paese a Paese, ma è costantemente cresciuta in quasi tutte le parti del mondo.

Esempio 3.9
Si stima che la speranza di vita di un bambino nato negli Stati Uniti nel 2020 sia di 20 anni maggiore della speranza di vita di un bambino nato nel 1929.

Le statistiche riportate nella Tavola 3.1 si basano sui tassi di mortalità osservati nel 2020 per gli individui di diversa età. Se le persone continueranno a vivere più a lungo, le speranze di vita sono sottostimate.

Il «rischio di mortalità» (*mortality risk*) è il rischio che guerre, epidemie come l'AIDS, o pandemie come il Covid-19 (iniziato alla fine del 2019), facciano sì che la gente viva meno a lungo. Gli aumenti di mortalità influenzano negativamente la redditività della maggior parte delle assicurazioni sulla vita "caso morte" (dato che il pagamento viene anticipato rispetto alle aspettative), ma fanno aumentare la redditività della maggior parte delle rendite vitalizie (dato che le rendite vengono pagate per un numero minore di anni). Nel calcolare gli effetti del rischio di mortalità, è importante considerare i gruppi di età che, all'interno della popolazione, sono maggiormente esposti a un particolare evento.

In una certa misura, i rischi di longevità e di mortalità presenti nel settore delle rendite vitalizie di una compagnia d'assicurazione del ramo vita si compensano con i rischi delle polizze vita. Gli attuari sono tenuti a valutare attentamente le esposizioni delle compagnie d'assicurazione sotto diversi scenari. Il rischio di longevità può essere coperto con contratti di riassicurazione e con «derivati sulla longevità» (*longevity derivatives*). Questi ultimi verranno presentati ora, mentre i contratti di riassicurazione verranno trattati più avanti, in questo stesso capitolo.

Derivati sulla Longevità

I «derivati sulla longevità» (*longevity derivatives*) sono disegnati in modo da offrire alle compagnie d'assicurazione e ai fondi pensione un compenso nei casi in cui gli individui vivano più a lungo di quanto ci si aspetta. Un contratto tipico è il *longevity bond*, noto anche come *survivor bond*, negoziato per la prima volta alla fine degli anni '90. Le cedole del titolo sono direttamente proporzionali al numero degli individui di una certa popolazione che sono ancora in vita quando la cedola viene determinata. Le compagnie d'assicurazione e i fondi pensione dovrebbero essere interessati all'acquisto di questi titoli, ma chi li dovrebbe vendere? La risposta è che alcuni speculatori dovrebbero ritenerli interessanti perché il rischio sistematico di questi titoli è molto basso (Sezione 1.3). Le cedole dei *longevity bonds* dipendono da quanto a lungo la gente vive e questa variabile non è probabilmente correlata con il tasso di rendimento offerto dal portafoglio di mercato.

3.5 ASSICURAZIONE DANNI

L'«assicurazione danni» (*property-casualty insurance*) può essere distinta a seconda che i danni riguardino beni di proprietà o beni di terzi. L'«assicurazione dei beni di proprietà» (*property insurance*) offre protezione contro i rischi di perdite o danni a beni di proprietà (incendi, furti, allagamenti, ecc.). L'«assicurazione per sinistri a beni di terzi» (*casualty insurance*) offre protezione contro i rischi di cause legali (ad es. per danni provocati a terzi). Quest'ultima è anche chiamata «assicurazione per le responsabilità civili» (*liability insurance*). A volte, entrambi i tipi di assicurazione sono racchiusi in un'unica polizza.

Esempio 3.10

Chi possiede un'abitazione può assicurarsi non solo contro il rischio di incendi e furti ma anche contro i rischi legali per possibili infortuni a terzi che si trovano nell'abitazione.

Esempio 3.11

Chi possiede un automobile può assicurarsi non solo contro il rischio di furto ma anche contro i rischi legali per possibili danni causati a terzi dalla proprio auto.

In genere, le polizze danni vengono rinnovate di anno in anno. Le compagnie d'assicurazione aumentano i premi se aumentano le loro stime circa i pagamenti attesi (ciò contrasta con le assicurazioni vita, i cui premi vengono fissati con molti anni d'anticipo).

Dato che offrono protezione contro diversi tipi di rischio, le compagnie d'assicurazione godono di una forma naturale di diversificazione. Per alcuni rischi vale la «legge dei grandi numeri» (*law of large numbers*).

Esempio 3.12

Supponiamo che una compagnia d'assicurazione abbia scritto polizze contro il rischio di incendi e furti per 250.000 proprietari di case. In questo caso, i pagamenti attesi possono essere previsti in modo piuttosto accurato, perché le polizze offrono protezione contro un gran numero di eventi quasi indipendenti.

Naturalmente possono esserci tendenze riguardanti il numero delle perdite e la loro dimensione media. Le compagnie d'assicurazione tengono conto di queste tendenze nella revisione annuale dell'importo dei premi.

I danni a beni di proprietà derivanti da disastri naturali, come gli uragani, i tornadi e i terremoti danno luogo a pagamenti che sono molto più difficili da prevedere. Il problema con i «rischi catastrofici» (*catastrophic risks*) è che i pagamenti a favore dei titolari delle polizze non sono indipendenti tra loro. In un dato anno, se l'evento catastrofico si verifica, la compagnia d'assicurazione dovrà far fronte a un gran numero di richieste di risarcimento; altrimenti, se l'evento non si verifica, non ci saranno richieste di risarcimento.

Le compagnie d'assicurazione di grandi dimensioni dispongono di modelli basati su informazioni geografiche, sismografiche e meteorologiche per stimare le probabilità di catastrofi e le perdite a esse connesse. Le stime ottenute vengono utilizzate per fissare i premi. Resta comunque il rischio derivante dalla natura «tutto-o-niente» (*all-or-nothing*) degli eventi catastrofici.

Anche le assicurazioni per infortuni di terzi, al pari delle assicurazioni contro il rischio di catastrofi, danno origine a pagamenti complessivi che variano di anno in anno e che sono difficili da prevedere. Una caratteristica delle assicurazioni contro gli infortuni è quella del «rischio di strascichi» (*long-tail risk*), ossia del rischio che le richieste di risarcimento vengano avanzate molti anni dopo il termine del periodo coperto dalla polizza assicurativa.

Esempio 3.13

Negli Stati Uniti, i risarcimenti per danni alla salute degli operai causati dall'amianto si sono rivelati molto costosi per le compagnie d'assicurazione. In questi casi, i rischi per la salute sono stati accertati solo diverso tempo dopo e le richieste di risarcimento sono state avanzate parecchi anni dopo la scadenza delle polizze.

Il *long-tail risk* rappresenta una complicazione per attuari e contabili. I bilanci non possono essere chiusi subito a fine anno, ma occorre tener conto del costo dei risarcimenti che non sono stati ancora effettuati ma che lo saranno in futuro a fronte di polizze in essere negli esercizi appena chiusi.

CAT Bonds

Il mercato dei derivati ha sviluppato prodotti per le coperture dai rischi di catastrofi. I più diffusi sono le «obbligazioni catastrofali» (CAT *bonds*). Si tratta di obbligazioni, con tassi d'interesse più elevati di quelli di mercato, emesse da una sussidiaria della compagnia di assicurazione. In cambio dell'extra rendimento, il portatore del titolo entra in un contratto di riassicurazione. A seconda delle condizioni previste dal CAT *bond*, gli interessi o il capitale (o entrambi) possono essere utilizzati per far fronte alle richieste di indennizzo.

Esempio 3.14

Una compagnia d'assicurazione ha emesso polizze contro il rischio di terremoti in California per un valore nominale di $70 milioni e vuole proteggersi contro il rischio che i risarcimenti per terremoti superino i $40 milioni. La compagnia di assicurazione potrebbe emettere CAT *bonds* per un valore nominale di $30 milioni. Nel caso in cui le perdite superassero i $40 milioni, i portatori delle obbligazioni perderebbero, in tutto o in parte, il loro capitale. In alternativa, la compagnia di assicurazione potrebbe coprire questa fascia di risarcimenti collocando un'obbligazione, d'importo molto più elevato, nella quale sarebbero a rischio solo gli interessi. Una terza possibilità è quella di emettere tre serie di obbligazioni: la prima a copertura dei risarcimenti tra $40 e $50 milioni, la seconda a copertura dei risarcimenti tra $50 e $60 milioni, la terza a copertura dei risarcimenti tra $60 e $70 milioni.

Nei CAT *bonds* c'è un'alta probabilità di rendimenti superiori a quelli di mercato e una bassa probabilità di perdite elevate. Perché gli investitori dovrebbero essere interessati a questi titoli? La risposta è che la correlazione tra i rendimenti dei CAT *bonds*, così come quelli dei *longevity derivatives* considerati prima, e i rendimenti di mercato non è significativamente diversa da zero.[1] Pertanto, i CAT *bonds* rappresentano un'interessante integrazione per i portafogli degli investitori. Non sono soggetti al rischio sistematico per cui, se il portafoglio è sufficientemente ampio, il loro rischio può essere completamente diversificato. Se il suo tasso di rendimento atteso è maggiore del tasso d'interesse privo di rischio (e generalmente lo è), il CAT *bond* ha il potenziale per migliorare le combinazioni rischio-rendimento.

Rapporti di Bilancio

Le compagnie d'assicurazione calcolano, per i diversi tipi di polizza, il «rapporto tra risarcimenti e premi incassati» (*loss ratio*). Si tratta del rapporto tra i risarcimenti effettuati in un certo anno e i premi incassati nello stesso anno. In genere, il *loss ratio* oscilla tra il 60% e l'80%. Le statistiche pubblicate da A. M. Best Company mostrano che, negli Stati Uniti, i *loss ratios* tendono ad aumentare.

Il «rapporto tra spese e premi incassati» (*expense ratio*) vede al numeratore la somma di due tipi di spesa: le «spese per l'accertamento dei danni» (*loss adjustment expenses*) e le «spese di distribuzione» (*selling expenses*). Le spese per l'accertamento dei danni sono quelle che si sostengono per determinare sia la validità delle richieste di risarcimento sia l'entità del danno. Le spese di distribuzione includono le commissioni pagate ai *brokers* assicurativi e le altre spese sostenute per lo sviluppo degli affari.

---

[1] Si veda LITZENBERGER, R. H., BEAGLEHOLE, D. R. e REYNOLDS, C. E., "Assessing Catastrophe Reinsurance-Linked Securities as a New Asset Class", *Journal of Portfolio Management*, 76-86, Winter 1996.

TAVOLA 3.2 Assicurazioni danni: *operating ratio*.

Loss ratio	75%
Expense ratio	30%
Combined ratio	105%
Dividendi / premi	1%
Combined ratio after dividends	106%
Interessi / premi	(9%)
Operating ratio	97%

Esempio 3.15

In genere, l'*expense ratio* oscilla tra il 25% e il 30%. Negli Stati Uniti, gli *expense ratios* tendono a diminuire.

Il *combined ratio* è la somma del *loss ratio* e dell'*expense ratio*. A volte i titolari delle polizze ricevono un dividendo. Quando si somma il rapporto tra dividendi e premi al *combined ratio* si ottiene il *combined ratio after dividends*.

Esempio 3.16

Supponiamo che, per una certa categoria di polizze, il *loss ratio* sia pari al 75% e che l'*expense ratio* sia pari al 30%. Il *combined ratio* è quindi pari al 105% (= 75% + 30%). Supponiamo, inoltre, che i dividendi assegnati siano pari all'1% dei premi incassati. Il *combined ratio after dividends* è quindi pari al 106% (= 105% + 1%).

Se il *combined ratio after dividends* supera il 100%, si potrebbe pensare che la compagnia d'assicurazione abbia subito perdite sulle polizze in questione. In realtà, è possibile che non sia così.

In genere, i premi vengono incassati all'inizio dell'anno mentre il risarcimento dei danni avviene durante l'anno o alla fine dell'anno. Pertanto, la compagnia d'assicurazione è in grado di ricevere interessi sui premi investiti per il periodo che intercorre tra il loro incasso e il rimborso dei danni subiti dagli assicurati. Sottraendo dal *combined ratio after dividends* il rapporto tra interessi attivi e premi si ottiene l'*operating ratio*.

Esempio 3.17

Nell'esempio precedente, il *combined ratio after dividends* era pari al 106%. Questa cifra potrebbe far pensare che la compagnia d'assicurazione abbia perso il 6% (= 106% − 100%), prima di considerare l'effetto delle imposte. In realtà, non è così. Se gli interessi sono pari al 9% dei premi incassati, l'*operating ratio* è pari al 97% (= 106% − 9%). Quest'esempio è riassunto nella Tavola 3.2.

3.6 ASSICURAZIONE SANITARIA

L'«assicurazione sanitaria» (*health insurance*) ha caratteristiche intermedie tra quelle dell'assicurazione contro i danni e dell'assicurazione sulla vita. A volte, viene considerata un ramo assicurativo a sé stante. La misura in cui la «cura della salute» (*health care*) è a carico dello Stato varia da Paese a Paese.

Esempio 3.18

Negli Stati Uniti, i fondi statali sono limitati. Di conseguenza, le assicurazioni sanitarie svolgono un ruolo importante per molte persone.

Il Canada è all'estremo opposto: quasi tutte le spese mediche sono a carico del sistema sanitario nazionale e, in genere, non è consentito ai medici di offrire le proprie prestazioni privatamente. In Canada, il principale ruolo svolto dalle assicurazioni sanitarie è quello di coprire le spese per le prescrizioni specialistiche e le cure dentarie, che non sono coperte dai fondi pubblici.

Nella maggior parte degli altri Paesi il sistema è misto. Nel Regno Unito, ad es., c'è un sistema sanitario pubblico, ma la gente può rivolgersi alle compagnie d'assicurazione per aver accesso a un sistema sanitario privato che opera a fianco di quello pubblico (il principale beneficio è quello di ridurre i tempi d'attesa per gli interventi chirurgici non urgenti).

Nel 2010, il Presidente degli Stati Uniti, Barack Obama, ha promulgato il Patient Protection and Affordable Care Act che tenta di riformare il sistema sanitario e accresce il numero delle persone con copertura sanitaria. Sono stati estesi i criteri per l'ammissibilità a Medicaid (un programma per i soggetti a basso reddito) e sono stati forniti sussidi alle famiglie con redditi medio-bassi per aiutarle a sottoscrivere le polizze assicurative. Il Patient Protection and Affordable Care Act vieta alle compagnie d'assicurazione di tener conto delle condizioni sanitarie pre-esistenti e impone ai datori di lavoro di fornire ai propri dipendenti una copertura assicurativa aziendale, pena il pagamento di ulteriori imposte. Una differenza che continua a sussistere tra gli Stati Uniti e molti altri Paesi è che i servizi sanitari sono in gran parte forniti dal settore privato piuttosto che dal settore pubblico.

Nell'assicurazione sanitaria, come nel caso delle altre forme assicurative, il titolare della polizza effettua pagamenti periodici a favore della compagnia d'assicurazione e, all'occorrenza, riceve un rimborso per l'assistenza sanitaria di cui ha bisogno. Le visite mediche, le prescrizioni specialistiche e l'assistenza ospedaliera sono tutti esempi di eventi coperti dalle assicurazioni sanitarie. In genere, i premi aumentano col passare del tempo perché aumentano i costi per offrire l'assistenza sanitaria. Tuttavia, di solito, le compagnie d'assicurazione non possono aumentarli perché peggiorano le condizioni di salute dell'assicurato. È interessante confrontare, sotto questo punto di vista, le assicurazioni sanitarie con le assicurazioni vita e le assicurazioni auto. I premi delle assicurazioni vita non aumentano mai, anche se all'assicurato viene diagnosticato un problema di salute che ne riduce significativamente la speranza di vita. I premi delle assicurazioni auto possono aumentare (e di solito aumentano) se l'assicurato causa incidenti e se i costi delle riparazioni aumentano. I premi delle assicurazioni sanitarie sono simili a quelli delle assicurazioni vita nel senso che non aumentano se le compagnie d'assicurazione apprendono che all'assicurato viene diagnosticato un problema di salute. Tuttavia, sono anche simili ai premi delle assicurazioni auto nel senso che aumentano se aumentano i costi complessivi dei rimborsi.

Naturalmente, quando emette una polizza, la compagnia d'assicurazione fa del suo meglio per determinare i rischi che si assume. Nel caso delle assicurazioni sulla vita, il titolare della polizza deve rispondere a domande sulle sue condizioni di salute, deve dichiarare eventuali accertamenti medici e viene a volte sottoposto a visite specialistiche. Nel caso delle assicurazioni auto, viene esaminato il «comportamento seguito in passato dal conducente alla guida di un'autovettura» (*driving record*). In entrambi i casi, la copertura assicurativa può essere rifiutata. Nel caso delle assicurazioni sanitarie, a volte è la legge che determina le circostanze in cui è possibile rifiutare la copertura assicurativa.

Esempio 3.19

Come si è già visto, il Patient Protection and Affordable Health Care Act vieta alle compagnie d'assicurazione statunitensi di rifiutare le richieste di polizze sanitarie a causa delle condizioni sanitarie pre-esistenti.

Spesso i dipendenti delle società partecipano a specifici «piani collettivi di assicurazione contro il rischio di malattie» (*group health insurance plans*). Di solito, questi piani proteggono sia il dipendente sia la sua famiglia. A volte, il costo dell'assicurazione sanitaria viene ripartito tra datore di lavoro e dipendente. Le spese mediche coperte variano da piano a piano.

Esempio 3.20

Negli Stati Uniti, la maggior parte dei piani copre sia le necessità sanitarie fondamentali, come le «visite di controllo» (*check-ups*), le «visite specialistiche» (*physicals*), i «trattamenti terapeutici» (*treatments for common disorders*), gli «interventi chirurgici» (*surgery*) e i «ricoveri in ospedale» (*hospital stays*). A volte vengono coperti anche le spese per le gravidanze. In genere, non sono coperte le spese per operazioni di chirurgia estetica.

3.7 AZZARDO MORALE E SELEZIONE AVVERSA

Esamineremo ora due rischi a cui sono esposte le compagnie d'assicurazione: l'«azzardo morale» (*moral hazard*) e la «selezione avversa» (*adverse selection*).

Azzardo Morale

L'azzardo morale è il rischio che l'esistenza dell'assicurazione possa indurre il titolare della polizza a comportarsi diversamente da come avrebbe fatto se non si fosse assicurato. Questo diverso comportamento fa aumentare i rischi e i risarcimenti delle compagnie d'assicurazione.

Esempio 3.21

Il proprietario di un'automobile si assicura contro il rischio che l'auto gli venga rubata. È possibile che, essendosi protetto contro il furto, si dimentichi più facilmente di chiuderla a chiave.

Esempio 3.22

Un individuo acquista un'assicurazione sanitaria. È possibile che, essendosi assicurato, richieda cure mediche che non avrebbe altrimenti richiesto.

Esempio 3.23

Una banca sottoscrive un piano statale di assicurazione dei depositi. È possibile che, sentendosi protetta contro il rischio che i depositanti ritirino i propri fondi, intraprenda attività più rischiose. Questo punto è stato discusso nella Sezione 2.3.

L'azzardo morale non rappresenta un problema importante per le compagnie d'assicurazione del ramo vita.

Le compagnie d'assicurazione che operano nel ramo danni e in quello delle polizze sanitarie usano alcuni accorgimenti per limitare i problemi derivanti dal *moral hazard*. In genere, le loro polizze prevedono una «franchigia» (*deductible*). Ciò vuol dire che è il titolare della polizza ad assumersi la prima parte della perdita. A volte, le polizze contengono una «clausola di co-assicurazione» (*co-insurance provision*) che consente alla compagnia di pagare una quota predeterminata (inferiore al 100%)

delle perdite che eccedono la franchigia. Inoltre, i contratti d'assicurazione prevedono quasi sempre un «massimale» (*policy limit*) che limita l'importo dovuto dalla compagnia d'assicurazione nel caso in cui si verifichi l'evento assicurato. Tutte queste clausole tendono ad allineare gli interessi degli assicurati con quelli delle compagnie d'assicurazione.

Selezione Avversa

La selezione avversa è il fenomeno che si osserva quando la compagnia d'assicurazione non riesce a distinguere tra rischi buoni e rischi cattivi. Offrendo a tutti i possibili clienti le stesse condizioni, attrae inavvertitamente molti rischi cattivi.

Esempio 3.24

Una compagnia d'assicurazione non riesce a distinguere tra buoni e cattivi guidatori e offre a entrambi lo stesso premio. È probabile che attragga un numero maggiore di cattivi guidatori.

Esempio 3.25

Una compagnia d'assicurazione non riesce a distinguere tra persone con buone e cattive condizioni di salute e offre a entrambe lo stesso premio. È probabile che attragga un numero maggiore di persone con cattive condizioni di salute.

Per attutire l'impatto della selezione avversa, le compagnie d'assicurazione cercano di informarsi quanto più è possibile sui clienti prima di definire le condizioni contrattuali delle polizze.

Esempio 3.26

Prima di offrire una polizza vita, le compagnie d'assicurazione spesso richiedono che il cliente si sottoponga a una visita medica presso un centro convenzionato.

Esempio 3.27

Prima di offrire una polizza sulla responsabilità civile auto, le compagnie d'assicurazione cercano di informarsi quanto più è possibile sul *driving record* del cliente. Dopo aver emesso la polizza, continuano a raccogliere informazioni (numero di incidenti, numero di multe per eccesso di velocità, ecc.) e aggiustano i premi di anno in anno.

Il problema della selezione avversa non verrà mai completamente risolto.

Esempio 3.28

Nonostante le visite mediche richieste ai clienti, gli individui che acquistano polizze di assicurazione "caso morte" tendono a morire prima di quel viene suggerito dalle tavole di mortalità e gli individui che acquistano rendite vitalizie tendono a vivere più a lungo di quel viene suggerito dalle tavole di mortalità.

3.8 RIASSICURAZIONE

Per proteggersi contro le perdite di grandi dimensioni, le compagnie d'assicurazione entrano in contratti di riassicurazione con altre compagnie. In cambio di una commissione, la seconda compagnia si assume la responsabilità di alcuni dei rischi originariamente assunti dalla prima compagnia. Il supporto offerto dalla riassicurazione consente alle compagnie d'assicurazione di emettere un numero di polizze maggiore di quel che sarebbe stato altrimenti possibile.

Nei contratti di riassicurazione, le controparti sono rappresentate da altre compagnie d'assicurazione, da persone con patrimoni molto consistenti o da società che si sono specializzate nella riassicurazione, come la Swiss Re e la Berkshire Hathaway, la società di Warren Buffett.

I contratti di riassicurazione possono assumere diverse forme, descritte nei due seguenti esempi.

Esempio 3.29

Supponiamo che una compagnia di assicurazione abbia un'esposizione di $100 milioni verso gli uragani in Florida e che voglia limitarla a $50 milioni. Una possibilità è quella di sottoscrivere un contratto annuale di riassicurazione che copra, *pro rata*, il 50% (= $50 / $100) della sua esposizione. In tal caso, il riassicuratore riceverà (probabilmente) il 50% dei premi. Se, in certo anno, le richieste d'indennizzo per danni causati da uragani in Florida ammontano a $70 milioni, la quota a carico della compagnia è di $35 (= 0,5 × $70) milioni. I restanti $35 (= $70 –$35) sono a carico della compagnia di riassicurazioni.

Esempio 3.30

Un'alternativa più diffusa, che comporta minori premi di riassicurazione, consiste nel sottoscrivere una serie di contratti di riassicurazione a copertura delle cosiddette «fasce di costo extra» (*excess cost layers*). La prima fascia potrebbe riguardare le perdite comprese tra i $50 e i $60 milioni; la fascia successiva quelle tra i $60 e i $70 milioni; e così via. Ognuno di questi contratti è detto «contratto di riassicurazione per extra perdite» (*excess-of-loss reinsurance contract*).

3.9 REQUISITI PATRIMONIALI

I bilanci delle compagnie d'assicurazione del ramo vita sono diversi da quelli delle compagnie d'assicurazione del ramo danni perché sono diversi i rischi assunti e sono quindi diverse le riserve necessarie per farvi fronte.

Compagnie d'Assicurazione Vita

La Tavola 3.3 mostra lo schema semplificato del bilancio di una compagnia d'assicurazione vita. Molti degli investimenti sono rappresentati da obbligazioni societarie. La compagnia d'assicurazione cerca di allineare le scadenze delle attività con le scadenze delle passività, ma resta esposta al rischio di credito, perché le perdite per insolvenze sulle obbligazioni possono essere più elevate di quelle attese.

Diversamente dalle banche, le compagnie d'assicurazione sono esposte ai rischi anche sul lato del passivo. Le riserve matematiche (pari all'80% del passivo, in questo caso) sono frutto di stime attuariali (di solito molto prudenti) sui futuri esborsi a fronte delle polizze in circolazione. Le riserve possono risultare insufficienti se i titolari delle polizze "caso morte" muoiono prima di quanto ci si aspetta o se chi ha sottoscritto le rendite vitalizie vive più a lungo di quanto ci si aspetta.

Il capitale azionario (pari al 10% del passivo, in questo caso) è la somma del capitale apportato originariamente e degli «utili non distribuiti» (*retained earnings*). Funge da «cuscino» (*cushion*) per assorbire le perdite che eccedono le riserve matematiche. Se l'eccedenza è pari al 5% dell'attivo, il capitale azionario diminuirà, ma la compagnia d'assicurazione riuscirà a sopravvivere.

Sez. 3.10 Rischi Assicurativi

TAVOLA 3.3 Compagnie d'assicurazione vita: schema semplificato del bilancio.

Attività		Passività e patrimonio netto	
Investimenti	90	Riserve matematiche	80
Altre attività	10	Debiti subordinati a lungo termine	10
		Capitale azionario	10
Totale	100	Totale	100

TAVOLA 3.4 Compagnie d'assicurazione danni: schema semplificato del bilancio.

Attività		Passività e patrimonio netto	
Investimenti	90	Riserve sinistri	45
Altre attività	10	Risconti passivi	15
		Debiti subordinati a lungo termine	10
		Capitale azionario	30
Totale	100	Totale	100

Compagnie d'Assicurazione Danni

La Tavola 3.4 mostra lo schema semplificato del bilancio di una compagnia d'assicurazione danni. La principale differenza rispetto alla Tavola 3.3 è che il capitale azionario è molto più elevato a causa dei maggiori rischi cui è esposta la compagnia d'assicurazione danni rispetto alla compagnia d'assicurazione vita. Gli esborsi sono molto meno facili da prevedere.

Esempio 3.31

Chi sa quando un uragano colpirà Miami? Chi sa quando ci saranno risarcimenti per problemi simili a quelli causati dall'amianto?

La voce "Risconti passivi" riporta i premi che sono di competenza di futuri esercizi.

Esempio 3.32

Se, il 30 giugno di un certo anno, il titolare di una polizza paga $2.500 per l'assicurazione della propria abitazione, solo $1.250 (= 180/360 × $2.500) sono di competenza dell'esercizio a cui il bilancio si riferisce.

Gli investimenti delle compagnie d'assicurazione danni sono rappresentati da obbligazioni liquide, con scadenze più ravvicinate rispetto a quelle dei titoli delle compagnie d'assicurazione vita.

3.10 RISCHI ASSICURATIVI

Il rischio più ovvio per una compagnia d'assicurazioni è che le riserve non siano sufficienti a far fronte agli impegni presi nei confronti degli assicurati. Anche se i calcoli attuariali sono di solito molto prudenti, c'è sempre la possibilità che gli esborsi risultino molto maggiori di quelli attesi. Le compagnie d'assicurazione sono anche esposte ai rischi dei loro investimenti, molti dei quali sono in forma di obbligazioni. Se le insolvenze sulle obbligazioni sono superiori alla media, la redditività ne soffre. È importante che il portafoglio obbligazionario della compagnia d'assicurazione sia ben diversificato, per settori industriali e per aree geografiche. Le compagnie d'assicurazione devono anche tenere sotto controllo i rischi di liquidità dei loro investimenti. Le obbligazioni poco liquide (ad es. quelle sottoscritte nei *private placements*) tendono a offrire rendimenti più elevati di quelli delle obbligazioni attivamente negoziate e largamente diffuse presso il pubblico dei risparmiatori. Tuttavia, non possono essere prontamente trasformate in disponibilità liquide nell'eventualità che gli esborsi risultino superiori alle attese. Le compagnie d'assicurazione negoziano contratti con banche e compagnie di riassicurazione. Sono quindi esposte al rischio di credito. Al pari delle banche, le compagnie d'assicurazione sono anche soggette a «rischi operativi» (*operational risks*) e a «rischi industriali» (*business risks*).

Le autorità di vigilanza definiscono i requisiti patrimoniali delle compagnie d'assicurazione. Devono essere sufficienti ad assorbire i rischi cui le compagnie sono esposte. Le compagnie d'assicurazione, al pari delle banche, hanno anche sviluppato procedure interne per il calcolo del capitale economico (Capitolo 28).

3.11 REGOLAMENTAZIONE

I modi in cui le compagnie d'assicurazione sono state regolamentate negli Stati Uniti e in Europa sono molto diversi.

Stati Uniti

Negli Stati Uniti, il McCarran-Ferguson Act del 1945 ha confermato che le compagnie d'assicurazione sono regolamentate a livello statale piuttosto che federale (le banche, invece, sono regolamentate a livello federale). La autorità di vigilanza dei singoli Stati si occupano della solvibilità delle compagnie d'assicurazione e della loro capacità di rispettare gli impegni presi con i titolari delle polizze. Si occupano anche delle pratiche commerciali attuate dalle compagnie (ad es. la determinazione dei premi, la pubblicità, le condizioni contrattuali, il rilascio delle licenze ad agenti e *brokers*, ecc.).

La National Association of Insurance Commissioners (NAIC) è un organizzazione, composta dai rappresentanti delle autorità di vigilanza dei 50 Stati, in cui vengono discusse le questioni di comune interesse. La NAIC offre anche supporto alle autorità di vigilanza dei singoli Stati. Ad es., fornisce statistiche sui *loss ratios* delle compagnie d'assicurazione danni. Questi rapporti aiutano le autorità statali a identificare le compagnie con *loss ratios* che non rientrano nei normali campi di variazione.

Le compagnie d'assicurazione sono tenute a inviare i propri bilanci annuali alle autorità di vigilanza statali. Queste ultime effettuano periodiche ispezioni presso le sedi delle compagnie che sono soggette al loro controllo e ne fissano i requisiti patrimoniali sulla base degli *standards* elaborati dalla NAIC. I requisiti patrimoniali sono determinati in modo proporzionale al rischio che le riserve siano inadeguate, che le controparti siano insolventi e che il reddito degli investimenti sia minore di quello atteso.

Le associazioni di categoria delle compagnie d'assicurazione garantiscono la solvibilità delle associate. Le autorità di vigilanza statali concedono le licenze alle compagnie d'assicurazione che intendono operare all'interno dello Stato solo se fanno parte di un'associazione di categoria che ne garantisca la solvibilità.

Quando una compagnia fallisce, tutte le altre compagnie che operano nello Stato sono tenute a versare al fondo di garanzia statale un importo di denaro che è proporzionale ai premi raccolti nello Stato. Il fondo viene utilizzato per rimborsare i titolari delle polizze di "piccolo importo" emesse dalla compagnia fallita (la definizione di "piccolo importo" varia da Stato a Stato).

A volte è previsto un «tetto» (*cap*) al versamento che ogni compagnia deve effettuare a favore del fondo di garanzia statale. Di conseguenza, è possibile che gli assicurati debbano aspettare anni prima che il fondo di garanzia sia in grado di rimborsarli completamente. Se la compagnia d'assicurazione fallita operava nel ramo vita, dove le polizze scadono dopo molti anni, le posizioni assicurative vengono in genere assunte da altre compagnie d'assicurazione. Tuttavia, è possibile che le polizze vengano modificate e che i titolari si ritrovino con condizioni contrattuali peggiori di quelle precedenti.

Negli Stati Uniti, il sistema di garanzie per le compagnie d'assicurazione è diverso da quello previsto per le banche. Nel caso delle banche, esiste un fondo permanente creato con i premi pagati dalle banche alla FDIC in proporzione ai depositi dei residenti. Nel caso delle compagnie d'assicurazione non c'è alcun fondo permanente. Le compagnie d'assicurazione sono tenute a effettuare un versamento a favore del fondo di garanzia sono nell'eventualità che una di loro fallisca. Un'eccezione è rappresentata dalle compagnie d'assicurazione danni che operano nello Stato di New York. In questo caso esiste un fondo di garanzia permanente.

La regolamentazione delle compagnie d'assicurazione a livello statale è insoddisfacente sotto vari aspetti. La regolamentazione varia da Stato a Stato. Le compagnie d'assicurazione di maggiore dimensione, che operano nei diversi Stati, sono soggette ai controlli di diverse autorità di vigilanza. Alcune compagnie negoziano derivati, al pari delle banche, ma non sono soggette alle stesse regole previste per le banche. Possono quindi sorgere problemi.

Esempio 3.33

Nel 2008 una grande compagnia d'assicurazione, l'American International Group (AIG), ha subito perdite enormi su derivati creditizi ed è dovuto intervenire il governo federale per salvarla.

Il Dodd-Frank Act del 2010 ha istituito il Federal Insurance Office (FIO), all'interno del Ministero del Tesoro, con l'obiettivo di controllare l'industria assicurativa e identificare le lacune regolamentari. Il FIO può raccomandare al Financial Stability Oversight Council che una certa compagnia d'assicurazione (come ad es. l'AIG) venga assoggettata ai controlli della Federal Reserve. Il FIO è in contatto con le autorità di vigilanza di altre nazioni (in particolare con quelle dell'Unione Europea) per promuovere la convergenza degli *standards* regolamentari. Sembra probabile che gli Stati Uniti passino a un sistema in cui la regolamentazione sia determinata a livello federale.

Europa

Le compagnie d'assicurazione europee sono regolamentate dall'Unione Europea. Ciò vuol dire che, almeno in teoria, tutte le compagnie d'assicurazione europee sono soggette alle stesse regole. Lo schema regolamentare unificato che esiste sin dagli anni '70 è il Solvency I. Questo sistema di regole si basa sulle ricerche condotte dal professore olandese Cornelis A. Campagne. Secondo le sue ricerche, le probabilità di sopravvivenza delle compagnie d'assicurazione vita sono pari al 95% se il loro capitale è pari al 4% del «valore nominale delle polizze» (*policy provisions*). La rischiosità degli investimenti non viene esplicitamente presa in considerazione dal Solvency I. Nel 2016, l'Unione Europea ha sostituito il Solvency I con il Solvency II, che stabilisce requisiti patrimoniali a fronte di un più ampio insieme di rischi. Il Solvency II verrà discusso nel Capitolo 25.

3.12 FONDI PENSIONE

I «fondi pensione» (*pension funds*) vengono creati dalle società per i loro dipendenti. In genere, sia il dipendente sia il datore di lavoro (fintanto che il dipendente lavora per la società) versano contributi al fondo. Quando «si ritira» (*retires*) dall'attività lavorativa, il dipendente riceve una pensione per il resto della vita. Pertanto, i fondi pensione sono simili ad alcuni dei prodotti offerti dalle compagnie d'assicurazione vita, in quanto creano una rendita vitalizia in base a contributi periodici.

Esistono due tipi di fondi pensione:

1. fondi «a prestazioni definite» (*defined benefits*);
2. fondi «a contributi definiti» (*defined contributions*).

Nei piani a prestazioni definite, la pensione che il dipendente riceverà è definita dal piano. In genere, viene calcolata in base a una formula che dipende dal numero degli anni di servizio e dagli ultimi stipendi del dipendente.

Esempio 3.34
La pensione annua potrebbe essere pari al 2% del prodotto tra il numero di anni di servizio e lo stipendio medio annuo negli ultimi 3 anni.

È possibile che la moglie del dipendente continui a ricevere la pensione del marito, di solito in misura ridotta, se il marito muore prima di lei. Se il dipendente muore prima di andare in pensione, spesso viene pagata ai familiari una certa somma di denaro e poi un assegno mensile. A volte, le pensioni vengono aggiustate in base all'inflazione. Si parla in questi casi di «indicizzazione» (*indexation*).

Esempio 3.35
In alcuni casi, se il piano è indicizzato ed è a prestazioni definite, la pensione aumenta ogni anno in misura pari al 75% dell'aumento dell'indice dei prezzi al consumo.

I piani pensionistici pubblici (come quelli promossi dalla Social Security negli Stati Uniti) sono simili ai piani a prestazioni definite nel senso che richiedono contributi regolari fino ad una certa età per poi offrire una pensione a vita.

Nei piani a contributi definiti, i contributi versati dal dipendente e dal datore di lavoro vengono investiti per conto del dipendente. Quando va in pensione, il dipendente può di solito scegliere tra due alternative:

1. trasformare il valore accumulato in una rendita vitalizia;
2. ricevere un importo di denaro in unica soluzione, al posto della rendita.

La principale differenza tra i piani a contributi definiti e i piani a prestazioni definite è che, nel primo caso, i contributi versati sono associati al nome del dipendente. Per ogni dipendente viene creato un conto e la pensione dipende solo dalle disponibilità affluite al conto. Invece, nei piani a prestazioni definite, tutti i contributi vengono canalizzati in un unico fondo, che viene utilizzato per pagare le pensioni.

Esempio 3.36

Negli Stati Uniti, il 401(k) è un piano a contributi definiti che consente al dipendente di scegliere tra diverse possibilità d'investimento (azioni, obbligazioni, strumenti di mercato monetario, ecc.).

Un aspetto importante di entrambi i tipi di piano è il differimento delle imposte. I contributi versati dal dipendente non sono soggetti a imposte e i contributi versati dal datore di lavoro sono deducibile dal reddito. Le imposte vengono pagate solo quando si riceve la pensione (e quando si è anziani l'aliquota fiscale marginale può essere relativamente bassa).

I piani a contributi definiti non comportano rischi per i datori di lavoro. Se la *performance* degli investimenti è inferiore alle attese, è il dipendente a sopportarne il costo. Invece, i piani a prestazioni definite espongono i datori a rischi significativi perché è su di essi che ricade l'onere di provvedere al pagamento delle prestazioni.

Esempio 3.37

Supponiamo che le attività di un piano a prestazioni definite abbiano un valore pari a $100 milioni. Secondo le stime effettuate dagli attuari, il valore attuale delle passività è pari a $120 milioni. Ne segue che il piano è sotto-capitalizzato per $20 milioni e la differenza (ripartita su diversi anni) è a carico del datore di lavoro.

Proprio a causa dei rischi che comportano per le società, alcuni piani a prestazioni definite sono stati trasformati in piani a contributi definiti.

La stima del valore attuale delle passività di un piano a prestazioni definite non è facile. Una questione importante è quella dell'appropriato tasso di attualizzazione. Più alto è il tasso, minore è il valore delle passività.

Il metodo più comune è quello di utilizzare un tasso di attualizzazione pari al tasso di rendimento medio delle attività del piano. Questo incoraggia l'investimento in azioni, perché il tasso di rendimento medio delle azioni è maggiore di quello delle obbligazioni e, di conseguenza, il valore attuale delle passività risulta relativamente basso.

Gli attuali *standards* contabili assimilano le passività dei piani pensionistici alle obbligazioni e richiedono che il tasso di attualizzazione sia pari al tasso di rendimento delle obbligazioni con *rating* AA.

La differenza tra l'attivo e il passivo dei piani a prestazioni definite va riportata all'attivo o al passivo della società. Pertanto, se il piano è sotto-capitalizzato, il capitale azionario della società si riduce.

Quando il valore delle attività del piano diminuisce bruscamente e il tasso di attualizzazione delle passività si riduce anch'esso bruscamente si ha una «tempesta perfetta» (*perfect storm*).

Si veda il Riquadro 3.2.

Riquadro 3.2 Una tempesta perfetta.

Nei tre anni dalla fine del 1999 alla fine del 2002, lo S&P 500 è passato da 1.469,25 a 879,82, diminuendo di oltre il 40%, e i tassi sui titoli di Stato a 20 anni sono passati dal 6,83% al 4,83%, diminuendo di 200 punti base.

Il primo evento ha comportato un netto declino del valore di mercato delle attività dei piani pensionistici. Il secondo evento ha comportato – per i piani a prestazioni definite – un forte aumento del valore attuariale delle passività, essendosi ridotto il tasso di attualizzazione utilizzato dagli attuari. Il combinato impatto dei due eventi sui piani a prestazioni definite è stato quello proprio di una «tempesta perfetta» (*perfect storm*).

Molti fondi che erano sovra-capitalizzati sono diventati sotto-capitalizzati. I fondi che erano solo leggermente sotto-capitalizzati sono diventati seriamente sotto-capitalizzati. La combinazione tra la *performance* negativa delle azioni e la riduzione dei tassi d'interesse, com'è accaduto nel periodo in questione, è un «incubo» (*nightmare*) per tutti i gestori di piani a prestazioni definite.

Le nuove regole contabili, che prescrivono un'apposita voce al passivo (attivo) di bilancio per le sotto-capitalizzazioni (sovra-capitalizzazioni), renderanno molto più trasparente l'impatto delle *perfect storms*. Non sorprende che molte società abbiano cercato di sostituire i piani a prestazioni definite con piani a contributi definiti.

Praticabilità dei Piani a Prestazioni Definite

Di solito, i piani a prestazioni definite offrono al dipendente una pensione, parzialmente indicizzata all'inflazione, pari al 70% dello stipendio finale. Per offrire la pensione, che percentuale dello stipendio del dipendente dovrebbe essere trattenuta durante la sua vita lavorativa? La risposta dipende dalle ipotesi sui tassi d'interesse, da quanto rapidamente sale lo stipendio del dipendente, e così via.

Se una compagnia d'assicurazione dovesse rispondere a questa domanda, la risposta dovrebbe essere che occorre accantonare circa il 25% dello stipendio (si veda il Problema 3.15). La compagnia d'assicurazioni dovrebbe investire i premi in obbligazioni (nello stesso modo con cui investe i premi delle assicurazioni vita e delle rendite vitalizie) perché questo è il modo migliore di compensare gli esborsi con il reddito degli investimenti.

I contributi versati dal dipendente e dal datore di lavoro per i piani pensionistici a prestazioni definite sono molto minori del 25% dello stipendio. Di solito il contributo a carico del dipendente si aggira intorno al 5%, così come quello a carico del datore di lavoro. Pertanto, il contributo complessivo è pari al 40% (= 5% × 2 / 25%) di quello che calcolerebbe un attuario. Non sorprende quindi che molti piani pensionistici siano sotto-capitalizzati.

Diversamente dalle compagnie d'assicurazione, i fondi pensione investono in azioni una quota significativa delle loro attività (di solito, il 60% viene investito in azioni e il restante 40% in obbligazioni). Investendo in azioni, c'è la possibilità che il fondo risulti pienamente capitalizzato, ma c'è anche la possibilità che possa risultare fortemente sotto-capitalizzato. Se i mercati azionari andranno bene, com'è successo dal 1960 al 2020 in molte parti del mondo, è possibile che i piani a prestazioni definite riescano a far fronte alle loro passività ma, se i mercati azionari andranno male, è probabile che ci saranno problemi.

Una domanda importante è la seguente: chi è responsabile della sotto-capitalizzazione dei piani pensionistici a prestazioni definite? In prima istanza, sono gli azionisti a sopportarne il costo. Se la società fallisce, è invece lo Stato che ne

Sommario

sopporta il costo, per via delle garanzie che concede.[2] In entrambi i casi, c'è un trasferimento di ricchezza a favore dei pensionati e a carico delle future generazioni.

Sono in molti a sostenere che i trasferimenti di ricchezza dalle generazioni future alle precedenti non sono ammissibili. Probabilmente, non sono neppure praticabili i contributi ai piani pensionistici pari al 25% dello stipendio. Affinché i piani a prestazioni definite possano sopravvivere, occorre apportare qualche cambiamento alle loro condizioni contrattuali, in modo che ci sia una «ripartizione dei rischi» (*risk sharing*) tra pensionati e successive generazioni. Se la *performance* dei mercati azionari durante la loro vita lavorativa non è buona, i pensionati devono essere pronti ad accettare pensioni più basse e ricevere solo un modesto aiuto dalle future generazioni. Se la *performance* dei mercati azionari è buona, una parte dei benefici può essere trasferita alle future generazioni.

Il rischio di longevità è una delle principali preoccupazioni dei fondi pensione.

Esempio 3.38

Si è già visto, nell'Esempio 3.9, che la speranza di vita di un bambino nato negli Stati Uniti nel 2020 è di 20 anni maggiore della speranza di vita di un bambino nato nel 1929. Se questa tendenza continuasse, e la speranza di vita crescesse, i problemi di sotto-capitalizzazione dei piani a prestazioni definite (sia quelli amministrati dalle società sia quelli amministrati dallo Stato) diventerebbero più seri.

Non sorprende che, in molte giurisdizioni, gli individui possano lavorare anche dopo aver raggiunto l'età pensionabile. Ciò aiuta a risolvere i problemi dei fondi pensione a prestazioni definite.

Esempio 3.39

Un individuo che va in pensione a 70 anni, invece che a 65, versa contributi pensionistici per altri 5 anni ed il periodo di tempo per il quale riceve la pensione si accorcia di 5 anni.

SOMMARIO

I principali rami assicurativi sono due: l'«assicurazione vita» (*life insurance*) e l'«assicurazione danni» (*property-casualty insurance*). Le compagnie d'assicurazione vita offrono diversi prodotti "caso morte" che consentono ai beneficiari di ricevere una certa somma di denaro quando il titolare della polizza muore. Nel caso dell'«assicurazione "caso morte" temporanea» (*term life insurance*) il pagamento viene effettuato solo se il titolare dell'assicurazione muore durante il periodo di vita della polizza. Nel caso dell'«assicurazione "caso morte" a vita intera» (*whole life insurance*), il valore nominale della polizza viene pagato ai beneficiari alla morte dell'assicurato, indipendentemente da quando questa si verifica. Nelle assicurazioni a vita intera c'è una forma di risparmio. Nei primi anni, la parte del premio che non è necessaria per coprire il rischio di morte viene investita dalla compagnia d'assicurazione per conto dell'assicurato. Le polizze a vita intera consentono benefici fiscali, perché le imposte vengono differite fino a quando non viene effettuato il pagamento a favore dei beneficiari.

---

[2] Ad esempio, negli Stati Uniti, è la Pension Benefit Guaranty Corporation (PBGC) che assicura i piani pensionistici privati a prestazioni definite. Se i premi incassati da PBGC non sono sufficienti a coprire le uscite, è probabile che debba intervenire il governo federale.

Le compagnie d'assicurazione vita offrono anche «rendite vitalizie» (*lifetime annuities*). Questi contratti trasformano una «somma di denaro» (*lump sum*) a favore della compagnia d'assicurazione in una serie di pagamenti a favore dell'assicurato. I pagamenti iniziano in una certa data e durano per tutta la vita. Le tavole di mortalità offrono informazioni preziose per la valutazione delle assicurazioni vita e delle rendite vitalizie. Tuttavia, gli attuari devono tener conto di due rischi:

1. il «rischio di longevità» (*longevity risk*), ossia la possibilità che gli assicurati vivano più a lungo di quanto ci si aspetta;
2. il «rischio di mortalità» (*mortality risk*), ossia la possibilità che epidemie come l'AIDS o pandemie come il Covid-19 riducano le speranze di vita per certi segmenti della popolazione.

L'«assicurazione danni» (*property-casualty insurance*) offre protezione contro i danni arrecati a beni di proprietà o di terzi. Proteggono anche gli individui e le società dal rischio di cause legali. I pagamenti più difficili da prevedere sono quelli in cui è lo stesso evento che innesca una serie di richieste di risarcimento da parte di molti assicurati e allo stesso tempo. Esempi di questi eventi sono rappresentati dagli uragani e dai terremoti. Anche i pagamenti che traggono origine da cause legali sono difficili da prevedere.

Le «assicurazioni sanitarie» (*health insurances*) hanno caratteristiche intermedie tra quelle delle assicurazioni vita e delle assicurazioni danni. I premi delle assicurazioni sanitarie sono simili ai premi delle assicurazioni vita in quanto non vengono aumentati se mutano le percezioni di rischio da parte della compagnia d'assicurazione. Tuttavia, sono anche simili a premi delle assicurazioni danni perché possono aumentare se aumentano i costi complessivi dell'assistenza sanitaria.

Due rischi fondamentali, tipici dell'attività assicurativa, sono l'«azzardo morale» (*moral hazard*) e la «selezione avversa» (*adverse selection*). L'azzardo morale è il rischio che l'esistenza dell'assicurazione cambi il comportamento della parte assicurata. La selezione avversa è il rischio che i sottoscrittori delle polizze siano quelli che comporteranno gli esborsi più elevati. Le compagnie d'assicurazione prendono provvedimenti tesi a ridurre questi rischi, ma non possono eliminarli del tutto.

Le compagnie d'assicurazione sono diverse dalle banche, dato che anche le passività sono soggette a rischi. Di solito, il capitale azionario delle compagnie del ramo danni, in rapporto all'attivo, è maggiore del capitale azionario delle compagnie del ramo vita. Negli Stati Uniti, le compagnie d'assicurazione sono trattate diversamente dalle banche, nel senso che sono regolamentate a livello statale invece che a livello federale. In Europa, sono regolamentate dall'Unione Europea e dai singoli Stati. L'Unione Europea ha sviluppato un nuovo insieme di regole, noto come Solvency II.

I fondi pensione si distinguono a seconda che offrano piani a prestazioni definite o a contributi definiti. I piani a contributi definiti sono semplici. I contributi versati dal dipendente e dal datore di lavoro, per conto del dipendente, affluiscono a un conto, vengono investiti e poi trasformati in una pensione vitalizia quando il dipendente si ritira dall'attività lavorativa. Nei piani a prestazioni definite, i contributi dei dipendenti e delle società affluiscono a un unico conto, indistinto, e vengono investiti. Quando si ritirano dall'attività lavorativa, i dipendenti ricevono una pensione vitalizia che è commisurata allo stipendio e agli anni di vita lavorativa. La praticabilità dei piani pensionistici a prestazioni definite è in discussione.

Molti piani sono sotto-capitalizzati e hanno bisogno di una buona *performance* dei mercati azionari per poter corrispondere le pensioni promesse agli attuali pensionati e a quelli che verranno.

SUGGERIMENTI PER ULTERIORI LETTURE

AMBACHTSHEER, K. P., *Pension Revolution: A Solution to the Pension Crisis*, Wiley, 2007.

CANTER, M. S., COLE, J. B., e SANDOR, R. L., "Insurance Derivatives: A New Asset Class for the Capital Markets and a New Hedging Tool for the Insurance Industry", *Journal of Applied Corporate Finance*, Autumn 1997, 69-83.

DOFF, R., *Risk Management for Insurers: Risk Control, Economic Capital, and Solvency II*, London: Risk Books, 2007.

FEDERAL INSURANCE OFFICE, "How to Modernize and Improve the System of Insurance Regulation in the United States," Report, December 2013.

FROOT, K. A., "The Market for Catastrophe Risk: A Clinical Examination", *Journal of Financial Economics*, 60 (2001), 529-71.

LITZENBERGER, R. H., BEAGLEHOLE, D. R., e REYNOLDS, C. E., "Assessing Catastrophe Reinsurance-Linked Securities as a New Asset Class", *Journal of Portfolio Management*, Winter 1996, 76-86.

DOMANDE E PROBLEMI
(le risposte si trovano alla fine del libro)

3.1. (a) Che differenza c'è tra l'«assicurazione "caso morte" temporanea» (*term life insurance*) e l'«assicurazione "caso morte" a vita intera» (*whole life insurance*)?
(b) Spiegate i vantaggi fiscali delle assicurazioni "caso morte" a vita intera.

3.2. Spiegate il significato dell'«assicurazione a prestazioni variabili» (*variable life insurance*) e dell'*universal life insurance*.

3.3. Una compagnia d'assicurazione del ramo vita offre «contratti a vita intera» (*whole life contracts*) e «rendite vitalizie» (*lifetime annuities*). In quali contratti è più esposta al rischio di (a) longevità e (b) mortalità?

3.4. «Equitable Life ha regalato un'opzione ai titolari delle sue polizze». Spiegate la natura di quest'opzione.

3.5. Utilizzate la Tavola 3.1 per calcolare il livello minimo del premio che una compagnia d'assicurazione dovrebbe chiedere a una donna di 50 anni per un'assicurazione "caso morte" temporanea della durata di 2 anni. Supponete che il premio venga pagato all'inizio di ciascun anno e che il tasso d'interesse sia nullo.

3.6. Considerate la Tavola 3.1.
(a) Qual è la probabilità che un uomo di 30 anni viva fino a 90 anni?
(b) Qual è la corrispondente probabilità per una donna di 30 anni?

3.7. Su quali tipi di polizze le compagnie d'assicurazione del ramo danni si assumono i maggiori rischi?

3.8. Spiegate il funzionamento dei CAT *bonds*.

3.9. Considerate due obbligazioni che hanno lo stesso tasso cedolare, la stessa vita residua e lo stesso prezzo. Il primo titolo è un'obbligazione societaria con *rating* B. L'altro è un CAT *bond*. Le perdite attese sui due titoli, per ciascun anno di vita, sono uguali. Di quale dei due titoli consigliereste l'acquisto al gestore di un portafoglio? Perché?

3.10. Considerate le assicurazioni sanitarie. Quali sono le principali differenze tra Stati Uniti, Canada e Regno Unito?

3.11. Una compagnia d'assicurazione vita decide di offrire una polizza assicurativa individuale contro il rischio di licenziamento. A quali problemi andrà probabilmente incontro?

3.12. Perché il capitale proprio delle compagnie d'assicurazione danni è maggiore del capitale proprio delle compagnie d'assicurazione vita?

3.13. Considerate una compagnia d'assicurazione del ramo danni.
  (a) Spiegate cosa s'intende per *loss ratio* e per *expense ratio*.
  (b) «Se una compagnia d'assicurazione produce utili, allora la somma del *loss ratio* e dell'*expense ratio* deve essere minore del 100%». Discutete quest'affermazione.

3.14. Che differenza c'è tra un piano pensionistico a prestazioni definite e un piano pensionistico a contributi definiti?

3.15. Considerate un piano pensionistico a prestazioni definite con le seguenti caratteristiche:
  1. i dipendenti lavorano per 40 anni e i loro stipendi crescono in base al tasso d'inflazione;
  2. le pensioni sono pari al 75% dell'ultimo stipendio e crescono anch'esse in base al tasso d'inflazione;
  3. le pensioni vengono pagate per 20 anni;
  4. i redditi del fondo pensione vengono investiti in titoli che fruttano il tasso d'inflazione.

Determinate la percentuale degli stipendi dei dipendenti che deve essere versata al fondo pensione affinché il fondo rimanga solvibile. [Suggerimento: fate i calcoli in termini reali piuttosto che nominali].

APPENDICE 3A

Frequenze di Capitalizzazione e Tassi d'Interesse

A prima vista, se una banca dichiara di applicare alla clientela un tasso d'interesse del 10% sui depositi a 1 anno, la dichiarazione potrebbe apparire non ambigua. In realtà, il preciso significato dipende dal modo in cui il tasso d'interesse viene misurato.

Esempio 3a.1
Se gli interessi vengono capitalizzati una volta l'anno, l'impegno a corrispondere un tasso d'interesse del 10% vuol dire che, dopo un anno, un deposito iniziale di $100 diventa pari a $110:

$$\$100 \times 1,1 = \$110.$$

Se gli interessi vengono capitalizzati 2 volte l'anno, vuol dire che riceveremo il 5% ogni 6 mesi, con la possibilità di reinvestire gli interessi. In questo caso, dopo 1 anno, i $100 diventano $110,25:

$$\$100 \times 1,05 \times 1,05 = \$110,25.$$

Se gli interessi vengono capitalizzati 4 volte l'anno, riceveremo il 2,5% ogni 3 mesi, con la possibilità di reinvestire gli interessi. Dopo 1 anno, i $100 diventano $110,38:

$$\$100 \times 1,025^4 = \$110,38.$$

La Tavola 3a.1 mostra qual è l'effetto degli aumenti nella frequenza della capitalizzazione.

La frequenza di capitalizzazione degli interessi definisce l'unità di misura dei tassi d'interesse. I tassi espressi con una certa frequenza di capitalizzazione possono essere convertiti nei tassi equivalenti espressi con una diversa frequenza di capitalizzazione.

Esempio 3a.2
Nella Tavola 3a.1 si vede che il 10,25% composto annualmente equivale al 10% composto semestralmente.

Le differenze tra un regime di capitalizzazione e l'altro possono essere assimilate alle differenze tra chilometri e miglia. Le unità di misura sono diverse.
Per generalizzare i nostri risultati, supponiamo che un capitale A venga investito per n anni a un tasso d'interesse annuo pari a R. Se gli interessi vengono capitalizzati una sola volta all'anno, il valore finale dell'investimento è

$$A(1 + R)^n.$$

Se gli interessi vengono capitalizzati m volte l'anno, tra n anni il montante dell'investimento è

$$A\left(1 + \frac{R}{m}\right)^{mn}. \tag{3a.1}$$

Quando $m = 1$, il tasso è a volte chiamato «tasso d'interesse annuo equivalente» (*equivalent annual interest rate*).

TAVOLA 3A.1 Capitalizzazione degli interessi e valore finale di un investimento.

Frequenza di capitalizzazione	Valore di $100 dopo 1 anno (dollari)
Annuale ($m=1$)	110,00
Semestrale ($m=2$)	110,25
Trimestrale ($m=4$)	110,38
Mensile ($m=12$)	110,47
Settimanale ($m=52$)	110,51
Giornaliera ($m=365$)	110,52

Capitalizzazione Continua

Al limite, per m che tende a infinito, si ha la «capitalizzazione continua» (*continuous compounding*).[3] Con la capitalizzazione continua, un capitale A investito per n anni al tasso R diventa pari a

$$A e^{Rn} \qquad (3a.2)$$

dove $e = 2{,}71828$. La funzione e^x è inserita nella maggior parte delle calcolatrici cosicché il calcolo dell'Equazione (3a.2) risulta facile. Nell'esempio della Tavola 3a.1, $A = \$100$, $n = 1$ e $R = 0{,}1$, per cui il valore finale di A in base alla capitalizzazione continua risulta pari a $110,52:

$$\$100 \, e^{0,1} = \$110{,}52.$$

Questo valore è uguale (fino al secondo decimale) a quello che si ottiene con la capitalizzazione giornaliera. Per la maggior parte dei fini pratici, la capitalizzazione continua si può ritenere equivalente alla capitalizzazione giornaliera. Investire per n anni un certo capitale a un tasso R composto continuamente equivale a moltiplicarlo per e^{Rn}. Attualizzarlo di n anni a un tasso R composto continuamente equivale a moltiplicarlo per e^{-Rn}.

Sia R_c un tasso d'interesse composto continuamente e R_m il tasso equivalente composto m volte l'anno. In base alle Equazioni (3a.1) e (3a.2) si ha

$$A e^{R_c n} = A \left(1 + \frac{R_m}{m}\right)^{mn}$$

da cui

$$e^{R_c} = \left(1 + \frac{R_m}{m}\right)^m.$$

Pertanto

$$R_c = m \ln\left(1 + \frac{R_m}{m}\right) \qquad (3a.3)$$

---

[3] Nel gergo attuariale, il tasso composto continuamente è chiamato «forza d'interesse» (*force of interest*).

App. 3a   Capitalizzazione Continua

e

$$R_m = m(e^{R_c/m} - 1). \tag{3a.4}$$

Queste equazioni possono essere utilizzate per convertire un tasso composto m volte l'anno in un tasso composto continuamente, e viceversa. La funzione $\ln(\cdot)$ è la funzione del logaritmo naturale, anch'essa inserita nella maggior parte delle calcolatrici. È definita in modo che se $y = \ln(x)$ allora $x = e^y$.

Esempio 3a.3

Si consideri un tasso d'interesse pari al 10% annuo, composto ogni 6 mesi. In base all'Equazione (3a.3) con $m = 2$ e $R_m = 10\%$, il tasso equivalente in regime di capitalizzazione continua è pari al 9,758% annuo:

$$2 \times \ln(1 + 10\%/2) = 0{,}09758$$

Esempio 3a.4

Supponiamo che una banca fissi all'8% annuo, composto continuamente, il tasso d'interesse sui prestiti e che gli interessi vengano effettivamente pagati ogni 3 mesi. In base all'Equazione (3a.4) con $m = 4$ e $R_c = 8\%$, il tasso equivalente composto ogni 3 mesi è pari all'8,08% annuo:

$$4 \times (e^{8\%/4} - 1) = 0{,}0808$$

Ciò vuol dire che per un prestito di $1.000 verrebbero chiesti, ogni trimestre, interessi per $20,20.

Capitolo 4
Fondi Comuni d'Investimento, ETFs ed Hedge Funds

I «fondi comuni d'investimento» (*mutual funds*), i «fondi negoziati in borsa» (*exchange-traded funds* - ETFs) e gli *hedge funds* investono le disponibilità liquide che ricevono da individui e società. I gestori di questi fondi trattano in modo indistinto i capitali che ricevono e li investono in modo da cercare di raggiungere gli obiettivi prefissati. I fondi comuni d'investimento, chiamati *unit trusts* in alcuni Paesi, e gli ETFs si rivolgono a investitori relativamente piccoli, mentre gli *hedge funds* cercano di raccogliere fondi presso individui con grandi patrimoni e presso investitori istituzionali, come i fondi pensione.

Gli *hedge funds* sono soggetti a molte meno regole rispetto ai fondi comuni d'investimento e agli ETFs. Sono liberi di seguire strategie non consentite ai fondi comuni d'investimento e sono in genere restii a fornire informazioni su quello che effettivamente fanno. I fondi comuni d'investimento e gli ETFs sono tenuti a fornire informazioni sulle loro politiche d'investimento in un prospetto che viene consegnato ai sottoscrittori.

In questo capitolo verranno descritte le diverse tipologie di fondi comuni d'investimento, ETFs ed *hedge funds*. Verranno esaminati gli aspetti regolamentari e le commissioni addebitate agli investitori. Verrà anche analizzata la loro *performance*.

4.1 FONDI COMUNI D'INVESTIMENTO

Uno dei servizi offerti dai fondi comuni d'investimento è la diversificazione. Come si è visto nel Capitolo 1, la diversificazione migliora il *trade-off* tra rischio e rendimento atteso, ma è difficile che un piccolo investitore possa avere un portafoglio con un numero di titoli tale da risultare ben diversificato (il mantenimento di un portafoglio ben diversificato può comportare elevati costi di transazione). I fondi comuni d'investimento consentono a molti piccoli investitori di mettere insieme le loro risorse e realizzare i benefici della diversificazione a costi relativamente contenuti.

Chi sottoscrive un fondo comune d'investimento a medio-lungo termine riceve un certo numero di «quote» (*shares*) del fondo. I fondi più diffusi sono quelli «aperti» (*open-ended*). Sono chiamati in questo modo perché il numero delle quote in circolazione aumenta quando gli investitori sottoscrivono nuove quote e diminuisce quando ne chiedono il «riscatto» (*redemption*).

TAVOLA 4.1 Fondi comuni aperti in USA: attività in portafoglio.

Anno	Attività ($ miliardi)
1940	0,5
1960	17,0
1980	134,8
2000	6.955,9
2022	22.110,1

Fonte: Investment Company Institute.

Dalla seconda guerra mondiale in poi, i fondi comuni d'investimento aperti sono cresciuti molto rapidamente. Alla fine del 2022, il valore delle attività detenute dai fondi comuni d'investimento aperti superava i $22.000 miliardi (Tavola 4.1). Circa il 55% delle famiglie statunitensi possiede almeno un fondo comune.

Esempio 4.1

Alcuni fondi vengono distribuiti da società specializzate nella «gestione di attività finanziarie» (*asset management*), come Fidelity. Altri sono offerti da banche, come J.P. Morgan Chase. La più grande società di gestione di fondi è BlackRock, con circa $8.594 miliardi di «attività in gestione» (*assets under management*) alla fine del 2022.

I «fondi comuni di mercato monetario» (*money market mutual funds*) investono in titoli obbligazionari a breve termine (con vita residua non superiore a 1 anno), quali *Treasury bills, commercial paper* e «accettazioni bancarie» (*bankers' acceptances*). Questi titoli rappresentano un'alternativa ai depositi bancari e, di solito, offrono tassi d'interesse più elevati perché non sono assistiti da garanzie governative. Analogamente ai depositanti, i sottoscrittori di alcuni *money market funds* possono utilizzare gli assegni per trasferire le proprie disponibilità liquide. In genere, chi sottoscrive questi fondi è avverso al rischio e non si aspetta di subire perdite sul capitale investito. In altri termini, i sottoscrittori si aspettano un tasso di rendimento positivo, al netto delle commissioni di gestione.[1]

Normalmente, questo è quello che ottengono. Tuttavia, a volte, il tasso di rendimento è negativo e parte del capitale investito viene perso. In questi casi si dice che i fondi «rompono la parità» (*break the buck*), perché l'investimento di $1 vale meno di $1.

Esempio 4.2

Dopo il fallimento di Lehman Brothers (settembre 2008), Reserve Primary Fund, il più antico fondo monetario degli Stati Uniti, è sceso sotto la parità a causa delle perdite sui titoli a breve termine di Lehman. Per evitare la «corsa» (*run*) ai riscatti dei *money market funds* (che avrebbe comportato la mancanza di acquirenti per le cambiali commerciali emesse da società in buona salute finanziaria), è stato varato un programma di garanzie governative (che è durato circa un anno).

---

[1] Un'alternativa ai *money market funds* è rappresentata dai «fondi a valore stabile» (*stable value funds*). In genere, questi fondi investono in obbligazioni con vita residua fino a 5 anni. In cambio di un premio assicurativo, le banche ed altre società offrono la garanzia che il tasso di rendimento netto non risulti negativo.

Nel corso del tempo sono state create diverse tipologie di fondi che investono a medio-lungo termine. Tra queste figurano:

1. i «fondi obbligazionari» (*bond funds*), che investono in obbligazioni con scadenze superiori a 1 anno;
2. i «fondi azionari» (*equity funds*), che investono in azioni ordinarie e privilegiate;
3. i «fondi misti» (*hybrid funds*), che investono in azioni, obbligazioni e altri titoli.

I fondi comuni azionari sono di gran lunga quelli più diffusi.

I fondi comuni d'investimento vengono valutati alle 16 di ogni giorno lavorativo. Il valore complessivo delle attività gestite dal fondo viene determinato sommando il valore di mercato di tutti i titoli presenti nel portafoglio del fondo. Dividendo il valore complessivo delle attività gestite per il numero delle quote in circolazione si ottiene il valore unitario delle quote, che è detto «valore patrimoniale netto» (*net asset value* - NAV).

Gli investitori possono acquistare o vendere le quote dei fondi dalle società di gestione in qualsiasi momento. Il prezzo che viene loro applicato è pari al *net asset value* calcolato a fine giornata.

Esempio 4.3

Supponiamo che un investitore decida di acquistare alcune quote di un fondo comune alle 14 di un certo giorno lavorativo. L'importo pagato dall'investitore sarà determinato in base al NAV calcolato alle 16 dello stesso giorno.

Fondi Indice

Alcuni fondi, detti «fondi indice» (*index funds*), vengono gestiti passivamente in modo da «tracciare» (*to track*), ossia replicare, la *performance* di un indice azionario, come lo S&P 500 o il FTSE 100. L'obiettivo può essere raggiunto facilmente se si comprano tutte le azioni considerate dall'indice per importi che riflettono il loro peso nell'indice.

Esempio 4.4

Se l'IBM ha un peso dell'1% in un certo indice, l'1% del «portafoglio che mira a replicare l'indice» (*tracking portfolio*) verrà investito in azioni IBM.

Un altro modo per replicare gli indici è quello di selezionare un portafoglio più piccolo, composto solo da alcune azioni rappresentative, che sia molto correlato con l'indice. Un altro modo ancora è quello di utilizzare i «*futures* su indici azionari» (*index futures*).

Uno dei primi fondi indice è stato lanciato il 31 dicembre 1975, da John Bogle, con lo scopo di replicare lo S&P 500. Il valore iniziale delle attività era di soli $11 milioni. All'inizio fu ridicolizzato. Il fondo venne chiamato «la follia di Bogle» (*Bogle's folly*) e fu anche considerato «non americano» (*un-American*) perché mirava a realizzare il tasso di rendimento medio del mercato azionario invece di puntare a battere il mercato, come avrebbe dovuto fare un vero fondo americano. Successivamente, è stato ribattezzato Vanguard 500 Index Fund (codice: VFINX) e, alla fine di maggio del 2023, il valore delle attività in gestione era pari a $823,1 miliardi.

In che misura i fondi indice riescono a replicare la *performance* degli indici azionari di riferimento? Due misure importanti sono l'«errore di tracciamento» (*tracking error*) e il «rapporto di spesa» (*expense ratio*).

Il *tracking error* si basa sulla serie storica degli scarti, z, tra il tasso di rendimento annualizzato del fondo e il tasso di rendimento annualizzato dell'indice. Viene definito come deviazione standard degli scarti, $\sqrt{\Sigma[(z_i - \bar{z})^2/n]}$, dove $\bar{z}$ è la media degli scarti e n è il numero delle osservazioni, oppure come «radice quadrata della media del quadrato degli scarti» (*root mean square error*), $\sqrt{\Sigma(z_i^2/n)}$.[2] L'*expense ratio* è il rapporto tra le commissioni di gestione annualizzate e il valore delle attività del fondo.

Costi

Le società di gestione dei fondi sostengono diversi costi, tra cui le «spese di gestione» (*management expenses*), le «commissioni di collocamento» (*sales commissions*), i «costi contabili e le altre spese amministrative» (*accounting and other administrative costs*), i «costi di transazione» (*transaction costs*) sulle compravendite, e così via. Per recuperare questi costi e conseguire un utile, le società di gestione addebitano diversi tipi di commissione ai sottoscrittori dei fondi.

Le «commissioni di sottoscrizione» (*front-end loads*) vengono addebitate quando gli investitori sottoscrivono le quote del fondo. Non tutti i fondi addebitano questo tipo di commissione. Quelli che lo fanno sono chiamati *front-end loaded*.

In alcune giurisdizioni, le commissioni di sottoscrizione devono essere inferiori a una certa percentuale del capitale investito.

Alcuni fondi addebitano una commissione quando l'investitore chiede il rimborso delle quote. Si parla in questi casi di «commissioni di riscatto» (*back-end loads*). In genere, queste commissioni decrescono in funzione della permanenza nel fondo.

Tutti i fondi addebitano periodicamente una «commissione di gestione» (*management fee*). A volte sono previste commissioni diverse a seconda della tipologia di spese: «spese di gestione» (*management expenses*), «costi di distribuzione» (*distribution costs*), ecc.

L'«indice complessivo di spesa» (*total expense ratio*) è il rapporto tra il totale degli oneri posti a carico del fondo e il patrimonio medio dello stesso.

Le commissioni dei fondi comuni d'investimento variano ampiamente da Paese a Paese. Khorana *et al.* hanno messo a confronto le commissioni addebitate ai sottoscrittori di fondi comuni in 17 Paesi.[3] L'ipotesi a base della loro analisi è che i capitali restino investiti nei fondi per 5 anni. Il «costo complessivo per il sottoscrittore» (*total shareholder cost*), espresso su base annua, è così definito:

$$\text{Indice complessivo di spesa} + \frac{\text{Comm. di sottoscrizione}}{5} + \frac{\text{Comm. di vendita}}{5}.$$

I risultati sono riportati nella Tavola 4.2.

---

[2] La radice quadrata della media del quadrato degli scarti, $\sqrt{\Sigma(z_i^2/n)}$, è una misura migliore. Il problema con la deviazione standard, $\sqrt{\Sigma[(z_i - \bar{z})^2/n]}$, è che risulta bassa quando le differenze, z, sono elevate ma costanti.

[3] Si veda KHORANA, A., SERVAES, H. e TUFANO, P., "Mutual Fund Fees Around the World", *Review of Financial Studies*, 22 (March 2009), 1279-310.

TAVOLA 4.2 Fondi comuni: rapporto tra *total shareholder cost* e attività (%).

Paese	Fondi obbligazionari	Fondi azionari
Australia	0,75	1,41
Austria	1,55	2,37
Belgio	1,60	2,27
Canada	1,84	3,00
Danimarca	1,91	2,62
Finlandia	1,76	2,77
Francia	1,57	2,31
Germania	1,48	2,29
Italia	1,56	2,58
Lussemburgo	1,62	2,43
Norvegia	1,77	2,67
Olanda	1,73	2,46
Regno Unito	1,73	2,48
Spagna	1,58	2,70
Stati Uniti	1,05	1,53
Svezia	1,67	2,47
Svizzera	1,61	2,40
Media	1,39	2,09

Fonte: Khorana *et al.*, cfr. nota 3.

Secondo un'analisi più recente, svolta da Morningstar,[4] i Paesi con le commissioni più basse sono l'Australia, l'Olanda e gli Stati Uniti, mentre quelli con le commissioni più alte sono l'Italia e Taiwan.

In media, i fondi indice tendono ad avere commissioni più basse di quelle dei fondi ordinari perché non richiedono né gestori specializzati nella «selezione dei titoli» (*stock picking*) né analisti.

Esempio 4.5

Negli Stati Uniti, le commissioni complessive di alcuni fondi indice raggiungono livelli minimi che si aggirano intorno allo 0,15% annuo.

Fondi Chiusi

I fondi comuni d'investimento di cui abbiamo parlato finora sono fondi aperti. Rappresentano la categoria di gran lunga più vasta. Il numero delle quote in circolazione varia di giorno in giorno in conseguenza degli acquisti e dei riscatti effettuati dagli investitori.

I «fondi chiusi» (*closed-end funds*) sono simili a normali società e il numero delle loro quote è prefissato. I fondi chiusi sono quotati in borsa e se ne possono calcolare due NAVs. Il primo è pari alla quotazione di borsa. Il secondo, chiamato an-

---

[4] Si veda MORNINGSTAR, *Global Investor Experience Study*, Exhibit 1: Fees and Expenses Scorecard, page 9, 30 March 2022.

che *fair value*, è pari al valore di mercato del portafoglio del fondo diviso per il numero delle quote.

Di solito, la quotazione dei fondi chiusi è minore del *fair value*. Diversi accademici hanno cercato di spiegarne il motivo. Le analisi svolte da Ross suggeriscono che la spiegazione sta nelle commissioni pagate ai gestori.[5] I fondi chiusi sono molto meno diffusi dei fondi aperti.

Esempio 4.6
Negli Stati Uniti, alla fine del 2022, il totale delle attività dei fondi chiusi era pari a $252 miliardi (contro i $22.110 miliardi dei fondi aperti). Fonte: Investment Company Institute, *2022 Facts at a Glance*, Figure 2.1, page 17.

4.2 ETFS

I «fondi trattati in borsa» (*exchange-traded funds* - ETFs) sono apparsi per la prima volta nel 1993, negli Stati Uniti, e nel 1999, in Europa. Spesso replicano la *performance* di un indice e, in questo, sono simili agli *index funds*.

Esempio 4.7
Uno degli ETFs più noti è lo Spider, che replica lo S&P 500. Il suo codice è SPY.

In un'indagine campionaria svolta nel marzo del 2008, il 67% degli intervistati ha dichiarato che gli ETFs sono stati la forma d'investimento più innovativa dei vent'anni precedenti. Gli ETFs hanno indotto il 60% degli intervistati a cambiare radicalmente le modalità di selezione dei portafogli.

Nel 2008, la SEC ha autorizzato la creazione degli «ETFs attivi» (*actively managed ETFs*).

Gli ETFs vengono creati da investitori istituzionali. In genere, l'investitore istituzionale deposita un certo portafoglio di titoli presso l'ETF e ne riceve in cambio le quote, dette *creation units*. Queste quote, in tutto o in parte, vengono poi vendute in borsa. Pertanto, sotto quest'aspetto, l'ETF è più simile a un fondo chiuso che a un fondo aperto. Tuttavia, la caratteristica fondamentale dell'ETF è che l'investitore istituzionale può sempre scambiare grossi blocchi di quote dell'ETF con i titoli da cui è composto il portafoglio dell'ETF. In altri termini, l'investitore istituzionale può cedere le quote dell'ETF e ricevere in cambio i titoli, oppure può depositare nuovi titoli e ricevere in cambio nuove quote dell'ETF. Questo meccanismo assicura che non ci siano mai differenze apprezzabili tra la quotazione dell'ETF e il suo *fair value*. Questo è l'aspetto fondamentale che distingue gli ETFs dai fondi chiusi e che li rende più interessanti per gli investitori.

Gli ETFs presentano diversi vantaggi rispetto ai fondi aperti:

1. possono essere comprati e venduti in qualsiasi ora del giorno;
2. possono essere venduti allo scoperto nello stesso modo delle azioni [si veda la Sezione 5.1 dedicata alle «vendite allo scoperto» (*short selling*)];
3. il portafoglio degli ETFs viene reso noto due volte al giorno, in modo da dare un'informativa completa agli investitori. Invece, i fondi comuni d'investimento

---

[5] Si veda Ross, S. A., "Neoclassical Finance, Alternative Finance, and the Closed End Fund Puzzle", *European Financial Management*, 8 (2002), 129-37.

devono rendere nota la composizione dei propri portafogli a scadenze meno frequenti;
4. quando i sottoscrittori vendono le quote di un fondo comune d'investimento, il gestore del fondo deve spesso vendere le azioni che il fondo detiene per reperire le disponibilità con cui liquidare l'investitore. Quando vengono vendute le quote di un ETF ciò non è necessario, perché è il compratore dell'ETF che fornisce le disponibilità da girare al venditore. In questo modo, si risparmiano costi di transazione e sono meno frequenti i *capital gains* o le *capital losses* non programmati da attribuire ai sottoscrittori;
5. l'*expense ratio* degli ETFs tende a essere minore di quello dei fondi comuni d'investimento.

La diffusione degli ETFs sta crescendo.

Esempio 4.8

Alla fine del 2022, il totale delle attività degli ETFs di tutto il mondo era pari a $6.477 miliardi. Fonte: Investment Company Institute, *2022 Facts at a Glance*, Figure 2.1, page 17.

4.3 STRATEGIE ATTIVE E PASSIVE

I fondi comuni «gestiti in modo attivo» (*actively managed*) riescono ad avere una *performance* migliore di quella degli indici azionari come lo S&P 500?

La *performance* di alcuni fondi, in certi anni, è molto buona, ma questo può essere l'effetto della buona sorte, piuttosto che di una gestione superiore alla media. Due domande fondamentali per gli accademici sono:

1. in media, la *performance* dei fondi gestiti in modo attivo è superiore a quella degli indici azionari?
2. i fondi che riescono a battere il mercato in un certo anno, riescono a batterlo anche negli anni successivi?

Le risposte alle due domande sono entrambe negative. In uno studio che è diventato un classico, Jensen ha esaminato la *performance* di 115 fondi comuni utilizzando 10 anni di dati.[6]

Per ogni anno, Jensen ha calcolato l'alfa di ciascun fondo (come si è visto nella Sezione 1.3, l'alfa è il tasso di rendimento in eccesso rispetto a quello previsto dal *capital asset pricing model*). La media degli alfa di tutti i fondi è risultata pressoché nulla prima di tener conto dei costi di gestione ed è risultata negativa dopo averne tenuto conto.

Jensen ha quindi verificato se i fondi con alfa positivi in un certo anno fossero in grado di continuare a produrre alfa positivi nell'anno successivo. I risultati sono riassunti nella Tavola 4.3.

La prima riga mostra che, su un totale di 1.150 (= 115 × 10) osservazioni, 574 (ossia circa la metà) avevano alfa positivi. Il 50,4% di queste osservazioni aveva alfa positivi anche nell'anno successivo. La seconda riga mostra che, quando si osservano alfa positivi per 2 anni di seguito, la probabilità di osservare un alfa positivo anche nel terzo anno è pari al 52,0%, e così via.

---

[6] Si veda JENSEN, M. C., "Risk, the Pricing of Capital Assets and the Evaluation of Investment Portfolios", *Journal of Business*, 42 (April 1969), 167-247.

TAVOLA 4.3 Fondi comuni d'investimento: persistenza degli alfa positivi.

Numero di anni consecutivi con alfa positivi	Numero delle osservazioni	Quota delle osservazioni con alfa positivi nell'anno successivo (%)
1	574	50,4
2	312	52,0
3	161	53,4
4	79	55,8
5	41	46,4
6	17	35,3

Fonte: Jensen, *op. cit.*, cfr. nota 6.

I risultati mostrano che, quando un gestore è riuscito ad avere una *performance* superiore alla media in un certo anno (o per parecchi anni di seguito), la probabilità di conseguire un risultato superiore alla media anche nell'anno successivo è pari a circa il 50%. Ciò vuol dire che la *performance* ottenuta è più frutto del caso che di una buona capacità di gestione.

È possibile che esistano gestori che riescono a ottenere risultati costantemente superiori alla media, ma essi rappresentano una frazione molto piccola del totale.

Studi più recenti hanno confermato le conclusioni di Jensen. In media, i gestori dei fondi comuni non riescono a battere il mercato. Inoltre, la *performance* storica non è un buon indicatore della *performance* futura. Il successo degli *index funds* mostra che il suo studio ha avuto una forte influenza sulle opinioni di molti investitori.

Spesso, le società di gestione dei fondi comuni d'investimento pubblicizzano tassi di rendimento impressionanti. Tuttavia, a volte, i tassi di rendimento in questione riguardano solo uno dei tanti fondi promossi dalla società di gestione. È sempre difficile distinguere tra bravura e fortuna.

Esempio 4.9
Supponiamo che una società di gestione che offre fondi comuni d'investimento abbia creato 32 fondi che seguono obiettivi diversi. Supponiamo, inoltre, che i gestori non abbiano capacità superiori alla media, cosicché la probabilità che essi riescano a battere il mercato sia pari, ogni anno, al 50%. La probabilità che uno dei fondi riesca a battere il mercato per 5 anni consecutivi è pari a $1/32$ $[= (1/2)^5]$. Di conseguenza, uno dei 32 fondi sarà in grado di avere una *performance* impressionante nell'arco dei 5 anni!

C'è da fare un'osservazione circa il modo in cui va calcolata la *performance* su un periodo pluriennale. Una società di gestione di un fondo comune potrebbe pubblicizzare il seguente avviso: «Il tasso di rendimento medio annuo che abbiamo realizzato negli ultimi 5 anni è pari al 15%». Un'altra società di gestione potrebbe dire: «Se aveste investito il vostro denaro nel nostro fondo per gli ultimi 5 anni, lo avreste visto crescere a un tasso annuo del 15%». Queste due affermazioni sembrano uguali, ma sono in realtà diverse, come mostra il Riquadro 4.1. In molti Paesi, le autorità di vigilanza hanno emanato disposizioni volte a garantire che la *performance* dei fondi comuni d'investimento non venga pubblicizzata in modo fuorviante.

Riquadro 4.1 I tassi di rendimento dei fondi comuni possono essere fuorvianti.

Supponiamo che i tassi di rendimento annui di un fondo comune (composti annualmente), osservati negli ultimi 5 anni, siano

$$15\% \quad 20\% \quad 30\% \quad -20\% \quad 25\%.$$

La media aritmetica dei tassi di rendimento, calcolata sommando i tassi di rendimento e dividendo per cinque, è pari al 14%. Tuttavia, chi avesse investito nel fondo comune negli ultimi 5 anni avrebbe guadagnato meno del 14% l'anno. Dopo 5 anni, il montante di un capitale iniziale di $100 sarebbe stato pari a $179,4:

$$\$100 \times 1,15 \times 1,20 \times 1,30 \times 0,80 \times 1,25 = \$179,4.$$

Per contro, il montante di un investimento al 14% (composto annualmente) sarebbe stato pari a $192,54:

$$\$100 \times 1,14^5 = \$192,54.$$

In realtà, il tasso di rendimento effettivo medio, espresso su base annua nell'ipotesi che gli interessi si vengano capitalizzati annualmente, è stato pari al 12,4% annuo. Infatti, il montante di un capitale iniziale di $100, capitalizzato al 12,4% (composto annualmente), è pari a $179,40:

$$\$100 \times 1,124^5 = \$179,40.$$

Che tasso di rendimento dovrebbe pubblicizzare il gestore del fondo? Il gestore potrebbe essere tentato di fare un'affermazione del genere: «La media dei tassi di rendimento annui che abbiamo realizzato negli ultimi 5 anni è stata pari al 14%». Per quanto vera, quest'affermazione è fuorviante. È molto meno fuorviante dire: «Il tasso di rendimento medio realizzato da chi ha investito nel nostro fondo negli ultimi 5 anni è pari al 12,4% annuo». In alcune giurisdizioni, le norme contabili obbligano i gestori dei fondi a presentare i risultati nel secondo modo.

Il nostro esempio illustra un risultato ben noto ai matematici. La media geometrica di un insieme di numeri (non tutti uguali tra loro) è sempre minore della media aritmetica. Nel caso in questione, i montanti alla fine di ciascun anno sono pari a

$$1,15 \quad 1,20 \quad 1,30 \quad 0,80 \quad 1,25.$$

La media aritmetica di questi numeri è 1,140. La media geometrica è minore, essendo pari a 1,124. Gli investimenti effettuati per periodi pluriennali fruttano la media geometrica dei tassi di rendimento annui, non la media aritmetica.

4.4 REGOLAMENTAZIONE

Dato che rappresentano una forma di sollecitazione al pubblico risparmio, in quanto si rivolgono a piccoli investitori che sono spesso poco sofisticati, i fondi comuni d'investimento sono assoggettati a diverse norme regolamentari. Negli Stati Uniti, rientrano nella sfera d'influenza della SEC, presso la quale devono essere registrati prima del collocamento. Ai sottoscrittori va consegnato un prospetto che deve contenere una serie di informazioni finanziarie. Sono state emanate apposite norme per prevenire i conflitti d'interesse, le frodi e le commissioni eccessive.

Nonostante le regole, ci sono stati diversi scandali nel settore dei fondi comuni. Uno di questi riguarda le «negoziazioni ritardate» (*late trading*). Come si è già detto, se l'ordine di acquisto o di vendita di un fondo comune viene passato al *broker* entro le 16, è il NAV del fondo – calcolato alle 16 – che determina il prezzo pagato o incassato dal cliente. A volte, per svariati motivi, gli ordini vengono passati dal *broker* alla società di gestione dopo le 16. Questa prassi consente ai *brokers* di colludere con i clienti e di cambiare gli ordini già dati o di passare nuovi ordini dopo che è trascorsa la scadenza delle 16. In questi casi, se si applica il NAV del fondo rilevato alle 16, il cliente può trarre profitto dai vantaggi informativi sulle tendenze di mercato osservate (soprattutto all'estero) dopo le 16. Le norme SEC proibiscono il *late trading*. Nei primi anni 2000, ci sono state varie cause legali che hanno comportato il pagamento di diversi milioni di dollari da parte degli imputati e il licenziamento di alcuni dipendenti delle società di gestione dei fondi comuni.

Un altro scandalo riguarda la «tempistica degli ordini» (*market timing*). A clienti privilegiati viene offerta la possibilità di comprare e vendere le quote dei fondi in un arco ristretto di tempo (ad es. pochi giorni) senza pagare commissioni. Uno dei motivi che potrebbe indurre i clienti a frequenti negoziazioni è quello di sfruttare la pratica illegale del *late trading*. Un altro è che essi potrebbero voler sfruttare il mancato aggiornamento dei prezzi di alcuni titoli del fondo in occasione del calcolo del NAV. È possibile che il prezzo di qualche titolo non venga aggiornato per diverse ore perché il titolo è negoziato di rado o perché è quotato in un Paese che ha un fuso orario diverso. Se il mercato statunitense è salito (sceso) nelle ultime ore, è lecito attendersi che il NAV sottovaluti (sopravvaluti) il portafoglio del fondo. C'è quindi un'opportunità di *trading* a breve termine. Cercare di sfruttare quest'opportunità non è necessariamente illegale, ma può essere illegale che il fondo offra a clienti privilegiati la possibilità di comprare o vendere le quote dei fondi senza pagare commissioni. I costi delle negoziazioni (ad es. quelli associati al reperimento della liquidità necessaria per far fronte ai riscatti) ricadono necessariamente su tutti gli altri clienti.

Altri scandali hanno riguardato le «scommesse anticipate» (*front running*) e l'«intermediazione mobiliare direzionale» (*directed brokerage*):

1. il *front running* si ha quando la società di gestione, prima di effettuare una transazione che avrà un impatto molto rilevante sul prezzo di mercato di un certo titolo, passa l'informazione ai propri soci o ad alcuni clienti privilegiati, in modo da consentire loro di operare in anticipo sullo stesso titolo;
2. il *directed brokerage* si ha quando una «società specializzata in servizi d'intermediazione mobiliare» (*brokerage house*) si mette d'accordo con una società di gestione di fondi comuni per raccomandare i fondi ai propri clienti in cambio dell'impegno, da parte della società di gestione, di passarle un certo numero di ordini di compravendita su titoli presenti nei suoi fondi comuni.

4.5 HEDGE FUNDS

Gli *hedge funds* si differenziano dai *mutual funds* perché sono soggetti a pochissime regole, dato che si rivolgono a soggetti finanziariamente sofisticati e non sollecitano il pubblico risparmio.

Invece, i *mutual funds* sono soggetti a diverse regole:

1. i sottoscrittori possono chiedere in qualsiasi momento il rimborso delle quote;
2. il valore delle quote deve essere determinato giornalmente;
3. le politiche d'investimento devono essere rese note;
4. l'utilizzo della «leva finanziaria» (*leverage*) deve essere molto contenuto.

Gli *hedge funds* non sono soggetti a queste regole. Sono quindi liberi di sviluppare strategie d'investimento sofisticate, non convenzionali e «proprietarie» (*proprietary*). A volte gli *hedge funds* sono inclusi tra gli «investimenti alternativi» (*alternative investments*).

Sez. 4.5   Hedge Funds

Negli Stati Uniti, il primo *hedge fund*, A. W. Jones & Co., fu creato da Alfred Winslow Jones nel 1949. Il fondo venne costituito in forma di «società in nome collettivo» (*general partnership*) in modo da non ricadere nella sfera d'influenza della SEC. Jones combinava gli acquisti di titoli che riteneva sottovalutati con le vendite di titoli che riteneva sopravvalutati. Utilizzò il *leverage* per amplificare la *performance* del fondo. Il fondo addebitava agli investitori una «commissione di *performance*» (*performance fee*) pari al 20% degli utili.

La *performance* del fondo fu buona e il termine *hedge fund* venne coniato in un articolo su A. W. Jones & Co. che Carol Loomis scrisse per la rivista Fortune nel 1966. L'articolo mostrava che, tenendo conto delle commissioni, la *performance* del fondo era migliore di quella dei fondi comuni di maggior successo. L'articolo destò molto interesse per gli *hedge funds* e le loro strategie di *trading*.

Altri pionieri degli *hedge funds* sono stati George Soros, Walter J. Schloss e Julian Robertson.[7]

Il termine *hedge fund* implica che i rischi vengano «coperti» (*hedged*). La strategia di *trading* di Jones tendeva effettivamente a limitare i rischi. Il suo fondo era poco esposto alle tendenze di mercato perché le posizioni lunghe (su titoli considerati sottovalutati) venivano compensate da posizioni corte (su titoli considerati sopravvalutati). Tuttavia, nel caso di alcuni *hedge funds*, il termine *hedge* non è appropriato, perché essi tendono ad assumere posizioni aggressive sulla futura direzione dei mercati senza mettere in atto alcuna strategia di copertura.

Nel corso degli anni, gli *hedge funds* si sono sempre più di anche se, come vedremo (Tavola 4.5), la loro *performance* nel periodo 2009-2022 è risultata inferiore a quella dello S&P 500.

Esempio 4.10

Alla fine di marzo del 2023, il totale delle attività degli *hedge funds* di tutto il mondo era pari a $3.880 miliardi. Fonte: Hedge Fund Research (HFR), *Press Release*, 21 April 2023.

Molti *hedge funds* hanno sede in giurisdizioni con regimi fiscali favorevoli. Ad es., molti hanno sede nelle Cayman Islands. Tra gli *hedge funds* figurano i «fondi di fondi» (*funds of funds*), che investono in altri *hedge funds*.

È difficile che gli *hedge funds* passino inosservati. Le loro operazioni spiegano gran parte degli scambi giornalieri presso le borse di New York e di Londra.

Inoltre, sono molto attivi nei mercati delle obbligazioni convertibili, dei *credit default swaps*, dei «titoli obbligazionari di società in difficoltà finanziarie» (*distressed debt*) e delle «obbligazioni di non elevata qualità creditizia» (*non-investment-grade bonds*).

Sono anche molto attivi nel mercato degli ETFs, dove spesso assumono posizioni corte.

---

[7] Anche il famoso miliardario di Omaha (Nebraska, USA), Warren Buffett, può essere considerato uno dei pionieri degli *hedge funds*. Nel 1956, egli costituì la Buffett partnership LP con sette soci a responsabilità limitata e un capitale di $100.100. Le commissioni addebitate da Buffett ai suoi *partners* furono pari al 25% dei profitti eccedenti il «tasso soglia» (*hurdle rate*) del 25%. Buffett si specializzò in operazioni di nicchia quali gli «arbitraggi legati alle fusioni» (*merger arbitrages*), gli «scorpori di rami aziendali» (*spin-offs*) e lo sfruttamento delle opportunità legate alle «obbligazioni di società con difficoltà finanziarie» (*distressed debt*). In media, riuscì a guadagnare il 29,5% all'anno. La *partnership* venne sciolta nel 1969 e fu costituita la Berkshire Hathaway, una *holding* invece di un *hedge fund*.

Commissioni

Gli *hedge funds* si differenziano dai *mutual funds* anche perché le commissioni richieste ai sottoscrittori sono più elevate e dipendono dalla *performance* del fondo. Le «commissioni di gestione» (*management fees*), che coprono i costi operativi, oscillano tra l'1% e il 3% delle «attività gestite» (*assets under management*). A volte viene addebitata un'ulteriore commissione a fronte di spese per le «revisioni contabili» (*audits*), l'amministrazione dei conti e i *bonus* dei *traders*. Inoltre, agli investitori viene anche addebitata una «commissione d'incentivazione» (*incentive fee*), che è compresa tra il 15% e il 30% degli utili (considerati al netto delle commissioni di gestione). La struttura delle commissioni è disegnata in modo da attirare i gestori più sofisticati e quelli dotati di maggior talento.

Esempio 4.11

La struttura delle commissioni di un *hedge fund* potrebbe essere del tipo «2 più 20%», a indicare che la commissione addebitata ogni anno dal fondo è pari al 2% degli *assets under management* più il 20% degli utili netti.

Oltre alle commissioni elevate, c'è anche da considerare che, in genere, è previsto un «periodo di blocco» (*lock-up period*), di almeno un anno, durante il quale non è possibile uscire dal fondo.

Alcuni *hedge funds*, la cui *performance* è stata molto buona, hanno addebitato agli investitori commissioni molto superiori alla media.

Esempio 4.12

La Renaissance Technologies Corp. di James (Jim) Simons ha addebitato commissioni pari al «5 più 44%». Jim Simons è un ex professore di matematica il cui patrimonio a marzo 2023 è stato stimato in $28,1 miliardi (Fonte: Forbes, "The Richest Hedge Fund Managers 2023", 4 April 2023).

A volte, sono previste clausole contrattuali che mirano a "far digerire" meglio le commissioni. Ad es.:

1. il «tasso soglia» (*hurdle rate*), ossia il tasso di rendimento minimo che fa scattare l'applicazione dell'*incentive fee*;
2. il «recupero» (*clawback*) di quanto già pagato, ossia la possibilità – per l'investitore – di recuperare parte delle perdite attraverso il rimborso di precedenti *incentive fees*. Una certa quota delle *incentive fees* incassate dal fondo ogni anno viene accantonata in un «conto di recupero» (*recovery account*). All'occorrenza, la riserva rappresentata da questo conto viene utilizzata per far fronte a parte delle perdite subite dagli investitori;
3. il «segno lasciato dalla piena» (*high water mark*), ossia la quotazione massima raggiunta dal fondo, che va oltrepassata – dopo eventuali perdite – prima di poter applicare l'*incentive fee*.

Dato che le quote del fondo non vengono tutte acquistate allo stesso tempo, l'*high water mark* non è necessariamente lo stesso per tutti gli investitori. Può essere allora prevista una «clausola di aggiustamento proporzionale» (*proportional adjustment clause*), in base alla quale l'ammontare delle perdite che deve essere recuperato prima di applicare l'*incentive fee* va aggiustato in proporzione, tenendo conto delle quote che sono state rimborsate.

Sez. 4.5   Hedge Funds   **87**

Esempio 4.13

Supponiamo che un *hedge fund* con attività per $200 milioni perda $40 milioni. Le attività residue valgono $160 (= $200 − $40) milioni, ma – a seguito di riscatti delle quote del fondo per $80 milioni – si riducono ulteriormente a $80 (= $160 − $80) milioni.

La clausola di *high water mark* richiede che vengano realizzati profitti per $40 milioni prima che possa essere applicata l'*incentive fee*.

Tuttavia, se è presente la *proportional adjustment clause*, quest'importo si riduce a $20 (= $40 × $80 / $160) milioni perché – in seguito ai riscatti – il fondo si è ridotto alla metà di quello che era prima delle perdite.

Le commissioni generose degli *hedge funds* hanno consentito a diversi gestori di diventare molto ricchi.

Esempio 4.14

Secondo le stime di Forbes, alla fine del 2022 il patrimonio netto complessivo dei *top 20 managers* di *hedge funds* era pari a $245 miliardi.

In cima alla lista figurava Ken Griffin di Citadel LLC, seguito da Jim Simons di Renaissance Technologies e da Ray Dalio di Bridgewater Associates.

Se un investitore ha più di un *hedge fund* in portafoglio, le commissioni da pagare possono essere molto elevate.

Esempio 4.15

Supponiamo che un investitore abbia investito lo stesso capitale in due *hedge funds*, A e B. La struttura delle commissioni di entrambi i fondi è del tipo «2 più 20%».

Nel primo anno, l'utile di A è pari al 20% mentre quello di B è pari al −10%. Il tasso di rendimento medio, prima delle commissioni, è pari al 5% [= 0,5 × 20% + 0,5 × (−10%)].

Le commissioni pagate ad A sono pari al 5,6% [= 2% + 0,2 × (20% − 2%)]. Le commissioni pagate a B sono pari al 2%. Pertanto, in media, le commissioni pagate sono pari al 3,8% (= 0,5 × 5,6% + 0,5 × 2%).

Dopo le commissioni, il tasso di rendimento medio per l'investitore è pari all'1,2% (5% − 3,8%). Questo tasso di rendimento è pari alla metà di quello [2,4% = 5% − 2% − 0,2 × (5% − 2%)] che l'investitore avrebbe realizzato se lo schema «2 più 20%» fosse stato applicato al tasso di rendimento medio del 5%.

Se l'investitore investe in «fondi di *hedge funds*» (*funds of hedge funds*), ci sono altre commissioni da pagare e il tasso di rendimento risulta ancora peggiore.

Esempio 4.16

Supponiamo che un fondo di *hedge funds* ripartisca equamente i suoi investimenti su 10 *hedge funds*, ciascuno dei quali addebita commissioni pari al «2 più 20%».

Le commissioni del fondo di *hedge funds* sono pari all'«1 più 10%». Può sembrare che l'investitore finisca col pagare il «3 più 30%», ma in realtà il costo effettivo può essere molto maggiore.

Supponiamo che 5 *hedge funds* perdano il 40% e che gli altri 5 guadagnino il 40%. Il tasso di rendimento lordo del fondo di *hedge funds* è pari allo 0% (= 40% × 5 − 40% × 5).

L'investitore non solo paga commissioni di gestione pari al 3% (= 2% + 1%), ma deve anche pagare il 7,6% [= 20% × (40% − 2%)] a titolo di *incentive fee* ai 5 *hedge funds* che hanno realizzato un utile.

Dato che il 7,6% si applica alla metà del denaro investito, le commissioni complessivamente pagate dall'investitore sono pari al 6,8% (= 3% + 7,6% / 2). Il tasso di rendimento netto dell'investitore è quindi pari al −6,8% (= 0% − 6,8%). È quindi pari al 6,8% in meno del tasso di rendimento lordo.

TAVOLA 4.4 Investire in un *hedge fund*: tasso di rendimento atteso.

Tasso di rendimento atteso per il gestore dell'*hedge fund*	6,64%
Tasso di rendimento atteso per chi investe nell'*hedge fund*	−18,64%
Tasso di rendimento atteso complessivo	−12,00%

Nota: le commissioni dell'*hedge fund* sono pari al «2 più 20%». Le disponibilità del fondo vengono investite in un'attività che può produrre un utile del 60% con probabilità 0,4 o una perdita del 60% con probabilità 0,6.

Incentivi

La struttura delle commissioni degli *hedge funds* incentiva i gestori a produrre utili, ma li induce anche ad assumere rischi. Di fatto, il gestore di un *hedge fund* ha un'opzione *call* sul valore delle attività del fondo. Com'è ben noto, il valore delle opzioni aumenta col crescere della volatilità del sottostante. Ciò vuol dire che il gestore può far aumentare il valore della sua opzione assumendo rischi che facciano aumentare la volatilità delle attività in gestione. L'incentivo a farlo è particolarmente forte quando sta per avvicinarsi la fine del periodo su cui si calcola l'*incentive fee* e la *performance* del fondo è modesta o negativa.

Esempio 4.17

Le commissioni di un *hedge fund* sono pari al «2 + 20%». Supponiamo che al gestore si presenti un'opportunità d'investimento che può produrre un utile del 60% con probabilità 0,4 e una perdita del 60% con probabilità 0,6. Il tasso di rendimento atteso dell'investimento è pari al −12%:

$$60\% \times 0,4 - 60\% \times 0,6 = -12\%.$$

Anche se il tasso di rendimento atteso è negativo, il gestore potrebbe essere tentato di accettare l'investimento che gli è stato proposto. Se l'investimento comporterà un utile del 60%, le commissioni complessivamente incassate dall'*hedge fund* saranno pari al 13,6%:

$$2\% + 20\% \times (60\% - 2\%) = 13,6\%.$$

Se l'investimento comporterà una perdita del 60%, l'*hedge fund* incasserà la sola commissione di gestione, pari al 2%. Pertanto, le commissioni attese sono pari al 6,64% delle attività in gestione:

$$13,6\% \times 0,4 + 2\% \times 0,6 = 6,64\%.$$

In altri termini, la commissione di gestione è sempre pari al 2% e il valore atteso dell'*incentive fee* è pari al 4,64% [= 20% × (60% − 2%) × 0,4 − 0% × 60% × 0,6].

Il tasso di rendimento atteso da chi investe nell'*hedge fund* è pari al −18,64%:

$$[60\% - 2\% - 20\% \times (60\% - 2\%)] \times 0,4 + (-60\% - 2\%) \times 0,6 = -18,64\%.$$

Quest'esempio è sintetizzato nella Tavola 4.4.

L'Esempio 4.17 mostra che la struttura delle commissioni di un *hedge fund* può indurre il gestore ad assumere rischi elevati anche quando il tasso di rendimento atteso è negativo. La distorsione degli incentivi può essere ridotta se si utilizzano gli *hurdle rates*, le *clawback clauses* e gli *high water marks*. Tuttavia, queste clausole non sono sempre così buone per gli investitori come potrebbe sembrare. Un motivo è che gli investitori, se vogliono servirsene, devono necessariamente continuare a investire nel fondo. Un altro motivo è che, se le perdite diventano molto elevate, il gestore dell'*hedge fund* ha un forte incentivo a «smontare» (*to wind up*) il fondo e a crearne uno nuovo.

L'incentivo di cui stiamo parlando è davvero reale.

Esempio 4.18
Immaginate come vi sentireste se aveste investito nell'*hedge fund* Amaranth. A uno dei suoi *traders*, Brian Hunter, piaceva fare scommesse enormi sul prezzo del gas naturale. Fino al 2006, le sue scommesse furono in gran parte vincenti, per cui veniva considerato uno *star trader*. Si stima che, nel 2005, abbia guadagnato – tra stipendio e *bonus* – circa $100 milioni. Nel corso del 2006, le sue scommesse si rivelarono errate e Amaranth, che gestiva un patrimonio di $9,5 miliardi, perse $6,5 miliardi (una perdita superiore a quella subita da Long-Term Capital Management nel 1998). Brian Hunter non dovette restituire quanto aveva ricevuto in precedenza a titolo di *bonus*, lasciò Amaranth e cercò di aprire un suo proprio *hedge fund*.

È interessante notare che, almeno in teoria, due individui possono realizzare una «macchina per far soldi» (*money machine*). Uno dei due crea un *hedge fund* che segue una strategia (segreta) ad alto rischio e l'altro crea un secondo *hedge fund* che segue la strategia opposta rispetto a quella del primo (ad es., il primo *hedge fund* decide di comprare argento per $1 milione, mentre il secondo vende argento per un uguale importo). Nel momento in cui gli *hedge funds* vengono creati, i due individui si mettono d'accordo per dividersi equamente le *incentive fees*. Uno dei due *hedge funds* (non sappiamo quale) andrà bene e riceverà le *incentive fees*. L'altro andrà male e non riceverà le *incentive fees*. Ammesso che riescano a trovare gli investitori per i loro fondi, i due individui sono riusciti a costruire una macchina per far soldi!

Prime Brokers

Le banche che offrono servizi agli *hedge funds* sono dette «intermediari mobiliari primari» (*prime brokers*). Di solito, quando viene creato, l'*hedge fund* si rivolge a un unico *prime broker*. Il compito del *prime broker* è quello di eseguire gli ordini dell'*hedge fund* (con controparti che possono essere lo stesso *prime broker* o un altro *broker / dealer*), compensare tra loro le negoziazioni in modo da stabilire l'entità del capitale che l'*hedge fund* deve depositare a garanzia degli impegni presi, prendere in prestito i titoli che l'*hedge fund* vuole vendere allo scoperto, gestire le sue disponibilità liquide, fornire servizi di reportistica sul portafoglio del fondo e concedere prestiti di denaro. In alcuni casi, il *prime broker* offre anche servizi di consulenza e *risk management* e mette in contatto l'*hedge fund* con i possibili investitori. In genere, il *prime broker* conosce bene il portafoglio dell'*hedge fund* ed effettua *stress tests* sul portafoglio per decidere il livello di *leverage* che è pronto a offrire al fondo.

Anche se gli *hedge funds* non sono regolamentati, devono comunque rispondere ai propri *prime brokers*. Il *prime broker* rappresenta la principale fonte finanziaria per un *hedge fund*. Controlla i rischi che vengono assunti dall'*hedge fund* e determina quanto può prendere in prestito. Di solito, gli *hedge funds* depositano titoli presso i *prime brokers*, a garanzia degli impegni presi. Quando perdono, devono integrare le garanzie. Se non sono in grado di farlo, devono necessariamente chiudere qualche posizione.

Una delle cose a cui gli *hedge funds* devono prestare attenzione è la possibilità che le operazioni effettuate siano redditizie nel lungo termine ma possano comportare perdite nel breve termine.

Esempio 4.19

Supponiamo che un *hedge fund* ritenga che i livelli correnti dei «differenziali tra i tassi di rendimento attribuibili alla diversa qualità creditizia» (*credit spreads*) siano troppo elevati. Potrebbe essere tentato di comprare obbligazioni con *rating* BBB e vendere *Treasury bonds*. Tuttavia, c'è il rischio che i *credit spreads* aumentino ancora, prima di iniziare a scendere. In questo caso, l'*hedge fund* potrebbe trovarsi a corto di capitali da dare a garanzia delle sue operazioni ed essere costretto a chiuderle, subendo così enormi perdite.

Quando le dimensioni dell'*hedge fund* crescono, è probabile che venga utilizzato più di un *prime broker*. In questo caso, nessuna banca ha una visione completa delle transazioni effettuate dal fondo e la piena conoscenza del suo portafoglio. La possibilità di fare affari con più di un *prime broker* dà al fondo un maggiore «potere negoziale» (*negotiating clout*) per ridurre il costo delle commissioni. Goldman Sachs, Morgan Stanley e molte altre banche di grandi dimensioni fungono da *prime broker* per gli *hedge funds*. È questa un'importante fonte di utili.[8]

4.6 HEDGE FUNDS: STRATEGIE

In questa sezione passeremo in esame le diverse strategie seguite dagli *hedge funds*. La classificazione è simile a quella utilizzata dalla Barclay Hedge Fund Indices, che pubblica indici di *performance* degli *hedge funds*. Non tutti gli *hedge funds* possono essere classificati nel modo che vedremo. Alcuni seguono più di una strategia e altri seguono strategie diverse da quelle indicate (ad. es. ci sono *hedge funds* specializzati in derivati atmosferici).

Long / Short Equity

Come si è già visto, le strategie «lungo / corto su azioni» (*long / short equity*) sono state utilizzate da Alfred Winslow Jones, il pioniere degli *hedge funds*. Esse continuano a essere le più diffuse. Il gestore identifica i titoli che ritiene siano sottovalutati dal mercato e quelli che ritiene siano sopravvalutati. Compra i primi e vende allo scoperto i secondi. In genere, dovrà corrispondere al *prime broker* una commissione, pari ad es. all'1% annuo sul valore dei titoli presi in prestito per essere venduti allo scoperto (si veda la Sezione 5.1 per una discussione delle vendite allo scoperto).

Il successo delle strategie *long / short equity* dipende esclusivamente dalla «selezione dei titoli» (*stock picking*). Se i titoli sottovalutati e sopravvalutati sono scelti bene, le strategie sono proficue sia quando prevale il «toro» (*bull*), ossia nei casi in cui la tendenza delle quotazioni è al rialzo, sia quando prevale l'«orso» (*bear*), ossia nei casi in cui la tendenza delle quotazioni è al ribasso. Spesso i gestori si concentrano sui titoli meno importanti, trascurati dagli analisti, e utilizzano l'«analisi fondamentale» (*fundamental analysis*), sperimentata per primo da Benjamin Graham, per individuare i titoli sottovalutati e quelli sopravvalutati. Il gestore può decidere di essere tendenzialmente lungo, con acquisti superiori alle vendite, oppure di essere ten-

---

[8] Anche se è vero che la banca si assume qualche rischio quando dà denaro in prestito agli *hedge funds*, è anche vero che gli *hedge funds* si assumono qualche rischio quando scelgono i propri *prime brokers*. Molti *hedge funds* che avevano scelto Lehman Brothers come proprio *prime broker* si sono trovati a non poter disporre delle proprie attività, date in garanzia, quando Lehman Brothers è fallita, nel 2008.

denzialmente corto, con vendite superiori agli acquisti. Nel primo caso, si dice che la strategia è «distorta al rialzo» (*net long biased*) e nel secondo che è «distorta al ribasso» (*net short biased*). La strategia seguita con successo da Alfred Winslow Jones era del tipo *net long biased*.

Le strategie «neutrali rispetto al mercato azionario» (*equity-market neutral*) non sono distorte né al rialzo né al ribasso. Le strategie «neutrali in termini di dollari» (*dollar-neutral*) sono strategie neutrali nelle quali l'importo in dollari delle posizioni lunghe equivale all'importo in dollari delle posizioni corte. Le strategie «neutrali in termini di beta» (*beta-neutral*) sono strategie più sofisticate che tendono ad assicurare l'equivalenza tra le media ponderate dei beta delle posizioni lunghe e dei beta delle posizioni corte. Il beta del portafoglio complessivo è quindi tendenzialmente nullo. Pertanto, se vale il *capital asset pricing model*, il portafoglio dovrebbe essere insensibile alle variazioni di mercato. A volte, per assicurare la neutralità del portafoglio in termini di beta, vengono utilizzati i *futures* ou indici azionari.

L'obiettivo della neutralità del portafoglio può essere spinto a un livello ancora più avanzato. Si hanno così le strategie «neutrali rispetto ai settori» (*sector neutral*), che tendono a mantenere bilanciate le posizioni lunghe e corte per ogni singolo settore industriale, e le strategie «neutrali rispetto ai fattori» (*factor neutral*), che tendono a mantenere bilanciate le esposizioni nei confronti di ogni singolo fattore di rischio (prezzo del petrolio, tassi d'interesse, tasso d'inflazione, ecc.).

Dedicated Short

Le strategie «esclusivamente corte» (*dedicated short*) consistono nel vendere allo scoperto i titoli che si ritiene siano sopravvalutati dal mercato. Queste strategie cercano di sfruttare il fatto che gli analisti tendono a non dare raccomandazioni di vendita, anche se ci si può ragionevolmente attendere che, in un certo momento, il numero dei titoli sopravvalutati sia approssimativamente uguale al numero dei titoli sottovalutati. Di solito, i titoli che vengono considerati sopravvalutati sono quelli di società che sono finanziariamente deboli, che cambiano spesso la società di revisione, che ritardano le comunicazioni alla SEC, che operano in settori con capacità in eccesso, che querelano o cercano di zittire chi vende i loro titoli allo scoperto, ecc.

Distressed Securities

Le obbligazioni con *rating* BB o peggiore hanno una «scarsa qualità creditizia» (*non-investment grade*) e sono dette «titoli spazzatura» (*junk bonds*). Le obbligazioni con *rating* CCC sono chiamate «titoli in sofferenza» (*distressed bonds*) e quelle con *rating* D sono relative a società «fallite» (*defaulted*). In genere, i *distressed bonds* hanno quotazioni largamente al di sotto della pari e offrono tassi di rendimento che superano di oltre 1.000 p.b. (10%) quelli dei *Treasury bonds*. Ovviamente, chi investe in questi titoli realizza i tassi di rendimento promessi solo se capitale e interessi vengono effettivamente pagati.

I gestori dei fondi specializzati in *distressed securities* calcolano attentamente il «valore equo» (*fair value*) di questi titoli, assegnando probabilità ai futuri possibili scenari. Di solito, i *distressed securities* non possono essere venduti allo scoperto, per cui i gestori cercano di acquistare quei titoli che ritengono siano sottovalutati dal mercato. In genere, le procedure fallimentari si concludono con la riorganizzazione o la liquidazione delle società. I gestori conoscono bene il sistema legale e le priorità in caso di liquidazione, stimano i «tassi di recupero» (*recovery rates*), considerano attentamente le possibili azioni del *management*, ecc.

Alcuni fondi seguono «strategie passive» (*passive strategies*), ossia comprano i titoli quando i prezzi sono bassi e aspettano che aumentino. Altri fondi seguono «strategie attive» (*active strategies*), ossia comprano quantitativi tali di *distressed securities* da poter influenzare l'esito delle procedure fallimentari.

Negli Stati Uniti, i portatori delle diverse categorie di titoli devono approvare le proposte di riorganizzazione con la maggioranza di due terzi. Pertanto, è sufficiente avere un terzo dei titoli per bloccare le proposte di riorganizzazione avanzate dal *management* o da altre «parti interessate alle sorti della società» (*stakeholders*).

Spesso, nelle riorganizzazioni societarie, il valore delle azioni viene annullato e il debito viene trasformato in nuove azioni. A volte, l'obiettivo dei gestori è quello di comprare più di ⅓ del debito, acquisire il controllo della «società obiettivo» (*target company*) e trovare un modo per estrarre valore dalle sue attività.

Merger Arbitrage

Gli «arbitraggi da fusione» (*merger arbitrages*) vengono attuati dopo che le operazioni di acquisizione o fusione sono state rese note. Si basano sull'aspettativa che le operazioni annunciate vengano effettivamente concluse.

Le acquisizioni e le fusioni possono avvenire «per contanti» (*cash*) o con «scambi di azioni» (*share-for-share exchanges*).

Esempio 4.20

Consideriamo un'operazione per contanti. La società A annuncia che è pronta a comprare tutte le azioni della società B a $30 per azione. Prima dell'annuncio, le azioni della società B quotano a $20 l'una. Immediatamente dopo l'annuncio, la quotazione salta a $28. Non si porta subito a $30 per due motivi: (a) c'è la possibilità che l'operazione non si concluda; (b) ci vuol tempo prima che l'impatto dell'operazione venga pienamente riflesso dalle quotazioni. Gli *hedge funds* del tipo *merger arbitrages* comprano a $28 le azioni della società B e aspettano. Se l'acquisizione si conclude positivamente, il fondo guadagna $2 (= $30 − $28) per azione o anche di più se – a seguito di uno o più rilanci – l'acquisizione viene realizzata a un prezzo maggiore di $30 per azione. Se invece, per una qualsiasi ragione, l'acquisizione non viene portata a compimento, l'*hedge fund* subisce una perdita.

Esempio 4.21

Consideriamo ora un'operazione con scambio di azioni. La società A annuncia che vuole scambiare le proprie azioni con quelle della società B nel rapporto 1:4 (= 25%). Prima dell'annuncio, la quotazione delle azioni della società B è pari al 15% della quotazione delle azioni della società A. Immediatamente dopo l'annuncio, il prezzo di mercato delle azioni della società B sale al 22% del prezzo delle azioni della società A. Gli *hedge funds* del tipo *merger arbitrages* comprano un quantitativo x delle azioni della società B e, allo stesso tempo, vendono le azioni della società A per un quantitativo pari a (1:4) x. Questa strategia genera un profitto se l'acquisizione si conclude in base al rapporto 1:4 o a uno più favorevole alla società B.

Gli *hedge funds* del tipo *merger arbitrage* possono realizzare tassi di rendimento «stabili nel tempo» (*steady*), ma non «stellari» (*stellar*). È importante distinguere i *merger arbitrages* dalle operazioni effettuate da Ivan Boesky, e da altri, sulla base di informazioni riservate ottenute prima che le operazioni di fusione o acquisizione venissero pubblicamente annunciate.[9] Le negoziazioni che si basano su «informazioni riservate» (*inside information*) sono illegali. Ivan Boesky è stato condannato a 3 anni di carcere e a una multa di $100 milioni.

Convertible Arbitrage

Le «obbligazioni convertibili» (*convertible bonds*) sono titoli obbligazionari che – in determinate date – possono essere trasformati in azioni sulla base di un rapporto di conversione che è prefissato o varia in funzione del tempo. Di solito, l'emittente ha il diritto di rimborsare i titoli anticipatamente, ossia di riacquistarli prima della scadenza. Quando si avvale di questo diritto, annuncia pubblicamente di voler procedere al rimborso anticipato de titoli, forzando così la conversione immediata delle obbligazioni in azioni (altrimenti, c'è in genere la convenienza a rinviare nel tempo la conversione quanto più è possibile).

Gli *hedge funds* del tipo *convertible arbitrage* sviluppano modelli sofisticati per la valutazione delle obbligazioni convertibili. Il prezzo di questi titoli dipende, in modo complesso, dal prezzo dell'azione sottostante, dalla sua volatilità, dal livello dei tassi d'interesse e dalla probabilità che l'emittente fallisca. Se le obbligazioni convertibili sono quotate a prezzi inferiori al *fair value*, il gestore del fondo le acquista e si copre vendendo le azioni sottostanti (questa è un'applicazione del *delta hedging*, una strategia di copertura che verrà descritta nella Sezione 15.1). Inoltre, il gestore può proteggersi contro il rischio d'interesse e il rischio di credito vendendo allo scoperto le obbligazioni non convertibili emesse dalla stessa società. In alternativa, le coperture per queste tipologie di rischio possono essere effettuate assumendo posizioni su *interest-rate futures*, *asset swaps* e *credit default swaps*.

Fixed Income Arbitrage

Lo strumento fondamentale per il *trading* dei «titoli obbligazionari» (*fixed-income securities*) è la *zero curve*, la cui costruzione è descritta nell'Appendice 4a. Una strategia che viene seguita dagli *hedge funds* del tipo *fixed income arbitrage* è la «strategia del valore relativo» (*relative value strategy*). Consiste nel comprare i titoli che – secondo la *zero curve* – sono sottovalutati dal mercato e nel vendere i titoli che – secondo la *zero curve* – sono sopravvalutati dal mercato. La «strategia neutrale rispetto al mercato» (*market-neutral strategy*) è simile alla *relative value strategy*, fatta eccezione per il fatto che il gestore cerca di annullare l'esposizione del portafoglio nei confronti dei movimenti dei tassi d'interesse.

Alcuni gestori seguono «strategie direzionali» (*directional strategies*). Assumono posizioni basate sulla convinzione che un certo *spread* tra tassi d'interesse, o anche lo stesso livello di un certo tasso d'interesse, si muoverà in una certa direzione. Di solito, utilizzano molto *leverage*. Pur se hanno ragione nel lungo termine, si assumono il rischio che il mercato si muova in direzione contraria nel breve termine e li costringa a chiudere in perdita le loro posizioni. Questo è quello che è successo a Long-Term Capital Management (si veda il Riquadro 16.1).

---

[9] Il personaggio di Gordon Gekko, interpretato da Michel Douglas nel film *Wall Street*, era basato su Ivan Boesky.

Emerging Markets

Gli *hedge funds* del tipo *emerging markets* investono nei mercati dei «Paesi emergenti» (*emerging countries*), che si collocano, quanto a sviluppo, dopo i «Paesi sviluppati» (*developed countries*) ma prima, nell'ordine, dei «Paesi in via di sviluppo» (*developing countries*) e dei «Paesi meno sviluppati» (*less developed countries*).

Alcuni di questi fondi concentrano i propri investimenti in azioni negoziate nei Paesi emergenti. I gestori raccolgono informazioni viaggiando, partecipando a conferenze, incontrando gli analisti, parlando con il *management* e servendosi di consulenti. Di solito, investono in titoli negoziati nelle borse locali, ma a volte utilizzano le American Depository Receipts (ADRs). Le ADRs sono certificati, rappresentativi di titoli esteri, emessi negli Stati Uniti e negoziati nelle borse statunitensi. A volte, le ADRs sono più liquide dei titoli sottostanti e comportano minori costi di transazione. Le eventuali differenze di prezzo tra le ADRs e le quotazioni dei titoli sottostanti vengono annullate dall'attività degli arbitraggisti.

Altri fondi concentrano i propri investimenti sulle obbligazioni emesse da Paesi emergenti. Le «Eurobbligazioni» (*Eurobonds*) sono obbligazioni, denominate in valute forti (ad es. dollaro o euro), che vengono collocate dai Paesi al di fuori dei mercati nazionali. Le «obbligazioni in valuta locale» (*local currency bonds*) sono obbligazioni denominate nella valuta locale. Gli *hedge funds* investono in entrambi i tipi di obbligazione. Sia gli *Eurobonds* sia i *local currency bonds* sono rischiosi. Spesso, Paesi come la Russia, l'Argentina, il Brasile e il Venezuela non hanno rispettato gli impegni presi e sono risultati insolventi.

Global Macro

Le strategie *global macro* sono quelle utilizzate da George Soros e Julian Robertson. Chi segue questo tipo di strategia si basa sulle tendenze macroeconomiche per prendere posizioni sui mercati globali, cerca di individuare i casi in cui i mercati si allontanano dalle condizioni di equilibrio e scommette capitali enormi sul fatto che torneranno in equilibrio. Spesso scommette su tassi di cambio e tassi d'interesse.

Esempio 4.22

Nel 1992, il Quantum Fund di George Soros guadagnò $1 miliardo scommettendo sul deprezzamento della sterlina. Più recentemente, gli *hedge funds* hanno scommesso, con alterne fortune, che l'enorme deficit della bilancia dei pagamenti statunitense avrebbe causato il deprezzamento del dollaro.

Il principale problema degli *hedge funds* del tipo *global macro* è che i gestori non sanno quando i mercati torneranno in equilibrio. È possibile, per vari motivi, che gli squilibri dei mercati mondiali persistano per lunghi periodi di tempo.

Managed Futures

Gli *hedge funds* che seguono strategie del tipo *managed futures* cercano di prevedere i movimenti dei prezzi. Alcuni fanno affidamento sul giudizio del gestore, altri usano programmi computerizzati per assumere posizioni. Alcuni gestori basano le proprie operazioni sull'«analisi tecnica» (*technical analysis*), che filtra i dati storici per prevedere il futuro. Altri utilizzano l'«analisi fondamentale» (*fundamental analysis*), che calcola il *fair value* delle merci sulla base di fattori economici, politici, ecc.

Sez. 4.7   Hedge Funds: Performance

Quando si usa l'analisi tecnica, le «regole da seguire per effettuare le negoziazioni» (*trading rules*) vengono scelte sulla base dei dati storici, effettuando una «verifica retrospettiva» (*back-testing*). Le *trading rules* vanno poi verificate «fuori campione» (*out of sample*), ossia sulla base di dati non utilizzati nella fase di stima.

Inoltre, è bene che gli analisti tengano conto dei pericoli presenti nell'«estrazione di informazioni da una miniera di dati» (*data mining*).

Esempio 4.23

Supponiamo che gli analisti generino migliaia di *trading rules* e le verifichino in base ai dati storici. Alcune di queste *trading rules* potrebbero funzionare molto bene, ma solo per caso. Non è detto che continueranno a funzionare in futuro.

4.7 HEDGE FUNDS: PERFORMANCE

Non è facile valutare la *performance* degli *hedge funds*, diversamente da quanto si può fare per i fondi comuni d'investimento. Non ci sono *datasets* che registrino i tassi di rendimento di tutti gli *hedge funds*.

Nel caso del *dataset* Lipper Tass, accessibile ai ricercatori, la partecipazione degli *hedge funds* è su base volontaria. Spesso, gli *hedge funds* più piccoli e quelli con un «riscontro storico» (*track record*) negativo non forniscono informazioni sui loro tassi di rendimento e non vengono quindi inclusi nel *dataset*. Di solito, quando gli *hedge funds* iniziano a comunicare i dati sulla loro *performance*, il *dataset* viene «aggiornato all'indietro» (*backfilled*) per dare un'informativa completa. Tuttavia, il *dataset* è soggetto a un'evidente «distorsione» (*bias*), dato che solo i fondi la cui *performance* è positiva hanno interesse a comunicare i propri dati.

È comunque possibile che gli *hedge funds* possano migliorare il *trade-off* rischio / rendimento dei fondi pensione. Il motivo è che i fondi pensione non possono (o non vogliono) assumere posizioni al ribasso, utilizzare il *leverage*, investire in derivati e cimentarsi in molte delle complesse operazioni messe in atto dagli *hedge funds*. Gli investimenti in *hedge funds* consentono ai fondi pensione di espandere (in cambio di una commissione) l'insieme delle loro attività e questo può tradursi in un miglioramento della frontiera efficiente (si veda la Sezione 1.2).

Non è raro che gli *hedge funds* ottengano buoni risultati per alcuni anni e poi «esplodano» (*blow up*).

Esempio 4.24

Long-Term Capital Management ha ottenuto i seguenti tassi di rendimento (lordi) negli anni 1994-7: 28%, 59%, 57% e 17%. Poi, nel 1998, ha perso quasi tutto il patrimonio.

Alcuni sostengono che i tassi di rendimento degli *hedge funds* sono simili a quelli di chi vende opzioni *out of the money* (Sezione 5.3). La maggior parte delle volte, le opzioni non vengono esercitate, per cui – a fronte dei premi incassati – non ci sono costi. Ogni tanto, però, le opzioni vengono esercitate e il loro costo può essere elevatissimo.

Questo modo di percepire le operazioni degli *hedge funds* può essere «ingiustificato» (*unfair*). Si può infatti sostenere che i gestori degli *hedge funds* cerchino opportunità di profitto che gli altri investitori non riescono a sfruttare per mancanza di risorse o di «esperienza» (*expertise*). Secondo questo punto di vista, i gestori di alcuni *hedge funds* sono stati capaci di scoprire queste opportunità.

TAVOLA 4.5 *Performance* degli *hedge funds* (2008-22).

Anno	Tasso di rendimento (%)	
	Barclay Hedge Fund Index	S&P 500 (inclusi i dividendi)
2008	−21,63	−37,00
2009	23,74	26,46
2010	10,88	15,06
2011	−5,48	2,11
2012	8,25	16,00
2013	11,12	32,39
2014	2,88	13,39
2015	0,04	1,38
2016	6,10	11,96
2017	10,36	21,83
2018	−5,23	−4,38
2019	10,64	31,49
2020	11,14	18,40
2021	10,22	28,71
2022	−8,22	−18,11

La *performance* degli *hedge funds*, misurata dal Barclay Hedge Fund Index, è riportata nella Tavola 4.5 unitamente alla *performance* (inclusi i dividendi) dello S&P 500. Prima del 2008, la *performance* degli *hedge funds* è stata piuttosto buona. Nel 2008, è risultata fortemente negativa, ma migliore di quella dello S&P 500. Invece, nel periodo 2009-22, la *performance* dello S&P 500 è stata sempre superiore a quella media degli *hedge funds*, fatta eccezione per il 2022. [10]

Il Barclay Hedge Fund Index misura il tasso di rendimento medio (al netto delle commissioni) di tutti gli *hedge funds* presenti nel *database* di BarclayHedge. Il *database*, che non include i fondi di fondi, è soggetto ad alcuni dei rilievi critici citati in precedenza.

SOMMARIO

I «fondi comuni d'investimento» (*mutual funds*) e gli ETFs offrono ai piccoli investitori i benefici della diversificazione. Nel complesso, le verifiche empiriche mostrano che i fondi gestiti in modo attivo non riescono a battere il mercato. Di conseguenza, molti investitori hanno scelto i «fondi indice» (*index funds*), il cui obiettivo è quello di replicare la *performance* di un indice azionario (ad es. lo S&P 500).

In genere, i fondi comuni d'investimento sono «aperti» (*open-ended*), per cui il numero delle quote in circolazione aumenta (diminuisce) quando gli investitori apportano (ritirano) i propri capitali. I fondi comuni aperti calcolano il «valore patrimoniale netto» (*net asset value* - NAV) delle quote alle 16 di ogni giorno lavorativo e questo è il prezzo a cui devono essere regolati gli ordini, di acquisto o di vendita, trasmessi nelle 24 ore precedenti.

---

[10] Va detto che il beta degli *hedge funds* è spesso minore di 1 (ad es., i *long-short equity funds* sono costruiti in modo da avere un beta prossimo a 0). Pertanto, un tasso di rendimento inferiore a quello dello S&P 500, in periodi in cui il mercato va bene, non significa necessariamente che l'alfa sia negativo.

I fondi comuni chiusi sono composti da un numero prefissato di quote che vengono negoziate in borsa nello stesso modo delle azioni di qualsiasi società.

I «fondi trattati in borsa» (*exchange-traded funds* - ETFs) stanno dimostrando di essere una valida alternativa ai fondi comuni tradizionali, aperti o chiusi. La composizione del portafoglio degli ETFs è nota in ogni momento. Gli investitori istituzionali che li hanno creati possono scambiare le quote degli ETFs con i titoli da cui sono composti i portafogli degli ETFs. Questo meccanismo assicura che non ci siano mai differenze apprezzabili tra la quotazione di un ETF e il suo *net asset value*, diversamente da quanto accade per i fondi comuni chiusi. Gli ETFs possono essere comprati e venduti in qualsiasi ora del giorno, non solo alle 16. Possono anche essere venduti allo scoperto, diversamente dai fondi comuni aperti.

Gli *hedge funds* soddisfano la domanda degli investitori di maggiori dimensioni. Sono soggetti a pochissime regole e possono seguire strategie di *trading* non accessibili da parte dei *mutual funds*. Le commissioni addebitate dagli *hedge funds* sono molto più elevate di quelle dei *mutual funds*. In genere, le commissioni degli *hedge funds* sono del tipo «2 più 20%». In altri termini, il fondo addebita annualmente una «commissione di gestione» (*management fee*) pari al 2% del patrimonio gestito e una «commissione d'incentivazione» (*incentive fee*) pari al 20% degli utili (al netto della commissione di gestione). Di fatto, il gestore di un *hedge fund* ha una *call* sul valore delle attività del fondo. Ha quindi un incentivo ad assumere rischi elevati. Tra le strategie adottate dagli *hedge funds* figurano le seguenti: *long / short equity, dedicated short, distressed securities, merger arbitrage, convertible arbitrage, fixed income arbitrage, emerging markets, global macro* e *managed futures*. Non è ancora chiaro se gli *hedge funds* offrano *trade-offs* tra rischi e rendimenti attesi superiori a quelli degli *index funds*, tenendo conto delle commissioni. Si è spesso osservato che gli *hedge funds* sono in grado di produrre risultati eccellenti per alcuni anni, seguiti poi da perdite disastrose.

SUGGERIMENTI PER ULTERIORI LETTURE

Jensen, M. C., "Risk, the Pricing of Capital Assets and the Evaluation of Investment Portfolios", *Journal of Business*, 42 (April 1969), 167-247.

Khorana, A., Servaes, H. e Tufano, P., "Mutual Fund Fees Around the World", *Review of Financial Studies*, 22 (March 2009), 1279-310.

Lhabitant, F.-S., *Handbook of Hedge Funds*, Chichester: Wiley, 2006.

Ross, S. A., "Neoclassical Finance, Alternative Finance, and the Closed End Fund Puzzle", *European Financial Management*, 8 (2002), 129-37.

DOMANDE E PROBLEMI
(le risposte si trovano alla fine del libro)

4.1. Che differenza c'è tra fondi comuni d'investimento aperti e chiusi?

4.2. (a) Come viene calcolato il NAV di un fondo comune d'investimento aperto?
(b) Quando viene calcolato?

4.3. (a) Quali sono i due NAV di un fondo comune d'investimento chiuso?
(b) Di solito, sono uguali tra loro?

4.4. (a) Cos'è un *index fund*?
(b) Come viene creato?

4.5. (a) Cosa sono le *front-end loads* di un *mutual fund*?
(b) Cosa sono le *back-end loads*?

4.6. (a) Spiegate come funzionano gli ETFs che tracciano lo S&P 500.
(b) Che vantaggio hanno gli ETFs sui fondi comuni aperti?
(c) Che vantaggio hanno gli ETFs sui fondi comuni chiusi?

4.7. (a) Che differenza c'è tra la media aritmetica e la media geometrica di un certo insieme di numeri?
(b) Perché questa differenza è rilevante quando si tratta di comunicare la *performance* dei fondi comuni?

4.8. Spiegate il significato di (a) *late trading*, (b) *market timing*, (c) *front running* e (d) *directional brokerage*.

4.9. Fornite quattro esempi di altrettanti divieti imposti ai fondi comuni d'investimento, ma non agli *hedge funds*.

4.10. «Se è vero che il 70% degli scambi di obbligazioni convertibili viene effettuato da *hedge funds*, mi aspetterei che la redditività di quelle operazioni diminuisca». Discutete quest'affermazione.

4.11. Spiegate il significato dei seguenti termini utilizzati con riferimento alle commissioni d'incentivazione degli *hedge funds*: (a) *hurdle rate*, (b) *clawback* e (c) *high water mark*.

4.12. La struttura delle commissioni di un *hedge fund* è del tipo «2 più 20%». Gli investitori si aspettano un tasso di rendimento del 20% al netto delle commissioni. Quale deve essere il tasso di rendimento lordo dell'*hedge fund* affinché le aspettative degli investitori non siano disattese?

4.13. «È importante che la *performance* di un *hedge fund* sia buona nel lungo termine. La *performance* a breve termine non è rilevante». Discutete quest'affermazione.

4.14. «I rischi assunti dagli *hedge funds* sono disciplinati dai *prime brokers*». Discutete quest'affermazione.

APPENDICE 4A

Zero Rates, Forward Rates e Zero Curves

Lo *spot zero rate* a *n* anni (abbreviazione di *zero-coupon rate* a *n* anni) è il tasso d'interesse relativo a un investimento che inizia oggi e dura per *n* anni. Capitale e interessi vengono incassati dopo *n* anni. Non ci sono pagamenti intermedi. A volte, lo *spot zero rate* a *n* anni è anche detto semplicemente *zero rate* a *n* anni. La *term structure* degli *zero rates* è anche detta *zero curve*.

Esempio 4a.1

Lo *zero rate* a 5 anni dei titoli di Stato è pari al 5% annuo (composto continuamente). [Si veda l'Appendice 3a per una discussione delle diverse frequenze di capitalizzazione degli interessi]. Ciò vuol dire che, dopo 5 anni, un capitale di $100 investito al tasso privo di rischio diventa pari a

$$\$100 \times e^{0,05 \times 5} = \$128,40.$$

I «tassi a termine» (*forward rates*) sono i tassi d'interesse, impliciti nei tassi correnti *spot*, relativi a futuri periodi di tempo.

Esempio 4a.2

Per mostrare come si calcolano i tassi *forward*, supponiamo che gli *spot zero rates* (composti continuamente) siano quelli riportati nella Tavola 4a.1.

Il tasso *forward* a 6 mesi tra 6 mesi è pari al 6,6% (Tavola 4a.2). Questo è il tasso d'interesse, implicito nei tassi *spot*, per il periodo tra la fine del primo semestre e la fine del primo anno. Può essere calcolato in base al tasso *spot* a 6 mesi (5,0% annuo) e al tasso *spot* a 1 anno (5,8% annuo). È il tasso d'interesse per il secondo semestre che, se combinato con il 5,0% per il primo semestre, fornisce il 5,8% (= ½ × 5,0% + ½ × 6,6% = 2,5% + 3,3%) complessivo per il primo anno (5,8% è la media di 5,0% e 6,6%).

Il tasso *forward* a 6 mesi tra 1 anno, ossia il tasso per il terzo semestre, è il tasso d'interesse che è implicito nel tasso *spot* a 1 anno, pari al 5,8% annuo, e nel tasso *spot* a 1,5 anni, pari al 6,4% annuo. Questo tasso *forward* è pari al 7,6% annuo. Infatti, un investimento per 1 anno al 5,8% annuo combinato con un investimento per il successivo semestre al 7,6% annuo offre un tasso d'interesse complessivo per 1,5 anni pari al 6,4% (= ⅔ × 5,8% + ⅓ × 7,6% = 3,9% + 2,5%) annuo.

In generale, se R_1 e R_2 sono gli *spot zero rates* a T_1 e a T_2 anni ($T_2 > T_1$), rispettivamente, il tasso d'interesse *forward*, R_F, per il periodo tra T_1 e T_2 è dato da

$$R_F = \frac{R_2 T_2 - R_1 T_1}{T_2 - T_1}. \tag{4a.1}$$

Questa formula è esatta solo se gli *spot zero rates* sono composti continuamente, mentre risulta approssimata negli altri casi.

Esempio 4a.3

Per illustrare l'Equazione (4a.1), si consideri il calcolo del tasso *forward* a 6 mesi tra 1,5 anni, in base ai dati della Tavola 4a.1: $T_1 = 1,5$, $T_2 = 2$, $R_1 = 0,064$, $R_2 = 0,068$. Il tasso *forward* per il quarto semestre, calcolato in base all'Equazione (4a.1), è pari a $R_F = 0,080$ [= (0,068 × 2 – 0,064 × 1,5) / 0,5 = (0,136 – 9,6))/0,5]. Si veda la Tavola 4a.2.

TAVOLA 4a.1 Zero rates.

Scadenza (anni)	Zero rate composto continuamente (%)
0,5	5,0
1,0	5,8
1,5	6,4
2,0	6,8

TAVOLA 4a.2 Calcolo dei tassi *forward*.

Periodo (anni)	Tasso forward per l'n-esimo anno (% per anno)
(0,5 - 1,0)	6,6
(1,0 - 1,5)	7,6
(1,5 - 2,0)	8,0

Se un investitore ritiene che i futuri tassi *spot* saranno diversi dai tassi *forward* correnti, ci sono diverse strategie operative che potrà giudicare interessanti.

Esempio 4a.4

Supponiamo che un investitore possa prendere in prestito denaro ai tassi riportati nella Tavola 4a.1. Se ritiene che i tassi d'interesse *spot* a 6 mesi non cambieranno molto nei prossimi 2 anni, l'investitore può prendere in prestito denaro a 6 mesi al 5,0% annuo, investirlo a 2 anni al 6,8% annuo e rinnovare il finanziamento a 6 mesi alla fine del primo, del secondo e del terzo semestre.

Se i tassi d'interesse a 6 mesi restano effettivamente al loro livello iniziale del 5,0%, questa strategia rende l'1,8% all'anno, dato che l'investitore riceve il 6,8% e paga il 5,0%. Questo tipo di strategia è noto come «gioco della curva dei tassi di rendimento» (*yield curve play*). L'investitore sta scommettendo sul fatto che i futuri tassi *spot* a 6 mesi saranno diversi dai tassi *forward* correnti. Nel nostro caso i tassi *forward* correnti a 6 mesi tra 6, 12 e 18 mesi sono pari, rispettivamente, al 6,6%; 7,6% e 8,0% (Tavola 4a.2).

Esempio 4a.5

Nel 1992-93, Robert Citron, tesoriere dell'Orange County, attuò una strategia simile a quella descritta nell'esempio precedente. La strategia ebbe successo e i profitti sulle operazioni di Mr. Citron divennero un'importante voce di bilancio per l'Orange County. Robert Citron venne rieletto. Nel 1994, egli estese la scala delle operazioni. Se i tassi d'interesse a breve termine fossero rimasti invariati o fossero scesi, egli avrebbe continuato a fare profitti. Successe invece che, nel 1994, i tassi d'interesse aumentarono bruscamente. Il 1° dicembre 1994, l'Orange County annunciò che le perdite sul suo portafoglio d'investimento si commisuravano a $1,5 miliardi. Diversi giorni ci fu la dichiarazione di fallimento.

Valutazione delle Obbligazioni

Molte «obbligazioni» (*bonds*) offrono periodicamente una «cedola» (*coupon*). Il «capitale» (*principal*) – detto anche «valore nominale» (*par value*) o «valore facciale» (*face value*) – viene pagato alla scadenza. Il prezzo teorico di questi titoli può essere calcolato come somma dei valori attuali dei pagamenti, utilizzando per l'attualizzazione un unico tasso o, meglio, gli *zero rates* appropriati per ogni scadenza.

App. 4a   Bond Yields   **101**

Esempio 4a.6

Consideriamo gli *zero rates*, composti continuamente, riportati nella Tavola 4a.1. Supponiamo che un'obbligazione a 2 anni, con valore nominale di $100, paghi ogni 6 mesi una cedola al tasso del 6% annuo (composto semestralmente). Per calcolare il valore corrente della prima cedola di $3, la attualizziamo al 5% per 6 mesi. Per calcolare il valore corrente della seconda cedola di $3, la attualizziamo al 5,8% per 1 anno; e così via. Pertanto, il prezzo teorico del titolo è pari a $98,39:

$$\$3\, e^{-0,050 \times 0,5} + \$3\, e^{-0,058 \times 1,0} + \$3\, e^{-0,064 \times 1,5} + \$103\, e^{-0,068 \times 2,0} = \$98,39.$$

Bond Yields

Il «tasso di rendimento» (*yield*) di un «titolo con cedole» (*coupon-bearing bond*) è il tasso che uguaglia il valore attuale del titolo alla sua quotazione di mercato.

Esempio 4a.7

Supponiamo che il valore teorico ($98,39) del titolo che abbiamo considerato nell'Esempio 4a.6 sia esattamente uguale alla quotazione di mercato (ossia che la quotazione di mercato sia perfettamente coerente con i dati della Tavola 4a.1). Se indichiamo con y il tasso di rendimento del titolo (composto continuamente), dobbiamo avere

$$\$3\, e^{-y \times 0,5} + \$3\, e^{-y \times 1,0} + \$3\, e^{-y \times 1,5} + \$103\, e^{-y \times 2,0} = \$98,39.$$

Quest'equazione può essere risolta con il Risolutore di Excel o in qualche altro modo, finché si ottiene $y = 6,762\%$.

Tassi dei Titoli di Stato

I «tassi dei titoli di Stato» (*Treasury rates*) sono i tassi a cui si finanziano gli Stati nella loro valuta locale.

Esempio 4a.8

I *Treasury rates* giapponesi sono i tassi a cui il Tesoro del Giappone può finanziarsi in yen; i *Treasury rates* statunitensi sono i tassi a cui il Tesoro degli Stati Uniti può finanziarsi in dollari.

Determinazione dei Treasury Zero Rates

Un modo per determinare i *Treasury zero rates* è quello di osservare le quotazioni degli *strips*. Gli *strips* sono titoli creati sinteticamente attraverso operazioni di *coupon stripping*, ossia di separazione delle cedole dal capitale dei titoli di Stato.

Un altro modo è quello di calcolare gli *zero rates* sulla base dei prezzi dei titoli provvisti di cedole. Il metodo più comunemente usato è noto come «metodo a cinghia di scarpone» (*bootstrap method*). Questo metodo consente di ricavare gli *zero rates* in modo iterativo, iniziando dalle scadenze più brevi.

Esempio 4a.9

Per illustrare il metodo *bootstrap*, supponiamo che siano già stati determinati gli *zero rates* a 0,5; 1,0; 1,5 e 2 anni riportati nella Tavola 4a.1 e che sia disponibile un titolo con scadenza tra 2,5 anni che paga cedole semestrali al tasso annuo dell'8%. Il prezzo corrente di questo titolo è di $102 per $100 di valore nominale.

Lo *zero rate* a 2,5 anni può essere calcolato sulla base delle informazioni contenute nella Tavola 4a.1 e di quelle relative al titolo con cedole. Se R è il tasso *spot* a 2,5 anni, si ha

$$\$4\, e^{-0,050 \times 0,5} + \$4\, e^{-0,058 \times 1,0} + \$4\, e^{-0,064 \times 1,5} + \$4\, e^{-0,068 \times 2,0} + \$104\, e^{-R \times 2,5} = \$102.$$

Risolvendo, si ottiene $R = 0,07048$. Pertanto, lo *zero rate* a 2,5 anni è pari al 7,048%.

TAVOLA 4a.3 Zero rates (metodo bootstrap).

Scadenza (anni)	Zero rate composto continuamente (%)
0,5	5,00
1,0	5,80
1,5	6,40
2,0	6,80
2,5	7,05

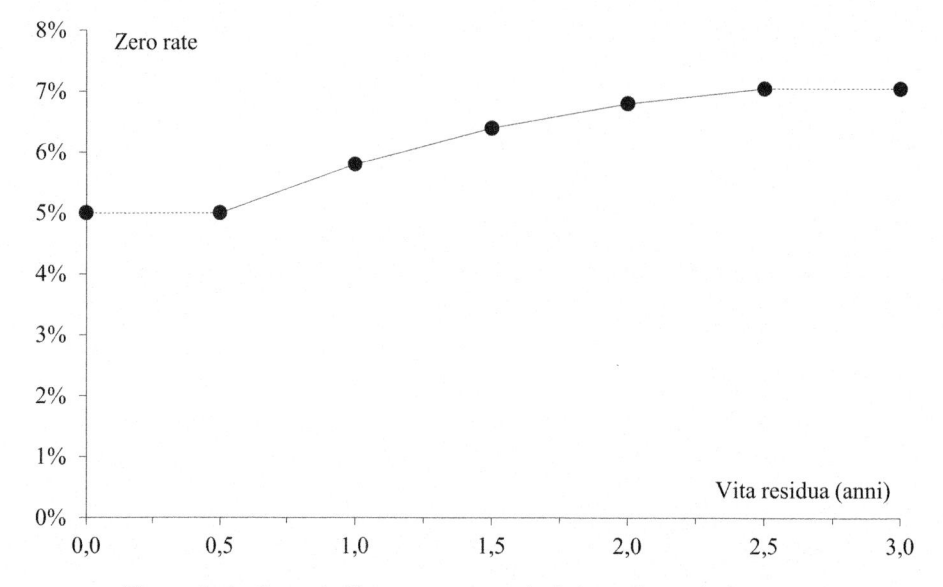

Figura 4a.1 Curva degli zero rates costruita in base al metodo bootstrap.

L'insieme completo degli zero rates è riportato nella Tavola 4a.3. Un'ipotesi comune è che la zero curve sia lineare tra i vari punti determinati in base al metodo bootstrap. Ciò vuol dire che, nel nostro esempio, lo zero rate a 2,25 anni è pari al 6,924% (= ½ × 6,80% + ½ × 7,048%). Si ipotizza, di solito, che la zero curve sia orizzontale prima del primo punto e sia orizzontale anche dopo l'ultimo. La Figura 4a.1 mostra la zero curve ottenuta in base ai nostri dati.

Parte II:
Mercati Finanziari

Capitolo 5
Prodotti Finanziari

Le istituzioni finanziarie negoziano un volume enorme di contratti. I motivi per farlo sono diversi:

1. per eseguire ordini della clientela;
2. per gestire i propri rischi;
3. per sfruttare opportunità di arbitraggio;
4. per cercare di trarre profitto dalle proprie intuizioni circa le tendenze delle variabili di mercato.

La *Volcker rule* del Dodd-Frank Act (Capitolo 26) limita le possibilità delle banche di negoziare contratti per motivi speculativi.

In questo capitolo vedremo quali sono i prodotti finanziari trattati sui mercati e le modalità con cui vengono negoziati e utilizzati. I tipi di mercato in cui si negoziano prodotti finanziari sono due: i «mercati di borsa» (*exchange-traded markets*) e i «mercati fuori-borsa» (*over-the-counter markets* - OTC). Il ruolo delle borse è quello di definire i contratti e organizzare le contrattazioni in modo che i partecipanti siano certi che gli impegni presi verranno onorati. I mercati fuori borsa sono vere e proprie «reti» (*networks*) che legano tra loro i *traders* delle istituzioni finanziarie, i tesorieri e i gestori di fondi. In genere, le negoziazioni che si svolgono sui mercati OTC sono di importo molto maggiore rispetto a quelle che si svolgono nei mercati di borsa. I mercati OTC verranno discussi nel prossimo capitolo.

5.1 POSIZIONI LUNGHE E POSIZIONI CORTE

La più semplice forma di negoziazione è la compravendita «a pronti» (*spot*). Eccone alcuni esempi:

1. l'acquisto di 100 azioni IBM;
2. la vendita di 1 milione di sterline;
3. l'acquisto di 1.000 once d'oro;
4. la vendita di obbligazioni di General Motors per un valore di $1 milione.

In genere, il primo di questi scambi viene concluso in borsa, mentre gli altri tre vengono negoziati sul mercato OTC. I contratti in questione sono detti *spot* perché comportano la consegna quasi «immediata» (*on the spot*) dell'attività negoziata.

Non sempre le azioni vengono acquistate per contanti. Il *trader* può prendere in prestito dal *broker* parte dell'importo necessario per l'acquisto delle azioni. In questo caso si parla di «acquisto a credito» (*buying on margin*). Il rischio per il *broker* è che il prezzo delle azioni scenda bruscamente. Di conseguenza, il *broker* controlla il saldo del «deposito di garanzia» (*margin account*) del *trader*, che è pari alla somma algebrica tra quanto versato inizialmente dal *trader* e le variazioni di valore dell'azione. Se il saldo scende al disotto di un certo livello, detto «margine di mantenimento» (*maintenance margin*), il *trader* deve riportarlo a quel livello. Se la richiesta non viene accolta, il *broker* vende le azioni.

Esempio 5.1

L'importo massimo che il *trader* può prendere in prestito dal *broker* e il livello minimo del *maintenance margin* sono pari, rispettivamente, al 50% e al 25% del valore delle azioni.

Esempio 5.2

Un *trader* compra a credito 1.000 azioni a $120 l'una. L'importo preso in prestito dal *broker* e il livello del *maintenance margin* sono pari, rispettivamente, al 50% e al 25% del valore delle azioni. Il *trader* deve versare al *broker* $60.000 (= 50% × 1.000 × $120). Se il prezzo dell'azione scende a $78, il *trader* subisce una perdita di $42.000 [= 1.000 × ($120 − $78)] e il saldo del suo deposito di garanzia si porta a $18.000 (= $60.000 − $42.000), un importo pari al 23,08% (= $18.000 / $78.000) del valore delle azioni. Scatta quindi la richiesta di integrazione del deposito di garanzia. Il *trader* deve versare $1.500 [= (25% − 23,08%) × 1000 × $78]. Se il *trader* non effettua il versamento richiesto, il *broker* chiude la posizione vendendo le azioni.

Vendite allo Scoperto

In alcuni mercati è possibile vendere i titoli allo scoperto. «Vendere allo scoperto» (*short selling* o, semplicemente, *shorting*) vuol dire vendere titoli che non si possiedono, con l'intenzione di ricomprarli successivamente.

Vedremo come funziona questa strategia prendendo in esame la vendita allo scoperto delle azioni di una società quotata in borsa.

Esempio 5.3

Un *trader* ordina al suo *broker* di vendere allo scoperto 500 azioni di una certa società. Il *broker* prende in prestito le azioni da un altro cliente e le vende nel modo consueto. Il *trader* mantiene la posizione per un tempo indefinito, a condizione che il *broker* sia in grado di tenere in vita il prestito di azioni. A un certo punto, il *trader* chiude la posizione acquistando 500 azioni. Queste azioni sostituiscono quelle che il *broker* aveva preso in prestito. Il *trader* consegue un profitto se il prezzo dell'azione è sceso e subisce una perdita se è salito. Se, in un qualsiasi momento in cui la posizione è aperta, il *broker* rimane senza azioni da poter dare in prestito, il *trader* che ha venduto allo scoperto rimane «schiacciato» (*short squeezed*) ed è costretto a chiudere immediatamente la sua posizione, anche se può non essere pronto a farlo.

I *traders* con posizioni corte devono versare al *broker* i dividendi o gli interessi sui titoli venduti allo scoperto e il *broker* li trasferisce sul conto del cliente da cui i titoli sono stati presi in prestito.

Esempio 5.4

Un *trader* vende allo scoperto 500 azioni in aprile, quando il prezzo dell'azione è pari a $120, e le ricompra a luglio, quando il prezzo è pari a $100. In maggio viene pagato un dividendo di $1 per azione.

TAVOLA 5.1 Acquisti a pronti e vendite allo scoperto di azioni: flussi di cassa.

Acquisto a pronti di azioni	
aprile: comprare 500 azioni a $120 l'una.	–$60.000
maggio: incassare un dividendo unitario di $1.	+$500
luglio: vendere 500 azioni a $100 l'una.	+$50.000
profitto pari a:	–$9.500
Vendita allo scoperto di azioni	
aprile: prendere in prestito 500 azioni e venderle a $120 l'una.	$60.000
maggio: pagare un dividendo unitario di $1.	–$500
luglio: acquistare 500 azioni a $100 l'una ed estinguere il prestito di azioni.	–$50.000
profitto pari a:	+$9.500

In aprile, quando la posizione viene aperta, il *trader* riceve $60.000 (= 500 × $120). Il dividendo comporta, a maggio, un pagamento di $500 (= 500 × $1). A luglio, quando chiude la posizione, il *trader* paga $50.000 (= 500 × $100). Pertanto, il profitto è pari a $9.500:

$$60.000 - 500 - 50.000 = 9.500.$$

Il profitto conseguito con la vendita allo scoperto è l'immagine speculare della perdita subita con l'acquisto delle azioni. Quest'esempio è illustrato nella Tavola 5.1.

Se le azioni vengono vendute allo scoperto, il tipico deposito di garanzia è pari al 150% del valore delle azioni.

Esempio 5.5

Un *trader* vende allo scoperto 100 azioni a $60 l'una. Il ricavato della vendita ($6.000) spetta al *trader*. Il margine iniziale è pari al 150% del valore delle azioni, ossia a $9.000 (= 150% × $6.000). Il *trader* deve quindi versare al *broker* il ricavato della vendita più $3.000 (= 50% × $6.000).

Supponiamo che il «margine di mantenimento» (*maintenance margin*) sia pari al 125%. Quando il rapporto tra il saldo del *margin account* e il valore corrente delle azioni scende sotto il 125%, scatta la «richiesta d'integrazione dei margini» (*margin call*) e il saldo del *margin account* deve essere riportato a un livello pari al 125% del valore corrente delle azioni.

Se il prezzo dell'azione sale da $60 a $80, il valore delle azioni sale a $8.000 (= 100 × $80), con una perdita di $2.000 [= 100 × ($80 – $60)] per il *trader*. Il rapporto tra il saldo del *margin account* ($9.000) e il valore corrente delle azioni ($8.000), pari al 112,5% (= $9.000 / $8.000), è minore del 125%, per cui scatta la *margin call*. Il *trader* deve effettuare un versamento che riporti il rapporto al 125%. L'importo da versare, pari a $1.000 [= (125% – 112,5%) × $8.000], porta il saldo del *margin account* a $10.000 (= $9.000 + $1.000) e il rapporto tra quest'ultimo e il valore corrente delle azioni al 125% (= $10.000 / $8.000). Se il *trader* non effettua il versamento, il *broker* chiude la posizione acquistando le azioni che erano state vendute allo scoperto.

Le norme sulle vendite allo scoperto sono state modificate più volte:

1. nel 1938 era stata introdotta, negli Stati Uniti, la regola dell'«*up-tick*»: la SEC consentiva di vendere azioni allo scoperto solo nelle fasi di rialzo, solo cioè se la più recente variazione di prezzo era positiva;
2. questa regola è stata abolita il 6 luglio 2007;
3. il 19 settembre 2008, nel tentativo di porre un freno alla discesa dei corsi dei titoli bancari, la SEC ha vietato temporaneamente le vendite allo scoperto sui

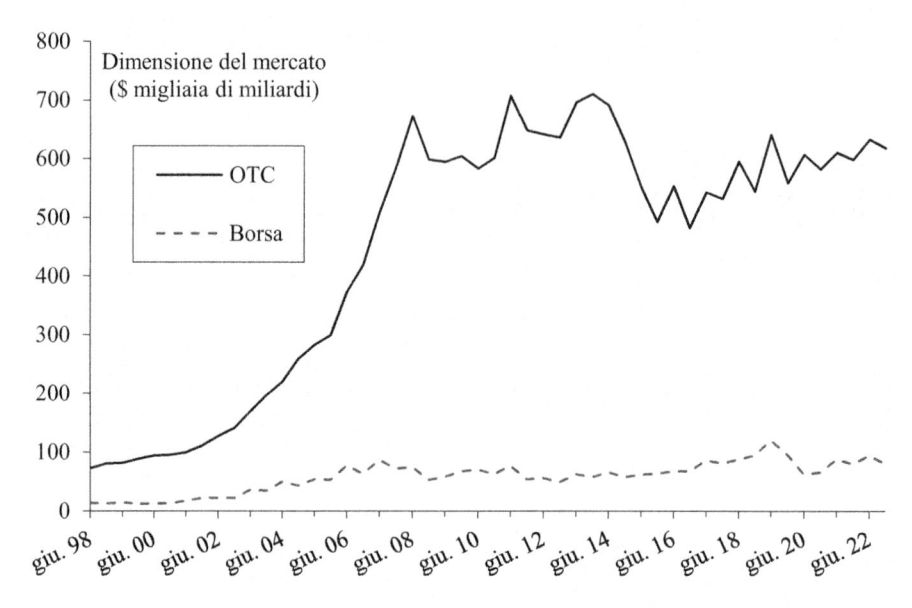

Figura 5.1 Dimensione dei mercati dei derivati trattati in borsa e *over the counter*.

titoli di 799 società finanziarie [un provvedimento simile era stato adottato il giorno prima, nel Regno Unito, dalla Financial Services Authority (FSA)];
3. il 24 febbraio 2010, la SEC ha introdotto una nuova regola dell'«*up-tick*»: quando il prezzo di un titolo diminuisce più del 10% in un solo giorno, il titolo può essere venduto allo scoperto (in quel giorno e nel successivo) solo a un prezzo che è più alto del migliore «prezzo denaro» (*bid price*).

5.2 MERCATI DEI DERIVATI

I «derivati» (*derivatives*) sono strumenti finanziari il cui valore dipende (ossia deriva) da una o più «variabili sottostanti» (*underlying variables*). Ad es., le *stock options* sono derivati il cui valore dipende dal prezzo dell'azione sottostante.

I mercati dei derivati di borsa e i mercati dei derivati OTC sono enormi. Anche se le statistiche non sono esattamente confrontabili, è chiaro che i mercati OTC sono molto più ampi dei mercati di borsa.

La Banca per i Regolamenti Internazionali (Bank for International Settlements – www.bis.org) pubblica le statistiche relative alle due diverse tipologie di mercato. La Figura 5.1 mette a confronto, per il periodo giugno 1998 - dicembre 2022:
1. la stima dei valori nozionali delle transazioni in essere sui mercati OTC;
2. la stima del valore complessivo delle attività sottostanti i derivati di borsa.

Alla fine del 2022, le dimensioni dei mercati OTC e dei mercati di borsa risultavano pari, rispettivamente, a $618,0 migliaia di miliardi e a $79,8 migliaia di miliardi. Il mercato OTC è cresciuto rapidamente fino al 2007, per poi restare sostanzialmente stabile.

Il declino del mercato negli anni 2014-5 è stato causato in gran parte dalla cosiddetta «compressione» (*compression*), una procedura con cui due o più controparti ristrutturano i contratti in modo da ridurne il capitale sottostante.

Sez. 5.3   Derivati "Plain Vanilla"

TAVOLA 5.2 Tasso di cambio USD/GBP *spot* e *forward* (21 giugno 2023).

Contratto	Denaro	Lettera
Spot	1,2732	1,2736
Forward a 1 mese	1,2746	1,2751
Forward a 3 mesi	1,2772	1,2777
Forward a 12 mesi	1,2883	1,2889

Nota: GBP = sterlina inglese (*Great Britain Pound*), USD = dollaro statunitense (*United States Dollar*)

Nell'interpretare queste cifre occorre tenere presente che il valore nozionale di una negoziazione *over the counter* è ben diverso dal suo valore corrente.

Esempio 5.6
Consideriamo un contratto *forward* per l'acquisto tra 1 anno di 100 milioni di dollari statunitensi in cambio di sterline, a un tasso di cambio predeterminato. Il valore nozionale di questo contratto è pari a 100 milioni di dollari. Tuttavia, il suo valore corrente potrebbe essere molto minore, pari a un solo milione di dollari.

Secondo le stime della Bank for International Settlements, il valore di mercato lordo di tutti i contratti OTC in essere alla fine del 2022 era pari a $20,7 migliaia di miliardi.

5.3   DERIVATI "PLAIN VANILLA"

In questa sezione passeremo in rassegna i prodotti che vengono maggiormente negoziati nei mercati dei derivati, i cosiddetti prodotti *"plain vanilla"*: *forwards*, *futures*, *swaps* e opzioni.

Forwards

I contratti «a termine fermo» (*forward*) sono accordi per comprare o vendere un'attività a una certa data futura, per un certo prezzo. Questi contratti vengono negoziati fuori borsa. Nei contratti *forward*, una delle parti assume una «posizione lunga» (*long position*) e si impegna a comprare l'attività sottostante a una data specifica, per un certo prezzo, detto «prezzo di consegna» (*delivery price*). L'altra parte assume una «posizione corta» (*short position*) e si impegna a vendere l'attività alla stessa data, per lo stesso prezzo.

I *forwards* su valute sono molto diffusi. La Tavola 5.2 riporta i prezzi *spot* e *forward* della sterlina inglese (GBP), in termini di dollari statunitensi (USD), quotati da una delle maggiori banche internazionali il 9 giugno 2017 (all'indomani delle elezioni inglesi che hanno fatto perdere a Theresa May la maggioranza parlamentare). Le quotazioni sono espresse in dollari per una sterlina. La prima riga indica che la banca è pronta a comprare e a vendere sterline *spot* (cioè per consegna immediata) a un tasso di cambio *spot* pari, rispettivamente, a $1,2732 e $1,2736; la seconda riga indica che la banca è pronta a comprare e a vendere sterline *forward* per consegna tra 1 mese a un tasso di cambio *forward* pari, rispettivamente, a $1,2746 e $1,2751; e così via.

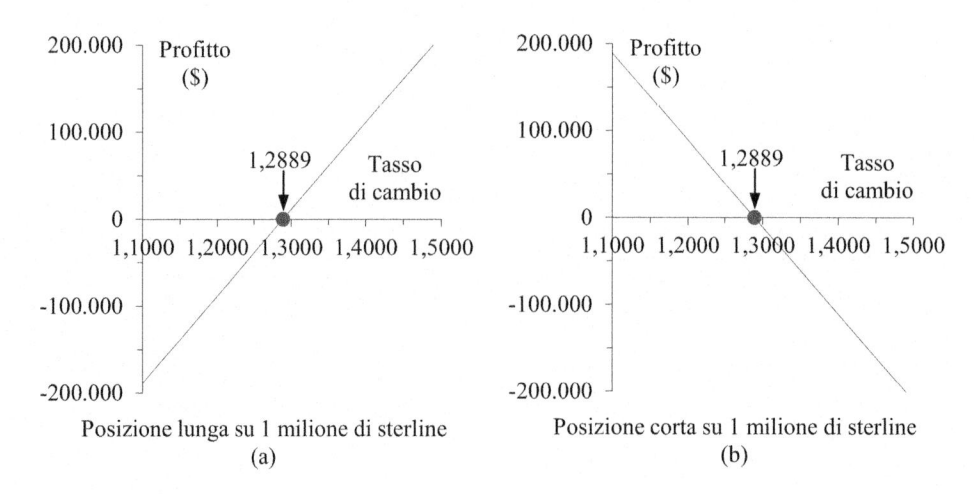

Figura 5.2 Valore finale del contratto *forward*.

I contratti *forward* possono essere utilizzati per coprirsi dai rischi di cambio.

Esempio 5.7

Supponiamo che sia il 21 giugno 2023. Il tesoriere di una società statunitense apprende che tra 1 anno (il 21 giugno 2024) dovrà pagare 1 milione di sterline e vuole coprirsi dal rischio di cambio. Il tesoriere si mette in contatto con la banca che offre le quotazioni riportate nella Tavola 5.2 e accetta di entrare in un contratto per acquistare tra 1 anno 1 milione di sterline al tasso di cambio *forward* di $1,2889. La società si trova ad avere una posizione lunga su un contratto *forward*. Si è impegnata (il 21 giugno 2023) ad acquistare (il 21 giugno 2024) 1 milione di sterline dalla banca in cambio di $1,2889 milioni. La banca si trova ad avere una posizione corta su un contratto *forward*. Si è impegnata (il 21 giugno 2023) a vendere (21 giugno 2024) 1 milione di sterline in cambio di $1,2889 milioni. Entrambe le parti hanno assunto un «impegno vincolante» (*binding commitment*).

Consideriamo la posizione della società statunitense. Quali sono i possibili risultati? La società si è impegnata a pagare $1,2889 milioni in cambio di 1 milione di sterline. Se dopo 1 anno il tasso di cambio *spot* sale a $1,5000, il valore del contratto per la società è di $211.100 (= $1.500.000 – $1.288.900), dato che le sterline, invece di essere acquistate *spot* a $1.500.000, vengono pagate $1.288.900. Analogamente, se dopo 1 anno il tasso di cambio *spot* scende a $1,1000, il valore del contratto per la società è di –$188.900 (= $1.100.000 – $1.288.900), dato che il *forward* la obbliga a pagare $188.900 in più rispetto al prezzo di mercato delle sterline.

L'Esempio 5.7 mostra che il *forward* lungo può avere un «valore finale» (*payoff*) positivo o negativo. Il *payoff* è pari alla differenza tra il prezzo *spot* dell'attività sottostante e il prezzo di consegna (Figura 5.2a).

Esempio 5.8

La banca dell'Esempio 5.7 è entrata in un *forward* corto. La sua posizione è l'immagine speculare di quella della società. La banca si è impegnata a vendere 1 milione di sterline in cambio di $1,2889 milioni. Se dopo 1 anno il tasso di cambio *spot* sale a $1,5000, il valore finale del contratto per la banca è di –$211.100 (= $1.288.900 – $1.500.000), dato che le sterline, invece di essere vendute *spot* a $1.500.000, vengono vendute a $1.288.900. Se invece il tasso di cambio *spot* scende a $1,1000, il valore finale del contratto per la banca è di $188.900 (= $1.288.900 – $1.100.000), dato che il *forward* le consente di incassare $188.900 in più rispetto al prezzo di mercato delle sterline.

Il *payoff* del *forward* corto è pari alla differenza tra il prezzo di consegna e il prezzo *spot* dell'attività sottostante (Figura 5.2b).

La valutazione dei contratti *forward* e la determinazione dei prezzi *forward* verranno discussi nell'Appendice 5a.

Futures

I contratti *futures*, al pari dei contratti *forward*, sono accordi tra due parti per comprare o vendere un'attività a una certa data futura, per un certo prezzo.

A differenza dei *forwards*, i *futures* sono trattati in borsa, il che vuol dire che sono contratti standardizzati. La borsa specifica qual è l'attività che è oggetto del contratto, qual è la dimensione del contratto (cioè la quantità che il venditore dovrà consegnare), dove e quando verrà fatta la consegna, e così via.

Esempio 5.9

Il *September 2024 gold futures* prevede la consegna di 100 once d'oro nel settembre 2024.

Mentre nei contratti *forward* viene specificata una sola data di consegna, nei contratti *futures* la consegna può essere effettuata in uno qualsiasi dei giorni del mese di scadenza. È la borsa che definisce il luogo in cui la consegna dovrà essere effettuata ed è quasi sempre la parte corta che ha il diritto di avviare la procedura di consegna e scegliere tra le varie alternative.

Come vedremo tra poco, chi acquista o vende *futures* è soggetto a possibili future perdite. Pertanto, gli viene chiesto di costituire un deposito di garanzia.

Il prezzo *futures*, così come ogni altro prezzo, è determinato dalla domanda e dall'offerta.

Esempio 5.10

Supponiamo che il prezzo *futures* dell'oro per consegna nel settembre 2024 sia pari a $1.280 per oncia. Se la domanda supera l'offerta, il prezzo salirà; viceversa, se l'offerta supera la domanda, il prezzo scenderà.

Le posizioni sui contratti *futures* possono essere chiuse facilmente.

Esempio 5.11

Se, il 5 marzo 2024, compriamo un *futures* sull'oro per consegna nel settembre 2024, ossia se assumiamo una posizione lunga, possiamo facilmente chiuderla assumendo una posizione corta, cioè vendendo lo stesso contratto, ad es. il 5 giugno 2024.

Chiudere una posizione su contratti *forward* non è altrettanto facile. Di conseguenza, nei *forwards* si verifica, in genere, la consegna dell'attività sottostante mentre nel caso dei *futures* la consegna è rara, perché di solito le posizioni vengono chiuse prima della scadenza. Un banale errore nella chiusura di una posizione su *futures* può portare a conseguenze tragi-comiche, com'è illustrato nel Riquadro 5.1.

I prezzi *futures* sono molto simili ai prezzi *forward*. La relazione tra prezzo *forward / futures* e prezzo *spot*, ossia la *forward-spot parity*, è riportata nell'Appendice 5a.

Una delle differenze tra *futures* e *forwards* riguarda la liquidazione dei contratti, che è giornaliera nel caso dei *futures* e alla scadenza nel caso dei *forwards*.

Riquadro 5.1 Contratti *futures*: la consegna non prevista.

Questa storia (che può essere apocrifa) è stata raccontata all'autore di questo libro da un dirigente di banca. Riguarda un giovane impiegato, senza precedenti esperienze nel settore finanziario, che va a lavorare in una società di intermediazione mobiliare.

Uno dei clienti della società ha assunto, per fini di copertura, una posizione lunga su un *futures* scritto sul bestiame vivo e ha lasciato l'ordine di chiudere la posizione nell'ultimo giorno di negoziazione del contratto. I *futures* sul bestiame vivo sono trattati al CME Group e ogni contratto è scritto su 40.000 libbre di bestiame. L'incombenza di chiudere la posizione viene passata al giovane impiegato.

Quando gli viene detto che la posizione in essere è lunga, il giovane impiegato passa in borsa un ordine di acquisto, invece che di vendita. La conseguenza di quest'errore è che la società di intermediazione finisce con l'avere una posizione lunga su due contratti *futures* scritti sul bestiame vivo. L'errore viene scoperto il giorno successivo. Ormai è troppo tardi per rimediare, perché il contratto non è più negoziato.

La società di intermediazione (non il cliente) è responsabile dell'errore. Il giovane impiegato comincia allora a informarsi sugli accordi che regolano la consegna del bestiame vivo, una cosa che non aveva precedenti nella società.

In base alle condizioni contrattuali fissate dalla borsa, il bestiame può essere consegnato dalla parte corta in una qualsiasi delle località degli Stati Uniti specificate nel contratto. La parte lunga non può far altro che aspettare che una delle parti corte comunichi alla borsa l'intenzione di effettuare la consegna e la borsa assegni la consegna alla società di intermediazione.

Alla fine, la società viene a sapere che il bestiame le verrà consegnato in una località che dista 2.000 miglia dalla sua sede. L'incarico di sistemare le cose viene passato al giovane impiegato.

L'impiegato scopre che nella città si svolge un'asta di bestiame ogni martedì. La parte con la posizione corta compra il bestiame all'asta e lo consegna immediatamente. Sfortunatamente, il bestiame non può essere rivenduto prima dell'asta del martedì successivo. Pertanto, il giovane impiegato deve provvedere al mantenimento del bestiame per un'intera settimana.

Un ottimo inizio per un primo impiego nel settore finanziario!

Esempio 5.12
Se, in un certo giorno, il prezzo *futures* aumenta, un certo flusso di denaro passa – a fine giornata – dai *traders* con posizioni corte ai *traders* con posizioni lunghe. Viceversa se il prezzo *futures* diminuisce.

Dato che i contratti *futures* vengono liquidati giornalmente mentre i contratti *forward* vengono liquidati alla scadenza, i tempi in cui i profitti e le perdite si realizzano sono diversi. Ciò può a volte generare confusione (Riquadro 5.2).

Le principali differenze tra *forwards* e *futures* sono riassunte nella Tavola 5.3.

I *futures* vengono «liquidati» (*cleared*) attraverso la «cassa di compensazione e garanzia» (*clearinghouse*) della borsa. La *clearinghouse* si interpone tra compratore e venditore: ognuno dei due ha per controparte la *clearinghouse*. La *clearinghouse* ha diversi «soci» (*members*). I *traders* o i *brokers* che non sono soci devono canalizzare le negoziazioni attraverso uno dei soci della *clearinghouse*.

La *clearinghouse* chiede ai soci di fornire garanzie in forma di «margini iniziali» (*initial margins*) e di «margini di variazione» (*variation margins*). Il margine iniziale è l'importo che la borsa richiede al socio per ogni nuovo contratto, in modo da proteggersi contro il rischio d'insolvenza. Il margine di variazione è l'importo che la *clearinghouse* addebita e accredita ai soci, rispettivamente, per le perdite subite e per i guadagni realizzati durante il giorno.

Sez. 5.3 Derivati "Plain Vanilla"

Riquadro 5.2 Un difetto del sistema informatico?

Un «cambista» (*foreign exchange trader*) che lavora per una banca entra in un *forward* lungo per acquistare, tra 3 mesi, 1 milione di sterline a $1,3 per sterlina. Allo stesso tempo, un cambista che lavora in una diversa «postazione» (*desk*), assume una posizione lunga su 16 *futures* a 3 mesi sulla sterlina. Il prezzo *futures* è di $1,3 e ogni contratto è scritto su 62.500 sterline. Pertanto, la dimensione della posizione del secondo *trader* è anch'essa pari a 1 milione (= 16 × 62.500) di sterline. Pochi minuti dopo l'esecuzione dei contratti, i prezzi *forward* e *futures* si portano a $1,3040. I due cambisti reclamano un profitto di $4.000 [= 1.000.000 × ($1,3040 − $1,3000)].

I sistemi della banca mostrano che l'operazione sui *futures* ha comportato un profitto di $4.000 mentre l'operazione sul *forward* ha comportato un profitto di $3.900. Il cambista che ha concluso il contratto *forward* prende immediatamente il telefono per lamentarsi con la funzione informatica. Ha ragione a lamentarsi del diverso trattamento? La risposta è no!

Il *marking to market* giornaliero dei contratti *futures* assicura un profitto quasi immediato a chi ha operato in *futures*. Chi ha operato in *forwards* non realizza il profitto fino alla scadenza del contratto (tra 3 mesi). Pertanto, il profitto conseguito dal cambista che ha operato sul mercato *forward* è pari al valore attuale di $4.000, invece di $4.000. Se il tasso d'interesse privo di rischio è di circa il 10% annuo, ossia il 2,5% trimestrale, l'attualizzazione fa ridurre il profitto da $4.000 a $3.900 ($\approx$ $4.000 $e^{-0,025}$).

L'effetto è simmetrico. Se i tassi di cambio *forward* e *futures* fossero entrambi scesi di $0,004 (= $1,596 − $1,600), il *trader* in *futures* avrebbe subito una perdita di $4.000 mentre il *trader* in *forward* avrebbe subito una perdita di $3.900. Se i contratti, *forward* e *futures*, non vengono chiusi prima della scadenza, i profitti o le perdite che essi generano nell'intero arco di vita sono uguali tra loro.

TAVOLA 5.3 Confronto tra contratti *forward* e contratti *futures*.

Forwards	*Futures*
Contratti privati tra due controparti	Trattati in borsa
Contratti non standardizzati	Contratti standardizzati
In genere viene specificata una sola data di consegna	In genere è possibile scegliere tra diverse date di consegna
Regolati alla fine del contratto	Regolati ogni giorno
In genere si verifica la consegna o il regolamento di un saldo finale	In genere i contratti vengono chiusi prima della scadenza
Comportano un certo rischio di credito	Il rischio di credito è praticamente assente

I soci della *clearinghouse* sono tenuti a costituire un «fondo di garanzia» (*guaranty fund*). Il fondo offre alla borsa un'ulteriore garanzia. Se uno dei soci fallisce e i suoi depositi iniziali, uniti ai contributi versati al fondo di garanzia, non sono sufficienti a coprire le perdite, allora vengono utilizzati i contributi degli altri soci.

I soci della *clearinghouse* richiedono garanzie ai *brokers*, che, a loro volta, richiedono garanzie ai propri clienti. I margini iniziali richiesti dai *brokers* ai propri clienti sono più elevati di quelli richiesti dalla *clearinghouse* ai propri soci. Quando il saldo del deposito di garanzia del cliente scende al di sotto del margine di mantenimento, il cliente deve riportare il saldo al livello del margine iniziale.

Tassi Libor: Graduale Eliminazione

Prima di passare a discutere di *swaps* e altri derivati, è opportuno discutere del Libor (acronimo di London InterBank Offered Rate). I tassi Libor sono stati determinati per 40 anni chiedendo a un gruppo di banche globali di stimare i tassi di interesse a cui, subito prima delle 11:00 (ora del Regno Unito), potevano prendere denaro in prestito da altre banche, senza fornire garanzie. Le valute prese in considerazione sono state 5 (sterlina britannica, franco svizzero, euro, yen giapponese e dollaro USA), con riferimento a 7 scadenze (*overnight*, 1 settimana, 1 mese, 2 mesi, 3 mesi, 6 mesi e 1 anno). Le banche che hanno comunicato le quotazioni avevano in genere un buon *rating* creditizio (AA). Pertanto, i tassi Libor sono stati considerati stime attendibili dei tassi d'interesse su prestiti non garantiti concessi a banche affidabili.

In tutto il mondo, i tassi Libor sono stati utilizzati come «tassi di riferimento» (*reference rates*) per prestiti a tasso variabile con valore nominale per centinaia di migliaia di miliardi di dollari.

Esempio 5.13

Si consideri un prestito a tasso variabile con scadenza dopo 5 anni e interessi pagabili ogni 3 mesi. Il tasso di riferimento da applicare al capitale nominale del prestito è pari al Libor a 3 mesi più 30 punti base (ossia, Libor a 3 mesi più 0,3%). Il tasso Libor a tre mesi osservato all'inizio di ogni trimestre maggiorato dello 0,3% viene riportato su base trimestrale e applicato al valore nominale del prestito per determinare gli interessi dovuti dal debitore alla fine di ognuno dei 20 (= 4 × 5) trimestri.

Dato che non sempre venivano negoziati prestiti per tutte le valute e le scadenze da rilevare, il Libor è stato spesso determinato sulla base di stime piuttosto che di transazioni effettive. I tassi comunicati dalle banche hanno comportato un certo grado di giudizio e alcune banche sono state giudicate colpevoli di averli manipolati per aumentare i profitti o per altri motivi. Di conseguenza, le autorità di vigilanza hanno imposto la graduale eliminazione del Libor e la sua progressiva sostituzione con tassi di riferimento basati su transazioni effettive. Nel 2021, il Libor è gradualmente uscito di scena come tasso di riferimento per i nuovi prestiti a tasso variabile.

Esempio 5.14

Per alcune scadenze, il Libor in USD ha continuato a essere quotato fino alla metà del 2023.

Il piano delle autorità di vigilanza è stato quello di basare i tassi di riferimento sui tassi *overnight*, che di fatto vengono attivamente scambiati.

Negli Stati Uniti, il tasso prescelto è stato il Secured Overnight Financing Rate (Sofr); nel Regno Unito, la Sterling OverNight Index Average (Sonia); nell'eurozona l'Euro Short-TErm Rate (Ester); in Svizzera, lo Swiss Average Rate OverNight (Saron); in Giappone, il Tokyo OverNight Average Rate (Tonar).

I tassi per scadenze più lunghe, come i tassi a 3 mesi, 6 mesi o 1 anno, possono essere determinati capitalizzando giornalmente i tassi *overnight*. Tuttavia, ci sono due differenze fondamentali tra l'utilizzo del Libor e l'utilizzo dei tassi *overnight* per definire i tassi variabili:

- il Libor è noto all'inizio del periodo a cui si applica. I tassi calcolati capitalizzando giornalmente i tassi *overnight* sono noti solo alla fine del periodo a cui si applicano;

- Il Libor incorpora un certo rischio di credito, diversamente dai tassi *overnight* e dai tassi a più lungo termine calcolati in base ai tassi *overnight*. I tassi *overnight* sono generalmente considerati tassi privi di rischio. In effetti, sono indicati come Risk-Free Rates (RFRs).

Esempio 5.15

Chi prende in prestito denaro al Sofr a 3 mesi più 50 punti base non sa quale sarà il suo tasso passivo se non alla fine del trimestre.

In alternativa al Libor, sono stati suggeriti altri tassi di riferimento, basati su transazioni effettive. Tra questi figurano il Bloomberg Short-term Bank Yield Index (Bsby), che stima il tasso di rendimento medio al quale le grandi banche possono prendere in prestito denaro senza offrire garanzie e Ameribor, creato dall'American Financial Exchange, che misura gli effettivi tassi passivi di migliaia di banche negli Stati Uniti (piccole, medie e regionali). Resta da vedere se questi tassi diventeranno più popolari dei tassi *overnight* proposti dalle autorità di vigilanza.

Swaps

I primi *swaps* sono stati negoziati all'inizio degli anni '80. Da allora il mercato ha avuto una crescita fenomenale. Gli *swaps* ora occupano un posto di centrale importanza all'interno del mercato dei derivati *over the counter*.

Gli *swaps* sono accordi privati tra due società che si impegnano a scambiarsi futuri pagamenti. L'accordo definisce le date in cui avverranno gli scambi e le modalità di calcolo dei pagamenti. In genere, la loro determinazione viene effettuata in base al futuro valore di un tasso d'interesse, un tasso di cambio o qualche altra variabile di mercato.

I *forwards* possono essere visti come semplici esempi di *swaps*.

Esempio 5.16

Supponiamo che, il 1° marzo 2024, una società entri in un *forward* per acquistare 100 once d'oro tra 1 anno a $1.300 per oncia. La società può vendere l'oro tra 1 anno, non appena lo riceve. Pertanto, il *forward* equivale a uno *swap* in cui, il 1° marzo 2025, la società paga $130.000 in cambio di 100 S_T, dove S_T è il prezzo *spot* di un'oncia d'oro.

Mentre i contratti *forward* comportano lo scambio di due pagamenti in una sola data futura, gli *swaps* comportano lo scambio di pagamenti in più di una data.

Il più comune tipo di *swap* è lo «*swap* su tassi d'interesse» (*interest-rate swap*) del tipo *plain vanilla*. In questo contratto, una società promette a un'altra di pagarle, per un certo numero di anni e in base a un capitale di riferimento detto «capitale nozionale» (*notional principal*), un tasso fisso predeterminato. A sua volta, la controparte si impegna a pagare un tasso d'interesse variabile sullo stesso capitale nozionale e per lo stesso numero di anni.

Il capitale è detto "nozionale" perché non viene scambiato; serve solo "a far di conto", per calcolare gli interessi.

Esempio 5.17

Supponiamo che, il 3 marzo 2024, la società A si impegni a pagare per 3 anni, a un'istituzione finanziaria, un tasso del 3% annuo su un capitale nozionale di $100 milioni e in cambio l'istituzione finanziaria si impegni a pagare alla società A il Sofr a 6 mesi sullo stesso capitale no-

```
┌──────────┐      3%       ┌──────────────┐
│Società A │ ─────────────▶│ Istituzione  │
│          │ ◀─────────────│ finanziaria  │
└──────────┘  Sofr a 6 mesi└──────────────┘
```

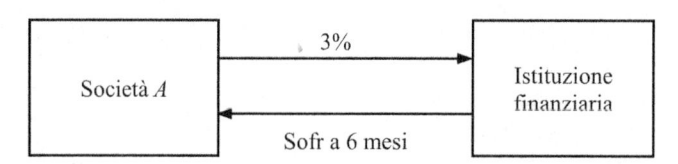

Figura 5.3 Un *interest-rate swap* del tipo *plain vanilla*.

TAVOLA 5.4 Un *interest-rate swap* da 100 milioni di dollari.

Data	Sofr a 6 mesi (%)	Variabile ($ milioni)	Fisso ($ milioni)	Saldo ($ milioni)
3 marzo 2024	2,20			
3 settembre 2024	2,80	+1,10	−1,50	−0,40
3 marzo 2025	3,30	+1,40	−1,50	−0,10
3 settembre 2025	3,50	+1,65	−1,50	+0,15
3 marzo 2026	3,60	+1,75	−1,50	+0,25
3 settembre 2026	3,90	+1,80	−1,50	+0,30
3 marzo 2027	4,40	+1,95	−1,50	+0,45

Nota: pagamenti (in milioni di dollari) a favore della società *A*, che paga un tasso fisso del 3% alla società *B* e riceve in cambio il Sofr a 6 mesi. Tutti i tassi d'interesse sono composti semestralmente.

zionale per la stessa durata triennale. Supponiamo che i pagamenti vengano scambiati ogni 6 mesi e che il tasso d'interesse del 3% sia composto semestralmente. Questo *swap* è illustrato nella Figura 5.3.

La Tavola 5.4 riporta l'insieme dei pagamenti relativi allo *swap* per una particolare serie di Sofr a 6 mesi. La tavola mostra i pagamenti nella prospettiva della società *A*. Il primo scambio di pagamenti ha luogo il 3 settembre 2024, 6 mesi dopo la stipula del contratto. La società *A* paga all'istituzione finanziaria un importo pari a $1,5 (= 0,5 × 3% × $100) milioni. Questi sono gli interessi su un capitale di $100 milioni al tasso annuo del 3%. L'istituzione finanziaria paga alla società *A* gli interessi su un capitale di $100 milioni al Sofr a 6 mesi osservato alla fine del semestre, ossia il 3 settembre 2024. Supponiamo che a tale data il Sofr a 6 mesi sia pari al 2,2%. L'istituzione finanziaria paga alla società *A* $1,1 (= 0,5 × 2,2% × $100) milioni. Il secondo scambio di pagamenti ha luogo il 3 marzo 2025, un anno dopo la stipula del contratto. La società *A* paga $1,5 milioni all'istituzione finanziaria. L'istituzione finanziaria paga alla società *A* gli interessi su un capitale di $100 milioni in base al Sofr a 6 mesi osservato alla fine del semestre, ossia il 3 marzo 2025. Supponiamo che a tale data il Sofr a 6 mesi sia pari al 2,8%. L'istituzione finanziaria paga alla società *A* un importo pari a $1,4 (= 0,5 × 2,8% × $100) milioni.

In totale lo *swap* comporta sei scambi di pagamenti. I pagamenti fissi sono sempre uguali a $1,5 milioni. I pagamenti variabili vengono determinati in base al Sofr a 6 mesi osservato alla fine di ogni semestre.

I *plain-vanilla interest-rate swaps* sono molto diffusi perché possono essere utilizzati per vari scopi. Ad es., la società *A* potrebbe utilizzare lo *swap* per trasformare un finanziamento a tasso variabile in un finanziamento a tasso fisso.

Esempio 5.18

Supponiamo che la società *A* si sia finanziata per $100 milioni al Sofr più l'1%. Dopo aver negoziato lo *swap*, la società *A*

1. paga il Sofr + 1% annuo ai finanziatori esterni;
2. riceve il Sofr in base alle condizioni fissate nello *swap*;
3. paga il 3% annuo in base alle condizioni fissate nello *swap*.

TAVOLA 5.5 Quotazioni dei tassi *swap*.

Scadenza (anni)	Denaro (%)	Lettera (%)	Tasso Swap (%)
2	2,55	2,58	2,565
3	2,97	3,00	2,985
4	3,15	3,19	3,170
5	3,26	3,30	3,280
7	3,40	3,44	3,420
10	3,48	3,52	3,500

Nota: i pagamenti previsti dallo *swap* vengono scambiati semestralmente.

L'effetto netto è che la società A paga il 4% [= (Sofr + 1%) – Sofr + 3%] annuo. Pertanto, la società A ha utilizzato lo *swap* per trasformare un finanziamento a tasso variabile (Sofr più 1%) in un finanziamento a tasso fisso (4%).

In alternativa, la società A potrebbe utilizzare lo *swap* per trasformare un'attività a tasso fisso in un'attività a tasso variabile.

Esempio 5.19

Supponiamo che la società A abbia acquistato per $100 milioni un'attività che le rende il tasso fisso del 2,5%. Dopo aver negoziato lo *swap*, la società A

1. riceve il 2,5% annuo sull'attività;
2. paga il 3% annuo in base alle condizioni fissate nello *swap*;
3. riceve il Sofr in base alle condizioni fissate nello *swap*.

L'effetto netto è che la società A riceve il Sofr meno lo 0,5% (= 2,5% – 3% + Sofr) annuo. Pertanto, la società A ha utilizzato lo *swap* per trasformare un'attività a tasso fisso (2,5%) in un'attività a tasso variabile (Sofr meno 0,5%).

Vedremo ora che lo *swap* della Figura 5.3 può essere utilizzato anche da una banca che intenda coprire il rischio d'interesse.

Esempio 5.20

Consideriamo una banca che ha depositi a tasso variabile e impieghi a 5 anni a tasso fisso. Come vedremo nel Capitolo 14, la banca è esposta a un rischio significativo. Se i tassi d'interesse aumentano, il costo dei depositi aumenta e il margine netto per interessi si riduce. La banca può coprire il rischio assumendo il ruolo della società A nello *swap* della Figura 5.3. Lo *swap* le consente di trasformare i depositi a tasso variabile in depositi a tasso fisso. In alternativa, lo *swap* può essere visto come lo strumento che consente alla banca di trasformare gli impieghi a tasso fisso in impieghi a tasso variabile.

Molte istituzioni finanziarie agiscono come *market makers* per gli *swaps*. La Tavola 5.5 riporta le quotazioni degli *interest-rate swaps* in dollari, così come potrebbero essere state proposte da una banca.

Esempio 5.21

La prima riga della Tavola 5.5 mostra che la banca è pronta a entrare in uno *swap* a 2 anni in cui riceve il Sofr e paga un tasso fisso del 2,55%. È anche pronta a entrare in uno *swap* a 2 anni in cui paga il Sofr e riceve un tasso fisso del 2,58%.

Nella Tavola 5.5, i *bid-ask spreads* sono pari a 3-4 punti base. La media tra le quotazioni denaro e lettera è il cosiddetto «tasso *swap*» (*swap rate*), riportato nell'ultima colonna della tavola.

I metodi di valutazione degli *swaps* sono esposti nell'Appendice 5b.

Opzioni

Le opzioni vengono negoziate sia in borsa sia nei mercati *over the counter*. Esistono due tipi fondamentali di opzioni: *calls* e *puts*. Le «opzioni *call*» (*call options*) danno al portatore il diritto di comprare un'attività entro una certa data, per un certo prezzo. Le «opzioni *put*» (*put options*) danno al portatore il diritto di vendere un'attività entro una certa data, per un certo prezzo. Il prezzo indicato nel contratto è detto «prezzo d'esercizio» (*exercise price*) o «prezzo base» (*strike price*); la data indicata nel contratto è detta «data di estinzione» (*expiration date*) o «scadenza» (*maturity*). Le «opzioni europee» (*European options*) possono essere esercitate solo alla scadenza; le «opzioni americane» (*American options*) possono essere esercitate in qualsiasi momento durante la loro vita.[1]

In genere, le opzioni negoziate in borsa sono americane e ogni contratto riguarda il diritto di comprare o vendere 100 azioni. Le opzioni europee sono in genere più facili da analizzare e alcune proprietà delle opzioni americane sono spesso dedotte da quelle delle corrispondenti opzioni europee.

Le opzioni possono essere *at the money*, *in the money* o *out of the money*. Le opzioni *at the money* sono quelle il cui prezzo d'esercizio è uguale al prezzo corrente del sottostante.[2] Le opzioni *in the money* e *out of the money* sono quelle che comporterebbero un flusso di cassa positivo o negativo, rispettivamente, se fossero esercitate immediatamente.

Va enfatizzato che le opzioni danno al portatore il diritto di fare qualcosa. Il portatore non è obbligato a esercitare questo diritto. È questo ciò che contraddistingue le opzioni dai *forwards* e dai *futures*, nei quali ci si impegna a comprare o vendere l'attività sottostante.

Si noti che, mentre l'acquisto di un *forward* o di un *futures* non costa nulla, per acquistare un'opzione si sostiene un costo. L'importo pagato per l'opzione è detto «premio» (*premium*).

La principale borsa per la negoziazione di opzioni su azioni è la Chicago Board Options Exchange (CBOE, www.cboe.com). La Tavola 5.6 riporta la «media dei prezzi denaro e lettera» (*mid-market prices*) di alcune opzioni americane scritte su Intel alla data del 24 gennaio 2022. Il «codice» (*ticker*) di Intel è INTC. I prezzi d'esercizio delle opzioni sono $45; $47,5; $50; $52,5; $55 e $57,5. Le scadenze sono marzo 2022, maggio 2022 e luglio 2022. Le opzioni per marzo scadono il 18 marzo 2022, quelle per maggio il 20 maggio 2022 e quelle per luglio il 15 luglio 2022.[3] Il 24 gennaio 2022, il *mid-market price* dell'azione Intel era di $51,98.

---

[1] Si noti che i termini «europea» e «americana» non si riferiscono alla localizzazione dell'opzione o della borsa. Alcune opzioni negoziate in borse del Nord America sono europee.

[2] A volte, le opzioni *at the money* sono definite diversamente. Ad es. sono chiamate *at the money* le opzioni il cui prezzo d'esercizio attualizzato è pari al prezzo corrente del sottostante. In altri casi, sono dette *at the money* le *calls* con delta pari a +0,5 e le *puts* con delta pari a −0,5 (si veda la Sezione 15.1 per la definizione di delta).

[3] In base al regolamento di borsa, le opzioni scadono il sabato che segue il 3° venerdì del mese di consegna.

Sez. 5.3   *Derivati "Plain Vanilla"*   **119**

TAVOLA 5.6   Quotazioni delle opzioni su Intel (24 gennaio 2022).

Prezzo d'esercizio ($)	Calls			Puts		
	mar. 22	mag. 22	lug. 22	mar. 22	mag. 22	lug. 22
45,0	7,77	8,47	8,87	1,03	1,96	2,35
47,5	5,77	6,67	7,17	1,55	2,64	3,15
50,0	4,05	5,10	5,65	2,32	3,60	4,15
52,5	2,64	3,77	4,37	3,42	4,77	5,15
55,0	1,61	2,73	3,30	4,90	6,25	6,80
57,5	0,93	1,92	2,48	6,72	7,90	8,47

Nota: la quotazione dell'azione Intel è di $51,98.

Esempio 5.22

Supponiamo che un *trader* dia l'ordine al suo *broker* di comprare una *call* su Intel con prezzo d'esercizio $52,50 e scadenza maggio. Il *broker* passerà l'ordine a un *floor trader* del CBOE, che troverà poi un altro *trader* che vuole vendere una *call* su Intel con prezzo d'esercizio $52,50 e scadenza maggio. Si fisserà un prezzo e la negoziazione sarà conclusa. Supponiamo che il prezzo pattuito sia di $3,77, come quello riportato nella Tavola 5.6. Questo è il prezzo di un'opzione per l'acquisto di una sola azione. Negli Stati Uniti, il contratto di opzione su azioni si riferisce all'acquisto o alla vendita di 100 azioni. Pertanto, il *trader* deve fare in modo che, attraverso il suo *broker*, arrivino alla borsa $377 (= $3,77 × 100). La borsa farà quindi in modo che questi passino alla parte che è dall'altro lato della transazione.

In quest'esempio, il *trader* ottiene, al costo di $377, il diritto di comprare 100 azioni Intel a $52,50 l'una. La controparte riceve $377 e si impegna a vendere 100 azioni Intel a $52,50 per azione nel caso in cui il *trader* decida di esercitare l'opzione. Se il prezzo di Intel non supera i $52,50 entro il 20 maggio 2022, l'opzione non viene esercitata e il *trader* perde i $377 che ha speso per acquistarla. Se invece il prezzo dell'azione sale e l'opzione viene esercitata quando la quotazione di Intel è a $60, il *trader* compra 100 azioni al prezzo unitario di $52,50, conseguendo un ricavo unitario di $7,50 (= $60 − $52,50). Il ricavo totale è di $750 (= $7,50 × 100) e, deducendo il costo iniziale delle opzioni, il profitto complessivo risulta pari a $373 (= $750 − $377).

Esempio 5.23

In alternativa, se acquistasse la *put* con prezzo d'esercizio di $50 e scadenza luglio, il *trader* pagherebbe un premio unitario di $4,15, per un totale di $415 (= $4,15 × 100). Avrebbe così acquistato il diritto di vendere 100 azioni Intel a $50 per azione entro il 15 luglio 2022.

Se il prezzo di Intel resta sopra i $50, l'opzione non viene esercitata e il *trader* perde i $415 che ha speso per acquistarla. Se invece il prezzo dell'azione scende e l'opzione viene esercitata quando la quotazione di Intel è a $40, il *trader* compra 100 azioni al prezzo unitario di $40 e le rivende a $50 l'una, conseguendo un ricavo unitario di $10 (= $50 − $40). Il ricavo totale è di $1.000 (= $10 × 100) e, deducendo il costo iniziale delle opzioni, il profitto totale risulta pari a $585 (= $1.000 − $415).

Le opzioni trattate al CBOE sono americane. Se fossero europee, e quindi esercitabili solo a scadenza, il profitto realizzato dal *trader* in funzione del prezzo a scadenza dell'azione sarebbe quello mostrato nella Figura 5.4.

Nei mercati delle opzioni si possono assumere quattro posizioni:

1. acquisto di *calls*;
2. vendita di *calls*;
3. acquisto di *puts*;
4. vendita di *puts*.

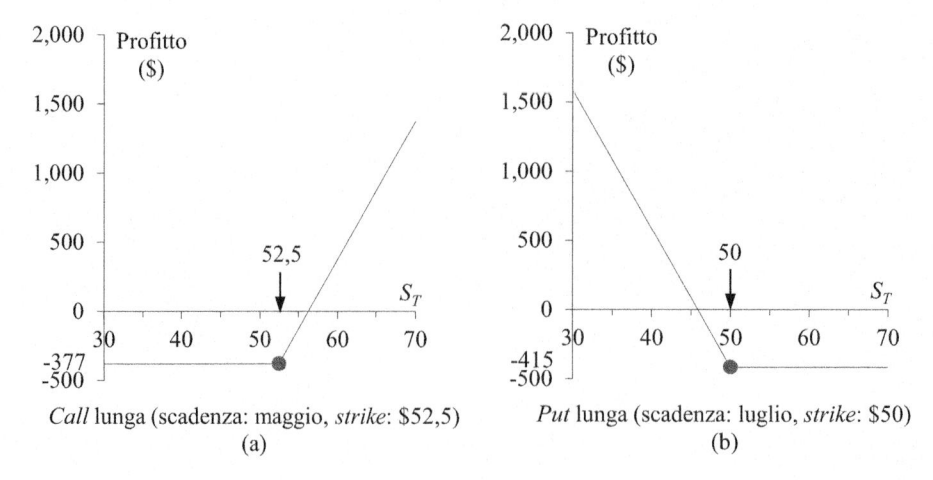

Figura 5.4 Acquisto di una *call* e di una *put* su 100 azioni Intel.

(a) *Call* lunga (scadenza: maggio, *strike*: $52,5)
(b) *Put* lunga (scadenza: luglio, *strike*: $50)

Si dice che i compratori hanno «posizioni lunghe» (*long positions*) e che i venditori hanno «posizioni corte» (*short positions*). «Scrivere» (*to write*) opzioni equivale a venderle.

Quando si acquistano le opzioni per contanti, non si deve effettuare alcun deposito di garanzia, dato che non si può perdere più del premio pagato inizialmente.

Esempio 5.24

Negli Stati Uniti, le opzioni su azioni e indici azionari con scadenze superiori ai 9 mesi possono essere «acquistate a credito» (*bought on margin*). Il funzionamento del deposito di garanzia è simile a quello delle azione, fatta eccezione per il fatto che si può prendere in prestito il 25%, piuttosto che il 50%, del prezzo corrente.

Quando si vendono opzioni, si deve invece effettuare un deposito di garanzia. I margini, iniziale e di mantenimento, per una *call* corta scoperta scritta su un'azione sono entrambi pari al maggiore tra i risultati relativi ai due seguenti calcoli:

1. il 100% del ricavato della vendita più il 20% del prezzo dell'azione sottostante meno l'eventuale importo per il quale l'opzione risulti *out of the money*;
2. il 100% del ricavato della vendita più il 10% del prezzo dell'azione sottostante.

I margini, iniziale e di mantenimento, per una *put* corta scoperta scritta su un'azione sono entrambi pari al maggiore tra i risultati relativi ai due seguenti calcoli:

1. il 100% del ricavato della vendita più il 20% del prezzo dell'azione sottostante meno l'eventuale importo per il quale l'opzione risulti *out of the money*;
2. il 100% del ricavato della vendita più il 10% del prezzo d'esercizio.

Se il *trader* ha altre posizioni sul sottostante, è possibile che l'importo dei margini sia minore. Ad es., se la *call* venduta è coperta, ossia se il *trader* possiede le azioni su cui è scritta l'opzione, non occorre effettuare alcun deposito di garanzia.

Le opzioni vengono attivamente negoziate sia nelle borse sia nei mercati *over the counter*. Tra le attività sottostanti figurano le azioni, gli indici azionari e le valute.

Il mercato OTC delle opzioni è ora più ampio di quello di borsa. Mentre le opzioni di borsa tendono a essere americane, le opzioni OTC sono spesso europee. Il principale vantaggio del mercato OTC consiste nel fatto che le caratteristiche dei contratti (scadenza, *strike*, quantità negoziata) possono essere adattate alle esigenze dei clienti. Non devono corrispondere a quelle specificate dalle borse. I contratti OTC hanno in genere dimensioni molto più grandi di quelle dei contratti di borsa.

Le formule analitiche e le procedure numeriche per valutare le opzioni sono state riportate nell'Appendice 5c e nell'Appendice 5d.

Opzioni su Tassi d'Interesse

Le più importanti «opzioni su tassi d'interesse» (*interest-rate options*) negoziate sul mercato OTC sono i *caps*, i *floors* e le *swaptions*. Come si è visto nella Tavola 5.4, negli *interest rate swaps* si scambiano periodicamente interessi fissi con interessi variabili. Ebbene, i *caps* fissano un limite superiore agli interessi variabili.

I *caps* sono portafogli di opzioni *call* scritte su un tasso d'interesse «variabile» (*floating*). Se il tasso variabile è maggiore del tasso *strike*, detto anche «tasso *cap*» (*cap rate*), il *cap* paga la differenza tra il tasso variabile e il tasso *cap*, applicata al capitale nozionale per l'appropriato «periodo di godimento» (*accrual period*), altrimenti non paga nulla. Come nel caso degli *swaps*, i pagamenti vengono effettuati alla fine dei «periodi di riferimento» (*reference periods*) dei tassi d'interesse.

Analogamente, i *floors* sono portafogli di opzioni *put* scritte sul tasso variabile. Se il tasso variabile è minore del tasso *strike*, detto anche «tasso *floor*» (*floor rate*), il *floor* paga la differenza tra il tasso *floor* e il tasso variabile, applicata al capitale nozionale per l'appropriato periodo di godimento», altrimenti non paga nulla.

Le «*swaptions*» o *swap options* sono opzioni su *interest-rate swaps*. Danno al portatore il diritto di entrare, a una certa data, in uno *swap* il cui tasso fisso sia pari allo *strike* previsto dalla *swaption*. Esistono due tipi di *swaption*: nel primo si ha il diritto di pagare il tasso *strike* e ricevere il tasso variabile, mentre nel secondo si ha il diritto di pagare il tasso variabile e ricevere il tasso *strike*. Anche in questo caso, come nel caso degli *swaps* e dei *caps* o dei *floors*, si specifica un capitale nozionale.

5.4 ALTRI DERIVATI

L'ingegneria finanziaria è stata utilizzata per sviluppare nuovi derivati che consentano agli operatori di coprirsi contro varie forme di rischio. In questi derivati, la controparte è rappresentata da (a) operatori che hanno esposizioni di segno opposto o (b) speculatori che sono disposti ad assumersi quelle particolare forme di rischio.

In questa sezione, passeremo in rassegna diverse categorie di derivati, disegnati per far fronte a specifiche esigenze.

Derivati Atmosferici

I risultati economici di molte società possono essere influenzati dalle condizioni atmosferiche.[4] È quindi ragionevole che queste società valutino l'opportunità di co-

---

[4] Il Ministero dell'Energia degli Stati Uniti (U.S. Department of Energy) ha stimato che un settimo dell'economia statunitense è soggetto al rischio atmosferico.

prirsi dal rischio atmosferico analogamente a come si coprono dai rischi di cambio o di interesse.

I primi derivati atmosferici *over the counter* sono stati negoziati nel 1997. Per capirne il funzionamento, si devono prima spiegare due variabili:

HDD: gradi di riscaldamento giorno (*heating degree days*);
CDD: gradi di raffreddamento giorno (*cooling degree days*).

Gli HDD di un certo giorno sono pari a

$$HDD = \max(65° - A, 0)$$

mentre i CDD dello stesso giorno sono pari a

$$CDD = \max(A - 65°, 0)$$

dove A è la media tra le temperature minima e massima, misurate in gradi Fahrenheit nel corso della giornata presso la stazione atmosferica specificata.

Esempio 5.25

Se la temperatura massima nel corso della giornata (da mezzanotte a mezzanotte) è di 68° Fahrenheit e la temperatura minima è di 44° Fahrenheit, si ha $A = 56°$ [= (44° + 68°)/2].
Pertanto, gli HDD di quel giorno sono pari a 9° [= max(65° − 56°, 0)] e i CDD sono uguali a 0° [= max(56° − 65°, 0)].

Un tipico esempio di prodotti OTC è rappresentato dai *forwards* e dalle opzioni scritti sugli HDD o sui CDD cumulati di un certo periodo.

Esempio 5.26

Supponiamo che, nel gennaio 2024, un *trader* abbia venduto una *call*, con esercizio a 700° e fattore moltiplicativo di $10.000 per gradi giorno, scritta sugli HDD del febbraio 2025 rilevati presso la stazione atmosferica dell'Aeroporto O'Hare di Chicago. Se, nel febbraio 2025, gli effettivi HDD cumulati sono pari a 820°, il valore finale della *call* è di $1,2 milioni [= (820° − 700°) × $10.000].

Spesso nei contratti è previsto un *cap*.

Esempio 5.27

Se, nell'Esempio 5.26, il *cap* è di $1,5 milioni, il contratto equivale a un *bull spread*. Il cliente ha una *call* lunga sugli HDD cumulati con esercizio a 700 e una *call* corta con esercizio a 850 (= $1.500.000 / $10.000 + 700) gradi.

Gli HDD di un certo giorno misurano la quantità di energia necessaria per il riscaldamento durante quel giorno mentre i CDD misurano la quantità di energia necessaria per il raffreddamento.

La maggior parte dei derivati atmosferici viene negoziata da produttori e consumatori di energia, ma i dettaglianti, le catene di supermercati, i produttori di cibi e bevande, le società che offrono servizi terapeutici, le imprese agricole e le società che operano nell'industria del tempo libero sono anch'essi potenziali utenti di derivati atmosferici.

Per curare gli interessi dell'industria della gestione dei rischi atmosferici è stata costituita la Weather Risk Management Association (www.wrma.org).

Nel settembre 1999, la CME ha iniziato a negoziare *futures* atmosferici e opzioni europee su *futures* atmosferici. I contratti sono scritti sugli HDD e CDD cumulati, osservati in un mese presso una certa stazione atmosferica. I contratti vengono liquidati per contanti subito dopo la fine del mese, non appena vengono comunicati gli HDD e i CDD. Ogni contratto *futures* è scritto sul prodotto tra gli HDD o i CDD e $20. La CME ora offre *futures* atmosferici e opzioni su *futures* atmosferici per diverse città di tutto il mondo. Offre anche *futures* e opzioni su «uragani» (*hurricanes*), «gelate» (*frost*) e «nevicate» (*snowfall*).

Derivati sul Petrolio

Il «petrolio grezzo» (*crude oil*) è una delle merci più importanti. Da molti anni nel mercato OTC vengono negoziati contratti di fornitura a prezzo fisso con scadenza decennale. Si tratta di *swaps* in cui si scambia petrolio a prezzo fisso con petrolio a prezzo variabile.

Vengono trattate diverse gradazioni di petrolio, in funzione del «peso specifico» (*gravity*) e del «contenuto di zolfo» (*sulfur content*). Due importanti «punti di riferimento» (*benchmarks*) per le quotazioni sono il Brent Crude Oil (per il bacino del Mare del Nord) e il West Texas Intermediate (WTI). Mediante raffinazione, il petrolio grezzo viene trasformato in «benzina» (*gasoline*), «combustibile da riscaldamento» (*heating oil*), «nafta» (*fuel oil*) e «cherosene» (*kerosene*).

Nei mercati OTC, i derivati disponibili su attività quali le azioni o gli indici azionari sono ora disponibili anche sul petrolio. Sono diffusi gli *swaps*, i *forwards* e le opzioni. I contratti vengono liquidati a volte per contanti e a volte con la consegna fisica (ossia con la consegna del petrolio).

Sono diffusi anche i contratti di borsa. Il CME Group e la Intercontinental Exchange (ICE) trattano *futures* e opzioni su *futures* scritti sul petrolio. Alcuni *futures* vengono liquidati per contanti, altri con la consegna fisica.

Esempio 5.28

Il *futures* sul petrolio grezzo di tipo Brent (*Brent crude oil*) trattato all'ICE prevede la liquidazione per contanti sulla base del livello dell'indice Brent; il *futures* sul WTI trattato al CME Group richiede la consegna fisica. In entrambi i casi, la dimensione del contratto è di 1.000 barili. Al CME Group vengono anche trattati due contratti su prodotti raffinati: «nafta» (*heating oil*) e «benzina» (*gasoline*). In entrambi i casi la dimensione del contratto è di 42.000 galloni.

Derivati sul Gas Naturale

L'industria del gas naturale ha attraversato un periodo di «de-regolamentazione» (*deregulation*) e di eliminazione dei monopoli di Stato in tutto il mondo. Ora, le società che distribuiscono il gas naturale non coincidono necessariamente con le società che lo producono. Sono i distributori che devono risolvere il problema di far fronte giornalmente alla domanda.

I contratti *over the counter* prevedono in genere la fornitura di una quantità prefissata di gas naturale, a un tasso pressoché uniforme, nel corso di un mese. Sui mercati OTC si negoziano *forwards*, *swaps* e opzioni. Di solito, chi vende è responsabile della fornitura di gas, attraverso le tubature, fino alla località specificata.

Esempio 5.29

Al CME Group viene trattato un contratto che prevede la fornitura di gas naturale per una quantità pari a 10.000 milioni di «unità termiche britanniche» (*British thermal units*) presso uno specifico «centro di smistamento» (*hub*) della Louisiana. La fornitura ve effettuata a un tasso pressoché uniforme, nel corso del mese di consegna. Un contratto simile viene negoziato all'ICE di Londra.

Il gas naturale è una risorsa energetica molto utilizzata per il riscaldamento degli edifici. Viene anche utilizzato per produrre elettricità, che a sua volta viene impiegata per i condizionatori d'aria. Di conseguenza, la domanda di gas naturale è soggetta a fattori stagionali e dipende dalle condizioni atmosferiche.

Derivati sull'Energia Elettrica

L'elettricità è una merce insolita, perché non può essere facilmente immagazzinata.[5] La massima fornitura di elettricità di cui può usufruire un territorio, in un certo istante, è determinata dalla massima capacità di tutti gli impianti che generano elettricità in quella regione. Negli Stati Uniti ci sono 140 «aree di controllo» (*control areas*). Le eccedenze di elettricità di un'area di controllo, rispetto alla domanda interna, vengono vendute ad altre aree di controllo. Sono queste eccedenze che formano l'oggetto del mercato all'ingrosso di elettricità. Le aree di controllo sono in grado di vendere tanta più energia quanto maggiore è la capacità di trasmissione delle linee che collegano le diverse aree. La trasmissione da un'area all'altra comporta un costo di trasmissione, addebitato dal proprietario della linea, e una certa perdita di energia.

Tra i maggiori utilizzatori di elettricità figurano i sistemi di condizionamento dell'aria. Pertanto, la domanda estiva di elettricità è maggiore di quella invernale, e quindi il prezzo dell'elettricità è molto più elevato in estate che in inverno. L'impossibilità di immagazzinare energia elettrica comporta, di tanto in tanto, sbalzi molto forti nel prezzo *spot* dell'elettricità. Ondate di calore hanno comportato aumenti del prezzo *spot* dell'ordine del 1000%, per brevi periodi di tempo.

Analogamente al gas naturale, l'industria dell'energia elettrica ha attraversato un periodo di de-regolamentazione e di eliminazione dei monopoli di Stato. Questo processo è stato accompagnato dallo sviluppo di un mercato di derivati sull'elettricità. Al CME Group viene ora trattato un *futures* sul prezzo dell'elettricità. Sul mercato OTC si negoziano attivamente contratti *forward*, *swaps* e opzioni. I contratti, siano essi negoziati in borsa o nel mercato OTC, prevedono in genere la fornitura per un mese, in una specifica località, di una certa quantità di megawatt ora, a un prezzo prefissato.

Nei contratti 5 × 8, l'energia viene erogata per cinque giorni alla settimana (dal lunedì al venerdì) durante il periodo di «scarsa intensità» (*off-peak*), dalle 11 di sera alle 7 del mattino, nel corso del mese prefissato.

Nei contratti 5 × 16, l'energia viene erogata per cinque giorni alla settimana (dal lunedì al venerdì) durante il periodo «di punta» (*on-peak*), dalle 7 del mattino alle 11 di sera, nel corso del mese prefissato.

Nei contratti 7 × 24, l'energia viene erogata continuativamente durante tutto il mese prefissato. I contratti di opzione possono prevedere l'esercizio giornaliero o mensile. Se l'esercizio è giornaliero, il portatore dell'opzione ha il diritto di ricevere,

---

[5] Spesso, le compagnie idroelettriche utilizzano la capacità in eccesso per pompare acqua in cima ai loro impianti, in modo da poterla utilizzare successivamente per produrre elettricità. È questo il più vicino surrogato dell'immagazzinamento.

in un qualsiasi giorno del mese (dando un giorno di preavviso), una certa quantità di energia al prezzo d'esercizio prefissato. Se l'esercizio è mensile, la decisione circa la fornitura di energia elettrica per l'intero mese al prezzo prefissato viene presa all'inizio del mese.

Un contratto interessante che viene negoziato sia nei mercati dell'energia elettrica sia in quelli del gas naturale è noto come «opzione di variazione» (*swing option*) o «opzione prendi-e-paga» (*take-and-pay option*). In questo contratto vengono specificati un minimo e un massimo per la quantità di energia che il portatore dell'opzione deve acquistare, a un certo prezzo, in ciascun giorno del mese e per l'intero mese. Il portatore dell'opzione può cambiare, ovvero «variare» (*swing*), la quantità di energia acquistata durante il mese, ma di solito è previsto un limite al numero complessivo delle variazioni che può effettuare.

5.5 OPZIONI ESOTICHE E PRODOTTI STRUTTURATI

I prodotti strutturati e le opzioni esotiche che vengono regolarmente negoziati nel mercato *over the counter* sono svariati. Anche se i loro scambi sono modesti rispetto a quelli riguardanti i derivati *plain vanilla*, che abbiamo passato in rassegna nella Sezione 5.3, i prodotti esotici sono importanti perché i margini unitari sulle loro negoziazioni tendono a essere molto più alti di quelli sui prodotti *plain vanilla*. Ecco alcuni esempi di opzioni esotiche:

1. «opzioni asiatiche» (*Asian options*). Mentre il valore finale delle opzioni ordinarie dipende dal prezzo finale del sottostante al momento dell'esercizio, il valore finale delle opzioni asiatiche si basa sulla media dei prezzi del sottostante rilevati in un certo periodo. Ad es., il valore finale di una *call* «scritta sul prezzo medio» (*average price call*) è $\max(0, \overline{S} - K)$, dove $\overline{S}$ è il prezzo medio del sottostante nel periodo prefissato e K è il prezzo d'esercizio;
2. «opzioni con barriera» (*barrier options*). Queste opzioni cessano di esistere o iniziano a esistere quando il prezzo del sottostante raggiunge una certa barriera. Ad es., una *knock-out call* con *strike* $30 e barriera $20 è una *call* europea ordinaria che cessa di esistere se il sottostante scende al di sotto dei $20;
3. «opzioni su panieri» (*basket options*). Queste opzioni sono scritte su un portafoglio di titoli piuttosto che su un singolo titolo;
4. «opzioni binarie» (*binary options*). Se le condizioni previste per l'esercizio vengono soddisfatte, il valore finale di queste opzioni è pari a un importo prefissato (o al valore finale dell'attività sottostante, in altri casi). Un esempio di opzione binaria è rappresentato da una *cash-or-nothing* che offre un pagamento di $1.000 se il prezzo di un'azione tra un anno è maggiore di $20;
5. «opzioni composte» (*compound options*). Queste opzioni sono scritte su altre opzioni. Ce ne sono di quattro tipi: *call* su *call*, *call* su *put*, *put* su *call*, *put* su *put*. Ad es., una *call* europea su *call*, con prezzi d'esercizio di $1 e $20 e scadenze di 1 e 2 anni, consente di comprare tra 1 anno a $1 la *call* sottostante, che ha un prezzo d'esercizio pari a $20 e una vita residua di 1 anno;
6. «opzioni retrospettive» (*lookback options*). Il valore finale di queste opzioni si basa sul prezzo minimo o sul prezzo massimo raggiunti dal sottostante durante un certo periodo. Ad es., il valore finale di una *lookback call* a 1 anno è pari a $S_T - S_{min}$, dove S_T è il valore finale del sottostante e S_{min} è il prezzo minimo fatto registrare dal sottostante nel corso dell'anno.

Riquadro 5.3 Le coperture di Microsoft.

Microsoft gestisce attivamente le sue esposizioni in cambi. In alcuni Paesi (ad es., Europa, Giappone e Australia) fattura nelle valute locali e converte mensilmente i suoi ricavi netti in dollari. In questi casi è chiaramente esposta al rischio di cambio. In altri Paesi (ad es. America Latina, Europa Orientale e Asia Sud-Orientale) fattura in dollari. Questo secondo metodo sembrerebbe motivato dall'intenzione di evitare il rischio di cambio, ma così non è. Supponiamo che il dollaro si rafforzi contro la valuta di uno dei Paesi in cui Microsoft fattura in dollari. In quel Paese i prodotti Microsoft saranno più cari perché ci vuole più valuta locale per avere un dollaro. Di conseguenza, Microsoft dovrà probabilmente ridurre i prezzi in dollari se vorrà evitare un declino delle vendite. Pertanto, Microsoft ha comunque un'esposizione al rischio di cambio, sia quando fattura in dollari sia quando fattura nella valuta locale (quest'esempio enfatizza il fatto che, quando valutano le proprie esposizioni, le società devono avere fare molta attenzione al quadro complessivo).

A volte Microsoft utilizza le opzioni coprire le sue esposizioni al rischio di cambio. Supponiamo che l'orizzonte temporale di Microsoft sia di 1 anno e che, nel caso dello yen giapponese, si trovi esposta al tasso di cambio medio annuo perché il suo fatturato mensile è pressoché costante. Ne segue che Microsoft utilizzerà le opzioni asiatiche, invece di quelle ordinarie, per coprirsi dal rischio di cambio. Inoltre, l'esposizione netta di Microsoft riguarda la media ponderata dei tassi di cambio di tutti i Paesi nei quali vende i suoi prodotti. Pertanto userà le *basket options*, ossia le opzioni scritte sulla media ponderata dei tassi di cambio. Di conseguenza, l'opzione che Microsoft preferisce acquistare dalle istituzioni finanziarie è una *basket put* asiatica. La *basket put* asiatica ha un costo molto inferiore a quello di un portafoglio di opzioni *put*, una per ogni mese e per ogni valuta (si veda il Problema 5.23), ma dà a Microsoft esattamente la protezione che le serve.

Microsoft è esposta anche ad altri rischi finanziari. Ad es., il suo portafoglio obbligazionario è esposto al rischio d'interesse (quando i tassi aumentano il valore del portafoglio si riduce). Ha inoltre due tipi di esposizione nei confronti del mercato azionario: è esposta nei confronti sia dei prezzi delle azioni in cui investe sia del prezzo delle sue stesse azioni che riacquista sul mercato a fronte del programma di incentivi azionari per dirigenti e dipendenti. Per coprirsi da questi rischi, Microsoft utilizza a volte strategie sofisticate che fanno uso di opzioni.

A volte è meglio utilizzare le opzioni esotiche invece delle opzioni ordinarie.

Esempio 5.30

Microsoft ha utilizzato le *basket options* asiatiche per gestire il rischio di cambio (Riquadro 5.3).

I prodotti strutturati vengono creati dalle banche per andare incontro alle specifiche esigenze di investitori e tesorieri.

Esempio 5.31

Un esempio di prodotto strutturato è rappresentato dai «certificati a capitale garantito» (*principal-protected notes*), che offrono la possibilità di guadagnare una certa frazione del tasso di rendimento dello S&P 500, con la garanzia che il tasso di rendimento non sarà mai negativo.

Esempio 5.32

Un prodotto (altamente) strutturato è lo *swap* 5/30 descritto nel Riquadro 5.4.[6] In questo caso è dubbio se Bankers Trust abbia offerto un prodotto che andava davvero incontro alle esigenze del cliente o se invece gli abbia venduto un prodotto di cui non aveva proprio bisogno!

---

[6] I dettagli della transazione sono di pubblico dominio perché la questione fu oggetto di un contenzioso legale. Si veda SMITH, D. J., "Aggressive Corporate Finance: A Close Look at the Procter and Gamble - Bankers Trust) Leveraged Swap", *Journal of Derivatives*, 4(4) (Summer 1997), 67-79.

Sommario **127**

Riquadro 5.4 Lo strano contratto di Procter & Gamble.

Un contratto particolarmente strano è il cosiddetto *swap* "5/30" concluso il 2 novembre 1993 tra Bankers Trust (BT) e Procter & Gamble (P&G).

Si trattava di uno *swap* a 5 anni con pagamenti semestrali. Il capitale nozionale era di $200 milioni. BT pagava il 5,30% annuo e P&G pagava il CP *rate* meno 75 p.b. più uno *spread*, dove il CP *rate* è il tasso medio sulle «cambiali commerciali a 30 giorni» (*30-day commercial paper*) calcolato come media aritmetica dei tassi giornalieri osservati durante il semestre che precedeva il pagamento. Lo *spread* era nullo per la prima data di pagamento (2 maggio 1994). Per le successive 9 date di pagamento era pari a

$$\max\left(\frac{98{,}5 \times \frac{y_{CMT,5}}{5{,}78\%} - P_{TSY,30}}{100}, 0\right)$$

dove $y_{CMT,5}$ è il «tasso CMT» (*constant-maturity Treasury yield*) a 5 anni (ossia, il tasso di rendimento delle *Treasury notes* a 5 anni, comunicato dalla Federal Reserve) e $P_{TSY,30}$ è la media dei prezzi *spot* denaro e lettera dei *Treasury bonds* trentennali, con tasso cedolare del 6,25% e scadenza agosto 2023. Si noti che lo *spread* tra i due tassi d'interesse, calcolato con la formula riportata sopra, è un tasso espresso in forma decimale, non in punti base. Se lo *spread* è pari a 0,1 e il CP *rate* è del 6%, il tasso pagato da P&G è il 15,25% (= 6% − 0,75% + 10%).

P&G sperava che lo *spread* sarebbe stato nullo e che il contratto le avrebbe consentito di scambiare provvista al 5,30% con provvista a un tasso pari al CP *rate* meno 75 p.b. In realtà, i tassi d'interesse aumentarono nettamente nei primi mesi del 1994, i prezzi delle obbligazioni diminuirono e lo *swap* si rivelò molto, molto caro.

5.6 SFIDE PER IL RISK MANAGEMENT

I derivati (*forwards*, *futures*, *swaps*, opzioni, prodotti strutturati, ecc.) sono strumenti molto versatili. Possono essere utilizzati per effettuare operazioni di copertura, speculazione e arbitraggio (le coperture mirano a ridurre i rischi, le speculazioni fanno assumere rischi e gli arbitraggi consentono di bloccare profitti privi di rischio senza investire capitale). È questa versatilità che può creare problemi.

A volte i *traders* che hanno il compito di coprire i rischi o di seguire strategie di arbitraggio diventano, consciamente o inconsciamente, speculatori. I risultati possono essere disastrosi. Un esempio è dato dalle operazioni effettuate da Jérôme Kerviel a Société Générale (si veda il Riquadro 5.5).

Per evitare il tipo di problemi incontrati da Société Générale è molto importante che le istituzioni finanziarie e non finanziarie predispongano i necessari controlli per assicurarsi che i derivati vengano usati per i fini prestabiliti. Per essere certi che le indicazioni vengano rispettate, occorre fissare i limiti di rischio e monitorare giornalmente le attività dei *traders*. Questi temi verranno trattati in alcuni dei prossimi capitoli.

SOMMARIO

Esistono due tipi di mercati per la negoziazione dei prodotti finanziari: il mercato di borsa e il mercato *over the counter* (OTC). In seguito alla Crisi Finanziaria Globale, il mercato OTC è molto cambiato. Le modifiche sono state accennate in questo capitolo e verranno esposte più approfonditamente nel Capitolo 6.

In questo capitolo abbiamo passato in rassegna le compravendite a pronti, i *forwards*, i *futures*, gli *swaps* e le opzioni.

Riquadro 5.5 Le forti perdite di Société Générale nel 2008.

I derivati sono strumenti molto versatili. Possono essere utilizzati per le coperture, le speculazioni e gli arbitraggi. Uno dei rischi è che un dipendente incaricato di coprire le esposizioni aziendali o di cercare opportunità di arbitraggio si metta a effettuare operazioni speculative.

Jérôme Kerviel iniziò a lavorare per Société Générale nel 2000, nell'«area controllo di gestione» (*compliance area*). Nel 2005 fu promosso e divenne *junior trader* nel *team* dei prodotti Delta One. Negoziava indici azionari, come l'indice tedesco DAX, il francese CAC 40 e l'Euro Stoxx 50.

Il suo lavoro consisteva nel cercare opportunità di arbitraggio: disallineamenti tra i prezzi di *futures* scritti sullo stesso indice, ma negoziati in borse diverse, disallineamenti tra i prezzi degli *index futures* e i prezzi *spot* delle azioni sottostanti gli indici, ecc.

Kerviel sfruttò la sua conoscenza delle procedure di controllo della banca per speculare e occultare le speculazioni facendole apparire come operazioni di arbitraggio. Assunse forti posizioni sugli indici azionari e creò negoziazioni fittizie per far sembrare che le sue operazioni fossero coperte. In realtà, scommetteva sulla direzione in cui si sarebbero mossi gli indici. La dimensione delle posizioni non coperte crebbe nel tempo fino a ragguagliarsi a decine di miliardi di euro.

Le sue operazioni non autorizzate vennero scoperte da Société Générale nel gennaio 2008. In tre giorni, la banca chiuse le posizioni subendo perdite per 4,9 miliardi di euro. Queste perdite-record nella storia della finanza venivano superate più tardi, nello stesso anno, da quelle causate da Bernard Madoff con il suo «Ponzi *game*», una sorta di «catena di Sant'Antonio» che prende il nome da Charles Ponzi, arrestato per truffa nel 1920.

Perdite dovute a «negoziatori infedeli» (*rogue traders*) erano già state subìte da altre banche. Ad es., nel 1995, Nick Leeson, un dipendente della Barings Bank incaricato di cercare opportunità di arbitraggio tra i prezzi dei *futures* sul Nikkei 225 negoziati alle borse di Singapore e Osaka, passò da arbitraggista a speculatore e accumulò perdite per circa 1 miliardo di dollari che portarono sul lastrico la Barings, una banca con 200 anni di storia alle spalle. Nel 2002 si scoprì che John Rusnak, un *trader* di Allied Irish Bank, aveva perso 700 milioni di dollari in negoziazioni valutarie non autorizzate. Nel 2011 Kweku Adoboli, membro del team Delta One di UBS, ha perso $2,3 miliardi con operazioni simili a quelle di Jérôme Kerviel.

Una delle lezioni che si possono trarre da questi fatti è che è importante definire senza ambiguità i limiti di rischio dei *traders* e controllare attentamente le loro operazioni per essere certi che i limiti vengano rispettati.

I *forwards* e i *futures* comportano l'obbligo di comprare o vendere un'attività a una certa data futura, per un certo prezzo. Gli *swaps* sono accordi per scambiarsi futuri pagamenti i cui importi dipendono da una o più variabili di mercato. Esistono due tipi di opzioni: *calls* e *puts*. Le *calls* danno al portatore il diritto di comprare un'attività entro una certa data, per un certo prezzo. Le *puts* danno al portatore il diritto di vendere un'attività entro una certa data, per un certo prezzo.

I *forwards*, i *futures* e gli *swaps* consentono di bloccare i prezzi di future transazioni. Invece le opzioni assicurano che le future transazioni avverranno a un prezzo non peggiore di quello specificato nel contratto.

Le opzioni esotiche e i prodotti strutturati vengono disegnati in modo da soddisfare le particolari esigenze delle società. Ad es., come si è visto nel Riquadro 5.3, le *basket options* asiatiche consentono a società come Microsoft di coprire le proprie esposizioni al rischio di cambio.

I derivati possono essere scritti su un'ampia varietà di sottostanti. In questo capitolo abbiamo passato in rassegna i derivati che dipendono dalle condizioni meteorologiche, dal petrolio, dal gas naturale e dall'energia elettrica. Abbiamo anche visto le opzioni esotiche e i prodotti strutturati.

SUGGERIMENTI PER ULTERIORI LETTURE

Boyle, P., e Boyle, F., *Derivatives: The Tools That Changed Finance*. London: Risk Books, 2001.

Flavell, R., *Swaps and Other Instruments*, 2nd ed. Chichester: Wiley, 2010.

Geczy, C., Minton, B. A. e Schrand, C., Why Firms Use Currency Derivatives", *Journal of Finance*, 52, 4 (1997), 1323-54.

Litzenberger, R. H., "Swaps: Plain and Fanciful", *Journal of Finance*, 47, 3 (1992), 831-50.

Miller, M. H. "Financial Innovation: Achievements and Prospects", *Journal of Applied Corporate Finance*, 4 (4), (Winter 1992), 4-11.

Warwick, B., Jones, F. J. e Teweles, R. J., *The Futures Game*. 3rd ed. New York: McGraw Hill, 1998.

DOMANDE E PROBLEMI
(le risposte si trovano alla fine del libro)

5.1. Qual è la differenza tra una posizione lunga su un *forward* e una posizione corta su un *forward*?

5.2. Spiegate la differenza tra un'operazione di (a) copertura, (b) speculazione e (c) arbitraggio.

5.3. Qual è la differenza tra (a) una posizione lunga su un contratto *forward* quando il prezzo *forward* è di $50 e (b) una posizione lunga su una *call* con prezzo d'esercizio di $50?

5.4. Spiegate bene la differenza tra la vendita di una *call* e l'acquisto di una *put*.

5.5. Un *trader* entra in un contratto *forward* corto sulle sterline quando il prezzo *forward* è di $1,3000 per sterlina. Il contratto riguarda la consegna di 100.000 sterline. Quanto guadagna o perde il *trader* se il tasso di cambio *spot* alla fine del contratto è di (a) $1,2900 per sterlina o (b) $1,3200 per sterlina?

5.6. Un *trader* entra in un *futures* corto sul cotone quando il prezzo *futures* è di ¢50,0 per libbra. Il contratto riguarda la consegna di 50.000 libbre. Quanto guadagna o perde il *trader* se il prezzo del cotone alla fine del contratto è pari a (a) ¢48,2 o (b) ¢51,3 per libbra?

5.7. Supponete di scrivere una *put*, con prezzo d'esercizio di $40 e scadenza tra 3 mesi. Il prezzo corrente dell'azione è di $41 e il contratto è scritto su 100 azioni.
(a) Che impegno avete preso?
(b) Quanto potreste guadagnare o perdere?

5.8. (a) Qual è la differenza tra mercati di borsa e mercati *over the counter*?
(b) In quali dei due mercati vengono negoziati i seguenti contratti? **1.** *forwards*; **2.** *futures*; **3.** opzioni; **4.** *swaps*; **5.** opzioni esotiche.

5.9. Volete speculare sul rialzo del prezzo di un'azione. Il prezzo corrente del titolo è di $29 e una *call* a tre mesi con prezzo d'esercizio di $30 costa $2,9. Avete $5.800 da investire.
(a) Identificate due strategie alternative, una che comporta un investimento in azioni e l'altra un investimento in opzioni.
(b) Quali sono i guadagni e le perdite che ciascuna delle due strategie può comportare?

5.10. Supponete di avere 5.000 azioni che valgono $25 ognuna. Come usereste le opzioni *put* per assicurarvi contro una riduzione del valore del vostro portafoglio nei prossimi 4 mesi?

5.11. Le azioni appena emesse forniscono fondi alla società che le emette. È vero lo stesso per le opzioni su azioni? Argomentate la vostra risposta.

5.12. Supponete che una *call* europea, con prezzo d'esercizio di $50 e scadenza a marzo, costi $2,5. (a) Se il possessore non chiude la posizione prima che l'opzione giunga a scadenza, in quali circostanze conseguirà un profitto? (b) In quali circostanze eserciterà l'opzione?

5.13. Supponete che una *put* europea, con prezzo d'esercizio di $60 e scadenza a giugno, costi $4. **(a)** Se il venditore non chiude la posizione prima che l'opzione giunga a scadenza, in quali circostanze conseguirà un profitto? **(b)** In quali circostanze l'opzione verrà esercitata?

5.14. Una società sa che tra quattro mesi riceverà un certo ammontare di valuta estera. Che tipo di opzione è appropriato per la copertura?

5.15. Una società statunitense dovrà pagare 1 milione di dollari canadesi tra 6 mesi. Spiegate come può coprire il rischio di cambio utilizzando **(a)** un contratto *forward* e **(b)** un'opzione.

5.16. Negli anni '80, Bankers Trust ha cominciato a emettere le *Index Currency Option Notes* (ICONs). L'importo ricevuto a scadenza dai possessori di queste obbligazioni varia in funzione di un tasso di cambio. La prima emissione di un'ICON da parte di Bankers Trust venne fatta per la Long Term Credit Bank of Japan.

L'ICON prevedeva che se il tasso di cambio yen-dollaro, S_T, fosse risultato maggiore di ¥169 alla scadenza (nel 1995), i possessori dei titoli avrebbero ricevuto $1.000. Se fosse risultato minore di ¥169, avrebbero ricevuto

$$\$1.000 - \max\left[\$1.000 \times \left(\frac{¥169}{S_T} - 1\right),\ 0\right].$$

Se il tasso di cambio fosse risultato minore di ¥84,5, i possessori dei titoli non avrebbero ricevuto nulla. Dimostrate che l'ICON è la combinazione di un'obbligazione e di due opzioni.

5.17. Supponete che i tassi di cambio *spot* e *forward* dollaro-sterlina siano i seguenti:

Spot	1,3080
Forward a 90 giorni	1,3056
Forward a 180 giorni	1,3018

Quali opportunità si prospettano al *trader* nelle seguenti situazioni?
(a) una *call* europea a 180 giorni, per l'acquisto di £1 a $1,2700, costa 2 centesimi;
(b) una *put* europea a 90 giorni, per la vendita di £1 a $1,3400, costa 2 centesimi.

5.18. Una società possiede un titolo a 5 anni che le rende il 3%. Vuole utilizzare gli *swaps* per trasformare quest'attività a tasso fisso in un'attività a tasso variabile. Utilizzando le quotazioni riportate nella Tavola 5.5, spiegate cosa dovrebbe fare.

5.19. Una società si è indebitata a 5 anni al 5%. Vuole utilizzare gli *swaps* per trasformare questa passività a tasso fisso in una passività a tasso variabile. Utilizzando le quotazioni riportate nella Tavola 5.5, spiegate cosa dovrebbe fare.

5.20. Una società si è indebitata a 3 anni al Sofr + 1%. Vuole utilizzare gli *swaps* per trasformare questa passività a tasso variabile in una passività a tasso fisso. Utilizzando le quotazioni riportate nella Tavola 5.5, spiegate cosa dovrebbe fare.

5.21. Un produttore di grano sostiene: "Io non utilizzo i *futures* per fini di copertura. Il mio vero rischio non è rappresentato dal prezzo del grano ma dal fatto che il raccolto vada male a causa delle condizioni atmosferiche". Discutete questo punto di vista. L'agricoltore dovrebbe stimare la produzione attesa e coprirsi per cercare di bloccare il prezzo a cui vendere la produzione attesa?

5.22. Un dirigente di una compagnia aerea ha sostenuto: "Non c'è alcun motivo per noi di utilizzare i *futures* sul petrolio. Le probabilità che il prezzo *spot* del petrolio in futuro sia inferiore o superiore all'attuale prezzo *futures* sono esattamente le stesse". Discutete questo punto di vista.

5.23. Perché il costo per Microsoft di una *basket put* asiatica è notevolmente inferiore al costo di un portafoglio di opzioni *put*, una per ogni valuta / scadenza? Si veda il Riquadro 5.3.

5.24. (a) «Il petrolio, il gas e l'elettricità sono soggetti a *mean reversion*». Cosa si vuol dire con quest'affermazione?

Domande e Problemi **131**

(b) Quale delle tre merci ha il tasso di *mean reversion* più elevato e quale il più basso?

5.25. Una *barrier call* del tipo *knock-out* vale di più o di meno se aumenta la frequenza con cui la barriera viene osservata?

5.26. Supponete che le temperature, minima e massima, osservate in ciascun giorno del mese di luglio siano pari, rispettivamente, a 68° e a 82° Fahrenheit. Qual è il valore finale di una *call*, con esercizio a 250° e fattore moltiplicativo di $5.000, scritta sui CDD cumulati del mese di luglio?

5.27. (a) Spiegate il funzionamento di un'opzione 5 × 8, con esercizio giornaliero e scadenza nel maggio 2024, scritta sull'energia elettrica.
(b) Spiegate il funzionamento di un'opzione 5 × 8, con esercizio mensile e scadenza nel maggio 2024, scritta sull'energia elettrica.
(c) Quale delle due vale di più?

5.28. Un *trader* statunitense scrive 5 contratti d'opzione di tipo *call* con prezzo d'esercizio di $60. La *call* quota a $3,50 e l'azione sottostante a $57. Qual è il margine iniziale che il *trader* deve versare?

5.29. Un *trader* vende allo scoperto 500 azioni a $50 l'una. Il margine iniziale è pari al 160% è il margine di mantenimento è pari al 130% del valore delle azioni.
(a) A quanto ammonta il versamento iniziale del trader?
(b) A quale prezzo dell'azione scatta la *margin call*?

5.30. Che differenza di funzionamento c'è tra i depositi di garanzia amministrati dalla *clearinghouse* e quelli amministrati da un *broker*?

APPENDICE 5A

Forwards e Futures

Il prezzo *forward / futures*, F_0, di un'attività che non offre redditi è dato da

$$F_0 = S_0 \, e^{rT}$$

dove S_0 è il prezzo *spot*, T è la scadenza del *forward / futures* e r è il tasso d'interesse privo di rischio (composto continuamente) per la scadenza T.

Quando, durante la vita del *forward / futures*, l'attività sottostante offre un reddito noto con valore attuale I, la formula diventa

$$F_0 = (S_0 - I) \, e^{rT}.$$

Quando, invece, l'attività offre un *dividend yield* pari a q, si ha

$$F_0 = S_0 \, e^{(r-q)T}.$$

Le valute estere possono essere viste come beni d'investimento che offrono un *dividend yield* al tasso d'interesse estero.

Il valore corrente, f, di un contratto *forward* lungo con prezzo dei consegna K e scadenza T è pari a

$$f = (F_0 - K) \, e^{-rT}.$$

Analogamente, il valore corrente di un contratto *forward* corto è pari a

$$-f = (K - F_0) \, e^{-rT}.$$

Esempio 5a.1

Consideriamo un *futures* a 6 mesi scritto sullo S&P 500. Il valore corrente dell'indice è pari a $1.200, il tasso d'interesse privo di rischio a 6 mesi è pari al 5% annuo e il *dividend yield* medio annuo dello S&P 500 nei prossimi 6 mesi è pari al 2% (entrambi i tassi sono composti continuamente). Il prezzo *futures* è pari a

$$\$1.200 \times e^{(0,05-0,02) \times 0,5} = \$1.218,14.$$

Esempio 5a.2

Consideriamo un *forward* lungo a 9 mesi scritto su 1.000 unità di una certa merce, con prezzo di consegna unitario pari a $530. Il prezzo *forward* a 9 mesi è pari a $550 e il tasso d'interesse privo di rischio (composto continuamente) a 9 mesi è pari al 4% annuo. Il valore corrente del contratto *forward* è pari a

$$1.000 \times (\$550 - \$530) \times e^{-0,04 \times 9/12} = \$19.409.$$

In molti casi si può supporre che i prezzi *futures* siano uguali ai prezzi *forward*. Un'eccezione è rappresentata dai *futures* su tassi d'interesse.

Esempio 5a.3

Non si può supporre che il prezzo di un Eurodollar *futures* sia uguale a quello del *forward* corrispondente, soprattutto quando la scadenza del contratto è lontana nel tempo.

APPENDICE 5B

Swaps

Interest-Rate Swaps

Gli «*swaps* su tassi d'interesse» (*interest-rate swaps*) possono essere valutati supponendo che i tassi d'interesse *forward* correnti si realizzino.

Esempio 5b.1

Consideriamo un *interest-rate swap* con vita residua di 14 mesi e capitale nozionale di $100 milioni, in cui si riceve il fisso e si paga il variabile. Il tasso *swap* è pari al 5,0% e ogni 6 mesi viene scambiato con il tasso variabile a 6 mesi. Inoltre, 4 mesi fa il tasso variabile a 6 mesi era pari al 1,0%. Infine, i tassi variabili *forward* a 6 mesi tra 2 mesi e tra 8 mesi sono, pari, rispettivamente al 4,6% e al 5,2%. Tutti i tassi sono composti semestralmente. I pagamenti a tasso fisso sono pari a $2,5 milioni:

$$\$100 \times 0{,}5 \times 5{,}0\% = \$2{,}5.$$

Il pagamento a tasso variabile che verrà scambiato tra 2 mesi è già noto ed è pari a $2,0 milioni:

$$\$100 \times 0{,}5 \times 4{,}0\% = \$2{,}0$$

Supponendo che i tassi *forward* si realizzino, gli altri due pagamenti a tasso variabile sono pari, rispettivamente, a

$$\$100 \times 0{,}5 \times 4{,}6\% = \$2{,}3$$

$$\$100 \times 0{,}5 \times 5{,}2\% = \$2{,}6.$$

I pagamenti dello swap sono riportati nella Tavola 5b.1

Il valore corrente dello *swap* è pari alla somma dei valori attuali degli importi a saldo riportati nell'ultima colonna della tavola.[1]

Tassi Forward

I tassi *forward* possono essere calcolati con il metodo *bootstrap*.

Esempio 5b.2

Supponiamo che i tassi *swap* a 6, 12, 18 e 24 mesi, ossia i tassi fissi che si scambiano con i tassi variabili, siano pari, rispettivamente, al 3,8%, 4,3%, 4,6% e 4,75% annuo (composto continuamente).

Supponiamo inoltre che il tasso *spot* a 6 mesi sia pari al 4% (composto semestralmente) e che i tassi *forward* correnti a 6 mesi tra 6 e 12 mesi siano pari, rispettivamente, al 5% e al 5,5% (composto semestralmente).

Vedremo ora come si calcola il tasso *forward* a 6 mesi tra 18 mesi se il tasso *swap* a 2 anni (per uno *swap* con pagamenti semestrali) è pari al 5% (composto semestralmente).

Il valore corrente di uno *swap* a 2 anni in cui si paga il 5% e si riceve il tasso variabile a 6 mesi è pari a 0.

---

[1] Si noti che i calcoli non sono perfettamente accurati perché non tengono conto delle regole di calcolo giorni e delle festività previste dal calendario adottato.

TAVOLA 5b.1 *Interest rate swap* a 14 mesi con pagamenti semestrali.

Tempo	Pagamenti a tasso fisso ($ milioni)	Pagamenti a tasso variabile ($ milioni)	Saldo ($ milioni)
2 mesi	2,5	-2,0	0,5
8 mesi	2,5	-2,3	0,2
14 mesi	2,5	-2,6	-0,1

Sotto l'ipotesi che i tassi *forward* si realizzino, il valore corrente del primo scambio è pari a

$$0,5 \times (0,04 - 0,05) \times \$100 \times e^{-0,038 \times 0,5} = -\$0,4906.$$

Il valore corrente del secondo scambio è pari a

$$0,5 \times (0,05 - 0,05) \times \$100 \times e^{-0,043 \times 1,0} = \$0,0000.$$

Il valore corrente del terzo scambio è pari a

$$0,5 \times (0,055 - 0,05) \times \$100 \times e^{-0,046 \times 1,5} = \$0,2333.$$

Il valore complessivo dei primi tre pagamenti è pari a −$0,2573 (=−$0,4906 + $0,0000 + $0,2333). Affinché il valore corrente dello *swap* sia nullo, deve risultare

$$0,5 \times (R_F - 0,05) \times \$100 \times e^{-0,0475 \times 2,0} = \$0,2573$$

dove R_F è il tasso *forward* a 6 mesi tra 18 mesi. Risolvendo quest'equazione si ha $R_F = 5,566\%$.

Currency Swaps

Gli «*swaps* su valute» (*currency swaps*) possono essere valutati supponendo che i tassi di cambio *forward* correnti si realizzino.

Esempio 5b.3

Consideriamo un *currency swap* con vita residua di 3 anni in cui si ricevono sterline al tasso fisso del 4% e si pagano dollari al tasso fisso del 2%. I pagamenti vengono scambiati una volta all'anno. I capitali in sterline e in dollari sono pari, rispettivamente, a GBP 5 milioni e USD 8 milioni. Gli interessi annui in sterline sono pari a £0,2 milioni

$$£5 \times 4\% = £0,2$$

e gli interessi annui in dollari sono pari a $0,6 milioni

$$\$10 \times 6\% = \$0,6.$$

I tassi di cambio *forward* a 1 anno, 2 anni e 3 anni sono pari, rispettivamente, a $1,80; $1,84 e $1,88. Se i tassi di cambio *forward* si realizzano, il controvalore in dollari dei quattro pagamenti in sterline (considerando a parte il capitale finale) sarà pari, rispettivamente, a

$$\$1,8000 \times 0,2 = \$0,3600$$

$$\$1,8400 \times 0,2 = \$0,3680$$

$$\$1,8800 \times 0,2 = \$0,3760$$

$$\$1,8800 \times 5,0 = \$9,4000.$$

I pagamenti dello swap sono riportati nella Tavola 5b.2.

Il valore corrente dello *swap* è pari alla somma dei valori attuali degli importi a saldo riportati nell'ultima colonna della tavola.

TAVOLA 5b.2 *Currency swap* a 3 anni con pagamenti annuali.

Tempo	Pagamenti in USD ($ milioni)	Pagamenti in GBP (£ milioni)	Tasso di cambio forward (USD/GBP)	Valore in USD dei pagamenti in GBP ($ milioni)	Saldo in USD ($ milioni)
1 anno	-0,16	0,2	1,2000	0,240	+0,080
2 anni	-0,16	0,2	1,2400	0,248	+0,088
3 anni	-0,16	0,2	1,2800	0,256	+0,096
3 anni	-8,00	5,0	1,2800	6,400	-1,600

Un metodo alternativo, che porta allo stesso risultato, consiste nel considerare il contratto alla stregua di un portafoglio con due posizioni, una lunga e una corta, su altrettanti titoli a tasso fisso, denominati uno in valuta estera e l'altro in valuta interna. Ciascuno dei due titoli può essere valutato nel modo consueto utilizzando i fattori di attualizzazione validi per le rispettive valute. Infine, il valore corrente dello *swap* va calcolato come somma algebrica dei valori dei due titoli, dopo aver utilizzato il tasso di cambio *spot* corrente per esprimere nella valuta interna anche il valore del titolo estero.

APPENDICE 5C

Opzioni Europee

Le formule di Black-Scholes-Merton per la valutazione delle opzioni *call* e *put* scritte su azioni che non pagano dividendi durante la vita delle opzioni sono:

$$c = S_0 N(d_1) - K e^{-rT} N(d_2)$$

e

$$p = K e^{-rT} N(-d_2) - S_0 N(-d_1)$$

dove

$$d_1 = \frac{\ln(S_0/K) + (r + \sigma^2/2)T}{\sigma\sqrt{T}}$$

$$d_2 = \frac{\ln(S_0/K) + (r - \sigma^2/2)T}{\sigma\sqrt{T}} = d_1 - \sigma\sqrt{T}.$$

Le variabili c e p indicano il valore corrente di una *call* e di una *put*, rispettivamente, K è il prezzo d'esercizio delle opzioni, T è la loro scadenza, r è il tasso d'interesse privo di rischio, S_0 è il prezzo *spot* dell'azione sottostante e σ è la sua volatilità. Il simbolo $N(x)$ indica la funzione di distribuzione di una variabile casuale normale standardizzata (si vedano le tavole riportate alla fine del libro, pp. 810-811, o la funzione DISTRIB.NORM.ST.N di Excel).

Se l'azione sottostante paga uno o più dividendi durante la vita delle opzioni, il valore attuale dei dividendi va sottratto da S_0. Se invece l'azione offre un *dividend yield* continuo al tasso q, S_0 va sostituito con $S_0 e^{-qT}$:

$$c = S_0 e^{-qT} N(d_1) - K e^{-rT} N(d_2)$$

e

$$p = K e^{-rT} N(-d_2) - S_0 e^{-qT} N(-d_1).$$

dove

$$d_1 = \frac{\ln(S_0/K) + (r - q + \sigma^2/2)T}{\sigma\sqrt{T}}$$

$$d_2 = \frac{\ln(S_0/K) + (r - q - \sigma^2/2)T}{\sigma\sqrt{T}} = d_1 - \sigma\sqrt{T}.$$

Le «opzioni su valute» (*currency options*) possono essere valutate ponendo q uguale al tasso d'interesse estero. Le opzioni sui prezzi *futures* / *forward* possono essere valutate con $S_0 = F_0$, $r = q$ e σ pari alla volatilità del prezzo *futures* / *forward*.

TAVOLA 5c.1 Greche di opzioni su azioni con *dividend yield* continuo al tasso q.

Lettera greca	Call	Put
Delta	$\Delta_c = e^{-qT} N(d_1)$	$\Delta_p = e^{-qT} [N(d_1) - 1]$
Gamma	$\Gamma_c = \dfrac{N'(d_1)e^{-qT}}{S_0 \sigma \sqrt{T}}$	$\Gamma_p = \dfrac{N'(d_1)e^{-qT}}{S_0 \sigma \sqrt{T}}$
Theta	$\Theta_c = -\dfrac{S_0 N'(d_1) \sigma e^{-qT}}{2\sqrt{T}} + q S_0 N(d_1) e^{-qT} - rKe^{-rT}N(d_2)$	$\Theta_p = -\dfrac{S_0 N'(d_1) \sigma e^{-qT}}{2\sqrt{T}} - q S_0 N(-d_1) e^{-qT} + rKe^{-rT}N(-d_2)$
Vega	$V_c = S_0 \sqrt{T} N'(d_1) e^{-qT}$	$V_p = S_0 \sqrt{T} N'(d_1) e^{-qT}$
Rho	$\text{rho}_c = K T e^{-rT} N(d_2)$	$\text{rho}_p = -K T e^{-rT} N(-d_2)$

La Tavola 5c.1 riporta le formule per le lettere greche (Capitolo 15). Il simbolo $N'(x)$ indica la funzione di densità di una variabile casuale normale standardizzata:

$$N'(x) = \frac{1}{\sqrt{2\pi}} e^{-x^2/2}.$$

Esempio 5c.1

Consideriamo una *call* europea a 6 mesi scritta su un indice azionario. Il prezzo d'esercizio è di $1.250, il tasso d'interesse privo di rischio è pari al 5%, il valore corrente dell'indice è di $1.200, il *dividend yield* è pari al 2% e la volatilità è pari al 20%. In questo caso:

$$S_0 = \$1.200 \quad K = \$1.250 \quad T = 0,5 \quad r = 0,05 \quad q = 0,02 \quad \text{e} \quad \sigma = 0,20.$$

Il valore della *call* è $53,436, il delta è 0,451, il gamma è 0,00231/$1, il theta per giorno di calendario è –$0,220 (= -$80,1725 / 365), il vega per punto percentuale è $3,331 (= $333,055 / 100) e il rho per punto percentuale è $2,439 (= $243,839 / 100).

I calcoli riportati nell'esempio precedente possono essere verificati in base al *software* RMFI, disponibile nel sito dell'autore.

Per approfondimenti sulla valutazione delle opzioni, si veda Hull.[1]

La volatilità implicita di un'opzione è quel valore di σ che inserito nella formula Black-Scholes-Merton uguaglia il prezzo teorico dell'opzione al prezzo di mercato (Sezione 8.2). Quando si calcolano le greche, la prassi è quella di porre σ pari alla volatilità implicita.

---

[1] HULL, J. C., *Opzioni, Futures e Altri Derivati*, 11ª ed., Pearson Italia, 2022.

APPENDICE 5D

Opzioni Americane

Per valutare un'opzione americana, la sua vita residua va divisa in n intervalli, ciascuno di lunghezza Δt. Sia S_0 il prezzo corrente dell'azione sottostante. Alla fine del primo intervallo il prezzo diventa $S_0 u$ in caso di rialzo e $S_0 d$ in caso di ribasso. La probabilità di rialzo è p e la probabilità di ribasso è $1 - p$. Se l'azione non paga dividendi durante la vita dell'opzione, i valori di u, d e p sono dati da

$$u = e^{\sigma\sqrt{\Delta t}}$$

$$d = e^{-\sigma\sqrt{\Delta t}}$$

$$p = \frac{a-d}{u-d}$$

dove

$$a = e^{r\Delta t}.$$

Dopo aver sviluppato l'albero binomiale che descrive la possibile evoluzione del prezzo dell'azione, l'opzione americana va valutata tornando indietro nell'albero, dai nodi finali fino al nodo iniziale, verificando in ogni nodo intermedio se è conveniente l'esercizio anticipato.

Esempio 5d.1

Consideriamo una *put* americana a 5 mesi scritta su un'azione che non paga dividendi. Il prezzo d'esercizio è di $50, il tasso d'interesse privo di rischio è pari al 10%, il valore corrente dell'azione è di $50 e la volatilità è pari al 40%. Sia $n = 5$ il numero degli intervalli in cui dividiamo la vita residua dell'opzione. In questo caso:

$$\Delta t = 0{,}08333 \quad u = 1{,}1224 \quad d = 0{,}8909 \quad a = 1{,}0084 \quad \text{e} \quad p = 0{,}5073.$$

La Figura 5d.1 riporta l'albero binomiale costruito in base a questi parametri. In corrispondenza di ciascun nodo sono mostrati due numeri: il numero in alto è il prezzo dell'azione e il numero in basso è il prezzo dell'opzione.

Il prezzo dell'azione al j-esimo nodo ($j = 0, 1, ..., i$), al tempo $i\Delta t$, è $S_0 u^j d^{i-j}$. Ad es., il prezzo dell'azione al nodo A ($i = 4, j = 1$) è di $50 \times 1{,}1224 \times 0{,}8909^3 = \$39{,}69$.

I prezzi della *put* ai nodi finali sono stati calcolati come $\max(K - S_T, 0)$. Ad es., il prezzo al nodo G è pari a $50 - $35,36 = $14,64. I prezzi della *put* ai penultimi nodi sono stati calcolati in base ai prezzi della *put* ai nodi finali. Innanzitutto, supponiamo che la *put* non venga esercitata. Il prezzo viene quindi calcolato come valore attuale del prezzo atteso dell'opzione dopo un intervallo di tempo Δt. Ad es., al nodo E il prezzo della *put* è stato calcolato come

$$(0{,}5073 \times \$0 + 0{,}4927 \times \$5{,}45)\, e^{-0{,}10 \times 0{,}0833} = \$2{,}66$$

mentre al nodo A è stato calcolato come

$$(0{,}5073 \times \$5{,}45 + 0{,}4927 \times \$14{,}64)\, e^{-0{,}10 \times 0{,}0833} = \$9{,}90.$$

App. 5d   Opzioni Americane   139

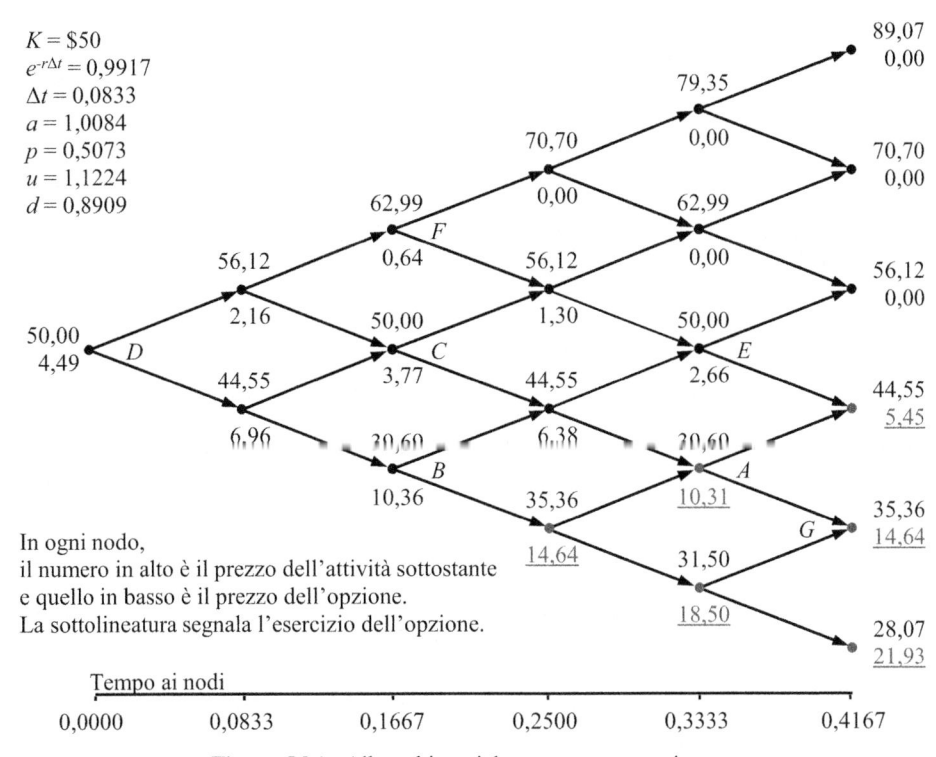

```
K = $50                                                                                        89,07
e^{-rΔt} = 0,9917                                                                              0,00
Δt = 0,0833                                                            79,35
a = 1,0084                                                                                  
p = 0,5073                                                 70,70                0,00           70,70
u = 1,1224                                                                                     0,00
d = 0,8909                                 62,99                      0,00     62,99
```

Figura 5d.1 Albero binomiale per una *put* americana.

In ogni nodo, il numero in alto è il prezzo dell'attività sottostante e quello in basso è il prezzo dell'opzione. La sottolineatura segnala l'esercizio dell'opzione.

Tempo ai nodi: 0,0000   0,0833   0,1667   0,2500   0,3333   0,4167

Quindi, verifichiamo se convenga esercitare la *put* anticipatamente. Al nodo E l'esercizio anticipato comporterebbe un valore nullo dell'opzione dato che il prezzo dell'azione e il prezzo d'esercizio sono entrambi pari a $50. Chiaramente è meglio aspettare. Pertanto, il valore corretto della *put* al nodo E è di $2,66. Al nodo A la storia è diversa. La *put* esercitata vale $50 − $39,69 ossia $10,31. Si tratta di un valore maggiore di $9,90. Quindi, se si raggiunge il nodo A, la *put* va esercitata e il valore corretto da indicare al nodo A è di $10,31.

I prezzi della *put* ai nodi precedenti sono stati calcolati in modo simile. Si noti che non sempre conviene esercitare anticipatamente un'opzione che si trovi *in the money*. Si consideri il nodo B. Se viene esercitata, la *put* vale $50 − $39,69 ossia $10,31. Ma se non viene esercitata vale

$$(0{,}5073 \times \$6{,}38 + 0{,}4927 \times \$14{,}64)\, e^{-0{,}10 \times 0{,}0833} = \$10{,}36.$$

Pertanto, a questo nodo non conviene esercitare e il valore corretto da indicare è di $10,36.

Tornando indietro nell'albero, il valore della *put* al nodo iniziale risulta pari a $4,49. Questa è la nostra stima del valore corrente della *put* americana. In pratica, si utilizza un valore più piccolo di Δt e si considerano quindi molti più nodi. Il valore dell'opzione ottenuto da RMFI con 30, 50, 100 e 500 intervalli temporali è pari, rispettivamente, a $4,263, $4,272, $4,278 e $4,283.

Per calcolare il delta, si possono considerare i nodi al tempo Δt. Muovendoci dal nodo inferiore a quello superiore il prezzo dell'azione passa da $44,55 a $56,12. Corrispondentemente, il prezzo dell'opzione passa da $6,96 a $2,16. La stima del delta è pari al rapporto incrementale, ossia al rapporto tra la variazione del prezzo dell'opzione e la variazione del prezzo dell'azione:

$$\Delta = \frac{\$2{,}16 - \$2{,}96}{\$56{,}12 - \$44{,}55} = -0{,}41.$$

Per calcolare il gamma consideriamo i tre nodi al tempo $2\Delta t$. Il delta calcolato in base ai due nodi superiori (C e F) è pari a $-0,241$

$$\frac{\$0,64 - \$3,77}{\$62,99 - \$50,00} = -0,241$$

mentre il delta calcolato in base ai due nodi inferiori (C e B) è pari a $-0,639$

$$\frac{\$3,77 - \$10,36}{\$50,00 - \$39,69} = -0,639.$$

Queste due stime possono essere riferite a due valori medi del prezzo dell'azione, pari rispettivamente a $56,49

$$\frac{\$62,99 + \$50}{2} = \$56,49$$

e a $44,84

$$\frac{\$50 + \$39,69}{2} = \$44,84.$$

La stima del gamma è pari al rapporto tra la variazione del delta e la variazione del prezzo dell'azione:

$$\Gamma = \frac{-0,241 - (-0,639)}{\$56,49 - \$44,84} = \frac{0,034}{\$1}.$$

La stima del theta può essere ottenuta utilizzando i valori corrispondenti ai nodi D e C

$$\Theta = \frac{\$3,77 - \$4,49}{2 \times 0,08333} = -\$4,30.$$

Il theta risulta quindi pari a $-\$4,30$ per anno, ossia a $-\$0,012$ ($= -\$4,30 / 365$) per giorno. Modificando leggermente i parametri e ricalcolando il valore dell'opzione, il vega e il rho risultano pari, rispettivamente, a $0,131 e a $-$0,084.

Quando il sottostante offre un *dividend yield* continuo al tasso q, la procedura è esattamente la stessa tranne che, nel calcolare p, va utilizzato il parametro

$$a = e^{(r-q)\Delta t}$$

invece di

$$a = e^{r\Delta t}.$$

I calcoli riportati nell'esempio precedente possono essere verificati in base al *software* RMFI, disponibile nel sito *web* dell'autore.

Per approfondimenti su alberi binomiali e altre procedure numeriche si veda Hull.[1]

---

[1] HULL, J. C., *Opzioni, Futures e Altri Derivati*, 11ª ed., Pearson Italia, 2022.

Capitolo 6
Derivati OTC

I mercati *over the counter* (OTC) sono enormi «reti» (*networks*) che legano tra loro i *traders* che lavorano per le istituzioni finanziarie o le grande società e i gestori di fondi. Come si è visto nel Capitolo 5, i mercati dei derivati OTC, misurati in termini di valore delle attività sottostanti, sono molto più grandi dei mercati dei derivati di borsa. Un vantaggio-chiave dei mercati *over the counter* è che le condizioni contrattuali non devono essere specificate da una borsa. I partecipanti al mercato sono liberi di negoziare qualsiasi contratto che sia di comune interesse. Di solito, le conversazioni telefoniche sono «registrate» (*taped*). Se c'è una disputa sulle condizioni pattuite per telefono, si riascoltano i nastri per risolvere la questione. In genere, le negoziazioni che si svolgono sui mercati OTC sono di importo molto maggiore rispetto alle negoziazioni che si svolgono nei mercati di borsa.

Prima della Crisi Finanziaria Globale, i mercati *over the counter* erano in gran parte non-regolamentati. Si poteva negoziare qualsiasi tipo di contratto, si poteva decidere di versare oppure di non versare garanzie e gli scambi potevano avvenire in via diretta o attraverso l'intermediazione di una terza parte. Inoltre, i dettagli dei contratti negoziati sui mercati OTC non dovevano essere segnalati alle autorità di vigilanza o ad altri soggetti. Come vedremo, le cose sono cambiate.

6.1 UN PUNTO DI RIFERIMENTO: I MERCATI DI BORSA

Prima di esaminare i mercati OTC, è utile rivedere il funzionamento dei mercati di borsa in modo da mettere in risalto le similarità e le differenze tra i due tipi di mercato. Le borse per la negoziazione di prodotti finanziari esistono da molto tempo. Alcune borse, come la New York Stock Exchange (NYSE, www.nyse.com), sono specializzate nella negoziazione di azioni. Altre, come la Chicago Board Options Exchange (CBOE, www.cboe.com) o il CME Group (www.cmegroup.com), sono specializzate nella negoziazione di derivati (in particolare, *futures* e opzioni).

Il ruolo delle borse è quello di definire i contratti da negoziare e organizzare le contrattazioni in modo che i partecipanti siano certi che gli impegni presi verranno onorati. In passato, i *traders* si incontravano nel «*parterre*» (*floor*) della borsa e usavano un sistema complicato di segnali con le mani per indicare le negoziazioni da effettuare: la cosiddetta «asta alle grida» (*open outcry*). Molte borse hanno ora sostituito questo sistema con le «contrattazioni elettroniche» (*electronic trading*). In questo caso, i *traders* trasmettono i loro ordini per mezzo delle tastiere e l'incontro tra la domanda e l'offerta viene gestito da un *computer*. Pur essendo più stancante dal punto di vista fisico, il vecchio sistema continua ad avere i suoi sostenitori, che ritengono di essere in grado di prevedere le tendenze di breve periodo in base al comportamento e al «linguaggio "fisico"» (*body language*) degli altri operatori.

A volte gli scambi vengono facilitati dalla presenza di «*market makers*», ossia di soggetti pronti a quotare sia un «prezzo denaro» (*bid price*), al quale si impegnano ad acquistare, sia un «prezzo lettera» (*ask price* o *offer price*), al quale si impegnano a vendere.

Esempio 6.1

Su richiesta di un *trader*, un *market maker* potrebbe offrire le seguenti quotazioni per un certo titolo: *bid* $30,30 e *ask* $30,40. In altri termini, il *market maker* è pronto a comprare a $30,30 e a vendere a $30,40.

Nel momento in cui propone le quotazioni al *trader*, il *market maker* non sa se il *trader* vuole comprare o vendere. Il servizio offerto è quello dell'immediata esecuzione della transazione e il compenso è rappresentato dal «differenziale tra prezzo lettera e prezzo denaro» (*bid-ask spread*). Il rischio cui è esposto il *market maker* è che le condizioni di mercato cambino. Le sue «scorte» (*inventories*) devono quindi essere gestite attentamente, in modo da limitare l'esposizione nei confronti delle variazioni dei prezzi di mercato.

Le «casse di compensazione e garanzia» (*clearinghouses*) sono organi di borsa. Ogni *clearinghouse* ha diversi «soci» (*members*). I *traders* o i *brokers* che non sono soci devono canalizzare le negoziazioni attraverso uno dei soci della *clearinghouse*. La *clearinghouse* si interpone tra compratore e venditore e garantisce il buon fine del contratto (e questo è particolarmente importante nel caso di *futures* e opzioni). Per assicurare il buon fine dei contratti, la *clearinghouse* chiede ai soci di fornire «garanzie» (*collaterals*) in forma di «margini iniziali» (*initial margins*) e di «margini di variazione» (*variation margins*). I margini richiesti ai soci vengono aggiornati quotidianamente e, di tanto in tanto, anche più volte al giorno. A loro volta, i soci chiedono garanzie ai non-soci, ad es. i *brokers* per conto dei quali svolgono il servizio di *clearing*, e i *brokers* chiedono garanzie ai loro clienti.

In genere, nel calcolare i margini da richiedere ai propri soci, la *clearinghouse* applica la clausola del «saldo netto» (*netting*), in base alla quale le posizioni lunghe dei clienti vengono compensate con le loro posizioni corte.

Esempio 6.2

Supponiamo che uno dei soci della *clearinghouse* abbia 2 clienti, uno con una posizione lunga su 20 contratti *futures* e un altro con una posizione corta su 15 contratti *futures*. Se il *futures* è lo stesso, i margini richiesti sono commisurati a una posizione lunga su 5 (= 20 − 15) contratti *futures*.

I margini sulle posizioni (lunghe e corte) su *futures* e i margini sulle posizioni (corte) su opzioni vengono calcolati in modo che, nel caso di fallimento di uno dei soci, la probabilità di perdite per la *clearinghouse* sia minima.

I soci della *clearinghouse* sono tenuti a costituire un «fondo di garanzia» (*guaranty fund*). Il fondo viene utilizzato dalla *clearinghouse* nell'eventualità che un socio non sia in grado di versare i margini di variazione e che i *clearing margins* non siano sufficienti a coprire le perdite quando le sue posizioni verranno chiuse.

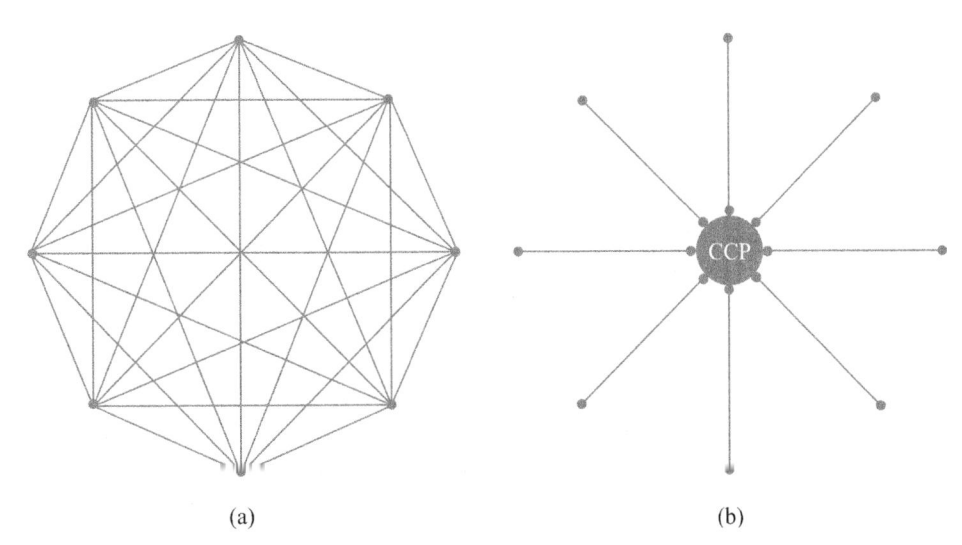

Figura 6.1 Mercati OTC: (a) *bilateral clearing*, (b) *central clearing*.

Lo scopo dei margini è quello di assicurare che ci siano le disponibilità per pagare i *traders* che realizzano profitti. Nel complesso, questo sistema ha funzionato molto bene. I contratti negoziati presso le principali borse sono stati sempre onorati.

Esempio 6.3

Il 19 ottobre 1987, il sistema dei margini è stato messo a dura prova. Lo S&P 500 crollò di oltre il 20% e le perdite subite dai *traders* con posizioni lunghe sui *futures* sullo S&P 500 furono talmente elevate da comportare saldi negativi per i depositi di garanzia in essere presso i *brokers*. Alcuni *traders* non onorarono i loro contratti (anche se erano legalmente obbligati) e alcuni *brokers* fallirono perché non furono in grado di far fronte alle richieste d'integrazione dei margini sui contratti negoziati per conto dei clienti. Le *clearinghouses* avevano, però, disponibilità sufficienti e, alla fine, tutti coloro che avevano posizioni corte sui *futures* sullo S&P 500 vennero pagati.

6.2 COMPENSAZIONE E LIQUIDAZIONE DEI DERIVATI OTC

Vedremo ora le modalità utilizzate nei mercati OTC per la «compensazione» (*clearing*) e la «liquidazione» (*settlement*) dei contratti. I metodi utilizzati per il *clearing* sono due: la «compensazione bilaterale» (*bilateral clearing*) e la «compensazione centralizzata» (*central clearing*). La Figura 6.1 illustra il funzionamento del *bilateral clearing* e del *central clearing* sotto l'ipotesi semplificatrice che i partecipanti al mercato siano solo 8 e che, nel caso del *central clearing*, ci sia una sola «controparte per la compensazione centralizzata delle posizioni» (*central counterparty* - CCP). Nel caso di *bilateral clearing*, il mercato OTC è caratterizzato da molteplici accordi bilaterali tra i diversi operatori (Figura 6.1a). Se tutte le transazioni OTC venissero regolate attraverso un'unica CCP, ogni operatore avrebbe come controparte solo la CCP (Figura 6.1b).

Margini

Prima di descrivere *central clearing* e *bilateral clearing*, rivedremo ora il funzionamento dei «depositi di garanzia» (*margin accounts*). Il termine «margine» (*margin*) viene utilizzato sia nei mercati di borsa sia nei mercati OTC. Il «margine di variazione» (*variation margin*) è l'importo che uno dei due contraenti deve versare all'altro in seguito alla variazione di valore del contratto.

Esempio 6.4

Il *trader A* negozia un contratto con il *trader B*. In base alla «clausola sulle garanzie accessorie» (*collateralization agreement*), entrambe le parti sono tenute a versare il margine di variazione. Supponiamo che il «valore soglia» (*threshold*) oltre il quale scatta l'obbligo del versamento e l'«importo minimo dei trasferimenti» (*minimum transfer amount*) siano entrambi pari a 0.[1] Pertanto se, in un certo giorno, il valore del contratto aumenta in misura pari a X per A (e quindi si riduce in misura pari a X per B), B deve versare X ad A. Di conseguenza, l'effetto cumulato dei margini di variazione a una certa data è che, se il valore del contratto è pari a V per A e a $-V$ per B, il valore complessivo delle garanzie versate da B ad A è pari a V.[2]

I margini di variazione offrono una qualche protezione contro l'insolvenza della controparte. La protezione sarebbe completa in un mondo ideale in cui venissero rispettate le seguenti condizioni:

(a) al tempo dell'insolvenza, la parte che fallisce ha già versato tutti i margini di variazione dovuti;
(b) tutte le posizioni in essere con la parte che fallisce possono essere sostituite in base alla «media dei prezzi denaro e lettera» (*mid-market prices*).

In realtà, nessuna delle due condizioni risulta rispettata: (a) spesso la parte che fallisce cessa di versare i margini di garanzia parecchi giorni prima dell'insolvenza; (b) di solito, la parte che non fallisce (ossia il contraente *in bonis*) deve sostenere un costo pari alla metà del *bid-ask spread* per ogni contratto che deve sostituire.[3]

Pertanto, a volte, oltre ai margini di variazione, viene richiesto un «margine iniziale» (*initial margin*), ossia un deposito di garanzia che copra il rischio di variazioni avverse del valore del contratto nel periodo precedente l'insolvenza in cui la parte che fallisce non versa i margini di variazione. Si noti che, in questo contesto, per variazioni avverse si intendono le variazioni positive del valore del contratto per il contraente *in bonis*, non quelle negative. Questo perché le variazioni positive per la parte che non fallisce comportano l'aumento del costo di sostituzione del contratto.[4] Il margine iniziale, che può cambiare nel tempo in seguito a variazioni nella composizione dei contratti in essere con la controparte e/o a variazioni nella volatilità dei sottostanti, riflette il rischio di perdite dovute a variazioni di mercato avverse e ai costi di sostituzione dei contratti.[5]

---

[1] Il *threshold* è la variazione di valore del contratto che fa scattare l'obbligo di integrare le garanzie. Il *minimum transfer amount* è l'importo minimo da versare nel caso in cui scatti l'obbligo del versamento integrativo.

[2] In questo contesto si noti che, se il contratto in questione è un'opzione che A acquista da B e il premio è pari a $10.000, A deve versare $10.000 a B a titolo di premio, ma B deve restituire $10.000 ad A a titolo di margine di variazione.

[3] Come si vedrà più avanti, la parte che non fallisce può chiedere, in sede di liquidazione fallimentare, il rimborso dei costi per la sostituzione dei contratti derivanti dai *bid-ask spreads*.

[4] Può sembrare strano che il *trader* debba preoccuparsi se il valore del contratto aumenta. Tuttavia, supponiamo (come spesso accade) che il contratto sia stato negoziato per coprire l'esposizione derivante da altre transazioni effettuate con altre controparti. Ci si può attendere che le perdite su queste transazioni non siano compensate dai guadagni sul contratto negoziato con la parte che risulta insolvente.

[5] Come si vedrà, il contraente *in bonis* può trattenere i margini versati dalla parte insolvente fino all'importo che è legittimato a chiedere in sede fallimentare.

Sez. 6.2   *Compensazione e Liquidazione dei Derivati OTC*   **145**

```
                    5%
   ┌─────────┐ ─────────────► ┌─────────┐
   │Società A│                │Società B│
   └─────────┘ ◄───────────── └─────────┘
                Tasso variabile
                     (a)

                5%                    5%
┌─────────┐ ──────────► ┌─────┐ ──────────► ┌─────────┐
│Società A│             │ CCP │             │Società B│
└─────────┘ ◄────────── └─────┘ ◄────────── └─────────┘
            Tasso variabile    Tasso variabile
                          (b)
```

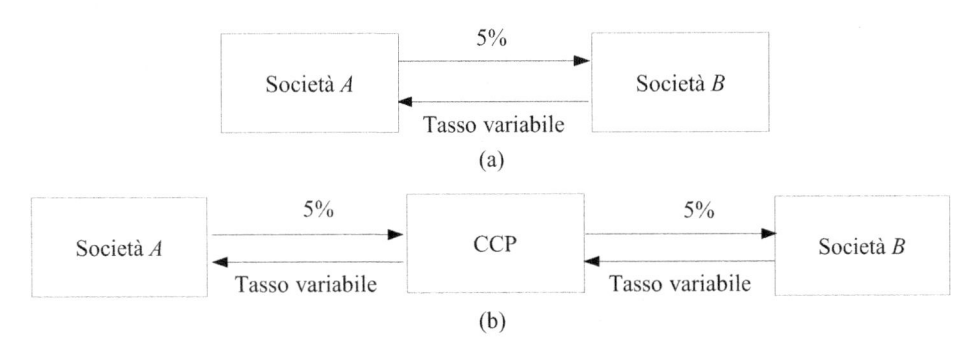

Figura 6.2 Ruolo della CCP nei mercati OTC.

La forma più comune per il versamento dei margini è il denaro, ma a volte vengono accettati in garanzia anche titoli facilmente negoziabili. La percentuale che viene sottratta dal valore di mercato dei titoli è detta «decurtazione» (*haircut*). Pertanto, il valore dei titoli ai fini dei margini è inferiore al loro valore di mercato.

Esempio 6.5

I *Treasury bonds* potrebbero essere soggetti a un *haircut* del 10%. In questo caso, l'importo «marginabile» (*marginable*) sarebbe pari al 90% del loro valore di mercato.

I margini in contanti fruttano interessi? La risposta cambia a seconda che si considerino i contratti negoziati in borsa o fuori borsa. Nel caso dei contratti negoziati in borsa, la *clearinghouse* versa ai propri soci gli interessi sui margini iniziali, ma non sui margini di variazione, dato che i contratti vengono liquidati giornalmente. Nel caso dei contratti OTC, di solito sia i margini iniziali sia i margini di variazione fruttano interessi, dato che i contratti non vengono liquidati giornalmente.

Central Clearing

Nel caso del *central clearing*, la «compensazione» (*clearing*) e la «liquidazione» (*settlement*) dei contratti viene gestita da una «controparte per la compensazione centralizzata delle posizioni» (*central counterparty* - CCP). Le CCPs operano in modo molto simile alle *clearinghouses* di borsa.

Esempio 6.6

Supponiamo che due società, *A* e *B*, negozino un contratto OTC e decidano di avvalersi di una CCP. Se la loro richiesta viene accolta, la CCP si interpone tra le due società entrando in due contratti di segno opposto.

Esempio 6.7

Supponiamo che la società *A* entri in un *interest rate swap* a 5 anni in cui paga il 5% alla società *B* su un capitale di $100 milioni e riceve in cambio il tasso variabile (Figura 6.2a). Se la CCP si interpone tra *A* e *B*, si vengono a creare due transazioni: (i) *A* paga il 5% alla CCP su un capitale di $100 milioni, ricevendo in cambio il tasso variabile; (ii) *B* paga il tasso variabile alla CCP su un capitale di $100 milioni, ricevendo in cambio il 5%. Le due società non hanno più esposizioni creditizie reciproche (Figura 6.2b). Se *A* o *B* non figurano tra i soci della CCP, sarà necessaria l'intermediazione di uno dei soci della CCP.

Tre importanti CCPs sono:

1. SwapClear (che fa parte di LCH Clearnet | Londra);
2. ClearPort (che fa parte del CME Group | Chicago);
3. ICE Clear Credit (che fa parte della Intercontinental Exchange | Atlanta).

Le CCPs chiedono ai propri soci di versare sia i margini iniziali sia i margini di mantenimento.

In genere, il margine iniziale viene calcolato in modo che, con probabilità pari al 99%, sia sufficiente a coprire le perdite causate da variazioni di mercato avverse nei successivi 5 giorni. La CCP si protegge così dalle perdite che subisce quando chiude o tenta di sostituire le posizioni di un socio insolvente.

Esempio 6.8

Supponiamo che lo *swap* della Figura 6.2b rappresenti l'unico contratto in essere tra la CCP e le due società. Supponiamo, inoltre, che il margine iniziale richiesto dalla CCP a ognuna delle due società sia pari a $0,5 milioni.

Nel primo giorno di vita del contratto, i tassi d'interesse scendono e il valore del contratto per la società A (che paga il fisso) diminuisce di $100.000. La società A deve versare $100.000 alla CCP a titolo di margine di variazione. Quest'importo viene girato dalla CCP alla società B.

Può anche accadere che la CCP modifichi l'importo del margine iniziale. Se uno dei suoi soci non le versa i margini richiesti, la CCP chiude i contratti in essere con quel socio.

In genere, i margini vengono versati alle CCPs sia in denaro sia in titoli di Stato. Il tasso d'interesse corrisposto sui *margin accounts* è pari al *federal funds rate* per i depositi in USD e ai tassi *overnight* simili per i depositi in altre valute.

In genere, le CCPs si trovano a dover amministrare diverse posizioni per ogni socio e il margine iniziale richiesto varia in funzione della volatilità del suo intero portafoglio. La principale differenza rispetto alle *clearinghouses* di borsa è che i portafogli amministrati dalle CCPs sono meno standard rispetto a quelli delle *clearinghouses* di borsa, per cui il calcolo dei margini è più complesso.

Il principale vantaggio del *central clearing* è rappresentato dal fatto che i partecipanti al mercato OTC non devono preoccuparsi del «merito di credito» (*creditworthiness*) delle controparti con cui operano. Il rischio di credito viene gestito dalle CCPs attraverso i margini iniziali e di variazione.

Le CCPs chiedono ai propri soci di costituire un «fondo per far fronte alle insolvenze» (*default fund*). Se uno dei soci risulta insolvente, le sue posizioni vengono chiuse ed è possibile che la CCP subisca una perdita. Un insieme di regole a «cascata» (*waterfall*) definisce le modalità con cui la perdita viene assorbita. Di solito, l'ordine è il seguente:

1. il margine iniziale del socio insolvente;
2. la quota del *default fund* versata dal socio insolvente;
3. le altre quote del *default fund*;
4. il capitale proprio della CCP.[6]

Questo sistema è analogo a quello previsto dalle *clearinghouses* di borsa.

---

[6] In alcuni casi, è previsto che – se uno dei soci è insolvente – gli altri debbano versare un ulteriore contributo al *default fund*, con un massimo prefissato (questo vale sia per le *clearinghouses* sia per le CCPs).

Bilateral Clearing

I contratti OTC regolati con il *bilateral clearing* richiedono la preventiva sottoscrizione di un «contratto quadro» (*master agreement*) che definisca le linee generali delle condizioni contrattuali. I *master agreements* più comuni sono predisposti dalla International Swaps and Derivatives Association (ISDA). Di solito, il *master agreement* contiene un supplemento, il cosiddetto «allegato di supporto al credito» (*credit support annex* - CSA), nel quale vengono definite le «garanzie» (*collaterals*) che ognuna delle due parti (o solo una delle due) deve prestare all'altra, le attività che possono essere date in garanzia, gli *haircuts*, e così via. Nella parte principale del documento viene chiarito cosa accade quando una delle due parti risulta inadempiente [ad es., quando (i) dichiara fallimento, (ii) non effettua i pagamenti dovuti, (iii) non integra le garanzie]. Ne discuteremo più avanti in questo capitolo.

Netting

Il *netting* è una clausola, prevista nei *master agreements* ISDA e negli accordi tra le CCPs e i propri soci, in base alla quale tutti i contratti tra due parti sono considerate alla stregua di un'unica operazione quando (a) si calcolano i depositi di garanzia e (b) si chiudono anticipatamente i contratti a causa dell'insolvenza di una delle parti.

Il *netting* riduce il rischio di credito perché la parte insolvente non può (i) chiedere che le venga integralmente riconosciuto il valore dei contratti *in the money* e (ii) pagare invece in moneta fallimentare il valore dei contratti *out-of-the-money*. Il *netting* può anche ridurre il margine iniziale.

Esempio 6.9

Supponiamo che la società A abbia 2 contratti in essere con una CCP. Se i due contratti non sono perfettamente correlati tra loro, è probabile che il margine iniziale sia inferiore a quello che verrebbe calcolato considerando separatamente le due transazioni.

Gestione delle Insolvenze

In caso d'insolvenza, il trattamento riservato ai derivati è diverso rispetto a quello previsto per gli altri contratti. Nei *master agreements* ISDA è prevista una «clausola di risoluzione anticipata» (*early termination provision*) che ha precedenza sulle norme fallimentari. Secondo questa clausola – se c'è un «evento d'insolvenza» (*event of default*) – la parte non inadempiente ha il diritto di chiudere tutti i contratti con la parte inadempiente, dopo che sia trascorso un breve periodo di tempo.[7] Tra gli eventi che determinano la condizione d'insolvenza figurano la dichiarazione di fallimento, l'omissione di un pagamento e il mancato versamento delle garanzie.[8] I contratti diversi dai derivati non possono essere sempre chiusi in questo modo. Un'altra importante differenza tra i derivati e gli altri contratti è che – nel caso dei

---

[7] La parte *in bonis* non deve necessariamente esercitare il diritto alla risoluzione anticipata dei contratti. Spesso non ha convenienza a farlo se i contratti sono *out-of-the-money*.

[8] Sono stati proposti «meccanismi di risoluzione fallimentare» (*failure resolution mechanisms*) in base ai quali i contratti verrebbero «tenuti in vita» (*stayed*) per un certo periodo di tempo – anche in presenza di una «dichiarazione di fallimento» (*bankruptcy filing*) – a condizione che le parti continuino a versare i margini (per i contratti di borsa) o le garanzie (per i contratti OTC). Queste proposte si propongono di facilitare l'ordinato smobilizzo del portafoglio "derivati" nei casi d'insolvenza.

derivati – la parte *in bonis* può prendere immediatamente possesso di tutte le garanzie che ha ricevuto dalla parte inadempiente. Non deve aspettare un ordine del tribunale per farlo.

Se si verifica un'insolvenza nell'ambito di un *master agreement* ISDA, la parte *in bonis* calcola il valore dei contratti in essere in base alla «media dei prezzi denaro e lettera» (*mid-market prices*). Di solito, per determinare l'«importo da liquidare» (*settlement amount*), ha poi la possibilità di adeguare la valutazione a suo favore in misura pari alla metà del «differenziale denaro-lettera» (*bid-ask spread*). L'adeguamento è una sorta di compenso per il fatto che dovrà trovare altri *traders* disposti ad assumere le posizioni della parte insolvente e sarà quindi soggetto al loro *bid-ask spread*.

Esempio 6.10

Il valore di un contratto, calcolato in base al *mid-market price*, è pari a $20 milioni per la parte *in bonis* (il valore al prezzo *bid* è di $18 milioni e quello al prezzo *ask* è di $22 milioni). Ai fini della determinazione del *settlement amount*, il contratto ha un valore di $22 milioni, perché questo è quanto la parte *in bonis* dovrebbe pagare per sostituire la controparte insolvente. Se la parte *in bonis* avesse assunto la posizione opposta, il valore del contratto, calcolato in base al *mid-market price*, sarebbe pari a –$20 milioni e il *settlement amount* sarebbe pari a –$18 milioni. In tal caso, si suppone che una terza parte sarebbe disposta a pagare solo $18 milioni per assumere la posizione del contraente inadempiente.

6.3 MODIFICHE REGOLAMENTARI ADOTTATE DOPO LA CRISI

Molti ritengono che parte della Crisi Finanziaria Globale sia attribuibile al mercato dei derivati OTC. Quando, all'indomani della crisi, i *leaders* dei Paesi del G20 si sono incontrati a Pittsburgh (24-25 settembre 2009), l'obiettivo dell'incontro è stato quello di adottare provvedimenti volti a ridurre il rischio sistemico attraverso il rafforzamento della regolamentazione finanziaria del mercato OTC. Nella dichiarazione rilasciata al termine del *summit* figura il seguente paragrafo:

> *Entro la fine del 2012, al più tardi, tutti i derivati OTC standard devono essere negoziati in borsa oppure, quando è possibile, su «piattaforme di scambio elettroniche»* (electronic trading platforms) *ed essere liquidati attraverso controparti centralizzate. I derivati OTC devono essere segnalati ai «repertori di dati sulle negoziazioni»* (trade repositories). *I contratti regolati in via bilaterale devono essere assoggettati a requisiti patrimoniali più elevati. Chiediamo al Consiglio per la stabilità finanziaria* (Financial Stability Board - FSB) *e ai suoi principali membri di valutare regolarmente l'attuazione di queste disposizioni e di verificare se siano sufficienti per migliorare la trasparenza nei mercati dei derivati, mitigare il rischio sistemico e prevenire gli «abusi di mercato»* (market abuse).

In seguito a queste disposizioni, ci sono stati tre importanti cambiamenti nei mercati dei derivati OTC:

1. i derivati OTC standardizzati devono essere compensati e liquidati attraverso una CCP. Tra i derivati standard figurano gli *interest rate swaps* (che rappresentano la maggior parte dei derivati OTC) e i *credit default swaps* su indici. Lo scopo di questa norma è quello di ridurre l'esposizione creditizia di chi negozia derivati. Le istituzioni finanziarie sono meno interconnesse. Pertanto il «collasso» (*collapse*) del sistema finanziario è meno probabile;

2. i derivati OTC standardizzati devono essere negoziati su una *electronic trading platform*. Questa norma fa aumentare la trasparenza del mercato. Se i contratti vengono negoziati su una *electronic trading platform*, i prezzi a cui avvengono gli scambi possono essere prontamente osservati anche dagli altri partecipanti al mercato.[9]

   Le piattaforme vengono chiamate «strutture per l'esecuzione degli *swaps*» (*swap execution facilities* - SEFs) negli Stati Uniti e «strutture multilaterali per le negoziazioni» (*multilateral trading facilities* - MTFs) o «strutture organizzate per le negoziazioni» (*organized trading facilities* - OTFs) in Europa. I contratti negoziati su queste piattaforme vengono automaticamente trasmessi a una CCP.
3. tutti i derivati OTC devono essere segnalati ai *trade repositories*. Questa norma consente alle autorità di vigilanza di disporre di informazioni importanti sui rischi assunti dai partecipanti al mercato OTC. Si tratta, in parte, di una risposta alle difficoltà finanziarie cui è andato incontro il gigante assicurativo AIG. Le autorità di vigilanza non erano al corrente delle enormi perdite subìte da una sussidiaria di AIG prima che questa chiedesse di essere «salvata» (*bailed out*), nel 2008.

Le prime due norme si applicano solo alle transazioni tra due istituzioni finanziarie (o tra un'istituzione finanziaria e una società non finanziaria considerata sistemicamente importante in relazione al volume dei suoi contratti OTC). Pertanto, diverse società non finanziarie possono continuare a operare sui mercati OTC nello stesso modo in cui operavano prima della Crisi Finanziaria Globale.

Esempio 6.11

Prima della crisi, circa il 25% dei contratti OTC veniva regolato attraverso una CCP e il restante 75% in via bilaterale. In seguito alle nuove norme, le percentuali si sono invertite: il 75% dei nuovi contratti OTC viene ora regolato attraverso una CCP e il 25% in via bilaterale.

Uncleared Trades

In seguito a un altro *summit* del G20 (Cannes, 3-4 novembre 2011), le regole per i derivati fuori standard sono state rese più severe. Ci si riferisce alle «negoziazioni non regolate» (*uncleared trades*), ossia ai contratti non regolati attraverso una CCP, a cui non si applicano le norme che abbiamo appena menzionato.

Secondo le nuove norme, attuate tra il 2016 e il 2022, le *uncleared trades* tra due istituzioni finanziarie (o tra un'istituzione finanziaria e una società non finanziaria sistemicamente importante) devono essere assoggettate al versamento dei margini.

In precedenza, una delle attrattive del *bilateral clearing* era rappresentata proprio dal fatto che i contraenti erano liberi di definire un qualsiasi *credit support annex* nei loro *master agreements* ISDA.

---

[9] In questo caso, una questione aperta è rappresentata dal fatto che le piattaforme elettroniche appropriate per gli *swaps* possono non essere uguali a quelle utilizzate dalle borse. Gli *swaps* non vengono negoziati continuamente e il loro capitale nozionale è molto elevato. Invece, in borsa, i *futures* e le opzioni vengono negoziati continuamente e le dimensioni dei contratti sono di solito molto inferiori.

Le nuove norme prevedono che entrambi i contraenti di una *uncleared trade* debbano versare i margini iniziali e di variazione. Mentre i margini di variazione erano abbastanza comuni nel mercato OTC prima della crisi, i margini iniziali erano piuttosto rari. Quando entravano in derivati OTC con controparti molto meno affidabili sotto il profilo del rischio di credito, a volte le società chiedevano i margini iniziali. Invece, il versamento dei margini iniziali da parte di entrambi i contraenti rappresentava una fattispecie quasi sconosciuta nel *bilateral clearing*.

Di solito, i margini di variazione vengono versati direttamente da una controparte all'altra. Non si può fare altrettanto con i margini iniziali, che devono invece essere versati a una terza parte, dove vengono amministrati in via fiduciaria.

Esempio 6.12

Se, a titolo di margine iniziale, A versasse $1 milione a B e B versasse $1 milione ad A, non si otterrebbe lo scopo voluto, in quanto i due versamenti si compenserebbero tra loro. È per questo che i margini iniziali devono essere versati a una terza parte.

Determinazione dei Margini Iniziali: SIMM

Affinché le nuove regole sulle *uncleared transactions* funzionino, occorre che i due contraenti siano d'accordo sulla determinazione dei margini iniziali e di variazione. Ai fini dei margini di variazione, occorre essere d'accordo sulla valutazione dei contratti. Per eliminare eventuali discordanze, sono state sviluppate apposite procedure. Più complesso è il caso dei margini iniziali. Modelli diversi danno origine a risultati diversi. Di conseguenza, si è cercato di sviluppare un modello standard di riferimento.

In base alle nuove norme sulle *uncleared transactions*, il margine iniziale è definito come l'aumento di valore del contratto che riteniamo non verrà oltrepassato nei prossimi 10 giorni, a un livello di confidenza del 99% e in condizioni di mercato critiche.

Si noti che il margine iniziale è l'immagine speculare del VaR. Per calcolare il VaR si considera la distribuzione delle perdite, mentre per calcolare il margine iniziale si considera la distribuzione dei profitti, perché l'esposizione aumenta quando aumenta il valore del contratto privo di garanzie accessorie.

Il Comitato di Basilea ha proposto un «metodo a griglia» (*grid approach*) per il calcolo del margine iniziale, ma la proposta non è stata accolta con favore perché non teneva conto del *netting*. Secondo questo metodo, il margine iniziale doveva essere pari a una certa percentuale del valore nozionale del contratto, variabile in funzione del tipo di transazione.

Esempio 6.13

Supponiamo che, il giorno 1, A entri in un certo contratto con B per poi chiudere la posizione il giorno 5 entrando in un contratto di segno opposto con la stessa controparte. Secondo il metodo proposto, il giorno 5, il margine iniziale si sarebbe quasi raddoppiato anche se l'esposizione nei confronti della controparte si era quasi annullata.

Per superare gli inconvenienti del metodo sopra accennato, l'ISDA ha proposto un «modello standard per il calcolo del margine iniziale» (*standard initial margin model* - SIMM). Il SIMM è stato approvato dalle autorità di vigilanza. Verrà esaminato più avanti (Appendice 15a).

6.4 EFFETTI DELLA NUOVA REGOLAMENTAZIONE

Le nuove norme hanno comportato l'aumento delle garanzie che le parti devono prestare sulle operazioni in derivati OTC. In precedenza, la maggior parte dei contratti OTC veniva liquidata in via bilaterale e di solito non erano richiesti i margini iniziali. In base alle nuove norme, la maggior parte delle operazioni viene ora regolata attraverso le CCPs, che chiedono a entrambi i contraenti il versamento dei margini iniziali e di variazione. Inoltre, i contratti tra istituzioni finanziarie che continuano a essere regolati in via bilaterale devono essere assistiti da garanzie maggiori di quelle previste dalle CCPs.

Come è stato messo in evidenza da Duffie e Zhu, l'impatto dell'enorme aumento delle garanzie richiesto dalle nuove norme potrà essere – almeno in parte – attutito dal *netting* operato dalle CCPs.[10]

Con il *bilateral clearing*, si hanno diversi «gruppi di contratti che possono essere compensati tra loro» (*netting sets*), uno per ogni coppia di partecipanti al mercato (Figura 6.1a). Con il *central clearing*, c'è un unico *netting set* (Figura 6.1b).

Esempio 6.14

Con il *central clearing*, la banca A può compensare i contratti che hanno per controparte la banca B con i contratti che hanno per controparte la banca C, a condizione che tutti i contratti vengano regolati attraverso la stessa CCP.

In realtà, dopo le nuove norme, l'effettiva rappresentazione del *clearing* nel mercato OTC non sarà quella illustrata nella Figura 6.1b, ma avrà elementi intermedi tra quelli della Figura 6.1a e quelli della Figura 6.1b:

1. le CCPs saranno più di una ed è possibile che non cooperino tra loro per ridurre i margini iniziali;
2. alcune operazioni continueranno ad essere regolate in via bilaterale.

Anzi, è anche possibile che le nuove norme comportino una riduzione piuttosto che un aumento del *netting*.

Esempio 6.15

Nella Figura 6.3 si suppone che ci siano 3 *traders* e una CCP. Le linee tratteggiate rappresentano le esposizioni relative a contratti standard (che possono essere compensati centralmente), mentre le linee continue si riferiscono a contratti fuori standard (che non possono essere compensati centralmente). Ad es., il valore dei contratti fuori standard è pari a +100 per B e a –100 per A, mentre quello dei contratti standard è pari a +50 per A e a –50 per B. Senza il *central clearing*, l'esposizione media di A, B e C è pari a +40 (non tenendo conto delle garanzie). Con il *central clearing*, l'esposizione media è pari a +110 o a +70, a seconda che si includa o meno l'esposizione verso la CCP.

Nell'esempio precedente, il *central clearing* comporta un aumento complessivo delle garanzie dovute dai partecipanti al mercato. Il motivo è che, senza il *central clearing*, i contratti standard possono essere compensati con quelli fuori standard, mentre ciò non è più possibile in presenza di *central clearing*.

---

[10] Si veda DUFFIE, D., e ZHU, H., "Does a Central Clearing Counterparty Reduce Counterparty Risk?", *Review of Asset Pricing Studies*, 1, 1 (2011): 74-95.

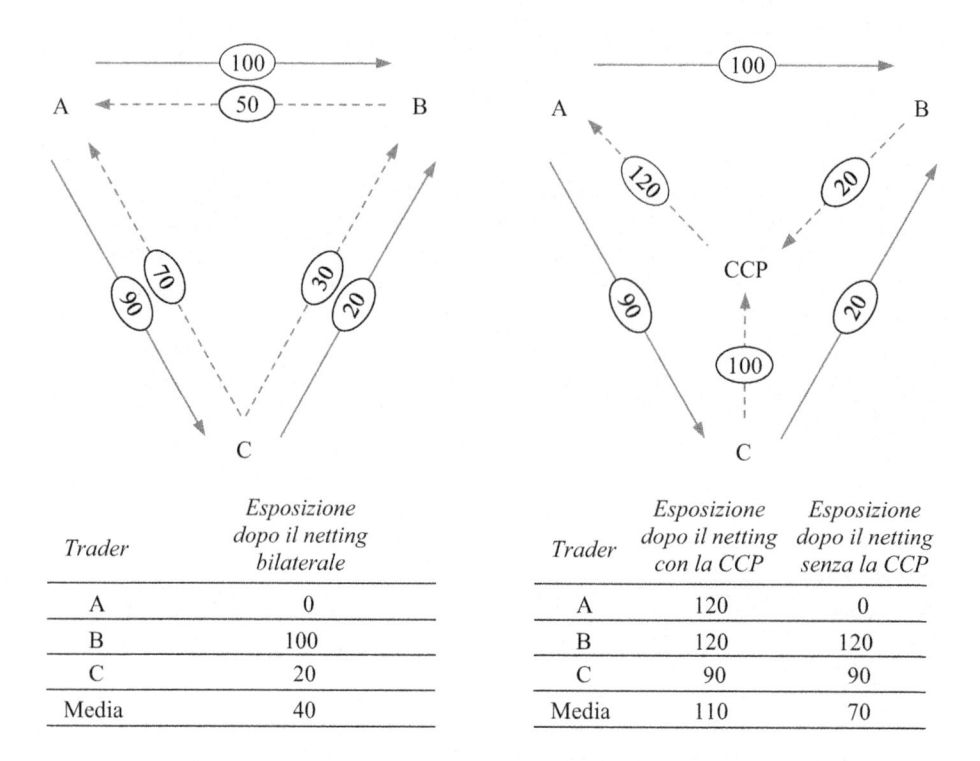

Trader	Esposizione dopo il netting bilaterale
A	0
B	100
C	20
Media	40

Trader	Esposizione dopo il netting con la CCP	Esposizione dopo il netting senza la CCP
A	120	0
B	120	120
C	90	90
Media	110	70

Figura 6.3 *Clearing*: tre *traders* e una CCP (contratti standard e fuori standard).

L'effetto complessivo delle nuove norme è stato quello di un aumento delle garanzie. Prima della crisi, pochi derivati OTC erano assistiti da garanzie. Ora la maggior parte dei contratti OTC richiede il versamento dei margini iniziali. Inoltre, col crescere del numero dei contratti regolati attraverso una CCP, sono aumentati i fondi delle istituzioni finanziarie che restano bloccati nei fondi di garanzia delle CCPs.

Liquidità

Una considerazione sempre più importante per chi opera su derivati è la liquidità. La liquidità viene drenata non solo dalle garanzie effettivamente richieste ma anche dalle scorte che devono essere detenute per eventuali future esigenze (le *margin calls* delle CCPs devono essere soddisfatte immediatamente). Come vedremo nel Capitolo 26, le autorità di vigilanza hanno riconosciuto l'importanza delle disponibilità liquide, proponendo due coefficienti di liquidità che le banche devono rispettare.

Rehypothecation

Prima della crisi, la «re-ipotecazione» (*rehypothecation*) era piuttosto diffusa in alcune giurisdizioni (particolarmente nel Regno Unito). La *rehypothecation* (Riquadro 6.1) si ha quando un *trader* che riceve garanzie da una certa controparte le utilizza per soddisfare le richieste di garanzie da altre controparti.

Si stima che – prima della Crisi Finanziaria Globale – le richieste di garanzie nel mercato dei derivati siano state pari a $4.000 miliardi, ma che $3.000 miliardi

Sez. 6.4   Effetti della Nuova Regolamentazione   **153**

Riquadro 6.1   Re-ipotecazione.

Una prassi nota come «re-ipotecazione» (*rehypothecation*), consistente nel riutilizzo di un'attività ricevuta in pegno per stanziarla a garanzia di una propria obbligazione, può creare problemi. Se *A* fornisce garanzie a *B* e la *rehypothecation* è consentita, *B* può utilizzare le stesse garanzie per soddisfare la richiesta di garanzie da parte di *C*; a sua volta, *C* può utilizzare le garanzie per soddisfare la richiesta di garanzie da parte di *D*; e così via.

Si è stimato che, nel 2007, le banche statunitensi avevano più di $4.000 miliardi di garanzie, ma che queste erano state create utilizzando $1.000 miliardi di garanzie originali congiuntamente alla *rehypothecation*. La *rehypothecation* era particolarmente comune nel Regno Unito, dove il diritto di proprietà si trasferisce insieme alla garanzia.

Dopo il fallimento di Lehman nel settembre 2008, i clienti (in particolare, alcuni *hedge funds* europei) hanno incontrato difficoltà a farsi restituire le garanzie fornite a Lehman, perché queste erano state re-ipotecate. Colpiti da quest'esperienza, molti operatori sono ora più cauti e le clausole dei CSAs che vietano o limitano la *rehypothecation* sono ora piuttosto diffuse.

---

siano stati generati da operazioni di *rehypothecation*.[11] In altri termini, le garanzie originali sono state utilizzate 4 [= ($4.000 / ($4.000 − $3.000)] volte, in media.

Le nuove regole hanno posto dei limiti alla *rehypothecation*: il margine iniziale può essere re-ipotecato una sola volta, a certe condizioni, mentre il margine di variazione può essere re-ipotecato. Tuttavia, la *rehypothecation* viene sempre meno utilizzata perché i *traders* non vogliono andare incontro agli stessi problemi in cui si sono trovate alcune controparti di Lehman dopo il suo fallimento (Riquadro 6.1).

Convergenza tra Mercati di Borsa e Mercati OTC

Le modifiche che abbiamo esaminato stanno «attenuando» (*blurring*) la distinzione tra derivati di borsa e derivati OTC. Molti contratti OTC vengono ora negoziati su piattaforme simili alle borse, per poi essere liquidati attraverso organismi simili alle *clearinghouses* di borsa. Col passare del tempo, la gamma dei contratti OTC classificati come standard è destinata ad aumentare. Pertanto, i contratti OTC gestiti in modo simile a quelli di borsa saranno sempre più numerosi. Inoltre, anche i contratti OTC tra istituzioni finanziarie regolati in via bilaterale potranno essere assimilati ai contratti di borsa. Il motivo è che, a fronte di questi contratti, deve essere versato a un terzo il margine iniziale. Ci si può quindi attendere che − per facilitare queste operazioni − vengano creati organismi simili alle *clearinghouses* di borsa.

Nello stesso tempo, le borse stanno cercando di offrire agli investitori istituzionali prodotti meno standardizzati, nel tentativo di attrarre *business* dal mercato OTC. Di conseguenza, mentre i mercati OTC si stanno muovendo in una direzione che li porta a diventare più simili ai mercati di borsa, i mercati di borsa si stanno muovendo nella direzione opposta, riducendo le diversità rispetto ai mercati OTC. Molte CCPs condividono con le borse gli assetti proprietari. Questo facilita la cooperazione su margini e pratiche commerciali. In futuro, il fatto che i contratti siano regolati da una *clearinghouse* di borsa oppure da una CCP non sarà importante, perché i contratti saranno tutti trattati nello stesso modo, dallo stesso organismo.

---

[11] Si veda SINGH, M., e AITKEN, J., "The (Sizeable) Role of Rehypothecation in the Shadow Banking System", IMF, July 2010.

6.5 CCPS E FALLIMENTI

L'obiettivo principale delle autorità di vigilanza è quello di ridurre il rischio sistemico. Alcuni commentatori hanno criticato le norme post-crisi sui derivati, in quanto avrebbero solo l'effetto di sostituire le «banche troppo grandi per fallire» (*too-big-to-fail banks*) con «CCPs troppo grandi per fallire» (*too-big-to-fail CCPs*). Certamente sarebbe un disastro per il sistema finanziario se una grande CCP, come Swap-Clear di LCH Clearnet o ClearPort del CME Group, dovesse fallire. In teoria, come sostiene Hull (2012), è possibile definire i contratti tra CCPs e soci delle CCPs in modo che sia praticamente impossibile che una CCP fallisca.[12] In pratica, è importante che una CCP «possa rimetterci la pelle» (*has skin in the game*). La CCP sarebbe motivata a prendere buone decisioni per quanto riguarda le questioni-chiave come quelle sull'ammissione di un nuovo socio, sulla quantificazione dei margini iniziali, e così via.

Il motivo principale per cui ha senso sostituire le banche troppo grandi per fallire con CCPs troppo grandi per fallire è che le CCPs sono organismi molto più semplici rispetto alle banche. Sono quindi molto più semplici da regolamentare, rispetto alle banche. In sostanza, le autorità di vigilanza devono solo verificare che la CCP segua una buona prassi quando (i) sceglie i soci, (ii) valuta i contratti, (iii) determina i margini iniziali e i contributi al fondo di garanzia. Nel caso delle banche, ci sono molte attività, molto più complesse, che devono essere controllate. Naturalmente, è importante per le autorità di vigilanza che le CCPs non diventino più complesse, espandendosi al di fuori della loro attività principale di intermediazione sulle operazioni in derivati.

SOMMARIO

Prima della «Crisi Finanziaria Globale» (Global Financial Crisis - GFC), il mercato dei derivati *over-the-counter* (OTC) era in gran parte non regolamentato. I *traders* potevano definire qualsiasi tipo di contratto e accordarsi sulle modalità con cui sarebbe stato liquidato. Erano anche liberi di scegliere qualsiasi sistema per il trattamento delle garanzie. Non è più così. Il mercato dei derivati OTC è stato assoggettato a numerose norme, in tutto il mondo. Si può discutere sulla misura in cui il mercato dei derivati OTC ha contribuito a determinare la crisi, ma le modifiche normative stanno ora incidendo molto su questo mercato.

La maggior parte dei derivati OTC standard tra due istituzioni finanziarie deve essere regolata attraverso una controparte centralizzata (CCP). Le CCPs sono molto simili alle *clearinghouses* di borsa. Chiedono ai *traders* di versare i margini iniziali e i margini di variazione.

I contratti OTC fuori standard tra istituzioni finanziarie continueranno ad essere regolati in via bilaterale, ma sono assoggettati a una precisa normativa che riguarda le garanzie da cui devono essere assistiti. In particolare, i contratti tra le istituzioni finanziarie sono soggetti ai margini iniziali (che vanno amministrati da terzi o comunque detenuti separatamente dalle altre attività) e ai margine di variazione (trasferiti da una parte all'altra quando cambia il valore dei contratti).

---

[12] Si veda Hull, J. C., "CCPs, Their Risks and How They Can Be Reduced", *Journal of Derivatives*, 20, 1 (Fall 2012): 26-9.

Come sarà il mondo dei derivati tra 20 anni? Le attuali tendenze suggeriscono che ci potrà essere convergenza tra mercati OTC e mercati di borsa. Se le tendenze verranno confermate, le diversità si attenueranno, ma non è certo che sarà così.

SUGGERIMENTI PER ULTERIORI LETTURE

BASEL COMMITTEE ON BANKING SUPERVISION e INTERNATIONAL ORGANIZATION OF SECURITIES COMMISSIONS, "Margin Requirements for Non-Centrally Cleared Derivatives", September 2013.

DUFFIE, D., e ZHU, H., "Does a Central Clearing Counterparty Reduce Counterparty Risk?", *Review of Asset Pricing Studies*, 1, 1 (2011): 74-95.

HULL, J. C., "CCPs, Their Risks and How They Can Be Reduced", *Journal of Derivatives*, 20, 1 (Fall 2012): 26-9.

HULL, J. C., "The Changing Landscape for Derivatives", *Journal of Financial Engineering*, 1, no. 2 (2014).

HULL, J. C., "OTC Derivatives and Central Clearing: Can All Transactions Be Cleared?", *Financial Stability Review*, 14 (July 2010): 71–89.

SINGH, M., e AITKEN, J., "The (Sizeable) Role of Rehypothecation in the Shadow Banking System", IMF, July 2010.

DOMANDE E PROBLEMI
(le risposte si trovano alla fine del libro)

6.1. Che differenza c'è tra un derivato OTC regolato in via bilaterale sulla base di un *master agreement* ISDA e un derivato OTC regolato attraverso una CCP?

6.2. Considerate le nuove disposizioni introdotte dopo la Crisi Finanziaria Globale.
(a) Quali sono i derivati da regolare attraverso una controparte centralizzata?
Fate riferimento alle operazioni OTC tra istituzioni finanziarie regolate in via bilaterale:
(b) quali garanzie sono richieste?
(c) come va determinato il margine iniziale?

6.3. Perché le regole introdotte dopo la Crisi Finanziaria Globale potrebbero creare problemi di liquidità ad alcune istituzioni finanziarie?

6.4. Considerate un *collateralization agreement*. Cosa s'intende per *haircut*?

6.5. Nei contratti regolati dai *master agreements* ISDA, qual è la differenza tra un *event of default* e un *early termination event*?

6.6. Supponiamo che, nella parte destra della Figura 6.3 (dove interviene la CCP), metà dei contratti tra A e B rappresentati con una linea continua (ossia quelli regolati col *bilateral clearing*) vengano ora regolati mediante la CCP. Qual è l'effetto di questa modifica sulla esposizione media di A, B e C **(a)** includendo e **(b)** escludendo le esposizioni verso la CCP?

6.7. Quali rischi di credito si assume una società quando entra tra i soci di una CCP e regola i suoi contratti attraverso la CCP?

6.8. "Il *netting* ha effetti sia sulle garanzie che devono essere fornite sia sulla liquidazione dei contratti nell'eventualità di un *early termination event*". Spiegate quest'affermazione.

6.9. Cos'è la *rehypothecation*?

6.10. Perché le CCPs sono più facili da regolamentare rispetto alle banche?

6.11. Se si verifica un'insolvenza nell'ambito di un *master agreement* ISDA, come viene calcolato il *settlement amount* dalla parte *in bonis*?

Capitolo 7
Cartolarizzazioni e Crisi Finanziaria Globale

La «Crisi Finanziaria Globale» (*Global Financial Crisis* - GFC) è iniziata – negli Stati Uniti – nel 2007 ed è continuata nel 2008. La crisi si è trasmessa rapidamente agli altri Paesi e dal settore finanziario all'economia reale. È stata la peggiore crisi finanziaria dopo la «Grande Depressione» (*Great Depression*) degli anni '30. Alcune istituzioni finanziarie sono fallite. Altre sono state salvate grazie all'intervento dello Stato. Si è trattato di un episodio della storia finanziaria che i *risk managers* devono comprendere e tenere a mente perché sia d'insegnamento.

Nel Capitolo 6 si è visto che la crisi ha indotto profonde trasformazioni nella regolamentazione del mercato OTC. In altri capitoli vedremo che la crisi ha portato a un'importante «revisione» (*overhaul*) della regolamentazione bancaria e delle modalità con cui le banche gestiscono i propri rischi. È quindi opportuno passare ora a esaminare .si è modificata la Crisi Finanziaria Globale.

I derivati (*futures*, *forwards*, *swaps*, opzioni) consentono ai soggetti economici di trasferire i rischi. Un altro modo per trasferirli è rappresentato dalle cartolarizzazioni. Negli Stati Uniti, la cartolarizzazione dei «mutui» (*mortgages*) ha svolto un ruolo cruciale nella crisi. Per comprendere la crisi è quindi necessario capire come funzionano le cartolarizzazioni. Nel corso di questo capitolo passeremo in esame gli *asset-backed securities* (ABSs) e le *collateralized debt obligations* (CDOs).

7.1 MERCATO IMMOBILIARE

È naturale che qualsiasi discussione della Crisi Finanziaria Globale inizi con l'esame del mercato immobiliare statunitense. La Figura 7.1 mostra l'evoluzione – dal gennaio 1987 al febbraio 2023 – di un indice dei prezzi delle abitazioni statunitensi: lo S&P / Case-Shiller Composite 10. Nei primi anni 2000, i prezzi delle abitazioni sono aumentati a tassi molto più elevati rispetto agli anni precedenti. Il livello molto basso dei tassi d'interesse tra il 2002 e il 2005 ha svolto un ruolo importante, ma la «bolla del mercato immobiliare» (*real-estate bubble*) è stata in gran parte causata dalle pratiche di concessione dei mutui.

Il periodo 2000-6 è stato caratterizzato dal fortissimo aumento dei mutui *subprime*, mutui che sono più rischiosi della media. Prima del 2000, la maggior parte dei mutui classificati come *subprime* aveva un'ipoteca di 2° grado. Dopo il 2000, è aumentata la quota dei mutui con ipoteca di 1° grado concessi a clientela *subprime*.

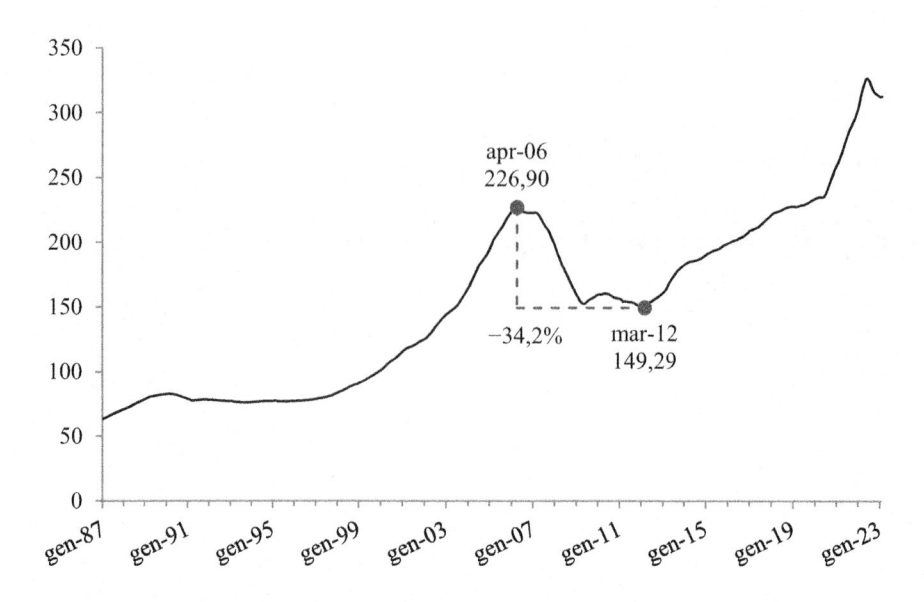

Figura 7.1 Mercato immobiliare USA: indice S&P/Case-Shiller Composite 10.

Insufficiente Rigore nelle Istruttorie Creditizie

Intorno al 2000, le banche attive nel settore dei mutui hanno iniziato ad allentare il rigore delle proprie istruttorie, consentendo così a molte famiglie, che in precedenza non erano state considerate affidabili, di aver accesso a un mutuo.

La domanda di abitazioni è aumentata e i prezzi sono cresciuti. La spirale tra concessione di mutui e crescita dei prezzi degli immobili veniva considerata positivamente sia dai mediatori immobiliari, che vedevano crescere le loro commissioni, sia dalle banche, che vedevano crescere il valore di mercato delle garanzie sui mutui erogati (se il mutuatario falliva, la liquidazione dell'immobile non avrebbe comportato perdite per la banca).

In che modo gli intermediari attivi nel settore dei mutui ipotecari avrebbero potuto continuare a far crescere i loro margini? Il problema era che, con l'aumento dei prezzi sul mercato immobiliare, l'acquisto di una casa – e soprattutto della prima casa – risultava più difficile. Per continuare ad attrarre nuovi clienti, dovevano rendere ancora più lasche le procedure per la concessione dei mutui e aumentare la quota del valore dell'immobile finanziabile con un mutuo – ed è esattamente questo quello che hanno fatto. Molto spesso hanno concesso «mutui a tasso fisso/variabile» (*adjustable-rate mortgages* - ARMs), caratterizzati inizialmente da un «tasso d'interesse "civetta"» (*teaser interest rate*) – molto basso – destinato a raggiungere, dopo 2 o 3 anni, livelli molto più elevati.[1]

---

[1] Ad esempio, un "2/28 ARM" è un mutuo a tasso fisso per i primi 2 anni e a tasso variabile per i rimanenti 28 anni. Se i prezzi delle case fossero cresciuti, ci si aspettava che i debitori avrebbero estinto il mutuo anticipatamente per rinegoziarne un altro alla fine del periodo di applicazione del *teaser interest rate*. Tuttavia, la penale per l'estinzione anticipata, spesso assente nei mutui alla clientela primaria, era molto elevata nei mutui *subprime*.

Le banche sono diventate molto più «discrete» (*cavalier*) nelle istruttorie per la concessione dei mutui. Spesso, i redditi dei mutuatari e le altre informazioni fornite nella domanda non sono stati controllati.

Perché le autorità di vigilanza non hanno regolamentato il comportamento delle banche attive nel settore dei mutui? La risposta è che, sin dall'inizio degli anni '90, il governo degli Stati Uniti ha cercato di facilitare la proprietà immobiliare e ha fatto pressioni sulle banche affinché espandessero i mutui diretti alle famiglie con redditi bassi o modesti. Alcuni Stati (come l'Ohio e la Georgia) si sono preoccupati di quel che stava succedendo e, in particolare, dei «prestiti aggressivi» (*predatory lending*).[2] Tuttavia, i tribunali hanno deciso a favore degli *standards* nazionali.

Alcuni termini sono stati coniati per descrivere il periodo che ha portato alla crisi. Uno è «prestiti bugiardi» (*liar loans*), chiamati così perché a volte i mutuatari, sapendo che le loro dichiarazioni non sarebbero state verificate, non sono stati sinceri nel compilare gli appositi modelli. Un altro termine è "NINJA" (*no income, no job, no assets*), acronimo coniato per descrivere i mutui concessi a persone «senza redditi, senza lavoro, senza proprietà». Alcuni analisti si sono resi conto che i mutui erano rischiosi, ma le valutazioni espresse dal mercato dei prodotti strutturati basati sui mutui suggeriscono che l'esatta percezione dei rischi e del loro possibile impatto sul mercato non si è avuta se non a 2007 avanzato.

Alcune ricerche hanno confermato l'allentamento dei criteri utilizzati nella concessione dei mutui.[3]

Secondo Mian e Sufi, la concessione di mutui è cresciuta in modo molto veloce –tra il 2000 e il 2007 – nelle zone a rischio, ossia in quelle aree urbane, individuate dai «codici di avviamento postale» (*zip codes*), che nel 1996 erano state caratterizzate da un elevata quota di domande di mutuo respinte. L'allentamento dei criteri utilizzati nella concessione dei prestiti non è avvenuto in modo improvviso, ma si è realizzato progressivamente nel tempo. Altre evidenze empiriche confermano il fenomeno.[4]

Secondo Zimmerman, le insolvenze mostrano che i mutui concessi nel 2006 erano di qualità peggiore rispetto ai mutui del 2005 e che i mutui concessi nel 2005 erano di qualità peggiore rispetto ai mutui del 2004. Standard & Poor's ha stimato che nel 2006 sono stati concessi mutui *subprime* per $421 miliardi. Secondo AMP Capital Investors, alla fine del luglio 2007 la consistenza dei mutui *subprime* era pari a $1.400 miliardi.

Bolla del Mercato Immobiliare

La «bolla del mercato immobiliare» (*real-estate bubble*) è stata la conseguenza dell'allentamento dei criteri utilizzati nella concessione dei mutui. I prezzi degli immobili sono aumentati molto velocemente nel periodo tra il 2000 e il 2006. Alla fine tutte le bolle scoppiano, e anche questa è scoppiata. Nel 2007, molti mutuatari si sono resi conto che, finito il periodo dei tassi "civetta", non erano in grado di pagare

---

[2] Si ha *predatory lending* quando il mutuante convince in modo fraudolento il mutuatario a sottoscrivere un mutuo che presenta condizioni inique e ingannevoli.

[3] Si veda MIAN, A., e SUFI, A., "The Consequences of Mortgage Credit Expansion: Evidence from the US Mortgage Default Crisis", *Quarterly Journal of Economics* 124, no. 4, November 2009, 1449-96.

[4] Si veda ZIMMERMAN, T., "The Great Subprime Meltdown", *Journal of Structured Finance*, Fall 2007, 7-20.

gli interessi sui mutui. Ci sono stati quindi molti «pignoramenti» (*foreclosures*) e molte case sono state messe all'asta. Ne è seguita un forte riduzione dei prezzi degli immobili. A quel punto, altri mutuatari (soprattutto quelli che avevano preso in prestito il 100%, o quasi, del valore della casa) si sono resi conto che il valore della casa era inferiore al mutuo. In altri termini, i loro investimenti avevano un «valore patrimoniale negativo» (*negative equity*).

Una delle caratteristiche del mercato immobiliare statunitense è che – in molti Stati – i mutui sono «senza rivalsa» (*non-recourse*), ossia – se c'è un'insolvenza – la banca può disporre della casa, ma non può rifarsi sugli altri beni del debitore.[5]

Di conseguenza, il mutuatario ha un opzione *put* di tipo americano. In qualsiasi momento, può cedere la casa al creditore in cambio del debito residuo del mutuo [di solito, durante il periodo dei «tassi d'interesse "civetta"» (*teaser interest rates*), il debito residuo aumenta, facendo aumentare il valore dell'opzione]. Le banche hanno realizzato troppo tardi che queste opzioni possono diventare molto costose. In caso di *negative equity*, i mutuatari avevano tutto l'interesse a cedere le case in cambio del debito residuo. Le case sono state quindi messe all'asta e questo ha accentuato la pressione al ribasso sui prezzi degli immobili.

Sarebbe un errore supporre che tutti i mutuatari insolventi si siano trovati nelle stesse condizioni. Alcuni, che non erano davvero in grado di far fronte ai pagamenti, hanno vissuto con angoscia l'abbandono delle loro abitazioni. Molti altri, che avevano speculato comprando case da dare in affitto, hanno trovato conveniente l'esercizio delle *puts*. In questi casi, sono stati gli affittuari i soggetti maggiormente colpiti.

C'è anche qualche evidenza che alcuni mutuatari, non speculatori, siano stati molto creativi nel cercare di estrarre valore dalle opzioni *put*. Dopo aver consegnato le chiavi delle loro case ai creditori, si sono guardati intorno ed hanno comprato (spesso a prezzi d'occasione) altre case che erano state pignorate.

Esempio 7.1

Due famiglie abitano in due case identiche, l'una di fronte all'altra. Entrambe hanno un mutuo di $250.000. Il valore di mercato di ciascuna casa è di $200.000 e ci si aspetta che, dopo il pignoramento, vengano vendute all'asta a $170.000 l'una. Qual è la strategia ottimale dei due mutuatari? La risposta è che ognuno dei due dovrebbe esercitare la *put* e comprare la casa del vicino (ci sono modi per farlo senza che ci siano ripercussioni negative sul proprio *rating* creditizio).

Col crescere dei pignoramenti, sono cresciute anche le perdite sui mutui. Le perdite sono state elevate perché le case pignorate erano spesso circondate da altre case in vendita. Alcune erano in cattive condizioni. Inoltre, le banche hanno dovuto sostenere spese legali e altri oneri. In condizioni di mercato normali, potevano aspettarsi di recuperare il 75% dei mutui. In realtà, nel 2008-9, i tassi di recupero in certe aree sono stati pari al 25% del valore nominale.

I prezzi degli immobili non sono scesi solo negli Stati Uniti, ma anche in molti altri Paesi. La discesa è stata particolarmente severa nel Regno Unito.

Come mostra la Figura 7.1, alla fine i prezzi medi delle abitazioni statunitensi si sono ripresi, tornando su livelli ben più elevati di quelli pre-crisi.

---

[5] In altri Stati, i mutui non sono "senza rivalsa" ma, per legge, è difficile che i creditori possano rivalersi sui beni del debitore diversi dalla casa.

7.2 CARTOLARIZZAZIONI

In molti casi, chi ha concesso i mutui non li ha tenuti in portafoglio, ma li ha ceduti a società specializzate nel loro assemblaggio, per dar vita a prodotti strutturati da cedere agli investitori. Sono queste le cosiddette «cartolarizzazioni» (*securitizations*), che hanno svolto per molti anni un ruolo importante (e utile) per i mercati finanziari, frutto del «modello "promuovere per distribuire"» (*originate-to-distribute model*) adottato da molte banche prima del 2007 (si veda la Sezione 2.7).

Le cartolarizzazioni hanno contribuito a creare la bolla del mercato immobiliare. Il comportamento di chi ha concesso i mutui è stato influenzato dal fatto che i mutui sarebbero stati poi ceduti con le cartolarizzazioni.[6] Nel vagliare le domande di mutuo, la domanda che si sono posti è: «È questo un mutuo che mi consentirà di far soldi quando lo cederò a qualcun altro?»

Quando i mutui venivano cartolarizzati, le uniche informazioni passate a chi acquistava i prodotti derivanti dalla cartolarizzazione erano il FICO *credit score* del mutuatario e il «rapporto tra l'importo del mutuo e il valore di mercato della casa» (*loan-to-value ratio*).[7]

Il motivo per cui le banche non verificavano le informazioni su aspetti quali il reddito del cliente, il numero di anni di residenza all'indirizzo corrente, e così via, era che queste informazioni venivano considerate irrilevanti. La cosa più importante per la banca era se il mutuo poteva essere ceduto ad altri – e questo dipendeva soprattutto dal FICO *score* del cliente e dal *loan-to-value ratio*.

È interessante notare, a questo proposito, che sia il FICO *score* del cliente sia il *loan-to-value ratio* erano di dubbia qualità. Talvolta, chi faceva domanda di mutuo riceveva gli opportuni suggerimenti per poter migliorare il proprio FICO *score*.[8]

Inoltre, i «periti immobiliari» (*property assessors*), incaricati di determinare il valore delle case, cedevano a volte alle pressioni delle banche, che sollecitavano valutazioni elevate.

Passeremo ora in rassegna i prodotti derivanti dalle cartolarizzazioni.

Asset-Backed Securities (ABSs)

Gli *asset-backed securities* (ABSs) sono titoli creati sulla base di portafogli composti da «prestiti» (*loans*), obbligazioni (*bonds*), «prestiti con carte di credito» (*credit card receivables*), «mutui» (*mortgages*), «prestiti per l'acquisto di auto» (*auto loans*), «noleggi di aerei» (*aircraft leases*) o altre attività finanziarie (tra cui – a volte – anche attività insolite come i diritti su brani musicali). Il funzionamento degli ABSs è illustrato nella Figura 7.2.

Esempio 7.2

Una banca ha concesso n mutui *subprime* per un valore complessivo di $100 milioni. Invece di tenerli tra le attività di bilancio, decide di cederli a un «veicolo societario appositamente costi-

---

[6] Per una dimostrazione del legame tra cartolarizzazioni e allentamento nelle procedure per la concessione dei mutui si veda KEYS, B. J., MUKHERJEE, T., SERU, A., e VIG, V., "Did Securitization Lead to Lax Screening? Evidence from Subprime Loans", *Quarterly Journal of Economics*, 125, no. 1, February 2010, 307-62.

[7] Il FICO *score* è un indicatore di qualità creditizia sviluppato da Fair Isaac Corporation. Viene ampiamente utilizzato nella concessione dei mutui. Il suo campo di definizione è compreso tra 300 e 850.

[8] Ad es., pagare regolarmente, per alcuni mesi, gli acquisti effettuati con la carta di credito.

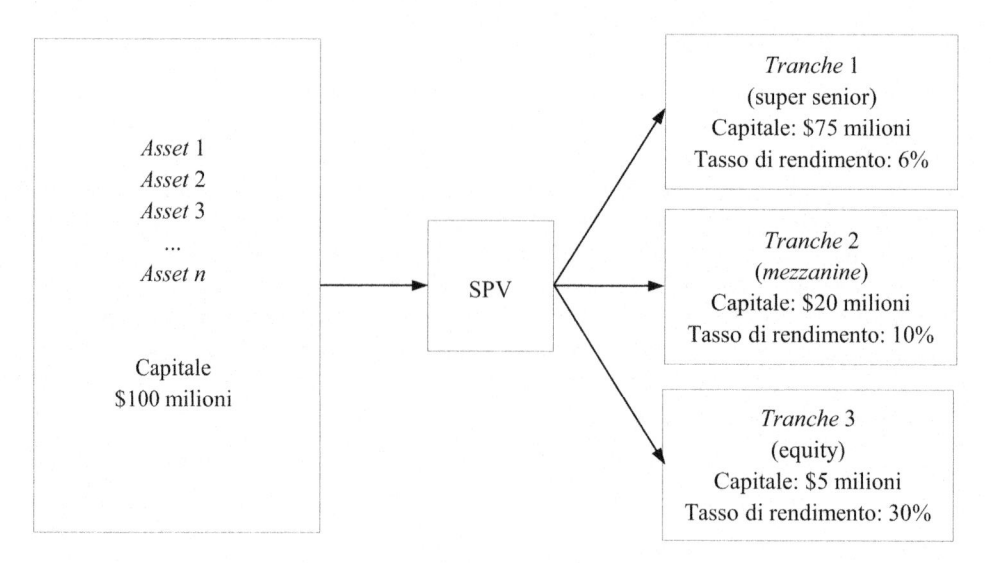

Figura 7.2 *Asset-backed security* (ABS).

tuito» (*special purpose vehicle* – SPV), altrimenti detto *trust* o *conduit*. Lo *special purpose vehicle* emette gli *asset-backed securities*, ossia i titoli rappresentativi dei *cash flows* che affluiscono al portafoglio di mutui *subprime* e li colloca presso gli investitori, dopo averli suddivisi in *tranches*.

Nella Figura 7.2 ci sono tre *tranches*: la *senior tranche*, la *mezzanine tranche* e l'*equity tranche*. Il valore nominale delle tre *tranches* è pari, rispettivamente, a $75, $20 e $5 milioni. I tassi di rendimento, in assenza di insolvenze, sono pari, rispettivamente, al 6%, 10% e 30%. Potrebbe sembrare che l'*equity tranche* sia quella più interessante, ma spesso non è così, non essendo molto probabile che riesca a corrispondere il tasso di rendimento promesso.

I pagamenti che affluiscono al portafoglio vengono canalizzati verso le tre *tranches* seguendo un insieme di regole a «cascata» (*waterfall*). Il modo in cui funziona la *waterfall* è illustrato nella Figura 7.3. I pagamenti che affluiscono al portafoglio vengono utilizzati innanzitutto per corrispondere agli investitori della *senior tranche* il tasso di rendimento del 6% che è stato loro promesso. Se è possibile, vengono poi utilizzati per corrispondere agli investitori della *mezzanine tranche* il tasso di rendimento del 10% e infine, sempre se è possibile, per corrispondere agli investitori della *equity tranche* il tasso di rendimento del 30%.[9]

In genere, gli ABSs scadono dopo diversi anni. Vediamo cosa succede se si verificano insolvenze. Gli investitori che ne subiscono per primi le conseguenze sono quelli della *equity tranche*, che perdono l'intero capitale investito se le perdite per insolvenze sono pari al 5% del valore nominale del portafoglio sottostante. Quando le perdite superano il 5% (= $5 / $100 milioni), anche gli investitori della *mezzanine tranche* si vedono decurtare il tasso di rendimento promesso e lo stesso accade agli investitori della *senior tranche* se le insolvenze sono maggiori del 25% [= ($5 + $20)/$100 milioni].

Ci sono due modi per descrivere un ABS. Uno è quello di considerare la *waterfall* della Figura 7.3: i *cash flows* affluiscono dapprima alla *senior tranche*, poi alla *mezzanine tranche* e infine all'*equity tranche*. Il secondo modo è quello di considerare le perdite: le perdite vengono assorbite innanzitutto dall'*equity tranche*, poi dalla *mezzanine tranche* e infine dalla *senior tranche*.

---

[9] Il modo esatto in cui funziona la *waterfall* è descritto in un documento legale che spesso è lungo diverse centinaia di pagine.

Sez. 7.2   Cartolarizzazioni

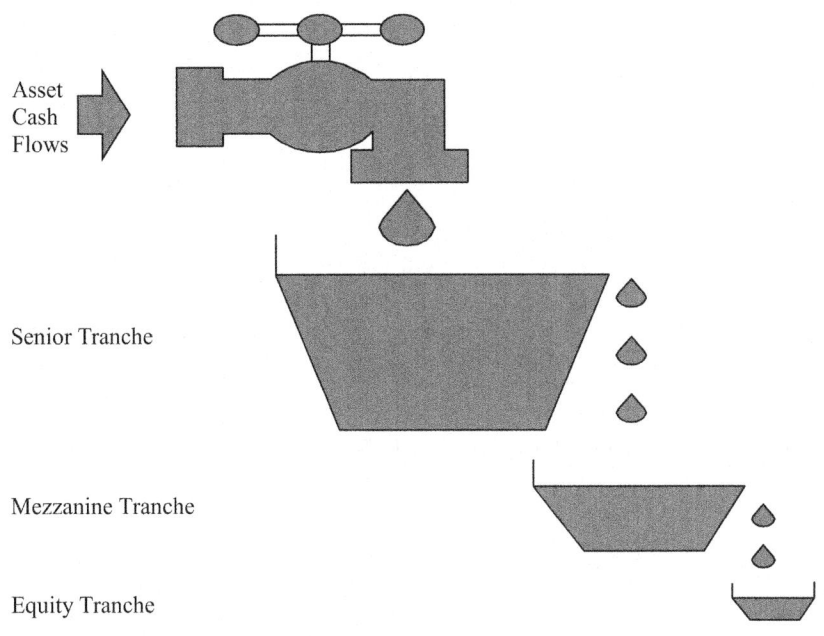

Figura 7.3 *Waterfall* (ABS).

Gli ABSs sono costruiti in modo che la *senior tranche* abbia un *rating* AAA e la *mezzanine tranche* abbia un *rating* BBB. In genere, l'*equity tranche* non riceve alcun *rating*. Diversamente dai *ratings* delle obbligazioni, i *ratings* delle *tranches* di un ABS si potrebbero chiamare «*ratings* concordati» (*negotiated ratings*). Chi crea un ABS mira a massimizzare la dimensione della *senior tranche*, senza farle perdere il *rating* AAA. In tal modo massimizza la redditività dell'operazione. Prima di definire la struttura finale del prodotto, esamina le informazioni pubblicate dalle agenzie di *rating* sulle modalità di assegnazione dei *ratings* e sottopone loro diverse possibili strutture per ricevere una valutazione preliminare. Il suo obiettivo è quello di realizzare un profitto pari alla differenza tra il tasso di rendimento medio del portafoglio sottostante e quello offerto ai possessori delle *tranches*.

Un particolare tipo di ABS è la *collateralized debt obligation* (CDO), che ha per sottostante un portafoglio di titoli obbligazionari. Le procedure utilizzate dal mercato per valutare le CDOs verranno illustrate nell'Appendice 17b.

ABS CDOs

Trovare investitori disposti a comprare le *tranches* con *rating* AAA, create sulla base dei portafogli di mutui *subprime*, non era difficile. Le *equity tranches* restavano di solito nei portafogli delle banche che avevano concesso i mutui o venivano cedute a qualche *hedge fund*. Era invece più difficile trovare investitori disposti a comprare le *mezzanine tranches*.

Un modo creativo – forse troppo creativo – per risolvere il problema è stato quello di creare le ABS CDOs, dette anche *mezzanine* ABS CDOs (Figura 7.4). Le ABS CDOs hanno per sottostante un portafoglio composto dalle *mezzanine tranches* di diversi ABSs.

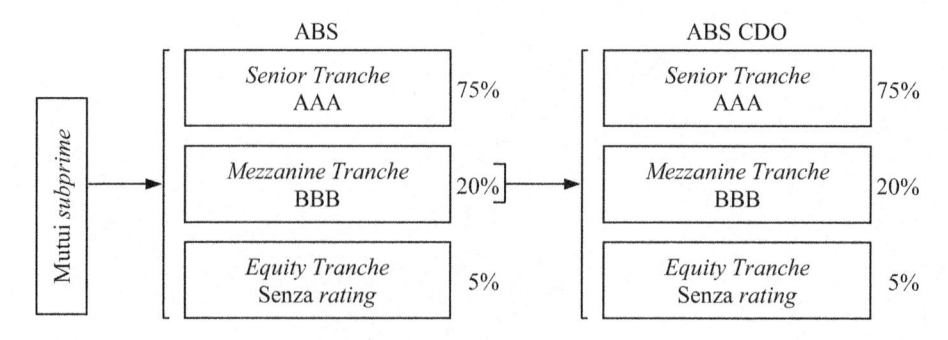

```
                      ABS                           ABS CDO
                ┌─────────────────┐           ┌─────────────────┐
                │ Senior Tranche  │ 75%       │ Senior Tranche  │ 75%
                │      AAA        │           │      AAA        │
                ├─────────────────┤           ├─────────────────┤
Mutui subprime →│ Mezzanine Tranche│ 20% ────→ │ Mezzanine Tranche│ 20%
                │      BBB        │           │      BBB        │
                ├─────────────────┤           ├─────────────────┤
                │ Equity Tranche  │ 5%        │ Equity Tranche  │ 5%
                │  Senza rating   │           │  Senza rating   │
                └─────────────────┘           └─────────────────┘
```

La *mezzanine tranche* dell'ABS viene *repackaged* con altre *mezzanine tranches* per creare l'ABS

Figura 7.4 ABS CDO semplificato.

Esempio 7.3

Supponiamo, come nella Figura 7.4, che a fronte della *mezzanine tranche* di un ABS venga creato un ABS CDO. La *mezzanine tranche* dell'ABS ha un valore nominale pari al 20% del portafoglio originario, composto da mutui *subprime*. La *senior tranche* dell'ABS CDO, cui viene dato un *rating* AAA, ha un valore nominale pari al 75% del totale. Sono stati quindi creati – complessivamente – titoli con *rating* AAA per un valore nominale pari al 90% (= 75% + 75% × 20%) del valore nominale dei mutui *subprime* (il 75% grazie all'ABS e il 15% grazie all'ABS CDO). Questa percentuale sembra alta, ma se la cartolarizzazione fosse stata spinta oltre (con la creazione di una nuova struttura sulla base delle *mezzanine tranches* dell'ABS CDO) – e questo è davvero successo – la percentuale poteva anche essere più elevata.

Nella seconda metà del 2007, la *senior tranche* dell'ABS avrebbe probabilmente subìto una «revisione del *rating* in senso peggiorativo» (*downgrading*). Comunque, se le insolvenze sui mutui *subprime* non avessero superato il 25% del valore nominale complessivo, il tasso di rendimento della *senior tranche* dell'ABS sarebbe risultato pari a quello atteso.

La *senior tranche*, con *rating* AAA, dell'ABS CDO è molto più rischiosa. Il suo tasso di rendimento sarebbe stato pari a quello atteso solo se le perdite sul portafoglio di mutui *subprime* non avessero superato il 10% del valore nominale complessivo. In tal caso, le perdite sarebbero state assorbite per il primo 5% dall'*equity tranche* e per il successivo 5% dalla *mezzanine tranche* dell'ABS. Queste ultime perdite avrebbero rappresentato il 25% (= 5% / 20%) del valore nominale della *mezzanine tranche*. Di conseguenza, l'*equity tranche* (5%) e la *mezzanine tranche* (20%) dell'ABS CDO sarebbero state interamente «cancellate» (*wiped out*), ma la *senior tranche* dell'ABS CDO sarebbe rimasta «intatta» (*unscathed*).

Il tasso di rendimento della *senior tranche* dell'ABS CDO risulta inferiore a quello atteso non appena le perdite sul portafoglio di mutui *subprime* superano il 10% del valore nominale complessivo. Supponiamo, ad es., che le perdite siano pari al 20%. In questo caso, vengono assorbite per il primo 5% dall'*equity tranche* dell'ABS e per il successivo 15% dalla *mezzanine tranche* dell'ABS. Queste ultime perdite rappresentano il 75% (= 15% / 20%) del valore nominale della *mezzanine tranche*. Di conseguenza, l'*equity tranche* (5%) e la *mezzanine tranche* (20%) dell'ABS CDO vengono interamente cancellate. Il restante 50% (= 75% – 5% – 20%) grava sulla *senior tranche* dell'ABS CDO, che perde quindi il 67% (= 50% / 75%) del suo valore. Questi ed altri risultati sono riassunti nella Tavola 7.1.

Molte banche hanno subito perdite sugli investimenti in *senior tranches* di ABS CDOs. In genere, gli investimenti venivano finanziati al Libor e promettevano tassi di rendimento ben superiori al Libor. Dato che le *tranches* avevano un *rating* AAA, i requisiti patrimoniali erano minimi. Una delle banche che ha perso molti soldi a causa degli investimenti in ABS CDOs è Merrill Lynch.

Sez. 7.2 Cartolarizzazioni

TAVOLA 7.1 Perdite assorbite dalla *senior tranche* di un ABS CDO.

Perdite sul portafoglio di mutui subprime	Perdite sulla mezzanine tranche dell'ABS	Perdite sull'ABS CDO		
		equity tranche	mezzanine tranche	senior tranche
10%	25%	100%	100%	0%
15%	50%	100%	100%	33%
20%	75%	100%	100%	67%
25%	100%	100%	100%	100%

Esempio 7.4

Nel luglio 2008, Merrill Lynch ha ceduto a Lone Star Funds alcune *senior tranches* di ABS CDOs che avevano in precedenza un *rating* AAA. Il valore nominale delle *tranches* era pari a $30,6 miliardi ed il prezzo di vendita è stato di soli ¢22 per dollaro di valore nominale.[10]

ABSs e ABS CDOs

La Figura 7.4 ha illustrato lo schema delle cartolarizzazioni. Di solito, le *tranches* sono più di tre e molte *tranches* sono «più sottili» (*thinner*) di quelle rappresentate nella Figura 7.4 (in altri termini, la copertura delle perdite viene effettuata attraverso una griglia più fine). La Figura 7.5 illustra una struttura più realistica.[11]

L'ABS dà origine a due ABS CDOs: un *high grade* ABS CDO e un *mezzanine* ABS CDO. Il primo viene creato utilizzando le *tranches* dell'ABS con *rating* AAA, AA e A. Il secondo viene creato utilizzando la *tranche* con *rating* BBB (come nella Figura 7.4). C'è poi anche un terzo livello di cartolarizzazione, con la creazione di un «CDO di CDO» (CDO *of* CDO) dalle *tranches* con *rating* AA e A del Mezzanine ABS CDO.

Nella struttura descritta dalla Figura 7.5 è prevista una *over-collateralization*. In altri termini, il valore nominale dei mutui *subprime* è maggiore del valore nominale complessivo delle *tranches* che formano l'ABS. L'*over-collateralization*, pari in genere all'1% - 2%, va chiaramente a vantaggio degli investitori. Tuttavia, effettuando un'analisi simile a quella svolta nella Tavola 7.1, non è difficile vedere che gli investitori possano spesso perdere l'intero capitale.

I rischi effettivi delle *tranches* con *rating* AAA delle ABS CDOs e – in minor misura – degli ABSs erano più elevati di quelli percepiti dagli investitori e dalle agenzie di *rating*. Il valore delle *tranches* degli ABSs dipende dalla «correlazione tra le insolvenze» (*default correlation*) sui mutui sottostanti. La sensitività rispetto alla *default correlation* è ancora più accentuata nel caso delle *tranches* delle ABS CDOs.

Se la *default correlation* dei mutui è modesta (come lo è in condizioni di mercato normali), la probabilità che il tasso d'insolvenza risulti elevato è molto bassa e le *tranches* con *rating* AAA sono abbastanza sicure. Però, in condizioni di mercato critiche, ci si può aspettare che la *default correlation* aumenti e che quindi il tasso d'insolvenza risulti elevato.

---

[10] In realtà, per Merrill Lynch, il contratto era anche peggiore di quel che può sembrare. Merrill Lynch aveva finanziato il 75% dell'importo pagato da Lone Star Funds. Se il valore unitario delle *tranches* fosse sceso sotto i ¢16,5 (= 0,75 × ¢22), Merrill Lynch si sarebbe ritrovata di nuovo in possesso delle attività cedute.

[11] Si veda GORTON, G., "The Subprime Panic ", *European Financial Management*, 15, no. 1, 2008, 10-46.

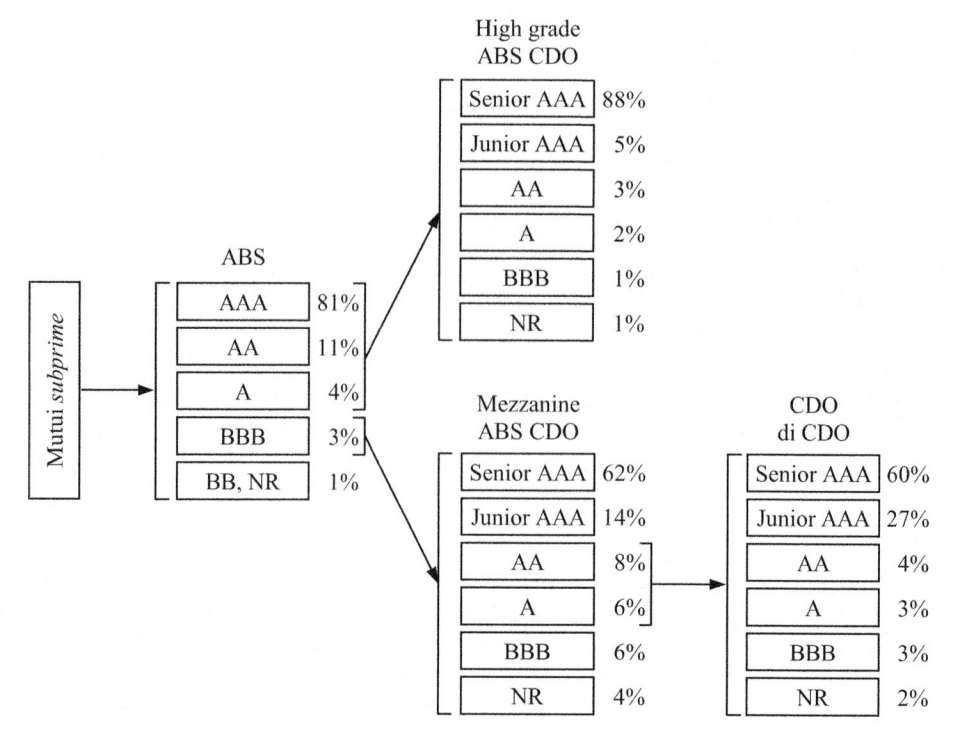

Figura 7.5 ABS, Mezzanine ABS CDO e CDO di CDO.

Riquadro 7.1 Non tutte le BBBs sono uguali.

Per valutare le ABS CDOs, gli analisti tendevano a supporre che le *mezzanine tranches*, con *rating* BBB, dell'ABS potessero essere assimilate a obbligazioni con *rating* BBB.

Quest'ipotesi non è corretta. Le *tranches* BBB di un ABS possono avere la stessa probabilità di perdita, o la stessa perdita attesa, di un BBB *bond*, ma la distribuzione delle perdite è diversa. Ad es., è molto più probabile perdere il 100% del capitale se lo si investe nella BBB *tranche* di un ABS piuttosto che in un BBB *bond*. Questo è il cosiddetto «rischio di trovarsi sul bordo di un precipizio» (*cliff risk*).

Le caratteristiche delle *tranches* di un ABS CDO sono molto diverse da quelle delle *tranches* di un CDO creato sulla base di un portafoglio di obbligazioni. Queste differenze diventano più pronunciate via via che le *tranches* si assottigliano e – come mostra la Figura 7.5 – le *mezzanine tranches* delle ABS CDOs erano di solito molto sottili.

Un insegnamento che se ne può trarre è che è pericoloso interpretare i *ratings* delle *tranches* di un ABS – o di un qualsiasi altro prodotto strutturato – nello stesso modo in cui si interpretano i *ratings* delle obbligazioni.

I modelli utilizzati nel 2005-6 dagli investitori e dalle agenzie di *rating* utilizzavano stime troppo basse della *default correlation*, date le «turbolenze» (*upheavals*) sul mercato immobiliare che molti osservatori ritenevano probabili.

Com'è spiegato nel Riquadro 7.1, uno degli errori compiuti dagli analisti è stato quello di supporre che le *mezzanine tranches*, con *rating* BBB, di un ABS potessero essere assimilate a obbligazioni con *rating* BBB. Le differenze sono importanti e possono avere un forte impatto sulla rischiosità delle ABS CDOs.

7.3 PERDITE

Le insolvenze sui mutui hanno avuto diverse ripercussioni. Le istituzioni finanziarie e gli altri investitori che avevano comprato *tranches* di ABSs e ABS CDOs hanno subìto forti perdite. Perdite sono state subìte anche da chi aveva originariamente concesso i mutui, a causa delle garanzie prestate sulla qualità dei mutui cartolarizzati e delle azioni legali cui hanno dovuto far fronte.

Come spesso accade quando i mercati delle obbligazioni accusano perdite, c'è stata una «fuga verso la qualità» (*flight to quality*). Gli investitori non hanno più voluto assumersi rischi e hanno preferito comprare titoli di Stato e investire in attività altrettanto sicure.

I «differenziali creditizi» (*credit spreads*), ossia i tassi di rendimento extra richiesti per il rischio di credito, sono aumentati bruscamente. Molte società non finanziarie hanno avuto difficoltà a ottenere prestiti dalle banche. In realtà, le stesse banche hanno iniziato a non fidarsi delle altre banche e i tassi interbancari sono fortemente aumentati.

Nella seconda metà del 2007, le *tranches* di ABSs e ABS CDOs hanno subìto la «revisione del *rating* in senso peggiorativo» (*downgrading*). Il mercato di queste *tranches* è diventato molto poco liquido. Gli investitori si sono resi conto che non avevano ben compreso il loro funzionamento e che si erano fidati troppo dei *ratings*. Quel che è accaduto sottolinea l'importanza della trasparenza nei mercati finanziari. I prodotti creati negli anni che hanno preceduto la crisi erano troppo complicati.[12] Gli investitori non se ne sono preoccupati fintantoché il problema non è emerso. Solo allora è apparso chiaro che questi prodotti potevano essere negoziati solo a «prezzi stracciati» (*fire-sale prices*).

Banche come UBS, Merrill Lynch e Citigroup, fortemente esposte su alcune *tranches*, hanno subìto perdite enormi. Molte istituzioni finanziarie sono state salvate facendo ricorso a fondi pubblici. Lehman Brothers è stata lasciata fallire. Il mondo ha vissuto la peggiore recessione dopo quella degli anni '30. La disoccupazione è aumentata. Ne hanno subìto le conseguenze anche i popoli di zone remote del mondo, senza alcuna legame con le istituzioni finanziarie statunitensi.

Anche le banche stanno ora pagando il prezzo della crisi. Come vedremo nel Capitolo 26, i requisiti patrimoniali sono stati aumentati e sono stati introdotti due nuovi obblighi, basati su altrettanti «rapporti di liquidità» (*liquidity ratios*). Negli Stati Uniti, il Dodd-Frank Act ha rafforzato la vigilanza sulle istituzioni finanziarie e ha ristretto il loro campo di attività limitando alcune aree come quelle delle «negoziazioni in proprio» (*proprietary trading*) e del *trading* di derivati.

7.4 COS'È ANDATO STORTO?

Il termine «esuberanza irrazionale» (*irrational exuberance*) è stato coniato da Alan Greenspan, *chairman* del Federal Reserve Board, negli anni '90, in tempi di forte rialzo delle quotazioni azionarie. Può anche essere utilizzato per caratterizzare il periodo che ha preceduto la crisi. Chi concedeva mutui, chi acquistava le *tranches* di CDO e ABS CDOs create con le cartolarizzazioni dei mutui immobiliari e chi ven-

---

[12] Alcuni prodotti erano ancor più complessi di quelli descritti nella Sezione 7.2. Ad esempio, le *tranches* di ABS CDOs sono state a volte incluse nei portafogli utilizzati per creare altri ABS CDOs.

deva protezione su queste *tranches* riteneva che i tempi buoni sarebbero durati per sempre e, in particolare, che i prezzi delle abitazioni sarebbero sempre saliti o comunque non sarebbero scesi. I prezzi avrebbero potuto ridimensionarsi in qualche area geografica, ma la possibilità del declino generalizzato mostrato dalla Figura 7.1 era uno scenario che non veniva preso in considerazione.

Molti fattori hanno contribuito a determinare la crisi:

1. le banche commerciali hanno allentato i criteri utilizzati nella concessione dei mutui;
2. le cartolarizzazioni hanno consentito il trasferimento del rischio dei mutui dalle banche agli investitori;
3. le agenzie di *rating* hanno ampliato la loro sfera di attività dal settore delle obbligazioni, dove avevano accumulato una considerevole esperienza, al settore dei prodotti strutturati, che erano relativamente nuovi e per i quali disponevano di serie storiche relativamente corte;
4. i prodotti acquistati dagli investitori erano complessi e, in molti casi, gli investitori e le agenzie di *rating* avevano a disposizione informazioni poco accurate o incomplete sulla qualità delle attività sottostanti;
5. gli investitori hanno ritenuto che i prodotti strutturati fossero una «macchina per far soldi» (*money machine*) e hanno deciso di fidarsi dei *ratings*, senza formarsi una propria opinione sui rischi sottostanti;
6. il tasso di rendimento promesso dai prodotti strutturati con *rating* AAA era più elevato rispetto a quelli promessi dalle obbligazioni con *rating* AAA.

Arbitraggi Regolamentari

I mutui ipotecari erano stati concessi soprattutto da banche e le stesse banche figuravano tra i principali sottoscrittori delle *tranches* basate su portafogli di mutui ipotecari. Perché le banche cartolarizzavano i mutui per poi comprare i prodotti strutturati creati con le cartolarizzazioni? La risposta è che effettuavano i cosiddetti «arbitraggi regolamentari» (*regulatory arbitrages*). Il capitale regolamentare assorbito dalle *tranches* basate su portafogli di mutui era molto minore del capitale regolamentare assorbito dagli stessi mutui. Il motivo è che i mutui venivano tenuti nel «portafoglio bancario» (*banking book*) mentre le *tranches* venivano tenute nel «portafoglio di negoziazione» (*trading book*). I requisiti patrimoniali per il *banking book* erano diversi da quelli per il *trading book*. Questo punto verrà ulteriormente trattato più avanti (Capitolo 25 - Capitolo 27).

Incentivi

Gli economisti usano il termine «costi d'agenzia» (*agency costs*) per descrivere le situazioni in cui, non essendo ben definiti gli incentivi, gli interessi delle parti coinvolte in una relazione d'affari non sono perfettamente allineati tra loro. Sfortunatamente, il processo con cui i mutui ipotecari venivano concessi, cartolarizzati e venduti agli investitori era pieno di costi d'agenzia:

1. le banche avevano interesse a concedere mutui ipotecari da girare ai creatori di prodotti strutturati (ABSs e ABS CDOs). I mutui erano tanto più graditi quanto minore era il «rapporto tra l'importo del mutuo e il valore di mercato della casa» (*loan-to-value ratio*);

2. gli intermediari immobiliari avevano interesse a valutare le case in modo da compiacere le banche (così facendo, sviluppavano il loro giro d'affari). Più elevata era la valutazione della casa, minore era il *loan-to-value ratio*;
3. la principale preoccupazione dei creatori di prodotti strutturati era il *rating* assegnato alle *tranches*. Volevano che le *tranches* con *rating* AAA fossero quanto più ampie possibile e, servendosi dei criteri resi noti dalle agenzie di *rating*, sono riusciti a raggiungere il loro scopo;
4. le agenzie di *rating* venivano pagate dagli emittenti delle obbligazioni e dei prodotti strutturati a cui assegnavano il *rating*, e circa la metà del loro fatturato proveniva dai prodotti strutturati.

Un altro caso in cui si presentano costi d'agenzia si ha quando gli interessi delle istituzioni finanziarie non sono allineati con quelli dei propri dipendenti. In genere, la remunerazione dei dipendenti ha tre componenti: lo stipendio, il *bonus* di fine anno e gli incentivi in forma di azioni o *stock options*. Nelle istituzioni finanziarie, gran parte della remunerazione dei dipendenti – quale che sia il loro grado di anzianità – dipende dal *bonus* di fine anno. Di solito, questa forma di remunerazione si basa sulla *performance* di breve termine. Se un *trader* genera profitti enormi in un anno ed è responsabile di severe perdite nell'anno successivo, il *bonus* pagato alla fine del primo anno non deve essere restituito nell'anno successivo. In conseguenza delle perdite subìte nel secondo anno, il *trader* potrà perdere il suo lavoro, ma anche il licenziamento non rappresenta un disastro: le istituzioni finanziarie non sembrano essere restie ad assumere *traders* nei cui *curriculum* ci sono tracce di perdite.

Esempio 7.5

Immaginate di lavorare per un'istituzione finanziaria, come *trader* di ABS CDOs. Nel 2006, vi rendete conto che – quasi certamente – c'è una bolla nel mercato immobiliare statunitense, pronta a scoppiare. Tuttavia, è possibile che decidiate di continuare ad acquistare gli ABS CDOs. Se la bolla non scoppia prima della fine del 2006, riuscirete ad avere un bel *bonus* a fine anno!

7.5 INSEGNAMENTI CHE POSSIAMO TRARRE DALLA CRISI

Tra gli insegnamenti che possiamo trarre dalla crisi figurano i seguenti:

1. i *risk managers* dovrebbero prestare attenzione ai casi di esuberanza irrazionale e accertarsi che il *senior management* comprenda che i tempi buoni non sono destinati a durare per sempre;
2. le correlazioni aumentano in condizioni di mercato critiche. Nel valutare fino a che punto le cose possono deteriorarsi, i *risk managers* non dovrebbero utilizzare le correlazioni stimate in condizioni di mercato normali;
3. quando i tassi d'insolvenza aumentano, i tassi di recupero diminuiscono (si veda la Sezione 17.3). Questa relazione vale per quasi tutti gli strumenti obbligazionari, non solo per i mutui. Nel valutare fino a che punto le cose possono deteriorarsi, i *risk managers* non dovrebbero utilizzare i tassi di recupero stimati sulla base di dati raccolti in condizioni di mercato normali;
4. i *risk managers* dovrebbero accertarsi che gli incentivi per i *traders* (e per tutto il resto del personale della banca) siano tali da indurli a prendere decisioni che siano nel miglior interesse dell'organizzazione per la quale lavorano. In seguito alla crisi, molte istituzioni finanziarie hanno riesaminato le proprie politiche retributive. Spesso, i *bonus* vengono ora «distribuiti» (*spread out*) su diversi an-

ni, piuttosto che essere corrisposti in un'unica soluzione. Se la buona *performance* in un anno viene seguita da una cattiva *performance* nell'anno successivo, una parte del *bonus* non ancora pagato può essere «recuperata» (*clawed back*);
5. se un contratto sembra troppo buono per essere vero, probabilmente non è un buon contratto. Le *tranches* con *rating* AAA dei prodotti strutturati promettevano tassi di rendimento superiori di 100 p.b., o più, rispetto alle obbligazioni con *rating* AAA. La conclusione che gli investitori avrebbero dovuto trarre è che probabilmente la rischiosità delle *tranches* era superiore a quella stimata dalle agenzie di *rating*;
6. gli investitori non dovrebbero fare troppo affidamento sui *ratings*. Dovrebbero comprendere le ipotesi utilizzate dalle agenzie di *rating* e svolgere indipendentemente le proprie analisi;
7. la trasparenza è importante per i mercati finanziari. Se manca la trasparenza (com'è successo nel caso delle ABS CDOs), la liquidità dei mercati può prosciugarsi non appena giungono notizie negative;
8. le «cartolarizzazioni di secondo livello» (*re-securitizations*), che hanno portato alla creazione di ABS CDOs e CDOs di CDOs, erano frutto di un'idea errata. Negli ABSs, le attività presenti nel portafoglio sottostante dovrebbero essere selezionate in modo che il portafoglio risulti ampiamente diversificato. Non c'è poi più nulla da guadagnare da un'ulteriore cartolarizzazione.

Molti investitori ritenevano, a torto, che le *tranches* degli ABSs con *rating* BBB fossero equivalenti a obbligazioni con *rating* BBB (Riquadro 7.1) I *traders* che non condividevano quest'opinione avrebbero potuto mettere in atto una strategia volta a sfruttare un'opportunità pressoché priva di rischio (Riquadro 7.2)

SOMMARIO

La «Crisi Finanziaria Globale» (*Global Financial Crisis* - GFC) ha avuto effetti devastanti per i mercati finanziari di tutto il mondo. La crisi ha avuto origine nel mercato immobiliare statunitense. Il governo degli Stati Uniti cercava di facilitare la proprietà immobiliare e i tassi d'interesse erano bassi. Le banche attive nel settore dei mutui hanno allentato il rigore delle proprie istruttorie e, grazie alle cartolarizzazioni, hanno potuto trasferire il rischio di credito dei mutui agli investitori. Le agenzie di *rating* hanno concesso il *rating* AAA alle *senior tranches* create con le cartolarizzazioni. Queste *tranches* hanno trovato numerosi investitori disposti a comprarle, perché promettevano tassi di rendimento superiori a quelli di altri titoli con lo stesso *rating*. Le banche hanno pensato che i «tempi buoni» (*good times*) sarebbero continuati e, dato che i *bonus* si basano sui profitti a breve termine, hanno deciso di ignorare la bolla del mercato immobiliare, e il suo possibile impatto, continuando a negoziare prodotti molto complessi derivanti dalle cartolarizzazioni.

I prezzi delle case sono aumentati fino alla prima metà del 2006, grazie agli acquisti delle prime case e a quelli degli speculatori. Alcuni mutui erano caratterizzati da tassi "civetta" molto bassi per i primi 2-3 anni. Trascorso questo periodo, i tassi d'interesse sono aumentati e molti mutuatari, non essendo in grado di rispettare gli impegni presi, sono falliti. Le vendite coattive legate ai pignoramenti hanno fatto aumentare l'offerta di case, con effetti negativi sui prezzi. Alcuni speculatori si sono trovati ad avere case il cui valore di mercato era inferiore a quello

Riquadro 7.2 Un'opportunità di *trading*?

Alcuni *traders* hanno scommesso pesantemente contro il mercato dei mutui *subprime*. Supponete di essere un *trader* e che stiate analizzando i mercati nel 2005-6. Non avete idea di come andrà il mercato dei mutui *subprime*. C'è comunque un'opportunità di *trading* che potreste sfruttare?

La risposta è sì. Le Mezz ABS CDOs vi offrono un'opportunità di *trading*. La Figura 7.5 è una semplificazione di come le *tranches* venivano create. In pratica, gli ABSs erano di solito composti da tre *tranches*, con *rating* BBB+, BBB e BBB–. Ogni *tranche* era molto sottile, di ampiezza pari a circa l'1%. Da ognuno dei tre tipi di *tranches* venivano create le Mezz ABS CDOs.

Consideriamo la Mezz ABS CDO creata in base alle *tranches* con *rating* BBB+. Un *trader* poteva ragionevolmente concludere che le *tranches* con *rating* BBB+ create in base a diversi portafogli di mutui o erano tutte sicure (perché non ci sarebbe stata nessuna crisi sul mercato immobiliare) o sarebbero state tutte cancellate (dato che l'ampiezza delle *tranches* era pari all'1%, era improbabile che sarebbero state cancellate solo parzialmente). Di conseguenza, tutte le Mezz ABS CDO *tranches* create dalle ABS *tranches* con *rating* BBB+ o erano tutte sicure o sarebbero state tutte cancellate. Pertanto, le Mezz ABS CDO *tranches* erano più o meno equivalenti e dovevano avere lo stesso *rating* (BBB+ nel caso in esame).

Avendo compreso la situazione, cosa poteva fare il *trader*? Doveva comprare le *junior* ABS CDO *tranches* (che erano relativamente a buon mercato per via del *rating*) e vendere le *senior* ABS CDO *tranches* (che erano relativamente care). Se il capitale sottostante era lo stesso, il *trader* poteva star tranquillo perché sapeva di aver comunque bloccato un profitto.

Queste considerazioni enfatizzano il punto, discusso nel Riquadro 7.1, secondo cui le *tranches* con *rating* BBB (soprattutto quelle molto sottili) non dovevano essere considerate equivalenti a obbligazioni con *rating* BBB.

---

dei mutui accesi per comprarle e sono falliti. Questi fallimenti hanno accentuato il declino dei prezzi.

Negli Stati Uniti, molti fattori hanno contribuito a creare la bolla immobiliare e la successiva recessione. Tra questi, hanno svolto un ruolo l'esuberanza irrazionale di molti operatori, gli incentivi distorti nelle politiche retributive, l'eccessivo affidamento alle agenzie di *rating*, la mancanza di analisi approfondite da parte degli investitori e la complessità dei prodotti strutturati.

La crisi ha offerto ai *risk managers* diversi insegnamenti. Come vedremo più avanti, in altri capitoli, la crisi ha anche portato a numerosi cambiamenti nella regolamentazione bancaria.

SUGGERIMENTI PER ULTERIORI LETTURE

GORTON, G., "The Subprime Panic", *European Financial Management*, 15, no.1, 2008, 10-46.

HULL, J. C., "The Financial Crisis of 2007: Another Case of Irrational Exuberance", in *The Finance Crisis and Rescue: What Went Wrong? Why? What Lessons Can Be Learned?*, University of Toronto Press, 2008.

KEYS, B. J., MUKHERJEE, T. e VIG, V., "Did Securitization Lead to Lax Screening? Evidence from Subprime Loans", *Quarterly Journal of Economics*, 125, no. 1, February 2010, 307-62.

KRINSMAN, A. N., "Subprime Mortgage Meltdown: How Did It Happen and How Will It End?", *Journal of Structured Finance*, Summer 2007, 13-9.

MIAN, A., e SUFI, A., "The Consequences of Mortgage Credit Expansion: Evidence from the US Mortgage Default Crisis", *Quarterly Journal of Economics*, 124, no. 4, November 2009, 1449-96.

SORKIN, A. R., *Too Big to Fail*. New York: Penguin, 2009.

TETT, G., *Fool's Gold: How the Bold Dream of a Small Tribe at JPMorgan Was Corrupted by Wall Street Greed and Unleashed a Catastrophe*. New York: Free Press, 2009.

ZIMMERMAN, T., "The Great Subprime Meltdown", *Journal of Structured Finance*, Fall 2007, 7-20.

DOMANDE E PROBLEMI
(le risposte si trovano alla fine del libro)

7.1. Perché spesso, negli anni 2000-7, le istituzioni finanziarie non hanno verificato le informazioni fornite dai clienti prima di concedere i mutui?

7.2. Perché si parla di «bolla immobiliare» (*real-estate bubble*) a proposito degli aumenti di prezzo fatti registrare dalle abitazioni negli anni 2000-7?

7.3. Considerando i dati utilizzati per costruire la Tavola 7.1, calcolate le perdite sulla *mezzanine tranche* dell'ABS e le perdite su ciascuna delle tre *tranches* dell'ABS CDO quando le perdite sul portafoglio di mutui *subprime* sono pari, rispettivamente, al
(a) 5% del totale;
(b) 12% del totale.

7.4. Perché i rischi delle *tranches* di un ABS sono diversi dai rischi tipici delle obbligazioni con lo stesso *rating*?

7.5. Spiegate la differenza tra un ABS e un'ABS CDO.

7.6. Come mai il rischio delle ABS CDOs è stato sottovalutato dal mercato?

7.7. (a) Cosa s'intende per «costi d'agenzia» (*agency costs*)?
(b) Qual è stato il ruolo dei costi d'agenzia nella Crisi Finanziaria Globale?

7.8. Nelle cartolarizzazioni, cos'è la *waterfall*?

7.9. (a) Come viene creata un'ABS CDO?
(b) Quali sono i motivi che inducono a creare le ABS CDOs?

7.10. Mian e Sufi (2008) hanno dimostrato che – nel periodo 2000-7 – le istituzioni finanziarie hanno allentato i criteri utilizzati nella concessione dei prestiti. Quali dati hanno utilizzato per provare la loro tesi?

7.11. Cos'è una *mezzanine tranche*?

7.12. Spiegate qual è l'effetto dell'aumento della *default correlation*
(a) sulla *senior tranche* di una CDO;
(b) sull'*equity tranche* di una CDO.

7.13. Spiegate perché, in passato, il *bonus* di fine anno è stato considerato come una forma di remunerazione a breve termine.

Capitolo 8
Volatilità

È importante che le istituzioni finanziarie tengano sotto controllo le volatilità delle variabili di mercato (tassi di cambio, prezzi delle azioni, prezzi delle merci, ecc.) da cui dipende il valore del loro portafoglio. Questo capitolo descrive le procedure che possono essere utilizzate.

Innanzitutto verrà definito il concetto di volatilità e verrà poi spiegato il modo in cui le volatilità possono essere stimate sulla base dei prezzi delle opzioni (volatilità implicite) o delle serie storiche dei prezzi delle attività sottostanti (volatilità storiche).

Poi esamineremo l'ipotesi che i tassi di variazione proporzionali delle variabili di mercato si distribuiscano in modo normale e presenteremo l'alternativa rappresentata dalla «legge di potenza» (*power law*).

Quindi passeremo a esaminare il modello della «media mobile con pesi esponenziali» (*Exponentially Weighted Moving Average* - EWMA), il modello a «eteroschedasticità condizionata autoregressiva» (*AutoRegressive Conditional Heteroscedasticity* - ARCH) e il modello a «eteroschedasticità condizionata autoregressiva generalizzata» (*Generalized AutoRegressive Conditional Heteroscedasticity* - GARCH).

La principale caratteristica di questi modelli è che essi riconoscono la non-costanza delle volatilità: in alcuni periodi è relativamente bassa, mentre in altri è relativamente alta. Questi modelli cercano di spiegare le variazioni delle volatilità che si manifestano col passare del tempo.

8.1 DEFINIZIONE DI VOLATILITÀ

La volatilità, σ, di una variabile è definita come deviazione standard del tasso di rendimento della variabile nell'unità di tempo. Il tasso di rendimento è quello composto continuamente (la frequenza di capitalizzazione dei tassi di rendimento è stata discussa nell'Appendice 3a).

Quando la volatilità viene utilizzata per valutare le opzioni, l'unità di tempo è rappresentata da un anno, per cui la volatilità è definita come deviazione standard del tasso di rendimento annuo (composto continuamente).

Invece, quando la volatilità viene utilizzata dalle funzioni di *risk management*, l'unità di tempo è rappresentata da un giorno, per cui la volatilità è definita come deviazione standard del tasso di rendimento giornaliero (composto continuamente).

Sia S_i il valore di una certa variabile di mercato alla fine del giorno i. La variabile u_i, che rappresenta il tasso di rendimento composto continuamente durante il giorno i (tra la fine del giorno $i-1$ e la fine del giorno i), è così definita

$$u_i = \ln\left(\frac{S_i}{S_{i-1}}\right).$$

Quest'espressione è pressoché uguale al tasso di variazione proporzionale

$$\frac{S_i - S_{i-1}}{S_{i-1}}.$$

Pertanto, secondo un'altra definizione, la volatilità giornaliera di una variabile è la deviazione standard del tasso di variazione proporzionale giornaliero della variabile. Questa è la definizione che viene generalmente utilizzata in *risk management*.

Esempio 8.1

Il prezzo corrente di un'azione è pari a $60 e la sua volatilità giornaliera è pari al 2%. Pertanto, se il prezzo dell'azione cambiasse – in un giorno – in misura pari a 1 deviazione standard, la variazione sarebbe pari a $1,20 (= $60 × 0,02). Se la variazione del prezzo dell'azione è una variabile casuale normale a media nulla, possiamo ritenere – a un livello di confidenza del 95% – che il prezzo dell'azione a fine giornata sarà compreso tra $57,65 (= $60 – 1,960 × $1,20) e $62,35 (= $60 + 1,960 × $1,20). [Questo è il cosiddetto «test a due code» (*two-tailed test*) con una probabilità del 2,5% in ciascuna delle due code della distribuzione].

Se i tassi di rendimento giornalieri sono indipendenti tra loro e hanno la stessa varianza, la varianza del tasso di rendimento relativo a un orizzonte temporale di n giorni è pari al prodotto tra n e la varianza giornaliera. Pertanto, la deviazione standard del tasso di rendimento relativo a un orizzonte temporale di n giorni è pari al prodotto tra $\sqrt{n}$ e la deviazione standard giornaliera. In altri termini, l'incertezza circa il futuro prezzo dell'azione cresce con la radice quadrata del tempo.

Esempio 8.2

Supponiamo, come nell'Esempio 8.1, che il prezzo di un'azione sia di $60 e che la volatilità giornaliera sia del 2%. La deviazione standard del tasso di rendimento (composto continuamente) relativo ai prossimi 5 giorni è pari al 4,47% (= 2% × $\sqrt{5}$). Dato che 5 giorni rappresentano un orizzonte temporale breve, si può ritenere che anche la deviazione standard del tasso di variazione proporzionale relativo ai prossimi 5 giorni sia pari al 4,47%. Nello stesso arco di tempo, la deviazione standard del prezzo dell'azione è pari a $2,68 (= $60 × 0,0447). Se la variazione del prezzo dell'azione si distribuisce in modo normale, possiamo ritenere, con un livello di confidenza del 95%, che tra il prezzo dell'azione tra 5 giorni sarà compreso tra $54,74 (= $60 – 1,960 × $2,68) e $65,26 (= $60 + 1,960 × $2,68).

Tasso di Varianza

Spesso i *risk managers* si concentrano sul «tasso di varianza» (*variance rate*) piuttosto che sulla volatilità. Il tasso di varianza è il quadrato della volatilità. Il tasso di varianza giornaliero è la varianza del tasso di rendimento giornaliero composto continuamente. Mentre la deviazione standard del tasso di rendimento nel periodo (0, T) cresce con la radice quadrata di T, la varianza del tasso di rendimento cresce linearmente con T. Se vogliamo essere pedanti, potremmo dire che è corretto parlare di tasso di varianza giornaliero ma che non è corretto parlare di volatilità giornaliera, dato che essa si riferisce alla «radice quadrata di un giorno».

Sez. 8.1 Definizione di Volatilità

Riquadro 8.1 Cos'è che determina la volatilità?

È naturale supporre che la volatilità del prezzo di un'azione sia causata dall'arrivo casuale di nuove informazioni che giungono sul mercato. Queste informazioni inducono le persone a rivedere le loro opinioni circa il valore dei titoli. Il prezzo dei titoli cambia e di conseguenza si determina volatilità.

Quest'ipotesi sulle cause della volatilità non è supportata dall'evidenza empirica. Esaminando le quotazioni giornaliere delle azioni per diversi anni, alcuni accademici hanno calcolato:
1. la varianza dei tassi di rendimento tra la chiusura di un giorno e quella del precedente, limitatamente alle osservazioni non separate da giorni festivi;
2. la varianza dei tassi di rendimento delle azioni tra la chiusura del lunedì e la chiusura del venerdì precedente.

La seconda varianza si riferisce a dati che sono distanziati tra loro di tre giorni mentre la prima si riferisce a dati che sono distanziati tra loro di un solo giorno. Se i giorni lavorativi equivalgono ai festivi, ci dovremmo ragionevolmente attendere che la varianza *sub* 2 sia tre volte più grande della varianza *sub* 1. Fama (1965), French (1980) e French & Roll (1986) hanno dimostrato che non è così. Questi tre studi trovarono che la seconda varianza era maggiore, rispettivamente, del 22%, 19% e 11% rispetto alla prima varianza.

Si potrebbe sostenere che questi risultati sono spiegati dal fatto che le nuove informazioni raggiungono il mercato soprattutto nelle ore di contrattazione. Tuttavia, gli studi condotti da Roll (1984) non supportano questa spiegazione.

Roll ha esaminato i prezzi *futures* del succo d'arancia. Le notizie di gran lunga più importanti per i prezzi *futures* del succo d'arancia riguardano le condizioni atmosferiche ed è probabile che queste notizie siano equamente distribuite nei vari giorni della settimana. Effettuando un'analisi simile a quella descritta per i prezzi delle azioni, Roll trovò che la seconda varianza era maggiore solo del 54% rispetto alla prima varianza.

L'unica conclusione ragionevole sembra essere quella che la volatilità è in una certa misura causata dalle stesse contrattazioni (di solito i *traders* non hanno difficoltà ad accettare questa conclusione!).

Giorni di Calendario e Giorni Lavorativi

Quando si stima la volatilità, ci si chiede se il tempo debba essere misurato in giorni di calendario o in giorni di negoziazione. Come si vede nel Riquadro 8.1, le ricerche empiriche mostrano che la volatilità è molto più alta quando la borsa è aperta che non quando è chiusa. Di conseguenza, i *traders* tendono a ignorare i giorni in cui la borsa è chiusa quando stimano la volatilità in base ai dati storici. In genere si suppone che i giorni lavorativi in un anno siano 252.

Sia σ_a la volatilità annua di una certa attività e σ_g la corrispondente volatilità giornaliera. Se i tassi di rendimento relativi a giorni adiacenti sono indipendenti tra loro e hanno la stessa varianza, allora

$$\sigma_a = \sigma_g \sqrt{252}$$

da cui

$$\sigma_g = \frac{\sigma_a}{\sqrt{252}}$$

cosicché la volatilità giornaliera è pari a circa il 6% (= $1/\sqrt{252}$) della volatilità annua.

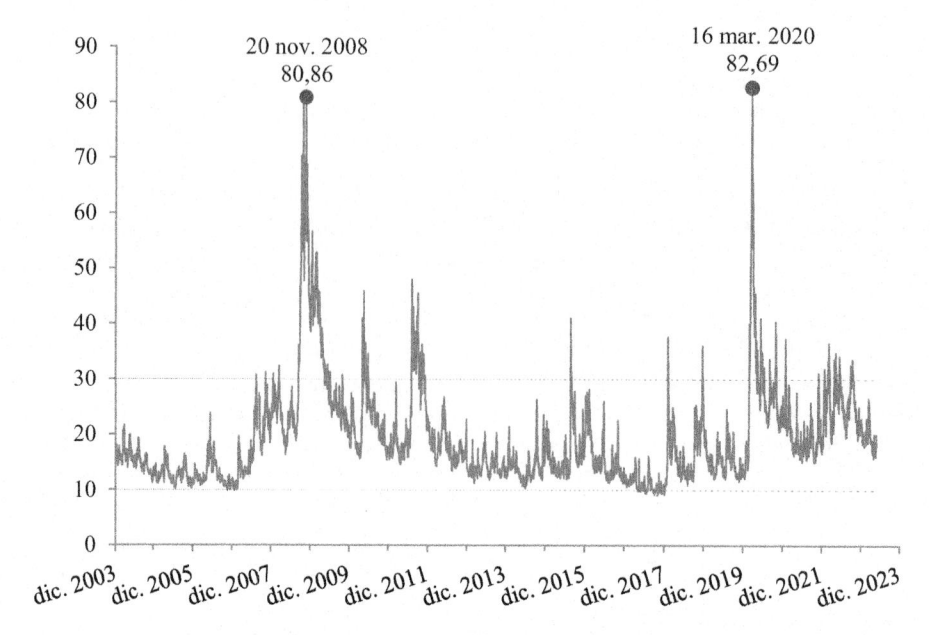

Figura 8.1 Indice VIX (gennaio 2004 - maggio 2023).

8.2 VOLATILITÀ IMPLICITE

Anche se in genere la volatilità viene stimata in base ai dati storici, i *risk managers* cercano di tener conto anche delle «volatilità implicite» (*implied volatilities*). Come si è visto nell'Appendice 5c, l'unico parametro del famoso modello Black-Scholes-Merton che non può essere osservato direttamente è la volatilità del sottostante. La volatilità implicita è quel valore di σ che, inserito nelle formule di valutazione delle opzioni, assicura l'uguaglianza tra prezzo teorico e prezzo di mercato.

Indice VIX

Il CBOE pubblica alcuni indici della volatilità implicita. L'indice più diffuso, l'SPX VIX, è un indice della volatilità implicita nelle opzioni a 30 giorni scritte sullo S&P 500. L'indice viene calcolato sulla base di numerose opzioni *call* e *put* negoziate al CBOE.[1] Le negoziazioni dei *futures* scritti sul VIX sono iniziate nel 2004, mentre le negoziazioni delle opzioni scritte sul VIX sono iniziate nel 2006. I *futures* e le opzioni scritti sullo S&P 500 consentono di scommettere sul livello e sulla volatilità dello S&P 500, mentre i *futures* e le opzioni scritti sul VIX consentono di scommettere esclusivamente sulla volatilità dello S&P 500. Ogni contratto è scritto sul prodotto tra 1.000 e il prezzo *spot* dell'indice.

La Figura 8.1 mostra l'evoluzione del VIX tra il gennaio 2004 e il maggio 2023. Come si può notare, tra il 2004 e la prima metà del 2007, l'indice oscillava tra 10 e 20. Ha poi raggiunto i 30 nella seconda metà del 2007 e i livelli record di 80 negli ultimi mesi del 2008, dopo il fallimento di Lehman Brothers. Nella prima parte

---

[1] Analogamente, il VXN è l'indice della volatilità del Nasdaq 100 e il VXD è l'indice della volatilità del Dow Jones Industrial Average.

TAVOLA 8.1 Distribuzione effettiva e teorica dei tassi di cambio.

Ampiezza del tasso di variazione	Distribuzione effettiva (%)	Distribuzione log-normale (%)
Maggiore di 1 deviazione standard	23,317	31,731
Maggiore di 2 deviazioni standard	4,673	4,550
Maggiore di 3 deviazioni standard	1,301	0,270
Maggiore di 4 deviazioni standard	0,491	0,006
Maggiore di 5 deviazioni standard	0,243	0,000
Maggiore di 6 deviazioni standard	0,132	0,000

Nota: sono riportate le probabilità (%) che i tassi di variazione giornalieri di un tasso di cambio, considerati in valore assoluto, siano maggiori di una deviazione standard, due deviazioni standard, ecc.

del 2010 era tornato su livelli più normali, ma nel marzo 2020 ha raggiunto un picco di oltre 82 a causa delle incertezze sul futuro e del forte declino delle quotazioni causati dall'inizio della pandemia da Covid-19. A volte l'indice VIX viene chiamato «indice della paura» (*fear index*).

Esempio 8.3

Un *trader* compra un *futures* sul VIX per scadenza aprile. Il prezzo *futures* è di $18,5. Questo prezzo corrisponde a una volatilità implicita a 30 giorni pari al 18,5%. Il *trader* chiude la sua posizione quando il prezzo *futures* è di $19,3, ossia quando la volatilità implicita a 30 giorni è pari al 19,3%. Il profitto realizzato dal *trader* è di $800 [= 1.000 × ($19,3 − $18,5)].

8.3 NORMALITÀ DELLE VARIABILI FINANZIARIE

Un'ipotesi comune è che le variabili di mercato si distribuiscano in modo normale. Sotto quest'ipotesi, possiamo utilizzare le volatilità giornaliere per calcolare gli intervalli di confidenza nel modo esposto nell'Esempio 8.1 e nell'Esempio 8.2. In realtà, la frequenza con cui la maggior parte delle variabili finanziarie è soggetta a forti sbalzi è più elevata di quella coerente con l'ipotesi di normalità.

Esempio 8.4

La Tavola 8.1 riporta i risultati di un'analisi svolta esaminando i tassi di variazione giornalieri di 10 valute (corona danese, corona svedese, dollaro australiano, dollaro canadese, dollaro neozelandese, franco svizzero, peso messicano, sterlina, yen giapponese) in un arco di tempo decennale (dal 2005 al 2015).

La tavola è stata costruita calcolando innanzitutto, per ciascuna valuta, la deviazione standard dei tassi di variazione giornalieri. Quindi si è verificato quanto spesso i tassi di variazione, considerati in valore assoluto, eccedono una deviazione standard, due deviazioni standard, ecc. Infine, si è calcolato quanto spesso ciò sarebbe successo se i tassi di variazione fossero distribuiti in modo normale.

L'ampiezza dei tassi di variazione giornalieri è superiore a 3 deviazioni standard nell'1,34% delle osservazioni. Secondo il modello log-normale gli eventi a 3 deviazioni standard dovrebbero verificarsi solo nello 0,27% dei casi. L'ampiezza dei tassi di variazione giornalieri è superiore a 4, 5 e 6 deviazioni standard nello 0,29%, 0,08% e 0,03% delle osservazioni, rispettivamente. Secondo il modello normale questi eventi hanno probabilità minime di verificarsi. Pertanto, l'evidenza empirica contenuta nella tavola dimostra l'esistenza di «code spesse» (*fat tails*) nella distribuzione effettiva dei tassi di variazione delle valute.

Riquadro 8.2 Come far soldi con le *currency options*.

Supponiamo che la maggior parte degli operatori ritenga che i tassi di cambio si distribuiscano in modo log-normale. Questi *traders* useranno la stessa volatilità per valutare tutte le opzioni scritte su una certa valuta. Al contrario, voi avete appena effettuato le analisi della Tavola 8.1 e sapete che l'ipotesi di log-normalità dei tassi di cambio non è supportata dall'evidenza empirica. Cosa dovreste fare? La risposta è che dovreste comprare opzioni *deep-out-of-the money*, scritte su diverse valute, e ... aspettare. Queste opzioni saranno relativamente a buon mercato e il numero di quelle che termineranno *in-the-money* risulterà maggiore di quel che è previsto dal modello log-normale. Il valore attuale dei vostri ricavi sarà in media molto più elevato del costo delle opzioni.

A metà degli anni '80, solo alcuni *traders* erano a conoscenza della presenza di *fat tails* nelle distribuzioni probabilistiche dei tassi di cambio. Tutti gli altri ritenevano che l'ipotesi di log-normalità di Black-Scholes-Merton fosse ragionevole. I *traders* bene informati seguirono la strategia sopra accennata e ... fecero un mucchio di soldi. Verso la fine degli anni '80 tutti compresero come le opzioni su valute dovessero essere valutate e le opportunità di profitto scomparvero.

Se i tassi di rendimento sono composti continuamente, il tasso di rendimento plurigiornaliero è pari alla somma dei tassi di rendimento giornalieri. Se i tassi di rendimento giornalieri fossero indipendenti tra loro e identicamente distribuiti in modo non-normale, per il teorema del limite centrale il tasso di rendimento plurigiornaliero dovrebbe essere approssimativamente normale. In realtà, i tassi di rendimento giornalieri non sono identicamente distribuiti (come vedremo più avanti, uno dei motivi è che la volatilità non è costante). Di conseguenza, i tassi di rendimento plurigiornalieri non si distribuiscono in modo normale, al pari di quelli giornalieri.

Il Riquadro 8.2 mostra che si potevano far soldi con le analisi della Tavola 8.1 se, a metà degli anni '80, si fosse agito in anticipo rispetto al mercato.

La Figura 8.2 mette a confronto la distribuzione normale e una tipica distribuzione leptocurtica con uguale media e deviazione standard.[2] La distribuzione leptocurtica ha più peso nelle code e nella parte centrale rispetto alla distribuzione normale. Nella Figura 8.2 possiamo individuare tre zone: la parte centrale, le code e le parti intermedie (comprese tra la parte centrale e ognuna delle due code).

Quando passiamo dalla distribuzione normale alla distribuzione leptocurtica la massa della probabilità si sposta dalle zone intermedie alla parte centrale e alle code. La distribuzione leptocurtica ben rappresenta la distribuzione effettiva del tasso di variazione di una variabile di mercato in quanto i tassi di variazione di modesta entità e quelli di dimensione molto rilevante ricevono più peso rispetto alla distribuzione normale, mentre quelli di dimensione intermedia ricevono meno peso.

8.4 POWER LAW

La «legge di potenza» (*power law*) rappresenta un'alternativa rispetto all'ipotesi di normalità. Secondo questa legge, il valore, v, di una variabile gode della proprietà secondo cui, quando x è grande, risulta

$$\text{Prob}(v > x) = K x^{-\alpha} \qquad (8.1)$$

dove K e α sono due costanti.

---

[2] La «curtosi» (*kurtosis*) misura lo spessore delle code di una distribuzione. La distribuzione leptocurtica ha code più spesse rispetto alla distribuzione normale, quella platicurtica ha code meno spesso rispetto alla distribuzione normale e quella mesocurtica ha code di uguale dimensione rispetto alla distribuzione normale.

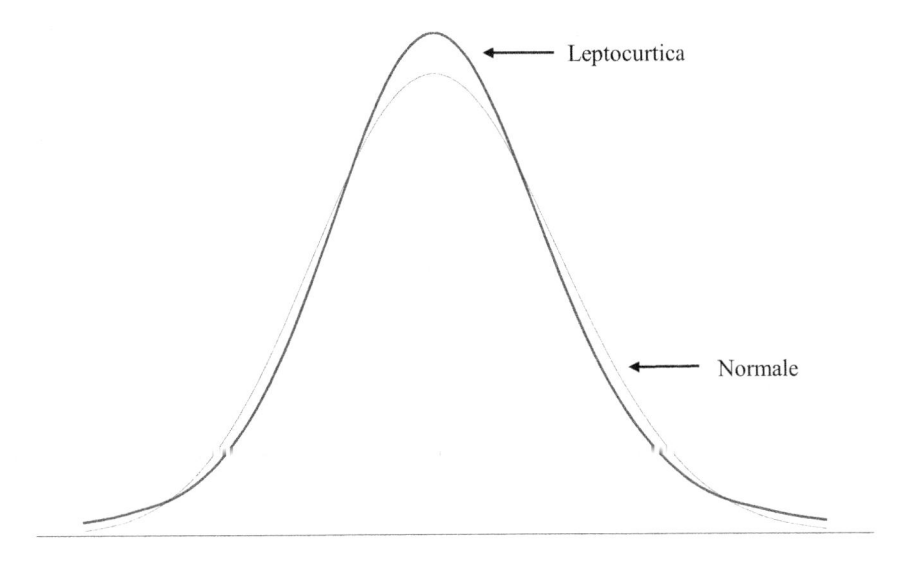

Figura 8.2 Distribuzione leptocurtica e distribuzione normale.

TAVOLA 8.2 *Power law.*

x	ln(x)	Prob($v > x$)	ln[Prob($v > x$)]
1	0,000	23,317%	-1,4560
2	0,693	4,673%	-3,0634
3	1,099	1,301%	-4,3421
4	1,386	0,491%	-5,3168
5	1,609	0,243%	-6,0182
6	1,792	0,132%	-6,6325

Questa legge vale in via approssimativa per diverse variabili, quali il reddito degli individui, la dimensione delle città e il numero di visite a un sito *web*.

Esempio 8.5

Supponiamo che $\alpha = 3$, $x = 10$ e Prob($v > x$) = 0,05. Se vale la *power law*, si ha – in base all'Equazione (8.1) – che K = Prob($v > x$) x^{α} = 0,05 × 10^3 = 50. Siamo ora in grado di stimare la probabilità che v sia maggiore di 20, 30, e così via. In particolare, si ha Prob($v > 20$) = 0,00625 (= 50 × 20^{-3}) e Prob($v > 30$) = 0,00185 (= 50 × 30^{-3}).

L'Equazione (8.1) implica che

$$\ln[\text{Prob}(v > x)] = \ln(K) - \alpha \ln(x).$$

Possiamo quindi effettuare un rapido *test* per verificare la validità della legge tracciando un grafico che riporti ln[Prob($v > x$)] in funzione di ln(x).

Esempio 8.6

Sia x il numero di deviazioni standard dei tassi di variazione giornalieri del tasso di cambio, v. In base alle probabilità effettive della Tavola 8.1, Prob($v > x$), costruiamo la Tavola 8.2 e la Figura 8.3.

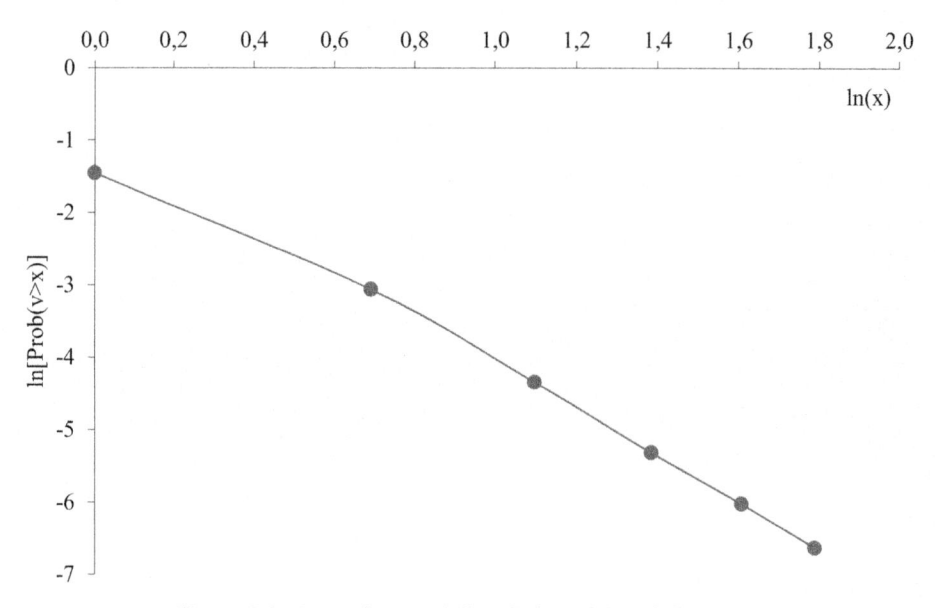

Figura 8.3 *Power law*: tassi di variazione dei tassi di cambio.

La Figura 8.3 mostra che la *power law* vale per $x \geq 2$, dato che per $\ln(x) \geq \ln(2) = 0{,}693$ si ha che $\ln[\text{Prob}(v > x)]$ dipende in modo pressoché lineare da $\ln(x)$. Se ci limitiamo a utilizzare i dati per $3 \leq x \leq 6$, la retta di regressione stimata con i minimi quadrati è

$$\ln[\text{Prob}(v > x)] = -0{,}7352 - 3{,}2906 \ln(x).$$

Pertanto

$$K = e^{-0{,}7352} = 0{,}4794 \quad \text{e} \quad \alpha = 3{,}2906.$$

In base alla *power law*, la probabilità che il tasso di variazione del tasso di cambio sia maggiore di 4,5 deviazioni standard è pari a

$$\text{Prob}(v > 4{,}5) = 0{,}4794 \times 4{,}5^{-3{,}2906} = 0{,}003398.$$

Inoltre, la probabilità che il tasso di variazione del tasso di cambio sia maggiore di 7 deviazioni standard è pari a

$$\text{Prob}(v > 7{,}0) = 0{,}4794 \times 7{,}0^{-3{,}2906} = 0{,}000794.$$

Nella parte del Capitolo 12 dedicata alla «teoria dei valori estremi» (*extreme value theory*), esamineremo la *power law* in maggior dettaglio e spiegheremo come migliorare la procedura di stima dei parametri. Nel Capitolo 20 vedremo che la *power law* può essere utilizzata per la stima del «rischio operativo» (*operational risk*).

8.5 TENERE SOTTO CONTROLLO LE VOLATILITÀ

Sia σ_n la volatilità di una variabile di mercato nel giorno n, così com'è stimata alla fine del giorno $n - 1$. Come si è già visto, il quadrato della volatilità, σ_n^2, è il «tasso di varianza» (*variance rate*). Sia S_i il valore della variabile di mercato alla fine del giorno i. Sia u_i il tasso di rendimento composto continuamente durante il giorno i (tra la fine del giorno $i - 1$ e la fine del giorno i):

$$u_i = \ln\left(\frac{S_i}{S_{i-1}}\right).$$

Sez. 8.5   Tenere Sotto Controllo le Volatilità   181

TAVOLA 8.3 Calcolo della volatilità.

Giorno	Prezzo di chiusura dell'azione (dollari)	Rapporto tra i prezzi S_i / S_{i-1}	Tasso di rendimento giornaliero $u_i = ln(S_i / S_{i-1})$
0	20,00		
1	20,10	1,00500	0,00499
2	19,90	0,99005	–0,01000
3	20,00	1,00503	0,00501
4	20,50	1,02500	0,02469
5	20,25	0,98780	–0,01227
6	20,90	1,03210	0,03159
7	20,90	1,00000	0,00000
8	20,90	1,00000	0,00000
9	20,60	0,98565	–0,01446
10	20,50	0,99515	–0,00487
11	21,00	1,02439	0,02410
12	21,10	1,00476	0,00475
13	20,70	0,98104	–0,01914
14	20,50	0,99034	–0,00971
15	20,70	1,00976	0,00971
16	20,90	1,00966	0,00962
17	20,40	0,97608	–0,02421
18	20,50	1,00490	0,00489
19	20,60	1,00488	0,00487
20	20,30	0,98544	–0,01467

Una stima corretta del tasso di varianza giornaliero, σ_n^2, ottenuta sulla base delle m più recenti osservazioni delle u_i, è

$$\sigma_n^2 = \frac{1}{m-1} \sum_{i=1}^{m} (u_{n-i} - \bar{u})^2 \qquad (8.2)$$

dove $\bar{u}$ è la media delle u_i

$$\bar{u} = \frac{1}{m} \sum_{i=1}^{m} u_{n-i}.$$

Esempio 8.7

La Tavola 8.3 mostra una possibile successione di prezzi azionari. Supponiamo di essere interessati a stimare la volatilità per il giorno 21 utilizzando le 20 osservazioni sulle u_i ($n = 21$ e $m = 20$). In questo caso

$$\sum_{i=1}^{m} u_{n-i} = 0,01489 \quad \text{e} \quad \sum_{i=1}^{m} u_{n-i}^2 = 0,00424$$

per cui $\bar{u} = 0,00074$ (= 0,01489/20).

In base all'Equazione (8.2), la stima della deviazione standard dei tassi di rendimento giornalieri è pari all'1,492%:

$$\sqrt{\frac{0,00424}{20-1} - \frac{0,01489^2}{20 \times (20-1)}} = 0,01492$$

Per fini di *risk management*, l'Equazione (8.2) viene di solito modificata:

1. come si è visto nella Sezione 8.1, la u_i viene definita come tasso di variazione proporzionale della variabile di mercato tra la fine del giorno $i-1$ e la fine del giorno i, cosicché

$$u_i = \frac{S_i - S_{i-1}}{S_{i-1}}. \qquad (8.3)$$

   Questa modifica fa variare di molto poco i valori delle u_i;
2. si ipotizza che $\bar{u}$ sia nulla. Quest'ipotesi ha in genere scarsi effetti sulle stime della volatilità, dato che il valore atteso della variazione giornaliera di una variabile è molto piccolo in confronto alla deviazione standard;[3]
3. si sostituisce $m-1$ con m. Si passa così da una stima corretta della volatilità a una stima di massima verosimiglianza (si veda la Sezione 8.9).

Queste tre modifiche comportano minime variazioni nelle stime della volatilità. La formula per il tasso di varianza si semplifica in

$$\sigma_n^2 = \frac{1}{m} \sum_{i=1}^{m} u_{n-i}^2 \qquad (8.4)$$

dove la u_i è definita dall'Equazione (8.3).

Esempio 8.8

Consideriamo di nuovo l'Esempio 8.6. Dato che

$$\sum_{i=1}^{m} u_{n-i}^2 = 0,00424$$

in base all'Equazione (8.4) si ha

$$\sigma_n^2 = \frac{0,00424}{20} = 0,00021$$

da cui $\sigma_n = 0,01456$ ($= \sqrt{0,00021}$), ossia l'1,456%. La differenza rispetto alla stima (1,492%) ottenuta nell'Esempio 8.7 è abbastanza piccola.

Schemi di Ponderazione

L'Equazione (8.4) assegna uguale peso a tutte le u_{n-i}^2 ($i = 1, 2, ..., m$). Dato che il nostro obiettivo è quello di controllare il livello corrente della volatilità, σ_n, si può giustamente dare più peso ai dati più recenti, come nel seguente modello

$$\sigma_n^2 = \sum_{i=1}^{m} \alpha_i u_{n-i}^2. \qquad (8.5)$$

---

[3] È probabile che sia così anche se la variabile aumenta o diminuisce velocemente nel periodo in esame.

Sez. 8.6   Modello EWMA

La variabile α_i rappresenta il peso assegnato all'osservazione di i giorni fa. Le α sono positive. Dato che vogliamo dare meno peso alle osservazioni remote, $\alpha_i < \alpha_j$ quando $i > j$. La somma dei pesi deve essere pari all'unità, per cui

$$\sum_{i=1}^{m} \alpha_i = 1.$$

Un'estensione dell'idea rappresentata nell'Equazione (8.5) è quella di ipotizzare l'esistenza di una volatilità media di lungo periodo, cui va assegnato un certo peso. Si ottiene così un modello che ha la seguente forma

$$\sigma_n^2 = \gamma V_L + \sum_{i=1}^{m} \alpha_i u_{n-i}^2 \qquad (8.6)$$

dove V_L è la varianza di lungo periodo e γ è il peso assegnato a V_L. Dato che la somma dei pesi deve essere pari all'unità, si ha

$$\gamma + \sum_{i=1}^{m} \alpha_i = 1.$$

Questo modello è noto con il nome di ARCH(m). È stato inizialmente proposto da Engle.[4] La stima della varianza si basa su una varianza media di lungo periodo e su m osservazioni. Più l'osservazione è lontana nel tempo, minore è il peso che le viene assegnato. Se si pone $\omega = \gamma V_L$, il modello rappresentato dall'Equazione (8.6) può essere scritto nel modo seguente

$$\sigma_n^2 = \omega + \sum_{i=1}^{m} \alpha_i u_{n-i}^2. \qquad (8.7)$$

Nelle prossime due sezioni vedremo due importanti metodi per tenere sotto controllo la volatilità. Si basano sulle idee rappresentate dalle Equazioni (8.5) e (8.6).

8.6   MODELLO EWMA

Il modello «a media mobile con pesi esponenziali» (*exponentially weighted moving average* – EWMA) è un caso particolare del modello rappresentato dall'Equazione (8.5), in cui i pesi, α_i, diminuiscono esponenzialmente via via che si torna indietro nel tempo. In particolare,

$$\alpha_{i+1} = \lambda \, \alpha_i$$

dove λ è una costante compresa tra zero e uno.

Questo schema di ponderazione fa sì che la formula per aggiornare le stime della volatilità sia particolarmente semplice. La formula è

$$\sigma_n^2 = \lambda \sigma_{n-1}^2 + (1-\lambda) u_{n-1}^2. \qquad (8.8)$$

La stima, σ_n, della volatilità relativa al giorno n (ottenuta alla fine del giorno $n-1$) viene calcolata in base a σ_{n-1} (la stima della volatilità relativa al giorno $n-1$ ottenuta alla fine del giorno $n-2$) e a u_{n-1} (il tasso di variazione della variabile di mercato osservato tra il giorno $n-2$ e il giorno $n-1$).

---

[4] Si veda ENGLE, R. F., "Autoregressive Conditional Heteroscedasticity with Estimates of the Variance of UK Inflation", *Econometrica*, 50, 1982, 987-1008. Robert Engle ha vinto il premio Nobel per l'economia nel 2003 per i suoi lavori sui modelli ARCH.

Per capire perché l'Equazione (8.8) comporta pesi che decrescono esponenzialmente, sostituiamo il valore di σ_{n-1}^2 in modo da ottenere

$$\sigma_n^2 = \lambda[\lambda \sigma_{n-2}^2 + (1-\lambda) u_{n-2}^2] + (1-\lambda) u_{n-1}^2$$

ossia

$$\sigma_n^2 = (1-\lambda)(u_{n-1}^2 + \lambda u_{n-2}^2) + \lambda^2 \sigma_{n-2}^2.$$

Analogamente, sostituendo σ_{n-2}^2 si ottiene

$$\sigma_n^2 = (1-\lambda)(u_{n-1}^2 + \lambda u_{n-2}^2 + \lambda^2 u_{n-3}^2) + \lambda^3 \sigma_{n-3}^2.$$

Continuando in questo modo, si vede che

$$\sigma_n^2 = (1-\lambda)\sum_{i=1}^{m} \lambda^{i-1} u_{n-i}^2 + \lambda^m \sigma_{n-m}^2.$$

Per m grande, il termine $\lambda^m \sigma_{n-m}^2$ è sufficientemente piccolo da poter essere ignorato, cosicché l'Equazione (8.8) equivale all'Equazione (8.5) con $\alpha_i = (1-\lambda)\lambda^{i-1}$. I pesi assegnati alle u_i diminuiscono al tasso λ via via che si torna indietro nel tempo. Ogni peso è pari a λ volte il peso precedente.

Esempio 8.9

Supponiamo che λ sia pari a 0,90, che la volatilità giornaliera stimata per il giorno $n-1$ sia pari all'1% e che il tasso di variazione della variabile di mercato osservato tra il giorno $n-2$ e il giorno $n-1$ sia pari al 2%. In questo caso $\sigma_{n-1}^2 = 0,01^2 = 0,0001$ e $u_{n-1}^2 = 0,02^2 = 0,0004$. In base all'Equazione (8.8) si ottiene

$$\sigma_n^2 = 0,9 \times 0,0001 + 0,1 \times 0,0004 = 0,00013.$$

Pertanto, la stima della volatilità giornaliera relativa al giorno n è pari a $\sqrt{0,00013}$, ossia all'1,14%. Si noti che il valore atteso di u_{n-1}^2 è σ_{n-1}^2, ossia 0,0001. In quest'esempio, il valore osservato di u_{n-1}^2 è maggiore del valore atteso, per cui la stima della volatilità aumenta. Se il valore osservato di u_{n-1}^2 fosse stato minore del valore atteso, la stima della volatilità sarebbe diminuita.

Una caratteristica interessante del modello EWMA è che i dati da memorizzare sono relativamente pochi. Ogni giorno dobbiamo ricordarci solo la stima corrente del tasso di varianza e il più recente valore della variabile di mercato. Quando otteniamo una nuova osservazione del valore della variabile di mercato, calcoliamo un nuovo u^2 e usiamo l'Equazione (8.8) per aggiornare la nostra stima del tasso di varianza. La vecchia stima del tasso di varianza e il vecchio valore della variabile di mercato possono essere scartati.

Il modello EWMA è stato disegnato per tenere sotto controllo le variazioni di volatilità. Supponiamo, ad es., che il giorno $n-1$ la variabile di mercato subisca un forte rialzo, cosicché u_{n-1}^2 assume un valore elevato. Ciò determina, in base all'Equazione (8.8), un aumento di σ_n, la nostra stima della volatilità giornaliera per il giorno n. Il valore di λ determina la misura in cui la stima della volatilità giornaliera reagisce alle osservazioni recenti delle u_i^2. Un valore basso di λ fa sì che venga assegnato molto peso a u_{n-1}^2, per cui le stime della volatilità nei giorni successivi saranno molto volatili. Un valore elevato di λ (ossia un valore vicino a 1) produce stime della volatilità giornaliera che reagiscono relativamente poco alle nuove informazioni fornite dalle u_i^2.

Il *database* di RiskMetrics, creato originariamente da J.P. Morgan e reso pubblicamente disponibile nel 1994, usa un EWMA con λ uguale a 0,94 per aggiornare le stime delle volatilità giornaliere. In base alle ricerche effettuate da J.P. Morgan, questo valore di λ consente previsioni del tasso di varianza che risultano molto vicine ai valori osservati.[5]

Successivamente, RiskMetrics, che è ora una società separata da J.P. Morgan, ha sostituito l'EWMA con modelli più sofisticati.

8.7 MODELLO GARCH(1,1)

Passiamo ora a occuparci del modello noto con il nome di GARCH(1,1), proposto da Bollerslev nel 1986.[6]

La differenza tra il GARCH(1,1) e l'EWMA è analoga alla differenza tra le Equazioni (8.5) e (8.6). Nel GARCH(1,1), σ_n^2 viene calcolato in base a un tasso di varianza medio di lungo periodo, V_L, oltre che a u_{n-1}^2 e σ_{n-1}^2. L'equazione che rappresenta il GARCH(1,1) è

$$\sigma_n^2 = \gamma V_L + \alpha u_{n-1}^2 + \beta \sigma_{n-1}^2 \qquad (8.9)$$

dove γ è il peso assegnato a V_L, α è il peso assegnato a u_{n-1}^2 e β è il peso assegnato a σ_{n-1}^2. La somma dei pesi deve essere pari all'unità, per cui

$$\gamma + \alpha + \beta = 1.$$

L'EWMA è un caso particolare del GARCH(1,1), con $\gamma = 0$, $\alpha = 1 - \lambda$ e $\beta = \lambda$.

Il termine "(1,1)" del GARCH(1,1) indica che σ_n^2 si basa sulla più recente osservazione di u^2 e sulla più recente stima del tasso di varianza. Il modello generale, GARCH(p, q), calcola σ_n^2 in base alle p più recenti osservazioni di u^2 e alle q più recenti stime del tasso di varianza.[7]

Il GARCH(1,1) è di gran lunga il modello più diffuso tra i GARCH(p, q).

Ponendo $\omega = \gamma V_L$, il GARCH(1,1) può anche essere scritto nel modo seguente

$$\sigma_n^2 = \omega + \alpha u_{n-1}^2 + \beta \sigma_{n-1}^2. \qquad (8.10)$$

Questa è la versione del modello che viene utilizzata per stimare i parametri. Dopo aver stimato ω, α e β, si può ottenere γ come $1 - \alpha - \beta$. La varianza di lungo periodo, V_L, può quindi essere calcolata come ω/γ. Affinché il GARCH(1,1) sia stabile occorre che $\alpha + \beta < 1$. Altrimenti, il peso assegnato alla varianza di lungo termine è negativo.

---

[5] Si veda J.P. MORGAN, *RiskMetrics Monitor*, Fourth Quarter, 1995. Un diverso approccio per la stima dei parametri (il metodo della massima verosimiglianza) verrà esposto più avanti, nella Sezione 8.9.

[6] Si veda BOLLERSLEV, T., "Generalized Autoregressive Conditional Heteroscedasticity", *Journal of Econometrics*, 31 (1986), 307-27.

[7] In altri modelli GARCH, che sono probabilmente più appropriati del GARCH(1,1), le innovazioni sono asimmetriche, per cui σ_n dipende dal segno di u_{n-1}. Dato che la volatilità dei prezzi azionari tende a essere inversamente correlata con il livello dei prezzi, gli u_{n-1} negativi hanno effetti su σ_n maggiori degli u_{n-1} positivi. Per una discussione dei modelli a innovazioni asimmetriche si veda NELSON, D., "Conditional Heteroscedasticity and Asset Returns: A New Approach", *Econometrica*, 59 (1990), 347-70 e ENGLE, R. F. & NG, V., "Measuring and Testing the Impact of News on Volatility", *Journal of Finance*, 48 (1993), 1749-78.

Esempio 8.10

Supponiamo che il GARCH(1,1) stimato sulla base di dati giornalieri sia

$$\sigma_n^2 = 0{,}000002 + 0{,}13 u_{n-1}^2 + 0{,}86 \sigma_{n-1}^2.$$

Questo è il caso in cui $\alpha = 0{,}13$ $\beta = 0{,}86$ e $\omega = 0{,}000002$. Dato che $\gamma = 1 - \alpha - \beta$, si ha $\gamma = 0{,}01$.
Inoltre, dato che $\omega = \gamma V_L$, ne segue che $V_L = 0{,}0002$ (= 0,000002/0,01). In altri termini, la media di lungo periodo della varianza giornaliera, coerente con il modello, è pari a 0,0002. Questo valore corrisponde a una volatilità giornaliera di $\sqrt{0{,}0002} = 0{,}014$, ossia dell'1,4%.
Supponiamo che il tasso di variazione della variabile di mercato osservato tra il giorno $n-2$ e il giorno $n-1$ sia dell'1%, per cui $u_{n-1}^2 = 0{,}01^2 = 0{,}0001$, e che la stima della volatilità giornaliera per il giorno $n-1$ sia dell'1,6%, per cui $\sigma_{n-1}^2 = 0{,}016^2 = 0{,}000256$.
Si ha quindi

$$\sigma_n^2 = 0{,}000002 + 0{,}13 \times 0{,}0001 + 0{,}86 \times 0{,}000256 = 0{,}00023516.$$

La nuova stima della volatilità giornaliera è pari a $\sqrt{0{,}00023516} = 0{,}0153$, ossia all'1,53%.

Pesi

Sostituendo σ_{n-1}^2 nell'Equazione (8.10), si ottiene

$$\sigma_n^2 = \omega + \alpha u_{n-1}^2 + \beta (\omega + \alpha u_{n-2}^2 + \beta \sigma_{n-2}^2)$$

da cui

$$\sigma_n^2 = \omega + \beta \omega + \alpha u_{n-1}^2 + \alpha \beta u_{n-2}^2 + \beta^2 \sigma_{n-2}^2.$$

Sostituendo σ_{n-2}^2 si ottiene

$$\sigma_n^2 = \omega + \beta \omega + \beta^2 \omega + \alpha u_{n-1}^2 + \alpha \beta u_{n-2}^2 + \alpha \beta^2 u_{n-3}^2 + \beta^3 \sigma_{n-3}^2.$$

Continuando in questo modo, si vede che il peso assegnato a u_{n-i}^2 è $\alpha \beta^{i-1}$. I pesi diminuiscono esponenzialmente al tasso β. Il β può essere interpretato come tasso di "declino temporale" (*time decay*). È simile al λ dell'EWMA. Definisce l'importanza relativa dei diversi u ai fini della determinazione del tasso di varianza corrente. Ad es., se $\beta = 0{,}9$, il peso di u_{i-2}^2 è il 90% del peso di u_{i-1}^2, il peso di u_{i-3}^2 è l'81% del peso di u_{i-2}^2, e così via. Il GARCH(1,1) è simile all'EWMA, fatta eccezione per il fatto che, oltre ad assegnare alle u un peso che diminuisce esponenzialmente, assegna anche un certo peso alla volatilità media di lungo periodo.

8.8 SCELTA DEL MODELLO

In genere, il tasso di varianza tende a tornare verso la media. Il GARCH(1,1) incorpora la *mean reversion*, diversamente dall'EWMA. Pertanto, il GARCH(1,1), sebbene sia più complesso, è teoricamente più interessante dell'EWMA.
Nella prossima sezione vedremo come si possono stimare i parametri ω, α e β del GARCH(1,1). Quando il parametro ω è nullo, il GARCH(1,1) coincide con l'EWMA. Nei casi in cui la stima di ω risulta negativa, il GARCH(1,1) non è stabile ed è ragionevole passare all'EWMA.

8.9 METODO DELLA MASSIMA VEROSIMIGLIANZA

Vediamo ora come si stimano, in base ai dati storici, i parametri dei modelli che abbiamo considerato. Il metodo usato è noto come «metodo della massima verosimiglianza» (*maximum likelihood method*). Si tratta di scegliere i valori dei parametri che massimizzano la probabilità (o verosimiglianza) di osservazione del campione.

Per illustrare il metodo, facciamo un semplicissimo esempio.

Esempio 8.11

Supponiamo di scegliere a caso 10 titoli e di osservare che il prezzo di uno di loro è sceso rispetto al giorno precedente mentre gli altri 9 sono cresciuti o rimasti stazionari. Qual è la nostra migliore stima della quota di tutti i titoli con prezzi in ribasso? La risposta naturale è il 10%. Vediamo se questa è la risposta fornita dal metodo della massima verosimiglianza.

Supponiamo che la quota dei titoli con prezzi in ribasso sia p. La probabilità che il prezzo di un titolo scenda e che gli altri nove crescano o rimangano stazionari è $p(1-p)^9$. Per determinare il valore di p che massimizza quest'espressione, calcoliamo la derivata prima $[(1-p)^9 - 9p(1-p)^8]$, che si annulla quando $9p = (1-p)$ ossia quando $p = 0,1$. Pertanto, la stima di massima verosimiglianza di p è il 10%, come ci si attendeva.

Varianza Costante

Per fare un altro esempio del metodo della massima verosimiglianza, consideriamo il problema della stima della varianza quando il campione è composto da m osservazioni e la distribuzione sottostante è normale con media nulla e varianza costante. Siano $u_1, u_2, ..., u_m$ le osservazioni e si indichi con v la varianza. La densità di probabilità per l'i-esima osservazione, u_i, è quella tipica di una variabile distribuita in modo normale con media nulla e varianza v

$$\frac{1}{\sqrt{2\pi v}} e^{\frac{-u_i^2}{2v}}.$$

La densità di probabilità per le m osservazioni è

$$\prod_{i=1}^{m} \frac{1}{\sqrt{2\pi v}} e^{\frac{-u_i^2}{2v}}. \tag{8.11}$$

Secondo il metodo della massima verosimiglianza, la migliore stima di v è il valore che massimizza quest'espressione.

Massimizzare un'espressione equivale a massimizzare il logaritmo dell'espressione. Se si prende il logaritmo dell'espressione contenuta nell'Equazione (8.11) e si ignorano le costanti moltiplicative, si può vedere che l'espressione da massimizzare è

$$\sum_{i=1}^{m} \left[-\ln(v) - \frac{u_i^2}{v} \right] \tag{8.12}$$

da cui

$$-m \ln(v) - \sum_{i=1}^{m} \frac{u_i^2}{v}.$$

Se si calcola la derivata prima di quest'espressione rispetto a v e la si pone uguale a zero, si vede che la stima di massima verosimiglianza di v è

$$\frac{1}{m}\sum_{i=1}^{m} u_i^2.$$

Questo è lo stimatore che abbiamo utilizzato nell'Equazione (8.4). Per avere uno stimatore corretto occorre sostituire m con $m-1$.

Stima dei Parametri del GARCH(1,1)

Vedremo ora come si utilizza il metodo della massima verosimiglianza per stimare i parametri quando la varianza segue un modello GARCH(1,1) o qualche altro schema. Sia $v_i = \sigma_i^2$ la varianza stimata per il giorno i. Supponiamo che la distribuzione di probabilità di u_i, condizionata dalla varianza, sia normale. Analogamente a quanto si è già visto sopra, vogliamo massimizzare l'espressione

$$\prod_{i=1}^{m} \frac{1}{\sqrt{2\pi v_i}} e^{\frac{-u_i^2}{2v_i}}.$$

Prendendo i logaritmi, ciò equivale a massimizzare

$$\sum_{i=1}^{m}\left[-\ln(v_i) - \frac{u_i^2}{v_i}\right]. \tag{8.13}$$

Quest'espressione è uguale all'Equazione (8.12), fatta eccezione per il fatto che v è sostituita da v_i. Dobbiamo trovare, mediante un algoritmo iterativo, i parametri del modello che massimizzano l'espressione contenuta nell'Equazione (8.13).

Esempio 8.12

Il «foglio elettronico» (*spreadsheet*) riportato nella Tavola 8.4 indica il modo in cui si possono organizzare i calcoli per il GARCH(1,1). I dati su cui si basa la tavola sono rappresentati dalle quotazioni dello S&P 500 nel periodo compreso tra il 2 febbraio 2017 e il 1° febbraio 2022.[8]

Nella 1ª colonna è riportata la data. Nella 2ª è indicato il numero progressivo dei giorni. La 3ª mostra lo S&P 500, S_i, alla fine del giorno i. La 4ª riporta $u_i = (S_i - S_{i-1})/S_{i-1}$, ossia il tasso di variazione dell'indice tra la fine del giorno $i-1$ e la fine del giorno i. La 5ª mostra la stima del tasso di varianza, $v_i = \sigma_i^2$, per il giorno i, effettuata alla fine del giorno $i-1$. La stima della varianza per il terzo giorno, effettuata alla fine del secondo, è pari a u_2^2. Per i giorni successivi si usa l'Equazione (8.10). La 6ª colonna riporta la misura di verosimiglianza, $-\ln(v_i) - u_i^2/v_i$. I valori della 5ª e della 6ª colonna dipendono dalle stime di ω, α e β. Dobbiamo scegliere ω, α e β in modo da massimizzare la somma dei numeri della 6ª colonna. Per farlo, si utilizza un algoritmo iterativo.[9]

Nel nostro esempio, i valori ottimali dei parametri risultano essere

$$\omega = 0{,}0000039141 \quad \alpha = 0{,}211064 \quad \beta = 0{,}762317$$

e il massimo valore della funzione di massima verosimiglianza [Equazione (8.13)] è 10.764,3624. I numeri mostrati nella Tavola 8.4 sono stati ottenuti nell'ultima iterazione dell'algoritmo utilizzato per individuare i parametri ω, α e β ottimali.

---

[8] I calcoli riportati nella Tavola 8.4 sono stati effettuati con il Risolutore di Excel. Nel sito *web* del libro (e in quello del traduttore) è disponibile un apposito *file* in formato Excel: cfr. GARCH_su_S&P500.xlsx.

[9] Come vedremo più avanti, si può utilizzare un algoritmo generico come il Risolutore di Excel.

TAVOLA 8.4 Stima dei parametri del GARCH(1,1).

Data	Giorno i	S_i	u_i	$v_i = \sigma_i^2$	$-\ln(v_i) - u_i^2/v_i$
2 feb. 17	1	2.280,85			
3 feb. 17	2	2.297,42	0,007265		
6 feb. 17	3	2.292,56	-0,002115	0,00005278	9,7646
7 feb. 17	4	2.293,08	0,000227	0,00004509	10,0057
8 feb. 17	5	2.294,67	0,000693	0,00003830	10,1575
9 feb. 17	6	2.307,87	0,005752	0,00003321	9,3162
...	...	...	...	...	...
28 gen. 21	1258	4.431,85	0,024348	0,00009518	3,0313
31 gen. 21	1259	4.515,55	0,018886	0,00020159	6,7399
1 feb. 21	1260	4.546,54	0,006863	0,00023287	8,1628
					10.764,3624

Stime dei parametri

ω	α	β
0,0000039141	0,211064	0,762317

Nel nostro esempio, la varianza giornaliera di lungo termine, V_L, è pari a

$$\frac{\omega}{1-\alpha-\beta} = \frac{0,0000039141}{1-0,211064-0,762317} = 0,0001470 \ .$$

La volatilità giornaliera di lungo termine è pari a $\sqrt{0,0001470}$, ossia all'1,2126%.

La Figura 8.4 e la Figura 8.5 mostrano, nei 5 anni coperti dai dati, lo S&P 500 e la sua volatilità giornaliera, stimata con il GARCH(1,1). In genere, la volatilità è stata minore del 2%, ma nel marzo 2020, quando è iniziata la pandemia di Covid-19, ci sono stati vari giorni in cui ha superato il 5% (volatilità elevatissime sono state anche misurate dall'indice VIX – si veda la Figura 8.1).

Un metodo più robusto per la stima dei parametri del GARCH(1,1) è noto come «puntamento della varianza» (*variance targeting*).[10]

Si tratta di fissare il tasso di varianza medio di lungo periodo, V_L, uguagliandolo alla varianza campionaria calcolata in base ai dati (o a qualche altro valore che si ritiene ragionevole). In tal caso il valore di ω è pari a $V_L(1 - \alpha - \beta)$ e si devono stimare solo due parametri.

Esempio 8.13

Se si considerano i dati della Tavola 8.4 la varianza campionaria è 0,0001490, che corrisponde a una volatilità giornaliera dell'1,2205%. Uguagliando V_L alla varianza campionaria, i valori di α e β che massimizzano la funzione obiettivo [Equazione (8.13) sono 0,211737 e 0,761982, rispettivamente. Il valore della funzione obiettivo è 10.764,3617, molto vicino al 10.764,3624 ottenuto in precedenza (Esempio 8.12). In questo caso il *variance targeting* funziona molto bene.

Quando si usa l'EWMA, la procedura di stima è relativamente semplice. Si pone $\omega = 0$, $\alpha = 1 - \lambda$ e $\beta = \lambda$, per cui si deve stimare un solo parametro.

---

[10] Si veda ENGLE, R. F. e MEZRICH, J., "GARCH for Groups", *Risk*, August 1996, 36-40.

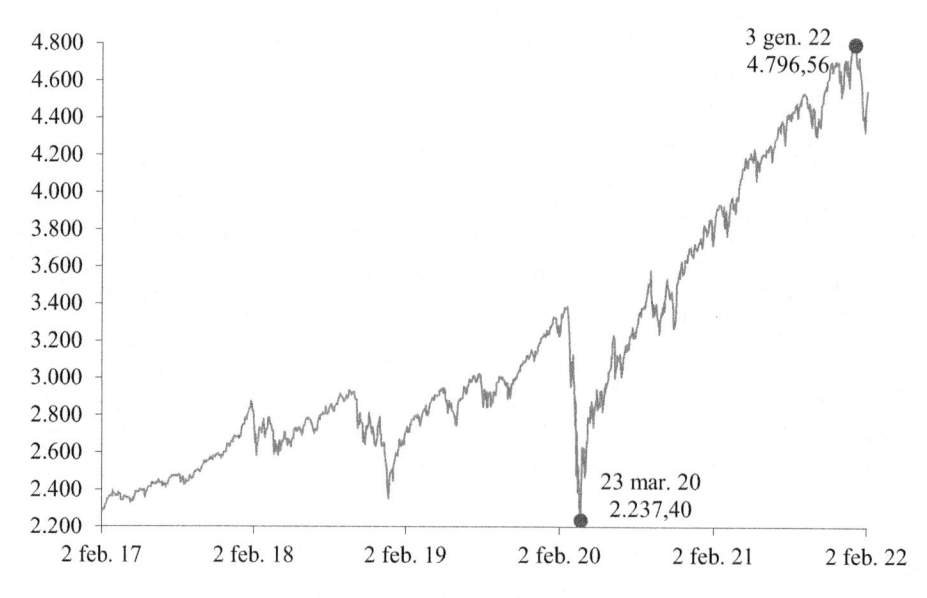

Figura 8.4 S&P 500 (2 febbraio 2017 - 1° febbraio 2022).

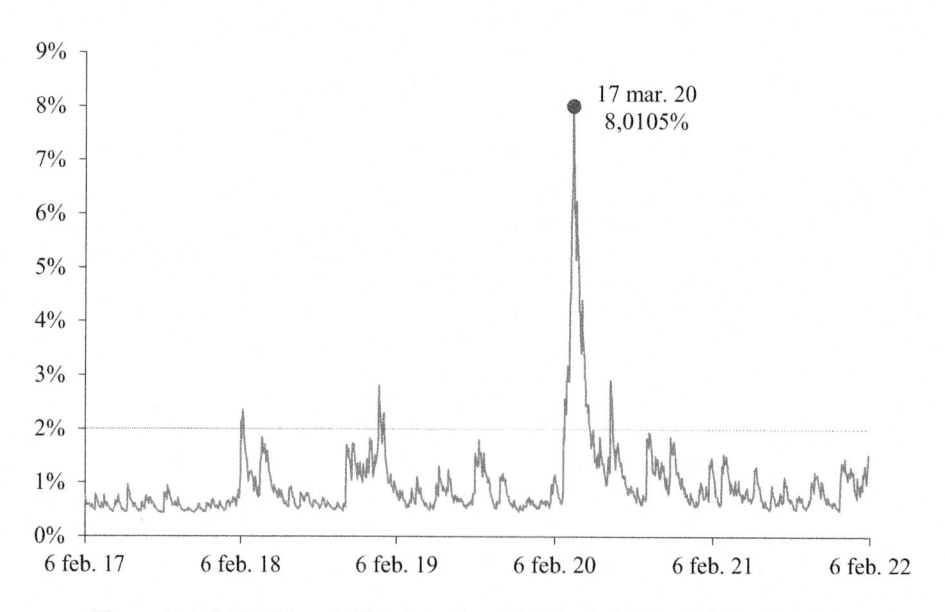

Figura 8.5 S&P 500: volatilità giornaliera (6 febbraio 2017 - 1° febbraio 2022).

Esempio 8.14

Con i dati della Tavola 8.4, il valore di λ che massimizza la funzione obiettivo contenuta nell'Equazione (8.13) è 0,9086 e il valore della funzione obiettivo è 10.650,0118.

I parametri del GARCH(1,1) e dell'EWMA possono essere stimati utilizzando il Risolutore di Excel. La *routine* funziona bene se strutturiamo lo *spreadsheet* in modo che i parametri da stimare abbiano valori all'incirca uguali.

TAVOLA 8.5 Autocorrelazioni prima e dopo la stima del GARCH (1,1).

Ritardo temporale	Autocorrelazione di u_i^2	Autocorrelazione di u_i^2/σ_i^2
1	0,535	0,005
2	0,557	0,006
3	0,351	0,004
4	0,349	0,040
5	0,334	-0,022
6	0,415	0,013
7	0,326	-0,016
8	0,353	-0,038
9	0,294	-0,020
10	0,259	0,057
11	0,232	-0,021
12	0,169	-0,026
13	0,171	0,012
14	0,168	-0,002
15	0,202	0,011

Esempio 8.15

Supponiamo di voler stimare il GARCH(1,1). Strutturiamo lo *spreadsheet* in modo che le celle J1, J2 e J3 contengano, rispettivamente, $\omega \times 10^5$, α e $\beta \times 0{,}1$; poniamo I1 = J1 / 100000, I2 = J2 e I3 = J3 * 10 e utilizziamo I1, I2 e I3 per calcolare la funzione di verosimiglianza. Chiediamo poi al Risolutore di calcolare i valori di J1, J2 e J3 che massimizzano la funzione di verosimiglianza.

A volte il Risolutore si blocca su un massimo locale. Occorre quindi ripetere la procedura di stima cambiando i valori iniziali dei parametri.

Quanto è Attendibile il Modello?

L'ipotesi sottostante i modelli GARCH è che la volatilità cambia col passare del tempo. In certi periodi la volatilità è relativamente alta e in altri è relativamente bassa. Per porla in un altro modo, quando u_i^2 è alto, u_{i+1}^2, u_{i+2}^2, ... tendono a essere alti; quando u_i^2 è basso, u_{i+1}^2, u_{i+2}^2, ... tendono a essere bassi. Per verificare quest'affermazione possiamo esaminare la struttura delle autocorrelazioni di u_i^2.

Supponiamo che le u_i^2 siano autocorrelate. Se il GARCH funziona bene, dovrebbe consentirci di rimuovere l'autocorrelazione. Possiamo verificarlo, esaminando la struttura delle autocorrelazioni della variabile u_i^2/σ_i^2. Se le autocorrelazioni sono molto basse il modello per σ_i è capace di spiegare le autocorrelazioni di u_i^2.

Esempio 8.16

La Tavola 8.5 mostra i risultati per i dati sullo S&P 500. La 1ª colonna mostra i «ritardi temporali» (*time lags*) considerati per il calcolo delle autocorrelazioni. La 2ª colonna contiene le autocorrelazioni di u_i^2 e la 3ª le autocorrelazioni di u_i^2/σ_i^2.[11] Le autocorrelazioni di u_i^2 sono positive per tutti ritardi da 1 a 15. Nel caso di u_i^2/σ_i^2, alcune autocorrelazioni sono positive e altre sono negative. Tutte sono molto più piccole in valore assoluto delle autocorrelazioni di u_i^2.

---

[11] Data una serie x_i, l'autocorrelazione di ordine k è il coefficiente di correlazione tra x_i e x_{i+k}.

Il GARCH(1,1) sembra spiegare bene la varianza dei dati considerati nell'esempio precedente. Per un test più rigoroso possiamo utilizzare la statistica di Ljung-Box:[12]

$$m\sum_{k=1}^{K} w_k \eta_k^2$$

dove η_k è l'autocorrelazione di ordine k e

$$w_k = \frac{m+2}{m-k}.$$

Esempio 8.17
Sia K il numero dei *lags*. Per $K = 15$, l'ipotesi di un'autocorrelazione nulla può essere respinta, a un livello di confidenza del 95%, quando la statistica di Ljung-Box è maggiore di 25. In base alla Tavola 8.5, la statistica di Ljung-Box per la serie u_i^2 è pari a 2.138. Questo valore conferma la forte autocorrelazione. Per la serie u_i^2/σ_i^2, la statistica di Ljung-Box è pari a 11,5. Questo valore suggerisce che l'autocorrelazione è stata in gran parte rimossa dal GARCH(1,1).

8.10 PREVEDERE LA VOLATILITÀ CON IL GARCH(1,1)

Quando si usa il GARCH(1,1), il tasso di varianza stimato alla fine del giorno $n-1$ per il giorno n è

$$\sigma_n^2 = (1-\alpha-\beta)V_L + \alpha u_{n-1}^2 + \beta \sigma_{n-1}^2$$

da cui

$$\sigma_n^2 - V_L = \alpha(u_{n-1}^2 - V_L) + \beta(\sigma_{n-1}^2 - V_L).$$

La stima per il giorno $n+t$ è

$$\sigma_{n+t}^2 - V_L = \alpha(u_{n+t-1}^2 - V_L) + \beta(\sigma_{n+t-1}^2 - V_L).$$

Il valore atteso di u_{n+t-1}^2 è σ_{n+t-1}^2.
 Pertanto

$$E(\sigma_{n+t}^2 - V_L) = (\alpha + \beta) E(\sigma_{n+t-1}^2 - V_L)$$

dove E è l'operatore "valore atteso".
 Utilizzando ripetutamente quest'equazione si ottiene

$$E(\sigma_{n+t}^2 - V_L) = (\alpha + \beta)^t (\sigma_n^2 - V_L)$$

da cui

$$E(\sigma_{n+t}^2) = V_L + (\alpha + \beta)^t (\sigma_n^2 - V_L). \tag{8.14}$$

Quest'equazione fornisce la previsione della volatilità per il giorno $n+t$ sulla base dell'informazione disponibile alla fine del giorno $n-1$. Nell'EWMA si ha $\alpha + \beta = 1$. Pertanto, l'Equazione (8.14) mostra che il valore atteso dei futuri tassi di varianza è uguale al tasso di varianza corrente. Se $\alpha + \beta < 1$, il termine finale dell'equazione diventa sempre più piccolo al crescere di t.

---

[12] Si veda LJUNG, G. M. e BOX, G. E. P., "On a Measure of Lack of Fit in Time Series Models", *Biometrica*, 65 (1978), 297-303.

Sez. 8.10   *Prevedere la Volatilità con il GARCH(1,1)*

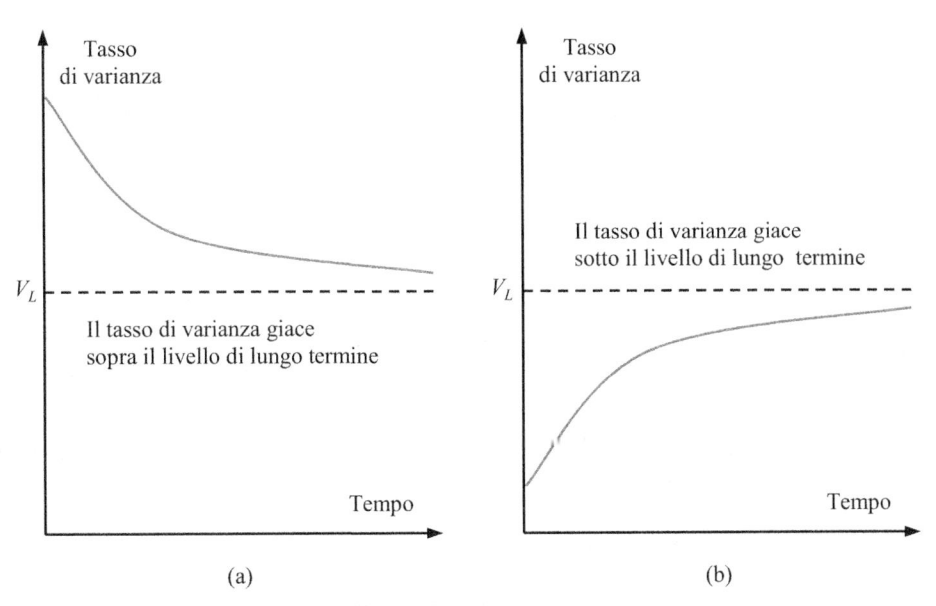

Figura 8.6 Dinamica attesa del tasso di varianza.

La Figura 8.6 mostra la dinamica attesa del tasso di varianza per le situazioni in cui il tasso di varianza corrente è diverso da V_L.

Come si è già detto, il tasso di varianza tende a tornare verso il «livello medio di lungo periodo» (*reversion level*), V_L, con una «velocità di aggiustamento» (*reversion rate*) pari a $1 - \alpha - \beta$. Le nostre previsioni del futuro tasso di varianza tendono a V_L quanto più lontano guardiamo avanti nel tempo.

Quest'analisi sottolinea la necessità che risulti $\alpha + \beta < 1$ affinché il GARCH(1,1) sia stabile. Quando $\alpha + \beta > 1$, il peso assegnato alla varianza di lungo termine è negativo e il processo tende a "fuggire" dalla media piuttosto che a tornare verso la media.

Esempio 8.18

Nell'Esempio 8.12 sullo S&P 500 si ha $\alpha + \beta = 0{,}9734$ e $V_L = 0{,}0001470$. Supponiamo che il tasso di varianza corrente sia di 0,0003. Questo valore corrisponde a una volatilità giornaliera pari all'1,7321%. Il valore atteso del tasso di varianza tra 10 giorni è

$$0{,}0001470 + 0{,}9734^{10} \times (0{,}0003 - 0{,}0001470) = 0{,}00026383.$$

Questo valore corrisponde a una volatilità giornaliera dell'1,6243%, livello solo di poco inferiore a quello corrente (1,7321%). Il valore atteso del tasso di varianza tra 100 giorni è

$$0{,}0001470 + 0{,}9734^{100} \times (0{,}0003 - 0{,}0001470) = 0{,}00015734.$$

Questo valore corrisponde a una volatilità giornaliera dell'1,2543%, livello molto vicino alla volatilità di lungo periodo (1,2126%).

Term Structure delle Volatilità

Supponiamo che oggi sia il giorno n. Sia

$$V(t) = E(\sigma_{n+t}^2)$$

TAVOLA 8.6 *Term structure* delle volatilità basate sul GARCH(1,1).

	Vita delle opzioni (giorni)				
	10	*30*	*50*	*100*	*500*
Volatilità delle opzioni (% per anno)	26,62	25,19	24,13	22,45	19,98

$$a = \ln\left(\frac{1}{\alpha + \beta}\right)$$

per cui l'Equazione (8.14) diventa

$$V(t) = V_L + e^{-at}[V(0) - V_L].$$

In questo caso, $V(t)$ è una stima del tasso di varianza istantaneo tra t giorni. Il tasso di varianza medio giornaliero tra oggi e il tempo T è dato da

$$\frac{1}{T}\int_0^T V(t)dt = V_L + \frac{1 - e^{-aT}}{aT}[V(0) - V_L].$$

Più lunga è la vita dell'opzione, più questo valore è vicino a V_L. Sia $\sigma(T)$ la volatilità annua da usare per valutare un'opzione a T giorni in base al GARCH(1,1). Supponendo che ci siano 252 giorni in un anno, $\sigma(T)^2$ è pari a 252 volte il tasso di varianza giornaliero, per cui

$$\sigma(T)^2 = 252 \times \left\{ V_L + \frac{1 - e^{-aT}}{aT}[V(0) - V_L] \right\} \qquad (8.15)$$

Come vedremo nel Capitolo 22, i prezzi di mercato delle opzioni, di varia scadenza, scritte sulle stessa attività possono essere utilizzati per calcolare la *term structure* delle volatilità implicite, ossia la relazione tra le volatilità implicite e la scadenza delle opzioni. L'Equazione (8.15) può essere usata per stimare la *term structure* delle volatilità basate sul GARCH(1,1). La *term structure* delle volatilità basate sul GARCH(1,1) non coincide in genere con la *term structure* delle volatilità implicite ma, come vedremo, viene spesso usata per prevedere il modo in cui la *term structure* delle volatilità implicite reagisce alle variazioni di volatilità.

Quando la volatilità corrente è maggiore della volatilità di lungo periodo, la *term structure* delle volatilità basate sul GARCH(1,1) è inclinata negativamente. Quando la volatilità corrente è minore della volatilità di lungo periodo, la *term structure* delle volatilità basate sul GARCH(1,1) è inclinata positivamente.

Esempio 8.19

Si consideri nuovamente il caso dello S&P 500, dove $V_L = 0,0001470$ e $\alpha + \beta = 0,9734$. Pertanto, $a = 0,02698$ [$= \ln(1 / 0,9734)$]. Supponiamo che il tasso di varianza giornaliero corrente, $V(0)$, sia pari a 0,0003. Allora, in base all'Equazione (8.15), si ottiene

$$\sigma(T)^2 = 252 \times \left[0,0001470 + \frac{1 - e^{-0,02698 \times T}}{0,02698 \times T}(0,0003 - 0,0001470) \right]$$

dove T è misurato in giorni. La Tavola 8.6 mostra la *term structure* delle volatilità per diversi valori di T.

Sommario

TAVOLA 8.7 Impatto dell'aumento della volatilità istantanea (+1%).

	Vita delle opzioni (giorni)				
	10	30	50	100	500
Aumento di volatilità (% per anno)	0,91	0,75	0,63	0,42	0,10

Impatto delle Variazioni di Volatilità

L'Equazione (8.15) può essere scritta nel modo seguente:

$$\sigma(T)^2 = 252 \times \left\{ V_L + \frac{1-e^{-aT}}{aT}\left[\frac{\sigma(0)^2}{252} - V_L\right]\right\}.$$

Quando $\sigma(0)$ si modifica in misura pari a $\Delta\sigma(0)$, la corrispondente variazione di $\sigma(T)$ è all'incirca pari a

$$\frac{1-e^{-aT}}{aT}\frac{\sigma(0)}{\sigma(T)}\Delta\sigma(0). \qquad (8.16)$$

Esempio 8.20

La Tavola 8.7 mostra l'effetto di una variazione della volatilità su opzioni di varia scadenza. In particolare, si suppone – come nell'esempio precedente – che $V(0) = 0{,}0003$, per cui la volatilità giornaliera è pari a

$$\sqrt{0{,}0003} = 0{,}01732$$

ossia all'1,732%, e la volatilità giornaliera su base annua, $\sigma(0)$, è pari al 27,50%:

$$\sigma(0) = 1{,}732\% \times \sqrt{252} = 27{,}50\%.$$

Nella Tavola 8.7 si ipotizza un aumento dell'1% nella volatilità istantanea, che passa dal 27,50% al 28,50% annuo. In altri termini, $\Delta\sigma(0) = 0{,}01 = 1\%$.

Molte istituzioni finanziarie utilizzano un'analisi come questa per determinare l'esposizione dei loro libri alle variazioni di volatilità. Piuttosto che considerare un aumento uniforme dell'1% nelle volatilità implicite, quando calcolano il vega, preferiscono determinare la dimensione dell'aumento di volatilità in funzione della scadenza dell'opzione.

Esempio 8.21

In base a quanto è riportato nella Tavola 8.7, un aumento della volatilità istantanea pari all'1% porterebbe a un aumento della volatilità dello 0,91% per le opzioni a 10 giorni, un aumento dello 0,75% per le opzioni a 30 giorni, un aumento dello 0,63% per le opzioni a 50 giorni e così via.

SOMMARIO

Quando si valutano le opzioni, la volatilità è definita come deviazione standard del tasso di rendimento annuo (composto continuamente) ed è stimata sulla base dei dati storici (volatilità storica) o dei prezzi delle opzioni (volatilità implicita). Nel *risk management* la volatilità è definita come deviazione standard del tasso di variazione giornaliero. Il tasso di varianza giornaliero è il quadrato della volatilità giornaliera.

La volatilità tende a essere molto più alta nei giorni in cui le attività vengono negoziate che non nei giorni in cui i mercati sono chiusi. Di conseguenza, i giorni in cui i mercati sono chiusi vengono ignorati ai fini del calcolo delle volatilità.

Si è tentati di supporre che i tassi di variazione giornalieri delle variabili di mercato si distribuiscano in modo normale. Non è così. Nella maggior parte dei casi, le distribuzioni dei tassi di variazione delle variabili di mercato hanno molto più peso nelle code rispetto alle distribuzioni normali. Si è riscontrato che la «legge di potenza» (*power law*) descrive bene molte delle distribuzioni che si incontrano in pratica, per cui viene spesso utilizzata per stimare le code delle distribuzioni dei tassi di variazione di molte variabili di mercato.

In questo capitolo abbiamo descritto alcuni metodi per cercare di tenere sotto controllo la volatilità. Sia u_i il tasso di variazione di una variabile tra la fine del giorno $i-1$ e la fine del giorno i. Il tasso di varianza della variabile (ossia il quadrato della sua volatilità) viene calcolato come media ponderata delle u_i^2.

La caratteristica fondamentale dei metodi presentati in questo capitolo è che essi non assegnano lo stesso peso alle u_i^2. Più l'osservazione è recente, maggiore è il peso che le viene assegnato. Nell'EWMA e nel GARCH(1,1), i pesi assegnati alle osservazione diminuiscono esponenzialmente via via che le osservazioni si allontanano nel tempo. Il GARCH(1,1) differisce dall'EWMA perché assegna un certo peso anche al tasso di varianza medio di lungo periodo. L'EWMA e il GARCH(1,1) hanno strutture tali da rendere relativamente semplice il calcolo delle previsioni sui futuri livelli del tasso di varianza.

Di solito, per stimare i parametri del GARCH(1,1) e di altri modelli, sulla base dei dati storici, si usa il metodo della massima verosimiglianza. Questo metodo comporta una procedura iterativa volta a determinare i valori dei parametri che massimizzano la probabilità (o verosimiglianza) di osservazione dei dati. Dopo aver determinato i parametri, si può giudicare la validità del modello dal modo in cui rimuove l'autocorrelazione delle u_i^2.

Il GARCH(1,1) può essere utilizzato per stimare la volatilità sulla base dei dati storici. Queste stime vengono consentono poi di calcolare l'impatto degli *shocks* di volatilità sulle volatilità implicite nelle opzioni di diversa scadenza.

SUGGERIMENTI PER ULTERIORI LETTURE

Sulle Cause della Volatilità

FAMA, E. F., "The Behavior of Stock Market Prices", *Journal of Business*, 38 (January 1965), 34-105.

FRENCH, K. R., "Stock Returns and the Weekend Effect", *Journal of Financial Economics*, 8 (March 1980), 55-69.

FRENCH, K. R. e ROLL, R., "Stock Returns Variances: The Arrival of Information and the Reaction of Traders", *Journal of Financial Economics*, 17 (September 1986), 5-26.

ROLL, R., "Orange Juice and Weather", *American Economic Review*, 74, 5 (December 1984), 861-80.

Sul GARCH

BOLLERSLEV, T., "Generalized Autoregressive Conditional Heteroscedasticity", *Journal of Econometrics*, 31 (1986), 307-27.

CUMBY, R., FIGLEWSKI, S. e HASBROOK, J., "Forecasting Volatilities and Correlations with EGARCH Models", *Journal of Derivatives*, 1, 2 (Winter 1993), 51-63.

ENGLE, R. F., "Autoregressive Conditional Heteroscedasticity with Estimates of the Variance of UK Inflation", *Econometrica*, 50 (1982), 987-1008.

ENGLE R. F. e MEZRICH, J., "Grappling with GARCH", *Risk* (September 1995), 112-7.

ENGLE, R. F. e NG, V., "Measuring and Testing the Impact of News on Volatility", *Journal of Finance*, 48 (1993), 1749-78.

NELSON, D., "Conditional Heteroscedasticity and Asset Returns: A New Approach", *Econometrica*, 59 (1990), 347-70.

NOH, J., ENGLE, R. F. e KANE, A., "Forecasting Volatility and Option Prices of the S&P 500 Index", *Journal of Derivatives*, 2 (1994), 17-30.

DOMANDE E PROBLEMI
(le risposte si trovano alla fine del libro)

8.1. La volatilità di un'azione è pari al 2% giornaliero. Qual è la deviazione standard del tasso di rendimento dell'azione su un periodo di 3 giorni?

8.2. Il tasso di rendimento atteso di un'azione è nullo e la volatilità è pari al 25% annuo. Calcolate **(a)** la volatilità giornaliera e **(b)** l'intervallo di confidenza al 95% per il tasso di variazione giornaliero dell'azione.

8.3. Perché le volatilità vengono calcolate supponendo che in un anno ci siano 252 giorni?

8.4. **(a)** Cosa si intende per volatilità implicita?
  (b) Come può essere calcolata?
  (c) In pratica, opzioni diverse scritte sullo stesso sottostante hanno volatilità implicite diverse. Cosa ne potete dedurre?

8.5. Supponiamo che, negli ultimi 11 giorni, le quotazioni di un certo tasso di cambio siano state le seguenti: 0,7000; 0,7010; 0,7070; 0,6999; 0,6970; 0,7003; 0,6951; 0,6953; 0,6934; 0,6923 e 0,6922. Stimate la volatilità giornaliera seguendo **(a)** il metodo indicato dall'Equazione (8.2) e **(b)** quello indicato dall'Equazione (8.4).

8.6. Il numero dei visitatori di un certo sito *web* segue la *power law* descritta dall'Equazione (8.1), con $\alpha = 2$. Supponiamo che l'1% dei siti abbia 500 o più visitatori al giorno. Qual è la percentuale dei siti con **(a)** 1.000 e **(b)** 2.000 o più visitatori?

8.7. Spiegate il modello a media mobile pesata esponenzialmente (EWMA), usato per la stima delle volatilità in base ai dati storici.

8.8. Qual è la differenza, nell'aggiornamento delle volatilità, tra l'EWMA e il GARCH(1,1)?

8.9. La stima corrente della volatilità giornaliera di una certa attività è pari all'1,5% ed il prezzo dell'attività alla chiusura di ieri era di $30. Il parametro λ del modello EWMA è di 0,94. Supponete che il prezzo dell'attività alla chiusura di oggi sia di $30,5. In che modo aggiornereste la stima della volatilità?

8.10. Una società, che usa l'EWMA per prevedere le volatilità, decide di portare il λ da 0,95 a 0,85. Spiegate qual è il probabile impatto della modifica sulle previsioni.

8.11. Supponete che, alla chiusura di ieri, il livello di un indice azionario era di 1.040 e che la stima della volatilità giornaliera dell'indice era dell'1%. I parametri di un GARCH(1,1) sono $\omega = 0,000002$, $\alpha = 0,06$ e $\beta = 0,92$. Se, alla chiusura di oggi, l'indice si porta a 1.060, qual è la nuova stima della volatilità?

8.12. La stima corrente della volatilità giornaliera del tasso di cambio dollaro/sterlina è pari allo 0,6% ed il tasso di cambio alle 16:00 di ieri era pari a $1,5. Il parametro λ del modello EWMA è di 0,9. Supponete che il tasso di cambio alle 16:00 di oggi sia pari a $1,495. In che modo aggiornereste la stima della volatilità?

8.13. Una società usa il GARCH(1,1) per aggiornare le volatilità. I tre parametri sono ω, α e β. Cosa succede se aumentate di poco ciascuno dei tre parametri lasciando gli altri invariati?

8.14. Le stime dei parametri di un GARCH(1,1) sono $\omega = 0{,}000004$, $\alpha = 0{,}05$ e $\beta = 0{,}92$.
  (a) Qual è la volatilità media di lungo periodo?
  (b) Qual è l'equazione che descrive il modo in cui il tasso di varianza ritorna verso il suo livello di lungo periodo?
  (c) Se la volatilità corrente è del 20% annuo, qual è la volatilità attesa tra 20 giorni?

8.15. Supponete che la volatilità giornaliera dell'indice azionario FTSE 100 (misurata in sterline) sia pari all'1,8% e che la volatilità giornaliera del tasso di cambio dollaro/sterlina (misurata in dollari) sia pari allo 0,9%. Supponete inoltre che la correlazione tra il FTSE 100 e il tasso di cambio dollaro/sterlina sia pari a 0,4. Qual è la volatilità del FTSE 100 tradotta in dollari? Supponete che il tasso di cambio dollaro/sterlina sia espresso come numero di dollari per sterlina. (Suggerimento: quando $Z = XY$, il tasso di variazione di Z è uguale al tasso di variazione di X più il tasso di variazione di Y).

8.16. Le stime dei parametri del modello GARCH(1,1) sono $\omega = 0{,}000003$, $\alpha = 0{,}04$ e $\beta = 0{,}94$. La volatilità giornaliera corrente è pari all'1%. Qual è la stima della volatilità giornaliera tra 30 giorni?

8.17. Le stime dei parametri del modello GARCH(1,1) sono $\omega = 0{,}000002$, $\alpha = 0{,}04$ e $\beta = 0{,}94$. La volatilità giornaliera corrente è pari all'1,3%. Qual è la stima della volatilità annua da utilizzare per valutare un'opzione che scade tra 20 giorni?

Capitolo 9
Correlazioni e Copule

È importante che, quando devono valutare le esposizioni al rischio, i *risk managers* stimino – oltre alle volatilità – anche le correlazioni tra le variabili di mercato.

Esempio 9.1
Supponiamo che una società sia esposta nei confronti di due variabili di mercato e che guadagni $10 milioni se una delle due variabili aumenta di una deviazione standard e ne perda altrettanti se una delle due variabili diminuisce di una deviazione standard.
Se le variazioni delle due variabili sono correlate positivamente, l'esposizione della società è molto elevata; se la correlazione è nulla, l'esposizione è minore ma è ancora elevata; se la correlazione è negativa, l'esposizione è piuttosto bassa perché la perdita causata da una delle due variabili viene compensata dal guadagno sull'altra.

In questo capitolo verrà spiegato come tenere sotto controllo le correlazioni, con metodi simili a quelli già visti per le volatilità. Verranno trattate anche le cosiddette «copule» (*copulas*)**,** che consentono di definire la struttura delle correlazioni tra due o più variabili, indipendentemente dalle distribuzioni probabilistiche.
 Le copule hanno diverse applicazioni in *risk management*. In questo capitolo vedremo come vengono utilizzate per definire la «correlazione tra le insolvenze» (*default correlation*) per un portafoglio di «prestiti» (*loans*).
 Il modello che prenderemo in esame è quello utilizzato da Basilea II per definire i requisiti patrimoniali a fronte del rischio di credito.

9.1 DEFINIZIONE DI CORRELAZIONE

Il coefficiente di correlazione, ρ, tra due variabili V_1 e V_2 è definito come

$$\rho = \frac{E(V_1 V_2) - E(V_1)\, E(V_2)}{Sd(V_1)\, Sd(V_2)} \tag{9.1}$$

dove $E(\cdot)$ indica il valore atteso e $Sd(\cdot)$ la deviazione standard.
 Se le variabili non sono correlate, si ha

$$E(V_1\, V_2) = E(V_1)\, E(V_2)$$

per cui $\rho = 0$.

Se $V_1 = V_2$, il numeratore e il denominatore dell'Equazione (9.1) sono entrambi uguali alla varianza di V_1. Pertanto, in tal caso si ha $\rho = 1$.

La covarianza tra V_1 e V_2 è definita come

$$Cov(V_1, V_2) = E(V_1 V_2) - E(V_1) E(V_2) \qquad (9.2)$$

per cui il coefficiente di correlazione, ρ, può anche essere scritto così:

$$\rho = \frac{Cov(V_1, V_2)}{Sd(V_1)\ Sd(V_2)}.$$

Sebbene sia più facile spiegare il concetto di correlazione piuttosto che quello di covarianza, sono le covarianze che rappresentano le variabili fondamentali della nostra analisi. Analogamente, le volatilità sono più facili da comprendere, ma i tassi di varianza sono le variabili fondamentali dei modelli EWMA e GARCH che abbiamo esaminato nel Capitolo 8.

Correlazione e Dipendenza

Due variabili sono statisticamente indipendenti se la conoscenza di una delle due non influenza la distribuzione probabilistica dell'altra. Formalmente, V_1 e V_2 sono indipendenti se, per qualsiasi x, si ha

$$f(V_2 \mid V_1 = x) = f(V_2)$$

dove $f(\cdot)$ è la funzione di densità e il simbolo "|" indica "a condizione che".

Se il coefficiente di correlazione tra due variabili è nullo, questo non implica che le variabili siano indipendenti. Possiamo vederne il motivo con un semplice esempio.

Esempio 9.2

Supponiamo che V_1 possa assumere tre valori equiprobabili: -1, 0 e $+1$. Se $V_1 = -1$ o $V_1 = +1$, allora $V_2 = 1$. Se $V_1 = 0$, allora $V_2 = 0$. In questo caso c'è una chiara dipendenza tra V_1 e V_2 dato che, se osserviamo il valore di V_1, sappiamo anche qual è il valore di V_2. Inoltre, la conoscenza del valore di V_2 modifica la distribuzione probabilistica di V_1. Eppure il coefficiente di correlazione tra V_1 e V_2 è nullo. Infatti, la covarianza [Equazione (9.2)] è nulla, dato che $E(V_1) = 0$ [$E(V_1) = \frac{1}{3} \times (-1) + \frac{1}{3} \times 0 + \frac{1}{3} \times 1 = 0$] e $E(V_1 V_2) = 0$ [$E(V_1 V_2) = \frac{1}{3} \times (-1 \times 1) + \frac{1}{3} \times 0 \times 0 + \frac{1}{3} \times 1 \times 1 = 0$].

L'esempio precedente enfatizza il fatto che il coefficiente di correlazione misura un particolare tipo di dipendenza tra due variabili: la dipendenza lineare. Ci sono molti altri modi in cui due variabili possono essere legate tra loro. La natura della dipendenza tra V_1 e V_2 può essere illustrata tracciando il grafico di $E(V_2)$ in funzione di V_1.

La Figura 9.1 riporta tre grafici. La Figura 9.1a, dove $E(V_2)$ dipende linearmente da V_1, mostra una dipendenza lineare. La Figura 9.1b mostra una relazione a V tra $E(V_2)$ e V_1. Questa relazione è simile a quella considerata nell'Esempio 9.2: una relazione a V simmetrica, comunque forte, porta sempre a un coefficiente di correlazione nullo. La Figura 9.1c mostra un tipo di relazione che si osserva spesso quando le variabili V_1 e V_2 sono rappresentate dai tassi di variazione di variabili finanziarie. Se i tassi di variazione sono modesti, la dipendenza di $E(V_2)$ da V_1 è scarsa, ma se i tassi di variazione sono molto forti, a valori estremi di V_1 corrispondono valori estremi di $E(V_2)$. È ben noto che «durante le crisi tutte le correlazioni tendono a 1».

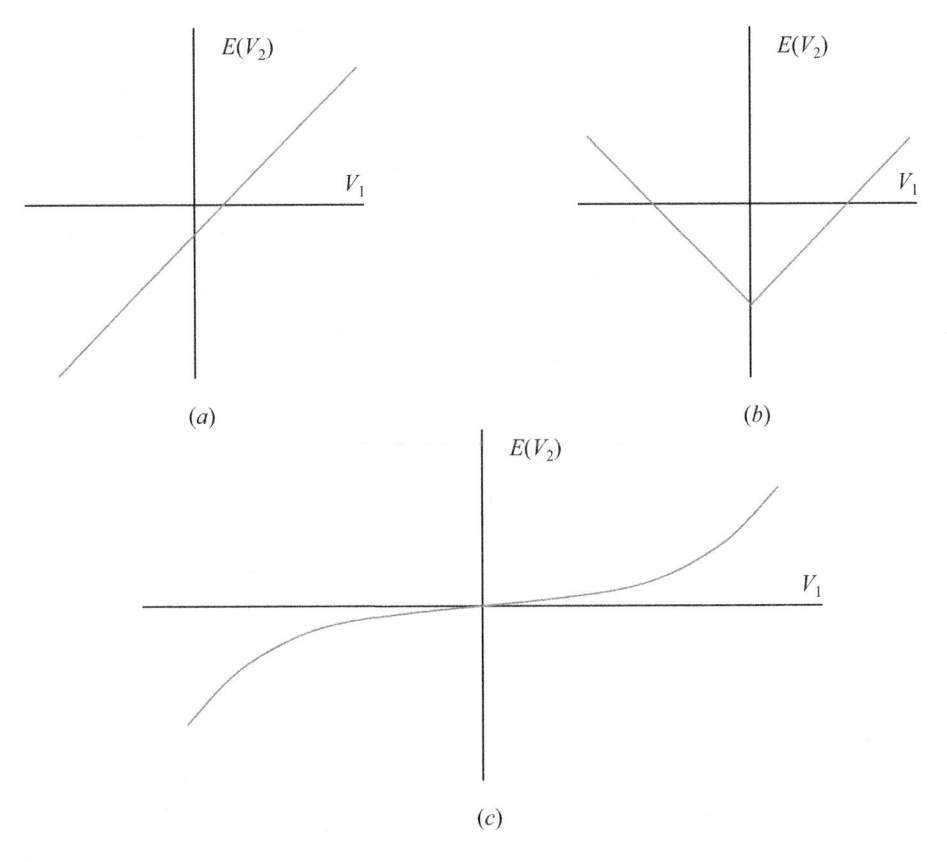

Figura 9.1 Tre esempi dei modi in cui V_2 può dipendere da V_1.

Un altro aspetto del modo in cui V_2 dipende da V_1 riguarda la deviazione standard di V_2 condizionata da V_1, che – come vedremo più avanti – è costante se V_1 e V_2 si distribuiscono secondo una normale bivariata, ma non lo è in altre situazioni.

9.2 TENERE SOTTO CONTROLLO LE CORRELAZIONI

Nel Capitolo 8 abbiamo visto come utilizzare i modelli EWMA e GARCH per tener sotto controllo il tasso di varianza di una variabile. Metodi simili possono essere utilizzati per tenere sotto controllo il «tasso di covarianza» (*covariance rate*) tra due variabili.

Il tasso di varianza giornaliero di una variabile è la varianza del tasso di variazione giornaliero. Analogamente, il tasso di covarianza giornaliero tra due variabili è la covarianza tra i tassi di variazione giornalieri delle due variabili.

Consideriamo due variabili di mercato, X e Y. Indichiamo con x_i e y_i i tassi di variazione di X e Y tra la fine del giorno $i-1$ e la fine del giorno i

$$x_i = \frac{X_i - X_{i-1}}{X_{i-1}} \qquad y_i = \frac{Y_i - Y_{i-1}}{Y_{i-1}}$$

dove X_i e Y_i sono i valori di X e Y alla fine del giorno i.

In base all'Equazione (9.2), il tasso di covarianza tra X e Y per il giorno n è

$$cov_n = E(x_n\, y_n) - E(x_n)\, E(y_n).$$

Nella Sezione 8.5 si è visto che, quando calcolano il tasso di varianza giornaliero, i *risk managers* tendono ad supporre che il valore atteso del tasso di variazione giornaliero sia nullo. Fanno lo stesso quando calcolano il tasso di varianza giornaliero. In altri termini, suppongono che il tasso di covarianza giornaliero tra X e Y per il giorno n sia semplicemente

$$cov_n = E(x_n\, y_n).$$

Se le ultime m osservazioni di x_i e y_i vengono equiponderate, si ha

$$cov_n = \frac{1}{m}\sum_{i=1}^{m} x_{n-i}\, y_{n-i}. \qquad (9.3)$$

Analogamente, l'equiponderazione delle ultime m osservazioni porta a determinare un tasso di varianza per il giorno n pari a

$$var_{x,n} = \frac{1}{m}\sum_{i=1}^{m} x^2_{n-i}$$

per la variabile X e a

$$var_{y,n} = \frac{1}{m}\sum_{i=1}^{m} y^2_{n-i}$$

per la variabile Y.

La stima della correlazione per il giorno n è

$$\frac{cov_n}{\sqrt{var_{x,n}\, var_{y,n}}}.$$

Modello EWMA

La maggior parte dei *risk managers* tende a essere d'accordo sul fatto che le osservazioni molto lontane nel tempo non dovrebbero ricevere lo stesso peso delle osservazioni più recenti. Nel Capitolo 8, abbiamo visto come utilizzare il modello EWMA per descrivere le varianze. In questo modello i pesi diminuiscono esponenzialmente via via che si torna indietro nel tempo. Uno schema di ponderazione simile può essere utilizzato anche per le covarianze.

Nel modello EWMA la formula per l'aggiornamento delle covarianze è simile a quella che abbiamo già presentato per le varianze [Equazione (8.8)]:

$$cov_n = \lambda\, cov_{n-1} + (1-\lambda)\, x_{n-1}\, y_{n-1}.$$

Con un analisi simile a quella che abbiamo presentato per il modello EWMA applicato alle volatilità, si può vedere che il peso assegnato a $x_{n-i}\, y_{n-i}$ diminuisce col crescere di i (via via che torniamo indietro nel tempo). Minore è il valore di λ, maggiore è il peso assegnato alle osservazioni più recenti.

TAVOLA 9.1 Matrice delle correlazioni.

$$\begin{bmatrix} 1 & \rho_{12} & \cdots & \rho_{1j} & \cdots & \rho_{1n} \\ \rho_{21} & 1 & \cdots & \rho_{2j} & \cdots & \rho_{2n} \\ \cdots & \cdots & \cdots & \cdots & \cdots & \cdots \\ \rho_{i1} & \rho_{i2} & \cdots & \rho_{ij} & \cdots & \rho_{in} \\ \cdots & \cdots & \cdots & \cdots & \cdots & \cdots \\ \rho_{n1} & \rho_{n2} & \cdots & \rho_{nj} & \cdots & 1 \end{bmatrix}$$

Nota: ρ_{ij} è il coefficiente di correlazione tra le variabili i e j.

Esempio 9.3

Supponiamo che $\lambda = 0,95$ e che la stima della correlazione tra le variabili X e Y per il giorno $n-1$ sia pari a 0,6. Supponiamo, inoltre, che la stima delle volatilità di X e Y per il giorno $n-1$ sia pari all'1% e al 2%, rispettivamente. In base alla relazione tra correlazione e covarianza, la stima della covarianza tra X e Y per il giorno $n-1$ è pari a

$$0,6 \times 0,01 \times 0,02 = 0,00012.$$

Supponiamo che, tra il giorno $n-1$ e il giorno n, i tassi di variazione di X e Y siano pari allo 0,5% e al 2,5%, rispettivamente. Gli aggiornamenti dei tassi di varianza e della covarianza sono i seguenti

$$\sigma_{x,n}^2 = 0,95 \times 0,01^2 + (1-0,95) \times 0,005^2 = 0,00009625$$
$$\sigma_{y,n}^2 = 0,95 \times 0,02^2 + (1-0,95) \times 0,025^2 = 0,00041125$$
$$cov_n = 0,95 \times 0,00012 + (1-0,95) \times 0,005 \times 0,025 = 0,00012025.$$

La nuova volatilità di X è pari a $\sqrt{0,00009625} = 0,981\%$ e la nuova volatilità di Y è pari a $\sqrt{0,00041125} = 2,028\%$. Il nuovo coefficiente di correlazione tra X e Y è

$$\frac{0,00012025}{0,00981 \times 0,02028} = 0,6044.$$

Modello GARCH

Anche i modelli GARCH possono essere utilizzati per aggiornare le stime delle covarianze e prevederne i futuri livelli. Ad es., nel GARCH(1,1), l'aggiornamento del tasso di covarianza tra X e Y è dato dalla seguente formula:

$$cov_n = \omega + \alpha \, x_{n-1} \, y_{n-1} + \beta \, cov_{n-1}.$$

Questa formula, in modo analogo alla corrispondente formula (8.10) per l'aggiornamento del tasso di varianza, assegna un certo peso al tasso di covarianza medio di lungo periodo, un certo peso al tasso di covarianza più recente, ossia a $x_{n-1} y_{n-1}$ e un certo peso alla più recente stima del tasso di covarianza, ossia a cov_{n-1}. Il tasso di covarianza medio di lungo periodo è dato da $\omega/(1 - \alpha - \beta)$. Per prevedere i futuri tassi di covarianza e calcolare il tasso di covarianza medio durante la vita di un'opzione, si possono usare formule simili a quelle delle Equazioni (8.14) e (8.15).

9.3 MATRICI: CORRELAZIONI E VARIANZE/COVARIANZE

Le «matrici delle correlazioni» (*correlation matrices*) contengono, all'intersezione tra la i-esima riga e la j-esima colonna, la correlazione ρ_{ij} tra la variabile i e la variabile j (Tavola 9.1). Dato che ogni variabile è perfettamente correlata con se stessa,

TAVOLA 9.2 Matrice delle varianze-covarianze.

$$\begin{bmatrix} \sigma_1^2 & cov_{12} & \ldots & cov_{1j} & \ldots & cov_{1n} \\ cov_{21} & \sigma_2^2 & \ldots & cov_{2j} & \ldots & cov_{2n} \\ \ldots & \ldots & \ldots & \ldots & \ldots & \ldots \\ cov_{i1} & cov_{i2} & \ldots & cov_{ij} & \ldots & cov_{in} \\ \ldots & \ldots & \ldots & \ldots & \ldots & \ldots \\ cov_{n1} & cov_{n2} & \ldots & cov_{nj} & \ldots & \sigma_n^2 \end{bmatrix}$$

Nota: cov_{ij} è la covarianza tra le variabili i e j. Nella diagonale principale ci sono le varianze ($cov_{ii} = \sigma_i^2$).

gli elementi posti sulla diagonale principale sono tutti uguali a 1. Inoltre, dato che $\rho_{ij} = \rho_{ji}$, le matrici sono simmetriche.

Invece di lavorare con le matrici delle correlazioni, spesso si preferisce utilizzare le matrici delle varianze e covarianze. Le «matrici delle varianze-covarianze» (*variance-covariance matrices*) contengono, all'intersezione tra la i-esima riga e la j-esima colonna, la covarianza cov_{ij} tra la variabile i e la variabile j (Tavola 9.2).

Dato che la covarianza di una variabile con se stessa è pari alla varianza, gli elementi posti sulla diagonale principale sono tutti uguali alle varianze. Inoltre, dato che $cov_{ij} = cov_{ji}$, le matrici sono simmetriche, così come le matrici delle correlazioni.

Condizioni per la Coerenza tra Covarianze

Non tutte le matrici delle varianze e covarianze sono internamente coerenti. Affinché una matrice delle varianze e covarianze, Ω, di ordine $N \times N$, sia internamente coerente, occorre che

$$\mathbf{w}^T \Omega \mathbf{w} \geq 0 \qquad (9.4)$$

per tutti i possibili vettori, $\mathbf{w}$, di ordine $N \times 1$, dove $\mathbf{w}^T$ è la trasposta di $\mathbf{w}$. Le matrici che soddisfano questa proprietà sono dette «semidefinite positive» (*positive semidefinite*).

Per capire la condizione posta dall'Equazione (9.4), supponiamo che $\mathbf{w}$ sia il vettore colonna $(w_1, w_2, \ldots, w_N)$. Allora, l'espressione $\mathbf{w}^T \Omega \mathbf{w}$ è il tasso di varianza di $w_1 z_1 + w_2 z_2 + \ldots + w_N z_N$, dove z_i è il valore della i-esima variabile, e in quanto tale non può essere negativo.

Per essere certi di ottenere una matrice semidefinita positiva, è importante assicurare la coerenza tra il modo in cui si calcolano varianze e covarianze.

Ad es., se i tassi di varianza vengono calcolati assegnando uguale peso alle ultime m osservazioni, lo stesso dovrebbe essere fatto per i tassi di covarianza. Se i tassi di varianza vengono aggiornati in base a un EWMA con $\lambda = 0{,}94$, lo stesso dovrebbe essere fatto per i tassi di covarianza. Per aggiornare la matrice delle varianze e covarianze si può anche utilizzare un modello GARCH multivariato, ma la procedura è più complessa.[1]

---

[1] Si veda ENGLE, R. F. e MEZRICH, J., "GARCH for Groups", *Risk*, August 1996, 36-40, per la presentazione di diversi possibili approcci.

Esempio 9.4

Un esempio di matrice delle varianze e covarianze non coerente è dato da

$$\begin{pmatrix} 1 & 0 & 0,9 \\ 0 & 1 & 0,9 \\ 0,9 & 0,9 & 1 \end{pmatrix}.$$

La varianza di ogni variabile è unitaria, per cui le covarianze coincidono con i coefficienti di correlazione. La prima variabile è fortemente correlata con la terza e anche la seconda è fortemente correlata con la terza. Tuttavia, non c'è correlazione tra la prima e la seconda variabile, il che è piuttosto strano. Se poniamo $\mathbf{w}^T$ uguale a $(1, 1, -1)$ possiamo verificare che la condizione posta dall'Equazione (9.4) non è soddisfatta, a dimostrazione del fatto che la matrice non è semidefinita positiva.[2]

Se apportiamo una piccola modifica a una matrice semidefinita positiva calcolata in base alle osservazioni di tre variabili (ad es. per fare un'analisi di sensitività), è probabile che la matrice resti semidefinita positiva. Tuttavia, se facciamo altrettanto per una matrice basata su 100 variabili, dobbiamo fare molta più attenzione. È molto probabile che, dopo avervi apportato una piccola modifica arbitraria, una matrice 100×100 semidefinita positiva non resti più tale.

9.4 DISTRIBUZIONI NORMALI MULTIVARIATE

Le distribuzioni normali multivariate sono ben note e relativamente facili da utilizzare. Come vedremo nella prossima sezione, possono essere utili per specificare la struttura delle correlazioni tra diverse variabili anche quando le variabili non si distribuiscono in modo normale.

Iniziamo col considerare una distribuzione normale bivariata, che riguarda due sole variabili, V_1 e V_2. Supponiamo di sapere che V_1 ha assunto il valore v_1. Data questa informazione, la variabile V_2 si distribuisce in modo normale con media

$$\mu_2 + \rho \, \sigma_2 \frac{V_1 - \mu_1}{\sigma_1}$$

e deviazione standard

$$\sigma_2 \sqrt{1 - \rho^2}.$$

Qui μ_1 e μ_2 sono le medie non condizionate di V_1 e V_2, σ_1 e σ_2 sono le deviazioni standard non condizionate e ρ è il coefficiente di correlazione tra V_1 e V_2. Si noti che il valore atteso di V_2, condizionato da V_1, dipende in modo lineare da V_1. Questo tipo di dipendenza è stato illustrato nella Figura 9.1a. Si noti inoltre che la deviazione standard di V_2, condizionata da V_1, non dipende da V_1.

Un *file* che consente di calcolare la funzione di distribuzione della normale bivariata è disponibile nel sito *web* del libro [e in quello del traduttore]: cfr. Normale_Bivariata.xlsm.

---

[2] Si può dimostrare che la condizione di coerenza interna per una matrice delle correlazioni di ordine 3×3 è

$$\rho_{12}^2 + \rho_{13}^2 + \rho_{23}^2 - 2\rho_{12}\rho_{13}\rho_{23} \leq 1$$

dove ρ_{ij} è il coefficiente di correlazione tra le variabili i e j.

Generazione di Campioni Casuali

Molti linguaggi di programmazione prevedono *routines* che consentono di estrarre numeri casuali compresi tra 0 e 1 da una distribuzione uniforme e molti hanno *routines* che consentono di estrarre numeri casuali da una distribuzione normale.[3] Una procedura per generare numeri casuali da una distribuzione normale bivariata standardizzata è la seguente. Si estraggono due campioni indipendenti, z_1 e z_2, da una distribuzione normale univariata standardizzata, nel modo che è stato ora descritto. I campioni richiesti, ε_1 ed ε_2, vengono quindi calcolati nel modo seguente

$$\varepsilon_1 = z_1 \qquad \varepsilon_2 = \rho z_1 + z_2 \sqrt{1 - \rho^2}$$

dove ρ è il coefficiente di correlazione tra le variabili della distribuzione bivariata.

Più in generale, per generare numeri casuali da una distribuzione normale n-variata standardizzata, dove il coefficiente di correlazione tra la variabile i e la variabile j è ρ_{ij}, si devono estrarre n campioni indipendenti z_i ($1 \leq i \leq n$) da una distribuzione normale univariata standardizzata. I numeri casuali richiesti, ε_i ($1 \leq i \leq n$), si ottengono poi utilizzando la seguente formula

$$\varepsilon_i = \sum_{k=1}^{i} \alpha_{ik} z_k \tag{9.5}$$

dove i parametri α_{ij} sono scelti in modo che le ε_i abbiano le varianze e le correlazioni desiderate. Per $1 \leq j \leq i$ si deve avere

$$\sum_{k=1}^{i} \alpha_{ik}^2 = 1$$

e per tutte le $j < i$,

$$\sum_{k=1}^{j} \alpha_{ik} \alpha_{jk} = \rho_{ij}.$$

Il primo numero casuale, ε_1, viene posto uguale a z_1. Quindi si calcola ε_2 in funzione di z_1 e z_2, ε_3 in funzione di z_1, z_2 e z_3, e così via. Questa procedura è nota come «scomposizione di Cholesky» (Cholesky *decomposition*). Si veda il Problema 9.9.

Se, quando si usa la scomposizione di Cholesky, ci si trova a dover calcolare la radice quadrata di un numero negativo, è chiaro che la matrice delle varianze e covarianze non è internamente coerente. Come si è visto nella Sezione 9.3, ciò equivale a dire che la matrice non è semidefinita positiva.

Modelli Fattoriali

A volte le correlazioni tra variabili normali vengono definite in base a un modello fattoriale. Supponiamo che le variabili U_1, U_2, ..., U_N siano normali standardizzate (ossia normali con media nulla e varianza unitaria). Nei modelli a un solo fattore, ogni U_i ($i = 1, 2, ..., N$) ha una componente che dipende dal fattore comune F e una componente che non è correlata con le altre variabili.

---

[3] In Excel, l'istruzione «= INV.NORM.S(CASUALE())» consente di generare un numero casuale da una distribuzione normale standardizzata.

In altri termini

$$U_i = a_i F + \sqrt{1 - a_i^2}\, Z_i \tag{9.6}$$

dove F e Z_i hanno distribuzioni normali standardizzate e a_i è una costante compresa tra -1 e $+1$. Le Z_i non sono correlate né tra loro, né con F. Il coefficiente di Z_i è stato scelto in modo che U_i abbia, oltre che media nulla, anche varianza unitaria. La correlazione tra U_i e U_j deriva dal fatto che entrambe dipendono dal fattore comune F. Il coefficiente di correlazione tra U_i e U_j è pari a $E(U_i\, U_j) = a_i\, a_j E(F^2) = a_i\, a_j$.

I modelli unifattoriali impongono una qualche struttura alle correlazioni (e la matrice delle correlazioni che ne risulta è sempre semidefinita positiva). Se non si fa l'ipotesi di un modello unifattoriale, il numero delle correlazioni da stimare è pari a $N(N-1)/2$, dove N è il numero delle variabili. Se si fa l'ipotesi di un modello unifattoriale, basta stimare N parametri: $a_1, a_2, ..., a_N$.

Un esempio di modello fattoriale ben noto è il CAPM, dove il tasso di rendimento di un titolo ha una componente sistematica, che dipende dal tasso di rendimento del mercato, e una componente idiosincratica (non sistematica), che non dipende dal tasso di rendimento degli altri titoli (si veda la Sezione 1.3).

Il modello unifattoriale può essere esteso al caso di due, tre, ..., M fattori. Nel modello a M fattori

$$U_i = a_{i1} F_1 + a_{i2} F_2 + ... + a_{iM} F_M + \sqrt{1 - a_{i1}^2 - a_{i2}^2 - ... - a_{iM}^2}\, Z_i. \tag{9.7}$$

I fattori $F_1, F_2, ..., F_M$ hanno distribuzioni normali standardizzate non correlate tra loro e le Z_i non sono correlate né tra loro né con i fattori F. In tal caso il coefficiente di correlazione tra U_i e U_j è pari a

$$E(U_i, U_j) = E\left[\left(\sum_{m=1}^{M} a_{im} F_m\right)\left(\sum_{m=1}^{M} a_{jm} F_m\right)\right] = \sum_{m=1}^{M} a_{im} a_{jm} E(F_m^2) = \sum_{m=1}^{M} a_{im} a_{jm}.$$

9.5 COPULE

Consideriamo due variabili correlate, V_1 e V_2. La «distribuzione marginale» (*marginal distribution*) di V_1, detta anche «distribuzione non condizionata» (*unconditional distribution*) è la distribuzione di V_1 se non abbiamo informazioni su V_2; analogamente, la distribuzione marginale di V_2 è la distribuzione di V_2 se non abbiamo informazioni su V_1. Supponiamo di aver stimato le distribuzioni marginali di V_1 e di V_2. Che ipotesi possiamo fare circa la struttura delle correlazioni tra queste due variabili, in modo da definire la loro «distribuzione congiunta» (*joint distribution*)?

Se le distribuzioni marginali di V_1 e di V_2 sono normali, l'ipotesi più comune è che la distribuzione congiunta sia quella di una normale bivariata (in questo caso, la struttura delle correlazioni tra V_1 e V_2 è quella descritta nella Sezione 9.4).[4] Ipotesi analoghe possono essere fatte per altre distribuzioni marginali, ma spesso non ci sono modi naturali per definire la struttura delle correlazioni tra due distribuzioni marginali. È qui che entrano in gioco le «copule» (*copulas*).

---

[4] Questa è l'ipotesi più comune, ma non l'unica possibile. Ci sono molti altri modi in cui due variabili normali possono dipendere l'una dall'altra. Ad es., $V_2 = V_1$ per $V_1 \leq k$ e $V_2 = -V_1$ per $V_1 > k$. Si veda il Problema 9.11.

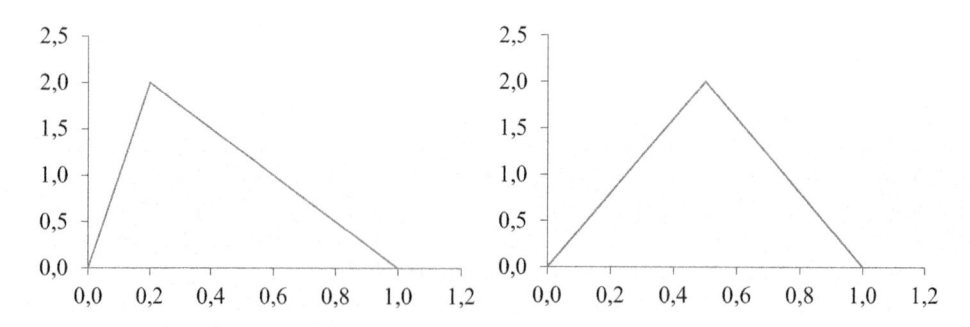

Figura 9.2 Funzioni di densità triangolari di V_1 e V_2.

TAVOLA 9.3 Trasformazione di V_1 in U_1.

Valore di V_1	Percentile della distribuzione	Valore di U_1
0,1	5,00	-1,6449
0,2	20,00	-0,8416
0,3	38,75	-0,2858
0,4	55,00	0,1257
0,5	68,75	0,4888
0,6	80,00	0,8416
0,7	88,75	1,2133
0,8	95,00	1,6449
0,9	98,75	2,2414

Esempio 9.5

Supponiamo che le distribuzioni marginali di V_1 e V_2 siano rappresentate dalle funzioni di densità triangolari riportate nella Figura 9.2. Entrambe le variabili hanno valori compresi tra 0 e 1. La funzione di densità di V_1 ha un valore modale in corrispondenza di 0,2, mentre la funzione di densità di V_2 ha un valore modale in corrispondenza di 0,5. Per entrambe le funzioni di densità, l'altezza massima è pari a 2.

Per utilizzare la cosiddetta «copula Gaussiana» (*Gaussian copula*), dobbiamo «trasformare» (*to map*) V_1 e V_2 in due nuove variabili, U_1 e U_2, che hanno una distribuzione normale standardizzata (ossia con media nulla e varianza unitaria). La «trasformazione» (*mapping*) viene fatta percentile per percentile.

Il 1° percentile della distribuzione di V_1 viene trasformato nel 1° percentile della distribuzione di U_1; il 10° percentile della distribuzione di V_1 viene trasformato nel 10° percentile della distribuzione di U_1, e così via. La variabile V_2 viene trasformata in modo analogo nella variabile U_2. La Tavola 9.3 mostra la trasformazione dei valori di V_1 nei valori di U_1, mentre la Tavola 9.4 mostra la trasformazione dei valori di V_2 nei valori di U_2.

Consideriamo, ad es., il calcolo per $V_1 = 0,1$ nella Tavola 9.3. La probabilità cumulata che risulti $V_1 < 0,1$ è pari all'area del triangolo rettangolo con base 0,1 e altezza 1. È quindi pari a 0,05 (= ½ × 0,1 × 1), ossia al 5%. Pertanto, il valore 0,1 di V_1 va trasformato nel 5° percentile della distribuzione normale standardizzata, che è pari a –1,64.[5]

---

[5] Questo valore può essere calcolato in Excel con INV.NORM.S(0,05) = –1,64.

TAVOLA 9.4 Trasformazione di V_2 in U_2.

Valore di V_2	Percentile della distribuzione	Valore di U_2
0,1	2,00	-2,0537
0,2	8,00	-1,4051
0,3	18,00	-0,9154
0,4	32,00	-0,4677
0,5	50,00	0,0000
0,6	68,00	0,4677
0,7	82,00	0,9154
0,8	92,00	1,4051
0,9	98,00	2,0537

TAVOLA 9.5 Copula Gaussiana: funzione di distribuzione congiunta di V_1 e V_2.

V_1	V_2								
	0,1	0,2	0,3	0,4	0,5	0,6	0,7	0,8	0,9
0,1	0,006	0,017	0,028	0,037	0,044	0,048	0,049	0,050	0,050
0,2	0,013	0,043	0,081	0,120	0,157	0,181	0,193	0,198	0,200
0,3	0,017	0,061	0,124	0,197	0,274	0,331	0,364	0,381	0,387
0,4	0,019	0,071	0,149	0,248	0,358	0,449	0,505	0,535	0,548
0,5	0,019	0,076	0,164	0,281	0,417	0,537	0,616	0,663	0,683
0,6	0,020	0,078	0,173	0,301	0,456	0,600	0,701	0,763	0,793
0,7	0,020	0,079	0,177	0,312	0,481	0,642	0,760	0,837	0,877
0,8	0,020	0,080	0,179	0,318	0,494	0,667	0,798	0,887	0,936
0,9	0,020	0,080	0,180	0,320	0,499	0,678	0,816	0,913	0,970

La variabili U_1 e U_2 hanno distribuzioni marginali normali e, sempre per ipotesi, la loro distribuzione congiunta è una normale bivariata. La distribuzione congiunta ipotizzata per U_1 e U_2 implica una certa distribuzione congiunta e una certa struttura delle correlazioni per V_1 e V_2. Pertanto, l'essenza delle copule consiste nel fatto che la struttura delle correlazioni per V_1 e V_2 viene definita indirettamente: trasformiamo V_1 e V_2 in due variabili U_1 e U_2 che hanno distribuzioni «regolari» (*well-behaved*), per le quali è facile definire la struttura delle correlazioni.

Esempio 9.6

Supponiamo che il coefficiente di correlazione tra U_1 e U_2 sia pari a 0,5. La distribuzione congiunta tra V_1 e V_2 è riportata nella Tavola 9.5. Per illustrare i calcoli, consideriamo la prima cella in alto a sinistra dove è riportata la probabilità che $V_1 < 0,1$ e $V_2 < 0,1$. In base alla Tavola 9.3 e alla Tavola 9.4, questa probabilità è uguale alla probabilità che $U_1 < -1,64$ e $U_2 < -2,05$. Quando $\rho = 0,5$ quest'ultima probabilità, ottenuta in base alla distribuzione normale bivariata, è pari a 0,006.[6] Se fosse stato $\rho = 0,0$, la probabilità sarebbe stata semplicemente pari al prodotto delle probabilità misurate dalle distribuzioni marginali di V_1 e V_2, ossia 0,001 (= 0,05 × 0,02).

---

[6] Una funzione Excel che consente di calcolare la funzione di distribuzione della normale bivariata può essere scaricata dal sito *web* del libro (e del traduttore): cfr. Normale_Bivariata.xlsm.

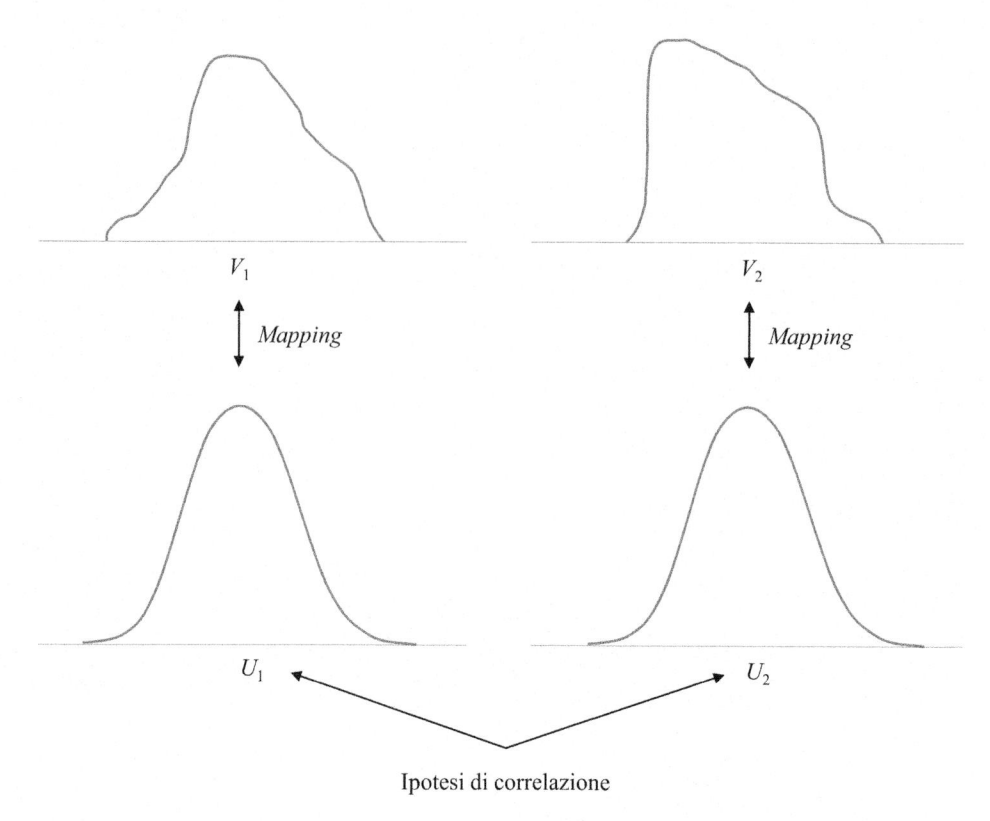

Figura 9.3 Come definire con una copula la distribuzione congiunta di V_1 e V_2.

La correlazione tra U_1 e U_2 è detta «correlazione mediante copula» (*copula correlation*). Non si tratta, in generale, della stessa correlazione tra V_1 e V_2. Dato che U_1 e U_2 hanno una distribuzione normale bivariata, il valore atteso condizionato di U_2 dipende linearmente da U_1 e la deviazione standard condizionata di U_2 è costante (come si è visto nella Sezione 9.4). Tuttavia, lo stesso risultato non vale in generale per V_1 e V_2.

Copule Gaussiane

Il modo in cui la copula Gaussiana definisce la distribuzione congiunta di due variabili è illustrato nella Figura 9.3. Per una descrizione formale del modello, indichiamo con G_1 e G_2 le funzioni di distribuzione marginali di V_1 e V_2 e con N la funzione di distribuzione della normale standardizzata. Trasformiamo $V_1 = v_1$ in $U_1 = u_1$ e $V_2 = v_2$ in $U_2 = u_2$, in modo che

$$G_1(v_1) = N(u_1) \quad \text{e} \quad G_2(v_2) = N(u_2).$$

Pertanto,

$$u_1 = N^{-1}[G_1(v_1)] \qquad u_2 = N^{-1}[G_2(v_2)]$$

e

$$v_1 = G_1^{-1}[N(u_1)] \qquad v_2 = G_2^{-1}[N(u_2)].$$

Supponiamo poi che le variabili U_1 e U_2 abbiano una distribuzione normale bivariata. La proprietà fondamentale della copula è che, nel definire la struttura delle correlazioni tra V_1 e V_2, essa lascia invariate le distribuzioni marginali di V_1 e V_2 (quale che sia il loro aspetto).

Altre Copule

La copula Gaussiana è solo una delle tante che possono essere utilizzate per definire la struttura delle correlazioni tra V_1 e V_2. Esistono molte altre copule che portano a diverse strutture delle correlazioni.

Una di queste è la «copula della *t* di Student» (*Student t-copula*). Il metodo è uguale a quello che abbiamo già visto, fatta eccezione per il fatto che la distribuzione bivariata di U_1 e U_2 è una *t* di Student. Per estrarre un «campione» (*sample*) da una *t* di Student bivariata con *f* gradi di libertà e coefficiente di correlazione ρ, procediamo nel modo seguente:

1. estraiamo un'osservazione dalla chi quadro con *f* gradi di libertà [in Excel, l'istruzione «= INV.CHI(CASUALE(); *f*)» consente di estrarre un numero casuale, χ, da una distribuzione chi quadro];
2. estraiamo un'osservazione da una normale bivariata utilizzando la procedura spiegata nella Sezione 9.4;
3. moltiplichiamo quest'ultima osservazione per $\sqrt{f/\chi}$.

Tail Dependence

Come si è già visto, le correlazioni tra le variabili di mercato tendono a crescere quando si hanno condizioni di mercato estreme. In particolare, come si è visto nella Sezione 9.1, la Figura 9.1c sembra descrive la struttura delle correlazioni meglio della Figura 9.1a.

Vedremo ora che la *t* di Student bivariata implica una «dipendenza nelle code» (*tail dependence*) maggiore rispetto alla normale bivariata.

L'Esempio 9.7 avvalora la tesi secondo cui la *Student t-copula* offre una migliore descrizione del comportamento congiunto delle variabili di mercato rispetto alla *copula* Gaussiana.

Esempio 9.7

La Figura 9.4 mostra 5.000 osservazioni estratte da una normale bivariata, mentre la Figura 9.5 mostra altrettante osservazioni estratte da una *t* di Student bivariata.

Il coefficiente di correlazione, ρ, della normale bivariata è pari a 0,5 e il numero dei gradi di libertà della *t* di Student è pari a 4.

Definiamo come «valore estremo» (*tail value*) quel valore che giace alla sinistra del 1° percentile o alla destra del 99° percentile della distribuzione.

Nel caso della distribuzione normale standardizzata i *tail values* sono i valori minori di –2,326 e maggiori di +2,326. Nel caso della *t* di Student con 4 gradi di libertà, i *tail values* sono i valori minori di –3,75 e maggiori di +3,75.

Le linee verticali e orizzontali presenti nelle due figure sono state tracciate in corrispondenza delle soglie che identificano i *tail values*. Come si può notare, i *tail values* sono più frequenti, per entrambe le variabili, nel caso della *t* di Student bivariata che non nel caso della normale bivariata. In altri termini, la dipendenza nelle code è maggiore nel caso della *t* di Student bivariata che non nel caso della normale bivariata.

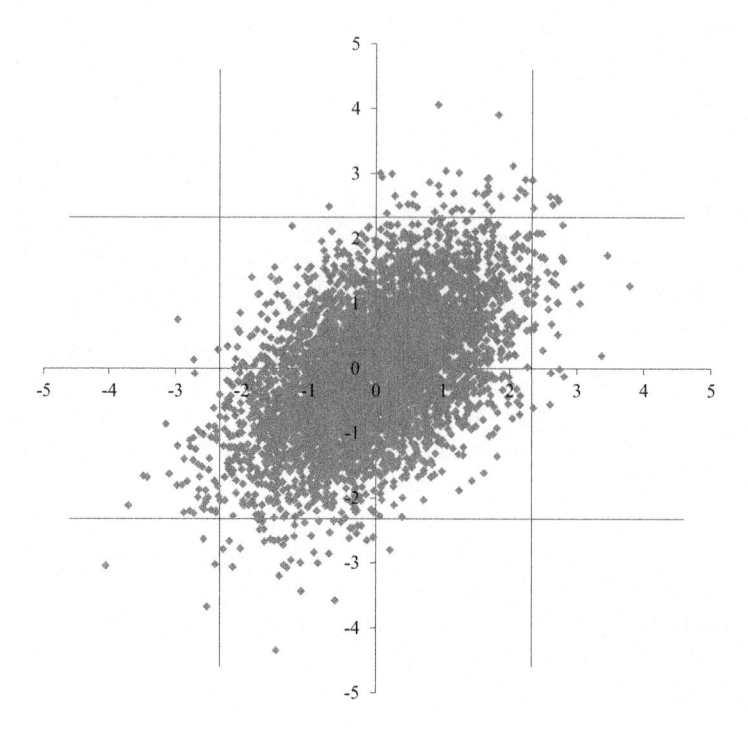

Figura 9.4 5.000 osservazioni estratte da una normale bivariata.

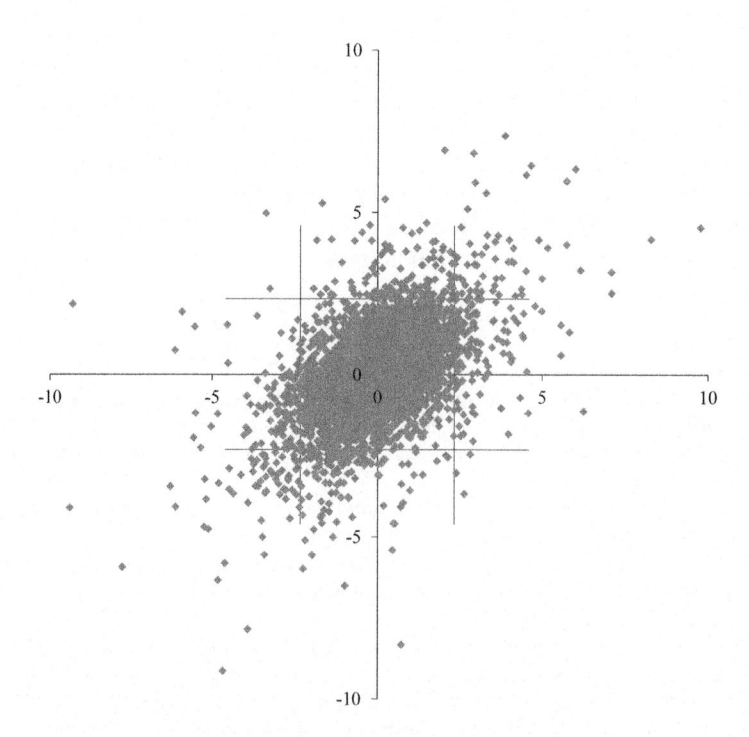

Figura 9.5 5.000 osservazioni estratte da una *t* di Student bivariata.

Copule Multivariate

Le copule possono anche essere utilizzate per definire la struttura delle correlazioni tra più di due variabili. L'esempio più semplice è quello della «copula Gaussiana multivariata» (*multivariate Gaussian copula*).

Consideriamo N variabili $V_1, V_2, ..., V_N$ di cui si conoscono le distribuzioni marginali. Per ogni i ($1 \leq i \leq N$), trasformiamo V_i in U_i, dove U_i ha una distribuzione normale standardizzata (come prima, il *mapping* viene fatto percentile per percentile). Infine, supponiamo che le U_i abbiano una distribuzione normale multivariata.

Copule Fattoriali

Nei modelli delle copule multivariate, spesso si suppone che la struttura delle correlazioni tra le U_i sia descritta da un modello fattoriale. Quando c'è un solo fattore, la variabile U_i è definita dall'Equazione (9.6)

$$U_i = a_i F + \sqrt{1 - a_i^2}\, Z_i \tag{9.8}$$

dove F e Z_i hanno distribuzioni normali standardizzate. Le Z_i non sono correlate né tra loro né con F.

In altri casi, il fattore F e le Z_i possono avere altre distribuzioni con medie nulle e varianze unitarie. Ad es., se Z_i è normale e F ha una distribuzione t di Student, allora U_i si distribuisce secondo una t di Student multivariata. Naturalmente, queste scelte influenzano la natura della dipendenza tra le U_i e quindi tra le V_i.

9.6 PORTAFOGLI DI PRESTITI E MODELLO DI VASICEK

Vedremo ora un'applicazione del modello unifattoriale della copula Gaussiana che si rivelerà utile per comprendere, nel Capitolo 25, i requisiti patrimoniali fissati da Basilea II.

Esempio 9.8

Supponiamo che una banca abbia in portafoglio numerosi prestiti di uguale qualità creditizia. Per ogni prestito, la probabilità d'insolvenza a 1 anno è pari all'1%.

Se i debitori falliscono indipendentemente l'uno dall'altro, ci dovremmo attendere che – ogni anno – il tasso d'insolvenza sia pari all'1%. In realtà, i debitori non falliscono indipendentemente l'uno dall'altro. Sono tutti influenzati dalle condizioni macro-economiche. Di conseguenza, i tassi d'insolvenza sono elevati in alcuni anni e bassi in altri.

Questo fenomeno è illustrato dalla Tavola 9.6. I tassi d'insolvenza stimati da S&P variano tra un minimo dello 0,15% (nel 1981) a un massimo del 4,17% (nel 2009). Tassi d'insolvenza elevati sono stati osservati anche nei seguenti anni: 1990-91, 1999-2002, 2016 e 2020.

Consideriamo un portafoglio di prestiti a favore di N società. Sia T_i ($1 \leq i \leq N$) il tempo in cui la i-esima società fallisce. Stiamo supponendo che, alla fine, tutte le società falliranno, ma il «tempo mancante all'insolvenza» (*time to default*) può essere molto lontano, anche centinaia d'anni.

Sia Q_i la funzione di distribuzione delle T_i:

$$Q_i = \text{Prob}(T_i < T).$$

TAVOLA 9.6 Tassi d'insolvenza annui.

Anno	Tasso d'insolvenza	Anno	Tasso d'insolvenza	Anno	Tasso d'insolvenza
1981	0,15%	1995	1,05%	2009	4,17%
1982	1,22%	1996	0,51%	2010	1,21%
1983	0,77%	1997	0,63%	2011	0,80%
1984	0,93%	1998	1,28%	2012	1,14%
1985	1,13%	1999	2,15%	2013	1,03%
1986	1,74%	2000	2,48%	2014	0,69%
1987	0,95%	2001	3,77%	2015	1,36%
1988	1,39%	2002	3,60%	2016	2,09%
1989	1,79%	2003	1,93%	2017	1,21%
1990	2,74%	2004	0,78%	2018	1,02%
1991	3,26%	2005	0,60%	2019	1,30%
1992	1,50%	2006	0,48%	2020	2,75%
1993	0,60%	2007	0,37%	2021	0,84%
1994	0,63%	2008	1,80%		

Fonte: S&P Global Ratings: www.spglobal.com/ratingsdirect.

Per definire la struttura delle correlazioni tra le T_i sulla base del modello unifattoriale della copula Gaussiana, trasformiamo (percentile per percentile) le T_i nelle variabili U_i, che hanno una distribuzione normale standardizzata. Supponiamo che la struttura delle correlazioni tra le U_i sia definita dal modello fattoriale dell'Equazione (9.8).

$$U_i = a_i F + \sqrt{1-a_i^2}\, Z_i$$

dove F e Z_i hanno distribuzioni normali standardizzate indipendenti tra loro.

Supponiamo che la distribuzione, Q_i, del *time to default*, T_i, sia la stessa per ogni i e sia uguale a PD (abbreviazione di *probability of default*). Supponiamo, inoltre, che la *copula correlation* sia la stessa per ogni coppia di società, i e j, e sia uguale a ρ. Dato che la *copula correlation* tra le società i e j è $a_i a_j$, ne segue che

$$a_i = \sqrt{\rho}$$

per cui l'espressione per U_i può essere così scritta:

$$U_i = \sqrt{\rho}\, F + \sqrt{1-\rho}\, Z_i. \tag{9.9}$$

Sia WCDR(T, X) il «tasso d'insolvenza nello scenario peggiore» (*worst case default rate*) che non verrà oltrepassato, con probabilità X, entro il tempo T (in molti casi T sarà pari a 1 anno). Come vedremo tra poco, le ipotesi adottate fanno sì che

$$\text{WCDR}(T, X) = N\left\{\frac{N^{-1}(\text{PD}) + \sqrt{\rho}\, N^{-1}(X)}{\sqrt{1-\rho}}\right\}. \tag{9.10}$$

Questo risultato, apparentemente strano, è molto importante. È stato ottenuto da Vasicek, nel 1987.[7] Il lato destro dell'Equazione (9.10) può essere facilmente calcolato utilizzando le funzioni DISTRIB.NORM.ST.N e INV.NORM.S di Excel.

Si noti che, quando $\rho = 0$, le insolvenze sui prestiti avvengono in modo indipendente l'una dall'altra e WCDR = PD. Col crescere di ρ, WCDR aumenta.

Esempio 9.9

Supponiamo che una banca abbia un portafoglio ampiamente diversificato di prestiti al dettaglio. Per ogni prestito, la probabilità d'insolvenza a 1 anno è pari al 2% e la stima della *copula correlation* è di 0,1. In questo caso, il *worst-case default rate* a 1 anno, con un livello di confidenza del 99,9%, è pari al 12,8%:

$$\text{WCDR}(1; 0,999) = N\left\{\frac{N^{-1}(0,02) + \sqrt{0,1}\,N^{-1}(0,999)}{\sqrt{1-0,1}}\right\} = 0,128.$$

Dimostrazione del Risultato di Vasicek

In base alle proprietà del modello della copula Gaussiana si ha

$$\text{PD} = \text{Prob}(T_i < T) = \text{Prob}(U_i < U).$$

dove

$$U = N^{-1}(\text{PD}). \tag{9.11}$$

La probabilità d'insolvenza entro il tempo T dipende dal valore assunto dal fattore F nell'Equazione (9.9). Il fattore può essere rappresentato da un indice delle condizioni macro-economiche. Se F è elevato, le condizioni macro-economiche sono buone. Allora, ogni U_i tende a essere elevato, per cui $\text{Prob}(U_i < U)$ è bassa e quindi anche $\text{Prob}(T_i < T)$ è bassa. Se F è basso, le condizioni macro-economiche sono cattive. Allora, ogni U_i tende a essere basso, per cui $\text{Prob}(U_i < U)$ è elevata e quindi anche $\text{Prob}(T_i < T)$ è elevata.

Per far un passo avanti, consideriamo la probabilità d'insolvenza condizionata da F. In base all'Equazione (9.9), si ha

$$Z_i = \frac{U_i - \sqrt{\rho}\,F}{\sqrt{1-\rho}}.$$

La probabilità che risulti $U_i < U$, condizionata dal valore del fattore F, è

$$\text{Prob}(U_i < U \mid F) = \text{Prob}\left(Z_i < \frac{U - \sqrt{\rho}\,F}{\sqrt{1-\rho}}\right) = N\left(\frac{U - \sqrt{\rho}\,F}{\sqrt{1-\rho}}\right).$$

Questa probabilità è uguale a $\text{Prob}(T_i < T \mid F)$, ossia alla probabilità che $T_i < T$, condizionata dal valore del fattore F.

---

[7] Si veda VASICEK, O. A., "Probability of Loss on a Loan Portfolio", Working Paper, KMV, 1987. I risultati ottenuti da Vasicek sono stati poi pubblicati con il titolo "Loan Portfolio Value", *Risk*, 15 (12), December 2002, 160-2.

Pertanto,

$$\text{Prob}(T_i < T \mid F) = N\left\{\frac{U - \sqrt{\rho}\,F}{\sqrt{1-\rho}}\right\}. \tag{9.12}$$

In base all'Equazione (9.11), si ha

$$\text{Prob}(T_i < T \mid F) = N\left\{\frac{N^{-1}(\text{PD}) - \sqrt{\rho}\,F}{\sqrt{1-\rho}}\right\}. \tag{9.13}$$

Se il portafoglio di prestiti è sufficientemente ampio, se i prestiti hanno la stessa PD e se la *copula correlation* per ogni coppia di prestiti è ρ, quest'equazione offre una buona stima del «tasso d'insolvenza» (*default rate*), ossia della quota di prestiti che, per un dato valore di F, risulteranno insolventi entro il tempo T.

Al ridursi di F, il tasso d'insolvenza aumenta. A che livello può portarsi il tasso d'insolvenza se le cose vanno male? Dato che F ha una distribuzione normale standardizzata, la probabilità che F risulti minore di $N^{-1}(Y)$ è Y. Pertanto, Y è la probabilità che il tasso d'insolvenza sia maggiore di

$$N\left\{\frac{N^{-1}(\text{PD}) - \sqrt{\rho}\,N^{-1}(Y)}{\sqrt{1-\rho}}\right\}.$$

Per ottenere il *worst case default rate*, che non verrà oltrepassato – con probabilità X – entro il tempo T, sostituiamo Y con $1 - X$ nell'ultima espressione. Dato che $N^{-1}(X) = -N^{-1}(1-X)$, si ha così l'Equazione (9.10).

Stima di PD e ρ

Per stimare PD e ρ, in base alle serie storiche dei tassi d'insolvenza, si può utilizzare il metodo della massima verosimiglianza spiegato nel Capitolo 8. L'Equazione (9.10), che è stata utilizzata per calcolare un elevato percentile della distribuzione del *default rate*, vale per qualsiasi percentile. Se DR è il *default rate* e $G(\text{DR})$ è la funzione di distribuzione di DR, l'Equazione (9.10) mostra che

$$\text{DR} = N\left\{\frac{N^{-1}(\text{PD}) + \sqrt{\rho}\,N^{-1}[G(\text{DR})]}{\sqrt{1-\rho}}\right\}.$$

Da quest'equazione si ottiene

$$G(\text{DR}) = N\left\{\frac{\sqrt{1-\rho}\,N^{-1}(\text{DR}) - N^{-1}(\text{PD})}{\sqrt{\rho}}\right\}. \tag{9.14}$$

La funzione di densità del *default rate*, ottenuta differenziando la (9.14), è

$$g(\text{DR}) = \sqrt{\frac{1-\rho}{\rho}}\exp\left\{\frac{1}{2}\left[[N^{-1}(\text{DR})]^2 - \left[\frac{\sqrt{1-\rho}\,N^{-1}(\text{DR}) - N^{-1}(\text{PD})}{\sqrt{\rho}}\right]^2\right]\right\}. \tag{9.15}$$

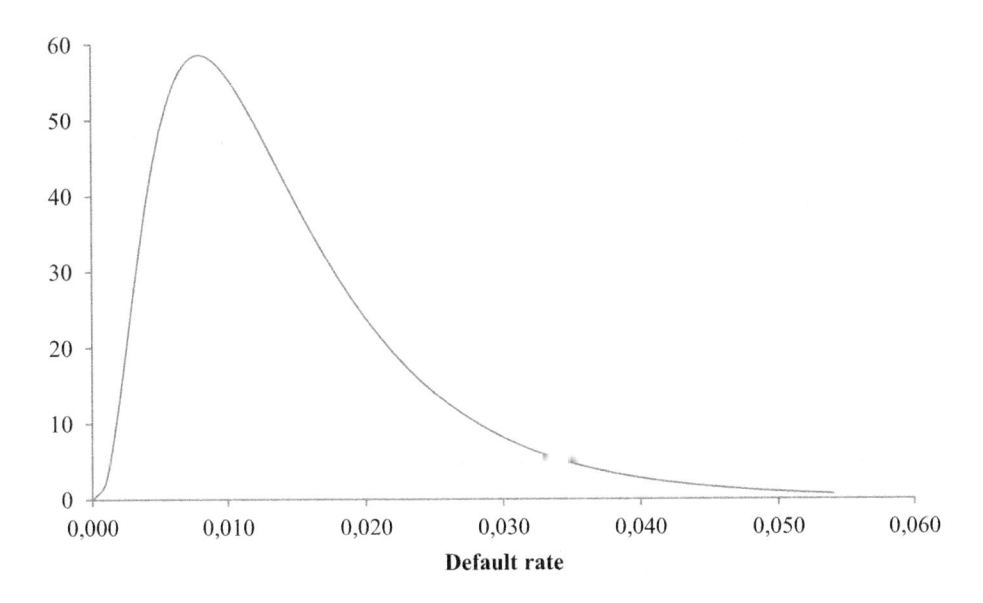

Figura 9.6 Funzione di densità del *default rate*.

La procedura per stimare PD e ρ con il metodo della massima verosimiglianza, basato sui dati storici del *default rate*, è la seguente:

1. scegliere i valori iniziali di PD e ρ;
2. calcolare il logaritmo della funzione di densità $g(DR)$, riportata nell'Equazione (9.15), per ognuna delle osservazioni di DR;
3. utilizzare il Risolutore di Excel per cercare i valori di PD e ρ che massimizzano la somma dei valori calcolati *sub* 2.

Esempio 9.10

Nel sito *web* del libro [e in quello del traduttore] c'è un *file* in formato Excel che contiene i tassi d'insolvenza riportati nella Tavola 9.6: cfr. Tassi_d'Insolvenza.xlsx.

Le stime di PD e ρ, ottenute con il metodo della massima verosimiglianza, sono pari, rispettivamente, all'1,462% e a 0,0623. La funzione di densità del *default rate* è riportata nella Figura 9.6. Il *worst case default rate* a 1 anno, con un livello di confidenza del 99,9%, è pari al 7,28%:

$$\text{WCDR}(1; 0{,}999) = N\left\{\frac{N^{-1}(0{,}01462) + \sqrt{0{,}0623}\ N^{-1}(0{,}999)}{\sqrt{1-0{,}0623}}\right\} = 0{,}0728.$$

Alternative alla Copula Gaussiana

Il modello della copula Gaussiana a 1 fattore ha i suoi limiti. Come mostra la Figura 9.4, la dipendenza nelle code è scarsa. Questo vuol dire che l'insolvenza di una società solo raramente è seguita dall'insolvenza di un'altra società. Può essere difficile trovare un valore di ρ che sia coerente con i dati.

Esempio 9.11

Supponiamo che, in 1 anno su 10, il *default rate* sia maggiore del 3%. Nel modello della copula Gaussiana a 1 fattore non c'è alcun valore di ρ che sia coerente con una PD pari all'1%.

Altri modelli a 1 fattore, con maggiore dipendenza nelle code, possono meglio descrivere i dati. Una possibilità è quella di scegliere – nell'Equazione (9.9) – una distribuzione per F o Z_i, o per entrambi, che abbia più peso nelle code rispetto alla distribuzione normale (pur continuando ad avere media nulla e deviazione standard unitaria). Occorre poi determinare (a volte numericamente) la distribuzione di U_i coerente con le distribuzioni di F e Z_i. L'Equazione (9.10) diventa

$$\text{WCDR}(T,X) = \Phi\left\{\frac{\Psi^{-1}[\text{PD}] + \sqrt{\rho}\,\Theta^{-1}(X)}{\sqrt{1-\rho}}\right\}$$

dove Φ, Ψ e Θ sono le funzioni di distribuzione di Z_i, U_i e F.

L'Equazione (9.14) diventa:[8]

$$G(\text{DR}) = \Theta\left\{\frac{\sqrt{1-\rho}\,\Phi^{-1}(\text{DR}) - \Psi^{-1}(\text{PD})}{\sqrt{\rho}}\right\}.$$

SOMMARIO

I *risk managers* utilizzano correlazioni e covarianze per descrivere le relazioni bilaterali tra le variabili di mercato. Il «tasso di covarianza» (*covariance rate*) tra due variabili di mercato è pari al coefficiente di correlazione tra i tassi di variazione delle variabili moltiplicato per il prodotto delle loro volatilità. I metodi utilizzati per tenere sotto controllo i tassi di covarianza sono simili a quelli descritti nel Capitolo 8 per i tassi di varianza. I *risk managers* cercano di monitorare l'intera matrice delle varianze e covarianze relativa a tutte le variabili verso cui sono esposti.

La distribuzione marginale di una variabile è la distribuzione non condizionata. Molto spesso gli analisti si trovano nella situazione in cui hanno stimato le distribuzioni marginali di alcune variabili e vogliono fare ipotesi sulla struttura delle loro correlazioni. Se le distribuzioni marginali delle variabili sono normali, è naturale supporre che le variabili abbiano una distribuzione normale multivariata. Negli altri casi si usano le «copule» (*copulas*). Le distribuzioni marginali vengono trasformate, percentile per percentile, in distribuzioni normali (o in altre distribuzioni per le quali c'è la corrispondente distribuzione multivariata). La struttura delle correlazioni tra le variabili in questione viene quindi definita indirettamente sulla base della struttura delle correlazioni ipotizzata per le variabili trasformate.

Quando le variabili in questione sono numerose, viene spesso utilizzato un modello fattoriale, per ridurre il numero delle correlazioni che devono essere stimate. Si suppone così che la correlazione tra ogni coppia di variabili derivi unicamente dalle loro correlazioni con i fattori di rischio.

La «correlazione tra le insolvenze» (*default correlation*) per coppie di società può essere modellata supponendo che il «tempo mancante all'insolvenza» (*time to*

---

[8] Per un'applicazione di questo metodo ai fini della valutazione della rischiosità delle *tranches* create sulla base dei mutui ipotecari, si veda HULL, J. C., e WHITE, A., "The Risk of Tranches Created from Mortgages", *Financial Analysts Journal*, 66, no. 5, September/October 2010, 54-67.

In molti casi, i risultati sono maggiormente coerenti con le osservazioni storiche. Il principale svantaggio deriva dal fatto che le distribuzioni utilizzate non sono così facili da trattare come la distribuzione normale, per cui è a volte necessaria l'analisi numerica per determinare Ψ e $g(\text{DR})$.

default) sia ben descritto dal «modello fattoriale della copula Gaussiana» (*factor-based Gaussian copula model*).

Un'importante applicazione delle copule è il calcolo della distribuzione dei tassi d'insolvenza per i portafogli creditizi. Spesso si ipotizza che le distribuzioni probabilistiche dei *times to default* dei singoli prestiti siano collegate tra loro da una copula unifattoriale. Ne segue che il numero delle insolvenze su un portafoglio di grandi dimensioni può essere calcolato in base ai percentili della distribuzione del fattore di rischio. Come vedremo nel Capitolo 25, è questo il metodo adottato da Basilea II per determinare i requisiti patrimoniali a fronte del rischio di credito.

SUGGERIMENTI PER ULTERIORI LETTURE

CHERUBINI, U., LUCIANO, E., e VECCHIATO, W., *Copula Methods in Finance*. Wiley, 2004.

DEMARTA, S., e MCNEIL, A. J., "The *t* Copula and Related Copulas", Working Paper, Department of Mathematics, ETH Zentrum, Zurich, Switzerland.

ENGLE, R. F. e MEZRICH, J., "GARCH for Groups", *Risk* (August 1996), 36-40.

VASICEK, O. A., "Probability of Loss on a Loan Portfolio", Working Paper, KMV, 1987 [pubblicato con il titolo "Loan Portfolio Value", *Risk*, 15 (12), December 2002, 160-2].

DOMANDE E PROBLEMI
(le risposte si trovano alla fine del libro)

9.1. Se conoscete il coefficiente di correlazione tra due variabili, di quali informazioni aggiuntive avete bisogno per calcolare la loro covarianza?

9.2. (a) Qual è la differenza tra correlazione e dipendenza?
(b) Supponiamo che $y = x^2$ e che x abbia una distribuzione normale standardizzata (con media nulla e varianza unitaria). Qual è la correlazione tra x e y?

9.3. (a) Cos'è un modello fattoriale?
(b) Perché i modelli fattoriali sono utili quando si definisce la struttura delle correlazioni tra un numero elevato di variabili?

9.4. (a) Cosa si intende per matrice semidefinita positiva?
(b) Quali sono le implicazioni se una matrice delle correlazioni non è semidefinita positiva?

9.5. Supponete che le volatilità giornaliere di due attività, A e B, siano pari all'1,6% e al 2,5%, rispettivamente, e che il coefficiente di correlazione tra i loro tassi di rendimento sia pari a 0,25. I prezzi delle due attività alla chiusura di ieri erano pari a $20 e $40. Il parametro λ del modello EWMA è pari a 0,95.
(a) Calcolate il valore corrente della covarianza tra le due attività.
(b) Supponendo che i prezzi delle due attività alla chiusura di oggi siano pari a $20,5 e a $40,5, aggiornate la stima della correlazione.

9.6. Supponete che le volatilità giornaliere correnti delle attività X e Y siano pari all'1,0% e all'1,2%, rispettivamente. Alla chiusura di ieri, i prezzi delle due attività erano pari a $30 e a $50 e la stima del coefficiente di correlazione tra i loro tassi di rendimento era di 0,5. Le volatilità e le correlazioni vengono aggiornate in base a un GARCH(1,1). Le stime dei parametri del modello sono $\alpha = 0,04$ e $\beta = 0,94$. Nel caso delle volatilità si ha $\omega = 0,000003$ e nel caso delle correlazioni $\omega = 0,000001$. Se, alla chiusura di oggi, i prezzi delle due attività sono $31 e $51, come viene aggiornata la stima della correlazione?

9.7. Supponete che nel Problema 8.15 la correlazione tra lo S&P 500 (misurato in dollari) e il FTSE (misurato in sterline) sia pari a 0,7, che la correlazione tra lo S&P 500 (misurato in dollari) e il tasso di cambio dollaro/sterlina sia pari a 0,3 e che la volatilità giornaliera dello

S&P 500 sia pari all'1,6%. Qual è la correlazione tra lo S&P 500 (misurato in dollari) e il FTSE 100 (misurato in dollari)? [Suggerimento: nel caso di tre variabili X, Y e Z, la covarianza tra $X + Y$ e Z è uguale alla covarianza tra X e Z più la covarianza tra Y e Z].

9.8. Supponete che due variabili V_1 e V_2 abbiano distribuzioni uniformi con valori equiprobabili compresi tra 0 e 1. Supponete inoltre di voler utilizzare una copula Gaussiana per definire la struttura delle correlazioni tra V_1 e V_2, con una *copula correlation* di 0,3. Costruite una tavola simile alla Tavola 9.5 che consideri i valori di 0,25; 0,50 e 0,75 per V_1 e V_2. Un *file* Excel che consente di calcolare la funzione di distribuzione della normale bivariata è disponibile nel sito *web* del libro [e in quello del traduttore]: cfr. Normale_Bivariata.xlsm.

9.9. Supponete di avere tre campioni casuali, z_1, z_2 e z_3, estratti indipendentemente da una distribuzione normale standardizzata. Utilizzando la scomposizione di Cholesky, vogliamo convertirli in altrettanti campioni casuali, ε_1, ε_2 ed ε_3, estratti indipendentemente da una distribuzione normale trivariata.
Ricavate:
(a) tre formule che esprimano ε_1, ε_2 ed ε_3 in funzione di z_1, z_2 e z_3;
(b) tre correlazioni necessarie per definire la distribuzione normale trivariata.

9.10. (a) Spiegate il significato di «dipendenza nelle code» (*tail dependence*).
(b) Come potete variare la *tail dependence* cambiando il tipo di copula?

9.11. Supponete che le distribuzioni marginali di V_1 e V_2 abbiano distribuzioni normali standardizzate ma che venga scelta la copula della *t* di Student con 4 gradi di libertà e parametro di correlazione 0,5 per definire la struttura delle correlazioni tra le due variabili. Come si costruisce un grafico che mostri diverse estrazioni casuali dalla distribuzione congiunta di V_1 e V_2?

9.12. (a) Considerate la Tavola 9.5. Qual è la funzione di densità di V_2 non condizionata?
(b) Qual è la funzione di densità di V_2 condizionata da $V_1 < 0,1$?

9.13. Considerate gli esempi riportati nella Tavola 9.3 e nella Tavola 9.4. Qual è la mediana della distribuzione di V_2 quando V_1 è uguale a 0,2?

9.14. Supponete che una banca abbia concesso numerosi prestiti di un certo tipo. L'importo complessivo che è stato dato in prestito è di $500 milioni. La probabilità d'insolvenza a 1 anno di ogni prestito è pari all'1,5% e la «perdita in caso d'insolvenza» (*loss given default*) è pari al 70% del valore nominale del prestito. La banca utilizza il modello della copula Gaussiana per il «tempo mancante all'insolvenza» (*time to default*). La *copula correlation* è di 0,2. Stimate la perdita sul portafoglio che non ci aspetta venga oltrepassata a un livello di confidenza del 99,5%.

9.15. Supponete che, negli ultimi 10 anni, il tasso d'insolvenza su un portafoglio di prestiti al consumo sia stato pari, anno dopo anno, a: 1%, 9%, 2%, 3%, 5%, 1%, 6%, 7%, 4%, 1%. Quali sono le stime di massima verosimiglianza dei parametri, PD e ρ, del modello di Vasicek?

Capitolo 10
Valutazioni e Scenari

Le valutazioni e gli scenari sono importanti per le istituzioni finanziarie. Anche se in entrambi i casi occorre stimare i futuri pagamenti, gli obiettivi sono diversi:

1. nelle valutazioni, le istituzioni finanziarie sono interessate a stimare il valore attuale dei futuri pagamenti. Per farlo, calcolano i valori attesi (ossia, i valori medi) dei futuri pagamenti e li attualizzano;
2. nelle analisi di scenario, le istituzioni finanziarie sono interessate a esplorare l'intero spettro delle situazioni che potrebbero verificarsi a una certa data. Di solito, sono gli eventi avversi che ricevono la maggiore attenzione perché i *risk managers* che lavorano per le istituzioni finanziarie si pongono la seguente domanda: "Cos'è che può andare storto?".

Esempio 10.1
Supponiamo che una società venda 1 milione di *calls* europee, con *strike* $55 e scadenza tra 1 anno, scritte su un'azione. Il prezzo corrente dell'azione è di $50. La società stima che il valore corrente delle opzioni sia pari a $4,5 milioni per la controparte e a −$4,5 milioni per sé stessa.

Se riesce le opzioni vengono vendute a $5,0 milioni, la società può registrare un profitto di $0,5 (= $5,0 − $4,5) milioni. Tuttavia, un'analisi di scenario potrebbe rivelare che, con probabilità 5%, la vendita delle opzioni potrebbe costarle più di $20 milioni, tenuto conto del premio incassato inizialmente.

L'Esempio 10.1 enfatizza la differenza tra valutazioni e scenari. Le valutazioni si concentrano su ciò che accadrà in media ($4,5 milioni è il valore attuale del *payoff* medio delle opzioni). Le analisi di scenario si concentrano sui risultati estremi ($20 milioni è la perdita che l'operazione potrebbe comportare).

In questo capitolo verranno esposte le modalità con cui valutazioni e analisi di scenario dovrebbero essere effettuate in pratica. Si distinguerà tra «proiezioni» (*projections*) nel «mondo reale» (*real world*), che sono alla base delle analisi di scenario, e proiezioni nel «mondo neutrale verso il rischio» (*risk-neutral world*), da utilizzare per le valutazioni.

Vedremo che la valutazione neutrale verso il rischio può essere utilizzata per variabili, come i prezzi delle attività, che si modificano nel tempo e per far fronte a situazioni in cui i risultati dipendono da un evento raro (ad es., l'insolvenza di una società).

10.1 PREZZI E VOLATILITÀ DELLE ATTIVITÀ FINANZIARIE

Come premessa all'esame di valutazioni e scenari, è utile mostrare qualche risultato sulla dinamica dei prezzi delle attività finanziarie. Indichiamo con S_0 il prezzo corrente di un'azione, con μ il suo tasso di rendimento atteso (composto continuamente) e con σ la volatilità.[1]

Sia μ sia σ sono espressi su base annua. Sotto certe ipotesi, tra cui quelle che μ e σ siano costanti, si dimostra che il logaritmo naturale del prezzo dell'azione al tempo T, $\ln(S_T)$, si distribuisce in modo normale:[2]

$$\ln(S_T) \sim \varphi[\ln(S_0) + (\mu - \sigma^2/2)T, \sigma^2 T] \qquad (10.1)$$

dove $\varphi(m, v)$ indica una distribuzione normale con media m e varianza v. La variabile S_T si distribuisce in modo log-normale, dato che il suo logaritmo si distribuisce in modo normale. Il valore atteso e la deviazione standard di $\ln(S_T)$ sono pari, rispettivamente, a $\ln(S_0) + (\mu - \sigma^2/2)T$ e $\sigma\sqrt{T}$.

La probabilità che S_T sia maggiore di un certo valore K è uguale alla probabilità che $\ln(S_T)$ sia maggiore di $\ln(K)$. Per le proprietà delle distribuzioni normali, si ha

$$\text{Prob}(S_T > K) = N(d_2) \qquad (10.2)$$

dove

$$d_2 = \frac{\ln(S_0/K) + (\mu - \sigma^2/2)T}{\sigma\sqrt{T}}$$

e $N(\cdot)$ è la funzione di distribuzione cumulata di una normale standardizzata (calcolata da DISTRIB.NORM.ST.N in Excel).

La probabilità che S_T sia minore o uguale a K è pari a

$$\text{Prob}(S_T \leq K) = 1 - \text{Prob}(S_T > K) = 1 - N(d_2) = N(-d_2). \qquad (10.3)$$

Infine, supponiamo di voler trovare quel valore K che ha una probabilità $1 - X$ di essere superato da S_T. In altri termini, vogliamo trovare quel K che soddisfa la seguente equazione:

$$\text{Prob}(S_T > K) = 1 - X.$$

In base all'Equazione (10.3), poniamo $N(d_2) = 1 - X$, da cui

$$d_2 = \frac{\ln(S_0/K) + (\mu - \sigma^2/2)T}{\sigma\sqrt{T}} = N^{-1}(1 - X)$$

e quindi

$$K = S_0 \exp[(\mu - \sigma^2/2)T - N^{-1}(1 - X)\sigma\sqrt{T}] \qquad (10.4)$$

dove N^{-1} è la funzione inversa di N (calcolata da INV.NORM.S in Excel).

---

[1] I tassi d'interesse composti continuamente sono stati spiegati nell'Appendice 3a.
[2] Si veda HULL, J. C., *Opzioni, Futures e Altri Derivati*, 11ª ed., Pearson Italia, 2022.

Analogamente, in base all'Equazione (10.3), Prob($S_T \leq K$) = $N(-d_2)$, per cui ponendo $N(-d_2) = 1 - X$ si ha $d_2 = -N^{-1}(1 - X)$ e quindi

$$d_2 = \frac{\ln(S_0/K) + (\mu - \sigma^2/2)T}{\sigma\sqrt{T}} = -N^{-1}(1-X)$$

da cui

$$K = S_0 \exp[(\mu - \sigma^2/2)T + N^{-1}(1-X)\sigma\sqrt{T}]. \tag{10.5}$$

10.2 VALUTAZIONE NEUTRALE VERSO IL RISCHIO

Il risultato più importante nella valutazione dei derivati è il principio della valutazione neutrale verso il rischio. Il mondo neutrale verso il rischio è un mondo immaginario in cui gli investitori non richiedono alcun compenso per assumersi rischi. In questo mondo, il tasso di rendimento atteso su entrambi gli investimenti è uguale al tasso d'interesse privo di rischio. Naturalmente, il mondo in cui viviamo non è un mondo neutrale verso il rischio. Gli investitori chiedono un compenso per assumersi rischi (uno schema teorico che spiega il *trade-off* tra rischio e rendimento è stato presentato nel Capitolo 1). Tuttavia, il principio della valutazione neutrale verso il rischio ci autorizza a valutare qualsiasi derivato sotto l'ipotesi che il mondo sia davvero neutrale verso il rischio. I risultati che otteniamo applicando il principio della valutazione neutrale verso il rischio valgono indipendentemente da quelle che sono le vere attitudini verso il rischio degli investitori.

A prima vista, il principio della valutazione neutrale verso il rischio non sembra avere alcun senso. Gli investitori non vivono in un mondo neutrale verso il rischio e si aspettano tassi di rendimento maggiori se aumentano i rischi che si assumono. Questo vale non solo per i derivati ma anche per gli altri investimenti.[3] Tuttavia, il punto chiave è che, quando valutiamo un derivato, ne calcoliamo il valore in termini relativi, rispetto al prezzo dell'attività sottostante (ad es., il valore delle opzioni su azioni viene calcolato in funzione del prezzo dell'azione sottostante). È il prezzo del sottostante che ingloba il *trade-off* tra rischio e rendimento. Se chi partecipa al mercato decide di chiedere un tasso di rendimento più elevato (o più basso), in funzione delle sue percezioni circa il rischio che si assume, il prezzo del sottostante scende (o sale). Quello che ci dice il principio della valutazione neutrale verso il rischio è che la formula per "tradurre" il prezzo del sottostante nel valore del derivato non dipende dalle attitudini degli investitori nei confronti del rischio.

Nel mondo neutrale verso il rischio, tutti i futuri pagamenti attesi vanno attualizzati in base al tasso d'interesse privo di rischio. In questo mondo, le valutazioni sono notevolmente più semplici.

Esempio 10.2

Supponiamo di voler valutare una *call* scritta su un'azione quando il tasso d'interesse privo di rischio è pari al 3%. I passi da seguire sono:
1. supporre che il tasso di rendimento atteso dell'azione sia pari al 3%;
2. calcolare il *payoff* atteso della *call*;
3. attualizzare il *payoff* atteso della *call* in base al 3%, ottenendo così il valore corrente dell'opzione.

---

[3] Come si è visto nel Capitolo 1, quel che conta per gli investitori è il rischio sistematico (non diversificabile).

Una domanda che sorge spontanea è: "Perché lavorare nel mondo neutrale verso il rischio, quando è più naturale lavorare nel mondo reale?" La risposta è che il calcolo del valore di un derivato nel mondo reale sarebbe molto più difficile.

Esempio 10.3

Nel caso dell'esempio precedente, dovremmo:

1. stimare il tasso di rendimento atteso dell'azione nel mondo reale;
2. calcolare il *payoff* atteso della *call* nel mondo reale;
3. attualizzare il *payoff* atteso della *call* in base a un tasso appropriato, ottenendo così il valore corrente dell'opzione.

Per il punto *sub* 1, potremmo essere in grado di elaborare una stima ragionevole del tasso di rendimento atteso dell'azione nel mondo reale stimando il beta e applicando il *capital asset pricing model* (Capitolo 1). Tuttavia, il punto *sub* 3 sarebbe davvero complicato.

Il tasso appropriato per l'attualizzazione dipende dal beta dell'opzione, non dal beta dell'azione. È probabile che questo tasso vari nel corso della vita dell'opzione, in funzione del prezzo dell'azione e del *leverage* implicito nell'opzione. Se si usa un unico tasso di attualizzazione, valido per l'intera vita della *call*, il suo livello risulta sorprendentemente elevato. Analogamente, se si usa un unico tasso di attualizzazione per l'intera vita di una *put*, il suo livello risulta sorprendentemente basso, di solito negativo. Come mai siamo in grado di saperlo? Possiamo applicare il principio della valutazione neutrale verso il rischio per determinare il valore delle opzioni e per poi ricavare, sulla base del loro *payoff* nel mondo reale, il tasso di attualizzazione implicito che risulta coerente con il valore delle opzioni. Vedremo, più avanti, un'applicazione di questa procedura per il caso delle opzioni binarie.

Il principio della valutazione neutrale verso il rischio sembra quasi miracoloso. Ci consente di non preoccuparci di questioni quali la rischiosità dei derivati e i tassi di rendimenti richiesti dal mercato sui derivati o i sottostanti. Tutto quello che dobbiamo chiederci è: "se vivessimo in un mondo in cui gli investitori si aspettano che i tassi di rendimento di tutti gli investimenti siano pari al tasso d'interesse privo di rischio, come valuteremmo i derivati?" Senza il principio della valutazione neutrale verso il rischio, la valutazione dei derivati sarebbe molto più difficile (e molto meno precisa) di quanto non sia.

Occorre sottolineare che il principio della valutazione neutrale verso il rischio (ossia l'ipotesi che gli investitori non si preoccupano dei rischi quando determinano i tassi di rendimento attesi) non è altro che un espediente che ci consente di valutare i derivati. Le valutazioni che otteniamo sono corrette in tutti i mondi, non solo nel mondo neutrale verso il rischio. Quando si passa dal mondo neutrale verso il rischio al mondo reale, accadono due cose: cambia il *payoff* atteso del derivato e cambia il tasso d'interesse con cui attualizzare il *payoff*. Quel che accade è che ognuna di queste due modifiche compensa esattamente l'altra.

Applicazione ai Contratti Forward

Per fare un semplice esempio di valutazione neutrale verso il rischio, prendiamo in esame la valutazione di un *forward* lungo, con scadenza al tempo T e prezzo di consegna K, scritto su un titolo che non paga dividendi.

Il valore del *forward* lungo alla scadenza è

$$S_T - K$$

dove S_T è il prezzo dell'azione al tempo T.

Sez. 10.2   *Valutazione Neutrale verso il Rischio*

In base al principio della valutazione neutrale verso il rischio, il valore del *forward* al tempo 0 è pari al suo valore atteso al tempo T, in un mondo neutrale verso il rischio, attualizzato in base al tasso d'interesse privo di rischio.

Indicando con f il valore corrente del contratto *forward*, si ha

$$f = e^{-rT} \hat{E}(S_T - K)$$

dove il simbolo $\hat{E}$ sta a indicare il valore atteso in un mondo neutrale verso il rischio e r è il tasso d'interesse privo di rischio. Dato che K è una costante, quest'equazione diventa

$$f = e^{-rT} \hat{E}(S_T) - K e^{-rT}. \tag{10.6}$$

Il tasso di crescita atteso del prezzo dell'azione, μ, diventa r in un mondo neutrale verso il rischio. Pertanto, si ha

$$\hat{E}(S_T) = S_0 e^{rT}$$

dove S_0 è il prezzo corrente dell'azione.

Sostituendo quest'espressione nell'Equazione (10.6), si ottiene

$$f = S_0 - K e^{-rT}. \tag{10.7}$$

Analogamente, il valore corrente di un *forward* corto è pari a

$$-f = K e^{-rT} - S_0. \tag{10.8}$$

Questi risultati sono coerenti con quelli ottenuti nell'Appendice 5a.

Applicazione alle Opzioni Binarie

Per fare un altro esempio di come si applica il principio della valutazione neutrale verso il rischio, supponiamo di voler valutare un'opzione binaria o digitale.

Esempio 10.4

Una *cash-or-nothing call* paga $100 tra 1 anno se il prezzo di una certa azione risulterà maggiore di $40. Il prezzo corrente dell'azione sottostante, che non paga dividendi, è pari a $30, il tasso di crescita atteso del prezzo dell'azione nel mondo reale è pari al 10% annuo (composto continuamente), la volatilità dell'azione è pari al 30% annuo e il tasso d'interesse privo di rischio è pari al 3% annuo (composto continuamente). In altri termini, $S_0 = \$30$, $\mu = 10\%$, $\sigma = 30\%$, $r = 3\%$, $Q = \$100$, $K = \$40$ e $T = 1$.

Nel mondo neutrale verso il rischio, il tasso di crescita atteso del prezzo dell'azione è pari al tasso privo di rischio. Pertanto, la probabilità neutrale verso il rischio che il prezzo dell'azione risulti, tra 1 anno, maggiore di $40 si ottiene ponendo $\mu = 3\%$ nell'Equazione (10.3):

$$N\left[\frac{\ln(\$30/\$40) + (0.03 - 0.3^2/2) \times 1}{0.3 \times \sqrt{1}}\right] = N(-1,00894) = 0,15650.$$

Pertanto, nel mondo neutrale verso il rischio, il *payoff* atteso della *cash-or-nothing call* è pari a $15,650 (= $100 × 0,15650). Il valore corrente dell'opzione si ottiene attualizzando il *payoff* atteso in base al tasso privo di rischio del 3%. È pari a $15,188 (= $e^{-0,03 \times 1}$ × $15,650).

Nel mondo reale, la probabilità che il prezzo dell'azione risulti, tra 1 anno, maggiore di $40 è pari a 0,21899. Si ottiene ponendo $\mu = 10\%$ nell'Equazione (10.3), senza dover modificare la volatilità (che resta inalterata quando si passa dal mondo neutrale verso il rischio al mondo reale, o viceversa, come vedremo più avanti in questo capitolo). Pertanto, nel mondo reale, il *payoff* atteso della *cash-or-nothing call* è pari a $21,899 (= $100 × 0,21899).

Come si è già detto, il problema che si pone, dopo aver calcolato il *payoff* atteso dell'opzione nel mondo reale, è che non sappiamo qual è il tasso appropriato per l'attualizzazione. Sappiamo che il rischio dell'azione è tale per cui il suo tasso di rendimento atteso nel mondo reale, pari al 10%, supera di 7 punti percentuali il tasso privo di rischio (3%). Il *leverage* incorporato nell'opzione fa sì che il rischio aumenti. Pertanto, il tasso appropriato per attualizzare il *payoff* atteso della *cash-or-nothing call* è relativamente alto. Dato che il valore corrente del derivato è noto ($15,188), possiamo utilizzare quest'informazione per ricavare il tasso appropriato per l'attualizzazione. È pari al 36,60%, dato che $e^{-0,3660 \times 1} \times \$21,899 = \$15,188$.

Applicazione alla Formula di Black, Scholes e Merton

Consideriamo ora una *call* europea, con *strike* K e scadenza T, scritta su un titolo che non paga dividendi. Il *payoff* al tempo T è

$$\max(S_T - K, 0).$$

Il valore atteso del *payoff* in un mondo neutrale verso il rischio è

$$\hat{E}[\max(S_T - K, 0)]$$

dove, come prima, $\hat{E}$ indica il valore atteso in un mondo neutrale verso il rischio.

Applicando il principio della valutazione neutrale verso il rischio, il valore della *call*, c, risulta pari a

$$c = e^{-rT} \hat{E}[\max(S_T - K, 0)]. \quad (10.9)$$

Analogamente, il valore della corrispondente *put*, p, è

$$p = e^{-rT} \hat{E}[\max(K - S_T, 0)].$$

Dopo alcuni passaggi algebrici, queste ultime due equazioni portano alle formule Black-Scholes-Merton per le opzioni europee (Appendice 5c).[4]

Derivati che Dipendono da Più Eventi

Il principio della valutazione neutrale verso il rischio può essere applicato anche ai derivati che dipendono da più eventi.

Supponiamo che un certo evento si possa manifestare, oppure no, al tempo T. Sia π_1 il valore corrente di un derivato che paga 1 se l'evento si manifesta e 0 altrimenti. Analogamente, sia π_2 il valore corrente di un derivato che paga 1 se l'evento non si manifesta e 0 altrimenti. Se compriamo entrambi i derivati al prezzo $\pi_1 + \pi_2$, siamo certi di ricevere 1 al tempo T. Il valore corrente di un titolo che paga 1 con certezza al tempo T è pari a e^{-rT}, dove r è il tasso d'interesse privo di rischio (composto continuamente). Ne segue che

$$\pi_1 + \pi_2 = e^{-rT}. \quad (10.10)$$

---

[4] Come si dimostra in HULL, J. C., *Opzioni, Futures e Altri Derivati*, 11ª ed., Pearson Italia, 2022, ci sono tre modi per ottenere le formule di Black-Scholes-Merton. Il primo consiste nel risolvere l'equazione differenziale fondamentale che deve essere soddisfatta da tutti i derivati, imponendo le appropriate condizioni al contorno. Il secondo consiste nel costruire un albero binomiale che approssimi la dinamica del prezzo delle azioni per poi ricavare il valore delle opzioni come limite per $\Delta t \to 0$, dove Δt è la lunghezza degli intervalli temporali dell'albero. Il terzo consiste nell'applicare l'Equazione (10.9). I passaggi matematici di quest'ultimo metodo sono riportati nell'Appendice 15a di *Opzioni, Futures e Altri Derivati*, 11ª ed.

Consideriamo ora un derivato il cui *payoff* al tempo T è pari a K_1 se l'evento si manifesta e a K_2 se l'evento non si manifesta. Il valore corrente del derivato, V, è pari a

$$V = \pi_1 K_1 + \pi_2 K_2$$

ossia a

$$V = (\pi_1 + \pi_2)\left(\frac{\pi_1}{\pi_1 + \pi_2} K_1 + \frac{\pi_2}{\pi_1 + \pi_2} K_2\right).$$

In base all'Equazione (10.10), si può anche scrivere

$$V = e^{-rT}(p_1 K_1 + p_2 K_2)$$

dove

$$p_1 = \frac{\pi_1}{\pi_1 + \pi_2} \quad \text{e} \quad p_2 = \frac{\pi_2}{\pi_1 + \pi_2}.$$

In base a questo risultato, è naturale pensare a p_1 e p_2 come alle probabilità neutrali verso il rischio che l'evento si manifesti oppure no. Il valore corrente del derivato, V, è quindi pari al suo *payoff* atteso in un mondo neutrale verso il rischio, attualizzato in base al tasso d'interesse privo di rischio. Si è così dimostrato che il principio della la valutazione neutrale verso il rischio si applica ai derivati il cui *payoff* dipende dal manifestarsi di un certo evento.

Questo risultato può essere esteso al caso in cui il *payoff* del derivato, al tempo T, dipende da n eventi mutuamente esclusivi. Sia π_i il valore di un derivato che paga 1 se si verifica l'i-esimo evento e 0 altrimenti ($1 \leq i \leq n$). Il valore corrente, V, di un derivato che paga K_i se si verifica l'i-esimo evento è pari a

$$V = e^{-rT}\sum_{i=1}^{n} p_i K_i$$

dove p_i, la probabilità neutrale verso il rischio che si verifichi l'i-esimo evento, è pari a

$$p_i = \frac{\pi_i}{\sum_{j=1}^{n}\pi_j}.$$

Applicazione alle Probabilità d'Insolvenza

Consideriamo un «derivato creditizio» (*credit derivative*) il cui *payoff* dipende dalla insolvenza di una certa società. L'analisi che abbiamo presentato può essere utilizzata per dimostrare che, per valutare il derivato, dobbiamo:

1. stimare le probabilità d'insolvenza neutrali verso il rischio;
2. calcolare il *payoff* atteso del derivato in base a queste probabilità;
3. attualizzare il *payoff* atteso in base al tasso d'interesse privo di rischio.

Come verrà spiegato nel Capitolo 17, le probabilità d'insolvenza neutrali verso il rischio possono essere stimate in base ai prezzi delle obbligazioni o agli *spreads* dei *credit default swaps*. In genere, le probabilità d'insolvenza neutrali verso il rischio sono più elevate di quelle del mondo reale.

10.3 ANALISI DI SCENARIO

Passiamo ora a considerare le analisi di scenario. Qui siamo interessati a esaminare ciò che potrebbe accadere in futuro. L'obiettivo non è la valutazione. Pertanto, i futuri pagamenti non vengono attualizzati.

Il mondo che prendiamo in esame nelle analisi di scenario è il mondo reale, non il mondo neutrale verso il rischio. Il mondo neutrale verso il rischio non è altro che un espediente che rende più facile la valutazione dei derivati. I *risk managers* non sono normalmente interessati ai futuri eventi in un mondo ipotetico in cui tutti sono neutrali verso il rischio.

Il passaggio dal mondo reale al mondo neutrale verso il rischio, e viceversa, è agevolato dal «teorema di Girsanov» (*Girsanov's theorem*), dal nome del matematico russo Igor V. Girsanov. Questo teorema afferma che, quando si passa da un mondo con certe attitudini verso il rischio a un mondo con altre attitudini verso il rischio, i tassi di crescita attesi delle variabili di mercato (prezzi delle azioni, prezzi delle merci, tassi di cambio, tassi d'interesse) si modificano, ma le volatilità restano invariate.

Il seguente esempio mostra come vengono effettuate le analisi di scenario.

Esempio 10.5

Supponiamo di avere 10.000 azioni. Le azioni non pagano dividendi e il loro prezzo corrente unitario è pari a $30. Il tasso di crescita atteso del prezzo delle azioni nel mondo reale è pari all'8% annuo (composto continuamente) e la volatilità è pari al 25%. In altri termini, $S_0 = \$30$, $\mu = 8\%$ e $\sigma = 25\%$.

La domanda è: quanto potremmo perdere nel prossimo anno? Più precisamente, se l'orizzonte temporale è $T = 1$ e se il livello di confidenza è $X = 95\%$, qual è il valore, K, di S_T tale che $\text{Prob}(S_T \leq K) = 1 - X$? In altri termini, qual è il livello delle perdite che riteniamo non verrà superato – nel mondo reale – nel 95% dei casi?

In base all'Equazione (10.5), si ha

$$\$30 \times \exp[(0,08 - 0,25^2 / 2) \times 1 + N^{-1}(0,05) \times 0,25 \times \sqrt{1}] = \$20.879.$$

Ne segue che il livello delle perdite che, tra 1 anno, non verrà superato, se non nel 5% dei casi, è pari a $91,212 [= 10.000 \times (\$30 - \$20,879)]$.

Se, invece, il livello di confidenza fosse pari a $X = 99\%$, si avrebbe

$$\$30 \times \exp[(0,08 - 0,25^2 / 2) \times 1 + N^{-1}(0,01) \times 0,25 \times \sqrt{1}] = \$17,608$$

e il livello delle perdite che, tra 1 anno, non verrà superato, se non nell'1% dei casi, è pari a $123,919 [=10.000 \times (\$30 - \$17,608)]$.

Come vedremo nel Capitolo 11, le perdite che abbiamo calcolato nel precedente esempio corrispondono al «valore a rischio» (*value at risk*) della nostra posizione. Il punto-chiave qui è che i risultati sono stati ottenuti sulla base del tasso di rendimento atteso nel mondo reale, non di quello atteso nel mondo neutrale verso il rischio. Il motivo è che non abbiamo fatto una valutazione, ma un'analisi di scenario.

10.4 COMBINATO UTILIZZO DEI DUE DIVERSI METODI

A volte, le analisi di scenario richiedono il combinato utilizzo dei due diversi metodi: il mondo reale viene utilizzato per generare gli scenari fino alla fine dell'orizzonte temporale prescelto; il mondo neutrale verso il rischio viene utilizzato per valutare i contratti che a tale data sono ancora in essere.

Esempio 10.6

Consideriamo un *forward* corto, con prezzo di consegna $55 e scadenza tra 2 anni, scritto su 1 milione di azioni. Le azioni non pagano dividendi e il loro prezzo *spot* unitario è pari a $50. Il tasso di crescita atteso del prezzo delle azioni nel mondo reale è pari al 10% annuo (composto continuamente), la volatilità è pari al 30% e il tasso d'interesse privo di rischio è pari al 3% (composto continuamente).

In altri termini, $S_0 = \$50$, $\mu = 10\%$, $\sigma = 30\%$, $r = 3\%$, $K = \$55$ e $T = 2$.

Supponiamo di essere interessati alle perdite che il contratto potrebbe comportare tra 6 mesi. In particolare, vogliamo determinare il livello delle perdite che riteniamo non verrà superato nel 99% dei casi. L'analisi di scenario si svolge in due fasi:

1. calcolare la distribuzione probabilistica del prezzo dell'azione tra 6 mesi, nel mondo reale;
2. calcolare, nel mondo neutrale verso il rischio, la distribuzione probabilistica del valore del contratto *forward* tra 6 mesi (tra 6 mesi la vita residua del contratto sarà pari a 1,5 anni).

In questo caso, dato che il portafoglio è composto da un unico contratto, lo «scenario peggiore» (*worst case scenario*) corrisponde al caso in cui il prezzo *spot* dell'azione tra 6 mesi, S_1, risulta pari al 99° percentile della sua distribuzione probabilistica, nel mondo reale. In base all'Equazione (10.4), il 99° percentile risulta pari a

$$\$50 \times \exp[(0,1 - 0,3^2/2) \times 0,5 - N^{-1}(0,01) \times 0,3 \times \sqrt{0,5}] = \$84,185.$$

Se questo è il prezzo dell'azione, il valore del *forward* corto, dato dall'Equazione (10.8), è pari a

$$\$55 \times e^{-0,03 \times 1,5} - \$84,185 = -\$31,605.$$

Pertanto, c'è una probabilità pari all'1% che il valore del portafoglio tra 6 mesi subisca una perdita superiore a $-\$31,605$ milioni.

Si noti che, nel precedente esempio, il *worst case scenario* è stato calcolato nel mondo reale, mentre il valore del contratto *forward* è stato calcolato nel mondo neutrale verso il rischio.

10.5 METODI UTILIZZATI NELLA PRASSI

L'ultimo esempio è molto semplice perché il portafoglio è costituito da un unico contratto. In tal caso, è facile determinare lo scenario peggiore, a un certo livello di confidenza.

Esempio 10.7

Se il portafoglio è costituito da un *forward* corto, che scade tra 2 anni, sappiamo che il suo valore diminuisce quando il prezzo dell'azione sottostante aumenta. In particolare, se il livello di confidenza è pari all'1%, lo scenario peggiore si realizza quando il prezzo dell'azione tra 2 anni è pari al livello che riteniamo non venga oltrepassato nell'1% dei casi.

In realtà, i portafogli delle istituzioni finanziarie sono composti da una miriade di contratti. Pertanto, i calcoli necessari per le analisi di scenario possono essere molto complessi. Le istituzioni finanziarie devono generare molti scenari, per immaginare quel che potrebbe succedere nel mondo reale tra oggi e l'orizzonte temporale prescelto, e devono poi valutare i propri portafogli in ognuno degli scenari che sono stati generati.

Esempio 10.8

Se il livello di confidenza è pari all'1%, occorre calcolare la perdita che non verrà oltrepassata nel 99% dei casi. Se si generano 1.000 scenari, la perdita è pari alla 10ª in ordine d'importanza.

Il modello più diffuso per descrivere la dinamica dei prezzi delle azioni, degli indici azionari e dei tassi di cambio è quello in cui il tasso di crescita atteso, μ, e la volatilità, σ, sono costanti (o cambiano deterministicamente in funzione del tempo). In base all'Equazione (10.1), si ha

$$\ln(S_{t+\Delta t}) = \ln(S_t) + (\mu - \sigma^2/2)\Delta t + \varepsilon \sigma \sqrt{\Delta t}$$

dove S_t è il valore di una certa variabile di mercato al tempo t ed ε rappresenta un'estrazione casuale da una distribuzione normale con media zero e deviazione standard unitaria. Pertanto

$$S_{t+\Delta t} = S_t \exp[(\mu - \sigma^2/2)\Delta t + \varepsilon \sigma \sqrt{\Delta t}].$$

Quest'equazione consente di simulare la dinamica di una variabile di mercato, a istanti di tempo separati tra loro da intervalli di lunghezza Δt, attraverso la generazione di campioni casuali ε, estratti da una distribuzione normale standardizzata.

Quando occorre simulare la dinamica di variabili di mercato quali i tassi d'interesse a breve, le volatilità e i prezzi delle merci, il modello diventa più complesso perché deve tener conto del fatto che la variabile tende a tornare verso un livello medio di lungo periodo. Questo fenomeno è noto come «ritorno verso la media» (*mean reversion*).

Le variabili di mercato non si muovono indipendentemente l'una dall'altra. Le correlazioni tra le variabili di mercato devono essere stimate sulla base dei dati storici. Le stime delle correlazioni vengono poi utilizzate quando si estraggono le ε dalle distribuzioni normali standardizzate (il metodo che si utilizza per generare, da una distribuzione normale multivariata, un campione casuale coerente con una certa struttura delle correlazioni è stato descritto nel Capitolo 9).

Il problema principale nelle analisi di scenario è quello di riuscire ad avere, per le variabili di mercato, stime attendibili dei tassi di rendimento attesi nel mondo reale. In teoria, i tassi di rendimento attesi potrebbero essere stimati in base ai dati storici. In pratica, la lunghezza delle serie storiche necessarie per ottenere stime ragionevolmente accurate è enorme (molto maggiore di quella necessaria per ottenere stime ragionevoli per le volatilità e le correlazioni).

Una possibilità è quella di stimare, nel mondo reale, i tassi di rendimento attesi delle azioni in base al *capital asset pricing model* (Capitolo 1). Innanzitutto occorre stimare ρ, il coefficiente di correlazione tra i tassi di rendimento dell'azione e i tassi di rendimento di un indice azionario rappresentativo dell'intero mercato, come lo S&P 500. Come si è visto nella Sezione 1.3, possiamo poi stimare il beta del titolo, β, in base alla seguente equazione

$$\beta = \rho \frac{\sigma}{\sigma_M}$$

dove σ è la volatilità dell'azione e σ_M è la volatilità dello S&P 500.

Secondo il *capital asset pricing model*, il tasso di rendimento atteso dell'azione nel mondo reale, $E(R)$, è pari a

$$E(R) = R_F + \beta [E(R_M) - R_F].$$

dove R_F è il tasso d'interesse privo di rischio e R_M è il tasso di rendimento del portafoglio di mercato.

Esempio 10.9

Spesso si suppone che il «valore atteso del tasso di rendimento extra» (*excess expected rate of return*) del portafoglio di mercato, $E(R_M) - R_F$, sia pari al 5% o al 6%.

Un'idea simile può essere utilizzata per variabili di mercato diverse dai prezzi delle azioni. Sia σ la volatilità della variabile di mercato (che, come si è visto, è la stessa sia nel mondo reale sia nel mondo neutrale verso il rischio). La differenza tra il tasso di crescita atteso della variabile nel mondo reale e il tasso di crescita atteso nel mondo neutrale verso il rischio è pari a $\lambda\sigma$, dove λ è il «prezzo di mercato del rischio» (*market price of risk*) per la variabile in questione.

In generale,

$$\lambda = \rho \frac{E(R_M) - R_F}{\sigma_M}$$

dove ρ è il coefficiente di correlazione tra i tassi di variazione della variabile e i tassi di rendimento del portafoglio di mercato.

Esempio 10.10

Consideriamo il prezzo di una merce. Se i tassi di variazione del prezzo della merce non sono correlati con quelli del portafoglio di mercato, si può supporre che il tasso di rendimento atteso della merce nel mondo reale sia uguale a quello nel mondo neutrale verso il rischio. In alternativa, se $\rho = 0,3$; $\sigma_M = 0,2$ e $E(R_M) - R_F = 0,06$, possiamo dedurre che $\lambda = 0,09$ ($= 0,3 \times 0,06/0,2$). In tal caso, se la volatilità della merce è pari al 40%, il tasso di rendimento atteso della merce nel mondo reale dovrebbe essere più elevato, rispetto a quello nel mondo neutrale verso il rischio, in misura pari al 3,6% ($= 0,09 \times 40\%$).

Nel caso dei tassi d'interesse, il prezzo di mercato del rischio è negativo (in genere tra −0,1 e −0,2).[5] Questo vuol dire che nel mondo neutrale verso il rischio i tassi d'interesse crescono più velocemente che nel mondo reale (e questo rende i tassi d'interesse diversi dai prezzi delle azioni, per i quali è vero il contrario).

Come vedremo nel Capitolo 12, un metodo piuttosto comune per evitare i suddetti problemi di stima è quello di utilizzare le simulazioni storiche. Questo metodo si presta a essere utilizzato quando l'orizzonte temporale è breve. Si tratta di ipotizzare che la dinamica che verrà seguita dalle variabili di mercato nel prossimo intervallo di tempo sia uguale a quella che si è effettivamente osservata, in passato, in un analogo intervallo di tempo.

SOMMARIO

Le valutazioni, da un lato, e le analisi di scenario, dall'altro, si basano (o dovrebbero basarsi) su ipotesi diverse circa la dinamica delle variabili di mercato (prezzi delle azioni, prezzi delle merci, tassi di cambio, ecc.). Questo può creare confusione.

Quando si valutano i derivati in funzione dei prezzi delle attività sottostanti, viene in genere fatta l'ipotesi − piuttosto artificiale − che il mondo sia neutrale verso il rischio. In altri termini, si suppone che il tasso di rendimento atteso da una qualsiasi attività detenuta a scopo d'investimento sia pari al tasso d'interesse privo di rischio e che il suo *payoff* vada attualizzato al tasso d'interesse privo di rischio.

---

[5] Per la stima del prezzo di mercato del rischio d'interesse, si veda HULL, J. C., SOKOL, A. e WHITE, A., "Short-Rate Joint-Measure Models", *Risk*, October 2014, 59-63.

Il principio della valutazione neutrale verso il rischio è onnipresente in finanza. Le valutazioni fatte sulla base di questo principio sono valutazioni corrette non solo nel mondo neutrale verso il rischio, ma anche in quello reale.

Quando si effettuano le analisi di scenario, si è interessati alla dinamica delle variabili di mercato nel mondo reale (cioè, nel mondo in cui viviamo). Fortunatamente, il teorema di Girsanov ci dice che la volatilità di una variabile è la stessa sia nel mondo reale sia in quello neutrale verso il rischio. Tuttavia, nei due mondi, i tassi di rendimento attesi possono essere molto diversi tra loro. Ad es., il tasso di rendimento atteso da un'azione o da un indice azionario è un po' più alto nel mondo reale rispetto al mondo neutrale verso il rischio perché, come si è visto nel Capitolo 1, gli investitori richiedono un compenso per assumersi rischi.

Un altro punto che genera confusione è che a volte occorre considerare sia il mondo reale sia il mondo neutrale verso il rischio. Si consideri un'istituzione finanziaria che ha dei derivati in portafoglio ed è interessata alle perdite che potrebbe subire nel prossimo anno. L'istituzione finanziaria dovrebbe considerare la dinamica – nel mondo reale – delle variabili di mercato rilevanti, in modo da generare gli scenari che potranno configurarsi tra un anno. Dovrebbe poi valutare il portafoglio – nel mondo neutrale verso il rischio – per ciascuno dei diversi scenari.

SUGGERIMENTI PER ULTERIORI LETTURE

Baxter, M., e Rennie, A. *Financial Calculus: An Introduction to Derivative Pricing*, Cambridge University Press, 1996.

Hull, J. C., *Opzioni, Futures e Altri Derivati*, 11ª ed., Pearson Italia, 2022.

Hull, J. C., Sokol, A. e White, A., "Short-Rate Joint-Measure Models", *Risk*, October 2014, 59-63.

Hull, J. C., e White, A., "Interest Rate Trees: Extensions and Applications", Working Paper, University of Toronto, 2017.

Ross, S. A., "The Recovery Theorem", *Journal of Finance*, 70, 2, April 2015, 615-48.

DOMANDE E PROBLEMI
(le risposte si trovano alla fine del libro)

10.1. Il tasso di rendimento atteso e la volatilità di un'azione sono pari, rispettivamente, al 12% e al 20%. Il prezzo dell'azione è oggi pari a $50. Qual è la probabilità che sia maggiore di $70 tra 2 anni?

10.2. Considerate nuovamente il Problema 10.1. Qual è il prezzo dell'azione che verrà superato, tra 2 anni, con probabilità pari al 5%?

10.3. Spiegate il principio della valutazione neutrale verso il rischio.

10.4. Un analista calcola il valore atteso di un indice azionario (i) nel mondo reale e (ii) nel mondo neutrale verso il rischio.
(a) Quale vi aspettate che sia più alto?
(b) Perché?

10.5. Il valore corrente di un derivato che paga $100 tra 1 anno se una società fallisce nel corso del prossimo anno è pari a $3. Il valore corrente di un derivato che paga $100 tra 1 anno se la società non fallisce nel corso del prossimo anno è pari a $95.
(a) Qual è il tasso d'interesse privo di rischio?
(b) Qual è la probabilità d'insolvenza neutrale verso il rischio?

Domande e Problemi **233**

10.6. Un'opzione binaria paga $100 tra 3 mesi se il prezzo di un'azione sarà maggiore di $30 e $0 altrimenti. Il prezzo corrente dell'azione è di $25, il suo tasso di rendimento atteso è del 10% e la volatilità è pari al 30%. Il tasso d'interesse privo di rischio è pari al 3%.
  (a) Qual è il valore corrente dell'opzione?
  (b) Qual è la probabilità – nel mondo reale – che l'opzione termini *in the money*?

10.7. Spiegate perché è necessario lavorare sia nel mondo reale sia nel mondo neutrale verso il rischio quando si effettua un'analisi di scenario volta a determinare un intervallo di confidenza per il valore di un certo portafoglio tra 1 anno.

10.8. Spiegate il significato di *mean reversion*.

10.9. Spiegate il teorema di Girsanov.

Parte III:
Rischio di Mercato

Capitolo 11
Valore a Rischio ed Expected Shortfall

Il «valore a rischio» (*value at risk* - VaR) e la «perdita attesa condizionata» (*expected shortfall* - ES) rappresentano il tentativo di riassumere in un solo numero il rischio complessivo di un portafoglio. Il VaR è stato utilizzato per la prima volta da J.P. Morgan (Riquadro 11.1) ed è ora ampiamente utilizzato dai tesorieri e dai gestori di fondi, oltre che dalle istituzioni finanziarie.

Come vedremo nel Capitolo 25 e nel Capitolo 26, il VaR è stato anche utilizzato dalle autorità di vigilanza per fissare i requisiti patrimoniali delle banche. Successivamente, nel Capitolo 27, vedremo che, per quanto riguarda il calcolo dei requisiti patrimoniali a fronte del rischio di mercato, le autorità di vigilanza sono poi passate dal VaR all'ES.

In questo capitolo spiegheremo sia il VaR sia l'ES e ne discuteremo i pro e i contro. Nel Capitolo 12 e nel Capitolo 13 vedremo come stimare VaR ed ES per il rischio di mercato. Nel Capitolo 19 vedremo come stimare il VaR per il rischio di credito.

11.1 DEFINIZIONE DI VALORE A RISCHIO (VAR)

Il VaR è una misura di rischio che consente un'affermazione del seguente tipo:

«Riteniamo, con un livello di confidenza X, che non perderemo più di V dollari nei prossimi n giorni».

La variabile V è il VaR del portafoglio. È funzione di due parametri: n, l'orizzonte temporale (espresso in giorni), e X, il livello di confidenza. Rappresenta il livello delle perdite che, con un livello di confidenza X, non verrà probabilmente oltrepassato nei prossimi n giorni.

Il VaR può essere calcolato in base alla distribuzione dei profitti o a quella delle perdite. Nel primo caso, le perdite hanno il segno "−" e il VaR è il quantile $1 - X$, cambiato di segno (Figura 11.1). Nel secondo caso le perdite hanno il segno "+" e il VaR è il quantile X (Figura 11.2).

Esempio 11.1

Se $n = 5$ e $X = 97\%$, il VaR è il 3° percentile, cambiato di segno, della distribuzione dei profitti nei prossimi 5 giorni. In alternativa, è il 97° percentile della distribuzione delle perdite.

Riquadro 11.1 Cenni storici sul VaR.

A J. P. Morgan va il merito di aver reso il VaR una misura comunemente accettata. Dennis Weatherstone, presidente di J. P. Morgan, non era contento dei lunghi rapporti che riceveva ogni giorno e che contenevano un'enorme quantità di dati sulle varie esposizioni della banca, ma pochissime informazioni che potessero essere davvero utili per il *top management*. Egli chiese qualcosa di più semplice che fosse centrato sull'esposizione complessiva del *trading book* della banca nelle 24 ore successive.

Sulle prime i suoi dipendenti dissero che era impossibile, ma alla fine adattarono la teoria del portafoglio di Markowitz (Sezione 1.1) per elaborare un «rapporto sul VaR» (*VaR report*). Il risultato divenne noto come il «rapporto delle 16:15» (*4:15 report*), così chiamato perché veniva consegnato a Weatherstone alle 16:15 di ogni giorno, dopo la chiusura dei mercati.

L'elaborazione del rapporto comportava un enorme quantità di lavoro per la raccolta, con frequenza giornaliera, dei dati sulle posizioni che la banca aveva in tutto il mondo, il trattamento dei diversi fusi orari, la stima di volatilità e correlazioni nonché lo sviluppo dei sistemi di elaborazione. Il lavoro venne completato all'incirca verso il 1990. Il principale beneficio del nuovo sistema fu che il *senior management* riuscì ad avere una più chiara visione dei rischi assunti dalla banca e fu meglio in grado di allocare il capitale all'interno della banca. Altre banche avevano sviluppato metodologie simili per aggregare i rischi e verso il 1993 il VaR venne comunemente accettato come misura di rischio.

In genere, le banche tengono segreti i dettagli dei modelli che sviluppano al loro interno. Invece, nel 1994, J. P. Morgan decise di mettere a disposizione su Internet una versione semplificata del suo sistema, che chiamò RiskMetrics. RiskMetrics includeva varianze e covarianze per un numero molto elevato di variabili di mercato.

L'iniziativa attirò molta attenzione e si accese un dibattito sui pro e i contro dei diversi modelli per la stima del VaR. Le ditte che producono *software* iniziarono a offrire i propri modelli per la stima del VaR, alcuni dei quali utilizzavano il *database* di RiskMetrics. Il VaR venne rapidamente adottato come standard dalle istituzioni finanziarie e da alcune istituzioni non finanziarie. L'Emendamento dell'Accordo di Basilea, basato sul VaR (Sezione 25.6), fu annunciato nel 1996 ed entrò in vigore nel 1998.

Successivamente, il gruppo che si occupava di RiskMetrics all'interno di J.P. Morgan venne «distaccato» (*spun off*) in una società a sé stante. Nel 1997, questa società sviluppò CreditMetrics per il trattamento dei rischi creditizi e, nel 1999, CorporateMetrics per il trattamento dei rischi cui sono esposte le società non finanziarie.

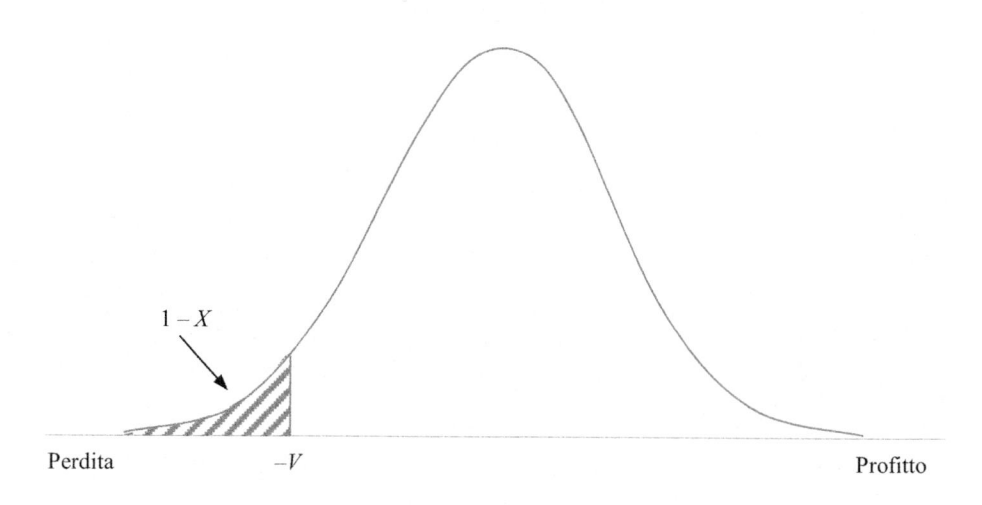

Figura 11.1 Distribuzione dei profitti: il VaR all'$X\%$ è pari a V.

Sez. 11.2 Esempi di Calcolo del VaR 239

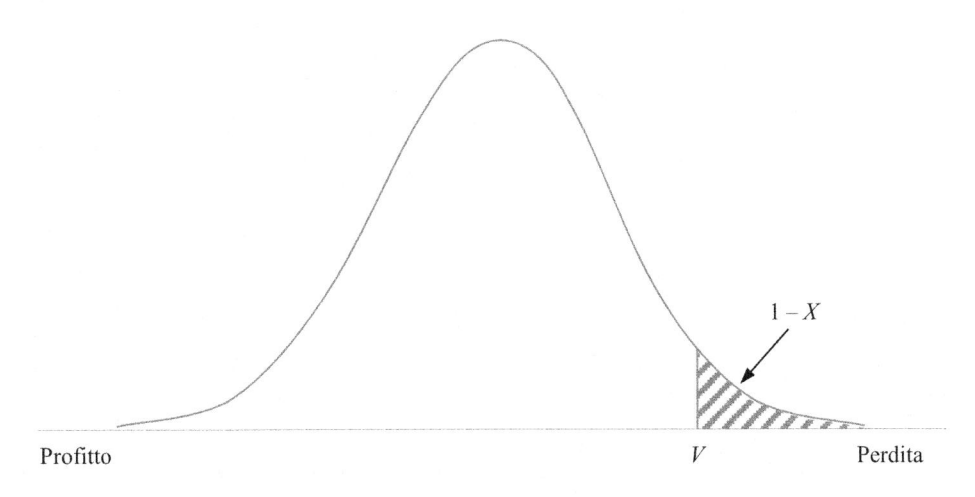

Figura 11.2 Distribuzione delle perdite: il VaR all'$X\%$ è pari a V.

11.2 ESEMPI DI CALCOLO DEL VAR

Vedremo ora quattro semplici esempi di calcolo del VaR. Nei primi due esempi, la distribuzione dei profitti (o delle perdite) è continua. Negli ultimi due è discreta.

Esempio 11.2

La variazione di valore di un portafoglio nei prossimi 6 mesi si distribuisce in modo normale, con media e deviazione standard pari, rispettivamente, a $\mu = \$2$ milioni e $\sigma = \$10$ milioni. Supponiamo che il livello di confidenza, $X\%$, sia pari al 99%. Per le proprietà delle variabili casuali normali, il valore, $-V$, che lascia alla sua sinistra l'1% (= 1 − 0,99) dell'area della distribuzione normale è $\mu - x\sigma$, dove $x = N^{-1}(X)$ e $N^{-1}(\cdot)$ è la funzione di distribuzione inversa della normale standardizzata (che può essere calcolata con la funzione Excel INV.NORM.S).

Nel nostro caso, $x = N^{-1}(99\%) = 2{,}326$ e $-V = -\$21{,}3$ (= $\$2 - 2{,}326 \times \$10$) milioni. Pertanto, il VaR a 6 mesi con un livello di confidenza del 99% è pari a $\$21{,}3$ milioni.

Esempio 11.3

Un certo progetto potrà comportare, tra 1 anno, una perdita massima di $50 milioni e un profitto massimo di $50 milioni. Tutti i risultati intermedi tra questi due estremi sono equiprobabili. Pertanto, le perdite si distribuiscono in modo uniforme tra $a = -\$50$ e $b = +\$50$ milioni.

Supponiamo che il livello di confidenza, X, sia pari al 99%. Per le proprietà delle variabili casuali uniformi, il valore, V, che lascia alla sua sinistra l'1% (= 1 − 0,99) dell'area della distribuzione uniforme è $a + x(b - a)$.

Nel nostro caso, $x = 99\%$ e $V = \$49$ {= $-\$50 + 0{,}99 \times [\$50 - (-\$50)]$} milioni. Pertanto, il VaR annuale al 99% è pari a $49 milioni.

Esempio 11.4

Un certo progetto potrà comportare, tra 1 anno, tre possibili risultati, +$2, −$4, −$10 milioni, con probabilità pari, rispettivamente, al 98%, 1,5% e 0,5%. La funzione di distribuzione delle perdite è illustrata nella Figura 11.3. Il livello delle perdite cui corrisponde una probabilità cumulata pari al 99% è di $4 milioni. Pertanto, il VaR annuale al 99% è pari a $4 milioni.

Esempio 11.5

Consideriamo nuovamente l'esempio precedente, ma supponiamo che il livello di confidenza sia pari al 99,5%. In questo caso, come si vede dalla Figura 11.3, a tutte le perdite comprese tra $4 e $10 milioni è associata una probabilità cumulata del 99,5%.

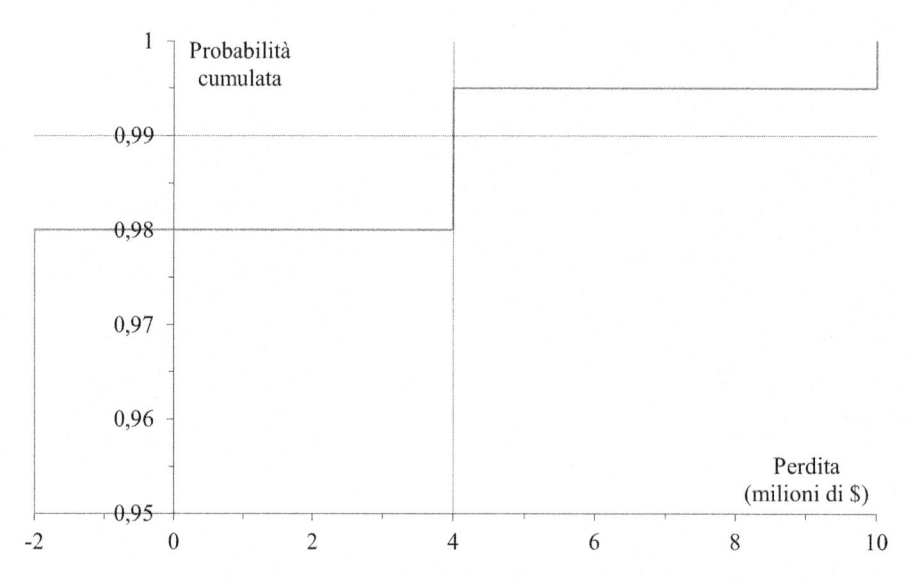

Figura 11.3 Funzione di distribuzione delle perdite.

Di conseguenza, il VaR non è definito in modo univoco, dato che – per tutti i valori, V, compresi tra $4 e $10 milioni – la probabilità che la perdita sia superiore a V è pari allo 0,05% (= 100% – 99,5%). Una convenzione ragionevole è che, in queste circostanze, il VaR sia pari al valore medio di V. Pertanto, nel nostro caso, il VaR annuale al 99,5% è pari a $7 [= ($4 + $10)/2] milioni.

11.3 INCONVENIENTI DEL VAR

Il VaR è una misura di rischio che risulta facile da capire. In sostanza, risponde alla domanda: «quanto male possono andare le cose?». Questa è la domanda alla quale il *top management* vuole che venga data una risposta. Piace l'idea che le misure di rischio relative a tutte le variabili di mercato sottostanti un portafoglio vengano compresse in un solo numero. L'attendibilità del VaR è anche relativamente facile da verificare con il *back-testing*, come vedremo più avanti in questo capitolo.

Tuttavia, quando viene utilizzato per tentare di limitare i rischi assunti dai *traders*, il VaR può portare a risultati non desiderabili.

Esempio 11.6

Supponiamo che una banca dica a un suo *trader* di mantenere al di sotto di $10 milioni il VaR giornaliero al 99%. Il *trader* può costruire un portafoglio in cui c'è una probabilità pari al 99% che la perdita giornaliera sia minore di $10 milioni e una probabilità pari all'1% che la perdita sia di $500 milioni. Il *trader* sta rispettando i limiti di rischio che gli sono stati imposti dalla banca, ma sta chiaramente prendendo rischi inaccettabili.

Il problema che stiamo trattando è sintetizzato nella Figura 11.1 e nella Figura 11.4. Le due figure mostrano la distribuzione delle variazioni di valore di due portafogli nei prossimi n giorni. I portafogli hanno lo stesso VaR ma il portafoglio della Figura 11.4 è molto più rischioso di quello della Figura 11.1 perché il livello delle perdite attese è molto più elevato.

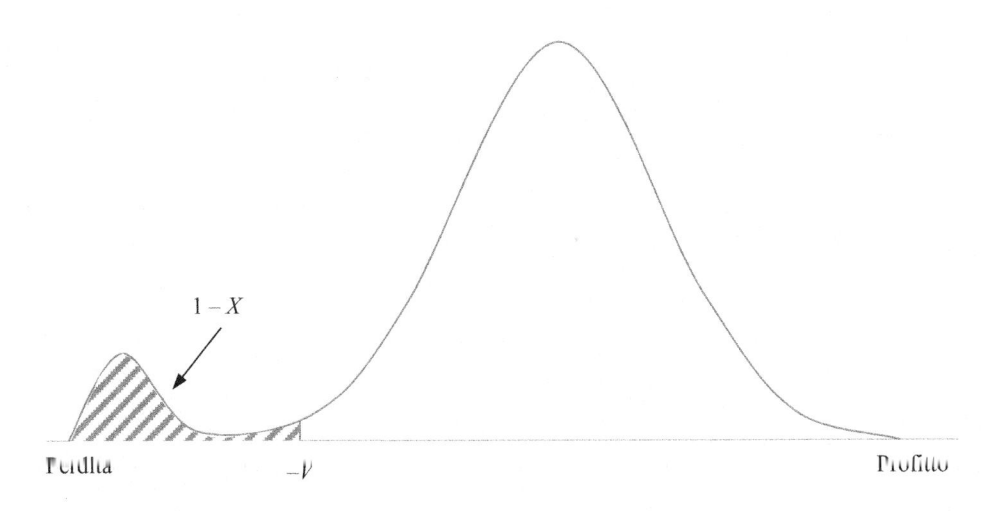

Figura 11.4 Perdita potenziale maggiore rispetto alla Figura 11.1 (a parità di VaR).

Si potrebbe pensare che la distribuzione probabilistica della Figura 11.4 sia inverosimile. Non è così. Molte strategie comportano buoni risultati con probabilità elevate ed enormi perdite con probabilità basse.

Esempio 11.7

Supponiamo di vendere un'opzione *out of the money* e di incassare il premio. Nella maggior parte dei casi non avremo esborsi perché l'opzione non verrà esercitata ma, nei rari casi in cui verrà esercitata, potremo subire una forte perdita.

A molti *traders* piace prendersi rischi elevati nella speranza di realizzare guadagni elevati. Se riescono a trovare il modo per prendersi rischi elevati senza violare i limiti di rischio, è certo che lo faranno. Per citare un *trader* con cui l'autore ha parlato: "Non mi sono mai imbattuto in un sistema di controllo-rischi che non sia riuscito ad aggirare".

11.4 EXPECTED SHORTFALL (ES)

Una misura che comporta migliori incentivi per i *traders*, rispetto al VaR, è la «perdita attesa condizionata» (*expected shortfall* - ES), altrimenti nota come «VaR condizionato» (*Conditional VaR* - C-VaR), «aspettativa condizionata nella coda» (*conditional tail expectation*) o «perdita attesa nella coda» (*expected tail loss*).

Il VaR risponde alla domanda «Quanto male possono andare le cose?». L'ES risponde alla domanda «Se le cose vanno male, quanto ci aspettiamo di perdere?».

L'ES è, come il VaR, funzione di due parametri: n (l'orizzonte temporale espresso in giorni) e X (il livello di confidenza). È la perdita attesa nei prossimi n giorni condizionata dal fatto che ci troviamo nella coda della distribuzione delle perdite a destra del quantile X.

Esempio 11.8

Supponiamo che $n = 10$, $X = 99\%$, VaR = \$64 milioni. L'ES è pari al valore atteso delle perdite nei prossimi 10 giorni, calcolato sotto l'ipotesi che la perdita sia maggiore di \$64 milioni.

Se si fissano i limiti di rischio in termini di ES piuttosto che di VaR, è meno probabile che i *traders* assumano posizioni analoghe a quelle indicate nella Figura 11.4. Inoltre, come vedremo nella prossima sezione, l'ES gode di proprietà migliori rispetto al VaR, in quanto incoraggia la diversificazione. Uno svantaggio è che non ha la semplicità del VaR e, di conseguenza, è un po' più difficile da comprendere. Un altro svantaggio è che la verifica della sua attendibilità mediante *back-testing* è più difficile (come si vedrà, il *back-testing* è una procedura che utilizza i dati storici per verificare l'attendibilità di una certa metodologia di misurazione del rischio).

11.5 MISURE DI RISCHIO COERENTI

Supponiamo di voler calcolare i requisiti patrimoniali di una banca in termini di una certa misura di rischio.

Esempio 11.9

Supponiamo che il VaR annuale al 99,9% di un certo portafoglio bancario sia pari a $50 milioni. In altri termini, ci aspettiamo che la banca perda più di $50 milioni in un anno solo in circostanze davvero eccezionali, teoricamente una volta ogni 1.000 anni (= 1/1000 = 0,1% = 100% − 99,9%). Pertanto, se il patrimonio della banca è pari al VaR, ci aspettiamo – con un livello di confidenza del 99,9% – che non si esaurisca nel corso di un anno.

È il VaR (con un certo orizzonte temporale e un certo livello di confidenza) la misura più appropriata? Artzner *et al.* si sono posti questa domanda e hanno definito le proprietà che devono essere soddisfatte dalle misure di rischio:[1]

1. «monotonicità» (*monotonicity*). Se i rendimenti di un portafoglio sono minori di quelli di un altro portafoglio per qualsiasi «stato di natura» (*state of nature*), la sua misura di rischio deve essere maggiore di quella dell'altro portafoglio;
2. «invarianza per traslazione» (*translation invariance*). Se aggiungiamo un capitale K a un portafoglio, la sua misura di rischio deve ridursi di un importo pari a K;
3. «omogeneità» (*homogeneity*). Se aumentiamo la dimensione di un portafoglio in base a un fattore moltiplicativo λ, lasciandone invariata la composizione, la sua misura di rischio deve moltiplicarsi per λ;
4. «sub-additività» (*subadditivity*). La misura di rischio di un portafoglio risultante dalla fusione di altri due non deve essere maggiore della somma delle misure di rischio relative ai due portafogli originari.

Vediamo qual è il significato di queste quattro condizioni:

1. la prima condizione è semplice. Se un portafoglio offre sempre risultati peggiori di un altro, va considerato più rischioso e deve richiedere più capitale;
2. anche la seconda condizione è ragionevole. Se aggiungiamo a un portafoglio un importo in denaro pari a K, questo capitale aggiuntivo – che aiuta ad assorbire le perdite – deve consentire di ridurre i requisiti patrimoniali in misura pari a K;

---

[1] Si veda ARTZNER, P., DELBAEN, F., EBER, J.-M. e HEATH, D., "Coherent Measures of Risk", *Mathematical Finance*, 9 (1999), 203-28.

Sez. 11.5   *Misure di Rischio Coerenti*   **243**

3. anche la terza condizione è ragionevole. Se raddoppiamo la dimensione di un portafoglio, dovremmo attenderci che anche i requisiti patrimoniali raddoppino;[2]
4. la quarta condizione afferma che la diversificazione aiuta a ridurre i rischi. Quando aggreghiamo due portafogli, la misura di rischio relativa alla posizione aggregata deve essere minore o uguale rispetto alla somma delle misure di rischio relative alle posizioni preesistenti.

Il VaR soddisfa le prime tre condizioni, ma non sempre soddisfa la quarta, com'è illustrato nei due seguenti esempi.

Esempio 11.10

Consideriamo due progetti indipendenti, ciascuno dei quali può comportare, tra 1 anno, la perdita di $1 milione con probabilità 98% e la perdita di $10 milioni con probabilità 2%. Per ciascun progetto, il VaR annuale al 97,5% è di $1 milione. Quando i due progetti vengono inseriti in un unico portafoglio, la probabilità di perdere $2 (= $1 + $1) milioni è pari al 96,04% (= 98% × 98%), la probabilità di perdere $11 (= $1 + $10 = $10 + $1) milioni è pari al 3,92% (= 2 × 2% × 98%) e la probabilità di perdere $20 (= $10 + $10) milioni è pari allo 0,04% (= 2% × 2%). Per l'intero portafoglio, il VaR annuale al 97,5% è di $11 milioni.

La somma dei VaR relativi ai due progetti separati è pari a $2 (= $1 + $1) milioni. Pertanto, il VaR del portafoglio supera di $9 (= $11 − $2) milioni la somma dei VaR dei progetti separati. Risulta così violata la condizione di sub-addività.

Esempio 11.11

Consideriamo due prestiti a 1 anno, di $10 milioni ciascuno. La probabilità d'insolvenza sono indicate nella seguente tavola.

Risultato	*Probabilità (%)*
Non c'è insolvenza né sul prestito 1 né sul prestito 2	97,50
C'è insolvenza sul prestito 1, ma non c'è insolvenza sul prestito 2	1,25
C'è insolvenza sul prestito 2, ma non c'è insolvenza sul prestito 1	1,25
C'è insolvenza su entrambi prestiti	0,00

In caso d'insolvenza, il «tasso di recupero» (*recovery rate*) è una variabile casuale che si distribuisce in modo uniforme tra 0 e 1. Se non c'è insolvenza, il profitto su ciascun prestito è pari a $0,2 milioni.

Il VaR a 1 anno, con un livello di confidenza del 99%, è pari a $2 (= $10 × 0,2) milioni per ciascun prestito. Infatti, la probabilità che il *recovery rate* sia minore di 0,8 (e che quindi la perdita oltrepassi i $2 milioni), condizionata dal fatto che l'insolvenza si manifesti, è pari all'80%, essendo la distribuzione uniforme.

Pertanto, la probabilità non condizionata che la perdita sia maggiore di $2 milioni è pari a 0,01 (= 0,0125 × 0,8), ossia al prodotto tra la probabilità d'insolvenza (1,25%) e la probabilità condizionata (80%) che la perdita sia maggiore di $2 milioni.

Consideriamo ora il portafoglio composto dai due prestiti. La probabilità d'insolvenza di ciascun prestito è pari all'1,25% e la probabilità che le insolvenze si verifichino entrambe nel prossimo anno è nulla. Pertanto, la probabilità di un'insolvenza, sull'uno o sull'altro dei due prestiti, è pari al 2,5% (= 1,25% + 1,25%). In questo caso il VaR risulta pari a $5,8 (= $6 − $0,2) milioni.

---

[2] Ciò è vero se il portafoglio non diventa troppo grande. Col crescere della sua dimensione, il portafoglio diventa meno liquido e, in proporzione, è necessario più capitale.

Infatti, la probabilità che il *recovery rate* sia minore di 0,4 (e che quindi la perdita oltrepassi i $6 milioni), condizionata dal fatto che un'insolvenza si manifesti, è pari al 40%, essendo la distribuzione uniforme. Pertanto, la probabilità non condizionata che la perdita sia maggiore di $6 milioni è pari a 0,01 (= 0,025 × 0,4), ossia al prodotto tra la probabilità d'insolvenza (2,5%) e la probabilità condizionata (40%) che la perdita sia maggiore di $6 milioni. Il VaR annuale al 99% risulta però minore di $6 milioni in quanto occorre tener presente che sul prestito non insolvente la banca realizza un profitto di $0,2 milioni. Pertanto, il VaR risulta pari a $5,8 (= $6 − $0,2) milioni.

Il VaR complessivo dei prestiti considerati separatamente è pari a $4 (= $2 + $2) milioni. Invece, il VaR complessivo calcolato dopo che i due prestiti sono stati aggregati tra loro è pari a $5,8 milioni ed è quindi maggiore di $1,8 (= $5,8 − $4) milioni, nonostante il fatto che l'aggregazione dei due prestiti dovrebbe comportare benefici in termini di diversificazione.

Le misure di rischio che soddisfano le quattro condizioni sono dette «coerenti» (*coherent*). L'Esempio 11.10 e Esempio 11.11 mostrano che il VaR non è coerente. L'ES è invece una misura di rischio coerente. Lo dimostrano i due seguenti esempi.

Esempio 11.12

Consideriamo nuovamente il caso esaminato nell'Esempio 11.10. Il VaR di ciascuno dei due progetti, considerati isolatamente, è pari a $1 milione.

Per calcolare l'ES, con un livello di confidenza del 97,5%, notiamo che – nella coda destra della distribuzione delle perdite che copre il 2,5% (= 100 − 97,5%) del totale – il 2,0% si riferisce alla perdita di $10 milioni e lo 0,5% alla perdita di $1 milione (il restante 97,5% della distribuzione si riferisce alla perdita di $1 milione). Pertanto, se ci troviamo in questo tratto della coda destra, la probabilità che la perdita sia di $10 milioni è pari all'80% [= 2,0% / (0,5% + 2,0%)], mentre la probabilità che la perdita sia di $1 milione è pari al 20% [= 0,5% / (0,5% + 2,0%)]. Ne segue che l'ES è pari a $8,2 (= $10 × 0,8 + $1 × 0,2) milioni.

Supponiamo ora che i due progetti vengano inseriti in un unico portafoglio ed esaminiamo la coda destra della distribuzione delle perdite che copre il 2,5% del totale. Lo 0,04% (= 2% × 2%) si riferisce alla perdita di $20 (= $10 + $10) milioni e il restante 2,46% (= 2,5% − 0,04%) alla perdita di $11 (= $10 + $1 = $1 + $10) milioni. Pertanto, se ci troviamo in questo tratto della coda destra, la probabilità che la perdita sia di $20 milioni è pari all'1,6% (= 0,04% / 2,5%) e la probabilità che la perdita sia di $11 milioni è pari al 98,4% (= 2,46% / 2,5%). Ne segue che l'ES è pari a $11,144 (= $20 × 0,016 + $11 × 0,984) milioni.

Dato che $8,2 + $8,2 > $11,144, ne segue che – in quest'esempio – l'ES soddisfa la condizione di sub-addività.

Esempio 11.13

Consideriamo nuovamente il caso esaminato nell'Esempio 11.11. Abbiamo dimostrato che il VaR a 1 anno, con un livello di confidenza del 99%, è pari a $2 milioni per ciascuno dei due prestiti.

L'ES di ciascun prestito è definita come la perdita attesa condizionata dal fatto che si verifichi una perdita maggiore di $2 milioni. Dato che le perdite sono uniformemente distribuite tra $0 e $10 milioni, l'ES è pari a $6 [= ($2 + $10)/2] milioni, a metà strada tra $2 e $10 milioni.

Il VaR del portafoglio composto dai due prestiti è pari $5,8 milioni (Esempio 11.11). L'ES del portafoglio è definita come la perdita attesa condizionata dal fatto che si verifichi una perdita maggiore di $5,8 milioni.

Per ipotesi, in caso d'insolvenza sul primo prestito, il secondo viene certamente onorato. Pertanto, i risultati sono uniformemente distribuiti tra un guadagno di $0,2 milioni (se il *recovery rate* è pari a 1) e una perdita di $9,8 milioni (se il *recovery rate* è pari a 0). La perdita attesa, calcolata con riferimento alla distribuzione compresa tra $5,8 e $9,8, è pari a $7,8 [= ($5,8 + $9,8)/2] milioni. Questa è l'ES del portafoglio.

Dato che $6 + $6 > $7,8, ne segue che l'ES soddisfa la condizione di sub-addività.

La condizione di sub-additività è interessante non solo da un punto di vista teorico. Non è raro osservare che il VaR del portafoglio risultante dalla fusione di altri due (ad es. il portafoglio azionario e quello obbligazionario) sia maggiore della somma dei VaR originari.

Misure di Rischio Spettrali

Le misure di rischio possono essere caratterizzate dai pesi che vengono assegnati ai «quantili» (*quantiles*) della «distribuzione delle perdite» (*loss distribution*).[3]

Il VaR assegna il 100% del peso all'X-esimo quantile e lo 0% agli altri. L'ES assegna uguale peso a tutti i quantili maggiori dell'X-esimo e peso nullo a tutti gli altri. Facendo altre ipotesi circa i pesi assegnati ai quantili, possiamo definire le «misure di rischio spettrali» (*spectral risk measures*).

Si può dimostrare che le misure di rischio spettrali sono coerenti (soddisfano tutte e quattro le condizioni) se il peso assegnato al q-esimo quantile della *loss distribution* è una funzione non-decrescente di q. L'ES soddisfa questo requisito. Invece, il VaR non lo soddisfa perché i pesi assegnati ai quantili maggiori dell'X-esimo sono minori dei pesi assegnati all'X-esimo quantile.

Alcuni accademici hanno proposto misure di rischio in cui i pesi assegnati al q-esimo quantile della *loss distribution* aumentano abbastanza velocemente in funzione di q. Una possibilità è quella in cui il peso assegnato al q-esimo quantile risulti proporzionale a

$$e^{-(1-q)/\gamma}$$

dove γ è una costante.

In questo caso si parla di «misure di rischio spettrali esponenziali» (*exponential spectral risk measures*).

La Figura 11.5 mostra i pesi assegnati ai quantili nel caso dell'ES (con $X = 90\%$) e di due *exponential spectral risk measures* (con $\gamma = 0{,}15$ e $\gamma = 0{,}05$).

11.6 SCELTA DEI PARAMETRI PER VAR ED ES

Per definire VaR ed ES si devono scegliere due parametri: l'orizzonte temporale e il livello di confidenza. Un'ipotesi comune, anche se discutibile (Sezione 8.3), è che la variazione di valore del portafoglio in un certo orizzonte temporale si distribuisca in modo normale. Se μ è la media della distribuzione delle perdite e σ è la deviazione standard, il VaR risulta pari a

$$\text{VaR} = \mu + \sigma N^{-1}(X) \qquad (11.1)$$

dove X è il livello di confidenza e $N^{-1}(\cdot)$ è la funzione di distribuzione inversa della normale standardizzata (che, in Excel, può essere calcolata con INV.NORM.S). Se l'orizzonte temporale è breve, spesso si pone $\mu = 0$. In tal caso, l'Equazione (11.1) mostra che il VaR è direttamente proporzionale a σ.

---

[3] I quantili, detti anche frattili, sono particolari valori di una variabile casuale che dividono la distribuzione di frequenza in più parti con uguali probabilità (la mediana è il quantile che divide la distribuzione in due parti uguali, i quartili la dividono in quattro parti uguali e i percentili in 100 parti uguali).

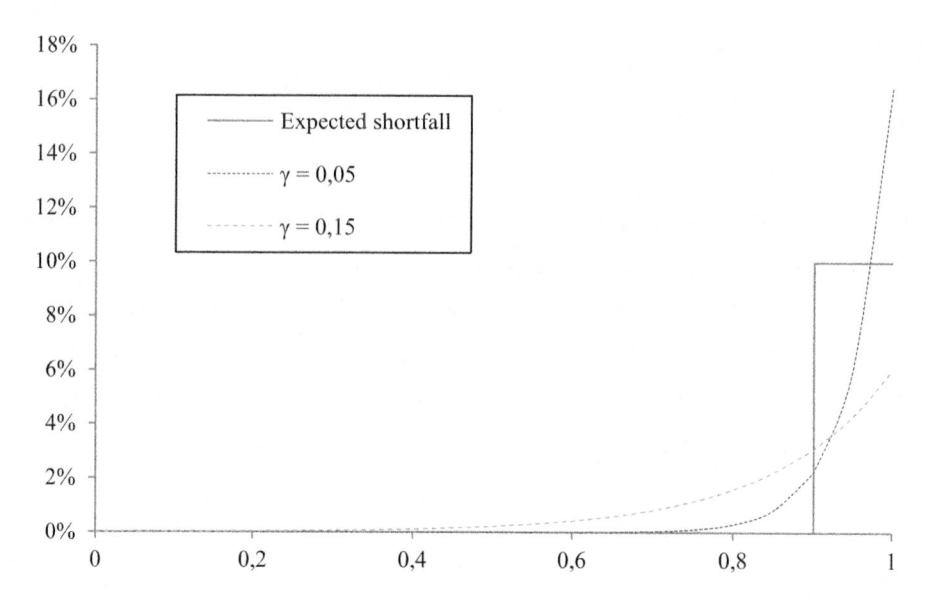

Figura 11.5 Misure di rischio spettrali.

Esempio 11.14

Supponiamo che la variazione di valore di un portafoglio in un periodo di 10 giorni si distribuisca in modo normale con media nulla e deviazione standard di $20 milioni. Dato che $N^{-1}(0,99) = 2,326$, il VaR decadale al 99% è pari a $46,53 milioni:

$$\$20 \times 2{,}326 = \$46{,}53.$$

Se le perdite si distribuiscono in modo normale con media μ e deviazione standard σ, l'ES è pari a

$$\text{ES} = \mu + \sigma \frac{e^{-Y^2/2}}{(1-X)\sqrt{2\pi}} \qquad (11.2)$$

dove Y è il quantile X della distribuzione normale standardizzata (ossia è quel valore che lascia alla sua destra un'area pari a $1-X$).

L'Equazione (11.2) mostra che, quando $\mu = 0$, anche l'ES, come il VaR, è direttamente proporzionale a σ.

Esempio 11.15

Supponiamo, come nell'esempio precedente, che la variazione di valore di un portafoglio in un periodo di 10 giorni si distribuisca in modo normale con media nulla e deviazione standard di $20 milioni. Dato che $N^{-1}(0,99) = 2,326$, l'ES decadale al 99% è pari a $53,30 milioni:

$$\$20 \times \frac{e^{-2{,}326^2/2}}{(1-0{,}99)\sqrt{2\pi}} = \$53{,}30.$$

Orizzonte Temporale

La scelta appropriata dell'orizzonte temporale dipende dalla specifica applicazione.

Quando le posizioni sono molto liquide e vengono gestite in modo attivo, è ragionevole utilizzare un orizzonte temporale molto breve (un giorno lavorativo o poco più). Se il VaR o l'ES sono eccessivi, i portafogli possono essere aggiustati rapidamente. Un orizzonte temporale più lungo potrebbe non essere significativo a causa dei cambiamenti che possono essere apportati alla composizione dei portafogli. Nel caso dei fondi pensione, è probabile che venga scelto un orizzonte temporale molto più lungo perché il portafoglio viene gestito meno attivamente e alcuni dei titoli presenti nel portafoglio sono meno liquidi.

Quando la liquidità dei titoli presenti in un portafoglio è diversa, il VaR o l'ES possono essere definiti in modo diverso a seconda dei titoli.

Esempio 11.16
Consideriamo due portafogli, uno composto da azioni IBM e l'altro da un'obbligazione che viene negoziata poche volte l'anno. È ragionevole scegliere un orizzonte di 10 giorni per il primo portafoglio e di 60 giorni per il secondo portafoglio.

È questo il metodo utilizzato dalle autorità di vigilanza nella «Revisione fondamentale del portafoglio di negoziazione» (*Fundamental review of the trading book* - FRTB) che verrà presentata nel Capitolo 27.

Quale che sia la specifica applicazione volta a misurare il rischio di mercato, gli analisti iniziano quasi sempre a calcolare il VaR facendo riferimento a un orizzonte temporale pari a 1 giorno. In genere, si suppone che

$$\text{VaR a } n \text{ giorni} = \text{VaR a 1 giorno} \times \sqrt{n} \qquad (11.3)$$

$$\text{ES a } n \text{ giorni} = \text{ES a 1 giorno} \times \sqrt{n}. \qquad (11.4)$$

Le Equazioni (11.3) e (11.4) sono esatte quando le variazioni di valore del portafoglio in giorni successivi sono variabili casuali normali identiche, indipendenti, a media nulla. Le formule possono essere ricavate in base alle Equazioni (11.1)-(11.2) e ai seguenti risultati:

1. la deviazione standard della somma di n variabili indipendenti, identicamente distribuite, è pari al prodotto tra la deviazione standard di ogni variabile e $\sqrt{n}$;
2. la somma di n variabili normali è anch'essa normale.

Impatto dell'Autocorrelazione

In pratica, le variazioni di valore di un portafoglio da un giorno all'altro non sono sempre del tutto indipendenti.

Sia ΔP_i la variazione di valore del portafoglio nel giorno i. Una semplice ipotesi è che l'autocorrelazione di 1° ordine, ossia la correlazione tra ΔP_i e ΔP_{i-1}, sia pari a ρ per tutte le i. Sia σ^2 la varianza di ΔP_i per tutte le i. In base alla consueta formula per la varianza della somma di due variabili, si ha che la varianza di $\Delta P_{i-1} + \Delta P_i$ è

$$\sigma^2 + \sigma^2 + 2\rho\sigma^2 = 2(1+\rho)\sigma^2.$$

L'autocorrelazione di j-esimo ordine, ossia la correlazione tra ΔP_i e ΔP_{i-j}, è pari a ρ^j. Pertanto, la varianza di $\sum_{i=1}^{N} \Delta P_i$ è pari a (Problema 11.11):

$$\sigma^2 [n + 2(n-1)\rho + 2(n-2)\rho^2 + 2(n-3)\rho^3 + \ldots + 2\rho^{n-1}]. \qquad (11.5)$$

TAVOLA 11.1 Autocorrelazione: rapporto tra VaR a n giorni e VaR giornaliero.

ρ	n					
	1	2	5	10	50	250
0	1,00	1,41	2,24	3,16	7,07	15,81
0,05	1,00	1,45	2,33	3,31	7,43	16,62
0,1	1,00	1,48	2,42	3,46	7,80	17,47
0,2	1,00	1,55	2,62	3,79	8,62	19,35

Nota: si suppone che le variazioni giornaliere del valore del portafoglio si distribuiscano in modo normale con media nulla; ρ è il parametro di autocorrelazione.

La Tavola 11.1 mostra il rapporto tra il VaR (ES) a n giorni e il VaR (ES) giornaliero in funzione di ρ (sotto l'ipotesi che le variazioni giornaliere del valore del portafoglio si distribuiscano in modo normale con media nulla).

Si noti che il rapporto tra il VaR (ES) a n giorni e il VaR (ES) giornaliero non dipende né dalla deviazione standard giornaliera, σ, né dal livello di confidenza, X [date le Equazioni (11.1)-(11.2) e la proprietà dell'Equazione (11.5) secondo cui la deviazione standard a n giorni è direttamente proporzionale alla deviazione standard giornaliera]. Se si confronta la riga della Tavola 11.1 relativa al caso $\rho = 0$ con le altre righe, si può notare che la presenza dell'autocorrelazione fa sì che le stime di VaR ed ES calcolate in base alle Equazioni (11.1)-(11.2) risultano troppo basse.

Esempio 11.17

Supponiamo che la deviazione standard delle variazioni giornaliere del valore del portafoglio sia pari a $3 milioni e che l'autocorrelazione di 1° ordine delle variazioni giornaliere sia pari a 0,1. In base all'Equazione (11.5), la varianza della variazione di valore del portafoglio su 5 giorni è pari a

$$(\$3)^2 \times [5 + 2 \times (5-1) \times 0,1 + 2 \times (5-2) \times 0,1^2 + 2 \times (5-3) \times 0,1^3 + 2 \times 0,1^{5-1}] = \$^2 52,7778.$$

La deviazione standard della variazione di valore del portafoglio su 5 giorni è quindi pari a $7,265 ($=\sqrt{52,7778}$). Pertanto, dato che $N^{-1}(0,95) = 1,645$, il VaR a 5 giorni, con un livello di confidenza del 95%, è pari a $11,950 (= $7,265 \times 1,645$) milioni. L'ES a 5 giorni, con un livello di confidenza del 95%, è pari a $14,985 milioni:

$$\$7,265 \times \frac{e^{-1,645^2/2}}{(1-0,95) \times \sqrt{2\pi}} = \$14,985.$$

Si noti che il rapporto tra deviazione standard a 5 giorni e deviazione standard a 1 giorno è pari a 2,42 (= $7,265 / $3). Dato che, in base alle nostre ipotesi di normalità delle variazioni di valore del portafoglio, VaR ed ES sono proporzionali alla deviazione standard, ne segue che 2,42 è il numero riportato nella Tavola 11.1 per $\rho = 0,1$ e $n = 5$.

Livello di Confidenza

La scelta del livello di confidenza di VaR o ES dipende da numerosi fattori.

Esempio 11.18

Supponiamo che una banca voglia mantenere il *rating* AA. Le società con questo *rating* hanno una probabilità d'insolvenza a 1 anno pari allo 0,02% (Tavola 17.1). La banca potrebbe decidere di utilizzare un livello di confidenza pari al 99,98% (= 100% − 0,02%), congiuntamente a un orizzonte temporale di 1 anno, per fini interni di *risk management*. Potrebbe anche decidere di comunicare le sue analisi alle agenzie di *rating*, a supporto dell'aspirazione al mantenimento del *rating* AA.

Il livello di confidenza che viene effettivamente utilizzato per i primi calcoli del VaR è spesso molto inferiore rispetto a quello che viene poi comunicato. Questo perché è molto difficile stimare direttamente il VaR quando il livello di confidenza è molto alto. Se si suppone che le variazioni giornaliere del valore del portafoglio si distribuiscano in modo normale con media nulla, si possono utilizzare le Equazioni (11.1)-(11.2) per trasformare il VaR o l'ES, calcolati con un certo livello di confidenza, nel VaR o nell'ES calcolati con un livello di confidenza più alto.

Supponiamo che σ sia la deviazione standard della variazioni di valore del portafoglio in un certo orizzonte temporale e che il valore atteso delle variazioni di valore sia pari a zero. Indichiamo con VaR(X) e ES(X), rispettivamente, il VaR e l'ES a un livello di confidenza X. In base all'Equazione (11.1) si ha

$$\text{VaR}(X) = \sigma N^{-1}(X)$$

per qualsiasi livello di confidenza X. Ne segue che

$$\text{VaR}(X^*) = \text{VaR}(X) \frac{N^{-1}(X^*)}{N^{-1}(X)}. \tag{11.6}$$

Analogamente, in base all'Equazione (11.2), si ha

$$\text{ES}(X^*) = \text{ES}(X) \frac{(1-X)e^{-(Y^*-Y)(Y^*+Y)/2}}{1-X^*} \tag{11.7}$$

dove Y e Y^* sono quei valori che lasciano alla loro destra un'area della distribuzione normale standardizzata pari, rispettivamente, a $1-X$ e $1-X^*$.

Esempio 11.19

Supponiamo che il VaR giornaliero al 95% sia pari a \$1,5 milioni e che l'ES giornaliera al 95% sia pari a \$2 milioni. Se si fa l'ipotesi che le variazioni di valore del portafoglio si distribuiscano in modo normale con media nulla, vale l'Equazione (11.6), in cui $N^{-1}(0,99) = 2,326$ e $N^{-1}(0,95) = 1,645$. Pertanto, il VaR giornaliero al 99% è pari a \$2,121 milioni:

$$\$1,5 \times \frac{2,326}{1,645} = \$2,121.$$

In base all'Equazione (11.7), l'ES giornaliera al 99% è pari a \$2,584 milioni:

$$\$2 \times \frac{(1-0,95)e^{-(2,326-1,645)\times(2,326+1,645)/2}}{1-0,99} = \$2,584.$$

Le Equazioni (11.6) e (11.7) si basano sull'ipotesi che le due misure di VaR e di ES abbiano lo stesso orizzonte temporale. Se vogliamo cambiare anche l'orizzonte temporale, oltre al livello di confidenza, possiamo utilizzare le Equazioni (11.6) e (11.7) congiuntamente all'Equazione (11.3) o (11.4).

11.7 VARS ED ESS MARGINALI, INCREMENTALI E PARZIALI

A volte, gli analisti calcolano il contributo dei vari sotto-portafogli al VaR o all'ES. I sotto-portafogli potrebbero rappresentare diverse «classi di attività» (*asset classes*) (ad es., azioni domestiche, azioni estere, titoli obbligazionari, derivati) o corrispondere a diverse «linee operative» (*business units*) [«servizi bancari al dettaglio» (*retail banking*), «servizi bancari per gli investimenti» (*investment banking*), «negoziazioni in proprio» (*proprietary trading*)] a anche rappresentare singole transazioni.

Consideriamo un portafoglio la cui quota x_i è investita nell'*i*-esimo sotto-portafoglio. L'*i*-esimo «VaR marginale» (*marginal VaR*) è la sensitività del VaR rispetto all'importo, x_i, investito nell'*i*-esimo sotto-portafoglio. È quindi definito come derivata parziale rispetto a x_i:

$$\frac{\partial \text{VaR}}{\partial x_i}.$$

Per stimare il VaR marginale, possiamo aumentare la quota x_i, portandola a $x_i + \Delta x_i$, e ricalcolare il VaR. Se ΔVaR è la conseguente variazione del VaR, la stima del VaR marginale è data da $\Delta\text{VaR}/\Delta x_i$. Nel caso di un portafoglio titoli ben diversificato, il VaR marginale è strettamente connesso con il beta del *capital asset pricing model* (Sezione 1.3). Quando il beta del titolo è elevato, il VaR marginale tende a essere elevato. Quando il beta del titolo è basso, il VaR marginale tende a essere basso. In alcuni casi, il VaR marginale è negativo: se si aumenta il peso del titolo, si riduce il rischio del portafoglio.

L'*i*-esimo «VaR incrementale» (*incremental VaR*) misura l'effetto incrementale sul VaR determinato dall'*i*-esimo sotto-portafoglio. È pari alla differenza tra il VaR con il sotto-portafoglio e il VaR senza il sotto-portafoglio. Spesso i *traders* sono interessati al VaR con o senza una specifica operazione.

L'*i*-esimo «VaR parziale» (*component VaR*) è così definito:

$$\frac{\partial \text{VaR}}{\partial x_i} x_i. \tag{11.8}$$

Quest'espressione può essere calcolata facendo variare l'importo investito nell'*i*-esimo sotto-portafoglio in misura pari a $y_i = \Delta x_i / x_i$ per poi ricalcolare il VaR. Se ΔVaR è la conseguente variazione del VaR, la stima del VaR parziale è data da $\Delta\text{VaR}/y_i$. In genere, quest'espressione rappresenta una buona approssimazione del VaR incrementale. Il motivo è il seguente: se il sotto-portafoglio è piccolo in relazione alla dimensione dell'intero portafoglio, si può supporre che il VaR marginale rimanga costante quando x_i tende a zero. Sotto quest'ipotesi, quando x_i tende a zero, $\Delta\text{VaR}/y_i$ è pari al prodotto tra x_i e il VaR marginale—che è appunto il VaR parziale.

I valori marginali, incrementali e parziali dell'ES possono essere definiti in modo analogo al VaR marginale, incrementale e parziale.

11.8 TEOREMA DI EULERO

Un teorema dimostrato molti anni fa dal matematico svizzero Leonhard Euler [Eulero] può essere utilizzato per allocare agli *M* sotto-portafogli una misura di rischio dell'intero portafoglio. Sia *V* la misura di rischio dell'intero portafoglio e sia x_i l'importo investito nell'*i*-esimo sotto portafoglio ($1 \leq i \leq M$). Supponiamo che, quando x_i passa a λx_i per ogni *i* (per cui la dimensione dell'intero portafoglio viene moltiplicata per λ), la misura di rischio passi da *V* a λV. Questa proprietà, nota come «omogeneità lineare» (*linear homogeneity*), corrisponde alla terza condizione per le misure di rischio coerenti (Sezione 11.5). Questa condizione è in genere soddisfatta da tutte le misure di rischio.[4]

In base al teorema di Eulero, si ha

$$V = \sum_{i=1}^{M} \frac{\partial \text{VaR}}{\partial x_i} x_i. \qquad (11.9)$$

Questo risultato consente di allocare V ai sotto-portafogli.

In particolare, quando la misura di rischio è rappresentata dal VaR, si ha

$$\text{VaR} = \sum_{i=1}^{M} C_i$$

dove C_i è il VaR parziale dell'i-esimo sotto-portafoglio, definito dall'Equazione (11.8). Il VaR totale dell'intero portafoglio è la somma dei VaR parziali dei sotto-portafogli. Pertanto, i VaR parziali rappresentano un modo conveniente per allocare il VaR totale ai sotto-portafogli. Come si è visto nella precedente sezione, i VaR parziali godono dell'interessante proprietà secondo cui l'i-esimo VaR parziale di un portafoglio ampiamente diversificato è approssimativamente uguale all'i-esimo VaR incrementale.

Analogamente, quando la misura di rischio è rappresentata dall'ES, il teorema di Eulero mostra che l'ES totale dell'intero portafoglio è la somma delle ES parziali dei sotto-portafogli:

$$\text{ES} = \sum_{i=1}^{M} \frac{\partial \text{ES}}{\partial x_i} x_i.$$

L'ES può quindi essere allocata ai vari sotto-portafogli in modo analogo al VaR. Nel Capitolo 28 vedremo come utilizzare il teorema di Eulero per allocare il capitale economico di una banca.

Il teorema di Eulero ci consente di scomporre il rischio e questo è molto utile nel cosiddetto «bilancio preventivo per l'allocazione dei rischi» (*risk budget*). Se la scomposizione rivela che una quota eccessiva del rischio complessivo è spiegata da una certa componente, il portafoglio dovrebbe essere ribilanciato.

11.9 AGGREGAZIONE DEI VARS E DELLE ESS

Supponiamo di aver stimato i VaR, con lo stesso orizzonte temporale e lo stesso livello di confidenza, per diverse segmenti di una certa linea operativa. Se siamo interessati ad aggregare questi VaR per ottenere il VaR totale, la formula è

$$\text{VaR}_{\text{totale}} = \sqrt{\sum_{i=1}^{M}\sum_{j=1}^{M} \text{VaR}_i \text{VaR}_j \rho_{ij}} \qquad (11.10)$$

dove $\text{VaR}_{\text{totale}}$ è il VaR totale, VaR_i è il VaR dell'i-esimo segmento e ρ_{ij} è la correlazione tra le perdite del segmento i e quelle del segmento j. Questa formula è esatta

---

[4] Un'eccezione potrebbe essere rappresentata dalle misure di rischio aggiustate per la liquidità: col crescere della dimensione del portafoglio, diminuisce la sua liquidità.

quando le perdite (i profitti) sono variabili casuali normali a media nulla, mentre rappresenta una buona approssimazione in molti altri casi. Lo stesso vale quando si sostituisce il VaR con l'ES nell'Equazione (11.10).

Esempio 11.20

Supponiamo che i VaR calcolati per due segmenti di una certa linea operativa siano pari a $60 e $100 milioni. La correlazione tra le perdite è pari a 0,4. Una stima del VaR totale è pari a $135,647 milioni:

$$\sqrt{\$60^2 + \$100^2 + 2 \times \$60 \times \$100 \times 0,4} = \$135,647.$$

11.10 BACK-TESTING

Quale che sia la misura di rischio utilizzata, è importante determinarne l'attendibilità con una «verifica retrospettiva» (*back-testing*), sulla base dei dati storici. La verifica risulta più facile per il VaR rispetto all'ES e, senza dubbio, questo è uno dei motivi per cui le autorità di vigilanza sono state restie, in passato, ad adottare l'ES al posto del VaR per determinare i requisiti patrimoniali a fronte del rischio di mercato. Come vedremo nel Capitolo 27, le autorità di vigilanza utilizzano ora l'ES per determinare i requisiti patrimoniali, ma prescrivono il *back-testing* in termini di VaR.

Esempio 11.21

Supponiamo di aver sviluppato una procedura per il calcolo del VaR giornaliero al 99%. Il *back-testing* consiste nel vedere, in base ai dati storici, quanto spesso le perdite giornaliere sono risultate maggiori del VaR. I giorni cui la variazione effettiva oltrepassa il VaR rappresentano delle «eccezioni» (*exceptions*). Se le eccezioni si verificano in circa l'1% dei giorni considerati, possiamo essere ragionevolmente soddisfatti della metodologia di calcolo. Se invece le eccezioni si verificano, ad es., nel 7% dei giorni considerati, la metodologia è sospetta ed è probabile che il VaR sia stato sottostimato. Ne segue che i requisiti patrimoniali calcolati in base alle nostre stime del VaR sono troppo bassi. D'altra parte, se le eccezioni si verificano, ad es., nello 0,3% dei casi, è probabile che il VaR sia stato sovrastimato e che i requisiti patrimoniali siano troppo elevati.

Un problema con il *back-testing* del VaR riguarda le variazioni nella composizione del portafoglio che si sono verificate durante il periodo in esame. Le possibili soluzioni sono due:

1. confrontare il VaR con l'ipotetica variazione di valore del portafoglio che si sarebbe verificata se la composizione del portafoglio fosse rimasta inalterata;
2. confrontare il VaR con la variazione di valore del portafoglio che si è effettivamente verificata durante il periodo in esame.

Di solito, il VaR viene calcolato supponendo che la composizione del portafoglio rimanga invariata durante l'orizzonte temporale prescelto, per cui la prima soluzione è quella più logica. Tuttavia, in ultima analisi, è alle variazioni effettive del valore del portafoglio che siamo interessati.

Di solito i *risk managers* confrontano il VaR sia con le variazioni ipotetiche sia con le variazioni effettive del valore del portafoglio (in effetti, le autorità di vigilanza chiedono di esaminare i risultati di entrambi confronti). Le variazioni effettive vengono corrette per escludere l'influenza di voci non connesse con il rischio di mercato, quali le commissioni e i profitti derivanti dall'esecuzione di transazioni a prezzi diversi dalla «media dei prezzi denaro e lettera» (*mid-market prices*).

Sez. 11.10 Back-Testing

Supponiamo che l'orizzonte temporale sia pari a 1 giorno e che il livello di confidenza sia pari a X. Se il modello utilizzato per la stima del VaR è accurato, la probabilità, p, di un'eccezione, ossia la probabilità che il VaR venga oltrepassato in un dato giorno è pari a $p = 1 - X$. Sia n il numero dei giorni presenti nel periodo sotto osservazione e sia m il numero dei giorni in cui il VaR viene oltrepassato. Se risulta $m/n > p$ dobbiamo ritenere che il modello sia poco accurato e produca stime del VaR troppo basse? Formalmente, possiamo considerare due ipotesi alternative:

1. la probabilità di un'eccezione in un dato giorno è uguale a p;
2. la probabilità di un'eccezione in un dato giorno è maggiore di p.

La probabilità che il VaR venga oltrepassato in m o più giorni è pari a

$$\sum_{k=m}^{n} \frac{n!}{k!(n-k)!} p^k (1-p)^{n-k}.$$

In Excel, questa probabilità può essere calcolata come complemento a 1 della probabilità che il numero delle eccezioni sia compreso tra 0 e $m - 1$. Va quindi utilizzata l'istruzione $1 - \text{DISTRIB.BINOM.N}(m - 1; n; p; \text{VERO})$. Un livello standard che viene spesso usato in statistica per la verifica delle ipotesi è il 5%. Se la probabilità che il VaR venga oltrepassato in m o più giorni è minore del 5%, dobbiamo respingere l'ipotesi nulla, secondo cui la probabilità di un'eccezione è uguale a p. Se invece la probabilità che il VaR venga oltrepassato in m o più giorni è maggiore del 5%, non possiamo respingere l'ipotesi che la probabilità di un'eccezione sia uguale a p.

Esempio 11.22

Supponiamo di voler effettuare il *back-testing* di un modello per la stima del VaR sulla base di un campione di 600 osservazioni giornaliere. Il livello di confidenza del VaR è pari al 99% e osserviamo 9 eccezioni. Il numero atteso delle eccezioni è 6 [= (1 − 0,99) × 600]. Dobbiamo ritenere che il modello non sia accurato? La probabilità di 9 o più eccezioni è pari al 15,2%:

$$1 - \text{DISTRIB.BINOM.N}(9 - 1; 600; 1 - 0{,}99; \text{VERO}) = 0{,}152.$$

Pertanto, al livello di confidenza del 5%, non possiamo respingere l'ipotesi che il modello sia accurato. Se invece il numero delle eccezioni fosse stato pari a 12, essendo la probabilità di 12 o più eccezioni pari al 2%, avremmo potuto respingere l'ipotesi che il modello sia accurato. Il modello può essere considerato poco accurato quando il numero delle eccezioni è pari a 11 o più, perché la probabilità che ciò si verifichi è minore o uguale al 4,2% e risulta quindi minore del livello di confidenza (5%). Se invece il numero delle eccezioni è pari a 10 non possiamo respingere l'ipotesi che il modello sia accurato perché la probabilità associata a 10 o più eccezioni è pari all'8,3% ed è quindi maggiore del livello di confidenza utilizzato.

Quando il numero delle eccezioni, m, risulta minore di quello atteso, $p \times n$, possiamo ugualmente verificare se la probabilità di un'eccezione in un dato giorno è p, ma questa volta l'ipotesi alternativa è che la probabilità di un'eccezione in un dato giorno sia minore di p. La probabilità che il VaR venga oltrepassato in un numero di giorni compreso tra 0 e m è pari a

$$\sum_{k=0}^{m} \frac{n!}{k!(n-k)!} p^k (1-p)^{n-k}.$$

Questa probabilità va confrontata con il «valore soglia» (*threshold*) che abbiamo adottato, ossia con il livello di confidenza del 5%.

Esempio 11.23

Supponiamo nuovamente di voler effettuare il *back-testing* di un modello per la stima del VaR sulla base di un campione di 600 osservazioni giornaliere. Il livello di confidenza del VaR è pari al 99% e osserviamo una sola eccezione mentre il numero atteso delle eccezioni è 6 [= (1 − 0,99) × 600]. Dobbiamo ritenere che il modello non sia accurato? La probabilità che il numero delle eccezioni sia compreso tra 0 e 1 è pari all'1,7%:

$$\text{DISTRIB.BINOM.N}(1 - 0; 600; 1 - 0,99; \text{VERO}) = 0,017.$$

Pertanto, al livello di confidenza del 5%, possiamo respingere l'ipotesi che il modello sia accurato. Se invece il numero delle eccezioni fosse stato pari a 2, essendo la probabilità di un numero di eccezioni compreso tra 0 e 2 pari al 6,1%, non avremmo potuto respingere l'ipotesi che il modello sia accurato.

I due *tests* che abbiamo considerato sono «*tests* monodirezionali» (*one-tailed tests*). Nell'Esempio 11.22 le due ipotesi a confronto erano che la vera probabilità di un'eccezione fosse (H_0) pari all'1% e (H_1) maggiore dell'1%. Nell'Esempio 11.23 le due ipotesi a confronto erano che la vera probabilità di un'eccezione fosse (H_0) pari all'1% e (H_1) minore dell'1%. Kupiec ha proposto un «test bi-direzionale» (*two-tailed test*) relativamente potente.[5] Se la probabilità di un'eccezione è p e si verificano m eccezioni su n osservazioni, allora

$$-2 \ln[(1-p)^{n-m} p^m] + 2 \ln[(1-m/n)^{n-m} (m/n)^m] \tag{11.11}$$

si distribuisce secondo una chi quadro con 1 grado di libertà. I valori di questa statistica sono alti quando il numero delle eccezioni è molto basso o molto alto. C'è una probabilità del 5% che il valore della chi quadro con 1 grado di libertà sia maggiore di 3,84. Pertanto dovremmo respingere l'ipotesi che il modello sia accurato quando l'espressione contenuta nell'Equazione (11.11) è maggiore di 3,84.

Esempio 11.24

Supponiamo, come nei due esempi precedenti, di voler effettuare il *back-testing* di un modello per la stima del VaR sulla base di un campione di 600 osservazioni giornaliere. Il livello di confidenza del VaR è pari al 99%. Il valore della statistica contenuta nell'Equazione (11.11) è maggiore di 3,84 quando il numero delle eccezioni, m, è pari a 0 o 1 e quando è maggiore o uguale a 12. Pertanto, a un livello di confidenza del 95%, non possiamo respingere l'ipotesi che il modello sia accurato se risulta $2 \leq m \leq 11$.

In generale, le difficoltà del *back-testing* di un modello per la stima del VaR aumentano al crescere dell'intervallo di confidenza. Questa è un'argomentazione a supporto dell'utilizzo di VaR con livelli di confidenza non troppo elevati, congiuntamente alla *extreme value theory* (Capitolo 12).

Bunching

Una questione separata rispetto a quella del numero di eccezioni è la loro «concentrazione» (*bunching*). Se le variazioni giornaliere del valore del portafoglio fossero indipendenti l'una dall'altra, le eccezioni si dovrebbero distribuire uniformemente nel periodo utilizzato per il *back-testing*. Spesso, invece, risultano concentrate e que-

---

[5] Si veda KUPIEC, P., "Techniques for Verifying the Accuracy of Risk Management Models", *Journal of Derivatives*, 3 (1995), 73-84.

sto suggerisce che le perdite relative a giorni successivi non siano indipendenti tra loro. Un metodo per verificare la presenza di *bunching* è quello di utilizzare il *test* per l'autocorrelazione presentato nella Sezione 11.6. Un altro metodo è quello di utilizzare la seguente statistica di Christoffersen, che si distribuisce secondo una chi quadro con 1 grado di libertà se non c'è *bunching*:[6]

$$-2\ln[(1-\pi)^{u_{00}+u_{10}} \pi^{u_{01}+u_{11}}] + 2\ln[(1-\pi_{01})^{u_{00}} \pi_{01}^{u_{01}} (1-\pi_{11})^{u_{10}} \pi_{11}^{u_{11}}]$$

dove

u_{ij} è il numero delle osservazioni in cui passiamo dallo stato i allo stato j. Lo stato 0 è un giorno in cui non c'è un'eccezione mentre lo stato 1 è un giorno in cui c'è un'eccezione;

$$\pi = \frac{u_{01}+u_{11}}{u_{00}+u_{01}+u_{10}+u_{11}}$$

$$\pi_{01} = \frac{u_{01}}{u_{00}+u_{01}}, \quad \pi_{11} = \frac{u_{11}}{u_{10}+u_{11}}.$$

SOMMARIO

Il calcolo del valore a rischio (VaR) mira a consentire un'affermazione del seguente tipo: "Riteniamo, con un livello di confidenza X, che non perderemo più di V dollari nei prossimi n giorni". La variabile V è il VaR, n è l'orizzonte temporale e X è il livello di confidenza. Questa misura di rischio è diventata molto comune. Un'altra misura, che ha proprietà teoricamente superiori, è l'*expected shortfall* (ES). L'ES misura la perdita attesa condizionata dal fatto che si sia verificata una perdita maggiore o uguale al VaR. Come vedremo nel Capitolo 27, le autorità di vigilanza hanno sostituito il VaR con l'ES per determinare i requisiti patrimoniali a fronte del rischio di mercato.

Se le variazioni di valore di un portafoglio si distribuiscono in modo normale, è facile calcolare VaR ed ES in base alla media e alla deviazione standard delle variazioni di valore del portafoglio. Se le variazioni giornaliere hanno distribuzioni normali indipendenti e a media nulla, il VaR a n giorni è pari al prodotto tra il VaR giornaliero e $\sqrt{N}$. Analogamente, l'ES a n giorni è pari al prodotto tra l'ES giornaliera e $\sqrt{N}$. Quando le variazioni non sono indipendenti, ma autocorrelate, si devono utilizzare formule più complesse. In realtà, le code delle distribuzioni sono più spesse di quelle delle distribuzioni normali. Per modellarle, sulle base delle osservazioni empiriche, si può utilizzare la «legge di potenza» (*power law*), la cui base teorica è rappresentata dalla «teoria dei valori estremi» (*extreme value theory*), che esamineremo nel prossimo capitolo.

Il VaR marginale dell'i-esimo sotto-portafoglio è la derivata parziale del VaR rispetto alla dimensione dell'i-esimo sotto-portafoglio. Il VaR incrementale dell'i-esimo sotto-portafoglio misura l'effetto incrementale sul VaR derivante da un piccolo incremento nella dimensione dell'i-esimo sotto-portafoglio. C'è una formula che

---

[6] Si veda CHRISTOFFERSEN, P. F., "Evaluating Interval Forecasts", *International Economic Review*, 39 (1998), 841-62.

consente di misurare l'apporto dei singoli sotto-portafogli al VaR dell'intero portafoglio. La somma dei VaR parziali è pari al VaR totale e, nel caso di portafogli ampiamente diversificati, ogni VaR parziale è all'incirca uguale al corrispondente VaR incrementale. Analogamente, si possono definire l'ES marginale, l'ES incrementale e l'ES parziale.

Il *back-testing* svolge un ruolo importante all'interno del sistema di misurazione dei rischi perché si propone di utilizzare le serie storiche per verificare la *performance* delle misure di rischio adottate. Il *back-testing* del VaR è relativamente semplice. Ci sono due modi in cui il *back-testing* può segnalare eventuali debolezze presenti nel modello. Uno è rappresentato dalla percentuale delle eccezioni, ossia dal numero di volte in cui le perdite hanno superato il VaR in rapporto al numero dei giorni utilizzati per il *back-testing*. L'altro è rappresentato dalla «concentrazione» (*bunching*) delle eccezioni in alcuni giorni specifici. Esistono *tests* statistici per determinare se il modello per la stima del VaR sia accettabile o vada invece respinto a causa dell'elevato numero di eccezioni o della loro forte concentrazione. Come vedremo nel Capitolo 25, le autorità di vigilanza hanno emanato disposizioni per accrescere i requisiti patrimoniali a fronte del rischio di mercato quando i risultati del *back-testing* sugli ultimi 250 giorni si rivelano poco soddisfacenti.

SUGGERIMENTI PER ULTERIORI LETTURE

ARTZNER, P., DELBAEN, F., EBER, J.-M. e HEATH, D., "Coherent Measures of Risk", *Mathematical Finance*, 9 (1999), 203-28.

BASAK, S. e SHAPIRO, A., "Value-at-Risk-Based Risk Management: Optimal Policies and Asset Prices", *Review of Financial Studies*, 14, 2 (2001), 371-405.

BEDER, T., "VaR: Seductive But Dangerous", *Financial Analysts Journal*, 51, 5 (1995), 12-24.

BOUDOUKH, J., RICHARDSON, M. e WHITELAW, R., "The Best of Both Worlds", *Risk*, (May 1998), 64-7.

DOWD, K., *Measuring Market Risk*. 2nd ed. New York: Wiley, 2005.

DUFFIE, D., e PAN, J., "An Overview of Value at Risk", *Journal of Derivatives* 4, 3 (Spring 1997): 7-49.

HOPPER, G. "Value at Risk: A New Methodology for Measuring Portfolio Risk", *Business Review*, Federal Reserve Bank of Philadelphia (July-August 1996): 19-29.

HUA, P. e WILMOTT, P., "Crash Courses", *Risk* (June 1997), 64-7.

JACKSON, P., MAUDE, D.-J. e PERRAUDIN, W., "Bank Capital and Value at Risk", *Journal of Derivatives* 4, 3 (Spring 1997): 73-90.

JORION, P. *Value at Risk*. 3rd ed. McGraw Hill, 2006.

LONGIN, F. M., "Beyond the VaR", *Journal of Derivatives*, 8, 4 (Summer 2001), 36-48.

MARSHALL, C. e SIEGEL, M., "Value at Risk: Implementing a Risk Measurement Standard", *Journal of Derivatives*, 4, 3 (Spring 1997), 91-111.

DOMANDE E PROBLEMI
(le risposte si trovano alla fine del libro)

11.1. (a) Spiegate la differenza tra valore a rischio ed *expected shortfall*.
(b) Perché l'*expected shortfall* è teoricamente superiore al valore a rischio?

11.2. (a) Cos'è la «misura di rischio spettrale» (*spectral risk measure*)?
(b) Quali condizioni devono essere soddisfatte dalle misure di rischio spettrali affinché sia soddisfatta la condizione di sub-additività presentata nella Sezione 11.5?

Domande e Problemi

11.3. Un gestore annuncia che il fondo nel quale avete appena investito $100.000 ha un VaR mensile, con un livello di confidenza del 95%, pari al 6% del valore delle attività gestite. Come interpretate la dichiarazione del gestore?

11.4. Un gestore annuncia che il fondo nel quale avete appena investito $100.000 ha una *expected shortfall* mensile, con un livello di confidenza del 95%, pari al 6% del valore delle attività gestite. Come interpretate la dichiarazione del gestore?

11.5. Supponete che a due investimenti siano associate le seguenti probabilità: la probabilità di perdere $10 milioni è pari allo 0,9% mentre la probabilità di perdere $1 milione è pari al 99,1% (la probabilità di guadagni è nulla). I due investimenti sono indipendenti l'uno dall'altro.
  (a) Qual è il VaR di uno dei due investimenti quando il livello di confidenza è pari al 99%?
  (b) Qual è l'*expected shortfall* di uno dei due investimenti quando il livello di confidenza è pari al 99%?
  (c) Qual è il VaR di un portafoglio composto dai due investimenti, a un livello di confidenza del 99%?
  (d) Qual è l'*expected shortfall* di un portafoglio composto dai due investimenti, a un livello di confidenza del 99%?
  (e) Dimostrate che, in quest'esempio, la condizione di sub-additività non viene soddisfatta dal VaR ma solo dall'*expected shortfall*.

11.6. La variazione giornaliera del valore di un portafoglio si distribuisce in modo normale con media nulla e deviazione standard di $2 milioni. Determinate:
  (a) il VaR a 1 giorno, con un livello di confidenza del 97,5%;
  (b) il VaR a 5 giorni, con un livello di confidenza del 97,5%;
  (c) il VaR a 5 giorni, con un livello di confidenza del 99%.

11.7. Come cambiano le vostre risposte ai quesiti (b) e (c) del Problema 11.6 se le variazioni giornaliere del valore del portafoglio sono autocorrelate, con parametro di autocorrelazione pari a 0,16?

11.8. Spiegate con cura le differenze tra il VaR marginale, il VaR incrementale e il VaR parziale per un portafoglio composto da un certo numero di attività.

11.9. Supponiamo di voler effettuare il *back-testing* di un modello per la stima del VaR sulla base di un campione di 1.000 osservazioni giornaliere. Il livello di confidenza del VaR è pari al 99% e osserviamo 17 eccezioni. A un livello di confidenza del 5%, dobbiamo ritenere che il modello non sia accurato? Utilizzate un «*test* monodirezionale» (*one-tailed test*).

11.10. Spiegate cosa s'intende per «concentrazione» (*bunching*).

11.11. Dimostrate l'Equazione (11.5).

11.12. Le variazioni mensili del valore di un certo portafoglio si distribuiscono in modo normale con media nulla e deviazione standard pari a $2 milioni. Calcolate il VaR e l'ES del portafoglio con un livello di confidenza del 98% e un orizzonte temporale di 3 mesi.

Capitolo 12
Simulazioni Storiche ed Extreme Value Theory

In questo capitolo esamineremo il principale metodo per la stima del VaR e dell'ES di mercato, ossia il metodo delle «simulazioni storiche» (*historical simulations*). Questo metodo utilizza le variazioni giornaliere dei valori storici delle variabili di mercato per stimare, in modo diretto, la distribuzione probabilistica delle variazioni di valore del portafoglio corrente tra oggi e domani.

Dopo aver descritto il funzionamento del metodo delle simulazioni storiche, vedremo alcune estensioni volte a migliorarne l'accuratezza. Vedremo poi come si calcolano il «VaR stressato» (*stressed* VaR) e la «ES stressata» (*stressed* ES), che vengono utilizzati (o saranno presto utilizzati) dalle autorità di vigilanza per determinare i requisiti patrimoniali a fronte del rischio di mercato. Infine, presenteremo la «teoria dei valori estremi» (*extreme value theory*) e vedremo come utilizzarla sia per migliorare le stime di VaR ed ES sia per trattare i casi in cui il livello di confidenza è molto alto.

Per illustrare i modelli esposti in questo capitolo, utilizzeremo un portafoglio composto da quattro investimenti in altrettanti indici azionari. Un *file* in formato Excel, che contiene le serie storiche degli indici e consente di calcolare il VaR con il metodo delle simulazioni storiche, è disponibile nel sito *web* del libro [e in quello del traduttore]: cfr. VaR_ES_Simulazioni_Storiche.xlsx.

12.1 METODO BASE

Il metodo delle simulazioni storiche consiste nell'utilizzo diretto dei dati storici per immaginare quel che potrebbe accadere in futuro.

Il primo passo è quello di identificare le n variabili di mercato che influenzano il portafoglio (tassi d'interesse, prezzi di azioni, prezzi di merci, ecc.). Tutti i prezzi vanno espressi nella valuta interna.

Il passo successivo è quello di creare un *database* che contenga m variazioni giornaliere per ogni variabile di mercato. Si dispone così di m scenari alternativi per quel che potrebbe succedere tra oggi e domani.

Lo scenario 1 è quello in cui il tasso di variazione di ogni variabile di mercato è uguale a quello registrato nel primo giorno considerato dal *database*. Lo scenario 2 è quello in cui il tasso di variazione di ogni variabile di mercato è uguale a quello registrato nel secondo giorno, e così via.

Per ciascuno degli m scenari si calcola poi la variazione di valore del portafoglio. Se queste variazioni di valore vengono messe in ordine crescente, si ottiene una distribuzione probabilistica. Il primo percentile della distribuzione, cambiato di segno, rappresenta la stima del VaR giornaliero al 99%.[1]

La stima dell'ES è pari alla media delle perdite peggiori del VaR.[2]

Sia v_i il valore di una certa variabile alla fine del giorno i ($i = 0, ..., n$). Nell'i-esimo scenario, il valore che la variabile assumerà domani, ossia alla fine del giorno $n + 1$, dipende dal tasso di variazione $(v_i - v_{i-1})/v_{i-1}$ ed è pari a

$$v_n\left(1 + \frac{v_i - v_{i-1}}{v_{i-1}}\right) = v_n \frac{v_i}{v_{i-1}}. \qquad (12.1)$$

Per alcune variabili (tassi d'interesse, *credit spreads*, volatilità, ecc.) si usano le variazioni $v_i - v_{i-1}$ invece dei tassi di variazione $(v_i - v_{i-1})/v_{i-1}$. In questi casi, il valore che la variabile assumerà domani, ossia alla fine del giorno $n + 1$, è pari a

$$v_n + (v_i - v_{i-1}).$$

Nel resto del capitolo, per semplificare la trattazione, faremo l'ipotesi che le simulazioni storiche si basino sui tassi di variazione delle variabili di mercato.

Pesi Uguali

Vedremo ora un esempio in cui tutte le osservazioni ricevono lo stesso peso.

Esempio 12.1
Consideriamo un portafoglio che, l'8 luglio 2020, ha un valore di $10 milioni. Il portafoglio è costituito da 4 indici azionari: uno statunitense, lo S&P 500 (Standard & Poor's Corporation), uno inglese, il FTSE 100 (Financial Times Stock Exchange), uno francese, il CAC 40 (Cotation Assistée en Continu), e uno giapponese, il Nikkei 225 (Nihon Keizai Shimbun). Tutti gli indici sono «indici di capitalizzazione» (*total return indices*), in quanto tengono conto del reinvestimento dei dividendi. Il valore degli investimenti in ciascuno dei 4 indici è mostrato nella Tavola 12.1.

Un *file* in formato Excel che contiene le serie storiche degli indici e consente di calcolare il VaR con il metodo delle simulazioni storiche è disponibile nel sito *web* del libro [e in quello del traduttore]: cfr. VaR_ES_Simulazioni_Storiche.xlsx.[3]

Le quotazioni degli indici non statunitensi (FTSE 100, CAC 40 e Nikkei 225) sono state aggiustate sulla base dei tassi di cambio, in modo da esprimerle in dollari USA. Ad es., il 9 maggio 2018, il FTSE 100 *total return index* era pari a 6.515,12 e il tasso di cambio USD/GBP era pari a $1,3553. Pertanto, il FTSE 100, espresso in dollari, era pari a $8.830,23 (= 6.515,12 × $1,3553). Una parte del campione, con tutti gli indici espressi in dollari, è riportata nella Tavola 12.2.

---

[1] Quando gli scenari sono 500, abbiamo tre possibilità. Il primo percentile della distribuzione può essere considerato pari alla quinta o alla sesta variazione giornaliera, iniziando dalla peggiore. Si può anche optare per una media delle due. Di norma, il VaR è pari alla quinta variazione giornaliera, iniziando dalla peggiore.
In Excel, la funzione PERCENTILE(*matrice*; k) restituisce l'osservazione che occupa la $(m + 1)$-esima posizione in graduatoria, dove *matrice* è una serie di n osservazioni, k è compreso tra 0 e 1 ($0 < k < 1$) e m è l'm-esimo percentile [$m = (n - 1) \times k$]. Se k non è un multiplo di $1/(n - 1)$, PERCENTILE(*matrice*; k) determina il valore dell'm-esimo percentile mediante interpolazione lineare.

[2] Nella nota precedente si è visto che esistono tre possibilità per la stima del VaR. Lo stesso vale per l'ES. Quando gli scenari sono 500, la stima dell'ES può essere pari alla media delle 4 o delle 5 peggiori perdite. In alternativa, si può optare per una media in cui si dà alla 5ª peggiore perdita la metà del peso delle altre 4.

[3] Per far sì che l'esempio fosse il più semplice possibile, i dati sono stati rilevati solo nei giorni in cui tutti e quattro gli indici erano disponibili. In pratica, se l'analisi fosse stata condotta da un'istituzione finanziaria statunitense, i dati relativi alle festività non statunitensi potevano essere in qualche modo stimati.

TAVOLA 12.1 Portafoglio utilizzato per illustrare il calcolo del VaR.

Indice	Valore del portafoglio (migliaia di $)
S&P 500	4.000
FTSE 100	3.000
CAC 40	1.000
Nikkei 225	2.000
Totale	10.000

TAVOLA 12.2 Metodo delle simulazioni storiche: dati per la stima del VaR.

Giorno	Data	S&P 500	FTSE 100	CAC 40	Nikkei 225
0	9 mag. 18	5.292,90	8.830,23	16.910,33	322,40
1	10 mag. 18	5.343,70	8.926,56	16.915,41	321,24
2	11 mag. 18	5.354,69	8.982,76	17.065,64	326,20
3	14 mag. 18	5.359,66	8.999,31	17.121,67	328,03
...	...	...	...	...	...
499	7 lug. 20	6.445,59	7.269,36	15.784,97	345,40
500	8 lug. 20	6.496,14	7.255,04	15.540,44	342,01

TAVOLA 12.3 Scenari per il 9 luglio 2020 (giorno 501).

Scenario	S&P 500	FTSE 100	CAC 40	Nikkei 225	Portafoglio	Perdita
1	6.558,49	7.334,19	15.545,12	340,79	10.064,257	-64,257
2	6.509,50	7.300,72	15.678,46	347,28	10.066,822	-66,822
3	6.502,17	7.268,41	15.591,47	343,93	10.023,762	-23,762
...	...	...	...	...	...	...
499	6.425,90	7.293,40	15.543,89	341,21	9.968,126	31,874
500	6.547,09	7.240,75	15.299,71	338,66	9.990,361	9,639

Nota: tutti gli indici sono espressi in dollari, il valore del portafoglio e la perdita in migliaia di dollari.

L'8 luglio 2020 è una data interessante per la valutazione di un investimento azionario. La pandemia da Covid-19 aveva comportato, nel marzo 2020, un forte ribasso dei corsi azionari. Nel luglio 2020 i prezzi delle azioni statunitensi avevano recuperato gran parte delle perdite, ma c'era ancora grande incertezza circa la durata della pandemia e i tempi di ripresa dell'economia reale.

La Tavola 12.3 mostra i valori degli indici (misurati in dollari) negli scenari presi in esame per il giorno dopo, il 9 luglio 2020. Lo scenario 1, riportato nella prima riga della tavola, è stato costruito supponendo che i tassi di variazione degli indici tra l'8 e il 9 luglio 2020 siano uguali a quelli osservati tra il 9 e il 10 maggio 2018. Analogamente, lo scenario 2, riportato nella seconda riga della tavola, è stato costruito supponendo che i tassi di variazione degli indici tra il 9 e il 10 luglio 2020 siano uguali a quelli osservati tra il 10 e l'11 maggio 2018, e così via.

In generale, l'i-esimo scenario ipotizza che i tassi di variazione degli indici tra l'8 e il 9 luglio 2020 siano uguali a quelli osservati tra il giorno i e il giorno $i-1$, per $1 \leq i \leq 500$.

Le 500 righe della Tavola 12.3 riportano i 500 scenari così costruiti.

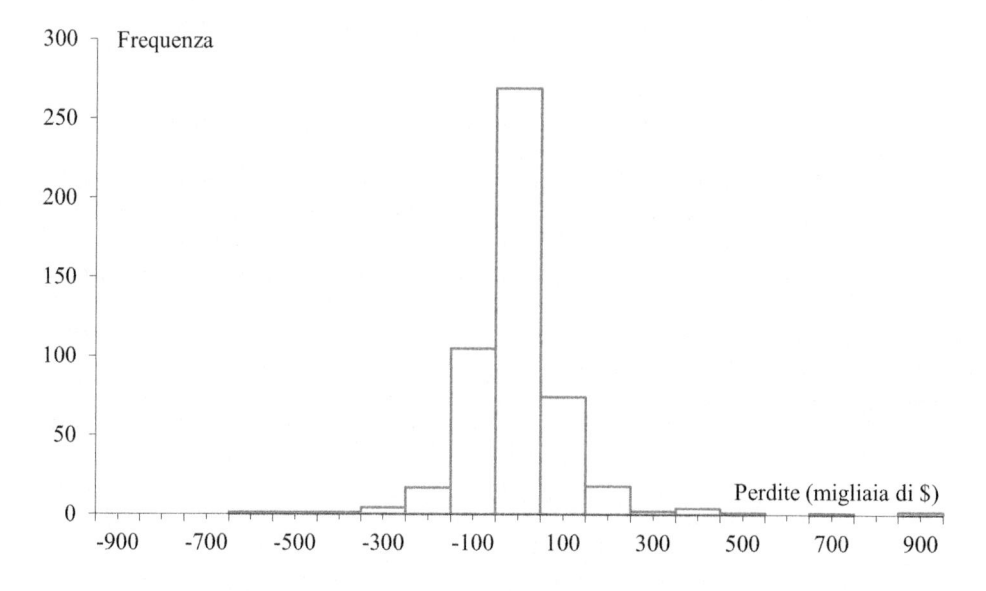

Figura 12.1 Istogramma delle perdite stimate per il 9 luglio 2020.

L'8 luglio 2020, lo S&P 500 era pari a 6.496,14; mentre il 10 maggio 2018 era pari a 5.343,70; in rialzo rispetto al livello di 5.292,90 osservato alla fine del giorno precedente. Pertanto, nello scenario 1 si ipotizza che lo S&P 500 sia pari a 6.558,49:

$$6.496,14 \times \frac{5.343,70}{5.292,90} = 6.558,49.$$

I corrispondenti livelli di FTSE 100, CAC 40 e Nikkei 225, calcolati in modo analogo, sono pari, rispettivamente a 7.334,19; 15.545,12 e 340,79. Pertanto, nello scenario 1, il valore del portafoglio (in migliaia di dollari) è pari a

$$\$4.000 \times \frac{6.558,49}{6.496,14} + \$3.000 \times \frac{7.334,19}{7.255,04} + \$1.000 \times \frac{15.545,12}{15.540,44} + \$2.000 \times \frac{340,79}{342,01} = \$10.064,257.$$

Nello scenario 1, il valore del portafoglio aumenta di $64.257 [= ($10.064,257 − $10.000) × 1.000]. Calcoli analoghi sono stati effettuati per gli altri 499 scenari.

L'istogramma delle perdite (i profitti sono perdite con segno negativo) è riportato nella Figura 12.1.

Le barre dell'istogramma (da destra a sinistra) si riferiscono alle perdite (in migliaia di dollari) comprese tra $950 e $850, tra $850 e $750, tra $750 e $650, e così via.

Le perdite relative ai 500 scenari sono state ordinate in senso decrescente, iniziando dalla più elevata. Le prime 15 perdite, in ordine di grandezza, sono riportate nella Tavola 12.4.

Il peggiore è lo scenario 427, calcolato sulla base dei tassi di variazione degli indici azionari osservati giovedì 12 marzo 2020, all'inizio della pandemia da Covid-19.

Il VaR giornaliero al 99% è pari alla perdita che, iniziando dalla peggiore, si trova nella posizione n. 5 [= (1 − 0,99) × 500]. È quindi pari a $422.291, la perdita osservata nello scenario 482.

Come si è visto nella Sezione 11.6, il VaR decadale al 99% viene di solito calcolato moltiplicando per $\sqrt{10}$ il VaR giornaliero al 99%. Pertanto, in questo caso, il VaR decadale al 99% è pari a $1.335.401:

$$\$422.291 \times \sqrt{10} = \$1.335.401.$$

TAVOLA 12.4 Simulazioni storiche: metodo base.

#	Scenario	Perdita (migliaia di $)
1	427	922,484
2	429	858,424
3	424	653,542
4	415	490,215
5	482	422,291
6	440	362,733
7	426	360,532
8	431	353,788
9	417	323,505
10	433	305,216
11	452	245,151
12	418	241,561
13	140	231,269
14	289	230,626
15	152	229,683
...	...	...

Ogni giorno, la stima del VaR viene aggiornata sulla base delle serie storiche relative ai 500 giorni precedenti. Si consideri, ad es., cosa succede nel giorno 501 (il 9 luglio 2020). I valori di tutti gli indici azionari vengono aggiornati e il portafoglio viene rivalutato. Si inizia quindi il calcolo del VaR utilizzando i dati relativi agli indici azionari dal giorno 1 (10 maggio 2018) al giorno 501 (9 luglio 2020). In questo modo si ottengono 500 tassi di variazione per ogni indice (si noti che i valori osservati nel giorno 0 non vengono più utilizzati). Analogamente, nel giorno 502, si utilizzano i dati relativi agli indici dal giorno 2 al giorno 502, e così via.

Come vedremo nel Capitolo 27, i requisiti patrimoniali a fronte del rischio di mercato, che venivano calcolati in base al VaR decadale al 99%, vanno ora calcolati in base all'ES al 97,5% con orizzonti temporali variabili (metodo dei modelli interni).

Naturalmente, i portafogli bancari sono molto più complessi di quello ipotizzato nell'Esempio 12.1. È probabile che consistano di migliaia (o decine di migliaia) di posizioni. Di solito, le posizioni riguardano *forwards*, opzioni e altri derivati che vanno rivalutati in ognuno degli scenari considerati.

È anche probabile che la composizione del portafoglio cambi. Se le negoziazioni effettuate dalla banca fanno aumentare la rischiosità del portafoglio, il VaR decadale al 99% dovrebbe aumentare. E viceversa nel caso opposto. Il VaR calcolato in un certo giorno si basa sull'ipotesi che la composizione del portafoglio non cambi nel giorno successivo.

Tra le variabili di mercato da considerare per il calcolo del VaR figurano i tassi di cambio, i prezzi delle merci e i tassi d'interesse. In particolare, per quanto riguarda i tassi d'interesse, le banche – per essere in grado di valutare i propri portafogli – devono disporre di varie *zero curves*, denominate in diverse valute. Le variabili di mercato da considerare per le simulazioni storiche sono le stesse che le banche utilizzano per costruire le *zero curves* (si veda l'Appendice 4a). Per ognuna delle *zero curves* verso cui la banca è esposta, è possibile che sia necessario considerare circa 10 variabili di mercato.

Expected Shortfall

Per calcolare l'ES, calcoliamo la media delle perdite peggiori del VaR.

Esempio 12.2

Nell'esempio precedente, le 4 peggiori perdite (in migliaia di dollari) sono quelle che si verificano negli scenari 427, 429, 424 e 415 (Tavola 12.4). La media delle perdite che si determinano in questi scenari è pari a $731.166. Questa è la stima dell'ES. (È discutibile se l'ES vada calcolato sulle 4 o sulle 5 peggiori perdite. Le autorità di vigilanza considerano solo le perdite peggiori del VaR).

Stressed VaR e Stressed ES

I calcoli che abbiamo visto nei precedenti esempi si basano sull'ipotesi che le simulazioni storiche vengano effettuate utilizzando le osservazioni più recenti delle variabili di mercato. Non deve essere necessariamente così. Le simulazioni storiche possono basarsi su qualsiasi periodo, non solo su quello più recente. I periodi con alta volatilità tendono a fornire valori elevati per VaR ed ES, mentre quelli con bassa volatilità tendono a fornire valori modesti.

Le autorità di vigilanza hanno introdotto il «VaR stressato» (*stressed VaR*) e l'«ES stressata» (*stressed ES*). Per calcolarli, le banche devono cercare il periodo di 251 giorni in cui queste misure di rischio assumono i valori massimi. I dati relativi a questi periodi di 251 giorni svolgono lo stesso ruolo dei 501 dati considerati negli esempi che abbiamo visto finora.

Le variazioni delle variabili di mercato osservate tra il giorno 0 e il giorno 1 del nuovo periodo in esame vengono utilizzate per creare il 1° scenario. Le variazioni delle variabili di mercato osservate tra il giorno 1 e il giorno 2 vengono utilizzate per creare il 2° scenario; e così via. In totale, vengono generati 250 scenari. Il VaR stressato al 99% è la perdita che è a metà strada tra quella relativa al 2° peggior scenario e quella relativa al 3° peggior scenario. L'ES stressata è pari alla media delle due peggiori perdite.[4]

12.2 ACCURATEZZA DEL VAR

Il metodo delle simulazioni storiche stima la distribuzioni delle variazioni di valore del portafoglio sulla base di un numero finito di osservazioni storiche. Di conseguenza, le stime dei quantili della distribuzione non sono del tutto accurate.

L'intervallo di confidenza per il quantile di una distribuzione probabilistica stimata sulla base di dati campionari può essere calcolato nel modo descritto da Kendall e Stuart.[5] Sia x la stima del q-esimo quantile. L'errore standard della stima è

$$\frac{1}{f(x)}\sqrt{\frac{q(1-q)}{n}}$$

dove n è il numero delle osservazioni e $f(x)$ è la funzione di densità delle perdite, valutata in x. La $f(x)$ può essere approssimata con una funzione standard.

---

[4] Questa non è l'unica possibilità. Il VaR potrebbe essere considerato pari alla 2ª o alla 3ª peggiore perdita (alcune autorità di vigilanza, come la Federal Reserve, preferiscono il secondo metodo). L'ES può anche essere calcolata come $0{,}4\,c_1 + 0{,}4\,c_2 + 0{,}2\,c_3$, dove c_1, c_2 e c_3 ($c_1 > c_2 > c_3$) sono le tre peggiori perdite.

[5] Si veda KENDALL, M. G. e STUART, A., *The Advanced Theory of Statistics*, Vol. 1: *Distribution Theory*, 4th edn. London: Griffin, 1972.

Esempio 12.3

Supponiamo di essere interessati a stimare il quantile 0,99 (ossia il 99-esimo percentile) della *loss distribution* sulla base di 500 osservazioni ($n = 500$ e $q = 0,99$). Possiamo stimare $f(x)$ approssimando la distribuzione empirica con una distribuzione standard, ad es. la normale con media nulla e deviazione standard di $10 milioni.

Utilizzando Excel, il quantile 0,99 è pari a $x = \$23,26$ [= INV.NORM.N(0,99;$0;$10)], la funzione di densità, $f(x)$, è pari a 0,0027 [= DISTRIB.NORM.N($23,26;$0;$10;FALSO)] e l'errore standard della stima è pari a $20,059:

$$\frac{\$1}{0,0027} \times \sqrt{\frac{0,99 \times (1-0,99)}{500}} = \$1,67.$$

Supponiamo che, in base al metodo delle simulazioni storiche, la stima del quantile 0,99 sia di $25 milioni. In tal caso, possiamo essere sicuri al 95% che il vero valore di q sia compreso tra $21,7 (= $25 − 1,960 × $1,67) e $28,3 (= $25 + 1,960 × $1,67) milioni, dato che $N^{-1}(0,975) = 1,960$.

Come mostra l'Esempio 12.3, l'errore standard del VaR tende a essere molto elevato. Diminuisce se si riduce il livello di confidenza.

Esempio 12.4

Consideriamo nuovamente l'Esempio 12.3 supponendo che il livello di confidenza sia pari al 95%, invece del 99%. Il quantile 0,95 è pari a $x = \$16,45$ [= INV.NORM.N(0,95;$0;$10)], la funzione di densità, $f(x)$, è pari a 0,0103 [= DISTRIB.NORM.N($16,45;$0;$10;FALSO)] e l'errore standard della stima è pari a $0,95 (invece di $1,67):

$$\frac{\$1}{0,0103} \times \sqrt{\frac{0,95 \times (1-0,95)}{500}} = \$0,95.$$

L'errore standard diminuisce all'aumentare della numerosità campionaria, n, ma solo in base alla radice quadrata di n.

Esempio 12.5

Se, nei due esempi precedenti, quadruplichiamo la numerosità campionaria, passando da 500 a 2.000 osservazioni (ossia da circa 2 a circa 8 anni di dati giornalieri), l'errore standard si dimezza, passando da $1,67 a $0,83 e da $0,95 a $0,47, rispettivamente.

Infine, dobbiamo tener presente che il metodo delle simulazioni storiche si basa sull'ipotesi che la distribuzione congiunta delle variazioni giornaliere delle variabili di mercato sia stazionaria nel tempo. Quest'ipotesi è piuttosto improbabile e ciò aggiunge ulteriore incertezza circa il vero valore del VaR.

Esempio 12.6

Consideriamo ora nuovamente l'Esempio 12.1 per determinare l'accuratezza del VaR giornaliero al 99%, che risultava pari a $422.291.

Come si vede nel *file* VaR_ES_Simulazioni_Storiche.xlsx (foglio "2. Scenari"), la media e la deviazione standard delle perdite (in migliaia di $) sono pari, rispettivamente, a −$1.660 e a $120,146. Se le perdite si distribuiscono in modo normale, il quantile 0,99 è pari a $x = \$277,842$ [= INV.NORM.N(0,99; −$1,660; $120,146)], la funzione di densità, $f(x)$, è pari a 0,0002218 e l'errore standard della stima del VaR (in migliaia di $) è pari a $20,059:

$$\frac{\$1}{0,0002218} \times \sqrt{\frac{0,99 \times (1-0,99)}{500}} = \$20,059.$$

Possiamo quindi ritenere, a un livello di confidenza del 95%, che il vero valore del VaR sia compreso tra $382.976 (= $422.291 − 1,960 × $20.059) e $461.606 (=$422.291 + 1,960 × $20.059), dato che $N^{-1}(0,975) = 1,960$.

Tuttavia, l'ipotesi di normalità delle perdite non è particolarmente buona. In genere, le code delle distribuzioni effettive sono più spesse di quelle della distribuzione normale. Nel nostro caso, la curtosi della distribuzione effettiva è pari a 16,419 (cfr. VaR_ES_Simulazioni_Storiche.xlsx), contro 0 della distribuzione normale. Per un'analisi più sofisticata, la funzione di densità, $f(x)$, potrebbe essere stimata ipotizzando che la distribuzione effettiva delle perdite appartenga alla classe più generale delle distribuzioni Paretiane. Quest'argomento verrà trattato nella Sezione 12.5.

12.3 ESTENSIONI

L'ipotesi chiave alla base del metodo base delle simulazioni storiche è che, in un certo senso, la storia sia una buona guida per il futuro. Più precisamente, la distribuzione empirica delle variabili di mercato, stimata in base alle osservazioni degli ultimi anni, dovrebbe essere una buona guida per i valori delle variabili di mercato che osserveremo domani. Sfortunatamente, le variabili di mercato non sono stazionarie. A volte la loro volatilità è elevata, mentre altre volte è bassa. In questa sezione vedremo alcune estensioni del metodo base delle simulazioni storiche, che è stato esposto nella Sezione 12.1. Queste estensioni tengono conto del fatto che le variabili di mercato non sono stazionarie. Presenteremo anche il metodo *bootstrap*, che viene utilizzato per determinare gli errori standard.

Ponderazione delle Osservazioni

Con il metodo base delle simulazioni storiche si assegna uguale peso a ogni osservazione. In termini analitici, se il numero dei tassi di variazione giornalieri è pari a n, ogni dato riceve un peso pari a $1/n$. Boudoukh *et al.* hanno suggerito che venga dato più peso alle osservazioni più recenti perché esse riflettono maggiormente le condizioni correnti di volatilità e gli attuali scenari macroeconomici.[6]

Lo schema di ponderazione più naturale è quello in cui i pesi declinano in modo esponenziale. Lo abbiamo già utilizzato nella Sezione 8.6 quando abbiamo preso in esame il modello EWMA per la volatilità.

Il peso assegnato allo scenario 1 (costruito in base ai dati più lontani nel tempo) è pari a λ volte il peso assegnato allo scenario 2 ($0 < \lambda < 1$). Il peso assegnato allo scenario 2 è pari a λ volte il peso assegnato allo scenario 3, e così via. Affinché la somma dei pesi sia pari a 1, il peso assegnato all'i-esimo scenario deve essere pari a

$$\frac{\lambda^{n-i}(1-\lambda)}{1-\lambda^n}$$

dove n è il numero degli scenari. Al tendere di λ verso 1, lo schema di ponderazione tende al metodo base delle simulazioni storiche, in cui tutte le osservazioni ricevono un peso pari a $1/n$ (si veda il Problema 12.2).

Il VaR viene stimato mettendo in ordine le variazioni di valore del portafoglio, dalla peggiore alla migliore. Iniziando dal peggior risultato, i pesi vengono sommati finché non si raggiunge il quantile richiesto.

---

[6] Si veda BOUDOUKH, J., RICHARDSON, M. e WHITELAW, R., "The Best of Both Worlds: A Hybrid Approach to Calculating Value at Risk", *Risk*, 11 (May 1998), 64-7.

TAVOLA 12.5 Simulazioni storiche: ponderazione delle osservazioni.

Scenario	Perdita (migliaia di $)	Peso	Peso cumulato
427	922,484	0,00378	0,00378
429	858,424	0,00381	0,00759
424	653,542	0,00372	0,01131
415	490,215	0,00356	0,01486
482	422,291	0,00497	0,01984
440	362,733	0,00403	0,02387
426	360,532	0,00376	0,02763
431	353,788	0,00385	0,03148
417	323,505	0,00359	0,03507
...	...	...	...

Esempio 12.7

Se vogliamo stimare il VaR a un livello di confidenza del 99%, continuiamo a sommare i pesi finché la somma non superi 0,01 (= 1 − 0,99). Avremo allora raggiunto il VaR al 99%.

Il miglior valore di λ può essere ottenuto per via iterativa, fin quando non si trova quel valore di λ che assicura la migliore *performance* del *back-testing*.

Uno svantaggio della ponderazione esponenziale rispetto al metodo base delle simulazioni storiche è che l'effettiva numerosità campionaria si riduce. Tuttavia, questo svantaggio può essere contenuto e infine annullato via via che aumentiamo il valore di n. In effetti, a differenza del metodo base, non è necessario scartare le osservazioni meno recenti quando aggiorniamo le nostre stime del VaR, dato che il peso delle osservazioni più lontane viene progressivamente ridotto.

Esempio 12.8

La Tavola 12.5 mostra i risultati ottenuti applicando la ponderazione esponenziale, con $\lambda = 0,995$, ai dati considerati nell'Esempio 12.1. Il VaR giornaliero al 99% è ora pari alla perdita che, iniziando dalla peggiore, si trova nella posizione n. 3, non in quella n. 5, perché è in corrispondenza della terza riga che il peso cumulato supera l'1%. Il VaR è quindi pari a $653.542 (terza riga, seconda colonna), contro $422.291 (quinta riga, seconda colonna).

Questo risultato è spiegato dal fatto che è stato dato più peso alle osservazioni più recenti, caratterizzate dalle maggiori perdite. Ad es., la peggiore perdita (scenario 427) aveva un peso pari allo 0,2% (= 1/500) nella metodologia base, mentre riceve ora un peso pari allo 0,378%:

$$\frac{0,995^{500-427} \times (1-0,995)}{1-0,995^{500}} = 0,00378.$$

Le probabilità associate alle peggiori perdite ($922,484; $858,424; $653,542), nella coda della distribuzione delle perdite non inferiori al VaR, sono pari, rispettivamente, a 0,00378; 0,00381 e 0,00241 (= 0,01 − 0,00378 − 0,00381). Pertanto, l'ES è pari a $833.228:[7]

$$\frac{0,00378 \times \$922.484 + 0,00381 \times \$858.424 + 0,00241 \times \$653.542}{0,01} = \$833.228.$$

---

[7] Un'altra possibilità è quella di calcolare l'ES come media ponderata delle due peggiori perdite.

Aggiornamento delle Volatilità per le Variabili di Mercato

Hull e White hanno proposto un metodo per incorporare l'aggiornamento delle volatilità nelle simulazioni storiche.[8] L'aggiornamento delle volatilità può essere effettuato in base all'EWMA o al GARCH(1,1), trattati nel Capitolo 8.

Sia σ_i la volatilità giornaliera di una certa variabile di mercato stimata alla fine del giorno $i-1$. Si tratta di una stima della volatilità giornaliera tra la fine del giorno $i-1$ e la fine del giorno i. Sia n il giorno corrente. La stima corrente della volatilità giornaliera della variabile di mercato è σ_{n+1}. Si riferisce al periodo di tempo tra oggi e domani, che è il periodo per il quale vogliamo calcolare il VaR.

Secondo questo metodo, il valore che la variabile assumerà domani – nell'i-esimo scenario – è il seguente, invece di quello fornito dall'Equazione (12.1):

$$v_n \frac{v_{i-1} + (v_i - v_{i-1})\, \sigma_{n+1}/\sigma_i}{v_{i-1}}. \tag{12.2}$$

Esempio 12.9

Supponiamo che σ_{n+1} sia il doppio di σ_i. Ciò vuol dire che, secondo le nostre stime, la volatilità giornaliera di questa particolare variabile di mercato è oggi pari al doppio di quanto non fosse alla fine del giorno $i-1$. In altri termini, ci aspettiamo di osservare tra oggi e domani un tasso di variazione pari al doppio di quello che ci aspettavamo per il periodo tra la fine del giorno $i-1$ e la fine del giorno i. Pertanto, quando si usa il metodo delle simulazioni storiche e si vuole stimare la variazione di valore della variabile che potrebbe verificarsi tra oggi e domani, sulla base di quanto si è verificato tra la fine del giorno $i-1$ e la fine del giorno i, è ragionevole moltiplicare per 2 la variazione delle variabile tra la fine del giorno $i-1$ e la fine del giorno i.

Ogni variabile di mercato viene trattata nello stesso modo. Questo metodo tiene conto delle variazioni di volatilità in modo naturale e intuitivo e produce stime del VaR che incorporano le informazioni più recenti e possono risultare maggiori di qualsiasi perdita osservata in passato.

Sulla base di serie storiche dei tassi di cambio e degli indici azionari, Hull e White offrono evidenza a supporto della superiorità di questo metodo rispetto al metodo base delle simulazioni storiche e allo schema di ponderazione esponenziale descritti in precedenza. Possono anche essere sviluppati modelli più complessi in cui le osservazioni vengono aggiustate per tener conto delle ultime informazioni sulle correlazioni, in aggiunta a quelle sulle volatilità.

Esempio 12.10

Riesaminiamo l'Esempio 12.1. Le stime della volatilità giornaliera, calcolate in base ai dati della Tavola 12.2 e al modello EWMA con un valore di λ pari a 0,94, sono riportate nella Tavola 12.6.[9]

I rapporti tra la stima della volatilità effettuata il giorno 500 per il giorno 501 (ultima riga della tavola) e la stima della volatilità effettuata il giorno 0 per il giorno 1 (prima riga della tavola) sono pari a 1,06; 1,21; 1,23 e 1,25 per lo S&P 500, il FTSE 100, il CAC 40 e il Nikkei 225, rispettivamente. Questi rapporti sono stati utilizzati per moltiplicare le variazioni degli indici tra il gior-

---

[8] HULL, J. C. e WHITE, A., "Incorporating Volatility Updating into the Historical Simulation Method for Value-at-Risk", *Journal of Risk*, 1, 1 (1998), 5-19.

[9] Bisogna decidere come determinare il valore iniziale della varianza. Si può utilizzare qualsiasi metodo ragionevole, dato che la scelta farà poca differenza. Nei calcoli che abbiamo qui riportato, il valore iniziale della varianza è pari a quello calcolato sulla base dell'intero campione.

Sez. 12.3   Estensioni   **269**

TAVOLA 12.6 Stime della volatilità (%) con EWMA ($\lambda = 0{,}94$).

Giorno	Data	S&P 500	FTSE 100	CAC 40	Nikkei 225
1	10 mag. 18	1,66%	1,37%	1,54%	1,32%
2	11 mag. 18	1,63%	1,35%	1,49%	1,28%
3	14 mag. 18	1,58%	1,32%	1,46%	1,30%
4	15 mag. 18	1,53%	1,28%	1,42%	1,26%
...	...	...	...	...	...
500	8 lug. 20	1,80%	1,70%	1,91%	1,68%
501	9 lug. 20	1,76%	1,65%	1,89%	1,65%

TAVOLA 12.7 Simulazioni storiche: aggiornamento delle volatilità (I).

Scenario	Perdita (migliaia di $)
415	1.064,165
427	607,359
102	583,832
424	568,064
289	566,491
397	502,620
103	437,660
140	430,578
326	426,327
...	...

no 0 e il giorno 1. Analogamente, i rapporti tra la stima della volatilità effettuata il giorno 500 per il giorno 501 (ultima riga della tavola) e la stima della volatilità effettuata il giorno 1 per il giorno 2 (seconda riga della tavola) sono pari a 1,08; 1,22; 1,27 e 1,29 per lo S&P 500, il FTSE 100, il CAC 40 e il Nikkei 225, rispettivamente. Questi rapporti sono stati utilizzati per moltiplicare le variazioni degli indici tra il giorno 1 e il giorno 2, e così via.

Le prime 9 perdite, in ordine di grandezza, sono riportate nella Tavola 12.7. Come si può notare, gli scenari in cui si verificano le peggiori perdite sono diversi da quelli riportati nella Tavola 12.4. Il motivo è che perdite modeste osservate in periodi di bassa volatilità possano tradursi in scenari più estremi di quelli generati da forti perdite osservate in periodi di elevata volatilità.

Il VaR giornaliero al 99% è pari a $566.491 e l'ES a $705.855, valori sensibilmente diversi rispetto a quelli calcolati con il metodo base ($422.291 e $731.166).

Aggiornamento delle Volatilità per il Portafoglio

Una variante del metodo che abbiamo appena descritto consiste nell'utilizzare l'EWMA per tenere sotto controllo la deviazione standard delle perdite generate con il metodo base (Sezione 12.1). Le perdite risultanti dall'applicazione del metodo base sono quelle riportate nell'ultima colonna della Tavola 12.3. Come mostrano i fogli di lavoro 9 e 10 del *file* VaR_ES_Simulazioni_Storiche.xlsx, l'i-esima perdita va moltiplicata per il rapporto tra la deviazione standard stimata per l'ultimo scenario, σ_n, e la deviazione standard stimata per l'i-esimo scenario.

TAVOLA 12.8 Stime della deviazioni standard ($) con EWMA ($\lambda = 0{,}94$).

Scenario	Perdite con il metodo base (migliaia di $)	Dev. standard della perdita (migliaia di $)	Rapporto tra deviazioni standard	Perdita aggiustata (migliaia di $)
1	-64,257	120,146	1,116	-71,708
2	-66,822	117,544	1,141	-76,220
3	-23,762	115,133	1,165	-27,672
...	...	...	...	...
499	31,874	138,056	0,971	30,955
500	9,639	134,078	1,000	9,639

Nota: $\lambda = 0{,}94$.

TAVOLA 12.9 Simulazioni storiche: aggiornamento delle volatilità (II).

Scenario	Perdita (migliaia di $)
415	1.005,229
397	545,326
289	532,874
424	517,985
427	517,195
326	461,734
103	452,468
288	400,709
102	380,790
140	368,263
232	363,477
...	...

Nota: $\lambda = 0{,}94$.

Questa procedura, che incorpora la volatilità in modo aggregato invece che variabile per variabile, è molto più semplice ed ha il vantaggio di incorporare implicitamente anche le correlazioni tra le variabili di mercato da cui dipende il valore del portafoglio.

La Tavola 12.8 riporta una parte dei calcoli necessari per stimare le perdite relative a ciascun scenario.

Esempio 12.11

Consideriamo la Tavola 12.8. La deviazione standard della prima perdita è quella relativa all'intero campione. Le successive sono state calcolate applicando l'EWMA [Equazione (8.8)].

Come si vede, le deviazioni standard relative agli ultimi scenari sono molto più elevate di quelle dei primi scenari. Le perdite relative agli scenari 1, 2, 3, ... vengono moltiplicate per 1,116; 1,141; 1,165; ...

La Tavola 12.9 riporta le perdite aggiustate per la volatilità, in ordine di importanza. I risultati sono simili a quelli della Tavola 12.7, ma i calcoli sono molto più semplici. Il VaR giornaliero al 99% è pari a $517.195. L'ES giornaliera al 99% è pari a $650.354 [= ($1.005.229 + $545.326 + $532.874 + $517.985)/4].

Metodo Bootstrap

Il «metodo *bootstrap*» è un'altra variante del metodo base delle simulazioni storiche, che ha come obiettivo quello di consentire il calcolo di un intervallo di confidenza per il VaR.[10] Anche in questo caso si crea un *dataset* che contiene le variazioni di valore del portafoglio sulla base dei tassi di variazione delle variabili di mercato osservati storicamente.

Si effettua poi una «campionatura con rimpiazzo» (*sampling with replacement*) per creare molti *datasets* simili e calcolare il VaR per ciascuno di questi *datasets*.

L'intervallo di confidenza per il VaR al 95%, calcolato in base a questi *datasets*, copre la parte della distribuzione compresa tra i percentili 2,5 e 97,5.

Esempio 12.12

Supponiamo di avere un *dataset* di 500 giorni. Da questo *dataset* possiamo estrarre 500.000 (= 500 × 1.000) osservazioni effettuando una campionatura con rimpiazzo. Queste osservazioni ci consentono di formare 1.000 campioni di 500 giorni. Per ogni campione calcoliamo il VaR.

I 1.000 VaR vengono poi messi in ordine di grandezza, dal più piccolo al più grande. Supponiamo che il 25° sia pari a $5,3 milioni e il 975° a $8,9 milioni. L'intervallo di confidenza al 95% ha per estremi $5,3 e $8,9 milioni.

Di solito, l'intervallo di confidenza ottenuto in base al metodo *bootstrap* è meno ampio rispetto a quello calcolato con la procedura descritta nella Sezione 12.2.

12.4 QUESTIONI COMPUTAZIONALI

Il metodo delle simulazioni storiche richiede che il valore dell'intero portafoglio di un'istituzione finanziaria venga calcolato molte volte (500 nel nostro esempio). Ciò comporta forti costi computazionali, soprattutto quando alcuni contratti devono essere valutati con il metodo Monte Carlo. In tal caso, siamo difronte a un problema di «simulazioni all'interno di altre simulazioni»: ogni simulazione storica richiede che vengano effettuate le simulazioni con il metodo Monte Carlo.

Per ridurre i tempi di calcolo, le istituzioni finanziarie utilizzano a volte un'approssimazione che fa uso dell'espansione in serie di Taylor (Appendice 12a).

Si consideri un titolo il cui prezzo, P, dipende da un'unica variabile di mercato, S. Una stima approssimata della variazione ΔP di P, conseguente alla variazione ΔS di S, è

$$\Delta P \approx \delta \Delta S + \frac{1}{2} \gamma (\Delta S)^2 \qquad (12.3)$$

dove δ e γ sono, rispettivamente, la derivata prima e seconda di P rispetto a S.

In genere i valori di δ e γ sono già noti, perché vengono calcolati ogni giorno per fini di copertura (si veda la Sezione 15.6). L'equazione può essere quindi utilizzata per ottenere una stima approssimata, ma veloce, della variazione di valore del titolo in conseguenza delle variazioni di S che vengono considerate dal metodo delle simulazioni storiche.

---

[10] Si veda CHRISTOFFERSEN, P. F. e GONÇALVES, S., "Estimation Risk in Financial Risk Management", *Journal of Risk*, 7, 3 (2007), 1-28.

Quando un titolo dipende da più variabili di mercato, S_i ($1 \leq i \leq n$), l'Equazione (12.3) diventa

$$\Delta P \approx \sum_{i=1}^{n} \delta_i \Delta S_i + \sum_{i=1}^{n} \sum_{j=1}^{n} \frac{1}{2} \gamma_{ij} \Delta S_i \Delta S_j \qquad (12.4)$$

dove δ_i e γ_{ij} sono così definiti:

$$\delta_i = \frac{\partial P}{\partial S_i} \qquad \gamma_{ij} = \frac{\partial^2 P}{\partial S_i S_j}.$$

12.5 EXTREME VALUE THEORY (EVT)

Nella Sezione 8.4 abbiamo definito la *power law* e abbiamo visto che può essere utilizzata per stimare le code di un'ampia varietà di distribuzioni. Vedremo ora quali sono le fondamenta teoriche della *power law* e presenteremo tecniche di stima più sofisticate rispetto a quelle utilizzate nella Sezione 8.4. La scienza che studia i metodi di stima delle code di una distribuzione è nota come «teoria dei valori estremi» (*extreme value theory* - EVT). In questa sezione vedremo come utilizzare l'*extreme value theory* per migliorare le stime del VaR e trattare i casi in cui il livello di confidenza del VaR è molto alto. L'*extreme value theory* consente di «spianare» (*smooth*) ed estrapolare le code delle distribuzioni empiriche.

Risultato Chiave

Uno dei risultati chiave dell'*extreme value theory* è stato ottenuto da Gnedenko nel 1943.[11] Riguarda le proprietà delle code di un'ampia classe di distribuzioni probabilistiche.

Sia $F(v)$ la funzione di distribuzione di una variabile v (ad es., v può essere la perdita su un certo portafoglio in un certo arco di tempo). Sia u un valore di v che giace nella coda destra della distribuzione. La probabilità che v giaccia tra u e $u + y$ ($y > 0$) è $F(u + y) - F(u)$. La probabilità che v sia maggiore di u è $1 - F(u)$.

Sia $F_u(y)$ la probabilità che v giaccia tra u e $u + y$ condizionata da $v > u$. Questa probabilità è pari a

$$F_u(y) = \frac{F(u+y) - F(u)}{1 - F(u)}.$$

La variabile $F_u(y)$ definisce la coda destra della distribuzione probabilistica. È la funzione di distribuzione della differenza tra v e u, ammesso che v sia maggiore di u.

Il risultato ottenuto da Gnedenko, che vale per un'ampia classe di distribuzioni $F(v)$, è il seguente: col crescere del «valore soglia» (*threshold*), u, la distribuzione di $F_u(y)$ tende a convergere verso una distribuzione Paretiana generalizzata.

La distribuzione Paretiana generalizzata, $G_{\xi,\beta}$, è

$$G_{\xi,\beta}(y) = 1 - \left(1 + \xi \frac{y}{\beta}\right)^{-1/\xi}. \qquad (12.5)$$

---

[11] GNEDENKO, D. V., "Sur la distribution limité du terme d'une série aléatoire", *Ann. Math.*, 44 (1943), 452-3.

Sez. 12.5   Extreme Value Theory (EVT)

I due parametri, ξ e β, vanno stimati in base alle osservazioni disponibili. Il parametro ξ è il «parametro di forma» (*shape parameter*), che determina lo spessore della coda della distribuzione. Il parametro β è un «parametro di scala» (*scale parameter*). Quando la variabile v si distribuisce in modo normale, si ha $\xi = 0$.[12] Se le code della distribuzione sono più spesse di quelle della normale, il parametro ξ aumenta. Per la maggior parte dei dati finanziari, ξ è positivo ed oscilla tra 0,1 e 0,4.[13]

Stima di ξ e β

I parametri ξ e β possono essere stimati con il metodo della massima verosimiglianza (Sezione 8.9). La funzione di densità, $g_{\xi,\beta}(y)$, della distribuzione Paretiana generalizzata si ottiene differenziando la funzione di distribuzione (12.5) rispetto a y:

$$g_{\xi,\beta}(y) = \frac{1}{\beta}\left(1 + \frac{\xi y}{\beta}\right)^{-1/\xi - 1}. \tag{12.6}$$

Scegliamo innanzitutto, per u, un valore vicino al 95-esimo percentile della distribuzione empirica. Dobbiamo quindi ordinare le perdite in senso decrescente e prendere in considerazioni le perdite, v_i, per le quali risulta $v_i > u$. Supponiamo che siano n_u, per cui $1 \leq i \leq n_u$. Supponendo che ξ sia diverso da 0, la funzione di verosimiglianza è

$$\prod_{i=1}^{n_u} \frac{1}{\beta}\left[1 + \frac{\xi(v_i - u)}{\beta}\right]^{-1/\xi - 1}.$$

Dobbiamo ora massimizzare questa funzione o meglio il suo logaritmo:

$$\sum_{i=1}^{n_u} \ln\left\{\frac{1}{\beta}\left[1 + \frac{\xi(v_i - u)}{\beta}\right]^{-1/\xi - 1}\right\}. \tag{12.7}$$

Per massimizzare questa funzione rispetto a ξ e β si può utilizzare una procedura numerica standard, come quelle su cui si basa il Risolutore di Excel.

Stima della Coda di una Distribuzione

La probabilità che sia $v > u$ è $1 - F(u)$. La probabilità che sia $v > u + y$ condizionata da $v > u$ è $1 - G_{\xi,\beta}(y)$. Pertanto, la probabilità non condizionata che $v > x$ ($x > u$) è

$$[1 - F(u)][1 - G_{\xi,\beta}(x - u)].$$

Se n è il numero complessivo delle osservazioni, una stima di $1 - F(u)$ calcolata in base alla distribuzione empirica è n_u/n. Pertanto, la probabilità non condizionata che sia $v > x$ è

$$\text{Prob}(v > x) = \frac{n_u}{n}[1 - G_{\xi,\beta}(x - u)] = \frac{n_u}{n}\left(1 + \xi \frac{x - u}{\beta}\right)^{-1/\xi}. \tag{12.8}$$

---

[12] Se $\xi = 0$, la distribuzione Paretiana generalizzata diventa
$$G_{\xi,\beta}(y) = 1 - e^{-y/\beta}.$$

[13] Una delle proprietà della distribuzione Paretiana generalizzata [Equazione (12.5)] è che il k-esimo momento di v, $E(v^k)$, è infinito per $k \geq 1/\xi$. Nel caso della distribuzione normale, tutti i momenti sono finiti. Quando $\xi = 0,25$ solo i primi tre momenti sono finiti; quando $\xi = 0,5$ solo il primo momento è finito.

Equivalenza della Power Law

Se poniamo $u = \beta/\xi$, l'Equazione (12.8) diventa

$$\text{Prob}(v > x) = \frac{n_u}{n}\left(\frac{\xi x}{\beta}\right)^{-1/\xi}.$$

Pertanto, la probabilità che la variabile v sia maggiore di x è

$$K x^{-\alpha}$$

dove

$$K = \frac{n_u}{n}\left(\frac{\xi}{\beta}\right)^{-1/\xi}$$

$$\alpha = \frac{1}{\xi}.$$

Pertanto, l'Equazione (12.8) è coerente con la *power law* (Sezione 8.4).

Coda Sinistra

Finora ci siamo occupati della coda destra della distribuzione della variabile v. Se siamo interessati alla coda sinistra, è sufficiente sostituire v con $-v$.

Esempio 12.13

Una compagnia petrolifera ha raccolto i dati sui tassi di variazione giornalieri del prezzo del petrolio e vuole stimare il VaR giornaliero al 99,9%. Il VaR è una statistica calcolata in base alla coda sinistra della distribuzione dei tassi di variazione giornalieri del prezzo del petrolio. Pertanto, la compagnia petrolifera deve cambiare il segno a ogni elemento della serie storica, in modo che i valori positivi siano associati alle riduzioni di prezzo, e quindi utilizzare l'*extreme value theory* per calcolare il VaR giornaliero al 99,9%.

VaR ed ES

Per calcolare il VaR al livello di confidenza q, dobbiamo risolvere l'equazione

$$F(\text{VaR}) = q.$$

Dato che $F(x) = 1 - \text{Prob}(v > x)$, in base all'Equazione (12.8), si ha

$$q = 1 - \frac{n_u}{n}\left(1 + \xi\frac{\text{VaR} - u}{\beta}\right)^{-1/\xi}$$

da cui

$$\text{VaR} = u + \frac{\beta}{\xi}\left\{\left[\frac{n}{n_u}(1-q)\right]^{-\xi} - 1\right\}. \qquad (12.9)$$

L'ES è pari a

$$\text{ES} = \frac{\text{VaR} + \beta - \xi u}{1 - \xi}. \qquad (12.10)$$

Sez. 12.6 Un'Applicazione dell'EVT   275

TAVOLA 12.10 Simulazioni storiche: *extreme value theory*.

Scenario	Perdita (migliaia di $)	Graduatoria	$\ln\left\{\dfrac{1}{\beta}\left[1+\dfrac{\xi(x_i-u)}{\beta}\right]^{-1/\xi-1}\right\}$
427	922,484	1	-11,94
429	858,424	2	-11,62
424	653,542	3	-10,40
415	490,215	4	-9,09
482	422,291	5	-8,40
440	362,733	6	-7,69
426	360,532	7	-7,67
431	353,788	8	-7,58
...	...	...	...
150	163,620	25	-3,80
		Total	-160,99

Nota: $u = \$160$, $\beta = 40$ e $\xi = 0{,}3$.

12.6 UN'APPLICAZIONE DELL'EVT

I risultati ottenuti nella sezione precedente verranno ora illustrati con un esempio.

Esempio 12.14

Riesaminiamo l'Esempio 12.1. Quando $u = \$160$, si ha $n_u = 25$ (ossia, ci sono 25 scenari con perdite – in migliaia di dollari – maggiori di 160). La Tavola 12.10 mostra i calcoli da effettuare sulla base delle stime iniziali di β e ξ (i valori utilizzati nella Tavola 12.10 sono $\beta = \$40$ e $\xi = 0{,}3$). La funzione di verosimiglianza logaritmica, calcolata in base all'Equazione (12.7), è pari a $-160{,}99$.

Possiamo ora utilizzare il Risolutore di Excel per cercare i valori di β e ξ che massimizzano la funzione di verosimiglianza logaritmica. I parametri che la massimizzano sono

$$\beta = \$110{,}459 \quad \xi = 0{,}354$$

e il valore della funzione di verosimiglianza logaritmica è $-151{,}47$.

Supponiamo ora di voler stimare la probabilità che il portafoglio subisca – tra l'8 e il 9 luglio 2020 – una perdita superiore al 3% del suo valore ($10 milioni), ossia superiore a $x = \$300.000$. In base all'Equazione (12.8) si ha

$$\text{Prob}(v > \$300) = \dfrac{25}{500} \times \left(1 + 0{,}354 \times \dfrac{\$300 - \$160}{\$110{,}459}\right)^{-1/0{,}354} = 0{,}01755.$$

Analogamente, la probabilità che la perdita sia maggiore del 5%, ossia del 95-esimo percentile, è pari a $0{,}00624$. Queste stime sono più accurate di quelle ottenibili contando le osservazioni.

In base all'Equazione (12.9), il VaR giornaliero al 99% è pari a $399.609:

$$\text{VaR} = \$160 + \dfrac{\$110{,}459}{0{,}354} \times \left\{\left[\dfrac{500}{25} \times (1 - 0{,}99)\right]^{-0{,}354} - 1\right\} = \$399{,}609.$$

In questo caso, la stima del VaR è minore della 5^a peggiore perdita ($422.291), in misura pari a $22.681 (= $422.291 − $399.609).

Quando il livello di confidenza passa dal 99% al 99,9%, il VaR diventa pari a $1.094.604:

$$\text{VaR} = \$160 + \dfrac{\$110{,}459}{0{,}354} \times \left\{\left[\dfrac{500}{25} \times (1 - 0{,}999)\right]^{-0{,}354} - 1\right\} = \$1{,}094{,}604.$$

Quando il livello di confidenza passa dal 99,9% al 99,97%, il VaR diventa pari a $1.757,358:

$$\text{VaR} = \$160 + \frac{\$110{,}459}{0{,}354} \times \left\{ \left[\frac{500}{25} \times (1 - 0{,}9997) \right]^{-0{,}354} - 1 \right\} = \$1.757{,}358.$$

L'Equazione (12.10) rappresenta un'utile applicazione dell'EVT, perché è spesso difficile stimare l'ES in modo accurato. A un livello di confidenza del 99%, l'ES è pari a $702.015:

$$\frac{\$399{,}609 + \$110{,}459 - 0{,}354 \times \$160}{1 - 0{,}354} = \$702{,}015.$$

Quando il livello di confidenza passa dal 99% al 99,9%, l'ES diventa pari a $1.778.082:

$$\frac{\$1.094{,}604 + \$110{,}459 - 0{,}354 \times \$160}{1 - 0{,}354} = \$1.778{,}082.$$

L'EVT può anche essere utilizzata insieme alle procedure di aggiornamento delle volatilità esposte nella Sezione 12.3 (si veda il Problema 12.11) e alla procedura di ponderazione delle osservazioni esposta nella stessa sezione. In quest'ultimo caso, nell'Equazione (12.7), i termini che si trovano sotto sommatoria devono essere moltiplicati per i pesi relativi alle singole osservazioni.

L'EVT può anche essere utilizzata per migliorare la stima dell'intervallo di confidenza del VaR.

Esempio 12.15

Nell'Esempio 12.6, si è visto che, a un livello di confidenza del 95%, il VaR giornaliero al 99% (stimato in $422.291) è compreso tra $382.976 e $461.606. L'ampiezza dell'intervallo di confidenza è quindi pari a $78.630 (=$461.606 − $382.976). La stima può essere migliorata con l'EVT.

Come si è visto nell'Esempio 12.14, la stima EVT del VaR giornaliero al 99% è pari a $399.609. In base all'Equazione (12.6), la funzione di densità delle perdite, $g_{\xi,\beta}$, è pari a 0,001024:

$$\frac{\$1}{\$110{,}459} \times \left[1 + \frac{0{,}354 \times (\$399{,}609 - \$160)}{\$110{,}459} \right]^{-1/0{,}354 - 1} = 0{,}001024.$$

La corrispondente probabilità non condizionata, $f(x)$, è pari al prodotto tra questo valore e $n_u/n = 22/500$, ossia a 0,00005. Applicando la formula riportata all'inizio della Sezione 12.2, l'errore standard della stima del VaR è pari a $86.909. Possiamo quindi ritenere, a un livello di confidenza del 95%, che il VaR giornaliero al 99% (stimato in $399.609) sia compreso tra $229.271 (= $399.609 − 1,960 × $86.909) e $569.948 (= $399.609 + 1,960 × $86.909). Di conseguenza, l'ampiezza dell'intervallo di confidenza, pari a $340.677 (=$569.948 − $229.271), supera di $262.047 (=$340.677 − $78.630) quella stimata nell'Esempio 12.6.

Scelta di u

Una domanda che sorge spontanea è: in che misura i risultati ottenuti dipendano dalla scelta di u? Nel nostro esempio, i valori di ξ e β dipendono da u, ma le stime di $F(x)$ rimangono pressoché inalterate quando u viene modificato (nel Problema 12.10 si considera cosa succede se, nell'Esempio 12.14, u passa da $160 a $150). Vogliamo che u sia sufficientemente elevato, in modo da poter considerare effettivamente la coda destra della distribuzione, ma anche che non sia troppo elevato, in modo da poter utilizzare un numero sufficiente di dati nel calcolo della funzione di massima verosimiglianza. Se il campione è abbastanza numeroso, la forma della coda potrà essere determinata in modo più accurato. Abbiamo utilizzato un campione di 500 osservazioni, ma teoricamente la numerosità campionaria dovrebbe essere maggiore.

Secondo una «regola semplice» (*rule of thumb*), u dovrebbe essere vicino al 95-esimo percentile della distribuzione empirica

Esempio 12.16
Nel caso dei dati riportati nel foglio "3. VaR (I)" del *file* VaR_ES_Simulazioni_Storiche.xlsx, il 95-esimo percentile della distribuzione empirica, ossia la 25^a [$= (1 - 0{,}95) \times 500$] peggiore perdita, è pari (in migliaia di \$) a \$163,620.

I valori di β e ξ che massimizzano la funzione di massima verosimiglianza devono essere positivi. Se il Risolutore di Excel cerca di assegnare a ξ un valore negativo è probabile che (a) la coda della distribuzione non sia più spessa di quella della distribuzione normale o che (b) sia stato scelto un valore non appropriato per u.

SOMMARIO

Uno dei metodi più comuni per il calcolo di VaR ed ES è quello delle simulazioni storiche. Questo metodo consiste nel creare un *database* che contenga le variazioni giornaliere di tutte le variabili di mercato osservate in un certo arco di tempo. Nella prima simulazione si suppone che il tasso di variazione di ciascuna variabile di mercato sia uguale a quello registrato nel primo giorno considerato dal *database*; nella seconda simulazione si suppone che il tasso di variazione di ciascuna variabile di mercato sia uguale a quello registrato nel secondo giorno; e così via. In ogni simulazione si calcola la variazione di valore del portafoglio, ΔP. Il VaR è uguale all'appropriato percentile della distribuzione probabilistica di ΔP, mentre l'ES è pari alla media delle variazioni di valore nella coda sinistra della distribuzione.

L'errore standard della stima del VaR ottenuta con il metodo delle simulazioni storiche tende a essere piuttosto elevato. Maggiore è il livello di confidenza, maggiore è l'errore standard.

Esistono diverse estensioni del metodo base delle simulazioni storiche. Una possibilità è quella di ponderare le osservazioni, assegnando pesi che diminuiscano in modo esponenziale via via che le osservazioni si allontanano nel tempo. Un'altra possibilità è quella di utilizzare una procedura di aggiornamento delle volatilità, per tener conto del fatto che le volatilità correnti delle variabili di mercato in genere differiscono da quelle osservate storicamente.

La «teoria dei valori estremi» (*extreme value theory*) consente di spianare le code della distribuzione empirica considerata dal metodo delle simulazioni storiche e di ottenere stime di VaR ed ES che riflettano l'intera forma della coda destra, non solo le posizioni di alcune perdite presenti nella coda. L'*extreme value theory* può anche essere utilizzata per stimare VaR ed ES quando il livello di confidenza è molto elevato. Ad es., anche se abbiamo solo 500 osservazioni giornaliere, l'EVT può essere utilizzata per trovare stime di VaR ed ES a un livello di confidenza del 99,9%.

SUGGERIMENTI PER ULTERIORI LETTURE

BOUDOUKH, J., RICHARDSON, M. e WHITELAW, R., "The Best of Both Worlds: A Hybrid Approach to Calculating Value at Risk", *Risk*, 11 (May 1998), 64-7.

EMBRECHTS, P., KLUPPELBERG, C. e MIKOSCH, T., *Modeling Extremal Events for Insurance and Finance*, Springer, 1997.

HENDRICKS, D. "Evaluation of Value-at-Risk Models Using Historical Data", *Economic Policy Review*, Federal Reserve Bank of New York, vol. 2 (April 1996): 39-69.

HULL, J. C. e WHITE, A., "Incorporating Volatility Updating into the Historical Simulation Method for Value-at-Risk", *Journal of Risk*, 1, 1 (1998), 5-19.

MCNEIL, A. J., "Extreme Value Theory for Risk Managers", in *Internal Modeling and CAD II*, London: Risk Books, 1999. Anche in www.math.ethz.ch/~mcneil.

NEFTCI, S. N., "Value at Risk Calculations, Extreme Events and Tail Estimation", *Journal of Derivatives*, 7, 3 (Spring 2000), 23-38.

DOMANDE E PROBLEMI
(le risposte si trovano alla fine del libro)

12.1. Qual è l'ipotesi che si fa quando si stima il VaR con il metodo delle simulazioni storiche e si utilizzano 500 osservazioni giornaliere?

12.2. Dimostrate che quando λ tende a 1, lo schema di ponderazione della Sezione 12.3 tende al metodo base delle simulazioni storiche.

12.3. Il VaR giornaliero al 95% stimato in base a 1.000 osservazioni è pari a $5 milioni. La funzione di densità delle perdite, ottenuta approssimando la distribuzione empirica con una distribuzione standard, è pari a 0,01 in corrispondenza del 95-esimo percentile. Qual è l'errore standard della stima?

12.4. Il VaR giornaliero al 99% calcolato nell'Esempio 12.1 risulta pari a $422.291. Esaminate il *file* VaR_ES_Simulazioni_Storiche.xlsx e calcolate **(a)** il VaR giornaliero al 95%, **(b)** l'ES giornaliera al 95%, **(c)** il VaR giornaliero al 97% e **(d)** l'ES giornaliera al 97%.

12.5. Considerate l'Esempio 12.1, costruito in base al *file* VaR_ES_Simulazioni_Storiche.xlsx. Calcolate il VaR giornaliero al 99% e l'ES giornaliera al 99% supponendo che il valore iniziale del portafoglio, pari a $10.000, sia equamente ripartito tra i quattro indici azionari.

12.6. Nell'Esempio 12.8 (nel quale si applica il metodo della ponderazione delle osservazioni), il VaR giornaliero al 99% risulta pari a $653.542 e l'ES giornaliera al 99% risulta pari a $833.228. Utilizzate il *file* VaR_ES_Simulazioni_Storiche.xlsx per calcolare VaR ed ES giornalieri al 99% con $\lambda = 0{,}99$ (invece di $\lambda = 0{,}995$).

12.7. Nell'Esempio 12.11 (nel quale si applica il metodo semplificato dell'aggiornamento delle volatilità), il VaR giornaliero al 99% risulta pari a $517.195 e l'ES giornaliera al 99% risulta pari a $650.354. Utilizzate il *file* VaR_ES_Simulazioni_Storiche.xlsx per calcolare VaR ed ES giornalieri al 99% con $\lambda = 0{,}96$ (invece di $\lambda = 0{,}94$).

12.8. Considerate l'Esempio 12.14 (in cui si applica l'ETV). Qual è la probabilità che il portafoglio subisca – tra l'8 e il 9 luglio 2020 – una perdita superiore al 4% del suo valore ($10 milioni), ossia superiore a $x = \$400.000$?

12.9. Considerate l'Esempio 12.14 (in cui si applica l'ETV). Qual è il VaR giornaliero al 97%?

12.10. Considerate l'Esempio 12.14 (in cui si applica l'ETV) con $u = \$150$ (invece di $u = \$160$).
 (a) Quali sono le stime di β e ξ in base al metodo della massima verosimiglianza?
 (b) Quali valori assumono il VaR e l'ES giornalieri al 99% e al 99,9%?

12.11. Considerate l'Esempio 12.14 (nel quale si applica l'ETV), ma utilizzate i dati ottenuti con la procedura di aggiornamento delle volatilità esposta nella Sezione 12.3 (Tavola 12.7). Ponete $u = \$250$ (invece di $u = \$160$).
 (a) Quali sono le stime di β e ξ in base al metodo della massima verosimiglianza?
 (b) Quali valori assumono il VaR e l'ES giornalieri al 99% e al 99,9%?
 (c) Qual è la probabilità che il portafoglio subisca – tra l'8 e il 9 luglio 2020 – una perdita superiore al 6% del suo valore ($10 milioni), ossia superiore a $x = \$600.000$?

APPENDICE 12A

Espansione in Serie di Taylor

Prendiamo in esame una funzione

$$z = F(x).$$

Se si verifica una piccola variazione, Δx, di x, allora si verifica una corrispondente piccola variazione, Δz, di z. Una prima approssimazione di Δz è data da

$$\Delta z = \frac{dz}{dx}\Delta x. \tag{12a.1}$$

Questa relazione è esatta solo se z è una funzione lineare di x, ed è approssimata in tutti gli altri casi. Un'approssimazione più accurata è

$$\Delta z = \frac{dz}{dx}\Delta x + \frac{1}{2}\frac{d^2z}{dx^2}(\Delta x)^2. \tag{12a.2}$$

Questa relazione è esatta solo se z è una funzione quadratica di x, ed è approssimata in tutti gli altri casi. Aggiungendo altri termini alla serie, possiamo ottenere un'approssimazione più accurata. La piena espansione in serie è

$$\Delta z = \frac{dz}{dx}\Delta x + \frac{1}{2!}\frac{d^2z}{dx^2}(\Delta x)^2 + \frac{1}{3!}\frac{d^3z}{dx^3}(\Delta x)^3 + \frac{1}{4!}\frac{d^4z}{dx^4}(\Delta x)^4 + \ldots$$

Esempio 12a.1

Consideriamo la funzione

$$z = \sqrt{xy}$$

cosicché

$$\frac{dz}{dx} = \frac{1}{2x^{1/2}} \quad \frac{d^2z}{dx^2} = -\frac{1}{4x^{3/2}} \quad \frac{d^3z}{dx^3} = \frac{3}{8x^{5/2}}.$$

Supponiamo che sia

$$x = 2 \quad \text{e} \quad \Delta x = 0{,}1.$$

Pertanto,

$$\Delta z = \sqrt{2+0{,}1} - \sqrt{2} = 0{,}034924.$$

Quando $x = 2$, si ha

$$\frac{dz}{dx} = \frac{1}{2 \times 2^{1/2}} = 0{,}35355 \quad \frac{d^2z}{dx^2} = -\frac{1}{4 \times 2^{3/2}} = -0{,}8839 \quad \frac{d^3z}{dx^3} = \frac{3}{8 \times 2^{5/2}} = 0{,}06629.$$

In base all'Equazione (12a.1), l'approssimazione di primo ordine per Δz è

$$\Delta z = 0{,}35355 \times 0{,}1 = 0{,}035355.$$

In base all'Equazione (12a.2), l'approssimazione di secondo ordine per Δz è

$$\Delta z = 0{,}35355 \times 0{,}1 + \frac{1}{2}(-0{,}08839) \times 0{,}1^2 = 0{,}034913.$$

L'approssimazione di terzo ordine per Δz è

$$\Delta z = 0{,}35355 \times 0{,}1 + \frac{1}{2}(-0{,}08839) \times 0{,}1^2 + \frac{1}{6} \times 0{,}06629 \times 0{,}1^3 = 0{,}034924.$$

Come si può vedere, l'espansione in serie converge rapidamente verso il valore esatto, 0,034924.

Funzioni di Due Variabili

Prendiamo ora in esame una funzione di due variabili,

$$z = F(x, y).$$

Supponiamo che Δx e Δy siano piccole variazioni di x e di y, rispettivamente, e che Δz sia la corrispondente piccola variazione di z. In questo caso, l'approssimazione di primo ordine è

$$\Delta z = \frac{\partial z}{\partial x}\Delta x + \frac{\partial z}{\partial y}\Delta y. \qquad (12a.3)$$

L'approssimazione di secondo ordine è

$$\Delta z = \frac{\partial z}{\partial x}\Delta x + \frac{\partial z}{\partial y}\Delta y + \frac{1}{2}\frac{\partial^2 z}{\partial x^2}(\Delta x)^2 + \frac{1}{2}\frac{\partial^2 z}{\partial y^2}(\Delta y)^2 + \frac{\partial^2 z}{\partial x \partial y}(\Delta x \Delta y). \qquad (12a.4)$$

Esempio 12a.2
Consideriamo la funzione

$$z = \sqrt{xy}$$

cosicché

$$\frac{\partial z}{\partial x} = \frac{y^{1/2}}{2x^{1/2}} \quad \frac{\partial z}{\partial y} = \frac{x^{1/2}}{2y^{1/2}}$$

e

$$\frac{\partial^2 z}{\partial x^2} = -\frac{y^{1/2}}{4x^{3/2}} \quad \frac{\partial^2 z}{\partial y^2} = -\frac{x^{1/2}}{4y^{3/2}} \quad \frac{\partial^2 z}{\partial x \partial y} = \frac{1}{4(xy)^{1/2}}.$$

Supponiamo che sia

$$x = 2 \quad y = 1 \quad \Delta x = 0{,}1 \quad \text{e} \quad \Delta y = 0{,}1.$$

Pertanto,

$$\Delta z = \sqrt{(2+0{,}1) \times (1+0{,}1)} - \sqrt{2 \times 1} = 0{,}10565.$$

Quando $x = 2$ e $y = 1$, si ha

$$\frac{\partial z}{\partial x} = \frac{1^{1/2}}{2 \times 2^{1/2}} = 0{,}35355 \quad \frac{\partial z}{\partial y} = \frac{2^{1/2}}{2 \times 1^{1/2}} = 0{,}70711$$

e

$$\frac{\partial^2 z}{\partial x^2} = -\frac{1^{1/2}}{4 \times 2^{3/2}} = -0{,}08839 \quad \frac{\partial^2 z}{\partial y^2} = -\frac{2^{1/2}}{4 \times 1^{3/2}} = -0{,}35355 \quad \frac{\partial^2 z}{\partial xy} = \frac{1}{4 \times (2 \times 1)^{1/2}} = 0{,}17678.$$

In base all'Equazione (12a.3), l'approssimazione di primo ordine per Δz è

$$\Delta z = 0{,}35355 \times 0{,}1 + 0{,}70711 \times 0{,}1 = 0{,}10607.$$

In base all'Equazione (12a.4), l'approssimazione di secondo ordine per Δz è

$$\Delta z = 0{,}35355 \times 0{,}1 + 0{,}70711 \times 0{,}1 + \frac{1}{2} \times (-0{,}08839) \times 0{,}1^2$$
$$+ \frac{1}{2} \times (-0{,}35355) \times 0{,}1^2 + 0{,}17678 \times 0{,}1 \times 0{,}1 = 0{,}10562.$$

Come si può vedere, l'espansione in serie converge rapidamente verso il valore esatto 0,10565.

Risultato Generale

Se z è una funzione di n variabili, $x_1, x_2, ..., x_n$, l'espansione in serie di Taylor per Δz è

$$\Delta z = \sum_{m_1=0}^{\infty} ... \sum_{m_n=0}^{\infty} \frac{1}{m_1!...m_n!} \frac{\partial^m z}{\partial x_1^{m_1}...\partial x_n^{m_n}} (\Delta x_1)^{m_1}...(\Delta x_n)^{m_n}$$

dove $m = m_1 + ... + m_n$, e il termine in cui tutte le m_i sono nulle è anch'esso nullo.

Capitolo 13
Costruzione di un Modello

La principale alternativa al metodo delle simulazioni storiche per la stima di VaR ed ES è rappresentata dal «metodo della costruzione di un modello» (*model-building approach*), detto anche «metodo varianze-covarianze» (*variance-covariance approach*). Questo metodo consiste nel definire un modello che descriva la dinamica delle variabili di mercato e nell'utilizzare i dati storici per stimarne i parametri.

Il *model-building approach* si basa sulla «teoria della selezione del portafoglio» (*portfolio selection theory*) di Harry Markowitz (si veda la Sezione 1.1). È facile da usare quando il portafoglio è composto da prodotti lineari, quali azioni, obbligazioni, merci, ecc. In tal caso, la media e la deviazione standard del valore del portafoglio possono essere calcolati in base alla media, alla deviazione standard e alle correlazioni delle variazioni (assolute o proporzionali) delle attività presenti nel portafoglio. Se si ipotizza che queste variazioni si distribuiscano in modo normale (ma questa è un'ipotesi "forte"), anche le variazioni di valore del portafoglio si distribuiscono in modo normale e il calcolo di VaR ed ES è molto semplice. Risulta invece molto più difficile se il portafoglio è composto anche da prodotti non lineari, come le opzioni. In questo caso, la distribuzione delle variazioni di valore del portafoglio è asimmetrica e non possiamo più adottare l'ipotesi di normalità. Nel Capitolo 14 sul rischio d'interesse vedremo come gestire i tassi d'interesse con il *model-building approach* mentre nel Capitolo 15, dedicato al rischio su derivati, vedremo come trattare le non-linearità presenti nelle opzioni.

13.1 METODOLOGIA

Ci occuperemo innanzitutto della determinazione di VaR ed ES in una situazione molto semplice, in cui il portafoglio è costituito da un solo titolo.

Esempio 13.1

Supponiamo di avere una posizione lunga su azioni Microsoft per un valore di $10 milioni. La volatilità giornaliera di Microsoft è pari al 2%, corrispondente al 32% ($\approx 2\% \times \sqrt{252}$) su base annua.[1]

---

[1] Come si è visto nella Sezione 8.1, l'unità di tempo è 1 anno quando la volatilità viene utilizzata per valutare le opzioni e 1 giorno quando viene utilizzata dalle funzioni di *risk management*. La volatilità giornaliera può essere trasformata in volatilità annua moltiplicandola per $\sqrt{252}$, ossia all'incirca per 16.

Dato che il valore corrente della posizione è di $10 milioni, la deviazione standard giornaliera della variazione di valore della posizione è pari a $200.000 (= 2% × $10 milioni).

In genere, si suppone che – nell'intervallo di tempo considerato – il valore atteso del tasso di variazione delle variabili di mercato sia nullo. Ciò non è esattamente vero, ma l'ipotesi è ragionevole. Il tasso di variazione di una variabile di mercato in un breve intervallo di tempo ha un valore atteso che è generalmente piccolo in confronto alla deviazione standard.

Esempio 13.2

Supponiamo che il valore atteso del tasso di rendimento annuo di un'azione Microsoft sia pari al 20%. Il valore atteso del tasso di rendimento giornaliero è pari allo 0,08% (= 20%/252), mentre la deviazione standard è pari al 2%. Il valore atteso del tasso di rendimento decadale è pari a circa lo 0,8% (= 0,08% × 10) mentre la deviazione standard è pari a circa il 6,3% (= 2% × $\sqrt{10}$).

La variazione di valore del portafoglio di azioni Microsoft ha quindi una deviazione standard giornaliera di $200.000 (= $10.000.000 × 0,02) e (almeno approssimativamente) una media nulla.

In genere si ipotizza che i tassi di variazione delle variabili di mercato siano distribuiti in modo normale.[2] Come risulta dalle tavole riportate alla fine del libro (pp. 774-775), $N(-2,326) = 0,01$. Ciò vuol dire che, per una variabile distribuita in modo normale, la probabilità associata a una riduzione di valore superiore a 2,326 volte la deviazione standard è pari all'1%. In altri termini, possiamo ritenere, a un livello di confidenza del 99%, che una variabile distribuita in modo normale non diminuirà più di 2,326 volte la deviazione standard.

Esempio 13.3

Consideriamo nuovamente la nostra posizione lunga su azioni Microsoft per un valore di $10 milioni. Il VaR giornaliero, con un livello di confidenza del 99%, è pari a

$$2,326 \times \$200.000 = \$465.270.$$

In base all'Equazione (11.2), l'ES giornaliera, con un livello di confidenza del 99%, è pari a

$$\$0 + \$200.000 \times \frac{e^{-2,326^2/2}}{(1-0,99) \times \sqrt{2\pi}} = \$533.043.$$

Come si è visto nella Sezione 11.6, l'ipotesi di normalità combinata con l'ipotesi di indipendenza delle variazioni di valore del portafoglio in giorni successivi consente di calcolare VaR e ES a n giorni come prodotto tra le misure giornaliere e $\sqrt{n}$ [Equazioni (11.3) e (11.4)].

Esempio 13.4

Nel caso del portafoglio di azioni Microsoft, il VaR e l'ES decadali al 99% sono pari, rispettivamente, a

$$\$465.270 \times \sqrt{10} = \$1.471.312$$

---

[2] Potremmo supporre che la distribuzione del prezzo dell'azione tra 1 giorno sia log-normale. Tuttavia, dato che 1 giorno è un intervallo di tempo molto breve, quest'ipotesi non si distingue di fatto da quella di normalità delle variazioni giornaliere del prezzo dell'azione.

e

$$\$533.043 \times \sqrt{10} = \$1.685.629.$$

Esempio 13.5

Consideriamo ora un portafoglio composto da una posizione lunga su azioni AT&T per un valore di $5 milioni e supponiamo che la volatilità giornaliera dell'AT&T sia pari all'1%, corrispondente al 16% ($\approx 1 \times \sqrt{252}$) su base annua.

Un calcolo simile a quello effettuato per le azioni Microsoft ci mostra che la deviazione standard delle variazioni giornaliere del valore del portafoglio è pari a

$$\$5.000.000 \times 0,01 = \$50.000.$$

Pertanto, supponendo che le variazioni di valore si distribuiscano in modo normale, il VaR giornaliero al 99% è pari a

$$2,326 \times \$50.000 = \$116.317,$$

e il VaR decadale al 99% è pari a

$$\$116.317 \times \sqrt{10} = \$367.828.$$

Inoltre, l'ES giornaliera, con un livello di confidenza del 99%, è pari a

$$\$0 + \$50.000 \times \frac{e^{-2,326^2/2}}{(1-0,99) \times \sqrt{2\pi}} = \$133.261$$

e l'ES decadale al 99% è pari a

$$\$133.261 \times \sqrt{10} = \$421.407.$$

Due Titoli

Occupiamoci ora della determinazione di VaR ed ES nel caso in cui il portafoglio sia composto da due titoli. Faremo uso di un risultato standard in statistica secondo cui, se le variabili X e Y hanno deviazioni standard σ_X e σ_Y e il loro coefficiente di correlazione è ρ, la deviazione standard di $X + Y$ è pari a

$$\sigma_{X+Y} = \sqrt{\sigma_X^2 + \sigma_Y^2 + 2\rho\sigma_X\sigma_Y}.$$

Esempio 13.6

Consideriamo un portafoglio composto da $10 milioni di azioni Microsoft e da $5 milioni di azioni AT&T. Supponiamo che i tassi di rendimento delle due azioni si distribuiscano secondo una normale bivariata con coefficiente di correlazione pari a 0,3. Sia X la variazione giornaliera del valore delle azioni Microsoft e Y la variazione giornaliera del valore delle azioni AT&T, cosicché

$$\sigma_X = \$200.000 \quad \text{e} \quad \sigma_Y = \$50.000.$$

Ne segue che la deviazione standard della variazione giornaliera del valore del portafoglio composto da entrambi i titoli è pari a

$$\sqrt{(\$200.000)^2 + (\$50.000)^2 + 2 \times 0,3 \times \$200.000 \times \$50.000} = \$220.227.$$

Il VaR giornaliero al 99% è pari a

$$2,326 \times \$220.227 = \$512.325.$$

e il VaR decadale al 99%, è pari a

$$\$512.325 \times \sqrt{10} = \$1.620.114.$$

L'ES giornaliera al 99% è pari a

$$\$0 + \$220.227 \times \frac{e^{-2,326^2/2}}{(1-0,99)\times\sqrt{2\pi}} = \$586.953$$

e l'ES decadale al 99%, è pari a

$$\$586.953 \times \sqrt{10} = \$1.856.107.$$

Benefici della Diversificazione

Se i due titoli di cui è composto il portafoglio fossero perfettamente correlati, il VaR del portafoglio sarebbe uguale alla somma dei VaR relativi ai singoli titoli. Lo stesso vale per l'ES. La correlazione meno che perfetta fa sì che una parte del rischio venga «eliminata grazie alla diversificazione» (*diversified away*).[3]

Esempio 13.7

Nell'Esempio 13.6:

1. il VaR decadale al 99% del portafoglio di azioni Microsoft è pari a $1.471.312;
2. il VaR decadale al 99% del portafoglio di azioni AT&T è pari a $367.828;
3. il VaR decadale al 99% del portafoglio di azioni Microsoft e AT&T è pari a $1.620.114.

L'importo che misura i benefici della diversificazione è pari a

($1.471.312 + $367.828) − $1.620.114 = $219.026.

13.2 MODELLO LINEARE

Gli esempi che abbiamo considerato sono semplici illustrazioni dell'utilizzo di un modello lineare per la stima del VaR. Per generalizzare, supponiamo di avere un portafoglio il cui valore corrente, P, dipende da n variabili di mercato. Nella prassi, le variabili di mercato sono dette «fattori di rischio» (*risk factors*). Tra i fattori di rischio figurano i prezzi delle azioni, i prezzi delle merci, i tassi di cambio (nel Capitolo 14 prenderemo in esame anche i tassi d'interesse).

Supponiamo che la variazione giornaliera del valore del portafoglio, ΔP, dipenda in modo lineare dai tassi di variazione giornalieri dei fattori di rischio, Δx_i ($1 \leq i \leq n$). Pertanto

$$\Delta P = \sum_{i=1}^{n} \delta_i \Delta x_i \qquad (13.1)$$

dove δ_i è una variante del delta, una misura del rischio su derivati che verrà spiegata nella Sezione 15.1.

In genere, il delta di una posizione rispetto a un certo fattore di rischio viene definito come $\Delta P/\Delta S$, dove ΔS è una piccola variazione (assoluta) del fattore di rischio (mentre tutti gli altri fattori di rischio restano invariati) e ΔP è la conseguente variazione del valore del portafoglio. Il parametro δ_i che utilizziamo qui è pari a $\Delta P/\Delta x_i$ dove Δx_i è una piccola variazione (proporzionale) del fattore di rischio.

---

[3] Il VaR riflette i benefici della diversificazione quando la distribuzione delle variazioni di valore del portafoglio è normale. Come si è visto nella Sezione 11.5, non sempre è così: il VaR complessivo calcolato dopo che due prestiti sono stati aggregati può essere maggiore della somma dei rispettivi VaR. L'ES non è soggetta a quest'inconveniente.

Sez. 13.2   Modello Lineare

Esempio 13.8

Nell'Esempio 13.6 erano stati investiti $10 milioni nella prima attività (Microsoft) e $5 milioni nella seconda (ATT), cosicché (in milioni di dollari) $\delta_1 = \$10$, $\delta_2 = \$5$ e

$$\Delta P = \$10\,\Delta x_1 + \$5\,\Delta x_2.$$

Se supponiamo che i Δx_i dell'Equazione (13.1) siano estratti da una normale multivariata, ne segue che ΔP si distribuisce in modo normale. Pertanto, per calcolare il VaR dobbiamo solo calcolare la media e la deviazione standard di ΔP. Supponiamo, come abbiamo detto nella precedente sezione, che il valore atteso di ogni Δx_i sia nullo. Ciò implica che la media di ΔP è nulla.

Per calcolare la deviazione standard di ΔP, indichiamo con σ_i la volatilità giornaliera dell'i-esimo fattore di rischio e con ρ_{ij} il coefficiente di correlazione tra i tassi di variazione giornalieri dell'i-esimo e del j-esimo fattore di rischio. In altri termini, σ_i è la deviazione standard di Δx_i e ρ_{ij} è il coefficiente di correlazione tra Δx_i e Δx_j.

La varianza di ΔP, σ_P^2, è pari a

$$\sigma_P^2 = \sum_{i=1}^{n}\sum_{j=1}^{n}\delta_i\delta_j\sigma_i\sigma_j\rho_{ij}. \tag{13.2}$$

Quest'equazione può anche essere scritta nelle seguenti forme:

$$\sigma_P^2 = \sum_{i=1}^{n}\delta_i^2\sigma_i^2 + \sum_{i\ne j}\delta_i\delta_j\sigma_i\sigma_j\rho_{ij}$$

$$\sigma_P^2 = \sum_{i=1}^{n}\delta_i^2\sigma_i^2 + 2\sum_{j<i}\delta_i\delta_j\sigma_i\sigma_j\rho_{ij}$$

o anche

$$\sigma_P^2 = \sum_{i=1}^{n}\sum_{j=1}^{n}\delta_i\delta_j cov_{ij} \tag{13.3}$$

dove

$$cov_{ij} = \sigma_i\,\sigma_j\,\rho_{ij}.$$

Usando la notazione matriciale si ha

$$\sigma_P^2 = \boldsymbol{\delta}^T \mathbf{C} \boldsymbol{\delta}$$

dove $\mathbf{C}$ è la matrice delle varianze e covarianze (Sezione 9.3), $\boldsymbol{\delta}$ è il vettore colonna il cui i-esimo elemento è δ_i e $\boldsymbol{\delta}^T$ è la trasposta di $\boldsymbol{\delta}$.

La deviazione standard della variazione di valore del portafoglio in un periodo di n giorni è pari a $\sigma_P\sqrt{n}$ e il VaR a n giorni, con un livello di confidenza X, è pari a

$$\text{VaR} = \sigma_P\sqrt{n}\,Y$$

dove $Y = N^{-1}(X)$ e N^{-1} è l'inversa della funzione di distribuzione della normale standardizzata (INV.NORM.S in Excel).

Ponendo $\mu = 0$ nell'Equazione (11.2), l'ES a n giorni, con un livello di confidenza X, è pari a

$$\text{ES} = \sigma_P \sqrt{n} \frac{e^{-Y^2/2}}{(1-X)\sqrt{2\pi}}.$$

Esempio 13.9

Nell'Esempio 13.8, $\delta_1 = \$10$ milioni e $\delta_2 = \$5$ milioni per cui

$$\sigma_P^2 = (\$10)^2 \times 0{,}02^2 + (\$5)^2 \times 0{,}01^2 + 2 \times \$10 \times \$5 \times 0{,}02 \times 0{,}01 \times 0{,}3 = \$^2 0{,}0485$$

cosicché $\sigma_P = \$220{,}227$. Questa è la deviazione standard della variazione giornaliera del valore del portafoglio. Il VaR decadale al 99% è pari a $\$1.620.114$ ($= 2{,}326 \times \$220.227 \times \sqrt{10}$) milioni, mentre l'ES decadale al 99% è pari a $\$1.856.107$:

$$\$220.227 \times \sqrt{10} \times \frac{e^{-2{,}326^2/2}}{(1-0{,}99) \times \sqrt{2 \times 3{,}14}} = \$1.856.107.$$

Questi risultati sono uguali a quelli ottenuti nell'Esempio 13.6.

Varianza di $\Delta P/P$

Il tasso di rendimento giornaliero del portafoglio è $\Delta P/P$. La varianza di $\Delta P/P$ è pari a σ_P^2/P^2 e – in base all'Equazione (13.2) – a

$$\sum_{i=1}^{n} \sum_{j=1}^{n} w_i w_j \sigma_i \sigma_j \rho_{ij}$$

dove

$$w_i = \frac{\delta_i}{P}$$

è il peso dell'i-esimo investimento sul valore complessivo del portafoglio. Queste formule corrispondono a quelle utilizzate da Markowitz (si veda la Sezione 1.1).

13.3 QUATTRO INVESTIMENTI

Il calcolo di VaR ed ES con il *model building approach* verrà ora illustrato sulla base degli stessi dati utilizzati quando abbiamo esposto il metodo delle simulazioni storiche (Capitolo 12). Nel sito *web* del libro [e in quello del traduttore] c'è un *file* Excel che, oltre a contenere le serie storiche di 4 indici azionari, mostra come calcolare VaR ed ES con il *model building approach*: cfr. VaR_ES_Model_Building.xlsx.

Esempio 13.10

Riesaminiamo l'Esempio 12.1. L'8 luglio 2020, un investitore ha un portafoglio del valore di $10 milioni, composto da 4 investimenti in altrettanti indici azionari: $4 milioni nello S&P 500, $3 milioni nel FTSE 100, $1 milione nel CAC 40 e $2 milioni nel Nikkei 225. Abbiamo a disposizione 500 tassi di rendimento giornalieri, per ciascun indice, fino all'8 luglio 2020 incluso.

La matrice delle correlazioni, calcolata assegnando lo stesso peso a tutte le osservazioni, è riportata nella Tavola 13.1. La matrice varianze-covarianze è riportata nella Tavola 13.2.

Sez. 13.3   *Quattro Investimenti*

TAVOLA 13.1 Matrice delle correlazioni (dati equiponderati).

$$\begin{bmatrix} 1,000 & 0,415 & 0,694 & 0,368 \\ 0,415 & 1,000 & 0,656 & 0,566 \\ 0,694 & 0,656 & 1,000 & 0,482 \\ 0,368 & 0,566 & 0,482 & 1,000 \end{bmatrix}$$

Nota: le variabili sono, nell'ordine, lo S&P 500, il FTSE 100, il CAC 40 e il Nikkei 225.

TAVOLA 13.2 Matrice delle varianze-covarianze (dati equiponderati).

$$\begin{bmatrix} 0,0002751 & 0,0000942 & 0,0001771 & 0,0000801 \\ 0,0000942 & 0,0001868 & 0,0001380 & 0,0001016 \\ 0,0001771 & 0,0001380 & 0,0002369 & 0,0000974 \\ 0,0000801 & 0,0001016 & 0,0000974 & 0,0001726 \end{bmatrix}$$

Nota: le variabili sono, nell'ordine, lo S&P 500, il FTSE 100, il CAC 40 e il Nikkei 225.

TAVOLA 13.3 Matrice delle varianze-covarianze (EWMA con $\lambda = 0,94$).

$$\begin{bmatrix} 0,0003089 & 0,0000681 & 0,0002160 & 0,0000678 \\ 0,0000681 & 0,0002729 & 0,0001878 & 0,0001586 \\ 0,0002160 & 0,0001878 & 0,0003584 & 0,0001464 \\ 0,0000678 & 0,0001586 & 0,0001464 & 0,0002707 \end{bmatrix}$$

Nota: le variabili sono, nell'ordine, lo S&P 500, il FTSE 100, il CAC 40 e il Nikkei 225.

La varianza delle perdite del portafoglio (in migliaia di \$), ottenuta in base all'Equazione (13.3), è pari a $\$^2 14.406,195$. La deviazione standard, σ_P, è pari a \$120.026 ($=\sqrt{\$^2 14.406,195}$).
Pertanto, il VaR giornaliero al 99% è pari a \$279.222:

$$2,326 \times \$120.026 = \$279.222.$$

L'ES giornaliera al 99% è pari a \$319.894:

$$\$120.026 \times \frac{e^{-2,326^2/2}}{(1-0,99) \times \sqrt{2\pi}} = \$319.894.$$

Questi valori di VaR ed ES (\$279.222 e \$319.894) sono molto più bassi del VaR (\$422.291) e dell'ES (\$731.166) calcolati con il metodo base delle simulazioni storiche (Capitolo 12). Questi ultimi sono influenzati da una «manciata» (*handful*) di forti perdite osservate nel marzo 2020.

EWMA

Invece di assegnare uguale peso a tutte le osservazioni, determineremo i pesi in base al modello EWMA, ai fini del calcolo di varianze e covarianze.

Esempio 13.11

La matrice delle varianze-covarianze ottenuta in base al modello EWMA, con $\lambda = 0,94$, è riportata nella Tavola 13.3.[4]

---

[4] Nei calcoli con il modello EWMA, la varianza iniziale è stata uguagliata alla varianza dell'intero campione. Tuttavia, qualsiasi valore iniziale ragionevole porta a risultati simili, dato che in questo caso siamo interessati solo alla varianza finale.

TAVOLA 13.4 Volatilità giornaliere (%): dati equiponderati ed EWMA.

	S&P 500	FTSE 100	CAC 40	Nikkei 225
Equiponderati	1,66	1,37	1,54	1,31
EWMA ($\lambda = 0{,}94$)	1,76	1,65	1,89	1,65

TAVOLA 13.5 Matrice delle correlazioni (EWMA con $\lambda = 0{,}94$).

$$\begin{bmatrix} 1{,}000 & 0{,}235 & 0{,}649 & 0{,}235 \\ 0{,}235 & 1{,}000 & 0{,}601 & 0{,}584 \\ 0{,}649 & 0{,}601 & 1{,}000 & 0{,}470 \\ 0{,}235 & 0{,}584 & 0{,}470 & 1{,}000 \end{bmatrix}$$

Nota: le variabili sono, nell'ordine, lo S&P 500, il FTSE 100, il CAC 40 e il Nikkei 225.

La varianza delle perdite del portafoglio, ottenuta in base all'Equazione (13.3), è pari a $\$^2 16.903.753$. La deviazione standard, σ_P, è pari a $\$130.014$ ($=\sqrt{\$^2 16.903.753}$). Pertanto, il VaR giornaliero al 99% è pari a $\$302.459$:

$$2{,}326 \times \$130.014 = \$302.459.$$

In base all'Equazione (11.2), l'ES giornaliera al 99% è pari a $\$346.516$:

$$\$130.014 \times \frac{e^{-2{,}326^2/2}}{(1-0{,}99) \times \sqrt{2\pi}} = \$346.516.$$

Questi valori di VaR ed ES ($\$302.459$ e $\$346.516$) sono più elevati rispetto al VaR ($\$279.222$) e all'ES ($\$319.894$) ottenuti sulla base delle osservazioni equiponderate. La Tavola 13.4 e la Tavola 13.5 ne spiegano il motivo.

La deviazione standard delle variazioni di valore di un portafoglio composto da posizioni lunghe su indici azionari aumenta col crescere della volatilità degli indici e della loro correlazione. La Tavola 13.4 mostra che le volatilità degli indici calcolate con il modello EWMA sono più elevate rispetto a quelle ottenute assegnando uguale peso a tutte le osservazioni, dato che la parte finale del periodo preso in considerazione è caratterizzata da volatilità ben superiori alla media.

Invece le correlazioni calcolate con il modello EWMA sono minori di quelle ottenute assegnando uguale peso a tutte le osservazioni, come mostra il confronto tra la Tavola 13.5 e la Tavola 13.1. Questa evidenza contraddice il fenomeno ben noto secondo cui le correlazioni tendono a crescere in condizioni di mercato critiche. Non è stato così nel marzo 2020, all'inizio della pandemia da Covid-19.

13.4 ESTENSIONI DEL MODELLO LINEARE

Vedremo ora alcune estensioni del modello lineare.

Misure di Rischio Stressate

Supponiamo di essere interessati al VaR e all'ES stressati. Come si è visto nella Sezione 12.1, queste misure di rischio si basano su un periodo in cui i mercati erano in condizioni critiche, non su un periodo recente. I metodi proposti finora in questo capitolo possono essere applicati stimando volatilità e correlazioni sulla base di un periodo "critico" piuttosto che su un periodo "recente".

Non-Normalità delle Distribuzioni

Nella Sezione 11.9, si è visto che possiamo aggregare i VaRs di n portafogli sulla base delle seguente approssimazione

$$\text{VaR}_{\text{totale}} = \sqrt{\sum_{i=1}^{n}\sum_{j=1}^{n} \text{VaR}_i \text{VaR}_j \rho_{ij}} \qquad (13.4)$$

dove VaR_i è il VaR dell'i-esimo portafoglio, $\text{VaR}_{\text{totale}}$ è il VaR totale e ρ_{ij} è il coefficiente di correlazione tra l'i-esimo e il j-esimo portafoglio.

Questa formula mostra che il metodo per aggregare le deviazioni standard può anche essere utilizzato per aggregare i percentili, almeno in prima approssimazione. Possiamo quindi estendere il *model-building approach* al caso in cui la distribuzione del tasso di variazione del valore del portafoglio non è normale.

Esempio 13.12

Supponiamo che, sulla base delle serie storiche, il 1° percentile della distribuzione del tasso di variazione decadale delle azioni Microsoft sia pari al −17%. Di conseguenza, il VaR decadale al 99% di un portafoglio di $10 milioni investiti in azioni Microsoft è pari a $1.700.000 (= 17% × $10.000.000), contro i $1.471.312 dell'Esempio 13.6 calcolati sotto l'ipotesi di normalità.

Supponiamo, inoltre, che il 1° percentile della distribuzione del tasso di variazione decadale delle azioni AT&T sia pari al −10%. Di conseguenza, il VaR decadale al 99% di un portafoglio di $5 milioni investiti in azioni AT&T è pari a $500.000 (= 10% × $5.000.000), contro i $367.828 dell'Esempio 13.6 calcolati sotto l'ipotesi di normalità.

Supponiamo, infine, che il coefficiente di correlazione tra i tassi di rendimento delle due azioni sia pari a 0,3. Applicando l'Equazione (13.7), il VaR del portafoglio composto da $10 milioni di azioni Microsoft e da $5 milioni di azioni AT&T è pari a $1.910.497, contro i $1.620.114 dell'Esempio 13.6 calcolati sotto l'ipotesi di normalità:

$$\text{VaR}_{\text{totale}} = \sqrt{\$1.700.000^2 + \$500.000^2 + 2 \times \$1.700.000 \times \$500.000 \times 0,3} = \$1.910.497.$$

13.5 COEFFICIENTI DI RISCHIO E SENSITIVITÀ PONDERATE

L'Equazione (13.2), che definisce la varianza σ_P^2, può essere utilizzata per stimare il VaR e l'ES. In tal caso, il VaR e l'ES sono pari al prodotto tra la deviazione standard, σ_P, e una costante.

Esempio 13.13

Per stimare il VaR decadale al 99%, la deviazione standard, σ_P, va moltiplicata per 7,357:

$$N^{-1}(0,99) \times \sqrt{10} = 2,326 \times 3,162 = 7,357.$$

Per stimare l'ES su 20 giorni al 99%, la deviazione standard, σ_P, va moltiplicata per 11,919:

$$\frac{e^{-[N^{-1}(0,99)]^2/2}}{(1-0,99)\sqrt{2 \times 3,142}} \times \sqrt{20} = 11,919.$$

Siano β_{VAR} e β_{ES} i coefficienti con cui moltiplicare σ_P per stimare il VaR o l'ES. In base all'Equazione (13.2) si ha

$$\text{VaR} = \beta_{\text{VaR}} \sqrt{\sum_{i=1}^{n}\sum_{j=1}^{n} \delta_i \delta_j \sigma_i \sigma_j \rho_{ij}} \qquad \text{ES} = \beta_{\text{ES}} \sqrt{\sum_{i=1}^{n}\sum_{j=1}^{n} \delta_i \delta_j \sigma_i \sigma_j \rho_{ij}}$$

o anche

$$\text{VaR} = \sqrt{\sum_{i=1}^{n}\sum_{j=1}^{n}\delta_i\delta_j u_i u_j \rho_{ij}} \qquad \text{ES} = \sqrt{\sum_{i=1}^{n}\sum_{j=1}^{n}\delta_i\delta_j v_i v_j \rho_{ij}} \qquad (13.5)$$

dove u_i e v_i sono i «coefficienti di rischio» (*risk weights*)

$$u_i = \beta_{\text{VAR}}\,\sigma_i \qquad v_i = \beta_{\text{ES}}\,\sigma_i$$

e le δ_i sono le «sensitività ponderate» (*weighted sensitivities*).

Come vedremo più avanti, in altri capitoli, le Equazioni (13.5) vengono utilizzate per determinare

1. i margini iniziali nelle transazioni negoziate in via bilaterale (Appendice 15a);
2. i requisiti patrimoniali a fronte del rischio di mercato secondo il metodo standardizzato previsto dalla *fundamental review of the trading book* (Capitolo 27).

13.6 MODELLO NON-LINEARE

Quando non è ragionevole supporre che le variazioni di valore del portafoglio dipendano in modo lineare dalle variazioni delle variabili sottostanti, non possiamo più adottare il modello lineare. È questo il caso in cui i portafogli contengano opzioni. Non possiamo più assumere che le variazioni di valore del portafoglio, ΔP, si distribuiscano in modo normale.

Supponiamo, come nella Sezione 12.4, che il portafoglio dipenda da un'unica variabile di mercato, x. In prima approssimazione si ha

$$\Delta P \approx \delta \Delta x + \frac{1}{2}\gamma(\Delta x)^2 \qquad (13.6)$$

Più in generale, se il portafoglio dipende da n variabili di mercato, x_i ($1 \leq i \leq n$), l'Equazione (13.6) diventa

$$\Delta P \approx \sum_{i=1}^{n}\delta_i\Delta x_i + \sum_{i=1}^{n}\sum_{j=1}^{n}\frac{1}{2}\gamma_{ij}\Delta x_i \Delta x_j \qquad (13.7)$$

dove δ_i è il delta rispetto all'i-esima variabile di mercato e γ_{ij} è il «gamma misto» (*cross gamma*)

$$\delta_i = \frac{\partial P}{\partial x_i} \qquad \gamma_{ij} = \frac{\partial^2 P}{\partial x_i x_j}.$$

L'Equazione (13.7) si semplifica se ognuno dei titoli presenti nel portafoglio dipende da una sola variabile di mercato. In tal caso, $\gamma_{ij} = 0$, tranne quando $i = j$.

13.7 CONFRONTO TRA MODEL BUILDING E SIMULAZIONI STORICHE

In questo capitolo e nel precedente abbiamo presentato due metodi per la stima del VaR: il metodo delle simulazioni storiche e il *model-building approach*.

I principali vantaggi del *model-building approach* sono la velocità con cui si ottengono i risultati e la possibilità del simultaneo utilizzo degli schemi di aggiornamento delle volatilità e delle correlazioni descritti nel Capitolo 8 e nel Capitolo 9.

Domande e Problemi

Come si è visto nella Sezione 12.3, gli schemi di aggiornamento delle volatilità possono essere incorporati anche nel metodo delle simulazioni storiche, ma in modo più artificiale.

Il principale svantaggio del *model-building approach* è rappresentato dal fatto che i risultati si ottengono velocemente solo supponendo che la variazione di valore del portafoglio dipenda in modo lineare dalle variazioni (assolute o proporzionali) delle variabili di mercato e che queste si distribuiscano secondo una normale multivariata. In realtà, le variazioni giornaliere delle variabili di mercato hanno spesso distribuzioni molto diverse da quelle normali (si veda, ad es., la Tavola 8.1). Chi utilizza il *model-building approach* spera che valga una qualche forma del teorema del limite centrale, ben noto in statistica, e che quindi le variazioni di valore del portafoglio si distribuiscano in modo normale anche quando le distribuzioni delle singole componenti non sono normali (Sezione 13.4). Nella Sezione 15.11 vedremo alcune estensioni del *model building approach* che possono essere utilizzate per gestire le non-linearità dei portafogli.

SOMMARIO

Mentre il metodo delle simulazioni storiche lascia che siano i dati a determinare la distribuzione congiunta delle variazioni giornaliere delle variabili di mercato, il «metodo della costruzione di un modello» (*model-building approach*) ipotizza che questa distribuzione abbia una certa forma. L'ipotesi più comune è che le variazioni giornaliere delle variabili di mercato (assolute o proporzionali) si distribuiscano secondo una normale multivariata. Se le variazioni di valore del portafoglio dipendono in modo lineare dalle variazioni delle variabili di mercato, il VaR può essere calcolato rapidamente e in modo semplice. Gli altri casi sono più difficili da gestire.

Il *model-building approach* viene spesso utilizzato per i «portafogli d'investimento» (*investment portfolios*). Come vedremo nel Capitolo 15, è molto più difficile da utilizzare nei casi in cui i portafogli contengano opzioni.

SUGGERIMENTI PER ULTERIORI LETTURE

FRYE, J., "Principals of Risk: Finding VAR through Factor-Based Interest Rate Scenarios", in *VAR: Understanding and Applying Value at Risk*, London: Risk Publications, 1997, 275-88.

HULL, J. C. e WHITE, A., "Value at Risk when Daily Changes in Market Variables are not Normally Distributed", *Journal of Derivatives*, 5, 3 (Spring 1998), 9-19.

JAMSHIDIAN, F., e ZHU, Y., "Scenario Simulation Model: Theory and Methodology". *Finance and Stochastics* 1 (1997): 43-67.

DOMANDE E PROBLEMI
(le risposte si trovano alla fine del libro)

13.1. Considerate una posizione composta da un investimento di $100.000 nell'attività A e da un investimento di $100.000 nell'attività B. Supponete che le volatilità giornaliere di queste due attività siano entrambe pari all'1% e che il coefficiente di correlazione tra i loro tassi di rendimento sia pari a 0,3. Quali sono il VaR e l'ES del portafoglio a 5 giorni, con un livello di confidenza del 97%?

13.2. Il portafoglio di un'istituzione finanziaria è composto da contratti sul tasso di cambio dollaro/sterlina. Il delta, δ, del portafoglio, calcolato come rapporto tra la variazione di valore del portafoglio e il tasso di variazione del tasso di cambio, è pari a $3,9 milioni. Stimate il VaR decadale, con un livello di confidenza del 99%, supponendo che valga il modello lineare [Equazione (13.1)] e che la volatilità giornaliera del tasso di cambio sia pari allo 0,7%.

13.3. Supponete di sapere che il gamma, γ, del portafoglio considerato nel Problema 13.2, calcolato come rapporto tra la variazione del delta e il tasso di variazione del tasso di cambio, sia pari a $4,3 milioni. In base a quest'informazione, come cambiate la stima della relazione tra la variazione di valore del portafoglio e il tasso di variazione del tasso di cambio?

13.4. Nell'ambito del *model-building approach*, definite **(a)** il *risk weight* e **(b)** la *risk sensitivity*.

13.5. Supponete che le variazioni giornaliere del valore di un portafoglio siano ben approssimate da una combinazione lineare di 2 variabili di mercato. Il delta del portafoglio rispetto alla 1ª variabile è pari a $6 milioni e il delta rispetto alla 2ª è pari a –$4 milioni. Le deviazioni standard delle 2 variabili sono pari a 20 e 8, rispettivamente. Qual è il VaR a 5 giorni, con un livello di confidenza del 90%?

13.6. Spiegate perché il modello lineare può fornire solo stime approssimate del VaR quando il portafoglio contiene opzioni.

13.7. Un *forward* a 6 mesi consente di acquistare £1 milione in cambio di $1,5 milioni. La volatilità giornaliera di uno *zero-coupon bond* a 6 mesi, denominato in sterline, è pari allo 0,06% (quando il prezzo del titolo è tradotto in dollari) e la volatilità giornaliera di uno *zero-coupon bond* a 6 mesi, denominato in dollari, è pari allo 0,05%. La correlazione tra i tassi di rendimento dei due titoli è di 0,8. Il tasso di cambio corrente è pari a $1,53. Lo *zero rate* a 6 mesi (composto continuamente) è pari al 5% annuo, sia in sterline sia in dollari.
(a) Calcolate la deviazione standard della variazione giornaliera del valore del *forward*.
(b) Qual è il VaR decadale con un livello di confidenza del 99%?

13.8. Utilizzate il *file* VaR_ES_Model_Building.xlsx supponendo che il valore iniziale del portafoglio, pari a $10.000, sia equamente ripartito tra i quattro indici azionari.
   (a) Considerate l'Esempio 13.10 e calcolate VaR ed ES giornalieri al 99% assegnando uguale peso a tutte le osservazioni.
   (b) Considerate l'Esempio 13.11 e calcolate VaR ed ES giornalieri al 99% stimando volatilità e correlazioni in base al modello EWMA con $\lambda = 0,94$.

13.9. Considerate l'Esempio 13.11 e calcolate VaR ed ES giornalieri al 99% stimando volatilità e correlazioni in base al modello EWMA con $\lambda = 0,97$ (invece di $\lambda = 0,94$).

Capitolo 14
Rischio d'Interesse

Il rischio d'interesse è più difficile da valutare rispetto ai rischi derivanti da variabili quali i prezzi delle azioni, i tassi di cambio e i prezzi delle merci. I motivi sono almeno due:

1. una complicazione deriva dal fatto che per ogni valuta esistono diversi tassi d'interesse [i tassi dei titoli di Stato, i tassi interbancari attivi e passivi, i tassi *swap*, ecc.]. Anche se tendono a muoversi insieme, questi tassi non sono perfettamente correlati tra loro;
2. un'altra complicazione deriva dal fatto che, per misurare il rischio d'interesse, dobbiamo sapere come variano i tassi d'interesse in funzione della scadenza, dobbiamo cioè conoscerne la «struttura per scadenza» (*term structure*) ovvero la «curva dei tassi di rendimento» (*yield curve*).

In genere, i tassi d'interesse considerati per costruire la *yield curve* sono quelli su *zero-coupon bonds*, ossia gli *zero rates* (i *zero-coupon bonds* sono titoli che rimborsano il capitale in unica soluzione alla scadenza e non offrono cedole periodiche).

Esempio 14.1
Consideriamo un *trader* che negozia titoli di Stato statunitensi. È probabile che il portafoglio del *trader* sia composto da molte obbligazioni con diversa scadenza. Il *trader* è esposto alle variazione dei tassi d'interesse a 1 anno, 2 anni, 3 anni, e così via. Il calcolo dell'esposizione in termini di delta è quindi più complesso rispetto a quello, ad es., di un *trader* che negozia oro. Il *trader* che negozia titoli di Stato deve preoccuparsi di tutti i possibili modi in cui la *yield curve* dei titoli di Stato può modificarsi.

Questo capitolo inizia col prendere in esame alcuni dei tassi d'interesse più importanti per le istituzioni finanziarie. Vedremo poi come applicare i metodi di calcolo del VaR e dell'ES, trattati nel Capitolo 12 e nel Capitolo 13, nel caso di portafogli che dipendono dai tassi d'interesse. Infine, prenderemo in esame la gestione del reddito netto da interessi e spiegheremo come utilizzare le misure di «durata finanziaria» (*duration*) e di «convessità» (*convexity*).

Argomenti quali la frequenza di capitalizzazione dei tassi d'interesse e la stima della struttura per scadenza degli *zero rates* sono già stati trattati in precedenza (Appendice 3a e Appendice 4a).

14.1 TIPOLOGIE DI TASSO

I tassi d'interesse definiscono gli importi che i «prenditori di fondi» (*borrowers*) dovranno pagare ai «prestatori di fondi» (*lenders*). Per ogni valuta, vengono regolarmente quotati diversi tassi d'interesse. Tra questi, i «tassi sui mutui ipotecari» (*mortgage rates*), i «tassi sui depositi» (*deposit rates*), i «tassi a controparti primarie» (*prime rates*), e così via. Un fattore importante che influenza i tassi d'interesse è il rischio di credito, ossia il rischio che il debitore risulti insolvente. Maggiore è il rischio di credito, più alto è il tasso d'interesse promesso dal debitore. La maggiorazione dovuta dal debitore rispetto al tasso d'interesse privo di rischio è detta «differenziale creditizio» (*credit spread*).

Spesso, i tassi d'interesse sono espressi in «punti base - p.b.» (*basis points - bps*). Un punto base è pari allo 0,01%.

Tassi dei Titoli di Stato

I «tassi dei titoli di Stato» (*Treasury rates*) sono i tassi a cui si finanziano gli Stati nella loro valuta locale.

Esempio 14.2

I *Treasury rates* giapponesi sono i tassi a cui il Tesoro del Giappone può finanziarsi in yen; i *Treasury rates* statunitensi sono i tassi a cui il Tesoro degli Stati Uniti può finanziarsi in dollari e così via.

In genere, si suppone che sia nulla la probabilità che uno Stato risulti insolvente su un'obbligazione denominata nella sua stessa valuta. Per questo motivo, i tassi dei titoli di Stato sono considerati privi di rischio: chi acquista un *Treasury bill* o un *Treasury bond* è certo che il capitale e gli interessi gli verranno corrisposti così come promesso.

Tassi Overnight

Alla fine di ogni giorno lavorativo, le banche con riserve obbligatorie in eccesso prestano fondi, nel mercato interbancario, alle banche che hanno disponibilità liquide insufficienti. Si ha così il mercato dei prestiti *overnight*.

Negli Stati Uniti, il più importante tasso *overnight* è il Sofr (Secured Overnight Funding Rate). Come dice il nome, si tratta di un tasso «sicuro» (*secured*), in quanto è «assistito» (*backed*) da specifiche «garanzie» (*collaterals*). Un tasso simile, anch'esso "sicuro", è il Saron (Swiss Average Rate OverNight) in Svizzera.

Importanti tassi *overnight* «non sicuri» (*unsecured*) sono l'Ester (Euro Short-TErm Rate) nell'area euro, il Sonia (Sterling OverNight Index Average) nel Regno Unito e il Tonar (Tokyo OverNight Average Rate) in Giappone.

Tassi di Riferimento

I «tassi d'interesse di riferimento» (*reference interest rates*) sono importanti nei mercati finanziari. Spesso vengono negoziati contratti in cui il tasso d'interesse che si riceverà o si pagherà è incerto, essendo pari a un qualche tasso di riferimento che verrà osservato in futuro.

Il Libor, acronimo di London InterBank Offered Rate, è stato un tasso di riferimento molto importante ma, come si è visto nella Sezione 5.3, non viene più utilizzato. Le autorità di vigilanza hanno chiesto che venisse sostituito dai tassi *overnight* che abbiamo appena menzionato.

I tassi per le scadenze più lunghe, come quelli a 3, 6 e 12 mesi, possono essere ottenuti capitalizzando giornalmente gli interessi in base ai tassi *overnight*. Nel caso del Sofr si suppone che l'anno sia composto da 360 giorni. Sia r_i ($1 \leq i \leq n$) il Sofr, espresso su base annua, osservato nell'i-esimo giorno lavorativo di un certo periodo composto da D giorni e sia d_i il numero di giorni per i quali si applica il tasso r_i. Il tasso d'interesse relativo al periodo in questione, espresso su base annua, è pari a

$$[(1 + r_1 \hat{d}_1)(1 + r_2 \hat{d}_2) \ldots (1 + r_n \hat{d}_n) - 1] \times \frac{360}{D}$$

dove $\hat{d}_i = d_i/360$ e $D = \Sigma\, d_i$. Nella maggior parte dei casi si ha $d_i = 1$, ma i fine settimana e le festività fanno sì che a volte d_i sia maggiore di 1 (ad es., se r_i viene osservato il venerdì, di norma $d_i = 3$).

Come si è visto nella Sezione 5.3, ci sono importanti differenze tra i nuovi e i vecchi tassi di riferimento. I tassi Libor sono «rivolti al futuro» (*forward looking*) in quanto vengono determinati all'inizio del periodo a cui si riferiscono. Invece, i nuovi tassi di riferimento sono «rivolti al passato» (*backward looking*), in quanto vengono determinati alla fine del periodo a cui si riferiscono (non saranno noti finché non si determinerà l'ultimo degli n tassi *overnight*). C'è anche un'altra importante differenza. I nuovi tassi di riferimento sono considerati privi di rischio perché sono ricavati dai tassi di prestiti *overnight* concessi a istituzioni finanziarie affidabili. Invece, i tassi Libor incorporano un *credit spread*.

Esempio 14.3

In genere, il differenziale tra il Libor a 3 mesi e il tasso a 3 mesi basato sui tassi *overnight* è stato pari a 10 punti base, ma ha raggiunto livelli molto più alti in condizioni di mercato critiche: negli Stati Uniti è balzato a 364 punti base nell'ottobre 2008, durante la Crisi Finanziaria Globale.

Se una banca concede un prestito a un tasso di riferimento maggiorato dell'x%, dove x è una costante, si aspetta che il tasso di riferimento si muova in funzione del livello medio dei *credit spreads*. Questo requisito era soddisfatto dal Libor, ma non è soddisfatto dai nuovi tassi di riferimento (perché sono essenzialmente privi di rischio). Come si è visto nella Sezione 5.3, questa considerazione ha portato allo sviluppo di altri tassi di riferimento, in alternativa a quelli proposti dalle autorità di vigilanza. Tra questi figurano il Bloomberg Short-term Bank Yield Index (Bsby), che stima il tasso di rendimento medio al quale le grandi banche possono prendere in prestito denaro senza offrire garanzie e Ameribor, creato dall'American Financial Exchange, che misura gli effettivi tassi passivi di migliaia di banche negli Stati Uniti (piccole, medie e regionali). Resta da vedere se questi tassi diventeranno più popolari dei tassi *overnight* proposti dalle autorità di vigilanza.

Tassi di Riporto

Nei «contratti di riporto o pronti contro termine» (*repurchase agreements* o *repos*), un soggetto vende i titoli *spot* a un'istituzione finanziaria e si impegna a ricomprarli successivamente, a un prezzo che in genere è leggermente più alto. L'istituzione finanziaria sta così prestando denaro e prendendo in prestito titoli.

La differenza tra il prezzo *forward* al quale i titoli verranno ricomprati e il prezzo *spot* al quale sono stati venduti rappresenta l'interesse percepito dall'istituzione finanziaria. Il tasso d'interesse è detto «tasso di riporto» (*repo rate*).

Se ben strutturati, i *repos* comportano rischi di credito molto bassi. Se il soggetto che prende in prestito denaro non rispetta gli impegni, la controparte è in grado di rifarsi sui titoli del debitore. Se il soggetto che dà in prestito denaro non rispetta gli impegni, la controparte si tiene il denaro preso in prestito.

Il più comune tipo di riporto è il «riporto *overnight*», le cui condizioni vengono rinegoziate ogni giorno. Tuttavia, talvolta si usano anche contratti a più lungo termine, noti come «riporti a lunga scadenza» (*term repos*).

14.2 METODO DEI VERTICI MULTIPLI

Le «strutture per scadenza» (*term structures*) dei tassi d'interesse complicano l'utilizzo dei metodi di calcolo del VaR e dell'ES che abbiamo presentato nel Capitolo 12 e nel Capitolo 13. È chiaro che non andremo a definire una variabile di mercato per ognuna delle scadenze verso cui la banca è esposta.

Esempio 14.4

Uno dei contratti presenti nel portafoglio di una banca potrebbe comportare un certo pagamento tra 3,32 anni. Pertanto, la variazione di valore di quel contratto dipende da ciò che accade allo *zero rate* a 3,32 anni. Un altro contratto in portafoglio potrebbe comportare un certo pagamento tra 4,48 anni. Pertanto, la banca è esposta anche allo *zero rate* a 4,48 anni. Gli *zero rates* a 3,32 e a 4,48 anni tenderanno a muoversi insieme, nella stessa direzione, ma non sono perfettamente correlati tra loro.

Dobbiamo necessariamente fare delle semplificazioni. Il metodo che verrà ora descritto è detto «metodo dei vertici multipli» (*multiple-vertex approach*). Ci limitiamo a stimare, sulla base delle quotazioni disponibili, solo gli *zero rates* relativi a 10 scadenze standard (3 mesi, 6 mesi, 1 anno, 2 anni, 3 anni, 5 anni, 10 anni, 15 anni, 20 anni, 30 anni). Potremo farlo con il metodo *bootstrap* (Appendice 4a). Lasceremo all'interpolazione lineare il compito di determinare gli *zero rates* per le altre scadenze. E questo andrà fatto tutte le valute verso cui la banca è esposta.

Quando si segue il metodo delle simulazioni storiche ogni *zero rate* con scadenza standard, denominato in una delle valute prese in esame, rappresenta una variabile di mercato. Nell'*i*-esimo scenario, la variazione dello *zero rate* è pari a quella che si è osservata storicamente tra il giorno i e il giorno $i-1$. Come si è visto nella Sezione 12.1, nel caso delle variabili di mercato che stiamo trattando, la prassi è quella di considerare le variazioni osservate storicamente, non i tassi di variazione.

Anche quando si segue il *model building approach*, ogni *zero rate* con scadenza standard, ossia ogni «vertice» (*vertex*) della *zero curve*, rappresenta una variabile di mercato. Il delta dello *zero rate* viene calcolato come $\Delta P / \Delta r$, dove Δr è una piccola variazione di r e ΔP è la conseguente variazione di P quando tutte le altre variabili di mercato restano invariate.

Esempio 14.5

La Figura 14.1 considera la *term structure* degli *zero rates* per 10 scadenze standard (3m, 6m, 1a, 2a, 3a, 5a, 10a, 15a, 20a, 30a) e mostra come si modifica quando si apporta una piccola variazione positiva allo *zero rate* a 5 anni e si lasciano invariati tutti gli altri tassi.

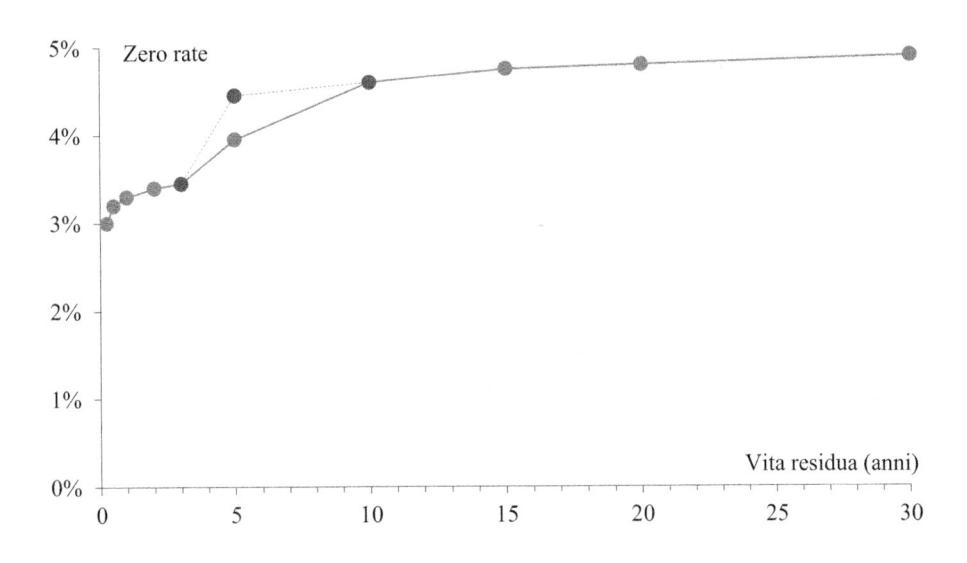

Figura 14.1 *Zero curve* dopo lo spostamento del tasso a 5 anni.

I delta relativi agli altri punti vengono calcolati in modo analogo. In particolare, quando si calcola il delta per la scadenza più breve (3 mesi), tutti i tassi con scadenze minori di 3 mesi vengono aumentati di Δr e quando si calcola il delta per la scadenza più lunga (30 anni), tutti i tassi con scadenze maggiori di 30 anni vengono aumentati di Δr. Questa procedura è coerente con la convenzione utilizzata per costruire la *term structure* nei tratti estremi, a breve e a lungo termine (Appendice 4a). Il risultato di tutto ciò è che la somma dei delta relativi agli *zero rates* per le scadenze standard risulta pari al delta che si ottiene quando l'intera *term structure* viene assoggettata a uno spostamento parallelo Δr. Quando $\Delta r = 1$ p.b., la somma dei delta è pari al DV01 che, per definizione, misura l'effetto sul valore del portafoglio di uno spostamento parallelo della *term structure* in misura pari a 1 p.b.. Pertanto, i delta che abbiamo descritto rappresentano un modo per dividere il DV01 in 10 componenti.

Consideriamo un portafoglio il cui valore dipende da un'unica *zero curve*, definita da n punti. Sia δ_i il delta relativo all'i-esimo *zero rate* ($i = 1, 2, ..., n$). Se σ_i è la deviazione standard della variazione giornaliera dell'i-esimo *zero rate* e ρ_{ij} è il coefficiente di correlazione tra le variazioni giornaliere dell'i-esimo e del j-esimo *zero rate*, la varianza di ΔP, σ_P^2, è

$$\sigma_P^2 = \sum_{i=1}^{n} \sum_{j=1}^{n} \delta_i \delta_j \sigma_i \sigma_j \rho_{ij}. \tag{14.1}$$

I delta relativi agli *zero rates* per scadenze non standard sono pari a una combinazione lineare dei delta relativi agli *zero rates* per scadenze standard adiacenti.

Esempio 14.6

Supponiamo che il portafoglio comporti un unico pagamento tra 3,5 anni. Se le scadenze adiacenti della *zero curve* sono pari a 3 e a 5 anni e se δ_3 e δ_5 sono i delta degli *zero rates* a 3 e a 5 anni, rispettivamente, allora il delta del portafoglio è pari a:

$$0{,}75\,\delta_3 + 0{,}25\,\delta_5$$

dove $0{,}75 = (5 - 3{,}5)/(5 - 3)$ e $0{,}25 = (3{,}5 - 3)/(5 - 3)$.

Si noti che l'Equazione (14.1) è uguale all'Equazione (13.2). L'unica differenza riguarda il significato dei simboli. Nell'Equazione (14.1) i simboli δ, σ e ρ si riferiscono alle variazioni, mentre nell'Equazione (13.2) si riferiscono ai tassi di variazione. Le due equazioni possono essere interpretate in modo più generale se per alcune variabili di mercato si calcolano le variazioni e per altre i tassi di variazione.

Supponiamo ora che il portafoglio dipenda da m *term structures* e che la k-esima *term structure* ($k = 1, 2, ..., g, h, ..., m$) sia definita da n_k scadenze standard. Siano δ_{ik}, σ_{ik} e ρ_{ijk} i valori di δ_i, σ_i e ρ_{ij} relativi alla k-esima *term structure*.

Per definire σ_P^2 si possono fare due ipotesi:

1. il coefficiente di correlazione tra l'i-esimo *zero rate* della g-esima *term structure* ($i = 1, 2, ..., n_g$) e il j-esimo *zero rate* della h-esima *term structure* ($j = 1, 2, ..., n_h$) è pari a ρ_{gh} per qualsiasi i e j;
2. il coefficiente di correlazione tra la variazione di valore del portafoglio attribuibile alla g-esima *term structure* ($i = 1, 2, ..., n_g$) e la variazione di valore del portafoglio attribuibile alla h-esima *term structure* ($j = 1, 2, ..., n_h$) è pari a ρ_{gh}.

Nel primo caso si ha

$$\sigma_P^2 = \sum_{k=1}^{m} V_k^2 + \sum_{g \neq h} U_g U_h \rho_{gh} \qquad (14.2)$$

mentre nel secondo caso si ha

$$\sigma_P^2 = \sum_{k=1}^{m} V_k^2 + \sum_{g \neq h} V_g V_h \rho_{gh} \qquad (14.3)$$

dove

$$U_k^2 = \left(\sum_{i=1}^{n_k} \delta_{ik} \sigma_{ik} \right)^2$$

$$V_k^2 = \sum_{i=1}^{n_k} \sum_{j=1}^{n_k} \delta_{ik} \delta_{jk} \sigma_{ik} \sigma_{jk} \rho_{ijk}.$$

Le due definizioni di σ_P^2 coincidono se si pone $\rho_{ijk} = 1$.

Esempio 14.7

Supponiamo che un portafoglio sia esposto alle variazioni di 2 *term structures*. I delta del portafoglio e le deviazioni standard delle variazioni giornaliere degli *zero rates* sono riportati nella Tavola 14.1. Ad es., l'impatto sul valore del portafoglio derivante dall'aumento di 1 p.b. dello *zero rate* a 2 anni è pari a $85 milioni nel caso della *term structure* 1 e a $65 milioni nel caso della *term structure* 2; la deviazione standard delle variazioni giornaliere dello *zero rate* a 2 anni è pari a 5,6 p.b. (0,056%) nel caso della *term structure* 1 e a 11,4 p.b. (0,114%) nel caso della *term structure* 2.

Supponiamo che la matrice delle correlazioni tra le variazioni giornaliere degli *zero rates*, valida per entrambe le *term structures*, sia quella riportata nella Tavola 14.2. Ad es., il coefficiente di correlazione tra le variazioni giornaliere degli *zero rates* a 1 anno e a 2 anni è pari a 0,92.

Infine, supponiamo che il coefficiente di correlazione tra le due *term structures* sia pari a 0,4 ($\rho_{12} = 0,4$). Si ha quindi:

$$U_1 = 3.529,00 \quad \text{e} \quad U_2 = 5.501,00$$

$$V_1 = 3.004,87 \quad \text{e} \quad V_2 = 4.604,27$$

$$\sigma_P = 6.163,91 \text{ [Equazione (14.2)]} \quad \text{e} \quad \sigma_P = 5.980,19 \text{ [Equazione (14.3)]}.$$

Sez. 14.3   Analisi delle Componenti Principali   **301**

TAVOLA 14.1 Delta del portafoglio e deviazioni standard degli *zero rates*.

	3m	6m	1a	2a	3a	5a	10a	15a	20a	30a
				TERM STRUCTURE 1						
δ_{j1}	55	65	80	85	90	70	65	40	20	5
σ_{j1}	8,8	7,4	6,7	5,6	5,4	5,4	5,2	5,2	5,5	6,4
				TERM STRUCTURE 2						
δ_{j2}	85	75	70	65	50	45	40	30	20	20
σ_{j2}	10,2	10,8	12,0	11,4	11,0	11,4	10,0	11,0	11,2	11,3

Nota: i delta sono espressi in milioni di dollari per 1 punto base e le deviazioni standard in punti base.

TAVOLA 14.2 Matrice delle correlazioni tra gli *zero rates*.

	3m	6m	1a	2a	3a	5a	10a	15a	20a	30a
3m	1	0,78	0,62	0,50	0,44	0,36	0,27	0,20	0,17	0,13
6m	0,78	1	0,84	0,74	0,67	0,57	0,44	0,37	0,35	0,30
1a	0,62	0,84	1	0,92	0,86	0,76	0,63	0,55	0,53	0,47
2a	0,50	0,74	0,92	1	0,98	0,89	0,75	0,69	0,66	0,60
3a	0,44	0,67	0,86	0,98	1	0,96	0,83	0,78	0,75	0,69
5a	0,36	0,57	0,76	0,89	0,96	1	0,92	0,89	0,86	0,81
10a	0,27	0,44	0,63	0,75	0,83	0,92	1	0,98	0,96	0,93
15a	0,20	0,37	0,55	0,69	0,78	0,89	0,98	1	0,99	0,97
20a	0,17	0,35	0,53	0,66	0,75	0,86	0,96	0,99	1	0,99
30a	0,13	0,30	0,47	0,60	0,69	0,81	0,93	0,97	0,99	1

Nota: i coefficienti di correlazione sono validi per entrambe le *term structures* ($\rho_{ij1} = \rho_{ij2}$).

Pertanto, la deviazione standard giornaliera del portafoglio, espressa in milioni di dollari, è pari a $6.163,91 o a $5.980,19. Moltiplicando questi valori per $\sqrt{10}$ e per 2,326 si ottiene il VaR decadale al 99%. L'ES può essere calcolata in base all'Equazione (11.2).

Un *file* in formato Excel che consente di effettuare i calcoli su cui si basano questi risultati è disponibile nel sito *web* del libro [e in quello del traduttore]: cfr. Rischio_d'Interesse.xlsx.

14.3 ANALISI DELLE COMPONENTI PRINCIPALI

Un metodo che consente di trattare il rischio derivante da variabili di mercato fortemente correlate tra loro è rappresentato dall'«analisi delle componenti principali» (*principal components analysis* - PCA). Questo strumento statistico consente di definire le componenti ortogonali (ovvero i fattori) che spiegano le variazioni delle variabili di mercato osservate storicamente.

Il metodo può essere meglio spiegato con un esempio.

Esempio 14.8

Consideriamo 8 variabili di mercato, rappresentate dai *Treasury rates* a 1, 2, 3, 5, 7, 10, 20 e 30 anni. La Tavola 14.3 e la Tavola 14.4 mostrano i risultati ottenuti per queste variabili di mercato, sulla base di 2.631 osservazioni giornaliere tra il 2010 e il 2020. La prima colonna della Tavola 14.3 mostra la scadenza dei tassi che sono stati considerati. Le altre 8 colonne della tavola mostrano gli 8 fattori (o componenti principali) che descrivono le variazioni dei tassi.

TAVOLA 14.3 *Factor loadings* per i dati sui *Treasury rates*.

Scadenza	CP1	CP2	CP3	CP4	CP5	CP6	CP7	CP8
1 anno	-0,083	-0,242	0,685	-0,682	0,006	0,025	0,021	-0,004
2 anni	-0,210	-0,465	0,376	0,574	0,517	0,031	-0,011	-0,008
3 anni	-0,286	-0,467	0,006	0,185	-0,728	-0,347	-0,106	-0,074
5 anni	-0,386	-0,315	-0,332	-0,145	-0,061	0,604	0,348	0,361
7 anni	-0,430	-0,099	-0,349	-0,265	0,266	0,008	-0,263	-0,688
10 anni	-0,428	0,119	-0,153	-0,172	0,269	-0,515	-0,254	0,589
20 anni	-0,426	0,394	0,172	0,099	-0,027	-0,244	0,722	-0,205
30 anni	-0,411	0,478	0,323	0,204	-0,234	0,434	-0,461	0,036

TAVOLA 14.4 Deviazioni standard dei *factor scores* (punti base).

CP1	CP2	CP3	CP4	CP5	CP6	CP7	CP8
11,54	3,55	1,78	1,25	0,91	0,69	0,62	0,57

Il primo fattore, riportato nella colonna CP1, comporta uno spostamento quasi parallelo della *zero curve*. Per ogni unità di questo fattore, il *Treasury rate* a 1 anno diminuisce di 0,083 punti base, il *Treasury rate* a 2 anni diminuisce di 0,210 punti base, e così via. Il secondo fattore, riportato nella colonna CP2, comporta una «torsione» (*twist*) ossia una «maggiore inclinazione» (*steepening*) della *zero curve*. I tassi da 1 a 4 anni si muovono in una direzione mentre i tassi da 5 a 30 anni si muovono nell'altra. Il terzo fattore comporta un «rigonfiamento» (*bowing*) della *zero curve*. I tassi alle estremità opposte della *zero curve* si muovono in una direzione mentre i tassi intermedi si muovono nell'altra. La variazione di un tasso d'interesse causata da un particolare fattore è detta «peso fattoriale» (*factor loading*). Nel nostro esempio, il primo *factor loading* del *Treasury rate* a 1 anno è −0,083.[1]

Si noti che i segni dei *factor loadings* sono in qualche modo arbitrari. Possiamo cambiare i segni di tutti i *factor loadings* relativi a un certo fattore senza cambiare il modello. Ad es., se facessimo così per il 1° fattore, l'impatto di −1 unità del 1° fattore sulla configurazione della *zero curve* sarebbe uguale all'impatto di +1 unità rappresentato nella Tavola 14.3.

Dato che ci sono 8 tassi e 8 fattori, risolvendo un sistema di 8 equazioni simultanee si possono esprimere le variazioni dei *Treasury rates* osservate in un certo giorno come combinazione lineare dei fattori. Le quantità dei fattori associate alle variazioni dei tassi in un certo giorno sono dette «punteggi fattoriali» (*factor scores*).

L'importanza di un fattore è misurata dalla deviazione standard del suo *factor score*. Le deviazioni standard dei *factor scores* sono riportate nella Tavola 14.4. I fattori sono elencati in ordine d'importanza e le deviazioni standard sono espresse in punti base (p.b.). Pertanto, se la quantità del primo fattore è pari a una deviazione standard, il *Treasury rate* a 1 anno si riduce di 0,95 (= −0,083 × 11,54) p.b., il *Treasury rate* a 2 anni si riduce di 2,43 (=−0,210 × 11,54) p.b., e così via.

Un *file* in formato Excel che consente di effettuare i calcoli su cui si basano la Tavola 14.3 e la Tavola 14.4 è disponibile nel sito *web* del libro [e in quello del traduttore]: cfr. Analisi_delle_Componenti_Principali.xlsm.

I dettagli tecnici sulla determinazione dei fattori sono spiegati nell'Appendice 14a e nell'Appendice 14b. Qui è sufficiente notare che i fattori vengono scelti in modo che non siano correlati tra loro. Ad es., il primo fattore (lo spostamento parallelo) non è correlato con il secondo fattore (la torsione).

---

[1] I *factor loadings* godono della proprietà secondo cui la somma dei loro quadrati per ciascun fattore è pari a 1. Si noti, inoltre, che il fattore non cambia se i segni di tutti i suoi *factor loadings* vengono cambiati.

Sez. 14.3 Analisi delle Componenti Principali

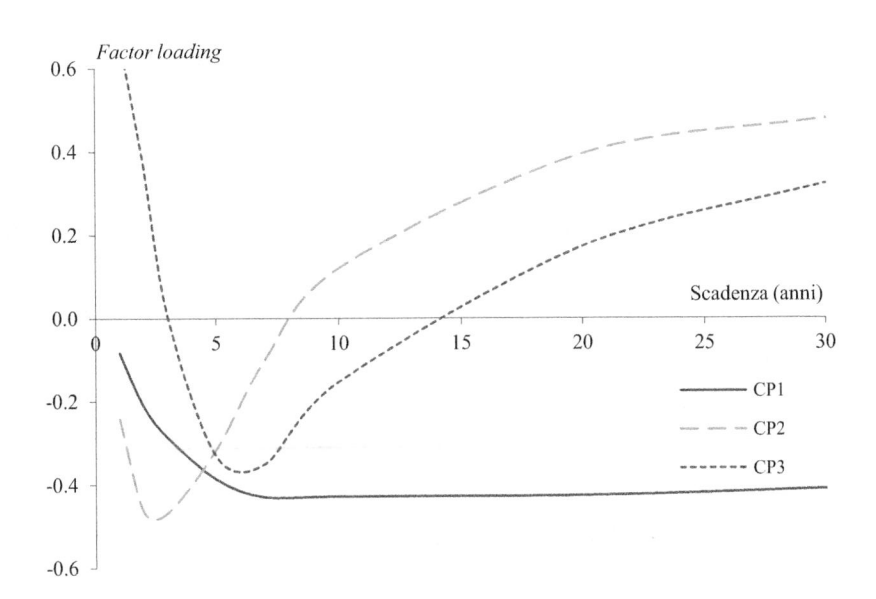

Figura 14.2 I tre principali fattori che guidano l'evoluzione dei *Treasury rates*.

Le varianze dei *factor scores* (ossia i quadrati delle deviazioni standard) hanno la proprietà che la loro somma è pari alla varianza complessiva dei dati. In base alla Tavola 14.4, la varianza dei dati originali (ossia la varianza delle osservazioni sul tasso a 3 mesi, più la varianza delle osservazioni sul tasso a 6 mesi, ...) è uguale a

$$11{,}54^2 + 3{,}55^2 + 1{,}78^2 + 1{,}25^2 + 0{,}91^2 + 0{,}69^2 + 0{,}62^2 + 0{,}57^2 = 152{,}53.$$

Da questa equazione si vede che il primo fattore spiega l'87,3% (= $11{,}54^2 / 152{,}53$) della varianza dei dati originali; i primi due fattori spiegano il 95,6% [= $(11{,}54^2 + 3{,}55^2) / 152{,}53$]; il terzo fattore spiega un ulteriore 2,1% (= $1{,}78^2 / 152{,}53$). Questi risultati mostrano che il rischio di una variazione dei *Treasury rates* è quasi interamente spiegato dai primi due o tre fattori. Pertanto, i rischi di un portafoglio composto da titoli che dipendono dai *Treasury rates* possono essere collegati ai movimenti di questi fattori, invece che agli 8 *Treasury rates*. I tre più importanti fattori della Tavola 14.3 sono riportati nella Figura 14.2.[2]

Calcolo del VaR e dell'ES

Illustreremo ora, con un esempio, come si possa utilizzare l'analisi delle componenti principali per calcolare il VaR e l'ES.

Esempio 14.9

Consideriamo un portafoglio con le esposizioni ai tassi d'interesse mostrate nella Tavola 14.5. L'aumento di un punto base del tasso d'interesse a 2 anni comporta un aumento di valore del portafoglio pari a $10 milioni; l'aumento di un punto base del tasso d'interesse a 3 anni comporta un aumento di valore del portafoglio pari a $4 milioni, e così via. Utilizziamo i primi 2 fattori per descrivere l'evoluzione dei tassi d'interesse (come si è visto, questo modello spiega il 95,6% della varianza delle variazioni dei tassi d'interesse)

---

[2] Risultati simili a quelli che sono stati qui descritti, con riferimento alla natura dei fattori e alla percentuale del rischio complessivo che essi spiegano, sono stati ottenuti applicando l'analisi delle componenti principali a diverse *yield curves* e a diversi Paesi.

TAVOLA 14.5 Variazione di valore del portafoglio (milioni di dollari).

		Tasso d'interesse		
a 2 anni	a 3 anni	a 5 anni	a 7 anni	a 10 anni
+10	+4	−8	−7	+2

Nota: è indicata la variazione di valore del portafoglio derivante dall'aumento di 1 p.b. del tasso d'interesse.

Utilizzando i dati della Tavola 14.3, l'esposizione al primo fattore (misurata in milioni di dollari per ogni punto base di *factor score*) è pari a $1,994 milioni

$$\$10 \times (-0{,}210) + \$4 \times (-0{,}286) - \$8 \times (-0{,}386) - \$7 \times (-0{,}430) + \$2 \times (-0{,}428) = \$1{,}994$$

e l'esposizione al secondo fattore è pari a −$3,063 milioni

$$\$10 \times (-0{,}465) + \$4 \times (-0{,}467) - \$8 \times (-0{,}315) - \$7 \times (-0{,}099) + \$2 \times 0{,}119 = -\$3{,}063.$$

Supponiamo che f_1 e f_2 siano i *factor scores* (misurati in punti base). La variazione di valore del portafoglio è data, con buona approssimazione, da

$$\Delta P = \$1{,}994 \times f_1 - \$3{,}063 \times f_2.$$

I *factor scores* non sono correlati tra loro e hanno le deviazioni standard riportate nella Tavola 14.4. Pertanto, la deviazione standard di ΔP (in milioni di dollari) è pari a

$$\sqrt{\$1{,}994^2 \times 11{,}54^2 + (-\$3{,}063)^2 \times 3{,}55^2} = \$25{,}451.$$

Ne segue che, sotto l'ipotesi che i fattori si distribuiscano in modo normale con media nulla, il VaR a un giorno, con un livello di confidenza del 99%, è pari a $59,208 milioni:

$$\text{VaR} = \$25{,}451 \times 2{,}326 = \$59{,}208.$$

In base all'Equazione (11.2), l'ES a un giorno, con un livello di confidenza del 99%, è pari a $67,832 milioni:

$$\$25{,}451 \times \frac{e^{-2{,}326^2/2}}{(1-0{,}99) \times \sqrt{2\pi}} = \$67{,}832.$$

L'analisi delle componenti principali può essere utilizzata anche per variabili di mercato diverse dai tassi d'interesse.

Esempio 14.10
Si consideri un'istituzione finanziaria che è esposta a diversi indici azionari. L'analisi delle componenti principali può essere utilizzata per identificare i fattori che descrivono le variazioni degli indici e i fattori più importanti possono essere poi utilizzati, in sostituzione degli indici azionari, ai fini di calcolo del VaR.

L'analisi delle componenti principali risulta tanto più efficace quanto maggiore è la correlazione tra le variabili di mercato.

14.4 GESTIONE DEL REDDITO NETTO DA INTERESSI

Una delle attività principali del *risk management* di una banca è la gestione del reddito netto da interessi. Come si è visto nella Sezione 2.2, il reddito netto da interessi è pari al saldo tra gli interessi percepiti e quelli corrisposti.

TAVOLA 14.6 Tassi bancari attivi e passivi.

Scadenza (anni)	Depositi	Mutui
1	3%	6%
5	3%	6%

All'interno della banca, spetta alla funzione di «gestione delle attività e passività» (*asset / liability management*) il compito di far in modo che il «margine netto da interessi» (*net interest margin*), definito come rapporto tra reddito netto da interessi e attività che producono reddito, rimanga più o meno costante nel tempo. In questa sezione, vedremo il metodo che viene utilizzato per raggiungere quest'obiettivo.

Esempio 14.11

Per capire il modo in cui si possono verificare ampie fluttuazioni nel margine netto da interessi, consideriamo il caso di una banca che riceve depositi a 1 o 5 anni e offre mutui a 1 o 5 anni. I tassi d'interesse sono quelli riportati nella Tavola 14.6. Supponiamo che, secondo le aspettative, i futuri tassi a 1 anno saranno uguali ai tassi a 1 anno correnti (si ritiene cioè che le probabilità di rialzo siano uguali alle probabilità di ribasso). Ne segue che i tassi della Tavola 14.6 sono «equi» (*fair*) poiché riflettono le aspettative di mercato. Il tasso di rendimento atteso di un deposito a 5 anni è uguale al tasso di rendimento atteso di una strategia di rinnovo per 5 anni di un deposito a 1 anno. Lo stesso vale per il tasso di un mutuo a 5 anni rispetto al rinnovo di un mutuo a 1 anno.

Supponiamo ora di voler depositare un certo importo di denaro e di condividere le aspettative correnti secondo cui la probabilità di rialzo dei tassi d'interesse è uguale alla probabilità di ribasso. Che tipo di deposito dovremmo scegliere? Quello a 1 anno o quello a 5 anni? Probabilmente sceglieremmo il deposito a 1 anno perché ci lascia una maggiore flessibilità finanziaria, dato che è minore il periodo di tempo per il quale ci impegniamo a lasciare depositato il denaro in banca.

E se invece vogliamo un mutuo? Supponiamo nuovamente di condividere le aspettative correnti secondo cui la probabilità di rialzo dei tassi d'interesse è uguale alla probabilità di ribasso. Sceglieremo un mutuo a 1 anno o uno a 5 anni? Probabilmente sceglieremmo il mutuo a 5 anni perché ci consente di ridurre il rischio di un rialzo dei tassi d'interesse, dato che il tasso resta bloccato per 5 anni.

Dopo aver fissato i tassi riportati nella Tavola 14.6, la banca probabilmente scoprirà che la maggior parte dei suoi clienti avrà optato per il deposito a 1 anno e il mutuo a 5 anni. Si creerà quindi uno scompenso tra le attività e le passività della banca che potrà mettere a rischio la stabilità del reddito netto da interessi. Non c'è alcun problema se i tassi d'interesse scendono. A fronte del 6% percepito sui mutui a 5 anni, la banca si finanzia mediante depositi che le costano meno del 3%. Pertanto, il reddito netto da interessi aumenta. Se invece i tassi d'interesse salgono, il tasso percepito sui mutui resta bloccato al 5% mentre il costo della raccolta mediante depositi aumenta. Pertanto, il reddito netto da interessi diminuisce. Se l'aumento dei tassi è pari al 3%, il reddito netto da interessi si annulla.

Spetta alla funzione di *asset / liability management* il compito di assicurare che le scadenze delle attività che fruttano interessi siano in linea con le scadenze delle passività che comportano il pagamento di interessi. Un modo per mantenere allineate le scadenze è quello di aumentare il tasso a 5 anni sia sui depositi sia sui mutui. Ad es., la banca potrebbe decidere di attuare le modifiche indicate nella Tavola 14.7, portando al 4% il tasso dei depositi a 5 anni e al 7% il tasso dei mutui a 5 anni. I depositi a 5 anni e i mutui a 1 anno diventeranno relativamente più interessanti. Alcuni dei clienti che avevano scelto i depositi a 1 anno sceglieranno ora i depositi a 5 anni mentre alcuni dei clienti che avevano scelto i mutui a 5 anni sceglieranno i mutui a 1 anno. Questo processo potrà far sì che le scadenze del passivo risultino allineate con quelle dell'attivo. Nel caso in cui dovesse sussistere uno scompenso, con clienti che continuano a orientarsi verso i depositi a 1 anno e i mutui a 5 anni, la banca potrà ulteriormente aumentare i tassi sui depositi a 5 anni e sui mutui a 5 anni. Alla fine lo scompenso scomparirà.

TAVOLA 14.7 Modifica dei tassi bancari, attivi e passivi.

Scadenza (anni)	Depositi	Mutui
1	3%	6%
5	4%	7%

Se tutte le banche si comportano nel modo che è stato illustrato nell'esempio precedente, i tassi d'interesse a lungo termine tenderanno a essere più elevati della media dei futuri tassi a breve termine. Il fenomeno è spiegato dalla «teoria della preferenza per la liquidità» (*liquidity preference theory*). Questa teoria è coerente con l'inclinazione positiva della curva dei tassi di rendimento che si osserva il più delle volte sui mercati. Anche quando ci sono aspettative di un leggero ribasso dei tassi a breve termine, è possibile che la curva sia inclinata positivamente a causa del premio al rischio inglobato nei tassi d'interesse a più lunga scadenza.

Molte banche si avvalgono ora di sistemi sofisticati per il monitoraggio delle decisioni prese dai clienti, in modo da poter aggiustare i tassi quando si accorgono dell'esistenza di piccoli disallineamenti tra le scadenze di attività e passività.

A volte, le banche utilizzano gli «*swaps* su tassi d'interesse» (*interest-rate swaps*) per gestire le loro esposizioni (si veda l'Esempio 5.20 nella Sezione 5.3). Il risultato è che, di solito, il reddito netto da interessi è stabile e non comporta rischi significativi. Tuttavia, non è stato sempre così.

Esempio 14.12

Negli anni '80, il fallimento della Continental Illinois e delle «casse di risparmio» (*savings and loans companies*) statunitensi è stato in gran parte determinato dal mancato allineamento delle scadenze di attività e passività.

Liquidità

Oltre a erodere il reddito netto da interessi, gli scompensi tra attività e passività possono provocare crisi di liquidità. Le banche che finanziano prestiti a lungo termine con depositi a breve devono continuamente sostituire i depositi che scadono con nuovi depositi [in questi casi si parla a volte di «rinnovo» (*rollover*) dei depositi]. Se i depositanti perdono fiducia nella banca, il rinnovo potrebbe rivelarsi problematico.

Esempio 14.13

Un esempio ben noto è rappresentato da Northern Rock, una banca inglese che è fallita a causa di una crisi di liquidità. Northern Rock finanziava gran parte dei mutui con depositi all'ingrosso, alcuni dei quali con scadenze che non superavano i 3 mesi. Dal settembre 2007, i depositanti, preoccupati dei problemi sorti negli Stati Uniti, cominciarono a dar segno di nervosismo e iniziarono a non rinnovare i depositi. Di conseguenza, Northern Rock venne a trovarsi nell'impossibilità di finanziare i propri impieghi e, all'inizio del 2008, fu rilevata dallo Stato (Riquadro 21.1).

Negli Stati Uniti, Bear Stearns e Lehman Brothers hanno avuto problemi simili perché avevano scelto di finanziare parte delle loro operazioni con fondi a breve termine.

Molti dei problemi che si sono avuti durante la Crisi Finanziaria Globale sono stati causati da mancanza di liquidità. Come spesso accade quando le condizioni di mercato sono critiche, c'è stata una «fuga verso la qualità» (*flight to quality*): gli investitori si sono diretti verso investimenti sicuri, non volendo assumersi rischi di credito.

Le autorità di vigilanza hanno riconosciuto l'esigenza di imporre requisiti sulla liquidità delle banche, in aggiunta ai requisiti patrimoniali. Il rischio di liquidità verrà trattato più approfonditamente nel Capitolo 21 e i requisiti sulla liquidità, introdotti da Basilea III, verranno esposti nel Capitolo 26.

14.5 DURATION

La «durata finanziaria» (*duration*) di un titolo è una misura di durata e di rischio: misura il tempo che il portatore del titolo deve attendere, in media, prima di vedersi pagare capitale e interessi, ma misura anche l'esposizione del titolo rispetto ai movimenti della *yield curve*.

Sia B il prezzo *spot*, B, di un'«obbligazione con cedole» (*coupon bond*) che paga c_i (a titolo di interessi e capitale) alle date t_i ($1 \leq i \leq n$). Il «tasso di rendimento effettivo» (*bond yield*) del titolo è quel tasso di attualizzazione, y, che uguaglia il prezzo teorico del titolo al prezzo di mercato. Se il *bond yield* viene misurato capitalizzando continuamente gli interessi (Appendice 3a), la relazione tra B e y è

$$B = \sum_{i=1}^{n} c_i e^{-y t_i}. \tag{14.4}$$

La *duration*, D, del titolo è definita come

$$D = \sum_{i=1}^{n} t_i \left(\frac{c_i e^{-y t_i}}{B} \right). \tag{14.5}$$

Il termine tra parentesi è il rapporto tra valore attuale del pagamento al tempo t_i e prezzo del titolo. Il prezzo del titolo è pari al valore attuale dei pagamenti. Pertanto, la *duration* è una media ponderata dei tempi t_i, con pesi pari alla quota del valore attuale del titolo rappresentata dall'i-esimo pagamento. La somma dei pesi è pari a 1. Questo spiega il significato del termine *duration*. La *duration* è una misura del tempo necessario per rientrare da un investimento.

Gli *zero-coupon bonds* a n anni hanno una *duration* di n anni, mentre i *coupon bonds* a n anni hanno una *duration* minore di n anni, dato che gli interessi incassati durante la loro vita consentono di recuperare prima il denaro investito.

Esempio 14.14
Si consideri un titolo a 3 anni con tasso cedolare del 10% e valore nominale di $100. Il tasso di rendimento effettivo (composto continuamente), y, è del 12%. Le cedole di $5 vengono pagate ogni 6 mesi. La Tavola 14.8 mostra i calcoli per determinare la *duration*. Il valore attuale dei pagamenti, calcolato in base al tasso di rendimento effettivo, è mostrato nella colonna 3. (Ad es., il valore attuale della prima cedola è $5e^{-0,12 \times 0,5} = \$4,709$). Il totale della colonna 3 è pari al prezzo del titolo, $94,213. I pesi vanno calcolati dividendo i dati della colonna 3 per $94,213. Il totale della colonna 5 è pari alla *duration*: 2,653 anni. La *duration* del *coupon bond* (2,653 anni) è minore della sua vita residua (3 anni).

In prima approssimazione, è vero che

$$\Delta B = \frac{dB}{dy} \Delta y$$

dove il simbolo Δy rappresenta una piccola variazione di y, mentre il simbolo ΔB rappresenta la corrispondente piccola variazione di B.

TAVOLA 14.8 Calcolo della *duration*.

Tempo (anni)	Pagamento ($)	Valore attuale ($)	Peso	Tempo × peso (anni)
0,5	5	4,709	0,050	0,025
1,0	5	4,435	0,047	0,047
1,5	5	4,176	0,044	0,066
2,0	5	3,933	0,042	0,083
2,5	5	3,704	0,039	0,098
3,0	105	73,256	0,778	2,333
Totale	130	94,213	1,000	2,653

Si noti che la relazione tra B e y è negativa: quando il tasso di rendimento del titolo aumenta, il prezzo diminuisce; e viceversa. In base all'Equazione (14.7), si ha

$$\Delta B = \left(-\sum_{i=1}^{n} t_i \, c_i \, e^{-y t_i} \right) \Delta y$$

e in base all'Equazione (14.5) si ha

$$\Delta B = -B \, D \, \Delta y \qquad (14.6)$$

da cui

$$\frac{\Delta B}{B} = -D \, \Delta y.$$

Pertanto, al limite, la *duration* è la semi-elasticità del prezzo del titolo rispetto al tasso di rendimento, cambiata di segno:

$$D = -\frac{1}{B} \frac{dB}{dy}. \qquad (14.7)$$

Le variazioni dei tassi d'interesse vengono spesso misurate in «punti base» (*basis points*). Un punto base è pari allo 0,01% annuo. Nel prossimo esempio verrà verificata l'accuratezza dell'approssimazione definita dall'Equazione (14.6).

Esempio 14.15

Il prezzo, B, del titolo considerato nella Tavola 14.8 è di $94,213 e la *duration* è di 2,653 anni. Pertanto, in base all'Equazione (14.6), si ha

$$\Delta B = -\$94{,}213 \times 2{,}653 \, \Delta y$$

da cui

$$\Delta B = -\$249{,}954 \, \Delta y.$$

Se il tasso di rendimento aumenta di 10 punti base, ossia dello 0,1%, $\Delta y = +0,001$. Pertanto, ΔB è pari a $-$0,25 ($= -$249,948 \times 0,001$). In altre parole, ci aspettiamo che il prezzo del titolo scenda a $93,963 ($= $94,213 - $0,25$).

Quanto è accurata questa stima? Quando il tasso di rendimento aumenta di 10 punti base, passando al 12,1%, il prezzo del titolo è pari a $93,963:

$$\$5 \, e^{-0{,}121 \times 0{,}5} + \$5 \, e^{-0{,}121 \times 1{,}0} + \$5 \, e^{-0{,}121 \times 1{,}5} + \$5 \, e^{-0{,}121 \times 2{,}0} + \$5 \, e^{-0{,}121 \times 2{,}5} + \$105 \, e^{-0{,}121 \times 3{,}0} = \$93{,}963$$

Questo risultato è uguale (fino al terzo decimale) a quello ottenuto in precedenza.

Sez. 14.5   Duration

Duration Modificata

La definizione di *duration* che troviamo nell'Equazione (14.5) è stata suggerita da Frederick Macaulay, nel 1938. Viene quindi chiamata «*duration* di Macaulay» (Macaulay's *duration*).

L'analisi che è stata appena svolta si basa sull'ipotesi che y sia composto continuamente. Invece, se y è un tasso composto annualmente, si può dimostrare che l'espressione per D nell'Equazione (14.5) deve essere divisa per $1 + y$. Più in generale se y è composto m volte l'anno, il termine D va diviso per $1 + y/m$.

La *duration* definita in questo modo è detta «*duration* modificata» (*modified duration*).

Esempio 14.16

Il prezzo, B, del titolo considerato nella Tavola 14.8 è pari a $94,213 e la *duration* è pari a 2,653 anni. Il tasso di rendimento, composto semestralmente, è pari al 12,3673% (si veda l'Appendice 3a).

La *duration* modificata, D^*, è pari a 2,4985 anni:

$$D^* = \frac{2{,}653}{1 + 0{,}123673/2} = 2{,}4985.$$

In base all'Equazione (14.6), si ha

$$\Delta B = -\$94{,}213 \times 2{,}4985 \, \Delta y$$

da cui

$$\Delta B = -\$235{,}392 \, \Delta y.$$

Se il tasso di rendimento (composto semestralmente) aumenta di 10 punti base (= 0,1%), Δy = +0,001. Pertanto, ΔB è pari a –$0,235 (= –$235,392 × 0,001). In altre parole, ci aspettiamo che il prezzo del titolo scenda a $93,978 (= $94,213 – $0,235).

Quanto è accurata questa stima? Quando il tasso di rendimento (composto semestralmente) aumenta di 10 punti base, passando dal 12,3673 al 12,4673% (ossia al 12,0942% composto continuamente), il prezzo del titolo, ottenuto in base a un calcolo esatto, analogo a quello dell'esempio precedente, è pari a $93,978.

Questo risultato è uguale (fino al terzo decimale) a quello ottenuto in base all'Equazione (14.7).

Dollar Duration

Un'altra misura che viene a volte utilizzata è la «*duration* in dollari» (*dollar duration*). La *dollar duration*, $D_\$$, è pari al prodotto tra la *duration* e il prezzo dell'obbligazione per cui, in base all'Equazione (14.6), si ha

$$\Delta B = -D_\$ \, \Delta y$$

e quindi, al limite,

$$D_\$ = -\frac{dB}{dy}.$$

Mentre la *duration* è la semi-elasticità del prezzo del titolo rispetto al tasso di rendimento, cambiata di segno, la *dollar duration* è la derivata del prezzo del titolo rispetto al tasso di rendimento, cambiata di segno. È simile al delta che abbiamo visto nella Sezione 13.2.

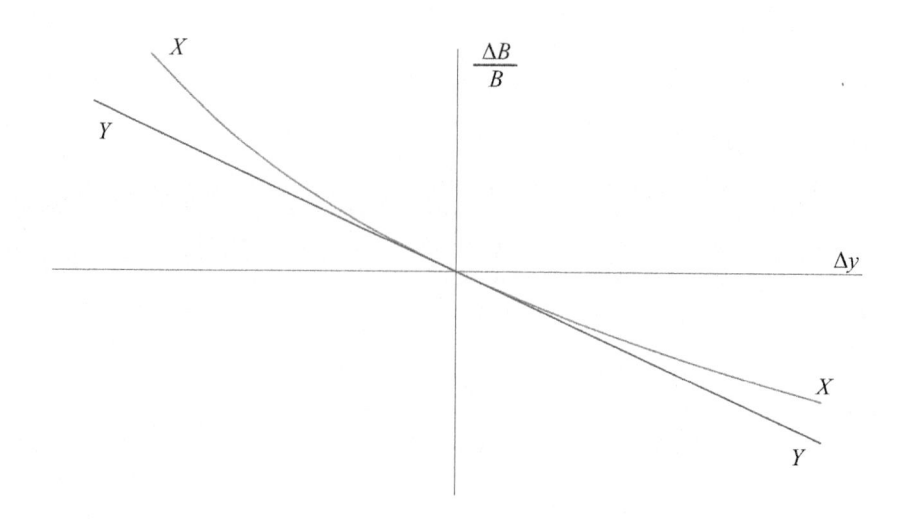

Figura 14.3 Portafogli obbligazionari con uguale *duration* ma diversa *convexity*.

14.6 CONVEXITY

L'approssimazione basata sulla *duration* è valida solo per piccole variazioni dei tassi di rendimento, come si vede nella Figura 14.3. Questa figura mostra, per due portafogli con uguale *duration*, la relazione tra il tasso di variazione del valore del portafoglio, $\Delta B/B$, e la variazione del tasso di rendimento, Δy. La pendenza delle due curve è la stessa per i tassi di rendimento correnti ($\Delta y = 0$), per cui, coerentemente con l'Equazione (14.6), il tasso di variazione del valore dei due portafogli è lo stesso se si verifica una piccola variazione dei tassi di rendimento.

Per forti variazioni dei tassi, i portafogli si comportano diversamente. Il portafoglio X ha più curvatura rispetto al portafoglio Y. Se i tassi diminuiscono, il valore del portafoglio X aumenta più di quello del portafoglio Y. Se i tassi aumentano, il valore del portafoglio X diminuisce meno di quello del portafoglio Y.

La curvatura viene misurata da un fattore, noto come «convessità» (*convexity*), che può essere utilizzato per migliorare l'approssimazione offerta dall'Equazione (14.6). Una misura della *convexity* è data da

$$C = \frac{1}{B}\frac{d^2B}{dy^2} = \frac{\sum_{i=1}^{n} t_i^2 c_i e^{-yt_i}}{B}$$

dove y è il tasso di rendimento effettivo composto continuamente. La *convexity* è la media ponderata del quadrato del tempo mancante all'incasso di interessi e capitale. In base all'espansione in serie di Taylor (Appendice 12a), un'approssimazione più accurata della variazione del prezzo del titolo è la seguente:

$$\Delta B = \frac{dB}{dy}\Delta y + \frac{1}{2}\frac{d^2B}{dy^2}(\Delta y)^2.$$

Sostituendo i valori della *duration*, D, e della *convexity*, C, si ottiene

$$\frac{\Delta B}{B} = -D\,\Delta y + \frac{1}{2}C(\Delta y)^2. \tag{14.8}$$

Esempio 14.17

Consideriamo nuovamente il titolo preso in esame nella Tavola 14.8. Il valore corrente del titolo è di \$94,213 e la *duration* è di 2,653 anni. La *convexity* è pari a 7,570:

$$\frac{\$4{,}709 \times 0{,}5^2 + \$4{,}435 \times 1{,}0^2 + \$4{,}176 \times 1{,}5^2 + \$3{,}933 \times 2{,}0^2 + \$3{,}704 \times 2{,}5^2 + \$73{,}256 \times 3{,}0^2}{\$94{,}213} = 7{,}570$$

Pertanto, in base all'Equazione (14.8), il tasso di variazione del valore del titolo è approssimato da

$$\frac{\Delta B}{B} = -2{,}653 \times \Delta y + \frac{1}{2} \times 7{,}570 \times (\Delta y)^2.$$

Supponiamo che il tasso di rendimento del titolo aumenti del 2% (=14% − 12%). L'approssimazione (14.6), basata esclusivamente sulla *duration*, prevede che la variazione del prezzo del titolo causata da quest'aumento sia pari a

$$\Delta B = -\$94{,}213 \times 2{,}653 \times 0{,}02 = -\$4{,}999.$$

Invece l'approssimazione (14.8), che fa uso anche della *convexity*, prevede che la variazione del prezzo del titolo sia pari a

$$\Delta B = -\$94{,}213 \times 2{,}653 \times 0{,}02 + \frac{1}{2} \times \$94{,}213 \times 7{,}570 \times 0{,}02^2 = -\$4{,}856.$$

La variazione effettiva del prezzo del titolo è di −\$4,859. Quest'esempio dimostra che l'accuratezza dell'approssimazione basata su *duration* e *convexity* è molto migliore di quella che si basa esclusivamente sulla *duration*.

Dollar Convexity

La «*convexity* in dollari» (*dollar convexity*), $C_\$$, è pari al prodotto tra la *convexity* e il prezzo dell'obbligazione, per cui in base alla definizione di *convexity* si ha

$$C_\$ = \frac{d^2 B}{dy^2}.$$

Pertanto, la *dollar convexity* è analogo al gamma che abbiamo visto nella Sezione 13.6.

14.7 GENERALIZZAZIONE

Finora abbiamo utilizzato la *duration* e la *convexity* per misurare la «sensitività» (*sensitivity*) del prezzo di un singolo titolo nei confronti dei tassi d'interesse. Le definizioni di *duration* e *convexity* possono ora essere generalizzate in modo da valere anche per i portafogli obbligazionari, ossia per i portafogli di attività che dipendono dai tassi d'interesse.

Per definizione, lo «spostamento parallelo» (*parallel shift*) della *zero curve* è una traslazione in cui i tassi d'interesse degli *zero-coupon bonds* si modificano nella stessa misura, come si vede nella Figura 14.4.

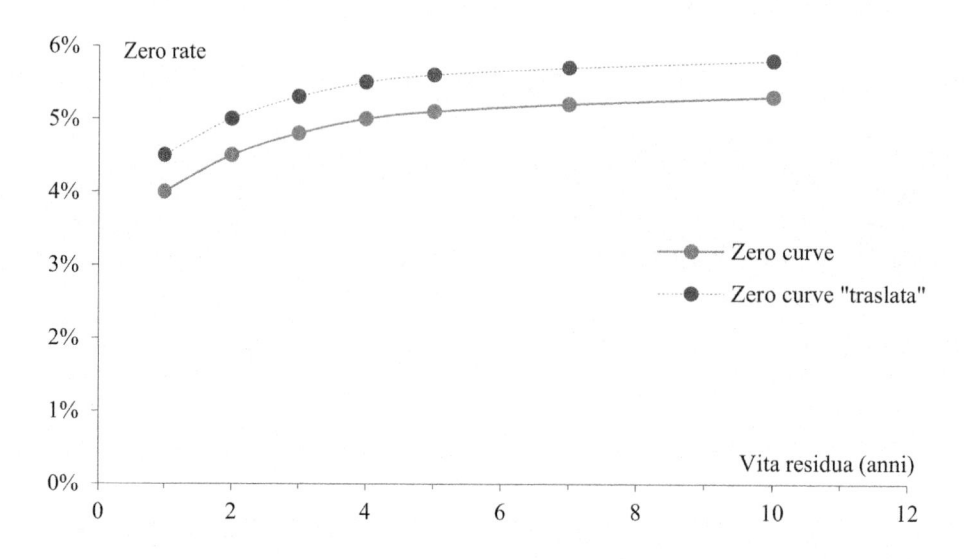

Figura 14.4 *Zero curve*: spostamento parallelo.

Sia P il valore corrente di un portafoglio e sia ΔP la variazione di valore del portafoglio conseguente a un piccolo spostamento parallelo della *zero curve*. La *duration* del portafoglio è così definita:

$$D = -\frac{1}{P}\frac{\Delta P}{\Delta y} \qquad (14.9)$$

dove Δy misura l'ampiezza dello spostamento parallelo.[3]

L'Equazione (14.9) diventa

$$\frac{\Delta P}{P} = -D\,\Delta y. \qquad (14.10)$$

Supponiamo che il portafoglio sia composto da n titoli. Siano X_i e D_i, rispettivamente, il valore corrente e la *duration* dell'i-esimo titolo ($i = 1, ..., n$). Sia ΔX_i la variazione di valore dell'i-esimo titolo derivante dallo spostamento parallelo Δy. Ne segue che

$$P = \sum_{i=1}^{n} X_i$$

e

$$\Delta P = \sum_{i=1}^{n} \Delta X_i$$

---

[3] Se lo spostamento parallelo della *zero curve* è pari a Δy, i tassi di rendimento di tutti i titoli si modificano in misura approssimativamente pari a Δy.

Sez. 14.7 Generalizzazione

per cui la *duration* del portafoglio è data da

$$D = -\frac{1}{P}\sum_{i=1}^{n}\frac{\Delta X_i}{\Delta y}.$$

La *duration* dell'*i*-esimo titolo è

$$D_i = -\frac{1}{X_i}\frac{\Delta X_i}{\Delta y}$$

per cui la *duration* del portafoglio risulta pari a

$$D = \sum_{i=1}^{n}\frac{X_i}{P}D_i.$$

Quest'equazione dimostra che la *duration* di un portafoglio è la media ponderata delle *durations* dei singoli titoli, con pesi pari alla quota del valore attuale del portafoglio rappresentata da ciascun titolo.

La *dollar duration*, $D_\$$, di un portafoglio può essere definita come prodotto tra *duration* e valore del portafoglio:

$$D_\$ = -\frac{dP}{dy}.$$

La *dollar duration* di un portafoglio misura il delta del portafoglio rispetto ai tassi d'interesse ed è pari alla somma delle *dollar durations* delle singole attività che lo compongono.

La *convexity* può essere generalizzata nello stesso modo della *duration*. La *convexity* di un portafoglio è definita da

$$C = \frac{1}{P}\frac{\partial^2 P}{\partial y^2}.$$

L'Equazione (14.8) resta valida, con B sostituito da P:

$$\frac{\Delta P}{P} = -D\,\Delta y + \frac{1}{2}C(\Delta y)^2. \tag{14.11}$$

La relazione tra la *convexity* di un portafoglio e la *convexity* dei titoli che lo compongono è analoga a quella della *duration*: la *convexity* di un portafoglio è la media ponderata delle *convexities* dei singoli titoli, con pesi pari alla quota del valore attuale del portafoglio rappresentata da ciascun titolo.

La *convexity* di un portafoglio tende a essere massima quando il portafoglio offre pagamenti distribuiti uniformemente per un lungo periodo di tempo. È minima quando i pagamenti sono concentrati intorno a una particolare data.

La *dollar convexity*, $C_\$$, di un portafoglio può essere definita come prodotto tra *convexity* e valore del portafoglio. La *dollar convexity* di un portafoglio misura il gamma del portafoglio rispetto ai tassi d'interesse ed è pari alla somma delle *dollar convexities* delle singole attività che lo compongono.

TAVOLA 14.9 *Zero rates* (composti continuamente).

Scadenza (anni)	1	2	3	4	5	7	10
Tasso (%)	4,0	4,5	4,8	5,0	5,1	5,2	5,3

Immunizzazione di Portafoglio

Un portafoglio composto da posizioni lunghe e corte su attività che dipendono dai tassi d'interesse può essere protetto dagli spostamenti paralleli relativamente piccoli della *yield curve* facendo in modo che la sua *duration* sia nulla.

Inoltre, può essere protetto dagli spostamenti paralleli relativamente grandi della *yield curve* facendo in modo che la *duration* e la *convexity* siano nulle o comunque prossime a zero.

14.8 SPOSTAMENTI NON PARALLELI DELLA ZERO CURVE

Sfortunatamente, la relazione basata sulla *duration* [Equazione (14.10)] quantifica l'esposizione nei confronti dei soli spostamenti paralleli della *zero curve*.

La relazione basata su *duration* e *convexity* [Equazione (14.11)] tiene conto del fatto che gli spostamenti possono essere relativamente grandi, ma anch'essa si riferisce ai soli spostamenti paralleli della *zero curve*.

Alcuni accademici hanno cercato di estendere le misure di *duration* in modo da tener conto degli spostamenti non paralleli. Ad es., è stata proposta la «*duration* parziale», una misura che quantifica l'effetto di una variazione di un solo *zero rate*, a parità di tutti gli altri.[4]

Esempio 14.18

Supponiamo che la *zero curve* sia quella mostrata nella Tavola 14.9 e nella Figura 14.5.

Lo spostamento dello *zero rate* a 5 anni farebbe assumere alla *zero curve* l'aspetto riportato nella Figura 14.6.[5]

Supponiamo che ci siano n punti sulla *zero curve*. In generale, la *duration* parziale, D_i, relativa all'i-esimo punto della *zero curve* è

$$D_i = -\frac{1}{P}\frac{\Delta P_i}{\Delta y_i}$$

dove Δy_i è una piccola variazione apportata all'i-esimo punto della *zero curve* e ΔP_i è la conseguente variazione di valore del portafoglio.

La variabile Δy_i rappresenta la variazione, in forma decimale, dei tassi d'interesse. Pertanto, $\Delta y_i = 0,001$ sta a indicare che l'i-esimo punto della *zero curve* aumenta in misura pari a 10 punti base.

---

[4] Si veda REITANO, R., "Non-Parallel Yield Curve Shifts and Immunization", *Journal of Portfolio Management*, Spring 1992, 36-43.

[5] Quando l'i-esimo punto della *zero curve* viene spostato, gli altri punti restano fermi e i tassi della nuova *zero curve* che si trovano in prossimità dell'i-esimo punto vengono calcolati per mezzo dell'interpolazione lineare, come nella Figura 14.6.

Sez. 14.8   Spostamenti non Paralleli della Zero Curve

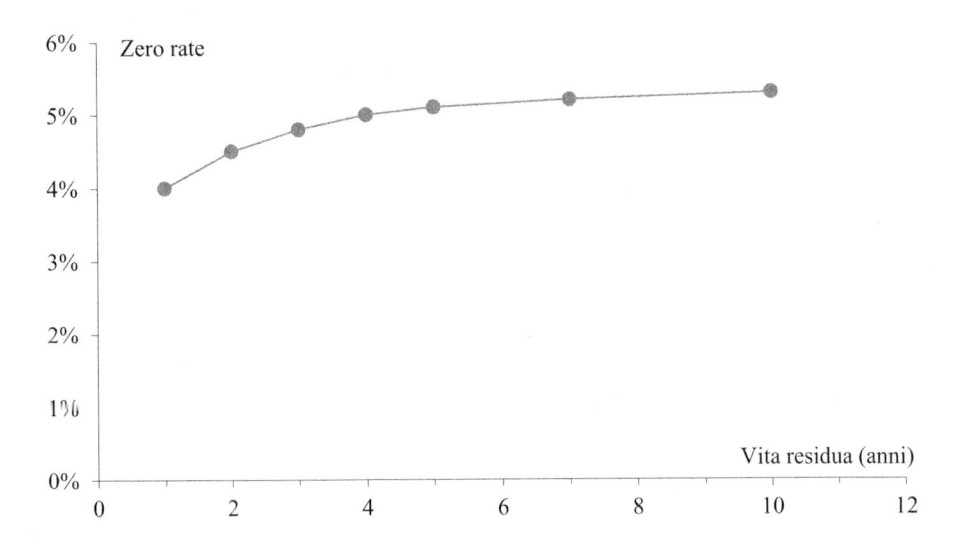

Figura 14.5 *Zero curve.*

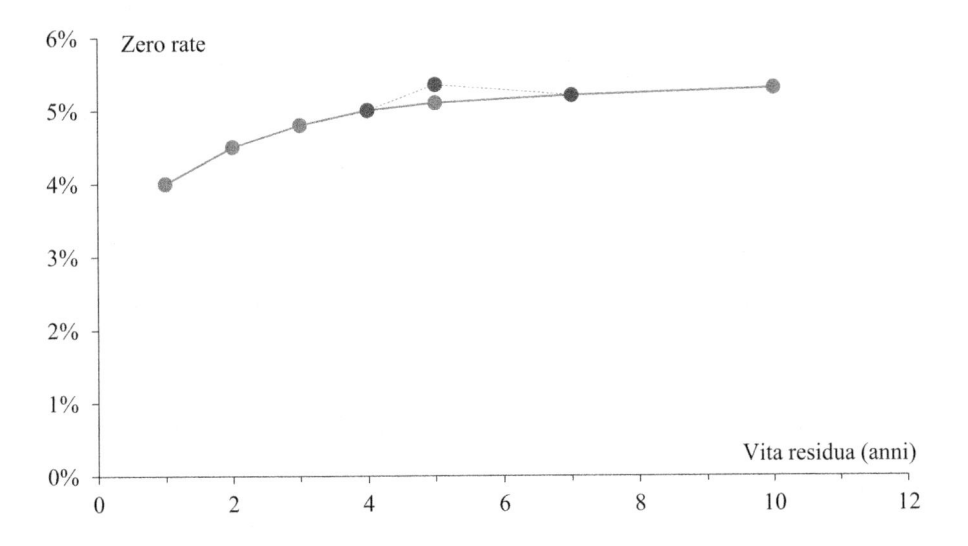

Figura 14.6 *Zero curve* dopo lo spostamento di uno dei suoi punti.

Il tasso di variazione del valore del portafoglio derivante dalla variazione Δy_i apportata all'*i*-esimo punto della *zero curve* è pari a

$$\frac{\Delta P_i}{P} = -D_i \Delta y_i.$$

TAVOLA 14.10 *Durations* parziali.

Scadenza (anni)	1	2	3	4	5	7	10	Totale
Duration	0,2	0,6	0,9	1,6	2,0	−2,1	−3,0	0,2

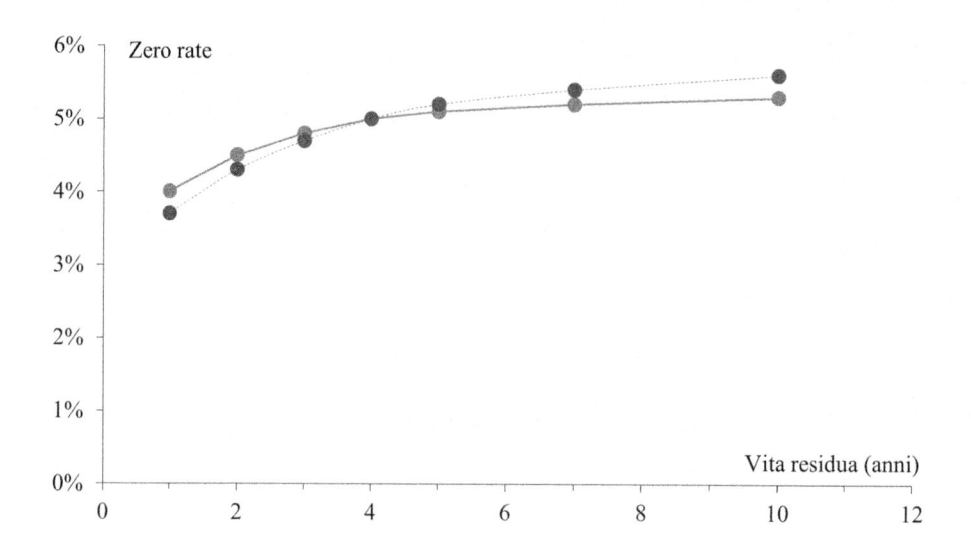

Figura 14.7 *Zero curve* dopo la rotazione.

Esempio 14.19

Supponiamo che le *durations* parziali di un certo portafoglio siano quelle riportate nella Tavola 14.10. La *duration* complessiva del portafoglio è pari a 0,2, un valore piuttosto basso. Il portafoglio è relativamente poco sensibile agli spostamenti paralleli della *zero curve*.

Tuttavia le *durations* parziali per le scadenze più brevi sono positive mentre quelle per le scadenze più lunghe sono negative. Pertanto, il valore del portafoglio diminuisce (aumenta) quando i tassi a breve aumentano (diminuiscono) e aumenta (diminuisce) quando i tassi a lungo termine aumentano (diminuiscono).

La somma di tutte le *durations* parziali è pari alla *duration* tradizionale. Questa è la conseguenza del fatto che apportando un'uguale variazione a tutti i punti della *zero curve* si ottiene uno spostamento parallelo.

Siamo ora in grado di fare un passo avanti e calcolare l'impatto degli spostamenti non paralleli. Possiamo definire qualsiasi tipo di spostamento.

Esempio 14.20

Supponiamo di definire, nel caso della *zero curve* mostrata nella Figura 14.5, una rotazione tale per cui le variazioni dei tassi a 1, 2, 3, 4, 5, 7 e 10 anni sono pari a $-3e, -2e, -1e, 0e, +1e, +3e, +6e$, dove $e = 0,0001$, ossia un punto base. La Figura 14.7 mostra la curva ottenuta dopo la rotazione.

In base alle *durations* parziali della Tavola 14.10, il tasso di variazione del valore del portafoglio derivante dalla rotazione è pari a

$$-[0,2 \times (-3e) + 0,6 \times (-2e) + 0,9 \times (-1e) + 1,6 \times (0e) + 2,0 \times (1e) - 2,1 \times (3e) - 3,0 \times (6e)] = 25,0e.$$

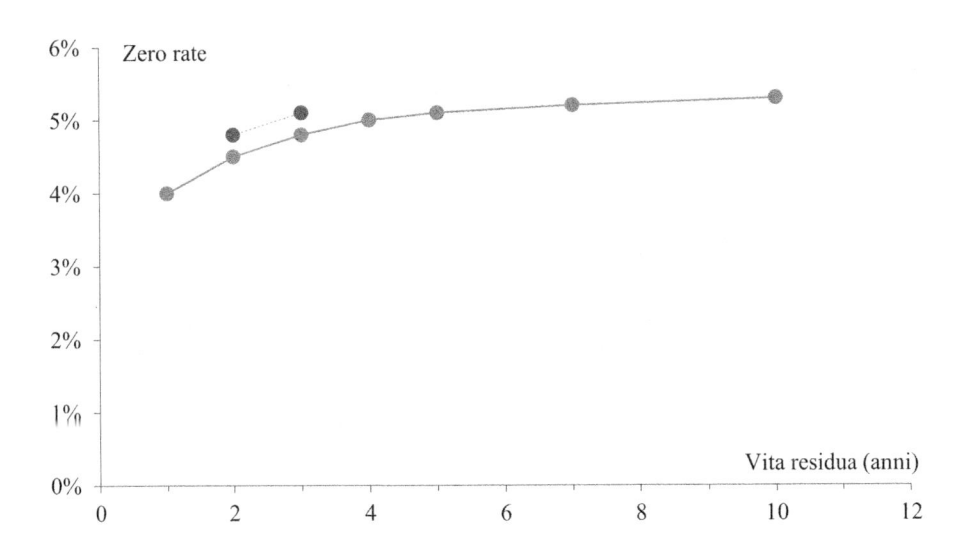

Figura 14.8 *Zero curve* dopo la modifica considerata dal metodo dei *buckets*.

Il tasso di variazione del valore del portafoglio derivante da uno spostamento parallelo, e, della *zero curve* è pari a

$$-(0{,}2 + 0{,}6 + 0{,}9 + 1{,}6 + 2{,}0 - 2{,}1 - 3{,}0) \times 1e = -0{,}2e.$$

Pertanto, il portafoglio è molto più esposto a una rotazione che non a uno spostamento parallelo.

Delta per Segmento

Una variante del metodo delle *durations* parziali è quella di dividere la *zero curve* in più segmenti, noti come «*buckets*» [il primo *bucket* potrebbe "raccogliere" le scadenze tra 0 e 1 mese, il secondo quelle da 1 a 3 mesi, e così via] e poi calcolare il delta per ogni *bucket*, ossia l'impatto derivante dall'aumento di 1 punto base di tutti i tassi relativi al *bucket* in questione, lasciando invariati tutti gli altri. Questo metodo viene spesso utilizzato dalle funzioni di *asset / liability management* (Sezione 14.4) ed è noto come «gestione degli sbilanci tra attivo e passivo» (*Gap management*).

La Figura 14.8 illustra la variazione cui sarebbe soggetta la *zero curve* della Figura 14.5 nell'eventualità che venisse considerato il *bucket* compreso tra 2 e 3 anni.

La somma dei delta relativi a tutti i *buckets* è detta DV01 (il DV01 misura la variazione di valore del portafoglio conseguente a uno spostamento parallelo della *zero curve* pari a 1 punto base).

Calcolo dei Delta per Fini di Copertura

Uno dei problemi relativi ai delta che abbiamo considerato finora è che non sono fatti in modo da semplificare le coperture.

Esempio 14.21
Consideriamo i delta della Tavola 14.10. Se siamo in grado di trovare gli *zero-coupon bonds* delle diverse scadenze, possiamo facilmente annullare le nostre esposizioni (−$20 per p.b. nei confronti

del tasso a 1 anno, –$60 per p.b. nei confronti del tasso a 2 anni, ecc.). Se però siamo costretti a utilizzare altri strumenti per la copertura, è necessaria un'analisi molto più complessa.

I *traders* tendono a coprirsi utilizzando gli stessi strumenti di cui si sono avvalsi per costruire la *zero curve*.

Esempio 14.22
I *traders* che negoziano titoli di Stato tendono a coprirsi utilizzando i titoli di Stato più attivamente trattati di cui si sono avvalsi per costruire la *Treasury zero curve*.

Per facilitare le coperture, i *traders* misurano l'impatto di piccole variazioni dei prezzi per ciascun titolo utilizzato nella costruzione della *zero curve*. La quotazione del titolo viene cambiata, la *zero curve* viene ricalcolata e il portafoglio viene nuovamente valutato.

SOMMARIO

Le istituzioni finanziarie sono esposte alle variazioni di varie *zero curves*, denominate in diverse valute. Per calcolare il VaR e l'ES, possono considerare ogni *zero rate* come una variabile di mercato a sé stante oppure utilizzare l'analisi delle componenti principali per identificare un numero limitato di fattori che descrivono le variazioni della *zero curve*.

Il margine netto da interessi di una banca misura il saldo tra interessi percepiti e interessi corrisposti. Esistono procedure consolidate di *asset/liability management* che ne assicurano la stabilità nel tempo.

Un concetto importante nei mercati dei tassi d'interesse è quello della *duration*. La *duration*, oltre che essere una misura di durata è anche una misura di rischio, in quanto misura la sensitività del valore di un portafoglio rispetto a piccoli spostamenti paralleli della *zero curve*.

In particolare

$$\Delta P = -P\,D\,\Delta y$$

dove P è il valore del portafoglio, D è la sua *duration*, Δy è la dimensione di un piccolo spostamento parallelo della *zero curve* e ΔP è la conseguente variazione di P.

Una relazione più precisa è

$$\Delta P = -PD\,\Delta y + \frac{1}{2}CP(\Delta y)^2$$

dove C è la *convexity* del portafoglio.

Questa relazione è accurata nel caso di ampi spostamenti paralleli della *zero curve* ma non consente di quantificare l'esposizione nei confronti degli spostamenti non paralleli.

Per quantificare l'esposizione nei confronti di tutti i possibili modi in cui la *zero curve* può modificarsi nel tempo, occorrono diverse *durations* o diversi delta. Un'utile alternativa al calcolo di numerosi delta è rappresentata dall'analisi delle componenti principali. Quest'analisi mostra che gli effettivi spostamenti della *zero curve* sono in gran parte spiegati da due o tre fattori. Se i gestori dei portafogli soggetti al rischio d'interesse si coprono da questi fattori, il valore dei portafogli risulta protetto contro il rischio degli spostamenti più comuni della *zero curve*.

SUGGERIMENTI PER ULTERIORI LETTURE

Duffie, D., "Debt Management and Interest Rate Risk", in Beaver, W. e Parker, G. (eds.), *Risk Management: Challenges and Solutions*. New York: McGraw-Hill, 1994.

Fabozzi, F. J., *Bond Markets, Analysis and Strategies*, 8th ed. Upper Saddle River, NJ: Pearson, 2012.

Jorion, P., *Big Bets Gone Bad: Derivatives and Bankruptcy in Orange County*. New York: Academic Press, 1995.

Reitano, R., "Non-Parallel Yield Curve Shifts and Immunization", *Journal of Portfolio Management*, Spring 1992, 36-43.

DOMANDE E PROBLEMI
(le risposte si trovano alla fine del libro)

14.1. Una banca ha concesso prestiti a 1 anno per $5 miliardi e prestiti a 5 anni per $20 miliardi, finanziandoli con depositi a 1 anno per $15 miliardi e depositi a 5 anni per $10 miliardi. Spiegate quale sarà l'impatto sul reddito netto da interessi di un aumento dei tassi d'interesse in misura pari all'1% per ciascuno dei prossimi 3 anni.

14.2. (a) Spiegate perché la maggior parte delle volte i tassi d'interesse a lungo termine sono più elevati dei tassi a breve.
(b) In quali circostanze vi aspettereste il contrario, con tassi a lungo termine più bassi di quelli a breve?

14.3. Descrivete due diversi modi per trattare i titoli che dipendono dai tassi d'interesse quando si usa il metodo della costruzione di un modello per calcolare il VaR.

14.4. Supponete che il valore di un portafoglio cresca di $50.000 per ogni punto base di aumento dello *zero rate* a 12 anni e che le altre sensitività siano nulle. Utilizzate il *multiple-vertex approach* con i 10 vertici standard (3 mesi, 6 mesi, 1 anno, 2 anni, 3 anni, 5 anni, 10 anni, 15 anni, 20 anni, 30 anni) per calcolare la variazione di valore del portafoglio determinata dall'aumento di 1 punto base di ogni *zero rate*.

14.5. Supponete che un portafoglio sia esposto alle variazioni degli *zero rates* a 2 e a 5 anni. La sua sensitività all'aumento di 1 p.b. di questi due tassi è pari, rispettivamente, a $10.000 e a −$8.000. Le variazioni degli *zero rates* a 2 e a 5 anni hanno una deviazione standard giornaliera pari, rispettivamente, a 7 e a 8 p.b. e il loro coefficiente di correlazione è pari a 0,8. Calcolate l'ES del portafoglio a 5 giorni, con un livello di confidenza del 98%.

14.6. (a) Cosa ci dice la *duration* circa la sensitività di un portafoglio obbligazionario rispetto alle variazioni dei tassi d'interesse?
(b) Qual è il principale limite della *duration*?

14.7. Un titolo a 5 anni, con valore nominale $100 e tasso di rendimento dell'11% (composto continuamente), paga una cedola dell'8% alla fine di ogni anno.
(a) Qual è il prezzo del titolo?
(b) Qual è la *duration* del titolo?
(c) Utilizzate la *duration* per calcolare l'effetto sul prezzo del titolo di una diminuzione dello 0,2% nel suo tasso di rendimento.
(d) Ricalcolate il prezzo del titolo sulla base di un tasso di rendimento del 10,8% annuo e verificate che il risultato sia coerente con la vostra risposta *sub* (c).

14.8. Ripetete il Problema 14.7 supponendo che i tassi di rendimento siano composti annualmente. Utilizzate la *duration* modificata.

14.9. Il tasso di rendimento di un titolo a 6 anni, con tasso cedolare del 5% pagabile annualmente, è pari al 4% (composto continuamente).
(a) Qual è il prezzo del titolo?
(b) Qual è la *duration* del titolo?

(c) Qual è la *convexity* del titolo?
(d) Utilizzate *duration* e *convexity* per calcolare l'effetto sul prezzo del titolo di un aumento del tasso di rendimento pari all'1%.
(e) Ricalcolate il prezzo del titolo sulla base di un tasso di rendimento del 5% annuo e verificate che il risultato sia coerente con la vostra risposta *sub* (d).

14.10. Spiegate tre metodi con cui calcolare un vettore di delta che consenta di gestire il rischio derivante da spostamenti non paralleli della *zero curve*.

14.11. Perché le *durations* parziali possono essere più utili della misura tradizionale di *duration*?

14.12. Le *durations* parziali di un portafoglio con valore corrente di $10 milioni sono quelle riportate nella Tavola 14.10. Calcolate l'impatto sul valore del portafoglio di un aumento dei tassi a 1, 2, 3, 4, 5, 7 e 10 in misura pari, rispettivamente, a 10, 8, 7, 6, 5, 3 e 1 p.b.

14.13. Quali sono le definizioni di *dollar duration* e di *dollar convexity*?

14.14. Quali sono le relazioni che legano
(a) le *durations* parziali alla *duration*;
(b) la *duration* al DV01?

APPENDICE 14A

Eigenvectors ed Eigenvalues

Prendiamo in esame una matrice $n \times n$, **A**, e supponiamo che **x** sia un vettore $n \times 1$. Consideriamo l'equazione

$$\mathbf{A}\,\mathbf{x} = \lambda\,\mathbf{x}. \tag{14a.1}$$

Quest'equazione può anche essere scritta nel modo seguente

$$(\mathbf{A} - \lambda\,\mathbf{I})\,\mathbf{x} = \mathbf{0}$$

dove **I** è la matrice identità $n \times n$ (ossia la matrice $n \times n$ in cui gli elementi lungo la diagonale principale sono uguali a 1 e gli altri sono tutti nulli).

Chiaramente $\mathbf{x} = \mathbf{0}$ rappresenta una soluzione dell'Equazione (14a.1). Un teorema dell'algebra lineare ci dice che ci sono altre soluzioni quando il determinante di $\mathbf{A} - \lambda\mathbf{I}$ è nullo. Pertanto, i valori di λ che risolvono l'Equazione (14a.1) sono quelli che otteniamo risolvendo l'equazione che pone il determinante di $\mathbf{A} - \lambda\mathbf{I}$ pari a zero. Quest'equazione è una polinomiale dell'n-esimo ordine in λ. In generale, ha n soluzioni. Le soluzioni sono gli «autovalori» (*eigenvalues*) della matrice **A**. Il vettore **x** che risolve l'Equazione (14a.1) per un particolare *eigenvalue* è detto «autovettore» (*eigenvector*). In generale, ci sono n *eigenvectors*, uno per ogni *eigenvalue*.

Esempio 14a.1

Consideriamo la matrice

$$\mathbf{A} = \begin{bmatrix} 1 & -1 \\ 2 & 4 \end{bmatrix}.$$

In questo caso,

$$\mathbf{A} - \lambda\mathbf{I} = \begin{bmatrix} 1-\lambda & -1 \\ 2 & 4-\lambda \end{bmatrix}.$$

Il determinante di questa matrice è

$$(1-\lambda) \times (4-\lambda) - (-1) \times 2 = \lambda^2 - 5\lambda + 6.$$

Le soluzioni dell'equazione sono

$$\lambda = 3 \quad \text{e} \quad \lambda = 2.$$

Questi sono i due *eigenvalues* della matrice.

Per determinare i due *eigenvectors* corrispondenti a $\lambda = 3$, risolviamo l'Equazione (14a.1):

$$\begin{bmatrix} 1 & -1 \\ 2 & 4 \end{bmatrix} \mathbf{x} = 3\mathbf{x}.$$

Ponendo

$$\mathbf{x} = \begin{bmatrix} x_1 \\ x_2 \end{bmatrix}$$

l'equazione da risolvere diventa

$$\begin{bmatrix} 1 & -1 \\ 2 & 4 \end{bmatrix} \begin{bmatrix} x_1 \\ x_2 \end{bmatrix} = 3 \begin{bmatrix} x_1 \\ x_2 \end{bmatrix}.$$

Le corrispondenti equazioni simultanee sono

$$x_1 - x_2 = 3\, x_1$$

e

$$2\, x_1 + 4\, x_2 = 3\, x_2.$$

Entrambe queste equazioni si semplificano in

$$x_2 + 2\, x_1 = 0.$$

Ne segue che, quando $\lambda = 3$, le equazioni vengono risolte da una qualsiasi coppia di numeri, x_1 e x_2, purché risulti

$$x_2 = -2\, x_1.$$

Per convenzione, i valori di x_1 e x_2 che vengono presi in considerazione sono quelli che assicurano al vettore **x** una lunghezza unitaria. In altri termini, vengono presi in considerazione quei valori di x_1 e x_2 che comportano

$$x_1^2 + x_2^2 = 1.$$

Nel nostro esempio, la soluzione che assicura una lunghezza unitaria al vettore **x** è

$$x_1 = \sqrt{0{,}2} = 0{,}447 \quad e \quad x_2 = -2\sqrt{0{,}2} = -0{,}894$$

o, in alternativa,

$$x_1 = -\sqrt{0{,}2} = -0{,}447 \quad e \quad x_2 = 2\sqrt{0{,}2} = 0{,}894.$$

La soluzione

$$\mathbf{x} = \begin{bmatrix} 0{,}447 \\ -0{,}894 \end{bmatrix}$$

rappresenta uno dei due *eigenvectors* corrispondenti al primo *eigenvalue* ($\lambda = 3$).

Calcoli analoghi mostrano che, quando $\lambda = 2$, l'Equazione (14a.1) è soddisfatta se

$$x_1 + x_2 = 0.$$

La soluzione che assicura una lunghezza unitaria al vettore **x** è

$$x_1 = \sqrt{0{,}5} = 0{,}707 \quad e \quad x_2 = -\sqrt{0{,}5} = -0{,}707$$

o, in alternativa,

$$x_1 = -\sqrt{0{,}5} = -0{,}707 \quad e \quad x_2 = \sqrt{0{,}5} = 0{,}707.$$

Pertanto, la soluzione

$$\mathbf{x} = \begin{bmatrix} 0{,}707 \\ -0{,}707 \end{bmatrix}$$

rappresenta uno dei due *eigenvectors* corrispondenti al secondo *eigenvalue* ($\lambda = 2$).

Se la matrice **A** ha dimensioni più elevate, occorre utilizzare una procedura numerica per il calcolo di *eigenvalues* ed *eigenvectors*. Un apposito algoritmo si trova in Press et al.[6]

Per due applicazioni che utilizzano gli *eigenvalues* e gli *eigenvectors*, si vedano le Appendici 14b e 19a. Un *file* in formato Excel che consente di calcolare *eigenvectors* ed *eigenvalues* è disponibile nel sito *web* del libro [e in quello del traduttore]: cfr. Eigenvectors_ed_Eigenvalues.xlsm.

---

[6] PRESS, W. H., TEUKOLSKY, S. A., VETTERLING, W. T. e FLANNERY, B. P., *Numerical Recipes in C: The Art of Scientific Computing*, 3rd ed. Cambridge: Cambridge University Press, 2007.

APPENDICE 14B

Analisi delle Componenti Principali

L'analisi delle componenti principali aiuta a comprendere la struttura dei dati relativi a n variabili correlate tra loro. L'obiettivo dell'analisi è quello di sostituire le n variabili con un numero più piccolo di variabili non correlate tra loro. Nell'esempio della Sezione 14.3, le variabili considerate sono 8. Rappresentano le variazioni giornaliere dei *Treasury rates* a 1, 2, 3, 5, 7, 10, 20 e 30 anni.

Il primo passo dell'analisi consiste nel raccogliere i dati sulle n variabili e nel calcolare la media di ogni variabile. Per ogni variabile, si calcolano poi gli scarti dalla media. Si viene così a disporre di un campione di «dati aggiustati» (*adjusted data*) composto da n variabili a media nulla.

Il passo successivo consiste nel calcolare la matrice varianze-covarianze dei dati aggiustati. Come viene spiegato nella Sezione 9.3, questa è una matrice $n \times n$ che contiene nella cella (i, j) la covarianza tra i dati aggiustati della variabile i e i dati aggiustati della variabile j. Gli elementi che figurano lungo la diagonale principale (dove $i = j$) sono le varianze.

Il passo successivo consiste nel calcolare gli *eigenvalues* e gli *eigenvectors* di questa matrice (si veda l'Appendice 14a). Gli *eigenvectors* vengono scelti in modo che abbiano lunghezza unitaria (com'è spiegato nell'Appendice 14a, ciò vuol dire che la somma dei quadrati degli elementi presenti in ogni *eigenvector* è pari a 1). L'*eigenvector* che corrisponde all'*eigenvalue* più elevato rappresenta la prima componente principale, l'*eigenvector* che corrisponde al secondo *eigenvalue*, in ordine di grandezza, rappresenta la seconda componente principale, e così via. Le componenti principali per l'Esempio 14.8 della Sezione 14.3 sono riportate nella Tavola 14.3.

Il rapporto tra l'*eigenvalue* per l'i-esima componente principale e la somma di tutti gli *eigenvalues* rappresenta la quota della varianza complessiva che viene spiegata dall'i-esima componente principale. Nell'Esempio 14.8 della Sezione 14.3, le quote della varianza complessiva che vengono spiegate dalle componenti principali sono riportate nella Tavola 14.4.

Un *file* in formato Excel che consente di effettuare l'analisi delle componenti principali è disponibile nel sito *web* del libro [e in quello del traduttore]: cfr. Analisi_delle_Componenti_Principali.xlsm.

Capitolo 15
Rischio Derivati

Finora ci siamo occupati di contratti il cui valore dipende in modo lineare dalle variabili di mercato. Passeremo ora a esaminare i derivati non-lineari, per i quali l'ipotesi di linearità non vale.

In questo capitolo presenteremo quelle che sono note come «lettere greche» (*Greek letters*) o più semplicemente «greche» (*Greeks*). Ogni lettera greca misura una delle n dimensioni del rischio cui è esposta una certa posizione su contratti derivati.

I *traders* di derivati calcolano le greche alla fine di ogni giorno e devono mettere in atto le opportune azioni correttive se vengono ecceduti i limiti di rischio fissati dall'istituzione finanziaria per cui lavorano. L'inosservanza di queste disposizioni può portare al licenziamento immediato.

Nel caso dei portafogli composti da derivati non-lineari, l'utilizzo del metodo delle simulazioni storiche per calcolare il VaR o l'ES è semplice. L'utilizzo del metodo della costruzione di un modello è più complesso. Vedremo quali approssimazioni si possono usare.

15.1 DELTA

In questa sezione e in ognuna delle quattro successive passeremo in esame le principali lettere greche: 1) il delta, 2) il gamma, 3) il vega, 4) il theta e 5) il rho.

Esempio 15.1

Consideriamo il *trader* di un'istituzione finanziaria che è responsabile per tutte le negoziazioni che riguardano l'oro. Supponiamo che il prezzo corrente dell'oro sia di $1.300 per oncia.

La Tavola 15.1 riporta una sintesi del portafoglio del *trader*, ovvero del suo «libro» (*book*). Il libro contiene 6 tipi di contratto: *spot, forwards, futures, swaps*, opzioni, *exotics*. Quali sono i rischi associati a questo portafoglio?

Il valore corrente del portafoglio è di −$5.683.000. Un modo per verificarne l'esposizione nei confronti del prezzo dell'oro è quella di calcolare l'effetto sul valore del portafoglio derivante da un piccolo aumento del prezzo dell'oro.

Supponiamo, ad es., che il prezzo dell'oro passi da $1.300 a $1.300,10 e che, in conseguenza di quest'aumento, il nuovo valore del portafoglio si porti a −$5.683.100.

Pertanto, un aumento del prezzo dell'oro in misura pari a $0,10 (= $1.300,10 − $1.300) si è tradotto nella variazione del valore del portafoglio in misura pari a −$100 [= −$5.683.100 − (−$5.683.000)].

TAVOLA 15.1 Il *book* di un *trader*.

Posizione	Valore ($)
Spot	3.180.000
Forwards	-3.060.000
Futures	2.000
Swaps	180.000
Opzioni	-6.110.000
Exotics	125.000
Totale	-5.683.000

Pertanto la sensitività del portafoglio nei confronti del prezzo dell'oro è pari a

$$\frac{-\$100}{\$0,1} = -1.000$$

È questo il «delta» del portafoglio (una greca che abbiamo già incontrato in altri capitoli). Il portafoglio perde valore a un tasso di $1.000 per ogni dollaro di aumento del prezzo dell'oro. Analogamente, aumenta di valore a un tasso di $1.000 per ogni dollaro di riduzione del prezzo dell'oro.

In generale, il delta di un portafoglio rispetto a una variabile di mercato, S, è dato dal seguente rapporto incrementale

$$\frac{\Delta P}{\Delta S}$$

dove ΔS è un piccolo incremento della variabile S e ΔP è la corrispondente variazione del valore, P, del portafoglio.

Nella terminologia del calcolo differenziale, il delta è la derivata parziale del valore del portafoglio rispetto al valore della variabile di mercato:

$$\Delta = \frac{\partial P}{\partial S}.$$

Esempio 15.2

Nell'Esempio 15.1, il *trader* può eliminare l'esposizione in termini di delta comprando a pronti 1.000 once d'oro. Infatti, la nuova posizione lunga sull'oro ha un delta pari a 1.000 (aumenta di valore a un tasso di $1.000 per $1 di aumento del prezzo *spot* dell'oro) e ciò consente di annullare il delta del portafoglio che in precedenza era pari a –1.000.

Quando il delta è nullo, si dice che il portafoglio è «neutrale in termini di delta» (*delta neutral*).

Prodotti Lineari

I prodotti lineari sono quei prodotti il cui valore dipende in modo lineare dal prezzo dell'attività sottostante (Figura 15.1). I *forwards*, i *futures*, gli *swaps* sono tutti prodotti lineari, mentre le opzioni sono prodotti non lineari.

Le coperture dei prodotti lineari sono piuttosto semplici.

Sez. 15.1   Delta

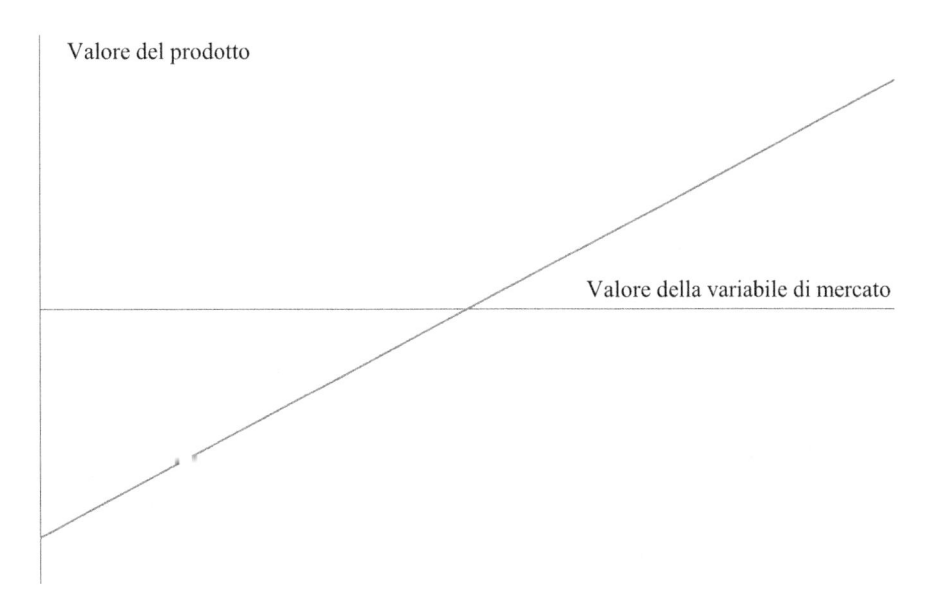

Figura 15.1 Un prodotto lineare.

Esempio 15.3

Una banca statunitense entra in un contratto *forward* corto con un suo cliente, impegnandosi a vendergli 1 milione di euro tra 1 anno, a un tasso di cambio di $1,3 per euro. Se i tassi d'interesse a 1 anno, in euro e in dollari, sono pari, rispettivamente, al 4% e al 3% (composto annualmente), il valore attuale degli euro è pari a €961.538 (= €1.000.000 / 1,04) e il valore attuale dei dollari è pari a $1.262.136 (= $1.300.000 / 1,03).

Sia S_0 il tasso di cambio *spot* $/€. Il valore corrente del contratto *forward* è pari a:[1]

$$\$1.262.136 - 961.538\, S_0.$$

Pertanto, il delta del contratto è pari a -961.538. Per coprirsi, la banca può prendere in prestito $961.538\, S_0$ dollari per 1 anno al 3% con cui comprare a pronti 961.538 euro.

Per verificare che la copertura funziona, si noti che i 961.538 euro possono essere investiti al 4% in modo da essere pari a 1 milione tra un anno. Questa è la disponibilità di cui la banca avrà bisogno per onorare gli impegni presi quando è entrata nel *forward*. I dollari che riceverà in cambio ($1.300.000) verranno utilizzati per estinguere il finanziamento.

Esempio 15.4

Supponiamo ora che la banca entri in un contratto *forward* lungo, ossia che si impegni a comprare da un cliente 1 milione di euro tra 1 anno, a un tasso di cambio di $1,3 per euro. In tal caso, Il valore corrente del contratto *forward* è pari a:

$$961.538\, S_0 - \$1.262.136.$$

Pertanto, il delta del contratto è pari a 961.538. Per coprirsi, la banca può vendere allo scoperto 961.538 euro. In altri termini, la banca prende in prestito 961.538 euro per 1 anno al 4% per poi venderli *spot* in cambio di dollari che vengono immediatamente investiti sul mercato domestico al tasso del 3% annuo.

In tal modo la banca avrà tra 1 anno la disponibilità dei dollari che si è impegnata a consegnare e riceverà in cambio gli euro che le consentiranno di estinguere il finanziamento.

---

[1] Si veda l'Appendice 5a per maggiori informazioni sulla valutazione dei contratti *forward*.

Riquadro 15.1 Le coperture effettuate dalle compagnie minerarie aurifere.

È naturale che una compagnia mineraria aurifera si chieda se le convenga coprirsi contro le variazioni dei prezzi dell'oro. Tipicamente, ci vogliono diversi anni per esaurire una miniera e, una volta avviata l'attività di estrazione, la compagnia mineraria ha una forte esposizione verso il prezzo dell'oro. Una miniera che appare redditizia nel momento in cui viene avviata l'attività di estrazione può diventare fallimentare se il prezzo dell'oro precipita.

Alcune compagnie minerarie aurifere non si coprono e lo dichiarano ai propri azionisti. Secondo queste compagnie, molti investitori comprano le azioni delle società aurifere perché vogliono trarre profitto dall'aumento del prezzo dell'oro e sono pronti ad accettare il rischio di perdite nel caso in cui il prezzo dell'oro si riduca.

Altre compagnie decidono invece di coprirsi. Stimano la quantità di oro che produrranno ogni mese per i prossimi anni e vendono a termine la produzione, in tutto o in parte, mediante contratti *forward* che vedono come controparte una banca d'investimento (tipicamente queste operazioni hanno dimensioni troppo elevate per i mercati *futures*).

È interessante vedere come si copre, a sua volta, la banca d'investimento dopo essersi impegnata a comprare l'oro a termine da una compagnia aurifera. Dato che le banche centrali di molti Paesi hanno cospicue riserve d'oro, la banca d'investimento prende in prestito l'oro da una banca centrale, lo rivende a pronti sul mercato e alla scadenza del contratto *forward*, ricevuto l'oro dalla compagnia aurifera in cambio del corrispettivo pattuito, lo consegna alla banca centrale. Per il prestito di oro, la banca centrale chiede che le venga riconosciuto un «tasso d'interesse per il prestito di oro» (*gold lease rate*) che può essere dell'ordine dell'1,5% all'anno.

Nell'ultimo esempio la copertura del rischio di cambio ha richiesto la vendita allo scoperto di euro. In generale, le vendite allo scoperto non sono sempre facili da realizzare. Un caso interessante è quello dell'oro. Spesso le istituzioni finanziarie si trovano a dover coprire forti esposizioni rispetto al prezzo dell'oro a seguito di contratti *forward* lunghi con cui si impegnano a comprare oro dalle società minerarie aurifere. La copertura di questi contratti richiede che vengano venduti allo scoperto rilevanti quantità d'oro. Com'è descritto nel Riquadro 15.1, sono le banche centrali le principali controparti da cui le istituzioni finanziarie prendono in prestito l'oro che dovranno poi immediatamente vendere sul mercato a pronti.

Le coperture mediante contratti lineari godono di un'interessante proprietà: proteggono non solo dalle piccole variazioni del sottostante ma anche da quelle di maggiore entità. Inoltre, una volta impostate, non richiedono aggiustamenti Si dice quindi che queste strategie sono del tipo «copriti e dimentica» (*hedge and forget*).

Esempio 15.5

Consideriamo di nuovo l'Esempio 15.3, in cui una banca si impegna a vendere, tra 1 anno, 1 milione di euro a un cliente in cambio di 1 milione di dollari. Per coprire l'esposizione al tasso di cambio dollari/euro, la banca acquista 961.538 euro sul mercato *spot* e li investe al 4% in modo da avere, tra 1 anno, 1.000.000 [= 961.538 × (1 + 0,04)] di euro. Questa è esattamente la quantità di euro che la banca dovrà consegnare per far fronte agli impegni presi con il contratto a termine. Non c'è alcun bisogno di aggiustare la copertura nel corso dell'anno.

Prodotti non Lineari

Le opzioni e la maggior parte degli strutturati sono prodotti non lineari. La relazione tra il loro valore e il valore del sottostante non è lineare. Questa non-linearità fa sì che le coperture siano più complesse rispetto a quelle dei prodotti lineari:

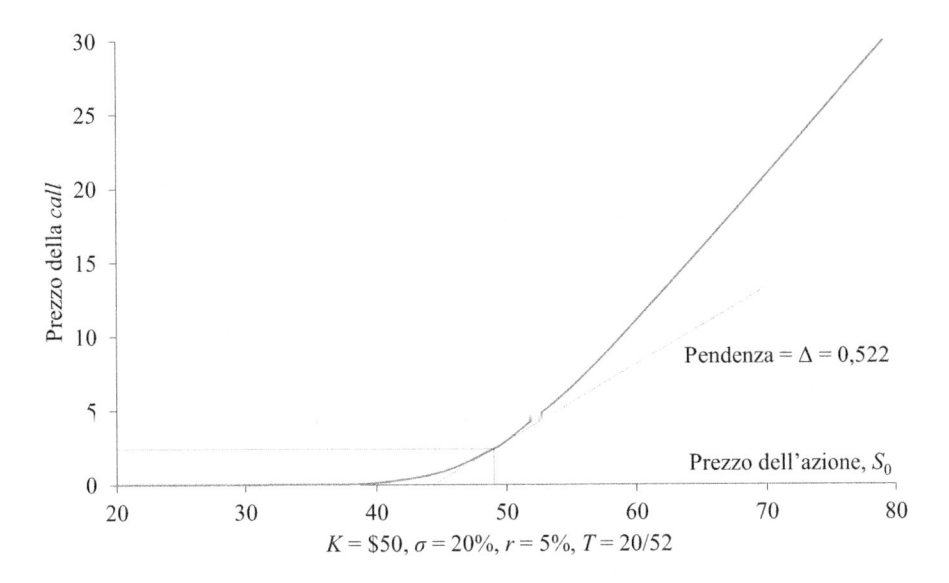

Figura 15.2 Valore di una *call* in funzione del prezzo dell'azione sottostante.

1. se viene resa neutrale in termini di delta, la posizione è protetta solo dalle piccole variazioni di prezzo del sottostante;
2. la strategia non è del tipo *hedge and forget*. La copertura deve essere aggiustata frequentemente. Si parla in questo caso di «copertura dinamica» (*dynamic hedging*).

Esempio 15.6

Un *trader* ha venduto 100.000 *calls* europee, con prezzo d'esercizio di $50 e scadenza tra 20 settimane (0,3846 anni), scritte su un titolo che non paga dividendi. Il prezzo corrente dell'azione è di $49, il tasso d'interesse è del 5% e la volatilità del prezzo dell'azione è del 20%.

Il valore dell'opzione in funzione del prezzo *spot* dell'azione sottostante è mostrato nella Figura 15.2. Il delta dell'opzione in funzione del prezzo *spot* dell'azione sottostante è mostrato nella Figura 15.3.[2] Il valore della *call* è di $2,40 mentre il delta è pari a 0,522 (si veda l'Appendice 5c per il calcolo del delta). Dato che il *trader* ha venduto 100.000 *calls*, il valore del suo portafoglio è pari a –$240.000 (= –$2,4 × 100.000) ed il delta è pari a –52.200 (= –0,522 × 100.000).

Supponiamo che il *trader* abbia venduto le opzioni a $300.000, $60.000 (= $300.000 – $240.000) in più rispetto al loro valore teorico. Deve ora affrontare il problema della copertura della sua esposizione. Supponiamo che non abbia negoziato altri contratti scritti sullo stesso sottostante delle opzioni.

Il portafoglio può essere reso *delta neutral* comprando 52.200 azioni. Se si verifica un piccolo aumento del prezzo dell'azione, la perdita sulle *calls* corte viene subito compensata dal guadagno sulle azioni lunghe. Viceversa, se si verifica una piccola riduzione del prezzo dell'azione, il guadagno sulle *calls* corte viene subito compensato dalla perdita sulle azioni lunghe. Ad es., se il prezzo delle azioni aumenta di $0,1 (passando da $49 a $49,10), allora il valore delle opzioni aumenta di $5.220 (= 52.200 × $0,1) e il valore delle azioni aumenta dello stesso importo.

---

[2] La Figura 15.2 e la Figura 15.3 sono state costruite con il *software* RMFI che può essere scaricato dal sito *web* dell'autore e dal sito *web* del libro. Il modello utilizzato è quello di Black-Scholes-Merton ("Option Type": "Black-Scholes European").

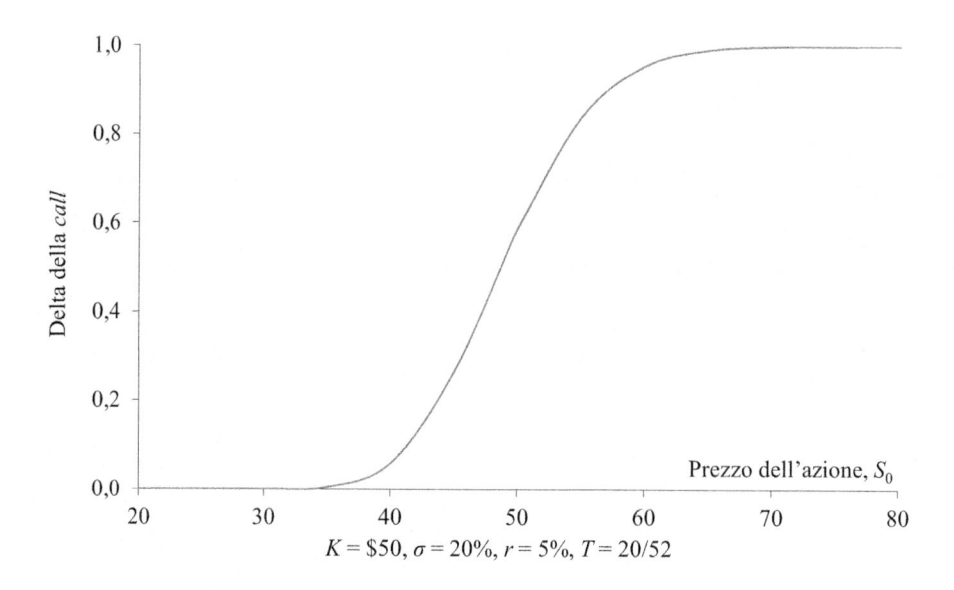

Figura 15.3 Delta di una *call* in funzione del prezzo dell'azione sottostante.

Dopo aver coperto la posizione su un prodotto lineare, non c'è più bisogno di apportare modifiche alla copertura. Così non è quando si devono coprire i rischi relativi ai prodotti non lineari. Per mantenere la neutralità di un portafoglio in termini di delta, la copertura deve essere aggiustata periodicamente. Si parla in questo caso di «ribilanciamento» (*rebalancing*).

I due prossimi esempi mostrano come si effettua il ribilanciamento della posizione corta su opzioni *call* considerata nell'Esempio 15.6.

Esempio 15.7

Supponiamo che il portafoglio venga ribilanciato ogni settimana. Come si è visto, il delta iniziale della *call* è di 0,522 ed il delta della posizione è di −52.200. Ciò vuol dire che, non appena le opzioni sono state vendute, occorre prendere in prestito $2.557.800 per comprare 52.200 azioni al prezzo di $49. Dato che il tasso d'interesse è pari al 5%, il costo per interessi relativo alla prima settimana è di $2.500.

Nella Tavola 15.2, il prezzo dell'azione scende a $48,12 alla fine della prima settimana. Di conseguenza, il delta scende a 0,458 e per mantenere la copertura occorre essere lunghi su 45.800 (= 0,458 × 100.000) azioni. Si devono quindi vendere 6.400 (= 52.200 − 45.800) azioni. Il ricavato della vendita, pari a $308.000 (= $48,12 × 6.400), consente di ridurre a $2.252.300 (= $2.557.800 + $2.500 − $308.000), il debito iniziale maggiorato degli interessi maturati.

Alla fine della seconda settimana il prezzo dell'azione scende a $47,37 e il delta si riduce di nuovo. Ciò comporta la vendita di 5.800 azioni.

Alla fine della terza settimana il prezzo sale oltre $50 e il delta aumenta. Occorre quindi acquistare 19.600 azioni, e così via.

Verso la fine della vita dell'opzione diventa evidente che la *call* verrà esercitata e quindi il delta tende a 1. Pertanto, alla fine della ventesima settimana, il *trader* si trova ad avere 100.000 azioni e una posizione completamente coperta.

Quando le opzioni vengono esercitate, riceve $5.000.000 in cambio delle azioni, cosicché alla fine il costo complessivo delle opzioni vendute risulta pari a $263.300 (= $5.263.300 − $5.000.000).

TAVOLA 15.2 Simulazione di *delta hedging* (l'opzione termina *in the money*).

Settimana	Prezzo dell'azione	Delta	Azioni acquistate	Costo delle azioni acquistate (migliaia di dollari)	Costo cumulato, interessi inclusi (migliaia di dollari)	Costo per interessi (migliaia di dollari)
0	49,00	0,522	52.200	2.557,8	2.557,8	-
1	48,12	0,458	(6.400)	(308,0)	2.252,3	2,5
2	47,37	0,400	(5.800)	(274,7)	1.979,8	2,2
3	50,25	0,596	19.600	984,9	2.966,6	1,9
4	51,75	0,693	9.700	502,0	3.471,5	2,9
5	53,12	0,774	8.100	430,3	3.905,1	3,3
6	53,00	0,771	(300)	(15,9)	3.893,0	3,8
7	51,87	0,706	(6.500)	(337,2)	3.559,5	3,7
8	51,38	0,674	(3.200)	(164,4)	3.398,5	3,4
9	53,00	0,787	11.300	598,9	4.000,7	3,3
10	49,88	0,550	(23.700)	(1.182,2)	2.822,3	3,8
11	48,50	0,413	(13.700)	(664,4)	2.160,6	2,7
12	49,88	0,542	12.900	643,5	2.806,2	2,1
13	50,37	0,591	4.900	246,8	3.055,7	2,7
14	52,13	0,768	17.700	922,7	3.981,3	2,9
15	51,88	0,759	(900)	(46,7)	3.938,4	3,8
16	52,87	0,865	10.600	560,4	4.502,6	3,8
17	54,87	0,978	11.300	620,0	5.126,9	4,3
18	54,62	0,990	1.200	65,5	5.197,3	4,9
19	55,87	1,000	1.000	55,9	5.258,2	5,0
20	57,25	1,000	0	0,0	5.263,3	5,1

Esempio 15.8
La Tavola 15.3 mostra un'altra possibile successione di eventi tali per cui le opzioni *call* finiscono *out of the money*. Via via che diventa più evidente che le opzioni non verranno esercitate, il delta tende a zero e, alla fine della ventesima settimana, il *trader* non si trova ad avere neanche un'azione in portafoglio. Il costo complessivo delle opzioni vendute risulta pari a $256.300.

Nella Tavola 15.2 e nella Tavola 15.3, i costi di copertura attualizzati sono vicini al valore teorico (Black-Scholes-Merton) delle opzioni, che è pari a $240.000, ma non sono uguali. Se lo schema di copertura funzionasse perfettamente, il costo della copertura, dopo l'attualizzazione, dovrebbe essere pari a $240.000 in ogni simulazione. Il motivo per cui il costo della copertura differisce da simulazione a simulazione è che il ribilanciamento viene effettuato solo una volta alla settimana. All'aumentare della frequenza del ribilanciamento, l'incertezza circa il costo della copertura si riduce. Naturalmente, le simulazioni della Tavola 15.2 e della Tavola 15.3 sono idealizzate, in quanto ipotizzano che il modello di Black-Scholes-Merton sia corretto e che i costi di transazione siano nulli.

Il *delta hedging* cerca di mantenere quanto più possibile invariato il valore del portafoglio del *trader*. All'inizio, il valore delle opzioni vendute è di $240.000. Nella situazione illustrata dalla Tavola 15.2, il valore delle opzioni alla fine della nona settimana è diventato pari a $414.500. Pertanto, nel periodo compreso tra la settimana 0 e la settimana 9, la perdita del *trader* sulle opzioni vendute è pari a $174.500 (= $414.500 − $240.000).

TAVOLA 15.3 Simulazione di *delta hedging* (l'opzione termina *out of the money*).

Settimana	Prezzo dell'azione	Delta	Azioni acquistate	Costo delle azioni acquistate (migliaia di dollari)	Costo cumulato, interessi inclusi (migliaia di dollari)	Costo per interessi (migliaia di dollari)
0	49,00	0,522	52.200	2.557,8	2.557,8	-
1	49,75	0,568	4.600	228,9	2.789,1	2,5
2	52,00	0,705	13.700	712,4	3.504,2	2,7
3	50,00	0,579	(12.600)	(630,0)	2.877,6	3,4
4	48,38	0,459	(12.000)	(580,6)	2.299,8	2,8
5	48,25	0,443	(1.600)	(77,2)	2.224,8	2,2
6	48,75	0,475	3.200	156,0	2.382,9	2,1
7	49,63	0,540	6.500	322,6	2.707,8	2,3
8	48,25	0,420	(12.000)	(579,0)	2.131,4	2,6
9	48,25	0,410	(1.000)	(48,3)	2.085,2	2,1
10	51,12	0,658	24.800	1.267,8	3.355,0	2,0
11	51,50	0,692	3.400	175,1	3.533,3	3,2
12	49,88	0,542	(15.000)	(748,2)	2.788,5	3,4
13	49,88	0,538	(400)	(20,0)	2.771,3	2,7
14	48,75	0,400	(13.800)	(672,8)	2.101,2	2,7
15	47,50	0,236	(16.400)	(779,0)	1.324,2	2,0
16	48,00	0,261	2.500	120,0	1.445,5	1,3
17	46,25	0,062	(19.900)	(920,4)	526,5	1,4
18	48,13	0,183	12.100	582,4	1.109,4	0,5
19	46,63	0,007	(17.600)	(820,7)	289,7	1,1
20	48,12	0,000	(700)	(33,7)	256,3	0,3

Alla fine della settimana 9, la posizione debitoria, pari al costo cumulato per l'acquisto delle azioni (comprensivo degli interessi), è peggiorata in misura pari a $1.442.900 (= 4.000.700 − 2.557.800) rispetto alla settimana 0. Però, nello stesso periodo, il valore delle azioni in portafoglio è aumentato di $1.613.300 (= $4.171.100 − $2.557.800). L'effetto complessivo netto è che, in 9 settimane, il valore della posizione è cambiato solo di $4.100 (= $174.500 + $1.442.900 − $1.613.300).

Come si Forma il Costo

In effetti, lo schema di *delta hedging* illustrato nella Tavola 15.2 e nella Tavola 15.3 consente di creare sinteticamente una posizione lunga sulle opzioni *call*. Questa posizione lunga sintetica neutralizza la posizione corta che il *trader* assume con la vendita delle opzioni.

Come si vede dalle tavole, la procedura seguita dal *trader* per coprire la sua esposizione comporta la vendita del titolo non appena il prezzo scende e l'acquisto del titolo non appena sale. Si potrebbe dire che si tratta di uno strategia "compra alto, vendi basso"!

Il costo di $240.000 deriva dalla differenza media tra il prezzo pagato per l'acquisto delle azioni e il prezzo realizzato con la loro vendita.

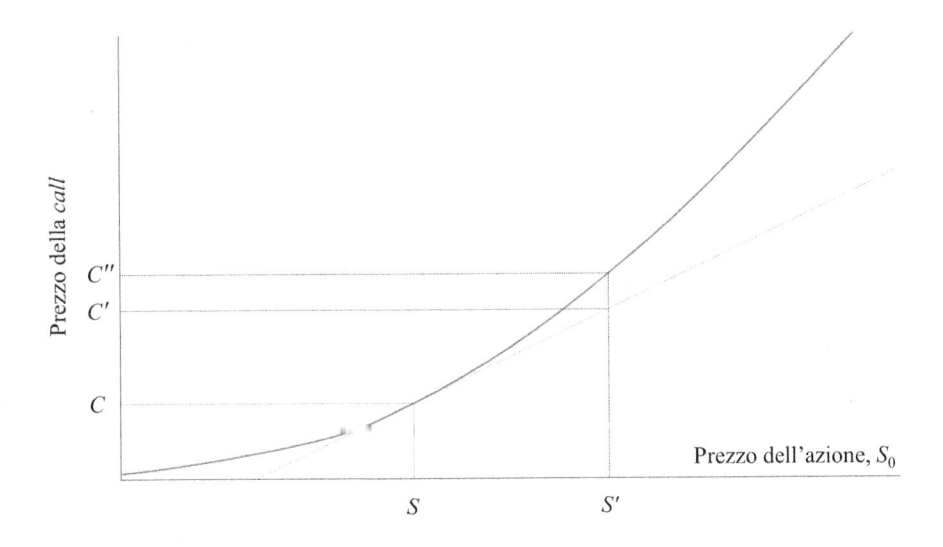

Figura 15.4 L'errore di copertura determinato dalla curvatura (o gamma).

Costi di Transazione

Il mantenimento della neutralità in termini di delta per una posizione su una sola opzione e sull'attività sottostante, effettuato nel modo che è stato descritto, può essere eccessivamente caro a causa dei costi di transazione. La neutralità in termini di delta è più accessibile nel caso di un ampio portafoglio di opzioni. È necessaria una sola transazione sull'attività sottostante per annullare il delta dell'intero portafoglio. I costi di transazione della copertura vengono assorbiti dai profitti sulle diverse operazioni. Ci sono quindi economie di scala e questo spiega perché il mercato dei derivati sia dominato da un piccolo gruppo di grandi *dealers*.

15.2 GAMMA

Il «gamma», Γ, di un portafoglio di derivati è la derivata del delta del portafoglio rispetto al prezzo dell'attività sottostante, ossia la derivata seconda del valore del portafoglio rispetto al prezzo dell'attività sottostante:

$$\Gamma = \frac{\partial^2 P}{\partial S^2}.$$

Se il gamma è piccolo, il delta cambia molto lentamente e gli aggiustamenti per mantenere il portafoglio neutrale in termini di delta non sono frequenti. Al contrario, se il gamma è grande in termini assoluti, il delta è molto sensibile alle variazioni del prezzo dell'attività sottostante. È allora molto rischioso lasciare invariato per molto tempo il portafoglio. La Figura 15.4 illustra questo punto.

Quando il prezzo dell'azione passa da S a S', il *delta hedging* suppone che il prezzo dell'opzione passi da C a C', mentre in effetti passa da C a C''. La differenza tra C' e C'' comporta un errore nella strategia di copertura, che è tanto maggiore

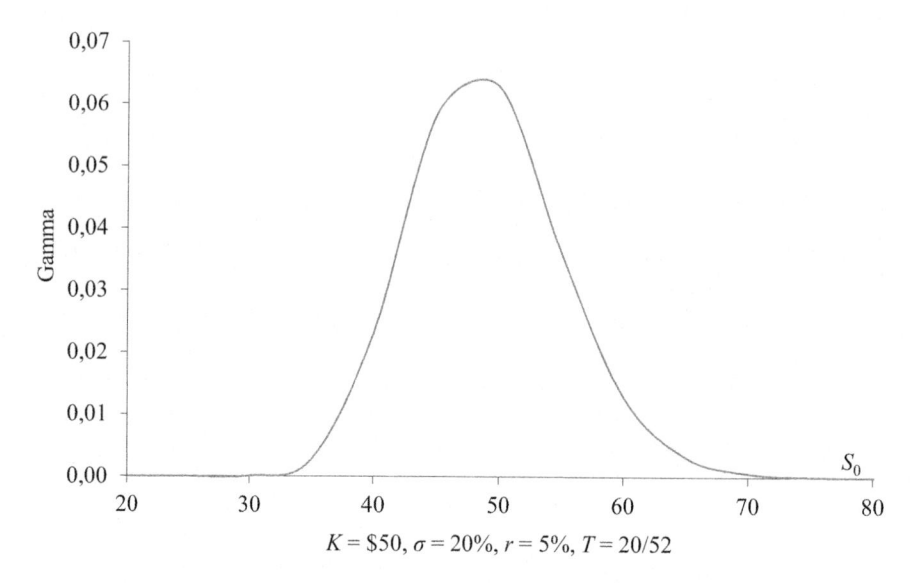

Figura 15.5 Il gamma di un'opzione in funzione del prezzo dell'azione.

quanto maggiore è la curvatura della relazione tra il prezzo dell'opzione e il prezzo dell'azione. Il gamma misura questa curvatura.[3]

Il gamma relativo a una posizione lunga su un'opzione, *call* o *put*, è sempre positivo. Il modo in cui il gamma varia in funzione del prezzo dell'azione sottostante è illustrato nella Figura 15.5. Come si vede, il gamma raggiunge un valore massimo quando il prezzo dell'azione è prossimo al prezzo d'esercizio, K.

Annullamento del Gamma di un Portafoglio

I prodotti lineari hanno un gamma nullo. Non possono quindi essere utilizzati per modificare il gamma di un portafoglio. A tal fine si deve assumere una posizione su strumenti, come le opzioni, che non dipendono linearmente dal sottostante.

Supponiamo che un portafoglio, neutrale in termini di delta, abbia un gamma pari a Γ e che un'opzione trattata in borsa abbia un gamma pari a Γ_T. Se il numero delle opzioni aggiunte al portafoglio è di w_T, il gamma del portafoglio diventa pari a

$$w_T \Gamma_T + \Gamma.$$

Pertanto, la posizione sull'opzione negoziabile necessaria per rendere il portafoglio neutrale in termini di gamma è pari a $-\Gamma/\Gamma_T$.

Naturalmente, quando vi si include l'opzione negoziabile, il portafoglio viene ad avere un delta diverso, cosicché occorre cambiare la posizione sull'attività sottostante per assicurarne la neutralità in termini di delta. Si noti che il portafoglio è neutrale in termini di gamma solo istantaneamente. Col passare del tempo, la neutralità del portafoglio in termini di gamma può essere mantenuta solo se la posizione sull'opzione viene aggiustata in modo che sia sempre pari a $-\Gamma/\Gamma_T$.

---

[3] In effetti, il gamma viene talvolta chiamato dagli operatori «curvatura» (*curvature*) dell'opzione.

L'annullamento del gamma di un portafoglio *delta-neutral* rappresenta una prima correzione per tener conto del fatto che, quando si usa il *delta hedging*, la posizione sull'attività sottostante non può essere aggiustata di continuo.

La neutralità in termini di delta offre protezione dalle variazioni di prezzo relativamente piccole, tra successivi ribilanciamenti. La neutralità in termini di gamma offre protezione dalle variazioni di prezzo relativamente grandi.

Esempio 15.9

Si consideri un portafoglio *delta-neutral* che ha un gamma di –3.000. Il delta e il gamma di una *call* negoziabile sono pari, rispettivamente, a 0,62 e 1,5.

Il portafoglio può essere reso neutrale in termini di gamma includendovi una posizione lunga su un numero di *calls* negoziabili pari a

$$\frac{3.000}{1,5} = 2.000$$

Tuttavia, il delta del portafoglio cambia da zero a 2.000 × 0,62 = 1.240. Pertanto occorre vendere l'attività sottostante, per un quantitativo pari a 1.240, al fine di mantenere la neutralità del portafoglio in termini di delta.

15.3 VEGA

Un'altra fonte di rischio cui prestano attenzione i *traders* è la volatilità. La volatilità di una variabile di mercato misura la nostra incertezza circa i futuri valori della variabile.

Nei modelli di valutazione delle opzioni spesso si suppone che la volatilità sia costante, ma in realtà cambia nel tempo. Le posizioni *spot*, i *forwards*, i *futures* e gli *swaps* non dipendono dalla volatilità della variabile di mercato sottostante, ma le opzioni sì, così come molti prodotti esotici. Pertanto, il loro valore può cambiare, oltre che per una variazione del prezzo dell'attività sottostante o per il passare del tempo, anche perché cambia la volatilità.

Il «vega», V, di un portafoglio è la derivata del valore del portafoglio rispetto alla volatilità dell'attività sottostante:[4]

$$V = \frac{\partial P}{\partial \sigma}.$$

Se il vega è elevato in termini assoluti, il valore del portafoglio è molto sensibile a piccole variazioni della volatilità. Se il vega è basso in termini assoluti, le variazioni di volatilità hanno poca influenza sul valore del portafoglio.

Il vega di un portafoglio può essere cambiato aggiungendo una posizione su un'opzione negoziabile. Se V è il vega del portafoglio e V_T è il vega dell'opzione negoziabile, una posizione di $-V/V_T$ sull'opzione negoziabile rende il portafoglio istantaneamente neutrale in termini di vega.

Sfortunatamente, un portafoglio che è neutrale in termini di gamma non è in genere neutrale in termini di vega, e viceversa. Se si vuole che il portafoglio sia neutrale in termini di gamma e vega occorre utilizzare almeno due opzioni negoziabili che dipendano dalla stessa attività sottostante.

---

[4] Il vega viene compreso tra le lettere greche anche se non è una delle lettere dell'alfabeto greco.

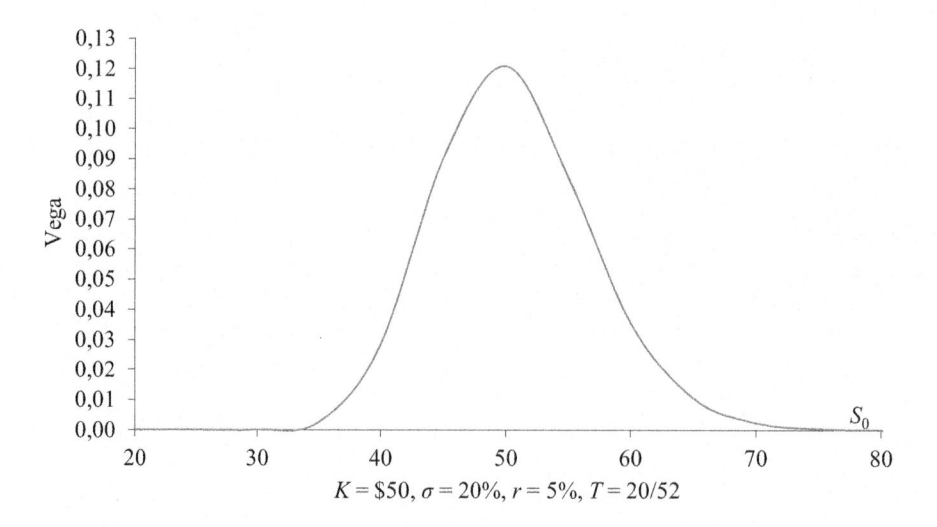

Figura 15.6 Il vega di un'opzione in funzione del prezzo dell'azione.

Esempio 15.10

Si consideri un portafoglio che ha un delta nullo, un gamma di –5.000 e un vega di –8.000. Supponiamo che una *call* abbia un gamma di 0,5, un vega di 2 e un delta di 0,6. Il portafoglio può essere reso neutrale in termini di vega includendovi una posizione lunga su 4.000 *calls*. Le opzioni hanno un delta di 2.400 che va annullato vendendo 2.400 unità dell'attività sottostante. Il gamma del portafoglio passa da –5.000 a –3.000.

Per rendere il portafoglio neutrale in termini di gamma e vega, supponiamo che esista una seconda *call* con un gamma di 0,8, un vega di 1,2 e un delta di 0,5. Se w_1 e w_2 sono le quantità delle due opzioni incluse nel portafoglio, occorre che

$$-5.000 + 0,5w_1 + 0,8w_2 = 0$$
$$-8.000 + 2,0w_1 + 1,2w_2 = 0.$$

La soluzione di queste due equazioni è $w_1 = 400$, $w_2 = 6.000$.

Pertanto, il portafoglio può essere reso neutrale in termini di gamma e vega includendovi 400 opzioni del primo tipo e 6.000 del secondo. Il delta del portafoglio, dopo l'inclusione delle posizioni sulle due opzioni negoziabili, diventa pari a $400 \times 0,6 + 6.000 \times 0,5 = 3.240$. Occorre quindi vendere 3.240 unità dell'attività sottostante per mantenere la neutralità del portafoglio in termini di delta.

Il vega di una posizione lunga su *calls* o *puts* è sempre positivo. La Figura 15.6 mostra come varia il vega di un'opzione in funzione del prezzo dell'azione. La neutralità in termini di gamma protegge dalle grandi variazioni di prezzo dell'attività sottostante. La neutralità in termini di vega protegge dalle variazioni di volatilità.

Le volatilità implicite delle opzioni a breve termine tendono a cambiare più delle volatilità implicite delle opzioni a lungo termine. Pertanto, il vega di un portafoglio viene spesso calcolato cambiando le volatilità delle opzioni a lungo termine in misura minore rispetto alle opzioni a breve termine. Un modo per farlo è stato discusso nella Sezione 8.10.

$K = \$50, \sigma = 20\%, r = 5\%, T = 20/52$

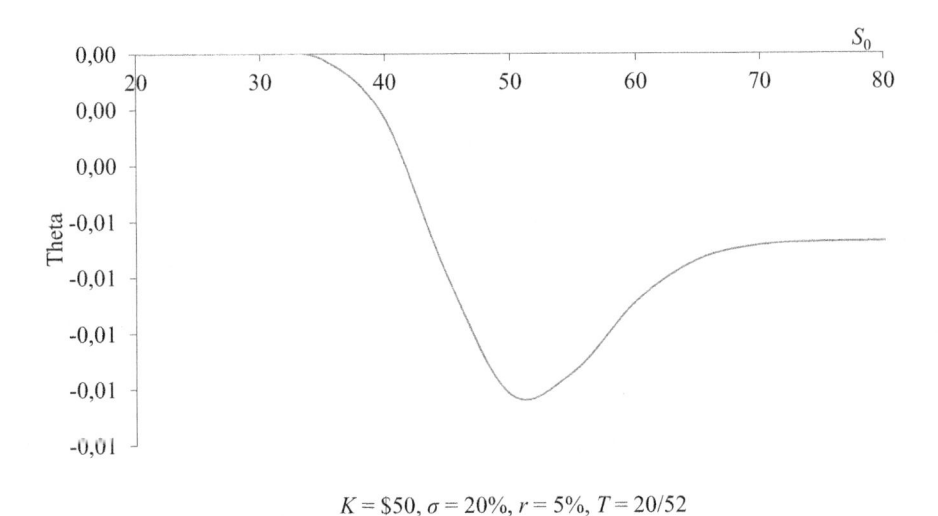

Figura 15.7 Il theta di una *call* europea in funzione del prezzo dell'azione.

15.4 THETA

Il «theta», Θ, di un portafoglio di opzioni è la derivata del valore del portafoglio rispetto al tempo

$$\Theta = \frac{\partial P}{\partial t}.$$

Misura la variazione di valore del portafoglio in conseguenza del passaggio di un istante di tempo ovvero del ridursi della vita residua delle opzioni. A volte è anche detto «declino temporale» (*time decay*) del portafoglio.

Il theta delle opzioni è quasi sempre negativo.[5]

Al diminuire della vita residua, l'opzione tende a valere meno. La relazione tra il theta di una *call* e il prezzo dell'azione sottostante è mostrata nella Figura 15.7. Quando il prezzo dell'azione è molto basso, il theta è prossimo a zero. Quando l'opzione è *at the money*, il theta è relativamente grande e negativo.

La Figura 15.8 mostra la relazione tra il theta e la vita residua di un'opzione *in the money*, *at the money* e *out of the money*.

Le caratteristiche del theta sono diverse rispetto a quelle di delta e gamma. Mentre c'è incertezza sul futuro prezzo dell'azione, non c'è incertezza sul passare del tempo. Non ha senso proteggere un portafoglio di opzioni dall'effetto del tempo. Tuttavia, molti *traders* ritengono che il theta sia un'utile statistica descrittiva.

In un portafoglio neutrale in termini di delta, il theta è un'«approssimazione» (*proxy*) del gamma: quando il theta è grande e negativo anche il gamma tende a essere grande e negativo, e viceversa.

---

[5] Un'eccezione potrebbe essere rappresentata dalle opzioni *put* europee *in the money* scritte su titoli che non pagano dividendi o dalle opzioni *call* europee *in the money* scritte su valute con tassi d'interesse molto alti.

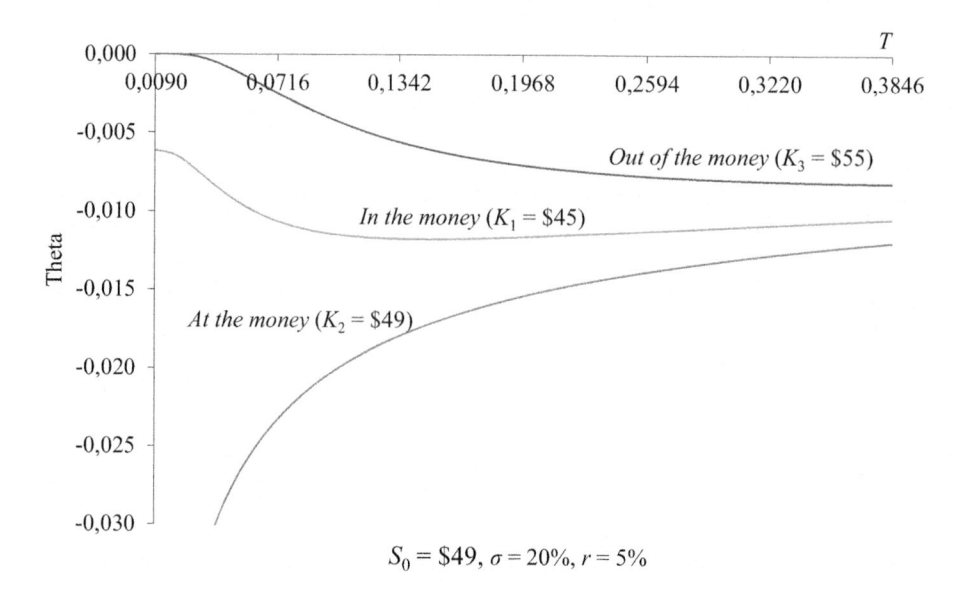

Figura 15.8 Il theta di una *call* europea in funzione della vita residua.

15.5 RHO

Il rho di un portafoglio di opzioni è la derivata del valore del portafoglio rispetto al tasso d'interesse

$$\text{rho} = \frac{\partial P}{\partial r}.$$

Misura la sensitività del valore del portafoglio rispetto ai tassi d'interesse. Nel caso delle opzioni su valute esistono due rho, con riferimento a ciascuno dei due tassi d'interesse, interno ed estero.

Quando nel portafoglio sono comprese obbligazioni e derivati su tassi d'interesse, i *traders* considerano attentamente i modi in cui l'intera «struttura per scadenza» (*term structure*) dei tassi d'interesse può modificarsi. I metodi utilizzati sono stati presentati nel Capitolo 14.

15.6 LETTERE GRECHE

Il calcolo delle greche relative alle opzioni è stato spiegato nelle Appendici 5c e 5d. Il *software* RMFI, disponibile nel sito *web* dell'autore, può essere utilizzato per calcolare le greche relative alle opzioni europee o americane e alle opzioni esotiche.

Esempio 15.11

Esaminiamo nuovamente la *call* europea presa in considerazione nell'Esempio 15.6. L'opzione ha un prezzo d'esercizio di $50 e scade dopo 20 settimane (0,3846 anni). Il prezzo corrente dell'azione è di $49 e la volatilità è pari al 20%. Il tasso d'interesse privo di rischio è del 5%. La Tavola 15.4 riporta le greche (delta, gamma, vega, theta, rho) calcolate con il *software* RMFI per una posizione lunga su una singola *call*. Riporta anche le greche relative alla posizione corta su 100.000 *calls* considerata nell'Esempio 15.6.

TAVOLA 15.4 Greche calcolate con il *software* RMFI.

	Singola call	Posizione corta su 100.000 calls
Valore ($)	2,401	-$240.053
Delta ($ per +$1)	0,522	-52.160
Gamma [$ per (+$1)^2]	0,066	-6.554
Vega ($ per +1%)	0,121	-12.105
Theta ($ per +1 giorno)	–0,012	1.180
Rho ($ per +1%)	0,089	-8.907

Nota: $S_0 = \$49$, $K = \$50$, $r = 5\%$, $\sigma = 20\%$, $T = 0{,}3846$ (20 settimane).

Il significato delle greche è il seguente:
1. quando il prezzo dell'azione aumenta di $0,10, il valore della *call* aumenta all'incirca di $0,0522 (= 0,522 × $0,10) e il valore della posizione corta su 100.000 *calls* diminuisce di circa $5.220 (= 100.000 × $0,0522);
2. quando il prezzo dell'azione aumenta di $0,10, il delta aumenta all'incirca di 0,0066 (= 0,066/$1 × $0,10) e il delta della posizione corta su 100.000 *calls* diminuisce di 660 (= 100.000 × 0,0066);
3. quando la volatilità aumenta di mezzo punto percentuale, il valore della *call* aumenta di $0,0605 (= $0,121 × ½) e il valore della posizione corta su 100.000 *calls* diminuisce di $6.050 (= 100.000 × $0,0605);
4. quando passa un giorno, il valore della *call* diminuisce di $0,012 (= $0,012 × 1) e il valore della posizione corta su 100.000 *calls* aumenta di $1.200 (= 100.000 × $0,012);
5. quando il tasso d'interesse aumenta di un punto percentuale, il valore della *call* aumenta di $0,089 (= $0,089 × 1) e il valore della posizione corta su 100.000 *calls* diminuisce di $8.900 (= 100.000 × $0,089).

15.7 RELAZIONE TRA DELTA, THETA E GAMMA

L'espansione in serie di Taylor è spiegata nell'Appendice 12a. Può essere utilizzata per mostrare la relazione tra la variazione di valore, ΔP, di un portafoglio – in un breve intervallo di tempo – e le sue greche.

Supponiamo che il valore, P, del portafoglio dipenda dal prezzo, S, di una sola variabile di mercato, oltre che dal tempo, t. Se il sottostante non paga dividendi, la sua volatilità è costante e anche il tasso d'interesse è costante, l'espansione in serie di Taylor è

$$\Delta P = \frac{\partial P}{\partial S}\Delta S + \frac{\partial P}{\partial t}\Delta t + \frac{1}{2}\frac{\partial^2 P}{\partial S^2}(\Delta S)^2 + \frac{1}{2}\frac{\partial^2 P}{\partial t^2}(\Delta t)^2 + \frac{\partial^2 P}{\partial S \partial t}\Delta S \Delta t + \cdots \quad (15.1)$$

dove ΔS è la variazione di S nel piccolo intervallo di tempo Δt. Il primo termine alla destra del segno di uguaglianza può essere eliminato con il *delta hedging*. Il secondo termine, pari al prodotto tra il theta e Δt, non è aleatorio. Il terzo termine può essere annullato se il portafoglio viene reso neutrale in termini di gamma oltre che di delta.

Sulla base di considerazioni fondate sul calcolo stocastico, si può dimostrare che ΔS è di ordine $\sqrt{\Delta t}$. Ciò vuol dire che il terzo termine alla destra del segno di uguaglianza è di ordine Δt e non può quindi essere trascurato. I termini successivi sono di ordine maggiore di Δt e possono quindi essere trascurati.

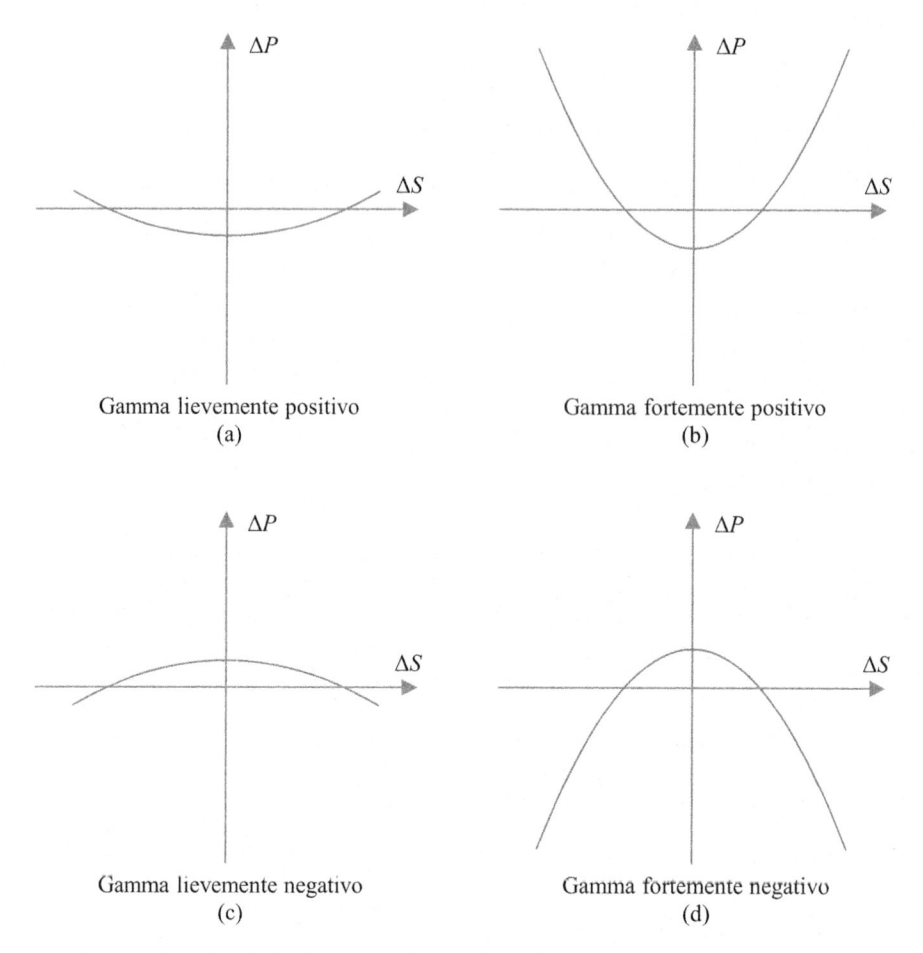

Figura 15.9 Possibili relazioni tra il ΔP e il ΔS di un portafoglio con delta nullo.

Se il portafoglio è *delta neutral*, il primo termine è nullo. Si può quindi scrivere

$$\Delta P = \Theta \, \Delta t + \frac{1}{2} \Gamma (\Delta S)^2. \qquad (15.2)$$

L'Equazione (15.2) mostra che la relazione tra ΔP e ΔS è di tipo quadratico (Figura 15.9). Quando il gamma è positivo, il *trader* trae profitto dalle forti variazioni della variabile di mercato, positive o negative, ma perde quando le variazioni sono contenute o nulle. Quando il gamma è negativo risulta vero il contrario: il valore del portafoglio si riduce se si verifica una forte variazione, positiva o negativa, di S.

Esempio 15.12
Supponiamo che un portafoglio di opzioni scritte su una certa attività finanziaria sia neutrale in termini di delta e abbia un gamma pari a –10.000. L'Equazione (15.2) mostra che, se in un breve intervallo di tempo si verifica una variazione di +\$2 o –\$2 nel prezzo dell'attività sottostante, il valore del portafoglio si riduce approssimativamente di $0{,}5 \times 10.000 \times \$2^2 = \$20.000$.

Quando la volatilità del sottostante è aleatoria, P è funzione anche di σ, oltre che di S e t. In tal caso l'Equazione (15.1) diventa

$$\Delta P = \frac{\partial P}{\partial S}\Delta S + \frac{\partial P}{\partial \sigma}\Delta\sigma + \frac{\partial P}{\partial t}\Delta t + \frac{1}{2}\frac{\partial^2 P}{\partial S^2}(\Delta S)^2 + \frac{1}{2}\frac{\partial^2 P}{\partial \sigma^2}(\Delta\sigma)^2 + \frac{1}{2}\frac{\partial^2 P}{\partial t^2}(\Delta t)^2 + \cdots$$

dove $\Delta\sigma$ è la variazione di σ nell'intervallo di tempo Δt. In questo caso il *delta hedging* consente di annullare il primo termine, il *vega hedging* il secondo e il *gamma hedging* il quarto (il terzo non è aleatorio).

Spesso i *traders* definiscono altre lettere greche con riferimento ai termini di ordine maggiore nell'espansione in serie di Taylor.

Esempio 15.13

I termini $\partial^2 P/(\partial S\,\partial\sigma)$, $\partial^2 P/(\partial\sigma^2)$ e $\partial^2 P/(\partial S\,\partial t)$ sono detti, rispettivamente, *vanna*, *vomma* e *charm*.

15.8 COPERTURE DINAMICHE

In un mondo ideale, i *traders* che lavorano per le istituzioni finanziarie sarebbero in grado di ribilanciare molto spesso i loro portafogli per mantenerne la neutralità in termini di delta, gamma, vega e così via. In pratica, ciò non è possibile. Quando gestiscono grandi portafogli che dipendono da un'unica attività sottostante, i *traders* annullano il delta almeno una volta al giorno mediante negoziazioni sul sottostante.

Sfortunatamente, l'annullamento del gamma e del vega è più problematico, perché è difficile trovare opzioni, o altri derivati non lineari, da negoziare nelle quantità desiderate e a prezzi competitivi (Riquadro 15.2).

Chi opera su opzioni gode di forti economie di scala. Come si è già notato, mantenere ogni giorno un delta nullo per una posizione su una singola opzione sarebbe estremamente costoso. È invece realistico farlo per un portafoglio di diverse centinaia di opzioni scritte sullo stesso sottostante. In tal caso, il costo del ribilanciamento giornaliero verrebbe coperto dai profitti sulle diverse operazioni.

15.9 COPERTURA DELLE OPZIONI ESOTICHE

Anche i prodotti esotici (Sezione 5.5) possono essere spesso coperti seguendo il metodo che abbiamo appena presentato. Come viene spiegato nel Riquadro 15.3, le coperture dei prodotti esotici possono essere a volte più facili e a volte più difficili.

Nei casi più complessi, si può seguire il metodo della «replica statica» (*static replication*). Siano S_0 e S i prezzi di un'azione al tempo 0 e al tempo t. Il metodo consiste nell'individuare una barriera nello spazio $\{S, t\}$ e nello scegliere un portafoglio di opzioni ordinarie il cui valore, P, sia pari, in un certo numero di punti lungo la barriera, al valore del portafoglio di opzioni esotiche che si vuole replicare. La copertura viene effettuata assumendo una posizione corta sulle opzioni ordinarie. Quando la barriera viene raggiunta, la copertura viene liquidata (Figura 15.10).

La teoria sottostante la replica statica delle opzioni si basa sulla considerazione secondo cui, se il valore di due portafogli è lo stesso nei punti $\{S, t\}$ della barriera, il loro valore è lo stesso anche in tutti i punti $\{S, t\}$ che possono essere raggiunti prima della barriera. In pratica, il valore del «portafoglio equivalente» (*replicating portfolio*) è uguale al valore del portafoglio originale solo in alcuni punti della barriera, non in tutti. Pertanto, l'approssimazione è tanto migliore quanto maggiore è il numero dei punti lungo la barriera in cui i due portafogli si equivalgono.

Riquadro 15.2 Le coperture dinamiche nella pratica.

In genere, nelle istituzioni finanziarie, la responsabilità di un portafoglio di derivati che dipendono da un certo sottostante viene assegnata a un *trader* o a un gruppo di *traders* che lavorano insieme. Ad es., Goldman Sachs potrebbe assegnare a un *trader* la responsabilità per tutti i derivati che dipendono dal dollaro australiano. Il valore del portafoglio e le lettere greche relative a quel portafoglio vengono calcolate da un apposito programma. Per ogni lettera greca vengono definiti dei limiti e il *trader* che intenda superare tali limiti, a fine giornata, deve richiedere una speciale autorizzazione.

Il limite per il delta viene spesso espresso in termini della massima posizione equivalente sul sottostante. Ad es., Goldman Sachs potrebbe fissare un limite di $10 milioni per il delta su Microsoft. Se il prezzo delle azioni Microsoft è di $50, il valore assoluto del delta non potrebbe superare il livello di 200.000 (= $10.000.000 / $50). Il limite per il vega viene di solito espresso in termini della massima esposizione in dollari a fronte di una variazione dell'1% nella volatilità.

In genere, i *traders* in opzioni sono *delta neutral* – o prossimi a essere *delta neutral* – a fine giornata. Il gamma e il vega sono tenuti sotto controllo ma non vengono gestiti ogni giorno. Solo quando diventano troppo elevati, in un senso o nell'altro, i *traders* intervengono per assumere una posizione correttiva o limitare le negoziazioni.

La maggior parte delle operazioni effettuate dalle istituzioni finanziarie è rappresentata dalla vendita di opzioni *call* e *put*. Le *calls* e le *puts* corte tendono ad avere gamma e vega negativi. Ne segue che, col passare del tempo, il gamma e il vega del portafoglio delle istituzioni finanziarie tendono a diventare sempre più negativi. Pertanto, i *traders* cercano di acquistare opzioni a prezzi competitivi, al fine di ridurre la negatività del gamma e del vega del loro portafoglio.

In questi casi c'è comunque un aspetto che mitiga, in una certa misura, i problemi che devono affrontare. Di solito, le opzioni sono *at the money* nel momento in cui vengono vendute, per cui hanno gamma e vega relativamente elevati. Col passare del tempo, spesso le opzioni diventano *deep out of the money* o *deep in the money*. In tal caso i gamma e i vega si riducono e possono essere trascurati. La situazione peggiore si ha quando le opzioni vendute restano *at the money* fino alla scadenza.

Riquadro 15.3 La copertura delle opzioni esotiche è più facile o più difficile?

La copertura delle opzioni esotiche può essere effettuata creando una posizione neutrale in termini di delta per poi ribilanciarla in modo che il delta resti pressoché nullo.

Il *delta hedging* delle opzioni esotiche è a volte più facile rispetto a quello delle opzioni ordinarie e a volte più complesso.

Un esempio di opzioni esotiche più facili da coprire è rappresentato dalle *average price calls* (si vedano le opzioni asiatiche nella Sezione **5.5**). Con il passare del tempo cresce il numero delle osservazioni che andranno a formare la media sulla quale si basa il valore finale dell'opzione. Ciò vuol dire che la nostra incertezza circa il valore finale dell'opzione diminuisce con il passare del tempo, via via che cresce il numero delle osservazioni. Ne segue che l'opzione diventa sempre più facile da coprire. Negli ultimi giorni, il delta dell'opzione tende sempre a zero dal momento che il movimento dei prezzi negli ultimi giorni ha un impatto molto piccolo sul valore finale dell'opzione.

Invece, le opzioni con barriera (si veda la Sezione 5.5) sono più difficili da coprire rispetto alle opzioni ordinarie. Si considerino le *down-and-out calls* scritte su una valuta quando il tasso di cambio si trova a 0,0005 sopra la barriera. Se la barriera viene toccata l'opzione non vale nulla. Se la barriera non viene toccata l'opzione può avere un valore considerevole. In questa situazione, il delta dell'opzione è discontinuo in corrispondenza della barriera e la copertura con le tecniche convenzionali è molto difficile.

Sez. 15.10 Analisi di Scenario **343**

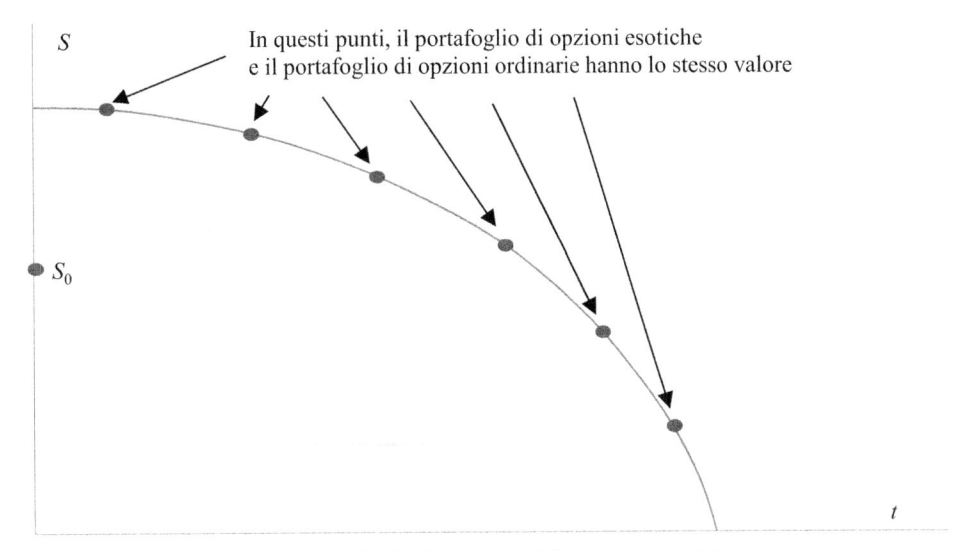

Figura 15.10 Replica statica delle opzioni esotiche.

TAVOLA 15.5 Profitti o perdite in diversi possibili scenari (milioni di dollari).

Volatilità (%)	Tasso di cambio						
	0,94	0,96	0,98	1,00	1,02	1,04	1,06
8	+102	+55	+25	+6	−10	−34	−80
10	+80	+40	+17	+2	−14	−38	−85
12	+60	+25	+9	−2	−18	−42	−90

15.10 ANALISI DI SCENARIO

Oltre a controllare i rischi di delta, gamma e vega, spesso i *traders* effettuano le cosiddette analisi di scenario. Si tratta di calcolare i profitti o le perdite che si realizzerebbero, in un certo periodo di tempo, se si avverassero diversi possibili scenari. In genere il periodo di tempo prescelto dipende dalla liquidità degli strumenti in portafoglio. Gli scenari sono scelti dal *management* o vengono generati da un modello.

Esempio 15.14
Una banca ha un portafoglio di opzioni scritte su una certa valuta. Le principali variabili da cui dipende il valore del portafoglio sono due: il tasso di cambio e la volatilità del tasso di cambio. Il tasso di cambio corrente è pari a 1 e la sua volatilità è pari al 10% annuo. La banca costruisce la Tavola 15.5, nella quale vengono riportati i profitti realizzati o le perdite subite, in due settimane, sulla base di diversi possibili scenari. Questa tavola considera sette diversi tassi di cambio e tre diverse volatilità. Dato che la deviazione standard della variazione del tasso di cambio in un periodo di due settimane è pari a circa 0,02, le variazioni del tasso di cambio che vengono considerate sono pari a circa una, due e tre deviazioni standard.

Nella Tavola 15.5 la perdita più elevata si trova in corrispondenza dell'angolo in basso a destra. Si tratta della perdita che il portafoglio subisce se la volatilità è pari al 12% e il tasso di cambio si porta a 1,06. Si noti che la natura dei portafogli di opzioni è tale che non sempre le perdite più elevate si trovano in corrispondenza di uno dei quattro angoli della tavola. Ad es., come si è visto nella Figura 15.9, un portafoglio con gamma positivo è soggetto alla perdita più elevata quando la variabile di mercato sottostante rimane dov'è.

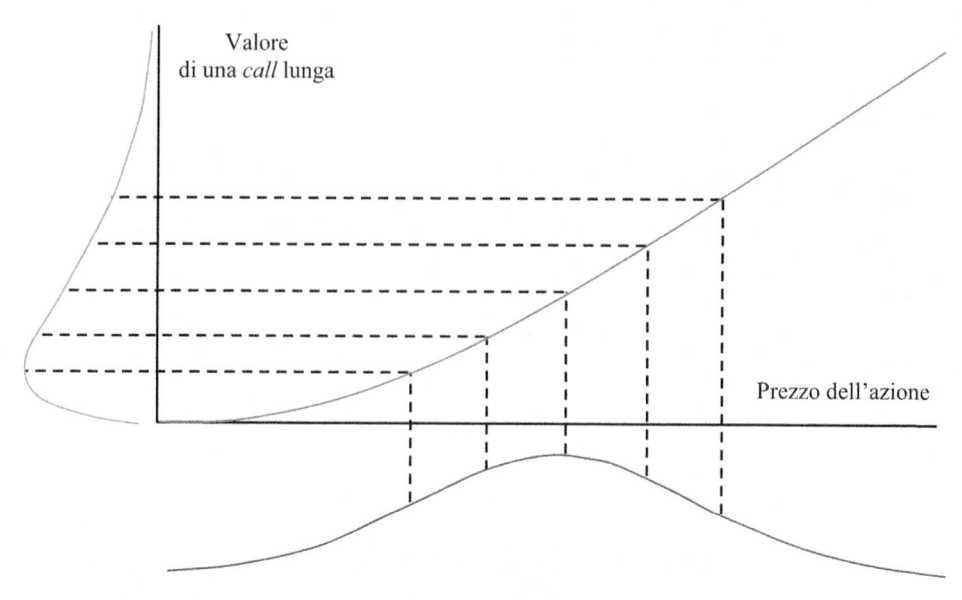

Figura 15.11 Distribuzione probabilistica del valore di una *call* lunga.

15.11 RISULTATI ANALITICI: APPROSSIMAZIONI

Quando il portafoglio contiene derivati, il calcolo del VaR e dell'ES con il metodo delle simulazioni storiche è semplice. Il principale problema è che, in ogni scenario, la valutazione dei derivati può essere «onerosa in termini di tempi di elaborazione» (*time consuming*). Per ridurre i tempi di calcolo, le variazioni di valore dei derivati vengono a volte approssimate con l'espansione in serie di Taylor, come si è già visto nella Sezione 12.4 (in genere, le greche presenti nell'espansione in serie di Taylor sono già note perché vengono utilizzate per altre finalità di *risk management*).

Quando il portafoglio contiene derivati, è difficile utilizzare il *model building approach*. Ad es., supponiamo che il portafoglio sia composto solo da un'opzione, scritta su un'azione il cui prezzo è S. In tal caso, l'espansione in serie di Taylor mostra che la variazione di valore del portafoglio, ΔP, è approssimativamente pari a

$$\Delta P = \frac{\partial P}{\partial S} \Delta S + \frac{\partial P}{\partial \sigma} \Delta \sigma + \frac{1}{2} \frac{\partial^2 P}{\partial S^2} (\Delta S)^2. \qquad (15.3)$$

(In genere, il theta e le derivate di ordine più elevato sono molto piccole).

Quando si calcola il VaR o l'ES, l'ultimo termine dell'Equazione (15.3) non può essere trascurato. La Figura 15.11 mostra la relazione tra il valore di una *call* lunga e il prezzo dell'azione sottostante. La *call* lunga è un esempio di posizione con gamma positivo. La figura mostra che, quando la distribuzione probabilistica del prezzo dell'azione sottostante è normale, la distribuzione probabilistica del prezzo della *call* ha un'asimmetria positiva ("gobba" a sinistra).[6]

---

[6] Per essere coerenti con le ipotesi dell'Appendice 5c, dovremmo supporre che la distribuzione del prezzo dell'azione tra 1 giorno sia log-normale. Tuttavia, dato che 1 giorno è un intervallo molto breve, quest'ipotesi non si distingue di fatto dall'ipotesi di normalità delle variazioni giornaliere del prezzo dell'azione.

Sez. 15.11 Risultati Analitici: Approssimazioni 345

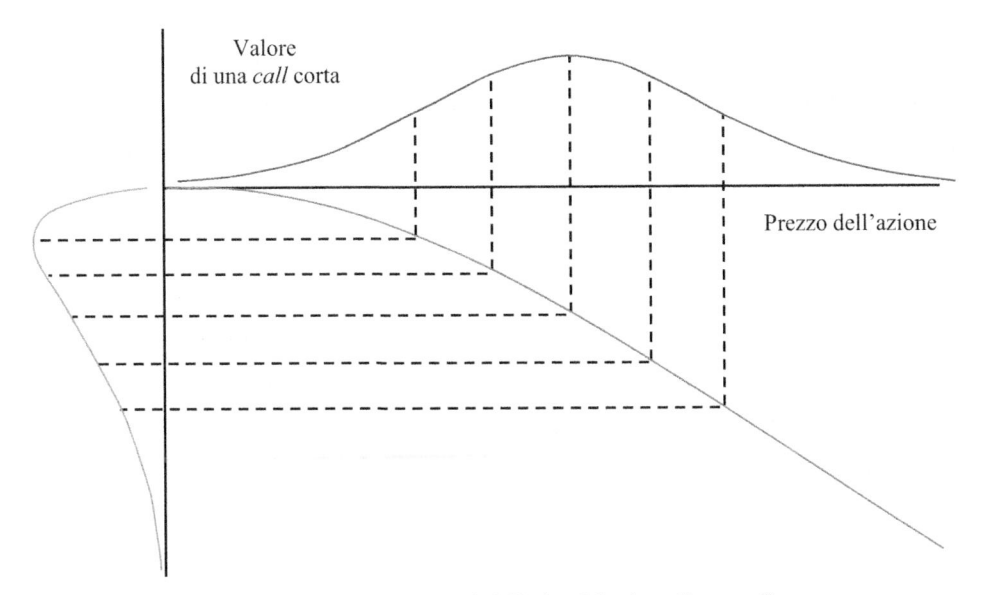

Figura 15.12 Distribuzione probabilistica del valore di una *call* corta.

La Figura 15.12 mostra la relazione tra il valore di una *call* corta e il prezzo dell'azione sottostante. La *call* corta ha un gamma negativo. In questo caso, la distribuzione normale del prezzo dell'azione sottostante fa sì che la distribuzione del valore della posizione abbia un'asimmetria negativa ("gobba" a destra).

Il VaR di un portafoglio dipende in modo cruciale dalla coda sinistra della distribuzione di ΔP. Ad es., se il livello di confidenza prescelto è pari al 99%, il VaR è il valore della coda sinistra al di sotto del quale c'è solo l'1% della distribuzione.

Nel caso dei portafogli con gamma positivo, la coda sinistra della distribuzione di ΔP tende ad essere sottile e quella destra spessa (Figura 15.11).

Invece, nel caso dei portafogli con gamma negativo, la coda sinistra tende a essere spessa e quella destra sottile (Figura 15.12).

Se supponiamo che la distribuzione di ΔP sia normale, il VaR risulterà troppo alto nel primo caso e troppo basso nel secondo.

Espansione di Cornish e Fisher

Per stimare i percentili di una distribuzione probabilistica in base ai momenti, si può utilizzare l'espansione di Cornish e Fisher. Vedremo ora come stimare il VaR utilizzando i primi quattro momenti della distribuzione di ΔP.

Siano μ_P e σ_P la media e la deviazione standard di ΔP, per cui

$$\mu_P = E(\Delta P) \quad \text{e} \quad \sigma_P^2 = E[(\Delta P)^2] - [E(\Delta P)]^2.$$

L'«asimmetria» (*skewness*) di una distribuzione è legata al terzo momento. È positiva quando la coda destra è più spessa della coda sinistra ed è negativa quando è vero il contrario. L'indice di asimmetria, ξ_P, della distribuzione di ΔP è così definito

$$\xi_P = \frac{1}{\sigma_P^3} E[(\Delta P - \mu_P)^3].$$

L'indice di asimmetria della distribuzione normale è nullo.

La «curtosi» (*kurtosis*) di una distribuzione probabilistica è legata al quarto momento. Misura lo spessore delle code. L'indice di curtosi, κ_P, della distribuzione di ΔP è così definito

$$\kappa_P = \frac{1}{\sigma_P^4} E[(\Delta P - \mu_P)^4].$$

L'indice di curtosi della distribuzione normale è pari a 3. L'«eccesso di curtosi» (*excess kurtosis*) rispetto alla distribuzione normale è pari a $\kappa_P - 3$.

Utilizzando i primi tre momenti della distribuzione di ΔP, la stima del q-esimo percentile fornita dall'espansione di Cornish e Fisher è la seguente

$$\mu_P + w_q \sigma_P$$

dove

$$w_q = z_q + \frac{1}{6}(z_q^2 - 1)\xi_P$$

e z_q è il q-esimo percentile della distribuzione normale standardizzata.

Se utilizziamo anche il quarto momento, l'accuratezza della stima aumenta. L'espressione per w_q diventa

$$w_q = z_q + \frac{1}{6}(z_q^2 - 1)\xi_P + \frac{1}{24}(z_q^3 - 3z_q)(\kappa_P - 3).$$

Esempio 15.15

La distribuzione probabilistica di ΔP ha i seguenti valori: $\mu_P = -0,2$, $\sigma_P = 2,2$ e $\xi_P = -0,4$. Se ignoriamo l'indice di asimmetria e supponiamo che la distribuzione sia normale, il percentile che lascia alla sinistra della distribuzione un'area pari all'1% del totale è

$$-\$0,2 - 2,326 \times \$2,2 = -\$5,318.$$

In altre parole riteniamo, a un livello di confidenza del 99%, che

$$\Delta P > -\$5,318.$$

Se si usa l'espansione di Cornish e Fisher per tener conto dell'asimmetria della distribuzione e si pone $q = 0,01$, si ottiene

$$w_q = -2,326 + \frac{1}{6} \times [(-2,326)^2 - 1] \times (-0,4) = -2,620$$

cosicché il primo percentile della distribuzione è

$$-\$0,2 - 2,620 \times \$2,2 = -\$5,965.$$

Pertanto, se teniamo conto dell'asimmetria della distribuzione, il VaR passa da $5,318 a $5,965.

Supponiamo ora di conoscere anche l'indice di curtosi: $\kappa_P = 3,3$. In tal caso

$$w_q = -2,326 + \frac{1}{6} \times [(-2,326)^2 - 1] \times (-0,4) + \frac{1}{24} \times [(-2,326)^3 - 3 \times (-2,326)] \times (3,3 - 3) = -2,691$$

cosicché il primo percentile della distribuzione è

$$-\$0,2 - 2,691 \times \$2,2 = -\$6,119.$$

La stima del VaR diventa pari a $6.119.

Sez. 15.11   Risultati Analitici: Approssimazioni

Teorema di Isserlis

Per applicare l'espansione di Cornish e Fisher, dobbiamo calcolare i momenti di ΔP. Se le Δx_i sono normali, possiamo utilizzare il teorema di Isserlis, dal nome dello statistico russo Leon Isserlis. Secondo il teorema di Isserlis, se X_i ($i = 1, 2, ..., n$) sono n variabili normali a media nulla, si ha

$$E(X_1 X_2 \; X_n) = 0$$

quando n è dispari.

Invece, quando n è pari si ha

$$E(X_1 X_2 \; X_n) = \Sigma \, \Pi \, E(X_i X_j)$$

dove la notazione $\Sigma \, \Pi \, E(X_i X_j)$ sta a indicare che:

1. si considerano tutti i diversi modi in cui è possibile partizionare le variabili $X_1 X_2 \; X_n$ in $n/2$ coppie. Il numero delle partizioni è pari a $(n-1)!!$, ossia a $1 \times 3 \times ... \times (n-1)$;
2. in ogni partizione, si calcola il valore atteso $E(X_i X_j)$ per tutte le coppie $X_i X_j$. Questi valori attesi vengono moltiplicati tra loro;
3. si sommano i risultati ottenuti *sub* 2 per ognuna delle $(n-1)!!$ partizioni.

Esempio 15.16

Se $n = 4$, le partizioni sono 3 [$= (4-1)!! = 1 \times 3$]. Si ha

$$E(X_1 X_2 X_3 X_4) = E(X_1 X_2) E(X_3 X_4) + E(X_1 X_3) E(X_2 X_4) + E(X_1 X_4) E(X_2 X_3).$$

Se $n = 6$, le partizioni sono 15 [$= (6-1)!! = 1 \times 3 \times 5$]. Uno dei 15 termini da sommare è

$$E(X_1 X_2) E(X_3 X_4) E(X_5 X_6).$$

Il teorema di Isserlis è utile perché il valore atteso, $E(\Delta x_i \Delta x_j)$, del prodotto tra due variabili normali a media nulla, Δx_i e Δx_j, è la loro covarianza: $E(\Delta x_i \Delta x_j) = \sigma_i \sigma_j \rho_{ij}$.

Se le variazioni delle variabili di mercato, Δx_i, hanno media nulla si ha

$$E\left(\sum_{i=1}^{n} \delta_i \Delta x_i\right) = 0.$$

Pertanto, in base all'Equazione (13.7) e dato che $E(X_1 X_2 \; X_n) = 0$ quando n è dispari, si ha:

$$E(\Delta P) = \frac{1}{2} \sum_{i,j} \gamma_{ij} \sigma_i \sigma_j \rho_{ij}$$

$$E[(\Delta P)^2] = \sum_{i,j} \delta_i \delta_j \sigma_i \sigma_j \rho_{ij} + \frac{1}{4} \sum_{i,j,k,l} \gamma_{ij} \gamma_{kl} E(\Delta x_i \Delta x_j \Delta x_k \Delta x_l)$$

$$E[(\Delta P)^3] = \frac{3}{2} \sum_{i,j,k,l} \delta_i \delta_j \gamma_{kl} E(\Delta x_i \Delta x_j \Delta x_k \Delta x_l) + \frac{1}{8} \sum_{i,j,k,l,m,n} \gamma_{ij} \gamma_{kl} \gamma_{mn} E(\Delta x_i \Delta x_j \Delta x_k \Delta x_l \Delta x_m \Delta x_n).$$

Nel caso di una sola variabile di mercato, queste equazioni si semplificano, anche perché non abbiamo più bisogno di aggiungere i pedici a γ, σ, ρ e δ:

$$E(\Delta P) = \frac{1}{2}\gamma\sigma^2$$

$$E[(\Delta P)^2] = \delta^2\sigma^2 + \frac{3}{4}\gamma^2\sigma^4$$

$$E[(\Delta P)^3] = \frac{9}{2}\gamma\delta^2\sigma^4 + \frac{15}{8}\gamma^3\sigma^6.$$

Sfortunatamente, il numero dei termini cresce rapidamente quando cresce il numero delle variabili di mercato, per cui il calcolo del terzo momento diventa molto oneroso in termini di tempi di calcolo anche quando il numero delle variabili di mercato è modesto. Per tener conto dei gamma e utilizzare il teorema di Isserlis in modo gestibile, possiamo calcolare VaR ed ES in base ai primi due momenti e supporre che i gamma misti siano nulli. In altri termini, poniamo $\gamma_{ij} = 0$ per $i \neq j$.

Il modello SIMM, utilizzato per determinare i margini iniziali dei derivati OTC, fa uso di questi risultati (Appendice 15a).

SOMMARIO

Il responsabile della «postazione operativa» (*trading desk*) incaricato di effettuare negoziazioni che riguardano una particolare variabile di mercato tiene sotto controllo diverse lettere greche e si accerta che vengano rispettati i limiti di rischio fissati dalla banca per cui lavora.

Il delta, Δ, di un portafoglio è la derivata del valore del portafoglio rispetto al prezzo dell'attività sottostante. Il *delta hedging* è una strategia di copertura che consiste nel creare una posizione caratterizzata da un delta nullo (ossia una posizione neutrale in termini di delta). Dato che il delta dell'attività sottostante è sempre pari a 1, un modo per far sì che il portafoglio abbia un delta nullo è quello di assumere una posizione sull'attività sottostante pari a $-\Delta$. Nel caso di portafogli composti da opzioni e derivati più complessi, la posizione assunta sul sottostante deve essere aggiustata periodicamente. Si parla in questo caso di ribilanciamento della copertura.

Una volta che il portafoglio è stata reso neutrale in termini di delta, il passo successivo è quello di considerare il suo gamma. Il gamma di un portafoglio è la derivata del delta rispetto al prezzo dell'attività sottostante. È una misura della curvatura della relazione che lega il valore del portafoglio al prezzo dell'attività sottostante.

Un altro importante parametro che viene utilizzato per le coperture è il vega. Il vega di un portafoglio è la derivata del valore del portafoglio rispetto alla volatilità dell'attività sottostante. Se si vuole che il portafoglio sia neutrale in termini di gamma e di vega, si deve assumere una posizione su almeno due opzioni scritte sullo stesso sottostante.

In pratica, i *traders* ribilanciano i loro portafogli almeno una volta al giorno, al fine di renderli neutrali in termini di delta. Di solito non è possibile mantenere la neutralità in termini di gamma e vega su base regolare. Ci si limita, in genere, a tenere queste misure sotto controllo. Se diventano troppo elevate, si deve assumere una posizione correttiva o limitare le negoziazioni.

SUGGERIMENTI PER ULTERIORI LETTURE

DERMAN, E., ERGENER, D. e KANI, I., "Static Options Replication", *Journal of Derivatives*, 2, 4 (Summer 1995), 78-95.

PASSARELLI, D., *Trading Option Greeks: How Time Volatility and Other Factors Drive Profits*, 2nd ed., Hoboken, NJ: John Wiley & Sons, 2012.

TALEB, N. N., *Dynamic Hedging: Managing Vanilla and Exotic Options*. New York: John Wiley & Sons, 1997.

DOMANDE E PROBLEMI
(le risposte si trovano alla fine del libro)

15.1. Il delta di un portafoglio di derivati scritti su un indice azionario è pari a –2.100. Il livello dell'indice è di $1.000. Cosa succede al valore del portafoglio se l'indice passa a $1.005?

15.2. Il vega di un portafoglio di derivati scritti sul tasso di cambio USD/GBP è pari a $200 per punto percentuale di volatilità. Cosa succede al valore del portafoglio se la volatilità del tasso di cambio passa dal 12% al 14%?

15.3. Il gamma di un portafoglio *delta neutral* è pari a 30/$1. Cosa succede al valore del portafoglio se il prezzo del sottostante **(a)** aumenta improvvisamente di $2 o **(b)** diminuisce improvvisamente di $2?

15.4. **(a)** Cosa vuol dire che il delta di una *call* è pari a 0,7?
(b) Come si può rendere neutrale in termini di delta una posizione corta su 1.000 opzioni se il delta di ogni opzione è di 0,7?

15.5. **(a)** Cosa vuol dire che il theta di una posizione in opzioni è di –$100 al giorno?
(b) Se un *trader* ritiene che non cambierà né il prezzo dell'azione né la sua volatilità implicita, quale posizione in termini di theta è appropriata?

15.6. **(a)** Cosa si intende per gamma di una posizione su opzioni?
(b) Quali sono i rischi di una posizione con gamma grande e negativo e delta nullo?

15.7. «La procedura che consente di creare una posizione sintetica su opzioni è opposta alla procedura utilizzata per coprire una posizione su opzioni». Spiegate quest'affermazione.

15.8. Una società usa il *delta hedging* per proteggere un portafoglio di posizioni lunghe su *puts* e *calls* scritte su una valuta.
(a) Quale dei seguenti eventi darebbe il risultato più favorevole?
   1. un tasso di cambio *spot* quasi costante;
   2. ampi movimenti del tasso di cambio *spot*.
Spiegate la vostra risposta.
(b) Come cambia la vostra risposta se il portafoglio è composto da posizioni corte su *puts* e *calls*?

15.9. La posizione di una banca in opzioni sul tasso di cambio USD/EUR ha un delta di 30.000 e un gamma di –80.000/$1.
(a) Spiegate come interpretare questi numeri.
(b) Il tasso di cambio è di $0,90. Che posizione assumereste per far sì che la posizione sia neutrale in termini di delta?
(c) Dopo un breve periodo, il tasso di cambio passa a $0,93. Stimate il nuovo delta. Quale ulteriore operazione è necessaria per far sì che la posizione resti neutrale in termini di delta? Supponendo che la banca abbia effettivamente neutralizzato la sua posizione originaria in termini di delta, la variazione del tasso di cambio ha causato alla banca un profitto o una perdita?

15.10. «La replica statica delle opzioni presuppone che la volatilità del sottostante sia costante». Spiegate quest'affermazione.

15.11. Supponiamo che un *trader* che segua la tecnica della replica statica delle opzioni voglia far in modo che il portafoglio di opzioni ordinarie utilizzato per la copertura abbia lo stesso valore del portafoglio di prodotti esotici da coprire in 10 punti della barriera individuata nello spazio $\{S, t\}$. Di quante opzioni ordinarie avrà bisogno? Spiegate la vostra risposta.

15.12. Perché è più facile coprire una posizione su un'opzione asiatica che non una posizione su un'opzione ordinaria?

15.13. Spiegate perché la copertura delle opzioni si avvale di economie di scala.

15.14. Considerate una *put* americana, con prezzo d'esercizio di $0,74 e scadenza tra 6 mesi, scritta su una valuta estera. Il tasso di cambio corrente (USD per unità di valuta estera) è di $0,75, i tassi d'interesse privi di rischio, interno ed estero, sono pari rispettivamente al 5% e al 3% annuo, la volatilità del tasso di cambio è del 14% annuo.
   (a) Utilizzate il software RMFI (albero binomiale con 100 intervalli) per calcolare il prezzo, il delta, il gamma, il vega, il theta e il rho della *put*.
   (b) Verificate che il delta sia corretto calcolando nuovamente il prezzo della *put* nel caso in cui il tasso di cambio sia di $0,751.

APPENDICE 15A

SIMM: Determinazione dei Margini Iniziali

Come si è visto nel Capitolo 6, i derivati OTC standard vengono liquidati in via centralizzata (tramite una CCP) o in via bilaterale. Le autorità di vigilanza richiedono che i contratti regolati in via bilaterale siano assoggettati ai margini iniziali e di variazione. Il calcolo dei margini di variazione richiede il preventivo accordo sulla valutazione dei contratti in essere (eventuali contenziosi vengono risolti con apposite procedure). Il calcolo dei margini iniziali è più complesso: modelli diversi danno risultati diversi. Pertanto, si è tentato di sviluppare uno standard di mercato.

Nel caso dei contratti regolati in via bilaterale, il margine iniziale è pari al massimo incremento di valore che, a un livello di confidenza del 99%, non verrà oltrepassato nei prossimi 10 giorni, in condizioni critiche di mercato. Si noti che il margine iniziale è l'immagine speculare del VaR. Per calcolare il VaR si considera la distribuzione delle perdite, mentre per calcolare il margine iniziale si considera la distribuzione dei profitti, perché l'esposizione aumenta quando aumenta il valore del contratto privo di garanzie accessorie.

Nel 2013, il Comitato di Basilea ha proposto un «approccio a griglia» (*grid approach*) per il calcolo del margine iniziale. In quest'approccio, il margine iniziale veniva considerato pari a una certa percentuale del valore nozionale del contratto, con percentuali variabili in funzione della tipologia del contratto stesso. Quest'approccio non ha trovato il consenso degli operatori perché trascurava il *netting*. Se, nel giorno 1, un *trader* avesse assunto una certa posizione su un contratto per poi chiuderla nel giorno 5 con la stessa controparte, il margine iniziale del giorno 5 sarebbe stato quasi il doppio di quello del giorno 1, anche se l'esposizione netta verso la controparte si era quasi annullata.

Per risolvere il problema, l'ISDA ha proposto quello che è noto come Standard Initial Margin Model (SIMM). Questo modello è stato approvato dalle autorità di vigilanza.[7] Si può quindi utilizzare l'Equazione (13.2) del modello lineare per definire il margine iniziale, MI_{D+V}, in funzione dei delta e dei vega del portafoglio:

$$MI_{D+V} = \sqrt{\sum_{i=1}^{n}\sum_{j=1}^{n}\delta_i\delta_j u_i u_j \rho_{ij}} \qquad (15a.1)$$

dove δ_i è l'*i*-esima «sensitività ponderata» (*weighted sensitivity*), stimata dalla banca, u_i è l'*i*-esimo «coefficiente di rischio» (*risk weight*), specificato dall'autorità di vigilanza e ρ_{ij} è il coefficiente di correlazione tra l'*i*-esimo e il *j*-esimo fattore di rischio, specificato dall'autorità di vigilanza.

Dato che il margine iniziale va calcolato con un livello di confidenza del 99% e un orizzonte temporale di 10 giorni, l'*i*-esimo coefficiente di rischio, u_i, può essere calcolato in base alle Equazioni (11.1) e (11.3) con $\mu = 0$, $X = 0{,}99$ e $n = 10$:

$$u_i = N^{-1}(0{,}99)\,\sigma_i\sqrt{10}$$

---

[7] Si veda ISDA, "ISDA SIMM: From Principles to Model Specification", March 3, 2016.

dove σ_i è la deviazione standard dei tassi di variazione dell'i-esimo fattore di rischio in condizioni di mercato critiche (o la deviazione standard della variazione dell'i-esimo fattore di rischio nel caso di tassi d'interesse, *credit spreads* e volatilità).

Se il portafoglio ha un gamma non nullo, occorre stimare separatamente il margine iniziale dovuto al gamma, MI_G, per poi sommarlo a MI_{D+V}. Vediamo come.

Consideriamo la variazione giornaliera, ΔP, del valore del portafoglio e supponiamo che i delta, δ_i, e i gamma misti, γ_{ij}, siano nulli. In base ai risultati esposti nella Sezione 15.11, la media, μ_P, e la varianza, σ_P^2, di ΔP sono:

$$\mu_P = \frac{1}{2}\sum_{i=1}^{n}\gamma_i \sigma_i^2$$

$$\sigma_P^2 = \frac{1}{2}\sum_{i=1}^{n}\sum_{j=1}^{n}\gamma_i \gamma_j \sigma_i^2 \sigma_j^2 \rho_{ij}^2 \tag{15a.2}$$

dove γ_i è il gamma rispetto all'i-esimo fattore di rischio.

Le corrispondenti stime per le variazioni di valore del portafoglio su un orizzonte decadale si ottengono sostituendo σ_i con $\sigma_i\sqrt{10}$. Pertanto, la media, m_P, e la varianza, s_P^2, delle variazioni di valore del portafoglio su un orizzonte decadale sono

$$m_P = \sum_{i=1}^{n} c_i$$

$$s_P^2 = 2\sum_{i=1}^{n}\sum_{j=1}^{n} c_i c_j \rho_{ij}^2 \tag{15a.3}$$

dove

$$c_i = \frac{1}{2}\gamma_i(\sigma_i\sqrt{10})^2.$$

Il margine iniziale, MI_G, dovuto al gamma del portafoglio è pari a

$$MI_G = m_p + \lambda\, s_P/\sqrt{2} \tag{15a.4}$$

dove

$$\lambda = \{[N^{-1}(0{,}995)]^2 - 1\}(1 + \theta) - \theta$$

$$\theta = \min(\beta, 0)$$

$$\beta = \frac{\sum_{i=1}^{n} c_i}{\sum_{i=1}^{n} |c_i|}.$$

La relazione tra λ e β (Figura 15a.1) determina margini che hanno le giuste proprietà e sono coerenti con i risultati ottenuti utilizzando il metodo Monte Carlo.

Ci sono diversi altri dettagli nel modello SIMM. Per semplicità, il gamma viene calcolato in base al vega utilizzando la relazione tra le due lettere greche che vale per le opzioni europee. I fattori di rischio vengono distinti in più «segmenti» (*buckets*). Per alcuni fattori di rischio si considerano i punti delle loro *term structures* e si segue poi il metodo descritto nel Capitolo 14. Sono previste alcune regole per calcolare le correlazioni ρ_{ij} sia all'interno dei *buckets* sia tra i *buckets*.

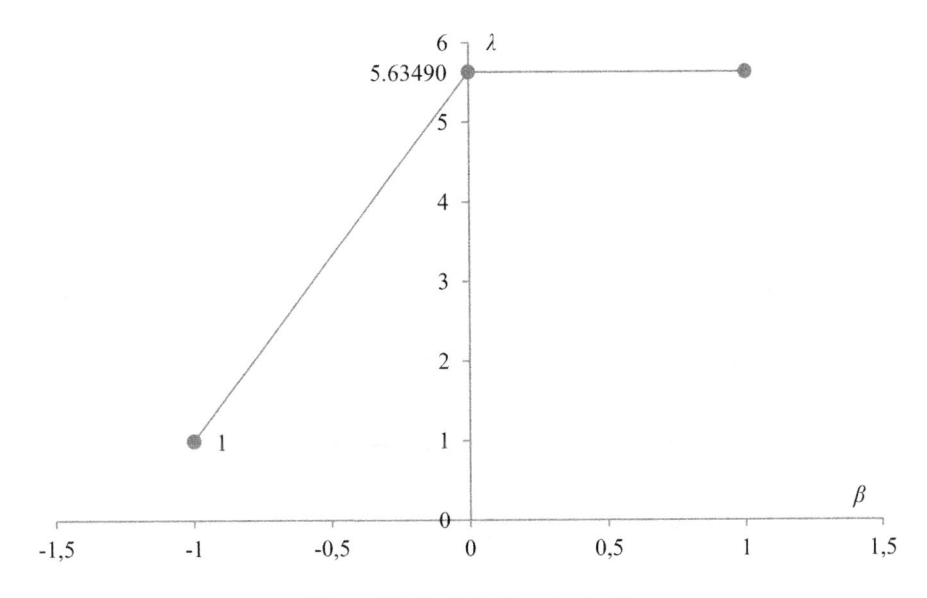

Figura 15a.1 Relazione tra λ e β.

Capitolo 16
Analisi di Scenario e Stress Testing

Le «verifiche in condizioni di mercato critiche» (*stress testing*) riguardano la valutazione dei portafogli delle istituzioni finanziarie in scenari estremi, ma plausibili, non considerati dai modelli per la stima di VaR ed ES. Se c'è un insegnamento che dobbiamo trarre dalla Crisi Finanziaria Globale, è che bisogna dare più enfasi allo *stress testing* e meno enfasi all'applicazione «meccanica» (*mechanistic*) dei modelli per la stima di VaR ed ES. Questi modelli sono utili, ma sono inevitabilmente «rivolti al passato» (*backward looking*). I *risk managers* sono interessati a ciò che può succedere in futuro.

In questo capitolo passeremo in rassegna vari metodi per generare gli scenari su cui basare gli *stress tests*. Vedremo che la Crisi Finanziaria Globale ha indotto le autorità di vigilanza a dare più enfasi allo *stress testing* e a essere sempre più coinvolte nella definizione delle verifiche a cui le banche devono sottoporsi per dimostrare di avere mezzi propri sufficienti per superare gli scenari avversi.

16.1 GENERARE GLI SCENARI

Il metodo più diffuso per la stima di VaR ed ES è quello delle simulazioni storiche, che abbiamo trattato nel Capitolo 12. Questo metodo si basa sull'ipotesi che i dati relativi agli ultimi anni siano una buona guida per quello che potrà succedere nei prossimi 10 giorni. Tuttavia, se un certo evento non si è verificato nel periodo coperto dai dati storici, esso non potrà influenzare le stime ottenute con il metodo base esposto nella Sezione 12.1.

Nel Capitolo 12, il metodo base è stato esteso in varie direzioni:

1. il calcolo di *stressed* VaR e *stressed* ES (Sezione 12.1) consente di tener conto dei periodi particolarmente critici osservati in passato;
2. l'aggiornamento delle volatilità (Sezione 12.3) consente di tener conto degli scenari più estremi che si verificano quando il mercato è molto volatile;
3. la *extreme value theory* (Sezione 12.5) consente di spianare ed ampliare le code della distribuzione delle perdite ottenuta sulla base delle serie storiche.

Tuttavia, la natura delle stime ottenute con il metodo delle simulazioni storiche è sempre *backward looking*. Gli eventi che potrebbero accadere, ma che sono del tutto diversi da quelli che si sono verificati nel periodo coperto dalle serie storiche, non vengono presi in considerazione. Lo *stress testing* rappresenta il tentativo di superare questo «punto debole» (*weakness*) di VaR ed ES.

Lo *stress-testing* riguarda la stima degli effetti che le variazioni estreme (ma plausibili) nelle condizioni di mercato possono avere sul valore del portafoglio di un'istituzione finanziaria. A volte, le variazioni estreme delle variabili di mercato vengono misurate in multipli della deviazione standard, come nel caso dell'analisi della distribuzione dei tassi di cambio riportata nella Tavola 8.1.

Esempio 16.1

Se il tasso di variazione giornaliero di una variabile di mercato si distribuisce in modo normale, la probabilità che risulti maggiore (in valore assoluto) di 5 deviazioni standard è pari 0,0000005733. Pertanto, un evento di questo tipo dovrebbe verificarsi una volta ogni 7.000 [$\approx$ 1/(0,0000005733 × 252)] anni, ma in pratica non è difficile osservarlo 1 o 2 volte ogni 10 anni (la normalità dei tassi di variazione delle variabili di mercato non è una buona ipotesi per il *risk management*).

L'aspetto chiave dello *stress testing* è la scelta degli scenari. Vedremo ora quali sono le procedure che si possono utilizzare per definirli.

Variazioni da Apportare a una Singola Variabile

Un metodo è quello di utilizzare scenari in cui si osserva una variazione estrema in una sola variabile di mercato, mentre le altre restano invariate. Ecco alcuni esempi:

1. lo spostamento (verso l'alto o verso il basso) della «curva dei tassi di rendimento» (*yield curve*), in misura pari a 100 punti base;
2. la variazione (in aumento o in diminuzione) delle «volatilità implicite» (*implied volatilities*) di una certa attività, in misura pari al 50%;
3. la variazione (in aumento o in diminuzione) di un indice azionario, in misura pari al 10%;
4. la variazione (in aumento o in diminuzione) del tasso di cambio rispetto a una delle valute più importanti, in misura pari al 6%;
5. la variazione (in aumento o in diminuzione) del tasso di cambio rispetto a una delle valute minori, in misura pari al 20%.

L'impatto delle piccole variazioni di una variabile di mercato è misurato dal delta del portafoglio, mentre l'impatto delle variazioni di maggiore dimensione è misurato da una combinazione di delta e gamma. Quando le variazioni sono estreme, è possibile che la stima del loro impatto sul valore del portafoglio non risulti affidabile se viene effettuata sulla base delle lettere greche.

Variazioni da Apportare a Diverse Variabili

Di solito, le variazioni estreme non si verificano isolatamente, ma interessano più variabili di mercato. Pertanto, gli *stress tests* vengono spesso effettuati facendo variare simultaneamente diverse variabili. Una prassi diffusa è quella di generare scenari sulla base delle variazioni estreme effettivamente riscontrate in passato.

Esempio 16.2

Per verificare l'impatto di movimenti estremi dei prezzi delle azioni statunitensi, si possono considerare i tassi di variazione delle variabili di mercato rilevati il 19 ottobre 1987 (quando il tasso di variazione dello S&P 500 fu pari a 22,3 volte la sua deviazione standard). Se questo caso è ritenuto troppo estremo, si può scegliere l'8 gennaio 1988 (quando il tasso di variazione dello S&P 500 fu pari a 6,8 volte la sua deviazione standard). Altre date in cui sono state osservate variazioni estreme dei prezzi azionari sono l'11 settembre 2001, dopo l'attacco terroristico alle torri gemelle del World Trade Center di New York, e il 15 settembre 2008, dopo il fallimento di Lehman Brothers. I prezzi delle azioni sono scesi fortemente anche nel marzo 2020, all'inizio della pandemia da Covid-19. Lo S&P 500 è sceso in misura pari al 7,60%, 9,51% e 11,98% il 9 marzo, il 12 marzo e il 16 marzo, rispettivamente.

Un altro metodo è quello di «ingrandire» (*magnify*) quel che è successo in passato, con lo scopo di generare scenari estremi.

Esempio 16.3

Potremmo prendere in esame un periodo in cui le condizioni di mercato si sono modificate in modo moderatamente avverso e creare uno scenario in cui i tassi di variazione di tutte le variabili risultano amplificati in misura pari a 3 o 5 volte.

Lo svantaggio di questo metodo è che le correlazioni aumentano in condizioni di mercato critiche, mentre le correlazioni non aumentano se ci si limita ad amplificare quel che è successo in passato.

Alcuni scenari si basano su *shocks* che si sono manifestati in un solo giorno. Altri scenari, si basano su *shocks* che si sono prolungati per diversi giorni, settimane o anche mesi.

È anche importante tener conto della volatilità delle variabili di mercato. Di solito, le forti variazioni di variabili quali i tassi d'interesse e i tassi di cambio si accompagnano a forti aumenti delle loro volatilità implicite.

Alcuni scenari tengono conto delle variazioni estreme dei prezzi delle merci.

Esempio 16.4

Un periodo particolarmente interessante è rappresentato dalla seconda metà del 2014, caratterizzato dalla «caduta verticale» (*plunge*) del prezzo del petrolio.

Alcuni scenari considerano il combinato effetto della «fuga verso la liquidità» (*flight to quality*), della «scarsità» (*shortage*) di liquidità e dell'aumento dei *credit spreads*.

Esempio 16.5

Questo scenario si è già verificato due volte: nell'agosto 1998, quando la Russia è risultata insolvente, e nel luglio-agosto 2007, quando gli investitori hanno perso fiducia nei prodotti creati con le cartolarizzazioni dei mutui *subprime* (si veda il Capitolo 7).

Scenari Generati dal Management

La storia non si ripete mai esattamente nello stesso modo, forse perché qualcosa si impara dagli errori di chi ci ha preceduto. La Crisi Finanziaria Globale ha avuto origine nel mercato statunitense dei mutui *subprime*. È improbabile che le future crisi creditizie saranno causate dall'allentamento dei criteri nella concessione dei mutui, ma è comunque probabile che ci saranno altre crisi.

Sotto diversi aspetti, gli scenari più utili per le prove di *stress* sono quelli definiti dal *senior management* o dai servizi studi delle istituzioni finanziarie. I *senior managers* e i servizi studi possono sviluppare scenari plausibili, che determinerebbero forti perdite, giudicando le evoluzioni dei mercati, della politica internazionale, della congiuntura economica e valutando lo stato d'incertezza a livello globale. A volte, questi scenari si basano su avvenimenti realmente accaduti, ma altre volte sono frutto di aggiustamenti apportati per tener conto della congiuntura economico-finanziaria.

Un metodo utilizzato per generare gli scenari è quello di prevedere riunioni periodiche di «sollecitazione cerebrale» (*brain storming*) per un comitato di *senior managers* che si ponga la seguente, semplice domanda: «Cos'è che può andare storto?». Clemens e Winkler hanno effettuato alcune ricerche al fine di capire la composizione ottimale di un comitato di questo tipo.[1] Le loro conclusioni sono le seguenti: (a) il «comitato per le prove di *stress*» (*stress-testing committee*) dovrebbe essere composto da 3-5 membri; (b) il «bagaglio culturale» (*background*) dei membri del comitato dovrebbe essere diverso; (c) lo scambio di vedute dovrebbe essere franco e aperto. È importante che i membri del comitato possano estraniarsi dalle responsabilità quotidiane per esaminare il «quadro generale» (*big picture*).

Non è detto che le riflessioni dei *senior managers* debbano essere necessariamente innovative, quando si tratta di definire gli scenari.

Esempio 16.6

Nel 2005-6, molti commentatori economici hanno capito che si era formata una bolla nel mercato immobiliare statunitense e che prima o poi sarebbe scoppiata. È facile essere saggi col senno di poi, ma uno scenario ragionevole che i membri dello *stress-testing committee* potevano definire in quegli anni era quello di un calo del 20% o del 30% dei prezzi delle case, in tutto il Paese.

È fondamentale che il *senior management* e il «consiglio di amministrazione» (*board of directors*) riconoscano l'importanza dello *stress testing*. Su di loro grava la responsabilità di prendere decisioni strategiche basate sui risultati delle prove di *stress*. Uno dei vantaggi del coinvolgimento dei *senior managers* nella definizione degli scenari è proprio quello di indurli a far propria l'idea che lo *stress testing* è importante. È improbabile che i risultati generati sulla base di scenari proposti dal *middle management* possano essere presi in considerazione con altrettanta serietà.

Variabili Fondamentali e Periferiche

Quando le prove di *stress* vengono effettuate facendo variare simultaneamente solo alcune «variabili fondamentali» (*core variables*), spesso si ipotizza che i tassi di variazione delle «variabili periferiche» (*peripheral variables*) siano nulli. Un altro metodo è quello di regredire le *peripheral variables* sulle *core variables* soggette a *stress*, in modo da disporre di previsioni delle variabili periferiche, condizionate dalle variazioni cui vengono assoggettate le variabili fondamentali. Queste previsioni (puntuali o in forma di distribuzione probabilistica) possono essere incorporate nello *stress test*. Questo metodo, proposto da Kupiec, è stato chiamato *conditional stress testing*.[2] Kim e Finger hanno ulteriormente sviluppato quest'idea creando uno *stress test* a «freccia rotta» (*broken arrow*), in cui la correlazione tra *core variables* e *peripheral variables* si basa su quel che succede in condizioni mercato critiche piuttosto che in condizioni normali.[3]

---

[1] Si veda CLEMENS, R., e WINKLER, R., "Combining Probability Distributions from Experts in Risk Analysis", *Risk Analysis*, 19, 2 (April 1999), 187-203.

[2] Si veda KUPIEC, P., "Stress Testing in a Value at Risk Framework", *Journal of Derivatives*, 6 (1999), 7-24.

[3] Si veda KIM, J., e FINGER, C. C., "A Stress Test to Incorporate Correlation Breakdown", *Journal of Risk*, 2, 3 (Spring 2000), 5-19.

Sez. 16.1   Generare gli Scenari   **359**

Riquadro 16.1 Le forti perdite di Long Term Capital Management.

Long Term Capital Management (LTCM), un *hedge fund* creato verso la metà degli anni '90, adottava la *collateralization* per tutte le sue operazioni. La strategia d'investimento dell'*hedge fund* era nota come «arbitraggio da convergenza» (*convergence arbitrage*).

Un esempio molto semplice di *convergence arbitrage* è il seguente. Supponiamo che due obbligazioni, X e Y, emesse dalla stessa società e aventi lo stesso «valore finale» (*payoff*), abbiano un diverso grado di liquidità: il titolo X è meno liquido (ossia è meno negoziato) rispetto a Y. Dato che il mercato dà sempre valore alla liquidità, il prezzo di X è minore del prezzo di Y. In questo caso LTCM avrebbe comprato X e venduto allo scoperto Y, per poi aspettare che – col passare del tempo – i prezzi dei due titoli convergessero verso lo stesso livello. LTCM si aspettava che, in caso di aumento dei tassi d'interesse, il prezzo dei due titoli sarebbe diminuito di circa lo stesso importo, cosicché il valore della «garanzia» (*collateral*) fornita per X sarebbe rimasto all'incirca uguale al valore della garanzia ricevuta per Y. Analogamente, LTCM si aspettava che, in caso di diminuzione dei tassi d'interesse, il prezzo dei due titoli sarebbe aumentato in misura pressoché uguale, cosicché il valore del *collateral* fornito per X sarebbe rimasto uguale, almeno in prima approssimazione, al valore del *collateral* ricevuto per Y. Pertanto, l'aspettativa era che – a fronte degli accordi di *collateralization* – non ci sarebbero stati successivamente esborsi significativi.

Nell'agosto del 1998, la Russia risultò insolvente sul suo debito e ciò determinò nei mercati finanziari una cosiddetta «fuga verso la qualità» (*flight to quality*). Una delle conseguenze fu che gli investitori valutarono più del solito gli strumenti liquidi, per cui i «differenziali» (*spreads*) tra i prezzi degli strumenti liquidi e non-liquidi presenti nel portafoglio di LTCM aumentarono in modo drammatico. I prezzi dei titoli che LTCM aveva comprato scesero e i prezzi di quelli che aveva venduto aumentarono. A seguito degli accordi di *collateralization*, LTCM dovette integrare le garanzie per l'acquisto di X e si vide ridurre le garanzie per la vendita di Y. La «leva finanziaria» (*leverage*) era stata molto utilizzata e l'*hedge fund* non fu in grado di far fronte ai versamenti previsti degli accordi di *collateralization*. Di conseguenza le posizioni vennero chiuse e LTCM registrò una perdita complessiva di circa 4 miliardi di dollari.

Se il *leverage* fosse stato minore, LTCM sarebbe stata probabilmente in grado di sopravvivere alla *flight to quality* e avrebbe potuto aspettare che i prezzi dei titoli liquidi e non-liquidi si allineassero tra loro.

Completare gli Scenari

Gli scenari dovrebbero essere attentamente esaminati per accertarsi di avere considerato tutte le conseguenze avverse cui possono dar origine. Gli scenari dovrebbero includere non solo l'effetto immediato di uno *shock* delle variabili di mercato sul portafoglio dell'istituzione finanziaria, ma anche gli «effetti collaterali» (*knock-on effects*) dovuti al fatto che molte istituzioni finanziarie vengono colpite nello stesso modo e reagiscono nello stesso modo.

Esempio 16.7

Molti hanno sostenuto di aver previsto che la bolla del mercato immobiliare statunitense sarebbe scoppiata nel 2007, ma di averne sottovalutato le conseguenze. Non avevano dato sufficiente peso al fatto che tutte le istituzioni finanziarie avrebbero subito perdite e che ci sarebbe stata una «fuga verso la qualità» (*flight to quality*), con conseguenti problemi di liquidità ed enormi ampliamenti dei *credit spreads*.

Esempio 16.8

Importanti effetti collaterali si sono avuti anche dopo il fallimento di Long-Term Capital Management (LTCM) nel 1998 (si veda il Riquadro 16.1). LTCM tendeva ad avere posizioni lunghe su titoli poco liquidi e posizioni corte su titoli liquidi. Il suo fallimento fu causato dalla *flight to quality* conseguente all'insolvenza della Russia. Molti investitori decisero di spostare i propri capitali sui titoli liquidi e gli *spreads* tra titoli liquidi e illiquidi aumentarono. LTCM ha sostenuto di aver effettuato *stress tests* sulla base di *flights to quality* simili a quelle che si erano verificate prima del 1998. Non aveva però considerato appieno gli effetti collaterali derivanti dal fatto che molti *hedge funds* seguivano strategie simili a quelle di LTCM. Quando iniziò la *flight to quality*, tutti questi *hedge funds* furono costretti a chiudere simultaneamente le posizioni. La chiusura delle posizioni significava vendere titoli poco liquidi e comprare titoli liquidi. La tendenza in atto veniva così a rinforzarsi e la *flight to quality* si rivelò più grave di tutte quelle che erano state osservate prima del 1998.

In teoria, gli scenari dovrebbero essere dinamici. Dovrebbero, cioè, tener conto di come l'istituzione che conduce le prove di *stress* e le altre istituzioni finanziarie reagirebbero allo *shock*.

Esempio 16.9

Si consideri un'istituzione finanziaria che ha venduto opzioni e segue una strategia di *delta hedging*. Se si verifica una forte variazione (al rialzo o al ribasso) del prezzo dell'attività sottostante, l'istituzione subisce una perdita. Per far sì che la posizione torni a essere neutrale in termini di delta, l'istituzione finanziaria dovrà acquistare (dopo il rialzo) o vendere (dopo il ribasso) elevate quantità del sottostante, rafforzando così la tendenza in atto. Il costo della strategia di copertura dipende da come si comporta il prezzo del sottostante. Lo «scenario peggiore» (*worst-case scenario*), che dovrebbe essere preso in considerazione da chi effettua le prove di *stress*, è quello in cui il prezzo è soggetto a forti «oscillazioni» (*swings*).

Reverse Stress Testing

Il «problema inverso delle prove di *stress*» (*reverse stress testing*) consiste nel cercare di individuare gli scenari che comportano le perdite peggiori. Le procedure che si possono utilizzare sono diverse.

Esempio 16.10

Supponiamo che un'istituzione finanziaria abbia in portafoglio 4 *calls* europee scritte su una certa azione. Il prezzo dell'azione è di $50, il tasso d'interesse privo di rischio è pari al 3%, la volatilità è pari al 20%. L'azione non distribuisce dividendi. La dimensione e il valore delle posizioni, i prezzi d'esercizio delle opzioni e la loro vita residua sono riportati nella seguente tavola:

Quantità (migliaia)	Prezzo d'esercizio ($)	Vita residua (anni)	Valore della posizione (migliaia di $)
+250	50	1,0	1.176,674
−125	60	1,5	−293,556
−75	40	0,8	−843,715
−50	55	0,5	−65,298
Totale			−25,895

Il valore corrente del portafoglio (in migliaia di dollari) è pari a −$25,895. Per individuare le variazioni del prezzo e della volatilità dell'azione che comportano la massima perdita, si può utilizzare il *software* RMFI. Le variazioni non devono eccedere certi limiti. Supponiamo che il prezzo dell'azione non scenda sotto i $40 e non superi i $60. Supponiamo, inoltre, che la volatilità non scenda al di sotto del 10% e non superi il 30%. Nel sito *web* del libro [e in quello del traduttore] c'è un *file* in formato Excel che consente di calcolare il valore delle opzioni con il modello Black-Scholes-Merton (BSM): cfr. Black_Scholes_Merton.xlsm.

Utilizzando il Risolutore di Excel si trova che la perdita peggiore si verifica quando la volatilità scende al 10% e il prezzo dell'azione scende a $45,99. In tal caso, la perdita (in migliaia di dollari) è di $289,382. Pertanto, il *reverse stress testing* mostra che l'istituzione finanziaria è esposta soprattutto a una riduzione del prezzo dell'azione pari a circa l'8% ($\approx$ $45,99/$50 − 1), combinata con una forte contrazione della volatilità.

Questo scenario può sembrare irragionevole. È improbabile che la volatilità si riduca nettamente quando il prezzo dell'azione diminuisce in misura pari all'8%. Possiamo allora riutilizzare il Risolutore dopo aver fissato nel 20% (invece del 10%) il limite inferiore della volatilità. In tal caso, la peggior perdita si verifica quando la volatilità resta al 20% e il prezzo dell'azione scende a $42,86. La perdita (in migliaia di dollari) risulta pari a $87,186.

Diversamente dall'Esempio 16.10, in genere non è possibile individuare i livelli di tutte le variabili di mercato in corrispondenza dei quali si verificherebbero le perdite peggiori, per evidenti problemi computazionali. Un metodo che si può utilizzare è quello di selezionare 5-10 variabili chiave e ipotizzare che le altre dipendano dalle variabili chiave.

Un altro metodo per semplificare la procedura di calcolo è quello di imporre una qualche struttura al problema.

Esempio 16.11

Si può effettuare l'analisi delle componenti principali (Sezione 14.3), applicandola alle variazioni delle variabili di mercato (in teoria, utilizzando i dati osservati in condizioni di mercato critiche), per poi identificare le variazioni delle componenti principali che comportano le peggiori perdite. In questo modo, si riduce la dimensione dello spazio nel quale si effettuano i calcoli e si dovrebbe ottenere un numero minore di scenari implausibili.

Un altro metodo è quello di chiedere al *risk management* di imporre una qualche struttura agli scenari.

Esempio 16.12

Dopo aver specificato gli scenari avversi che si sono presentati in passato, si dovrebbe poi cercare di individuare il coefficiente moltiplicativo che, applicato ai tassi di variazione osservati in passato, determinerebbe un certo livello di perdite. Ad es., si potrebbe concludere che l'istituzione finanziaria potrebbe sopravvivere se si ripetesse la Crisi Finanziaria Globale, ma che ci sarebbero problemi gravi se i tassi di variazione delle variabili di mercato fossero accentuati da un coefficiente moltiplicativo pari a 1,5.

Il *reverse stress testing* può essere utilizzato come strumento volto a stimolare il *brain storming* dello *stress-testing committee*. Prima che questo comitato si riunisca, gli analisti potrebbero usare il *reverse stress testing* per individuare gli scenari peggiori per l'istituzione finanziaria. Questi scenari, unitamente ad altri da essi stessi individuati, verrebbero poi esaminati dal comitato. Il compito dello *stress-testing committee* sarebbe quello di eliminare gli scenari giudicati implausibili e di suggerire le modifiche che rendano plausibili altri scenari, prima che siano oggetto di serie valutazioni.

16.2 REGOLAMENTAZIONE

La regolamentazione bancaria verrà trattata più avanti in questo libro (Capitolo 25 - Capitolo 27). A questo punto è sufficiente notare che le autorità di vigilanza richiedono che le stime del rischio di mercato effettuate con il metodo basato sui modelli interni siano accompagnate da un «programma rigoroso e omnicomprensivo di prove di *stress*» (*rigorous and comprehensive stress testing program*).

Lo *stress testing* svolge un ruolo di rilievo per determinare il capitale necessario per assorbire le perdite in caso di *shocks* eccezionali, soprattutto dopo lunghi periodi di condizioni favorevoli che possono indurre ad "allentare la guardia".

Le autorità di vigilanza sottolineano l'importanza del coinvolgimento del *top management* e del consiglio d'amministrazione. In particolare, il *top management* e il consiglio d'amministrazione dovrebbero fissare gli obiettivi dello *stress testing*, definire gli scenari, esaminare i risultati delle prove di *stress*, valutare le possibili azioni da intraprendere e prendere le decisioni strategiche.

Le banche che hanno gestito meglio la Crisi Finanziaria Globale sono quelle il cui *senior management* è stato più attivo nel realizzare le prove di *stress* e nell'utilizzarne i risultati per prendere le proprie decisioni strategiche. Le prove di *stress* dovrebbero interessare tutte le aree della banca e non è opportuno che vengano effettuate da ciascun area in modo indipendente l'una dall'altra.

Queste sono le specifiche raccomandazioni per le banche:

1. lo *stress testing* deve essere parte integrante della «direzione» (*governance*) della banca e della sua cultura in tema di gestione dei rischi. Le prove di *stress* devono essere «concretizzabili» (*actionable*): i risultati devono avere un impatto sulle decisioni che vengono prese ai diversi livelli, incluse le decisioni strategiche del *board* e del *senior management*. Il coinvolgimento del *board* e del *senior management* è fondamentale per l'efficace funzionamento del programma di *stress testing*;
2. le banche devono rendere operativo un programma di *stress testing* che promuova l'identificazione e il controllo dei rischi, offra una diversa prospettiva sui rischi, che risulti complementare a quella degli altri strumenti di *risk management*, migliori la gestione del capitale e della liquidità, contribuisca ad affinare le analisi interne e ad arricchire le comunicazioni all'esterno;
3. i programmi di *stress testing* devono tener conto delle opinioni espresse da tutti i livelli organizzativi della banca, utilizzare diverse prospettive e far uso di un ampio spettro di tecniche;
4. i programmi di *stress testing* devono svolgersi in modo coerente con le linee guida e le procedure approvate dalla banca. L'effettivo funzionamento dei programmi deve essere appropriatamente documentato;
5. le banche devono disporre di infrastrutture, robuste e flessibili, che consentano di effettuare diverse prove di *stress*, sulla base di scenari mutevoli e sufficientemente dettagliati;
6. le banche devono fra sì che la struttura delle prove di *stress* venga revisionata e aggiornata regolarmente. L'efficacia dei programmi di *stress testing*, così come la robustezza delle principali componenti, deve essere valutata con regolarità e in modo indipendente;
7. le prove di *stress* devono coprire un'ampia varietà di rischi e riguardare le singole linee operative, oltre che la banca nel suo insieme. Le banche devono essere in grado di riassumere, in modo significativo, i risultati ottenuti a livello disaggregato per offrire il quadro completo dei rischi cui sono esposte;
8. i programmi di *stress testing* devono basarsi su un'ampia varietà di scenari, inclusi gli scenari «rivolti al futuro» (*forward looking*), e tener conto delle interazioni sistemiche e delle possibili «reazioni» (*feedback effects*);

9. le prove di *stress* dovrebbero essere condotte a diversi livelli di «severità» (*severity*), contemplando gli eventi che sono in grado di causare i danni maggiori non solo in termini monetari ma anche di reputazione. Il *reverse stress testing* deve consentire di determinare gli scenari che mettono a rischio la sopravvivenza della banca, far emergere i rischi nascosti e le loro interazioni;
10. i programmi di *stress testing* devono tener conto, tra l'altro, delle pressioni simultanee che possono verificarsi nei mercati dove le banche fanno «provvista» (*funding*) e dove negoziano le proprie attività, nonché dell'impatto delle contrazioni di liquidità sulla valutazione delle esposizioni;
11. l'efficacia delle tecniche di mitigazione dei rischi deve essere sistematicamente convalidata;
12. i programmi di *stress testing* devono esplicitamente coprire anche i prodotti complessi e «su misura» (*bespoke*), come quelli derivanti dalle cartolarizzazioni. Le prove di *stress* per i prodotti strutturati devono tenere presenti le attività sottostanti, la loro esposizione nei confronti dei fattori di rischio sistematici, le condizioni contrattuali rilevanti e le «clausole d'innesco incorporate» (*embedded triggers*), nonché l'impatto del *leverage*, soprattutto in relazione al livello di subordinazione nella struttura dei prodotti;
13. i programmi di *stress testing* devono coprire i «rischi di canalizzazione e immagazzinamento» (*pipeline and warehousing risks*), indipendentemente dalla probabilità che le attività vengano effettivamente cartolarizzate;[4]
14. le metodologie adottate per le prove di *stress* devono essere in grado di catturare gli effetti del «rischio di reputazione» (*reputational risk*). Le banche devono integrare, nei propri programmi di *stress testing*, i rischi derivanti dagli *special purpose vehicles* e dalle altre entità collegate;
15. le banche devono far sì che i programmi di *stress testing* siano in grado di cogliere i «punti deboli» (*vulnerabilities*) delle controparti ad alto *leverage*, per specifiche categorie di attività e per specifici movimenti di mercato, e siano anche in grado di misurare il «rischio non appropriato» (*wrong-way risk*) che può emergere quando si usano gli strumenti di mitigazione del rischio.

Le raccomandazioni per le autorità di vigilanza sono:

16. le autorità di vigilanza devono effettuare valutazioni «regolari e omnicomprensive» (*regular and comprehensive*) dei programmi di *stress testing*;
17. le autorità di vigilanza devono chiedere al *management* di mettere in atto le opportune misure correttive nell'eventualità che vengano identificate carenze rilevanti nei programmi di *stress testing* o che i risultati delle prove di *stress* non siano adeguatamente presi in considerazione nel processo decisionale;
18. le autorità di vigilanza devono valutare, ed eventualmente «contestare» (*challenge*), l'«ampiezza» (*scope*) e la severità degli «scenari che riguardano l'intera azienda» (*firm-wide scenarios*). Possono chiedere alle banche di effettuare «analisi di sensitività» (*sensitivity analyses*), per certi scenari o per certi parametri, di utilizzare specifici scenari e di determinare gli scenari che mettono a rischio la loro sopravvivenza (*reverse stress testing*);

---

[4] I *pipeline and warehousing risks* sono i rischi connessi con le attività in attesa di cartolarizzazione, che potrebbero non essere cartolarizzate se cambiano le condizioni di mercato. Questi rischi hanno causato perdite all'inizio della crisi.

19. secondo quanto previsto dal secondo pilastro di Basilea II (principi chiave del controllo prudenziale), le autorità di vigilanza – nell'ambito del processo di controllo delle valutazioni patrimoniali e della gestione del rischio di liquidità delle banche – devono esaminare i risultati delle prove di *stress*. In particolare, per valutare l'adeguatezza del capitale e della liquidità, devono esaminare i risultati delle prove di *stress* «prospettiche» (*forward looking*);
20. le autorità di vigilanza potrebbero immaginare «scenari comuni» (*common scenarios*) e chiedere alle banche di effettuare prove di *stress* anche sulla base di questi scenari;
21. le autorità di vigilanza devono promuovere un dialogo costruttivo con le altre autorità pubbliche e con il sistema bancario per identificare le vulnerabilità sistemiche. Devono anche accertarsi di essere in grado di valutare i programmi di *stress testing* delle banche.

Scenari Scelti dalle Autorità di Vigilanza

Le autorità di vigilanza chiedono alle banche di esaminare scenari estremi e di accertarsi di aver capitali sufficienti per sopravvivere a questi scenari. Qui c'è un problema ovvio. Le banche vogliono che il capitale regolamentare sia il più basso possibile. Pertanto, non hanno alcun incentivo a esaminare scenari estremi che potrebbero indurre le autorità di vigilanza ad aumentare i loro requisiti patrimoniali. Pertanto c'è una tendenza naturale ad «annacquare» (*water down*) gli scenari e a renderli piuttosto «benigni» (*benign*).

Un modo per superare il problema è che siano le stesse autorità di vigilanza a proporre gli scenari (Raccomandazioni 18 e 20). In molte giurisdizioni (tra le quali il Regno Unito, l'Unione Europea e gli Stati Uniti), le autorità di vigilanza conducono i propri *stress tests* per verificare se le banche hanno capitale sufficiente per sopravvivere a estremi eventi avversi. Se non superano i *tests*, le banche devono raccogliere ulteriori capitali e possono essere assoggettate a restrizioni sui dividendi.

Esempio 16.13

Negli Stati Uniti, dal 2009, la Federal Reserve effettua *stress tests* annuali per tutte le banche (G-SIBs e D-SIBs) con attività per oltre $50 miliardi. Dal 2011 questi *tests* hanno preso il nome di Comprehensive Capital Analysis and Review (CCAR).

Le banche sono tenute a sottoporre i propri «progetti sui mezzi propri» (*capital plans*), incluse le proiezioni sui dividendi. Gli scenari creati dalla Federal Reserve sono scenari di recessione simili a quelli del 1973-5, 1981-2 e 2007-9. Gli scenari includono le proiezioni per circa 25 variabili, tra le quali figurano variabili macroeconomiche come il tasso di crescita del «prodotto interno lordo - PIL» (*gross domestic product* - GDP), il tasso di disoccupazione, i tassi di variazione di indici azionari e di indici dei prezzi delle abitazioni.

Le banche statunitensi con attività consolidate per oltre $10 miliardi sono soggette al Dodd-Frank Act Stress Test (DFAST). Gli scenari considerati dal DFAST sono simili a quelli del CCAR. Tuttavia, le banche non devono sottoporre i propri *capital plans*, in quanto si suppone che la gestione dei mezzi propri si basi su ipotesi standard.

Il CCAR e il DFAST richiedono un enorme sforzo alle banche in termini di documenti da produrre, lunghi migliaia di pagine, che giustifichino i modelli utilizzati.

Scegliendo i propri scenari, le autorità di vigilanza possono far concentrare l'attenzione delle banche sulle questioni più rilevanti. Se si rendono conto che molte banche hanno assunto posizioni simili, le autorità di vigilanza possono chiedere a tutte le banche di approfondire l'esame degli scenari più negativi.

Riquadro 16.2 *Traffic light options.*

Nel giugno 2001, la Danish Financial Supervisory Authority (DFSA) ha adottato un sistema a mo' di «semaforo» (*traffic light*) per la verifica della solvibilità in condizioni di *stress*. Questo sistema richiede alla compagnie d'assicurazione vita e ai fondi pensione di presentare rapporti semestrali dai quali risulti l'impatto di certi *shocks* sul loro patrimonio netto. Lo «scenario da luce rossa» (*red-light scenario*) è definito dai seguenti *shocks*: riduzione di 70 punti base dei tassi d'interesse, riduzione del 12% dei corsi azionari, declino dell'8% dei prezzi degli immobili. Se – in questo scenario – il patrimonio netto scende al di sotto di un certo livello critico, la compagnia viene posta nella «categoria a luce rossa» (*red-light status*). Sarà allora tenuta più spesso sotto controllo e i suoi rapporti dovranno essere presentati con frequenza mensile. Lo «scenario da luce gialla» (*yellow-light scenario*) è definito dai seguenti *shocks*: riduzione di 100 punti base dei tassi d'interesse, riduzione del 30% dei corsi azionari, declino del 12% dei prezzi degli immobili. Se – in questo scenario – il patrimonio netto scende al di sotto di un certo livello critico, la compagnia viene posta nella «categoria a luce gialla» (*yellow-light status*). I suoi rapporti dovranno essere presentati con frequenza trimestrale. Quando il patrimonio netto resta al di sopra dei livelli critici definiti per gli scenari a luce rossa e a luce gialla, la compagnia viene posta nella «categoria a luce verde» (*green-light status*). I suoi rapporti dovranno essere presentati con frequenza semestrale.

Le banche d'investimento hanno sviluppato prodotti che aiutano le compagnie d'assicurazione e i fondi pensione a restare nella categoria a luce verde. Questi prodotti sono detti «opzioni semaforo» (*traffic light options*). Le opzioni vengono esercitate quando si verificano gli scenari a luce rossa o gialla. Queste opzioni sono relativamente poco care.

Un effetto indesiderato degli scenari comuni è che possono indurre le banche a prestare meno attenzione allo sviluppo dei propri scenari. Un possibile compromesso è quello che le prove di *stress* si basino sugli scenari proposti sia dalle autorità di vigilanza sia dal *management* delle banche.

Non sempre si ottengono gli effetti desiderati. Quando alcune autorità di vigilanza europee hanno definito gli scenari chiave per le compagnie d'assicurazione vita e i fondi pensione, molte società hanno reagito coprendosi contro il rischio di quegli scenari, e solo di quelli (Riquadro 16.2).[5]

Questo non era l'effetto desiderato. Ogni scenario dovrebbe essere visto come rappresentativo di un insieme di cose che potrebbero accadere. Le istituzioni finanziarie dovrebbero assicurarsi di avere i mezzi patrimoniali sufficienti per sopravvivere non solo agli eventi estremi ipotizzati da quegli scenari ma anche agli eventi estremi ipotizzati da scenari simili, o a essi collegati. Le autorità di vigilanza hanno ora ben presente questo tipo di problema e hanno messo in atto procedure volte a evitare che le banche aggirino gli ostacoli in questo modo.

16.3 COME UTILIZZARE I RISULTATI

Il principale problema dello *stress testing* riguarda l'utilizzo dei risultati: molto spesso vengono ignorati dal *senior management*. Una risposta tipica è la seguente: "Sì, ci sono sempre uno o due scenari che ci farebbero «affondare» (*sink*). Non possiamo proteggerci contro tutto quello che può succedere". Come si è già detto, un modo per cercare di evitare questo tipo di risposta è quello di coinvolgere il *senior management* nel-

---

[5] Le informazioni riportate nel Riquadro 16.2 sono tratte da JORGENSEN, P. L., "Traffic Light Options", *Journal of Banking and Finance*, 31, 12 (December 2007), 3698-719.

la definizione degli scenari. Una risposta migliore da parte del *senior management* potrebbe essere la seguente: "I rischi associati a questi scenari sono accettabili? Se non sono accettabili, cerchiamo di trovare il modo per renderli più accettabili".

Un problema che interessa sia il *senior management* sia la funzione di *risk management* è che i rapporti sul rischio, che si ritrovano sui propri tavoli, sono due: uno si basa sui modelli di VaR ed ES, mentre l'altro si basa sui programmi di *stress testing*. Quale dei due devono considerare per prendere le proprie decisioni?

Integrare Stress Testing e Calcolo del VaR

Lo *stress testing* sarebbe considerato più seriamente se i suoi risultati fossero integrati nel calcolo del VaR.[6] L'integrazione può essere realizzata se si assegna una probabilità a ogni scenario utilizzato per le prove di *stress*. Sia n_s il numero degli scenari utilizzati da un'istituzione finanziaria per le prove di *stress* e sia p la probabilità assegnata a questi scenari. Sia n_h il numero degli scenari generati dalle simulazioni storiche. Nel complesso, il numero degli scenari presi in esame è $n_s + n_h$, di cui n_s con probabilità p e n_h con probabilità $1 - p$.

Sfortunatamente, gli esseri umani non sono molto bravi a stimare le probabilità soggettive degli eventi rari. Un metodo è quello di chiedere ai membri dello *stress-testing committee* di associare a ogni scenario una probabilità predefinita. Gli scenari potrebbero essere raggruppati in tre categorie, a seconda delle probabilità:

1. 0,50% (= 1/200), improbabile;
2. 0,20% (= 1/500), molto improbabile;
3. 0,05% (= 1/2000), estremamente improbabile.

Esempio 16.14

Consideriamo l'Esempio 12.1 e integriamolo con 5 scenari estremi. Supponiamo che le perdite (in migliaia di $) che la banca subisce in questi 5 scenari siano pari, rispettivamente, a $400, $700, $900, $1.050 e $1.200. Le probabilità soggettive dei 5 scenari sono pari, rispettivamente, a 0,50%; 0,20%; 0,20%; 0,05% e 0,05%. La probabilità che si verifichi uno dei 5 scenari è quindi pari all'1% (= 0,50% + 0,20% + 0,20% + 0,05% + 0,05%).

Ne segue che la probabilità dei 500 scenari considerati dal metodo delle simulazioni storiche è pari al 99% (= 100% − 1%). Pertanto, se i 500 scenari sono equiponderati, la probabilità assegnata a ogni scenario è pari allo 0,198% (= 99% / 500). La Tavola 12.4 va quindi sostituita con la Tavola 16.1. Le probabilità assegnate ai diversi scenari vengono cumulate iniziando dagli scenari con le perdite peggiori.[7]

Se il livello di confidenza è pari al 99%, il VaR è pari alla prima perdita in corrispondenza della quale la probabilità cumulata supera l'1% (= 100% − 99%). Nel nostro caso il VaR giornaliero al 99% è pari a $653.542.

Un metodo più elaborato per assegnare le probabilità agli scenari si basa sull'applicazione di risultati ben noti in statistica: il teorema di Bayes e le cosiddette «reti Bayesiane» (*Bayesian networks*), dal nome dello statistico inglese Thomas Bayes.[8]

---

[6] Si veda BERKOWITZ, J., "A Coherent Framework for Stress Testing", *Journal of Risk*, 2, 2 (Winter 1999/2000), 5-15.

[7] Questa procedura è uguale a quella che abbiamo seguito per ponderare le osservazioni prese in esame dal metodo delle simulazioni storiche. Si veda la Tavola 12.5 nella Sezione 12.3.

[8] Si veda REBONATO, R., *Coherent Stress Testing: A Bayesian Approach to Financial Stress*, Chichester, UK: John Wiley & Sons, 2010.

TAVOLA 16.1 Simulazioni storiche e *stress testing*.

Scenario	Perdita (migliaia di $)	Probabilità (%)	Probabilità cumulata (%)
s5	1.200,000	0,050%	0,050%
s4	1.050,000	0,050%	0,100%
494	922,484	0,198%	0,298%
s3	450,000	0,200%	0,498%
339	345,435	0,198%	0,696%
s2	300,000	0,200%	0,896%
349	282,204	0,198%	1,094%
329	277,041	0,198%	1,292%
487	253,385	0,198%	1,490%
s1	235,000	0,500%	1,990%
227	217,974	0,198%	2,188%
131	202,256	0,198%	2,386%
238	201,389	0,198%	2,584%
473	191,269	0,198%	2,782%
306	191,050	0,198%	2,980%
...	...	...	...

Nota: i simboli $s1$, $s2$, $s3$, $s4$ e $s5$ identificano i 5 scenari estremi.

La probabilità di uno scenario definito da due eventi è pari al prodotto tra la probabilità che si verifichi il primo evento e la probabilità condizionata che si verifichi anche il secondo (essendosi verificato il primo). Analogamente, la probabilità di uno scenario definito da tre eventi è pari al prodotto tra la probabilità che si verifichi il primo evento, la probabilità condizionata che si verifichi anche il secondo (essendosi verificato il primo) e la probabilità condizionata che si verifichi anche il terzo (essendosi verificati i primi due).

Probabilità Soggettive e Oggettive

A questo punto è opportuno dire qualcosa sulla stima delle probabilità. La «probabilità oggettiva» (*objective probability*) di un evento è quella che viene calcolata osservando la frequenza con cui l'evento si verifica in successive osservazioni.

Esempio 16.15

Si consideri un'urna che contiene palle rosse e palle nere in proporzioni ignote. Vogliamo sapere qual è la probabilità di estrarre una palla rossa. Possiamo estrarre una palla a caso, osservarne il colore, riporla nell'urna, estrarre un'altra palla a caso, osservarne il colore, riporla nell'urna e così via. Se l'estrazione viene ripetuta 100 volte ed osserviamo 30 palle rosse e 70 nere, la probabilità oggettiva di estrarre una palla rossa è pari al 30%.

Sfortunatamente, le probabilità oggettive stimate nel mondo reale sono molto meno affidabili di quelle ricavate nel precedente esempio. In genere, la probabilità che un certo evento si verifichi non è costante nel tempo e le osservazioni non sono indipendenti tra loro.

La «probabilità soggettiva» (*subjective probability*) è quella che un individuo, basandosi sul proprio giudizio e sulla propria esperienza, assegna a un certo evento. Non si basa sui dati storici, ma sulle opinioni degli individui. Individui diversi hanno in genere percezioni diverse sulla probabilità che un certo evento si verifichi.

Le probabilità assegnate agli scenari considerati dalle simulazioni storiche sono probabilità oggettive, mentre quelle assegnate agli scenari estremi sono probabilità soggettive. Molti analisti hanno difficoltà ad accettare le probabilità soggettive, perché non si basano sui dati. Inoltre, ci sono considerazioni politiche che inducono le istituzioni finanziarie a concentrarsi sui dati storici. Se si utilizzano i dati storici e le cose vanno male, la colpa è dei dati. Se si utilizzano i giudizi espressi da un gruppo di persone, la colpa è di quelle persone.

Se si basa solo sulle probabilità oggettive, il *risk management* è inevitabilmente *backward looking* e non riesce a tener conto delle percezioni e dell'esperienza dei *senior managers*. È su di loro che grava la responsabilità di evitare che l'istituzione finanziaria si esponga a rischi che possono rivelarsi fatali.

SOMMARIO

Lo *stress testing* svolge un ruolo di rilevo all'interno delle procedure di gestione dei rischi. Consente alle istituzioni finanziarie di considerare l'impatto degli scenari estremi, che vengono ignorati dalle tradizionali analisi del VaR, ma che di tanto in tanto si verificano. Se gli scenari estremi sono plausibili, le istituzioni finanziarie possono intraprendere le azioni necessarie per attutire l'impatto di quelli che potrebbero avere conseguenze catastrofiche per la loro sopravvivenza. Un serio programma di *stress testing* consente alle istituzioni finanziarie di migliorare la comprensione dei rischi insiti nei propri portafogli.

Gli scenari possono essere generati in diversi modi. Una possibilità è quella di prendere in esame le variazioni estreme di una sola variabile di mercato, lasciando inalterate tutte le altre. Un'altra possibilità è quella di utilizzare i tassi di variazione di tutte le variabili di mercato, osservate in passato quando i mercati hanno sperimentato *shocks* estremi. Il metodo migliore è quello di chiedere a un comitato di *senior managers* di generare scenari estremi, che siano plausibili, sulla base delle loro percezioni e della loro esperienza. A volte, le istituzioni finanziarie si avvalgono del *reverse stress testing*, ossia utilizzano appositi algoritmi per cercare di individuare gli scenari che comportano le peggiori perdite. Gli scenari devono essere quanto più completi è possibile e includere l'impatto degli «effetti collaterali» (*knock-on effects*), oltre a quello dello *shock* iniziale. Le turbolenze di mercato iniziate nell'estate 2007 mostrano che, in alcuni casi, gli effetti collaterali – quali *flight to quality*, aumento dei *credit spreads* e contrazione della liquidità – possono essere significativi.

Le autorità di vigilanza richiedono alle banche di avere capitali sufficienti per fronteggiare gli scenari estremi. Negli Stati Uniti, nell'Unione Europea e nel Regno Unito, sono le stesse autorità di vigilanza che definiscono gli scenari che le maggiori istituzioni finanziarie devono considerare. Possono così rendersi conto di quali siano le istituzioni finanziarie che devono accrescere i mezzi propri e individuare eventuali rischi sistemici.

Se si assegnano probabilità soggettive agli scenari estremi, lo *stress testing* può essere integrato con l'analisi del VaR. Si tratta di un'idea interessante, che però non sembra aver avuto seguito né presso le banche né presso le autorità di vigilanza.

SUGGERIMENTI PER ULTERIORI LETTURE

ALEXANDER, C., e SHEEDY, E. A., "Developing a Stress-Testing Framework Based on Market Risk Models", *Journal of Banking and Finance* 32, 10 (2008): 2220-36.

ARAGONÉS, J. R., BLANCO, C., e DOWD, K., "Incorporating Stress Tests into Market Risk Modeling", *Derivatives Quarterly*, 7 (Spring 2001), 44-9.

ARAGONÉS, J. R., BLANCO, C., e DOWD, K., "Stress Tests, Market Risk Measures, and Extremes: Bringing Stress Tests to the Forefront of Market Risk Management", in RÖSCH, D. e SCHEULE, H., Eds., *Stress Testing for Financial Institutions: Applications, Regulations, and Techniques*, London: Risk Books, 2008.

BASEL COMMITTEE ON BANKING SUPERVISION, "Principles for Sound Stress Testing Practices and Supervision", May 2009.

BERKOWITZ, J., "A Coherent Framework for Stress Testing", *Journal of Risk*, 2, 2 (Winter 1999/2000), 5-15.

BOGLE, J. C., "Black Monday and Black Swans", *Financial Analysts Journal*, 64, 2 (March / April 2008), 30-40.

CLEMENS, R., e WINKLER, R., "Combining Probability Distributions from Experts in Risk Analysis", *Risk Analysis*, 19, 2 (April 1999), 187-203.

DUFFIE, D., "Systemic Risk Exposures: A 10-by-10-by-10 Approach." Working Paper, Stanford University, 2011.

GLASSERMAN, P., KANG, C., e KANG, W., "Stress Scenario Selection by Empirical Likelihood", *Quantitative Finance*, 15, 1 (2015), 25-41.

HASSANI, B., *Scenario Analysis in Risk Management*. Cham, Switzerland: Springer, 2016.

HUA, P., e WILMOTT, P., "Crash Courses", *Risk*, 10, 6 (June 1997), 64-7.

KIM, J., e FINGER, C. C. "A Stress Test to Incorporate Correlation Breakdown", *Journal of Risk*, 2, 3 (Spring 2000), 5-19.

KUPIEC, P., "Stress Testing in a Value at Risk Framework", *Journal of Derivatives*, 6 (1999), 7-24.

REBONATO, R., *Coherent Stress Testing: A Bayesian Approach to the Analysis of Financial Stress*. Chichester, UK: John Wiley & Sons, 2010.

TALEB, N. N., *The Black Swan: The Impact of the Highly Improbable*, New York: Random House, 2007.

DOMANDE E PROBLEMI
(le risposte si trovano alla fine del libro)

16.1. Descrivete tre diversi metodi con cui si possono generare gli scenari per lo *stress testing*.

16.2. (a) Cos'è il *reverse stress testing*?
(b) Come viene utilizzato?

16.3. Perché la regolamentazione può indurre le istituzioni finanziarie a sottostimare la gravità degli scenari presi in esame?

16.4. (a) Cosa sono le *traffic light options*?
(b) Quali sono i loro inconvenienti?

16.5. (a) Perché è importante che il *senior management* sia coinvolto nello *stress testing*?
(b) Quali forme può assumere questo coinvolgimento?

16.6. Gli scenari per lo *stress testing* potrebbero essere definiti dalle stesse autorità di vigilanza. Quali sono i vantaggi e gli svantaggi di questa proposta?

16.7. Spiegate la differenza tra probabilità soggettive e probabilità oggettive.

16.8. Considerate l'Esempio 16.14 e supponete che vengano presi in esame 7 scenari nei quali si osservano perdite (in migliaia di dollari) pari, rispettivamente, a $240, $280, $340, $500, $700, $850 e $1.050. Le probabilità soggettive assegnate ai 7 scenari sono pari, rispettivamente, a 0,5%; 0,5%; 0,2%; 0,2%; 0,05%; 0,05% e 0,05%. Qual è il VaR giornaliero al 99% calcolato in base alla procedura presentata nella Sezione 16.3?

16.9. Considerate l'Esempio 16.10 e supponete che le quantità (in migliaia di unità) delle opzioni *call* europee siano pari, rispettivamente, a 200, –70, –120 e –60. Utilizzate il *file* Black_Scholes_Merton.xlsm, disponibile nel sito *web* del libro [e in quello del traduttore], e il Risolutore di Excel per individuare le variazioni giornaliere del prezzo dell'azione e della volatilità che comporterebbero le perdite più elevate. Ponete il vincolo che il prezzo dell'azione sia compreso nel *range* ($40, $60) e che la volatilità sia compresa nel *range* (10%, 30%).

Parte IV:
Rischio di Credito

Capitolo 17
Probabilità d'Insolvenza

In questo capitolo passeremo in rassegna diversi metodi per la stima delle probabilità d'insolvenza e spiegheremo qual è la differenza fondamentale tra probabilità effettive e probabilità neutrali verso il rischio. Il materiale che presenteremo verrà poi utilizzato nel Capitolo 18, quando prenderemo in esame il «rischio creditizio di controparte» (*counterparty credit risk*), e nel Capitolo 19 quando affronteremo il problema della stima del VaR creditizio.

17.1 RATINGS

Come si è visto nella Sezione 1.7, le agenzie di *rating* come Moody's, S&P e Fitch classificano le obbligazioni in base al «merito di credito» (*creditworthiness*).[1]

I *ratings* mirano a fornire informazioni sulla qualità creditizia. Ci si potrebbe aspettare che essi vengano modificati spesso, non appena i mercati recepiscono nuove informazioni, positive o negative. In realtà, i *ratings* vengono modificati raramente. Quando assegnano i *ratings*, le agenzie di *rating* mirano alla stabilità. In particolare, non vogliono effettuare «inversioni» (*reversals*), ad es. «promozioni» (*upgrades*) seguite poco dopo da «retrocessioni» (*downgrades*), o viceversa. I *ratings* vengono cambiati solo quando c'è motivo per ritenere che sia avvenuta una modifica di lungo periodo nel merito di credito delle società.

Una possibile spiegazione di questo comportamento è legata alle esigenze dei «negoziatori di obbligazioni» (*bond traders*), che sono tra i maggiori utilizzatori dei *ratings*.

Spesso i *bond traders* sono soggetti a regole che riguardano la qualità creditizia dei titoli in portafoglio [ad es., molti fondi obbligazionari possono avere in portafoglio solo titoli di «primaria qualità creditizia» (*investment grade* – IG)].

Pertanto, se i *ratings* fossero modificati troppo spesso, i *bond traders* dovrebbero aggiustare frequentemente la composizione dei portafogli, sostenendo così elevati costi di transazione per far in modo che la qualità creditizia dei titoli sia conforme a quella prescritta.

---

[1] In teoria, il *rating* è una misura della qualità creditizia di un'obbligazione, non di una società. Tuttavia, in molti casi, le obbligazioni emesse da una società hanno tutte lo stesso *rating*. Pertanto, il *rating* viene spesso associato all'emittente piuttosto che al titolo.

Un'altra spiegazione è che le agenzie di *rating* cercano di «valutare attraverso il ciclo» (*to rate through the cycle*), ossia di guardare alle tendenze di lungo periodo senza farsi influenzare dalla congiuntura.

Esempio 17.1

Supponiamo che l'economia entri in una fase di «ristagno» (*downturn*). Il mutato clima economico si traduce in un aumento della probabilità d'insolvenza a 6 mesi di una certa società ma non produce effetti sulle probabilità d'insolvenza cumulate relative ai prossimi 3-5 anni. In questo caso le agenzie di *rating* non modificheranno il *rating* della società.

Società come Moody's KMV e Kamakura forniscono stime delle probabilità d'insolvenza basate sui prezzi azionari e altre variabili. Volutamente, le stime non sono stabili. Tendono a reagire alle informazioni di mercato più rapidamente dei *ratings*. I modelli utilizzati per produrre queste stime verranno discussi nella Sezione 17.8.

Ratings Interni

Molte banche dispongono di procedure interne per valutare il merito di credito dei loro clienti, sia in forma «societaria» (*corporate*) sia «al dettaglio» (*retail*). Si tratta di una necessità. Infatti, i *ratings* pubblicati dalle agenzie di *rating* riguardano, in genere, solo i clienti *corporate* di maggiori dimensioni. Restano escluse diverse imprese medio-piccole che non emettono obbligazioni negoziabili.

In genere, i metodi interni per la stima delle probabilità d'insolvenza si basano su indicatori di redditività, come il rapporto «utili su valore dell'attivo» (*return on assets* - ROA), e su altri indicatori di bilancio, come il «rapporto tra entrate e uscite correnti» (*current ratio*) e il «rapporto tra capitale di terzi e capitale proprio» (*debt-to-equity ratio*).

Le banche sanno che sono le disponibilità liquide, e non gli utili, che consentono il rimborso dei prestiti. Pertanto, utilizzano le informazioni finanziarie sulla clientela per costruire nuovi prospetti, con entrate e uscite riclassificate, che le aiutino a stimare in che misura le società a cui hanno concesso prestiti saranno in grado di far fronte al servizio del debito.

Z-score di Altman

Edward Altman è stato tra i primi a utilizzare gli indicatori di bilancio per prevedere le insolvenze. Nel 1968 ha proposto il cosiddetto *Z-score*.[2]

Utilizzando una tecnica statistica nota come «analisi discriminante» (*discriminant analysis*), Altman ha cercato di prevedere le insolvenze facendo uso di cinque indicatori di bilancio:

X_1: «capitale circolante su valore dell'attivo» (*working capital/total assets*);
X_2: «utili non distribuiti su valore dell'attivo» (*retained earnings/total assets*);
X_3: «utili lordi su valore dell'attivo» (*earnings before interest and taxes/total assets*);
X_4: «capitalizzazione di borsa su valore del passivo» (*equity/total liabilities*);
X_5: «fatturato su valore dell'attivo» (*sales/total assets*).

---

[2] Si veda ALTMAN, E. I., "Financial Ratios, Discriminant Analysis, and the Prediction of Corporate Bankruptcy", *Journal of Finance*, 23 (4), September 1968, 589-609.

Lo *Z-score* originale è stato così definito:

$$Z = 1{,}2 \times X_1 + 1{,}4 \times X_2 + 3{,}3 \times X_3 + 0{,}6 \times X_4 + 0{,}999 \times X_5. \qquad (17.1)$$

Se:

$Z > 3{,}0$ non è probabile che la società fallisca;
$3 \geq Z > 2{,}7$ si dovrebbe «fare attenzione» (*to be on alert*);
$2{,}7 \geq Z > 1{,}8$ è probabile che la società fallisca;
$1{,}8 \geq Z$ la probabilità d'insolvenza è altissima.

Lo *Z-score* è stato calcolato sulla base di un campione composto da 66 società quotate appartenenti al settore manifatturiero. Di queste, 33 fallirono entro un anno. Il modello si rivelò molto accurato quando venne verificato sulla base di un campione di società diverse da quelle utilizzate per la stima dell'Equazione (17.1). Gli «errori del primo tipo» (*type I error*), determinati dal fallimento di società la cui insolvenza non era stata prevista, e gli «errori del secondo tipo» (*type II error*), determinati dal mancato fallimento di società di cui si era prevista l'insolvenza, furono entrambi modesti.[3]

Varianti di questo stesso modello sono state proposte sia per le società non quotate appartenenti al settore manifatturiero sia per le società diverse da quelle operanti nel settore manifatturiero.

Esempio 17.2

Consideriamo una società con capitale circolante di $170.000, valore dell'attivo di $670.000, utili non distribuiti di $300.000, utili lordi di $60.000, capitalizzazione di borsa di $380.000, valore del passivo di $240.000 e fatturato di $2.200.000. In questo caso si ha: $X_1 = 0{,}254$ (= $170.000 / $670.00), $X_2 = 0{,}448$ (= $300.000 / $670.00), $X_3 = 0{,}0896$ (= $60.000 / $670.00), $X_4 = 1{,}583$ (= $380.000 / $240.00) e $X_5 = 3{,}284$ (= $2.200.000 / $670.00).

Lo *Z-score* è

$$1{,}2 \times 0{,}254 + 1{,}4 \times 0{,}448 + 3{,}3 \times 0{,}0896 + 0{,}6 \times 1{,}583 + 0{,}999 \times 3{,}284 = 5{,}46.$$

Lo *Z-score* è maggiore di 3, per cui non è probabile che la società fallisca entro 1 anno.

La metodologia sottostante lo *Z-score* è stata rivista ed estesa in tempi successivi a quello dell'articolo originale di Altman, pubblicato nel 1968.

17.2 PROBABILITÀ D'INSOLVENZA E DATI STORICI

La Tavola 17.1 contiene i tipici dati forniti dalle agenzie di *rating*. Essa mostra i valori medi cumulati delle probabilità d'insolvenza da 1 a 15 anni, relative a società che hanno inizialmente un certo *rating*. I dati riportati nella tavola consentono di calcolare le probabilità d'insolvenza per i singoli anni.

Esempio 17.3

Nel caso di un'obbligazione con *rating* iniziale BBB, la probabilità d'insolvenza a 1 anno è pari allo 0,15% e quella a 2 anni allo 0,41%. Pertanto, la probabilità d'insolvenza durante il secondo anno è pari allo 0,26% (= 0,41% − 0,15%).

---

[3] Probabilmente, gli errori del primi tipo sono più costosi per l'area crediti delle banche commerciali rispetto agli errori del secondo tipo.

TAVOLA 17.1 Probabilità d'insolvenza: valori medi cumulati (%).

Rating	Scadenza (anni)							
	1	2	3	4	5	7	10	15
AAA	0,00	0,03	0,13	0,24	0,34	0,50	0,69	0,89
AA	0,02	0,06	0,11	0,20	0,30	0,48	0,68	0,96
A	0,05	0,13	0,21	0,32	0,44	0,73	1,15	1,76
BBB	0,15	0,41	0,72	1,09	1,48	2,18	3,10	4,34
BB	0,60	1,88	3,35	4,81	6,19	8,57	11,24	14,08
B	3,18	7,46	11,26	14,30	16,67	20,10	23,50	26,92
CCC/C	26,55	36,74	41,80	44,74	46,91	49,08	51,05	52,97

Fonte: S&P Global Ratings Research (1981-2021).

Le probabilità d'insolvenza annuali crescono con la scadenza se il *rating* è elevato e diminuiscono se il *rating* è basso:

1. in genere, ci vuole del tempo prima che le vicende di chi ha emesso titoli con buon *rating* peggiorino a tal punto da causarne l'insolvenza;
2. invece, il primo anno può essere critico per gli emittenti di titoli con basso *rating*. Se essi superano questo periodo, ci si può attendere che le probabilità d'insolvenza annuali diminuiscano col passare del tempo.

Esempio 17.4

Le probabilità d'insolvenza relative al 1°, 2°, 3° e 4° anno, calcolate in base ai dati della Tavola 17.1, crescono con la scadenza nel caso delle obbligazioni con *rating* AA (0,02%; 0,04%; 0,05% e 0,09%) mentre diminuiscono con la scadenza nel caso delle obbligazioni con *rating* CCC/C (26,55%; 10,19%; 5,06% e 2,94%).

Intensità d'Insolvenza

Come si è visto, la Tavola 17.1 ci consente di determinare le probabilità d'insolvenza per i singoli anni. Quelle che abbiamo calcolato sono le «probabilità d'insolvenza non condizionate» (*unconditional default probabilities*), ossia le probabilità che l'insolvenza si verifichi in un certo anno, determinate sulle base delle informazioni disponibili al tempo 0.

Esempio 17.5

Nel caso di un'obbligazione con *rating* iniziale CCC/C, la probabilità d'insolvenza, non condizionata, relativa al 3° anno è pari al 5,06% (= 41,80% − 36,74%).

La Tavola 17.1 ci consente di determinare anche la probabilità d'insolvenza condizionata» (*conditional default probability*), ossia la probabilità che l'insolvenza si verifichi in un certo anno, condizionata dall'assenza d'insolvenza negli anni precedenti. Per determinarla, dobbiamo innanzitutto calcolare la probabilità di sopravvivenza» (*survival probability*) come complemento a 1 della probabilità d'insolvenza non condizionata. La probabilità d'insolvenza condizionata si ottiene poi come rapporto tra la probabilità d'insolvenza non condizionata e la probabilità di sopravvivenza.

Sez. 17.2   Probabilità d'Insolvenza e Dati Storici   **377**

Esempio 17.6
La probabilità che un'obbligazione con *rating* iniziale CCC/C sopravviva fino alla fine del 2° anno è pari al 63,26% (= 100% − 36,74%). Pertanto, la probabilità d'insolvenza nel 3° anno, condizionata dall'assenza d'insolvenza nei primi 2 anni, è pari all'8,00% (= 5,06% / 63,26%).

Quando il periodo di tempo è molto breve, la probabilità d'insolvenza condizionata viene chiamata «intensità d'insolvenza» (*default intensity*), «tasso d'azzardo» (*hazard rate*) o anche «tasso d'insolvenza istantaneo condizionato» (*instantaneous conditional default rate*).

Sia Δt un periodo di ampiezza breve. L'intensità d'insolvenza, $\lambda(t)$, è definita in modo tale che $\lambda(t)\Delta t$ sia la probabilità d'insolvenza nel periodo $(t, t + \Delta t)$, condizionata dall'assenza d'insolvenza tra il tempo 0 e il tempo t.

Se $Q(t)$ è la probabilità d'insolvenza non condizionata relativa al periodo $(0, t)$ e $V(t)$ è la probabilità di sopravvivenza fino al tempo t, per definizione si ha

$$V(t) = 1 - Q(t) \quad \text{e} \quad V(t + \Delta t) = 1 - Q(t + \Delta t).$$

Pertanto, la probabilità d'insolvenza non condizionata relativa al periodo $(t, t + \Delta t)$ è

$$V(t) - V(t + \Delta t) = Q(t + \Delta t) - Q(t)$$

e la probabilità d'insolvenza condizionata, $\lambda(t)\Delta t$, relativa allo stesso periodo è

$$\lambda(t)\Delta t = \frac{V(t) - V(t + \Delta t)}{V(t)}$$

da cui

$$\frac{V(t + \Delta t) - V(t)}{\Delta t} = -\lambda(t)V(t)$$

Prendendo il limite per $\Delta t \to 0$,

$$\frac{dV(t)}{dt} = -\lambda(t)V(t)$$

da cui

$$V(t) = e^{-\int_0^t \lambda(\tau)d\tau}$$

ossia

$$V(t) = e^{-\bar{\lambda}(t)t}$$

dove $\bar{\lambda}(t)$ è la media delle intensità d'insolvenza istantanee tra il tempo 0 e il tempo t.
Ne segue che

$$Q(t) = 1 - e^{-\bar{\lambda}(t)t}. \tag{17.2}$$

TAVOLA 17.2 Tassi di recupero su obbligazioni.

Classe di obbligazioni	Media (%)
Obbligazioni garantite, con privilegio di 1° grado (*senior secured bonds* | *1st lien*)	54,6
Obbligazioni garantite, con privilegio di 2° grado (*senior secured bonds* | *2nd lien*)	44,3
Obbligazioni non garantite, privilegiate in sede di riparto (*senior unsecured bonds*)	38,0
Obbligazioni subordinate, privilegiate in sede di riparto (*senior subordinated bonds*)	31,0
Obbligazioni subordinate (*subordinated bonds*)	32,1
Obbligazioni subordinate, postergate in sede di riparto (*junior subordinated bonds*)	22,3

Nota: i tassi di recupero sono espressi in percentuale del valore nominale delle obbligazioni.
Fonte: Moody's, Issuer-Weighted Recoveries (1983 - 2021).

Esempio 17.7

Supponiamo che l'intensità d'insolvenza sia costante e pari all'1,5% annuo. In base all'Equazione (17.2), la probabilità d'insolvenza non condizionata a 1 anno è pari all'1,49% (= $1 - e^{-0,015 \times 1}$). La probabilità d'insolvenza non condizionata a 2 anni è pari al 2,96% (= $1 - e^{-0,015 \times 2}$). Analogamente, le probabilità d'insolvenza non condizionate a 3, 4 e 5 anni sono pari, rispettivamente, al 4,40%; 5,82% e 7,23%. La probabilità d'insolvenza non condizionata relativa al 4° anno è pari all'1,42% (= 5,82% − 4,40%). La probabilità d'insolvenza condizionata relativa al 4° anno è pari all'1,489% [= 1,42% / (1 − 4,40%)].

17.3 TASSI DI RECUPERO

Quando una società fallisce, i creditori vantano i propri diritti nei confronti dell'attivo fallimentare.[4]

A volte si ha una ristrutturazione societaria e i creditori si accontentano di un rimborso parziale. Altre volte, il liquidatore vende i beni e il ricavato viene utilizzato per soddisfare – per quanto possibile – i loro diritti. In genere, alcuni crediti hanno priorità maggiore e vengono soddisfatti in misura più elevata.

Di solito, il «tasso di recupero» (*recovery rate*) di un'obbligazione è definito come rapporto tra il valore di mercato osservato circa 1 mese dopo l'insolvenza e il valore nominale del titolo.

La Tavola 17.2 mostra le medie storiche dei tassi di recupero – negli Stati Uniti – per diverse classi di obbligazioni.

Esempio 17.8

Come si vede nella Tavola 17.2, il tasso medio di recupero sulle obbligazioni è compreso tra il 22,3% (*junior subordinated bonds*) e il 54,6% (*senior secured bonds* | *1st lien*).

In caso di fallimento, i portatori dei *1st lien bonds* vengono soddisfatti per primi, seguiti dai portatori dei *2nd lien bonds*. Per quanto riguarda le obbligazioni non protette da garanzie, l'ordine con cui si procede al rimborso in sede di riparto dell'attivo fallimentare è il seguente: dapprima i *senior unsecured bonds*, poi i *senior subordinated bonds*, quindi i *subordinated bonds* e infine i *junior subordinated bonds*.

---

[4] Negli Stati Uniti, gli obbligazionisti hanno diritto sia al valore nominale del titolo sia agli interessi maturati.

Sez. 17.4 Credit Default Swaps 379

Correlazione tra Tassi di Recupero e Tassi d'Insolvenza

Come si è visto nel Capitolo 7, dedicato alla Crisi Finanziaria Globale, in media i tassi di recupero sono correlati negativamente con i tassi d'insolvenza sui mutui. Col crescere dei tassi d'insolvenza, cresce il numero delle abitazioni vendute con le procedure fallimentari e, di conseguenza, scendono sia i prezzi sia i tassi di recupero.

Anche la correlazione tra i tassi di recupero e i tassi d'insolvenza sulle obbligazioni è marcatamente negativa.[5] Questo vuol dire che, per i creditori, un anno cattivo per quanto riguarda le insolvenze è di solito doppiamente cattivo perché si associa a bassi tassi di recupero.

Esempio 17.9

Supponiamo che il tasso d'insolvenza in un certo anno sia basso, ad es. l'1%. In tal caso ci possiamo aspettare che la congiuntura economica sia buona e che il tasso di recupero sia relativamente alto, pari a circa il 60%. Invece, se il tasso d'insolvenza è alto, ad es. il 10%, ci possiamo aspettare che il tasso di recupero sia relativamente basso, dell'ordine del 30%.

17.4 CREDIT DEFAULT SWAPS

Uno contratto che è molto utile per la stima delle probabilità d'insolvenza è il «*credit default swap*» (CDS). Come risulta dal Riquadro 17.1, il mercato per questi contratti è cresciuto enormemente fino al 2007, per poi ridimensionarsi.

I CDSs sono contratti che offrono protezione contro il rischio d'insolvenza di una specifica società. La società è il «soggetto di riferimento» (*reference entity*) e l'insolvenza della società rappresenta l'«evento creditizio» (*credit event*). Il compratore della protezione ottiene il diritto di vendere alla pari le obbligazioni della società quando si verifica l'«evento creditizio» (*credit event*). Il valore nominale delle obbligazioni è il «capitale nozionale» (*notional principal*) del *credit default swap*.[6]

Il compratore del CDS deve effettuare pagamenti periodici a favore del venditore fino alla scadenza del CDS o finché si verifica l'evento creditizio. In genere questi pagamenti vengono effettuati con cadenza trimestrale, «in via posticipata» (*in arrears*) In caso d'insolvenza, il CDS viene liquidato con la «consegna fisica» (*physical delivery*) delle obbligazioni o per contanti.

Un esempio può aiutare a illustrare come viene strutturata la negoziazione di un CDS.

Esempio 17.10

Supponiamo che, il 20 dicembre 2024, due parti entrino in un *credit default swap* a 5 anni. Il capitale nozionale è di $100 milioni e il compratore si obbliga a pagare 90 punti base all'anno, da versare «in via posticipata» (*in arrears*) con frequenza trimestrale, per proteggersi contro l'insolvenza del soggetto di riferimento.

---

[5] Si veda ALTMAN, E. I., BRADY, B., RESTI, A. e SIRONI, A., "The Link between Default and Recovery Rates: Implications for Credit Risk Models and Procyclicality", *Journal of Business*, November 2005, 2203-28. La correlazione tra tassi di recupero e tassi d'insolvenza è anche discussa nelle pubblicazioni di Moody's Investor's Services. La correlazione tra il tasso medio di recupero e il tasso d'insolvenza delle obbligazioni con «scarsa qualità creditizia» (*non-investment grade* o *speculative grade*) è pari a circa 0,5.

[6] Il «valore facciale» (*face value*) - o «valore nominale» (*par value*) - di un'obbligazione è il capitale che l'emittente pagherà alla scadenza se non fallisce durante la vita del contratto.

Riquadro 17.1 Il mercato dei CDSs.

Nel 1998 e nel 1999, l'International Swaps and Derivatives Association ha definito il contratto quadro per la negoziazione fuori borsa dei *credit default swaps*. Da allora il mercato dei CDSs è cresciuto molto rapidamente. Nel dicembre 2004, la Bank for International Settlements (BIS) ha iniziato a pubblicare le statistiche sulla dimensione del mercato dei *credit default swaps*. A quella data, il valore nozionale complessivo dei contratti era pari a $11.653 miliardi. Ha poi raggiunto un picco di $68.677 miliardi nel giugno 2008 per poi scendere a $9.941 miliardi nel dicembre 2022.

Le banche e le compagnie d'assicurazione comprano e vendono protezione contro il rischio di credito, ma in genere le banche sono compratrici e le compagnie d'assicurazione sono venditrici di protezione. A volte le banche utilizzano i *credit default swaps* e gli altri derivati creditizi per coprirsi contro il rischio d'insolvenza dei clienti. Infatti, a volte succede che l'istituzione finanziaria che supporta il rischio di credito di un prestito è diversa da quella che ha curato l'istruttoria prima di erogarlo.

Durante la Crisi Finanziaria Globale, le autorità di vigilanza si sono molto preoccupate del rischio sistemico. Hanno ritenuto che i *credit default swaps* rappresentassero una fonte di vulnerabilità per i mercati finanziari. Le preoccupazioni delle autorità di vigilanza sono state accentuate dalle difficoltà finanziarie del gigante assicurativo AIG, che aveva venduto protezione sulle *tranches*, con *rating* AAA, create con le cartolarizzazioni dei mutui (Capitolo 7). La protezione fornita da AIG si è rivelata molto costosa e la società è stata salvata grazie all'intervento del governo degli Stati Uniti (settembre 2008).

I CDSs sono stati criticati durante la crisi del debito sovrano europeo. Alcuni legislatori ritengono che le speculazioni attuate nei mercati dei *credit default swaps* abbiano esacerbato i problemi debitori di alcuni Paesi (ad es. la Grecia). In Europa, nel 2013, sono state vietate le posizioni scoperte, ossia quelle con cui si compra protezione senza che esista un'esposizione da coprire.

Nel corso del 2007 e del 2008, le negoziazioni di molti tipi di derivati creditizi si sono interrotte, ma i CDSs hanno continuato a essere negoziati attivamente (pur se con *spreads* drammaticamente aumentati). Il vantaggio dei CDSs sugli altri derivati creditizi è che il loro funzionamento è semplice. Altri derivati creditizi, come le ABS CDOs (Capitolo 7), sono invece poco trasparenti.

Nel settembre 2008, quando Lehman Brothers è fallita, il numero dei CDSs con Lehman Brothers come *reference entity* era enorme. Il *recovery rate* (determinato in base alla procedura d'asta definita dall'ISDA) è stato pari all'8%, per cui il pagamento a favore dei compratori di protezione è risultato pari al 92% del valore nozionale. Ci sono state voci che qualche venditore di protezione non sarebbe stato in grado di pagare e che ci sarebbero state ulteriori insolvenze, ma nel giorno della liquidazione dei contratti (il 21 ottobre 2008) tutto è filato liscio.

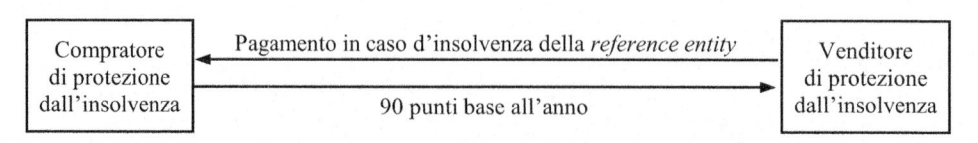

Compratore di protezione dall'insolvenza	← Pagamento in caso d'insolvenza della *reference entity* → 90 punti base all'anno	Venditore di protezione dall'insolvenza

Figura 17.1 *Credit default swap.*

Il CDS è rappresentato nella Figura 17.1. Se il soggetto di riferimento non fallisce (se non si verifica, quindi, l'evento creditizio), il compratore non riceve nulla ma paga circa $225.000 (= 0,90% × $100.000.000 / 4) il 20 marzo, il 20 giugno, il 20 settembre e il 20 dicembre degli anni dal 2025 al 2029.[7] Se l'evento creditizio si verifica, è probabile che il pagamento a favore del compratore sia molto rilevante.

---

[7] I pagamenti non sono esattamente pari a $225.000 a causa delle regole di calcolo giorni.

Supponiamo che, il 20 maggio 2027 (il 5° mese del 3° anno), il compratore comunichi al venditore l'avvenuta manifestazione dell'evento creditizio. Se il contratto prevede la consegna fisica, il compratore può vendere alla pari le obbligazioni emesse dal soggetto di riferimento per un valore nominale di $100 milioni. Se – come accade ora di solito – il contratto prevede la liquidazione per contanti, il prezzo di mercato delle obbligazioni «a minor costo» (*cheapest-to-deliver*) tra quelle emesse dal soggetto di riferimento verrà determinato (diversi giorni dopo l'evento creditizio) attraverso una procedura d'asta a due stadi.

Supponiamo che il prezzo medio di queste obbligazioni in sede d'asta sia pari a $35 per $100 di valore nominale. In tal caso, il pagamento a favore del compratore è di $65 (= $100 – $35) milioni.

I pagamenti che il compratore di protezione effettua a favore del venditore terminano quando si verifica l'evento creditizio. Tuttavia, dato che i pagamenti avvengono «in via posticipata» (*in arrears*), il compratore è tenuto a versare un rateo finale. Nel nostro esempio, il compratore dovrà corrispondere al venditore la quota del pagamento dovuto che è maturata tra il 20 marzo 2027 e il 20 maggio 2027, pari a circa $150.000 (= 2/3 × $225.000). Nessun altro pagamento gli verrà richiesto.

Il CDS *spread* è il rapporto tra il pagamento su base annua dovuto dal compratore di protezione e il capitale nozionale del CDS. Sono diverse le banche che, agendo da *market maker*, offrono le quotazioni denaro e lettera dei CDS *spreads*.

Esempio 17.11

Supponiamo che i CDS *spreads* – denaro e lettera – quotati da un *market maker* per un CDS a 5 anni scritto su una certa società siano pari, rispettivamente, a 250 e 260 punti base.

In altri termini, il *market maker* è pronto a comprare protezione al prezzo di 250 punti base all'anno. Si impegna quindi a pagare – ogni anno – il 2,5% del capitale nozionale. Inoltre, è pronto a vendere protezione al prezzo di 260 punti base all'anno. Offre quindi protezione a chi è disposto a pagargli – ogni anno – il 2,6% del capitale nozionale.

Molte società e molti Paesi figurano tra le *reference entities* dei CDSs. I contratti a 5 anni sono i più diffusi, ma sono negoziate anche le scadenze a 1, 2, 3, 7 e 10 anni. Di solito i contratti scadono in una delle seguenti date: 20 marzo, 20 giugno, 20 settembre e 20 dicembre. Data questa prassi, l'effettiva vita dei contratti non è esattamente uguale al numero di anni specificati all'origine.

Esempio 17.12

Il 15 novembre 2024 chiamiamo un *dealer* per comprare protezione a 5 anni su una certa *reference entity*. È probabile che il contratto scada il 20 dicembre 2029. Il nostro primo pagamento dovrà essere effettuato il 20 dicembre 2024 e coprirà il periodo dal 15 novembre 2024 al 20 dicembre 2024.[8] I pagamenti successivi verranno effettuati con cadenza trimestrale.

Un aspetto chiave dei CDSs è la definizione d'«insolvenza» (*default*). In genere, la definizione d'insolvenza include le operazioni di «ristrutturazione» (*restructuring*) se i contratti sono scritti su *reference entities* europee, ma non le include – a volte (soprattutto nei casi in cui il costo del debito è elevato) – se le *reference entities* sono nord-americane.

Come viene sottolineato nel Riquadro 17.2, il mercato dei CDSs è soggetto a un problema di asimmetrie informative e questo può spiegare perché la loro popolarità sia in declino.

---

[8] Se manca più di 1 mese alla prima data standard, il primo pagamento viene effettuato – di solito – nella prima data standard; altrimenti viene effettuato nella seconda data standard.

Riquadro 17.2 Il mercato dei CDSs e le informazioni asimmetriche.

C'è un'importante differenza tra i *credit default swaps* e gli altri derivati OTC. Gli altri derivati dipendono dai tassi d'interesse, dai tassi di cambio, dagli indici azionari, dai prezzi delle merci e così via. Non c'è motivo per supporre che uno qualsiasi dei partecipanti al mercato abbia informazioni superiori a quelle degli altri partecipanti riguardo alle variabili in questione.

Gli *spreads* dei *credit default swaps* dipendono dalla probabilità che una certa società fallisca in un certo periodo di tempo. Si può sostenere che alcuni dei partecipanti al mercato siano più informati di altri e possano quindi stimare meglio le probabilità d'insolvenza. È probabile che un'istituzione finanziaria che lavora a stretto contatto con una certa società – offrendole consulenza, erogandole prestiti e collocando i suoi titoli sul mercato – abbia più informazioni sul suo merito di credito di qualsiasi altra istituzione finanziaria. Gli economisti parlano in questi casi di «informazioni asimmetriche» (*asymmetric information*).

Un abuso «sfacciato» (*blatant*) del mercato dei CDSs è stato segnalato dal *Financial Times* l'11 gennaio 2018. Un «costruttore» (*housebuilder*) statunitense, Hovnanian enterprises, ha ottenuto un finanziamento a buon mercato dall'*hedge fund* GSO Capital Partners a condizione che avrebbe mancato di effettuare un pagamento a titolo di interessi. Il mancato pagamento ha determinato un'«insolvenza tecnica» (*technical default*) e GSO Capital Partners, che aveva comprato protezione contro l'insolvenza di Hovnanian enterprises, ha incassato una forte somma. Se questo tipo di accordo è valido da un punto di vista legale, allora è possibile che il mercato dei CDSs scompaia, almeno così com'è attualmente strutturato.

Cheapest to Deliver

Di solito, il CDS prevede che, in caso d'insolvenza, possa essere consegnata una qualsiasi delle obbligazioni presenti in un certo paniere. In genere, le obbligazioni hanno uguale «priorità nel rimborso» (*seniority*), ma il valore di mercato immediatamente dopo l'insolvenza può essere diverso.[9]

Pertanto, il compratore del CDS ha una *quality option* e, quando si verifica l'insolvenza, tenderà a consegnare il titolo «a minor costo» (*cheapest-to-deliver*). Se invece è prevista la liquidazione per contanti, com'è la norma, il valore del *cheapest-to-deliver*, e quindi il *payoff* per il compratore di protezione, verrà determinato con una procedura d'asta.

La determinazione dei CDS *spreads* e la valutazione dei CDSs verranno discussi nell'Appendice 17a.

Indici Creditizi

Gli operatori interessati al mercato dei derivati creditizi hanno elaborato appositi indici che misurano gli *spreads* di portafogli di *credit default swaps*.

Nel 2004, a seguito di accordi tra le società che li avevano creati, si è avuto un certo consolidamento nel settore e ora gli indici più usati sono:

1. i CDX NA IG, che misurano gli *spreads* relativi a 125 società del Nord America (NA) di «primaria qualità creditizia» (*investment grade* – IG);

---

[9] I motivi possono essere diversi. In genere, il diritto vantato in caso d'insolvenza è pari al valore nominale dell'obbligazione più il rateo d'interesse maturato. Pertanto, i titoli con ratei elevati tendono ad avere prezzi effettivi più elevati. Inoltre, il mercato può ritenere che, dopo una riorganizzazione aziendale, i possessori di certe obbligazioni si troveranno in una posizione migliore rispetto ai possessori di altre obbligazioni.

2. gli iTraxx Europe, che misurano gli *spreads* relativi a 125 società europee di elevata qualità creditizia.

I portafogli su cui si basano gli indici vengono aggiornati il 20 marzo e il 20 settembre di ogni anno. Le società il cui *rating* non è più *investment grade* vengono eliminate e al loro posto vengono inserite altre società di qualità *investment grade*.[10]

Esempio 17.13

Supponiamo che una banca d'investimento, in qualità di *market maker*, proponga le seguenti quotazioni per il CDX NA IG a 5 anni: 165 p.b. in denaro e 166 p.b. in lettera (la differenza tra le due quotazioni è il cosiddetto *index spread*).

Un *trader* potrebbe comprare protezione per $800.000 su ognuna delle 125 società sottostanti impegnandosi a pagare $1.660.000 (= 0,0166 × $800.000 × 125) all'anno. Un altro *trader* potrebbe vendere protezione per $800.000 su ognuna delle 125 società sottostanti ricevendo in cambio $1.650.000 (= 0,0165 × $800.000 × 125) all'anno.

Se una delle società fallisce, il *buyer* riceve il consueto *payoff* del CDS e il pagamento annuale gli viene ridotto di $13.280 (= $1.660.000/125).

C'è un attivo mercato di «*index* CDSs», ossia di contratti scritti sugli indici creditizi, con scadenze di 3, 5, 7 e 10 anni.

In genere, i contratti su *index* CDSs scadono il 20 giugno e il 20 dicembre di ogni anno. Ciò vuol dire che la scadenza effettiva dei contratti "a 5 anni" è compresa tra 4¾ e 5¼ anni.

In prima approssimazione, si può dire che gli indici creditizi misurano la media dei CDS *spreads* delle società presenti nei portafogli su cui si basano gli indici.[11]

CDSs: Tasso Cedolare

In realtà, il funzionamento preciso degli *index* CDS è un po' più complesso. Gli *index* CDSs vengono negoziati in modo simile alle obbligazioni. Per ogni indice e per ogni scadenza viene specificato un «tasso cedolare» (*coupon rate*). Se il CDS *spread* è maggiore (minore) del *coupon rate*, il compratore (venditore) di protezione paga alla controparte, nel momento in cui il contratto viene negoziato, un importo pari al prodotto tra il «nozionale residuo» e il valore attuale della differenza tra il CDS *spread* e il *coupon rate*. Il nozionale residuo è pari al prodotto tra il capitale nozionale relativo a ciascuna società considerata dall'indice e il numero dei soggetti che non sono falliti. Successivamente, in ciascuna data di pagamento, il compratore di protezione paga alla controparte un importo pari al prodotto tra il nozionale residuo e il *coupon rate*.

---

[10] Nel marzo 2022 sono stati definiti i portafogli della Serie 37 iTraxx Europe e della Serie 38 CDX NA IG. Dai numeri di serie si comprende che – prima del marzo 2022 – il portafoglio iTraxx Europe è stato aggiornato 36 volte e che il portafoglio CDX NA IG è stato aggiornato 37 volte.

[11] In realtà, l'indice è leggermente più basso dello *spread* medio dei *credit default swaps* relativi alle società che fanno parte del paniere. Per capirne il motivo, si considerino due società, una con uno *spread* di 1.000 p.b. e l'altra con uno *spread* di 10 p.b. L'acquisto di protezione su entrambe le società costerà leggermente meno di 505 [= (1.000 + 10)/2] p.b. a testa perché ci si deve attendere che i 1.000 p.b. verranno pagati per un periodo di tempo più breve rispetto ai 10 p.b., data la più elevata probabilità d'insolvenza: il loro peso è quindi minore.

Un'altra complicazione, che riguarda il CDX NA IG ma non l'iTraxx Europe, è che la definizione d'insolvenza adottata per il CDX NA IG include le ristrutturazioni mentre la definizione d'insolvenza adottata per i CDSs sottostanti può non includerle.

17.5 CREDIT SPREADS

Il «differenziale creditizio» (*credit spread*) è il tasso di rendimento extra, su base annua, richiesto dagli investitori per assumersi un certo rischio di credito. I CDS *spreads*, che abbiamo visto nella precedente sezione, rappresentano un tipo di *credit spread*. Un altro è il «differenziale tra il tasso di rendimento di un'obbligazione e il tasso di rendimento del corrispondente titolo privo di rischio» (*bond yield spread*). Vedremo ora che questi due *spreads* dovrebbero essere all'incirca uguali.

CDS Spreads e Bond Yields

I CDSs possono essere utilizzati per coprire le esposizioni sulle obbligazioni.

Esempio 17.14

Supponiamo che un *trader* acquisti alla pari un'obbligazione a 5 anni che offre un tasso di rendimento del 7% annuo. Nello stesso tempo entra in un CDS a 5 anni per proteggersi contro l'insolvenza dell'emittente. Il CDS *spread* è pari al 2% annuo.

Il CDS consente al *trader* di trasformare l'obbligazione in un titolo privo di rischio (almeno in prima approssimazione). Se l'emittente non fallisce, il *trader* guadagna il 5% (= 7% − 2%) all'anno. Se l'emittente fallisce, il *trader* guadagna il 5% fino alla data dell'insolvenza. In base al CDS, il *trader* può incassare il valore nominale dell'obbligazione che può essere poi investito al tasso privo di rischio per il resto dei 5 anni.

L'Esempio 17.14 consente di affermare che il CDS *spread* a *n* anni dovrebbe essere più o meno pari al differenziale tra il «tasso di rendimento alla pari» (*par yield*) di un'obbligazione a *n* anni e il *par yield* del corrispondente titolo privo di rischio:[12]

1. se lo *spread* fosse nettamente minore, sarebbe possibile investire a un tasso maggiore di quello privo di rischio acquistando l'obbligazione e comprando protezione con il CDS;
2. se lo *spread* fosse nettamente maggiore, sarebbe possibile finanziarsi a un tasso minore del tasso d'interesse privo di rischio vendendo l'obbligazione e vendendo protezione con il CDS.

Questi non sono arbitraggi perfetti, ma danno un'idea della relazione tra CDS *spreads* e «tassi di rendimento delle obbligazioni» (*bond yields*).

Tassi d'Interesse Privi di Rischio

I CDSs offrono una stima diretta dei *credit spreads*. Se, invece, vogliamo calcolare i *credit spreads* sulla base dei *bond yields*, dobbiamo stimare i corrispondenti «tassi d'interesse privi di rischio» (*risk-free interest rates*). Quando quotano i *bond yield spreads*, di solito i *bond dealers* usano i tassi di rendimento dei titoli di Stato come *proxy* dei tassi d'interesse privi di rischio.

Esempio 17.15

Supponiamo che un *bond dealer*, invece di quotare direttamente il *bond yield* di una certa obbligazione, quoti un *bond yield spread* di 250 p.b. Per determinare il *bond yield*, questo tasso va sommato al tasso di rendimento del titolo di Stato corrispondente all'obbligazione in questione.

---

[12] Il *par yield* di un'obbligazione è quel tasso cedolare che fa sì che l'obbligazione quoti alla pari, ossia che la quotazione del titolo sia pari al valore nominale.

Sez. 17.5 Credit Spreads **385**

Diversi accademici hanno confrontato i *bond yields* con i CDS *spreads* di pari scadenza per stimare i tassi d'interesse privi di rischio.

Esempio 17.16

Il tasso di rendimento di un'obbligazione a 5 anni è pari al 4,7% e il CDS *spread* a 5 anni è pari allo 0,8%. Ne segue che, in prima approssimazione e in assenza di opportunità di arbitraggio, il tasso d'interesse privo di rischio a 5 anni dovrebbe essere pari al 3,9% (= 4,7% − 0,8%).

Stando ad alcune ricerche, i tassi impliciti privi di rischio sono più elevati dei *Treasury rates*. Il loro livello è prossimo a quello dei tassi su finanziamenti concessi a controparti con *rating* AA.[13]

Asset Swaps

Gli *asset swaps* sono contratti nei quali due soggetti si scambiano periodicamente il tasso cedolare di un'obbligazione con un certo tasso variabile di riferimento maggiorato di uno *spread*. Lo *spread* è detto *asset swap spread*.

Spesso i *bond traders* utilizzano gli *asset swap spreads* per stimare le probabilità d'insolvenza, dato che questi *spreads* misurano la differenza tra i tassi di rendimento delle obbligazioni e il tasso variabile di riferimento.

Per comprendere il funzionamento degli *asset swaps*, si consideri il seguente esempio.

Esempio 17.17

Supponiamo che lo *spread* di un *asset swap* su una certa obbligazione sia pari a 150 punti base. Le due controparti nel contratto di *asset swap* sono la società A e la società B. La società A si impegna a pagare il tasso cedolare del titolo e la società B si impegna a pagare il variabile + 150 p.b.[14]

Ci sono poi tre possibilità:

1. il titolo quota alla pari ($100), per cui né A né B pagano inizialmente alcun corrispettivo;
2. il titolo quota sotto la pari, ad es. a $95, per cui A paga inizialmente $5 a B;
3. il titolo quota sopra la pari, ad es. a $108, per cui B paga inizialmente $8 ad A.

L'effetto di queste specifiche contrattuali è che il valore attuale dell'*asset swap* è pari alla differenza tra il valore che l'obbligazione avrebbe se fosse priva di rischio e il suo valore di mercato (si veda il Problema 17.16).

CDS-Bond Basis

La CDS-*bond basis* è la differenza tra il CDS *spread* e il *bond yield spread*:

$$\text{CDS-}bond\ basis = \text{CDS}\ spread - bond\ yield\ spread.$$

In base a semplici argomentazioni di assenza d'opportunità di arbitraggio, sembrerebbe che la CDS-*bond basis* debba essere prossima a zero.

---

[13] Si veda HULL, J. C., PREDESCU, M. e WHITE, A., "The Relationship between Credit Default Swap Spreads, Bond Yields, and Credit Rating Announcements", *Journal of Banking and Finance*, 28 (November 2004), 2789-811.

[14] Si noti che vengono scambiate le cedole promesse, non quelle effettive. Lo scambio ha luogo indipendentemente dal fatto che avvenga un'insolvenza.

In realtà, ci sono alcuni motivi per cui la CDS-*bond basis* è spesso diversa da zero:

1. la quotazione dell'obbligazione sottostante è significativamente diversa dalla pari (se è sopra la pari, la base tende a essere positiva; se è sotto la pari, la base tende a essere negativa);
2. nel CDS il rischio d'insolvenza del venditore di protezione può essere elevato (questa possibilità spinge la base nella regione negativa);
3. nel CDS, il compratore di protezione ha una *quality option*, dato che – in seguito all'insolvenza – può consegnare alla controparte il *cheapest-to-deliver bond*, ricevendo in cambio il suo valore nominale (la presenza di quest'opzione spinge la base nella regione positiva);
4. il *payoff* del CDS non include il rateo d'interesse maturato sul titolo che viene consegnato (questa specifica contrattuale spinge la base nella regione negativa);
5. la presenza delle operazioni di «ristrutturazione» (*restructuring*) nella definizione d'insolvenza utilizzata per i CDS fa sì che possa esserci un *payoff* anche in assenza del fallimento (questa specifica contrattuale spinge la base nella regione positiva);
6. il tasso di riferimento variabile è maggiore del *risk-free interest rate* utilizzato dal mercato.

Prima delle «turbolenze sui mercati» (*market turmoil*) iniziate nel 2007, la base tendeva a essere positiva. Ad es., nel periodo 2004-5, la CDS-*bond basis* è stata mediamente pari a 16 punti base.[15]

Durante la Crisi Finanziaria Globale, la base è stata a volte molto negativa, ma – come hanno spiegato Bai e Dufresne – le istituzioni finanziarie non sono riuscite a effettuare arbitraggi tra obbligazioni e CDSs a causa di problemi di liquidità e per altre considerazioni.[16] Dopo la crisi, la CDS-*bond basis* è stata molto più modesta e negativa.

17.6 PROBABILITÀ D'INSOLVENZA E CREDIT SPREADS

Vedremo ora come stimare le probabilità d'insolvenza sulla base dei *credit spreads*.

Calcolo Approssimato

Prendiamo innanzitutto in esame un primo calcolo approssimato.

Esempio 17.18

Supponiamo che il *credit spread* a 5 anni (di un CDS o di un *asset swap*) sia pari a 240 punti base e che il tasso di recupero atteso in caso d'insolvenza sia pari al 40%. Il portatore di un'obbligazione deve aspettarsi di perdere 240 punti base (ossia il 2,40% all'anno) a causa dell'insolvenza.

Dato che il tasso di recupero è pari al 40%, una stima della media delle probabilità d'insolvenza relative a ciascuno dei prossimi 5 anni, condizionate dall'assenza d'insolvenza negli anni precedenti, è pari al 4,00% [= 2,40%/(1 − 0,4)].

---

[15] DE WIT, J., "Exploring the CDS-bond basis", Working Paper No. 104, National Bank of Belgium, 2006.
[16] BAI, J., e COLLIN-DUFRESNE, P., "The CDS-Bond Basis", Working Paper, 2013.

Sez. 17.6   *Probabilità d'Insolvenza e Credit Spreads*

In generale,

$$\bar{\lambda}(T) = \frac{s(T)}{1-R} \qquad (17.3)$$

dove $\bar{\lambda}(T)$ è il valore medio dell'«intensità d'insolvenza» (*default intensity*), o «tasso d'azzardo» (*hazard rate*), nel periodo (0, *T*), $s(T)$ è il *credit spread* (composto continuamente) a *T* anni e *R* è il *recovery rate*.

Se sono disponibili i *credit spreads* per diverse scadenze, possiamo stimare la *term structure* delle intensità d'insolvenza servendoci di una procedura simile al metodo *bootstrap* utilizzato per la stima della *Treasury zero curve* (Appendice 4a).

Esempio 17.19

Supponiamo che i *credit spreads* a 3, 5 e 10 anni siano pari, rispettivamente, a 50, 60 e 100 punti base e che il *recovery rate* sia pari al 60%. In prima approssimazione, la media delle intensità d'insolvenza per i primi 3 anni è pari all'1,25%:

$$\frac{0{,}0050}{1-0{,}60} = 0{,}0125.$$

Analogamente, la media delle intensità d'insolvenza per i primi 5 anni è pari all'1,5%

$$\frac{0{,}0060}{1-0{,}60} = 0{,}0150$$

e la media delle intensità d'insolvenza per i primi 10 anni è pari al 2,5%:

$$\frac{0{,}0100}{1-0{,}60} = 0{,}0250.$$

Pertanto, la media delle intensità d'insolvenza relative al 4° e al 5° anno è pari all'1,875%

$$\frac{0{,}0150 \times 5 - 0{,}0125 \times 3}{2} = 0{,}01875$$

e la media delle intensità d'insolvenza relative agli anni dal 6° al 10° è pari al 3,5%:

$$\frac{0{,}0250 \times 10 - 0{,}0150 \times 5}{5} = 0{,}0350.$$

Calcoli più Precisi

I calcoli che abbiamo appena visto funzionano bene se il *credit spread*, *s*, è pari al CDS *spread*. Funzionano bene anche quando *s* è l'*asset swap spread* a condizione che la quotazione dell'obbligazione sottostante sia prossima alla pari. Per calcoli più precisi, consideriamo il seguente esempio.

Esempio 17.20

Il tasso di rendimento effettivo di un'obbligazione a 5 anni, con tasso cedolare del 6% annuo (pagabile semestralmente), è pari al 7% (composto continuamente). Il tasso di rendimento effettivo del corrispondente titolo privo di rischio è pari al 5% (composto continuamente). I prezzi dei due titoli sono pari, rispettivamente, a $95,341 e $104,094. Pertanto, il valore attuale dell'*expected loss* è pari a $8,738 (= $104,094 − $95,341). Il *recovery rate* è pari al 40%.

Sia *Q* la probabilità d'insolvenza non condizionata, espressa su base annua. In questo semplice esempio faremo l'ipotesi che *Q* sia costante. Inoltre, faremo l'ipotesi che l'insolvenza si possa manifestare solo dopo 0,5; 1,5; 2,5; 3,5 o 4,5 anni, immediatamente prima del pagamento di una cedola (l'analisi può essere estesa al caso in cui l'insolvenza possa manifestarsi più di una volta all'anno).

TAVOLA 17.3 Valore attuale della *expected loss*.

Tempo (anni)	Probabilità d'insolvenza	Importo recuperato ($)	Valore privo di rischio ($)	Loss given default ($)	Fattore di attualizzazione	Valore attuale ($)
0,5	Q	40	106,73	66,73	0,9753	65,08 Q
1,5	Q	40	105,97	65,97	0,9277	61,20 Q
2,5	Q	40	105,17	65,17	0,8825	57,52 Q
3,5	Q	40	104,34	64,34	0,8395	54,01 Q
4,5	Q	40	103,46	63,46	0,7985	50,67 Q
					Totale	288,48 Q

Nota: il valore privo di rischio è stato calcolato immediatamente prima dello stacco della cedola.

La Tavola 17.3 mostra come si calcola il valore attuale della *expected loss* in termini di Q. Per fini illustrativi, si consideri la riga della Tavola 17.3 che riporta i calcoli dopo 3,5 anni. Il valore atteso del titolo privo rischio (calcolato in base ai tassi d'interesse *forward*) è pari a

$$\$3 + \$3 \times e^{-0,05 \times 0,5} + \$3 \times e^{-0,05 \times 1,0} + \$103 \times e^{-0,05 \times 1,5} = \$104,34.$$

Data la definizione di *recovery rate*, vista nella Sezione 17.3, l'importo recuperato in caso d'insolvenza è di \$40 (= 0,40 × \$100), per cui la «perdita in caso d'insolvenza» (*loss given default*) è di \$64,34 (= \$104,34 − \$40). Il valore attuale della *loss given default* è di \$54,01 (= 0,8395 × \$64,34). Pertanto, il valore attuale dell'*expected loss* a 3,5 anni è di \$54,01 Q.

Il valore attuale dell'*expected loss* complessiva è di \$288,48 Q. In equilibrio, questo valore deve essere uguale al valore attuale dell'*expected loss* che abbiamo calcolato in precedenza, ossia \$8,738. Uguagliando le due espressioni

$$\$288,48 \times Q = \$8,738$$

si ottiene

$$Q = \frac{\$8,738}{\$288,48} = 0,0303.$$

Pertanto, i dati sono coerenti con una probabilità d'insolvenza non condizionata del 3,03%.

I calcoli che abbiamo effettuato si basano sull'ipotesi che la probabilità d'insolvenza sia la stessa ogni anno e che le insolvenze si possano verificare solo a metà anno. I calcoli possono essere estesi al caso in cui le insolvenze possano verificarsi più spesso. Inoltre, invece di ipotizzare la costanza della probabilità d'insolvenza non condizionata, si potrebbe ipotizzare la costanza di quella condizionata oppure supporre che la probabilità d'insolvenza si modifichi nel tempo in modo prefissato.

Se sono disponibili obbligazioni per più scadenze, possiamo stimare la *term structure* delle intensità d'insolvenza (Problema 17.15).

Esempio 17.21

Supponiamo di conoscere i prezzi delle obbligazioni a 3, 5, 7 e 10 anni. Possiamo utilizzare il prezzo del primo titolo per stimare la probabilità d'insolvenza su base annua per i primi 3 anni, il prezzo del secondo per stimare la probabilità d'insolvenza per il 4° e 5° anno, il prezzo del terzo per stimare la probabilità d'insolvenza per il 5° e 6° anno e il prezzo del quarto per stimare la probabilità d'insolvenza per l'8°, il 9° e il 10° anno.

Questa procedura è simile al metodo *bootstrap* dell'Appendice 4a, utilizzato per la stima della *Treasury zero curve*.

TAVOLA 17.4 Probabilità d'insolvenza e *credit spread*.

Rating	Probabilità d'insolvenza a 7 anni (%)	Credit spread a 7 anni (p.b.)
AAA	0,50	35,74
AA	0,48	43,67
A	0,73	68,68
BBB	2,18	127,53
BB	8,57	280,28
B	20,10	481,04
CCC/C	49,08	1.103,70

17.7 PROBABILITÀ D'INSOLVENZA: STIME A CONFRONTO

Confrontiamo ora le probabilità d'insolvenza stimate in base ai dati storici con quelle stimate in base ai prezzi delle obbligazioni. La Tavola 17.4 mostra:

1. le probabilità d'insolvenza a 7 anni, per classi di *rating*. La fonte è S&P e i dati (che coincidono con quelli riportati nella 7ª colonna della Tavola 17.1) si basano sul periodo 1981-2021;
2. i *credit spreads* medi delle obbligazioni a 7 anni, per classi di *rating*. La fonte per i *bond yields* è Merrill Lynch e i dati si riferiscono al periodo dicembre 1996 - giugno 2007. Si è ipotizzato che i corrispondenti tassi d'interesse privi di rischio siano pari ai tassi *swap* a 7 anni meno 10 p.b.

La terza colonna della Tavola 17.4 si basa sui *bond yields* rilevati in un periodo antecedente la Crisi Finanziaria Globale. Durante la crisi, i *credit spreads* sono «aumentati vertiginosamente» (*soared*). Se fossero stati inclusi anche i dati relativi al periodo della crisi, le probabilità d'insolvenza stimate in base ai *credit spreads* sarebbero risultate ancor più elevate di quelle stimate in base ai dati storici.

La Tavola 17.5 mostra le stime delle intensità medie d'insolvenza a 7 anni.[17] Quelle basate sui dati storici sono state ricavate applicando l'Equazione (17.2) alle probabilità d'insolvenza a 7 anni riportate nella Tavola 17.1.

In particolare, dall'Equazione (17.2) si ottiene

$$\overline{\lambda}(T) = -\frac{\ln[1 - Q(T)]}{T}$$

dove $\overline{\lambda}(T)$ è la media delle intensità d'insolvenza istantanee tra il tempo 0 e il tempo T, mentre $Q(T)$ è la probabilità d'insolvenza non condizionata a T anni.

Esempio 17.22

Si considerino le obbligazioni a 7 anni con *rating* iniziale A. Il valore di $Q(T)$, per $T = 7$, riportato nella Tavola 17.1 è pari allo 0,73%. Ne segue che la media delle intensità d'insolvenza istantanee fino a 7 anni è pari allo 0,105%:

$$\overline{\lambda}(7) = -\frac{\ln[1 - Q(7)]}{7} = -\frac{\ln(1 - 0{,}0073)}{7} = 0{,}00105.$$

È questo il valore riportato nella colonna (A) della Tavola 17.5.

---

[17] Le stime aggiornano quelle riportate in HULL, J. C., PREDESCU, M., e WHITE, A., "Bond Prices, Default Probabilities, and Risk Premiums", *Journal of Credit Risk*, 1, 2 (Spring 2005), 53-60.

TAVOLA 17.5 Intensità d'insolvenza a 7 anni: stime a confronto.

Rating	Intensità d'insolvenza (% su base annua)		Differenza (%) (B) − (A)
	Dati storici (A)	Obbligazioni (B)	
AAA	0,072	0,596	0,524%
AA	0,069	0,728	0,659%
A	0,105	1,145	1,040%
BBB	0,315	2,126	1,811%
BB	1,280	4,671	3,391%
B	3,206	8,017	4,812%
CCC/C	9,642	18,395	8,753%

Nota: le intensità d'insolvenza, $\bar{\lambda}(t)$, basate sui dati storici sono state ottenute applicando l'Equazione (17.2) alle probabilità d'insolvenza, $Q(t)$, riportate nella Tavola 17.4. Le intensità d'insolvenza basate sui prezzi delle obbligazioni sono state calcolate utilizzando i *bond yields* relativi al periodo dicembre 1996 - giugno 2007 (ossia, fino all'inizio della crisi), approssimando il *risk-free rate* con lo *swap rate* a 7 anni − 10 p.b. e supponendo che il *recovery rate* sia pari al 40%.

Le intensità d'insolvenza basate sui prezzi delle obbligazioni sono state ricavate applicando l'Equazione (17.3) agli *spreads*, s, tra i tassi di rendimento delle obbligazioni a 7 anni, di fonte Merrill Lynch, e i corrispondenti tassi *risk-free*. Si è ipotizzato che il *recovery rate* sia pari al 40%.

Esempio 17.23

Nella Tavola 17.4, il *credit spread* a 7 anni delle obbligazioni con *rating* A è pari a 68,68 p.b. Pertanto, in base all'Equazione (17.3), l'intensità d'insolvenza riportata nella colonna (B) della Tavola 17.5 per le obbligazioni a 7 anni con *rating* A è pari all'1,145%:

$$\frac{0,006868}{1-0,4} = 0,01145.$$

La Tavola 17.5 mostra che la differenza tra le intensità d'insolvenza basate sui prezzi delle obbligazioni e quelle basate sui dati storici tende ad aumentare col peggiorare della qualità creditizia. Sulla base di quest'osservazione, si può concludere che gli obbligazionisti vengono ben compensati per il rischio creditizio che si assumono. Il compenso è maggiore di quello basato su calcoli attuariali. Inoltre, questo extra rendimento cresce col crescere del rischio creditizio.[18]

Gli extra rendimenti variano nel tempo. Quando i *credit spreads* sono elevati, come durante la Crisi Finanziaria Globale, gli extra rendimenti tendono a crescere.

Extra Rendimenti: Come si Spiegano?

Quali sono le ragioni che spiegano le differenze tra le intensità d'insolvenza basate sui prezzi delle obbligazioni e quelle basate sui dati storici? Come si è visto, questo

---

[18] Differenze analoghe tra i due tipi di stima delle probabilità d'insolvenza sono state identificate anche in altri studi. Si vedano, ad es., FONS, J. S., "The Default Premium and Corporate Bond Experience", *Journal of Finance* 42, no. 1 (March 1987): pp. 81-97 e ALTMAN, E. I., "Measuring Corporate Bond Mortality and Performance", *Journal of Finance*, 44 (1989), 909–22.

equivale a chiedersi perché, in media, il compenso dei *bond traders* per il rischio d'insolvenza che si assumono è maggiore del costo atteso dell'insolvenza.

Le possibili spiegazioni sono almeno quattro:

1. le obbligazioni sono relativamente poco liquide e il mercato chiede un più elevato rendimento. La ridotta liquidità può forse spiegare 25 punti base dell'extra rendimento, ma si tratta di una parte relativamente piccola;
2. le probabilità d'insolvenza soggettive dei *bond traders* possono essere molto più elevate di quelle stimate in base ai dati storici. È possibile che i *bond traders* formino i prezzi delle obbligazioni ipotizzando "scenari di depressione" molto peggiori di quelli osservati nel periodo coperto dai dati in esame;
3. le insolvenze sulle obbligazioni non sono indipendenti una dall'altra. Questa è la causa più importante dei risultati esposti nella Tavola 17.5. Ci sono periodi in cui le insolvenze sono molto frequenti e altri in cui sono molto rare. In altri termini, la *default correlation* è una caratteristica dei mercati finanziari. La Tavola 9.6 mostra che – nel periodo 1981-2021 – i «tassi d'insolvenza» (*default rates*) annui sono risultati compresi tra un minimo dello 0,15% (nel 1981) e un massimo del 4,17% (nel 2009). La variabilità dei tassi d'insolvenza dà origine a un rischio sistematico, ossia a un rischio che non può essere diversificato. I *bond traders* chiedono quindi un extra rendimento per esporsi a questo rischio.

   Sotto quest'aspetto i *bond traders* non sono diversi dagli *equity traders*. In media, l'extra rendimento richiesto dagli *equity traders* per esporsi al rischio sistematico è pari al 5%-6% annuo. L'extra rendimento richiesto dai *bond traders* è molto inferiore nel caso dei titoli di migliore qualità. Tuttavia, col peggiorare della qualità creditizia, le obbligazioni tendono ad assomigliare alle azioni e l'extra rendimento tende a crescere.

   Cos'è che causa la *default correlation* e il risultante rischio sistemico? Una spiegazione è rappresentata dallo stato dell'economia. La probabilità d'insolvenza diminuisce per tutte le società se le condizioni macro-economiche sono buone ed aumenta se, invece, sono cattive (nel modello di Vasicek, che è stato presentato nella Sezione 9.6, il fattore F può essere considerato come una *proxy* della salute dell'economia). Un'altra spiegazione è data dal «contagio creditizio» (*credit contagion*), discusso nel Riquadro 17.3;
4. oltre al rischio sistematico, le obbligazioni sono anche soggette al rischio non-sistematico (o idiosincratico). Se stessimo parlando di azioni, potremmo sostenere che il rischio non sistematico può essere eliminato con la diversificazione e non richiede quindi alcun compenso. Nel caso delle obbligazioni quest'argomentazione non è altrettanto valida. La distribuzione dei tassi di rendimento delle obbligazioni è fortemente asimmetrica, con scarsa densità nella coda destra. Ne segue che è molto più difficile diversificare il rischio dei portafogli obbligazionari che non il rischio di quelli azionari.[19] Il numero delle obbligazioni in portafoglio dovrebbe essere elevatissimo. In pratica, molti portafogli obbligazionari sono lontani dall'essere ben diversificati. Di conseguenza, i *bond traders* richiedono un extra rendimento anche per il rischio non sistematico (che è solo teoricamente diversificabile).

---

[19] Si veda AMATO, J. D. e REMOLONA, E. M., "The Credit Spread Puzzle", *BIS Quarterly Review*, 5 (December 2003), 51-63.

Riquadro 17.3 Contagio creditizio.

Il contagio creditizio è il processo per cui un problema in un settore dell'economia mondiale comporta problemi in altri settori ad esso non connessi.

Quando la Russia è risultata insolvente sul suo debito, nel 1998, c'è stata una «fuga verso la qualità» (*flight to quality*) e i *credit spreads* di tutte le obbligazioni sono aumentati. Durante la Crisi Finanziaria globale c'è stata un'altra *flight to quality* e di nuovo i *credit spreads* sono aumentati. La recessione che l'ha accompagnata ha comportato il fallimento di un numero record di società nel 2009.

Nel 2011, i problemi della Grecia hanno indotto gli investitori ad allontanarsi dai titoli di Stato di Paesi quali Spagna, Irlanda, Portogallo e Italia. Di conseguenza, i *credit spreads* sui titoli emessi da questi Paesi sono fortemente aumentati.

I motivi del contagio creditizio sono oggetto di dibattito tra gli studiosi. È possibile che gli investitori diventino più avversi al rischio quando perdono soldi in un settore. Può anche essere che i problemi presenti in un settore inducano gli investitori a diventare più pessimisti su altri settori ad esso non connessi. Quale che sia il motivo, i soggetti che operano nei settori non connessi possono trovarsi in difficoltà nel reperire i fondi necessari per le loro attività e, di conseguenza, diventano più esposti ai fallimenti.

Esempio 17.24
La distribuzione dei tassi di rendimento delle obbligazioni è fortemente asimmetrica perché l'emittente può fallire. Ad es., per una certa obbligazione, le probabilità associate a un tasso di rendimento – nel prossimo anno – pari al 7% o al –60% potrebbero essere pari, rispettivamente al 99,75% e allo 0,25%. Il secondo caso è quello in cui l'emittente dell'obbligazione fallisce.

Quali Stime Utilizzare?

A questo punto è naturale chiedersi se, nell'analisi del rischio di credito, si debbano utilizzare le probabilità d'insolvenza effettive o quelle neutrali verso il rischio. Questa domanda è stata discussa, in un contesto più generale, nel Capitolo 10. La risposta dipende dallo scopo dell'analisi. Quando si valutano i derivati creditizi o si stima l'impatto del rischio d'insolvenza sul valore dei derivati finanziari si devono utilizzare le probabilità neutrali verso il rischio, dato che, implicitamente o esplicitamente, la valutazione viene effettuata in un mondo neutrale verso il rischio. Viceversa, quando si effettuano le analisi di scenario per il calcolo delle perdite da insolvenza si devono utilizzare le probabilità effettive.

17.8 PROBABILITÀ D'INSOLVENZA E PREZZI DELLE AZIONI

I metodi che abbiamo esaminato finora per stimare le probabilità d'insolvenza delle società dipendono dai *ratings*. Sfortunatamente, i *ratings* vengono rivisti poco frequentemente. Ciò ha indotto alcuni analisti a sostenere che i prezzi delle azioni possano offrire stime più aggiornate delle probabilità d'insolvenza.

Nel 1974, Merton ha proposto un modello in cui le azioni di una società equivalgono a opzioni scritte sul valore delle attività aziendali.[20]

---

[20] Si veda MERTON, R. C., "On the Pricing of Corporate Debt: the Risk Structure of Interest rates", *Journal of Finance*, 29 (1974), 449-70.

Sez. 17.8 Probabilità d'Insolvenza e Prezzi delle Azioni

Supponiamo, per semplicità, che il debito della società sia rappresentato da un'unica obbligazione, con tasso cedolare nullo e scadenza al tempo T. La simbologia adottata è la seguente:

- V_0: valore corrente delle attività;
- V_T: valore delle attività al tempo T;
- E_0: valore corrente delle azioni;
- E_T: valore delle azioni al tempo T;
- D: valore nominale degli *zero-coupon bonds* con scadenza al tempo T;
- σ_V: volatilità delle attività;
- σ_E: volatilità delle azioni.

Se $V_T < D$, è logico (almeno in teoria) che, al tempo T, la società dichiari fallimento. In tal caso il valore delle azioni è nullo. Se invece $V_T > D$, la società rimborserà le obbligazioni. In tal caso il valore delle azioni è pari a $V_T - D$. Pertanto, secondo il modello di Merton, il valore delle azioni al tempo T è pari a

$$E_T = \max(V_T - D, 0).$$

Ne segue che le azioni equivalgono a una *call* scritta sul valore delle attività, con prezzo d'esercizio D e scadenza al tempo T. In base alla formula di Black-Scholes-Merton (Appendice 5c), il valore corrente delle azioni è pari a

$$E_0 = V_0 N(d_1) - D e^{-rT} N(d_2) \tag{17.4}$$

dove

$$d_1 = \frac{\ln(V_0/D) + (r + \sigma_V^2/2)T}{\sigma_V \sqrt{T}}$$

$$d_2 = d_1 - \sigma_V \sqrt{T}$$

e N è la funzione di distribuzione di una variabile casuale normale standardizzata. Il valore corrente delle obbligazioni è pari a $V_0 - E_0$.

In un mondo neutrale verso il rischio, la probabilità d'insolvenza, ossia la probabilità che risulti $V_T < D$, è pari a $N(-d_2)$. Per calcolarla dobbiamo conoscere V_0 e σ_V, ma nessuno di questi due valori è direttamente osservabile. Tuttavia, se la società è quotata, possiamo osservare E_0. Ciò vuol dire che V_0 e σ_V debbono soddisfare l'Equazione (17.4). Possiamo inoltre stimare σ_E.

In base a un risultato del calcolo stocastico, noto come lemma di Itô, si ha

$$\sigma_E E_0 = \frac{\partial E}{\partial V} \sigma_V V_0$$

dove $\partial E / \partial V$ è il delta delle azioni, che – per quanto riportato nell'Appendice 5c – è pari a $N(d_1)$. Pertanto

$$\sigma_E E_0 = N(d_1) \sigma_V V_0. \tag{17.5}$$

Quest'equazione rappresenta un altro vincolo che deve essere soddisfatto da V_0 e σ_V. Pertanto, per stimare V_0 e σ_V si possono risolvere simultaneamente le Equazioni (17.4) e (17.5).[21]

---

[21] Per risolvere due equazioni lineari della forma $F(x, y) = 0$ e $G(x, y) = 0$, si può utilizzare il Risolutore di Excel e cercare i valori di x e y che minimizzano $[F(x, y)]^2 + [G(x, y)]^2$.

Esempio 17.25

Il valore corrente delle azioni di una certa società è di $3 milioni e la volatilità delle azioni è pari all'80% annuo. Il valore nominale delle obbligazioni, con tasso cedolare nullo e scadenza tra un anno, emesse dalla società è di $10 milioni. Il tasso d'interesse privo di rischio è del 5% annuo. In tal caso, $E_0 = \$3$, $\sigma_E = 80\%$, $r = 5\%$, $T = 1$ e $D = \$10$. Nel sito *web* del libro [e in quello del traduttore] c'è un *file* Excel che consente di stimare V_0 e σ_V: cfr. Modello_di_Merton.xlsm.

Risolvendo le Equazioni (17.4) e (17.5) si ottiene $V_0 = \$12{,}395$ e $\sigma_V = 21{,}23\%$. Il parametro d_2 è uguale a 1,1408. Pertanto, la probabilità d'insolvenza è pari a $N(-d_2) = 12{,}70\%$. Il valore di mercato delle obbligazioni è pari a $V_0 - E_0 = \$9{,}395$ mentre il loro «valore in assenza d'insolvenza» (*no-default value*) è di $\$10 e^{-0{,}05 \times 1} = \$9{,}512$. Pertanto, la perdita attesa è pari a ($9,512 − $9,395)/$9,512 ossia all'1,23% del valore delle obbligazioni in assenza d'insolvenza. Confrontando la perdita attesa (1,23%) con la probabilità d'insolvenza (12,70%) si ottiene un tasso di recupero atteso in caso d'insolvenza pari al 90,32% [= (12,70% − 1,23%) / 12,70%].

Il modello di Merton che abbiamo appena presentato è stato esteso in diversi modi. Ad es., in una delle sue estensioni si suppone che l'insolvenza si verifichi non appena il valore delle attività scenda al di sotto di una certa barriera. In un'altra estensione, il debito non assume la forma di uno *zero-coupon bond*, ma una struttura più complessa. Hull *et al.* hanno mostrato come utilizzare le volatilità implicite congiuntamente con il modello di Merton.[22]

Performance del Modello di Merton

Le probabilità d'insolvenza ottenute con il modello di Merton, o con una delle sue estensioni, sono coerenti con quelle basate sulle insolvenze osservate storicamente? La risposta è che il modello di Merton e le sue estensioni offrono un buon «ordinamento» (*ranking*) delle probabilità d'insolvenza. Si può quindi utilizzare una funzione monotona per trasformare le stime ottenute in buone stime delle probabilità d'insolvenza effettive o neutrali verso il rischio. Moody's KMV e Kamakura offrono un servizio che trasforma le probabilità d'insolvenza prodotte dal modello di Merton in probabilità d'insolvenza effettive. Altre società utilizzano il modello di Merton per stimare i «differenziali creditizi» (*credit spreads*) che, come si è visto, sono strettamente connessi con le probabilità d'insolvenza neutrali verso il rischio. In teoria, la probabilità d'insolvenza, $N(-d_2)$, è una probabilità neutrale verso il rischio perché viene calcolata in base a un modello di valutazione delle opzioni. Può sembrare strano che $N(-d_2)$ possa essere utilizzata per stimare una probabilità effettiva. Data la natura della calibratura che è stata appena descritta, l'ipotesi sottostante è che l'«ordine» (*ranking*) delle probabilità d'insolvenza neutrali verso il rischio sia uguale all'ordine delle probabilità d'insolvenza effettive.

Probabilità Effettive e Probabilità Neutrali verso il Rischio

Il modello di Merton offre una chiave interpretativa per capire perché le probabilità d'insolvenza sono più alte nel mondo neutrale verso il rischio rispetto al mondo reale. Nel mondo neutrale verso il rischio, il tasso di crescita atteso del valore delle attività aziendali è pari al tasso privo di rischio. Nel mondo reale, il tasso di crescita at-

---

[22] Si veda HULL, J., NELKEN, I. e WHITE, A., "Merton's Model, Credit Risk, and Volatility Skews", *Journal of Credit Risk*, 1, 1 (2004), 1-27.

teso del valore delle attività aziendali è di solito più alto, perché incorpora il premio al rischio richiesto dal mercato. Pertanto, la probabilità che il valore delle attività aziendali scenda al di sotto del valore nominale del debito è più elevata nel mondo neutrale verso il rischio rispetto al mondo reale.

Distanza dall'Insolvenza

Per descrivere uno degli *outputs* del modello di Merton è stato coniato il termine «distanza dall'insolvenza» (*distance to default*). Si tratta del numero di deviazioni standard del tasso di variazione del valore delle attività aziendali che innescherebbe, tra T anni, la procedura d'insolvenza. La *distance to default*, d_2, è così definita:

$$\frac{\ln(V_0/D) + (r - \sigma_V^2/2)T}{\sigma_V \sqrt{T}}.$$

Se la *distance to default* diminuisce, la probabilità d'insolvenza aumenta.

Nell'Esempio 17.25 la *distance to default* è pari a 1,1408 deviazioni standard.

SOMMARIO

La stima delle «probabilità d'insolvenza» (*default probabilities*) e dei «tassi di recupero» (*recovery rates*) rappresenta un'attività impegnativa per i *risk managers*. Se le obbligazioni sono quotate, i *ratings* rappresentano una fonte di informazione. Le agenzie di *rating*, come S&P, mettono a disposizione statistiche dettagliate sui tassi d'insolvenza delle società a cui hanno assegnato un *rating*. Il tasso di recupero è la frazione del valore nominale del titolo che viene recuperata in caso di fallimento dell'emittente.

Esistono anche altre fonti da cui trarre informazioni per la stima delle probabilità d'insolvenza. Una di queste è rappresentata dai *credit default swaps* (CDSs). Il CDS è un contratto con cui una società si assicura contro il rischio d'insolvenza di un'altra società (o Paese), il cosiddetto «soggetto di riferimento» (*reference entity*). Il *payoff* è pari alla differenza tra il valore nominale e il valore fallimentare dell'«obbligazione a minor costo» (*cheapest-to-deliver bond*) tra quelle emesse dal soggetto di riferimento. Il CDS *spread* misura il costo annuo dell'assicurazione.

Due altre fonti di informazione sono rappresentate dagli *asset swaps* e dai «differenziali tra i tassi di rendimento delle obbligazioni e i corrispondenti tassi privi di rischio» (*bond yield spreads*).

Informazioni utili sono anche racchiuse nelle quotazioni del mercato azionario. Un modello sviluppato nel 1974 da Robert Merton consente di stimare le probabilità d'insolvenza (e i tassi di recupero) sulla base delle quotazioni azionarie e delle volatilità delle azioni. Se viene calibrato in modo appropriato, questo modello può essere utilizzato per calcolare non solo le probabilità d'insolvenza «neutrali verso il rischio» (*risk-neutral probabilities*), ma anche le «probabilità effettive» (*actual probabilities*), ossia le «probabilità del mondo reale» (*real-world probabilities*), dette anche «probabilità fisiche» (*physical probabilities*).

Le probabilità calcolate dalle agenzie di *rating* sulla base delle serie storiche delle insolvenze sono probabilità effettive. Quelle basate sui *credit spreads* sono probabilità neutrali verso il rischio. Le probabilità neutrali verso il rischio vanno utilizzate per le valutazioni. Sono più elevate delle probabilità effettive, che vanno invece utilizzate per le analisi di scenario.

SUGGERIMENTI PER ULTERIORI LETTURE

ALTMAN, E. I., "Measuring Corporate Bond Mortality and Performance", *Journal of Finance*, 44 (1989), 902-22.

DUFFIE, D. e SINGLETON, K., "Modeling Term Structures of Defaultable Bonds", *Review of Financial Studies*, 12 (1999), 687-720.

FONS, J. S., "The Default Premium and Corporate Bond Experience", *Journal of Finance* 42, no. 1 (March 1987): pp. 81-97.

HULL, J. C., PREDESCU, M. e WHITE, A., "Relationship between Credit Default Swap Spreads, Bond Yields and Credit Rating Announcements", *Journal of Banking and Finance*, 28, (November 2004), 2789-811.

HULL, J. C., PREDESCU, M. e WHITE, A., "Bond Prices, Default Probabilities, and Risk Premiums", *Journal of Credit Risk*, 1, No. 2 (Spring 2005), 53-60.

KEALHOFER, S., "Quantifying Default Risk I: Default Prediction", *Financial Analysts Journal*, 59, 1 (2003a), 30-44.

KEALHOFER, S., "Quantifying Default Risk II: Debt Valuation", *Financial Analysts Journal*, 59, 3 (2003b), 78-92.

LITTERMAN, R. e IBEN, T., "Corporate Bond Valuation and the Term Structure of Credit Spreads", *Journal of Portfolio Management*, 17, 3 (Spring 1991), 52-64.

MERTON, R. C., "On the Pricing of Corporate Debt: The Risk Structure of Interest Rates", *Journal of Finance*, 29 (May 1974), 449-70.

RODRIGUEZ, R. J., "Default Risk, Yield Spreads, and Time to Maturity", *Journal of Financial and Quantitative Analysis*, 23 (1988), 111-7.

DOMANDE E PROBLEMI
(le risposte si trovano alla fine del libro)

17.1. Quanti e quali sono i *ratings* che S&P utilizza per le società *investment grade*?

17.2. Cosa s'intende per *hazard rate*?

17.3. Considerate i dati della Tavola 17.1 e calcolate la media delle intensità d'insolvenza istantanee durante il 1° anno per le società con *rating* iniziale B.

17.4. Considerate i dati della Tavola 17.1 e calcolate la media delle intensità d'insolvenza istantanee durante il 3° anno per le società con *rating* iniziale BB.

17.5. Un *credit default swap* prevede che venga pagato ogni 6 mesi un premio di 60 punti base all'anno. Il capitale nozionale è di $300 milioni e il *credit default swap* viene liquidato per contanti. Dopo 4 anni e 2 mesi si verifica un'insolvenza e l'agente incaricato stima che il prezzo dell'obbligazione di riferimento, quotato poco dopo l'insolvenza, sia pari al 40% del valore nominale. Elencate i pagamenti (e le corrispondenti date) dal punto di vista del venditore di protezione.

17.6. Spiegate i due modi in cui si possono liquidare i *credit default swaps*.

17.7. Spiegate la differenza tra probabilità d'insolvenza effettive e probabilità d'insolvenza neutrali verso il rischio.

17.8. Qual è la formula che lega il *payoff* di un CDS al capitale nozionale e al tasso di recupero?

17.9. Il «differenziale creditizio» (*credit spread*) tra il tasso di rendimento di un'obbligazione a 3 anni e il tasso di rendimento del corrispondente titolo privo di rischio è pari a 50 punti base. Il *recovery rate* è pari al 30%. Stimate l'intensità d'insolvenza media, su base annua, relativa ai prossimi 3 anni.

Domande e Problemi **397**

17.10. Il «differenziale creditizio» (*credit spread*) tra il tasso di rendimento di un'obbligazione a 5 anni e il tasso di rendimento del corrispondente titolo privo di rischio è pari a 80 punti base. Il *recovery rate* è pari al 40%.
(a) Stimate l'intensità d'insolvenza media, su base annua, relativa ai prossimi 5 anni.
(b) Se lo *spread* di un titolo a 3 anni è pari a 70 punti base, cosa implicano i vostri risultati per quanto riguarda l'intensità d'insolvenza media nel biennio formato dal 4° e dal 5° anno?

17.11. Supponete di conoscere sia le probabilità d'insolvenza calcolate in base alle serie storiche delle insolvenze sia quelle calcolate in base ai *credit spreads*.
Quali probabilità utilizzereste per
(a) calcolare il VaR creditizio?
(b) aggiustare il prezzo di un derivato soggetto al rischio d'insolvenza?

17.12. Come vengono di solito definiti i *recovery rates*?

17.13. Verificate la coerenza tra la seconda colonna, (A), della Tavola 17.5 e la seconda colonna della Tavola 17.4

17.14. Il tasso di rendimento effettivo di un'obbligazione a 4 anni, con tasso cedolare del 4% annuo (pagabile semestralmente), è pari al 5% (composto continuamente). I tassi d'interesse privi di rischio sono pari al 3% (composto continuamente) per tutte le scadenze. Supponete che le insolvenze si possano manifestare solo dopo 1, 2, 3 o 4 anni, immediatamente prima del pagamento di una cedola e che il *recovery rate* sia pari al 30%. Stimate la probabilità d'insolvenza neutrale verso il rischio, su base annua, nell'ipotesi che resti costante durante i 4 anni di vita dell'obbligazione. Utilizzate il metodo esposto nella Tavola 17.3.

17.15. Il tasso di rendimento effettivo di due obbligazioni, a 3 e a 5 anni, entrambe con tasso cedolare del 4% annuo (pagabile annualmente), è pari, rispettivamente, al 4,5% e al 4,75% (composto continuamente). I tassi d'interesse privi di rischio sono pari al 3,5% (composto continuamente) per tutte le scadenze. Il *recovery rate* è pari al 40%. Supponete che l'insolvenza si possa manifestare solo a metà anno, immediatamente prima del pagamento di una cedola. Le probabilità d'insolvenza neutrali verso il rischio, su base annua, sono pari a Q_1 per il 1°, 2° e 3° anno e a Q_2 per il 4° e 5° anno. Stimate Q_1 e Q_2.

17.16. Considerate un *asset swap*. Sia B il prezzo unitario dell'obbligazione sottostante, B^* il prezzo del corrispondente titolo privo di rischio e V il valore dell'*asset swap*. Dimostrate che $V = B - B^*$.

17.17. Dimostrate che, nel modello di Merton della Sezione 17.8, il *credit spread* di uno *zero-coupon bond* a T anni è pari a

$$-\frac{\ln[N(d_2) + N(-d_1)/L]}{T}$$

dove

$$L = \frac{De^{-rT}}{V_0}.$$

17.18. Il valore delle azioni di una società è pari a $2 milioni e la loro volatilità è del 50% annuo. Il valore nominale delle obbligazioni, con cedola nulla e scadenza dopo 1 anno, emesse dalla società è pari a $5 milioni. Il tasso d'interesse privo di rischio è pari al 4% annuo. Utilizzate il modello di Merton per stimare la probabilità d'insolvenza della società. [Suggerimento: rispondete a questa domanda usando il Risolutore di Excel. Il *file* Excel utilizzato per stimare V_0 e σ_V è disponibile nel sito *web* del libro [e in quello del traduttore]: cfr. Modello_di_Merton.xlsm.

17.19. Il 20 giugno 2023 viene negoziato un *credit default swap* a 5 anni. La frequenza dei pagamenti dovuti dal compratore di protezione è trimestrale e il CDS *spread* è pari a 400 p.b. La *reference entity* fallisce dopo 4 anni e 2 mesi. Il prezzo del *cheapest-to-deliver bond*, determinato in sede d'asta, è pari al 30% del suo valore nominale. Ponendovi nell'ottica del venditore, determinate entrate e uscite in corrispondenza delle date rilevanti.

17.20. "Il compratore di un *credit default swap* si trova in una posizione simile a quella di chi va lungo su un titolo privo di rischio e corto su un'obbligazione". Spiegate quest'affermazione.

17.21. Perché è possibile che nei *credit default swaps* ci sia un problema di asimmetrie informative?

17.22. Supponete che la *zero curve* priva di rischio sia piatta al livello del 6% (composto continuamente) e che il prezzo effettivo di un *coupon bond*, con valore nominale $100, scadenza tra 5 anni e tasso cedolare del 5% (pagabile semestralmente), sia di $90.
    (a) Quale sarebbe il valore del titolo se fosse privo del rischio d'insolvenza?
    (b) Come verrebbe strutturato un *asset swap*?
    (c) Quale sarebbe lo *spread* dell'*asset swap*?

APPENDICE 17A

Valutazione dei Credit Default Swaps

I *credit default swaps* (CDSs) possono essere valutati in base al principio della valutazione neutrale verso il rischio.

Esempio 17a.1

Consideriamo un certo soggetto di riferimento. L'intensità d'insolvenza media nei 5 anni di vita di un CDS è pari al 2%. La Tavola 17.a1 mostra le probabilità di sopravvivenza e le probabilità d'insolvenza non condizionate (così come sono viste al tempo zero) per ognuno dei 5 anni.

In base all'Equazione (17.2), la probabilità di sopravvivenza fino alla fine del 1° anno è pari al 98,02% (= $e^{-0,02 \times 1}$) e la probabilità d'insolvenza nel 1° anno è pari all'1,98% (= 100% − 98,02%). La probabilità di sopravvivenza fino alla fine del 2° anno è pari al 96,08% (= $e^{-0,02 \times 2}$) e la probabilità d'insolvenza (non condizionata) nel 2° anno è pari all'1,94% (= 98,02% − 96,08%). La probabilità di sopravvivenza fino alla fine del 3° anno è pari al 94,18% (= $e^{-0,02 \times 3}$) e la probabilità d'insolvenza (non condizionata) nel 3° anno è pari all'1,90% (= 96,08% − 94,18%), e così via.

Supponiamo che le insolvenze si verifichino a metà anno e che i pagamenti relativi al *credit default swap* vengano effettuati a fine anno. Supponiamo, inoltre, che il tasso d'interesse privo di rischio sia pari al 5% annuo (composto continuamente) e che il *recovery rate* sia pari al 40%. I calcoli si dividono in tre parti (Tavola 17.a2, Tavola 17.a3, Tavola 17.a4).

La Tavola 17.a2 mostra come si calcola il valore attuale dei pagamenti annui del CDS supponendo che vengano effettuati al tasso annuo s e che il capitale nozionale sia pari a 1. Ad es., la probabilità che il soggetto di riferimento sopravviva fino alla fine del 3° anno e che quindi venga effettuato il 3° pagamento è pari al 94,18%. Pertanto, il valore atteso del 3° pagamento è 0,9418 s e il valore attuale è 0,8106 s (= 0,9418 $s \cdot e^{-0,05 \times 3}$). Il valore attuale dei 5 pagamenti è 4,0728 s.

La Tavola 17.a3 mostra come si calcola il valore attuale del *payoff* atteso. Come si è già detto, stiamo supponendo che il capitale nozionale sia di 1 e che le insolvenze si verifichino sempre a metà anno. Ad es., la probabilità (non condizionata) che il soggetto di riferimento fallisca a metà del 3° anno è pari all'1,90%. Dato che il *recovery rate* è pari al 40%, il *payoff* atteso a metà del 3° anno è pari a 0,0114 [= 0,0190 × (1 − 0,4) × $1] e il valore attuale del *payoff* atteso è pari a 0,0101 (= 0,0114 $e^{-0,05 \times 2,5}$). Il valore attuale di tutti i *payoffs* attesi è pari a 0,0506.

Infine, la Tavola 17.a4 mostra come si calcola il rateo finale che il compratore di protezione è obbligato a versare in caso d'insolvenza. Ad es., la probabilità che il soggetto di riferimento fallisca a metà del 3° anno e che quindi venga pagato il rateo è pari all'1,90%. Il rateo effettivo è pari a metà di quanto dovuto per l'intero anno, ossia 0,5 s. Il rateo atteso è quindi pari a 0,0095 s (= 0,0190 × 0,5 s). Il valore attuale del rateo atteso è pari a 0,0084 s (= 0,0095 $s \cdot e^{-0,05 \times 2,5}$). Il valore attuale di tutti i ratei attesi è pari a 0,0422 s.

In base alla Tavola 17.a2 e alla Tavola 17.a4, il valore attuale dei pagamenti attesi è pari a

$$4,0728\ s + 0,0422\ s = 4,1150\ s.$$

In base alla Tavola 17.a3, il valore attuale del *payoff* atteso è pari a 0,0506. Il CDS *spread* si ottiene uguagliando i due valori attuali

$$4,1150\ s = 0,0506$$

da cui $s = 0,0123$.

Pertanto, lo *spread* medio di mercato dovrebbe essere pari a 0,0123 volte il capitale nozionale, ossia a 123 punti base all'anno. Questo risultato è in linea con quello che ci dovremmo attendere sulla base dell'Equazione (17.3), secondo cui lo *spread* è pari al prodotto tra il valore medio dell'intensità d'insolvenza e il complemento a 1 del tasso di recupero: $s = 0,02 \times (1 − 0,4) = 0,012$.

TAVOLA 17.a1 Probabilità d'insolvenza e di sopravvivenza.

Tempo (anni)	Probabilità d'insolvenza	Probabilità di sopravvivenza
1	1,98	98,02
2	1,94	96,08
3	1,90	94,18
4	1,86	92,31
5	1,83	90,48

TAVOLA 17.a2 Valore attuale dei pagamenti attesi.

Tempo (anni)	Probabilità di sopravvivenza	Pagamento atteso	Fattore di attualizzazione	Valore attuale
1	0,9802	0,9802 s	0,9512	0,9324 s
2	0,9608	0,9608 s	0,9048	0,8694 s
3	0,9418	0,9418 s	0,8607	0,8106 s
4	0,9231	0,9231 s	0,8187	0,7558 s
5	0,9048	0,9048 s	0,7788	0,7047 s
			Totale	4,0728 s

Nota: pagamento = s per anno; capitale nozionale = 1.

TAVOLA 17.a3 Valore attuale del *payoff* atteso di un *credit default swap*.

Tempo (anni)	Probabilità d'insolvenza	Tasso di recupero	Payoff atteso	Fattore di attualizzazione	Valore attuale
0,5	0,0198	0,4000	0,0119	0,9753	0,0116
1,5	0,0194	0,4000	0,0116	0,9277	0,0108
2,5	0,0190	0,4000	0,0114	0,8825	0,0101
3,5	0,0186	0,4000	0,0112	0,8395	0,0094
4,5	0,0183	0,4000	0,0110	0,7985	0,0088
				Totale	0,0506

Nota: pagamento = s per anno; capitale nozionale = 1.

TAVOLA 17.a4 Valore attuale del rateo.

Tempo (anni)	Probabilità d'insolvenza	Rateo atteso	Fattore di attualizzazione	Valore attuale
0,5	0,0198	0,0099 s	0,9753	0,0097 s
1,5	0,0194	0,0097 s	0,9277	0,0090 s
2,5	0,0190	0,0095 s	0,8825	0,0084 s
3,5	0,0186	0,0093 s	0,8395	0,0078 s
4,5	0,0183	0,0091 s	0,7985	0,0073 s
			Totale	0,0422 s

Nota: pagamento = s per anno; capitale nozionale = 1.

Lo scopo di quest'esempio è stato quello di illustrare la metodologia di calcolo. In pratica, i calcoli sono più complessi rispetto a quelli mostrati nella Tavola 17.a2 - Tavola 17.a4 perché (a) la frequenza dei pagamenti è maggiore e (b) le insolvenze non si verificano solo a metà anno.

Marking to Market di un CDS

Nel momento in cui viene negoziato, il CDS – al pari della maggior parte degli altri *swaps* – ha un valore prossimo a zero. Successivamente potrà avere un valore positivo o negativo. Il valore corrente del CDS si determina come somma algebrica del valore corrente dei pagamenti attesi (incluso il rateo) e del *payoff* atteso.

Esempio 17a.2

Se il *credit default swap* dell'Esempio 17a.1 fosse stato negoziato in precedenza a uno *spread* di 150 punti base, il suo valore corrente sarebbe pari alla differenza tra il valore attuale dei pagamenti attesi, che è pari a 0,0617 (= 4,1150 × 0,0150), e il valore attuale del *payoff* atteso, che è pari – come prima – a 0,0506. Pertanto, il valore del CDS per il venditore di protezione è pari a 0,0111 (= 0,0617 – 0,0506) e per il compratore di protezione a –0,0111.

Il *software* RMFI, disponibile nel sito *web* dell'autore, consente di calcolare il valore di un CDS. Si veda il foglio di lavoro "CDSs".

APPENDICE 17B

Valutazione delle CDOs Sintetiche

Le *collateralized debt obligations* (CDOs) sintetiche sono composte da *tranches* in cui una parte (*A*) si impegna a pagare a un'altra (*B*) le perdite su un portafoglio obbligazionario che cadono in un certo «intervallo» (*range*). In cambio, *B* si impegna a pagare periodicamente ad *A* una certa quota del capitale assicurato.

Esempio 17b.1

Supponiamo che, per una certa *tranche*, il *range* di perdite sia compreso tra α_L e α_H. Le variabili α_L e α_H sono chiamate «punto di congiunzione» (*attachment point*) e «punto di distacco» (*detachment point*), rispettivamente. Se α_L è pari all'8% e α_H è pari al 18%, *A* paga a *B* le perdite che cadono nell'intervallo compreso tra l'8% e il 18% del valore nominale del portafoglio. Pertanto, il primo 8% di perdite non ha effetti sulla *tranche*. La *tranche* è responsabile per il successivo 10% di perdite e il suo valore nominale, pari inizialmente al 10% (= 18% − 8%) del valore nominale del portafoglio, si riduce via via che queste perdite si manifestano. La *tranche* viene interamente «cancellata» (*wiped out*) quando le perdite eccedono il 18%.

I pagamenti periodici da *B* ad *A* sono commisurati al valore nominale residuo della *tranche*. Il tasso applicato è detto *tranche spread*.

L'ipotesi più comune è che la distribuzione probabilistica del «tempo mancante all'insolvenza» (*time to default*) sia la stessa per tutte le obbligazioni in portafoglio. Sia $Q(t)$ la probabilità che l'emittente di un'obbligazione fallisca entro il tempo *t*. Il modello unifattoriale della copula Gaussiana per il *time to default* (Sezione 9.6) è diventato il modello standard di mercato per la valutazione delle *tranches* delle *collateralized debt obligations* (CDOs). In base all'Equazione (9.13) si ha

$$Q(T|F) = N\left\{\frac{N^{-1}[Q(T)] - \sqrt{\rho}F}{\sqrt{1-\rho}}\right\}. \tag{17b.6}$$

dove $Q(t|F)$ è la probabilità che l'*i*-esima *reference entity* fallisca entro il tempo *t*, condizionata dal valore del fattore *F*. Per calcolare $Q(t|F)$, si suppone di solito che l'*hazard rate* della società sia costante. Se è disponibile il CDS *spread* o il *credit spread* della società, si può utilizzare un algoritmo iterativo per determinare l'*hazard rate* in base a calcoli simili a quelli esposti nell'Appendice 17a.

Supponiamo che l'*hazard rate* sia λ. Allora

$$Q(t) = 1 - e^{-\lambda t}. \tag{17b.7}$$

In base alle proprietà della distribuzione binomiale, la probabilità $P(k, t | F)$ che si osservino esattamente *k* insolvenze entro il tempo *t*, condizionata da *F*, è

$$P(k,t|F) = \frac{n!}{(n-k)!k!}Q(t|F)^k[1-Q(t|F)]^{n-k}. \tag{17b.8}$$

Sia

$$n_L = \frac{\alpha_L n}{1-R} \quad \text{e} \quad n_H = \frac{\alpha_H n}{1-R}$$

dove *R* è il *recovery rate* (che si suppone costante).

Sia, inoltre, $m(x)$ il più piccolo intero maggiore di x. La *tranche* non subisce perdite quando il numero delle insolvenze, k, è minore di $m(n_L)$. Viene invece interamente cancellata quando k è maggiore di (o uguale a) $m(n_H)$. Negli altri casi, il valore nominale della *tranche* al tempo t è pari al prodotto tra

$$\frac{\alpha_H - k(1-R)/n}{\alpha_H - \alpha_L}$$

e il valore nominale originario della *tranche*.

Questi risultati possono essere utilizzati unitamente alle equazioni (17b.6), (17b.7) e (17b.8) per calcolare il valore nominale atteso della *tranche* in ogni istante t, condizionato da F. Possiamo poi integrare rispetto a F per trovare il valore atteso non condizionato. L'integrazione viene di solito fatta con una procedura nota come «quadratura Gaussiana» (*Gaussian quadrature*). Nel sito web del libro [e in quello del traduttore] è disponibile un *file* Excel che utilizza la quadratura Gaussiana per integrare le funzioni di una variabile casuale normale: cfr. Polinomi_di_Hermite_e _Integrazione_Numerica.xlsm.

Di solito, si suppone che le insolvenze possano verificarsi solo nel punto centrale dell'intervallo che separa due pagamenti adiacenti. Analogamente all'Appendice 17a, siamo interessati alle seguenti variabili:

1. il valore attuale dei pagamenti attesi per il *tranche spread* (dovuti da B ad A);
2. il valore attuale del *payoff* atteso per le *tranche losses* (dovuto da A a B);
3. il valore attuale del «rateo» (*accrual payment*) (dovuto da B ad A).

I pagamenti per il *tranche spread* al tempo t dipendono linearmente dal valore nominale della *tranche* al tempo t. Il *payoff* per le *tranche losses* (posizionato, per ipotesi, nel punto centrale dell'intervallo) è pari alla riduzione del valore nominale della *tranche* durante l'intervallo. Il rateo è proporzionale al *payoff* per le *tranche losses*. Ne segue che tutte e tre le variabili sono funzioni del valore nominale atteso della *tranche*. Pertanto, lo «spread d'equilibrio» (*breakeven spread*), che assicura l'uguaglianza tra il valore attuale dei pagamenti attesi (incluso il rateo) e il valore attuale del *payoff* atteso, può essere calcolato in modo analogo al *breakeven spread* dei CDSs (Appendice 17a).

I *traders* calcolano le *copula correlations*, ρ, implicite negli *spreads* delle CDO *tranches* e tendono a quotare queste correlazioni implicite piuttosto che gli *spreads*. Questa prassi è simile a quella in uso nei mercati delle opzioni, dove si quotano le volatilità implicite (coerenti con il modello Black-Scholes-Merton) piuttosto che i prezzi delle opzioni.

Si utilizzano due tipi di correlazione. La *compound correlation* è la correlazione coerente con il valore di mercato della *tranche*. La *base correlation* per x% è la correlazione coerente con il valore di mercato di una *tranche* con *attachment point* 0% e *detachment point* x%. Le correlazioni implicite nelle CDOs formano un *correlation smile*, fenomeno analogo al *volatility smile* che si osserva nei mercati delle opzioni (si veda la Sezione 22.4).

Il *software* RMFI, disponibile nel sito web dell'autore, consente di calcolare le correlazioni implicite nelle CDOs. Si veda il foglio di lavoro "CDOs" del *file* RMFI Software v1.00a.xls.[1]

---

[1] Maggiori dettagli si trovano in HULL, J. C., *Opzioni, Futures e Altri Derivati*, 11ª ed., Pearson Italia, 2022.

Capitolo 18
XVAs

Come si è visto nel Capitolo 6, ci sono due modi per liquidare i derivati OTC: attraverso le «controparti per la compensazione centralizzata delle posizioni» (*central clearing parties* - CCPs) oppure mediante accordi bilaterali. In seguito alle norme emanate dopo la Crisi Finanziaria Globale, i derivati OTC standard negoziati tra istituzioni finanziarie devono essere liquidati attraverso una CCP. I derivati OTC fuori standard negoziati tra istituzioni finanziarie vanno regolati in via bilaterale, ma devono essere assistiti da garanzie tali da eliminare, di fatto, il rischio di credito.

Questo capitolo è dedicato ai derivati OTC, regolati in via bilaterale, che comportano un rischio di credito. Tra questi figurano i contratti con utenti finali non sistemicamente importanti e i contratti, con altre controparti, che sono stati negoziati prima dell'entrata in vigore delle nuove norme.

La valutazione del rischio di credito di un derivato è molto più complessa di quella di un prestito perché non è nota la futura «esposizione» (*exposure*), ossia l'importo che si potrebbe perdere nel caso in cui la controparte fallisca.

Esempio 18.1

Se la banca concede a un cliente un prestito di $10 milioni a 5 anni «non garantito» (*uncollateralized*), con rimborso del capitale in unica soluzione alla scadenza, la banca sa che la sua esposizione è sempre pari a circa $10 milioni nel corso dei 5 anni di durata del prestito.

Invece, se la banca entra in un *interest rate swap* con il cliente, la futura esposizione è molto più incerta, dato che il futuro valore dello *swap* dipende dai tassi d'interesse:
1. se il valore dello *swap* per la banca diventa positivo, l'esposizione è pari al valore del contratto (questo è quel che la banca potrebbe perdere nel caso in cui la controparte fallisse);
2. se il valore diventa negativo, l'esposizione è nulla (la banca non perderebbe nulla nel caso in cui la controparte fallisse).

In questo capitolo esamineremo le cosiddette XVAs. Le XVAs misurano i diversi aspetti dei costi (o benefici) connessi con il rischio di credito dei derivati:
1. la XVA più importante è l'«aggiustamento del valore del credito» (*credit value adjustment* - CVA), ossia il valore attuale della «perdita attesa» (*expected loss*) dalla banca per l'insolvenza della controparte;
2. l'«aggiustamento del valore del debito» (*debit value adjustment* - DVA) è il valore attuale della perdita attesa dalla controparte a causa dell'insolvenza della banca;

3. tra le altre XVAs figurano l'«aggiustamento del valore dei margini» (*margin value adjustment* - MVA), l'«aggiustamento del valore della provvista» (*funding value adjustment* - FVA) e l'«aggiustamento del valore del capitale» (*capital value adjustment* - KVA).

18.1 DERIVATI ED ESPOSIZIONE CREDITIZIA

Inizieremo col passare in rassegna la natura dell'esposizione creditizia che si viene a determinare quando si negozia un derivato. Esamineremo innanzitutto il caso più semplice, ossia quello di una banca che ha negoziato un unico derivato con una certa controparte. Faremo l'ipotesi che il contratto venga regolato in via bilaterale e nessuna delle due parti offra garanzie all'altra.

Possiamo distinguere tre casi, dal punto di vista della banca:

1. la sua posizione rappresenta sempre una passività;
2. la sua posizione rappresenta sempre un'attività;
3. la sua posizione può diventare un'attività o una passività.

Le posizioni corte su opzioni sono un esempio della prima categoria, le posizioni lunghe su opzioni sono un esempio della seconda categoria e le posizioni (lunghe o corte) su *forwards* o su *swaps* sono un esempio della terza categoria.

Le posizioni che rientrano nella prima categoria non comportano mai rischi di credito per la banca. Se la controparte fallisce, il contratto viene chiuso.[1] La banca dovrà versare al commissario liquidatore della controparte fallita il valore del contratto (aggiustato per tener conto dei costi di sostituzione determinati dal *bid-ask spread*). In questo caso non ci sono né perdite né profitti per la banca.

Le posizioni che rientrano nella seconda categoria comportano sempre un rischio di credito per la banca. Se la controparte fallisce, è probabile che ci siano delle perdite. Il derivato figura tra le passività della controparte e la banca vanterà un credito in sede fallimentare. È probabile che, alla fine, ne riesca a recuperare solo una certa quota.

I derivati della terza categoria sono quelli più complessi. A volte comportano un rischio di credito per la banca e a volte no. Se la controparte fallisce quando il valore del derivato è positivo, la banca vanterà un credito in sede fallimentare ed è probabile che subirà delle perdite. Invece, se la controparte fallisce quando il valore del derivato è negativo, la banca non subirà perdite a causa dell'insolvenza.

In genere, quando calcolano le esposizioni, le banche non tengono conto dei *bid-ask spreads* che saranno invece importanti se e quando il contratto dovrà essere sostituito. Pertanto, nell'Esempio 18.1, l'esposizione creditizia della banca, in assenza di garanzie, è pari a

$$\max(V, 0)$$

dove V indica il valore di mercato del derivato nel momento dell'insolvenza.

Quando i derivati negoziati dalla banca con una certa controparte sono più di uno, si procede al *netting* (Sezione 6.2). In tal caso, se non state prestate garanzie, V rappresenta la somma algebrica del valore di tutti i derivati.

---

[1] Dato che il derivato rappresenta un'attività per la controparte, è chiaro che – se la controparte fallisce – il fallimento è dovuto a motivi non connessi con la posizione sul derivato.

Quando stima il rischio di credito, la banca è interessata sia all'esposizione corrente sia a quella futura. Nelle prossime quattro sezioni ci concentreremo sul calcolo del CVA.

18.2 CVA

Le banche calcolano il cosiddetto «aggiustamento del valore del credito» (*credit value adjustment* - CVA) per ogni controparte con cui hanno un accordo di *bilateral clearing*.[2] Il CVA è una stima del valore attuale della «perdita attesa» (*expected loss*) per l'insolvenza della controparte. Il valore di bilancio dei derivati viene ridotto in misura pari alla somma dei CVAs relativi a tutte le controparti e la variazione (positiva o negativa) del CVA complessivo rappresenta una componente (negativa o positiva) del conto economico.

Supponiamo che T sia la vita residua del derivato di più lunga scadenza in essere con una certa controparte. Per calcolare il CVA, il periodo di tempo tra 0 e T viene diviso in n intervalli (ad es., tra 0 e 1 mese, tra 1 e 3 mesi, ecc.). Supponiamo che l'i-esimo intervallo vada da t_{i-1} a t_i ($t_0 = 0$). Sia

- q_i: la probabilità neutrale verso il rischio che la controparte risulti insolvente nell'i-esimo intervallo;
- v_i: il valore attuale dell'esposizione netta attesa nei confronti della controparte (condizionata dall'insolvenza e calcolata, nel punto centrale dell'i-esimo intervallo, tenendo conto delle garanzie accessorie);
- R: il *recovery rate* per la banca nel caso in la controparte sia insolvente e non ci siano garanzie accessorie.

Se si suppone che l'esposizione netta sia indipendente dalla probabilità d'insolvenza, la stima del valore attuale della perdita attesa in caso d'insolvenza nel corso dell'i-esimo intervallo è pari a

$$(1 - R)\, q_i\, v_i$$

e il valore attuale della perdita attesa complessiva è pari a

$$\text{CVA} = \sum_{i=1}^{n}(1-R)q_i v_i. \qquad (18.1)$$

Le q_i possono essere stimate in base ai *credit spreads* della controparte, come si è visto nella Sezione 17.6. Sia s_i il *credit spread* della controparte per la scadenza t_i. In base all'Equazione (17.3), una stima dell'*hazard rate* medio tra 0 e t_i è

$$\bar{\lambda}_i = \frac{s_i}{1-R} \qquad (18.2)$$

---

[2] Per ulteriori letture sul CVA e sul modo in cui si calcola, si vedano i seguenti lavori: HULL, J. C. e WHITE, A., "CVA and Wrong Way Risk", *Financial Analysts Journal* 65, no. 5 (September/October 2012): 58-69; CANABARRO, E. e DUFFIE, D., "Measuring and Marking Counterparty Risk", Chapter 9 in TILMAN, L. (ed.), *Asset/Liability Management for Financial Institutions*, New York: Institutional Investor Books, 2003; PICAULT, E., "Calculating and Hedging Exposure, CVA, and Economic Capital", in PYKHTIN, M. (Ed.), *Counterparty, Credit Risk Modeling*, London: Risk Books, 2005; GREGORY, J., *Counterparty Credit Risk: the New Challenge for Financial Markets*, 2nd. ed., Hoboken, NJ: John Wiley & Sons, 2012.

e la probabilità che non ci siano insolvenze tra 0 e t_i è

$$e^{-\bar{\lambda}_i t_i}$$

per cui

$$q_i = e^{-\bar{\lambda}_{i-1} t_{i-1}} - e^{-\bar{\lambda}_i t_i}$$

oppure, sostituendo $\bar{\lambda}_i$ in base all'Equazione (18.2),

$$q_i = \exp\left(-\frac{s_{i-1} t_{i-1}}{1-R}\right) - \exp\left(-\frac{s_i t_i}{1-R}\right). \tag{18.3}$$

Di solito, si usa il metodo Monte Carlo per calcolare le v_i. Le variabili di mercato che determinano il futuro valore dei contratti negoziati con la controparte vengono simulate, tra 0 e T, in un mondo neutrale verso il rischio. In ogni simulazione, si calcola l'esposizione verso la controparte nel punto centrale di ciascun intervallo. Completate le simulazioni, v_i viene considerata pari al valore attuale dell'esposizione media nel punto centrale dell'i-esimo intervallo.

I contratti in essere possono essere stati negoziati con migliaia di controparti, per cui il calcolo delle v_i può essere estremamente oneroso in termini di tempi di elaborazione.

Garanzie e Periodi di Grazia

Quando si calcolano le v_i, si deve tener conto dei *collateralization agreements*, presenti nei *credit support annexes* (CSAs) dei *master agreements* ISDA, in cui si specificano le modalità con cui vanno prestate le «garanzie» (*collaterals*) e gli *haircuts* su quelle che non sono in forma di contanti.

Sia C il *collateral*, a favore della banca, nel momento in cui la controparte fallisce (se negativo, $-C$ rappresenta il valore delle garanzie prestate alla controparte). L'esposizione, E, della banca è pari a

$$E = \max(V - C, 0) \tag{18.4}$$

dove V rappresenta – per la banca – il valore di mercato dei contratti in essere nel momento dell'insolvenza della controparte.

L'Equazione (18.4) riflette il fatto che le garanzie ricevute dalla controparte possono essere utilizzate per ridurre (ed eventualmente eliminare) l'esposizione derivante da un V positivo. Se, invece, è la banca che ha prestato garanzie alla controparte ($C < 0$), le garanzie non verranno restituite. Pertanto, rappresentano per la banca un'esposizione nella misura in cui il loro valore superi quello delle passività ($-V$) che la banca ha nei confronti della controparte.

Come si è visto alla fine della Sezione 6.3, l'esposizione – ai fini del calcolo di CVA e DVA – viene in genere definita in termini del *mid-market value* dei contratti, ossia del valore calcolato in base alla «media dei prezzi denaro e lettera» (*mid-market prices*). Pertanto, non si tiene conto dei *bid-ask spreads*.

Di solito, c'è un «periodo di grazia» (*cure period*) tra la data in cui la controparte interrompe il versamento delle garanzie e la «data in cui i contratti vengono chiusi» (*close-out date*). In genere si ipotizza che il *cure period* (o *margin period at risk*) sia pari a 10 giorni lavorativi. L'effetto del *cure period* è che, quando si manifesta l'insolvenza, il valore del *collateral* non riflette il valore del portafoglio alla data dell'insolvenza bensì quello all'inizio del *cure period* (10 giorni prima).

Sia t_i^* il punto centrale dell'i-esimo intervallo, cosicché

$$t_i^* = \frac{t_{i-1}+t_i}{2}.$$

Il metodo Monte Carlo utilizzato per calcolare le v_i deve essere strutturato in modo che il valore del portafoglio venga calcolato due volte, sia al tempo t_i^* ($i = 1, 2, ..., n$) sia al tempo $t_i^* - c$, dove c è il *cure period*. In ogni simulazione, il valore del portafoglio al tempo $t_i^* - c$ viene utilizzato per calcolare, in base al CSA, il *collateral* disponibile al tempo t_i^*. L'esposizione netta al tempo t_i^* viene calcolata in base all'Equazione (18.4).[3]

Esempio 18.2

Supponiamo che il *collateralization agreement* tra la banca e la sua controparte sia «bidirezionale» (*two-way*) e che il «valore soglia» (*threshold*) che fa scattare la richiesta di garanzie sia pari a 0. In altre parole, ognuna delle due parti è tenuta a prestare garanzie all'altra per un valore pari all'esposizione della controparte. Pertanto, il *collateral* al tempo dell'insolvenza è pari a max(V, 0), dove V è il valore del portafoglio per la controparte all'inizio del *cure period*.

Sia τ_i il punto centrale dell'i-esimo intervallo utilizzato per il calcolo del CVA e sia c il *cure period*. Supponiamo che, dal punto di vista della banca, il valore del portafoglio:

1. sia pari a $50 milioni al tempo τ_i e a $45 milioni al tempo $\tau_i - c$. In questo caso, se la controparte fallisce al tempo τ_i, la banca ha garanzie che valgono $45 milioni. L'esposizione della banca è pari alla differenza tra il valore dei contratti e il valore delle garanzie. È pari cioè a $5 (= $50 − $45) milioni;
2. sia pari a $50 milioni al tempo τ_i e a $55 milioni al tempo $\tau_i - c$. In questo caso, se la controparte fallisce al tempo τ_i, la banca ha garanzie adeguate e la sua esposizione è nulla;
3. sia pari a −$50 milioni al tempo τ_i e a −$45 milioni al tempo $\tau_i - c$. In questo caso, la banca ha prestato garanzie inferiori al suo debito nei confronti della controparte. L'esposizione della banca è nulla;
4. sia pari a −$50 milioni al tempo τ_i e a −$55 milioni al tempo $\tau_i - c$. In questo caso, la banca ha prestato garanzie in eccesso. L'eccedenza non le viene restituita. L'esposizione della banca è pari a $5 [= −$50 − (−$55)] milioni.

Peak Exposure

Di solito le banche, oltre al CVA, calcolano, in corrispondenza del punto centrale di ogni intervallo, l'«esposizione di punta» (*peak exposure*), che è pari a un certo (elevato) percentile delle esposizioni fornite dal metodo Monte Carlo.

Esempio 18.3

Supponiamo che le simulazioni siano 10.000 e che il percentile prescelto sia quello che lascia alla sua sinistra il 97,5% delle esposizioni. La *peak exposure* al tempo t_i^* è quella che occupa il 250-esimo posto tra le più alte esposizioni al tempo t_i^*.

La *maximum peak exposure* è la *peak exposure* più elevata tra quelle relative ai diversi intervalli di tempo considerati.

---

[3] La procedura che abbiamo delineato rappresenta una semplificazione della realtà, in quanto ipotizza che la parte *in bonis* non versi o restituisca garanzie durante il *cure period*.

C'è qui un problema teorico che viene spesso trascurato. Per calcolare il CVA, si simula la dinamica delle variabili di mercato nel mondo neutrale verso il rischio e si attualizzano i *payoffs* in base ai tassi privi di rischio (come si è visto nel Capitolo 10, questo è il metodo corretto per determinare il valore del portafoglio). Tuttavia, quando si calcola la *peak exposure* si effettua un'analisi di scenario (ci stiamo chiedendo quanto elevata potrà essere la nostra futura esposizione nei confronti della controparte) e, in teoria, si dovrebbe simulare la dinamica delle variabili di mercato nel mondo reale, non nel mondo neutrale verso il rischio.[4]

Downgrade Triggers

I *collateralization agreements* e il *netting* consentono di ridurre il rischio di credito dei contratti regolati in via bilaterale. A volte, nei *credit support annexes* (CSAs) dei *master agreements*, vengono inserite le «clausole risolutive innescate dal peggioramento del *rating*» (*downgrade triggers*). In base a queste clausole, se il *rating* di una delle due parti scende al di sotto di un certo livello, la controparte ha il diritto di chiedere altre garanzie o di risolvere anticipatamente il contratto.

Esempio 18.4

Un esempio del funzionamento dei *downgrade triggers* è offerto da AIG. Molti dei contratti sottoscritti da AIG prevedevano che AIG non avrebbe dovuto fornire garanzie, ma solo se il suo *rating* non fosse sceso al di sotto di AA. Pertanto, quando – il 15 settembre 2008 – il suo *rating* scese al di sotto di AA, le controparti chiesero garanzie, che AIG non fu in grado di fornire. Il suo fallimento fu evitato grazie a un «massiccio» (*massive*) piano di salvataggio da parte del governo degli Stati Uniti. Tra le altre società che hanno avuto problemi a causa dei *downgrade triggers* figurano anche Enron, Xerox e Ambac.

I *downgrade triggers* non offrono protezione alle controparti quando il *rating* subisce un forte salto di livello (ad es., da AA a *default*). Inoltre, i *downgrade triggers* funzionano bene, per le controparti, solo quando la società ne fa un uso relativamente limitato. Se la società ha inserito molti *downgrade triggers* nei suoi contratti, si può verificare una situazione tipo-AIG in cui il *downgrade* al di sotto di un certo livello di *rating* determina un'enorme richiesta di mezzi liquidi. Se le richieste non possono essere soddisfatte, ne segue l'immediato fallimento.

18.3 CVA E NUOVI CONTRATTI

Quando una banca entra in un derivato, l'impatto del nuovo contratto sul CVA può influenzare le stesse condizioni contrattuali. Se il valore del contratto è positivamente correlato con il valore degli altri contratti negoziati con la stessa controparte, è probabile che l'effetto sul CVA sia positivo. Se la correlazione è negativa, il nuovo contratto può invece ridurre il CVA.

Esempio 18.5

Supponiamo che una banca abbia negoziato un solo contratto con una certa controparte: un *currency forward* a 5 anni, su cui ha assunto una posizione corta. Se la stessa controparte è interessata a entrare in un *currency forward* a 3 anni, la quotazione della banca può dipendere dalla posizione

---

[4] Se le scadenze non sono troppo lontane nel tempo, le differenze tra le simulazioni effettuate nel mondo neutrale verso il rischio e in quello reale sono di solito modeste.

che la controparte intende assumere. Se la posizione della controparte fosse lunga, il nuovo contratto farebbe aumentare il CVA (con effetti negativi sul conto economico della banca). Se invece la posizione fosse corta, il nuovo contratto andrebbe a compensare l'esposizione precedente, facendo diminuire il CVA (con effetti positivi sul conto economico della banca).

Sulla base di queste considerazioni in tema di CVA e *netting*, è probabile che le controparti riescano a ottenere le migliori quotazioni da una banca con cui hanno un gran numero di contratti in essere, piuttosto che da una banca con cui non hanno mai avuto rapporti d'affari.

Il calcolo del CVA è dispendioso dal punto di vista computazionale. Spesso i contratti in essere tra una banca e una singola controparte sono centinaia o migliaia.[5] Calcolare l'effetto sul CVA di un nuovo contratto mediante il ricalcolo del CVA non è sempre possibile. Fortunatamente, esiste un'alternativa efficiente – sotto il profilo computazionale – per il calcolo del «CVA incrementale» (*incremental CVA*).

Quando si calcola il CVA, con le modalità descritte nella Sezione 18.2, è opportuno memorizzare, per ogni simulazione, i sentieri seguiti dalle variabili di mercato e il valore del portafoglio.[6] I dati memorizzati per le variabili di mercato consentono di determinare il valore del contratto sotto esame per ogni futuro intervallo di tempo preso in considerazione. Si è così in grado di determinare l'effetto del contratto sul futuro valore dell'intero portafoglio per ciascuna delle ultime simulazioni effettuate con il metodo Monte Carlo. Si può quindi calcolare l'impatto sull'esposizione per ogni futuro intervallo di tempo e per ogni simulazione. Infine, si può calcolare l'impatto sull'esposizione media e si può quindi usare l'Equazione (18.1) per calcolare l'*incremental CVA*.

Esempio 18.6

Supponiamo che i contratti negoziati con una certa controparte dipendano solo dal prezzo dell'oro. Nella 545-esima simulazione per il calcolo del CVA, il prezzo dell'oro tra 2,5 anni è pari a $1.572 per oncia e il valore del portafoglio per la banca è di $2,4 milioni. Sotto l'ipotesi che non siano state fornite garanzie, questa è l'esposizione della banca. Se 2,5 anni è il punto centrale del 20-esimo intervallo, allora v_{20} è il valore attuale di $2,4 milioni ricevuti tra 2,5 anni. Supponiamo che v_{20} sia pari a $2,3 milioni.

Supponiamo inoltre che, poco dopo aver calcolato il CVA, si desideri considerare un nuovo contratto con la stessa controparte. Anche questo contratto dipende solo dal prezzo dell'oro. Il futuro valore del contratto viene determinato per ogni sentiero seguito dal prezzo dell'oro.

Nella 545-esima simulazione, il valore del contratto tra 2,5 anni è pari a –$4,2 milioni (quando il prezzo dell'oro è pari a $1.572). Questo vuol dire che, se il nuovo contratto viene sottoscritto, il valore del portafoglio tra 2,5 anni si riduce – nella 545-esima simulazione – da $2,3 a –$1,9 (= $2,3 – $4,2) milioni. L'esposizione si annulla, per cui $v_{20} = 0$. Il nuovo contratto ridurrebbe v_{20} in misura pari a $2,3 milioni.

Calcoli simili vengono effettuati per ogni simulazione e per ogni data futura. Viene quindi calcolata la variazione media, Δv_{20}, di v_{20} considerando tutte le simulazioni. Le altre Δv_i vengono calcolate in modo analogo. La stima dell'*incremental CVA* è pari a

$$\sum_{i=1}^{n}(1-R)\,q_i\,\Delta v_i.$$

---

[5] Ad esempio, quando è fallita, Lehman aveva in essere 1,5 milioni di derivati negoziati con 8.000 controparti.
[6] Vanno memorizzati i valori di tutte le variabili di mercato in t_i^* e $t_i^* - c$ ($1 \leq i \leq n$), nonché i valori del portafoglio in queste stesse date. I dati possono essere poi cancellati quando si calcola il nuovo CVA.

18.4 RISCHIO CVA

Le banche calcolano i CVAs per ogni controparte. I CVAs possono essere trattati alla stregua di derivati. Si tratta di derivati particolarmente complessi. In effetti, il CVA relativo a una certa controparte è più complesso di ognuno dei singoli contratti tra la banca e la controparte, perché il CVA dipende dal valore netto di tutti i contratti tra la banca e la controparte.

Quando il CVA aumenta (diminuisce), l'utile della banca diminuisce (aumenta). È per questo motivo che le banche giudicano prudente cercare di proteggersi dai rischi sui CVAs nello stesso modo con cui cercano di proteggersi dai rischi sui derivati. Devono quindi calcolare le lettere greche (delta, gamma, vega, ecc.) discusse nel Capitolo 15.

Le variabili che influenzano le v_i sono variabili di mercato come tassi d'interesse, tassi di cambio, prezzi di merci, ecc. Il calcolo delle lettere greche rispetto a queste variabili può essere molto dispendioso dal punto di vista computazionale.

Esempio 18.7

Per calcolare il delta del CVA rispetto a un certo tasso di cambio, occorre apportare una piccola variazione al tasso di cambio e ricalcolare il CVA.

Per alleggerire il carico computazionale, si può utilizzare una tecnica nota come «differenziazione aggiunta» (*adjoint differentiation*).[7]

Le variabili che influenzano le q_i sono rappresentate dai *credit spreads* della controparte per diverse scadenze. In base all'Equazione (18.3)

$$q_i = \exp\left(-\frac{-s_{i-1}t_{i-1}}{1-R}\right) - \exp\left(-\frac{-s_i t_i}{1-R}\right).$$

In base all'Equazione (18.1)

$$\text{CVA} = \sum_{i=1}^{n}(1-R)q_i v_i.$$

Pertanto, se si utilizza un'approssimazione delta/gamma, la variazione del CVA conseguente a un piccolo spostamento parallelo, Δs, della *term structure* dei *credit spreads* (ferme restando tutte le variabili di mercato che determinano le v_i) è pari a

$$\Delta(\text{CVA}) = \sum_{i=1}^{n}\left[t_i \exp\left(-\frac{s_i t_i}{1-R}\right) - t_{i-1}\exp\left(-\frac{s_{i-1}t_{i-1}}{1-R}\right)\right]v_i \Delta s$$
$$+ \frac{1}{2(1-R)}\sum_{i=1}^{n}\left[t_{i-1}^2 \exp\left(-\frac{s_{i-1}t_{i-1}}{1-R}\right) - t_i^2 \exp\left(-\frac{s_i t_i}{1-R}\right)\right]v_i (\Delta s)^2. \quad (18.5)$$

Quest'espressione può essere calcolata senza difficoltà una volta note le v_i.

---

[7] Si vedano, ad es., GILES, M., e GLASSERMAN, P., "Smoking Adjoints: Fast Monte Carlo Greeks", *Risk* 19, no. 1(2006): 88-92, e HENRARD, M., "Adjoint Algorithmic Differentiation: Calibration and the Implicit Function Theorem", *Journal of Computational Finance* 17, no. 4 (2014): 37-47.

La autorità di vigilanza chiedono alle banche di utilizzare quest'equazione per incorporare i rischi derivanti dalle variazioni dei *credit spreads* nel calcolo dei requisiti patrimoniali a fronte del rischio di mercato.[8]

18.5 WRONG WAY RISK

Finora abbiamo ipotizzato che la probabilità d'insolvenza sia indipendente dall'esposizione. Se c'è una dipendenza positiva, per cui la probabilità d'insolvenza della controparte tende ad essere alta (bassa) quando l'esposizione della banca verso la controparte è alta (bassa), la banca si trova difronte a un «rischio non appropriato» (*wrong-way risk*). Se c'è una dipendenza negativa, per cui la probabilità d'insolvenza della controparte tende ad essere bassa (alta) quando l'esposizione è alta (bassa), la banca si trova difronte a un «rischio appropriato» (*right-way risk*).

La valutazione soggettiva del *wrong-way risk* o del *right-way risk* richiede che si conosca bene la controparte e che si conosca, in particolare, la natura dei rischi cui è esposta. Occorre anche essere a conoscenza dei contratti che la controparte ha negoziato con altre banche. Questo non è facile.

Un caso in cui si manifesta il *wrong-way risk* si ha quando una controparte utilizza i *credit default swaps* per vendere protezione alla banca. Un chiaro esempio è offerto da AIG. Quando la banca compra protezione dalla controparte e il *credit spread* della *reference entity* aumenta, il valore della protezione per la banca diventa positivo. Tuttavia, dato che i *credit spreads* tendono a essere correlati, è probabile che anche il *credit spread* della controparte aumenti, così come la sua probabilità d'insolvenza. Analogamente, il *right-way risk* tende a manifestarsi quando una controparte utilizza i *credit default swaps* per comprare protezione dalla banca.

Se una società negozia numerosi contratti, simili tra loro, con una o più banche, e lo fa per fini speculativi, è probabile che le banche si trovino difronte a un *wrong-way risk*. In tal caso, se il mercato si muove contro la società, è probabile che la sua salute finanziaria peggiori e che aumenti la probabilità d'insolvenza.

Se invece i contratti vengono negoziati per fini di copertura, è probabile che le banche si trovino difronte a un *right-way risk*. Se il mercato si muove contro la società, è probabile che la società tragga beneficio dalle posizioni lasciate scoperte e che la sua probabilità d'insolvenza sia relativamente bassa.[9]

Un semplice modo per tener conto del *wrong-way risk* è quello di utilizzare il «moltiplicatore alfa» (*alpha multiplier*), per aumentare le v_i stimate dai modelli in cui si suppone che le v_i e le q_i siano indipendenti. L'effetto è quello di accrescere il CVA in misura proporzionale all'*alpha multiplier*. Le autorità di vigilanza richiedono che l'alfa sia uguale a 1,4, ma consente l'utilizzo dei modelli interni purché l'alfa non sia inferiore a 1,2. In altri termini, il CVA deve superare di almeno il 20% il livello determinato dai modelli con v_i e q_i indipendenti. Se la banca non ha un proprio modello per il *wrong-way risk*, il CVA deve essere aumentato in misura pari al 40%. Le stime di alfa effettuate dalle banche si aggirano intorno a 1,07-1,10.

---

[8] Si veda BASEL COMMITTEE ON BANKING SUPERVISION, "Review of Credit Valuation Adjustment Risk Framework", October 2015.

[9] Un'eccezione si ha quando la controparte può andar incontro a problemi di liquidità. Anche se aumenta il valore delle posizioni coperte, la controparte potrebbe non essere in grado di fornire le garanzie richieste. Un esempio è fornito dal caso Ashanti Goldfields (si veda il Riquadro 21.2).

Per tener conto della dipendenza tra probabilità d'insolvenza ed esposizione, Hull e White hanno proposto un semplice modello in cui l'*hazard rate* al tempo t è funzione di variabili osservabili al tempo t.[10] Il parametro che misura la dipendenza può essere stimato soggettivamente oppure mettendo in relazione i dati storici dei *credit spreads* della controparte con il valore che il portafoglio corrente avrebbe assunto in passato. La stima del modello richiede che vengano apportate modifiche relativamente piccole ai calcoli illustrati nella Sezione 18.2.

18.6 DVA

L'«aggiustamento del valore del debito» (*debit value adjustment* - DVA) è l'«immagine speculare» (*mirror image*) del CVA.[11] Mentre il CVA rappresenta – per la banca – il valore attuale della perdita attesa derivante dall'insolvenza della controparte, il DVA è – per la controparte – il valore attuale della perdita attesa derivante dall'insolvenza della banca. Il DVA è il CVA della controparte [i derivati sono «giochi a somma zero» (*zero-sum games*): il profitto per una parte rappresenta una perdita per l'altra]. Se rappresenta un costo per la controparte, il DVA deve rappresentare un beneficio per la banca. Il beneficio deriva dal fatto che la banca, fallendo, evita di dover effettuare i pagamenti dovuti sui derivati in essere.

Gli *standards* contabili riconoscono sia il CVA sia il DVA. Il «valore di libro» (*book value*) dei derivati in essere con una certa controparte è pari a

$$f_{nd} - \text{CVA} + \text{DVA}$$

dove f_{nd} è il *no-default value* dei derivati, ossia il valore dei derivati calcolato sotto l'ipotesi che nessuna delle due parti risulti insolvente.

Il DVA può essere calcolato nello stesso modo del CVA. L'Equazione (18.1) consente di calcolare il DVA, piuttosto che il CVA, se q_i è la probabilità neutrale verso il rischio che la banca risulti insolvente nell'i-esimo intervallo, v_i è il valore attuale dell'esposizione netta attesa nei confronti della banca (condizionata dall'insolvenza e calcolata, nel punto centrale dell'i-esimo intervallo, tenendo conto delle garanzie accessorie) e R è il *recovery rate* della controparte nel caso in cui sia la banca a risultare insolvente.

L'esposizione netta della controparte nei confronti della banca, tenuto conto delle garanzie fornite dalla banca, può essere calcolata in modo analogo all'esposizione netta della banca verso la controparte, tenuto conto delle garanzie fornite dalla controparte. È interessante notare che quando il *credit spread* della banca aumenta, il DVA aumenta. Questo si traduce in un aumento del valore di libro dei derivati per la banca e in un corrispondente aumento del suo utile di bilancio. Non sorprende che le variazioni del DVA siano state escluse dalla definizione di *common equity* ai fini della determinazione del capitale regolamentare.

Esempio 18.8

Nel quarto trimestre del 2011, l'aumento del DVA ha consentito ad alcune banche di registrare utili per diversi miliardi di dollari.

---

[10] Si veda HULL, J. C., e WHITE, A., "CVA and Wrong-Way Risk", *Financial Analysts Journal* 68, no. 5 (September/October 2012): 58-69.

[11] Il DVA viene a volte chiamato *debt value adjustment*.

18.7 ALCUNI ESEMPI

Per illustrare le idee presentate in questo capitolo, vedremo ora alcuni esempi.

Derivati che Possono Assumere solo Valori Positivi

Supponiamo innanzitutto che il valore di un derivato tra una banca e la sua controparte sia sempre positivo per la banca e negativo per la controparte (ad es., la banca potrebbe aver comprato un'opzione dalla controparte). Supponiamo che la controparte non abbia fornito garanzie e che il derivato non comporti pagamenti prima della scadenza.

L'esposizione della controparte nei confronti della banca a un certa data è pari al valore del derivato a quella data. Pertanto, il valore attuale dell'esposizione attesa al tempo t_i, che abbiamo indicato con v_i, è pari al valore attuale del valore atteso del derivato al tempo t_i. Dato che non ci sono pagamenti prima della scadenza, il valore attuale del valore atteso del derivato al tempo t_i è sempre uguale al valore corrente del derivato.

Pertanto, l'Equazione (18.1) diventa

$$\text{CVA} = f_0(1-R)\sum_{i=1}^{n} q_i$$

dove f_0 è il valore corrente del derivato in assenza del rischio d'insolvenza. Se f_0^* è l'effettivo valore corrente del derivato (tenendo conto delle perdite dovute alla possibile insolvenza della controparte), si ha

$$f_0^* = f_0 - \text{CVA}$$

o

$$f_0^* = f_0\left[1-(1-R)\sum_{i=1}^{n} q_i\right]. \tag{18.6}$$

In altri termini, il rischio d'insolvenza fa diminuire il valore del contratto in misura proporzionale al prodotto tra la *loss given default*, $1-R$, e la probabilità d'insolvenza durante la vita del contratto, $\Sigma\, q_i$.

Consideriamo ora una posizione lunga su uno *zero-coupon bond* «non garantito» (*unsecured*), con valore nominale di $1.000 e scadenza al tempo T. Sia B_0^* il valore corrente di questo *zero-coupon bond* e sia B_0 il valore corrente del corrispondente *zero-coupon bond* privo del rischio d'insolvenza. Se supponiamo che il *recovery rate* dello *zero-coupon bond* rischioso sia uguale a quello del derivato che abbiamo considerato, si ha

$$B_0^* = B_0\left[1-(1-R)\sum_{i=1}^{n} q_i\right]. \tag{18.7}$$

In base alle Equazioni (18.6) e (18.7), si ha

$$\frac{f_0^*}{f_0} = \frac{B_0^*}{B_0}. \tag{18.8}$$

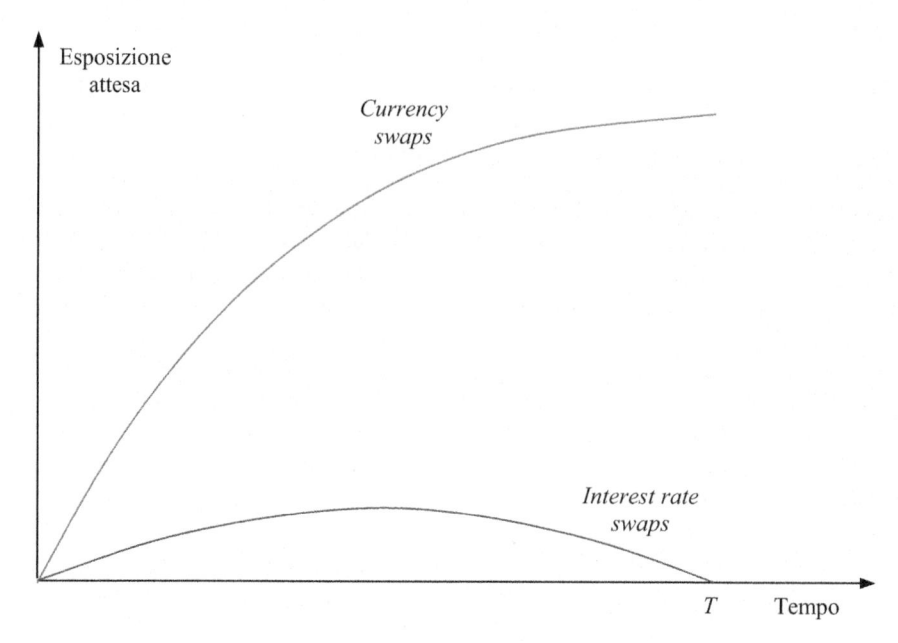

Figura 18.1 Esposizione attesa su coppie di *interest-rate swaps* e *currency swaps*.

Indicando con y^* e y, rispettivamente, i tassi di rendimento dello *zero-coupon bond* rischioso e del corrispondente titolo privo di rischio, si ha

$$B_0^* = e^{-y^*T} \quad \text{e} \quad B_0 = e^{-yT}$$

per cui l'Equazione (18.8) diventa

$$f_0^* = f_0 e^{-(y^*-y)T}. \tag{18.9}$$

Quest'equazione mostra che il valore corrente di un derivato, soggetto al rischio d'insolvenza e con *payoff* al tempo T, è pari al valore corrente del corrispondente derivato non rischioso attualizzato in base al *credit spread* $y^* - y$.

Esempio 18.9
Consideriamo un'opzione OTC a 2 anni, non assistita da garanzie. Il suo valore corrente, in assenza del rischio d'insolvenza, è di $3. Il *credit spread* di uno *zero-coupon bond* a 2 anni emesso dalla società che vende l'opzione è pari all'1,5%. Pertanto, considerando il rischio d'insolvenza, il valore corrente dell'opzione è pari a $2,91:

$$\$3 \times e^{-0,015 \times 2} = \$2,91.$$

Interest Rate Swaps e Currency Swaps

Consideriamo il caso in cui la banca abbia negoziato una coppia di *swaps* di segno opposto, con due diverse controparti. La Figura 18.1 mette a confronto l'esposizione attesa nel caso in cui la coppia sia composta da *interest-rate swaps* o da *currency swaps*. L'esposizione attesa sugli *interest-rate swaps*, che è inizialmente nulla, dapprima aumenta e poi si annulla alla scadenza. Invece, l'esposizione attesa sui *currency swaps* è anch'essa inizialmente nulla, ma poi aumenta col passare del tempo.

Il motivo che spiega la diversa evoluzione dell'esposizione attesa è legato al fatto che, alla scadenza dei *currency swaps*, i capitali vengono scambiati e il tasso di cambio è incerto. Invece, verso la fine della vita di un *interest-rate swap*, c'è poco da scambiarsi. Pertanto, il rischio d'insolvenza è molto maggiore nel caso dei *currency swaps* che non nel caso degli *interest-rate swaps*. Le q_i dell'Equazione (18.1) non cambiano col tipo di contratto, ma le v_i dei *currency swaps* sono più elevate.

Contratti Forward

Per fare un altro esempio, supponiamo che la banca abbia negoziato con una certa controparte un *forward* per acquistare, al prezzo K, una certa attività al tempo T. Non viene fornita alcuna garanzia ($C = 0$). Sia F_0 il prezzo *forward* corrente, che è noto, e sia F_t il prezzo *forward* al tempo t ($t \leq T$), che invece non è noto. Come si è visto nell'Appendice 5a, il valore del contratto al tempo t è

$$V_t = (F_t - K)\, e^{-r(T-t)}$$

dove r è il tasso d'interesse privo di rischio.

In base all'Equazione (18.4), l'esposizione al tempo t è

$$E_t = \max[(F_t - K)\, e^{-r(T-t)}, 0] = e^{-r(T-t)} \max[(F_t - K), 0]. \tag{18.10}$$

Pertanto, il valore attuale dell'esposizione è pari al prodotto tra $e^{-r(T-t)}$ e il valore corrente di un derivato che paga $\max[(F_t - K), 0]$ al tempo t. Il derivato in questione è un'opzione *call* scritta sul prezzo *forward*. In base all'Appendice 5c, il valore della *forward call* è

$$e^{-rt}[F_0 N(d_1) - K N(d_2)]$$

dove

$$d_1 = \frac{\ln(F_0/K) + (\sigma^2/2)t}{\sigma\sqrt{t}}$$

$$d_2 = \frac{\ln(F_0/K) - (\sigma^2/2)t}{\sigma\sqrt{t}} = d_1 - \sigma\sqrt{t}$$

e σ è la volatilità del prezzo *forward*. Ne segue, in base all'Equazione (18.10), che il valore attuale dell'esposizione al tempo t è

$$e^{-rT}[F_0 N(d_1) - K N(d_2)].$$

Pertanto, nell'Equazione (18.1) si ha

$$v_i = e^{-rT}[F_0 N(d_{1,i}) - K N(d_{2,i})] \tag{18.11}$$

dove

$$d_{1,i} = \frac{\ln(F_0/K) + (\sigma^2/2)t_i}{\sigma\sqrt{t_i}}$$

$$d_{2,i} = \frac{\ln(F_0/K) - (\sigma^2/2)t_i}{\sigma\sqrt{t_i}} = d_{1,i} - \sigma\sqrt{t_i}.$$

Esempio 18.10

Consideriamo un *forward* in cui una banca si sia impegnata a comprare tra 2 anni 1 milione di once d'oro da una compagnia mineraria al prezzo di $1.500 per oncia. Il prezzo *forward* corrente dell'oro, per consegna tra 2 anni, è di $1.600 per oncia. Supponiamo che la compagnia mineraria possa fallire tra 6 mesi o tra 18 mesi ($t_1 = 0{,}5$, $t_2 = 1{,}5$). Le corrispondenti probabilità d'insolvenza neutrali verso il rischio sono pari, rispettivamente, al 2% e al 3% ($q_1 = 2\%$, $q_2 = 3\%$). Il tasso privo di rischio è pari al 5% annuo. La banca stima che il tasso di recupero, in caso d'insolvenza della controparte, sia pari al 30% ($R = 30\%$). La volatilità del prezzo *forward* dell'oro è pari al 20%.

In tal caso

$$v_1 = e^{-0{,}05 \times 2}[\$1.600 \times N(d_{1,1}) - \$1.500 \times N(d_{2,1})]$$

dove

$$d_{1,1} = \frac{\ln(\$1.600/\$1.500) + (0{,}2^2/2) \times 0{,}5}{0{,}2 \times \sqrt{0{,}5}} = 0{,}5271$$

$$d_{2,1} = \frac{\ln(\$1.600/\$1.500) - (0{,}2^2/2) \times 0{,}5}{0{,}2 \times \sqrt{0{,}5}} = 0{,}3856$$

cosicché $v_1 = \$132{,}38$. Inoltre

$$v_2 = e^{-0{,}05 \times 2}[\$1.600 \times N(d_{1,2}) - \$1.500 \times N(d_{2,2})]$$

dove

$$d_{1,2} = \frac{\ln(\$1.600/\$1.500) + (0{,}2^2/2) \times 1{,}5}{0{,}2 \times \sqrt{1{,}5}} = 0{,}3860$$

$$d_{2,2} = \frac{\ln(\$1.600/\$1.500) - (0{,}2^2/2) \times 1{,}5}{0{,}2 \times \sqrt{1{,}5}} = 0{,}1410$$

cosicché $v_2 = \$186{,}65$.

I valori delle altre variabili sono: $q_1 = 0{,}02$, $q_2 = 0{,}03$ e $R = 0{,}3$ per cui

$$\text{CVA} = (1 - 0{,}3) \times (0{,}02 \times \$132{,}38 + 0{,}03 \times \$186{,}65) = \$5{,}77.$$

Il valore del contratto *forward* in assenza del rischio d'insolvenza è pari a $90,48:

$$e^{-0{,}05 \times 2} \times (\$1.600 - \$1.500) = \$90{,}48.$$

Ne segue che, tenendo conto del rischio d'insolvenza, il valore del contratto *forward* è pari a $84,71:

$$\$90{,}48 - \$5{,}77 = \$84{,}71.$$

Quest'esempio può essere esteso, per considerare il caso in cui l'insolvenza possa verificarsi in più di 2 occasioni o per considerare il calcolo del DVA.

18.8 ALTRI XVAS

L'«aggiustamento del valore dei margini» (*margin value adjustment* - MVA) e l'«aggiustamento del valore della provvista» (*funding value adjustment* - FVA) sono aggiustamenti che vengono apportati al valore di un portafoglio di derivati per tener conto del differenziale tra interessi sulla provvista e interessi corrisposti dalle CCPs. Vediamo un caso concreto.

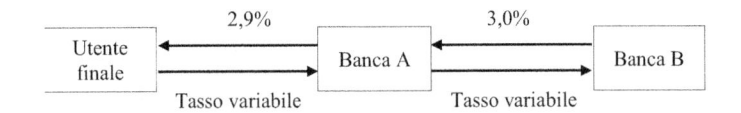

```
                2,9%              3,0%
    ┌────────┐ ←──── ┌────────┐ ←──── ┌────────┐
    │ Utente │        │ Banca A│        │ Banca B│
    │ finale │ ────→  │        │ ────→  │        │
    └────────┘        └────────┘        └────────┘
            Tasso variabile    Tasso variabile
```

Figura 18.2 La Banca A entra in due *interest rate swaps* di segno opposto.

Esempio 9.3

La Banca A entra in due *interest rate swaps* a 5 anni di segno opposto, uno con un utente finale, in cui paga il 2,9% e riceve il variabile, e l'altro con la Banca B, in cui paga il variabile e riceve il 3,0% (Figura 18.2). Apparentemente, la Banca A ha bloccato un profitto pari allo 0,1% annuo (= 3,0% − 2,9%), perché riceve il 3,0% dalla Banca B e paga il 2,9% all'utente finale. Non è così.

Supponiamo che lo *swap* con la Banca B venga regolato attraverso una CCP, per cui entrambe le banche sono tenute a versare i margini iniziali e di variazione. Supponiamo, inoltre, che lo *swap* con l'utente finale venga regolato in via bilaterale e non sia assistito da garanzie. In tal caso, i due *swaps* hanno implicazioni sulla provvista della Banca A.

Supponiamo che, durante la vita dello *swap*, la CCP richieda alla Banca A un'integrazione dei margini iniziali. Supponiamo, inoltre, che il costo della provvista necessaria per far fronte alla richiesta di integrazione sia maggiore degli interessi pagati dalla CCP sui margini iniziali. A causa del differenziale tra gli interessi, la Banca A sostiene un costo, che è detto *margin value adjustment* (MVA). Tale costo riduce il profitto per la Banca A.

Anche i margini di variazione possono aver effetti sulla provvista della Banca A dato che quelli sullo *swap* con la Banca B non vengono compensati da analoghe partite sullo *swap* con l'utente finale, che – per ipotesi – non è assistito da garanzie. Continuiamo a supporre che il costo della provvista necessaria per far fronte ai margini sia maggiore degli interessi pagati dalla CCP. Se deve versare i margini di variazione, la Banca A sostiene un costo perché deve accrescere i finanziamenti presso le fonti esterne. Viceversa, se riceve i margini di variazione, la Banca A ne trae un beneficio perché può ridurre i finanziamenti presso le fonti esterne. Il costo netto della provvista associato con i margini di variazione è detto *funding value adjustment* (FVA). Dato che i margini di variazione possono essere negativi o positivi, anche il *funding value adjustment* può essere negativo o positivo.

L'«aggiustamento del valore del capitale» (*capital value adjustment* - KVA) è il costo che viene attribuito a un derivato per tener conto dei requisiti di capitale aggiuntivi che il derivato comporta. In teoria, il capitale azionario non rappresenta un costo per la banca. In pratica, la banca tende a considerare il capitale azionario come un costo perché il tasso di rendimento atteso richiesto dagli azionisti è più alto di quello richiesto dagli obbligazionisti.

SOMMARIO

Il *credit value adjustment* (CVA) che le banche calcolano per ogni controparte con cui hanno un accordo di *bilateral clearing* è la stima del valore attuale della perdita attesa per l'insolvenza della controparte.

In genere, le banche dispongono di procedure informatiche che calcolano regolarmente i CVAs delle controparti con cui hanno in essere contratti regolati in via bilaterale. Queste procedure simulano l'evoluzione delle variabili di mercato sottostanti i contratti e consentono di stimare il valore atteso dell'esposizione netta nei confronti di ogni controparte, nell'eventualità che la controparte risulti insolvente. I calcoli tengono conto del *netting* e dei *collateralization agreements*.

L'ipotesi più semplice è quella dell'indipendenza tra probabilità d'insolvenza ed esposizione. Esistono, però, procedure che consentono di incorporare il *wrong-way risk* (che si manifesta quando c'è dipendenza positiva) e il *right-way risk* (che si manifesta quando c'è dipendenza negativa).

I CVAs possono essere visti come derivati particolarmente complessi e molte banche li coprono nello stesso modo in cui coprono gli altri derivati. I rischi associati con i CVAs sono due: il rischio che cambi il *credit spread* della controparte e il rischio che cambi il valore delle variabili di mercato sottostanti. Una volta che il CVA è stato calcolato, è relativamente facile quantificare il primo tipo di rischio e le autorità di vigilanza richiedono alle banche capitale a fronte di questo rischio di mercato. È invece più difficile calcolare la sensitività del CVA rispetto alle variabili di mercato che influenzano il valore dei contratti negoziati con la controparte, ma le autorità di vigilanza hanno proposto requisiti patrimoniali anche a fronte di questo rischio.

Il *debit value adjustment* (DVA) di una banca, a fronte dei contratti regolati in via bilaterale, è una stima del valore attuale della perdita che la controparte si attende a causa del fallimento della banca. Il DVA rappresenta un beneficio per la banca. Può essere calcolato in modo analogo al CVA.

Altri XVAs discussi in questo capitolo sono il *margin value adjustment* (MVA), il *funding value adjustment* (FVA) e il *capital value adjustment* (KVA).

SUGGERIMENTI PER ULTERIORI LETTURE

BASEL COMMITTEE ON BANKING SUPERVISION. "Basel III: A Global Regulatory Framework for More Resilient Banks and Banking Systems", www.bis.org/publ/bcbs189dec2010.pdf, December 2010.

CANABARRO, E., e DUFFIE, D., "Measuring and Marking Counterparty Risk", Chapter 9 in TILMAN, L., (ed.), *Asset/Liability Management for Financial Institutions*. New York: Institutional Investor Books, 2003.

GREGORY, J., *Counterparty Credit Risk: The New Challenge for Financial Markets*, 2nd ed. Hoboken, NJ: John Wiley & Sons, 2012.

HULL, J. C., e WHITE, A., "The Impact of Default Risk on the Prices of Options and Other Derivative Securities", *Journal of Banking and Finance* 19 (1995): 299-322.

PENGELLEY, M., "CVA Melee", *Risk* 24, no. 2, 2011, 37-39.

PICAULT, E., "Calculating and Hedging Exposure, CVA, and Economic Capital for Counterparty Credit Risk", in PYKHTIN, M. (Ed.), *Counterparty Credit Risk Modeling*, London: Risk Books, 2005.

SOKOL, A., "A Practical Guide to Monte Carlo CVA", Chapter 14 in BERD, A., *Lessons From the Crisis*, London: Risk Books, 2010.

DOMANDE E PROBLEMI
(le risposte si trovano alla fine del libro)

18.1. Supponete che una banca abbia già nei suoi libri una certa esposizione nei confronti di una specifica controparte. Spiegate perché una nuova transazione con la stessa controparte può far aumentare o diminuire l'esposizione creditizia della banca nei confronti di quella controparte.

18.2. La vostra controparte è disposta a darvi le proprie azioni in garanzia. Cosa rispondereste?

18.3. Un'istituzione finanziaria è entrata, con la controparte X, in uno *swap* che dipende dalla sterlina e, con la controparte Y, in uno *swap* di segno opposto. Quale delle seguenti affermazioni è vera e quale è falsa?
  (a) il costo complessivo dell'insolvenza è pari alla somma del costo dell'insolvenza per il contratto con X e del costo dell'insolvenza per il contratto con Y;
  (b) l'esposizione attesa tra 1 anno su entrambi i contratti è pari alla somma dell'esposizione attesa per il contratto con X e dell'esposizione attesa per il contratto con Y;
  (c) l'estremo superiore dell'intervallo di confidenza al 95% per l'esposizione tra 1 anno sui due contratti è pari alla somma degli estremi superiori degli intervalli di confidenza al 95% per l'esposizione sul contratto con X e per l'esposizione sul contratto con Y.
Spiegate le vostre risposte.

18.4. «Una posizione lunga su un contratto *forward* soggetto al rischio di credito equivale a un portafoglio composto da una posizione corta su una *put* non soggetta al rischio d'insolvenza e da una posizione lunga su una *call* soggetta al rischio di credito». Spiegate quest'affermazione.

18.5. Lo *spread* tra il tasso di rendimento di uno *zero-coupon bond* a 3 anni emesso da una società e il tasso di rendimento del corrispondente titolo privo del rischio d'insolvenza è pari a 120 punti base. Di quanto viene sopravvalutata un'opzione a 3 anni venduta dalla società se si utilizza un modello standard come quello di Black, Scholes e Merton? Supponete che non ci siano garanzie e che l'opzione rappresenti l'unico contratto tra la società e la controparte.

18.6. È possibile che la presenza dei *downgrade triggers* faccia aumentare il rischio d'insolvenza? Spiegate la vostra risposta.

18.7. Fornite due esempi di situazioni in cui ci si può aspettare che si configuri la fattispecie di (a) *wrong-way risk* e (b) *right-way risk*.

18.8. Spiegate cos'è il *cure period*.

18.9. "Il *netting* fa sì che il CVA non possa essere calcolato contratto-per-contratto". Spiegate quest'affermazione.

18.10. "Il DVA consente di migliorare «l'utile netto» (*the bottom line*) quando la banca si trova in difficoltà finanziarie". Spiegate quest'affermazione.

18.11. In Basilea III, quale parte dei CVAs è rilevante per il calcolo dei requisiti patrimoniali?

18.12. In base al CSA del *master agreement* tra una banca e una certa controparte, entrambi i contraenti sono tenuti a versare garanzie. I *thresholds* sono pari a $0. Se il *cure period* è di 15 giorni, in quali circostanze il modello della banca per la stima del CVA farà registrare una perdita?

Capitolo 19
VaR Creditizio

Il VaR svolge un ruolo centrale nella determinazione dei requisiti patrimoniali e in gran parte delle attività svolte dalle funzioni di *risk management* delle istituzioni finanziarie e delle società non finanziarie. In questo capitolo vedremo come si calcola il «VaR creditizio» (*credit VaR*).

Il VaR creditizio può essere definito in modo analogo al VaR di mercato: misura l'importo delle perdite creditizie che, con un certo livello di confidenza, riteniamo non verrà oltrepassato in un certo intervallo di tempo. In alcuni modelli, le perdite creditizie sono solo quelle dovute alle insolvenze; in altri modelli, le perdite creditizie comprendono anche quelle causate dai *downgrades* e dall'aumento dei *credit spreads*.

Le banche calcolano il VaR creditizio per determinare sia il «capitale regolamentare» (*regulatory capital*) sia il «capitale economico» (*economic capital*). Il capitale regolamentare richiesto dalle autorità di vigilanza per fronte al rischio di credito è stato già trattato nel Capitolo 25 e nel Capitolo 26. Il capitale economico, che verrà trattato nel Capitolo 28, è la stima interna del capitale di cui la banca ha bisogno per far fronte ai rischi cui è esposta. Viene utilizzata per misurare la redditività delle sue «linee operative» (*business lines*). A volte, i modelli utilizzati dalle banche per stimare il capitale economico sono diversi da quelli utilizzati per il capitale regolamentare.

Il VaR viene utilizzato per le analisi di scenario. Come si è visto nel Capitolo 10, le probabilità d'insolvenza appropriate per le analisi di scenario sono quelle effettive, relative al mondo reale. Abbiamo poi bisogno delle probabilità d'insolvenza nel mondo neutrale verso il rischio per valutare il portafoglio alla fine dell'orizzonte temporale scelto per il VaR. Si ricorderà, per quanto si è visto nel Capitolo 17, che le probabilità effettive sono minori delle probabilità neutrali verso il rischio.

In genere, l'orizzonte temporale del VaR creditizio è ben più lungo di quello del VaR di mercato. Di solito, l'orizzonte per il VaR di mercato è pari a 1 giorno, mentre quello per il VaR creditizio è pari a 1 anno (se si considera il *banking book*). Per il VaR di mercato, si usa in genere il metodo delle simulazioni storiche (Capitolo 12), mentre per il VaR creditizio bisogna definire un modello più complesso.

Un aspetto chiave di cui bisogna tener conto nei modelli per il VaR creditizio è la «correlazione creditizia» (*credit correlation*). Le insolvenze, i *downgrades* o le variazioni dei *credit spreads* delle controparti non sono eventi indipendenti tra loro. Nelle fasi di recessione, sono molte le società che si trovano in difficoltà e le insolvenze diventano più probabili. Nelle fasi di espansione è vero il contrario. La relazione tra tassi d'insolvenza e fattori economici è alla base della *credit correlation*. Maggiore è la *credit correlation*, maggiori sono i rischi cui sono esposte le istituzioni finanziarie.

19.1 MATRICI DELLE TRANSIZIONI DI RATING

I metodi per il calcolo del VaR utilizzano spesso le «matrici delle transizioni di *rating*» (*ratings transition matrices*). Queste matrici, costruite sulla base dei dati storici, riportano le probabilità che una società passi da un certo *rating* a un altro durante un certo periodo di tempo. Le classi di *rating* possono essere quelle utilizzate internamente dalle istituzioni finanziarie oppure quelle calcolate dalle agenzie di *rating*, come Moody's, S&P e Fitch. La Tavola 19.1 riporta la matrice delle transizioni a 1 anno calcolata da $&P in base ai dati relativi al periodo 1980-2021.

Esempio 19.1

La probabilità che una società con *rating* iniziale A mantenga il proprio *rating* dopo 1 anno è pari al 92,71%. Le probabilità che il *rating* passi ad AA o a BBB sono pari, rispettivamente, all'1,63% e al 5,19%. La probabilità che la società fallisca è pari allo 0,05% (5 casi su 10.000).

La Tavola 19.1 può essere utilizzata per calcolare le matrici delle transizioni per periodi diversi dall'anno, sotto l'ipotesi che le transizioni di *rating* in un certo periodo siano indipendenti da quelle relative a un altro periodo.

Esempio 19.2

La matrice delle transizioni a 2 anni può essere calcolata moltiplicando la matrice a 1 anno per se stessa. La matrice delle transizioni a 5 anni, che è riportata nella Tavola 19.2, si ottiene elevando la matrice della Tavola 19.1 alla 5ª potenza. Naturalmente, la probabilità che una società mantenga lo stesso *rating* dopo 5 anni è molto più bassa della corrispondente probabilità riferita a 1 anno. Inoltre, le probabilità d'insolvenza a 5 anni sono tutte molto più elevate di quelle a 1 anno.

Il calcolo delle matrici delle transizioni per periodi inferiori all'anno non è altrettanto semplice (Appendice 19a). Un *file* in formato Excel che consente di calcolare le matrici delle transizioni di *rating* è disponibile nel sito *web* del libro [e in quello del traduttore]: cfr. Matrici_delle_Transizioni_di_Rating.xlsm.

Esempio 19.3

La matrice delle transizioni a 6 mesi va calcolata prendendo la radice quadrata della matrice a 1 anno; quella a 3 mesi va calcolata prendendo la radice quarta della matrice a 1 anno; ecc. La Tavola 19.3 mostra la matrice a 1 mese coerente con quella a 1 anno (Tavola 19.1). Come ci si doveva aspettare, la probabilità che – dopo 1 mese – il *rating* resti invariato è molto elevata.

In realtà, le variazioni di *rating* relative a periodi diversi non sono indipendenti tra loro. Quanto più recente è il *downgrading*, tanto più elevata è la probabilità che a breve si verifichi un altro *downgrading* (si parla in questo caso di *ratings momentum*).[1] Tuttavia, in genere, l'ipotesi di indipendenza non è troppo irragionevole.[2]

---

[1] Si veda ALTMAN, E. I. e KAO, D., "The Implications of Corporate Bond Rating Drift", *Financial Analysts Journal* (May-June 1992): 64-75; LANDO, D., e SKODEBERG, T., "Analyzing Rating Transitions and Rating Drift with Continuous Observations", *Journal of Banking and Finance* 26 (2002): 423-444.

[2] Le probabilità d'insolvenza riportate nella Tavola 19.2 sono un po' più basse di quelle della matrice effettiva a 5 anni pubblicata da S&P, coerentemente con l'ipotesi del *ratings momentum*.

Sez. 19.1 Matrici delle Transizioni di Rating

TAVOLA 19.1 Matrice delle transizioni di *rating*: probabilità a 1 anno (%).

Rating iniziale	Rating dopo 1 anno							
	AAA	AA	A	BBB	BB	B	CCC/C	Default
AAA	89,87	9,34	0,55	0,05	0,11	0,03	0,05	0,00
AA	0,50	90,84	8,03	0,48	0,05	0,06	0,02	0,02
A	0,03	1,63	92,71	5,19	0,26	0,11	0,01	0,05
BBB	0,00	0,09	3,39	92,12	3,70	0,45	0,10	0,16
BB	0,01	0,02	0,11	4,99	86,26	7,36	0,59	0,66
B	0,00	0,02	0,07	0,17	5,19	85,42	5,50	3,63
CCC/C	0,00	0,00	0,10	0,19	0,58	15,86	51,90	31,38
Default	0,00	0,00	0,00	0,00	0,00	0,00	0,00	100,00

Fonte: S&P (1980-2021); dati aggiustati per la categoria NR (*not rated*).

TAVOLA 19.2 Matrice delle transizioni di *rating*: probabilità a 5 anni (%).

Rating iniziale	Rating dopo 5 anni							
	AAA	AA	A	BBB	BB	B	CCC/C	Default
AAA	58,98	31,33	7,63	1,10	0,46	0,25	0,10	0,14
AA	1,68	63,23	28,88	4,97	0,60	0,36	0,07	0,21
A	0,17	5,89	70,92	19,32	2,34	0,82	0,11	0,43
BBB	0,02	0,75	12,60	69,12	12,18	3,44	0,48	1,41
BB	0,04	0,16	1,69	16,27	51,55	21,23	2,58	6,48
B	0,01	0,09	0,42	2,42	14,77	51,68	7,33	23,27
CCC/C	0,00	0,03	0,29	0,86	4,39	20,96	6,14	67,34
Default	0,00	0,00	0,00	0,00	0,00	0,00	0,00	100,00

Fonte: elaborazione su dati S&P (1980-2021).

TAVOLA 19.3 Matrice delle transizioni di *rating*: probabilità a 1 mese (%).

Rating iniziale	Rating dopo 1 mese							
	AAA	AA	A	BBB	BB	B	CCC/C	Default
AAA	99,11	0,85	0,02	0,00	0,01	0,00	0,01	0,00
AA	0,05	99,19	0,72	0,02	0,00	0,00	0,00	0,00
A	0,00	0,15	99,36	0,47	0,01	0,01	0,00	0,00
BBB	0,00	0,01	0,30	99,30	0,34	0,03	0,01	0,01
BB	0,00	0,00	0,00	0,46	98,75	0,70	0,04	0,04
B	0,00	0,00	0,01	0,00	0,50	98,61	0,66	0,22
CCC/C	0,00	0,00	0,01	0,02	0,01	1,91	94,60	3,45
Default	0,00	0,00	0,00	0,00	0,00	0,00	0,00	100,00

Fonte: elaborazione su dati S&P (1980-2021).

19.2 MODELLO DI VASICEK

Il modello della copula Gaussiana proposto da Vasicek consente di calcolare i percentili della distribuzione del tasso d'insolvenza su un portafoglio di prestiti. Come nel Capitolo 9, sia WCDR(T, X) il percentile X della distribuzione del tasso d'insolvenza a T anni (si ricorderà che WCDR sta per *worst case default rate*). Nel modello di Vasicek, WCDR(T, X) dipende dalla probabilità d'insolvenza, PD, e dalla *copula correlation*, ρ, tra ogni coppia di prestiti. La formula, dimostrata nella Sezione 9.6, è

$$\text{WCDR}(T,X) = N\left[\frac{N^{-1}(PD) + \sqrt{\rho}N^{-1}(X)}{\sqrt{1-\rho}}\right]. \tag{19.1}$$

Nel caso di un singolo prestito, se EAD è l'esposizione in caso d'insolvenza e LGD è la perdita in caso d'insolvenza, il percentile X della distribuzione delle perdite è

$$\text{WCDR}(T, X) \times \text{EAD} \times \text{LGD}.$$

Nel caso di un portafoglio di prestiti, ci possiamo avvalere di un risultato ottenuto da Gordy.[3] Se è il portafoglio è composto da n prestiti, ciascuno dei quali è piccolo in rapporto al totale, il percentile X della distribuzione delle perdite è all'incirca pari a

$$\sum_{i=1}^{n} \text{WCDR}_i(T,X) \times \text{EAD}_i \times \text{LGD}_i \tag{19.2}$$

dove WCDR$_i$(T, X), EAD$_i$ e LGD$_i$ sono i valori di WCDR, EAD e LGD relativi all'i-esimo prestito.

Come vedrà nel Capitolo 25, il capitale regolamentare per il *banking book* è pari all'espressione riportata nell'Equazione (19.2) con $T = 1$ e $X = 99{,}9\%$. A volte, il termine presente sotto il segno di sommatoria nell'Equazione (19.2) viene moltiplicato per MA$_i$, il *maturity adjustment* relativo all'i-esimo prestito. In tal modo si tiene conto del fatto che, se il prestito dura più di 1 anno, la sua qualità creditizia potrà deteriorarsi senza portare all'insolvenza.

Nell'ambito dei modelli strutturali (Sezione 17.8), si può dimostrare che ρ dovrebbe essere all'incirca pari alla «correlazione tra le attività» (*asset correlation*) detenute dalle società.[4] In prima approssimazione, l'*asset correlation* è uguale alla correlazione tra i tassi di rendimento delle azioni. Pertanto, un modo per stimare il ρ relativo a un portafoglio di prestiti bancari è quello di calcolare la correlazione media tra i tassi di rendimento delle azioni emesse dalle società debitrici. Se le azioni non sono quotate, si può utilizzare la correlazione media tra le azioni delle società quotate con caratteristiche simili.

Come si è visto nel Capitolo 9, lo svantaggio del modello di Vasicek è che la *tail dependence* è modesta. In alternativa, le banche possono utilizzare modelli diversi da quello della copula Gaussiana (Sezione 9.6).

---

[3] Si veda GORDY, M. B., "A Risk-factor Model Foundation for Ratings-Based Capital Rules", *Journal of Financial Intermediation* 12, no. 3 (July 2003): 199-233.

[4] Si veda, ad es., HULL, J. C.., PREDESCU, M.., e WHITE, A., "The Valuation of Correlation Dependent Derivatives Using a Structural Model", *Journal of Credit Risk* 6, no. 3 (Fall 2010): 99-132.

19.3 CREDIT RISK PLUS

Nel 1997, Credit Suisse Financial Products ha proposto una metodologia, per il calcolo del VaR, chiamata Credit Risk Plus.[5] Le approssimazioni analitiche che sono alla base di questo metodo sono da tempo utilizzate in campo assicurativo.

Supponiamo che un'istituzione finanziaria abbia n prestiti di un certo tipo e che q sia la probabilità d'insolvenza a 1 anno per ogni prestito. Il numero atteso di insolvenze sull'intero portafoglio, μ, è pari a $\mu = nq$. Se supponiamo che le insolvenze siano eventi indipendenti, la probabilità che si verifichino m insolvenze è data dalla distribuzione binomiale:

$$\frac{n!}{m!(n-m)!}q^m(1-q)^{n-m}.$$

Se q è piccolo e n è grande, la probabilità che si verifichino m insolvenze può essere così approssimata dalla distribuzione di Poisson:

$$\frac{e^{-\mu}\mu^m}{m!}. \tag{19.3}$$

Quest'espressione vale, in prima approssimazione, anche se la probabilità d'insolvenza non è la stessa per ogni prestito, a condizione che le probabilità d'insolvenza siano piccole e q sia pari alla probabilità d'insolvenza media dei prestiti in portafoglio.

In realtà, c'è incertezza su quello che sarà il tasso d'insolvenza, q, nel prossimo anno. Come mostra la Tavola 9.6, i «tassi d'insolvenza» (*default rates*) cambiano in modo significativo di anno in anno. Se si ipotizza che il numero atteso delle insolvenze, μ, abbia una distribuzione gamma con media μ e deviazione standard σ, allora la distribuzione di Poisson dell'Equazione (19.3) si trasforma nella binomiale negativa e la probabilità che si verifichino m insolvenze è pari a

$$p^m(1-p)^\alpha \frac{\Gamma(m+\alpha)}{\Gamma(m+1)\,\Gamma(\alpha)} \tag{19.4}$$

dove $\alpha = \mu^2/\sigma^2$, $p = \sigma^2/(\mu + \sigma^2)$ e $\Gamma(x)$ è la funzione gamma.[6]

Esempio 19.4

La Tavola 19.4 mostra la distribuzione probabilistica del numero di insolvenze, m, in funzione della loro deviazione standard, σ, sotto l'ipotesi $\mu = 4$.

La prima colonna della tavola ($\sigma = 0$) è stata calcolata in base all'Equazione (19.3). Le successive sono state calcolate in base all'Equazione (19.4). Come si può notare, la distribuzione binomiale negativa [Equazione (19.4)] tende alla distribuzione di Poisson col tendere di σ a 0. Col crescere di σ, cresce la probabilità di un ampio numero di insolvenze.

Supponiamo che la perdita in caso d'insolvenza sia costante. Se $\sigma = 0$, per cui non c'è incertezza circa il numero delle insolvenze, il VaR al 99,9% è pari alla perdita determinata da 11 insolvenze, com'è riportato nell'ultima riga della tavola. Se $\sigma = 10$, per cui c'è forte incertezza sul numero delle insolvenze, il VaR al 99,9% è pari alla perdita determinata da 98 insolvenze.

---

[5] Si veda CREDIT SUISSE FINANCIAL PRODUCTS, "Credit Risk Management Framework", October 1997.

[6] In Excel, la funzione LN.GAMMA restituisce il logaritmo naturale della funzione gamma, $\Gamma(x)$. Se x è intero, si ha $\Gamma(x) = (x-1)!$

TAVOLA 19.4 Distribuzione probabilistica del numero delle insolvenze ($\mu = 4$).

Numero delle insolvenze (m)	Deviazione standard del numero delle insolvenze (σ)						
	0,0	0,1	0,5	1,0	2,0	5,0	10,0
0	0,0183	0,0184	0,0207	0,0281	0,0625	0,2814	0,5938
1	0,0733	0,0734	0,0777	0,0901	0,1250	0,1553	0,0913
2	0,1465	0,1466	0,1486	0,1531	0,1563	0,1098	0,0509
3	0,1954	0,1952	0,1923	0,1837	0,1563	0,0833	0,0353
4	0,1954	0,1951	0,1895	0,1746	0,1367	0,0653	0,0268
5	0,1563	0,1561	0,1516	0,1396	0,1094	0,0523	0,0214
6	0,1042	0,1041	0,1026	0,0978	0,0820	0,0423	0,0177
7	0,0595	0,0596	0,0603	0,0614	0,0586	0,0346	0,0150
8	0,0298	0,0298	0,0315	0,0353	0,0403	0,0285	0,0129
9	0,0132	0,0133	0,0148	0,0188	0,0269	0,0236	0,0113
10	0,0053	0,0053	0,0064	0,0094	0,0175	0,0196	0,0099
11	0,0019	0,0019	0,0025	0,0045	0,0111	0,0163	0,0088
12	0,0006	0,0007	0,0009	0,0020	0,0069	0,0137	0,0079
13	0,0002	0,0002	0,0003	0,0009	0,0043	0,0115	0,0071
14	0,0001	0,0001	0,0001	0,0004	0,0026	0,0096	0,0064
15	0,0000	0,0000	0,0000	0,0001	0,0016	0,0081	0,0058
16	0,0000	0,0000	0,0000	0,0001	0,0009	0,0068	0,0053
17	0,0000	0,0000	0,0000	0,0000	0,0005	0,0058	0,0048
18	0,0000	0,0000	0,0000	0,0000	0,0003	0,0049	0,0044
19	0,0000	0,0000	0,0000	0,0000	0,0002	0,0041	0,0041
20	0,0000	0,0000	0,0000	0,0000	0,0001	0,0035	0,0038
quantile 0,999	11	11	12	13	17	39	98

In realtà, le banche hanno varie categorie di controparti, cui corrispondono diversi tassi d'insolvenza. È possibile ricavare altri risultati analitici, ma un'alternativa più flessibile è quella di ricorrere al metodo Monte Carlo. La procedura è la seguente:

1. si estrae il tasso d'insolvenza complessivo (ad es. dai dati della Tavola 9.6);
2. si stima il tasso d'insolvenza atteso per ogni categoria di controparte (con un modello regressivo che lo spieghi in termini del tasso estratto al punto *sub* 1);
3. si estrae il numero delle insolvenze per ogni categoria di controparte;
4. si estrae la LGD per ogni insolvenza;
5. si calcola la perdita complessiva;
6. si calcola la distribuzione delle perdite complessive ripetendo i passi 1-5;
7. si calcola il VaR in base alla distribuzione delle perdite complessive.

La Tavola 9.6 mostra che il tasso d'insolvenza osservato in un certo anno non è indipendente dal tasso d'insolvenza osservato nell'anno precedente. Non è quindi ottimale estrarre un campione casuale dai dati della Tavola 9.6. È meglio stimare un modello autoregressivo sulla base della serie storica dei tassi d'insolvenza complessivi oppure stimare la relazione che lega il tasso d'insolvenza osservato in un certo anno a fattori economici osservati nell'anno precedente.

Sez. 19.4   CreditMetrics

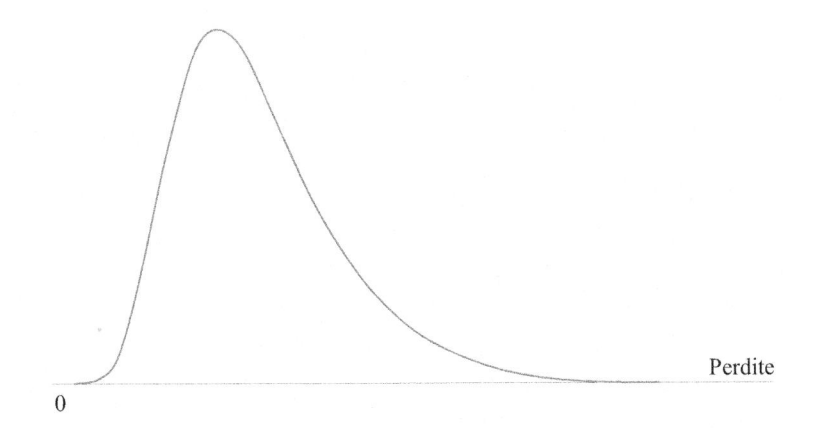

Figura 19.1 Distribuzione delle perdite per insolvenza.

L'incertezza circa il tasso d'insolvenza svolge un ruolo cruciale. Se il tasso d'insolvenza fosse costante, la *default correlation* tra le diverse controparti sarebbe nulla e, come mostra la Tavola 19.4, la probabilità di numerose insolvenze sarebbe molto bassa. Col crescere dell'incertezza sul tasso d'insolvenza, aumenta la *default correlation* e quindi la probabilità che le insolvenze siano numerose.

La *default correlation* è elevata quando il tasso d'insolvenza, basso o elevato che sia, è comunque uguale per tutte le controparti. Se la *default correlation* fosse nulla, la distribuzione probabilistica delle perdite causate dalle insolvenze sarebbe pressoché simmetrica. Viceversa, se la *default correlation* non è nulla, la distribuzione probabilistica delle perdite per insolvenza presenta un'asimmetria positiva, com'è indicato nella Figura 19.1.

19.4 CREDITMETRICS

Nel modello di Vasicek e in Credit Risk Plus si considerano solo le perdite connesse con le insolvenze, ma non gli effetti derivanti dal peggioramento della qualità creditizia dei prestiti.[7] CreditMetrics, proposto da J.P. Morgan nel 1997, è stato invece disegnato in modo da tener conto sia delle insolvenze sia dei *downgrades*.

CreditMetrics si basa sulle matrici delle transizioni di *rating* (Tavola 19.1). I *ratings* possono essere quelli utilizzati internamente dalle banche o quelli prodotti dalle agenzie di *rating*.

Per calcolare il VaR creditizio a 1 anno per un portafoglio di contratti con molte controparti si utilizza il metodo Monte Carlo. In ogni simulazione, si determina il *rating* di ogni controparte tra 1 anno (la procedura da seguire verrà spiegata più avanti). Si calcola quindi la perdita creditizia per ogni controparte. Se il *rating* della controparte è diverso dal *default*, si calcola il valore tra 1 anno di tutti i contratti in essere con quella controparte e quindi l'eventuale perdita creditizia. Invece, se la controparte è insolvente, la perdita creditizia è pari al prodotto tra EAD e LGD.[8]

---

[7] Tuttavia, utilizzando i *maturity adjustments*, il modello di Vasicek può risultare conforme ai requisiti regolamentari che impongono di tener conto del possibile deterioramento della qualità creditizia dei prestiti.

[8] Di solito, il *recovery rate* necessario per il calcolo della LGD viene estratto da una distribuzione empirica.

Per effettuare i calcoli occorre conoscere la *term structure* dei *credit spreads* per ogni categoria di *rating*. Un'ipotesi semplice è che essa coincida con quella corrente. Un'ipotesi alternativa è che i *credit spreads* dipendano linearmente da un indice la cui distribuzione è nota.

Quando i contratti in essere con una certa controparte includono i derivati, occorre utilizzare un'estensione delle elaborazioni che abbiamo visto nel Capitolo 18 a proposito del CVA. Si ricorderà che dobbiamo dividere in n intervalli il periodo tra oggi e la scadenza del contratto di più lunga durata.

Il valore attuale delle perdite attese per l'insolvenza della controparte negli intervalli di tempo oltre l'anno è pari a

$$\sum_{i=j}^{n}(1-R)q_i v_i$$

dove il j-esimo intervallo inizia tra 1 anno, q_i è la probabilità neutrale verso il rischio che la controparte fallisca nell'i-esimo intervallo, v_i è il valore attuale dell'esposizione netta attesa della banca nei confronti della controparte (calcolata, nel punto centrale dell'i-esimo intervallo, tenendo conto delle garanzie accessorie), condizionata dall'insolvenza, e R è il *recovery rate* per la banca nel caso in la controparte sia insolvente e non ci siano garanzie accessorie.

In ognuna delle simulazioni CreditMetrics nelle quali non si osserva l'insolvenza della controparte durante il primo anno di vita dei contratti, la probabilità d'insolvenza in ognuno dei successivi intervalli viene stimata applicando l'Equazione (18.3) ai *credit spreads*, s_i, relativi alle scadenze, t_i, oltre l'anno.

Se q_i^* è la probabilità d'insolvenza nell'i-esimo intervallo di una certa simulazione ($i \geq j$), il valore attuale della perdita creditizia per quella simulazione è pari a

$$\sum_{i=j}^{n}(1-R)(q_i^* - q_i)v_i. \tag{19.5}$$

Si noti che, se il *rating* della controparte migliora durante l'anno (o anche se resta inalterato), è probabile che la perdita creditizia sia negativa.

Se – in una certa simulazione – la controparte risulta insolvente durante il primo anno di vita dei contratti, si estrae l'esatta data dell'insolvenza e si determina l'esposizione che, moltiplicata per la LGD, determina la perdita creditizia.

Le simulazioni Monte Carlo consentono di ottenere un'intera distribuzione delle perdite creditizie, per insolvenze e *downgrades*, da cui si può stimare il VaR.

Correlazioni

Nell'effettuare le simulazioni con il metodo Monte Carlo, non si suppone che le variazioni dei *ratings* delle controparti siano indipendenti tra loro. Per stimare la distribuzione congiunta delle variazioni di *rating*, si utilizza il modello della copula Gaussiana (si veda la Sezione 9.5 per una discussione delle copule).

Di solito, la *copula correlation* tra le transizioni di *rating* di due società viene uguagliata alla correlazione tra i tassi di rendimento delle rispettive azioni, sulla base di un modello a un fattore come quello della Sezione 9.4. Un modello fattoriale ben noto è il CAPM, discusso nel Capitolo 1. Questo modello può essere utilizzato per stimare la matrice di correlazione in modo che sia internamente coerente.

Esempio 19.5

Per illustrare la metodologia utilizzata da CreditMetrics, supponiamo di voler simulare le variazioni di *rating* tra un anno di 2 società il cui *rating* è pari, rispettivamente, ad A e B. La matrice delle transizioni di *rating* è quella riportata nella Tavola 19.1.

Supponiamo che la correlazione tra i tassi di rendimento delle azioni delle 2 società sia pari a 0,2. In ogni simulazione estraiamo 2 osservazioni dalle distribuzioni di 2 variabili casuali normali standardizzate, x_A e x_B, in modo che la correlazione sia pari a 0,2.

La variabile x_A determina il nuovo *rating* della società con *rating* A, mentre la variabile x_B determina il nuovo *rating* della società con *rating* B.

In base alla Tavola 19.1, la probabilità che una società con *rating* iniziale A passi a AAA, AA, A, ... è pari, rispettivamente, a: 0,03%, 1,63%, 92,71%, ...
Dato che

$$N^{-1}(0,03\%) = -3,4197$$

$$N^{-1}(0,03\% + 1,63\%) = -2,1293$$

$$N^{-1}(0,03\% + 1,63\% + 92,71\%) = 1,5865$$

il *rating* della prima società passa da A ad AAA se $x_A < -3,4197$, ad AA se $-3,4197 \leq x_A < -2,1293$, rimane invariato se $-2,1293 \leq x_A < 1,5865$, e così via.

Inoltre, in base alla Tavola 19.1, la probabilità che una società con *rating* iniziale B passi ad AA, A, BBB, ... è pari, rispettivamente, a: 0,02%, 0,07%, 0,17%, ... Analogamente, dato che

$$N^{-1}(0,02\%) = -3,5047$$

$$N^{-1}(0,02\% + 0,07\%) = -3,1167$$

$$N^{-1}(0,02\% + 0,07\% + 0,17\%) = -2,7908$$

il *rating* della seconda società passa da B ad AA se $x_B < -3,5047$, ad A se $-3,5047 \leq x_B < -3,1167$, a BBB se $-3,1167 \leq x_B < -2,7908$, e così via.

La società con *rating* A fallisce se $x_A > N^{-1}(1 - 0,05\%) = 3,2782$, mentre la società con *rating* B fallisce se $x_B > N^{-1}(1 - 3,63\%) = 1,7947$.

Quest'esempio è illustrato nella Figura 19.2.

È interessante notare che, se fossero basati sulle stesse ipotesi, CreditMetrics e Credit Risk Plus dovrebbero entrambi generare la stessa distribuzione delle perdite nel lungo periodo. È la tempistica delle perdite che è diversa.

Esempio 19.6

Consideriamo un certo prestito. Nell'anno 1 il *rating* del debitore passa da A a BBB e nell'anno 2 da BBB a B. Nell'anno 3 il debitore fallisce. In base al metodo seguito da Credit Risk Plus, non si registrano perdite negli anni 1 e 2, ma solo nell'anno 3; invece, in base al metodo seguito da CreditMetrics, si registrano perdite in ciascuno dei tre anni. In teoria, la somma delle perdite calcolate in base al secondo metodo dovrebbe essere pari all'importo calcolato in base al primo metodo.

19.5 CREDIT SPREADS

Nel *trading book*, il valore dei contratti sensibili al rischio di credito dipende in modo critico dai *credit spreads*. Per calcolare il VaR e l'ES dei portafogli composti da questi contratti occorre quindi esaminare la dinamica dei *credit spreads*.

Una possibilità è quella di utilizzare le simulazioni storiche per calcolare il VaR creditizio giornaliero al 99% nello stesso modo con cui si calcola il VaR di mercato. Il VaR decadale può essere poi ottenuto moltiplicando il VaR giornaliero per $\sqrt{10}$.

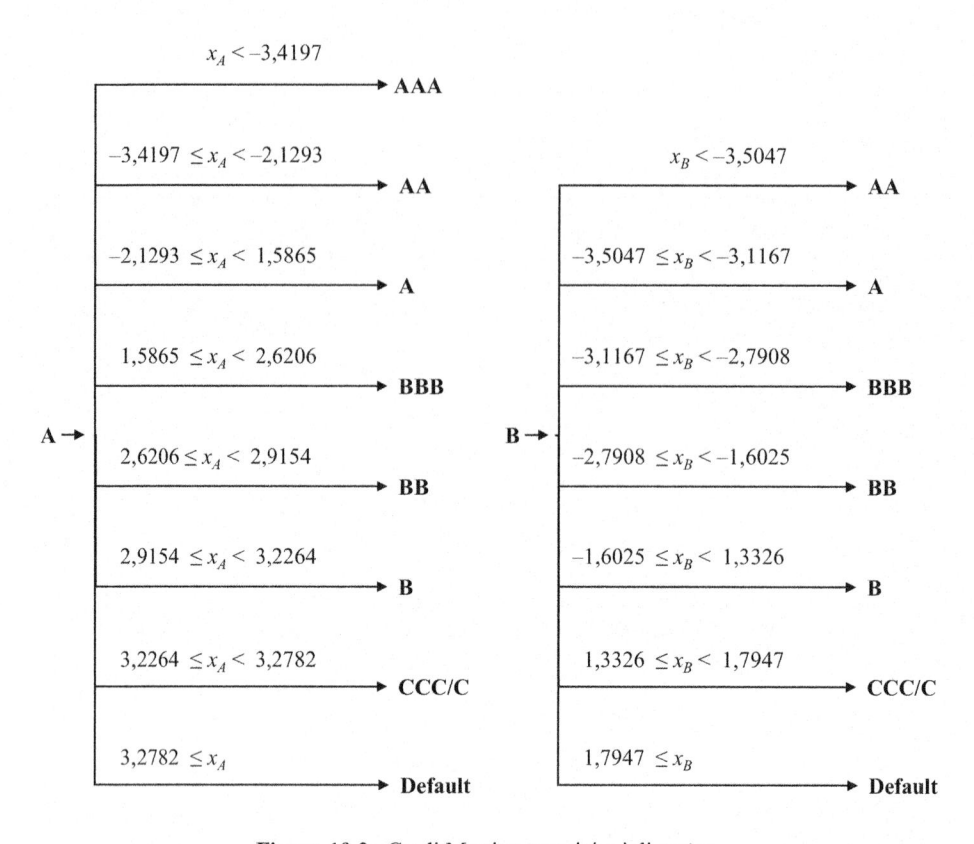

```
                    x_A < -3,4197
                  ─────────────────► AAA

        -3,4197 ≤ x_A < -2,1293              x_B < -3,5047
       ─────────────────────────► AA       ─────────────────► AA

        -2,1293 ≤ x_A < 1,5865              -3,5047 ≤ x_B < -3,1167
       ─────────────────────────► A         ─────────────────────────► A

         1,5865 ≤ x_A < 2,6206              -3,1167 ≤ x_B < -2,7908
       ─────────────────────────► BBB       ─────────────────────────► BBB
A ►                                   B ►
         2,6206 ≤ x_A < 2,9154              -2,7908 ≤ x_B < -1,6025
       ─────────────────────────► BB        ─────────────────────────► BB

         2,9154 ≤ x_A < 3,2264              -1,6025 ≤ x_B < 1,3326
       ─────────────────────────► B         ─────────────────────────► B

         3,2264 ≤ x_A < 3,2782               1,3326 ≤ x_B < 1,7947
       ─────────────────────────► CCC/C     ─────────────────────────► CCC/C

         3,2782 ≤ x_A                        1,7947 ≤ x_B
       ─────────────────────────► Default   ─────────────────────────► Default
```

Figura 19.2 CreditMetrics: transizioni di *rating*.

La procedura è la seguente:

1. si calcolano i tassi di variazione dei *credit spreads* delle controparti negli ultimi 500 giorni (o in un altro periodo);
2. si genera il primo scenario supponendo che le variazioni dei *credit spreads* correnti saranno uguali a quelle osservate nel primo giorno del periodo preso in esame;
3. si genera il secondo scenario supponendo che le variazioni dei *credit spreads* correnti saranno uguali a quelle osservate nel secondo giorno del periodo preso in esame; e così via.

Questo metodo presenta un ovvio inconveniente. Se la controparte è oggi presente, evidentemente non è fallita in passato e quindi si sta ipotizzando che non fallirà in futuro.[9]

Un altro problema è rappresentato dal fatto che i *credit spreads* non vengono aggiornati quotidianamente per tutte le controparti. È quindi possibile che i dati utilizzati non siano di elevata qualità.

---

[9] Un modo per risolvere questo problema è quello di ipotizzare che la controparte fallisca quando il *credit spread* eccede un certo livello. Un'altra possibilità è quella di considerare separatamente il *jump-to-default risk*. Quest'ultimo è il metodo adottato dalle autorità di vigilanza (Sezione 27.2).

Sez. 19.5   Credit Spreads   **433**

Un altro metodo è una variante di quello di CreditMetrics. Si calcola la matrice delle transizioni di *rating* a 10 giorni, come si è visto nella Sezione 19.1. La matrice riporta le probabilità che la società passi da un *rating* all'altro, o fallisca, nell'arco di 10 giorni. In base ai *credit spreads* osservati in passato, si calcola la distribuzione delle variazioni decadali dei *credit spreads* associata a ogni classe di *rating*.

La procedura per effettuare le simulazioni Monte Carlo è la seguente. In ogni simulazione:

1. si utilizza la matrice delle transizioni di *rating* per determinare se una società resta nella stessa classe di *rating*, passa a un'altra classe o fallisce;
2. si estrae un'osservazione dalla distribuzione delle variazioni dei *credit spreads* per determinare il *credit spread* associato – tra 10 giorni – a ogni classe di *rating*;
3. si calcola il valore del portafoglio tra 10 giorni.

Le simulazioni Monte Carlo consentono di ottenere la distribuzione dei valori del portafoglio necessaria per calcolare il VaR decadale.

Si può tener conto della *credit correlation* utilizzando il modello della copula Gaussiana per correlare tra loro le variazioni dei *credit ratings* delle controparti (Sezione 19.4). In alternativa, si può supporre che le variazioni dei *credit spreads* relative alle diverse classi di *rating* siano perfettamente (o quasi perfettamente) correlate: quando gli *spreads* dei titoli con *rating* A salgono, salgono anche quelli dei titoli con *rating* diverso.

Esempio 19.7

Una società ha in portafoglio uno *zero-coupon bond* a 2 anni con valore nominale di $1.000. Il tasso di rendimento effettivo del titolo è pari al 5%. Dato che il tasso d'interesse privo di rischio è pari al 3%, il *credit spread* corrente è pari a 200 punti base (= 5% – 3%). Tutti i tassi sono composti annualmente. Il prezzo corrente del titolo è

$$\frac{\$1.000}{1,05^2} = \$907,03.$$

Supponiamo che il *rating* corrente del titolo sia Ba. Nel corso del prossimo mese, il *rating* potrà passare a Baa (con probabilità 0,6%), restare invariato (con probabilità 98,5%), passare a B (con probabilità 0,8%) o risultare in *default* (con probabilità 0,1%). In caso d'insolvenza, il tasso di recupero sarà pari al 40%.

Supponiamo che, per ogni classe di *rating*, si possano determinare – con uguale probabilità – tre *credit spreads*. Espressi in punti base, sono: 80, 100 e 120 per Baa; 160, 200 e 240 per Ba; 400, 450 e 500 per B.

Naturalmente, il peggior risultato è quello che si ottiene in caso d'insolvenza, evento che si verifica con probabilità 0,1%. In caso d'insolvenza la perdita sarà pari a

$$\$907,03 - \$400 = \$507,03.$$

Il secondo peggior risultato si ha quando il *rating* passa a B e il *credit spread* risulta pari a 500 punti base. La probabilità di quest'evento è pari allo 0,267%:

$$\frac{0,8\%}{3} = 0,267\%.$$

Dato che lo *zero-coupon bond* avrà una vita residua di 1,917 anni (= 2 – 1/12), il suo prezzo corrente sarà

$$\frac{\$1.000}{(1+0,03+0,05)^{1,917}} = \$862,85.$$

TAVOLA 19.5 Perdite su uno *zero-coupon bond*.

Rating	Spread (p.b.)	Probabilità (%)	Valore del Titolo ($)	Perdita ($)
Default		0,100	400,00	507,03
B	500	0,267	862,85	44,17
B	450	0,267	870,56	36,47
B	400	0,267	878,38	28,65
BB	240	32,833	904,11	2,92
BB	200	32,833	910,72	-3,70
BB	160	32,833	917,41	-10,38
BBB	120	0,200	924,17	-17,14
BBB	100	0,200	927,58	-20,55
BBB	80	0,200	931,01	-23,98

Pertanto, la perdita sarà pari a

$$\$907,03 - \$862,85 = \$44,17.$$

L'elenco completo dei possibili risultati è riportato nella Tavola 19.5, unitamente alle rispettive probabilità.

La tavola mostra che, se il livello di confidenza è maggiore del 99,9% (= 100% – 0,100%), il VaR decadale è pari a $507,03; se il livello di confidenza è compreso tra il 99,9% e il 99,633% (= 100% – 0,100% – 0,267%), il VaR è pari a $44,17; e così via. In particolare, se il livello di confidenza è pari al 99%, il VaR è pari a un modesto $2,92.

Costanza del Livello di Rischio

A volte, le banche calcolano il VaR o l'ES sotto «l'ipotesi di costanza del livello di rischio» (*constant level of risk assumption*). In altri termini, suppongono che il portafoglio venga ribilanciato periodicamente in modo che il rischio venga riportato al livello iniziale.

Esempio 19.8

Supponiamo che una banca voglia investire in obbligazioni con *rating* BBB e che stia considerando due strategie alternative:

1. tenere i titoli in portafoglio per 1 anno e poi venderli [strategia del tipo «compra e tieni» (*buy and hold*)];
2. sostituire dopo 1 mese i titoli che non hanno più il *rating* BBB con altri che hanno il *rating* BBB [strategia del tipo «livello costante di rischio» (*constant level of risk*)].

I risultati che si ottengono seguendo la 1ª strategia sono quelli riportati nella riga BBB della Tavola 19.1. I risultati che si ottengono seguendo la 2ª strategia sono quelli riportati nella riga BBB della Tavola 19.3, ripetuti 12 volte. Consideriamo innanzitutto le insolvenze. In base alla Tavola 19.1, la probabilità d'insolvenza a 1 anno è pari allo 0,15934%.[10] In base alla Tavola 19.3, la probabilità d'insolvenza a 1 mese è pari allo 0,01090%. Pertanto, se si segue la strategia *constant level of risk*, la probabilità di osservare 1 insolvenza dopo 1 anno è pari allo 0,13070%:

DISTRIB.BINOM.N(1;12;0,01090%;FALSO) = $12 \times 0,01090\% \times (1 - 0,01090\%)^{11}$ = 0,13070%.

---

[10] Si noti che i risultati esposti in quest'esempio utilizzano un numero di decimali maggiore di quello riportato nella Tavola 19.3. Si veda il *file* Matrici_delle_Transizioni_di_Rating.xlsm disponibile nel sito *web* del libro.

Questo valore è inferiore a quello relativo alla strategia *buy and hold* in misura pari al 18% (= 0,13070% / 0,15934% − 1). La probabilità di 2 o più insolvenze è trascurabile.

Consideriamo ora la probabilità di un *downgrade* a BB. In base alla Tavola 19.1, la probabilità a 1 anno di un *downgrade* a BB è pari al 3,69814%. In base alla Tavola 19.3, la probabilità a 1 mese di un *downgrade* a BB è pari allo 0,34178%. Pertanto, se si segue la strategia *constant level of risk*, la probabilità di osservare un *downgrade* a BB dopo 1 anno è pari al 3,94976%:

DISTRIB.BINOM.N(1;12; 0,34178%;FALSO) = $12 \times 0,34178\% \times (1 - 0,34178\%)^{11}$ =3,94976%.

Questo valore è maggiore di quello relativo alla strategia *buy and hold* in misura pari al 7% (=3,94976% / 3,69814% − 1). La probabilità di più di un *downgrade* è pari allo 0,075%.

L'Esempio 19.8 mostra che la strategia *buy and hold* comporta perdite maggiori della strategia *constant level of risk* nel caso di insolvenze e di forti *downgrades*. Invece, le perdite sono minori nel caso di lievi *downgrades*. In genere, il VaR e l'ES calcolati sotto l'ipotesi di *constant level of risk* sono più bassi di quelli calcolati sotto l'ipotesi *buy and hold*.

SOMMARIO

Il VaR creditizio può essere definito in modo analogo al VaR di mercato. Misura le perdite creditizie che riteniamo non verranno oltrepassate, in un certo periodo, con un certo livello di confidenza. Le regole fissate dal Comitato di Basilea richiedono che il VaR creditizio venga calcolato con un orizzonte temporale di 1 anno e con un livello di confidenza pari al 99,9%. Per calcolare il capitale economico, le banche possono utilizzare un livello di confidenza diverso.

In questo capitolo abbiamo presentato tre metodi per il calcolo del VaR creditizio: il modello di Vasicek, Credit Risk Plus e CreditMetrics. Il modello di Vasicek si basa su un modello unifattoriale della copula Gaussiana per il *time to default*. È questo il modello che viene utilizzato per determinare il capitale regolamentare. Per determinare le perdite causate dalle insolvenze, Credit Risk Plus si basa su ipotesi circa le probabilità d'insolvenza delle singole controparti per poi utilizzare una procedura simile a quelle in uso presso le compagnie d'assicurazione. CreditMetrics si distingue dai due precedenti metodi perché considera sia le perdite dovute alle insolvenze sia quelle connesse con i *downgrades*. CreditMetrics utilizza il modello della copula Gaussiana unitamente alle matrici delle transizioni di *rating*.

Per determinare il VaR o l'ES creditizi, un metodo è quello di costruire le serie storiche dei *credit spreads* delle controparti, per poi utilizzare le simulazioni storiche in modo analogo a quanto si è visto per il rischio di mercato. Un altro metodo è quello di modellare le transizioni di *rating* e i *credit spreads* associati a ogni classe di *rating*.

SUGGERIMENTI PER ULTERIORI LETTURE

CREDIT SUISSE FINANCIAL PRODUCTS., "Credit Risk Management Framework", October 1997.

FINGER, C. C., "CreditMetrics and Constant Level of Risk." Working paper, RiskMetrics Group-MSCI, September 2010.

GORDY, M. B., "A Risk-Factor Model Foundation for Ratings-Based Capital Rules", *Journal of Financial Intermediation* 12, no. 3 (July 2003): 199-233.

J.P. MORGAN., "CreditMetrics – Technical Document", April 1997.

VASICEK, O. A., "Probability of Loss on a Loan Portfolio." Working paper, KMV, 1987 (pubblicato in *Risk*, December 2002, con il titolo "Loan Portfolio Value.")

DOMANDE E PROBLEMI
(le risposte si trovano alla fine del libro)

19.1. Spiegate le differenze tra il modello di Vasicek, il modello di Credit Risk Plus e il modello di CreditMetrics per quanto concerne:
  (a) la definizione di perdita creditizia;
  (b) il modo in cui la *default correlation* viene modellata.

19.2. Spiegate il significato dell'ipotesi di costanza del livello di rischio.

19.3. Utilizzate la matrice delle transizioni di *rating* riportata nella Tavola 19.1 per calcolare la matrice delle transizioni di *rating* relativa a un arco di tempo biennale.
  (a) Qual è la probabilità che una società con *rating* AAA mantenga lo stesso *rating* dopo 2 anni?
  (b) Qual è la probabilità che passi ad AA?

19.4. Utilizzate la matrice delle transizioni di *rating* riportata nella Tavola 19.1 e il *file* in formato Excel disponibile nel sito *web* del libro [e in quello del traduttore] per calcolare la matrice delle transizioni di *rating* relativa a un arco di tempo semestrale (cfr. Matrici_delle_Transizioni_di Rating.xlsm).
  (a) Qual è la probabilità che una società con *rating* AAA mantenga lo stesso *rating* dopo 6 mesi?
  (b) Qual è la probabilità che passi ad AA?

19.5. (a) Supponete di voler calcolare il VaR giornaliero al 99% per il rischio di credito delle obbligazioni presenti nel *trading book*. Cosa fareste per utilizzare il metodo delle simulazioni storiche?
  (b) Quali sono gli svantaggi di questo metodo?

19.6. Una banca ha in portafoglio 100 prestiti a 1 anno. La probabilità d'insolvenza per ciascuno dei prestiti è pari all'1%. Qual è la probabilità di osservare 6 o più insolvenze, se si ipotizza che siano indipendenti tra loro?

19.7. Ripetete il Problema 19.6 supponendo che la probabilità d'insolvenza sia pari allo 0,5% per i primi 50 prestiti e all'1,5% per i restanti 50 prestiti.

19.8. (a) Considerate la Tavola 9.6, che è riportata in un *file* in formato Excel disponibile nel sito *web* del libro [e in quello del traduttore] (cfr. Tassi_d'Insolvenza.xlsx). Qual è l'autocorrelazione tra i tassi d'insolvenza?
  (b) Quali sono le implicazioni dell'autocorrelazione per il modello Credit Risk Plus?

APPENDICE 19A

Matrici delle Transizioni di Rating

Supponiamo che $\mathbf{A}$ sia una matrice $n \times n$ contenente le probabilità a un anno delle transizioni di *rating*. Si tratta cioè di una matrice analoga a quella mostrata nella Tavola 19.1. La matrice, $\mathbf{A}^m$, contenente le probabilità a m anni delle transizioni di *rating*, può essere facilmente calcolata in base alle consuete regole per la moltiplicazione delle matrici.

Le matrici corrispondenti a periodi di tempo inferiori all'anno (ad es., un mese o sei mesi) sono più difficili da calcolare. Innanzitutto, sulla base di *routines* standard, dobbiamo calcolare gli *eigenvalues*, $\lambda_1, \lambda_2, ..., \lambda_n$, della matrice $\mathbf{A}$ e i corrispondenti *eigenvectors*, $\mathbf{x}_1, \mathbf{x}_2, ..., \mathbf{x}_n$, definiti dal seguente sistema di equazioni lineari (si veda l'Appendice 14a):

$$\mathbf{A}\mathbf{x}_i = \lambda_i \mathbf{x}_i. \tag{19a.1}$$

Sia $\mathbf{X}$ una matrice $n \times n$ la cui i-esima colonna è rappresentata da $\mathbf{x}_i$ e sia $\mathbf{\Lambda}$ una matrice diagonale $n \times n$ il cui i-esimo elemento diagonale è λ_i (e tutti gli altri elementi sono nulli). In base all'Equazione (19a.1) si ha

$$\mathbf{A}\,\mathbf{X} = \mathbf{X}\,\mathbf{\Lambda}$$

da cui

$$\mathbf{A} = \mathbf{X}\,\mathbf{\Lambda}\,\mathbf{X}^{-1}$$

Si può quindi facilmente vedere che la radice m-esima di $\mathbf{A}$ è

$$\mathbf{A}^{1/m} = \mathbf{X}\,\mathbf{\Lambda}^*\,\mathbf{X}^{-1}$$

dove $\mathbf{\Lambda}^*$ è una matrice diagonale il cui i-esimo elemento diagonale è $\lambda_i^{1/m}$. Infatti,

$$(\mathbf{X}\,\mathbf{\Lambda}^*\,\mathbf{X}^{-1})^m = (\mathbf{X}\,\mathbf{\Lambda}^*\,\mathbf{X}^{-1})(\mathbf{X}\,\mathbf{\Lambda}^*\,\mathbf{X}^{-1})\ldots(\mathbf{X}\,\mathbf{\Lambda}^*\,\mathbf{X}^{-1}) = \mathbf{X}\,(\mathbf{\Lambda}^*)^m\,\mathbf{X}^{-1} = \mathbf{X}\,\mathbf{\Lambda}\,\mathbf{X}^{-1} = \mathbf{A}.$$

Alcuni autori, come Jarrow, Lando e Turnbull, preferiscono trattare il problema in termini della cosiddetta «matrice generatrice» (*generator matrix*).[11] Si tratta di una matrice, $\mathbf{\Gamma}$, tale che la matrice delle transizioni per l'intervallo Δt è $\mathbf{I} + \mathbf{\Gamma}\Delta t$ e quella per periodi di tempo più lunghi, t, è

$$\exp(t\,\mathbf{\Gamma}) = \sum_{k=0}^{\infty} \frac{(t\,\mathbf{\Gamma})^k}{k!}.$$

dove $\mathbf{I}$ è la matrice identità $n \times n$ (ossia la matrice $n \times n$ in cui gli elementi lungo la diagonale principale sono uguali a 1 e gli altri sono tutti nulli).

Un *file* Excel che consente di calcolare le matrici delle transizioni di *rating* è disponibile nel sito *web* del libro [e in quello del traduttore]: cfr. Matrici_delle_Transizioni_di_Rating.xlsm.

---

[11] Cfr. JARROW, R. A., LANDO, D. e TURNBULL, S. M., "A Markov Model for the Term Structure of Credit Spreads", *Review of Financial Studies*, 10 (1997), 481-523.

Parte V:
Altri Rischi

Capitolo 20
Rischio Operativo

Nel 1999 le autorità di vigilanza hanno annunciato di voler prevedere requisiti patrimoniali anche a fronte del rischio operativo. Questa decisione ha incontrato l'opposizione delle banche.

Il presidente e amministratore delegato di una delle maggiori banche internazionali l'ha descritta come «la cosa più stupefacente che io abbia mai visto» (*the dopiest thing I have ever seen*).

Le autorità di vigilanza non hanno comunque desistito dal loro intento. Nei 10 anni precedenti l'annuncio molte forti perdite bancarie erano state causate dal rischio operativo, piuttosto che dal rischio di credito o da quello di mercato.

All'inizio le autorità di vigilanza hanno consentito alle banche di scegliere tra due metodi di calcolo del rischio operativo relativamente semplici [il «metodo base» (*basic indicator approach*) e il «metodo standardizzato» (*standardized approach*)] e un metodo piuttosto complicato [il «metodo avanzato di misurazione» (*advanced measurement approach* - AMA)]. Successivamente, hanno sostituito questi tre metodi con un unico metodo standardizzato che è più semplice dell'AMA è ma più complesso degli altri due. Il nuovo metodo, che è entrato in vigore nel 2023, è descritto nella Sezione 20.4.

Forti perdite operative sono state osservate anche negli anni successivi all'annuncio del 2009 (e questo ha probabilmente convinto le autorità di vigilanza di essere nel giusto). Eccone alcune:

1. le «perdite dovute a negoziatori infedeli» (*rogue trader losses*), a Société Générale nel 2008 (Riquadro 5.5) e a UBS nel 2011;
2. le perdite di J.P. Morgan, nel 2102, per il caso London Whale (Riquadro 22.1);
3. la multa di $9 miliardi (l'utile di un anno, all'incirca,) inflitta, nel 2014, a BNP Paribas dal governo degli Stati Uniti per aver violato le sanzioni economiche nei confronti di controparti sudanesi, iraniane e cubane (alla multa è stato anche aggiunto il divieto, per un anno, di alcune operazioni bancarie).

Un tipo di rischio operativo che sta diventando sempre più importante per le banche è il «rischio cibernetico» (*cyber risk*). Le banche dispongono di sistemi sofisticati per difendersi dagli attacchi informatici, ma anche gli attacchi stanno diventando sempre più sofisticati. Inoltre, l'utilizzo sempre maggiore dei sistemi informatici e di internet sta aumentando le opportunità per le frodi informatiche. I clienti e i dipendenti devono essere continuamente informati affinché i dati bancari rimangano protetti. Gli attacchi informatici alle banche attraggono i criminali perché – per citare uno di loro (Willie Sutton) – «è lì che ci sono i soldi» (*that's where the money is*). Attraggono anche i terroristi per i possibili danni all'economia di una nazione e al modo di vivere dei cittadini.

Secondo alcune autorità di vigilanza, il rischio operativo è il rischio più importante per una banca. In particolare, Thomas J. Curry – responsabile dell'Office of the Comptroller of the Currency (OCC) – ha dichiarato, nel 2012: "Data la complessità degli odierni mercati bancari e la sofisticazione della tecnologia sottostante, non sorprende che l'OCC ritenga che il rischio operativo sia elevato e crescente. In realtà, è attualmente in cima alla lista delle questioni di «sicurezza e affidabilità» (*safety and soundness*) concernenti le istituzioni che sono sotto la nostra vigilanza". Seguono poi argomentazioni volte a dimostrare che il rischio operativo è più importante del rischio di credito.[1]

Quasi tutte le banche hanno sempre avuto procedure volte a gestire il rischio operativo. Tuttavia, la prospettiva di nuovi requisiti patrimoniali le ha indotte ad accrescere fortemente le risorse dedicate a misurarlo e a controllarlo. È molto più difficile quantificare il rischio operativo rispetto al rischio di credito o al rischio di mercato. Inoltre, il rischio operativo è più difficile da gestire.

Le banche prendono decisioni consapevoli sulla quantità del rischio di credito e di mercato che si assumono e possono ridurre questi rischi con diversi strumenti che vengono attivamente negoziati sui mercati. Invece, il rischio operativo è inscindibilmente legato all'attività bancaria.

Una parte importante della gestione del rischio operativo è rappresentata dall'identificazione dei tipi di rischio cui la banca è esposta e di quelli nei confronti dei quali è opportuno assicurarsi. C'è sempre il pericolo di dover subire un'enorme perdita a causa di un rischio operativo verso il quale, *ex ante*, non si riteneva di essere esposti.

A volte sembra difficile distinguere tra rischio operativo e rischio di mercato.

Esempio 20.1

Si potrebbe pensare che una perdita enorme come quella subita da Société Générale (Riquadro 5.5) sia stata una conseguenza del rischio di mercato, perché sono state le variazioni delle variabili di mercato che l'hanno determinata. Tuttavia, va invece considerata come conseguenza del rischio operativo perché, in ultima analisi, è stata causata dal comportamento fraudolento di uno dei suoi *traders*, Jérôme Kerviel.

Supponiamo che non ci sia stata frode. In tal caso, se la banca aveva coscientemente accettato di correre rischi enormi, la perdita doveva essere classificata come conseguenza del rischio di mercato. Ma se questa non era la politica della banca e se ci sono state disfunzioni nei controlli, allora è giusto classificarla come perdita determinata dal rischio operativo.

Spesso le perdite dovute al rischio operativo dipendono dai movimenti di mercato. Se il mercato si fosse mosso a favore di Kerviel, non ci sarebbero state perdite. Probabilmente, la frode e le disfunzioni del sistema di controlli non sarebbero mai venuti alla luce.

Si può tracciare qualche parallelismo tra le perdite delle banche dovute al rischio operativo e le perdite subite dalle compagnie d'assicurazione.

---

[1] CURRY, T. J., Speech to the Exchequer Club, May 16, 2012.

Esempio 20.2

Le probabilità che una compagnia d'assicurazione subisca una forte perdita a causa di un uragano, un terremoto o un altro disastro naturale sono molto piccole. Analogamente, le probabilità che una banca subisca una forte perdita a causa del rischio operativo sono anch'esse molto piccole. Ma c'è un'importante differenza. Quando una compagnia d'assicurazione subisce una forte perdita a causa di un disastro naturale, è molto probabile che anche le altre compagnie vengono colpite nello stesso modo. I premi delle polizze assicurative tenderanno ad aumentare in modo da consentire la copertura delle perdite subite. Invece, le perdite dovute al rischio operativo colpiscono in genere una sola banca. Dato che opera in un ambiente competitivo, la banca non ha la possibilità di aumentare il prezzo dei suoi servizi per poter coprire le perdite subite.

20.1 DEFINIZIONE DI RISCHIO OPERATIVO

Ci sono molti modi in cui è possibile definire il rischio operativo. Si potrebbe essere tentati di considerare il rischio operativo come un rischio residuale e di definirlo come il rischio cui è esposta una banca oltre al rischio di mercato e al rischio di credito. In tale caso, per stimare il rischio operativo di una banca dovremmo esaminare il suo bilancio e rimuovere dal conto economico:

1. le perdite su crediti;
2. i profitti e le perdite derivanti dalle sue esposizioni al rischio di mercato.

Il risultato così rettificato sarebbe dovuto all'impatto del rischio operativo.

Quasi tutti concorderanno che questa definizione di rischio operativo è troppo vasta. Essa include i rischi derivanti dall'ingresso in nuovi mercati, dallo sviluppo di nuovi prodotti, e così via. Un'altra possibile definizione è che il rischio operativo sia quello derivante dall'operatività corrente, come sembrerebbe implicare il nome. In questa definizione rientrerebbe il rischio di errori nelle procedure contabili, il rischio di disfunzioni nel sistema dei pagamenti, ecc. Questa definizione sarebbe troppo ristretta. Non includerebbe rischi importanti come il «rischio dovuto a negoziatori infedeli» (*rogue trader risk*). Si pensi a Jérôme Kerviel.

Possiamo distinguere tra rischi interni e rischi esterni. I rischi interni sono quelli sui quali la società può esercitare il suo controllo. La società decide chi assumere, quale sistema informatico intende sviluppare, quali controlli vuole porre in essere, e così via. Una possibile definizione è quella che vede il rischio operativo come l'insieme dei rischi interni. Il rischio operativo sarebbe quindi più esteso di quello determinato dalla sola operatività corrente. Includerebbe anche i rischi derivanti dall'inadeguatezza dei controlli, come il *rogue trader risk* e gli altri tipi di frode da parte del personale.

Nella definizione di rischio operativo fornita dalle autorità di vigilanza figurano anche i rischi esterni, oltre a quelli interni: i rischi derivanti da disastri naturali (ad es., incendi o terremoti che hanno impatti sull'operatività della banca), i rischi politici o di regolamentazione (ad es., il divieto da parte di uno Stato estero di operare al suo interno), il rischio di attentati, e così via.

Tutti questi rischi sono inclusi nella definizione di rischio operativo che è stata fornita dal Comitato di Basilea nell'ottobre 2001:

«Il rischio operativo è definibile come il rischio di perdite dirette o indirette derivanti da disfunzioni a livello di procedure, personale e sistemi interni, oppure da eventi esogeni».

Questa definizione include il rischio legale ma non quello strategico e di reputazione.

Alcuni rischi operativi si traducono in un aumento dei costi operativi della banca o in una riduzione dei suoi introiti. Altri rischi operativi interagiscono con il rischio di credito e il rischio di mercato.

Esempio 20.3

Quando vengono commessi errori nella documentazione di un prestito, le perdite si manifestano se e solo se la controparte fallisce. Quando un *trader* supera i limiti che gli sono stati imposti e «comunica in modo disonesto» (*misreport*) le sue posizioni, le perdite si manifestano se e solo se il mercato si muove contro il *trader*.

20.2 CLASSIFICAZIONE DEI RISCHI OPERATIVI

Le principali categorie di rischi operativi (così identificate dalle autorità di regolamentazione quando hanno iniziato a prescrivere i requisiti patrimoniali a fronte del rischio operativo) sono:

1. «frodi interne» (*internal frauds*): perdite dovute a frode, appropriazione indebita o violazioni/aggiramenti di leggi, regolamenti o direttive aziendali (a esclusione degli episodi di discriminazione o mancata applicazione di condizioni paritarie) che coinvolgano almeno una risorsa interna della banca. Tra gli esempi figurano le transazioni non registrate (intenzionalmente), la sottrazione di beni e l'«abuso di informazioni privilegiate» (*insider trading*);
2. «frodi esterne» (*external frauds*): perdite dovute a frode, appropriazione indebita o violazioni di leggi da parte di terzi. Tra gli esempi figurano le «rapine» (*robberies*), le «contraffazioni» (*forgeries*), la «manipolazione di assegni» (*check kiting*) e i danni derivanti dalla «pirateria informatica» (*computer hacking*);
3. «relazioni con il personale e sicurezza del posto di lavoro» (*employment practices and workplace safety*): perdite derivanti da atti non conformi alle leggi o agli accordi in materia di impiego, salute e sicurezza sul lavoro, dal pagamento di risarcimenti a titolo di lesioni personali o da episodi di discriminazione o mancata applicazione di condizioni paritarie. Tra gli esempi figurano le retribuzioni, le indennità, le questioni relative alla cessazione del rapporto d'impiego, le attività sindacali, la responsabilità civile (cadute e simili), gli eventi relativi alla salute e alla sicurezza dei dipendenti, tutti i tipi di discriminazione;
4. «clientela, prodotti e pratiche operative» (*clients, products & business practices*): perdite derivanti da inadempienze, involontarie o per negligenza, relative a obblighi professionali verso clienti specifici (inclusi i requisiti fiduciari e di adeguatezza), ovvero derivanti dalle caratteristiche dei prodotti. Tra gli esempi figurano: «violazione dei vincoli fiduciari» (*fiduciary breach*), uso improprio di informazioni riservate, prassi di negoziazione inappropriate, «riciclaggio di denaro» (*money laundering*) e vendita di prodotti non autorizzati;
5. «danni a beni materiali» (*damage to physical assets*): perdite dovute a danneggiamento o distruzione di beni materiali per catastrofi naturali o altri eventi. Tra gli esempi figurano i terremoti, gli incendi, le inondazioni, gli atti di terrorismo e gli atti vandalici;
6. «interruzioni dell'operatività e disfunzioni dei sistemi informatici» (*business disruption and system failures*): le perdite dovute a interruzioni dell'operatività o a disfunzioni dei sistemi informatici. Tra gli esempi figurano le interruzioni e i guasti nell'erogazione di servizi di pubblica utilità, i problemi con le telecomunicazioni, le disfunzioni di *hardware* e *software*;

7. «esecuzione, consegna e gestione dei processi» (*execution, delivery and process management*): perdite dovute a carenze nel trattamento delle operazioni o nella gestione dei processi, nonché alle relazioni con controparti commerciali e venditori. Tra gli esempi figurano gli «errori di inserimento dei dati» (*data entry errors*), le «negligenze nella gestione delle garanzie» (*collateral management failures*), l'assenza o l'incompletezza della documentazione legale, l'accesso non autorizzato ai conti dei clienti, le inadempienze verso controparti diverse dalla clientela e le controversie con i venditori.

20.3 FREQUENZA E SEVERITÀ DELLE PERDITE

Quando si stimano le perdite derivanti dal rischio operativo sono due le distribuzioni da considerare: la «distribuzione della frequenza delle perdite» (*loss frequency distribution*) e la «distribuzione della severità delle perdite» (*loss severity distribution*). La *loss frequency distribution* è la distribuzione del numero di perdite osservate nel corso dell'orizzonte temporale (di norma 1 anno). La *loss severity distribution* è la distribuzione della dimensione delle perdite, essendosi la perdita verificata.

In genere, si ipotizza che *loss frequency distribution* sia ben approssimata dalla distribuzione di Poisson. Questa distribuzione ipotizza che le perdite si verifichino in modo casuale nel tempo. In particolare, in un breve intervallo di tempo, Δt, la probabilità di subire una perdita è pari a $\lambda \Delta t$. Nel periodo di tempo $(0, T)$ la probabilità di subire n perdite è pari a

$$e^{-\lambda T} \frac{(\lambda T)^n}{n!}.$$

Il parametro λ è il numero medio di perdite nell'unità di tempo.

Esempio 20.4

Supponiamo che in un periodo di 10 anni siano state rilevate 12 perdite. In tal caso la stima del parametro λ è pari a 1,2 (= 12 /10) su base annua.

La distribuzione di Poisson gode della proprietà secondo cui la varianza della frequenza delle perdite è pari alla media, λ, della frequenza delle perdite.[2]

Per quanto riguarda la *loss severity distribution*, spesso si suppone che sia lognormale. Le stime dei parametri di questa distribuzione sono pari alla media e alla deviazione standard del logaritmo delle perdite.

La *loss frequency distribution* può essere combinata con la *loss severity distribution* per ottenere, per ogni tipo di perdita e per ogni area di attività, la «distribuzione delle perdite» (*loss distribution*). A questo fine si può utilizzare il metodo Monte Carlo.[3]

---

[2] Se la media della distribuzione effettiva è maggiore della varianza, può essere meglio utilizzare una distribuzione binomiale. Se la media della distribuzione effettiva è minore della varianza, può essere meglio utilizzare una distribuzione binomiale negativa (o distribuzione di Poisson mista).

[3] La combinazione della *loss frequency distribution* con la *loss severity distribution* rappresenta un problema molto comune nel settore delle assicurazioni. Oltre al metodo Monte Carlo, viene utilizzato l'algoritmo di Panjer o la «trasformata veloce di Fourier» (*fast Fourier transform*). Si veda PANJER, H. H., "Recursive Evaluation of a Family of Compound Distributions", *ASTIN Bulletin*, 12 (1981), 22-9.

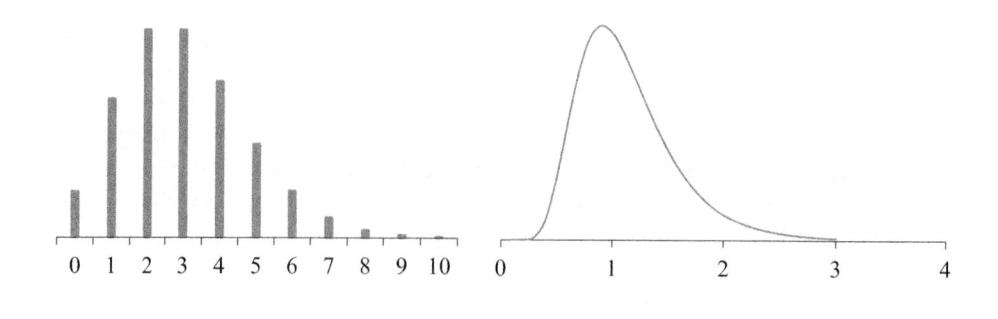

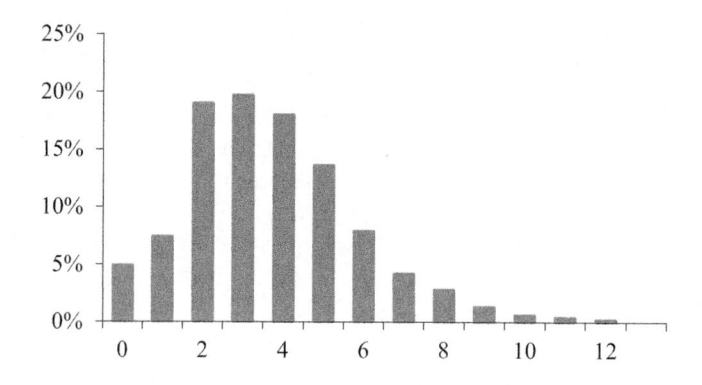

Figura 20.1 Rischio operativo: stima Monte Carlo della *loss distribution*.

L'ipotesi più comune è che la *loss frequency distribution* e la *loss severity distribution* siano indipendenti tra loro. Pertanto, in ogni simulazione Monte Carlo, si procede nel modo seguente:

1. si estrae un'osservazione dalla *loss frequency distribution*, per determinare il numero delle perdite in un anno. Supponiamo che l'osservazione sia pari a n;
2. si estraggono n osservazioni dalla *loss severity distribution*, per determinare le perdite ($L_1, L_2, ..., L_n$) subite in ciascuno degli n eventi;
3. si determina la perdita complessiva ($L_1 + L_2 + ... + L_n$) subita nell'anno.

Effettuando N simulazioni si ottiene una stima della *loss distribution*. Si può quindi calcolare il quantile 0,999.

Esempio 20.5

Supponiamo che: la frequenza media delle perdite sia di 3 all'anno; e che il logaritmo della dimensione delle perdite abbia un valore medio nullo e una deviazione standard di $0,4. La Figura 20.1 illustra il modo in cui il metodo Monte Carlo genera la *loss distribution*.
   Nel sito *web* del libro [e in quello del traduttore] c'è un *file* in formato Excel che consente di ricavare la Figura 20.1: cfr. Rischio_Operativo.xlsx.

Dati Interni e Dati Esterni

Sfortunatamente, le serie storiche che le banche hanno a disposizione per stimare la *loss frequency distribution* e la *loss severity distribution* sono in genere relativamente corte. Molte banche non hanno tenuto traccia delle perdite subite a causa delle diverse tipologie del rischio operativo, in ciascuna delle diverse aree di attività. A seguito delle pressioni in tal senso da parte delle autorità di vigilanza, vi stanno ora provvedendo, ma ci vorrà del tempo prima che una quantità ragionevole di dati storici divenga disponibile.

A questo riguardo, è interessante confrontare le perdite derivanti dal rischio operativo con quelle derivanti dal rischio di credito.

In passato, le banche hanno documentato le loro perdite su crediti in modo molto migliore rispetto alle perdite operative. Inoltre, nel caso del rischio di credito, le banche possono avvalersi delle informazioni pubblicate dalle agenzie di *rating* ai fini della stima delle probabilità d'insolvenza e delle perdite in caso d'insolvenza. Dati analoghi per il rischio operativo non sono stati raccolti con altrettanta sistematicità.

A volte le perdite derivanti dal rischio operativo vengono stimate sulla base di dati esterni. Le fonti sono due:

1. i *database* bancari condivisi (è da diversi anni che le compagnie d'assicurazione hanno preso accordi per condividere le informazioni sui sinistri e anche le banche stanno ora facendo passi analoghi);
2. i dati pubblicamente disponibili, desunti da giornali / riviste specializzate e organizzati in modo sistematico dalle «società specializzate nella vendita di dati» (*data vendors*).

I dati esterni consentono alle banche di accrescere il *set* informativo e possono indurle a prendere in considerazione tipologie di perdite che non sono state mai sperimentate nelle proprie strutture, ma solo in altre realtà.

I dati storici (interni ed esterni) devono essere corretti per tener conto dell'inflazione. Inoltre, i dati esterni devono essere corretti in base a un fattore di scala.

Shih *et al.* suggeriscono che il fattore di scala sia quello presente nella seguente equazione

$$\frac{\text{Perdita stimata}}{\text{della Banca } A} = \frac{\text{Perdita osservata}}{\text{della Banca } B} \times \left(\frac{\text{Ricavi della Banca } A}{\text{Ricavi della Banca } B}\right)^{\alpha}$$

dove $\alpha = 0{,}23$.[4]

Esempio 20.6

Se la banca A con ricavi pari a $10 miliardi registra una perdita di $8 milioni, quale fattore di scala sarebbe appropriato per una banca B con ricavi pari a $5 miliardi? La risposta più naturale è che la banca B dovrebbe applicare un fattore di scala pari a ½ (= $5 / $10) e che quindi la perdita comparabile sia di $4 (= ½ × $8) milioni. Tuttavia, secondo Shih *et al.* questa stima è troppo piccola. Applicando la loro formula, la stima appropriata per la banca B dovrebbe essere pari a $6,82 milioni:

$$\$8 \times \left(\frac{\$5.000}{\$10.000}\right)^{0,23} = \$6{,}82.$$

---

[4] Si veda SHIH, J., SAMAD-KHAN, A. e MEDAPA, P., "Is the Size of an Operational Loss Related to Firm Size?", *Operational Risk Magazine* 2, 1 (January 2000). Non è chiaro se i risultati di Shih *et al.* siano validi anche per i rischi legali. Nelle più importanti cause legali contro le banche, la dimensione degli indennizzi sembra essere proporzionale alle disponibilità finanziarie della banca.

Dopo aver utilizzato l'appropriato fattore di scala, i dati esterni possono essere combinati con i dati interni in modo da poter disporre di un campione più numeroso per la stima della *loss severity distribution*.

I dati acquistati dai *data vendors* non possono essere utilizzati in questo stesso modo perché sono affetti da errori sistematici. In particolare:

1. i *database* dei *data vendors* contengono solo i dati relativi alle perdite di maggiore dimensione, perché le informazioni di pubblico dominio si riferiscono solo a questo tipo di perdite (quanto più elevate sono le perdite tanto è più probabile che esse diventino di pubblico dominio);
2. è probabile che le perdite si riferiscano alle banche con controlli meno accurati, perché sono queste le banche che subiscono più perdite. Inoltre, le perdite subite da queste banche tendono a essere più elevate.

I dati di pubblico dominio sono più utili per determinare la «severità relativa delle perdite» (*relative loss severity*).

Esempio 20.7

Supponiamo che una banca abbia buone informazioni sulla media ($50.000) e sulla deviazione standard ($30.000) della *loss severity distribution* per quanto riguarda le frodi interne all'area dei servizi finanziari per l'impresa, ma che le informazioni riguardanti le frodi esterne alla stessa area o le frodi interne all'area negoziazioni e vendite non siano altrettanto attendibili.

Supponiamo che, secondo i dati esterni, il rapporto tra la media delle frodi esterne e la media delle frodi interne all'area dei servizi finanziari per l'impresa sia pari a 2 e che il rapporto tra le deviazioni standard sia pari a 1,5. In assenza di alternative migliori, la banca potrebbe ipotizzare che la media e la deviazione standard della *loss severity distribution* riguardante le frodi esterne all'area dei servizi finanziari per l'impresa siano pari, rispettivamente, a $100.000 (= $50.000 × 2) e $45.000 (= $30.000 × 1,5).

Analogamente, se i dati esterni indicano che il rapporto tra la media delle frodi interne all'area negoziazioni e vendite e la media delle frodi interne all'area dei servizi finanziari per l'impresa sia pari a 2,5 e che il rapporto tra le deviazioni standard sia pari a 2, la banca potrebbe ipotizzare che la media e la deviazione standard della *loss severity distribution* riguardante le frodi interne all'area negoziazioni e vendite siano pari, rispettivamente, a $125.000 (= $50.000 × 2,5) e $60.000 (= $30.000 × 2).

Analisi di Scenario

A volte la valutazione del rischio operativo viene fatta con le analisi di scenario. Gli scenari possono essere costruiti (i) in base all'esperienza propria della banca, (ii) in base all'esperienza di altre banche, (iii) con l'ausilio di consulenti e (iv) grazie al lavoro congiunto del *risk management* con il *senior management* (o con il *management* delle linee operative).

La responsabilità della generazione degli scenari può essere affidata a un «comitato per il rischio operativo» (*operational risk committee*), composto da *risk managers* e *senior managers*. Questo comitato dovrebbe stimare la *loss frequency*, λ, delle perdite associate a ciascun scenario e la relativa *loss severity*. Come si è visto, spesso si utilizza una distribuzione log-normale per la *loss severity* e una distribuzione di Poisson per la *loss frequency*. Per stimare i parametri della *loss severity* possono essere utili i dati di altre banche. I parametri della *loss frequency* dovrebbero riflettere il grado dei controlli in essere presso la banca e il tipo di *business* in cui opera. Questo compito ricade sull'*operational risk committee*.

In modo analogo a quanto si è visto nella Sezione 16.3, gli scenari potrebbero essere raggruppati in 5 categorie, in funzione delle probabilità che li caratterizzano:

1. $\lambda = 0{,}1\%$ (= 1/1000), scenario estremamente raro;
2. $\lambda = 1\%$ (= 1/100), scenario molto raro;
3. $\lambda = 2\%$ (= 1/50), scenario piuttosto raro;
4. $\lambda = 10\%$ (= 1/10), scenario raro;
5. $\lambda = 20\%$ (= 1/5), scenario poco frequente.

Affinché il compito dell'*operational risk committee* non sia proibitivo, un possibile metodo è quello di chiedere ai suoi membri di associare a ogni scenario una di queste probabilità predefinite. Diversamente da quanto si è visto nel Capitolo 16, manca in questo caso un modello per la determinazione delle perdite. È il comitato che deve stimare soggettivamente i parametri della *loss severity distribution*. Una possibilità è quella di chiedere ai componenti del Comitato di stimare una perdita "media" e una perdita "elevata" che si ritiene non verrà superata, a un livello di confidenza del 99%. Queste due informazioni sono sufficienti per definire la distribuzione lognormale che viene in genere ipotizzata per la *loss severity distribution*.

Fortunatamente, i rischi operativi non si modificano così rapidamente come i rischi di credito o di mercato. Pertanto, lo sviluppo degli scenari critici per i rischi operativi non dovrebbe risultare troppo oneroso. Tuttavia, il metodo che abbiamo delineato richiede che il *senior management* vi dedichi molto tempo.

Spesso, gli scenari di base rilevanti per una banca sono simili a quelli delle altre banche. Pertanto, al fine di alleggerire i compiti dell'*operational risk committee*, è possibile che gli scenari di base vengano definiti dai consulenti o dalle associazioni bancarie. Tuttavia, le stime della *loss frequency distribution* e della *loss severity distribution* sono specifiche di ogni singola banca. Esse riflettono la bontà dei controlli in essere e le aree di *business* in cui la banca opera.

Le analisi di scenario consentono di includere perdite che la banca non ha mai subìto, ma che, ad avviso del *senior management*, potrebbero verificarsi. Un altro vantaggio è rappresentato dal fatto che questo tipo di analisi costringe il *senior management* a pensare ai possibili eventi avversi in modo attivo e creativo. I benefici possono essere diversi. In alcuni casi, è possibile che vengano predisposte le strategie da seguire per minimizzare la severità delle perdite. In altri casi, è possibile che vengano avanzate proposte per ridurre la stessa probabilità che l'evento avverso si verifichi.

20.4 METODO STANDARDIZZATO

Nel dicembre 2017, le autorità di vigilanza hanno pubblicato il documento finale in cui è esposto il «metodo di misurazione standardizzato» (*standardized measurement approach* - SMA) per il calcolo dei requisiti patrimoniali a fronte del rischio operativo.[5]

Le banche devono innanzitutto calcolare una variabile nota come «indicatore dell'attività economica» (*business indicator* - BI). Si tratta di una misura della dimensione della banca e, di conseguenza, della sua esposizione al rischio operativo.

---

[5] Si veda Basel Committee on Banking Supervision, "Basel III: Finalising Post-Crisis Reforms," December 2017.

TAVOLA 20.1 Calcolo della BIC in base al BI.

BI (miliardi di euro)	BIC (miliardi di euro)
$0 < \text{BI} \leq 1$	$0{,}12 \times \text{BI}$
$1 < \text{BI} \leq 30$	$0{,}12 + 0{,}15 \times (\text{BI} - 1)$
$30 < \text{BI}$	$4{,}47 + 0{,}18 \times (\text{BI} - 30)$

Il BI ha tre componenti:

1. la «componente interessi, leasing e dividendi» (*interest, lease and dividend component* - ILDC);
2. la «componente servizi» (*services component* - SC);
3. la «componente finanziaria» (*financial component* - FC).

Pertanto, il *business indicator*, BI, è così definito:

$$\text{BI} = \text{ILDC} + \text{SC} + \text{FC}.$$

Le formule per ognuna delle tre componenti sono:

$$\text{ILDC} = \min[|\overline{\text{II} - \text{IE}}|; 0{,}0225 \times \overline{\text{IEA}}] + \overline{\text{DI}}$$

dove II, IE, IEA e DI sono, rispettivamente, il «reddito da interessi» (*interest income*), la «spesa per interessi» (*interest expense*), le «attività che producono interessi» (*interest earning assets*) e il «reddito da dividendi» (*dividend income*), mentre le «barre sovrascritte» (*overbars*) stanno a indicare che vanno calcolati i valori medi degli ultimi tre anni;

$$\text{SC} = \max[\overline{\text{OOI}}; \overline{\text{OOE}}] + \max[\overline{\text{FI}}; \overline{\text{FE}}]$$

dove OOI, OOE, FI e FE sono, rispettivamente, l'«altro reddito operativo» (*other operating income*), l'«altra spesa operativa» (*other operating expense*), il «reddito da commissioni» (*fee income*) e la «spesa per commissioni» (*fee expense*);

$$\text{FC} = |\overline{\text{N\_P\&L\_TB}}| + |\overline{\text{N\_P\&L\_BB}}|$$

dove N_P&L_TB e N_P&L_BB sono, rispettivamente, l'«utile netto del portafoglio di negoziazione» (*net P&L trading book*) e l'«utile netto del portafoglio bancario» (*net P&L banking book*).

Il passo successivo consiste nel calcolare la «componente dell'indicatore dell'attività economica» (*business indicator component* - BIC) utilizzando la «funzione lineare a tratti» (*piecewise linear function*) riportata nella Tavola 20.1.

La BIC cresce progressivamente col crescere della dimensione della banca, misurata dal BI. Per le banche piccole, con un BI compreso tra € 0 e € 1 miliardo, la BIC è pari al 12% del BI. Sale in misura pari al 15% dell'incremento del BI, se il BI è compreso tra € 1 e € 30 miliardi e al 18% dell'incremento del BI se il BI è maggiore di € 30 miliardi.

Occorre poi calcolare la «componente di perdita» (*loss component* - LC), che è pari a 15 volte la media delle perdite operative registrate nei 10 anni precedenti, e il «moltiplicatore delle perdite interne» (*internal loss multiplier* - ILM)

$$\text{ILM} = \ln\left[e - 1 + \left(\frac{\text{LC}}{\text{BIC}}\right)^{0{,}8}\right]$$

dove e (= 2,718) è la costante esponenziale.

Se la banca non ha dati di alta qualità sulle perdite registrate nei 10 anni precedenti, la LC può essere calcolata – per un periodo transitorio – sulla base ai dati dei 5 anni precedenti.

Per le banche "piccole" (con un BI minore di € 1 miliardo), il capitale regolamentare a fronte del rischio operativo è pari alla BIC. Per le altre banche è pari al prodotto tra ILM e BIC. Tuttavia, le autorità di vigilanza nazionali hanno una qualche discrezionalità.

Esempio 20.8

Le autorità di vigilanza nazionali possono fissare il capitale regolamentare a fronte del rischio operativo in misura pari alla BIC anche per le banche non "piccole" (che restano comunque soggette all'obbligo di comunicare le perdite subìte negli anni precedenti). Viceversa, possono determinare il capitale regolamentare delle banche "piccole" anche sulla base delle perdite da esse subìte.

Per comprendere le formule, si noti che, quando LC = BIC, si ha ILM = 1 per cui il capitale regolamentare è pari alla BIC. Le autorità di vigilanza si aspettano che sia così nel caso di una banca "media". Le banche che hanno sperimentato perdite operative maggiori (minori) della media avranno un ILM maggiore (minore) di 1. Il valore minimo dell'ILM è pari a 0,541 [$= \ln(e - 1)$].

20.5 PREVENIRE LE PERDITE

Chi gestisce il rischio operativo non deve occuparsi solo della sua quantificazione ma deve anche essere «proattivo» (*proactive*) e propositivo per quanto concerne le possibili misure di prevenzione. Vedremo ora "come". Una possibilità è quella di tenere sotto controllo il comportamento delle altre banche e cercare di imparare dai loro errori.

Esempio 20.9

Quando, nel 2002, il comportamento fraudolento di un *trader* della filiale di Baltimora della Allied Irish Bank causò una perdita di $700 milioni, i *risk managers* di tutto il mondo studiarono attentamente la situazione e si chiesero: "poteva succedere anche a noi?".

Esempio 20.10

Il Riquadro 20.1 descrive quanto è successo a Hammersmith & Fulham, un municipio londinese, sul finire degli anni '80. Non appena il caso divenne di pubblico dominio, tutte le banche si dotarono di procedure volte ad accertare che le controparti fossero effettivamente autorizzate a negoziare derivati.

Relazioni di Causalità

I *risk managers* dovrebbero cercare di stabilire l'esistenza di relazioni di causalità tra le decisioni prese e le perdite operative.

Ad es.:

1. la crescita del livello di istruzione dei dipendenti comporta una riduzione delle perdite dovute al modo in cui le transazioni vengono processate?
2. l'adozione di nuovo *software* consente di ridurre le probabilità di perdite connesse a disfunzioni dei sistemi informatici?

Riquadro 20.1 Il caso Hammersmith & Fulham.

Tra il 1987 e il 1989 il municipio londinese di Hammersmith e Fulham entrò in circa 600 *interest-rate swaps* e altri derivati con un nozionale complessivo di 6 miliardi di sterline. Le operazioni sembravano motivate più da intenti speculativi che di copertura. I due impiegati di Hammersmith e Fulham che avevano concluso le transazioni avevano solo un'idea approssimativa dei rischi che si stavano assumendo e di come i prodotti funzionassero effettivamente.

Entro la fine del 1989, le variazioni dei tassi d'interesse fecero perdere ad Hammersmith e Fulham diverse centinaia di milioni. Le banche che erano dall'altro lato dei contratti coprirono le loro esposizioni verso i tassi d'interesse entrando in *swaps* di segno opposto e si preoccuparono del rischio di credito. Se Hammersmith e Fulham falliva, esse avrebbero comunque dovuto onorare i loro impegni negli *swaps* di segno opposto e avrebbero subìto perdite enormi.

Quel che accadde fu qualcosa di un po' diverso dal fallimento. La società di revisione di Hammersmith e Fulham chiese che i contratti fossero dichiarati nulli perché Hammersmith e Fulham non disponevano dei poteri per concluderli. Il tribunale le diede ragione. Il caso andò in appello e arrivò fino alla House of Lords, la corte suprema. La decisone finale fu che Hammersmith e Fulham non disponeva dei poteri per entrare negli *swaps* ma che in futuro – per finalità di copertura – avrebbe potuto farlo.

Non c'è bisogno di dire che le banche andarono su tutte le furie per il fatto che i contratti erano stati risolti con sentenze espresse dagli organi giudiziari.

---

3. la crescita del «tasso di rotazione» (*turnover*) dei dipendenti fa aumentare le perdite operative?
4. la suddivisione delle responsabilità e le modalità di incentivazione dei *traders* riducono il *rogue trader risk*?

Le relazioni di causalità possono essere accertate con metodi statistici.

Esempio 20.11
Supponiamo di esaminare 12 località in cui una banca opera e di trovare una forte correlazione negativa tra il livello di istruzione dei dipendenti addetti al *back office* e il costo degli errori dovuti al modo in cui le transazioni vengono processate. In tal caso, è ragionevole effettuare un'analisi costi/benefici volta ad accertare la convenienza di un innalzamento del livello di istruzione richiesto per i lavori di *back office* in alcune delle località prese in esame.

L'analisi dettagliata delle cause delle perdite può fornire informazioni preziose.

Esempio 20.12
Supponiamo che il 40% delle disfunzioni connesse con i sistemi informatici sia spiegato dal fatto che l'*hardware* è vecchio di diversi anni ed è meno affidabile delle versioni più recenti. In tal caso, è ragionevole effettuare un'analisi costi/benefici volta ad accertare la convenienza della sostituzione del vecchio *hardware* con il nuovo.

RCSA e KRIs

L'«auto-valutazione di rischi e controlli» (*risk and control self assessment* - RCSA) è un metodo importante utilizzato dalle banche per cercare di comprendere meglio le loro esposizioni nei confronti del rischio operativo. Si tratta di chiedere agli stessi *managers* delle aree di attività della banca di identificare i loro rischi operativi. A volte si utilizzano questionari definiti dal *senior management* o dai consulenti.

Un «effetto collaterale» (*by-product*) dei programmi volti a comprendere e misurare il rischio operativo è l'elaborazione di «indicatori-chiave di rischio» (*key risk indicators* - KRIs).[6] I KRIs sono strumenti essenziali per a gestione del rischio operativo. I più importanti sono quelli di tipo prospettico, in quanto rappresentano un «sistema di allarme preventivo» (*early warning system*) per tenere sotto controllo il rischio operativo della banca.

Esempi di KRIs sono:

1. il *turnover* del personale;
2. il numero delle transazioni non eseguite;
3. il numero di posti occupati da collaboratori temporanei;
4. il rapporto tra controllanti e controllati;
5. il numero dei posti vacanti;
6. la percentuale dei dipendenti che non si è presa 10 giorni consecutivi di vacanza negli ultimi 12 mesi.

La speranza è che i *key risk indicators* segnalino per tempo i problemi e consentano di porvi rimedio prima che si verifichino le perdite.

È importante per le banche quantificare i rischi operativi, ma è ancora più importante disporre degli strumenti necessari per controllare e gestire questi rischi.

E-mails e Conversazioni Telefoniche

Un modo per contenere il rischio operativo è quello di istruire i dipendenti affinché siano molto cauti quando scrivono un'*e-mail* e, se operano da *trader*, siano molto attenti a quel che dicono nelle conversazioni telefoniche. Le «cause legali» (*lawsuits*) e le «indagini ispettive da parte delle autorità di vigilanza» (*regulatory investigations*) volte ad accertare comportamenti inappropriati o illeciti rappresentano fonti primarie del rischio operativo. Uno dei primi provvedimenti che vengono adottati dalle autorità di vigilanza è l'acquisizione di tutte le comunicazioni interne. Spesso queste comunicazioni sono state fonte di grave imbarazzo e hanno reso difficile la difesa delle istituzioni finanziarie.

Esempio 20.13

Una *e-mail* imbarazzante è quella inviata da Fabrice Tourre (Goldman Sachs) a un suo amico. Si veda il Riquadro 24.3 sull'affare Abacus.

Prima di inviare un'*e-mail* o fare una telefonata che verrà registrata, il personale dovrebbe chiedersi: "Potrebbe danneggiare il mio datore di lavoro se diventasse di pubblico dominio?".

20.6 ALLOCAZIONE DEL CAPITALE A FRONTE DEI RISCHI OPERATIVI

L'allocazione del capitale alle diverse aree di attività della banca dovrebbe essere effettuata in modo da incentivarle a migliorare la gestione dei rischi operativi.

Alle aree che dimostrino di aver intrapreso i passi necessari per ridurre la frequenza o la severità delle perdite operative dovrebbe essere allocato meno capitale.

---

[6] A volte, questi indicatori sono chiamati Business Environment and Internal Control Factors (BEICFs).

Ciò avrà l'effetto di migliorare il tasso di rendimento dell'area [e forse potrà tradursi nell'aumento della «gratifica» (*bonus*) erogata al responsabile di area].

Si noti che non è sempre ottimale ridurre i rischi operativi. A volte i costi per ridurre i rischi superano i benefici, per cui il tasso di rendimento del capitale allocato si riduce. Le aree di attività della banca dovrebbero essere incentivate a effettuare propri calcoli con lo scopo di determinare la quantità di rischio operativo che massimizzi il tasso di rendimento del capitale.

Il processo di stima dei rischi operativi e l'allocazione del capitale a fronte dei rischi operativi dovrebbero accrescere la sensibilità delle diverse aree della banca nei confronti della gestione dei rischi operativi, nell'auspicio che essa diventi una parte importante del lavoro di ogni *manager*.

Un fattore chiave per il successo di ogni programma in tema di rischi operativi è il supporto da parte del *senior management*. Il Comitato di Basilea ne è pienamente consapevole ed ha raccomandato che il «consiglio di amministrazione» (*board of directors*) della banca venga coinvolto nell'approvazione dei programmi di *risk management* e nella verifica periodica del loro stato di attuazione.

20.7 UTILIZZO DELLA POWER LAW

La «legge di potenza» (*power law*) è stata definita nella Sezione 8.4. Secondo questa legge, per numerose variabili risulta che

$$\text{Prob}(v > x) = K x^{-\alpha}$$

dove v identifica la variabile, x è un valore relativamente grande di v, K e α sono due costanti.

Le fondamenta teoriche della *power law* e le procedure di stima dei suoi parametri con il metodo della massima verosimiglianza sono state trattate nella Sezione 12.5, quando ci siamo occupati dell'*extreme value theory*.

Basandosi sui dati esterni forniti dai *data vendors*, De Fontnouvelle *et al.* hanno riscontrato che la *power law* spiega bene le forti perdite operative sperimentate dalle banche.[7]

È quindi possibile determinare il VaR con gradi di confidenza elevati, come il 99,9%. I dati, interni o esterni, sulle perdite operative possono essere utilizzati per stimare i parametri della *power law* con il metodo della massima verosimiglianza (Capitolo 12). Il 99,9-esimo quantile della *loss distribution* viene quindi stimato in base all'Equazione (12.9).

Quando si aggregano le *loss distributions*, la distribuzione con le code più spesse tende a dominare le altre. Pertanto, la perdita con l'α più basso definisce i valori estremi della *loss distribution* complessiva.[8] Pertanto, se siamo interessati solo ai valori estremi della *loss distribution* per il rischio operativo totale, può essere sufficiente l'esame di una o due delle combinazioni tra le tipologie di perdite (Sezione 20.2) e le aree di attività.

---

[7] Si veda DE FONTNOUVELLE, P., DE JESUS-RUEFF, V., JORDAN, J. e ROSENGREN, E., "Capital and Risk: New Evidence on Implications of Large Operational Risk Losses", *Journal of Money, Credit, and Banking* 38, no. 7 (October 2006): 1819-46.

[8] Nel Capitolo 12, il parametro ξ è pari a $1/\alpha$, per cui è la distribuzione con lo ξ più elevato che definisce i valori estremi della *loss distribution* complessiva.

20.8 ASSICURAZIONE

Una decisione importante che deve essere presa dai *risk managers* è quella relativa all'utilizzo dei contratti di assicurazione per la copertura di specifici rischi operativi. Sono infatti disponibili polizze per un'ampia varietà di rischi, che vanno dagli incendi ai comportamenti fraudolenti dei *traders*.

Nella Sezione 3.7, abbiamo esaminato due rischi fondamentali che le compagnie di assicurazione devono tener presenti quando definiscono i loro contratti: l'azzardo morale e la selezione avversa. Li riesamineremo ora nell'ambito dei rischi operativi.

Azzardo Morale

Uno dei principali rischi cui sono esposte le compagnie d'assicurazione è l'«azzardo morale» (*moral hazard*), ossia il rischio che la controparte si comporti diversamente da come si sarebbe comportata in assenza del contratto d'assicurazione. La modifica del comportamento della controparte si traduce in un aumento dei rischi per la compagnia d'assicurazione.

Esempio 20.14

Supponiamo che una banca acquisti una polizza assicurativa contro il rischio di rapine. A seguito dell'acquisto, la banca potrebbe essere tentata di essere meno scrupolosa nell'osservanza delle misure di sicurezza, rendendo così le rapine più probabili di quanto non fossero in assenza del contratto d'assicurazione.

In genere, le compagnie d'assicurazione cercano di ridurre il rischio di *moral hazard* attraverso l'introduzione di apposite clausole contrattuali:

1. la «franchigia» (*deductible*) fa sì che la controparte sopporti il rischio di perdite fino a un importo prestabilito;
2. la «clausola di co-assicurazione» (*co-insurance provision*) fa sì che la compagnia d'assicurazione paghi solo una quota (minore del 100%) del danno (per la parte che eccede la franchigia);
3. il «limite di indennizzo» (*policy limit*) definisce il massimo risarcimento a fronte del rischio assicurato.

Esempio 20.15

Si consideri l'esempio precedente. La franchigia, la co-assicurazione e il limite di indennizzo rappresentano altrettanti incentivi affinché la banca non allenti le misure di sicurezza nelle sue filiali.

Il Riquadro 20.2 espone il problema del *moral hazard* che si presenta nel caso in cui la banca sottoscriva una polizze assicurativa contro il rischio di comportamenti fraudolenti da parte dei *traders*.

Selezione Avversa

L'altro fondamentale rischio cui si espongono le compagnie d'assicurazione è la «selezione avversa» (*adverse selection*), ossia il rischio di attrarre le controparti più rischiose, non essendo in grado di discriminare tra buoni e cattivi rischi con una politica di prezzi differenziati.

Riquadro 20.2 Polizze assicurative contro il rischio di frodi da parte dei *traders*.

Le «polizze assicurative contro il rischio di comportamenti fraudolenti da parte dei *traders*» (*rogue trader insurance policies*) presentano problemi di *moral hazard* particolarmente delicati.

Una banca senza scrupoli potrebbe acquistare una *rogue trader insurance policy* e quindi decidere di allentare i controlli sul rispetto dei limiti di posizione previsti per i suoi *traders*. Se un *trader* supera il limite e realizza un forte profitto, la banca ne trae vantaggio. Se invece il *trader* subisce una forte perdita, la banca può chiedere un risarcimento alla compagnia d'assicurazione. La franchigia, la clausola di co-assicurazione e il limite di indennizzo possono far sì che il risarcimento sia minore della perdita causata dal *trader*, ma le perdite per la banca possono essere di gran lunga inferiori ai profitti. Di conseguenza, la strategia di allentare i controlli sui *traders* potrebbe essere una buona «scommessa» (*bet*) per la banca.

Data la delicatezza del problema, può forse sembrare sorprendente che le compagnie d'assicurazione siano effettivamente disposte a offrire le *rogue trader insurance policies*. C'è tuttavia da considerare che le compagnie tendono a specificare con cura le modalità di attuazione dei limiti previsti per i *traders*. Inoltre, possono anche chiedere che l'esistenza della polizza assicurativa non venga rivelata a chi opera sul *trading floor*. Infine, è probabile che chiedano alla banca una preventiva autorizzazione a investigare sulle cause delle eventuali perdite.

Va inoltre sottolineato che, dal punto di vista della banca, la strategia di allentare i controlli sul rispetto dei limiti può essere molto «miope» (*short-sighted*). È probabile che, a seguito di una richiesta d'indennizzo, la banca veda crescere significativamente il premio assicurativo. Inoltre, le forti perdite subite dai suoi *traders* potrebbero causare alla banca forti danni di reputazione, anche se le perdite verranno risarcite, almeno in parte, dalla compagnia d'assicurazione.

Esempio 20.16

È probabile che le *rogue trader insurance policies* e le polizze contro i rischi di frodi esterne vengano acquistate soprattutto dalle banche che non hanno un adeguato sistema di controlli interni.

Per superare il problema della selezione avversa, le compagnie d'assicurazione devono cercare di comprendere il sistema dei controlli sviluppato dalla banca ed esaminare le perdite che si sono verificate in passato. A seguito di queste verifiche preliminari, è possibile che la compagnia non chieda a ogni banca lo stesso premio per lo stesso contratto. Col passare del tempo, via via che acquisisce nuove informazioni sulle perdite operative delle controparti, la compagnia d'assicurazione potrà aggiustare il premio, aumentandolo o riducendolo a seconda dei casi. Si tratta più o meno dello stesso metodo utilizzato con riferimento alle polizze sulla responsabilità civile auto. All'inizio, le compagnie di assicurazione cercano di avere il maggior numero possibile di informazioni sul guidatore e poi, col passare del tempo, aggiustano il premio in funzione degli ulteriori elementi (numero di incidenti, numero delle violazioni dei limiti di velocità, ...) che riescono ad acquisire.

20.9 SARBANES-OXLEY

Nel 2002, soprattutto in seguito al fallimento di Enron, è stata emanata negli Stati Uniti una legge, il Sarbanes-Oxley Act, che ha avuto un forte impatto sulla gestione dei rischi operativi delle istituzioni finanziarie e non finanziarie. La legge richiede che i «consigli di amministrazione» (*boards of directors*) siano molto più coinvolti nell'operatività giornaliera delle società. Devono monitorare il sistema dei controlli interni per assicurarsi che i rischi vengano stimati e gestiti in modo appropriato.

La legge ha previsto apposite norme per quanto riguarda la composizione dei consigli di amministrazione delle «società ad azionariato diffuso» (*public companies*) ed ha elencato le responsabilità dei consiglieri. La Securities and Exchange Commission (SEC) ha ora la possibilità di censurare il *board* e di imporre maggiori responsabilità ai suoi componenti. Ai «revisori» (*auditors*) delle società è fatto divieto di offrire servizi diversi da quelli della revisione contabile.[9]

Gli incarichi conferiti alle società di revisione non possono essere rinnovati per più di 5 anni. Il «comitato di revisione» (*audit committee*) del *board* deve essere messo al corrente dei diversi possibili trattamenti contabili. L'«amministratore delegato» (*chief executive officer* - CEO) e il «direttore finanziario» (*chief financial officer* - CFO) devono sottoscrivere un documento di accompagnamento della «relazione di revisione» (*audit report*) con il quale si assumono le loro responsabilità in ordine alla veridicità del bilancio. Nell'eventualità che il bilancio venga successivamente rettificato, il CEO e il CFO devono restituire le gratifiche di cui hanno beneficiato. Altre norme riguardano l'«abuso di informazioni privilegiate» (*insider trading*), la «trasparenza informativa» (*disclosure*), i prestiti personali ai dirigenti, la comunicazione delle negoziazioni effettuate dai membri del consiglio di amministrazione.

SOMMARIO

Nel 1999, le autorità di vigilanza, hanno manifestato l'intenzione di richiedere alle banche di adeguare il loro patrimonio anche in funzione del rischio operativo cui sono esposte. È da allora che le banche hanno iniziato a esaminare con cura i metodi di misurazione e di gestione del rischio operativo.

Chi gestisce il rischio operativo non deve occuparsi solo della sua quantificazione ma deve anche proporre le possibili misure di prevenzione, comprendere le cause delle perdite operative e sviluppare indicatori di rischio che consentano di misurare il livello dei rischi operativi nelle diverse aree della banca. Dopo aver stimato la quantità di capitale necessaria per far fronte ai rischi operativi, è importante sviluppare procedure per l'allocazione del capitale alle diverse aree della banca. Le modalità dell'allocazione dovrebbero essere tali da incentivare le aree di attività a ridurre i rischi operativi laddove ciò sia possibile senza incorrere in costi eccessivi.

Sulla base dei risultati ottenuti da alcune ricerche, sembra che la *power law*, definita nel Capitolo 8, spieghi bene le forti perdite operative sperimentate dalle banche. È quindi possibile utilizzare la *extreme value theory* (Capitolo 12) per stimare le code della *loss distribution* in base ai dati disponibili. Quando si aggregano le *loss distributions*, la distribuzione con le code più spesse tende a dominare le altre. In teoria, ciò rende più agevole il calcolo del VaR per il rischio operativo totale.

Molti rischi operativi possono essere coperti acquistando specifiche polizze assicurative. Tuttavia, la copertura non è totale a causa della presenza di «franchigie» (*deductibles*), «clausole di co-assicurazione» (*co-insurance provisions*) e «limiti di indennizzo» (*policy limits*). I premi di assicurazione possono variare nel tempo in funzione delle richieste di risarcimento avanzate dalla banca e in funzione di altri indicatori che la compagnia d'assicurazione utilizza per giudicare il sistema di gestione dei rischi operativi sviluppato dalla banca.

---

[9] Arthur Andersen, la società scelta da Enron per la revisione contabile, aveva svolto altri servizi per conto di Enron, oltre alla revisione contabile. Non sopravvisse alle cause legali che seguirono il fallimento di Enron.

L'intero processo di misurazione, gestione e allocazione del capitale a fronte dei rischi operativi è ancora nella sua infanzia. Col passare del tempo, si accumuleranno maggiori informazioni quantitative e verranno sviluppate procedure sempre più precise. Sotto diversi aspetti, il principale beneficio dei programmi di gestione dei rischi operativi è che possono sensibilizzare i *managers*, renderli edotti dell'importanza dei rischi operativi e forse indurli a considerarli in modo diverso.

SUGGERIMENTI PER ULTERIORI LETTURE

BASEL COMMITTEE ON BANKING SUPERVISION, "Basel III: Finalising Post-Crisis Reforms", December 2017.

BASEL COMMITTEE ON BANKING SUPERVISION, "Revisions to the Principles for the Sound Management of Operational Risk", March 2021.

BASEL COMMITTEE ON BANKING SUPERVISION, "Principles for Operational Resilience" March 2021.

BAUD, N., FRACHOT, A., e RONCALLI, T., "Internal Data, External Data and Consortium Data for Operational Risk Management: How to Pool Data Properly", Working Paper, Groupe de Recherche Operationelle, Credit Lyonnais, 2002.

BRUNEL, V., "Operational Risk Modelled Analytically", *Risk*, 7 (July 2014): 55-59.

CHORAFAS, D. N., *Operational Risk Control with Basel II: Basic Principles and Capital Requirements*, Elsevier, 2003.

DAVIS, E., ed., *The Advanced Measurement Approach to Operational Risk*. London: Risk Books, 2006.

DE FONTNOUVELLE, P., DE JESUS-RUEFF, V., JORDAN, J. e ROSENGREN, E., "Capital and Risk: New Evidence on Implications of Large Operational Risk Losses", *Journal of Money, Credit, and Banking* 38, no. 7 (October 2006): 1819-46.

DUTTA, K., e BABBEL, D., "Scenario Analysis in the Measurement of Operational Risk Capital: A Change of Measure Approach", *Journal of Risk and Insurance* 81, 2 (2014), 303-34.

GIRLING, P. X., *Operational Risk Management: A Complete Guide to a Successful Operational Risk Framework*, Hoboken, NJ: John Wiley & Sons, 2013.

LAMBRIGGER, D. D., SHEVCHENKO, P. V. e WÜTHRICH, M. V., "The Quantification of Operational Risk Using Internal Data, Relevant External Data, and Expert Opinion", *Journal of Operational Risk*, 2, 3 (Fall 2007): 3-28.

MCCORMACK, P., SHEEN, A. e UMANDE, P., "Managing Operational Risk: Moving Towards the Advanced Measurement Approach", *Journal of Risk Management in Financial Institutions* 7, 3 (Summer 2014): 239-56.

DOMANDE E PROBLEMI
(le risposte si trovano alla fine del libro)

20.1. (a) Quali sono i rischi inclusi dalle autorità di vigilanza nella loro definizione di rischio operativo?

(b) Quali sono i rischi esclusi?

20.2. I dati esterni mostrano che una banca con ricavi pari a $1 miliardo ha subìto una perdita di $100 milioni. Supponiamo che la vostra banca abbia ricavi pari a $3 miliardi. Quali sono le implicazioni dei dati esterni per la perdita che potrebbe subire la vostra banca? Utilizzate i risultati ottenuti da Shih.

Domande e Problemi

20.3. Supponiamo che le perdite operative di un certo tipo non supereranno i $20 milioni, a un livello di confidenza del 90%. Il parametro α della *power law* è pari a 0,8. Stimate le probabilità che le perdite siano maggiori di (a) $40 milioni, (b) $80 milioni, (c) $200 milioni.

20.4. In che modo si comportano le compagnie di assicurazione per tener conto del *moral hazard* e dell'*adverse selection* nelle polizze sulla responsabilità civile auto?

20.5. Indicate due norme del Sarbanes-Oxley Act che riguardano i CEOs delle *public companies*.

20.6. In quali occasioni le perdite di negoziazione derivano dal rischio di mercato e in quali dal rischio operativo?

20.7. Considerate i contratti di assicurazione sulla vita:
(a) sono affetti dalle problematiche di *moral hazard*?
(b) risentono dell'*adverse selection*?
Spiegate le vostra risposte.

20.8. (a) Cosa sono i dati esterni sulle perdite operative?
(b) Come si ottengono?
(c) Come vengono utilizzati per stimare la *loss distribution* di una banca?

20.9. Quali distribuzioni vengono di solito utilizzate per approssimare la *loss frequency distribution* e la *loss severity distribution*?

20.10. Quali sono i più comuni *key risk indicators* (KRIs) utilizzati dai *risk managers* per tenere sotto controllo i rischi operativi di una banca?

20.11. Il *file* Rischio_Operativo.xlsx utilizzato per ricavare la Figura 20.1 è disponibile nel sito *web* del libro [e in quello del traduttore].
(a) Quali sono la media e la deviazione standard della *loss distribution*?
(b) Rispondete alla domanda *sub* (a) dopo aver portato da 3 a 4 la frequenza delle perdite, λ.

20.12. Secondo lo *standardized measurement approach* (SMA), quali sono i dati fondamentali che occorre utilizzare per determinare il capitale regolamentare a fronte del rischio operativo?

20.13. Considerate due banche, *A* e *B*. Tutte e due hanno un BI > € 1 miliardo e una *BI component* (BIC) di € 300 milioni. Negli ultimi 10 anni, la banca *A* ha subìto 10 perdite operative di € 20 milioni ciascuna, mentre la banca *B* ne ha subìte una sola di € 200 milioni. In base allo SMA, qual è il capitale regolamentare richiesto alla banca *A* e alla banca *B*?

Capitolo 21
Rischio di Liquidità

La Crisi Finanziaria Globale ha sottolineato l'importanza del rischio di liquidità, sia per le istituzioni finanziarie sia per le autorità di vigilanza. Molte istituzioni finanziarie, che facevano affidamento su depositi all'ingrosso per le operazioni di provvista, si sono trovate in difficoltà finanziarie quando gli investitori hanno cominciato a perdere fiducia nei loro confronti. Inoltre, hanno dovuto constatare che, in condizioni di mercato critiche, molti prodotti, precedentemente liquidi, possono essere ceduti solo a «prezzi di liquidazione» (*fire-sale prices*).

La gestione della liquidità è affidata alle funzioni di tesoreria, all'interno delle istituzioni finanziarie. È importante distinguere tra «liquidità» (*liquidity*) e «solvibilità» (*solvency*). Una società è liquida se è in grado di far fronte ai propri impegni nelle date di pagamento. Una società è solvibile se il valore dell'attivo è maggiore di quello del passivo, ossia se il patrimonio netto è positivo. È possibile che le istituzioni finanziarie falliscano, e a volte succede che effettivamente falliscano, a causa di problemi di liquidità, anche se non sono tecnicamente insolventi.

Esempio 21.1

Consideriamo una banca le cui attività sono costituite principalmente da mutui poco liquidi. Supponiamo che i mutui siano stati finanziati per il 90% con depositi e per il 10% con capitale proprio. La banca ha un patrimonio netto sufficientemente elevato da farla considerare solvibile. Tuttavia, potrebbe fallire se ci fosse una «corsa agli sportelli» (*bank run*) e i depositanti decidessero di ritirare, ad es., il 25% dei propri fondi. Nel Riquadro 21.1, verrà discusso il caso della Northern Rock, una banca inglese specializzata in mutui ipotecari, che è fallita proprio a causa di problemi di liquidità di questo tipo.

È chiaramente opportuno che le banche gestiscano la liquidità con molta attenzione. Non si sa mai quando ne avranno bisogno. Le istituzioni finanziarie devono considerare lo «scenario peggiore» (*worst-case scenario*) e far in modo che, qualora si verifichi, le cessioni di attività o i finanziamenti esterni siano sufficienti ad assicurarne la sopravvivenza. A questo mirano i requisiti patrimoniali introdotti dalle autorità di vigilanza per far fronte al rischio di liquidità (Capitolo 26).

La liquidità è anche importante nelle operazioni di *trading*. Le posizioni liquide sono quelle che possono essere chiuse «con breve preavviso» (*at short notice*). Quando il mercato diventa meno liquido, è più probabile che le operazioni vengano chiuse in perdita, dato il sopravvenuto ampliamento dei «differenziali denaro-lettera» (*bid-ask spreads*). Quando i *traders* assumono posizioni su opzioni o altri derivati, è importante che il mercato del sottostante sia liquido, in modo che possano effettuare – senza difficoltà – le coperture giornaliere necessarie per far sì che i portafogli siano «neutrali in termini di delta» (*delta neutral*). Si veda il Capitolo 15.

In questo capitolo esamineremo i diversi aspetti del rischio di liquidità. Verrà distinto il «rischio di liquidità nelle negoziazioni» (*liquidity trading risk*) dal «rischio di liquidità nella provvista» (*liquidity funding risk*). Verranno anche trattati i cosiddetti «buchi neri di liquidità» (*liquidity black holes*), ossia quelle situazioni in cui la liquidità viene quasi completamente «assorbita» (*dried up*) da uno *shock* che colpisce i mercati finanziari.

21.1 NEGOZIAZIONI

Nelle negoziazioni, il rischio di liquidità è proporzionale alla quantità negoziata.

Esempio 21.2

Se un'istituzione finanziaria ha in portafoglio 100, 1.000, 10.000 o anche 100.000 azioni IBM, il rischio di liquidità non desta preoccupazioni. Ogni giorno, alla New York Stock Exchange, le azioni IBM scambiate sono pari a diversi milioni. La quotazione che si forma in borsa è molto vicina al prezzo che l'istituzione finanziaria riuscirà a realizzare dalla vendita del suo portafoglio.

Non tutte le attività sono prontamente trasformabili in «contanti» (*cash*).

Esempio 21.3

Un investimento di $100 milioni nelle obbligazioni di una società statunitense di «scarsa qualità creditizia» (*non-investment grade*) è difficile da smobilizzare, in un solo giorno, a una quotazione prossima a quella di borsa. È probabile che sia ancor più difficile vendere le azioni e le obbligazioni delle società quotate in mercati emergenti.

Il prezzo al quale è possibile vendere un'attività finanziaria dipende da diversi fattori. Tra questi figurano:

1. il «prezzo medio tra denaro e lettera» (*mid-market price*);
2. la quantità da vendere;
3. l'urgenza della vendita;
4. la congiuntura economica.

Se c'è un *market maker* che quota sia il «denaro» (*bid*) sia la «lettera» (*ask*), l'istituzione finanziaria può vendere quantitativi relativamente piccoli di un'attività finanziaria al prezzo più basso (*bid*) e comprarli al prezzo più alto (*ask*). Le quotazioni sono valide per quantità limitate. Se la «dimensione» (*size*) della compravendita è maggiore di quella massima prefissata, è probabile che il *market maker* aumenti il *bid-ask spread*, perché aumentano i costi per la copertura della sua esposizione.

Quando non c'è un *market maker*, esiste però un *bid-ask spread* implicito. Se l'istituzione finanziaria prende contatto con un'altra istituzione finanziaria o con un *interdealer broker*, ossia un *broker* specializzato nel mercato all'ingrosso, il prezzo che le viene offerto dipende dalla posizione, lunga o corta, che intende assumere.

Esempio 21.4

Il *bid-ask spread* può variare dallo 0,5% del *mid-market price* al 5% o anche al 10% del *mid-market price*.

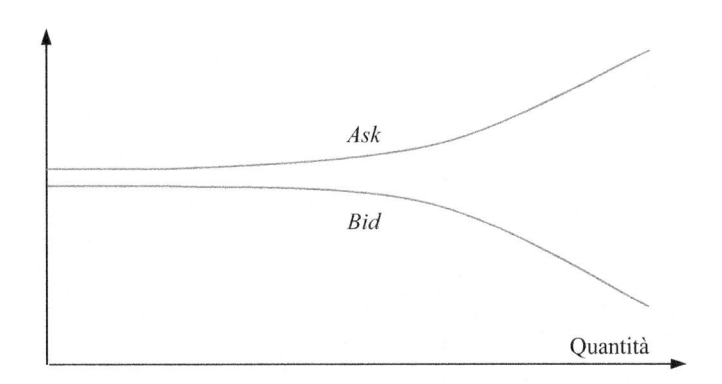

Figura 21.1 Prezzi *bid* e *ask* in funzione della quantità negoziata.

I *bid-ask spreads* dipendono dalla dimensione della transazione. La relazione tra prezzo e quantità è illustrata nella Figura 21.1.

Quando la quantità negoziata è relativamente piccola il «differenziale denaro-lettera» (*bid-ask spread*) è piccolo. Al crescere della quantità negoziata, il prezzo (*ask*) pagato dal compratore aumenta ed il prezzo (*bid*) incassato dal venditore diminuisce. Se c'è un *market maker*, le due linee sono inizialmente parallele, finché viene raggiunta la quantità massima fissata dal *market maker*, dopodiché tendono a divergere.

La Figura 21.1 descrive il mercato delle grandi transazioni tra istituzioni finanziarie sofisticate. È interessante notare che, nel mercato al dettaglio, spesso si osservano *bid-ask spreads* con configurazioni opposte a quella mostrata nella Figura 21.1: i *bid-ask spreads* sono inizialmente grandi, ma tendono a restringersi col crescere della dimensione della transazione.

Esempio 21.5

Si consideri un individuo che entra nella filiale di una banca per un'operazione su cambi o un investimento sul mercato monetario a 90 giorni. È probabile che, col crescere della dimensione della transazione, l'individuo ottenga quotazioni migliori.

Il prezzo al quale è possibile vendere un'attività finanziaria dipende anche dall'urgenza della vendita e dalla congiuntura economica.

Esempio 21.6

Supponiamo di voler vendere la nostra abitazione. A volte, si dice che il «mercato delle case» (*real estate market*) «è fatto dai venditori» (*is a seller's market*). In questi casi, non appena mettiamo in vendita la nostra abitazione, ci possiamo aspettare di ricevere un gran numero di proposte d'acquisto e di riuscire a vendere la casa nel giro di una settimana. In altre circostanze, è possibile che ci vogliano 6 mesi o più per riuscire a venderla. In questi casi, se vogliamo venderla immediatamente, dovremo ridurre le nostre pretese ben al di sotto delle stime sul suo valore di mercato. Sotto quest'aspetto, le attività finanziarie sono simili ai beni immobili.

A volte la liquidità è «scarsa» (*tight*). Questo è successo, ad es., dopo l'insolvenza della Russia, nel 1998, e durante la Crisi Finanziaria Globale. Anche lo smobilizzo di una posizione relativamente piccola può richiedere parecchio tempo e risultare, a volte, impossibile. In altre circostanze, c'è abbondanza di liquidità nel mercato ed è possibile smobilizzare senza difficoltà anche una posizione relativamente grande.

La «chiusura» (*unwinding*) di una posizione di grandi dimensioni può essere influenzata dal cosiddetto *predatory trading*, una tecnica "predatoria" attuata per accrescere le difficoltà di chi deve smobilizzare, in breve tempo, una posizione relativamente grande. Il *predatory trading* consiste nell'anticipare le mosse di un avversario che si trova in difficoltà. Ad es., se si aspettano che la società X dovrà vendere a breve, in blocco, un certo titolo, i *predatory traders* venderanno il titolo allo scoperto scommettendo sul fatto che il prezzo scenderà. La società X avrà quindi difficoltà a chiudere la posizione a prezzi convenienti. Per evitare di essere prese di mira, le istituzioni finanziarie dovrebbero mantenere il dovuto riserbo sulle posizioni in essere e sulle operazioni che intendono attuare. Il *predatory trading* ha rappresentato un problema sia per il *trader* di J.P. Morgan noto col soprannome di London Whale (Riquadro 22.1) sia per Metallgesellschaft (Riquadro 21.3). Invece, Long-Term Capital Management (Riquadro 16.1) è riuscita a chiudere gradualmente le posizioni grazie al salvataggio organizzato dalla Federal Reserve.

Un altro dei problemi dei mercati in cui si scambiano attività finanziarie è che, quando un'istituzione finanziaria decide – per un qualsiasi motivo – di chiudere una certa posizione, spesso accade che molte altre istituzioni finanziarie con posizioni simili decidano di fare altrettanto. In questi casi, la liquidità normalmente presente nei mercati «evapora» (*evaporates*). Questo è il fenomeno dei «buchi neri di liquidità» (*liquidity black holes*) che tratteremo più avanti, nella Sezione 21.3.

Importanza della Trasparenza

Una cosa che il mercato ha imparato dalla Crisi Finanziaria Globale è che la trasparenza è importante per la liquidità. È probabile che le attività finanziarie la cui natura è incerta non riusciranno a essere trattate molto a lungo sul mercato.

Come si è visto nel Capitolo 7, prima del 2007 era molto comune costruire portafogli di mutui *subprime*, *credit card receivables*, ecc., e creare strumenti finanziari «suddividendo in *tranches*» (*tranching out*) il rischio di credito di questi portafogli. Dopo l'agosto del 2007, gli investitori si sono resi conto che sapevano molto poco del contenuto dei portafogli e hanno incontrato molte difficoltà nel reperire informazioni utili. La situazione era ancora più complessa del previsto perché alcune delle attività presenti nei portafogli erano esse stesse *tranches* di altri portafogli. Troppo tardi, gli investitori si sono resi conto che si erano basati sui *ratings* degli strumenti che avevano acquistato, invece di approfondirne la comprensione.

Dopo l'agosto del 2007, gli strumenti creati sulla base dei mutui *subprime* sono diventati illiquidi. Le istituzioni finanziarie non avevano idea di come fare il *marking to market* di questi strumenti, di cui si erano contese l'acquisto solo pochi mesi prima. Si resero conto che avevano acquistato derivati creditizi molto complessi e che non avevano gli strumenti per valutarli. Non avevano né modelli adeguati né solide informazioni sui portafogli sui quali i derivati erano stati scritti.

Altri derivati creditizi, come i *credit default swaps*, hanno continuato a essere scambiati attivamente anche dopo la Crisi Finanziaria Globale. La lezione che se ne può trarre è che, a volte, il mercato può essere indotto a negoziare prodotti complessi e privi di trasparenza, ma quando se ne rende conto, la liquidità dei prodotti viene presto a mancare. E se i prodotti cominciano a essere nuovamente negoziati, è probabile che i prezzi siano bassi e che i *bid-ask spreads* siano ampi.

Esempio 21.7
Consideriamo nuovamente l'Esempio 7.4 del Capitolo 7. Nel luglio 2008, Merrill Lynch ha ceduto a Lone Star Funds alcune *senior tranches* di ABS CDOs che avevano in precedenza un *rating* AAA. Il valore nominale delle *tranches* era pari a $30,6 miliardi ed il prezzo di vendita è stato di soli ¢22 per dollaro di valore nominale.

Misurare la Liquidità del Mercato

Sia s il *bid-ask spread* misurato in dollari

$$s = \text{prezzo lettera} - \text{prezzo denaro}$$

e sia M il «prezzo medio tra denaro e lettera» (*mid-market price*). Il *bid-ask spread* relativo, h, è pari al rapporto tra il *bid-ask spread* e il *mid-market price*:

$$h = \frac{bid\text{-}ask\ spread}{mid\text{-}market\ price} = \frac{s}{M}.$$

Quando liquidano una posizione su Q azioni, che ha un valore $V = Q M$, le istituzioni finanziarie sostengono un costo pari a

$$Q\frac{s}{2} = V\frac{h}{2}.$$

Il costo riflette il fatto che le transazioni non vengono eseguite al prezzo medio: gli acquisti vengono effettuati a un prezzo che è maggiore del prezzo medio in misura pari a $s/2$, mentre le vendite vengono effettuate a un prezzo che è minore del prezzo medio in misura pari a $s/2$.

Una misura della liquidità di un portafoglio è data dal costo che si sosterrebbe qualora il portafoglio venisse liquidato, entro un certo tempo, in condizioni di mercato normali.

Sia s_i lo *spread* tra i prezzi *bid* e *ask* dell'i-esima attività, in condizioni di mercato normali, sia q_i la quantità dell'i-esima attività in portafoglio e sia v_i il valore della posizione sull'i-esima attività in portafoglio. In tal caso, il costo di liquidazione, in condizioni di mercato normali, è dato da

$$\sum_{i=1}^{n} q_i \frac{s_i}{2} = \sum_{i=1}^{n} v_i \frac{h_i}{2} \qquad (21.1)$$

dove n è il numero delle attività in portafoglio.

Si noti che la diversificazione, pur se riduce il rischio di mercato, non riduce necessariamente il rischio di liquidità. Tuttavia, come si è già detto, s_i aumenta con la dimensione dell'i-esima posizione. Di conseguenza, se il portafoglio è composto da molte piccole posizioni, piuttosto che da poche posizioni di importo elevato, il rischio di liquidità tende a essere minore. Pertanto, uno dei modi per ridurre il rischio di liquidità del portafoglio di negoziazione è quello di imporre dei «limiti alle posizioni» (*position limits*).

Esempio 21.8
Un'istituzione finanziaria ha comprato 10 milioni di azioni di una certa società e 50 milioni di once di una certa merce. Il denaro-lettera delle azioni è $89,5-$90,5. Il denaro-lettera della merce è

$15,0-$15,1. Pertanto, i *mid-market prices* delle azioni e della merce sono pari, rispettivamente, a $90 [= ($89,5 + $90,5)/2] e a $15,05 [= ($15,0 + $15,1)/2]. Il valore di mercato delle due posizioni è pari, rispettivamente, a $900 (= 10 × $90) milioni e a $752,5 (= 50 × $15,05) milioni. Gli *spreads* tra i prezzi *bid* e *ask* delle azioni e della merce sono pari, rispettivamente, a $1 (= $90,5 − $89,5) e a $0,1 (= $15,1 − $15,0). Il costo di liquidazione del portafoglio, in condizioni di mercato normali, è pari a $7,5 milioni:

$$10 \times \frac{\$1}{2} + 50 \times \frac{\$0,1}{2} = \$7,5.$$

Un'altra misura della liquidità di un portafoglio è data dal costo che si sosterrebbe qualora il portafoglio venisse liquidato, entro un certo tempo, in condizioni di mercato «critiche» (*stressed*). Se si indicano con μ_i e σ_i, rispettivamente, la media e la deviazione standard dello *spread*, s_i, tra i prezzi *bid* e *ask* dell'i-esima attività, allora il costo di liquidazione, in condizioni di mercato critiche, è dato da

$$\sum_{i=1}^{n} q_i \frac{\mu_i + \lambda \sigma_i}{2}. \qquad (21.2)$$

Il parametro λ è definito dal livello di confidenza desiderato.

Esempio 21.9

Supponiamo di essere interessati a un *worst-case scenario* al 99%. In altri termini, nel 99% dei casi, i *bid-ask spreads* effettivi non saranno superiori a quelli calcolati in questo scenario. Se supponiamo che tutti gli *spreads* si distribuiscano in modo normale, allora λ = INV.NORM.S(99%) = 2,326.

Esempio 21.10

Consideriamo nuovamente l'Esempio 21.8. Supponiamo che la media, μ_1, e la deviazione standard, σ_1, del *bid-ask spread* delle azioni siano pari, rispettivamente, a $1,0 e a $2,0. Supponiamo, inoltre, che la media, μ_2, e la deviazione standard, σ_2, del *bid-ask spread* della merce siano entrambe pari a $0,1. Se supponiamo che gli *spreads* si distribuiscano in modo normale e il livello di confidenza è pari al 99%, allora λ = INV.NORM.S(99%) = 2,326. Pertanto, in base all' Equazione (21.2), il costo di liquidazione in condizioni di mercato critiche, che riteniamo non verrà ecceduto nel 99% dei casi, è pari a $36,58 milioni:

$$10 \times \frac{\$1,0 + 2,33 \times \$2,0}{2} + 50 \times \frac{\$0,1 + 2,33 \times \$0,1}{2} = \$36,58.$$

Si noti che quest'importo è pari a circa 5 volte il costo di liquidazione in condizioni di mercato normali.

Se gli *spreads* non si distribuiscano in modo normale, allora λ deve essere coerente con la distribuzione effettiva.

Esempio 21.11

Supponiamo che, per l'i-esima classe di attività finanziarie, il 99-esimo percentile della distribuzione effettiva superi la media in misura pari a 3,6 deviazioni standard. In tal caso, dobbiamo porre λ = 3,6.

L'Equazione (21.1) si basa sull'ipotesi che gli *spreads* di tutte le attività siano correlati tra loro in modo perfetto e positivo. Quest'ipotesi potrebbe sembrare eccessivamente conservativa, ma non lo è. Quando la liquidità è scarsa, i *bid-ask spreads* tendono ad «allargarsi» (*widen*) simultaneamente per tutte le attività.

È ragionevole che le istituzioni finanziarie tengano sotto controllo le variazioni di liquidità calcolando regolarmente il costo di liquidazione dei propri portafogli, in condizioni di mercato normali e in condizioni di mercato critiche, sulla base delle misure suggerite dalle Equazioni (21.1) e (21.2). Come si è già detto, i *bid-ask spreads* dipendono anche dall'urgenza con cui si vuole chiudere una posizione. Pertanto, è probabile che le misure suggerite dalle Equazioni (21.1) e (21.2) siano funzioni decrescenti dell'intervallo di tempo fissato per la cessione.

Correggere il VaR per Tener Conto del Rischio di Liquidità

Il VaR, che abbiamo discusso nei Capitoli 11-13, intende stimare la variazione del valore di mercato del *trading book* che osserveremmo se si verificasse il *worst-case scenario*. Le misure suggerite dalle Equazioni (21.1) e (21.2) intendono calcolare il costo di liquidazione dei portafogli, a parità di prezzi medi di mercato. Anche se il VaR e le misure per il rischio di liquidità si occupano di rischi diversi, alcuni accademici hanno proposto di combinarle in un'unica misura di rischio, il «VaR aggiustato per il rischio di liquidità» (*liquidity-adjusted VaR*). Supponiamo che il *marking to market*, discusso nella Sezione 22.1, venga effettuato al «prezzo medio tra denaro e lettera» (*mid-market price*). Il *liquidity-adjusted* VaR può essere definito come somma tra il VaR ordinario e il costo di liquidazione del portafoglio in condizioni di mercato normali. In base all'Equazione (21.1), si ha

$$\text{Liquidity - adjusted VaR} = \text{VaR} + \sum_{i=1}^{n} q_i \frac{s_i}{2}. \quad (21.3)$$

In alternativa, può essere definito come somma tra il VaR ordinario e il costo di liquidazione del portafoglio in condizioni di mercato critiche. In base all'Equazione (21.2), si ha:[1]

$$\text{Liquidity - adjusted VaR} = \text{VaR} + \sum_{i=1}^{n} q_i \frac{\mu_i + \lambda \sigma_i}{2}.$$

Unwinding Ottimale

Quando decidono di voler procedere alla «chiusura» (*unwinding*) di posizioni importanti, i *traders* devono anche scegliere il modo migliore per farlo. Se le posizioni vengono chiuse rapidamente, i *traders* sostengono costi elevati in termini di *bid-ask spreads*, ma limitano le possibili perdite causate dalle variazioni dei *mid-market prices*. Al contrario, se decidono di prendersi parecchi giorni per chiudere le posizioni, i *traders* limitano le perdite in termini di *bid-ask spreads*, ma è possibile che sostengano costi maggiori a causa delle variazioni dei *mid-market prices*.

Questo tipo di problema è stato esaminato da Almgren e Chriss.[2]

---

[1] Questa variante è stata suggerita da BANGIA, A., DIEBOLD, F., SCHUERMANN, T. e STROUGHAIR, J., "Liquidity on the Outside", *Risk*, 12 (June), 68-73.

[2] Si veda ALMGREN, R., e CHRISS, N., "Optimal Execution of Portfolio Transactions", *Journal of Risk*, 3 (Winter 2001), 5-39.

Supponiamo che Q_0 misuri la dimensione di una posizione che il *trader* intende chiudere entro n giorni. Sia q_i il numero di unità vendute nell'i-esimo giorno e Q_i la dimensione residua della posizione alla fine dell'i-esimo giorno, con $1 \leq i \leq n$. Pertanto

$$Q_i = Q_{i-1} - q_i.$$

Inoltre, sia

$$s_i = s(q_i) \qquad (21.4)$$

il *bid-ask spread* unitario (misurato in dollari) quando il *trader* vende q_i unità. Il costo di ogni vendita è pari alla metà del *bid-ask spread*. Pertanto, in base alle Equazioni (21.1) e (21.4), il costo complessivo della liquidazione del portafoglio in condizioni di mercato normali è

$$\sum_{i=1}^{n} q_i \frac{s(q_i)}{2}.$$

Supponiamo ora che le variazioni giornaliere dei *mid-market prices* si distribuiscano in modo normale con media nulla e deviazione standard σ. Ne segue che, nell'i-esimo giorno, la variazione giornaliera del valore della posizione ha una varianza pari a $Q_i^2 \sigma^2$. Pertanto, durante l'*unwinding*, la varianza delle variazioni di valore della posizione da chiudere è pari a

$$\sum_{i=1}^{n} Q_i^2 \sigma^2$$

e il VaR, al livello di confidenza coerente con il parametro λ, è pari a

$$\lambda \sqrt{\sum_{i=1}^{n} Q_i^2 \sigma^2}.$$

L'obiettivo del *trader* potrebbe essere quello di minimizzare il VaR della posizione, tenendo conto del costo della liquidazione. In altri termini, si tratta di minimizzare il *liquidity-adjusted* VaR dell'Equazione (21.3). L'obiettivo del *trader* è quello di scegliere le q_i in modo da minimizzare

$$\lambda \sqrt{\sum_{i=1}^{n} Q_i^2 \sigma^2} + \sum_{i=1}^{n} q_i \frac{s(q_i)}{2}$$

sotto il vincolo

$$\sum_{i=1}^{n} q_i = Q_0.$$

Dopo aver stimato la funzione $s(q)$, è possibile utilizzare il Risolutore di Excel per determinare l'*unwinding* ottimale, ossia le quantità da vendere giornalmente per chiudere la posizione in modo ottimale.

Esempio 21.12

Un *trader* desidera chiudere in 5 giorni una posizione su 100 milioni di azioni. Supponiamo che la funzione che lega il *bid-ask spread*, *s*, alle quantità, *q*, di azioni vendute giornalmente sia

$$s(q) = a + b\, e^{cq}$$

dove $a = 0,1$; $b = 0,05$; $c = 0,03$ e q è misurato in milioni di unità.

La deviazione standard, σ, delle variazioni giornaliere del *mid-market price* è pari a $0,1. Nel sito *web* del libro [e in quello del traduttore] c'è un *file* Excel che consente di determinare la strategia ottimale: cfr. VaR_Liquidity_Adjusted.xlsx.

Se il livello di confidenza è pari al 95%, le quantità da vendere nei giorni 1-5, sono pari, rispettivamente, a 48,9; 30,0; 14,1; 5,1 e 1,9 milioni. Se il livello di confidenza viene ridotto, le quantità vendute risultano meno variabili da un giorno all'altro. Ad es., quando il livello di confidenza è pari al 90%, le quantità da vendere sono pari a 45,0; 29,1; 15,6; 7,0 e 3,3 milioni e quando il livello di confidenza è pari al 75% sono pari a 36,1; 26,2; 17,7; 11,6 e 8,4 milioni.

Al limite, quando il livello di confidenza è pari al 50%, per cui il VaR è pari a 0 e il *trader* è interessato solo al valore atteso del costo di liquidazione, non alla sua deviazione standard, le quantità da vendere sono pari a 20 milioni in ciascuno dei 5 giorni.

L'Esempio 21.12 mostra che, quando si vuole chiudere una posizione su azioni nell'arco di *n* giorni, nel primo giorno va venduta una quota di azioni superiore a $1/n$. Questo perché, quanto più a lungo viene tenuta in essere la posizione, tanto maggiore è il rischio che si verifichino movimenti di mercato avversi.

Altre Misure di Liquidità del Mercato

Finora ci siamo concentrati sul *bid-ask spread* come misura di liquidità del mercato, ma molte altre misure sono state proposte.

Una misura importante è il «volume giornaliero degli scambi» (*volume of trading per day*), ossia il numero dei contratti negoziati giornalmente. Se un'azione è del tutto illiquida, il volume degli scambi è spesso nullo.

Un'altra misura è rappresentata dall'impatto che un nuovo contratto ha sul prezzo dell'attività negoziata. Una misura simile a questa, ma più facilmente calcolabile, è stata definita da Amihud.[3] Si tratta della media dei seguenti rapporti, calcolata in un certo intervallo di tempo:

$$\frac{\text{valore assoluto del tasso di rendimento giornaliero}}{\text{valore giornaliero degli scambi}}$$

Questa misura è ampiamente utilizzata dagli accademici. Amihud ha dimostrato che il tasso di rendimento atteso di un'azione aumenta se la sua liquidità diminuisce. In altre parole, gli investitori chiedono un compenso per la scarsa liquidità dell'azione.

21.2 RISCHIO DI LIQUIDITÀ NELLA PROVVISTA

Passiamo ora a considerare il «rischio di liquidità nella provvista» (*liquidity funding risk*). Si tratta del rischio che un'istituzione finanziaria non riesca a far fronte alle necessità di cassa, quando si manifestano.

---

[3] Si veda AMIHUD, R., "Illiquidity and Stock Returns: Cross-Section and Time-Series Effects", *Journal of Financial Markets*, 5 (2002), 31-56.

Riquadro 21.1 Northern Rock.

La banca britannica Northern Rock fu costituita nel 1997, quando la Northern Rock Building Society ne collocò le azioni, che vennero quotate alla London Stock Exchange (LSE). Nel 2007 era una delle 5 maggiori istituzioni del Regno Unito operanti nel settore dei mutui. Aveva 76 «filiali» (*branches*) e offriva «conti di deposito» (*deposit accounts*), «libretti di risparmio» (*savings accounts*), «prestiti» (*loans*) e «assicurazioni sulla casa» (*house and contents insurance*). La banca crebbe rapidamente tra il 1997 e il 2007. Alcuni dei suoi mutui furono cartolarizzati attraverso la sussidiaria Granite, che aveva sede nelle Channel Islands.

Il 75% della raccolta era in forma di obbligazioni che Northern Rock collocava sul mercato all'ingrosso. Dopo la crisi dei mutui *subprime* dell'agosto 2007, la banca incontrò crescenti difficoltà a rinnovare le obbligazioni in scadenza. Gli investitori istituzionali erano diventati molto cauti nel prestare denaro a chi concedeva mutui ipotecari. Le attività erano sufficienti a far fronte alle passività, per cui la banca non era insolvente. Nel settembre 2007, la Financial Services Authority (FSA) dichiarò: «Secondo la FSA, Northern Rock è finanziariamente affidabile, soddisfa i requisiti patrimoniali e ha prestiti di buona qualità». Tuttavia, Northern Rock non riusciva a raccogliere fondi e questo era un problema serio. Il 12 settembre 2007 si rivolse alla banca centrale inglese, la Bank of England, e pochi giorni dopo prese in prestito 3 miliardi di sterline dalla Tripartite Authority (Bank of England, Financial Service Authority e HM Treasury).

Il 13 settembre 2007, il redattore capo dell'area economica della British Broadcasting Corporation (BBC), Robert Peston, annunciò che Northern Rock aveva chiesto alla Bank of England un finanziamento d'emergenza. Il giorno dopo, venerdì 14 settembre, i depositanti si affrettarono a ritirare i propri fondi dalla banca. Migliaia di persone rimasero in fila per ore per prelevare i propri risparmi. Era la prima volta, dopo 150 anni, che si verificava una «corsa agli sportelli» (*bank run*). Alcuni clienti avevano depositato i propri fondi in un conto *online*, al quale non riuscivano ad accedere a causa dell'eccessivo numero di utenti che si erano connessi. Il lunedì successivo, 17 settembre 2007, i risparmiatori continuarono a prelevare fondi dai propri conti di deposito. Si stima che tra il 12 e il 17 settembre 2007 siano stati prelevati circa £ 2 miliardi.

Nel Regno Unito, l'assicurazione dei depositi garantiva il 100% delle prime 2.000 sterline e il 99% delle successive 33.000. Il 17 settembre 2007, a mercati chiusi, il Chancellor of the Exchequer, Alistair Darling, annunciò che il governo inglese e la Bank of England avrebbero garantito tutti i depositi della Northern Rock. In seguito a quest'annuncio, riportato nei maggiori quotidiani inglesi, le file presso le filiali della Northern Rock si estinsero gradualmente. Le azioni della Northern Rock, che erano scese da £ 11,92 (2 gennaio 2007) a £ 2,67, aumentarono del 16%.

Nei mesi che seguirono il 12 settembre 2007, le necessità finanziarie di Northern Rock aumentarono. La Bank of England continuò ad applicare tassi d'interesse elevati e a chiedere cospicue garanzie per indurre le altre banche a non assumersi rischi eccessivi. Northern Rock riuscì a far cassa vendendo alcune attività, ma nel febbraio 2008, quando il finanziamento d'emergenza raggiunse i 25 miliardi di sterline, la banca fu nazionalizzata e il *management* venne sostituito.

La banca fu divisa in due parti: Northern Rock plc e Northern Rock (Asset Management). In quest'ultima vennero collocati i «crediti inesigibili» (*bad debt*). Nel novembre 2011, Northern Rock plc fu acquistata dal Virgin Group (controllato dal dinamico imprenditore Sir Richard Branson). La cifra pagata al governo britannico fu di £747 milioni.

La storia di Northern Rock illustra la rapidità con cui i problemi di liquidità possono degenerare in una spirale senza fine. Se fosse stata gestita con un po' più di prudenza e avesse prestato più attenzione alla provvista, la banca poteva forse sopravvivere.

Come si è già detto all'inizio del capitolo, è importante distinguere tra «solvibilità» (*solvency*) e «liquidità» (*liquidity*). Le istituzioni finanziarie che sono solvibili (che hanno cioè un patrimonio netto positivo) possono fallire, e a volte falliscono, a causa di problemi di liquidità. Un esempio appropriato è rappresentato da Northern Rock, una banca inglese specializzata in mutui ipotecari (Riquadro 21.1).

Sez. 21.2 *Rischio di Liquidità nella Provvista*

I problemi di liquidità dovuti alla provvista possono essere causati da:

1. condizioni critiche nel sistema economico (ad es, la *flight to quality* cui si è assistito durante la Crisi Finanziaria Globale). Gli investitori sono restii a prestare capitali quando c'è il rischio di credito;
2. decisioni eccessivamente aggressive in tema di provvista. Tutte le istituzioni finanziarie tendono a utilizzare la provvista a breve per finanziare impieghi a medio-lungo termine. Si crea così uno «scompenso di liquidità» (*liquidity mismatch*). Le istituzioni finanziarie dovrebbero chiedersi: «quand'è che lo scompenso è eccessivo?» (*how much of a mismatch is too much?*).
3. tassi di rendimento modesti o negativi, con conseguente crisi di fiducia, contrazione dei depositi e difficoltà nel rinnovare la provvista.

Spesso queste tre cause si verificano simultaneamente, determinando severi problemi di liquidità.

Per gestire bene il rischio di liquidità, occorre prevedere le necessità di cassa e far in modo che possano essere fronteggiate anche negli scenari avversi. Alcune necessità di cassa sono prevedibili, mentre altre sono meno prevedibili.

Esempio 21.13

Se una banca ha emesso un'obbligazione, sa per certo quando dovrà pagare gli interessi sull'obbligazione. Se, invece, ha raccolto depositi a vista di clienti al dettaglio o ha concesso linee di credito a società, non sa bene quando ci saranno i «prelevamenti» (*withdrawals*) da parte dei depositanti o i «tiraggi» (*draw-downs*) da parte delle società.

Se l'istituzione finanziaria ha in portafoglio prodotti finanziari complessi, le occorrenze di cassa sono più difficile da prevedere.

Esempio 21.14

I *downgrade triggers* (Sezione 18.2), le garanzie offerte dalla banca e le insolvenze delle controparti in operazioni su derivati, possono avere un impatto inatteso sulle disponibilità liquide.

Fonti di Liquidità

Le principali fonti alle quali le istituzioni finanziarie possono attingere per far fronte a esigenze di cassa sono:

1. attività liquide;
2. smobilizzo di posizioni nel *trading book*;
3. finanziamenti a breve termine;
4. depositi all'ingrosso e al dettaglio;
5. cartolarizzazioni;
6. finanziamenti presso la banca centrale.

Le passeremo ora in rassegna.

Attività Liquide

I contanti e i «titoli prontamente trasformabili in contanti» (*marketable securities*) sono fonti eccellenti di liquidità. Naturalmente, i contanti consentono sempre di far fronte alle esigenze di cassa, ma anche i titoli emessi da nazioni quali gli Stati Uniti e il Regno Unito possono essere trasformati in contanti con breve preavviso, senza alcun problema. Tuttavia, i contanti e i titoli di Stato sono fonti relativamente care, dato che i contanti non fruttano interessi e gli interessi dei *marketable securities* sono minori di quelli dei titoli meno liquidi. Maggiore è la liquidità del titolo, minore è il tasso di rendimento che il titolo offre. Pertanto, c'è un limite all'utilizzo di contanti e titoli di Stato come fonti di liquidità.

Smobilizzo di Posizioni nel Trading Book

Uno dei modi con cui le istituzioni finanziarie possono far fronte alle difficoltà nella provvista è quello di liquidare parte del portafoglio di negoziazione (Sezione 21.1). È quindi importante valutare la liquidità dei titoli presenti nei portafogli di negoziazione. La valutazione va fatta ipotizzando condizioni di mercato critiche. Quando un'istituzione finanziaria ha problemi di liquidità, è probabile che molte altre istituzioni finanziarie si trovino in condizioni simili. Le attività che sono molto liquide in condizioni di mercato normali possono risultare difficili da vendere in condizioni di mercato critiche. Una delle conseguenze della Crisi Finanziaria Globale è stata quella che i portafogli di negoziazione di tutte le istituzioni finanziarie sono diventati improvvisamente molto meno liquidi.

Finanziamenti a Breve Termine

In condizioni di mercato normali, le banche affidabili non hanno difficoltà a fare provvista, ma in condizioni di mercato critiche l'avversione al rischio aumenta. Questo si traduce nell'innalzamento dei tassi d'interesse, nell'accorciamento della scadenza dei prestiti e, a volte, nel rifiuto di dare denaro in prestito. Le istituzioni finanziarie dovrebbero tenere sotto controllo le attività che possono essere «date in garanzia» (*pledged as collateral*) per avere prestiti di denaro con breve preavviso. Inoltre, possono mitigare il rischio di liquidità facendosi accordare una linea di credito da parte di altre istituzioni finanziarie, in cambio di una commissione.

Esempio 21.15

Countrywide, uno dei principali *originators* di mutui degli Stati Uniti, aveva negoziato con un consorzio di banche una «linea di credito» (*loan facility*) per $11,5 miliardi, che ha poi potuto utilizzare durante la Crisi Finanziaria Globale. L'apertura di credito ha consentito a Countrywide di sopravvivere. Tuttavia, la società ha continuato ad avere problemi di liquidità e – nel gennaio 2008 – è stata poi acquistata da Bank of America. Come si è visto nel Riquadro 21.1, a Northern Rock non è andata altrettanto bene.

Depositi all'Ingrosso e al Dettaglio

I depositi all'ingrosso sono più volatili rispetto ai depositi al dettaglio e possono sparire rapidamente in condizioni di mercato critiche. Anche i depositi al dettaglio non sono più così stabili come una volta. Per i depositanti è ora molto facile confrontare i tassi d'interesse offerti dalle diverse istituzioni finanziarie e trasferire i propri fondi via internet. Sfortunatamente, i problemi di liquidità tendono a interessare tutto il mercato, piuttosto che una o due istituzioni finanziarie. Quando un'istituzione finanziaria vuole aumentare i suoi depositi al dettaglio per motivi di liquidità, è probabile che l'obiettivo sarà difficile da raggiungere perché anche le altre istituzioni finanziarie cercheranno di fare lo stesso.

Cartolarizzazioni

Come si è visto nel Capitolo 2, le banche hanno spesso seguito un «modello del tipo "promuovere per distribuire"» (*originate-to-distribute model*). Hanno cartolarizzato i prestiti, invece di lasciarli immobilizzati nei bilanci. I prodotti strutturati, sviluppati per raggiungere questo scopo, sono stati presentati nel Capitolo 7. Prima dell'agosto 2007, le cartolarizzazioni rappresentavano un'importante fonte di liquidità per le banche. Questa fonte si è improvvisamente prosciugata nell'agosto 2007, quando gli investitori si sono accorti che i prodotti strutturati erano troppo rischiosi. Il modello "promuovere per distribuire" è stato poi dismesso. Non sorprende che le banche siano diventate molto caute nella concessione dei prestiti.

Le cartolarizzazioni hanno comportato altri problemi di liquidità, nell'agosto 2007. Le banche, con appositi «contratti di supporto della liquidità» (*liquidity backstop arrangements*), si erano assunte la responsabilità del collocamento della «carta commerciale garantita da attività finanziarie» (*asset-backed commercial paper* - ABCP) che doveva consentire di trovare la provvista necessaria per l'erogazione dei mutui, prima che questi venissero cartolarizzati. Quando non si riuscirono a trovare i compratori, furono le banche che dovettero acquistare questi strumenti. In alcuni casi, per evitare danni alla propria reputazione, le banche – anche se non erano legalmente tenute a farlo – hanno fornito mezzi finanziari ai *conduits* e agli altri veicoli fuori bilancio che erano coinvolti nelle cartolarizzazioni.

Finanziamenti presso la Banca Centrale

Le banche centrali, ad es. il Federal Reserve Board (FRB) negli Stati Uniti, la Bank of England (BoE) nel Regno Unito, o la European Central Bank (ECB) nell'Unione Europea, vengono spesse ricordate come «prestatori di ultima istanza» (*lenders of last resort*). Quando le banche commerciali si trovano in difficoltà finanziarie, le banche centrali sono pronte a prestare denaro, per preservare la salute del sistema finanziario. Le banche devono fornire appropriate garanzie, al cui valore di mercato viene in genere applicata una «decurtazione» (*haircut*). In altri termini, il prestito della banca centrale è inferiore al 100% del valore delle garanzie. Inoltre, il tasso d'interesse applicato dalla banca centrale può essere relativamente elevato. Nel marzo 2008, dopo il fallimento di Bear Stearns (acquistata da J.P. Morgan Chase), il Federal Reserve Board ha esteso alle banche d'investimento la possibilità di accedere ai finanziamenti della banca centrale, che in precedenza erano riservati alle banche commerciali.[4] Successivamente ha accordato questa stessa possibilità anche a Fannie Mae e Freddie Mac, nazionalizzate nel settembre 2008.

Non tutte le banche centrali applicano le stesse regole.

Esempio 21.16
Dopo la crisi dell'agosto 2007, gli *haircuts* applicati dalla European Central Bank (ECB) sono stati minori di quelli di altre banche centrali. Di conseguenza, alcune banche inglesi hanno preferito prendere denaro in prestito dalla ECB, piuttosto che dalla Bank of England (BoE).

---

[4] Le banche centrali si preoccupano del rischio d'insolvenza delle banche d'investimento, a causa del rischio sistemico (Riquadro 25.1). Le banche d'investimento negoziano derivati, oltre che con altre banche d'investimento, anche con le banche commerciali. Dato che queste negoziazioni avvengono per importi enormi, c'è il rischio che il fallimento di una banca d'investimento produca un «effetto domino» (*ripple effect*) in tutto il settore finanziario, mettendo a rischio la solvibilità delle stesse banche commerciali.

Riquadro 21.2 Ashanti Goldfields.

Nel 1999, Ashanti Goldfields, una compagnia mineraria aurifera con sede nel Ghana (Africa occidentale), andò incontro a difficoltà finanziarie a causa del suo programma di coperture.

Per proteggere gli azionisti dal rischio di discesa del prezzo dell'oro, aveva assunto posizioni corte in contratti *forward* scritti sull'oro. Il 26 settembre 1999, 15 banche centrali europee sorpresero il mercato con l'annuncio che avrebbero limitato le proprie vendite d'oro nei 5 anni successivi. Il prezzo dell'oro aumentò del 25%.

Ashanti non fu in grado di integrare le garanzie a fronte delle posizioni sui *forwards*. Ne seguì un'importante ristrutturazione che incluse la vendita di una miniera, la diluizione del patrimonio aziendale su una più ampia base azionaria e la revisione del programma di coperture.

Secondo certe voci, alcune banche nord-americane avrebbero pensato di creare sussidiarie in Irlanda solo per aver accesso ai finanziamenti della ECB. La ECB ha comunicato che, alla fine del settembre 2008, i prestiti concessi al sistema bancario ammontavano a € 467 miliardi. Ha quindi reso noto che, in futuro, avrebbe applicato *haircuts* più elevati.

Le banche cercano di mantenere segreto il loro effettivo ricorso ai finanziamenti della banca centrale. C'è il pericolo che i finanziamenti vengano interpretati come segno di difficoltà finanziarie, con conseguenze negative sulle altre fonti di approvvigionamento. Come si è visto nel Riquadro 21.1, la notizia che Northern Rock aveva chiesto un finanziamento d'emergenza alla Bank of England ha comportato un'immediata corsa agli sportelli della banca, esacerbandone i problemi di liquidità.

Coperture

Problemi di liquidità possono sorgere quando le società decidono di coprire attività illiquide entrando in contratti che sono soggetti al *marking to market*.

Esempio 21.17

Come si è visto nel Riquadro 15.1, spesso le compagnie minerarie aurifere si coprono vendendo l'oro alle istituzioni finanziarie, con *forwards* che scadono dopo 2-3 anni. Di solito, le compagnie sono tenute a costituire dei depositi di garanzia, il cui importo viene ricalcolato giornalmente in base al valore dei contratti. Se il prezzo dell'oro sale rapidamente, il valore dei contratti diventa fortemente negativo per le compagnie, per cui le istituzioni finanziarie chiedono loro di integrare i depositi di garanzia per importi molto rilevanti. Le perdite sui contratti *forward* sono compensate dai guadagni sull'oro presente nelle miniere, ma questa è un'attività molto poco liquida.

Com'è discusso nel Riquadro 21.2, Ashanti Goldfields è stata costretta a effettuare un'importante ristrutturazione quando, a seguito del forte aumento del prezzo dell'oro, non è stata in grado di far fronte alle «richieste d'integrazione dei depositi di garanzia» (*margin calls*).

Esempio 21.18

Un altro esempio dei problemi di liquidità, nelle operazioni di provvista, causati dalle operazioni di copertura, è dato da Metallgesellschaft, una società tedesca che aveva venduto petrolio e gas a suoi clienti con contratti *forward* a lungo termine (Riquadro 21.3).

L'insegnamento che possiamo trarre dai due esempi precedenti non è che si devono evitare i *forwards* e i *futures* per le coperture, ma che bisogna precostituirsi l'accesso a fonti di liquidità aggiuntive per far fronte ai possibili «scompensi» (*mismatches*) nei pagamenti che possono verificarsi in circostanze eccezionali.

Sez. 21.2 Rischio di Liquidità nella Provvista

Riquadro 21.3 Il caso Metallgesellschaft: una copertura finita male.

All'inizio degli anni '90, Metallgesellschaft (MG) aveva venduto un enorme volume di contratti, con scadenze tra i 5 e i 10 anni, per la fornitura di combustibile da riscaldamento e di benzina a prezzi *forward* superiori di 6-8 centesimi rispetto ai prezzi *spot*.

Per coprire la sua esposizione, Metallgesellschaft aveva poi assunto una posizione lunga su *futures* a breve termine, da rinnovare alla scadenza.

Il prezzo del petrolio scese e ci furono richieste d'integrazione dei margini sulla posizione in *futures*, con conseguenti forti pressioni sulle disponibilità finanziarie a breve termine di MG.

I dirigenti di MG che avevano proposto la strategia di copertura sostennero che gli esborsi a breve termine erano compensati dagli introiti che si sarebbero realizzati sui contratti a lungo termine. Tuttavia, l'alta dirigenza della società e le banche che la finanziavano cominciarono a essere molto preoccupate degli enormi esborsi per l'integrazione dei margini.

La società chiuse tutte le posizioni di copertura e, d'accordo con i clienti, abbandonò i contratti di fornitura che aveva stipulato. Le perdite per MG furono pari a $1,33 miliardi.

Riserve Obbligatorie

In alcuni Paesi, le banche centrali impongono alle banche di depositare presso di loro, o di tenere in contanti nelle proprie «sacrestie» (*vaults*), una certa quota dei depositi effettuati dalla clientela. Sono queste le cosiddette «riserve obbligatorie» (*reserve requirements*).

Esempio 21.19

In alcuni Paesi, come il Canada e il Regno Unito, non ci sono riserve obbligatorie. Gli Stati Uniti le hanno abolite nel marzo 2020. In Cina, le riserve obbligatorie sono state fissate in misura pari all'8% dei depositi nel dicembre 2021.

A volte, le banche centrali utilizzano le «riserve obbligatorie» (*reserve requirements*) non solo per assicurarsi che le banche detengano un ammontare minimo di liquidità, ma anche per controllare l'offerta di moneta.

Esempio 21.20

Quando le riserve obbligatorie sono pari al 10% dei depositi, un deposito di $100 può essere utilizzato per concedere un prestito di $90 [= $100 × (1 − 10%)]. Il prestito di $90 si traduce, a sua volta, in un deposito di pari importo presso il sistema bancario. Questo deposito può essere utilizzato per concedere un prestito di $81 [= $90 × (1 − 10%)], e così via. Alla fine, l'incremento dell'offerta di moneta (M1) generato dal deposito iniziale di $100 risulta pari a $900 (= $90 + $81 + ... = $90 / 10%).

Se l'aliquota che esprime le riserve obbligatorie in funzione dei depositi viene elevata al 20%, l'incremento dell'offerta di moneta generato dal deposito iniziale si contrae. Ad es., il deposito iniziale di $100 può essere utilizzato per concedere un prestito di $80 [= $100 × (1 − 20%)], che a sua volta potrà comportare un prestito di $64 [= $80 × (1 − 20%)], e così via. Alla fine, l'incremento dell'offerta di moneta (M1) generato dal deposito iniziale di $100 sarà pari a $400 (= $80 + $64 + ... = $80 / 20%).

Regolamentazione

Come si vedrà nel Capitolo 26, le autorità di vigilanza hanno richiesto che vengano soddisfatti due nuovi requisiti, basati su altrettanti rapporti, per tenere sotto controllo il rischio di liquidità: l'«indice di copertura della liquidità» (*liquidity coverage ratio* - LCR) e l'«indice di provvista stabile netta» (*net stable funding ratio* - NSFR).

Il *liquidity coverage ratio* è così definito:

$$\frac{\text{Attività liquide di elevata qualità}}{\text{Deflussi di cassa netti nei successivi 30 giorni}}.$$

Il periodo di 30 giorni considerato per il calcolo di questo rapporto è caratterizzato da gravi tensioni per la liquidità. Lo scenario di *stress* include (i) il peggioramento del *rating* di tre «tacche» (*notches*), ad es. da AA– a A–, (ii) la perdita di una quota dei depositi al dettaglio, (iii) la perdita di una quota della «provvista all'ingrosso non garantita» (*unsecured wholesale funding*), (iv) l'aumento delle «decurtazioni» (*haircuts*) sulla «provvista garantita» (*secured funding*), con conseguente riduzione del valore delle garanzie e (v) «utilizzo» (*drawdown*) imprevisto delle linee di credito concesse alla clientela.

Il *net stable funding ratio* è così definito:

$$\frac{\text{Ammontare disponibile di provvista stabile}}{\text{Ammontare obbligatorio di provvista stabile}}.$$

Il numeratore va calcolato moltiplicando ogni categoria di provvista (mezzi propri, depositi all'ingrosso, depositi al dettaglio, ecc.) per uno specifico fattore di «provvista stabile disponibile» (*available stable funding* - ASF) che ne misura la stabilità (Tavola 26.4). Il denominatore va calcolato moltiplicando ogni categoria di attività e di voce «fuori bilancio» (*off-balance-sheet* - OBS) cui dovrebbero corrispondere fonti stabili di provvista per uno specifico fattore di «provvista stabile obbligatoria» (*required stable funding* - RSF) che ne misura la persistenza (Tavola 26.5).

Le autorità di vigilanza hanno elencato un insieme di principi che devono essere seguiti dalle banche per una corretta gestione del rischio di liquidità:[5]

1. le banche devono assumersi la responsabilità di un'attenta gestione della liquidità, stabilendo regole che assicurino il mantenimento di un «cuscino» (*cushion*) di attività altamente liquide. Le autorità di vigilanza devono tenere sotto controllo il rischio di liquidità delle banche, allo stesso modo degli altri rischi, ed intervenire all'occorrenza;
2. le banche devono fissare, in modo chiaro e articolato, i limiti per il rischio di liquidità, in funzione delle strategie di *business* che perseguono e del ruolo che svolgono nel sistema finanziario;
3. il *senior management* deve tracciare le linee guida delle procedure di controllo della liquidità e assicurare il rispetto dei limiti di rischio prefissati. Le linee guida devono essere approvate annualmente dal consiglio d'amministrazione. Il *senior management* deve esaminare in via continuativa le informazioni sull'evoluzione della liquidità e riferire regolarmente al consiglio d'amministrazione;
4. quando vengono presi in esame nuovi prodotti o nuove linee di *business*, se ne devono esplicitamente quantificare i costi e i benefici in termini di liquidità e tenerli presenti nelle decisioni;

---

[5] BASEL COMMITTEE ON BANKING SUPERVISION, "Principles for Sound Liquidity Risk Management and Supervision", September 2008.

5. le banche devono disporre di procedure che siano in grado di generare le proiezioni dei pagamenti relativi ad attività, passività e strumenti fuori bilancio, per diversi scenari, tra cui quelli caratterizzati da condizioni di mercato critiche. Devono valutare la corrispondenza tra occorrenze di cassa e fonti di liquidità per diversi orizzonti temporali e definire gli opportuni «indicatori di allarme» (*early-warning indicators*). Le procedure devono tener conto della «vischiosità» (*stickiness*) della provvista, degli «impegni» (*commitments*) presi dalla banca, delle azioni che potrebbero rendersi necessarie per mantenerne la reputazione, e così via;
6. le banche devono gestire la liquidità sia a livello delle singole entità legali (ossia, per ogni sussidiaria) sia a livello consolidato, tenendo conto dei limiti legali, regolamentari e operativi al trasferimento della liquidità da una certa entità legale a un'altra;
7. la provvista delle banche deve essere diversificata sia per fonti sia per scadenze. Le banche devono valutare regolarmente le propria capacità di procurarsi fondi in tempi rapidi da ciascuna fonte;
8. le banche devono gestire attivamente le posizioni e i rischi di liquidità in modo da poter far fronte, in qualsiasi ora del giorno, agli impegni connessi con i pagamenti e le «liquidazioni» (*settlements*), in condizioni di mercato normali o critiche;
9. le banche devono gestire attivamente i beni dati in garanzia dei propri impegni e tener traccia dei «beni gravati da pegno o ipoteca» (*encumbered assets*) in ciascuna delle sue sussidiarie;
10. le banche devono effettuare regolarmente «verifiche in condizioni critiche» (*stress tests*), per diversi scenari. Gli scenari devono contemplare non solo situazioni eccezionali per il mercato nel suo insieme, ma anche problematiche concernenti singole istituzioni finanziarie o singole tipologie di attività finanziarie. I risultati degli *stress tests* devono essere utilizzati per predisporre efficaci «piani d'emergenza» (*contingency plans*).
11. per far fronte a possibili «insufficienze» (*shortfalls*) di liquidità, le banche devono disporre di piani d'emergenza che indichino chiaramente i livelli di responsabilità;
12. le banche devono preservare un «cuscino» (*cushion*) di attività liquide, di elevata qualità creditizia e non gravate da pegno, per proteggersi dal rischio di situazioni critiche per la liquidità. Non devono esserci impedimenti di alcun genere (legali, regolamentari o operativi) che ne impediscano l'utilizzo per esigenze di provvista;
13. le banche devono rendere note le proprie posizioni di liquidità e le politiche di gestione dei rischi.

Le raccomandazioni rivolte alle autorità di vigilanza nazionali sono le seguenti:

14. le autorità di vigilanza devono valutare regolarmente le procedure adottate dalle banche per gestire il rischio di liquidità e accertarsi che siano adeguate in relazione al ruolo svolto dalle banche nel sistema finanziario;
15. le autorità di vigilanza, a supporto delle loro valutazioni, devono controllare la reportistica interna delle banche e le loro comunicazioni al mercato;
16. le autorità di vigilanza devono intervenire in modo efficace e tempestivo se ravvisano carenze nella gestione del rischio di liquidità da parte delle banche;

17. le autorità di vigilanza devono condividere le informazioni con altri organi di controllo della pubblica amministrazione, al fine di facilitare la cooperazione nella supervisione del rischio di liquidità. La condivisione dovrebbe avvenire con regolarità in condizioni di mercato normali e aumentare, in contenuti e frequenza, quando le condizioni di mercato diventano critiche.

21.3 BUCHI NERI DI LIQUIDITÀ

Qualcuno ha sostenuto che il progresso tecnologico e gli altri sviluppi stanno comportando un costante miglioramento della liquidità dei mercati finanziari. Quest'affermazione è discutibile. È vero che i *bid-ask spreads* si sono in media ridotti, ma c'è stato anche un progressivo rafforzamento dei «comportamenti a mo' di gregge» (*herd behaviors*): tutti vogliono effettuare simultaneamente lo stesso tipo di negoziazione. Il risultato è che, con crescente frequenza, si osservano i cosiddetti «buchi neri di liquidità» (*liquidity black holes*), ossia episodi in cui la liquidità scompare del tutto.[6]

I *liquidity black holes* sono situazioni in cui la liquidità evapora, in certi mercati, perché tutti vogliono vendere e nessuno vuole comprare. A volte si parla di «uscite affollate» (*crowded exits*).[7]

Nei mercati ben funzionanti, i prezzi possono cambiare a causa dell'arrivo di nuove informazioni, ma non devono «reagire in modo eccessivo» (*overreact*). Se la riduzione di prezzo è troppo forte, i *traders* si presentano rapidamente sul mercato e i loro acquisti portano di nuovo il prezzo in equilibrio.

I *liquidity black holes* si verificano quando un ribasso dei prezzi fa sì che altri investitori vogliano vendere, con la conseguenza che i prezzi si avvitano e si portano a livelli ben più bassi di quelli d'equilibrio. Durante le fasi caratterizzate da forti pressioni delle vendite, la liquidità scompare e le attività possono essere vendute solo a «prezzi di liquidazione» (*fire-sale prices*).[8]

Strategie Pro-cicliche e Strategie Anti-cicliche

I cambiamenti nelle condizioni di liquidità dei mercati finanziari sono determinati dal comportamento dei *traders*. Ci sono due tipologie di *trader*: gli «anti-ciclici» (*negative feedback*) e i «pro-ciclici» (*positive feedback*).[9] Gli anti-ciclici comprano quando i prezzi scendono e vendono quando i prezzi salgono; i pro-ciclici vendono quando i prezzi scendono e comprano quando i prezzi salgono.

Nei mercati liquidi, sono gli anti-ciclici che predominano. Se il prezzo di un'attività diventa irragionevolmente basso, i *traders* comprano e i loro acquisti fanno tornare il prezzo a un livello più ragionevole. Analogamente, se il prezzo di un'attività diventa irragionevolmente alto, i *traders* vendono e le loro vendite fanno tornare

---

[6] Si veda PERSAUD, A. D., (ed.), *Liquidity Black Holes: Understanding, Quantifying and Managing Financial Liquidity Risk*. London: Risk Books, 1999.

[7] Si veda, ad esempio, CLUNIE, J., *Predatory Trading and Crowded Exits: New Thinking on Market Volatility*, Petersfield, UK: Harriman House, 2010.

[8] Le crisi di liquidità tendono ad essere associate con i ribassi dei prezzi, ma è possibile che si verifichino anche nei casi di rialzo.

[9] Si tratta, naturalmente, di una semplificazione che aiuta a comprendere la dinamica dei mercati. Alcuni *traders* seguono strategie complesse che non possono essere considerate né pro-cicliche né anti-cicliche.

il prezzo a un livello più ragionevole. Ne segue che il mercato è liquido, i prezzi sono ragionevoli e c'è equivalenza tra compratori e venditori.

Quando sono i pro-ciclici che predominano, i prezzi diventano instabili e il mercato diventa illiquido. Se il prezzo di un'attività scende, i *traders* vendono e il prezzo continua a scendere. Se, invece, il prezzo di un'attività sale, i *traders* comprano e il prezzo continua a salire.

Sono diversi i motivi per cui esistono fasi di mercato caratterizzati da *positive feedback*. Ad es.:

1. le «negoziazioni in tendenza» (*trend trading*).

    I *trend traders* cercano di identificare le tendenze in atto. Comprano quando il prezzo sale e vendono quando il prezzo scende. Una strategia collegata è rappresentata dalle «negoziazioni in fuga» (*breakout trading*). I *traders* comprano e vendono quando i prezzi attraversano gli estremi di un certo campo di variazione [ad es., se il campo di variazione va da $25 a $30, vendono se il prezzo scende sotto i $25 e comprano se sale sopra i $30];

2. gli ordini «con limite di perdita» (*stop-loss*).

    Spesso i *traders* danno ordini *stop-loss* per limitare le perdite. Gli ordini di vendita (acquisto) *stop-loss* consentono ai *traders* di limitare le perdite se il prezzo di un'attività che hanno comprato (venduto allo scoperto) scende al di sotto (sale al di sopra) di un certo livello. Questi ordini, che sono sempre presenti nei mercati, sono pro-ciclici;

3. le coperture dinamiche.

    Nel Capitolo 15 si è visto che gli *option traders* utilizzano una strategia dinamica per far sì che i loro portafogli siano neutrali in termini di delta [in particolare, la Tavola 15.2 e la Tavola 15.3 mostrano come viene coperta la vendita di una *call* che scade dopo 20 settimane]. La copertura di una posizione corta su *calls* o *puts* richiede che il sottostante venga acquistato dopo un rialzo e venduto dopo un ribasso. Pertanto, queste strategie dinamiche sono pro-cicliche. Viceversa, le coperture delle posizioni lunghe su *calls* o *puts* sono anti-cicliche perché richiedono che il sottostante venga acquistato dopo un ribasso e venduto dopo un rialzo. Quando le banche hanno importanti posizioni corte su opzioni, le loro strategie dinamiche di copertura possono destabilizzare il mercato e portare a situazioni di illiquidità [come si è visto nel Riquadro 3.1, a un certo punto le banche hanno venduto alle compagnie d'assicurazione inglesi un gran numero di *swaptions* e simultaneamente si sono coperte, determinando così una forte riduzione dei tassi d'interesse inglesi a lungo termine].

4. le opzioni sintetiche.

    La copertura di una posizione corta su un'opzione equivale alla creazione di un'opzione lunga sintetica. Pertanto, le istituzioni finanziarie possono creare opzioni lunghe sintetiche seguendo le stesse strategie dinamiche che utilizzano per coprire le posizioni corte su opzioni. Queste strategie sono pro-cicliche. In questo caso, l'esempio classico è quello del *crash* azionario dell'ottobre 1987. Nel periodo che ha preceduto il *crash*, il mercato azionario era andato molto bene. Per assicurarsi contro il rischio di una discesa dei prezzi, un numero sempre più elevato di gestori aveva utilizzato appositi programmi per creare opzioni *put* sintetiche scritte sui propri portafogli. Questi programmi suggerivano di vendere dopo i ribassi e di acquistare dopo i rialzi.

Riquadro 21.4 Il *crash* del 1987.

Lunedì 19 ottobre 1987, il Dow Jones Industrial Average scese di oltre il 20%. Sono in molti a ritenere che la *portfolio insurance* svolse un ruolo di rilievo nel *crash*.

Secondo alcune stime, le azioni che, nell'ottobre del 1987, venivano gestite seguendo schemi di *portfolio insurance* avevano un valore compreso tra i 60 e i 90 miliardi di dollari. Nei tre giorni tra mercoledì 14 ottobre 1987 e venerdì 16 ottobre 1987, il mercato scese di oltre il 10% e gran parte del ribasso si concentrò nel pomeriggio di venerdì. Secondo gli schemi di *portfolio insurance*, questo ribasso avrebbe dovuto generare vendite di azioni o di *futures* su azioni per almeno $12 miliardi. In realtà, chi seguiva schemi di *portfolio insurance* ebbe il tempo di vendere titoli per meno di $4 miliardi e si avvicinò alla settimana successiva con enormi importi da vendere, dettati dai propri modelli.

Si stima che lunedì 19 ottobre i programmi di vendita dei tre maggiori operatori che seguivano schemi di *portfolio insurance* rappresentarono, alla New York Stock Exchange, circa il 10% delle vendite sul mercato *spot* mentre, nei mercati dei *futures* su indici, le vendite dovute a schemi di assicurazione dei portafogli furono pari al 21,3% del totale. È probabile che la discesa dei prezzi sia stata accentuata da altri investitori che avevano previsto gli effetti delle vendite generate dagli schemi di *portfolio insurance*.

Dato che il mercato scese molto rapidamente e i sistemi elettronici delle borse si ingolfarono, gli assicuratori di portafogli riuscirono a eseguire solo una parte delle contrattazioni che venivano suggerite dai loro modelli, mancando così di assicurare la necessaria protezione.

Non c'è bisogno di dire che, dall'ottobre 1987, la popolarità degli schemi di *portfolio insurance* è scesa in modo significativo. Uno degli insegnamenti che si possono trarre da questa storia è che è pericoloso seguire strategie di *trading* – e anche strategie di copertura – che vengono utilizzate da molti altri operatori.

Secondo il rapporto della Commissione Brady, «La liquidità sufficiente ad assorbire pochi ordini di vendita da parte degli investitori si trasformò in illusione di liquidità, perché le vendite si fecero massicce e tutti si portarono dallo stesso lato del mercato. Ironicamente, fu l'illusione della liquidità che indusse alcuni investitori con le stesse motivazioni, come i seguaci degli schemi di *portfolio insurance*, ad adottare strategie che richiedono una liquidità ben superiore a quella che il mercato poteva offrire».

Il risultato fu quello tipico di un *liquidity black hole*. Il 19 ottobre 1987, i prezzi si avvitarono in una spirale al ribasso (Riquadro 21.4). La crisi durò poco. Dopo 4 mesi il mercato ritornò sui livelli precedenti il *crash*;

5. i depositi di garanzia.

    Forti variazioni nelle variabili di mercato possono portare a forti «richieste d'integrazione dei depositi di garanzia» (*margin calls*). Se le posizioni sono ad alto *leverage*, è possibile che le richieste non vengano soddisfatte e che le posizioni debbano essere chiuse in modo coattivo. La chiusura delle posizioni porta a un rafforzamento delle tendenze in atto ed è probabile che la volatilità aumenti. Il peggioramento della situazione può indurre le borse a richiedere ulteriori garanzie.

6. le «attività di negoziazione volte a mettere in difficoltà certi investitori o a sfruttarne momenti problematici» (*predatory trading*).

    Se un'impresa è in difficoltà finanziarie e si viene a sapere che venderà un titolo in blocco, è chiaro che il prezzo del titolo scenderà. Verranno assunte forti posizioni al ribasso che rafforzeranno la discesa dei prezzi. Per evitare il *predatory trading*, le posizioni devono essere «smobilizzate» (*unwound*) lentamente;

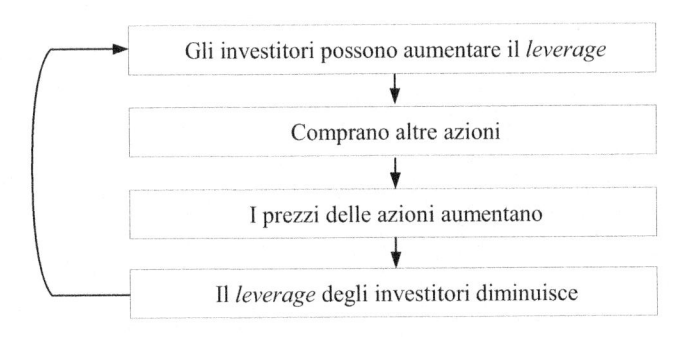

```
┌──► Gli investitori possono aumentare il leverage
│              │
│              ▼
│     Comprano altre azioni
│              │
│              ▼
│     I prezzi delle azioni aumentano
│              │
│              ▼
└── Il leverage degli investitori diminuisce
```

Figura 21.2 *Leveraging.*

```
┌──► Gli investitori devono ridurre il leverage
│              │
│              ▼
│     Vendono le azioni
│              │
│              ▼
│     I prezzi delle azioni diminuiscono
│              │
│              ▼
└── Il leverage degli investitori aumenta
```

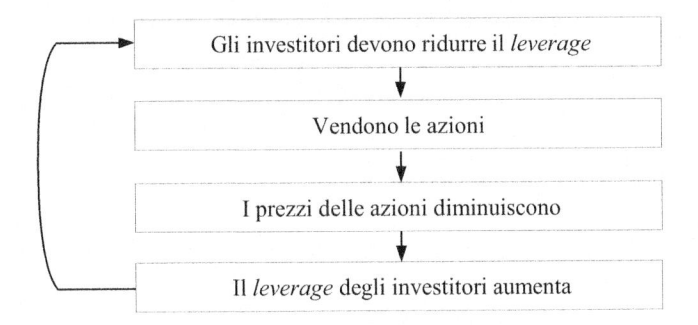

Figura 21.3 *Deleveraging.*

7. LTCM.

Il fallimento dell'*hedge fund* Long-Term Capital Management (LTCM), trattato nel Riquadro 16.1, offre un esempio di *positive feedback*. Una delle tipiche strategie seguite da LTCM riguardava il «valore relativo» (*relative value*) dei titoli obbligazionari. LTCM comprava i titoli poco liquidi, vendeva allo scoperto i corrispondenti titoli liquidi e aspettava che i prezzi si allineassero. In seguito all'insolvenza della Russia, nel 1998, i prezzi dei titoli si mossero nella direzione opposta a quella attesa: i prezzi dei titoli poco liquidi diminuirono e quelli dei corrispondenti titoli liquidi aumentarono. LTCM (al pari di altre società che seguivano strategie simili) aveva un *leverage* molto elevato e non fu in grado di soddisfare le *margin calls*. Le sue posizioni vennero chiuse forzatamente. La chiusura di queste posizioni comportò l'acquisto dei titoli liquidi e la vendita di quelli poco liquidi. Queste operazioni accentuarono la «fuga verso la qualità» (*flight to quality*) e portarono a un ulteriore ampliamento del divario tra i prezzi dei titoli liquidi e quelli dei titoli poco liquidi.

Leveraging e Deleveraging

Due fenomeni frequenti sono quelli dell'«espansione creditizia» (*leveraging*) e della «contrazione creditizia» (*deleveraging*). Si vedano la Figura 21.2 e la Figura 21.3.

Quando sono «gonfie» (*awash*) di liquidità, ad es. perché hanno cartolarizzato le attività o perché hanno depositi in eccesso, le banche concedono facilmente prestiti a imprenditori, investitori e consumatori. I *credit spreads* diminuiscono. Il denaro a buon mercato fa aumentare la domanda delle attività, finanziarie e non finanziarie, e i prezzi aumentano. Le attività vengono spesso date in garanzia dei prestiti con cui è stato finanziato il loro acquisto. Quando i prezzi delle attività aumentano, il valore di mercato dei beni dati in pegno aumenta. C'è quindi spazio per ulteriori prestiti. Il denaro preso in prestito può finanziare ulteriori acquisti e consentire quindi al ciclo di ripetersi. Questo ciclo è detto *leveraging* perché porta a un più elevato livello d'indebitamento nell'economia.

Il *deleveraging* è il processo opposto. Le banche si trovano, per qualche motivo, in condizioni di scarsa liquidità, ad es. perché è venuta meno la domanda degli strumenti creati con le cartolarizzazioni. Sono quindi più restie a concedere prestiti. I *credit spreads* aumentano. C'è meno domanda per le attività, finanziarie e non finanziarie, e i prezzi diminuiscono. Il valore di mercato dei beni dati in pegno si riduce e le banche riducono le linee di credito. È quindi necessario vendere le attività e, di conseguenza, i prezzi diminuiscono. Si alimenta così il ciclo del *deleveraging*.

Prima del 2007, molte economie erano in una fase di espansione creditizia. I *credit spreads* diminuivano ed era relativamente facile prendere denaro in prestito. Nella seconda metà del 2007, la situazione è cambiata ed è iniziato il ciclo di *deleveraging* illustrato dalla Figura 21.3. I *credit spreads* sono aumentati, prendere denaro in prestito è diventato molto meno facile e i prezzi delle attività sono diminuiti.

Gli *hedge funds* sono stati particolarmente colpiti dal processo di *leveraging - deleveraging*.

Esempio 21.21

Prima della Crisi Finanziaria Globale, un *hedge fund* si indebita per un importo pari a 20 volte il capitale proprio. Dopo la crisi, il suo *prime broker* gli chiede di ridurre il *leverage* a 5 volte il capitale proprio. Per farlo, l'*hedge fund* è costretto a vendere le sue attività. I prezzi delle attività diminuiscono per effetto delle sue vendite e di quelle effettuate da altri *hedge funds* che si trovano nelle stesse condizioni. Il patrimonio netto dell'*hedge fund* diminuisce e altre vendite sono necessarie.

Esuberanza Irrazionale

Il termine «esuberanza irrazionale» (*irrational exuberance*) è stato coniato da Alan Greenspan, *chairman* del Federal Reserve Board, in un discorso del dicembre 1996, quando, con riferimento al mercato azionario, disse: «Come facciamo a sapere quand'è che l'esuberanza irrazionale gonfia indebitamente i valori delle attività?».[10]

La frase è stata ricordata perché, all'indomani del discorso, i prezzi delle azioni scesero in tutto il mondo. I *liquidity black holes* possono essere ricondotti all'esuberanza irrazionale, di un tipo o dell'altro. Quel che succede è che i *traders* che lavorano per le diverse istituzioni finanziarie diventano irrazionalmente esuberanti per quanto riguarda una certa «categoria di attività» (*asset class*) o una certa variabile di mercato. Ne segue che i bilanci delle istituzioni finanziari diventano eccessivamente esposti nei confronti di questa *asset class* o di questa variabile di mercato.

---

[10] Si veda GREENSPAN, A., "The Challenge of Central Banking in a Democratic Society", Annual Dinner and Francis Boyer Lecture of The American Enterprise Institute for Public Policy Research, Washington, D.C., December 5, 1996: *"How do we know when irrational exuberance has unduly escalated asset values?"*.

Sez. 21.3 Buchi Neri di Liquidità

Spesso, il processo si auto-alimenta. Quando molte istituzioni finanziarie decidono di assumere una certa posizione, i prezzi aumentano e la posizione appare redditizia. Le istituzioni finanziarie ne ampliano quindi la dimensione, generando ulteriori profitti. È probabile che i *risk managers* delle istituzioni finanziarie si lamentino degli eccessivi rischi, ma in molti casi queste preoccupazioni passeranno sotto silenzio a causa degli elevati profitti.

Esempio 21.22

Il 10 luglio 2007, Chuck Prince, ex-CEO di Citigroup, ha dichiarato: «Quando la musica finirà, in termini di liquidità, le cose si faranno difficili. Ma fintanto che c'è musica, devi alzarti e ballare. Stiamo ancora ballando.».

A un certo punto, la «bolla» (*bubble*) scoppia e allora sono in molti a voler chiudere le posizioni. I mercati diventano illiquidi e le perdite diventano enormi. La volatilità aumenta e le procedure di gestione dei rischi (ad es., il VaR di mercato calcolato in base ai dati storici) possono suggerire alle istituzioni finanziarie di chiudere simultaneamente diverse posizioni rischiose. Questi comportamenti possono causare perdite ulteriori e problemi di liquidità ancora più seri. Si possono verificare insolvenze bancarie o possono circolare voci di possibili insolvenze. È probabile che molte banche si trovino a dover risolvere problemi di liquidità nelle operazioni di provvista. Di conseguenza, i prestiti vengono «tagliati» (*curtailed*).

Esempio 21.23

Un esempio classico dei comportamenti descritti è rappresentato dalla Crisi Finanziaria Globale. Si possono anche ricordare il *crash* del mercato azionario del 1987, il *crash* del mercato obbligazionario del 1994, la crisi monetaria asiatica del 1997-8 e il fallimento di Long-Term Capital Management del 1998.

L'esuberanza irrazionale fa parte della natura umana ed è, in una certa misura, inevitabile. Come si è visto nel Capitolo 7, è esacerbata dal modo in cui i *traders* vengono pagati. Gran parte della retribuzione è rappresentata dal *bonus* di fine anno, che dipende dalla *performance* realizzata nel corso dell'anno. Il *trader* può rendersi conto dell'esuberanza irrazionale del mercato e ritenere che ci sarà una correzione, ma – se è probabile che la correzione avvenga nel corso dell'anno successivo – è incentivato ad aumentare la dimensione delle posizioni per massimizzare la sua retribuzione nel breve termine.

Impatto della Regolamentazione

L'obiettivo delle autorità di vigilanza è quello di fare in modo che le banche e le altre istituzioni finanziarie di tutto il mondo siano soggette alle stesse regole. Tuttavia, il raggiungimento di una regolamentazione uniforme non è privo di costi. Tutte le banche tendono a rispondere nello stesso modo agli eventi esterni.

Esempio 21.24

Si consideri il rischio di mercato. Quando le volatilità e le correlazioni aumentano, il VaR di mercato aumenta e aumentano quindi i requisiti patrimoniali a fronte del rischio di mercato. Di conseguenza le banche tendono a ridurre le loro esposizioni. Dato che spesso le banche hanno posizioni simili tra loro, esse tentano simultaneamente di effettuare le stesse negoziazioni. Può quindi verificarsi una crisi di liquidità.

Esempio 21.25
Si consideri il rischio di credito. Il fenomeno è simile a quello descritto nella Figura 21.2 e nella Figura 21.3. Nella fase negativa del ciclo economico, le probabilità d'insolvenza sono relativamente alte e i requisiti patrimoniali per le banche che seguono i metodi IRB tendono a essere relativamente alti. Di conseguenza, le banche tendono a concedere meno prestiti creando così una crisi di liquidità per le piccole e medie imprese che hanno bisogno dei finanziamenti bancari (il fenomeno è simile a quello descritto nella Figura 21.2 e nella Figura 21.3).

Le autorità di vigilanza, riconoscendo la validità di queste argomentazioni, hanno previsto che le probabilità d'insolvenza da utilizzare non siano quelle puntuali, valide in un particolare istante del ciclo economico, ma siano piuttosto una media di quelle stimabili per l'intero ciclo economico.

Le altre istituzioni finanziarie, come compagnie d'assicurazione, fondi pensione e «fondi sovrani» (*sovereign wealth funds* - SWFs), dovrebbero essere regolamentate nello stesso modo delle banche? Si potrebbe essere tentati di rispondere "sì", per non dare a un'istituzione finanziaria un vantaggio sulle altre. Tuttavia, la risposta dovrebbe essere "no."

Queste istituzioni finanziarie hanno orizzonti temporali più lunghi di quelli delle banche. Non dovrebbero essere penalizzate quando investono in attività poco liquide. Inoltre, non si dovrebbe imporre che aggiustino i loro portafogli quando le volatilità e le correlazioni aumentano. Questi parametri tendono a ritornare verso livelli medi di lungo periodo e si deve dar tempo affinché ciò si verifichi.

Importanza della Diversità

A volte, i modelli economici ipotizzano che i partecipanti al mercato agiscano in modo indipendente l'uno dall'altro. Abbiamo sostenuto che spesso ciò non è vero. È la mancanza d'indipendenza che causa le crisi di liquidità. I *traders* che lavorano per le istituzioni finanziarie tendono tutti ad agire nello stesso modo, nello stesso momento. Per risolvere il problema delle crisi di liquidità c'è bisogno di una maggiore diversità nei mercati finanziari. Un modo per creare diversità è quello di riconoscere che le diverse tipologie di istituzioni finanziarie sono esposte a diversi tipi di rischi. Dovrebbero essere quindi regolamentate in modo diverso.

Gli *hedge funds* svolgono un ruolo importante nei mercati finanziari. Sono relativamente poco regolamentati e possono seguire qualsiasi strategia di *trading*. In una qualche misura, aggiungono diversità (e quindi liquidità) ai mercati. Tuttavia, come si è già visto, gli *hedge funds* tendono a utilizzare estensivamente il *leverage*. Quando la liquidità scarseggia, com'è successo durante la Crisi Finanziaria Globale, gli *hedge funds* sono costretti a ridurre le loro esposizioni e questo accentua i problemi di liquidità.

Una delle conclusioni che possiamo trarre è che le strategie d'investimento «contrarie» (*contrarian*) hanno qualche merito. Se i mercati reagiscono in modo eccessivo, gli investitori che acquistano quando tutti gli altri vendono possono conseguire risultati molto interessanti. Tuttavia, è difficile che queste strategie contrarie possano essere seguite da gestori soggetti a misure standard di VaR.

SOMMARIO

Il rischio di liquidità può essere distinto in «rischio di liquidità nelle negoziazioni» (*liquidity trading risk*) e in «rischio di liquidità nella provvista» (*liquidity funding risk*). Il *liquidity trading risk* ha a che fare con la facilità con cui è possibile smobilizzare le posizioni presenti nel portafoglio di negoziazione. Questo tipo di rischio dipende dalla natura delle attività, dalla dimensione delle posizioni, dall'urgenza con cui le posizioni devono essere chiuse e dalle condizioni di mercato. La Crisi Finanziaria Globale ha reso evidente l'importanza della trasparenza. È improbabile che attività non ben definite o non ben comprese possano essere trattate a lungo in mercati liquidi.

La liquidità delle attività può essere misurata in base al *bid-ask spread* relativo, ossia in base al rapporto tra il *bid-ask spread* [la differenza tra il prezzo «lettera» (*ask*) e il prezzo «denaro» (*bid*)] e il *mid-market price* [la «media dei prezzi denaro e lettera»]. Il costo della liquidazione di una posizione in condizioni di mercato normali è pari al prodotto tra la quantità di titoli in portafoglio e la metà del *bid-ask spread*. Le istituzioni finanziarie dovrebbero tenere sotto controllo il costo della liquidazione dell'intero portafoglio di negoziazione, sia in condizioni di mercato normali sia in condizioni di mercato critiche.

Quando chiudono posizioni di grandi dimensioni, i *traders* devono considerare il *trade-off* tra *bid-ask spread* e rischio di mercato. Se la posizione viene chiusa rapidamente, il *bid-ask spread* è grande, ma il rischio di mercato è basso. Se la posizione viene chiusa lentamente, il *bid-ask spread* è piccolo, ma il rischio di mercato è elevato.

La strategia di *trading* ottimale dipende

1. dalla funzione che lega il *bid-ask spread* alla quantità negoziata
2. dalla distribuzione di probabilità delle variazioni giornaliere dei prezzi di mercato.

Per ogni possibile strategia di *trading*, si può calcolare il costo di liquidazione che non verrà ecceduto a un certo livello di confidenza. La strategia ottimale è quella che minimizza tale costo.

La gestione del rischio di liquidità nelle operazioni di provvista si preoccupa di far fronte alle necessità di cassa che possono manifestarsi. È importante che le istituzioni finanziarie cerchino di prevedere le necessità di cassa sia in condizioni di mercato normali sia in condizioni di mercato critiche, per assicurarsi di essere in grado di farvi fronte. Le necessità di cassa dipendono dai prelevamenti dei depositanti, dai tiraggi sulle linee di credito, dalla garanzie che sono state concesse, dalle insolvenze delle controparti, e così via. Tra le fonti di liquidità figurano, oltre ai contanti, i titoli che possono essere prontamente trasformati in contanti, i depositi della clientela, i finanziamenti sul mercato all'ingrosso, le cartolarizzazioni e (come ultima risorsa) i finanziamenti presso la banca centrale. Nel giugno 2008, le autorità di vigilanza hanno reso noto un elenco di 17 principi da osservare nella gestione della liquidità e hanno manifestato la volontà di effettuare in futuro più stretti controlli sulle procedure di gestione della liquidità adottate dalle banche.

I rischi più seri si corrono con i cosiddetti «buchi neri di liquidità» (*liquidity black holes*), che si verificano quando tutti i *traders* vogliono stare simultaneamente dallo stesso lato del mercato. Questo può succedere perché i *traders* hanno posizioni simili e perché gestiscono i rischi nello stesso modo. Può anche darsi che i *traders* siano irrazionalmente esuberanti e prendano rischi eccessivi. Ciò che occorre è una maggiore diversità nelle strategie di *trading*. I *traders* che hanno obiettivi di lungo termine dovrebbero evitare di farsi influenzare dalle «reazioni eccessive» (*overreactions*) che si possono osservare sui mercati nel breve termine.

SUGGERIMENTI PER ULTERIORI LETTURE

ALMGREN, R., e CHRISS, N., "Optimal Execution of Portfolio Transactions", *Journal of Risk*, 3 (Winter 2001), 5-39.

BANGIA, A., DIEBOLD, F., SCHUERMANN, T. e STROUGHAIR, J., "Liquidity on the Outside", *Risk*, 12 (June), 68-73.

BASEL COMMITTEE ON BANKING SUPERVISION, "Liquidity Risk Management and Supervisory Challenges", February 2008.

BASEL COMMITTEE ON BANKING SUPERVISION, "Principles for Sound Liquidity Risk Management and Supervision", September 2008.

BRUNNERMEIER, M. K., e PEDERSEN, L. H., "Market Liquidity and Funding Liquidity." *Review of Financial Studies* 22, no. 6 (2009): 2201-38.

BRUNNERMEIER, M. K., e PEDERSEN, L. H., "Predatory Trading." *Journal of Finance* 60, no. 4 (2005): 1825-63.

CLUNIE, J., *Predatory Trading and Crowded Exits: New Thinking on Market Volatility*. Petersfield, UK: Harriman House, 2010.

PERSAUD, A. D., (ed.), *Liquidity Black Holes: Understanding, Quantifying and Managing Financial Liquidity Risk*. London: Risk Books, 1999.

DOMANDE E PROBLEMI
(le risposte si trovano alla fine del libro)

21.1. Qual è stato il problema della trasparenza nella crisi dei mutui *subprime* del 2007?

21.2. Le quotazioni *bid* e *ask* di una certa attività finanziaria sono pari, rispettivamente, a $50 e $55.
(a) Qual è il significato di queste cifre?
(b) Qual è il *bid-ask spread* relativo?

21.3. Un *trader* ha creato un portafoglio composto da una posizione corta sulle azioni della società A e una posizione lunga sulle azioni della società B. Il valore di mercato delle due posizioni è pari, rispettivamente, a $v_1 = \$5.000$ e $v_2 = \$3.000$. Il *bid-ask spread* relativo delle azioni della società A è pari a $h_1 = 1\%$ mentre quello delle azioni della società B è pari a $h_2 = 2\%$. In condizioni di mercato normali, qual è il costo che il *trader* sostiene per liquidare il suo portafoglio?

21.4. Supponete che, nel Problema 21.3, i *bid-ask spreads* relativi, h_1 e h_2, si distribuiscono in modo normale. Il *bid-ask spread* relativo delle azioni della società A ha media $\mu_1/M_1 = 0,01$ e deviazione standard $\sigma_1/M_1 = 0,01$. Il *bid-ask spread* relativo delle azioni della società B ha media $\mu_2/M_2 = 0,02$ e deviazione standard $\sigma_2/M_2 = 0,03$. In condizioni di mercato critiche, qual è il massimo costo – a un livello di confidenza del 95% – che il *trader* sostiene per liquidare il suo portafoglio?

21.5. Un *trader* vuole liquidare – nei prossimi 10 giorni – una posizione su 60 milioni di azioni. La funzione che lega il *bid-ask spread*, s, alle quantità, q, di azioni vendute giornalmente è

$$s(q) = a + be^{cq}$$

dove $a = 0,2$; $b = 0,1$; $c = 0,08$ e q è misurato in milioni di unità.

La deviazione standard delle variazioni giornaliere del *mid-market price* è pari a $0,1. Qual è la strategia ottimale che minimizza il costo di liquidazione a un livello di confidenza del 95%?

21.6. Spiegate le differenze tra il *liquidity coverage ratio* (LCR) e il *net stable funding ratio* (NSFR).

21.7. Perché è rischioso fare affidamento sulle fonti di provvista all'ingrosso?

Domande e Problemi

21.8. Per quale motivo Ashanti Goldfields e Metallgesellschaft si trovarono in difficoltà dal lato della provvista?

21.9. (a) Cosa s'intende per *negative-feedback trading* e per *positive-feedback trading*?
(b) Quale dei due può comportare problemi di liquidità?

21.10. Cosa dovrebbe misurare il *liquidity-adjusted* VaR?

21.11. (a) Spiegate perché si verificano i *liquidity black holes*.
(b) Come mai possono ricondotti alle regole fissate dalle autorità di vigilanza?

21.12. Perché è un bene per i mercati che i *traders* seguano strategie diverse?

Capitolo 22
Rischio di Modello

L'utilizzo dei modelli da parte delle istituzioni finanziarie sta crescendo rapidamente. I modelli vengono utilizzati per le decisioni sulla concessione dei prestiti, la gestione della liquidità, la valutazione delle esposizioni creditizie, il calcolo delle misure di rischio (quali VaR ed ES), la gestione dei portafogli finanziari dei clienti, la stima dell'adeguatezza del capitale, la gestione delle relazioni con la clientela, l'individuazione delle frodi, l'identificazione delle operazioni di riciclaggio, e così via. Modelli complessi, con tecniche analitiche avanzate quali l'«apprendimento automatico» (*machine learning*), vengono utilizzate per automatizzare alcune attività precedentemente svolte dagli uomini (si veda il Capitolo 29 per una discussione del *machine learning*). Si è ora consapevoli che le grandi istituzioni finanziarie hanno bisogno di una «funzione di gestione del rischio di modello» (*model risk management function*) a cui affidare il compito di verificare che i modelli siano appropriati per i fini per i quali sono stati costruiti e che vengano utilizzati in modo corretto.

I modelli sono approssimazioni della realtà. L'arte della costruzione di un modello consiste nel riuscire a cogliere gli aspetti chiave di una particolare applicazione senza che il modello sia talmente complesso che il suo utilizzo risulti estremamente difficile. Quasi sempre, i modelli si basano su certe ipotesi circa il fenomeno da modellare. È importante che quelle ipotesi vengano ben comprese e che si capisca quando non sono più valide.

In passato, si pensava che bastasse un «esperto in finanza quantitativa» (*quant*) e un «foglio di calcolo» (*spreadsheet*) per sviluppare un modello, da utilizzare poi con un minimo di controllo. Non è più così. Ora i modelli devono essere ben documentati. Inoltre, vanno rivisti periodicamente per determinare se sono ancora appropriati e se funzionano secondo le aspettative. Quando vengono modificati, è di solito necessaria un'autorizzazione. Spesso questi aspetti, che competono alla funzione di *model risk management*, non sono visti di buon occhio. Chi costruisce i modelli tende ad amare gli aspetti creativi del suo lavoro e a odiare il tempo speso a giustificare i modelli e a documentarli.

Abbiamo già sottolineato in precedenza che, quantomeno dall'inizio della Crisi Finanziaria Globale, le autorità di vigilanza hanno mostrato di essere sempre meno «a proprio agio» (*comfortable*) con l'utilizzo dei modelli interni per la determinazione del capitale regolamentare. Inoltre, si sono sempre più preoccupate delle modalità con cui i modelli vengono utilizzati dalle istituzioni finanziarie per finalità diverse dalla misurazione del capitale regolamentare. Il «rischio di modello» (*model risk*) è una componente del rischio operativo. Le autorità di vigilanza vogliono che le banche abbiano un sistema di gestione del rischio di modello: i modelli devono essere sviluppati, convalidati e utilizzati secondo le relative linee guida.

Questo capitolo inizia con l'esame delle norme in tema di gestione del rischio di modello, prosegue con l'illustrazione del ruolo svolto dai «gruppi addetti alla convalida dei modelli» (*model validation groups*) e passa poi a esaminare le principali differenze tra i modelli utilizzati in finanza e i modelli utilizzati in fisica o in altre scienze. Infine, si concentra sull'utilizzo dei modelli per la valutazione e la gestione dei rischi e si chiude con l'esame delle lezioni che possiamo trarre dagli errori commessi in passato.

22.1 NORMATIVA

Nell'aprile 2011, il Board of Governors della Federal Reserve ha pubblicato la SR 11-7, una lettera di «supervisione e regolamentazione» (*supervision and regulation - SR*) con le linee guida per un efficace gestione del rischio di modello da parte delle banche.[1] Ci si attende che la prassi seguita dalle banche statunitensi sia coerente con queste linee guida, data l'autorevolezza della fonte.

In altre giurisdizioni, le autorità di vigilanza hanno comunicato che si attendono di veder implementato un metodo altrettanto sistematico per comprendere e gestire il rischio di modello. Se ritengono che il sistema di gestione del rischio modello sia inadeguato, le autorità di vigilanza possono richiedere alle banche di integrare il capitale regolamentare.

Secondo la SR 11-7, il rischio di modello è

> "*la possibilità di conseguenze avverse derivanti da decisioni basate sulle stime e sui documenti prodotti da modelli non corretti o male utilizzati*".

Le cause principali del rischio di modello sono due:

1. il modello può contenere errori fondamentali se viene visto nell'ottica degli obiettivi per i quali è stato costruito. Gli errori possono riguardare i dati utilizzati, le modalità di calcolo, le procedure numeriche, le ipotesi, ecc.;
2. il modello può essere utilizzato in modo non corretto o non appropriato. È importante capire i limiti dei modelli. Un certo modello può essere stato costruito sulla base di ipotesi circa le condizioni di mercato o il comportamento di un particolare tipo di cliente. Quando le ipotesi non sono più valide, il modello non è più appropriato.

Le istituzioni finanziarie devono cercare di identificare le fonti del rischio di modello e misurare la loro importanza. In genere, più i modelli sono complessi, più elevato è il rischio di modello.

Quando i modelli sono connessi tra loro o quando più modelli si basano sulle stesse ipotesi, allora è possibile che il rischio di modello sia più elevato. È importante monitorare la *performance* dei modelli per determinare al più presto quando un modello, per qualsiasi motivo, non si comporta più nel modo atteso.

---

[1] Si veda BOARD OF GOVERNORS OF THE FEDERAL RESERVE SYSTEM, Office of the Comptroller of the Currency, "Supervisory Guidance on Model Risk Management," SR 11-7, April 2011.

Sviluppo dei Modelli

Quando si costruisce un modello, è importante documentarlo. Per diversi motivi:

1. se «chi ha sviluppato il modello» (*model developer*) esce dall'organizzazione e non lascia una buona documentazione, è difficile che altri si assumano la responsabilità di quel che è stato fatto. Di conseguenza, il lavoro svolto verrebbe perso;
2. spesso, quando valutano le procedure utilizzate dalle istituzioni finanziarie, le autorità di vigilanza chiedono di visionare la documentazione dei modelli;
3. se il modello è ben documentato, ne risulta agevolato il processo di convalida e di revisione periodica.

Aspetti importanti della documentazione di un modello sono:

1. la «dichiarazione di intenti» (*statement of purpose*);
2. la teoria sottostante;
3. la valutazione della prassi in uso nel settore;
4. la revisione delle ricerche che sono state pubblicate.

È importante che la documentazione spieghi chiaramente la matematica sottostante, le procedure numeriche utilizzate, le ipotesi fatte, e così via. La documentazione deve essere sufficientemente dettagliata, in modo da consentire anche ai non esperti di comprendere cosa è stato fatto. Come si è già detto, la documentazione verrà spesso vista come un'attività noiosa da parte del *model developer*. Tuttavia, spesso si rivela molto utile perché lo induce a «fare un passo indietro» (*step back*), a ripensare in modo diverso a quel che ha fatto e, a volte, ad apportare qualche modifica.

I modelli vanno verificati quanto più a fondo è possibile. Vanno attentamente controllate tutte le parti del codice del programma e va verificato il comportamento del modello per un ampia varietà dei dati di input. La verifica dovrebbe consentire di identificare le situazioni in cui il modello si comporta bene e quelle in cui si comporta male. Per esaminare il suo comportamento, si possono utilizzare dati di input via via più estremi. In alcuni casi, è opportuno confrontare i risultati ottenuti con quelli che si otterrebbero adottando un modello più complesso, che sarebbe però troppo lento dal punto di vista computazionale per poter essere utilizzato.

Il modo in cui verificare la *performance* del modello dipende dalla sua natura. I modelli sviluppati sulla base di serie storiche vanno controllati «fuori del campione» (*out of sample*).

Esempio 22.1

Se un modello per prendere decisioni circa la concessione dei prestiti viene sviluppato sulla base di un certo campione, osservato in un certo periodo, è chiaro che il modello non dovrebbe essere controllato sulla base di quelle stesse osservazioni.

Esempio 22.2

Se la strategia di gestione del portafoglio di un cliente viene sviluppata esaminando il comportamento dei prezzi della attività finanziarie durante un certo periodo, è chiaro che il modello andrebbe valutato in base ai dati osservati in un altro periodo.

Nel Capitolo 11 abbiamo visto come si effettua il *back-testing* dei modelli di calcolo del VaR. Il *back-testing* può essere utilizzato anche in altri casi.

Esempio 22.3

Supponiamo che un certo modello, basato su certe ipotesi, sia stato sviluppato per prezzare le «opzioni con barriera» (*barrier options*). Dovremmo essere in grado di determinare se il modello si sarebbe comportato bene in passato. Il *trader* che lo avesse utilizzato avrebbe conseguito profitti? In caso affermativo, i profitti sarebbero stati sufficienti per compensarlo dei rischi sostenuti?

Nel caso dei modelli effettivamente utilizzati nell'attività corrente, le istituzioni finanziarie dovrebbero raccogliere le informazioni necessarie per verificare che i modelli riflettano l'evoluzione della congiuntura economica e funzionino nel modo atteso. C'è il rischio che la loro esistenza induca a modifiche nei comportamenti.

Esempio 22.4

Un modello utilizzato per gestire i rapporti con la clientela potrebbe indurre i clienti a comportarsi in modo diverso dal passato. Un modello utilizzato per riconoscere le operazioni di riciclaggio potrebbe funzionare solo finché i soggetti da individuare non capiscano il funzionamento del modello, forse con metodi euristici «prova e sbaglia» (*trial and error*), e modifichino di conseguenza il loro comportamento. Anche «chi utilizza il modello» (*model user*) potrebbe trovare il modo di aggiustare i dati di input del modello, o il modo in cui viene utilizzato, per apparire migliore di quel che è.

Convalida dei Modelli

Uno degli effetti dell'accresciuta attenzione per la gestione del rischio di modello è la formazione dei «gruppi addetti alla convalida dei modelli» (*model validation groups*). A questi gruppi è affidato il compito di verificare che il funzionamento dei modelli utilizzati dall'organizzazione sia conforme alle aspettative. Tra i compiti svolti da questa funzione figurano il controllo del lavoro svolto dal *model developer*, la revisione critica di quel che è stato prodotto e l'analisi della *performance* del modello.

    La persona che convalida il modello non deve dipendere né dal *model developer* né dal *model user*. L'indipendenza è un fattore critico di successo per la funzione di *model risk management*. Le modalità con cui vengono definiti i «destinatari della reportistica» (*reporting lines*) e gli incentivi devono promuovere l'indipendenza. Il successo della funzione di *model risk management* va giudicato sotto diversi profili: l'obiettività delle revisioni critiche del modello, le questioni sollevate e le azioni intraprese in seguito alle osservazioni. La cultura aziendale è importante. Se non si incoraggiano le riflessioni oggettive e la discussione delle decisioni, è probabile che la procedura di convalida del modello risulti inefficace. È anche probabile che le autorità di vigilanza chiedano di venire a conoscenza dei casi in cui i modelli e il loro utilizzo siano stati appropriatamente modificati grazie alla procedura di convalida.

    A volte, i modelli vengono utilizzati in modo informale e su scala ridotta prima della convalida iniziale. Tuttavia, prima che il modello diventi parte dell'operatività dell'istituzione finanziaria, è importante che venga comunque effettuata una convalida. L'estensione e il rigore della convalida dipendono dall'entità dei rischi connessi con il modello.

Esempio 22.5

Supponiamo che sia stato sviluppato un modello per automatizzare la concessione di prestiti per miliardi di dollari. È chiaro che, in questo caso, la convalida debba essere «completa» (*thorough*).

Anche se il modello funziona bene e in sintonia con gli obiettivi, il *model validation group* potrebbe richiedere che l'implementazione del modello avvenga gradualmente e sotto stretta sorveglianza in modo da ridurre il rischio di modello.

La procedura di convalida deve essere applicata in via ricorrente, dopo l'approvazione del modello. Occorre monitorare i cambiamenti nelle condizioni di mercato e nelle prassi operative e il loro impatto sulla *performance* del modello. La SR 11-7 raccomanda che i modelli vengano riesaminati dal *model validation group* con frequenza almeno annuale.

I *model users* (soprattutto se sono diversi dai *model developers*) possono fornire indicazioni e il *model validation group* può determinare se la *performance* recente del modello è altrettanto buona quanto lo era in passato. L'output del modello (ad es., le decisioni sulla concessione dei prestiti, i tassi di rendimento sugli investimenti effettuati in base al modello, i tentativi di frode che sono stati contrastati, ecc.) va documentato e confrontato con gli esiti attesi.

Il caso London Whale (Riquadro 22.1) è un esempio della pressione a cui si può trovare esposto il *model validation group* quando viene chiamato ad autorizzare un modello. Nel caso in questione, il modello giustificava la riduzione del VaR, e quindi del capitale regolamentare, quando un'enorme posizione su un solo prodotto venne coperta con una posizione di segno opposto su un prodotto simile.

Se il *model validation group* avesse avuto più tempo, avrebbe condotto un'analisi più accurata del modello. Avrebbe potuto sostenere che la correlazione tra i due prodotti non era così forte come si era ipotizzato. Avrebbe anche potuto sostenere che le coperture che funzionano bene per le posizioni di importo modesto non funzionano altrettanto bene per le posizioni di grande dimensione. L'utilizzo del modello da parte della banca, per la gestione della sua enorme posizione, prestava il fianco al *predatory trading* (Capitolo 21) e questo rendeva meno rilevante il confronto tra le serie storiche dei prezzi del prodotto da coprire e di quello utilizzato per la copertura.

Secondo la SR 11-7, le procedure di convalida dei modelli dovrebbero essere caratterizzate da tre elementi fondamentali:

1. la valutazione della solidità concettuale, incluso l'esame delle fasi di sviluppo;
2. il monitoraggio continuo, incluso il *test* dei processi e il «confronto con altre realtà» (*benchmarking*);
3. l'analisi dei risultati, incluso il *back-testing*.

Solidità concettuale

Tutte le ipotesi del modello devono essere supportate da prove documentali. C'è il rischio che il *model developer* non sia imparziale e tenda a preferire un particolare tipo di modello oppure che abbia interesse a mostrare le proprie capacità professionali sviluppando un modello eccessivamente complesso. La procedura di convalida deve verificare che non sia così.

La stabilità dei modelli è una proprietà importante. Se una piccola variazione in un dato di input produce una grande variazione nell'output, il modello può essere instabile e non appropriato per l'utilizzo a cui è destinato. La procedura di convalida deve includere lo *stress testing*: il modello deve essere assoggettato a dati di inputi estremi per verificare il suo campo di applicabilità.

Riquadro 22.1 London Whale.

La «balena di Londra» (*London whale*) era un *trader*, Bruno Iksil, che lavorava per il Chief Investment Office (CIO) di J.P. Morgan Chase (JPM). Il «soprannome» (*nickname*) gli fu affibbiato per via delle enormi posizioni accumulate nel mercato dei *credit default swaps* scritti sugli indici CDX e iTraxx (come si è visto nella Sezione 17.4, questi prodotti consentono di proteggersi contro l'insolvenza di più società).

Il CIO aveva la responsabilità di investire le «eccedenze di cassa» (*surplus cash*) della banca. Alla fine del 2011, le sue posizioni sugli indici creditizi erano moderatamente grandi e con segno netto positivo (ossia, in media, aveva comprato protezione contro il rischio d'insolvenza). Queste posizioni coprivano l'esposizione del CIO sui titoli obbligazionari. JPM voleva ridurre i *risk-weighted assets* per uniformarsi alle nuove regole di Basilea. Voleva anche rendere più neutrale la sua posizione sugli indici creditizi perché riteneva che l'economia stesse migliorando. La «risoluzione anticipata» (*unwinding*) delle posizioni in essere sugli indici creditizi avrebbe comportato perdite sia perché il *mark-to-market value* era negativo sia perché il mercato si sarebbe mosso contro JPM a causa dell'*unwinding* di posizioni relativamente grandi. Di conseguenza, il CIO decise di coprire la sua posizione lunga sugli indici creditizi vendendo protezione su altri indici.

Il CIO si aspettava che le posizioni si bilanciassero, ma non fu così. Altri *traders* capirono che, sul mercato degli *index* CDSs, c'era qualcuno che stava assumendo forti posizioni (JPM cercò di mantenere segrete le proprie operazioni, ma gli altri capirono che c'era una "balena" nel mercato e, alla fine, venne fuori che la balena era un *trader* di JPM). JPM si trovò così a dover fronteggiare le «operazioni predatorie» (*predatory trading*) condotte da altri *traders* che miravano a indebolirla, ritenendola in difficoltà. Il mercato si mosse contro JPM: diversamente dalle aspettative, le sue posizioni, lunghe e corte, non furono più strettamente correlate.

Il CIO reagì accrescendo la dimensione delle sue posizioni, sia per ragioni tecniche legate alle coperture sia per contrastare gli avversari. In teoria, il portafoglio era ben bilanciato (in altri termini, i modelli mostravano che il suo valore sarebbe stato poco influenzato dalle variazioni dei *credit spreads*): c'erano posizioni lunghe e corte sugli indici CDX IG (*investment grade*) e CDX HY (*high yield*). In particolare, c'erano forti posizioni corte sul CDX IG 9 a 10 anni e forti posizione lunghe sul CDX IG 9 a 5 anni (la serie 9 era stata creata nel settembre 2007. Pur non essendo quella corrente, era ancora attivamente negoziata e 121 delle 125 società a cui si riferiva non risultavano insolventi). I prezzi non si mossero nella direzione auspicata e, nell'aprile/maggio del 2012, JPM registrò una perdita di $6 miliardi. Una parte dei *bonus* non ancora pagati ai dipendenti del CIO venne «recuperata» (*clawed back*) e, per il 2012, lo stipendio di Jamie Dimon, Chairman e CEO di JPM, venne «tagliato» (*cut*). JPM fu accusata di «comunicazioni inesatte» (*misreporting*) agli azionisti e finì per pagare una multa di circa $1 miliardo.

Perché il CIO ebbe la possibilità di assumersi rischi così elevati? Nel gennaio 2012, il CIO aveva superato i suoi limiti di VaR e, di conseguenza, anche l'intera banca aveva superato i propri limiti di VaR. Tuttavia, nella seconda metà dello stesso mese, venne rapidamente approvato un nuovo modello che riduceva del 50% il VaR del CIO, facendolo rientrare nei limiti. Nel gennaio 2013, un documento interno di JPM sulle perdite del caso London Whale ha elencato gli errori commessi. Il *quant* che aveva sviluppato il modello e il *model validation group* erano sotto pressione. Il *quant* dipendeva dai *traders* del CIO e il *model validation group* ebbe il tempo per effettuare solo un parziale *back-testing* del modello. Nel maggio 2012 il modello fu sottoposto a una nuova revisione. Vennero scoperti diversi gravi errori e il modello fu accantonato.

Questa storia sottolinea l'importanza della funzione di gestione del rischio di modello e i motivi che ne giustificano l'indipendenza.

Monitoraggio continuo

Come si è già detto, il monitoraggio continuo è un elemento essenziale della procedura di convalida. Tutte le modifiche apportate al modello devono essere verificate e documentate. Se il *model user* e il *model developer* sono la stessa persona (come a volte accade), il *model user* può avere la tentazione di «modificare» (*tweak*) il codice per migliorare la *performance* del modello. Questo non dovrebbe avvenire. Si potrebbe determinare una situazione in cui il modello non è altro che una collezione di modifiche, senza alcuna teoria sottostante.

Se un modello non funziona bene, è necessario sottoporlo a revisione e magari sviluppare un nuovo modello con fondamenta migliori. È importante che il *model validation group* esamini i casi in cui il *management* non utilizza il modello perché non lo considera coerente con la propria esperienza e il proprio giudizio. È segno che è necessario migliorare il modello o svilupparne uno nuovo.

Analisi dei risultati

L'analisi dei risultati, ad es. mediante *back-testing*, è importante per misurare la *performance* di un modello. È lo stesso *model developer* che dovrebbe effettuare e documentare quest'analisi. Spetta poi al *model validation group* il compito di verificare il lavoro svolto e di continuarlo in via ricorrente.

Vanno attentamente studiate le differenze tra i risultati effettivi e quelli attesi.

Esempio 22.6
Si potrebbe riscontrare che un certo modello per la gestione della liquidità funziona bene quando i tassi d'interesse sono bassi, ma non quando aumentano.

Queste analisi possono portare a migliorare i modelli.

Modelli Esterni

Non tutti i modelli vengono sviluppati internamente. Alcuni vengono acquistati dai «venditori di modelli» (*model vendors*). A volte, il motivo per cui si acquista un modello esterno è quello di farlo fungere da «punto di riferimento» (*benchmark*) per un altro modello sviluppato internamente. In questi casi, il modello esterno può essere uno strumento utile per la procedura di convalida. In altri casi, il motivo per cui si acquista un modello esterno è che costa meno che svilupparne uno interno. In questi casi, il modello esterno deve essere assoggettato alla stessa procedura di convalida dei modelli interni. Tuttavia, i modelli esterni possono essere particolarmente ostici per il *model validation group*, dato che la «competenza» (*expertise*) è esterna all'organizzazione e alcuni aspetti del modello possono essere proprietari.

Le istituzioni finanziarie devono dotarsi di procedure per la selezione dei modelli esterni. Il *model vendor* deve fornire la documentazione necessaria per far comprendere i) il modello, ii) le verifiche empiriche a cui è stato sottoposto e iii) i suoi limiti. Le istituzioni finanziarie dovrebbero chiedere al *model vendor* di monitorare il modello, di analizzarne i risultati e di trasmetterli ai clienti.

Il *model validation group* deve assumersi la responsabilità dell'approvazione dei modelli esterni. È possibile che non abbia accesso al codice del programma, ma – modificando i dati di input – può comunque condurre un'estesa analisi dei risultati prodotti dal modello. Deve inoltre chiedere al *model vendor* di fornire un'informativa completa sui dati utilizzati per lo sviluppo del modello. Infine, deve predisporre un «piano d'emergenza» (*contingency plan*) nel caso in cui il *model vendor* «fallisca» (*goes out of business*) o decida di non fornire più assistenza sul modello. Una possibilità è quella di chiedere che il codice del programma e tutto l'altro materiale proprietario venga «posto in garanzia» (*placed in escrow*) e sia messo a disposizione del cliente nell'eventualità che il *model vendor* non sia più in grado di fornire assistenza.

22.2 FISICA E FINANZA

Molti esperti di fisica lavorano ora in finanza e sviluppano modelli. Alcuni modelli sono simili a quelli che si incontrano in fisica.

Esempio 22.7
L'equazione differenziale fondamentale su cui si basa la famosa formula Black-Scholes-Merton è l'«equazione dello scambio di calore» (*heat-exchange equation*) utilizzata dai fisici in termodinamica.

Tuttavia, com'è stato sottolineato da Derman, c'è un'importante differenza tra i modelli utilizzati in fisica e quelli utilizzati in finanza.[2] I modelli utilizzati in fisica descrivono processi fisici e sono molto accurati. Invece, i modelli utilizzati in finanza descrivono il comportamento delle variabili di mercato, dei clienti, dei debitori, ecc. I fenomeni che vengono modellati sono il risultato del comportamento di esseri umani. Di conseguenza, i modelli sono in grado di offrire solo una descrizione approssimata della realtà.

Un'altra importante differenza tra i modelli utilizzati in fisica e i modelli utilizzati in finanza riguarda i parametri. I parametri presenti nei modelli utilizzati in fisica sono vere e proprie costanti (non cambiano). Invece, i parametri presenti nei modelli utilizzati in finanza vengono in genere cambiati di giorno in giorno, in modo che i prezzi teorici siano quanto più possibile vicini ai prezzi effettivi.

Esempio 22.8
In fisica, la forza gravitazionale esercitata dalla Terra sui corpi che si trovano sulla sua superficie produce un'accelerazione, comunemente detta «accelerazione di gravità» (*gravitational pull*) e indicata con la lettera *g*, che è sempre pari a circa 9,8 m/s^2.

Esempio 22.9
In finanza, il modello Black-Scholes-Merton ipotizza che la volatilità rimanga costante per l'intera vita dell'opzione, ma in effetti la volatilità cambia giorno dopo giorno. La volatilità di un'opzione a tre mesi può essere del 20% oggi, del 22% domani e del 19% dopodomani.

22.3 MODELLI SEMPLICI ED ERRORI COSTOSI

La valutazione dei prodotti lineari, come *forwards* e *swaps*, è semplice e richiede solo il calcolo di valori attuali.

In genere, c'è poco disaccordo sul mercato circa i corretti modelli di valutazione per questi prodotti e quindi il rischio di modello è molto basso. Tuttavia, questo non vuol dire che il rischio di modello sia nullo.

---

[2] Si veda DERMAN, E., *My Life as a Quant: Reflections on Physics and Finance*. Hoboken, NJ: Wiley, 2004 e DERMAN, E., "Model Risk", *Risk* 9, 2 (May 1996): 139-45.

Sez. 22.3 Modelli Semplici ed Errori Costosi **497**

Riquadro 22.2 Il caso Kidder Peabody: un errore imbarazzante.

Da diversi anni le banche d'investimento suddividono i titoli di Stato con cedole in *zero-coupon bonds*, chiamati *strips*, ognuno dei quali dà diritto a uno dei pagamenti previsti dal titolo con cedole. Joseph Jett, un *trader* che lavorava per Kidder Peabody, aveva escogitato una semplice strategia di *trading*. Comprava *strips* nel mercato *spot* e li vendeva nel mercato *forward*.

Il prezzo *forward* di un titolo che non offre redditi è sempre maggiore del prezzo *spot*, per cui Joseph Jett vendeva sempre a prezzi più alti di quelli a cui comprava. Sembrava che avesse scoperto una macchina per far soldi! In realtà, la differenza tra il prezzo *forward* e il prezzo *spot* non era null'altro che l'interesse pagato per finanziare l'acquisto *spot* dello *strip*. Supponiamo, ad es., che lo *zero rate* a 3 mesi sia pari al 4% annuo e che il prezzo *spot* dello *strip* sia di $70. Il prezzo *forward* dello *strip*, per consegna tra 3 mesi, è pari a $70,70 (= $70 $e^{0,04 \times 0,25}$).

I sistemi informatici di Kidder Peabody riportavano, per ognuna delle operazioni effettuate da Jett, un profitto pari alla differenza tra il prezzo *forward* e il prezzo *spot*, pari a $0,70 (= $70,70 − $70) nel nostro esempio. Rinnovando le operazioni in scadenza, Jett riusciva a far sì che gli interessi non venissero addebitati alle sue posizioni. Il risultato fu che i sistemi informatici riportarono un profitto di $100 milioni sulle operazioni di Jett (e Jett ricevette un consistente *bonus*) mentre in realtà il *trader* aveva provocato una perdita per circa $350 milioni. Questa storia dimostra che anche le maggiori istituzioni finanziarie possono sbagliare su cose relativamente semplici!

Esempio 22.10

Il sistema informatico di Kidder Peabody non teneva conto in modo corretto del costo della provvista e segnalava che un *trader* di prodotti lineari stava realizzando profitti molto consistenti mentre in realtà aveva causato perdite enormi (Riquadro 22.2).

Il modello utilizzato da Kidder Peabody doveva essere assoggettato a una procedura di convalida indipendente. Anche se il problema teorico del modello non fosse stato colto, la differenza tra i prezzi di modello e i prezzi di mercato avrebbe dovuto indicare al *model validation group* che c'era qualcosa di seriamente errato. L'errore nel modello di Kidder Peabody sarebbe stato facile da identificare se ci fosse stata una cultura aziendale non succube dei *traders*. In realtà, Barry Finer, il *risk manager* del *desk* sui titoli di Stato, aveva sottolineato che era difficile conseguire profitti di arbitraggio in un mercato efficiente come quello dei titoli di Stato statunitensi. Tuttavia, le sue preoccupazioni non furono prese in considerazione.

Un altro tipo di rischio di modello si ha quando un'istituzione finanziaria ritiene che un prodotto sia più semplice di quanto non sia effettivamente.

Esempio 22.11

Consideriamo il mercato degli *interest-rate swaps*. Gli *interest-rate swaps* del tipo *plain-vanilla* (Sezione 5.3) possono essere valutati supponendo che i tassi *forward* si realizzino (Appendice 5b). Ad es., se il tasso d'interesse *forward* relativo al periodo (2; 2,5) è pari al 4,3%, possiamo valutare lo *swap* supponendo che il tasso *spot* a 6 mesi che verrà osservato tra 2 anni sia pari al 4,3%.

Si potrebbe essere tentati di generalizzare quest'argomentazione e ritenere di poter valutare sotto questo stesso tipo d'ipotesi qualsiasi contratto che preveda lo scambio di pagamenti. Così non è.

Si considerino ad es. gli «*swaps* a tasso posticipato» (*in-arrears swaps*). In questi *swaps* il tasso variabile viene osservato nella stessa data in cui è pagato (non 6 mesi prima, come avviene negli *interest-rate swaps* del tipo *plain-vanilla* in cui il tasso variabile è rappresentato da un *reference rate* a 6 mesi). Gli *in-arrears swaps* vanno valutati supponendo che si realizzino i tassi *forward* corretti in base a un «aggiustamento per la convessità» (*convexity adjustment*).

Com'è indicato nel Riquadro 22.3, le istituzioni finanziarie che a metà degli anni '90 non hanno utilizzato i *convexity adjustments* sono andate incontro a notevoli perdite.

Riquadro 22.3 Come far soldi sfruttando i difetti dei modelli altrui.

Negli «*swaps* a tasso posticipato» (*in-arrears swaps*) il tasso variabile viene osservato nella stessa data in cui è pagato (non 6 mesi prima, come avviene negli *interest-rate swaps* del tipo *plain-vanilla*, in cui il tasso variabile è rappresentato da un *reference rate* a 6 mesi).

Mentre è corretto valutare gli *interest-rate swaps* del tipo *plain-vanilla* supponendo che i tassi *forward* si realizzino, gli *in-arrears swaps* vanno valutati supponendo che si realizzino i tassi *forward* corretti in base a un «aggiustamento per la convessità» (*convexity adjustment*).

A meta degli anni '90, le istituzioni finanziarie più sofisticate erano in grado di valutare correttamente gli *in-arrears swaps*, mentre le istituzioni meno sofisticate non sapevano che i tassi *forward* dovevano essere corretti in base al *convexity adjustment*. Il risultato fu che, scegliendo accuratamente la posizione da assumere nei contratti (pagare il fisso e ricevere il variabile), le istituzioni finanziarie più sofisticate furono in grado di realizzare cospicui profitti a danno delle controparti meno sofisticate. Il mondo dei derivati è un mondo in cui i *traders* non esitano a sfruttare i difetti dei modelli utilizzati dalla concorrenza!

Esempio 22.12

Consideriamo il mercato degli *interest-rate futures*. In molti casi, è ragionevole supporre che il prezzo *futures* sia uguale a quello del corrispondente contratto *forward*. Il prezzo di un *futures* sull'oro a 1 anno dovrebbe essere molto simile al prezzo di un *forward* sull'oro a 1 anno. Le differenze tra i due contratti sono numerose: ad es., il *futures* viene liquidato giornalmente e la parte corta ha una qualche flessibilità circa l'effettiva data di consegna. Tuttavia, queste differenze non fanno sì che i prezzi *futures* siano significativamente diversi dai corrispondenti prezzi *forward*.

A metà degli anni '90, molti *traders* ritenevano che, negli *interest-rate futures*, i tassi *futures* fossero uguali ai tassi *forward*. In realtà, quest'ipotesi, che può essere valida per molti altri *futures*, non vale per gli *interest-rate futures* di lunga scadenza, perché in tal caso la liquidazione giornaliera del contratto non può essere ignorata. Inoltre, nel caso in cui il sottostante è rappresentato da un tasso d'interesse, il valore finale del contratto *futures* e del contratto *forward* viene liquidato, rispettivamente, all'inizio e alla fine del periodo a cui si riferisce il tasso d'interesse.[3]

Monitorare le Negoziazioni

Le funzioni di *risk management*, all'interno delle istituzioni finanziarie, dovrebbero attentamente monitorare l'evoluzione delle negoziazioni.

In particolare, dovrebbero tenere sotto controllo:

1. i tipi di negoziazione che l'istituzione finanziaria effettua con altre istituzioni;
2. la competitività delle condizioni praticate sui prodotti strutturati;
3. i profitti registrati sui diversi prodotti.

Se le negoziazioni si concentrano troppo su certe tipologie o fanno registrare profitti enormi su strategie relativamente semplici, occorre fare attenzione. Un altro chiaro segnale di rischio si ha quando le istituzioni finanziarie non riescono a chiudere le posizioni a prezzi vicini a quelli forniti dai propri sistemi informatici.

Esempio 22.13

Gli elevati profitti fatti registrare da Joseph Jett a Kidder Peabody (Riquadro 22.2) dovevano suonare come un segnale d'allarme.

---

[3] Si veda HULL, J. C., *Opzioni, Futures e Altri Derivati*, 11ª ed., Pearson Italia, 2022.

Esempio 22.14

Se, a metà degli anni '90, i *risk managers* di alcune istituzioni finanziarie avessero scoperto che i *traders* negoziavano forti quantità di *in-arrears swaps* (Riquadro 22.3), pagando il variabile e ricevendo il fisso, avrebbero potuto segnalare l'esistenza di possibili problemi e chiedere che le negoziazioni di quei prodotti venissero temporaneamente sospese.

22.4 MODELLI PER CONTRATTI ATTIVAMENTE NEGOZIATI

Quando i contratti vengono attivamente negoziati sul mercato, non abbiamo bisogno di un modello per sapere qual è il loro prezzo. Ce lo dice il mercato.

Esempio 22.15

Supponiamo che un'opzione scritta su un indice azionario sia attivamente negoziata sul mercato. I prezzi «denaro» (*bid*) e «lettera» (*ask*) quotati dai *market makers* sono pari, rispettivamente, a $30 e $30,5. La nostra migliore stima del valore corrente dell'opzione è data dal «prezzo medio di mercato» (*mid-market price*) di $30,25 [= ($30 + $30,5)/2].

Una situazione comune nel mercato *over-the-counter* è quella in cui occorre valutare un contratto che è simile, ma non esattamente uguale, a un contratto standard. Si usa allora un modello per assicurarsi che il contratto venga valutato in modo coerente con i prezzi di mercato osservati per contratti simili.

Esempio 22.16

Supponiamo di dover valutare un'opzione con prezzo d'esercizio e/o vita residua diversi dalle opzioni negoziate sul mercato. Per valutare l'opzione in questione, si deve utilizzare un modello i cui parametri siano stimati sulla base dei prezzi delle opzioni attivamente negoziate sul mercato.

Un buon esempio delle procedure utilizzate è rappresentato dal modello Black-Scholes-Merton (si veda l'Appendice 5c per una descrizione del modello).

Modello Black-Scholes-Merton

Il modello Black-Scholes-Merton è facile da usare perché quasi tutti gli *inputs* sono direttamente osservabili. C'è soltanto un *input* che non può essere osservato: la volatilità. Questo vuol dire che c'è una corrispondenza biunivoca tra prezzi e volatilità. Quando è stata specificata la volatilità per una certa opzione, il suo prezzo può essere calcolato. Analogamente, quando il prezzo dell'opzione è noto, se ne può calcolare la volatilità. Come si è visto nella Sezione 8.2, le volatilità che uguagliano i prezzi di modello ai prezzi di mercato sono dette «volatilità implicite» (*implied volatilities*). Il *trader* responsabile di un *desk* tiene traccia della «superficie di volatilità» (*volatility surface*), ossia delle volatilità implicite nelle opzioni, con varie scadenze e con vari prezzi d'esercizio, scritte su una certa attività.

Esempio 22.17

Una *volatility surface* che potrebbe essere utilizzata per valutare le opzioni su valute è riportata nella Tavola 22.1. Per semplicità si è ipotizzato che il tasso di cambio corrente sia pari a 1.00.
Si noti che, se il modello Black-Scholes-Merton fosse una perfetta descrizione della realtà, le volatilità implicite sarebbero tutte uguali, quale che sia il prezzo d'esercizio (o la scadenza) dell'opzione, e non cambierebbero col passare del tempo. È compito del *trader* comprendere la configurazione corrente della *volatility surface* e cercare di anticiparne i cambiamenti.

TAVOLA 22.1 *Volatility surface* (%).

Prezzo d'esercizio	Scadenza					
	1 mese	3 mesi	6 mesi	1 anno	2 anni	5 anni
0,90	14,2	14,0	14,1	14,7	15,0	14,8
0,95	13,0	13,0	13,3	14,0	14,4	14,6
1,00	12,0	12,0	12,5	13,5	14,0	14,4
1,05	13,1	13,1	13,4	14,0	14,5	14,7
1,10	14,5	14,2	14,3	14,4	15,1	15,0

Se deve valutare un'opzione a 9 mesi con un prezzo d'esercizio di 1,05, il *trader* interpola tra 13,4% e 14,0% (Tavola 22.1) in modo da ottenere una volatilità del 13,7% [= (13,4% + 14,0%)/2]. Questa è la volatilità che verrà inserita nella formula Black-Scholes-Merton per determinare il valore dell'opzione.

Se deve valutare un'opzione a 1,5 anni con un prezzo d'esercizio di 0,92, il *trader* interpola tra due coppie di volatilità (14,7% e 15,0%) e (14,0% e 14,4%) in modo da ottenere una volatilità del 14,59% {= (14,7% + 15,0%)/2 + (0,92 − 0,90)/(0,95 − 0,90) × [(14,0% + 14,4%)/2 − (14,7% + 15,0%)/2]}. [Si ottiene lo stesso risultato se l'interpolazione viene fatta prima tra i prezzi d'esercizio e poi tra le scadenze (Problema 22.12)].

Fonti del Rischio di Modello

Il *model validation group* deve verificare se i prezzi dei contratti attivamente negoziati dipendono dal modello utilizzato. Se, nell'esempio precedente, invece del modello Black-Scholes-Merton utilizzassimo un altro modello, i prezzi sarebbero simili? La risposta a questa domanda è che, in genere, le differenze non sono significative, a condizione che il contratto da valutare sia esattamente lo stesso di quello attivamente negoziato, fatta eccezione per parametri quali il prezzo d'esercizio e la scadenza.[4] Il motivo è che il modello utilizzato non è altro che un sofisticato strumento di interpolazione e, di solito, due diversi strumenti di interpolazione forniscono risultati molto simili.

In casi estremi, è possibile che ci sia un rischio di modello. Il *model validation group* dovrebbe accertarlo.

Esempio 22.18
Se la pendenza della *volatility surface* è elevata in corrispondenza di certi prezzi d'esercizio o di certe scadenza, il *model validation group* dovrebbe verificare il funzionamento di più modelli.

Il *model validation group* dovrebbe anche verificare l'affidabilità dei dati di mercato e il comportamento del modello nell'eventualità che ci siano meno dati disponibili.

Coperture

Nel caso dei contratti attivamente negoziati, il principale rischio di modello riguarda le coperture. Come si è già detto, se si passa da un modello all'altro, in genere i

---
[4] Si veda FIGLEWSKI, S., "Assessing the Incremental Value of Option Pricing Theory Relative to an Informationally Passive Benchmark", *Journal of Derivatives* (Fall 2002): 80-96.

Sez. 22.4 Modelli per Contratti Attivamente Negoziati

prezzi teorici non cambiano in misura sensibile. Invece, il cambiamento di modello può avere effetti non trascurabili sulla *performance* delle coperture.

Possiamo distinguere tra «coperture all'interno del modello» (*within-model hedging*) e «coperture all'esterno del modello» (*outside-model hedging*). Le coperture *within-model* tengono conto del rischio determinato dalle variabili che il modello considera aleatorie. Le coperture *outside-model* tengono conto del rischio determinato dalle variabili che il modello considera costanti o deterministiche.

Esempio 22.19
Quando si usa il modello Black-Scholes-Merton, le coperture in termini di delta e di gamma, che mirano a proteggere le esposizioni nei confronti del prezzo dell'attività sottostante, sono esempi di *within-model hedging*, perché il modello considera aleatorio il prezzo del sottostante.

Invece le coperture in termini di vega, che mirano a proteggere le esposizioni nei confronti della volatilità, sono esempi di *outside-model hedging*, perché il modello ipotizza che la volatilità sia costante.

In pratica, i *traders* utilizzano quasi sempre sia il *within-model hedging* sia l'*outside-model hedging*, perché il processo di calibratura del modello richiede che vengano rivisti giornalmente anche i parametri che dovrebbero essere costanti, come la volatilità. Un buon *option trader* terrà sotto controllo l'esposizione del *trading book* nei confronti delle tipiche variazioni della *volatility surface*.[5]

In teoria, se il modello è stato disegnato in modo che i prezzi teorici siano coerenti con i prezzi di mercato e se le coperture vengono effettuate in via continuativa per tutte le variabili (non solo quelle aleatorie, ma anche quelle che si ipotizza restino costanti), il valore della posizione *post* copertura non dovrebbe cambiare. Tuttavia, in pratica, non è possibile effettuare le coperture in questo modo.

Esempio 22.20
Consideriamo nuovamente il modello Black-Scholes-Merton e supponiamo di volerlo utilizzare per valutare le opzioni scritte su un tasso di cambio. Il prezzo di ogni opzione è una funzione deterministica di tre variabili: il tasso di cambio, la volatilità implicita e il tempo.[6]

Pertanto, il *trader* è esposto alle variazioni del tasso di cambio e delle volatilità implicite nelle opzioni presenti nel suo portafoglio. L'esposizione nei confronti del tasso di cambio può essere agevolmente coperta mediante acquisti e vendite della valuta estera. Queste operazioni, note come *delta hedging*, vengono effettuate di solito almeno una volta al giorno (si veda la Sezione 15.1). La copertura del rischio di volatilità non è altrettanto semplice. Occorre comprare e vendere altre opzioni (e questo può essere costoso) e fare ipotesi sulla futura evoluzione della *volatility surface*.[7] Di conseguenza, la copertura del rischio di volatilità non è efficace quanto il *delta hedging*.

In pratica, il *delta hedging* è l'unica forma di copertura che il *trader* effettua su base regolare. Dato che il delta dell'opzione dipende dal modello utilizzato, la posizione del *trader* cambia se il modello cambia. Un'importante attività del *model validation group* è quella di verificare l'efficacia del *delta hedging* per modelli alternativi a quello utilizzato dal *trader*.

---

[5] Un metodo che può essere utilizzato è l'analisi delle componenti principali, descritta nella Sezione 14.3. Se l'esposizione nei confronti delle più importanti componenti è piccola, anche l'esposizione nei confronti delle più comuni variazioni della *volatility surface* sarà piccola.

[6] Per semplicità, supponiamo che i tassi d'interesse non cambino.

[7] Se la copertura del rischio di volatilità fosse perfetta, le differenze nel *delta hedging* verrebbero compensate da differenze nel *volatility hedging*. Tuttavia, in pratica, il *volatility hedging* è lontano dall'essere perfetto.

```
┌─────────────────────────────────────────────────┐
│         Si osservano i prezzi di mercato        │
│ di contratti simili attivamente negoziati sui mercati │
└─────────────────────────────────────────────────┘
                         │
                         ▼
┌─────────────────────────────────────────────────┐
│         Si stimano i parametri del modello      │
│          e si effettuano le interpolazioni      │
└─────────────────────────────────────────────────┘
                         │
                         ▼
┌─────────────────────────────────────────────────┐
│         Si valutano i contratti fuori standard  │
└─────────────────────────────────────────────────┘
```

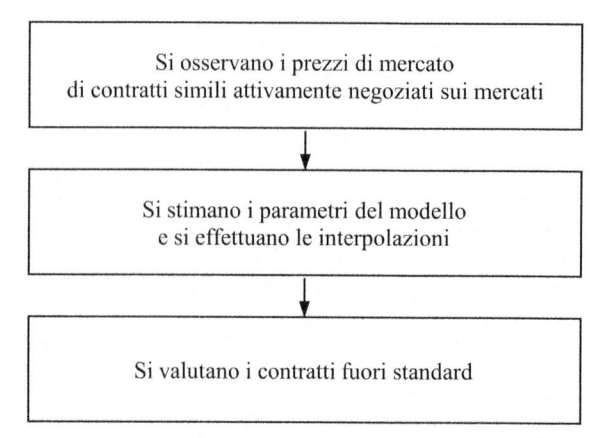

Figura 22.1 Metodo usato per valutare i contratti fuori standard.

Scomposizione di Profitti e Perdite

In genere, le istituzioni finanziarie valutano attentamente l'efficacia delle operazioni di copertura scomponendo le variazioni giornaliere del valore del portafoglio.

Le componenti analizzate sono:

1. le variazioni derivanti dai rischi non coperti;
2. le variazioni derivanti dalle imperfezioni del modello utilizzato;
3. le variazioni derivanti dai nuovi contratti negoziati durante il giorno.

Questa è la cosiddetta «scomposizione di profitti e perdite» [*profit and loss (P&L) decomposition*]. Se le variazioni giornaliere sono troppo elevate, questa scomposizione indica le aree che richiedono maggiore attenzione. La buona notizia è che, in media, gli errori tendono a compensarsi: è probabile che il rischio delle coperture imperfette tenda ad annullarsi se il portafoglio dell'istituzione finanziaria è ampiamente diversificato.

22.5 MODELLI PER CONTRATTI FUORI STANDARD

La Figura 22.1 illustra il metodo che viene generalmente utilizzato per valutare contratti simili, ma non uguali, a quelli che vengono attivamente negoziati sui mercati.

Innanzitutto, si scelgono i contratti standard che possono fungere da «strumenti di calibratura» (*calibrating instruments*). Le caratteristiche di questi contratti devono essere molto simili a quelle dei contratti da valutare. Si stimano poi i parametri del modello che si ritiene appropriato per la valutazione dei nuovi contratti.

Abbiamo sostenuto che il rischio di modello è molto basso quando si tratta di determinare i prezzi teorici dei contratti attivamente negoziati. Non è così nei casi di contratti fuori standard. In questi casi è probabile che il modello utilizzato abbia un forte impatto sia sulla valutazione dei contratti sia sulle modalità di copertura.

Esempio 22.21

Il Riquadro 7.1 offre un esempio del rischio di modello nella valutazione dei prodotti strutturati. Quando si valutano le ABS CDOs, non è una buona ipotesi supporre che le *tranches* con *rating* BBB di un ABS siano simili alle obbligazioni con *rating* BBB.

Un punto importante da notare è che siamo quasi sempre interessati alla «valutazione relativa» (*relative valuation*). L'obiettivo è quello di valutare i contratti fuori standard in modo coerente con i prezzi di contratti simili attivamente negoziati. È molto raro che i derivati siano valutati in termini assoluti. Questa è un'altra differenza tra i modelli utilizzati in fisica e quelli utilizzati in finanza.

Quando valutano i prodotti fuori standard, le istituzioni finanziarie non dovrebbero far affidamento su un solo modello. Utilizzandone più di uno, possono avere a disposizione più prezzi e comprendere meglio i rischi di modello.

Esempio 22.22
Supponiamo che un'istituzione finanziaria abbia ideato un nuovo contratto per uno dei suoi clienti e che i prezzi forniti da tre diversi modelli siano $6, $7,5 e $8,5 milioni.

Anche se crede che il primo modello sia il migliore e che sia quello standard da utilizzare per le operazioni giornaliere di «rivalutazione» (*repricing*) e copertura, l'istituzione finanziaria si dovrebbe accertare che al cliente venga praticato un prezzo di almeno $8,5 milioni.

Inoltre, dovrebbe essere prudente nella registrazione dei profitti. Se il contratto ha consentito di incassare $9 milioni, si potrebbe essere tentati di registrare un profitto pari a $3 (= $9 − $6) milioni. Questa prassi sarebbe troppo «aggressiva» (*aggressive*). Una prassi migliore, più prudente, sarebbe quella di mettere i $3 milioni a riserva e quindi passarli a utile gradualmente nel corso della vita del prodotto.[8]

Simulazioni Monte Carlo Ponderate

Quando si utilizzano più modelli, tutti dovrebbero essere calibrati sulla base dei prezzi di contratti standard attivamente negoziati sui mercati.

Esempio 22.23
Quando si valuta un'opzione con barriera, i modelli utilizzati dovrebbero produrre prezzi teorici per *calls* e *puts* ordinarie uguali a quelli osservati sul mercato.

Invece di verificare un piccolo numero di modelli diversi, si può cercare di effettuare un'analisi più sofisticata che risponda alla seguente domanda:

"Qual è il campo di variazione dei prezzi teorici del contratto fuori standard forniti da modelli calibrati sui prezzi di mercato dei contratti standard?"

Quest'analisi, se effettuata con successo, consentirebbe di individuare il «peggior prezzo possibile» (*worst possible price*) e il «miglior prezzo possibile» (*best possible price*) per il contratto fuori standard.

Uno dei metodi proposti è quello delle «simulazioni Monte Carlo ponderate» (*weighted Monte Carlo simulations*).[9] Si tratta di effettuare le simulazioni Monte Carlo con un modello, per poi applicare dei pesi ai sentieri. I pesi devono essere scelti in modo da far sì che le simulazioni ponderate forniscano valori corretti per i contratti standard. Questo vincolo deve essere soddisfatto dalla procedura di ottimizzazione a cui viene affidato il compito di trovare i pesi che producano valori minimi e massimi per il contratto fuori standard che si intende valutare.

---

[8] È probabile che questa prassi abbia anche implicazioni notevoli sul modo in cui vengono pagati i *bonus*.
[9] Si veda ELICES, A., e GIMÉNEZ, E., "Weighted Monte Carlo", *Risk*, (May 2006).

22.6 ASPETTI CONTABILI

I contratti presenti nel *trading book* devono essere valutati giornalmente. La procedura è nota ai *traders* con il nome di *marking to market* (Sezione 2.7). Le valutazioni effettuate vengono utilizzate per i «bilanci trimestrali» (*quarterly financial statements*). Il termine corrispondente al *marking to market* che viene utilizzato dagli uffici contabili è «contabilità al valore equo» (*fair-value accounting*).

Dal punto di vista contabile, si riconosce che alcuni modelli determinano prezzi più affidabili di altri. Il Financial Accounting Standards Board (FASB), negli Stati Uniti, e l'International Accounting Standards Board (IASB), in Europa, hanno approvato due *standards* contabili (rispettivamente, il FAS 157 nel 2006 e lo IAS 39 nel 2004) in base ai quali i contratti presenti nel *trading book* vanno distinti in 3 categorie:

1. contratti per i quali esistono quotazioni in «mercati attivi» (*active markets*) ["valutazioni di 1° livello"];
2. contratti per i quali esistono quotazioni in «mercati non attivi» (*not active markets*) o quotazioni di attività simili in mercati attivi ["valutazioni di 2° livello"];
3. contratti la cui valutazione si basa su ipotesi fatte dalla banca ["valutazioni di 3° livello"]. In questo caso, il termine utilizzato è *marking to model*.

Le valutazioni trattate nella Sezione 22.4, in cui il modello viene utilizzato come un sofisticato strumento di interpolazione, sono valutazioni di 2° livello. Le valutazioni trattate nella Sezione 22.5, in cui gli strumenti di calibratura sono diversi dai contratti da valutare, sono valutazioni di 3° livello.

22.7 COS'È CHE SPIEGA IL SUCCESSO DI UN MODELLO?

Si potrebbe sostenere che un modello i cui parametri cambiano di giorno in giorno non è di alcuna utilità. Certamente è così per i modelli utilizzati in fisica. Tuttavia, come si è già detto, i modelli per la valutazione dei contratti finanziari vengono utilizzati in modo del tutto diverso dai modelli della fisica.

Esempio 22.24
Il modello Black-Scholes-Merton ha avuto successo perché:
1. offre valutazioni coerenti con i prezzi di mercato, se viene usato congiuntamente con l'interpolazione della *volatility surface*;
2. è uno «strumento di comunicazione» (*communication tool*). Spesso, i *traders* preferiscono quotare le volatilità implicite, invece dei prezzi delle opzioni, perché le volatilità sono più stabili e, di conseguenza, non devono cambiare le quotazioni così frequentemente. Quando si modificano i prezzi del sottostante o i tassi d'interesse, i prezzi delle opzioni cambiano, ma non cambiano necessariamente le volatilità implicite;
3. è sufficientemente semplice. Ai *traders* il modello piace: lo trovano facile da capire e facile da usare.

Anche altri modelli, utilizzati in altre aree, hanno avuto successo perché godono di queste proprietà.

I *model developers* e il *model validation group* dovrebbero rendersi conto che il fine ultimo di un modello è quello di consentire al *model user* di comprendere il mercato e di esercitare il suo giudizio in modo più efficace. Spesso è meglio utilizzare un modello semplice piuttosto che un modello complesso.

22.8 ERRORI NELLA COSTRUZIONE DEI MODELLI

L'arte della costruzione dei modelli consiste nel catturare ciò che è importante al fine della valutazione e della copertura di un contratto, senza però rendere il modello più complesso di quanto sia necessario. A volte, i modelli devono essere complessi per poter cogliere le particolari caratteristiche di un contratto, ma non è sempre così.

Uno dei pericoli presenti nella costruzione dei modelli è rappresentato dalla «ricerca di un eccessivo accostamento tra prezzi teorici e prezzi effettivi» (*overfitting*).

Esempio 22.25

Consideriamo i problemi posti dalla *volatility surface* della Tavola 22.1. In teoria, è possibile estendere il modello Black-Scholes-Merton in modo che la volatilità teorica, che è una funzione complessa del sottostante e del tempo, sia esattamente pari alla volatilità effettiva descritta dalla *volatility surface*.[10] Tuttavia, il modello costruito con questo scopo potrebbe avere caratteristiche meno ragionevoli di quelle dei modelli più semplici. In particolare, la probabilità congiunta dei prezzi del sottostante a due o più diverse date potrebbe essere poco realistica. In alcuni casi, le future *volatility surfaces* potrebbero essere ben diverse da quella corrente.[11]

Un altro pericolo è quello dell'«utilizzo di un numero eccessivo di parametri» (*overparameterization*).

Esempio 22.26

Il modello Black-Scholes-Merton può essere esteso per tener conto del fatto che la volatilità non è deterministica, ma aleatoria, e che i prezzi non si muovono in modo continuo, ma sono soggetti a discontinuità. L'estensione del modello comporta ulteriori parametri da stimare. Si sostiene di solito che i parametri dei modelli complessi siano più stabili di quelli dei modelli più semplici e non richiedano di essere aggiustati giorno dopo giorno. Quest'affermazione può essere corretta, ma dobbiamo ricordarci che non ci stiamo occupando di processi fisici. I parametri dei modelli complessi possono restare inalterati per diverso tempo, ma poi cambiano a causa di quelli che gli economisti chiamano «cambiamenti di regime» (*regime shifts*). Le istituzioni finanziarie possono ritenere che i modelli complessi rappresentino un miglioramento rispetto ai modelli più semplici, almeno finché i parametri non cambiano. Quando i parametri cambiano, i modelli più complessi potrebbero non avere la flessibilità necessaria per adattarsi alle mutate condizioni di mercato.[12]

---

[10] Si veda il modello della «funzione di volatilità implicita» (*implied volatility function*) di DUPIRE, B., "Pricing with a Smile", *Risk*, 7 (February 1994), 18-20, DERMAN, E., e KANI, I., "Riding on a Smile", *Risk*, 7 (February 1984), 32-9 e RUBINSTEIN, M., "Implied Binomial Trees", *Journal of Finance*, 49, 3 (July 1994), 771-818.

[11] I modelli coerenti con la *volatility surface* in tutte le date future prezzano accuratamente i contratti il cui *payoff* a una certa data dipende solo dal prezzo del sottostante a quella data. Tuttavia, questi modelli possono essere meno accurati se vengono utilizzati per valutare alcuni derivati, come le «opzioni con barriera» (*barrier options*) e le «opzioni composte» (*compound options*), che dipendono dalla distribuzione congiunta del prezzo del sottostante a diverse date. Hull e Suo hanno dimostrato che il modello della *implied volatility function* funziona ragionevolmente bene per le opzioni composte, ma comporta a volte seri errori per le opzioni con barriera. Si veda HULL, J. C. e SUO, W., "A Methodology for the Assessment of Model Risk and its Applications to the Implied Volatility Function Model", *Journal of Financial and Quantitative Analysis*, 37, 2 (June 2002), 297-318.

[12] Nelle scienze sociali, questo tipo di problema è stato discusso da Robert E. Lucas, premio Nobel per l'economia nel 1995, nella famosa «critica di Lucas» (*Lucas critique*). Si veda LUCAS, R. E., "Economic Policy Evaluation: A Critique", in BRUNNER, K., e MELTZER, A.H., eds., *The Phillips Curve and Labor Markets*, Carnegie-Rochester Conference Series on Public Policy 1 (1976), 19-46.

Come si è già detto, spesso i modelli di maggior successo sono quelli più semplici. In genere, i *traders* sono piuttosto scettici nei confronti dei modelli complessi, perché sono «scatole nere» (*black boxes*) e sono molto difficili da comprendere a livello intuitivo. In alcuni casi il loro scetticismo è giustificato, per le ragioni che abbiamo appena menzionato.

SOMMARIO

Il rischio di modello rappresenta una forma di rischio operativo. Si riconosce ora che meriti una particolare attenzione. Le autorità di vigilanza si aspettano che le istituzioni finanziarie si siano dotate di procedure generali per lo sviluppo, la documentazione, la convalida e l'utilizzo dei modelli. I modelli devono essere rivisti periodicamente per accertarsi che funzionino nel modo atteso. Il «gruppo addetto alla convalida dei modelli» (*model validation group*) deve essere indipendente da «chi ha sviluppato il modello» (*model developer*) e da «chi utilizza il modello» (*model user*). Deve controllare il lavoro svolto dal *model developer* e definire le circostanze che ne rendano possibile l'utilizzo.

I modelli che si utilizzano in finanza sono diversi da quelli che si utilizzano in fisica perché, in ultima analisi, sono modelli del comportamento di esseri umani. Al massimo potranno essere approssimazioni della realtà. Inoltre, di tanto in tanto, si verificano «cambiamenti di regime» (*regime shifts*) che determinano variazioni fondamentali nella *performance* dei modelli.

Spesso i modelli di valutazione non sono altro che sofisticati strumenti di interpolazione. Come tali, vengono utilizzati per assicurarsi che i contratti siano prezzati in modo coerente con altri contratti. Quando il contratto da valutare è fuori standard, il modello scelto diventa più importante. È buona prassi che il *model validation group* esamini più modelli, stimi il campo di variazione dei prezzi teorici e comprenda bene il corrispondente rischio di modello. I modelli vanno sempre calibrati sulla base dei prezzi di contratti attivamente negoziati. Oltre alla *performance* del modello nella valutazione dei contratti, occorre anche valutare attentamente la *performance* delle coperture suggerite dal modello.

SUGGERIMENTI PER ULTERIORI LETTURE

Avellaneda, M., Bluff, R., Friedman, C., Grandchamp, N., Kruk, L., e Newman, J., "Weighted Monte Carlo: A New Technique for Calibrating Asset Pricing Models", *International Journal of Theoretical and Applied Finance* 4, 1 (February 2001): 91-119.

Bates, D. S., "Post '87 Crash Fears in the S&P Futures Markets", *Journal of Econometrics*, 94 (January / February 2000), 181-238.

Board of Governors of the Federal Reserve System, Office of the Comptroller of the Currency, "Supervisory Guidance on Model Risk Management," SR 11-7, April 2011.

Cont, R., "Model Uncertainty and Its Impact on the Pricing of Derivative Instruments", *Mathematical Finance* 16, 3 (July 2006): 519-47.

Derman, E., "Model Risk", *Risk*, 9 (May 1996), 139-45.

Derman, E., *My Life as a Quant: Reflections on Physics and Finance*, Wiley, 2004.

Elices, A., e Giménez, E., "Weighted Monte Carlo", *Risk*, (May 2006).

Glasserman, P., e Xu, X., "Robust Risk Measurement and Model Risk", *Quantitative Finance* 14, 1 (January 2014): 29-58.

Hull, J. C. e Suo, W., "A Methodology for the Assessment of Model Risk and its Applications to the Implied Volatility Function Model", *Journal of Financial and Quantitative Analysis*, 37, 2 (June 2002), 297-318.

JP Morgan Chase, "Report of JP Morgan Chase & Co. Management Task Force Regarding 2012 CIO Losses", January 2013.

DOMANDE E PROBLEMI
(le risposte si trovano alla fine del libro)

22.1. Spiegate cosa s'intende **(a)** per *marking to market* e **(b)** per *marking to model*.

22.2. La SR 11-7 identifica due cause principali del rischio di modello. Quali sono?

22.3. Perché è importante che il modello sia ben documentato?

22.4. «Il modello Black-Scholes-Merton non è nulla di più che un sofisticato strumento di interpolazione». Commentate quest'affermazione.

22.5. Utilizzando i dati riportati nella Tavola 22.1, calcolate la volatilità che un *trader* utilizzerebbe per valutare un'opzione a 8 mesi con prezzo d'esercizio di $1,04.

22.6. Qual è la differenza fondamentale tra i modelli utilizzati in fisica e quelli utilizzati in finanza?

22.7. Come fa un'istituzione finanziaria ad accorgersi che il modello da lei utilizzato per prezzare un derivato è diverso da quello dei concorrenti?

22.8. Distinguete tra *within-model hedging* e *outside model hedging*.

22.9. Cosa si intende per *P&L decomposition*?

22.10. In contabilità, cosa si intende per valutazioni di 1°, 2° e 3° livello?

22.11. Nella costruzione di un modello, cosa si intende per *over-fitting* e *over-parameterization*?

22.12. Nell'Esempio 22.17, la volatilità implicita di un'opzione con *strike* 0,92 e scadenza tra 1,5 anni è pari al 14,59%. La volatilità implicita è stata calcolata, in base ai dati della Tavola 22.1, interpolando prima tra le scadenze e poi tra i prezzi d'esercizio. Dimostrate che si ottiene lo stesso risultato se l'interpolazione viene fatta prima tra i prezzi d'esercizio e poi tra le scadenze.

22.13. «I *traders* possono *mark to market* i prodotti attivamente negoziati, ma devono *mark to model* i prodotti strutturati». Spiegate quest'affermazione.

Capitolo 23
Rischio Climatico, ESG e Sostenibilità

Passiamo ora a considerare i rischi ambientali, ossia i rischi derivanti dal danneggiare l'ambiente in modo così grave da rendere la Terra meno abitabile (o addirittura inabitabile). Tutte le imprese, comprese le istituzioni finanziarie, stanno scoprendo che, a causa delle pressioni sociali e di altro tipo, i rischi ambientali non possono più essere ignorati. È quasi certo che questi rischi diventeranno sempre più importanti negli anni a venire. Il maggiore rischio ambientale è il rischio climatico, ed è su questo che si concentra la prima parte di questo capitolo.

23.1 RISCHIO CLIMATICO

Ogni anno, gli abitanti del pianeta Terra aggiungono all'atmosfera decine di miliardi di tonnellate di «gas serra» (*greenhouse gas*). È questa la principale causa del «riscaldamento globale» (*global warming*). Quando l'energia prodotta dal sole raggiunge la Terra, una parte viene assorbita e una parte viene irradiata sotto forma di calore. L'aumento delle concentrazioni di gas serra nell'atmosfera fa sì che il calore si diffonda meno nello spazio e che venga maggiormente assorbito dall'atmosfera e dagli oceani. Sfortunatamente, questo problema non si corregge automaticamente, dato che i gas serra rimangono nell'atmosfera per centinaia di anni.

Il gas serra più diffuso è l'«anidride carbonica» (*carbon dioxide*), ossia il CO_2.[1] Com'è noto, questo gas viene emesso quando si bruciano combustibili fossili, come il «carbone» (*coal*), il «petrolio» (*oil*) e il «gas naturale» (*natural gas*), ma anche quando si produce «cemento» (*cement*), «calcestruzzo» (*concrete*), «acciaio» (*steel*) e «plastica» (*plastics*) o quando si allevano «animali» (*animals*). Riuscire a ridurre le emissioni di gas serra è ormai essenziale per garantire la sopravvivenza della razza umana. L'«Accordo di Parigi» (*Paris Agreement*) del 2015 ha posto un limite di 1,5 gradi Celsius all'aumento della temperatura, nel XXI secolo, rispetto ai livelli preindustriali. Il «Patto per il Clima di Glasgow» (*Glasgow Climate Pact*) del 2021 ha ribadito quest'obiettivo e ha rafforzato quelli previsti per il 2030, con il fine ultimo di raggiungere zero emissioni nette entro il 2050. I progressi verranno monitorati in ulteriori incontri, a intervalli di circa cinque anni.

---
[1] Tra gli altri gas serra creati dalle attività umane figurano il «metano» (*methane*), il «protossido di azoto» (*nitrous oxide*), gli «alocarburi» (*halocarbons*) e l'«ozono» (*ozone*).

TAVOLA 23.1 IPCC: percorsi socioeconomici condivisi.

SSP	Scenario	Riscaldamento stimato 2041-2060, °C	Riscaldamento stimato 2081-2100, °C	Intervallo molto probabile[2] 2081-2100, °C
SSP1	Le emissioni nette di CO_2 si annullano entro il 2050 (circa).	1,6	1,4	1,0 - 1,8
SSP2	Le emissioni nette di CO_2 si annullano entro il 2075 (circa).	1,7	1,8	1,3 - 2,4
SSP3	Le emissioni di CO_2 continuano ai livelli attuali fino al 2050 (circa) e poi diminuiscono.	2,0	2,7	2,1 - 3,5
SSP4	Le emissioni di CO_2 aumentano in misura pari al doppio di quelle attuali entro il 2100.	2,1	3,6	2,8 - 4,6
SSP5	Le emissioni di CO_2 aumentano in misura pari al triplo di quelle attuali entro il 2075.	2,4	4,4	3,3 - 5,7

TAVOLA 23.2 Emissioni di gas serra per settore economico (Stati Uniti, 2020).

Settore	Emissioni
Trasporti	27%
Elettricità	25%
Industria	24%
Commerciale e residenziale	13%
Agricoltura	11%

Resta da vedere in che misura gli obiettivi fissati a Parigi e Glasgow verranno raggiunti. È probabile che l'aumento della temperatura non sarà minore di 1,5 gradi Celsius. L'effettivo aumento, durante il XXI secolo, potrebbe raggiungere i 4 o addirittura i 6 gradi Celsius. L'ampia variabilità delle stime è dovuta all'incertezza sulle risposte politiche globali e sul loro successo nell'effettiva riduzione delle emissioni. Numerose organizzazioni hanno sviluppato modelli e prodotto scenari climatici. Tra queste figurano l'Intergovernmental Panel on Climate Change (IPCC), la Network for Greening the Financial System (NGFS) e l'International Energy Agency (IEA). Gli scenari climatici sono stati chiamati «percorsi socioeconomici condivisi» (*shared socioeconomic pathways* - SSPs) dall'IPCC che, nel 2021, ha pubblicato il suo sesto «rapporto di valutazione» (*assessment report*).[3] Si veda la Tavola 23.1.

Il problema chiave è che ci troviamo a dover decidere tra l'emissione di gas serra e i futuri danni all'ambiente, che avranno ripercussioni su figli e nipoti. Non è una decisione semplice. La Tavola 23.2 mostra le stime delle emissioni di gas serra per settore, prodotte nel 2020 dalla U.S. Environmental Protection Agency (EPA).[4]

---

[2] Questi valori possono essere interpretati come gli estremi di un intervallo di confidenza al 95%.
[3] Si veda IPCC, *Sixth Assessment Report*, 2021, www.ipcc.ch/assessment-report/ar6.
[4] Si veda EPA, *Sources of Greenhouse Gas Emissions*, www.epa.gov/ghgemissions/sourcesgreenhouse-gas-emissions.

L'eliminazione delle emissioni di gas serra richiederà molti cambiamenti nelle modalità con cui produciamo energia, ci spostiamo, produciamo materiali e ci nutriamo. Non sarà facile per i Paesi più sviluppati e potrebbe essere un onere non ragionevole per i Paesi in via di sviluppo, per via dei riflessi negativi sul loro sviluppo economico. La Cina è la maggiore responsabile delle emissioni di gas serra (circa 10 miliardi di tonnellate all'anno), seguita dagli Stati Uniti (5 miliardi) e dall'India (2,5 miliardi). Tuttavia, se si considerano le statistiche *pro capite*, le emissioni degli Stati Uniti sono pari al doppio di quelle della Cina e a sette volte quelle dell'India.[5]

Il cambiamento climatico sarà accompagnato dall'«innalzamento del livello del mare» (*rising sea level*), a causa dello scioglimento dei ghiacciai. Si è stimato che il livello del mare aumenterà di qualche metro per ogni grado Celsius di riscaldamento globale.[6] Parte della CO_2 verrà assorbita dagli oceani, con conseguente acidificazione e negativi riflessi sugli ecosistemi oceanici. Si prevede che, a causa dell'evaporazione dagli oceani, le precipitazioni aumenteranno di circa il 3% per ogni grado Celsius di riscaldamento globale.[7] Tuttavia, quest'aumento non si distribuirà in modo uniforme. Le aree che già ricevono molta pioggia ne riceveranno di più, mentre le aree asciutte diventeranno più secche. Di conseguenza, si possono prevedere inondazioni in alcune parti del mondo. Si possono prevedere anche altri eventi meteorologici estremi come «tempeste» (*storms*), «ondate di calore» (*heat waves*), «incendi» (*wildfires*), «uragani» (*hurricanes*) e «tornado» (*tornadoes*). In effetti, li stiamo già vedendo e il loro costo ammonta a miliardi di dollari. Si stima che, nel 2021, l'uragano Ida abbia causato danni negli Stati Uniti per 75 miliardi di dollari e che le «inondazioni» (*floods*) abbiano causato danni in Cina per 30 miliardi di dollari e per 22 miliardi di dollari in Germania e Belgio.[8] L'impatto sulla vita può essere grave. Nel 2003, un'ondata di caldo in Europa ha causato decine di migliaia di morti. Nel 2022, le ondate di caldo in alcune parti del mondo sono state anche peggiori.

In questo capitolo prenderemo in esame gli effetti del rischio climatico sulle istituzioni finanziarie. C'è molta incertezza. Forse gli accordi internazionali non saranno efficaci oppure, al contrario, ci saranno innovazioni tecnologiche utili per fronteggiare i rischi climatici. È possibile che si troverà un modo economicamente efficiente per rimuovere la CO_2 dall'atmosfera e immagazzinarla in modo permanente, oppure per catturarla e immagazzinarla prima che venga rilasciata nell'atmosfera. È anche possibile che ci sarà un «effetto a catena» (*ripple effect*). Se il livello delle emissioni di uno o due dei maggiori Paesi continuerà a essere elevato, altri Paesi potrebbero decidere di non portare a termine i progetti di riduzione delle emissioni perché la loro realizzazione non farebbe molta differenza e li potrebbe svantaggiare economicamente. A loro volta, queste decisioni potrebbero indurre altri Paesi ad abbandonare le «iniziative verdi» (*green initiatives*), e così via. Questo rischio non va sottovalutato perché, in passato, gli impegni sul clima presi dai maggiori Paesi non sono stati poi rispettati.

---

[5] Si veda www.worldometers.info/co2-emissions/co2-emissions-by-country per le statistiche su tutti i Paesi.

[6] Si veda J. Garbe, T. Albrecht, A. Levermann, J. F. Donges e R. Winkelmann, "The Hysteresis of the Antarctic Ice Sheet", *Nature* 585 (September 2020): 538-544.

[7] Si veda N. Jeevanjee e D. M. Romps, "Mean Precipitation Change from a Deepening Troposphere", *Proceedings of the National Academy of Sciences* 115 (45), (October 2018): 11465-11470.

[8] Si veda Jeff Masters, "The Top 10 Climate Change Events of 2021", *Yale Climate Connection* (January 11, 2022), yaleclimateconnections.org/2022/01/the-top-10-global-weather-and-climate-change-events-of-2021/.

Riquadro 23.1 Costi della transizione energetica in Germania.

Nel luglio 2020, la Germania ha approvato una legge che, dietro compenso ai proprietari, prevede la chiusura, entro il 2038, di tutte le centrali a carbone. Molti impianti verranno chiusi prima della fine della loro vita utile (in genere 30-50 anni). Ad es., se verrà chiusa come previsto, Datteln, una «centrale elettrica a carbone» (*coal power station*) che è diventata operativa nel 2020, avrà una durata massima di soli 18 anni. La chiusura comporterà un costo per i contribuenti tedeschi.

Tuttavia, alcune novità sono incoraggianti. Una è rappresentata dall'istituzione, da parte del Financial Stability Board, della Task Force on Climate-Related Financial Disclosures (TCFD). Quest'unità fornisce raccomandazioni sui rischi climatici che le imprese dovrebbero essere tenute a divulgare. La TCFD è guidata da Michael Bloomberg ed è stata supportata da 3.000 organizzazioni di 92 Paesi che, nel 2022, avevano una capitalizzazione di borsa pari a 27.200 miliardi di dollari. Un'altra novità è rappresentata, come vedremo più avanti, dalla Glasgow Financial Alliance for Net Zero (GFANZ), di Mark Carney, che ha raccolto un'enorme quantità di capitali da destinare alla transizione verso un futuro con basse emissioni di carbonio.

Gli analisti distinguono i «rischi fisici» (*physical risks*) dai «rischi di transizione» (*transition risks*). I rischi fisici sono quelli derivanti da eventi climatici estremi come le inondazioni, l'innalzamento del livello del mare, gli uragani e così via. I rischi di transizione sono quelli associati al passaggio verso un futuro con emissioni più basse. Tra questi figurano l'introduzione di una «tassa sul carbonio» (*carbon tax*) e i costi di riduzione delle emissioni connessi con la modifica delle pratiche commerciali o l'interruzione di determinate attività. Ad es., è possibile che le imprese debbano dismettere prima del previsto gli impianti che producono energia per mezzo di combustibili fossili (Riquadro 23.1). Tuttavia, è anche possibile che la transizione verso un futuro con emissioni più basse dia origine a opportunità per le imprese che riescono a trovare modi rispettosi dell'ambiente per produrre elettricità, cemento e altri prodotti che attualmente portano alla produzione di gas serra.

Altri rischi rilevanti, legati al cambiamento climatico, sono quelli associati ai movimenti di capitale, talmente grandi da poter alterare i mercati finanziari. GFANZ stima che la transizione energetica richiederà investimenti aggiuntivi dell'ordine di $100.000-$150.000 miliardi nei prossimi 30 anni. Infine, c'è il rischio che i singoli Paesi intraprendano passi radicali per mitigare gli effetti del cambiamento climatico.

Esempio 23.1

La «gestione delle radiazioni solari» (*solar radiation management*), una forma di geo-ingegneria volta ad aumentare la capacità dell'atmosfera di riflettere la luce solare, è una risposta a breve termine che, con costi contenuti (solo pochi miliardi di dollari), potrebbe consentire un temporaneo raffreddamento climatico di una qualche rilevanza.[9] Tuttavia, le conseguenze sono molto incerte. Queste azioni potrebbero influenzare le correnti oceaniche, creare siccità o eventi piovosi nei Paesi vicini, oltre ad avere impatti biologici. Ciononostante, per tentare di ritardare gli effetti del cambiamento climatico nei Paesi più colpiti, sono stati già avviati i «primi programmi pilota» (*early pilot programs*).

In circa 25 Paesi sono state introdotte tasse sul carbonio, per ridurre le emissioni.

---

[9] Si veda, ad es., Simon Nicholson, "Solar Radiation Management", Wilson Center, September 30, 2020, https://www.wilsoncenter.org/article/solar-radiation-management.

Esempio 23.2

La Svezia è stato il primo Paese a introdurre una «tassa sul carbonio» (*carbon tax*), nel 1991. L'aliquota fiscale per tonnellata di CO_2 fossile emessa è stata poi progressivamente aumentata, nel 1997 e nel 2007. Secondo alcuni studi, la tassa è stata determinante per ridurre le emissioni. Negli Stati Uniti, la tassa sul carbonio è stata ripetutamente proposta, ma non attuata.

Un altro provvedimento adottato in alcuni Paesi è noto con il termine «limitazione e scambio» (*cap and trade*). Le imprese non possono emettere più di una certa quantità di CO_2, ma possono negoziare tra loro le quote di emissione. Se un'impresa non ha bisogno di utilizzare tutta la sua quota, può vendere la parte inutilizzata a un'altra impresa che vuole emettere CO_2 in misura superiore alla sua quota. Questo schema può comportare la riduzione delle emissioni là dove farlo è più semplice ed economico. Il sistema *cap and trade* è stato adottato in molte giurisdizioni, compresa la Cina e alcuni stati degli Stati Uniti.

Compagnie d'assicurazione

È probabile che l'impatto dei cambiamenti climatici sul settore assicurativo sia molto rilevante.

Esempio 23.3

In teoria, le compagnie d'assicurazione dovrebbero assumersi rischi non correlati tra loro. Consideriamo l'insieme delle polizze-auto di una grande compagnia d'assicurazione. Le richieste di risarcimento avanzate dai titolari delle polizze sono molto poco correlate tra loro. Ciò significa che si può applicare la «legge dei grandi numeri» (*law of large numbers*) e questo consente di prevedere i rimborsi annui in modo ragionevolmente accurato. Nel Capitolo 3 abbiamo sottolineato che quest'argomentazione non vale per tutti i rischi. Un disastro legato al clima, come l'uragano Ida, comporta la simultanea richiesta di risarcimento da parte di molti titolari di polizze. Sembra quasi certo che, in futuro, i disastri naturali si verificheranno con maggiore frequenza.

Nel corso degli anni, le compagnie d'assicurazione hanno accumulato una grande esperienza nella costruzione dei modelli di valutazione dei rischi catastrofici. I modelli devono ora riconoscere che la frequenza e la gravità di questi rischi è in forte aumento.[10] La prassi attuariale che consiste nel mediare il costo dei rischi passati per stimare il costo dei rischi futuri non è valida. Fortunatamente, la stragrande maggioranza dei contratti assicurativi e riassicurativi contro i danni e gli infortuni ha una durata di un anno. È quindi possibile adeguare i prezzi, i termini e le condizioni, nonché le offerte di prodotti via via che le condizioni climatiche peggiorano.

A differenza delle compagnie del ramo danni, le compagnie d'assicurazione del ramo vita non hanno la stessa flessibilità. Non possono apportare modifiche alle polizze quando le condizioni peggiorano. I premi annui per le polizze a vita intera rimangono generalmente fissi per tutta la vita dell'assicurato. Come si è visto nel Capitolo 3, l'aspettativa di vita negli Stati Uniti è aumentata di circa 20 anni in un secolo. Questa tendenza ha avvantaggiato le compagnie d'assicurazione del ramo vita, dato che i premi sono stati incassati per un maggior numero di anni e i pagamenti sono stati effettuati più tardi del previsto. È possibile che l'aumento della tem-

---

[10] Si veda The Geneva Association, "Climate Change Risk Assessment for the Insurance Industry", 2021. https://www.genevaassociation.org/sites/default/files/research-topics-document-type/pdf_public/climate_risk_web_final_250221.pdf.

peratura e gli altri «sconvolgimenti» (*disruptions*) porteranno a un'inversione delle tendenze sull'aspettativa di vita. Le polizze a vita intera potrebbero quindi diventare meno redditizie.

Non c'è dubbio che i rischi climatici renderanno più impegnativa la gestione delle compagnie d'assicurazione. Le compagnie devono dedicare risorse per comprendere le tendenze climatiche e quantificare il loro effetto sui rischi che si assumono. Devono convincere le autorità di vigilanza che stanno gestendo i rischi climatici in modo responsabile. È chiaramente nel loro interesse, e nell'interesse dell'intera società, che i titolari delle polizze vengano istruiti sulle modalità di gestione dei rischi climatici.[11] Ma la sfortunata realtà è che le compagnie d'assicurazione stanno diventando sempre più riluttanti a fornire assicurazioni contro i disastri naturali, come le inondazioni, nelle aree che considerano ad alto rischio. Un'importante domanda che ci dobbiamo porre è la seguente: chi sostiene il costo dei danni causati dalle calamità naturali? I proprietari degli immobili? Le compagnie d'assicurazione private? Le compagnie d'assicurazione sponsorizzate dal governo? Oppure i «programmi di soccorso in caso di calamità» (*disaster relief programs*)?

Banche

Le banche svolgono un ruolo proattivo nella quantificazione degli effetti del cambiamento climatico. La Partnership for Carbon Accounting Financials (PCAF) è un *forum* in cui le banche si scambiano idee sul modo migliore per misurare e trattare le emissioni di carbonio. I rischi per le banche derivanti dai cambiamenti climatici sono considerati anche dalle autorità di vigilanza. Nel 2022, per valutare se le banche sono pronte per affrontare gli *shocks* economico-finanziari derivanti dal rischio climatico, la Banca centrale europea ha lanciato uno *stress test*.[12] In un documento del 2021, il Comitato di Basilea per la vigilanza bancaria ha sostenuto che l'impatto dei cambiamenti climatici può essere compreso considerando il loro effetto sulle categorie di rischio tradizionali. La Tavola 23.3 ne riassume le conclusioni.[13]

I cambiamenti climatici producono effetti sui rischi associati ai mutui ipotecari delle banche. Come abbiamo già sottolineato, i premi assicurativi del ramo danni possono essere modificati ogni anno. Al contrario, gli impegni presi con i mutui sono pluriennali. Ad es., negli Stati Uniti, durano in genere 15 o 30 anni.

L'effettivo verificarsi di eventi legati al clima, o la maggiore consapevolezza da parte del mercato della probabilità con cui che questi eventi possono verificarsi, può influenzare i prezzi degli immobili e quindi il valore delle garanzie ipotecarie. Come si è visto nel corso della crisi finanziaria globale (Capitolo 7), se il valore di una casa scende al di sotto del debito residuo del mutuo, il proprietario della casa potrebbe interrompere il pagamento delle rate anche se ha le risorse finanziarie necessarie. Se c'è insolvenza, la banca prende possesso della casa e la vende in un

---

[11] Ad es., ci sono una serie di semplici passi che i proprietari di casa possono seguire per evitare l'allagamento dei seminterrati. Si veda https://www.intactcentreclimateadaptation.ca/wp-content/uploads/2021/03/3-Steps-to-Home-Flood-Protection_March-2021_Space-for-Partner-Logo.pdf.

[12] Si veda European Central Bank, "SCU Banking Supervision Launches 2022 Climate Risk Stress Test", Press release, January 27, 2022, https://www.bankingsupervision.europa.eu/press/pr/date/2022/html/ssm.pr220127~bd20df4d3a.en.html.

[13] Si veda Basel Committee on Banking Supervision, "Climate-related risk driver and their transmission channels". Bank for International Settlements, April 2021, www.bis.org/bcbs/publ/d517.pdf.

TAVOLA 23.3 Rischi climatici (fisici e di transizione): effetti sulle banche.

Rischio	Possibili effetti
Rischio di credito	Il rischio climatico può ridurre la capacità dei mutuatari di onorare i debiti o può ridurre il valore delle garanzie in caso di insolvenza.
Rischio di mercato	Via via che l'impatto del rischio climatico diventa più evidente, i prezzi delle attività finanziarie possono risentirne.
Rischio di liquidità	L'accesso delle banche a fonti di finanziamento stabili, come i depositi al dettaglio, può ridursi col mutare delle condizioni di mercato.
Rischio operativo	È probabile che vi siano rischi di conformità legale e regolamentare associati a clienti e investimenti.
Rischio reputazionale	Il rischio reputazionale può aumentare in conseguenza di mutamenti nelle percezioni del mercato o dei clienti.

mercato difficile dove altri immobili vengono messi all'asta per motivi simili. In alcune giurisdizioni, la banca non può rivalersi sugli altri beni del mutuatario.

Non è difficile immaginare che i rischi climatici possano causare problemi simili a quelli creati dalla crisi finanziaria globale.

Esempio 23.4

In alcune aree, l'innalzamento del livello del mare potrebbe diventare preoccupante. I prezzi delle case potrebbero diminuire e i proprietari sarebbero incentivati a interrompere il pagamento delle rate dei mutui. Pertanto, nelle istruttorie per la concessione dei mutui (quando devono valutare le abitazioni per determinare gli importi che possono essere dati in prestito), le banche devono tener conto dei possibili effetti degli eventi climatici avversi.

C'è evidenza che i gravi eventi legati al clima possono ridurre la redditività delle imprese e quindi aumentare il rischio di credito per chi le finanzia.[14]

Esempio 23.5

I cambiamenti climatici possono bloccare le «catene di approvvigionamento» (*supply chains*), influenzare negativamente la produttività dei lavoratori e indurre i consumatori a cambiare i propri modelli di comportamento. La pandemia causata dal Covid-19 ha avuto un effetto negativo sulla redditività di alcune imprese. In certe parti del mondo, l'impatto di gravi eventi legati al clima potrebbe essere simile a quello pandemico.

Ci sono altri fattori che le banche e i loro clienti societari devono considerare. È probabile che i cambiamenti climatici comporteranno migrazioni di massa. Le migrazioni possono avvenire all'interno di un Paese o tra Paesi. Ci si può aspettare che tutto ciò porti a diffuse perturbazioni economiche e crei problemi difficili da gestire.

Esempio 23.6

Tra le cause dei fenomeni migratori figurano le seguenti: lasciare climi insopportabilmente caldi, terreni che si sono allagati, aree in cui l'acqua pulita non è più disponibile o aree che sono diventate inadatte all'agricoltura.

---

[14] Nel 2019, la Pacific, Gas & Electric (PG&E), una società californiana, ha presentato istanza di fallimento. Era stata accusata di aver causato incendi boschivi, con conseguenti azioni legali. È stato questo il primo fallimento legato al clima.

L'impatto degli eventi climatici sull'agricoltura non sarà univoco.

Esempio 23.7
È probabile che, in alcune regioni settentrionali, il raccolto aumenterà grazie al clima più caldo. Invece, in altre aree, la terra diventerà troppo secca per essere coltivata. In molte parti del mondo, allevare bestiame diventerà più difficile. È probabile che ci sarà scarsità di cibo. In conseguenza del cambiamento climatico, anche i parassiti che minacciano le coltivazioni migreranno in nuove regioni e questo si rifletterà negativamente sui raccolti delle nuove aree interessate. Ci saranno periodi di bassa resa prima che i nuovi problemi vengano risolti. Per far fronte alle difficoltà gli agricoltori richiederanno quantità crescenti di fertilizzanti e questo accentuerà il problema, dato che la produzione di fertilizzanti è una delle principali cause delle emissioni di gas serra.

È probabile che anche il debito sovrano risentirà dei cambiamenti climatici.

Esempio 23.8
Le imprese influenzate negativamente dai rischi climatici diventeranno meno redditizie. Di conseguenza, il gettito fiscale diminuirà e aumenterà la domanda di prestiti da parte dei Paesi. Sfortunatamente, i Paesi meno sviluppati tenderanno ad essere quelli più colpiti dai cambiamenti climatici e dai disastri legati al clima. Inoltre, questi sono anche i Paesi che hanno più bisogno di capitali per abbandonare le fonti di energia tradizionali (carbone e legna) e cambiare le pratiche agricole che comportano elevate emissioni di CO_2. Tutto ciò rappresenterà una sfida per le banche e i governi dei Paesi più sviluppati e potrebbe portare a un aumento delle tensioni internazionali.

La transizione verso un'economia con basse emissioni di carbonio significa che ci saranno vincitori e vinti. Ci si può attendere che i produttori di veicoli elettrici andranno bene, così come le imprese che si occupano dei metodi di produzione di energia senza combustibili fossili (ad es. quelle che utilizzano il vento o il sole). Diversamente, è probabile che le compagnie petrolifere e le società carbonifere stiano andando incontro a tempi difficili.

Esempio 23.9
La Royal Dutch Shell è stata citata in giudizio da Millieudefensie (Friends of the Earth Netherlands), un gruppo ambientalista. Nel 2021, ha ricevuto l'ingiunzione da un tribunale dell'Aia di ridurre, entro il 2030, le emissioni di carbonio al 45% dei livelli del 2019. Sta ora facendo appello contro la sentenza. Queste azioni legali potrebbero diventare più comuni. Alcuni osservatori considerano le imprese che emettono carbonio alla stregua delle multinazionali del tabacco che, negli ultimi anni, hanno perso le cause riguardanti l'impatto delle sigarette sulla salute dei fumatori.

Le banche sono preoccupate per il rischio di reputazione. Supponiamo che una banca debba decidere se concedere o meno un prestito a un'impresa con forti emissioni di CO_2. L'impresa ha un basso rischio di credito, ma la banca potrebbe decidere di non concedere il prestito per i negativi riflessi pubblicitari e per evitare che i clienti attenti all'ambiente chiudano i loro conti. In effetti, le banche stanno subendo pressioni da parte di molte organizzazioni affinché tengano conto del rischio climatico nelle decisioni sulla concessione dei prestiti.

Goldman Sachs prende sul serio il rischio di reputazione. Nel suo *TCFD Report* del 2019, afferma che il coinvolgimento nelle industrie associate al cambiamento climatico può portare a «minore fedeltà di clienti e dipendenti, smobilizzi da parte degli investitori e impatti sull'attività dei clienti» (*reduced client and employee loyalty, investor divestment and impacts to client activity*). Il Riquadro 23.2 illustra il caso di un'altra banca che vuole evitare i rischi di reputazione.

Sez. 23.1   Rischio Climatico

Riquadro 23.2 Rischio di reputazione: il caso HSBC.

Una storia interessante riguarda un evento organizzato dal *Financial Times* nel maggio 2022. In quell'occasione, Stuart Kirk, Global Head of Responsible Investments presso la Hong Kong and Shanghai Banking Corporation (HSBC), ha tenuto un discorso intitolato «Perché gli investitori non devono preoccuparsi del rischio climatico» (*Why investors need not worry about climate risk*). Innanzitutto, ha sostenuto che gli esseri umani hanno dimostrato, nel corso dei secoli, di essere in grado di adattarsi e di gestire bene i cambiamenti. Ha poi affermato che, se il tasso di crescita medio dell'economia continuerà ad essere pari al 2% o più fino al 2100, gli effetti negativi del cambiamento climatico saranno gestibili, perché risulteranno piccoli rispetto al guadagni conseguiti con la crescita economica.

Che si sia d'accordo oppure no, il signor Kirk ha diritto alla sua opinione. (Le notizie riportate dai *media* dopo la presentazione suggeriscono che molti *asset managers* e alcuni politici condividono le sue stesse opinioni). Tuttavia, HSBC ha rapidamente preso le distanze e lo ha sospeso. E questo nonostante avesse approvato in anticipo il titolo della presentazione. Perché HSBC lo ha sospeso? C'è in gioco il rischio di reputazione. Le istituzioni finanziarie vogliono assumere un atteggiamento responsabile nei confronti dell'ambiente ed essere viste come soggetti responsabili. Non è nel loro interesse scontrarsi con i gruppi ambientalisti e, di conseguenza, perdere affari.

Nel considerare le argomentazioni analoghe a quelle del signor Kirk, dovremmo tenere presente che i rischi climatici non sono simili agli altri rischi a cui la razza umana si è adattata. Sono rischi che riguardano l'intero pianeta e la sua capacità di sostenere la vita umana, così come la conosciamo. È incoraggiante osservare che molte banche e le loro autorità di vigilanza stiano cercando di agire in modo responsabile. La velocità e la portata della risposte necessarie per affrontare il cambiamento climatico fa intendere che i mercati finanziari e i loro partecipanti svolgeranno un ruolo importante nella ricerca delle soluzioni volte a ridurre le emissioni.

Investitori Istituzionali

Gli investitori istituzionali tengono sempre più conto del rischio climatico nella costruzione dei loro portafogli.

Esempio 23.10

Il California State Teachers' Retirement System (CalSTRS), un fondo pensione da 240 miliardi di dollari, è stato un pioniere in questo campo. Nel 2007, ha istituito la Green Initiative Task Force, una «squadra verde» (*green team*) che ha il compito di identificare, analizzare e proporre opportunità d'investimento che affrontino i temi del cambiamento climatico. In occasione delle assemblee degli azionisti, il fondo chiede che le società partecipate seguano un «comportamento rispettoso dell'ambiente» (*environmentally friendly behavior*), nell'ambito di quella che è ora nota come «responsabilità sociale d'impresa» (*corporate social responsibility* - CSR).

Le società devono dimostrare che stanno riducendo le emissioni in linea con gli obiettivi. Se le informazioni fornite non sono soddisfacenti, gli investitori istituzionali non le includono nei loro portafogli ed è probabile che le società ne risentano. Per dirla in un altro modo, gli investitori istituzionali hanno una forte influenza sulle società in cui investono e possono svolgere un ruolo chiave nel convincerle a ridurre le emissioni di gas serra.

Le «obbligazioni verdi» (*green bonds*) rappresentano un'innovazione interessante. Nel 2007, la «Banca europea per gli investimenti - BEI» (*European Investment Bank* - EIB) ha emesso un'«obbligazione di sensibilizzazione sul clima» (*climate awareness bond*) e, nel 2008, la «Banca mondiale» (*World Bank*) ha utilizzato il termine *green bond* per descrivere le obbligazioni i cui proventi vengono utilizzati per investimenti rispettosi del clima. I *green bonds* vengono ora emessi sia dal settore pubblico sia da quello privato. Le banche d'investimento gestiscono le sottoscrizioni e spesso un'agenzia esterna fornisce un parere sulle credenziali ambientali dell'emittente. Innovazioni analoghe sono: i «prestiti verdi» (*green loans*), le «obbligazioni legate alla sostenibilità» (*sustainability-linked bonds*) e i «prestiti legati alla sostenibilità» (*sustainability-linked loans*).

Abbiamo già menzionato la Task Force on Climate-Related Disclosures (TCFD), istituita nel 2015 dal Financial Stability Board allo scopo di fornire raccomandazioni sui rischi climatici. Le raccomandazioni riguardano quattro temi: la *governance* aziendale, le strategie volte a ridurre le emissioni, la gestione dei rischi climatici e le metriche utilizzate per la loro quantificazione.

La TCFD raccomanda che le imprese comunichino:

- le modalità con cui vengono gestiti i rischi climatici;
- l'impatto corrente e il probabile impatto futuro dei rischi climatici;
- le procedure utilizzate per identificare i rischi;
- le metriche utilizzate per quantificare le emissioni di gas serra.

Le raccomandazioni hanno ricevuto un ampio supporto. Nell'ottobre 2021, i sostenitori della Task Force, a livello globale, erano oltre 2.600, di cui 1.069 istituzioni finanziarie con attività per $194.000 miliardi. Paesi come il Brasile, l'Unione Europea, Hong Kong, il Giappone, la Nuova Zelanda, Singapore, la Svizzera e il Regno Unito hanno introdotto obblighi di divulgazione in linea con le raccomandazioni della TCFD, o hanno annunciato l'intenzione di introdurli.[15]

Il fatto che diverse organizzazioni stanno cercando di aumentare la trasparenza e la misurabilità dei rendiconti relativi al clima rappresenta un problema. Il coordinamento è vitale, come nel caso dei bilanci. Nel caso dei bilanci, grandi organizzazioni internazionali come IFRS e FASB si occupano di definire gli standard contabili, per garantire che gli investitori possano comprendere e fare affidamento sui bilanci ed evitare di cadere preda di rendiconti con contenuti fuorvianti o fraudolenti. Allo stesso modo, organizzazioni come la TCFD stanno lavorando assiduamente per far sì che i rendiconti relativi alla sostenibilità siano credibili e comparabili. Tuttavia, si tratta di lavori in corso e l'incertezza che ne consegue rappresenta un ulteriore fattore di rischio per gli investitori.

Nel giugno 2021, 457 investitori con *assets under management* per circa $41.000 miliardi hanno sottoscritto il Global Investor Statement to Governments on the Climate Crisis. Da allora altri hanno firmato. Il documento invita i governi a intraprendere cinque azioni:

1. rafforzare le politiche nazionali in modo da limitare il riscaldamento a 1,5 gradi Celsius;
2. impegnarsi a raggiungere l'obiettivo di zero emissioni entro il 2050;
3. aumentare il prezzo del carbonio, eliminare gradualmente i sussidi ai combustibili fossili e l'energia a base di carbone, evitare nuove infrastrutture ad alta intensità di carbonio;
4. garantire che i piani di ripresa economica legati al Covid-19 siano coerenti con la transizione verso emissioni nette pari a zero;
5. impegnarsi a richiedere informazioni obbligatorie sui rischi climatici.

---

[15] Si veda The Financial Stability Board, "Task Force on Climate-Related Disclosures", Bank for International Settlements, October 2021, https://assets.bbhub.io/company/sites/60/2021/07/2021-TCFD-Status_Report.pdf.

Mark Carney, ex governatore della Bank of Canada e della Bank of England, ha svolto un ruolo di primo piano per garantire che le istituzioni finanziarie, quando concedono prestiti o effettuano investimenti, tengano conto dei rischi climatici e li rendano di pubblico dominio. In qualità di inviato speciale delle Nazioni Unite per quanto riguarda i «piani di azione per il clima e e la finanza» (*climate action and finance*), ha presieduto la Glasgow Financial Alliance for Net Zero (GFANZ), costituita prima del vertice di Glasgow del 2021. GFANZ è un'associazione internazionale di primarie istituzioni finanziarie che si impegnano ad accelerare la decarbonizzazione dell' economia.

Da quanto detto dovrebbe essere chiaro che ci sono molte iniziative volte a coinvolgere gli investitori per convincere le aziende a ridurre, e infine eliminare, le emissioni di gas serra. Alcuni *asset managers*, come BlackRock, hanno abbracciato con entusiasmo l'obiettivo *net zero*. Altri, come Berkshire Hathaway, la finanziaria guidata da Warren Buffett, non hanno rivelato le metriche che utilizzano per quantificare il rischio climatico, ma stanno subendo crescenti pressioni per farlo. Sfortunatamente, le pressioni non sono tutte a senso unico. Nel luglio 2022, il governatore della Florida ha proposto una legge che vieterebbe ai fondi pensione statali di selezionare gli investimenti in base a fattori ambientali. Nell'agosto 2022, i procuratori generali di 19 stati degli Stati Uniti hanno scritto al CEO di BlackRock, Larry Fink, chiedendogli di concentrarsi sui profitti e di non prendere in considerazione le questioni ambientali negli investimenti pensionistici statali.

Per riassumere: le aziende sono sotto pressione (per motivi finanziari, sociali e legali) affinché rivelino le proprie emissioni di CO_2 e sviluppino piani per ridurle. Come si è visto, non tutti i politici appoggiano queste richieste. Ciononostante, c'è una crescente attenzione alle emissioni e si spera che questo aiuti a rendere gestibile il cambiamento climatico.

23.2 ESG

ESG è l'acronimo di «*environmental, social, governance*» (ambiente, sociale, governo). Mentre prima si riteneva che il compito dell'impresa fosse quello di massimizzare i profitti per gli azionisti, oggi si riconosce che l'obiettivo del profitto deve coniugarsi con la responsabilità ambientale e sociale.[16]

Il termine ESG viene spesso considerato come sinonimo di rischio climatico, ma il suo ambito è in qualche modo più ampio. La "S" riguarda questioni sociali come la diversità, l'equità, l'inclusione e il benessere dei lavoratori. Le metriche per misurare i fattori sociali non sono ben sviluppate come quelle per i fattori ambientali, ma è probabile che in futuro le aziende saranno tenute a dare maggiori informazioni anche in quest'area. In che modo le imprese gestiscono la discriminazione e le molestie nei luoghi di lavoro? Quali misure stanno adottando per incoraggiare la diversità di genere, razziale ed etnica nella gestione delle risorse umane?

Negli Stati Uniti, alcune grandi aziende si sono rese conto che il panorama sociale sta cambiando. E, di conseguenza, stanno modificando i propri regolamenti.

---

[16] Milton Friedman, premio Nobel per l'economia nel 1970, aveva sostenuto (ma la citazione è un po' datata) che «C'è una sola responsabilità sociale dell'impresa: utilizzare le proprie risorse e impegnarsi in attività volte ad aumentare i propri profitti» (*There is only one social responsibility of business: to use its resources and engage in activities designed to increase its profits*).

Esempio 23.11

La Securities and Exchange Commission (SEC), su proposta del Nasdaq, ha richiesto alle società quotate di avere, tra i dirigenti, uno che sia donna e un altro che sia nero, ispanico, nativo americano, LGBTQ+ o parte di un altro gruppo sottorappresentato (in alternativa, la società è tenuta a spiegare i motivi che ostacolano questo livello di diversità).

Nel 2020, Goldman Sachs ha annunciato che avrebbe smesso di sottoscrivere le IPOs di società statunitensi ed europee con consigli di amministrazione non "diversificati".

La "G" di ESG riguarda la *governance* aziendale. Le società devono utilizzare metodi contabili accurati e trasparenti e disporre di procedure atte a garantire che le politiche e i regolamenti interni vengano effettivamente seguiti. Le società devono comportarsi in modo responsabile nei confronti degli azionisti ed evitare conflitti d'interesse nella scelta dei membri del consiglio di amministrazione e degli alti dirigenti. Non devono offrire contributi ai partiti per ottenere trattamenti preferenziali. Inoltre, non devono svolgere attività illecite, come la corruzione di funzionari stranieri per riuscire a ottenere contratti. Le cariche di amministratore delegato e di presidente del consiglio di amministrazione non devono essere attribuite alla stessa persona. Misure di buon governo esistono da tempo.

Esempio 23.12

Daniel Kaufmann del Brookings Institute e Aart Kray della World Bank hanno prodotto per molti anni indicatori internazionali di *governance* (*worldwide governance indicators* - WGI).

Analogamente a quanto si è visto in tema di misurabilità dei rendiconti relativi al clima, una delle difficoltà di quest'area è che esistono molti fornitori di dati ESG. Spesso le informazioni sono discordanti. Dato che non esiste alcuna regolamentazione relativa agli standard di rendicontazione ESG, e dato che i fornitori di dati ESG competono tra loro per creare *reports* che vendono agli utenti, ci sono molti modi con cui le società possono ottenere un buon *rating* ESG. In effetti, possono «confrontare le possibilità» (*shop around*) e rivolgersi infine a chi è disposto ad assegnare la migliore valutazione. Questa mancanza di standardizzazione e trasparenza rappresenta una fonte di rischio per gli investitori.

23.3 SOSTENIBILITÀ

Al pari della ESG, la «sostenibilità» (*sustainability*) include i rischi climatici, ma copre anche altre questioni. Nel dicembre 1983, il segretario generale delle Nazioni Unite, Javier Pérez de Cuéllar, chiese all'ex primo ministro norvegese, Gro Harlem Brundtland, di creare un organismo che è poi diventato noto col nome di Commissione Brundtland. Il suo compito era quello di prendere in esame le strategie ambientali per uno sviluppo che fosse sostenibile. La definizione di «sviluppo sostenibile» (*sustainable development*) del rapporto Brundtland è ampiamente utilizzata:

> «Lo sviluppo sostenibile è lo sviluppo che soddisfa i bisogni del presente senza compromettere la capacità delle generazioni future di soddisfare i propri bisogni.» (*Sustainable development is development that meets the needs of the present without compromising the ability of future generations to meet their needs*).

La produzione di gas serra è un importante esempio di sviluppo non sostenibile, ma ce ne sono altri. Il modo in cui smaltiamo i rifiuti è importante. L'inquinamento degli oceani con rifiuti di plastica, prodotti chimici, olio esausto, scarti agricoli, acque reflue e altro preoccupa in modo particolare. Uccide i pesci e ci espone alle tossine se mangiamo frutti di mare contaminati. Un altro esempio di sviluppo non sostenibile è la contaminazione del suolo e delle risorse idriche con pesticidi, fertilizzanti, prodotti petroliferi e così via.

Per fornire metriche di sostenibilità, nel 2011 è stato creato il Sustainability Accounting Standards Board (SASB), un'organizzazione *no profit* indipendente. Un'iniziativa simile è la Global Reporting Initiative, fondata nel 1997 dopo la fuoriuscita di petrolio dalla nave Exxon Valdez, in Alaska.

La sostenibilità è stata suddivisa in tre pilastri:

- sostenibilità ambientale;
- sostenibilità economica;
- sostenibilità sociale.

Finora abbiamo parlato di sostenibilità ambientale. La sostenibilità economica riguarda le pratiche che supportano lo sviluppo a lungo termine di imprese o nazioni, in modo compatibile con gli elementi ambientali, sociali e culturali. La sostenibilità sociale riguarda le azioni che supportano la capacità delle generazioni correnti e future di creare comunità sane e vivibili. La sostenibilità richiede che si consumino risorse naturali a un ritmo pari a quello con cui sono in grado di ricostituirsi. La pesca eccessiva o la deforestazione sono esempi di attività non sostenibili.

Con l'obiettivo esplicito di investire in società con buone pratiche ESG o di sostenibilità, sono stati creati numerosi fondi. Questi fondi raccolgono capitali dagli investitori al dettaglio che desiderano utilizzare i propri investimenti per rendere il mondo un posto migliore. Una domanda interessante è: la *performance* di questi fondi supera quella degli altri? La risposta è che la loro *performance* non sembra essere migliore.[17]

Sfortunatamente, alcune organizzazioni producono rapporti con metodologie discutibili in cui si cerca di convincere i clienti che «fare bene facendo del bene» (*doing well by doing good*) è facile e porta a rendimenti elevati con rischi bassi. La teoria della finanza suggerisce che rendimenti elevati tendono ad essere accompagnati da rischi elevati. In ogni caso, ottenere rendimenti elevati non dovrebbe essere il fine primario per chi vuole investire in questi fondi.

23.4 GREENWASHING

Le aziende che operano in diversi settori desiderano presentarsi come ecologicamente responsabili. Se due prodotti sono simili, ma uno viene pubblicizzato come ecologico e l'altro viene promosso in altro modo, molti consumatori preferiscono acquistare il primo dei due. Questa tendenza ha portato al cosiddetto «ecologismo di facciata» (*greenwashing*).

Ecco alcuni esempi di *greenwashing* menzionati da Akepa, un'organizzazione che collabora con le imprese per creare marchi sostenibili ed etici:[18]

---

[17] Si veda HARTZMARK, S. M., e SUSSMAN, A. B., "Do Investors Value Sustainability? A Natural Experiment Examining Ranking and Fund Flows." *Journal of Finance* 74 (6) (December 2019): 2789-2837.

[18] Si veda "Greenwashing: 10 Recent Stand-Out Examples", Akepa, July 23, 2021, https://thesustainableagency.com/blog/greenwashing-examples.

- Innocent drinks, una società di proprietà della Coca-Cola, ha suggerito in uno *spot* pubblicitario televisivo che i suoi prodotti in plastica erano rispettosi dell'ambiente quando in realtà non potevano essere riciclati;
- Keurig ha dichiarato che le sue capsule di caffè potevano essere riciclate, quando in realtà non lo erano. È stata multata per $3 milioni e le è stato ordinato di modificare la campagna pubblicitaria;
- IKEA ha buone credenziali di sostenibilità, ma ha avuto problemi perché le sue sedie in faggio utilizzavano legno di provenienza illegale;
- Ryanair ha affermato, senza alcuna prova, di essere la «compagnia aerea con le emissioni più basse» (*lowest emissions airline*) in Europa.

Sfortunatamente, anche le istituzioni finanziarie non hanno un *track record* inattaccabili per quanto riguarda il *greenwashing*.

Esempio 23.13
Nel 2022, Deutsche Asset & Wealth Management (DWS), una società di gestioni patrimoniali controllata da Deutsche Bank, è stata giudicata colpevole di aver esagerato le credenziali ecologiche dei propri investimenti. Per citare Magdalena Senn, un'economista di Finanzwende (gruppo tedesco di difesa dei consumatori), «il *greenwashing* non è un reato banale» (*greenwashing is not a trivial offense*). Il CEO di DWS è stato costretto a dimettersi.

SOMMARIO

I rischi ambientali vengono ora attentamente considerati. Nella maggior parte delle grandi organizzazioni, c'è un alto dirigente responsabile per questi rischi. Via via che l'entità dei rischi per il nostro pianeta diventa sempre più evidente, cresce l'attenzione da parte di imprese e Paesi. La Global Association of Risk Professionals (GARP), oltre alla qualifica di Financial Risk Manager (FRM), offre ora una certificazione in tema di Sustainability and Climate Risk (SCR). Il CFA Institute, oltre alla qualifica di Chartered Financial Analyst (CFA), offre ora una certificazione in tema di ESG Investing.

SUGGERIMENTI PER ULTERIORI LETTURE

Garbe, J., Albrecht, T., Levermann, A., Donges, J. E, e Winkelmann, R., "The hysteresis of the Antarctic Ice Sheet." *Nature* 585 (September 2020): 538-544.

Gates, W., *How to Avoid a Climate Disaster: The Solutions We Have and the Breakthroughs We Need*. Random House, 2021.

Golnaraghi, M., *Climate Change Risk Assessment for the Insurance Industry*. The Geneva Association, 2021. https://www.genevaassociation.org/research-topics/climate-change-and-emerging-environmental-topics/climate-change-risk-assessment.

Hartzmark, S. M., e Sussman, A. B., "Do Investors Value Sustainability? A Natural Experiment Examining Ranking and Fund Flows." *Journal of Finance* 74 (6) (December 2019): 2789-2837.

Ipcc, *Sixth Assessment Report*, 2021. https://www.ipcc.ch/assessment-report/ar6/.

Oecd. *Financial Markets and Climate Transition: Opportunities, Challenges and Policy Implications*. Paris: OECD. https://www.oecd.org/finance/Financial-Markets-and-Climate-Transition-Opportunities-Challenges-and-Policy-Implications.pdf.

DOMANDE E PROBLEMI
(le risposte si trovano alla fine del libro)

23.1. Perché bruciare combustibili fossili porta a un aumento della temperatura?

23.2. Qual è l'obiettivo concordato a Parigi nel 2015?

23.3. Cosa sono gli SSPs?

23.4. Qual è la differenza tra la *carbon tax* e un sistema *cap and trade*?

23.5. Qual è la differenza tra rischi fisici e rischi di transizione?

23.6. Quali sono i rischi del cambiamento climatico per le compagnie d'assicurazione?

23.7. Che cosa significa ESG?

23.8. Cos'è il *greenwashing*?

Capitolo 24
Rischio d'Impresa

Gran parte di questo libro è stata dedicata alla comprensione e alla quantificazione dei diversi tipi di rischio: rischio di mercato, rischio di credito, rischio operativo ecc. Una parte importante del lavoro di un *risk manager* è quella di garantire che i rischi siano valutati correttamente, ma è anche importante che la funzione di *risk management* segua un approccio «olistico» (*holistic*), unitario, nei confronti del rischio. L'identificazione dei possibili eventi avversi e la valutazione delle conseguenze è importante, ma l'esposizione complessiva a un evento avverso può essere superiore (o inferiore) a quella che si ottiene considerando separatamente ogni tipo rischio. La «gestione del rischio d'impresa» (*enterprise risk management* - ERM) è il nome con cui è noto l'approccio unitario alla gestione del rischio.

Per comprendere l'ERM, è importante distinguere tra approcci *top-down* e approcci *bottom-up*. Gli approcci *bottom-up* mirano a valutare le tipologie di rischio verso cui sono esposte le linee operative per poi aggregare le valutazioni. Gli approcci *top-down* definiscono la propensione al rischio per poi utilizzarla quando si tratta di fissare i limiti di rischio per le diverse linee operative. In pratica, le istituzioni finanziarie utilizzano entrambi gli approcci. L'approccio *top-down* è necessario per definire la propensione al rischio; l'approccio *bottom-up* è necessario per verificare se i rischi assunti dalle linee operative sono coerenti con la propensione al rischio.

Nel 2004, il Committee of Sponsoring Organizations of the Treadway Commission (COSO - www.coso.org) ha pubblicato un documento su "Enterprise Risk Management - Integrated Framework" e ha proposto questa definizione di ERM:

L'Enterprise Risk Management è un processo – svolto dal consiglio di amministrazione di un'impresa, dalla dirigenza e da altro personale – che viene utilizzato nella definizione delle strategie aziendali ed è volto a identificare gli eventi rilevanti per il futuro dell'impresa, al fine di gestirla entro i limiti determinati dalla propensione aziendale al rischio e offrire una ragionevole confidenza circa il conseguimento degli obiettivi statutari.

La definizione fissa alcuni punti chiave:

1. il coinvolgimento del consiglio di amministrazione;
2. il ruolo dell'ERM nella definizione della strategie aziendali;

3. l'identificazione dei possibili eventi avversi;
4. la definizione della propensione aziendale al rischio e la gestione dei rischi in modo coerente con i limiti fissati dalla propensione al rischio;
5. il contributo dell'ERM al conseguimento degli obiettivi aziendali e il suo ruolo fondamentale nei processi di pianificazione e di attuazione delle decisioni strategiche.

Storicamente, l'atteggiamento di molte istituzioni finanziarie (e dei loro CdA) nei confronti dell'approccio *top-down* al *risk management* è stato orientato al rispetto delle regole. L'obiettivo era quello di osservare le indicazioni delle autorità di vigilanza e di conformarsi alla normativa. Con l'ERM l'atteggiamento sta cambiando. La funzione di *risk management* è sempre più coinvolta nelle decisioni strategiche e nella creazione di valore. Le società che gestiscono efficacemente i rischi hanno un vantaggio comparato rispetto alle altre.

In questo capitolo, prenderemo in esame gli aspetti essenziali dell'ERM: la definizione della propensione al rischio, la «cultura del rischio» (*risk culture*), l'identificazione dei principali rischi, l'integrazione dell'ERM nella pianificazione strategica.

24.1 PROPENSIONE AL RISCHIO

Una parte essenziale dell'ERM riguarda la specificazione della propensione al rischio. Qual è il livello del rischio che la banca è disposta ad assumersi per raggiungere i propri obiettivi strategici e i propri «piani industriali» (*business plans*)? È probabile che una delle cose da definire sia la massima perdita, in termini di VaR / ES, che è pronta a subìre se dovesse verificarsi lo scenario peggiore.

Per il gestore di un fondo comune, la propensione al rischio è relativamente facile da definire – almeno in teoria. Nel Capitolo 1 abbiamo visto il *trade-off* tra tasso di rendimento atteso e rischio. La composizione dell'attivo determina il beta del portafoglio e il beta, a sua volta, determina il valore atteso e la deviazione standard del tasso di rendimento del portafoglio.[1]

La Figura 24.1, che è simile alla Figura 1.4 del Capitolo 1, mostra la relazione tra valore atteso e deviazione standard. Il valore atteso dei tassi di rendimento di un portafoglio, μ_P, è legato al beta, β, dalla seguente relazione (Sezione 1.2)

$$\mu_P = R_F + \beta(\mu_M - R_F)$$

mentre la deviazione standard è pari a

$$\sigma_P = \beta \, \sigma_M$$

dove R_F è il tasso di rendimento privo di rischio, μ_M è il valore atteso dei tassi di rendimento di mercato e σ_M è la loro deviazione standard. Supponiamo che i tassi di rendimento siano distribuiti in modo normale.[2]

---

[1] In pratica, com'è spiegato nel Capitolo 1, spesso si usa come *benchmark* il tasso di rendimento teorico coerente con un certo beta. I gestori che battono il *benchmark* creano valore.

[2] Quest'ipotesi viene fatta per fini illustrativi. I tassi di rendimento di mercato hanno code più spesse rispetto a quelle delle distribuzioni normali. A volte si ipotizza che i tassi di rendimento si distribuiscano secondo una *t* di Student con un numero relativamente piccolo di gradi di libertà.

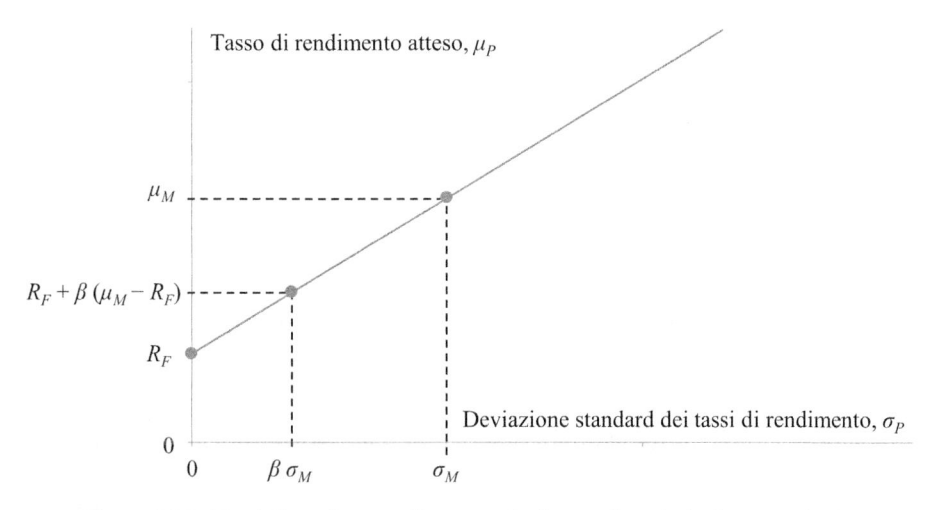

Figura 24.1 Tassi di rendimento di un portafoglio: media e deviazione standard.

Il tasso di rendimento, R, che ha una probabilità p di essere oltrepassato in un anno è dato da

$$N\left(\frac{R-\mu_P}{\sigma_P}\right) = 1 - p$$

dove N è la funzione di distribuzione normale cumulata.

Sostituendo μ_P e σ_P si ottiene

$$\frac{R - R_F - \beta(\mu_M - R_F)}{\beta \sigma_M} = N^{-1}(1-p)$$

da cui

$$\beta = \frac{R - R_F}{\mu_M - R_F + \sigma_M N^{-1}(1-p)}. \tag{24.1}$$

Questa formula permette di determinare il beta che è coerente con un certo obiettivo in termini di VaR.

Esempio 24.1

La Tavola 24.1 riporta i tassi di rendimento annui, inclusi i dividendi, dello S&P 500 nel corso degli anni tra il 1970 e il 2022. La media, μ_M, e la deviazione standard, σ_M, dei tassi di rendimento annui sono pari, rispettivamente, a $\mu_M = 0{,}1188$ e $\sigma_M = 0{,}1723$.

Supponiamo che il tasso d'interesse privo di rischio sia pari al 2% ($R_F = 0{,}02$) Supponiamo, inoltre, che la propensione al rischio del gestore del fondo sia tale per cui non voglia perdere più del 10% in un anno con un livello di confidenza del 95% ($R = -0{,}1$ e $p = 0{,}95$). Allora, in base all'Equazione (24.1), il beta dovrebbe essere pari a

$$\beta = \frac{-0{,}1 - 0{,}02}{0{,}1188 - 0{,}02 + 0{,}1723 \times N^{-1}(1 - 0{,}95)} = 0{,}65.$$

TAVOLA 24.1 S&P 500: tasso di rendimento annuo (%), inclusi i dividendi.

Anno	R	Anno	R	Anno	R
1970	4,01	1988	16,61	2006	15,79
1971	14,31	1989	31,69	2007	5,49
1972	18,98	1990	-3,10	2008	-37,00
1973	-14,66	1991	30,47	2009	26,46
1974	-26,47	1992	7,62	2010	15,06
1975	37,20	1993	10,08	2011	2,11
1976	23,84	1994	1,32	2012	16,00
1977	-7,18	1995	37,58	2013	32,39
1978	6,56	1996	22,96	2014	13,69
1979	18,44	1997	33,36	2015	1,38
1980	32,50	1998	28,58	2016	11,96
1981	-4,92	1999	21,04	2017	21,83
1982	21,55	2000	-9,10	2018	-4,38
1983	22,56	2001	-11,89	2019	31,46
1984	6,27	2002	-22,10	2020	18,40
1985	31,73	2003	28,68	2021	28,71
1986	18,67	2004	10,88	2022	-18,11
1987	5,25	2005	4,91		

In altri termini, per raggiungere il suo obiettivo in termini di VaR, il gestore dovrebbe investire il 65% delle sue disponibilità nel portafoglio di mercato e il restante 31% in attività prive di rischio.[3]

Purtroppo, le alternative di rischio-rendimento che un'istituzione finanziaria, come una banca o una compagnia di assicurazioni, può esaminare non possono essere quantificate così facilmente come quelle che il gestore di un fondo può prendere in considerazione. Se i mercati sono efficienti, possiamo utilizzare le argomentazioni del Capitolo 1 per dimostrare l'esistenza – per gli investimenti sul mercato azionario – di una frontiera efficiente simile a quella della Figura 24.1. Tuttavia, non vi è alcun motivo per cui questa frontiera efficiente dovrebbe definire i *trade-offs* tra rischio e rendimento per i principali investimenti strategici che una banca, una compagnia di assicurazione o un altro tipo di istituzione finanziaria potrebbe intraprendere. Alcuni investimenti strategici saranno sopra la frontiera e altri ben al di sotto.

Gli investimenti strategici che si trovano sopra la frontiera efficiente sono quelli che sfruttano i vantaggi comparati nei confronti della concorrenza. Tutte le società, finanziarie o non finanziarie, dovrebbero individuare le posizioni in cui hanno un vantaggio comparato e attuare gli investimenti strategici che possano sfruttare queste opportunità.

A volte, però, gli investimenti non hanno successo. Un noto studio di Bowman ha messo in luce l'esistenza di una relazione negativa tra rischio e rendimento per le imprese operanti nella maggior parte dei settori economici: il cosiddetto «paradosso

---

[3] In realtà, è probabile che il gestore voglia scegliere il portafoglio in base alle sue aspettative circa i tassi di rendimento dei titoli. Un modo per farlo è stato proposto da BLACK, F., e LITTERMAN, R., "Asset Allocation: Combining Investor Views with Market Equilibrium", *Journal of Fixed Income* 1, 2 (September 1991): 7-18.

di Bowman» (Bowman *paradox*).[4] In un altro studio, Bowman ha dimostrato che le imprese in difficoltà spesso si assumono rischi poco giustificabili.[5] Una possibile spiegazione è che le società in difficoltà, avendo pochi vantaggi comparati, spesso intraprendono grandi progetti che hanno solo piccole probabilità di successo, ma il cui successo garantirebbe la loro sopravvivenza.

Il mercato in cui operano le istituzioni finanziarie è molto competitivo e i vantaggi sulla concorrenza non sono così comuni come lo sono in altri settori. In genere, quando una banca cerca di aumentare i propri rendimenti il rischio sistematico (beta) aumenta. Spesso, gli azionisti possono far meglio operando in proprio. Il principale vantaggio di un'istituzione finanziaria rispetto alla concorrenza è il rapporto fiduciario con la clientela (famiglie e imprese). L'obiettivo delle imprese è quello di offrire i servizi-base ai clienti con una buona combinazione rischio-rendimento. Per le istituzioni finanziarie regolamentate, la combinazione rischio-rendimento è influenzata da requisiti di capitale e di liquidità sempre più stringenti.

Come si è già visto, la propensione al rischio di un istituzione finanziaria può essere esplicitata specificando VaR o ES con un certo orizzonte temporale e un certo livello di confidenza. Le altre dimensioni della propensione al rischio sono meno facili da quantificare. È probabile che, oltre al rischio di perdite e di erosione dei mezzi propri, l'istituzione finanziaria sia sensibile a tipologie di rischio difficilmente quantificabili: il rischio reputazionale, il rischio di *rating*, il rischio di non conformità alle normative, i rischi legali, ecc.

Esempio 24.2

Una banca potrebbe ritenere inaccettabile (i) qualsiasi progetto strategico che possa minarne la reputazione e mettere a rischio il rapporto fiduciario con i principali clienti; (ii) qualsiasi alternativa strategica che la faccia apparire maggiormente a rischio rispetto alla concorrenza; e così via.

Esempio 24.3

Il Riquadro 24.1 descrive la pressione esercitata da Wells Fargo sui propri dipendenti perché raggiungessero obiettivi di fatturato non realistici. Queste politiche commerciali indussero alcuni dipendenti a porre in essere attività «discutibili» (*questionable*) e, a volte, fraudolente per raggiungere gli obiettivi. Le politiche commerciali dovevano essere respinte (o, quantomeno, dovevano essere monitorate con maggiore attenzione) perché potevano mettere a rischio il rapporto fiduciario con la clientela e influenzare negativamente il rapporto tra la banca e i suoi dipendenti.

La quantificazione del rischio è stato uno dei temi principali di questo libro. Finora abbiamo implicitamente adottato un approccio *bottom-up*. Abbiamo visto come calcolare diverse misure di rischio per ogni linea operativa e come combinarle per produrre un'unica misura di rischio per l'intera impresa. La definizione della propensione aziendale al rischio è un'attività *top-down* che deve coinvolgere il consiglio di amministrazione. Va innanzitutto definita per l'istituzione nel suo complesso e deve essere poi utilizzata per stabilire i limiti di rischio per ogni linea operativa. In questa seconda fase, occorre effettuare qualche sperimentazione, con calcoli *bottom-up*, per verificare che i limiti fissati per le linee operative siano coerenti con la propensione al rischio dell'istituzione finanziaria.

---

[4] BOWMAN, E. H., "A Risk-Return Paradox for Strategic Management", *Sloan Management Review* 21 (1980): 17-31.

[5] BOWMAN, E. H., "Risk Seeking by Troubled Firms", *Sloan Management Review* 23 (1982): 33-42.

Riquadro 24.1 Wells Fargo: *cross-selling* aggressivo.

Wells Fargo è una banca che è sopravvissuta bene alla Crisi Finanziaria Globale. Ha evitato i rischi assunti da altre banche durante il periodo precedente la crisi e si è guadagnata una buona reputazione. Sfortunatamente, gli eventi successivi hanno «offuscato» (*tarnished*) la sua reputazione e hanno determinato una certa perdita di fiducia da parte della clientela.

Le «vendite incrociate» (*cross-selling*) rappresentano una strategia di vendita consistente nel proporre al cliente che ha già acquistato un prodotto o servizio anche l'acquisto di altri prodotti o servizi. Un cliente con un conto corrente potrebbe essere incoraggiato ad acquistare una carta di credito o ad aprire un conto di risparmio. Wells Fargo era considerata una delle banche migliori nel *cross-selling* e, in realtà, non c'è nulla di sbagliato nel *cross-selling*. Tuttavia, se è troppo aggressivo, il *cross-selling* può essere dannoso per la reputazione di una banca e indurre anche a pratiche fraudolente.

Wells Fargo considerava «venditori» (*salespeople*) i «dipendenti delle proprie filiali» (*branch employees*) e «avventori» (*customers*) i propri «clienti» (*clients*). Al personale delle filiali erano stati dati obiettivi molto aggressivi circa il numero di prodotti da vendere alla clientela. Di conseguenza, la pressione su di loro era enorme. I dipendenti cominciarono a ordinare carte di credito per i clienti senza essere autorizzati e a creare conti correnti e di risparmio senza che venissero richiesti. In molti casi, i clienti si sono visti addebitare commissioni extra. A volte, gli obiettivi venivano raggiunti facendo sottoscrivere «prodotti che generavano commissioni» (*fee-accruing products*) da «gente senzatetto» (*homeless people*), anche se quasi sicuramente queste persone non sarebbero riuscite a pagare.

La «cultura commerciale disfunzionale» (*dysfunctional sales culture*) di Wells Fargo è stata documentata per la prima volta dal *Wall Street Journal* nel 2011 e ulteriormente descritta in un articolo del *Los Angeles Times* nel 2013. La banca prese alcuni provvedimenti, ma nel settembre 2016 ricevette una multa di $185 milioni perché, tra il 2011 e il 2016, aveva creato più di 1,5 milioni di conti di deposito non autorizzati e oltre 0,5 milioni di carte di credito non autorizzate. Successivamente, nel maggio 2017, si è stimato che il numero dei conti non autorizzati era molto maggiore, all'incirca pari a 3,5 milioni.

Gli alti dirigenti di Wells Fargo hanno sostenuto che non erano a conoscenza di ciò che stava accadendo in conseguenza delle pressioni esercitate dalle politiche commerciali aziendali. Sembra improbabile che ciò sia vero, dato che risultano chiamate dei dipendenti alla linea diretta di etica aziendale e reclami da parte dei clienti. Tra il 2011 e il 2016, la banca ha licenziato 5.300 dipendenti a causa delle pratiche fraudolente nelle vendite. L'amministratore delegato, John Stumpf, ha accettato di rinunciare a $41 milioni in *stock options* e, nell'ottobre 2016, si è dimesso. Successivamente, la banca ha recuperato $28 milioni dei suoi redditi. È stata anche recuperata parte dei redditi di altri dirigenti. La banca ha pagato $110 milioni ai clienti per i quali erano stati aperti conti non autorizzati. Le indagini sono state avviate dal Senate Banking Committee, dalla Securities and Exchange Commission e dai pubblici ministeri di diverse giurisdizioni.

È chiaro che le politiche commerciali di Wells Fargo erano inappropriate. Hanno disorientato i dipendenti, molti dei quali sono stati sottoposti a uno stress insensato e hanno poi trovato difficoltà a trovare un nuovo posto di lavoro quando sono stati licenziati. Hanno anche rovinato la fiducia e la buona reputazione che Wells Fargo aveva accumulato in molti anni. Se, nel definire la sua propensione al rischio, avesse tenuto conto del fatto che bisognava evitare di svolgere attività che potevano influire negativamente sulla sua reputazione, Wells Fargo avrebbe sicuramente ridotto la pressione sulle vendite e avrebbe sottolineato l'importanza di sviluppare buone relazioni a lungo termine con la clientela.

Alla fine del 2016, dopo la nomina di un nuovo amministratore delegato, Wells Fargo ha provveduto a cambiare le proprie politiche commerciali. Ha smesso di assegnare ai dipendenti obiettivi quantitativi sulla vendita di prodotti e servizi. Alcuni dipendenti licenziati sono stati riassunti. Ci vorrà tempo prima di recuperare buone relazioni tra banca, da un lato, e dipendenti e clienti, dall'altro, ma Wells Fargo è una banca finanziariamente forte e ci si può aspettare che alla fine si riprenderà.

Esempio 24.5

Un'istituzione finanziaria che voglia preservare il suo *rating* AA potrebbe decidere che la probabilità di perdite annue superiori a $50 miliardi non debba superare lo 0,03%. È quindi necessario verificare, con metodi euristici «prova e sbaglia» (*trial and error*), che i limiti di VaR per il *trading book*, per le perdite su crediti, e così via, siano coerenti – dopo essere stati aggregati – con il VaR definito per l'intera impresa.

Una volta fissati i limiti di rischio, è importante monitorare le decisioni prese dalle diverse linee operative, al fine di assicurarsi che i limiti vengano rispettati.

Un elemento importante è la concentrazione dei rischi. La definizione della propensione al rischio dovrebbe avere implicazioni dirette o indirette sulla concentrazione dei rischi, limitando l'esposizione creditizia verso:

1. qualsiasi società;
2. qualsiasi settore dell'economia;
3. qualsiasi variabile di mercato, ecc.

Esempio 24.6

«Con il senno di poi» (*with the benefit of hindsight*) si può dire che – nel 2006-2007 – i portafogli di alcune grandi banche erano troppo concentrati sui mutui *subprime*.

Non è un caso che le autorità di vigilanza incoraggino le banche a definire la loro propensione al rischio. In effetti, le autorità di vigilanza sono tenute ad accertarsi che la propensione al rischio venga definita e che le linee guida vengano attuate. Nel 2013, il Financial Stability Board ha pubblicato un documento che contiene le definizioni dei termini rilevanti e i principi su cui basare uno schema di propensione al rischio.[6]

Il documento precisa le responsabilità dei diversi soggetti: il consiglio di amministrazione, l'amministratore delegato, il responsabile del *risk management*, il responsabile della finanza e i *managers* delle linee operative.

24.2 CULTURA DEL RISCHIO

La «cultura del rischio» (*risk culture*) di un'istituzione finanziaria riguarda le modalità con cui vengono prese le decisioni. Se la cultura del rischio è buona, tutte le decisioni vengono prese in modo disciplinato, con un'attenta considerazione dei possibili risultati, ponderando rischi e benefici. Questo non significa che non si debbano assumere rischi, ma che i rischi debbano essere considerati in relazione ai possibili benefici e alla propensione al rischio dell'istituzione finanziaria.

Il Financial Stability Board ha suggerito le linee guida che le autorità di vigilanza dovrebbero seguire per valutare la cultura del rischio nelle *global systemically important banks* (G-SIBs).[7]

Spesso, le decisioni comportano compromessi tra profitti a breve termine e rischi a medio-lungo termine. A volte, una decisione che porta a un profitto immediato può comportare seri problemi in seguito.

---

[6] Si veda FINANCIAL STABILITY BOARD, "FSB Principles for an Effective Risk Appetite Framework", Consultative Document, July 2013.

[7] Si veda FINANCIAL STABILITY BOARD, "Guidance on Supervisory Interaction with Financial Institutions on Risk Culture: A Framework for Assessing Risk Culture", April 2014.

Esempio 24.7

Si consideri il caso di un promotore finanziario che lavora per una banca e sta decidendo se vendere un prodotto sofisticato a un cliente, pur sapendo che il prodotto non è appropriato. La vendita sarebbe redditizia per la banca e aumenterebbe i premi di fine anno per il promotore e per il gruppo che ha sviluppato il prodotto. Tuttavia, in futuro ci potrebbero essere conseguenze negative. Se il prodotto fa perdere denaro al cliente, la banca ne soffre in termini di reputazione e può anche dover fronteggiare costose azioni legali.

Il prodotto descritto nel Riquadro 5.4, venduto da Bankers Trust a Procter & Gamble, è un classico esempio di ciò che «può andare storto» (*can go wrong*).

Esempio 24.8

Lo *swap* "5/30" proposto da Bankers Trust aveva una probabilità abbastanza elevata di far risparmiare a Procter & Gamble 75 punti base sul suo finanziamento e una piccola probabilità di farle perdere un'enorme quantità di denaro. È possibile che Bankers Trust non abbia spiegato sufficientemente bene lo scenario in cui Procter & Gamble perdeva un'enorme quantità di denaro. Comunque, se ci fosse stata una buona cultura del rischio all'interno della banca, i suoi *managers* avrebbero dovuto mettere in discussione la vendita di un prodotto del genere. Bisognava dire ai *quants* di non sviluppare un prodotto con quelle caratteristiche.

Procter & Gamble è stata una delle molte aziende che sono entrate in operazioni simili a quella descritta nel Riquadro 5.4. Come a volte accade, il risultato con bassa probabilità si è materializzato e l'operazione si è rivelata molto costosa per i clienti di Bankers Trust. Le azioni legali sono state numerose, tutte risolte con accordi extra-giudiziali. Bankers Trust, una banca che si era costruita un reputazione invidiabile nei mercati finanziari, è andata incontro a severe difficoltà finanziarie ed è stata poi acquistata da Deutsche Bank. Naturalmente, le cose potevano andare diversamente e i clienti di Bankers Trust sarebbero stati grati alla banca per aver risparmiato 75 punti base. Ma, per Bankers Trust e la sua reputazione, il rischio che i clienti subissero enormi perdite era chiaramente eccessivo. La cultura del rischio era del tutto sbagliata: i dipendenti pensavano solo ai profitti a breve termine e non alle ripercussioni nel lungo termine.

Un altro esempio è quello del contratto, negoziato nel 2007, tra la banca spagnola Santander e la società ferroviaria portoghese Metro do Porto (Riquadro 24.2).

Esempio 24.9

Il contratto con Santander ha consentito a Metro do Porto di ridurre il costo del debito per i primi 2 anni, ma nello stesso tempo ha comportato il rischio di un costo molto elevato per gli anni successivi. Dal punto di vista di Metro do Porto, il *trade-off* tra il beneficio a breve termine e il rischio a medio-lungo termine era molto discutibile. Ma lo stesso valeva per Santander.

Il contratto in questione era uno dei tanti negoziati da Santander con società portoghesi controllate dallo Stato. Non c'è dubbio che i contratti venivano considerati redditizi, nel momento in cui Santander li negoziava, ma i profitti a breve termine sarebbero poi stati annullati dalle ricadute negative sulla sua reputazione e dalle spese per la risoluzione extra-giudiziale delle azioni legali.

Un terzo esempio dei conflitti tra profitti a breve termine e rischi a medio-lungo termine è dato dal caso Abacus tra Goldman Sachs e IKB / ACA (Riquadro 24.3).

Esempio 24.10

Secondo l'accusa, Goldman Sachs aveva venduto a uno dei suoi clienti il prodotto Abacus senza spiegarne i rischi e le modalità con cui era stato creato. Anche questo è un esempio di profitti a breve termine realizzati senza tener conto dei rischi e dei costi reputazionali a medio-lungo termine. L'affare Abacus e un paio di altri eventi hanno indotto Goldman Sachs a cambiare la propria cultura aziendale. Tutto il *top management* ha riconosciuto che era necessario un cambiamento per riconquistare la fiducia dei propri clienti.

Sez. 24.2 Cultura del Rischio

Riquadro 24.2 Santander e Metro do Porto.

Nel 2007, la società ferroviaria portoghese Metro do Porto (MdP) era alla ricerca di un modo per ridurre il costo del debito, che era allora pari al 4,76% annuo. Dopo aver consultato diverse banche, decise di entrare in uno *swap* a 14 anni con la banca spagnola Santander.

Lo *swap* prevedeva che Santander pagasse il 4,76%, ricevendo in cambio l'1,76% maggiorato di uno *spread*, s. Per i primi due anni, lo *spread* era nullo. Poi, sarebbe stato calcolato, ogni 3 mesi, in base alla seguente formula:

$$s_t = \max[0, s_{t-1} + 2 \times \max(2\% - R, 0) + 2 \times \max(R - 6\%, 0) - D]$$

dove R è l'Euribor a 3 mesi e D, chiamato "DigiCoupon", è pari allo 0,5% se $2\% \leq R \leq 6\%$.

Quando il contratto venne negoziato, l'Euribor a 3 mesi era pari a circa il 4%. Se fosse rimasto tra il 2% e il 6% per tutta la vita del contratto, lo *spread* non sarebbe mai stato positivo e MdP avrebbe risparmiato almeno il 3% (= 4,76% − 1,76%) all'anno sul costo del debito.

Successe invece che – nel 2009 (2 anni dopo la negoziazione del contratto) – l'Euribor a 3 mesi scese al di sotto del 2% e vi rimase per diversi anni. Di conseguenza, lo *spread* aumentò rapidamente per raggiungere il livello del 40,6% nel settembre 2013.

Il problema per MdP era che lo *spread* calcolato per un certo trimestre dipendeva dallo *spread* del trimestre precedente. Supponiamo che, dopo la fine del 2° anno, l'Euribor a 3 mesi sia stato pari allo 0,5%. In tal caso, lo *spread* di MdP sarebbe cresciuto in misura pari al 3% [= 2 × (2% − 0,5%)] trimestrale, ossia al 12% (= 3% × 4) annuo. Se poi l'Euribor a 3 mesi fosse rientrato nel «campo di oscillazione» (*range*) compreso tra il 2% e il 6%, lo *spread* sarebbe sceso, grazie al DigiCoupon, ma solo in misura pari allo 0,5% trimestrale, ossia al 2% (= 0,5% × 4) annuo.

Il contratto è stato portato in tribunale (altre dispute legali su contratti simili tra Santander e società portoghesi controllate dallo Stato sono stati risolte in via extra-giudiziale). Naturalmente, MdP avrebbe dovuto effettuare le analisi di scenario per rendersi conto dei possibili costi del contratto. Non è noto se l'abbia fatto e se abbia compreso la natura del meccanismo cumulativo con cui lo *spread* sarebbe stato modificato. È possibile che abbia sopravvalutato il risparmio del 3% per i primi 2 anni.

Secondo un articolo apparso sulla rivista *Risk* nel 2014, un consulente finanziario londinese avrebbe dichiarato che il contratto sottoscritto da MdP merita di figurare tra i peggiori affari di tutti i tempi!

L'amministratore delegato, Lloyd Blankfein, ha visitato 23 paesi in 18 mesi per sottolineare che l'etica e la reputazione sono tanto importanti quanto lo è la redditività aziendale (in altri termini, non va perseguito il profitto a breve termine se ci sono possibili implicazioni negative a medio-lungo termine).

Gary Cohn è stato nominato capo del Firmwide Client and Business Standards Committee. Una cosa che questo comitato ha fatto è stata quella di valutare "se i nostri clienti hanno le conoscenze base e la capacità di comprendere i possibili risultati delle operazioni che fanno con noi". Il Firmwide Client and Business Standards Committee ha iniziato a prendere le misure opportune per assicurarsi che Goldman si interfacci in modo onesto con i clienti ed eviti qualsiasi attività discutibile. L'attuazione di questi interventi ha consentito a Goldman Sachs di migliorare la sua reputazione.

Nelle istituzioni finanziarie, gli schemi per la retribuzione del personale svolgono un ruolo chiave nel determinare il *trade-off* tra i profitti a breve termine e i rischi a medio-lungo termine. Tradizionalmente, i *bonus* vengono pagati una volta all'anno. L'orizzonte temporale per il processo decisionale è di solito rappresentato dalla prossima data di pagamento del *bonus* (lontana meno di un anno). Se un affare può avere conseguenze negative, ma non prima della fine dell'anno, è probabile che le conseguenze vengano ignorate.

Riquadro 24.3 Abacus.

Nel 2007, Goldman Sachs ha creato un prodotto chiamato Abacus, basato su un'ABS CDO sintetica. Come si è visto nel Capitolo 7, l'ABS CDO è costituita da un portafoglio di *tranches* di ABSs, spesso *mezzanine tranches*. La parola "sintetica" vuol dire che Goldman aveva definito l'ABS CDO, ma senza effettivamente acquistare le *tranches* sottostanti. Aveva poi agito da intermediario tra due parti. La parte *A* comprava un *credit default swap* per proteggersi dalle perdite che la *senior tranche* dell'ABS CDO avrebbe subito se fosse stata creata. La parte *B* vendeva il *credit default swap*, offrendo protezione alla controparte. La parte *A* versava alla parte *B* un premio assicurativo (il CDS *spread*).

Finora tutto bene. Si trattava di un'operazione consueta per una banca d'investimento come Goldman Sachs, che agiva da intermediario tra compratore e venditore. Nel caso in questione, la parte *A* era un *hedge fund* controllato da John Paulson. Questo *hedge fund* era uno dei pochi che scommetteva pesantemente contro la solvibilità dei mutui *subprime* e del mercato immobiliare in generale. Venne fuori che Paulson aveva pagato $15 milioni a Goldman Sachs per strutturare il prodotto e che il suo *hedge fund* aveva svolto un ruolo nella scelta degli ABSs sottostanti. La parte *B* era rappresentata da IKB Deutsche Industriebank AG (IKB), una banca con sede a Dusseldorf, specializzata nei prestiti a società di dimensioni medio-piccole. Come *portfolio manager*, Goldman scelse ACA, una società con sede a New York specializzata nella gestione delle CDOs.

Secondo l'accusa, Goldman Sachs avrebbe riferito a IKB che l'ABS CDO era stata definita da ACA, mentre in realtà gli ABSs sottostanti erano stati scelti dall'*hedge fund* di John Paulson tra quelli che più probabilmente avrebbero subito perdite enormi. In particolare, Paulson avrebbe costruito l'ABS CDO con *tranches* di portafogli di mutui *subprime* sottoscritti da individui con FICO *scores* bassi, residenti in Stati con tassi elevatissimi di apprezzamento degli immobili.

Su Abacus, IKB e ACA hanno subito perdite enormi, con corrispondenti enormi profitti per l'*hedge fund* di Paulson (IKB è stata salvata, dopo la crisi dei mutui *subprime*). C'è stata un'indagine da parte della Securities and Exchange Commission (SEC) e Goldman Sachs ha dovuto pagare una multa di $550 milioni, la più elevata nella storia della SEC.

La posizione di Goldman Sachs si era aggravata quando si scoprì che uno dei suoi dirigenti, Fabrice Tourre, aveva inviato la seguente *e-mail* a un amico: "Sempre più *leverage* nel sistema. Ora l'intera costruzione sta per crollare ... E solo uno sopravvivrà, il favoloso Fab ... che si ergerà in mezzo a tutte queste operazioni complesse, esotiche, ad alto *leverage*, mostruosità che lui stesso ha creato senza necessariamente comprenderne tutte le implicazioni!!!".

Molte istituzioni finanziarie hanno tentato di cambiare le modalità retributive per contrastare l'ottica a breve termine. Il pagamento del *bonus* viene ora di solito «spalmato» (*spread out*) su più anni, e il *bonus* può essere «recuperato» (*clawed back*) se i successivi eventi segnalano che le operazioni non erano poi così redditizie come appariva inizialmente.[8]

24.3 IDENTIFICAZIONE DEI PRINCIPALI RISCHI

Una parte importante dell'ERM è quella dell'identificazione delle esposizioni chiave sia per le attività correnti sia per quelle prospettiche di una istituzione finanziaria.

---

[8] Per motivi legali, è difficile che le istituzioni finanziarie riescano a recuperare i *bonus* che sono già stati pagati. Pertanto, gli «schemi di recupero» (*clawback schemes*) devono essere combinati con il differimento dei *bonus*.

Sez. 24.3 *Identificazione dei Principali Rischi*

L'identificazione delle esposizioni è per molti versi simile alla scelta degli scenari nelle prove di *stress*. La storia è in grado di fornire alcune linee guida.

Esempio 24.11
Le istituzioni finanziarie dovrebbero considerare come se la caverebbero se dovesse verificarsi una recessione così grave come quella sperimentata durante la Crisi Finanziaria Globale.

L'impatto delle tendenze correnti ed emergenti dovrebbe essere attentamente analizzato. Gli economisti e gli alti dirigenti che lavorano per l'istituzione finanziaria sono in grado di fornire utili «spunti» (*insights*).

Come si è visto nei capitoli precedenti, l'«ambiente» (*environment*) in cui le banche operano sta cambiando. Uno dei risultati della Crisi Finanziaria Globale è che le banche sono sempre più regolamentate. Alcune attività come il *proprietary trading* non possono essere più intraprese (almeno negli Stati Uniti). I requisiti patrimoniali e di liquidità sono più elevati. Alcune attività di intermediazione finanziaria si stanno spostando dalle banche verso le «banche-ombra» (*shadow banks*) come i «fondi di mercato monetario» (*money market funds*), le «società di credito ipotecario» (*mortgage companies*), i «veicoli creati per le cartolarizzazioni» (*securitization vehicles*), e così via. In molti casi, le *shadow banks* sono meno regolamentate rispetto alle banche e, di conseguenza, sono in grado di offrire servizi a condizioni più competitive.

Distorsioni Cognitive

La nostra capacità di identificare efficacemente i rischi è influenzata dalla cosiddetta «distorsione cognitiva» (*cognitive bias*), un termine utilizzato per descrivere il fatto che gli esseri umani tendono a non essere del tutto razionali.

Gran parte del lavoro pionieristico sulle distorsioni cognitive è stato svolto da Daniel Kahneman e Amos Tversky.[9] Kahneman ha vinto il premio Nobel per l'economia nel 2002 per il suo lavoro con Tversky sulla «teoria del prospetto» (*prospect theory*), che si occupa del modo in cui la gente effettua le proprie scelte tra più alternative rischiose (Tversky era morto qualche anno prima).

Gli psicologi hanno elencato oltre 100 distorsioni cognitive.

Esempio 24.12
Una distorsione cognitiva piuttosto comune è il «pio desiderio» (*wishful thinking*). A volte è difficile distinguere tra ciò che vogliamo che accada (ad es., il successo di un progetto) e ciò che pensiamo che realmente accadrà (provate a chiedere a un sostenitore del Manchester United di stimare la probabilità che – l'anno prossimo – il Manchester United vinca la Coppa d'Inghilterra!). Quando vogliamo che succeda qualcosa, pensiamo solo ai motivi per cui quella cosa potrebbe accadere.

Esempio 24.13
Una distorsione importante è l'«ancoraggio» (*anchoring*). Quando valutiamo le probabilità associate a un certo evento (ad es., i ricavi di una nuova impresa), ci "ancoriamo" alla prima stima che viene fatta. Tendiamo a effettuare aggiustamenti relativamente piccoli alla stima originaria. Questa tendenza è nota come «ancoraggio e regolazione» (*anchoring and adjustment*). Spesso non consideriamo l'intera gamma dei possibili risultati. In particolare, possiamo implicitamente associare

---

[9] Si veda, ad esempio, KAHNEMAN, D., SLOVIC, P., e TVERSKY, A., *Judgment under Uncertainty: Heuristics and Biases*. New York: Cambridge University Press, 1982.

probabilità nulle a esiti negativi importanti. Per illustrare l'*anchoring*, si potrebbe chiedere a un gruppo di persone di fare un'ipotesi su qualcosa che ignorano, ad es. il numero degli abitanti in Islanda. Si potrebbe chiedere di fornire gli estremi di un intervallo di confidenza che vada dal 5° al 95° percentile della loro distribuzione probabilistica soggettiva. Se le loro stime fossero buone, solo nel 10% dei casi la vera popolazione dovrebbe trovarsi al di fuori dell'intervallo stimato. In pratica, si è constatato che l'errore è molto più frequente. L'*anchoring* induce la gente a comportarsi come se sapesse più di quanto effettivamente sa.

Esempio 24.14

Un'altra distorsione cognitiva è la «disponibilità» (*availability*). Si ha quando viene dato peso eccessivo alle informazioni più recenti. Purtroppo, l'*availability* influenza l'*enterprise risk management*, così come il *risk management*, in generale. Prima della Crisi Finanziaria Globale, i *risk managers* di alcune istituzioni finanziarie sono stati spesso poco ascoltati, perché la congiuntura era buona. Dopo la crisi, il ruolo svolto dai *risk managers* è diventato più importante, ma col dissolversi del ricordo della crisi è possibile che ritorni un atteggiamento del tipo «i bei tempi dureranno per sempre» (*good times will last forever*).

Esempio 24.15

Un'altra distorsione cognitiva è nota come «rappresentatività» (*representativeness*). Si ha quando un individuo classifica una certa situazione sulla base di una serie di precedenti esperienze o convinzioni circa lo scenario di fondo. Le classificazioni possono essere utili quando si devono prendere decisioni rapide, ma possono anche rappresentare un limite perché portano a chiusure mentali e a stereotipi. Sulla base delle sue precedenti esperienze, il *senior manager* di un'istituzione finanziaria potrebbe considerare quasi impossibile che una qualsiasi altra istituzione finanziaria possa batterla in un certo settore del mercato. Tuttavia, se l'esperienza passata del *manager* è limitata, le situazioni precedenti potrebbero non essere rappresentative dei futuri scenari.

Esempio 24.16

Un errore che viene a volte fatto nella stima delle probabilità è quello di invertire la «condizionalità» (*conditionality*). Supponiamo che 1 persona su 10.000 abbia una certa malattia. Un *test* che è esatto al 99% risulta positivo (suggerendo che si è malati). Qual è la probabilità che si è davvero malati? La risposta immediata è che la probabilità è altissima: 99%. Tuttavia, la risposta esatta è che, in realtà, la probabilità è molto bassa: circa l'1%!

Siamo interessati a

$$\text{Prob}(M \mid TP)$$

dove M indica che si è malati e TP segnala che il *test* è risultato positivo.

Dato che il *test* è accurato al 99% si ha

$$\text{Prob}(TP \mid M) = 99\%$$

ma non è vero che la probabilità di essere malati quando il *test* è positivo sia pari al 99%:

$$\text{Prob}(M \mid TP) \neq \text{Prob}(TP \mid M).$$

Su 10.000 persone ce ne saranno 100 per le quali il *test* risulterà positivo, ma solo 1 sarà effettivamente malata.[10] Pertanto, la probabilità che stiamo cercando di stimare è pari a circa l'1%. Questo risultato si ottiene applicando il teorema di Bayes, ben noto nel calcolo delle probabilità.

Esempio 24.17

Una distorsione cognitiva è rappresentata dai «costi irrecuperabili» (*sunk costs*). Supponiamo che un'istituzione finanziaria abbia già speso $1 miliardo per cercare di entrare in un nuovo mercato. Le cose non stanno andando bene e le prospettive di successo sembrano molto scarse. Le spese già

---

[10] Se il *test* risulta positivo in 100 casi su 10.000, il *test* è corretto per 9.901 persone (9.900 sane e 1 malata): la precisione è quindi pari a circa il 99%.

sostenute dovrebbero influenzare il processo decisionale dell'istituzione finanziaria? La risposta è che il miliardo di dollari è quello che i contabili chiamano un «costo irrecuperabile» (*sunk cost*). Indipendentemente dalle decisioni prese oggi, le spese sostenute non potranno essere recuperate. La questione chiave è se i profitti futuri saranno sufficientemente elevati da giustificare altre spese. In pratica, molte persone sono restie ad ammettere i propri errori e continuano a sostenere progetti sbagliati. Irrazionalmente, vogliono cercare di riavere indietro i soldi già spesi, anche se la probabilità di riuscirci è molto bassa.

La comprensione delle distorsioni cognitive può aiutare il processo decisionale e l'identificazione dei principali rischi. Tuttavia, gli esperimenti hanno dimostrato che è estremamente difficile far sì che il processo decisionale sia del tutto razionale. Anche quando le distorsioni cognitive, come ad es. l'*anchoring*, vengono attentamente spiegate e vengono dati incentivi finanziari agli individui perché facciano buone stime, le distorsioni comunque persistono.

La sfida per l'ERM è quella di identificare i «rischi estremi» (*tail risks*) e cercare di stimare al meglio le probabilità associate agli scenari avversi che danno luogo a rischi estremi. Le distorsioni cognitive che abbiamo esaminato (e le molte altre che sono state documentate) suggeriscono che i rischi verranno comunque sottovalutati. Nel suo *best seller*, Nassim Taleb chiarisce questo punto.[11] In particolare, critica l'utilizzo delle distribuzioni normali per il calcolo delle misure di rischio (così come abbiamo fatto noi in questo libro) e sostiene che le probabilità associate agli eventi estremi, come il crollo del mercato azionario nel 1987 o la Crisi Finanziaria Globale, sono molto più elevate di quanto si creda.

I comitati composti da *senior management* ed economisti possono essere utili per definire gli scenari avversi. Può anche essere importante spingere il personale a svolgere il ruolo di «avvocato del diavolo» (*devil's advocate*) quando si discutono le varie idee. Ovviamente, è meno probabile che i rischi vengano esaminati seriamente se l'amministratore delegato è autoritario, è convinto di aver ragione sulle principali decisioni strategiche e non incoraggia il dialogo.

24.4 RISK MANAGEMENT E PIANIFICAZIONE STRATEGICA

Una volta che la strategia aziendale è stata definita, il *risk management* strategico deve esaminare le ipotesi che sono state fatte e cosa può andare storto. Cosa farà la concorrenza? Come reagiranno i clienti? Quali sarebbero gli effetti di eventi avversi sulla strategia aziendale? Per citare Michael Porter:[12] «Il rischio è una funzione della cattiva *performance* di una strategia se si verifica lo scenario 'sbagliato'».

Dopo aver identificato un certo rischio, per le attività correnti o per quelle prospettiche, le possibili linee di azione sono:

evitare	uscire dalla linea operativa;
diminuire	ridurre la probabilità o l'impatto degli eventi avversi;
aggiustare	modificare i piani per ridurre il rischio;
trasferire	condividere il rischio o assicurarsi contro il rischio;
accettare	non intraprendere alcun azione.

---

[11] Si veda TALEB, N. N., *The Black Swan: The Impact of the Highly Improbable* (New York: Random House, 2007).

[12] Si veda PORTER, M. E., *Competitive Advantage*. New York: Free Press, 1985, 476.

La strada da seguire dipende dalla situazione contingente, ma è importante che il rischio venga identificato e considerato con attenzione, invece di essere ignorato.

Esempio 24.18
Supponiamo che una banca canadese di successo stia prendendo in considerazione la possibilità di espandere le sue operazioni al dettaglio con l'acquisto di una banca più piccola negli Stati Uniti. Ha preparato un progetto nel quale si sostiene che l'acquisizione farà aumentare il valore delle azioni e rappresenterà un «trampolino di lancio» (*springboard*) per aumentare la clientela negli Stati Uniti. Ci sono diversi rischi che occorre prendere in considerazione. La banca sarà in grado di replicare, in un ambiente bancario più competitivo, il successo che ha avuto in Canada? Sarà in grado di mantenere la clientela della banca che sta per acquistare? Sarà in grado di trattenere i dirigenti che hanno responsabilità strategiche? Che cosa accadrà se, dopo aver completato l'acquisizione, ci sarà una severa recessione? La banca canadese deve accertarsi che l'acquisizione sia coerente con la sua propensione al rischio e che, se dovesse verificarsi uno scenario avverso, le sue attività in Canada non ne risentano in modo apprezzabile. Deve assicurarsi che i rischi possano essere monitorati /gestiti e deve avere una buona «strategia di uscita» (*exit strategy*) nell'eventualità che le cose vadano male.

SOMMARIO

L'*enterprise risk management* rappresenta il tentativo di gestire il rischio in modo «unitario» (*holistic*), piuttosto che «in compartimenti stagni» (*in silos*). L'idea centrale è che le linee operative all'interno dell'istituzione finanziaria dovrebbero essere parte di un sistema integrato, strategico di gestione dei rischi che interessi l'intera impresa, nel suo complesso. La propensione al rischio dovrebbe essere definita dal *top management* dell'istituzione finanziaria e approvata dal consiglio di amministrazione. Occorre poi accertarsi che le diverse tipologie di rischio, nelle diverse linee operative, vengano gestite in modo coerente con la propensione aziendale al rischio.

Le istituzioni finanziarie dovrebbero definire la propria propensione al rischio, ossia la quantità di rischio che sono disposte ad assumersi per conseguire gli obiettivi aziendali. Alcuni aspetti della propensione al rischio, come ad es. la quantità di capitale che l'istituzione finanziaria è disposta a rischiare, possono essere espressi quantitativamente. Altri, come ad es. i rischi di reputazione, possono essere definiti in modo qualitativo. La propensione al rischio deve poi essere tradotta in direttive che stabiliscano i limiti di rischio delle linee operative. Limiti appropriati devono essere fissati per il rischio di *trading*, per il rischio di concentrazione, per il rischio di credito, e così via. I rischi devono essere costantemente monitorati per assicurare che siano coerenti con la propensione al rischio dell'istituzione finanziaria.

Lo sviluppo di una buona cultura del rischio è una parte importante dell'ERM. Un elemento chiave della cultura del rischio è quello di tener presente i rischi a medio-lungo termine quando si valutano i prodotti che offrono profitti a breve termine. Ci sono molti esempi di istituzioni finanziarie che hanno perseguito aggressivamente i profitti a breve termine senza tener conto dei gravi problemi che avrebbero potuto comportare qualche anno più tardi in termini di azioni legali, multe, o perdite di reputazione. La struttura dei *bonus* all'interno delle istituzioni finanziarie può spingere il personale verso la massimizzazione dei profitti a breve termine come unico criterio per il processo decisionale. Dopo la Crisi Finanziaria Globale ci sono stati vari tentativi per cambiare quest'atteggiamento con l'introduzione di *bonus* differiti e di clausole che ne consentano il recupero.

È importante che le istituzioni finanziarie sviluppino procedure per stimare le conseguenze di eventi estremi. Purtroppo, ci sono molte distorsioni cognitive che possono fuorviare i *managers* quando devono fare previsioni associando probabilità ai possibili eventi.

Una volta che i rischi sono stati individuati, è importante gestirli attivamente. A volte sarà necessario dismettere alcune attività; altre volte i rischi potranno essere trasferiti, almeno in parte (ad es., con le assicurazioni o le *joint ventures*); a volte si potranno adottare misure per ridurre l'impatto dei rischi; e talvolta i rischi potranno essere accettati, se sono coerenti con la propensione aziendale al rischio.

SUGGERIMENTI PER ULTERIORI LETTURE

FRASER, J., e SIMKINS, B. J., *Enterprise Risk Management: Today's Leading Research and Best Practices for Tomorrow's Executives*. Hoboken, NJ: John Wiley & Sons, 2010.

SCOTT RECKARD, E., "Wells Fargo's pressure-cooker sales culture comes at a cost", Los Angeles Times, December 21, 2013.

OSBORN, T., "Worst Trade of All Time Pits Santander against Portuguese Client." *Risk*, May 2014.

PORTER, M. E., *Competitive Advantage*. New York: Free Press, 1985.

DOMANDE E PROBLEMI
(le risposte si trovano alla fine del libro)

24.1. (a) Spiegate la differenza tra approcci *top-down* e *bottom-up* alla gestione del rischio.
(b) Perché sono entrambi necessari nell'ERM?

24.2. Cos'è il paradosso di Bowman?

24.3. "Nelle banche, la cultura del rischio dovrebbe indurre il personale a considerare non solo i profitti a breve termine ma anche le implicazioni a medio-lungo termine delle decisioni che vengono prese." Commentate quest'affermazione.

24.4. Quali provvedimenti possono prendere le banche per indurre il personale a non prendere decisioni esclusivamente motivate dai profitti a breve termine?

24.5. Cosa distingue l'*enterprise risk management* dai metodi più tradizionali per la gestione dei rischi?

24.6. Un fondo comune ha una propensione al rischio tale per cui non vuole perdere più del 20% in un anno con un livello di confidenza del 90%. Utilizzando i tassi di rendimento dello S&P 500 nel periodo 1970 - 2022 (Tavola 24.2), determinate il beta che il fondo dovrebbe avere. Supponete che il tasso d'interesse privo di rischio sia pari al 3% annuo.

24.7. Considerate il caso Santander - Metro do Porto del Riquadro 24.2 e supponete che, dopo la fine del 2° anno, l'Euribor a 3 mesi sia stato pari all'8%. Calcolate il tasso d'interesse che Metro do Porto avrebbe pagato dopo 4 anni (16 trimestri).

24.8. Fate quattro esempi di distorsioni cognitive.

Parte VI: Regolamentazione

Capitolo 25
Basilea I, Basilea II e Solvency II

Un Accordo del 1988, noto come Accordo di Basilea, ha segnato l'inizio degli *standards* internazionali in materia di regolamentazione bancaria. Dal 1988, la regolamentazione bancaria ha seguito un processo evolutivo. Nuove regole hanno modificato le precedenti, ma i metodi sono rimasti generalmente invariati. Per capire l'assetto regolamentare attuale, è quindi necessario comprendere gli sviluppi che si sono avuti nel tempo.

In questo capitolo verrà trattata l'evoluzione dell'assetto regolamentare prima della Crisi Finanziaria globale. Gli sviluppi successivi verranno trattati nel Capitolo 26 e nel Capitolo 27.

Questo capitolo esamina innanzitutto l'Accordo di Basilea del 1988 (ora noto come Basilea I), le clausole di *netting* e l'Emendamento del 1996. Passa poi a spiegare Basilea II, la regolamentazione che è stata attuata, verso il 2007, per molte banche di tutto il mondo.

Infine, nell'ultima parte del capitolo viene trattato l'assetto regolamentare adottato dall'Unione Europea, nel 2016, per le compagnie d'assicurazione. È noto come «Solvibilità II» (*Solvency II*) ed è simile a Basilea II.

25.1 MOTIVI DELLA REGOLAMENTAZIONE BANCARIA

La regolamentazione bancaria mira soprattutto ad assicurare che le banche dispongano di capitali adeguati per far fronte ai rischi cui sono esposte. Non essendo possibile ridurre a zero il numero dei fallimenti bancari, l'obiettivo delle autorità di vigilanza è quello di rendere minima la probabilità che una qualsiasi banca fallisca. Così facendo, si spera di creare un ambiente economico stabile in cui famiglie e imprese abbiano fiducia nel sistema bancario.

Si potrebbe essere tentati di sostenere che la regolamentazione bancaria non è necessaria: «Anche se non ci fossero regole, le banche gestirebbero prudentemente i loro rischi e farebbero in modo da avere riserve patrimoniali in linea con le loro esposizioni».

Sfortunatamente, la storia ci insegna che così non è. È fuor di dubbio che la regolamentazione abbia svolto e continui a svolgere un ruolo importante nel far crescere il capitale bancario e nel rendere le banche più consapevoli dei rischi cui sono esposte.

Riquadro 25.1 Rischio sistemico.

Il rischio sistemico è il rischio che l'insolvenza di un'istituzione finanziaria crei un «effetto "domino"» (*ripple effect*) che porti all'insolvenza di altre istituzioni finanziarie e minacci la stabilità del sistema finanziario.

Le transazioni tra banche che avvengono nel mercato *over the counter* sono enormi. Se la Banca A fallisce, è possibile che la Banca B subisca una perdita enorme sui contratti che aveva in essere con la Banca A. Questa perdita potrebbe portare al fallimento della Banca B. La Banca C, che ha in essere contratti sia con la Banca A sia con la Banca B, potrebbe subire anch'essa una forte perdita e andare incontro a difficoltà finanziarie, e così via.

Il sistema finanziario è sopravvissuto a insolvenze come quelle di Drexel nel 1990, Barings nel 1995 e Lehman Brothers nel 2008, ma le autorità di vigilanza continuano a essere preoccupate. Nel corso della Crisi Finanziaria Globale, i governi di molti Paesi hanno organizzato il «salvataggio» (*bailout*) di diverse istituzioni finanziarie per cercare di evitare che il loro fallimento producesse effetti sistemici.

Come si è visto nella Sezione 2.3, in molti Paesi esistono forme di «assicurazione dei depositi» (*deposit insurance*) volte ad accrescere la fiducia dei depositanti nei confronti delle banche. Tuttavia, la *deposit insurance* potrebbe avere effetti indesiderati. Le banche, non più gravate dalla preoccupazione di perdere la fiducia dei depositanti, potrebbero essere indotte ad accrescere il loro grado di *leverage*.[1]

C'è dunque il rischio che la *deposit insurance* porti a far crescere il numero dei fallimenti bancari e quindi il suo stesso costo. Si è ritenuto quindi necessario affiancare alla *deposit insurance* la prescrizione di requisiti patrimoniali volti a garantire la solvibilità delle banche.

Una delle principali fonti di preoccupazione per le autorità di vigilanza è rappresentata dal «rischio sistemico» (*systemic risk*), ossia dal rischio che il fallimento di una grande banca inneschi il fallimento di altre banche e porti, in ultima analisi, al collasso del sistema finanziario. Le modalità con cui ciò può avvenire sono descritte nel Riquadro 25.1.

Quando le banche, o altre grandi istituzioni finanziarie, sono prossime al fallimento, le autorità di vigilanza si trovano a dover prendere decisioni difficili. Se le lasciano fallire, mettono a rischio il sistema finanziario. Se organizzano il loro salvataggio, inviano al mercato segnali sbagliati: c'è il pericolo che le istituzioni finanziarie siano meno attente nel controllo dei propri rischi perché sanno di essere «troppo grandi per fallire» (*too big to fail*) e di poter sempre contare sul salvataggio da parte dello Stato.

Durante la Crisi Finanziaria Globale, ci sono stati numerosi salvataggi di grandi istituzioni finanziarie, sia negli Stati Uniti sia in Europa, ma – nel settembre 2008 – si è lasciato che Lehman Brothers fallisse. Probabilmente, le autorità di vigilanza statunitensi hanno voluto segnalare al mercato che i salvataggi delle grandi istituzioni finanziarie non sono automatici.

Tuttavia, la decisione di lasciar fallire Lehman Brothers è stata criticata perché è possibile che abbia di fatto peggiorato la crisi.

---

[1] Come si è visto nella Sezione 3.7, questo è un esempio di «azzardo morale» (*moral hazard*). L'esistenza di un contratto di assicurazione modifica il comportamento dell'assicurato.

25.2 REGOLAMENTAZIONE BANCARIA PRIMA DEL 1988

Prima del 1988, le autorità di vigilanza regolavano il patrimonio delle banche fissando i livelli minimi del rapporto tra patrimonio e attività di bilancio. Tuttavia, le definizioni di patrimonio e i rapporti considerati accettabili variavano da Paese a Paese. In alcuni Paesi, i requisiti patrimoniali erano stati imposti in modo più diligente che in altri. Di conseguenza, la competizione internazionale tra banche non avveniva in modo uniforme, ma le banche che operavano nei Paesi con requisiti patrimoniali più «laschi» (*slack*) godevano di vantaggi concorrenziali rispetto alle altre. Inoltre, le enormi esposizioni delle maggiori banche internazionali nei confronti dei Paesi meno sviluppati, come il Messico, il Brasile e l'Argentina, e i «giochi contabili» (*accounting games*) utilizzati a volte per gestire queste esposizioni (si veda il Riquadro 2.3) cominciarono a far sorgere dubbi circa l'adeguatezza dei livelli patrimoniali.

Un altro problema era rappresentato dal fatto che i contratti negoziati dalle banche cominciavano a essere sempre più complicati. Stava crescendo in fretta il mercato *over the counter* di *interest-rate swaps*, *currency swaps* e opzioni su valute. Tutti questi contratti fanno aumentare il rischio di credito.

Esempio 25.1

Una banca che entra in un *interest-rate swap* accresce il suo rischio di credito. Subisce infatti una perdita se lo *swap* ha per lei un valore positivo e la controparte fallisce.

Molti di questi nuovi contratti venivano registrati «fuori bilancio» (*off balance sheet*) e non avevano quindi alcun effetto sul capitale regolamentare della banca. Apparve chiaro che le attività di bilancio non erano più un buon indicatore dei rischi che venivano presi dalle banche e che era necessario un metodo più sofisticato per determinare i requisiti patrimoniali.

Questi problemi hanno indotto le autorità di vigilanza di 12 Paesi (Belgio, Canada, Francia, Germania, Giappone, Italia, Lussemburgo, Olanda, Regno Unito, Stati Uniti, Svezia, Svizzera) a costituire, nel 1974, il «Comitato di Basilea per la Vigilanza Bancaria» (Basel Committee on Banking Supervision). Questo Comitato si riunisce regolarmente a Basilea (Svizzera), sotto il patronato della «Banca per i Regolamenti Internazionali - BRI» (Bank for International Settlements - BIS). Il primo importante risultato di questi incontri fu un documento dal titolo «Convergenza internazionale della misurazione del capitale e dei coefficienti patrimoniali minimi» (*International Convergence of Capital Measurement and Capital Standards*). È questo il documento che viene chiamato «L'Accordo di Basilea del 1988» (*The 1988 Basel Accord*) o semplicemente «L'Accordo» (*The Accord*). Poi è diventato noto col nome di «Basilea I» (*Basel I*).

25.3 ACCORDO DI BASILEA (1988)

L'Accordo di Basilea del 1988 è stato il primo tentativo per fissare uno standard internazionale con cui misurare l'«adeguatezza del capitale» (*capital adequacy*) delle banche. Anche se è stato oggetto di molte critiche a causa della sua eccessiva semplicità e di una certa arbitrarietà, in realtà l'Accordo ha rappresentato un importantissimo passo in avanti. Sottoscritto da tutti i dodici membri del Comitato di Basilea, ha spianato la strada a un significativo aumento delle risorse dedicate alla misura-

TAVOLA 25.1 Basilea I: coefficienti di rischio per le voci di bilancio.

Risk weight	Classi di attività
0%	Valori di cassa, oro in lingotti, attività verso le amministrazioni centrali dei Paesi OCSE, come titoli di Stato o mutui ipotecari su immobili residenziali con garanzie statali
20%	Attività verso banche con sede nell'area OCSE e verso enti del settore pubblico di Paesi esteri compresi nell'area OCSE, come titoli emessi da agenzie governative degli Stati Uniti o titoli verso enti territoriali
50%	Mutui ipotecari su immobili residenziali senza garanzie statali
100%	Tutte le altre attività, come obbligazioni emesse dai Paesi meno sviluppati e da società private, attività verso banche con sede all'esterno dell'area OCSE, stabili, impianti ed attrezzature, altri investimenti fissi a uso funzionale

Nota: «Organizzazione per la Cooperazione e lo Sviluppo Economico - OCSE» (*Organisation for Economic Cooperation and Development - OECD*).

zione, comprensione e gestione dei rischi. La principale innovazione introdotta con Basilea I è rappresentata dal «rapporto di Cooke» (*Cooke ratio*).[2]

Cooke Ratio

Nel calcolo del *Cooke ratio* entrano in gioco sia le voci di bilancio sia le voci fuori bilancio. Entrambe contribuiscono alla determinazione delle «attività ponderate per il rischio» (*risk-weighted assets* o *risk-weighted amount*), che misurano l'esposizione creditizia complessiva della banca.

Le esposizioni ai rischi di credito possono essere ripartite in tre categorie:

1. «voci di bilancio» (*balance-sheet items*), esclusi i derivati;
2. «voci fuori bilancio» (*off-balance-sheet items*), esclusi i derivati;
3. derivati negoziati nei mercati *over the counter*.

Consideriamo innanzitutto la prima categoria. A ogni voce di bilancio viene assegnato un «coefficiente di rischio» (*risk weight*) direttamente proporzionale al rischio di credito dell'operazione. Alcuni dei *risk weights* specificati nell'Accordo sono riportati nella Tavola 25.1. I valori di cassa e i titoli di Stato dei Paesi OCSE sono considerati privi di rischio e hanno un *risk weight* nullo. I prestiti alle banche OCSE e alle agenzie governative hanno un *risk weight* pari al 20%, i mutui ipotecari su immobili residenziali, senza garanzie statali, un *risk weight* pari al 50% e i prestiti a società private un *risk weight* pari al 100%.

Indicando con N il numero delle voci di bilancio, il valore delle «attività complessive ponderate per il rischio» (*total risk-weighted assets*) risulta pari a

$$\sum_{i=1}^{N} w_i L_i$$

dove L_i è il valore nominale dell'*i*-esima voce e w_i è il *risk weight*.

---

[2] Il rapporto prende il nome da Peter Cooke (Bank of England), primo presidente del Comitato.

TAVOLA 25.2 *Add-on factors* per i derivati (in percentuale del valore nominale).

Vita residua (anni)	Tasso d'interesse	Valute e oro	Azioni	Altri metalli preziosi	Altre merci
< 1	0,0	1,0	6,0	7,0	10,0
da 1 a 5	0,5	5,0	8,0	7,0	12,0
> 5	1,5	7,5	10,0	8,0	15,0

Esempio 25.2
Le attività di una banca sono composte da $100 milioni di prestiti a società private, $10 milioni di titoli di Stato emessi da Paesi OCSE e da $50 milioni di mutui ipotecari su immobili residenziali (senza garanzie statali). Il valore delle attività complessive ponderate per il rischio è pari a $125 milioni:

$$1,0 \times \$100 + 0,0 \times \$10 + 0,5 \times \$50 = \$125.$$

Consideriamo ora la seconda categoria, a cui appartengono le «accettazioni bancarie» (*bankers' acceptances*), le «fideiussioni» (*guarantees*) e i «fidi» (*loan commitments*). Queste voci vengono convertite nell'«equivalente creditizio» (*credit equivalent amount*). L'equivalente creditizio è il valore nominale di un prestito che si ritiene abbia lo stesso grado di rischio creditizio della voce fuori bilancio. I contratti, come le accettazioni bancarie, che sono assimilati ai prestiti da un punto di vista creditizio, hanno un fattore di conversione pari al 100%. Altri contratti, come le «linee di credito a sostegno dell'emissione di titoli» (*note issuance facilities*), nei quali la banca si impegna a sottoscrivere titoli a breve termine emessi in base a programmi prefissati, hanno fattori di conversione più bassi.

Consideriamo ora la terza categoria. L'equivalente creditizio dei derivati negoziati nei mercati *over the counter*, come i *forwards* o gli *interest-rate swaps*, viene calcolato in base alla seguente formula

$$\max(V, 0) + aL \tag{25.1}$$

dove V è il valore corrente del derivato (nell'ottica della banca), a è una «maggiorazione» (*add-on factor*) e L è il «valore nominale» (*principal amount*) del contratto.

Il primo termine dell'Equazione (25.1) è l'«esposizione corrente» (*current exposure*). Se V è positivo, il contratto rappresenta un'attività per la banca e la banca potrebbe quindi perdere V se la controparte fallisse oggi. Se V è negativo, il contratto rappresenta un'attività per la controparte e la banca non realizzerebbe né un profitto né una perdita se la controparte fallisse oggi. Pertanto, $\max(V, 0)$ rappresenta l'esposizione della banca (maggiori dettagli su cosa accade ai derivati OTC in caso di fallimento sono stati riportati nel Capitolo 6 e nel Capitolo 18).

Il secondo termine dell'Equazione (25.1), aL, misura la possibile crescita dell'esposizione. Alcuni *add-on factors*, a, sono riportati nella Tavola 25.2.

Esempio 25.3
Una banca entra in un *interest-rate swap* con vita residua di 4 anni e capitale nozionale di $100 milioni. Il valore corrente dello *swap* è di $2 milioni. In questo caso l'*add-on* è pari allo 0,5% del capitale, per cui l'equivalente creditizio è pari a $2,5 (= $2 + $100 × 0,005) milioni.

L'Equazione (25.1) è nota è nota come «metodo dell'esposizione corrente» (*current exposure method* - CEM). Gli *add-on factors* sono stati rivisti ed estesi negli anni successivi al 1988.

Per calcolare le attività complessive ponderate per il rischio, l'equivalente creditizio delle voci appartenenti alla seconda e alla terza categoria viene moltiplicato per il *risk weight* della controparte. I *risk weights* sono simili a quelli della Tavola 25.1, fatta eccezione per il fatto che il *risk weight* delle società è pari al 50%, invece che al 100%.

Esempio 25.4

Consideriamo nuovamente l'Esempio 25.3. Se la controparte dell'*interest-rate swap* è una società, le attività ponderate per il rischio sono pari a $1,25 (= $2,5 × 50%) milioni. Se invece la controparte è rappresentata da una banca OCSE, le attività ponderate per il rischio sono pari a $0,5 (= $2,5 × 20%) milioni.

Indicando con N il numero delle voci di bilancio e con M il numero delle voci fuori bilancio, le attività complessive ponderate per il rischio risultano pari a

$$\sum_{i=1}^{N} w_i L_i + \sum_{j=1}^{M} w_j^* C_j. \qquad (25.2)$$

In questa formula, L_i è il valore nominale dell'i-esima voce di bilancio e w_i è il *risk weight* della controparte; C_j è l'equivalente creditizio della j-esima voce fuori bilancio e w_j^* è il *risk weight* della controparte.

Requisiti Patrimoniali

Secondo Basilea I, il capitale regolamentare delle banche doveva essere almeno pari all'8% delle attività ponderate per il rischio. Poteva avere due componenti:

1. il «patrimonio di classe 1» (*Tier 1 capital*) ovvero «patrimonio di base o primario» (*core capital* o *primary capital*), formato dalle «azioni ordinarie» (*common equity*) e dalle «azioni privilegiate irredimibili senza diritto di priorità cumulativo» (*noncumulative perpetual preferred stock*),[3] al netto dell'«avviamento» (*goodwill*);[4]
2. il «patrimonio di classe 2» (*Tier 2 capital*) o «patrimonio supplementare» (*supplementary capital*), formato dalle azioni privilegiate con diritto di priorità cumulabile, da certi tipi di «emissioni obbligazionarie» (*debentures*) a 99 anni e dal «debito subordinato» (*subordinated debt*) a 5 anni o più (calcolati all'origine).[5]

---

[3] Le azioni privilegiate irredimibili senza diritto di priorità cumulativo sono azioni privilegiate prive di scadenza che hanno diritto ai dividendi in base a un tasso prefissato. I dividendi non pagati non si cumulano, ossia i dividendi che non sono stati pagati in un certo anno non vengono passati al successivo esercizio.

[4] L'avviamento viene scritto in bilancio quando viene acquistata un'altra società. È pari alla differenza tra il prezzo di acquisto e il «valore di libro» (*book value*) delle attività acquistate. Rappresenta il valore delle «attività intangibili» (*intangible assets*).

[5] Le azioni privilegiate con diritto di priorità cumulativo conservano il diritto nei confronti dei dividendi non pagati. I dividendi non distribuiti si cumulano e vanno pagati integralmente prima che vengano distribuiti dividendi a favore degli azionisti ordinari.

Il «capitale azionario» (*equity capital*) è il capitale più importante perché consente di assorbire le perdite impreviste. Se il capitale azionario assorbe interamente le perdite impreviste, la banca è un'«impresa non soggetta a liquidazione nell'immediato futuro» (*going concern*). Viceversa, la banca è insolvente. In tal caso diventa rilevante il *Tier 2* che, essendo subordinato ai depositi, funge da «cuscino» (*cushion*) e protegge, almeno parzialmente, i depositanti nel caso in cui la banca fallisca (Sezione 2.2).

Secondo Basilea I, almeno la metà del capitale regolamentare, ossia il 4% (= 50% × 8%) delle attività ponderate per il rischio, doveva essere rappresentato da patrimonio primario e almeno un quarto, ossia il 2% (= 25% × 8%) delle attività ponderate per il rischio, doveva essere rappresentato da capitale azionario. In Basilea III, le definizioni di *common equity* e degli strumenti accettati come *Tier 1 capital* sono state modificate. In alcuni Paesi, i requisiti patrimoniali fissati dalle autorità di vigilanza sono più elevati rispetto ai minimi indicati dal Comitato di Basilea e le stesse banche spesso tendono a detenere capitale in eccesso rispetto a quello specificato dalle proprie autorità di vigilanza.

25.4 RACCOMANDAZIONI DEL G-30

Nel 1993, un gruppo di lavoro formato da «utenti finali» (*end users*), «intermediari mobiliari» (*dealers*), «accademici» (*academics*), «esperti contabili» (*accountants*) ed «avvocati» (*lawyers*) ha pubblicato un rapporto contenente 20 raccomandazioni – in tema di *risk management* – rivolte ai *dealers* e agli utenti finali di derivati e 4 raccomandazioni rivolte agli organi di regolamentazione e controllo.

Il rapporto si basa sui risultati di un'indagine svolta presso 80 *dealers* e 72 *end users* in tutto il mondo, con l'aiuto di questionari e interviste. Il rapporto non è un documento redatto da autorità di vigilanza, ma ha avuto ugualmente una forte influenza nello sviluppo delle procedure di *risk management*.

Ecco una breve sintesi delle raccomandazioni più importanti:

1. le procedure di *risk management* vanno chiaramente definite e devono essere approvate dal *senior management*, possibilmente a livello del «consiglio di amministrazione» (*board of directors*). I dirigenti di qualsiasi livello devono adoperarsi per farle rispettare;
2. le posizioni su derivati devono essere «rivalutate» (*marked to market*) con frequenza almeno giornaliera sulla base di un modello coerente con le quotazioni di mercato;
3. chi negozia derivati deve misurare il rischio di mercato in base a misure coerenti, come il «valore a rischio» (*value at risk*). Vanno inoltre fissati i limiti ai rischi di mercato cui ci si può esporre;
4. chi negozia derivati deve effettuare *stress tests* per verificare le possibili perdite in condizioni di mercato critiche;
5. la funzione di *risk management* deve essere indipendente dalle funzioni operative che svolgono attività di *trading*;
6. le esposizioni creditizie generate dalla negoziazione dei derivati devono essere stimate in base ai valori correnti e tendenziali dei contratti;
7. le esposizioni correnti verso le controparti vanno determinate tenendo conto delle clausole di «compensazione» (*netting*). Cfr. la prossima sezione;

8. i soggetti responsabili per la definizione dei limiti di credito devono essere indipendenti dai soggetti coinvolti nel *trading*;
9. i *dealers* e gli *end users* devono valutare i costi e i benefici derivanti dalle tecniche di mitigazione del rischio di credito, quali la «collateralizzazione» (*collateralization*) e le «clausole risolutive innescate dal peggioramento del *rating*» (*downgrade triggers*). In particolare, devono valutare se le controparti e loro stessi sono in grado di far fronte ai pagamenti innescati dai *downgrade triggers* (i *downgrade triggers* verranno presentati nel Capitolo 18, tra le tecniche di mitigazione dei rischi);
10. la responsabilità per il *trading* di derivati, il controllo del *trading*, l'espletamento delle funzioni di *back-office* relative al *trading* vanno affidate a soggetti con appropriate capacità professionali e sufficiente esperienza;
11. i sistemi di «cattura dei dati» (*data capture*), «elaborazione» (*processing*), «liquidazione» (*settlement*) e «reportistica» (*reporting*) devono essere adeguati;
12. i *dealers* e gli *end users* devono tener conto delle transazioni in derivati utilizzate per gestire i rischi in modo da assicurare la coerenza di trattamento tra gli strumenti coperti e quelli utilizzati per le coperture ai fini della determinazione degli utili.

25.5 NETTING

Chi negozia derivati sul mercato *over the counter* ha in genere sottoscritto un «contratto quadro» (*master agreement*), seguendo le indicazioni dell'International Swaps and Derivatives Association (ISDA).

Il *master agreement* regola tutte le transazioni in derivati che verranno concluse tra parti. La parola *netting* si riferisce a una clausola, presente nel *master agreement*, secondo la quale una società che risulta inadempiente su un contratto viene considerata inadempiente su tutti gli altri contratti conclusi con la stessa controparte. Il *netting* e i *master agreements* dell'ISDA sono stati trattati nel Capitolo 6 e nel Capitolo 18.

Il *netting* consente di ridurre il rischio di credito in modo significativo.

Esempio 25.5
Si consideri una banca che ha 3 contratti in essere con una certa controparte. Il valore dei 3 contratti – per l'istituzione finanziaria – è pari, rispettivamente, a +$24, –$17 e +$8 milioni. Supponiamo che la controparte vada incontro a difficoltà finanziarie e fallisca. Il valore dei 3 contratti per la controparte è pari, rispettivamente, a –$24, +$17 e –$8 milioni. Senza il *netting*, la controparte sarebbe insolvente sul 1° e il 3° contratto e vanterebbe un credito per il 2°: la perdita complessiva per la banca sarebbe di $32 milioni (= $24 + $8). Con il *netting*, la controparte viene dichiarata insolvente anche sul secondo contratto e la perdita complessiva per la banca si riduce a $15 (= $24 – $17 +$8) milioni.

Supponiamo che un'istituzione finanziaria abbia in portafoglio N derivati con una stessa controparte. Supponiamo che il valore corrente dell'i-esimo contratto sia V_i. Senza il *netting* l'istituzione finanziaria perde un importo pari a

$$\sum_{i=1}^{N} \max(V_i, 0).$$

TAVOLA 25.3 Portafoglio di derivati negoziati con una certa controparte.

	Valore nominale (L_i)	Valore corrente (V_i)	Add-on factor ($a_i L_i$)
Interest rate swap a 3 anni	1.000	−60	5
Currency forward a 6 anni	1.000	70	75
Stock option a 9 mesi	500	55	30

Con il *netting* l'istituzione finanziaria perde un importo pari a

$$\max\left(\sum_{i=1}^{N} V_i, 0\right).$$

Pertanto, senza il *netting* l'esposizione dell'istituzione finanziaria è pari al *payoff* di un portafoglio di opzioni. Con il *netting* l'esposizione è pari al *payoff* di un'opzione scritta su un portafoglio.

Basilea I non teneva conto del *netting* quando ha definito i requisiti patrimoniali delle banche.

In base all'Equazione (25.1), l'equivalente creditizio di un portafoglio di derivati negoziati con la stessa controparte era pari a

$$\sum_{i=1}^{N} [\max(V_i, 0) + a_i L_i]$$

dove a_i è l'*add-on factor* per l'i-esima transazione e L_i è il valore nominale dell'i-esima transazione.

Negli anni tra il 1988 e il 1995 La validità del *netting* è stata sancita da numerosi tribunali, in diverse giurisdizioni. Di conseguenza, nel 1995, Basilea I è stata modificata per consentire alle banche di ridurre il totale degli equivalenti creditizi nei casi in cui i contratti prevedano clausole di *netting*.

Il primo passo è stato quello di calcolare il «rapporto di sostituzione netto» (*net replacement ratio* - NRR). Questo rapporto vede al numeratore l'esposizione corrente con il *netting* e al denominatore l'esposizione corrente senza il *netting*:

$$\text{NRR} = \frac{\max\left(\sum_{i=1}^{N} V_i, 0\right)}{\sum_{i=1}^{N} \max(V_i, 0)}$$

L'equivalente creditizio è stato così modificato:

$$\max\left(\sum_{i=1}^{N} V_i, 0\right) + (0,4 + 0,6 \times NRR) \sum_{i=1}^{N} a_i L_i.$$

Esempio 25.6

Si consideri un portafoglio composto da tre derivati negoziati con la stessa controparte (Tavola 25.3). Nella terza colonna della tavola sono riportati i valori correnti dei tre derivati mentre nella quarta colonna sono riportati gli *add-on factors* calcolati in base alla Tavola 25.2. L'esposizione corrente con *netting* è pari a $65 (= −$60 + $70 + $55) mentre l'esposizione corrente senza *netting* è pari a $125 (= $0 + $70 + $55).

Il *net replacement ratio* è dato da

$$NRR = \frac{65}{125} = 0,52.$$

Il totale degli *add-on*, $\Sigma a_i L_i$, è pari a $110 (= $5 + $75 + $30). Il totale degli equivalenti creditizi con *netting* è pari a $143,32 [= $65 + (0,4 + 0,6 ×0,52) × $110] e senza *netting* è pari a $235 (= $125 + $110). Supponiamo che la controparte sia una banca OCSE, per cui il *risk weight* è 0,2. Pertanto, le attività ponderate per il rischio sono pari a $28,66 (= 0,2 × $143,32) con *netting* e a $47,00 (= 0,2 × $235) senza *netting*.

25.6 EMENDAMENTO DELL'ACCORDO (1996)

Nel 1995, il Comitato di Basilea ha presentato una proposta per emendare Basilea I ed ha avviato una consultazione pubblica. La proposta è ora nota come «Emendamento del 1996» (*1996 Amendment*). È entrata in vigore nel 1998 ed è anche chiamata «BRI 98» (*BIS 98*).

L'Emendamento del '96 prescrive che le istituzioni finanziarie detengano capitale anche a fronte del rischio di mercato, oltre che a fronte del rischio di credito.

L'Emendamento distingue tra «portafoglio bancario» (*banking book*) e «portafoglio di negoziazione» (*trading book*).

Il *banking book* è formato dalle attività che la banca non intende cedere prima della scadenza. Si tratta soprattutto di «prestiti» (*loans*) e di qualche obbligazione. Il *banking book* è valutato al costo storico, a meno che non ci siano fondate ragioni che inducano a ritenere che i prestiti non verranno rimborsati.

Il *trading book* è formato da una miriade di diversi strumenti (derivati, azioni, obbligazioni, valute, merci, ecc.) e viene rivalutato giornalmente. Come si è visto nella Sezione 2.7, il *marking to market* giornaliero fa sì che i valori delle attività e delle passività presenti nel *trading book* siano costantemente allineati alle quotazioni di mercato. Questa procedura è anche nota come *fair-value accounting*.

In base all'Emendamento del 1996, i «requisiti patrimoniali a fronte del rischio di credito» (*credit risk capital charges*) previsti dall'Accordo del 1988 continuano a valere sia per le voci di bilancio sia per quelle fuori bilancio di entrambi i portafogli (bancario e di negoziazione), fatta eccezione per le posizioni presenti nel *trading book* riguardanti (a) azioni e obbligazioni negoziabili e (b) valute e merci. Vengono però introdotti nuovi «requisiti patrimoniali a fronte del rischio di mercato» (*market risk capital charges*) per tutte le voci (di bilancio e fuori bilancio) del *trading book*.[6]

L'Emendamento del 1996 traccia le linee generali di un «metodo standardizzato» (*standardized approach*) per la misurazione dei requisiti patrimoniali a fronte del rischio di mercato. Questo metodo considera separatamente le obbligazioni, le azioni, le valute, le merci e le opzioni, senza tener conto delle correlazioni tra i diversi strumenti.

Alle banche più sofisticate, dotate di funzioni di *risk management* ben consolidate, viene consentito di adottare un «metodo basato sui modelli interni» (*internal model-based approach*) per la determinazione dei requisiti patrimoniali a fronte del rischio di mercato.

---

[6] Le voci del *banking book* che concorrono alla copertura di posizioni presenti nel *trading book* possono essere considerate ai fini della determinazione dei requisiti patrimoniali a fronte dei rischi di mercato.

Queste banche devono calcolare il «valore a rischio» (*value at risk*) del *trading book* e trasformarlo nel *market risk capital* utilizzando un'apposita formula. Gran parte delle maggiori banche adotta l'*internal model-based approach*, perché questo metodo consente di tener presenti i benefici della diversificazione. Comporta quindi minori requisiti patrimoniali.

Il *value at risk* (VaR) utilizzato per il rischio di mercato viene calcolato in base a un orizzonte temporale di 10 giorni e con un livello di confidenza del 99%. È quindi pari alla perdita che – su un arco di dieci giorni – si ritiene possa essere superata solo nell'1% (= 100% − 99%) dei casi.

Per le banche che seguono l'*internal model-based approach*, i requisiti patrimoniali a fronte del rischio di mercato vengono determinati in base alla seguente formula

$$\max(m_c \times \text{VaR}_{\text{med}}, \text{VaR}_{t-1}) + \text{SRC} \tag{25.3}$$

dove:

m_c è un fattore moltiplicativo. Il valore minimo di m_c è 3. Valori più elevati vengono applicati dalle autorità di vigilanza se i *tests* condotti rivelano l'inadeguatezza del modello utilizzato dalla banca per stimare il valore a rischio;
VaR_{med} è la media dei VaR calcolati negli ultimi 60 giorni;
VaR_{t-1} è il VaR del giorno precedente;
SRC è il «requisito patrimoniale a fronte dei rischi specifici» (*specific risk charge*).

Il primo termine dell'Equazione (25.3) riguarda i rischi connessi con variabili di mercato generiche come i tassi d'interesse, i tassi di cambio, gli indici azionari e i prezzi delle merci. Il secondo termine riguarda i rischi specifici (o idiosincratici), come quelli connessi con il prezzo delle azioni della società o il suo *credit spread*.

Esempio 25.7

Consideriamo il 1° termine dell'Equazione (25.3). Se, com'è normalmente, $\text{VaR}_{t-1} < 3\,\text{VaR}_{\text{med}}$, allora il 1° termine è semplicemente pari a $m_c \times \text{VaR}_{\text{med}}$. Il metodo più comune per calcolare VaR_{med} è quello delle simulazioni storiche (Capitolo 12). Quasi sempre, le banche calcolano il VaR giornaliero al 99% e poi lo moltiplicano per $\sqrt{10}$ [Equazione (11.3)] al fine di ottenere una stima del VaR decadale al 99% richiesto dall'Emendamento del 1996. In tal caso, il 1° termine dell'Equazione (25.3) è semplicemente pari al prodotto tra il VaR giornaliero al 99% e $m_c \times \sqrt{10}$, che è uguale a 9,49 (= $3 \times \sqrt{10}$) se poniamo $m_c = 3$.

Esempio 25.8

Consideriamo il 2° termine dell'Equazione (25.3). Le «obbligazioni societarie» (*corporate bonds*) sono titoli che generano un rischio specifico. Il rischio proprio dei *corporate bonds* ha due componenti: il rischio d'interesse e il rischio di credito. Il rischio d'interesse è catturato dal 1° termine dell'Equazione (25.3), mentre il rischio di credito è catturato dal 2° termine.[7]

L'Emendamento del 1996 propone un metodo standardizzato per determinare lo *specific risk charge*, ma nello stesso tempo consente alle banche l'utilizzo di modelli interni per determinare i requisiti patrimoniali a fronte dei rischi specifici, soggetti all'approvazione delle autorità di vigilanza. In quest'ultimo caso, anche SRC, al pari

---

[7] Come si è visto, l'Emendamento del 1996 prevede che i requisiti patrimoniali a fronte del rischio di credito, introdotti con l'Accordo del 1988, non si applichino alle obbligazioni negoziabili presenti nel *trading book*.

del VaR, va calcolato su un orizzonte temporale di 10 giorni e con un livello di confidenza del 99%. Le autorità di vigilanza calcolano il capitale regolamentare applicando al VaR un fattore moltiplicativo (simile a m_c). Il fattore moltiplicativo deve essere almeno pari a 4 e il capitale risultante deve essere almeno pari al 50% di quello calcolato in base al metodo standardizzato. Un metodo per il calcolo di SRC basato sui *credit spreads* è stato presentato nella Sezione 19.5.

Dopo il recepimento dell'Emendamento del 1996, le banche sono tenute ad avere un patrimonio pari alla somma di due componenti:

(a) il «patrimonio a fronte del rischio di credito» (*credit risk capital*), pari all'8% delle «attività ponderate per il rischio di credito» (*credit risk weighted assets* - RWA_C), determinate in base all'Equazione (25.2);
(b) il «patrimonio a fronte del rischio di mercato» (*market risk capital*) determinato in base all'Equazione (25.3). Definendo le «attività ponderate per il rischio di mercato» (*market risk weighted assets* - RWA_M) come prodotto tra 12,5 (= 1 / 8%) e *market risk capital*, il *market risk capital* risulta pari all'8% delle RWA_M.

Pertanto, il patrimonio complessivo, come somma del *credit risk capital* e del *market risk capital*, è pari a:

$$\text{Patrimonio complessivo} = 0{,}08 \times (RWA_C + RWA_M). \tag{25.4}$$

Nello scegliere il capitale con cui far fronte al rischio di mercato, le banche hanno una flessibilità maggiore di quanta ne è loro concessa per far fronte al rischio di credito: possono utilizzare indifferentemente il *Tier 1 capital* o il *Tier 2 capital*. Possono anche utilizzare il *Tier 3 capital*, che è formato da debiti subordinati a breve termine, con scadenza originaria di almeno 2 anni, non garantiti e interamente versati (il *Tier 3 capital* è stato eliminato sotto Basilea III).

Back-Testing

L'Emendamento del 1996 richiede che il VaR giornaliero al 99% venga sottoposto a *back-testing* sulla base del campione osservato nei 250 giorni precedenti. Come si è visto nella Sezione 11.10, la procedura consiste nello stimare il VaR per ciascuno degli ultimi 250 giorni. Se la perdita osservata in un certo giorno è maggiore del VaR calcolato per quel giorno, si rileva un'«eccezione» (*exception*).

In genere, i calcoli possono essere effettuati:

(a) tenendo conto delle variazioni apportate alla composizione del portafoglio nel corso del giorno in questione; oppure
(b) supponendo che non sia stata effettuata alcuna variazione alla composizione del portafoglio nel corso del giorno in questione.

Le autorità di vigilanza prestano attenzione a entrambe le elaborazioni.

Se il numero delle eccezioni rilevate durante i 250 giorni precedenti è:

(a) minore di 5 (zona verde), m_c è di solito uguale a 3;
(b) pari a 5, 6, 7, 8, 9 (zona gialla), il valore di m_c è pari, rispettivamente, a 3,40; 3,50; 3,65; 3,75; 3,85. Queste maggiorazioni non sono però automatiche, in quanto non si intende penalizzare la «cattiva sorte» (*bad luck*). Viene quindi lasciata alle autorità di vigilanza una certa discrezionalità nell'applicazione di moltiplicatori più elevati. La penalizzazione viene normalmente applicata

quando le eccezioni sono determinate da deficienze riscontrate nell'integrità di fondo del modello utilizzato per la stima del VaR. Se invece le eccezioni non sono determinate dalle perdite subite sulle posizioni preesistenti, ma dalle negoziazioni effettuate nel corso della giornata, le autorità di vigilanza si riservano di decidere caso per caso dopo aver esaminato le informazioni aggiuntive richieste alla banca;

(c) è pari a 10 o più (zona rossa), il valore di m_c è pari a 4.

Il Problema 25.18 prende in esame queste linee guida facendo riferimento ai *tests* standard che abbiamo discusso nella Sezione 11.10.

25.7 BASILEA II

Basilea I ha migliorato le modalità di determinazione dei requisiti patrimoniali, ma ha diversi punti deboli. Ad es.,

1. tutti i prestiti bancari nei confronti delle società hanno lo stesso «coefficiente di rischio» (*risk weight*), pari al 100%, e richiedono la stessa quantità di capitale. Pertanto, i prestiti a società con *rating* AAA vengono trattati nello stesso modo dei prestiti a società con *rating* B;[8]
2. vengono trascurati i benefici della diversificazione.

Nel giugno 1999, il Comitato di Basilea propone nuove regole, che prendono il nome di Basilea II. Alcune modifiche vengono poi apportate nel gennaio 2001 e nell'aprile 2003. Per verificare gli effetti sui requisiti patrimoniali, vengono condotti diversi «studi sull'impatto quantitativo» (*quantitative impact studies* - QISs) delle nuove regole.[9] Le regole, approvate da tutti i membri del Comitato di Basilea, vengono emanate nel giugno 2004 e aggiornate nel novembre 2005. L'implementazione di Basilea II inizia nel 2007, dopo un ulteriore QIS.

I requisiti patrimoniali previsti da Basilea II si applicano alle banche «attive a livello internazionale» (*internationally active*). Negli Stati Uniti ci sono molte piccole banche regionali e le autorità di vigilanza statunitensi decidono di escluderle da Basilea II (queste banche vengono regolate in base a Basilea IA, un metodo simile a Basilea I). In Europa, tutte le banche, grandi o piccole, vengono regolate da Basilea II. Inoltre, l'Unione Europea stabilisce che le regole di Basilea II debbano essere applicate non solo alle banche, ma anche alle «società di intermediazione mobiliare» (*securities companies*).

Basilea II si basa su tre «pilastri» (*pillars*):

1. «requisiti patrimoniali minimi» (*minimum capital requirements*);
2. «processo di controllo prudenziale» (*supervisory review*);
3. «disciplina di mercato» (*market discipline*).

Il primo pilastro prevede che i requisiti patrimoniali a fronte del rischio di credito del *banking book* venga calcolato in modo da riflettere i *ratings* delle controparti. I requisiti patrimoniali a fronte del rischio di mercato non vengono modificati, rispetto a

---

[8] I *ratings* sono stati discussi nella Sezione 1.7.

[9] Va osservato, a proposito dei *quantitative impact studies*, che questi studi non tengono conto dei cambiamenti che le banche possono apportare alla composizione dei loro portafogli, dopo l'implementazione di Basilea II, al fine di minimizzare i requisiti patrimoniali.

quanto previsto dall'Emendamento del 1996, ma viene introdotto un nuovo requisito patrimoniale a fronte dei «rischi operativi» (*operational risks*).

Il requisito generale previsto da Basilea I, secondo cui il patrimonio delle banche deve essere almeno pari all'8% delle attività ponderate per il rischio (RWA$_C$), resta invariato.

Le «attività ponderate per il rischio operativo» (*operational risk weighted assets* - RWA$_O$) sono definite come prodotto tra 12,5 e il «patrimonio a fronte del rischio operativo» (*operational risk capital*).

Pertanto, l'Equazione (25.4) diventa

$$\text{Patrimonio complessivo} = 0{,}08 \times (RWA_C + RWA_M + RWA_O). \quad (25.5)$$

Il secondo pilastro riguarda il processo di controllo prudenziale svolto dalle autorità di vigilanza, con riferimento agli aspetti sia quantitativi sia qualitativi della gestione dei rischi. Le autorità di vigilanza devono verificare che le banche dispongano di procedure volte ad assicurare il rispetto dei requisiti patrimoniali.

Ci si aspetta che le banche detengano un patrimonio maggiore dei minimi regolamentari perché, se i requisiti cambiano, potrebbero trovarsi in difficoltà nel reperire nuovi capitali con breve preavviso.

Il secondo pilastro consente ai diversi Paesi una certa discrezionalità nell'applicazione delle regole (in modo da tener conto delle condizioni locali), ma cerca comunque di assicurare la coerenza complessiva.

Viene data maggior enfasi, rispetto al passato, agli «interventi tempestivi» (*early interventions*) da parte delle autorità di vigilanza nel caso in cui si verifichino problemi.

Si richiede poi alle autorità di vigilanza molto più del semplice riscontro dell'osservanza da parte delle banche dei requisiti patrimoniali stabiliti da Basilea II. Parte del loro ruolo deve essere quello di valutare le tecniche di *risk management* utilizzate dalle banche e di incoraggiarle a sviluppare tecniche migliori.

Inoltre, le autorità di vigilanza devono valutare i rischi che non rientrano tra quelli specificati nel primo pilastro e entrare in un dialogo attivo con le banche qualora dovessero riscontrare carenze nelle loro tecniche di *risk management*.

Il terzo pilastro riguarda la disciplina di mercato. Prescrive che le banche diano maggiori informazioni circa il modo in cui allocano il capitale e circa i rischi a cui si espongono. Il motivo è il seguente: se gli azionisti ricevono più informazioni su queste scelte, i *managers* delle banche saranno indotti a perfezionare sempre di più le loro tecniche di *risk management*.

25.8 REQUISITI PATRIMONIALI A FRONTE DEL RISCHIO DI CREDITO

Per quanto riguarda il rischio di credito, Basilea II prevede che le banche scelgano uno dei tre seguenti metodi:

1. il metodo «standardizzato» (*standardised*);
2. il metodo «IRB di base» (*foundation* IRB);
3. il metodo «IRB avanzato» (*advanced* IRB);

dove IRB sta per «basato sui *ratings* interni» (*internal-rating based* - IRB).

Negli Stati Uniti, come si è già detto, Basilea II viene applicata solo alle banche di grandi dimensioni, che possono scegliere tra l'IRB di base e l'IRB avanzato.

TAVOLA 25.4 Basilea II - metodo standardizzato: coefficienti di rischio (%).

	Da AAA a AA−	Da A+ a A−	Da BBB+ a BBB−	Da BB+ a BB−	Da B+ a B−	Sotto B−	Senza rating
Paese*	0	20	50	100	100	150	100
Banche**	20	50	50	100	100	150	50
Società	20	50	100	100	150	150	100

* Incluse le esposizioni nei confronti della banca centrale del Paese.
** Le autorità di vigilanza possono ridurre questi coefficienti nei casi indicati nel testo.

Metodo Standardizzato

Il metodo standardizzato viene utilizzato dalla banche che non sono sufficientemente sofisticate (agli occhi delle autorità di vigilanza) per utilizzare i metodi IRB. Il metodo standardizzato è simile a Basilea I, fatta eccezione per il calcolo dei coefficienti di rischio.[10]

Alcuni coefficienti di rischio sono riportati nella Tavola 25.4. Il *risk weight* dell'esposizione verso un Paese (sovrano) va dallo 0% al 150%, mentre il *risk weight* dell'esposizione verso un'altra banca o una società va dal 20% al 150%.

Se si confronta la Tavola 25.4 con la Tavola 25.1, si vede che, sotto Basilea II, l'appartenenza all'OCSE di una banca o di un Paese non ha più importanza. Nella Tavola 25.1 si suppone implicitamente che le banche OCSE siano meno rischiose delle società: le banche OCSE hanno un *risk weight* pari al 20% mentre le società hanno un *risk weight* pari al 100%. La Tavola 25.4 tratta le banche e le società in modo molto più equo. Un'interessante osservazione che si può trarre dalla Tavola 25.4 è che i Paesi, le banche e le società farebbero meglio a non avere alcun *rating* piuttosto che averne uno molto basso (in genere, le società ricevono un *rating* quando emettono obbligazioni pubblicamente negoziabili).

Se le esposizioni riguardano il Paese o la banca centrale del Paese in cui la banca ha sede, le autorità di vigilanza nazionali possono applicare *risk weights* più bassi (20% invece di 50%, 50% invece di 100% e 100% invece di 150%).

Se le esposizioni riguardano altre banche, le regole sono un po' più complicate. Invece di applicare i *risk weights* della Tavola 25.4, le autorità di vigilanza nazionali possono decidere di basare i requisiti patrimoniali sul *rating* del Paese in cui le banche hanno sede. A seconda della classe di *rating* (da AAA a AA−, da A+ a A−, da BBB+ a B−, sotto B−, senza *rating*) il *risk weight* assegnato è pari, rispettivamente, al 20%, 50%, 100%, 150%, 100%. Se applicano i *risk weights* della Tavola 25.4, le autorità di vigilanza nazionali possono decidere di trattare più favorevolmente i prestiti con scadenze inferiori ai 3 mesi. In tal caso, a seconda della classe di *rating* (da AAA a BBB−, da BB+ a B−, sotto B−, senza *rating*), il *risk weight* assegnato è pari, rispettivamente, al 20%, 50%, 150%, 20%.

Ai prestiti al dettaglio si applica un *risk weight* pari al 75% (contro il 100% di Basilea I). Se i prestiti sono rappresentati da mutui ipotecari su immobili residenziali, il *risk weight* è pari al 35% (contro il 50% di Basilea I).

---

[10] I rapporti calcolati in base ai nuovi coefficienti sono a volte chiamati «rapporti di McDonough» (*McDonough ratios*), dal nome di William McDonough, presidente del Comitato di Basilea.

Esempio 25.9

Le attività di una banca sono rappresentate da prestiti a società con *rating* A per $100 milioni, titoli di Stato con *rating* AAA per $10 milioni e mutui ipotecari su immobili residenziali per $50 milioni. Secondo il metodo standardizzato di Basilea II, le attività ponderate complessive sono pari a $67,5 milioni

$$0{,}5 \times \$100 + 0{,}0 \times \$10 + 0{,}35 \times \$50 = \$67{,}5$$

contro i $125 milioni di Basilea I (Esempio 25.2).

Nel dicembre 2017, il Comitato di Basilea ha accresciuto la granularità dei prestiti ai fini dell'applicazione dei *risk weights*. Ha anche limitato l'utilizzo del metodo IRB avanzato, in certi casi. Come si vedrà nella Sezione 26.4, la revisione del metodo standardizzato pone un limite inferiore alla determinazione dei requisiti patrimoniali complessivi.

Trattamento delle Garanzie Reali

Ci sono due modi in cui le banche possono aggiustare i *risk weights* per tener conto delle «garanzie» (*collaterals*). Il primo è il «metodo semplificato» (*simple approach*) ed è simile al metodo prescritto da Basilea I. Il secondo è il «metodo omnicomprensivo» (*comprehensive approach*). Le banche possono scegliere uno dei due metodi per quanto riguarda il *banking book*, ma devono seguire il *comprehensive approach* per calcolare il rischio di credito relativo al *trading book*.

In base al *simple approach*, il *risk weight* della controparte viene sostituito dal *risk weight* del *collateral* per la parte dell'esposizione coperta dalla garanzia reale (l'esposizione è quella calcolata dopo aver tenuto conto del *netting*). Per la parte dell'esposizione non coperta dalla garanzia si applica il *risk weight* della controparte. Il *risk weight* minimo del *collateral* è pari al 20%.[11] Il *collateral* deve essere vincolato per l'intera vita dell'esposizione e va rivalutato almeno ogni 6 mesi.

In base al *comprehensive approach*, le banche devono rivalutare le esposizioni, per tener conto di eventuali futuri aumenti di valore, e svalutare il *collateral*, per tener conto di eventuali future riduzioni di valore (gli aggiustamenti di valore dipendono dalla volatilità delle esposizioni e delle garanzie reali).[12] Devono poi calcolare il saldo tra i valori aggiustati dell'esposizione e del *collateral* ed applicarvi il *risk weight* della controparte. Gli aggiustamenti apportati all'esposizione e al *collateral* vanno determinati in base alle regole fissate da Basilea II o in base al modello interno della banca, dopo averne ottenuto l'approvazione da parte dell'autorità di vigilanza. Se ci sono clausole di *netting*, le esposizioni e il *collateral* vanno compensati separatamente per poi ottenere un valore netto dell'esposizione.

Esempio 25.10

L'esposizione per $80 milioni nei confronti di una società con *rating* B+ è assistita da un *collateral* di $70 milioni rappresentato da obbligazioni emesse da una società con *rating* A. Il *risk weight* per la controparte è pari al 150% mentre il *risk weight* per la garanzia è pari al 50% (Tavola 25.4).

---

[11] Un'eccezione si ha quando il *collateral* è rappresentato da valori di cassa o da titoli di Stato denominati nella stessa valuta in cui è denominata l'esposizione della banca. In tal caso il *risk weight* del *collateral* è pari a 0.

[12] L'aggiustamento dell'esposizione è raro nel caso di prestiti, ma è più probabile nel caso di derivati OTC. L'aggiustamento si aggiunge alla «maggiorazione» (*add-on factor*).

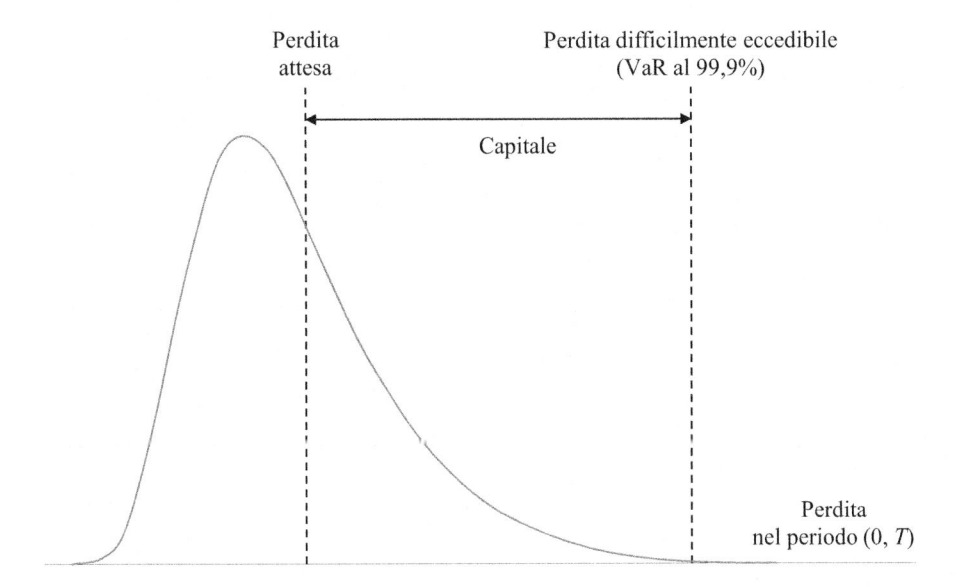

Figura 25.1 Funzione di densità delle perdite e requisiti patrimoniali.

Se la banca adotta il metodo semplificato, il valore dei *risk weighted assets* è pari $50 milioni:

$$0,5 \times \$70 + 1,5 \times \$10 = \$50.$$

Supponiamo ora che la banca adotti il metodo integrale, che l'aggiustamento dell'esposizione per tener conto di possibili futuri aumenti di valore sia pari al +10% e che l'aggiustamento della garanzia per tener conto di possibili future riduzioni di valore sia pari al −15%. La nuova esposizione è pari a $28,5 milioni:

$$1,1 \times \$80 - 0,85 \times \$70 = \$28,5.$$

Applicando alla nuova esposizione il *risk weight* per la controparte, pari al 150%, il valore delle attività ponderate per il rischio risulta pari a $42,75 (= $28,5 × 1,5) milioni.

Metodo IRB

Il modello sottostante il metodo IRB è illustrato nella Figura 25.1. Le autorità di vigilanza basano i requisiti patrimoniali sul VaR annuale al 99,9% e riconoscono che le «perdite attese» (*expected losses*) sono coperte dalle maggiorazioni di prezzo che le banche applicano ai propri prodotti (ad es., il livello dei tassi sui prestiti è tale da consentire il recupero delle perdite attese dovute alle insolvenze). Il patrimonio delle banche deve coprire la differenza tra VaR e perdite attese. Il VaR viene calcolato in base al modello unifattoriale della copula Gaussiana per il *time to default*, che abbiamo visto nella Sezione 9.6.

Consideriamo un portafoglio composto da n contratti (prestiti, linee di credito, derivati, ecc.), dove n è sufficientemente grande. Come nella Sezione 9.6, definiamo le seguenti variabili per l'i-esima controparte ($1 \leq i \leq n$):

$WCDR_i$: il «tasso d'insolvenza nello scenario peggiore» (*worst case default rate*), che non verrà oltrepassato, con probabilità 99,9%, nell'arco di 1 anno;

PD_i: la «probabilità d'insolvenza» (*probability of default*) nell'arco di 1 anno;

EAD$_i$: l'«esposizione soggetta a insolvenza» (*exposure at default*), ossia l'importo in dollari dovuto dalla *i*-esima controparte al momento dell'insolvenza. Se il contratto è rappresentato da un prestito, l'esposizione è pari al valore nominale del prestito; se invece il contratto è rappresentato da un derivato (ad es. uno *swap*), l'esposizione è pari all'equivalente creditizio (Sezione 25.3). Se esistono più contratti con la stessa controparte, l'esposizione nei confronti della controparte va calcolata tenendo presente le clausole di *netting* (Sezione 25.5);

LGD$_i$: la «perdita in caso d'insolvenza» (*loss given default*), ossia la quota dell'esposizione che verrà persa in caso d'insolvenza. Ad es., se la banca si aspetta di recuperare il 30% dell'esposizione, allora LGD$_i$ = 0,7;

ρ: la *copula correlation* tra qualsiasi coppia di «debitori» (*obligors*).[13]

In base all'Equazione (9.10), si ha

$$\text{WCDR}_i = N\left[\frac{N^{-1}(\text{PD}_i)+\sqrt{\rho}\,N^{-1}(0{,}999)}{\sqrt{1-\rho}}\right]. \qquad (25.6)$$

Gordy ha dimostrato che, se tutti i contratti presenti nel portafoglio hanno lo stesso ρ, c'è una probabilità del 99,9% che, nel prossimo anno, le perdite sul portafoglio saranno minori di

$$\sum_{i=1}^{n} \text{EAD}_i \times \text{LGD}_i \times \text{WCDR}_i$$

che rappresenta quindi il VaR creditizio annuale al 99,9%.[14]

La perdita attesa dovuta alle insolvenze è pari a

$$\sum_{i=1}^{n} \text{EAD}_i \times \text{LGD}_i \times \text{PD}_i.$$

Come si è visto nella Figura 25.1, il patrimonio della banca deve coprire la differenza tra VaR e perdita attesa. Pertanto, il capitale regolamentare è pari a

$$\sum_{i=1}^{n} \text{EAD}_i \times \text{LGD}_i \times (\text{WCDR}_i - \text{PD}_i) \qquad (25.7)$$

Possiamo ora eliminare i pedici e fare riferimento, più semplicemente, a PD, EAD e LGD.

Esempio 25.11

La Tavola 25.5 mostra il modo in cui WCDR dipende da PD e ρ. Si noti che, quando la *copula correlation*, ρ, è nulla, WCDR = PD perché in tal caso, essendo nulla la correlazione tra le insolvenze, il *default rate* resta invariato di anno in anno. Al crescere di ρ, WCDR aumenta.

---

[13] Si noti che nelle pubblicazioni del Comitato di Basilea viene utilizzato il simbolo R invece di ρ per indicare la *copula correlation*.

[14] Si veda GORDY, M. B., "A Risk-Factor Model Foundation for Ratings-Based Bank Capital Ratios", *Journal of Financial Intermediation*, 12, 2003, 199-232.

TAVOLA 25.5 Dipendenza di WCDR da PD e ρ.

ρ	PD				
	0,1%	0,5%	1,0%	1,5%	2,0%
0,0	0,1%	0,5%	1,0%	1,5%	2,0%
0,2	2,8%	9,1%	14,6%	18,9%	22,6%
0,4	7,1%	21,1%	31,6%	39,0%	44,9%
0,6	13,5%	38,7%	54,2%	63,8%	70,5%
0,8	23,3%	66,3%	83,6%	90,8%	94,4%

Exposure at Default

Nel metodo IRB di base, la stima dell'EAD per i derivati si basa di solito sul metodo dell'esposizione corrente (CEM) di Basilea I.[15]

Nel metodo IRB avanzato, la stima dell'EAD si basa sui modelli interni delle banche. Le fasi previste dalle procedure di stima sono:

1. calcolo dell'«esposizione attesa» (*expected exposure* - EE) per ogni controparte e per diversi orizzonti temporali (questa fase richiede in genere l'utilizzo delle simulazioni Monte Carlo);
2. calcolo dell'«esposizione attesa effettiva» (*effective expected exposure*) per ogni orizzonte temporale, t, come $\max(EE_0, EE_t)$;
3. calcolo dell'«esposizione positiva attesa effettiva» (*effective expected positive exposure*) come media delle *effective expected exposures* nel prossimo anno;
4. calcolo dell'EAD come prodotto tra 1,4 e l'*effective expected positive exposure*.[16]

Esposizioni verso Stati Sovrani, Banche e Società

Nel caso delle esposizioni verso Stati sovrani, banche e società, Basilea II ipotizza che valga l'Equazione (25.6) e che la relazione tra il parametro di correlazione, ρ, e la probabilità d'insolvenza PD sia quella stimata in alcune ricerche empiriche:[17]

$$\rho = 0{,}12 \times \frac{1-e^{-50 \times PD}}{1-e^{-50}} + 0{,}24 \times \left(1 - \frac{1-e^{-50 \times PD}}{1-e^{-50}}\right).$$

Dato che e^{-50} è un numero molto piccolo, questa formula equivale a

$$\rho = 0{,}12 \times (1 + e^{-50 \times PD}). \tag{25.8}$$

---

[15] Come si vedrà nella Sezione 26.4, questa regola è stata cambiata dalla modifica regolamentare nota come SA-CCR.

[16] Si veda BASEL COMMITTEE ON BANKING SUPERVISION, "The Applications of Basel II to Trading Activities and the Treatment of Double Defaults", July 2005. Il documento è disponibile su www.bis.org.

[17] Si veda LOPEZ, J., "The Empirical Relationship Between Average Asset Correlation, Firm Probability of Default and Asset Size", *Journal of Financial Intermediation*, 13, 2 (2004), 265-83.

TAVOLA 25.6 Relazione tra PD, ρ e WCDR per Stati sovrani, banche e società.

Probabilità d'insolvenza (PD)	Copula correlation (ρ)	Worst-case default rate (WCDR)
0,1%	0,23	3,4%
0,5%	0,21	9,8%
1,0%	0,19	14,0%
1,5%	0,18	16,9%
2,0%	0,16	19,0%

All'aumentare di PD, ρ diminuisce. Il motivo di questa relazione inversa è il seguente: quando la PD aumenta, la società diventa più idiosincratica ed è meno influenzata dalle condizioni generali del mercato, per cui ρ si riduce.

Esempio 25.12

Combinando le Equazioni (25.8) e (25.6), si ottiene la relazione tra PD e WCDR (Tavola 25.6). Come ci si doveva aspettare, la relazione è positiva. Tuttavia, WCDR non cresce, al crescere di PD, così velocemente come sarebbe successo se ρ fosse stato indipendente da PD.

Eliminando i pedici nell'Equazione (25.7) e introducendo un fattore di «aggiustamento in funzione della scadenza» (*maturity adjustment* - MA), la formula per il capitale regolamentare diventa

$$\text{EAD} \times \text{LGD} \times (\text{WCDR} - \text{PD}) \times \text{MA}. \tag{25.9}$$

Il *maturity adjustment*, MA, è definito da

$$\text{MA} = \frac{1 + (M - 2{,}5) \times b}{1 - 1{,}5 \times b} \tag{25.10}$$

dove

$$b = [0{,}11852 - 0{,}05478 \times \ln(\text{PD})]^2$$

e M è la scadenza dell'esposizione.

Il *maturity adjustment* è stato introdotto per tener conto del fatto che, se uno strumento dura più di un anno, c'è un'esposizione creditizia derivante dalla possibile insolvenza della controparte o comunque dal peggioramento del suo merito di credito. Si noti che quando $M = 1$ si ha MA = 1, per cui la scadenza non ha effetto sul capitale regolamentare.

Come si è visto nella Sezione 25.7 [Equazione (25.5)], i *risk-weighted assets* (RWA) sono pari al prodotto tra 12,5 (= 1/8%) e il capitale regolamentare. Pertanto, in base all'Equazione (25.9), si ha

$$\text{RWA} = 12{,}5 \times \text{EAD} \times \text{LGD} \times (\text{WCDR} - \text{PD}) \times \text{MA}.$$

Il capitale regolamentare è pari all'8% di RWA. Il 4% deve essere rappresentato da «patrimonio di classe 1» (*Tier 1*).

Nel metodo «IRB di base» (*foundation* IRB), è la banca che stima PD, mentre LGD, EAD e M sono valori fissati dal Comitato di Basilea:

PD viene stimata in base a considerazioni sul merito di credito. Non può essere minore dello 0,03% nel caso di esposizioni verso banche e società;

LGD è pari al 45% nel caso di titoli *senior* e al 75% nel caso di titoli subordinati. Quando c'è una «garanzia riconosciuta» (*eligible collateral*) e viene utilizzato il «metodo omnicomprensivo» (*comprehensive approach*) descritto in precedenza, LGD viene ridotta in misura pari al rapporto tra valore corretto della garanzia e valore corretto dell'esposizione;

EAD viene calcolata in modo simile all'equivalente creditizio di Basilea I e tiene conto dell'effetto del *netting*;

M viene posto uguale a 2,5 nella maggior parte dei casi.

Nel metodo «IRB avanzato» (*advanced* IRB), è la banca che stima PD, LGD, EAD e M per le esposizioni nei confronti di Stati sovrani, banche e società:

PD può essere ridotta in base ai «fattori di mitigazione del rischio di credito» (*credit mitigants*»), come i *downgrade triggers*. Come nel caso del *foundation* IRB, PD non può essere minore dell'0,03% per le esposizioni verso banche e società;

LGD i due fattori principali che influenzano le LGD sono la «priorità nel rimborso» (*seniority*) del prestito e l'eventuale garanzia reale;

EAD le banche, previa autorizzazione delle autorità di vigilanza, possono utilizzare i propri modelli interni per calcolare l'EAD.

Il capitale richiesto dall'Equazione (25.9), a fronte delle esposizioni verso Stati sovrani, banche e società, deve essere sufficiente a coprire l'importo delle «perdite inattese» (*unexpected losses*) che si ritiene non verrà oltrepassato nel prossimo anno, con un livello di confidenza del 99,9% [come si è già detto, le autorità di vigilanza riconoscono che le «perdite attese» (*expected losses*) sono coperte dalle maggiorazioni di prezzo che le banche applicano ai propri prodotti (ad es., il livello dei tassi sui prestiti è tale da consentire il recupero delle perdite attese dovute alle insolvenze)].

Il WCDR è il tasso d'insolvenza nello scenario peggiore, che riteniamo possa verificarsi in 1 anno su 1.000 (= 1/1.000 = 1 − 0,999).

Il Comitato di Basilea si riserva il diritto di applicare un fattore moltiplicativo (minore o maggiore di 1) ai risultati ottenuti con l'Equazione (25.9) nei casi in cui ritenga che i requisiti patrimoniali aggregati siano troppo alti o troppo bassi. Un tipico fattore di scala è 1,06.

Esempio 25.13

Le attività di una banca in forma di prestiti verso società con *rating* A sono pari a $100 milioni. Si stima che la PD delle società sia pari allo 0,1% e che la LGD sia pari al 60%. La scadenza media dei prestiti è di 2,5 anni. Pertanto,

$$b = [0,11852 - 0,05478 \times \ln(0,001)]^2 = 0,247$$

e quindi

$$MA = \frac{1}{1 - 1,5 \times 0,247} = 1,59.$$

In base alla Tavola 25.6, il WCDR è pari al 3,4% e, in base al metodo IRB, le attività ponderate corrispondenti ai prestiti verso le società sono pari a $39,5 milioni:

$$12,5 \times \$100 \times 0,6 \times (0,034 - 0,001) \times 1,59 = \$39,5.$$

Quest'importo si confronta con i $100 milioni di Basilea I (Esempio 25.2) e i $50 milioni del metodo standardizzato di Basilea II (Esempio 25.9).

TAVOLA 25.7 Relazione tra PD, ρ e WCDR per i prestiti al dettaglio.

Probabilità d'insolvenza (PD)	Copula correlation (ρ)	Worst-case default rate (WCDR)
0,1%	0,16	2,1%
0,5%	0,14	6,3%
1,0%	0,12	9,1%
1,5%	0,11	11,0%
2,0%	0,09	12,3%

Esposizioni al Dettaglio

Il modello sottostante il calcolo delle esposizioni al dettaglio è simile a quello sottostante il calcolo delle esposizioni nei confronti di Stati sovrani, banche e società. Tuttavia, per questa classe di attività non viene fatta alcuna distinzione tra metodo di base e metodo avanzato. Le banche devono fornire le proprie stime di PD, LGD ed EAD. Non vengono effettuati aggiustamenti in funzione della scadenza dei prestiti. Pertanto, il capitale regolamentare è pari a

$$\text{EAD} \times \text{LGD} \times (\text{WCDR} - \text{PD})$$

e le attività ponderate per il rischio sono pari a

$$\text{RWA} = 12,5 \times \text{EAD} \times \text{LGD} \times (\text{WCDR} - \text{PD}).$$

Per il calcolo di WCDR va utilizzata l'Equazione (25.6). In particolare, nel caso di:

1. mutui ipotecari su abitazioni residenziali, si deve porre $\rho = 0,15$;[18]
2. «prestiti rotativi qualificati» (*qualifying revolving loans*) si deve porre $\rho = 0,04$;
3. altri prestiti al dettaglio, si deve utilizzare la seguente relazione tra ρ e PD

$$\rho = 0,03 \times \frac{1-e^{-35 \times PD}}{1-e^{-35}} + 0,16 \times \left[1 - \frac{1-e^{-35 \times PD}}{1-e^{-35}}\right].$$

Dato che e^{-35} un numero molto piccolo, questa formula equivale a

$$\rho = 0,03 + 0,13 \, e^{-35 \times PD}. \qquad (25.11)$$

Esempio 25.14

Confrontando le Equazioni (25.11) e (25.8) si può notare che, nel caso delle esposizioni al dettaglio, le correlazioni sono sensibilmente più basse. La Tavola 25.7 è l'equivalente della Tavola 25.6 per i prestiti al dettaglio.

Esempio 25.15

Le attività di una banca in forma di mutui ipotecari su immobili residenziali sono pari a $50 milioni. Si stima che PD sia pari allo 0,5% e che LGD sia pari al 20%. In questo caso, ρ è uguale a 0,14.
Pertanto, WCDR risulta uguale a 0,063:

$$\text{WCDR} = N\left[\frac{N^{-1}(0,005) + \sqrt{0,14}\,N^{-1}(0,999)}{\sqrt{1-0,14}}\right] = 0,063.$$

---

[18] In base a quanto è successo nella Crisi Finanziaria Globale, è probabile che questo valore sia troppo basso.

Le attività ponderate per il rischio sono pari a $7,2 milioni:

$$12,5 \times \$50 \times 0,2 \times (0,063 - 0,005) = \$7,2.$$

Quest'importo si confronta con i $25 milioni di Basilea I (Esempio 25.2) e i $17,5 milioni del metodo standardizzato di Basilea II (Esempio 25.9).

Garanzie Personali e Derivati Creditizi

Per il trattamento delle «garanzie personali» (*guarantees*), il Comitato di Basilea ha tradizionalmente seguito il «principio di sostituzione» (*substitution approach*).

Esempio 25.16

Supponiamo che una società con *rating* AA garantisca un prestito effettuato dalla banca a favore di una società con *rating* BBB. Ai fini del calcolo dei requisiti patrimoniali, il *rating* del «garante» (*guarantor*) viene sostituito al *rating* del debitore principale. Pertanto, i requisiti patrimoniali vengono calcolati come se il prestito fosse stato concesso a una società con *rating* AA.

Questo metodo sopravvaluta il rischio di credito perché la banca può subire una perdita solo se falliscono sia il garante sia il debitore principale (con il garante che fallisce prima del debitore principale).[19]

Il Comitato di Basilea ha affrontato questa questione pubblicando nel luglio 2005 un documento che affronta il trattamento delle «doppie insolvenze» (*double defaults*) in Basilea II.[20]

In alternativa al *substitution approach*, il capitale regolamentare può anche essere calcolato moltiplicando il corrispondente importo in assenza di garanzie per

$$0,15 + 160 \times PD_g$$

dove PD_g è la probabilità d'insolvenza a 1 anno del garante.

25.9 REQUISITI PATRIMONIALI A FRONTE DEL RISCHIO OPERATIVO

Oltre ad aver cambiato il modo in cui si calcolano i «requisiti patrimoniali a fronte del rischio di credito» (*credit risk capital*), Basilea II ha prescritto che le banche detengano patrimonio anche a fronte del «rischio operativo» (*operational risk*). Il rischio operativo è il rischio di perdite derivanti dal malfunzionamento delle procedure della banca o da eventi avversi, come l'incendio di un centro elettronico. Basilea II ha avuto l'effetto di ridurre, per la maggior parte delle banche, i requisiti patrimoniali a fronte del rischio di credito. Il requisito patrimoniale a fronte del rischio operativo ha riportato il patrimonio complessivo più o meno dov'era sotto Basilea I.

I metodi previsti da Basilea II per misurare il rischio operativo sono tre:

1. «metodo base» (*basic indicator approach*);
2. «metodo standardizzato» (*standardized approach*);
3. «metodo avanzato di misurazione» (*advanced measurement approach* - AMA).

---

[19] I *credit default swaps*, discussi nel Capitolo 17, offrono protezione contro il rischio d'insolvenza e vengono trattati, sotto il profilo regolamentare, in modo analogo alle garanzie personali.

[20] Si veda BASEL COMMITTEE ON BANKING SUPERVISION, "The Applications of Basel II to Trading Activities and the Treatment of Double Defaults", July 2005. Il documento è disponibile su www.bis.org.

Il metodo effettivamente utilizzato dipende dal grado di sofisticazione dalla banca:

1. il metodo più semplice è quello base. Secondo questo metodo, il patrimonio della banca a fronte del rischio operativo deve essere pari al 15% della media annua del «margine d'intermediazione» (*gross income*) rilevato negli ultimi tre esercizi;[21]
2. il metodo standardizzato è simile a quello base, fatta eccezione per il fatto che l'attività della banca viene divisa in otto linee di *business* ed il requisito patrimoniale per ciascuna linea è calcolato moltiplicando il margine d'intermediazione per il fattore attribuito a quella linea;
3. il metodo avanzato prescrive che la banca utilizzi i suoi modelli interni per il calcolo delle perdite operative che, a un livello di confidenza del 99,9%, non verranno oltrepassate nel corso di un anno.

Uno dei vantaggi di questo metodo è che le banche possono vedersi riconoscere, a certe condizioni, le mitigazioni di rischio derivanti dall'esistenza di eventuali polizze assicurative. Tuttavia, data la scarsa coerenza tra i calcoli effettuati da diverse banche, il metodo avanzato è stato sostituito dallo *standardized measurement approach* esposto nella Sezione 20.4.

25.10 CONTROLLO PRUDENZIALE

Il secondo pilastro di Basilea II riguarda il processo di controllo prudenziale svolto dalle autorità di vigilanza. Sono quattro i principi fondamentali che devono essere osservati:

1. le banche devono disporre di
   - una procedura atta a valutare l'adeguatezza patrimoniale complessiva in rapporto al profilo di rischio;
   - una strategia per il mantenimento dei livelli patrimoniali;
2. le autorità di vigilanza devono riesaminare e valutare le procedure interne delle banche volte a determinare l'adeguatezza del patrimonio e le connesse strategie, nonché la loro capacità di monitorarne e assicurarne la conformità con i requisiti patrimoniali obbligatori. Le autorità di vigilanza devono adottare appropriate misure prudenziali qualora non siano soddisfatte dei risultati di tale processo;
3. le autorità di vigilanza devono aspettarsi (e hanno la facoltà di richiedere) che le banche operino con un patrimonio superiore al minimo regolamentare;
4. le autorità di vigilanza devono cercare di intervenire preventivamente per evitare che il patrimonio di una banca scenda al disotto dei livelli minimi compatibili con il suo profilo di rischio ed esigere l'adozione di pronte misure correttive se il patrimonio non viene mantenuto o ripristinato.

Il Comitato di Basilea suggerisce che le autorità di vigilanza prestino particolare attenzione al rischio d'interesse del *banking book*, al rischio di credito e al rischio operativo. Questioni specifiche da affrontare nel processo di controllo prudenziale ri-

---

[21] Il margine d'intermediazione è definito come somma del «reddito netto da interessi» (*net interest income*) e del «reddito netto non da interessi» (*net non-interest income*). Il reddito netto da interessi è il saldo tra gli interessi ricevuti a fronte dei prestiti erogati e gli interessi pagati sui depositi e su altre forme di raccolta. Gli anni in cui il margine d'intermediazione è negativo vengono esclusi dai calcoli.

guardano le prove di *stress* nell'ambito dei metodi IRB, la definizione di inadempienza, il rischio di concentrazione del credito e i rischi connessi con l'utilizzo di garanzie reali, garanzie personali e derivati creditizi.

Inoltre, il Comitato di Basilea enfatizza la necessità che le autorità di vigilanza svolgano i loro compiti con trasparenza e responsabilità. Ciò è particolarmente importante quando le autorità di vigilanza esercitano i loro poteri discrezionali per imporre requisiti patrimoniali superiori a quelli minimi richiesti da Basilea II.

25.11 DISCIPLINA DI MERCATO

Il terzo pilastro di Basilea II riguarda la disciplina di mercato. Il Comitato di Basilea vuole spingere le banche ad accrescere la «trasparenza informativa» (*disclosure*) nei confronti del mercato, in merito alle procedure con cui valutano i rischi e giudicano l'adeguatezza del capitale. La misura in cui le autorità di vigilanza possono forzare le banche ad accrescere la *disclosure* varia da giurisdizione a giurisdizione. Tuttavia, è improbabile che le banche disattendano le direttive su questi aspetti, dato che le autorità di vigilanza possono fare in modo da render loro la vita difficile. Inoltre, le banche devono necessariamente accrescere la *disclosure* per essere autorizzate a utilizzare particolari metodologie di calcolo del patrimonio.

È probabile che le informazioni regolamentari abbiano forme diverse da quelle contabili e non siano necessariamente incluse nei bilanci. Spetta in gran parte alle banche scegliere le informazioni ritenute rilevanti.

Tra le voci che le banche devono comunicare figurano:

1. le società presenti nel gruppo bancario alle quali è stata applicata Basilea II e le società alle quali Basilea II non è stata applicata;
2. le principali caratteristiche di tutti gli strumenti di capitale;
3. l'ammontare del patrimonio di «classe 1» (*tier 1*), o primario, con l'indicazione analitica di tutte le componenti;
4. l'ammontare complessivo del «patrimonio di «classe 2» (*tier 2*), o supplementare, e del patrimonio di «classe 3» (*tier 3*);
5. i requisiti patrimoniali a fronte del rischio di credito, di mercato e operativo;
6. altre informazioni generali sui rischi cui la banca è esposta e sui metodi di valutazione utilizzati per le diverse categorie di rischio;
7. la struttura della funzione di *risk management* e le modalità con cui opera.

25.12 SOLVENCY II

Come si è visto nella Sezione 3.11, non esistono *standards* internazionali per la regolamentazione delle compagnie d'assicurazione. Negli Stati Uniti, le compagnie d'assicurazione sono regolamentate a livello statale. Un qualche supporto alle autorità di vigilanza statali viene dato dal Federal Insurance Office e dalla National Association of Insurance Commissioners (NAIC). In Europa, la regolamentazione delle compagnie d'assicurazione è gestita dall'Unione Europea. Nel 2016, il precedente assetto regolamentare, noto come Solvency I, è stato sostituito dal Solvency II. Il Solvency I calcolava il capitale regolamentare solo a fronte del «rischio di sottoscrizione» (*underwriting risk*). Il Solvency II tiene conto anche del «rischio d'investimento» (*investment risk*) e del «rischio operativo» (*operational risk*).

Le similarità tra Solvency II e Basilea II sono numerose. Come, in Basilea II, ci sono tre «pilastri» (*pillars*):

1. il primo pilastro riguarda la determinazione del «requisito patrimoniale minimo» (*minimum capital requirement* - MCR) e la definizione dei diversi tipi di patrimonio;
2. il secondo pilastro riguarda il «processo di controllo prudenziale» (*supervisory review*);
3. il terzo pilastro si occupa della «trasparenza informativa» (*disclosure*) nei confronti del mercato.

Il primo pilastro definisce anche il «requisito patrimoniale di solvibilità» (*solvency capital requirement* - SCR). Se il patrimonio scende al di sotto di SCR, le compagnie d'assicurazione devono quanto meno predisporre un piano di rientro e inoltrarlo alle autorità di vigilanza, che a loro volta possono richiedere l'adozione di particolari misure correttive. Se il patrimonio scende al di sotto di MCR, è probabile che le autorità di vigilanza vietino alla compagnia d'assicurazione di emettere nuove polizze. È anche possibile che le autorità di vigilanza ne forzino la liquidazione e impongano il trasferimento delle polizze a un'altra compagnia d'assicurazione. In genere, MCR è compreso tra il 25% e il 45% di SCR.

Per il calcolo di SCR si possono seguire due metodi: il metodo «standardizzato» (*standardised*) e il metodo dei «modelli interni» (*internal models*).

Il metodo dei modelli interni comporta il calcolo del VaR annuale al 99,5% (il livello di confidenza è quindi minore del 99,9% previsto dal primo pilastro di Basilea II). Sono ammessi orizzonti temporali più lunghi e livelli di confidenza più bassi quando la protezione fornita viene considerata equivalente.

Il capitale regolamentare serve a far fronte a tre tipi di rischio: il rischio di sottoscrizione, il rischio d'investimento e il rischio operativo. Il rischio di sottoscrizione si distingue a seconda che derivi dalle assicurazioni vita, dalle assicurazioni danni o dalle assicurazioni sanitarie, mentre il rischio d'investimento si distingue in rischio di mercato e rischio di credito.

Il patrimonio deve essere sufficiente a far fronte a eventi fortemente avversi. Tra quelli considerati dai *quantitative impact studies* figurano:

1. il ribasso del 32% delle quotazioni rilevate nei mercati azionari globali;
2. il ribasso del 20% dei prezzi degli immobili;
3. la variazione del 20% dei tassi di cambio;
4. il verificarsi di eventi catastrofici;
5. la crescita delle spese mediche a tassi superiori a n deviazioni standard;
6. l'aumento del 10% dei tassi di mortalità;
7. la diminuzione del 25% dei tassi di mortalità;
8. l'aumento del 10% delle spese assicurative.

I modelli interni devono superare tre *tests*:

1. un «*test* di qualità statistica» (*statistical quality test*), volto ad accertare la bontà dei dati e della metodologia utilizzati per il calcolo del VaR;
2. un «*test* di calibratura» (*calibration test*), volto ad accertare che i rischi siano stati valutati secondo le linee guida di SCR;
3. un «*test* di utilizzo» (*use test*), volto ad accertare che il modello sia rilevante e venga effettivamente utilizzato dai *risk managers*.

Il Solvency II prevede tre tipi di capitale:

1. il «patrimonio di classe 1» (*Tier 1 capital*), formato dal capitale proprio in forma di «azioni ordinarie» (*equity*), dagli utili non distribuiti e dalle fonti equivalenti di provvista;
2. il «patrimonio di classe 2» (*Tier 2 capital*), formato da passività, subordinate rispetto a quelle nei confronti dei sottoscrittori delle polizze, che soddisfano certi criteri di disponibilità negli «scenari critici» (*wind-down scenarios*);
3. il «patrimonio di classe 3» (*Tier 3 capital*), formato da passività, subordinate rispetto a quelle nei confronti dei sottoscrittori delle polizze, che non soddisfano questi criteri.

Come in Basilea II, è stata definita la quantità di capitale che deve essere detenuta in forma di (i) *Tier 1*, ii) *Tier 1* + *Tier 2*, iii) *Tier 1* + *Tier 2* + *Tier 3*.

SOMMARIO

In questo capitolo sono stati passati in rassegna i requisiti patrimoniali delle banche fissati, a livello internazionale, fino al 2007. Il modo in cui le autorità di vigilanza determinano il patrimonio minimo che una banca deve detenere a fronte dei rischi cui è esposta è cambiato in modo drammatico dalla fine degli anni '80. Prima del 1988, le autorità di vigilanza determinavano i requisiti patrimoniali specificando i livelli minimi per il rapporto tra patrimonio e attività o i livelli massimi per il rapporto tra attività e patrimonio. Verso la fine degli anni '80 sia le autorità di vigilanza sia le banche si sono rese conto che bisognava cambiare. I derivati registrati «fuori bilancio» (*off-balance sheet*) stavano rapidamente crescendo. Inoltre, la competizione tra le banche già avveniva a livello internazionale ed era importante creare «uniformità di condizioni» (*level playing field*) nella regolamentazione dei sistemi bancari di tutti i Paesi.

L'Accordo di Basilea del 1988 fissava i requisiti patrimoniali a fronte del rischio di credito presente sia nelle voci di bilancio sia in quelle fuori bilancio e richiedeva il calcolo delle «attività ponderate per il rischio» (*risk-weighted assets*). Nel caso dei «prestiti» (*loans*) il valore nominale veniva moltiplicato per il «coefficiente di rischio» (*risk weight*) specifico della controparte. Nel caso dei derivati, come gli *swaps*, le banche dovevano innanzitutto calcolare un «equivalente creditizio» (*credit equivalent*) e quindi moltiplicarlo per il *risk weight* specifico della controparte, al fine di ottenere i *risk-weighted assets*. Le banche erano poi tenute ad avere un patrimonio almeno pari all'8% dei *risk-weighted assets* complessivi. Nel 1995 i requisiti patrimoniali a fronte del rischio di credito sono stati modificati per tener conto delle clausole di «compensazione» (*netting*).

Nel 1996 l'Accordo è stato modificato per tener conto anche del rischio di mercato. Le banche più sofisticate potevano calcolare i requisiti patrimoniali a fronte del rischio di mercato in base al «valore a rischio» (*value at risk*).

Basilea II è stata proposta nel 1999 e attuata da molte banche intorno al 2007. Non ha provocato immediati cambiamenti dei requisiti patrimoniali a fronte del rischio di mercato. I requisiti patrimoniali a fronte del rischio di credito sono stati calcolati in modo più sofisticato rispetto al passato (a) sulla base dei *ratings* oppure (b) sulla base di stime interne delle banche circa la «probabilità d'insolvenza» (*probability of default*) delle controparti e del coefficiente di correlazione fissato dalle autorità di vigilanza. Basilea II ha anche introdotto un requisito patrimoniale a fronte del «rischio operativo» (*operational risk*).

Il Solvency II è l'assetto regolamentare delle compagnie d'assicurazione che l'Unione Europea ha introdotto nel 2016. Impone requisiti patrimoniali a fronte di tre tipi di rischio: il rischio di sottoscrizione, il rischio d'investimento e il rischio operativo. La struttura complessiva del Solvency II è simile a quella di Basilea II.

SUGGERIMENTI PER ULTERIORI LETTURE

BASEL COMMITTEE ON BANKING SUPERVISION, "Basel II - International Convergence of Capital Measurement and Capital Standards: A Revised Framework", June 2006.

GORDY, M. B., "A Risk-factor Model Foundation for Ratings-Based Bank Capital Ratios", *Journal of Financial Intermediation*, 12 (2003), 199-232.

LOPEZ, J., "The Empirical Relationship Between Average Asset Correlation, Firm Probability of Default and Asset Size", *Journal of Financial Intermediation*, 13, 2 (2004), 265-83.

VASICEK, O. A., "Probability of Loss on a Loan Portfolio", Working Paper, KMV, 1987 [i risultati ottenuti da Vasicek sono stati poi pubblicati in "Loan Portfolio Value", *Risk*, 15 (12), December 2002, 160-2].

DOMANDE E PROBLEMI
(le risposte si trovano alla fine del libro)

25.1. «Quando una società siderurgica fallisce, le altre società che operano nello stesso settore ne traggono beneficio perché hanno un concorrente in meno. Ma quando fallisce una banca, le altre banche non necessariamente ne risultano avvantaggiate». Commentate quest'affermazione.

25.2. «L'esistenza dell'assicurazione dei depositi rende particolarmente importante l'adozione di regole sui requisiti patrimoniali minimi delle banche». Commentate quest'affermazione.

25.3. Come si è visto nella Sezione 2.8, gli *interest-rate swaps* comportano lo scambio di pagamenti a tasso fisso con pagamenti a tasso variabile. Il capitale nozionale non viene scambiato, ma serve solo a determinare i pagamenti. Qual è la natura del rischio di credito per una banca che entra in un *interest-rate swap* a 5 anni con capitale nozionale di $100 milioni? Supponete che il valore iniziale dello *swap* sia nullo.

25.4. Nei *currency swaps*, gli interessi denominati in una certa valuta vengono scambiati con gli interessi denominati in un'altra valuta. I capitali denominati nelle due valute vengono scambiati alla fine dello *swap*. Perché il rischio di credito dei *currency swaps* è maggiore di quello degli *interest-rate swaps*?

25.5. Il valore corrente di un *interest-rate swap* a 4 anni è negativo per un'istituzione finanziaria.
(a) L'istituzione finanziaria è esposta al rischio di credito? Spiegate la vostra risposta.
(b) A quanto ammonta il requisito patrimoniale previsto dal Basilea I?

25.6. Stimate il requisito patrimoniale previsto da Basilea I per una banca che ha effettuato le seguenti transazioni con una stessa società:
(i) un *interest-rate swap* a 9 anni, con capitale nozionale di $250 milioni e valore corrente pari a –$2 milioni;
(ii) un *interest-rate swap* a 4 anni, con capitale nozionale di $100 milioni e valore corrente pari a $3,5 milioni;
(iii) un derivato a 6 mesi, scritto su una merce, con valore nominale di $50 milioni e valore corrente pari a $1 milione.
Supponete che non valga la clausola di *netting*.

25.7. Qual è il requisito patrimoniale previsto da Basilea I per il Problema 25.6 se viene applicato l'Emendamento del 1995 in tema di *netting*?

25.8. Tutti i derivati negoziati da una banca con una società hanno un valore positivo per la banca. Che valore ha la clausola di *netting* per la banca?

25.9. Spiegate perché in Basilea II si moltiplicano per 12,5 i requisiti patrimoniali a fronte del rischio di credito, di mercato e operativo al fine di ottenere il requisito patrimoniale complessivo.

25.10. (a) Qual è la differenza tra il *trading book* e il *banking book* di una banca?
(b) Una banca ha prestato $10 milioni a una società. Alla fine della vita del prestito, invece di rinnovarlo, il cliente vende obbligazioni alla banca. Qual è l'effetto di questa ristrutturazione sulla natura dei calcoli che la banca deve effettuare per determinare i suoi requisiti patrimoniali?

25.11. (a) Sotto Basilea I, le banche con *rating* elevato preferiscono aiutare i clienti a emettere obbligazioni piuttosto che concedere loro prestiti. Perché?
(b) Vi aspettate che quest'atteggiamento sia cambiato sotto Basilea II?

25.12. Cos'è l'arbitraggio regolamentare?

25.13. L'Equazione (25.9) riporta la formula di Basilea II per il calcolo del capitale richiesto per far fronte all'esposizione nei confronti del rischio di credito. Spiegate il significato di ognuno dei quattro termini che sono moltiplicati tra loro.

25.14. Spiegate la differenza tra il «metodo semplificato» (*simple approach*) e il «metodo omnicomprensivo» (*comprehensive approach*) con cui aggiustare i *risk weights* per tener conto delle «garanzie» (*collaterals*).

25.15. Spiegate la differenza tra il metodo standardizzato, il metodo IRB di base e il metodo IRB avanzato per calcolare il capitale a fronte del rischio di credito secondo Basilea II.

25.16. Spiegate la differenza tra il «metodo base» (*basic indicator approach*), il «metodo standardizzato» (*standardized approach*) e il «metodo avanzato di misurazione» (*advanced measurement approach*) per la determinazione dei requisiti patrimoniali a fronte del rischio operativo secondo Basilea II.

25.17. Le attività di una banca sono rappresentate da $200 milioni di prestiti al dettaglio (in forma diversa dai mutui ipotecari). PD è pari all'1% e LGD è pari al 70%. (a) Quali sono le attività ponderate per il rischio secondo il metodo IRB di Basilea II? (b) A quanto ammonta il patrimonio di «classe 1» (*Tier 1*) e di «classe 2» (*Tier 2*) che viene richiesto?

25.18. Nella Sezione 11.10 si è visto come decidere se accettare o rigettare il metodo utilizzato per il calcolo del VaR. Nella Sezione 25.6 si è visto che i requisiti patrimoniali a fronte del rischio di mercato vengono determinati in funzione del VaR (con livello di confidenza del 99%) e del parametro k, oltre che in funzione del rischio specifico. In particolare, il parametro k viene aumentato quando si verificano 5 o più eccezioni su 250 osservazioni. Qual è la probabilità che si verifichino effettivamente 5 o più eccezioni anche se il metodo è del tutto accurato?

Capitolo 26
Basilea II.5, Basilea III e Altre Modifiche Post-Crisi

Forse, è stata "pura sfortuna" che la data di avvio di Basilea II sia coincisa, più o meno, con l'inizio della peggiore crisi sui mercati finanziari dopo quella del 1930. Alcuni commentatori hanno rivolto varie accuse a Basilea II, ritenendola responsabile della Crisi Finanziaria Globale per aver favorito l'auto-regolamentazione del sistema bancario (le banche, per calcolare il capitale regolamentare, sono libere di utilizzare le proprie stime per gli *inputs* di modello, quali PD, LGD, ed EAD). In realtà, com'è stato spiegato nel Capitolo 7, i semi della crisi sono stati piantati ben prima dell'avvio di Basilea II.[1]

Questo capitolo inizia con la presentazione della cosiddetta Basilea II.5, un insieme di modifiche apportate dal Comitato di Basilea al calcolo del capitale a fronte del rischio di mercato, in seguito alle enormi perdite subite dalle banche durante la crisi. Basilea II.5 è entrata in vigore il 31 dicembre 2011.

Il capitolo passa poi a prendere in esame Basilea III, una profonda revisione della regolamentazione bancaria post-crisi. Un primo insieme di norme, volte ad aumentare il patrimonio netto delle banche, è stato emanato dal Comitato di Basilea nel dicembre 2010. Un'importante novità di Basilea III è la specificazione dei requisiti che le banche devono soddisfare per far fronte al rischio di liquidità. Le nuove regole per il rischio di mercato, che fanno parte di Basilea III ma che a volte vanno sotto il nome di Basilea IV, verranno esposte nel Capitolo 27.

Nel capitolo vengono presentate anche altre norme, introdotte dopo il 2008, che integrano il lavoro svolto dal Comitato di Basilea. Tra queste, il Dodd-Frank Act, firmato il 21 luglio 2010 dal presidente degli Stati Uniti, Barack Obama e i provvedimenti adottati dall'Unione Europea e dal Regno Unito.

26.1 BASILEA II.5

Durante la crisi, è apparso evidente che fosse necessario apportare modifiche alle modalità previste da Basilea II per il calcolo del capitale a fronte del rischio di mer-

---

[1] Inoltre, gli Stati Uniti erano indietro rispetto agli altri Paesi nell'attuazione di Basilea II. Se Basilea II fosse stata pienamente attuata prima dell'inizio della crisi, i livelli di patrimonializzazione delle banche statunitensi sarebbero stati probabilmente più bassi.

cato. Queste modifiche hanno preso il nome di "Basilea II.5". Come si è già detto, sono state attuate a decorrere dal 31 dicembre 2011.[2]

Le modifiche hanno riguardato:

1. il calcolo del «VaR stressato» (*stressed VaR*);
2. l'introduzione di un «requisito patrimoniale per il rischio aggiuntivo» (*incremental risk charge* - IRC), con riferimento al *trading book*;
3. l'introduzione di una «misura di rischio omnicomprensiva» (*comprehensive risk measure*) per gli strumenti che dipendono dalla «correlazione creditizia» (*credit correlation*).

Queste modifiche hanno comportato una forte crescita del capitale che le banche devono detenere per far fronte al rischio di mercato.

Stressed VaR

L'Emendamento del 1996, che ha introdotto i requisiti patrimoniali a fronte del rischio di mercato, consentiva alle banche di calcolare il capitale regolamentare sulla base del VaR decadale al 99%. In genere, le banche utilizzano il metodo delle simulazioni storiche per calcolare il VaR. Questo metodo è stato descritto nel Capitolo 12. L'ipotesi sottostante il metodo delle simulazioni storiche è che i tassi di variazione delle variabili di mercato che verranno osservate domani siano un campione casuale estratto dal *database* di tutti le variazioni (assolute o proporzionali) osservate negli ultimi 1 - 4 anni. Gli anni 2003-2006 sono stati caratterizzati, in genere, da una bassa volatilità delle variabili di mercato. Di conseguenza, i VaR per il rischio di mercato, calcolati in questo periodo, sono stati anch'essi bassi e hanno continuato a essere troppo bassi per un certo arco di tempo dopo l'inizio della crisi.

Queste considerazioni hanno indotto il Comitato di Basilea a introdurre il cosiddetto "VaR stressato". Come si è visto nella Sezione 12.1, il VaR stressato viene calcolato sulla base di un periodo di 250 giorni (12 mesi) caratterizzato da condizioni di mercato critiche, piuttosto che sulla base dei dati rilevati in un arco di tempo che copre gli ultimi 1 - 4 anni. L'ipotesi sottostante il metodo delle simulazioni storiche per il calcolo del VaR stressato è che le variazioni delle variabili di mercato che verranno osservate domani siano un campione casuale estratto dal *database* di tutte le variazioni osservate in un periodo di 250 giorni caratterizzato da condizioni di mercato critiche.

Basilea II.5 richiede che le banche calcolino due VaR. Il 1° è il solito VaR (basato sulle variazioni di mercato degli ultimi 1 - 4 anni). Il 2° è il VaR stressato (basato su un periodo "critico" di 250 giorni). I due VaR vengono utilizzati per definire il capitale regolamentare a fronte del rischio di mercato con la seguente formula:

$$\max(m_c \times \text{VaR}_{\text{med}}, \text{VaR}_{t-1}) + \max(m_s \times \text{sVaR}_{\text{med}}, \text{sVaR}_{t-1})$$

dove

VaR_{t-1} e sVaR_{t-1} sono il VaR e il VaR stressato (decadali, al 99%) calcolati il giorno precedente;

---

[2] Si veda BASEL COMMITTEE ON BANKING SUPERVISION, "Revisions to the Basel II Market Risk Framework", February 2011.

VaR$_{med}$ e sVaR$_{med}$ sono le medie del VaR e del VaR stressato (decadali, al 99%) calcolati nei 60 giorni precedenti;

m_s e m_c sono i fattori moltiplicativi (non inferiori a 3) che vengono determinati dalle autorità di vigilanza.

Prima che venisse applicata Basilea II.5, il capitale regolamentare a fronte del rischio di mercato (Sezione 25.6) si basava su questa formula:

$$\max(m_c \times \text{VaR}_{med}, \text{VaR}_{t-1}).$$

Dato che il VaR stressato non è mai inferiore al VaR, è chiaro che, sotto l'ipotesi $m_c = m_s$, il capitale regolamentare fissato da Basilea II.5 è almeno pari al doppio di quello previsto in precedenza. Nei fatti, non di rado è risultato tre volte maggiore.

All'inizio si pensava che il 2008 sarebbe stato un buon anno da utilizzare per il calcolo del VaR stressato. Si è poi capito che l'anno va scelto in funzione del portafoglio della banca. Le banche sono ora tenute a selezionare un anno nel corso del quale la *performance* del portafoglio corrente sarebbe stata molto deludente. Pertanto, il periodo utilizzato da un banca per il calcolo del VaR stressato non corrisponde necessariamente a quello utilizzato dalle altre banche.

Incremental Risk Charge

Nel 2005, il Comitato di Basilea si è reso conto che le posizioni nel *trading book* richiedevano meno capitale di quelle simili presenti nel *banking book*.

Esempio 26.1

Consideriamo un titolo obbligazionario. Se il titolo è detenuto nel *trading book*, il capitale viene calcolato come prodotto tra il moltiplicatore e il VaR decadale al 99% (Sezione 25.6). Se il titolo è detenuto nel *banking book* (ed è trattato al pari di un prestito), il capitale viene calcolato come prodotto tra il moltiplicatore e il VaR annuale al 99,9% (Sezione 25.8).

Di conseguenza, le banche tendevano a spostare nel *trading book* gli strumenti soggetti al rischio di credito, tutte le volte in cui ne avevano la possibilità.[3]

Nel 2005, il Comitato di Basilea ha proposto, per i contratti sensibili al rischio di credito inseriti nel *trading book*, un «requisito patrimoniale aggiuntivo a fronte del rischio d'insolvenza» (*incremental default risk charge* - IDRC), basato sul VaR annuale al 99,9%. Secondo la proposta, questi contratti dovevano essere trattati in modo simile agli analoghi contratti presenti nel *banking book*.

Nel 2008, il Comitato di Basilea ha riconosciuto che gran parte delle perdite subite dalle banche nel corso della Crisi Finanziaria Globale sono state determinate non solo dalle insolvenze, ma anche dalle variazioni di *rating*, dall'ampliamento dei *credit spreads* e dalla contrazione della liquidità. Ha quindi modificato le sue precedenti proposte, in modo da includere anche questi rischi. Si è così passati dall'IDRC all'IRC, ossia al «requisito patrimoniale per il rischio aggiuntivo» (*incremental risk charge* - IRC).[4]

---

[3] Se una banca creava un ABS (Capitolo 7) in base ai prestiti presenti nel suo *banking book* e ne comprava le *tranches* per il suo *trading book*, il capitale regolamentare si riduceva (anche se il rischio risultava inalterato). Questo è uno dei motivi per cui le banche hanno cartolarizzato i prestiti presenti nel *banking book*.

[4] BASEL COMMITTEE ON BANKING SUPERVISION, "Guidelines for Computing Capital for Incremental Risk in the Trading Book", July 2009.

L'IRC richiede che le banche calcolino il VaR annuale al 99,9% per le perdite sui prodotti creditizi presenti nel *trading book*. Le banche devono tener conto sia delle variazioni di *rating* sia delle insolvenze. Dato che gli strumenti soggetti all'IRC si trovano nel *trading book*, e sono quindi negoziabili, si ipotizza che la banca abbia la possibilità di modificare la composizione del portafoglio nel corso dell'anno, in modo da mitigare il rischio d'insolvenza e mantenere costante il livello di rischio. È questa l'ipotesi del «livello di rischio costante» (*constant level of risk*).

In particolare, le banche devono stimare un «orizzonte di liquidità» (*liquidity horizon*) per ogni strumento soggetto all'IRC. Il *liquidity horizon* è il tempo che è necessario per chiudere la posizione, o coprire tutti i «rischi rilevanti» (*material risks*), in condizioni di mercato critiche.

Esempio 26.2

Supponiamo che il *liquidity horizon* di un'obbligazione con *rating* A sia pari a 3 mesi. Ai fini di calcolo del VaR annuale, la banca suppone che – se il *rating* viene cambiato o l'emittente fallisce tra 3, 6 o 12 mesi – il titolo venga sostituito da un'altra obbligazione con *rating* A.

L'ipotesi di costanza del livello di rischio rende meno probabili le insolvenze, ma comporta la registrazione di piccole perdite in occasione delle «revisioni al ribasso del *rating*» (*ratings downgrades*), quando la composizione del portafoglio va modificata. L'effetto di quest'ipotesi è che, in genere, il VaR annuale al 99.9% si riduce.[5] Il Comitato di Basilea ha fissato in 3 mesi il livello minimo del *liquidity horizon*.

Pertanto, l'IRC misura il rischio d'insolvenza e di peggioramento del *rating* dei prodotti creditizi (in un anno e a un livello di confidenza del 99,9%), tenendo conto del *liquidity horizon* delle posizioni (considerate singolarmente o in gruppo).

Comprehensive Risk Measure

La «misura di rischio omnicomprensiva» (*comprehensive risk measure* - CRM) è stata ideata per tener conto dei rischi presenti nel cosiddetto «libro delle correlazioni» (*correlation book*). Con questo termine si fa riferimento al portafoglio dei contratti che sono sensibili alla *credit correlation*, come gli *asset-backed securities* (ABSs) e le *collateralized debt obligations* (CDOs). Questi contratti sono stati trattati nel Capitolo 7.

Esempio 26.3

Supponiamo che una banca abbia in portafoglio una *tranche*, con *rating* AAA, di un ABS. In condizioni di mercato normali, il rischio di perdite su quella *tranche* è molto basso. Tuttavia, in condizioni di mercato critiche (quando la *credit correlation* aumenta), la *tranche* diventa «vulnerabile» (*vulnerable*) — com'è apparso evidente durante la Crisi Finanziaria Globale.

La CRM è il requisito patrimoniale che sostituisce IRC e SRC nel caso dei contratti che dipendono dalla *credit correlation*. Il metodo standardizzato per il calcolo della CRM, previsto da Basilea II.5, è sintetizzato nella Tavola 26.1.

---

[5] Si veda FINGER, C. C., "CreditMetrics and Constant Level of Risk", MSCI, 2010, per una discussione dell'ipotesi di costanza del livello di rischio.

TAVOLA 26.1 *Comprehensive risk measure*: metodo standardizzato.

Valutazione creditizia esterna	da AAA a AA–	da A+ a A–	da BBB+ a BBB–	da BB+ a BB–	Sotto BB– o senza rating
Cartolarizzazioni di I livello	1,6%	4%	8%	28%	detrazione
Cartolarizzazioni di II livello	3,2%	8%	18%	52%	detrazione

Nota: per «detrazione» (*deduction*) s'intende la riduzione del capitale regolamentare esistente in misura pari al valore nominale del contratto, il che equivale a un requisito patrimoniale pari al 100%.

Visto quel che è successo al mercato dei prodotti strutturati durante la crisi (Capitolo 7), non sorprende che i requisiti patrimoniali per le «cartolarizzazioni di II livello» (*resecuritizations*), ad es. le ABS CDOs, siano più elevati di quelli per le «cartolarizzazioni di I livello» (*securitizations*), ad es. gli ABSs.

Basilea II.5 consente alle banche di utilizzare i propri modelli per calcolare la CRM, previa autorizzazione delle autorità di vigilanza. Per essere approvati, i modelli devono essere piuttosto sofisticati. In particolare, devono tener conto dei seguenti fattori: insolvenze, *credit spreads*, volatilità delle correlazioni implicite, relazione tra *credit spreads* e correlazioni implicite, volatilità dei *recovery rates*, «peggioramento dei costi di copertura» (*hedge slippage*) e costi di ribilanciamento delle coperture. È anche richiesto che venga attuato, con regolarità e rigore, un programma di *stress testing*. I requisiti patrimoniali basati sui modelli interni non possono essere inferiori a un certo livello calcolato in base al metodo standardizzato.

26.2 BASILEA III

In seguito alla Crisi Finanziaria Globale, il Comitato di Basilea ha ritenuto opportuno avviare una «profonda revisione» (*major overhaul*) di Basilea II. Con Basilea II.5 sono stati aumentati i requisiti patrimoniali a fronte del rischio di mercato. Il Comitato di Basilea ha poi introdotto nuove regole che mirano ad aumentare il «patrimonio azionario» (*equity capital*) delle banche. Ha inoltre ritenuto opportuno restringere il campo di definizione di *equity capital* e tener conto del rischio di liquidità.

Il primo documento su Basilea III è stato pubblicato nel dicembre 2009. La versione finale è stata poi pubblicata nel dicembre 2010, dopo i commenti delle banche, uno «studio sull'impatto quantitativo» (*quantitative impact study* - QIS) e diverse riunioni internazionali.[6] La versione definitiva è del 2017.

La nuova normativa comprende 6 sezioni:

1. «definizione di patrimonio» (*definition of capital*);
2. «riserve patrimoniali» (*capital conservation buffer*);
3. «riserve anti-cicliche» (*countercyclical buffer*);
4. «indice di leva finanziaria» (*leverage ratio*);
5. «rischio di liquidità» (*liquidity risk*);
6. «rischio d'insolvenza della controparte» (*counterparty credit risk*).

Le nuove regole sono state introdotte gradualmente tra il 2013 e il gennaio 2023.

---

[6] Si veda BASEL COMMITTEE ON BANKING SUPERVISION, "Basel III: International Framework for Liquidity Risk Measurement Standards and Monitoring", December 2010 e BASEL COMMITTEE ON BANKING SUPERVISION, "Basel III: A Global Regulatory Framework for More Resilient Banks and Banking Systems", June 2011.

Definizione di Patrimonio e Requisiti Patrimoniali

Per Basilea III, il patrimonio complessivo della banca è composto da:

1. «patrimonio azionario di classe 1» (*Tier 1 equity capital* - CET1);
2. «patrimonio aggiuntivo di classe 1» (*additional Tier 1 capital* - AT1);
3. «patrimonio di classe 2» (*Tier 2 capital*).

È stato eliminato il «patrimonio di classe 3» (*Tier 3 capital*).

Il *Tier 1 equity capital*, chiamato anche «patrimonio di qualità primaria» (*core Tier 1 capital*), include il «capitale sociale» (*share capital*) e le «riserve per utili non distribuiti» (*retained earnings*), ma non include né l'«avviamento» (*goodwill*) né le «attività per imposte differite» (*deferred tax assets*). Va corretto al ribasso nel caso in cui i «piani pensionistici a prestazioni definite» (*defined benefit pension plans*) della banca siano in *deficit*, ma non va corretto al rialzo nel caso in cui siano in *surplus* (per i piani pensionistici a prestazioni definite, si veda la Sezione 3.12). Le variazioni delle riserve dovute alle operazioni di cartolarizzazione non vengono considerate ai fini del calcolo del capitale regolamentare. Lo stesso vale per le variazioni delle riserve dovute al cambiamento del rischio di credito della banca (il cosiddetto DVA, trattato nel Capitolo 18). Regole specifiche sono state emanate per quanto concerne le azioni e le «quote di minoranza» (*minority interests*) delle «società controllate presenti nel bilancio consolidato» (*consolidated subsidiaries*).

L'*additional Tier 1 capital* è composto da voci, come quella relativa alle «azioni privilegiate irredimibili senza diritto di priorità cumulativo» (*noncumulative perpetual preferred stock*), che prima figuravano nel *Tier 1* ma che ora non figurano nel *Tier 1 equity capital*. Il *Tier 2 capital*, detto anche «patrimonio supplementare» (*supplementary capital*) include il «debito subordinato» (*subordinated debt*) a 5 anni o più (calcolati all'origine).

Il «patrimonio di base» (*Tier 1 capital*) è il patrimonio in grado di assorbire le perdite quando la banca è «in continuità aziendale» (*going-concern*), ossia quando il «capitale proprio» (*equity capital*) è positivo. Il *Tier 2 capital* è il patrimonio in grado di assorbire le perdite quando la banca è «in stato di crisi» (*gone-concern*), ossia quando il capitale proprio è negativo. In caso di liquidazione della banca, il *Tier 2 capital* ha priorità inferiore a quella dei depositi. Pertanto, fintantoché il *Tier 2 capital* resta positivo, i depositanti dovrebbero essere rimborsati integralmente.

Le banche sono tenute a rispettare i seguenti requisiti patrimoniali:

1. il *Tier 1 equity capital* deve essere almeno pari al 4,5% dei *risk-weighted assets*;
2. il «patrimonio di base» (*Tier 1 capital*), ossia il *Tier 1 equity capital* più l'*additional Tier 1 capital*, deve essere almeno pari al 6% dei *risk-weighted assets*;
3. il «patrimonio di vigilanza» (*total capital*), pari a *Tier 1* più *Tier 2*, deve essere almeno pari all'8% dei *risk-weighted assets*.

Per Basilea I, il *Tier 1 equity capital* doveva essere almeno pari al 2% dei *risk-weighted assets* e il *Tier 1 capital* doveva essere almeno pari al 4% dei *risk-weighted assets*. In Basilea III, le regole sono ora molto più stringenti perché

(a) le percentuali sono aumentate;
(b) il campo di definizione dell'*equity capital* è stato ulteriormente circoscritto.

Tuttavia, il patrimonio di vigilanza è rimasto pari all'8% dei *risk-weighted assets*, così come era in Basilea I e in Basilea II.

TAVOLA 26.2 *Capital conservation buffer*: restrizioni sui dividendi (I).

Rapporto tra Tier 1 equity capital e risk-weighted assets	Quota minima degli utili da portare a riserva
da 4,000% a 5,125%	100%
da 5,125% a 5,750%	80%
da 5,750% a 6,375%	60%
da 6,375% a 7,000%	40%
> 7,000%	0%

Il Comitato di Basilea chiede inoltre che vengano aumentati i requisiti patrimoniali per le banche «sistemicamente rilevanti» (*systemically important*), come vedremo più avanti in questo capitolo.

Capital Conservation Buffer

Oltre ai requisiti patrimoniali che sono stati appena menzionati, Basilea III chiede che, in condizioni di mercato normali, le banche costituiscano «riserve patrimoniali» (*capital conservation buffer*), formate da *Tier 1 equity capital* (CET1), in misura pari al 2,5% dei *risk-weighted assets*. Questa disposizione mira ad assicurare che, in condizioni di mercato normali, le banche accumulino mezzi propri con cui far fronte alle perdite nei periodi di difficoltà finanziarie (l'argomentazione alla base di questa disposizione è che è molto più facile per le banche raccogliere mezzi propri in condizioni di mercato normali piuttosto che in condizioni di mercato critiche).

Quando il *capital conservation buffer* viene utilizzato, in tutto o in parte, la banca deve limitare il pagamento dei dividendi. Le regole riguardanti il pagamento dei dividendi sono riportate nella Tavola 26.2.

Esempio 26.4

Se il *Tier 1 equity capital* è compreso tra il 5,125% e il 5,750% dei *risk-weighted assets*, la quota minima degli utili da portare a riserva è pari all'80%. Pertanto, i dividendi non possono superare il 20% degli utili.

La differenza tra i requisiti patrimoniali che includono il *capital conservation buffer* e quelli che li escludono è in qualche modo analoga alla differenza tra il *solvency capital requirement* (SCR) e il *minimum capital requirement* (MCR) del Solvency II (Sezione 25.12).

In base alle regole previste per il *capital conservation buffer*, si ha che – in condizioni di mercato normali ed escludendo altri requisiti trattati più avanti – le banche che non sono sistemicamente rilevanti devono osservare i seguenti vincoli in termini di *risk-weighted assets* (RWA):

1. rapporto tra *Tier 1 equity capital* e RWA $\geq 7\%$ (= 4,5% + 2,5%);
2. rapporto tra *Tier 1 capital* e RWA $\geq 8,5\%$ (= 6,0% + 2,5%);
3. rapporto tra (*Tier 1 + Tier 2 capital*) e RWA $\geq 10,5\%$ (= 8,0% + 2,5%).

TAVOLA 26.3 *Capital conservation buffer*: restrizioni sui dividendi (II).

Rapporto tra Tier 1 equity capital e risk-weighted assets	Quota minima degli utili da portare a riserva
da 4,50% a 5,75%	100%
da 5,75% a 7,00%	80%
da 7,00% a 8,25%	60%
da 8,25% a 9,50%	40%
> 9,50%	0%

Nota: si è ipotizzato un *countercyclical buffer* pari al 2,5%.

Queste percentuali possono scendere, rispettivamente, al 4,5%, 6,0% e 8,0% in condizioni di mercato critiche, quando le banche sono sotto pressione perché (a causa delle perdite) devono riportare i mezzi propri ai livelli richiesti.

Una delle conseguenze dell'aumento dei requisiti patrimoniali in termini di *equity capital* è che sarà più difficile per le banche riportare la «redditività del capitale proprio» (*return on equity* - ROE) sui livelli del 1990-2006. D'altra parte, gli azionisti potranno consolarsi constatando la minore rischiosità delle loro azioni.

Countercyclical Buffer

Oltre al *capital conservation buffer*, Basilea III ha previsto che le banche costituiscano specifiche «riserve anti-cicliche» (*countercyclical buffer*). Si tratta di riserve simili al *capital conservation buffer*, ma la misura in cui verranno recepite nella normativa dei singoli Paesi è lasciata alla discrezione delle rispettive autorità di vigilanza. Il *countercyclical buffer* mira a ridurre la «ciclicità» (*cyclicality*) degli utili bancari. Potrà essere pari a una percentuale dei *risk-weighted assets* compresa tra 0% e 2,5% e deve essere costituito con *Tier 1 equity capital*.

Per i Paesi in cui il *countercyclical buffer* non è nullo, la Tavola 26.2 va modificata. Ad es., quando il rapporto tra *countercyclical buffer* e *risk-weighted assets* è pari al livello massimo (2,5%), la Tavola 26.2 va sostituita con la Tavola 26.3.

Leverage Ratio

Oltre ai requisiti patrimoniali basati sui *risk-weighted assets*, Basilea III prescrive che venga calcolato un «indice di leva finanziaria» (*leverage ratio*), definito come rapporto tra «mezzi propri» (*capital*) ed «esposizione complessiva» (*total exposure*). Il *leverage ratio* deve essere almeno pari al 3%.[7] Ai fini del calcolo del *leverage ratio*, i mezzi propri sono rappresentati dal *Tier 1 capital* complessivo.

L'esposizione complessiva è definita come somma di:

1. esposizioni in bilancio. Queste esposizioni includono tutte le attività in bilancio, comprese le garanzie reali connesse con i derivati e le «operazioni di finanziamento tramite titoli» (*securities financing transactions* - SFTs);

---

[7] BASEL COMMITTEE ON BANKING SUPERVISION, "Basel III Leverage Ratio Framework and Disclosure Requirements", January 2014.

2. esposizioni in derivati. Queste esposizioni vengono calcolate come «costo di sostituzione» (*replacement cost* - RC) dell'esposizione corrente più una «maggiorazione» (*add-on*), così come in Basilea I (Sezione 25.3);
3. esposizioni per le operazioni di finanziamento tramite titoli, quali «pronti contro termine attivi e passivi» (*repurchase agreements* e *reverse repurchase agreements*) e le «operazioni con cui vengono dati o presi in prestito titoli» (*securities lending* e *securities borrowing*);
4. poste fuori bilancio, come i «fidi» (*loan commitments*), i «succedanei dei prestiti» (*loan substitutes*), le «accettazioni» (*acceptances*) e le «lettere di credito» (*letters of credit*).

Non vengono fatte ponderazioni per i rischi.

Alcune autorità di vigilanza hanno dichiarato di ritenere che il 3% sia un livello troppo basso.

Esempio 26.5
Nell'aprile 2014, le autorità di vigilanza statunitensi hanno proposto un *leverage ratio* del 5% per 8 grandi gruppi bancari (che, come vedremo, sono noti come G-SIBs) e un *leverage ratio* del 6% per le loro sussidiarie che sono assicurate dalla Federal Deposit Insurance Corporation.

Nell'ottobre 2014, il Financial Policy Committee della Bank of England ha aumentato il *leverage ratio* per le banche inglesi portandolo al 4,05%. Nelle fasi di espansione, questo livello può essere innalzato al 4,95%, per «frenare» (*to rein in*) l'erogazione dei prestiti.

In Cina il *leverage ratio* è stato portato al 4%.

Perché il Comitato di Basilea ha introdotto il *leverage ratio*? Si è ritenuto che le banche abbiano troppa discrezionalità nel calcolo dei *risk-weighted assets*. La discrezionalità nel calcolo dell'esposizione complessiva è invece molto minore. Questo non vuol dire che si stia scartando il sistema dei requisiti patrimoniali basato sui *risk-weighted assets*. Si vuole che le banche soddisfino entrambi i criteri:

1. i rapporti tra patrimonio e *risk-weighted assets* esposti in precedenza, in questo stesso capitolo;
2. il *leverage ratio*, ossia il rapporto tra patrimonio ed esposizione non ponderata per i rischi, che abbiamo ora spiegato.

È probabile che solo uno dei due criteri "morda", ossia venga rispettato con più difficoltà. Se il vincolo "critico" è quello rappresentato da uno dei rapporti in termini di *risk-weighted assets*, allora si può sostenere che il *leverage ratio* è utile perché offre alle autorità di vigilanza ulteriori informazioni. Invece, se il vincolo "critico" è quello rappresentato dal *leverage ratio* (come sembra essere, a volte, per le banche statunitensi), allora si può sostenere che il *leverage ratio* incoraggia le banche a detenere attività rischiose, perché le attività rischiose hanno un tasso di rendimento atteso più elevato di quello delle attività prive di rischio, a parità di effetti sul *leverage ratio*. Questa potrebbe essere una conseguenza non voluta delle nuove norme.

Rischio di Liquidità

Prima della crisi, le regole di Basilea miravano ad assicurare che le banche avessero mezzi propri sufficienti a far fronte ai rischi cui erano esposte. Si è poi visto che molti dei problemi incontrati dalle istituzioni finanziarie durante la crisi non erano la conseguenza della «scarsità» (*shortage*) di mezzi propri. Erano invece la conseguenza dei «rischi di liquidità» (*liquidity risks*) assunti dalle banche.

I rischi di liquidità derivano dal fatto che le banche tendono a finanziare gli impegni a lungo termine con provvista a breve, ad es. con «cambiali commerciali» (*commercial paper*). Se il mercato ritiene che la banca sia «finanziariamente solida» (*financially healthy*), il «disallineamento» (*mismatching*) delle scadenze non rappresenta di solito un problema.[8]

Esempio 26.6

Supponiamo che una banca utilizzi *commercial paper* a 90 giorni per finanziare i propri impieghi. Quando una certa emissione di *commercial paper* giunge a scadenza, la banca si rifinanzia collocando una nuova emissione; quando questa giunge a scadenza, la banca si rifinanzia collocando un'altra emissione; e così via. Ma, non appena la banca si trova in difficoltà finanziarie (o si ritiene che si trovi in difficoltà finanziarie), c'è il rischio che diventi impossibile «rinnovare» (*rollover*) la *commercial paper*. È questo il tipo di problema che ha determinato la «scomparsa» (*demise*) di Northern Rock nel Regno Unito e di Lehman Brothers negli Stati Uniti.

Per far sì che le banche possano sopravvivere nelle fasi di scarsa liquidità, Basilea III ha introdotto due nuovi requisiti, basati su altrettanti rapporti.

I rapporti sono:

1. l'«indice di copertura della liquidità» (*liquidity coverage ratio* - LCR);
2. l'«indice di provvista stabile netta» (*net stable funding ratio* - NSFR).

Il *liquidity coverage ratio* (LCR) misura la capacità della banca di far fronte ai «deflussi di cassa» (*liquidity disruptions*) nel breve termine (30 giorni). È così definito:

$$\frac{\text{Attività liquide di elevata qualità}}{\text{Deflussi di cassa netti nei successivi 30 giorni}}.$$

I 30 giorni considerati per il calcolo di questo rapporto si riferiscono a uno scenario di *stress*, caratterizzato da gravi tensioni per la liquidità.

Lo scenario di *stress* include:

1. il peggioramento del *rating* della banca in misura pari a 3 «tacche» (*notches*), ad es. da AA– a A–;
2. la perdita di una quota dei depositi al dettaglio;
3. la perdita di una quota della «provvista all'ingrosso non garantita» (*unsecured wholesale funding*);
4. l'aumento delle «decurtazioni» (*haircuts*) sulla «provvista garantita» (*secured funding*), con conseguente riduzione del valore delle garanzie;
5. «utilizzo» (*drawdown*) imprevisto delle linee di credito concesse dalla banca alla clientela.

Basilea III richiede che il *liquidity coverage ratio* (LCR) sia maggiore del 100%, in modo che le attività liquide della banca siano sufficienti ad assicurarne la sopravvivenza durante lo scenario di *stress*.

---

[8] Se la provvista a breve viene utilizzata per finanziare impieghi a tasso fisso di lunga durata e i tassi d'interesse aumentano, il «margine netto di interesse» (*net interest margin*) si comprime. Ma questo rischio può essere coperto con strumenti quali gli *interest rate swaps*, che consentono di trasformare il tasso d'interesse della provvista da variabile a fisso (si veda l'Esempio 5.18).

TAVOLA 26.4 Fattori ASF per il calcolo del *net stable funding ratio*.

Fattore	Categoria
100%	«Patrimonio di base» (*Tier 1 capital*) e «patrimonio supplementare» (*Tier 2 capital*) «Azioni privilegiate» (*preferred stock*) e «indebitamento» (*borrowing*) con vita residua superiore a 1 anno
90%	Depositi "stabili" [«a vista» (*demand deposits*) e «vincolati» (*term deposits*), con vita residua inferiore a 1 anno], forniti da «clientela al dettaglio» (*retail customers*) e «piccole imprese» (*small business*)
80%	Depositi "meno stabili" (a vista e vincolati, con vita residua inferiore a 1 anno), forniti da clientela al dettaglio e piccole imprese
50%	«Depositi all'ingrosso» (*wholesale deposits*) (a vista e vincolati, con vita residua inferiore a 1 anno), forniti da «società non finanziarie» (*nonfinancial corporates*), «soggetti sovrani» (*sovereigns*), «banche centrali» (*central banks*), «banche multilaterali di sviluppo» (*multilateral development banks*) ed «enti del settore pubblico» (*public sector entities*)
0%	Tutte le altre categorie del passivo di bilancio

TAVOLA 26.5 Fattori RSF per il calcolo del *net stable funding ratio*.

Fattore	Categoria
0%	Contante, strumenti a breve termine, titoli e prestiti con vita residua inferiore a 1 anno
5%	Titoli negoziabili con vita residua superiore a un anno che rappresentano «diritti» (*claims*) nei confronti di stati sovrani o soggetti simili con *risk weight* nullo
20%	Obbligazioni con *rating* pari a AA– o migliore e vita residua maggiore di un anno *Claims* nei confronti di stati sovrani o soggetti simili con *risk weight* pari al 20%
50%	Oro, azioni, obbligazioni con *rating* compreso tra A+ e A–
65%	«Mutui residenziali» (*residential mortgages*)
85%	Prestiti, con vita residua inferiore a 1 anno, concessi a «clientela al dettaglio» (*retail customers*) e «piccole imprese» (*small business*)
100%	Tutte le altre attività

Il *net stable funding ratio* (NSFR) misura la capacità della banca di far fronte alle esigenze di liquidità in un'ottica di più lungo periodo (1 anno). È così definito:

$$\frac{\text{Ammontare disponibile di provvista stabile}}{\text{Ammontare obbligatorio di provvista stabile}}.$$

Il numeratore va calcolato moltiplicando ogni categoria di provvista (mezzi propri, depositi all'ingrosso, depositi al dettaglio, ecc.) per uno specifico fattore di «provvista stabile disponibile» (*available stable funding* - ASF). Come si vede nella Tavola 26.4, il fattore ASF per i depositi all'ingrosso è inferiore a quello per i depositi al dettaglio, che – a sua volta – è inferiore a quello del *Tier 1* o del *Tier 2*.

Il denominatore va calcolato moltiplicando ogni voce, cui dovrebbero corrispondere fonti stabili di provvista, per uno specifico fattore di «provvista stabile obbligatoria» (*required stable funding* - RSF). Alcuni dei «fattori RSF» (*RSF factors*) sono riportati nella Tavola 26.5.

Basilea III richiede che il *net stable funding ratio* (NSFR) sia maggiore del 100%, ossia che la provvista stabile disponibile superi quella obbligatoria.

Esempio 26.7

Il bilancio di una banca è il seguente:

Contanti	5	Depositi al dettaglio (stabili)	40
Treasury bonds (> 1 anno)	5	Depositi all'ingrosso	48
Mutui	20	Tier 2 capital	4
Prestiti a piccole imprese	60	Tier 1 capital	8
Immobilizzazioni	10		
	100		100

L'ammontare disponibile di provvista stabile è pari a
$$\$40 \times 0{,}9 + \$48 \times 0{,}5 + \$4 \times 1{,}0 + \$8 \times 1{,}0 = \$72{,}00.$$
L'ammontare obbligatorio di provvista stabile è pari a
$$\$5 \times 0{,}00 + \$5 \times 0{,}05 + \$20 \times 0{,}65 + \$60 \times 0{,}85 + \$10 \times 1{,}00 = \$74{,}25.$$
Pertanto, il *net stable funding ratio* (NSFR) è pari al 97,0%:
$$\frac{\$72{,}00}{\$74{,}25} = 0{,}970.$$
La banca non soddisfa quindi il requisito in termini di NSFR.

Le nuove regole sono «severe» (*tough*) e possono modificare in modo drammatico la composizione dei bilanci bancari.

Esempio 26.8

Nel settembre 2014 si è stimato che, per soddisfare le nuove regole, le banche statunitensi dovevano incrementare le attività liquide in misura pari a $100 miliardi.

Rischio d'Insolvenza della Controparte

Per misurare il «rischio d'insolvenza della controparte» (*counterparty credit risk* - CCR), nella negoziazione di derivati, la banca calcola l'«aggiustamento del valore del credito» (*credit value adjustment* - CVA), ossia il valore attuale della «perdita attesa» (*expected loss*) per l'insolvenza della controparte. Il modo in cui si calcola il CVA è descritto nel Capitolo 18. Gli utili vengono ridotti in misura pari alla somma dei CVAs relativi a tutte le controparti.

Il CVA si modifica se cambiano:

1. le variabili che determinano il valore dei derivati negoziati con la controparte;
2. i *credit spreads* applicabili ai finanziamenti della controparte.

Basilea III richiede che il rischio di CVA legato ai *credit spreads* venga assimilato al rischio di mercato e sia coperto da capitale regolamentare. Una volta che il CVA è stato calcolato, è relativamente semplice misurarne il delta e il gamma rispetto a uno spostamento parallelo della *term structure* dei *credit spreads*. Le misure ottenute possono essere utilizzate per aggiungere i CVAs delle controparti alle altre posizioni che vengono considerate per il calcolo di VaR ed ES.

Nel 2015, il Comitato di Basilea ha proposto di modificare le modalità di calcolo del capitale regolamentare a fronte del rischio d'insolvenza della controparte.[9]

---

[9] Si veda BASEL COMMITTEE ON BANKING SUPERVISION, "Review of Credit Valuation Adjustment Risk Framework", October 2015.

TAVOLA 26.6 G-SIBs (novembre 2021).

Capitale Aggiuntivo	Banche
1,0%	Agricultural Bank of China, Bank of New York Mellon, Credit Suisse, Groupe BPCE, Groupe Crédit Agricole, ING Bank, Mizuho FG, Morgan Stanley, Royal Bank of Canada, Santander, Société Générale, Standard Chartered, State Street, Sumitomo Mitsui FG, Toronto Dominion, UBS, UniCredit, Wells Fargo
1,5%	Bank of America, Bank of China, Barclays, China Construction Bank, Deutsche Bank, Goldman Sachs, Industrial and Commercial Bank of China, Mitsubishi UFJ FG
2,0%	BNP Paribas, Citigroup, HSBC
2,5%	JP Morgan Chase

Uno dei principali obiettivi è quello di consentire alle banche di calcolare il capitale regolamentare tenendo conto delle coperture volte a mitigare l'impatto sul CVA delle variazioni dei *credit spreads* e delle altre variabili di mercato. Senza questa modifica, le coperture farebbero aumentare il capitale regolamentare.

G-SIBs, SIFIs e D-SIBs

Per evitare il ripetersi dei «salvataggi» (*bail outs*) che si sono avuti durante la Crisi Finanziaria Globale, le autorità di vigilanza si preoccupano, in particolare, dell'adeguatezza patrimoniale delle istituzioni finanziarie di grandi dimensioni, sistemicamente importanti.

Spesso si usano gli acronimi G-SIBs e SIFIs per fare riferimento alle «banche globali sistemicamente importanti» (*global systemically important banks* - G-SIBs) e alle «istituzioni finanziarie sistemicamente importanti» (*systemically important financial institutions* - SIFIs). In genere si ritiene che le SIFIs siano «troppo grandi per fallire» (*too big to fail*) e che siano quindi da salvare nell'eventualità che vadano incontro a difficoltà finanziarie.

L'importanza sistemica delle banche o, più in generale, delle istituzioni finanziarie dipende dagli effetti del loro fallimento sul sistema finanziario globale. A loro volta, questi effetti dipendono dalle attività presenti in bilancio e dalla natura dei contratti negoziati con le altre istituzioni finanziarie globali. Il Comitato di Basilea utilizza un sistema di «punteggi» (*scores*) per individuare le banche da includere nella categoria delle G-SIBs. Altri metodi, che fanno ricorso alla «teoria delle reti» (*network theory*), sono stati proposti da alcuni accademici.

Nel 2013, il Comitato di Basilea ha pubblicato la versione finale di un documento in cui si impone alle G-SIBs di aumentare il *Tier 1 equity capital*.[10] Le G-SIBs vengono classificate sulla base del capitale aggiuntivo in rapporto ai *risk-weighted assets*: 1%; 1,5%; 2%; 2,5% o 3,5%.

Il Financial Stability Board pubblica annualmente l'elenco delle G-SIBs. L'elenco pubblicato nel novembre 2021 contiene i nomi delle 30 banche riportate nella Tavola 26.6. Il numero delle banche presenti nelle classi 1%, 1,5%, 2%, 2,5%, 3,5% era pari, rispettivamente, a 18, 8, 3, 1 (J.P. Morgan Chase) e 0.

---

[10] Si veda BASEL COMMITTEE ON BANKING SUPERVISION, "Global Systemically Important Banks: Updated Assessment Methodology and the Higher Loss Absorbency Requirement", July 2013.

Le G-SIBs devono detenere mezzi patrimoniali in forma di *Tier 1 equity capital* (CET1) pari al 4,5% dei *risk-weighted assets* più il 2,5% a titolo di *capital conservation buffer*, più gli ulteriori importi a titolo di capitale aggiuntivo riportati nella Tavola 26.6, oltre a quelli eventualmente stabiliti dalle autorità di vigilanza nazionali. A questi importi si aggiunge l'1,5% a titolo di *additional Tier 1 capital* (AT1).

Nel novembre 2015, il Financial Stability Board ha avanzato alcune proposte sulle G-SIBs, in merito alla loro «capacità complessiva di assorbimento delle perdite» (*total loss-absorbing capacity* - TLAC). Le proposte, che sono state sviluppate d'intesa con il Comitato di Basilea in risposta a un'esplicita richiesta del G20 (vertice di San Pietroburgo, 5-6 settembre 2013), mirano a proteggere i depositanti nella eventualità che la G-SIB risulti insolvente.

Gli strumenti che definiscono la TLAC delle G-SIBs includono le azioni ordinarie, le azioni privilegiate e il debito subordinato.

Dal 1° gennaio 2022, le G-SIBs devono osservare i seguenti vincoli in termini di *risk-weighted assets* (RWA) e di *leverage exposure measure* (il denominatore del *leverage ratio*):

1. rapporto tra TLAC e RWA $\geq 18\%$;
2. rapporto tra TLAC e *leverage exposure measure* $\geq 6{,}75\%$.

Il mancato rispetto di questi vincoli potrebbe comportare il divieto di distribuire dividendi.

Alcuni Paesi intendono imporre requisiti patrimoniali ancora più stringenti di quelli previsti dal Comitato di Basilea e dal Financial Stability Board, oppure stanno attuando le nuove regole prima del previsto.

Esempio 26.9

Uno di questi Paesi è la Svizzera, dove hanno sede due G-SIBs: UBS e Credit Suisse. Queste banche sono così grandi in rapporto all'economia svizzera che il fallimento di una delle due avrebbe conseguenze disastrose per il Paese. Si comprendono quindi le ragioni che inducono l'autorità di vigilanza nazionale a imporre requisiti patrimoniali elevati.

A volte si usa l'acronimo D-SIBs per fare riferimento alle «banche nazionali sistemicamente importanti» (*domestic systemically important banks* - D-SIBs). Queste banche possono essere assoggettate a requisiti patrimoniali superiori al minimo, a obblighi informativi maggiori o a *stress tests* più severi (si veda il Capitolo 16).

26.3 CONTINGENT CONVERTIBLE BONDS

Un'interessante novità nella gamma degli strumenti utilizzati dalle banche per raccogliere mezzi propri è rappresentata dalle «obbligazioni convertibili condizionate» (*contingent convertible bonds* - CoCos). Le obbligazioni convertibili tradizionali sono titoli obbligazionari che i sottoscrittori possono trasformare in azioni, in certe date, sulla base di un «rapporto di conversione» (*exchange ratio*) prefissato. In genere, le obbligazioni vengono convertite in azioni quando la società va bene e il prezzo delle azioni è alto. I CoCos si differenziano dalla tipologia standard perché vengono automaticamente trasformati in azioni se si verificano certe condizioni. In genere, queste condizioni si determinano quando la società si trova in difficoltà finanziarie. Il tasso di rendimento dei CoCos è più elevato di quello delle corrispondenti obbligazioni ordinarie.

Riquadro 26.1 I CoCos di Credit Suisse.

Il 14 febbraio 2011, Credit Suisse ha annunciato di essersi accordata con due investitori medio-orientali, Qatar Holding LLC e Olayan Group LLC, per scambiare $6,2 miliardi di investimenti con CoCos. Questi titoli si trasformano automaticamente in azioni se si verifica una delle due seguenti condizioni:
1. il *Tier 1 equity capital* di Credit Suisse scende al di sotto del 7% dei *risk-weighted assets*;
2. le autorità di vigilanza svizzere dichiarano che la banca ha bisogno di fondi pubblici per evitare il fallimento.

Il 17 febbraio 2011, Credit Suisse ha emesso $2 miliardi di nuovi CoCos. Le caratteristiche di questi titoli sono simili a quelle dei CoCos detenuti dagli investitori medio-orientali. Hanno una cedola pari al 7,875%, scadono nel 2041 e possono essere rimborsati anticipatamente dopo l'agosto 2015. Hanno ricevuto il *rating* BBB+ da Fitch. Qualsiasi timore che i titoli non avrebbero ricevuto il gradimento del mercato è stato fugato: la domanda è risultata pari a 11 volte l'offerta.

Credit Suisse ha dichiarato che un terzo dei CoCos che intende collocare avrà le stesse caratteristiche di quelli appena descritti e che i restanti due terzi saranno rappresentati da titoli che si trasformeranno in azioni nel caso in cui il *Tier 1 equity capital* di Credit Suisse scendesse al di sotto del 5% dei *risk-weighted assets* (invece del 7%).

In condizioni di mercato normali, i CoCos rappresentano un'interessante opportunità per le banche perché, essendo assimilati agli strumenti di debito, consentono di registrare un ROE relativamente alto. In condizioni di mercato critiche, quando la banca si trova in difficoltà finanziarie e subisce perdite, i CoCos vengono trasformati in azioni, consentendo così alla banca di continuare a mantenere un patrimonio netto positivo ed evitare l'insolvenza. Dal punto di vista delle autorità di vigilanza, i CoCos possono risultare interessanti perché evitano che si debba organizzare un «salvataggio con risorse esterne» (*bail-out*). In effetti, la conversione dei CoCos viene a volte chiamata «salvataggio con risorse interne» (*bail-in*). I nuovi mezzi propri vengono forniti all'istituzione finanziaria dall'interno (dal settore privato) piuttosto che dall'esterno (dal settore pubblico).

Due sono le caratteristiche fondamentali dei CoCos:
1. la condizione che ne determina la conversione;
2. il rapporto di conversione (il numero di azioni che si ricevono per ogni obbligazione convertita).

Nei *contingent convertible bonds* emessi finora, la condizione per la conversione è stata fissata in termini del rapporto tra *Tier 1 equity capital* e *risk-weighted assets*. Una possibile alternativa è appresentata dal rapporto tra valore di mercato delle azioni e valore contabile delle attività.

Lloyd's Banking Group, Rabobank Nederlands e Credit Suisse sono stati tra i primi a emettere i CoCos. Nel Riquadro 26.1 vengono descritti le obbligazioni emesse da Credit Suisse nel 2011. Questi titoli si trasformano in azioni se il *Tier 1 equity capital* scende al di sotto del 7% dei *risk-weighted assets* o se le autorità di vigilanza svizzere dichiarano che la banca ha bisogno di fondi pubblici per evitare il fallimento. Si è stimato che, tra il 2010 e il 2020, sono stati emessi in Europa oltre $200 miliardi di CoCos. Se la condizione che ne determina la conversione è definita in termini del rapporto tra *Tier 1 equity capital* e *risk-weighted assets* ed è pari al 5,125% o più, i CoCos (prima della conversione) vengono classificati come *additional Tier 1 capital*. Altrimenti, come *Tier 2 capital*.

26.4 METODI STANDARDIZZATI E SA-CCR

Nel dicembre 2017, il Comitato di Basilea ha annunciato che, a partire dal 2022, chiederà l'implementazione di un metodo standardizzato per tutti i calcoli patrimoniali. I requisiti patrimoniali complessivi di una banca saranno pari al massimo tra:

1. quelli determinati sulla base di modelli interni approvati;
2. una certa percentuale di quelli determinati sulla base di metodi standardizzati.

La percentuale sarà pari al 50% nel 2023 e salirà al 72,5% nel 2028.

Il metodo standardizzato per calcolare – dal 2022 – i requisiti patrimoniali a fronte del rischio di mercato verrà spiegato nel Capitolo 27. I requisiti patrimoniali a fronte del rischio operativo saranno interamente basati sul metodo standardizzato (SMA) spiegato nel Capitolo 20. Per quanto riguarda i requisiti patrimoniali a fronte del rischio di credito, verranno utilizzati i *risk weights*, modificati, di Basilea II (Sezione 25.8).

Il *current exposure method* (CEM) di Basilea I per il calcolo dell'*exposure at default* (EAD) sulle posizioni in derivati è stato sostituito da quello che è ora noto come «metodo standardizzato per il rischio d'insolvenza della controparte» (*standardized approach for counterparty credit risk* | SA-CCR).

L'*exposure at default* è pari a

$$\text{EAD} = 1{,}4 \times (\text{RC} + \text{PFE})$$

dove RC è il «costo di sostituzione» (*replacement cost*) e PFE è la «presumibile esposizione futura» (*potential future exposure*).

Il *replacement cost* viene calcolato come

$$\text{RC} = \max(V, 0)$$

nel caso di contratti privi di garanzie accessorie e altrimenti come

$$\text{RC} = \max(V - C, D, 0)$$

dove C è il valore delle garanzie prestate dalla controparte al netto di quelle prestate dalla banca e D è la variazione di V che non obbliga la controparte a prestare ulteriori garanzie, per via della clausola sull'«importo minimo dei trasferimenti» (*minimum transfer amount*).

Esempio 26.10

Supponiamo che sia $V = C = \$50$ milioni. Supponiamo, inoltre, che V possa crescere fino a $\$51$ milioni senza che questo comporti l'obbligo per la controparte di prestare ulteriori garanzie. In tal caso, $D = \$1$ milione. Pertanto, RC $= \max(V - C, D, 0) = \max(\$50 - \$50, \$1, 0) = \$1$ milione.

Se le garanzie vengono prestate in forma di titoli, al loro valore, C, viene applicata una «decurtazione» (*haircut*).

Il calcolo della *potential future exposure* (PFE) è relativamente complesso. Si tratta di aggiungere una «maggiorazione» (*add-on*) all'esposizione corrente.

Due sono i fattori che vengono presi in considerazione:

1. quando la controparte ha prestato garanzie in eccesso, il rischio si riduce e la riduzione del rischio è tanto maggiore quanto maggiore è l'importo delle garanzie in eccesso;

2. quando la controparte non presta garanzie, l'esposizione creditizia si riduce via via che V diventa più negativo. L'importo dell'*add-on* dovrebbe essere tanto minore quanto più negativo è V.

26.5 DODD-FRANK ACT

Il Dodd-Frank Act è entrato in vigore, negli Stati Uniti, il 21 luglio 2010. Il suo obiettivo è quello di prevenire i futuri salvataggi di istituzioni finanziarie e di proteggere il consumatore. Ecco una sintesi delle principali norme:

1. sono stati creati due nuovi organi, il Financial Stability Oversight Council (FSOC) e l'Office of Financial Research (OFR), con l'obiettivo di tenere sotto controllo il rischio sistemico e di condurre ricerche sullo stato dell'economia. I loro compiti consistono nell'identificare i rischi per la stabilità finanziaria degli Stati Uniti, promuovere la disciplina di mercato e salvaguardare la fiducia degli investitori;
2. sono stati estesi i poteri della Federal Deposit Insurance Corporation (FDIC) in merito alle procedure per un'ordinata liquidazione delle istituzioni finanziarie. L'Office of Thrift Supervision è stato eliminato;
3. l'importo dei depositi assicurato dalla FDIC è stato elevato a $250.000;
4. sono state introdotte norme volte a imporre agli *hedge funds* di maggiore dimensione, e agli intermediari finanziari simili, l'obbligo di registrarsi presso la SEC e di fornire informazioni sulla propria operatività;
5. è stato creato il Federal Insurance Office, con l'obiettivo di tenere sotto controllo le compagnie d'assicurazione e di cooperare con gli organi di vigilanza a livello statale;
6. sono stati posti limiti alle «negoziazioni in proprio» (*proprietary trading*) e alle attività simili che possono essere effettuate dalle istituzioni che raccolgono depositi. Questa norma è nota come *Volcker rule* perché è stata proposta da Paul Volcker, ex *chairman* della Federal Reserve (la principale difficoltà nell'applicare questa norma è quella di riuscire a distinguere tra operazioni speculative e operazioni di copertura);
7. è stato imposto lo «scorporo» (*spin off*) di alcune linee operative ad alto rischio, con la creazione di società separate;
8. è stato imposto l'obbligo di negoziare i derivati OTC standardizzati sulle «piattaforme per l'esecuzione degli *swaps*» (*swap execution facilities* - SEFs). Queste piattaforme, che sono simili alle borse, hanno il compito di facilitare le negoziazioni OTC e di offrire più trasparenza sui prezzi. I derivati OTC standardizzati negoziati tra istituzioni finanziarie devono essere regolati attraverso le «controparti per la compensazione centralizzata delle posizioni» (*central counterparties* - CCPs), che sono state trattate nel Capitolo 6. Il compito di controllare l'attività delle CCPs e delle SEFs è stato affidato alla Commodity Futures Trading Commission (CFTC);
9. è stato chiesto alla Federal Reserve di stabilire gli *standards* per la gestione dei rischi assunti dalle «società di servizi per il mercato finanziario» (*financial market utilities* - FMUs) che effettuano la «compensazione» (*clearing*) e la «liquidazione» (*settlement*) delle transazioni tra istituzioni finanziarie;
10. sono state introdotte norme volte ad accrescere la protezione degli investitori e a migliorare la regolamentazione dei titoli;

11. è stato imposto alle agenzie di *rating* di rendere più trasparenti le ipotesi e le metodologie adottate per i *ratings* e sono state accresciute le loro responsabilità legali. All'interno della SEC, è stato creato l'Office of Credit Ratings, cui spetta il compito di controllare le agenzie di *rating*;
12. è stato «sospeso» (*discontinued*) l'utilizzo dei *ratings* esterni ai fini della regolamentazione delle istituzioni finanziarie (questa norma porta il Dodd-Frank Act in diretto conflitto con il Comitato di Basilea, che – come si è visto in questo capitolo e nel precedente – si avvale in alcuni casi dei *ratings* esterni);
13. all'interno della Federal Reserve, è stato creato il Consumer Financial Protection Bureau, cui spetta il compito di assicurare che i consumatori ricevano chiare e accurate informazioni sui prodotti finanziari (mutui, carte di credito, ecc.);
14. è stato imposto agli emittenti di «prodotti cartolarizzati» (*securitized products*) l'obbligo di tenere per sé il 5% dei prodotti creati, fatte alcune eccezioni;
15. è stato chiesto alle autorità di vigilanza, a livello federale, di regolamentare i piani di remunerazione delle banche, con l'obiettivo di disincentivare l'utilizzo di schemi che possano indurre a un'eccessiva assunzione di rischi (ad es. schemi basati sulla *performance* di breve periodo). Agli azionisti è stato chiesto di approvare o respingere i piani di remunerazione del *top management*, ma il loro voto non è «vincolante» (*binding*). È stato inoltre stabilito che i «comitati per la remunerazione» (*compensation committees*) debbano essere composti da direttori indipendenti;
16. è stato chiesto alle banche che le procedure istruttorie per l'erogazione dei mutui ipotecari siano basate su informazioni verificate e documentate, che consentano di giungere a una «determinazione ragionevole e in buona fede» (*reasonable and good faith determination*) della capacità dei mutuatari di rimborsare i prestiti. L'inosservanza di questa norma potrebbe precludere il «pignoramento» (*foreclosure*) dei beni del debitore insolvente;
17. è stato chiesto alle più importanti società finanziarie di avere nel «comitato rischi» (*risk committee*) almeno una persona con esperienza di *risk management* in «imprese complesse e di grandi dimensioni» (*large, complex firms*).
18. la FDIC è stata autorizzata ad «assumere il controllo» (*take over*) delle grandi istituzioni finanziarie fallite, vendere le loro attività, far ricadere le perdite su azionisti e creditori e far pagare gli oneri fallimentari all'industria finanziaria;
19. i due nuovi organi, FSOC e OFR, menzionati al punto 1, che hanno la responsabilità di tenere sotto controllo il rischio sistemico, devono identificare le «istituzioni finanziarie sistemicamente rilevanti» (*systemically important financial institutions* - SIFIs).
20. il Federal Reserve Board e la FDIC chiederanno alle SIFIs di preparare i cosiddetti «testamenti biologici» (*living wills*), con la descrizione di come possano essere «liquidate in sicurezza» (*safely wound up*) in caso di fallimento.

Il Dodd-Frank Act non ha definito le future funzioni di Fannie Mae e Freddie Mac. Nel settembre 2008, queste due agenzie sono passate sotto il diretto controllo del governo degli Stati Uniti.

Dopo il 2010, il Dodd-Frank Act è stato in qualche modo «ammorbidito» (*loosened*).

Esempio 26.11

Nel 2018, le banche "piccole" e "medie" sono state esentate da alcune norme. Nel 2020, è stato concesso alle banche di investire nei «fondi che investono in imprese ad alto rischio» (*venture capital funds*)

26.6 INNOVAZIONI LEGISLATIVE IN ALTRI PAESI

Le banche di grandi dimensioni sono davvero globali e, se le regole sono altrove meno severe, possono trovare vantaggioso spostare, in tutto o in parte, le loro operazioni da una giurisdizione all'altra. Anche se tutti le nazioni sono soggette a Basilea III, i requisiti patrimoniali aggiuntivi che le autorità di vigilanza nazionali possono imporre variano da nazione a nazione.

Esempio 26.12

Nel 2011, la banca svizzera UBS «ha fatto notizia» (*made headlines*) dichiarando che potrebbe spostare la «sede» (*headquarters*) della sua banca d'investimento da Zurigo a Londra, Singapore o New York, al fine di evitare i più elevati requisiti patrimoniali imposti dalle autorità di vigilanza svizzere (non lo ha poi fatto).

Nella Sezione 26.5 sono state indicate le norme introdotte negli Stati Uniti. Anche in altre nazioni sono state emanate norme volte a regolamentare le stesse questioni.

Esempio 26.13

Nel Regno Unito, è stato costituito un comitato indipendente –presieduto da John Vickers – perché esaminasse i temi più importanti per il sistema bancario ed è stato emanato – nel 2013 – il Financial Services (Banking Reform) Act. Nell'Unione Europea è stato costituito – nel 2011 – un comitato presieduto da Erkki Liikanen il cui rapporto è stato poi pubblicato nell'ottobre 2012.

Alcune delle norme e delle raccomandazioni emanate nel Regno Unito, nell'Unione Europea e in altri Paesi sono simili a quelle introdotte negli Stati Uniti.

Esempio 26.14

Negli Stati Uniti, il Dodd-Frank Act obbliga gli emittenti di prodotti cartolarizzati a tenere per sé il 5% dei prodotti creati (punto 14 dell'elenco presentato nella sezione precedente). Un provvedimento simile si trova anche nella «direttiva sui requisiti patrimoniali 2» (*capital requirement directive 2* - CRD2) dell'Unione Europea.[11]

Esempio 26.15

I legislatori nazionali sono in genere d'accordo che i derivati standard negoziati nei mercati OTC vadano liquidati attraverso una *clearinghouse* piuttosto che bilateralmente (punto 8 dell'elenco).

In altre occasioni, le norme sono simili a quelle adottate negli Stati Uniti, ma non esattamente uguali.

Esempio 26.16

Il Dodd-Frank Act prevede che i derivati standard vengano negoziati nelle *swap execution facilities* (punto 8 dell'elenco). L'Unione Europea ha introdotto piattaforme simili note col nome di *organized trading facilities* (OTFs).

---

[11] La Germania ha però aumentato la percentuale, facendola passare dal 5% al 10%.

Infine, in altri casi le norme adottate negli Stati Uniti non sono state introdotte in altre nazioni.

Esempio 26.17

Probabilmente, l'aspetto più controverso del Dodd-Frank Act è rappresentato dalla *Volcker rule* (punto 6 dell'elenco) che proibisce il *proprietary trading* delle banche e limita gli investimenti in *hedge funds* e in «società che investono in imprese non quotate» (*private equity companies*). Le motivazioni di questa norma sono ragionevoli: le banche non dovrebbero speculare con il denaro dei depositanti, dato che questi fondi sono assicurati dal FDIC. Tuttavia, si tratta di una norma difficile da far rispettare, non essendo agevole capire se – in una banca con molte posizioni – le nuove operazioni vengono effettuate per motivi speculativi o di copertura.[12] Ciononostante, diverse banche statunitensi hanno chiuso la loro operatività in questo settore e diversi *traders* sono passati a lavorare presso gli *hedge funds*.

Nel Regno Unito, il Comitato Vickers ha riconosciuto l'importanza di proteggere i fondi dei depositanti, ma non ha suggerito di vietare il *proprietary trading*. Ha invece proposto di «circoscrivere» (*ring fence*) le operazioni bancarie al dettaglio, separandole, entro il 2019, dalle attività bancarie più rischiose (*trading* e *investment banking*).

Nell'Unione Europea, il Comitato Liikanen ha chiesto, analogamente, che il *proprietary trading* e le altre linee operative rischiose vengano separati dalle attività bancarie tradizionali.

Naturalmente, la principale preoccupazione dei legislatori riguarda la garanzia implicita giustificata dal principio del «troppo grande per fallire» (*too big to fail*). Questa garanzia crea azzardo morale: incoraggia le banche di grandi dimensioni ad assumere rischi perché, se le cose vanno male, saranno comunque salvate. L'aumento dei requisiti patrimoniali previsto da Basilea III dovrebbe in parte ridurre l'azzardo morale. In molte nazioni con banche di grandi dimensioni si sta tentando di introdurre norme sui *living wills*.

Esempio 26.18

Per le SIFIs, i *living wills* sono importanti (punto 20 dell'elenco) e le autorità di vigilanza premono perché vengano sviluppati. Vogliono che le banche siano strutturate in modo che una parte (ad es. quella che si occupa della negoziazione titoli) possa fallire senza che ne risentano altre parti (ad es. quelle dedite all'assunzione di depositi). Le strutture organizzative delle SIFIs sono spesso complesse, per motivi fiscali e regolamentari. I *living wills* dovrebbero portare a una semplificazione organizzativa.

Se ritengono che le *living wills* non siano soddisfacenti, le autorità di vigilanza possono forzare le SIFIs a dismettere alcune linee operative o anche chiedere che le SIFIs vengano interamente «disgregate» (*broken up*).

La speranza è che i *living wills* evitino il ripetersi del panico e del contenzioso internazionale sorti all'indomani del fallimento di Lehman Brothers nel 2008. Le autorità di vigilanza sono convinte che il contenzioso pluriennale sul portafoglio derivati di Lehman poteva essere evitato se Lehman e i *master agreements* dell'ISDA fossero stati strutturati in modo da consentire di tenere in vita il portafoglio derivati all'indomani del fallimento, per poi procedere gradualmente alla risoluzione dei contratti.

Le politiche di remunerazione del personale sono importanti. Prima della crisi, il *bonus* annuale costituiva gran parte della remunerazione dei *traders* e di altri dipendenti. Rappresentava un incentivo a utilizzare un orizzonte di breve periodo nel proces-

---

[12] Si dice a Wall Street che le banche dovrebbero assumere psicologi o psichiatri per capire cosa c'è nella mente del *trader* quando effettua una nuova operazione!

so decisionale. Se, dopo il pagamento del *bonus*, si fossero registrate perdite, queste non avrebbero comportato la restituzione del *bonus* stesso. Molte banche hanno compreso il problema e hanno volontariamente adottato un sistema di remunerazione in cui il *bonus* viene erogato in un periodo che va dai 3 ai 5 anni, invece di essere corrisposto in un'unica soluzione.

Esempio 26.19
Supponiamo che un *trader* consegua buoni risultati in un anno e cattivi risultati in quello successivo. Una parte del *bonus* relativo all'anno buono viene differita per poi essere «recuperata» (*clawed back*) durante l'anno cattivo.

Le restrizioni del Dodd-Frank Act sui piani di remunerazione del settore finanziario sono relativamente «miti» (*mild*). Quando le istituzioni finanziarie hanno ricevuto fondi, durante la crisi, grazie al Troubled Asset Relief Program (TARP), gli importi corrisposti con le varie forme di remunerazione del personale sono stati ridotti. Ma, non appena i fondi sono stati restituiti, le banche hanno avuto molta più libertà nel definire i piani di remunerazione.[13] Anche in altre nazioni i compensi sono stati ridotti, a volte solo temporaneamente.

Esempio 26.20
Nel Regno Unito è stata introdotta, *una tantum*, una "supertassa" sui *bonus* superiori a £25.000. Nell'aprile 2019, l'Unione Europea ha emanato una «direttiva sui requisiti patrimoniali» (*capital requirements directive* - CRD V) che pone, tra l'altro, un tetto ai *bonus* dei banchieri: in genere, il rapporto tra *bonus* e «remunerazione fissa» (*fixed pay*) non può essere maggiore di 1. È comunque consentita una certa flessibilità, in quanto il rapporto può essere aumentato, fino a un livello massimo pari a 2, con l'approvazione degli azionisti.

SOMMARIO

In molte parti del mondo, la crisi finanziaria iniziata nel 2007 è stata la peggiore dopo quella del 1930. Alcune istituzioni finanziarie sono fallite. Altre sono state salvate con i soldi del contribuente. Non sorprende quindi che sia il Comitato di Basilea sia i governi nazionali abbiano deciso che fosse necessaria una profonda revisione della regolamentazione bancaria.

Con Basilea II.5 sono stati aumentati i requisiti patrimoniali a fronte del rischio di mercato. Si è compreso che i mezzi propri devono riflettere non solo le volatilità e le correlazioni osservate in condizioni di mercato normali, ma anche quelle che si osservano in condizioni di mercato critiche. Sono stati eliminati alcuni dei modi con cui le banche potevano ridurre il capitale regolamentare, spostando poste di bilancio dal *banking book* al *trading book*, ed è stato introdotto un nuovo requisito patrimoniale a fronte dei derivati che dipendono dalla correlazione creditizia, il cui trattamento è risultato particolarmente problematico durante la crisi.

Basilea III ha innalzato in modo drammatico il capitale proprio che le banche devono detenere e ha imposto alle istituzioni finanziarie nuovi obblighi per tenere sotto controllo il rischio di liquidità, che ha causato seri problemi durante la crisi.

---

[13] In realtà, è stato proprio questo uno dei principali incentivi per accelerare il rimborso dei fondi ottenuti grazie al TARP.

Sono state anche emanate leggi per una nuova regolamentazione delle istituzioni finanziarie. Negli Stati Uniti, il Dodd-Frank Act ha introdotto molte modifiche normative volte a proteggere consumatori e investitori, evitare futuri salvataggi e tenere più attentamente sotto controllo il funzionamento del sistema finanziario. Norme simili, ma non identiche, sono state emanate in altre nazioni.

Un problema che le autorità di vigilanza devono affrontare è quello delle «conseguenze non volute» (*unintended consequences*). Tra le conseguenze non volute di Basilea I c'è stata quella di disincentivare i prestiti alle società di elevata qualità creditizia, dato l'elevato *risk weight* (100%) che li caratterizzava. L'Emendamento del 1996 e lo sviluppo del mercato dei derivati creditizi hanno indotto le banche a trovare modi per spostare i rischi di credito dal *banking book* al *trading book*, al fine di ridurre i requisiti patrimoniali. Senza dubbio anche Basilea III e le nuove leggi introdotte in tutto il mondo provocheranno conseguenze non volute. C'è da sperare che i benefici connessi con le nuove misure riescano a superare i costi per il sistema finanziario determinati dalle conseguenze non volute.

SUGGERIMENTI PER ULTERIORI LETTURE

ACHARYA, V. V., COOLEY, T. F., RICHARDSON, M. P., e WALTER, I., *Regulating Wall Street: The Dodd-Frank Act and the New Architecture of Global Finance*. Hoboken, NJ: John Wiley & Sons, 2011.

BASEL COMMITTEE ON BANKING SUPERVISION, "Guidelines for Computing Capital for Incremental Risk in the Trading Book", July 2009.

BASEL COMMITTEE ON BANKING SUPERVISION, "Basel III: International Framework for Liquidity Risk Measurement Standards and Monitoring", December 2010.

BASEL COMMITTEE ON BANKING SUPERVISION, "Revisions to the Basel II Market Risk Framework", February 2011.

BASEL COMMITTEE ON BANKING SUPERVISION, "Basel III: A Global Regulatory Framework for More Resilient Banks and Banking Systems", June 2011.

BASEL COMMITTEE ON BANKING SUPERVISION, "Basel III: Finalizing Post-Crisis Reforms", December 2017.

FINGER, C. C., "CreditMetrics and Constant Level of Risk", MSCI, 2010.

DOMANDE E PROBLEMI
(le risposte si trovano alla fine del libro)

26.1. Quali sono le 3 principali componenti di Basilea II.5?

26.2. Quali sono le 6 principali componenti di Basilea III?

26.3. Qual è la principale differenza tra il VaR ordinario, così come viene tradizionalmente calcolato, e il VaR stressato?

26.4. (a) Spiegate come si calcola l'*incremental risk charge*.

(b) Perché è stato introdotto dal Comitato di Basilea?

26.5. Se si utilizza il metodo standardizzato, qual è la differenza tra il capitale assorbito da un ABS con *rating* AAA e quello assorbito da una ABS CDO con *rating* AAA?

26.6. Di quanto è aumentato il *Tier 1 equity capital* (incluso il *capital conservation buffer*) sotto Basilea III, rispetto al *Tier 1 equity capital* sotto Basilea I e II?

Domande e Problemi **595**

26.7. Supponiamo che il *Tier 1 equity capital* di una banca sia pari al 6% dei *risk-weighted assets*. Qual è la massima quota degli utili che può essere distribuita a titolo di dividendo se **(a)** non c'è alcun *countercyclical buffer* e **(b)** c'è un *countercyclical buffer* pari al 2,5%?

26.8. Spiegate perché il *leverage ratio* differisce dai consueti indici patrimoniali calcolati dalle autorità di vigilanza.

26.9. Definite il *liquidity coverage ratio* (LCR) e il *net stable funding ratio* (NSFR).

26.10. Come cambierebbe il *net stable funding ratio* (NSFR) dell'Esempio 26.7 se la metà dei depositi all'ingrosso venisse sostituita da depositi al dettaglio stabili?

26.11. **(a)** Cos'è il CVA?
(b) Quali novità riguardanti il CVA sono state introdotte da Basilea III?

26.12. **(a)** Spiegate il funzionamento dei CoCos. Perché possono essere interessanti **(b)** per le banche e **(c)** per le autorità di vigilanza?

Capitolo 27
Revisione Fondamentale del Trading Book

Nel maggio 2012, il Comitato di Basilea ha pubblicato un documento di consultazione in cui ha proposto importanti modifiche al modo in cui vengono calcolati i requisiti patrimoniali per il «portafoglio di negoziazione» (*trading book*). Il titolo del documento è «Revisione fondamentale del portafoglio di negoziazione» (*Fundamental review of the trading book* - FRTB).[1] Il Comitato di Basilea ha poi seguito la sua normale procedura consistente nel chiedere commenti alle banche, rivedere le proposte ed effettuare «studi sull'impatto quantitativo» (*quantitative impact studies* - QISs) delle modifiche regolamentari.[2] La versione finale della nuova normativa è stata pubblicata nel gennaio 2019.[3] Le nuove regole dovevano essere attuate nel gennaio 2023, ma la loro applicazione è stata rinviata di uno o due anni.

La FRTB comporterà l'applicazione di un metodo molto più complesso per la determinazione dei requisiti patrimoniali a fronte del rischio di mercato. Questo capitolo si propone di descriverne le principali caratteristiche.

27.1 GENERALITÀ

In Basilea I, i requisiti patrimoniali a fronte del rischio di mercato si basavano sul VaR decadale con un livello di confidenza del 99%. Il VaR era quello "corrente", nel senso che i calcoli si basavano sull'evoluzione delle variabili di mercato in un arco di tempo immediatamente precedente (in genere, da 1 a 4 anni).

Basilea II.5 ha chiesto alle banche di calcolare, oltre al VaR corrente, anche il VaR "stressato" che, come si è visto nelle Sezioni 12.1 e 26.1, si basa su un periodo di 250 giorni caratterizzato da condizioni di mercato critiche.

Per determinare il periodo di osservazione, le banche devono tornare indietro nel tempo alla ricerca di un periodo di 250 giorni molto problematico per il loro portafoglio corrente.

---

[1] Si veda BASEL COMMITTEE ON BANKING SUPERVISION, "Consultative Document: Fundamental Review of the Trading Book", May 2012.

[2] I QISs sono calcoli effettuati dalle banche per stimare l'impatto delle modifiche regolamentari sui requisiti patrimoniali.

[3] Si veda BASEL COMMITTEE ON BANKING SUPERVISION, "Minimum Capital Requirements for Market Risk", January 2019.

La FRTB ha modificato la misura di rischio da utilizzare per la determinazione dei requisiti patrimoniali a fronte del rischio di mercato: l'ES stressata al 97,5%, invece del VaR corrente al 99%.

Se i tassi di variazione delle variabili di mercato si distribuiscono in modo normale, l'ES al 97,5% e il VaR al 99% sono quasi esattamente equivalenti. Non è così se le code delle distribuzioni effettive sono più spesse di quelle della distribuzione normale.

Esempio 27.1

Supponiamo che le perdite si distribuiscano in modo normale con media μ e deviazione standard σ. Il VaR al 99% è pari a $\mu + 2{,}326 \times \sigma$ mentre l'ES al 97,5% è pari a $\mu + 2{,}338 \times \sigma$ (si veda il Problema 27.2).[4] Se la coda destra della distribuzione effettiva è più spessa di quella della distribuzione normale, l'ES al 97,5% può essere notevolmente maggiore del VaR al 99%.

La FRTB ha cambiato l'orizzonte temporale decadale utilizzato in Basilea I e Basilea II.5. L'orizzonte temporale viene ora determinato in funzione della liquidità delle variabili di mercato. La FRTB considera i cambiamenti (chiamati *shocks*) osservati (in condizioni di mercato critiche) durante periodi di tempo la cui lunghezza dipende dalla liquidità delle variabili di mercato. Le variabili di mercato sono chiamate «fattori di rischio» (*risk factors*).

I periodi di tempo considerati sono chiamati «orizzonti di liquidità» (*liquidity horizons*). Ne sono stati definiti 5 pari, rispettivamente, a 10, 20, 40, 60 e 120 giorni. Gli orizzonti di liquidità stimano il tempo necessario per chiudere o coprire una posizione, in condizioni di mercato critiche, senza influenzare le quotazioni. La Tavola 27.1 riporta gli orizzonti di liquidità fissati per ciascuna variabile di mercato.

La FRTB prevede due metodi per il calcolo dei requisiti patrimoniali a fronte del rischio di mercato: il metodo standardizzato e il metodo dei modelli interni. Anche se sono state autorizzate ad avvalersi dei modelli interni, le banche sono comunque tenute a calcolare i requisiti patrimoniali anche con il metodo standardizzato. Questa regola è coerente con l'intenzione del Comitato di Basilea di utilizzare il metodo standardizzato per fissare i requisiti patrimoniali minimi.

Come si è visto nella Sezione 26.4, nel dicembre 2017 il Comitato di Basilea ha annunciato che intende passare a un sistema in cui i requisiti patrimoniali siano almeno pari al 72,5% di quelli calcolati in base al metodo standardizzato. Questo obiettivo verrà raggiunto entro il 2028, con un «periodo di transizione» (*phase-in period*) quinquennale.

Queste modifiche rappresentano la fase finale di un *trend* imposto dal Comitato di Basilea in seguito alla Crisi Finanziaria Globale, con il fine di dare meno peso ai modelli interni e di accrescere quello dei metodi standardizzati.

---

[4] In base all'Equazione (11.2), l'ES per una distribuzione normale con media μ e deviazione standard σ è pari a

$$ES = \mu + \sigma \frac{e^{-Y^2/2}}{(1-X)\sqrt{2\pi}}$$

dove X è il livello di confidenza e Y è il quantile della distribuzione normale che lascia alla sua destra un'area pari a $1 - X$. In alternativa, si può scrivere

$$ES = \mu + \sigma^2 \frac{f(\text{VaR})}{1-X}$$

dove $f(\cdot)$ è la funzione di densità delle perdite.

Sez. 27.1   Generalità   **599**

TAVOLA 27.1 Orizzonti di liquidità.

Variabile di Mercato	Orizzonte (giorni)
Tasso d'interesse (in funzione della valuta)	10-60
Tasso d'interesse: volatilità	60
Credit spread: enti sovrani, investment grade	20
Credit spread: enti sovrani, non-investment grade	40
Credit spread: società, investment grade	40
Credit spread: società, non-investment grade	60
Credit spread: altre tipologie	120
Credit spread: volatilità	120
Azione: prezzo, large cap	10
Azione: prezzo, small cap	20
Azione: volatilità, large cap	20
Azione: volatilità, small cap	60
Azione: altre tipologie	60
Tasso di cambio (in funzione delle valute)	10-40
Tasso di cambio: volatilità	40
Merce: prezzo, prodotto energetico	20
Merce: prezzo, metallo prezioso	20
Merce: prezzo, altri prodotti	60
Merce: volatilità, prodotto energetico	60
Merce: volatilità, metallo prezioso	60
Merce: volatilità, altri prodotti	120
Merce: altre tipologie	120

Una delle differenze tra la FRTB e le precedenti norme sul rischio di mercato è che, per la maggior parte, i calcoli riguardano le «postazioni operative» (*trading desks*). Inoltre, le autorizzazioni all'utilizzo dei modelli interni vengono concesse «postazione per postazione» (*desk by desk*).

Esempio 27.2
È possibile che l'autorizzazione all'utilizzo di un modello interno sia concessa al *trading desk* che opera sui cambi ma non al *trading desk* che si occupa di azioni.

In precedenti capitoli abbiamo visto che i metodi per calcolare i requisiti patrimoniali per il *banking book* e il *trading book* sono molto diversi tra loro. Questa diversità metodologica può dar luogo ad arbitraggi regolamentari: le banche possono cercano di allocare i contratti al *banking book* o al *trading book* in modo da minimizzare il capitale regolamentare.

L'*incremental risk charge* (IRC) è stato introdotto da Basilea II.5 proprio per bloccare questi arbitraggi regolamentari (si veda la Sezione 26.1). La FRTB tenta ora di rendere più chiara e meno arbitraria la distinzione tra *trading book* e *banking book*.

27.2 METODO STANDARDIZZATO

In base al metodo standardizzato, il capitale regolamentare è la somma di tre requisiti patrimoniali:

1. il «requisito basato sulle sensitività» (*sensitivities-based risk charge*);
2. il «requisito per il rischio d'insolvenza» (*default risk charge*);
3. il «requisito aggiuntivo per il rischio residuo» (*residual risk add-on*).

Sensitivities-Based Risk Charge

Sono state definite 7 classi di rischio:

1. tassi d'interesse;
2. valute;
3. merci;
4. azioni;
5. *credit spreads*: titoli non derivanti da cartolarizzazioni;
6. *credit spreads*: cartolarizzazioni «uninominali» (*single name*);
7. *credit spreads*: cartolarizzazioni «plurinominali» (*multiple name*).

Per ogni classe di rischio vengono calcolati i requisiti patrimoniali dovuti al delta, al vega e al gamma del portafoglio.

Delta

Il requisito patrimoniale dovuto al delta del portafoglio va calcolato in base al metodo descritto nella Sezione 13.5 [Equazione (13.5)]

$$\text{Delta Risk Charge} = \sqrt{\sum_{i=1}^{n}\sum_{j=1}^{n}\delta_i\delta_j u_i u_j \rho_{ij}} \qquad (27.1)$$

dove δ_i è l'i-esima «sensitività ponderata» (*weighted sensitivity*), u_i è l'i-esimo «coefficiente di rischio» (*risk weight*) e ρ_{ij} è il coefficiente di correlazione tra l'i-esimo e il j-esimo fattore di rischio all'interno della specifica classe di rischio. I *risk weights* e i coefficienti di correlazione vengono fissati dal Comitato di Basilea.[5] Le *weighted sensitivities* (ossia i delta) vengono stimate dalle banche.

Come si è visto nel Capitolo 13, se i fattori di rischio sono rappresentati dai prezzi delle azioni, dai prezzi delle merci o dai tassi di cambio, i delta misurano le sensitività del portafoglio rispetto ai tassi di variazione di queste variabili. Invece, se i fattori di rischio sono rappresentati dai tassi d'interesse, dai *credit spreads* o dalle volatilità, i delta misurano le sensitività del portafoglio rispetto alle variazioni di queste variabili.

Esempio 27.3

Se l'aumento dell'1% del prezzo di una merce fa aumentare il valore del portafoglio di $3.000, il delta è pari a $300.000 (= $3.000/0,01).

---

[5] Il *delta risk charge* è pari al maggiore dei risultati ottenuti moltiplicando le correlazioni fissate dal Comitato di Basilea per 1,25; 1,00 e 0,75.

Sez. 27.2 Metodo Standardizzato

Esempio 27.4

Se l'aumento di 1 p.b. di un certo tasso d'interesse fa diminuire il valore del portafoglio di $200, il delta è pari a −$2.000.000 (= −$200/0,0001).

Vediamo ora in che modo le autorità di vigilanza potrebbero aver determinato i *risk weights*. Supponiamo che i fattori di rischio siano rappresentati dai prezzi delle azioni, dai prezzi delle merci o dai tassi di cambio e che quindi i delta misurino le sensitività del portafoglio rispetto ai tassi di variazione di queste variabili. Se l'*i*-esimo *risk weight*, u_i, fosse pari alla volatilità giornaliera dell'*i*-esimo fattore di rischio, il *delta risk charge* dell'Equazione (27.1) sarebbe uguale alla deviazione standard delle variazioni giornaliere del valore del portafoglio, coerentemente con l'approccio di Markowitz discusso nel Capitolo 1. Se l'*i*-esimo *risk weight*, u_i, fosse pari alla volatilità giornaliera dell'*i*-esimo fattore di rischio in condizioni di mercato critiche (volatilità giornaliera stressata), il *delta risk charge* dell'Equazione (27.1) sarebbe uguale alla deviazione standard delle variazioni giornaliere del valore del portafoglio in condizioni di mercato critiche. In realtà, i *risk weights* vengono determinati in modo che il *delta risk charge* dell'Equazione (27.1) sia un multiplo della volatilità giornaliera stressata. Il fattore moltiplicativo varia in funzione sia dell'orizzonte di liquidità sia del livello di confidenza definiti dalle autorità di vigilanza.

Esempio 27.5

Supponiamo che la volatilità giornaliera stressata sia pari al 2% e che l'orizzonte di liquidità del fattore di rischio sia pari a 20 giorni. Il *risk weight* potrebbe essere pari a 0,2091:

$$0{,}02 \times \sqrt{20} \times 2{,}338 = 0{,}2091.$$

Il moltiplicatore 2,338 è stato fissato in modo che l'ES sia pari al 97,5% se la distribuzione dei tassi di variazione del fattore di rischio è normale (si veda l'Esempio 27.1).

Supponiamo ora che i fattori di rischio siano rappresentati dai tassi d'interesse, dai *credit spreads* o dalle volatilità, e che quindi i delta misurino le sensitività del portafoglio rispetto alle variazioni (in punti base) di queste variabili. L'*i*-esimo *risk weight*, u_i, è pari a un multiplo della volatilità giornaliera stressata. Se il multiplo fosse pari a 1, il *delta risk charge* sarebbe pari alla deviazione standard giornaliera del valore del portafoglio. In realtà, il multiplo viene fissato in modo da riflettere l'orizzonte di liquidità e il livello di confidenza (come nell'Esempio 27.5).

Vega

Il rischio vega viene gestito in modo analogo al rischio delta.[6] Il *vega risk charge* viene calcolato, per ogni classe di rischio, utilizzando la stessa Equazione (27.1) del *delta risk charge*. In questo caso, i fattori di rischio sono rappresentati dalle volatilità relative a una certa classe di rischio. Il parametro δ_i è il vega del portafoglio rispetto all'*i*-esimo fattore di rischio, ossia la sensitività del valore del portafoglio rispetto a una variazione infinitesimale dell'*i*-esima volatilità.[7] Il parametro u_i è il *risk weight* dell'*i*-esima volatilità, mentre il parametro ρ_{ij} è il coefficiente di correlazione tra le

---

[6] Come si è visto nel Capitolo 13, spesso gran parte del valore di un derivato dipende in modo lineare dalla volatilità, in prima approssimazione.

[7] Le banche possono decidere se utilizzare le variazioni o i tassi di variazione delle volatilità.

variazioni dell'i-esima e della j-esima volatilità. I *vega risk weights* vengono fissati in modo analogo ai *delta risk weights*, in modo da riflettere la volatilità delle volatilità, l'orizzonte di liquidità e il livello di confidenza.

Supponiamo che la diversificazione non apporti benefici. In altri termini, supponiamo che i fattori di rischio di una certa classe siano perfettamente correlati con i fattori di rischio delle altre classi e che, all'interno di una certa classe, i rischi delta siano perfettamente correlati con i rischi vega. In tal caso, dato che la deviazione standard di una somma è pari alla somma delle deviazioni standard, possiamo sommare tra loro i *delta risk charges* e i *vega risk charges* relativi alle 7 classi di rischio.

Term Structure

Nel caso di certi fattori di rischio, quali i tassi d'interesse, i *credit spreads* e le volatilità, è prassi comune osservarne la «struttura per scadenza» (*term structure*) in corrispondenza di alcuni punti.

Esempio 27.6

La *term structure* dei tassi d'interesse viene in genere osservata in corrispondenza di 10 punti: 3 mesi, 6 mesi, 1 anno, 2 anni, 3 anni, 5 anni, 10 anni, 15 anni, 20 anni, 30 anni.

Come si è visto nel Capitolo 13, ogni punto della *term structure* rappresenta un fattore di rischio. Il delta di un portafoglio rispetto all'aumento di 1 punto base di uno degli *zero rates* viene calcolato aumentando lo *zero rate* di 1 punto base e lasciando inalterati tutti gli altri.

I *risk weights* relativi a ogni punto e i coefficienti di correlazione tra i punti della stessa *term structure* vengono definiti dal Comitato di Basilea. Per definire le correlazioni tra i punti di due *term structures* si suppone, per semplicità, che il coefficiente di correlazione tra il punto A sulla *term structure* 1 e il punto B sulla *term structure* 2 sia lo stesso quali che siano i punti A e B. Questa era una delle possibilità esaminate nel Capitolo 14 [Equazione (14.2)].

Gamma

Il *curvature risk charge* è il requisito patrimoniale per l'esposizione al rischio gamma. Consideriamo l'esposizione del portafoglio all'i-esimo fattore di rischio. Le banche devono verificare qual è l'effetto sul valore del portafoglio quando l'i-esimo fattore di rischio viene aumentato o ridotto in misura pari all'i-esimo *risk weight*, u_i. Se il valore del portafoglio dipende in modo lineare dal fattore di rischio, l'impatto dell'aumento è pari a $\delta_i\, u_i$ e l'impatto della riduzione è pari a $-\delta_i\, u_i$. Per calcolare l'impatto del gamma al netto dell'effetto delta, si calcolano due valori:

1. $\delta_i\, u_i$ meno l'impatto dell'aumento dell'i-esimo fattore di rischio in misura pari a u_i;
2. $-\delta_i\, u_i$ meno l'impatto della riduzione dell'i-esimo fattore di rischio in misura pari a u_i.

Il *curvature risk charge* è il maggiore tra questi due valori. Se l'impatto del gamma al netto del delta è negativo, il *curvature risk charge* viene posto uguale a 0. Il metodo di calcolo è illustrato nella Figura 27.1.

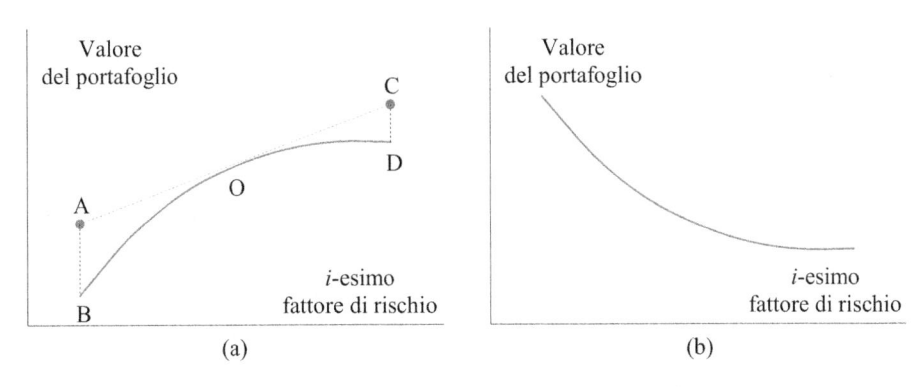

Figura 27.1 *Curvature risk charge*: metodo di calcolo.

Nella Figura 27.1a il *curvature risk charge* è pari ad AB, mentre nella Figura 27.1b è pari a 0. Nella Figura 27.1a, il valore corrente del portafoglio è rappresentato dal punto O. Se il gamma del portafoglio fosse nullo, ossia se il valore del portafoglio dipendesse in modo lineare dall'*i*-esimo fattore di rischio, la riduzione o l'aumento del fattore di rischio in misura pari a u_i porterebbero il valore del portafoglio, rispettivamente, al punto A o al punto C. In realtà, a causa della curvatura, il portafoglio avrebbe un valore pari, rispettivamente, a B e a D. Dato che AB > CD, il *curvature risk charge* è pari ad AB. Nella Figura 27.1b, il *curvature risk charge* è pari a 0 perché, in effetti, la convessità della relazione tra il valore del portafoglio e il fattore di rischio fa sì che la riduzione o l'aumento del fattore di rischio comportino un valore del portafoglio maggiore di quello che si sarebbe registrato nel caso di una relazione lineare (la Figura 27.1a e la Figura 27.1b corrispondono al caso di posizioni corte o lunghe su opzioni, rispettivamente).

Quando il portafoglio dipende da più fattori di rischio, ognuno viene trattato nello stesso modo della Figura 27.1. Se i fattori di rischio sono rappresentati da tassi d'interesse, *credit spreads* o volatilità, tutti i punti della loro *term structure* vengono aumentati o ridotti nella stessa misura per stimare l'effetto della curvatura. L'entità dello spostamento è pari al *risk weight* più elevato. Nel caso della *term structure* dei tassi d'interesse, il *risk weight* più elevato è spesso quello relativo al tasso a 3 mesi. Pertanto, è il tasso a 3 mesi che determina lo spostamento parallelo della *term structure*, verso l'alto o verso il basso. L'effetto delta viene rimosso per ogni punto della *term structure* in base al suo specifico δ_i.

I *curvature risk charges* relativi ai vari fattori di rischio vengono combinati tra loro per determinare il *curvature risk charge* complessivo. Nei casi in cui si tiene conto dei benefici della diversificazione, le formule utilizzate per l'aggregazione dei *curvature risk charges* sono simili a quelle utilizzate per il *delta risk charge* e le correlazioni sono quelle specificate dal Comitato di Basilea.

Default Risk Charge

La FRTB prevede che i rischi associati con le variazioni del *credit spread* di una controparte siano gestiti separatamente dai rischi associati con la sua insolvenza. Quando si usa il metodo standardizzato, i rischi determinati dai *credit spreads* danno luogo al «requisito basato sulle sensitività» (*sensitivities-based risk charge*) che abbiamo appena descritto. I rischi d'insolvenza, chiamati a volte rischi di «salti verso l'insolvenza» (*jump to default* - JTD), vengono gestiti separatamente e danno luogo al «requisito per il rischio d'insolvenza» (*default risk charge*).

Il *default risk charge* va calcolato moltiplicando le esposizioni per la «perdita in caso d'insolvenza» (*loss given default* - LGD) e il «coefficiente per il rischio d'insolvenza» (*default risk weight*). Esistono regole specifiche per le «esposizioni che si compensano tra loro» (*offsetting exposures*). Sia la *loss given default* sia il *default risk weight* sono stati definiti dal Comitato di Basilea.

Esempio 27.7

Nel caso del «debito con priorità di rimborso in caso di riparto» (*senior debt*) verso controparti con rating *A*, la *loss given default* è pari al 75% e il *default risk weight* è pari al 3%. Nel caso delle posizioni su azioni, la *loss given default* è pari al 100%.

Residual Risk Add-On

Il «requisito aggiuntivo per il rischio residuo» (*residual risk add-on*) copre i rischi non coperti dal «requisito basato sulle sensitività» (*sensitivities-based risk charge*). Tra questi figurano i rischi connessi con le opzioni esotiche, nei casi in cui il loro valore non può essere approssimato con una combinazione lineare di «opzioni standard» (*plain vanilla options*). Il *residual risk add-on* viene calcolato moltiplicando il valore nozionale del contratto con un *risk weight* fissato dal Comitato di Basilea.

Esempio 27.8

Nel caso delle opzioni esotiche, il *risk weight* è pari all'1%.

Metodo Semplificato

Il metodo standardizzato che abbiamo descritto in questa sezione è quello definito dal Comitato di Basilea per le banche di maggiore dimensione. Nel giugno 2017, il Comitato di Basilea ha pubblicato un documento di consultazione in cui delinea un metodo semplificato per le banche di minore dimensione.[8] Questo metodo è stato incluso nel documento finale del gennaio 2019. La FRTB dovrebbe così risultare più attraente per le giurisdizioni, come quella statunitense, che hanno molte piccole banche che negoziano solo contratti relativamente semplici.

Esempio 27.9

Le semplificazioni sono numerose. Tra queste figura il fatto che non occorre considerare i rischi vega e gamma.

27.3 METODO DEI MODELLI INTERNI

Il metodo dei modelli interni richiede che venga stimata l'ES al 97,5%. La FRTB non prescrive regole specifiche per il calcolo dell'ES. È probabile che in genere venga utilizzato il metodo delle simulazioni storiche descritto nel Capitolo 12. Gli orizzonti di liquidità assegnati alle variabili di mercato sono quelli indicati nella Tavola 27.1.

---

[8] Si veda BASEL COMMITTEE ON BANKING SUPERVISION, "Simplified Alternative to the Standardized Approach to Market Risk Capital Requirements", June 2017.

Sez. 27.3   *Metodo dei Modelli Interni*   **605**

Sulla base degli orizzonti di liquidità, le variabili di mercato sono state classificate in 5 categorie:

Categoria (j)	Orizzonte di liquidità in giorni (LH_j)
1	10
2	20
3	40
4	60
5	120

Come vedremo, quando si usa il metodo delle simulazioni storiche, tutti calcoli devono essere effettuati sulla base dei tassi di variazione (o delle variazioni) decadali delle variabili di mercato. In Basilea I e Basilea II.5, le banche possono utilizzare il moltiplicatore $\sqrt{10}$ per passare dalle stime giornaliere alle stime decadali. Nella FRTB, le banche devono stimare l'ES considerando i tassi di variazione (o le variazioni) delle variabili di mercato osservati in condizioni di mercato critiche su intervalli di tempo decadali «sovrapposti tra loro» (*overlapping*).

È chiaro che gli econometrici preferirebbero che i dati fossero rilevati in intervalli di tempo non sovrapposti, in modo da avere osservazioni indipendenti tra loro, ma dovrebbero disporre di serie storiche molto lunghe. Pertanto, nella FRTB le banche devono basare le proprie stime su dati decadali sovrapposti tra loro.

Esempio 27.10
Nella 1ª simulazione si suppone che i tassi di variazione delle variabili di mercato nei prossimi 10 giorni siano uguali a quelli osservati tra il giorno 0 e il giorno 10 del periodo stressato; nella 2ª simulazione si suppone che i tassi di variazione delle variabili di mercato nei prossimi 10 giorni siano uguali a quelli osservati tra il giorno 1 e il giorno 11 del periodo stressato; e così via.

L'ES aggiustata per la liquidità viene calcolata in base alla seguente formula:

$$ES = \sqrt{ES_1^2 + \sum_{j=2}^{5}\left(ES_j\sqrt{\frac{LH_j - LH_{j-1}}{10}}\right)^2} \qquad (27.2)$$

dove:

LH_j è l'orizzonte di liquidità della j-esima categoria;
ES_1 è l'ES che si ottiene quando le variabili di tutte e 5 le categorie vengono assoggettate a *shocks* decadali;
ES_2 è l'ES che si ottiene quando le variabili delle categorie 2-5 vengono assoggettate a *shocks* decadali, mentre quelle della categoria 1 restano invariate;
ES_3 è l'ES che si ottiene quando le variabili delle categorie 3-5 vengono assoggettate a *shocks* decadali, mentre quelle delle categorie 1 e 2 restano invariate;
ES_4 è l'ES che si ottiene quando le variabili delle categorie 4-5 vengono assoggettate a *shocks* decadali, mentre quelle delle categorie 1, 2, 3 restano invariate;
ES_5 è l'ES che si ottiene quando le variabili della categoria 5 vengono assoggettate a *shocks* decadali, mentre quelle delle categorie 1, 2, 3, 4 restano invariate.

Per comprendere l'Equazione (27.2), supponiamo innanzitutto che tutti i fattori di rischio appartengano alle categorie 1 e 2, con $LH_1 = 10$ e $LH_2 = 20$. Dovendo calcolare solo ES_1 e ES_2, l'Equazione (27.2) diventa

$$ES = \sqrt{ES_1^2 + \left(ES_2 \sqrt{\frac{LH_2 - LH_1}{10}}\right)^2} = \sqrt{ES_1^2 + ES_2^2}.$$

Quest'equazione vale sotto l'ipotesi che le variazioni dei fattori di rischio delle categorie 1 e 2 in una certa decade non siano correlate con le variazioni dei fattori di rischio della categoria 2 in un'altra decade.

Supponiamo ora che tutti i fattori di rischio appartengano alle categorie 1, 2, 3, con $LH_1 = 10$, $LH_2 = 20$, $LH_3 = 40$. Se fosse $LH_3 = LH_2$, avremmo di nuovo $ES = \sqrt{ES_1^2 + ES_2^2}$, ma così non è. Dovendo calcolare anche ES_3, l'Equazione (27.2) diventa

$$ES = \sqrt{ES_1^2 + ES_2^2 + 2 \times ES_3^2}.$$

Quest'equazione vale sotto l'ipotesi che le variazioni dei fattori di rischio delle categorie 1, 2 e 3 nei periodi già considerati non siano correlate con le variazioni dei fattori di rischio della categoria 3 in un altro periodo di 20 giorni. Si suppone, inoltre, che la ES_3 su 20 giorni sia pari a $\sqrt{2}\, ES_3$ su 10 giorni.

Continuando così si ottiene l'Equazione (27.2). Questo è il cosiddetto «metodo a cascata» (*cascade approach*) per il calcolo dell'ES. Può essere utilizzato anche per stimare il VaR. I calcoli vanno effettuati separatamente per ogni *trading desk*.

Esempio 27.11
Se i *trading desks* sono 6, occorre calcolare 30 (= 6 × 5) ESs.

Come si è già detto, l'utilizzo di periodi sovrapposti non è ideale, perché così si generano scenari che non sono indipendenti tra loro. Questa procedura non distorce i risultati, ma – riducendo l'effettiva dimensione del campione – li rende più erratici.

La FRTB rappresenta un «cambio di rotta» (*movement away*) rispetto alla prassi consolidata consistente nell'utilizzo dei tassi di variazione giornalieri. Presumibilmente, il Comitato di Basilea ritiene che, nonostante la mancanza d'indipendenza degli scenari, una misura di rischio stimata in base ai tassi di variazione decadali offra informazioni più rilevanti rispetto all'analoga misura stimata in base ai tassi di variazione giornalieri. È giusto così se si può ragionevolmente supporre che i tassi di variazione decadali siano indipendenti tra loro mentre non lo sono i tassi di variazione giornalieri.

Il calcolo delle misure di rischio stressate (VaR o ES) richiede che le banche individuino il periodo storico caratterizzato dalle peggiori condizioni per i loro portafogli correnti, tornando indietro fino al 2007. Quando è stata implementata Basilea II.5, alcune banche si sono trovate in difficoltà a causa di carenze nelle serie storiche. In questi casi, la FRTB consente l'utilizzo di un sottoinsieme delle variabili di mercato a condizione che i) il numero delle variabili utilizzate sia almeno pari al 75% dei fattori di rischio correnti e che ii) i risultati ottenuti vengano poi moltiplicati per il rapporto tra l'ES basata sugli ultimi 12 mesi con tutte le variabili di mercato e l'ES basata sugli ultimi 12 mesi con le variabili di mercato del sottoinsieme (è possibile che il numero delle ESs da calcolare passi da 30 a 60).

Oltre a stimare l'ES per il portafoglio complessivo, le banche devono anche stimare l'ES per ogni *desk*. L'ES relativa a un certo *desk* è detta «parziale» (*partial*). Viene stimata «perturbando» (*shocking*) i fattori di rischio cui è esposto il *desk* e lasciando invariati tutte gli altri. La somma delle ESs parziali è sempre maggiore dell'ES stimata per l'intero portafoglio. Il requisito patrimoniale si basa sulla *weighted expected shortfall* (WES), definita come media ponderata dell'ES relativa all'intero portafoglio (EST) e della somma delle ESs parziali (Σ_j ESP$_j$), con pesi λ e $(1 - \lambda)$:

$$\text{WES} = \lambda \times \text{EST} + (1 - \lambda) \times \Sigma_j \text{ESP}_j.$$

Il parametro λ è stato fissato in 0,5 dal Comitato di Basilea.

Alcuni fattori di rischio sono stati considerati come «non modellabili» (*non-modellable*). In particolare, sono stati così definiti i fattori di rischio per i quali i) esistono meno di 24 osservazioni in un anno oppure ii) è trascorso più di un mese tra osservazioni consecutive. A questi fattori di rischio si applicano regole speciali che comportano l'utilizzo di *stress tests*.

Il requisito patrimoniale complessivo del giorno t è pari a

$$\max(\text{WES}_{t-1} + \text{NMC}_{t-1}, m_c \times \text{WES}_{\text{med}} + \text{NMC}_{\text{med}})$$

dove
WES_{t-1} è la *weighted expected shortfall* del giorno $t - 1$;
NMC_{t-1} è il requisito del giorno $t - 1$ per i fattori non modellabili;
WES_{med} è la *weighted expected shortfall* media nei precedenti 60 giorni;
NMC_{med} è il requisito medio per i fattori non modellabili nei precedenti 60 giorni;
m_c è un parametro non inferiore a 1,5.

Back-Testing

La FRTB non richiede che le ESs stressate utilizzate per il calcolo del requisito patrimoniale siano soggette a *back-testing*. I motivi sono due:

1. il *back-testing* dell'ES è più complesso del *back-testing* del VaR;
2. non è possibile effettuare il *back-testing* di una misura di rischio stressata (non ci si aspetta che i dati su cui si basano le misure stressate vengano osservati in futuro con la stessa frequenza con cui sono stati osservati in passato).

La FRTB prevede che il *back-testing* del modello interno venga effettuato da ogni *trading desk* utilizzando il VaR giornaliero basato sugli ultimi 12 mesi. Vanno utilizzati due livelli di confidenza: il 99% e il 97,5%. Se il numero delle eccezioni è maggiore di 12 (VaR al 99%) o di 30 (VaR al 97,5%), il *trading desk* deve calcolare il requisito patrimoniale in base al metodo standardizzato.

Le autorità di vigilanza possono richiedere alle banche altri *back-tests*. Alcuni di questi possono comportare il calcolo del *p-value* associato al profitto o alla perdita giornaliera. Il *p-value* è la probabilità di osservare un profitto inferiore a quello effettivo o una perdita superiore a quella effettiva. Se il modello funziona perfettamente, i *p-values* ottenuti si dovrebbero distribuire in modo uniforme.

Profit and Loss Attribution

Un altro *test* utilizzato dalle autorità di vigilanza è noto come «attribuzione dei profitti e delle perdite» (*profit and loss attribution*). Le banche devono confrontare i profitti realizzati o le perdite subìte in un certo giorno con i valori previsti dai loro modelli. Devono essere calcolate le due seguenti misure:

$$\frac{\text{media delle } u}{\text{deviazione standard delle } v} \qquad \frac{\text{varianza delle } u}{\text{varianza delle } v}$$

dove

le u sono le differenze tra i valori effettivi e teorici di profitti e perdite giornalieri;
le v sono i valori effettivi di profitti e perdite giornalieri.[9]

Le autorità di vigilanza si aspettano che la prima misura sia compresa tra -10% e $+10\%$ e che la seconda sia minore del 20%. Se il numero delle eccezioni in un anno è uguale a 4 o maggiore, il *trading desk* deve calcolare il requisito patrimoniale in base al metodo standardizzato.

Rischio di Credito

Come si è già visto, la FRTB distingue tra due tipi di esposizione al rischio di credito:

1. il «rischio di variazione del differenziale creditizio» (*credit spread risk*), ossia il rischio che il *credit spread* cambi, modificando così il valore *mark-to-market* del contratto;
2. il «rischio di un salto verso l'insolvenza» (*jump to default risk*), ossia il rischio di variazione del valore di un contratto determinato da un improvviso fallimento.

Quando si usano i modelli interni, il *credit spread risk* viene gestito nello stesso modo del rischio di mercato. La Tavola 27.1 mostra che l'orizzonte di liquidità fissato per il *credit spread* varia da 20 a 120 giorni, mentre quello per la volatilità del *credit spread* è pari a 120 giorni. Il *jump to default risk* viene gestito nello stesso modo con cui vengono gestiti i rischi d'insolvenza nel *banking book*. Quando si usano i modelli interni, il capitale regolamentare si basa sul calcolo del VaR a 1 anno con un livello di confidenza del 99,9%.

Cartolarizzazioni

La «misura di rischio omnicomprensiva» (*comprehensive risk measure* - CRM) è stata introdotta da Basilea II.5 per coprire i rischi dei prodotti creati con le cartolarizzazioni, quali gli *asset-backed securities* (ABSs) e le *collateralized debt obligations* (CDOs). Si veda la Sezione 26.1.

Le regole introdotte con la CRM consentono alle banche di utilizzare i propri modelli, una volta che sia stata ricevuta l'approvazione delle autorità di vigilanza. Tuttavia, il Comitato di Basilea le ha ritenute inadeguate perché comportano differenze troppo marcate tra i capitali regolamentari calcolati dalle diverse banche per lo stesso portafoglio. Pertanto, la FRTB ha reso obbligatorio l'utilizzo del metodo standardizzato per gestire i rischi connessi con i prodotti derivanti dalle cartolarizzazioni.

---

[9] I valori 'effettivi' di profitti e perdite sono quelli che si osserverebbero in un certo giorno se non venissero effettuate nuove transazioni. A volte si usa il termine 'ipotetici' invece di 'effettivi'.

27.4 TRADING BOOK E BANKING BOOK

La FRTB affronta anche la questione dell'allocazione dei contratti tra *trading book* e *banking book*. In parole povere, il *trading book* è costituito dai contratti che la banca intende negoziare. Invece, il *banking book* è costituito dai contratti che la banca prevede di tenere in vita fino alla scadenza. I contratti presenti nel *trading book* vengono *marked to market* giornalmente, ossia vengono rivalutati ogni giorno, diversamente da quelli presenti nel *banking book*. Il *banking book* è soggetto al requisito patrimoniale a fronte del rischio di credito, mentre il *trading book* è soggetto al requisito patrimoniale a fronte del rischio di mercato. Questi due requisiti patrimoniali vengono calcolati in modi molto diversi tra loro. Questa diversità metodologica ha dato luogo, in passato, ad arbitraggi regolamentari.

Esempio 27.12

Come si è visto nei capitoli precedenti, le banche hanno spesso scelto di detenere nel *trading book* i contratti sensibili al rischio di credito, perché comportavano requisiti patrimoniali inferiori a quelli richiesti nel caso in cui fossero stati collocati *nel banking book*. L'*incremental risk charge* (IRC) è stato introdotto da Basilea II.5 proprio per bloccare questi arbitraggi regolamentari.

La FRTB tenta di rendere più chiara e meno arbitraria la distinzione tra *trading book* e *banking book*. Per includere un contratto nel *trading book*, non sarà più sufficiente che la banca abbia intenzione di negoziarlo. La banca dovrà essere in grado di negoziarlo e gestirne i rischi in un *trading desk*. Le variazioni giornaliere del valore dei contratti dovrebbero aver effetto su patrimonio e rischi d'insolvenza. La FRTB prevede regole per allocare i diversi tipi di contratto al *trading book* o al *banking book*.

Un punto importante è che i contratti vanno allocati al *trading book* o al *banking book* nel momento stesso in cui hanno origine. Ci sono regole rigide che impediscono il loro trasferimento da un libro all'altro. Gli spostamenti delle posizioni sono ammessi solo in circostanze straordinarie (ad es. la chiusura del *trading desk* o il cambiamento dei principi contabili sul riconoscimento del *fair value*). Non sono consentiti benefici in termini di minori requisiti patrimoniali a seguito di trasferimenti da un libro all'altro.

SOMMARIO

La *fundamental review of the trading book* (FRTB) rappresenta un punto di svolta nel metodo di calcolo del capitale regolamentare a fronte del rischio di mercato. Dopo 20 anni di utilizzo del VaR decadale al 99% per la determinazione dei requisiti patrimoniali a fronte del rischio di mercato, le autorità di vigilanza sono passate dal VaR all'*expected shortfall* (ES) con un livello di confidenza del 97,5% e orizzonti temporali variabili. La variabilità degli orizzonti temporali, lunghi al massimo 120 giorni, è stata introdotta per incorporare nel calcolo dei requisiti patrimoniali anche le stime sulla liquidità dei contratti in portafoglio. L'ES viene calcolata stimando il possibile impatto sulle variabili di mercato di *shocks* osservabili in condizioni di mercato critiche.

Il Comitato di Basilea ha previsto due metodi: il metodo standardizzato e il metodo dei modelli interni. Anche se sono autorizzate a utilizzare i propri modelli interni, le banche devono comunque implementare anche il metodo standardizzato. Il capitale regolamentare basato sul metodo standardizzato richiede l'applicazione di formule che riguardano il delta, il vega e il gamma del *trading book*. Il capitale regolamentare basato sul metodo dei modelli interni richiede il calcolo dell'*expected shortfall* stressata. I calcoli vanno effettuati separatamente per ognuno dei *trading desks* della banca.

SUGGERIMENTI PER ULTERIORI LETTURE

BASEL COMMITTEE ON BANKING SUPERVISION, "Minimum Capital Requirements for Market Risk", January 2019.

DOMANDE E PROBLEMI
(le risposte si trovano alla fine del libro)

27.1. Esponete sinteticamente i metodi con cui vengono determinati i requisiti patrimoniali a fronte del rischio di mercato in **(a)** Basilea I, **(b)** Basilea II.5 e **(c)** FRTB.

27.2. Utilizzate la nota 4 per verificare che, quando le perdite si distribuiscono in modo normale con media μ e deviazione standard σ, l'ES al 97,5% è pari a $\mu + 2{,}338 \times \sigma$.

27.3. Spiegate perché, a causa dell'utilizzo di periodi decadali sovrapposti previsto dalla FRTB, i tassi di variazione delle variabili di mercato non sono indipendenti tra loro.

27.4. Quali sono i vantaggi dell'ES rispetto al VaR?

27.5. **(a)** Che differenza c'è tra *trading book* e *banking book*?
(b) Perché la FRTB si preoccupa di specificare le tipologie di contratti da inserire nell'uno o nell'altro dei due libri?

27.6. Nella FRTB, come vengono trattate le due tipologie di rischio che caratterizzano i contratti sensibili al rischio di credito

Capitolo 28
Capitale Economico e RAROC

Il «capitale economico» (*economic capital*), detto anche «capitale di rischio» (*risk capital*), è la stima interna del capitale di cui l'istituzione finanziaria ha bisogno per far fronte ai rischi cui è esposta. È diverso dal capitale regolamentare, che tende a basarsi su regole «a taglia unica» (*one size fits all*).

Il capitale economico può essere considerato alla stregua di un «metro monetario» (*currency*) con cui misurare i rischi cui sono esposte le diverse «aree di attività» (*business units*) della banca. Le varie *business units* possono esporsi a un certo rischio solo se a esse è stato allocato il capitale economico appropriato per quello specifico rischio. La redditività delle *business units* viene misurata in relazione al capitale economico che è stato loro attribuito.

In questo capitolo vedremo quali sono i metodi utilizzati dalle banche sia per stimare il capitale economico a fronte di specifiche categorie di rischio sia per aggregare le diverse misure in modo da produrre un'unica stima per il capitale economico dell'intera istituzione finanziaria.

Vedremo anche il significato del «rendimento del capitale aggiustato per il rischio» (*risk-adjusted return on capital* - RAROC), ossia del rendimento realizzato dalle varie *business units* sul capitale che è stato loro assegnato. Il RAROC può essere utilizzato per misurare la *performance* conseguita storicamente dalle *business units*. Può anche essere utilizzato per prevedere la futura *performance* delle diverse aree e per determinare quali sono le attività da abbandonare e quali sono quelle da espandere, decidendo così le future allocazioni di capitale.

28.1 DEFINIZIONE DI CAPITALE ECONOMICO

Il capitale economico è definito come la quantità di capitale necessaria a una banca per assorbire le perdite in un certo orizzonte temporale e con un certo livello di confidenza. Di solito l'orizzonte temporale è pari a 1 anno. Il livello di confidenza dipende dagli obiettivi della banca.

Esempio 28.1

In genere, l'obiettivo di una banca con *rating* AA è quello di mantenere il suo *rating*. La probabilità d'insolvenza a 1 anno delle società con *rating* AA è pari allo 0,02% (Tavola 17.1). Ciò suggerisce che il livello di confidenza per il capitale economico sia almeno pari al 99,98% (= 100% −

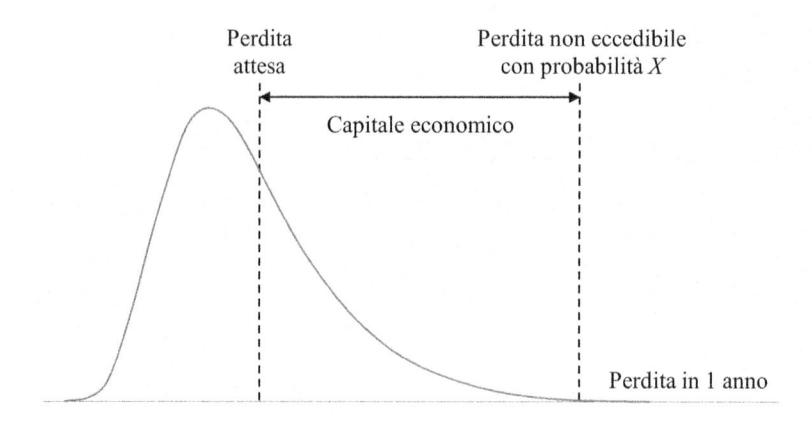

Figura 28.1 *Loss distribution* a 1 anno e capitale economico.

0,02%). Invece, la probabilità d'insolvenza a 1 anno di una società con *rating* BBB è pari allo 0,15% (Tavola 17.1). Ciò suggerisce che, in questo caso, il livello di confidenza per il capitale economico sia pari al 99,85 (= 100% − 0,15%).

Il capitale serve a coprire le «perdite inattese» (*unexpected losses*), definite come differenza tra le «perdite effettive» (*actual losses*) e «perdite attese» (*expected losses*). Come si è visto nel Capitolo 25, l'idea è che le perdite attese vengano tenute presenti quando si prezzano i prodotti offerti dalla banca e che le perdite inattese vengano tenute presenti quando si determina il capitale economico della banca. Il capitale economico di una banca è pari alla differenza tra la perdita attesa e la perdita non eccedibile, in un certo orizzonte temporale, a un certo livello di confidenza X (Figura 28.1).

Esempio 28.2

Una banca con *rating* AA ritiene che le perdite attese sui prestiti a favore di imprese localizzate in una certa regione del mondo siano pari all'1% annuo del valore nominale dei prestiti e che la perdita non eccedibile con probabilità 99,98% (ossia la *worst-case loss*, che può essere oltrepassata solo nello 0,02% dei casi) sia pari al 5% del valore nominale dei prestiti.

Pertanto, il capitale economico per ogni $100 di prestiti è pari alla differenza tra la *worst-case loss* di $5 (= 0,05 × $100) e la perdita attesa di $1 (= 0,01 × $100), ossia a $4 (= $5 − $1).

Metodi di Misurazione

In generale, ci sono due metodi per misurare il capitale economico: il metodo «deduttivo» (*top-down*) e il metodo «induttivo» (*bottom-up*). Il metodo deduttivo prevede che venga stimata la volatilità delle attività aziendali per poter poi calcolare la probabilità che il valore delle attività aziendali scenda al di sotto del valore delle passività entro la fine dell'orizzonte temporale. Un modello teorico che può essere utilizzato quando si segue il metodo deduttivo è il modello di Merton, presentato nella Sezione 17.8.

Il metodo più utilizzato è quello induttivo: stimare le *loss distributions* relative ai diversi tipi di rischio e alle diverse aree di attività, per poi aggregarle al fine di ottenere la *loss distribution* complessiva.

```
                    ┌─────────────────────┐
                    │  Rischio complessivo │
                    └──────────┬──────────┘
                   ┌───────────┴───────────┐
    ┌──────────────▼──────────┐  ┌─────────▼────────────────┐
    │   Non-business risk     │  │     Business risk        │
    │ (capitale regolamentare)│  │ (capitale non regolamentare)│
    │                         │  │                          │
    │   Rischio di credito    │  │   Rischio strategico     │
    │   Rischio di mercato    │  │   Rischio di reputazione │
    │   Rischio operativo     │  │                          │
    └─────────────────────────┘  └──────────────────────────┘
```

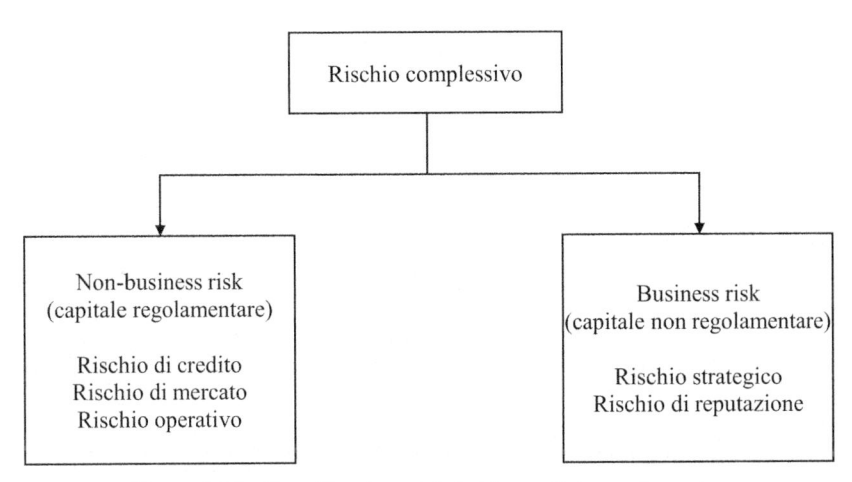

Figura 28.2 Classificazione dei rischi e capitale regolamentare.

La procedura di aggregazione prevede in genere che vengano calcolate innanzitutto le *loss distributions* complessive relative ai diversi tipi di rischio o alle diverse aree di attività, per poi calcolare la *loss distribution* complessiva per l'intera istituzione finanziaria.

Le varie tipologie di rischio cui è esposta una banca sono state sintetizzate nella Figura 28.2. Come si è visto nel Capitolo 20, le autorità di vigilanza hanno deciso di definire il rischio operativo come «il rischio di perdite derivanti dalla inadeguatezza o dalla disfunzione di procedure, risorse umane e sistemi interni, oppure da eventi esogeni.» Questa definizione include il rischio legale ma non quello strategico e di reputazione, che formano il cosiddetto «rischio d'impresa» (*business risk*). Non sono previsti requisiti patrimoniali a fronte del *business risk*, ma a volte le banche stimano il capitale economico necessario per far fronte anche al *business risk*.

28.2 COMPONENTI DEL CAPITALE ECONOMICO

Nei capitoli precedenti abbiamo visti i metodi che vengono utilizzati per stimare le *loss distributions* relative ai diversi tipi di rischio. Ora riesamineremo i punti chiave.

Rischio di Mercato

Nel Capitolo 12 e nel Capitolo 13 abbiamo visto due metodi per la stima della *loss distribution* relativa al rischio di mercato: il metodo delle simulazioni storiche e il metodo della costruzione di un modello.

Di solito, si stima innanzitutto la *loss distribution* relativa a un orizzonte temporale di 1 giorno. In Basilea I e Basilea II.5, i requisiti patrimoniali a fronte del rischio di mercato vengono quindi calcolati come prodotto tra un coefficiente moltiplicativo, pari almeno a 3, e il VaR decadale a un livello di confidenza del 99%. Nella *fundamental review of the trading book* (FRTB), trattata nel Capitolo 27, viene utilizzata l'ES con orizzonti temporali determinati dalla liquidità.

Quando si calcola il capitale economico, si usa lo stesso orizzonte temporale e lo stesso livello di confidenza per tutti i tipi di rischio. Di solito, l'orizzonte temporale è pari a 1 anno e il livello di confidenza può essere molto elevato (il 99,98% nell'Esempio 28.1).

L'ipotesi più comune è che le *loss distributions* giornaliere, relative al prossimo anno siano:

1. tutte uguali;
2. indipendenti tra loro.

In tal caso, possiamo utilizzare il teorema del limite centrale per sostenere che la *loss distribution* annuale sia normale.

Sotto l'ipotesi che in un anno ci siano 252 giorni lavorativi, la deviazione standard delle perdite subite in 1 anno è pari al prodotto tra $\sqrt{252}$ e la deviazione standard delle perdite giornaliere.

Il valore medio delle perdite giornaliere è molto più difficile da stimare rispetto alla deviazione standard. Un'ipotesi prudente è che la perdita attesa sia nulla.

Esempio 28.3

Se la perdita attesa è nulla, la perdita non eccedibile, con probabilità 99,98%, in 1 anno è pari al prodotto tra 3,515 $[= N^{-1}(0,9998)]$ e la deviazione standard delle perdite annue.

Esempio 28.4

Se la perdita attesa è nulla, la perdita non eccedibile, con probabilità 99,80%, in 1 anno è pari al prodotto tra 2,878 $[= N^{-1}(0,9980)]$ e la deviazione standard delle perdite annue.

Si noti che non stiamo ipotizzando che le perdite giornaliere siano normali. Stiamo solo ipotizzando che siano indipendenti tra loro e identicamente distribuite. Il teorema del limite centrale ci dice che la somma di più variabili identicamente distribuite e indipendenti tra loro è approssimativamente normale.

Esempio 28.5

Supponiamo che la deviazione standard delle perdite giornaliere di una banca dovute al rischio di mercato sia pari a $5 milioni. Dato che $N^{-1}(0,998) = 2,878$, il VaR annuale a un livello di confidenza del 99,8% è pari a $228,4 milioni:

$$2,878 \times \$5 \times \sqrt{252} = \$228,4.$$

In realtà, le perdite giornaliere non sono né indipendenti tra loro né identicamente distribuite. L'ipotesi d'indipendenza può essere sostituita con l'ipotesi che i tassi di variazione del valore del portafoglio in giorni consecutivi siano autocorrelati e che l'autocorrelazione sia costante. Si può allora utilizzare l'Equazione (11.5) e, se l'autocorrelazione non è troppo elevata, si può ancora supporre che la distribuzione delle perdite (e dei guadagni) sia approssimativamente normale.

Si può anche sviluppare un modello più elaborato per descrivere la dinamica della media e della deviazione standard delle perdite giornaliere. In tal caso, il metodo Monte Carlo consente di aggregare le distribuzioni giornaliere ed è possibile che le perdite non siano più normali.

Rischio di Credito

Anche se dà molta libertà alle banche che utilizzano il metodo IRB, ai fini della determinazione dei requisiti patrimoniali a fronte del rischio di credito, Basilea II non consente alle banche né di scegliere un proprio modello per la correlazione tra le insolvenze né di stimare i propri coefficienti di correlazione. Invece, quando calcolano il proprio capitale economico, le banche sono libere di fare le ipotesi che ritengono più appropriate. Per calcolare lo *specific risk capital charge* e l'*incremental risk charge* del *trading book* viene spesso utilizzato CreditMetrics (Sezione 19.4). CreditMetrics viene a volte utilizzato anche per calcolare il capitale economico a fronte dei rischi presenti nel *banking book*.

Altre volte viene utilizzato Credit Risk Plus (Sezione 19.3). Credit Risk Plus stima la distribuzione delle perdite da insolvenza prendendo in prestito diverse idee dalla scienza attuariale. Mentre CreditMetrics calcola sia le perdite dovute ai *downgrading* sia quelle dovute alle insolvenze, Credit Risk Plus calcola solo le perdite dovute alle insolvenze.

Per calcolare il capitale economico a fronte del rischio di credito, le banche devono scegliere tra i modelli condizionati e quelli non condizionati. Nei modelli condizionati, specifici rispetto al ciclo, le perdite attese e inattese tengono conto della congiuntura corrente. Nei modelli non-condizionati, neutrali rispetto al ciclo, le perdite attese e inattese non tengono conto della congiuntura corrente, ma delle condizioni che si registrano mediamente durante il ciclo economico. Le agenzie di *rating* mirano a produrre *ratings* non-condizionati. Anche le banche, quando calcolano i requisiti patrimoniali in base al metodo IRB, utilizzano stime non-condizionate di PD e LGD. Ovviamente, quando si calcola il capitale economico, è importante essere coerenti. Se le perdite attese sono condizionate, anche le perdite inattese devono essere condizionate. Se le perdite attese sono non-condizionate, anche le perdite inattese devono essere non-condizionate.

Quale che sia il metodo utilizzato, di solito la distribuzione delle perdite su crediti viene calcolata con il metodo Monte Carlo. Come si è visto nel Capitolo 18 e nel Capitolo 19, i derivati sono particolarmente difficili da trattare a causa dell'incertezza sull'esposizione nel momento in cui si verifica l'insolvenza o il *downgrade*.

Rischio Operativo

Il metodo utilizzato dalle autorità di vigilanza per il calcolo dei requisiti patrimoniali a fronte del rischio operativo è stato descritto nella Sezione 20.4. È probabile che molte banche seguiranno lo stesso metodo per calcolare il capitale economico, ma altre cercheranno di utilizzare modelli più sofisticati che consentano di stimare l'intera distribuzione delle perdite.

Rischio d'Impresa

Come si è già detto, il «rischio d'impresa» (*business risk*) è composto dal «rischio strategico» (*strategic risk*), legato alle decisioni circa l'ingresso in nuovi mercati e lo sviluppo di nuovi prodotti, e dal «rischio di reputazione» (*reputational risk*). Il rischio d'impresa è ancora più difficile da quantificare rispetto al rischio operativo ed è probabile che le stime siano largamente soggettive.

Tuttavia, la quantificazione del rischio d'impresa è un esercizio utile. È importante che i *risk managers* conoscano i rischi d'impresa cui la banca si è esposta, in modo da poter determinare il capitale economico a fronte di questi rischi, e l'impatto marginale delle iniziative strategiche che vengono prese in esame.

Profitto | Perdita

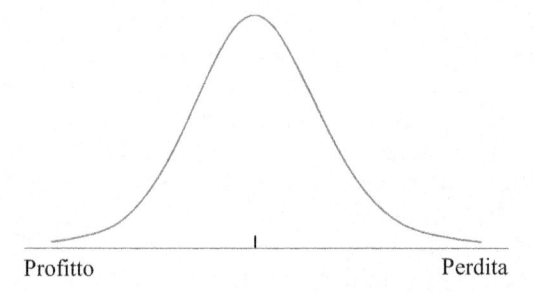

Figura 28.3 *Loss distribution*: rischio di mercato.

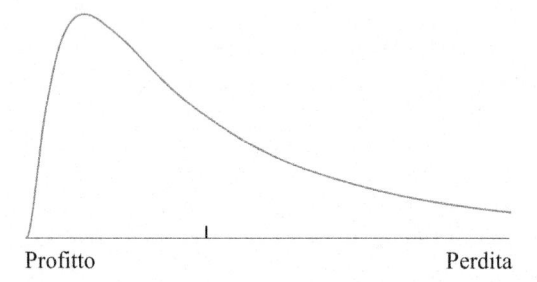

Profitto | Perdita

Figura 28.4 *Loss distribution*: rischio di credito.

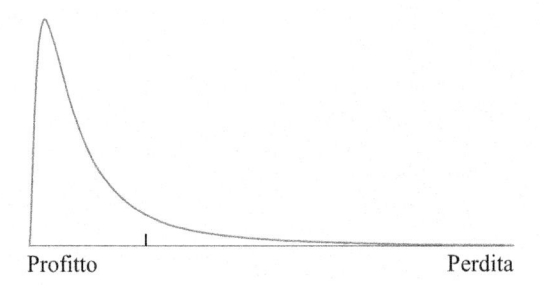

Profitto | Perdita

Figura 28.5 *Loss distribution*: rischio operativo.

28.3 CONFIGURAZIONI DELLE LOSS DISTRIBUTIONS

Le *loss distributions* relative al rischio di mercato, al rischio di credito e al rischio operativo sono molto diverse tra loro. Rosenberg e Schuermann hanno utilizzato dati di diversa fonte per stimare le tipiche configurazioni di queste distribuzioni (Figura 28.3, Figura 28.4 e Figura 28.5).[1] La *loss distribution* per il rischio di mercato (Figura 28.3) è simmetrica, ma non perfettamente normale. Una migliore approssimazione è data dalla *t* di Student con 11 gradi di libertà. La *loss distribution* per il rischio di credito (Figura 28.4) è fortemente asimmetrica, come ci si poteva aspettare. La *loss distribution* per il rischio operativo (Figura 28.5) ha un aspetto molto particolare. Le perdite sono modeste il più delle volte, ma a volte sono molto grandi.

---

[1] Si veda ROSENBERG, J. V., e SCHUERMANN, T., "A General Approach to Integrated Risk Management with Skewed, Fat-Tailed Risks", Federal Reserve Bank of New York, Staff Report No. 185, May 2004.

TAVOLA 28.1 Caratteristiche delle *loss distributions* per diversi tipi di rischio.

	Momento secondo (deviazione standard)	Momento terzo (asimmetria)	Momento quarto (curtosi)
Rischio di mercato	Elevato	Nullo	Basso
Rischio di credito	Moderato	Moderato	Moderato
Rischio operativo	Basso	Elevato	Elevato

Riquadro 28.1 European Growth Trust (EGT).

Nel 1996, Peter Young era uno dei gestori di Deutsche Morgan Grenfell, una sussidiaria di Deutsche Bank. Era responsabile per la gestione di un fondo chiamato European Growth Trust (EGT). Il fondo era cresciuto molto rapidamente e Young aveva la responsabilità della gestione di oltre 1 miliardo di sterline. Una delle regole cui era soggetta la gestione del fondo prevedeva che non più del 10% del valore delle attività potesse essere rappresentato da titoli non quotati. Peter Young violò questa regola e si può sostenere che lo fece per trarne un diretto beneficio. Quando i fatti vennero alla luce, Peter Young fu licenziato e Deutsche Bank fu costretta a risarcire gli investitori. Il costo complessivo per Deutsche Bank fu di oltre £200 milioni.

Le distribuzioni possono essere caratterizzate in termini dei loro momenti. Il secondo misura la deviazione standard, il terzo l'asimmetria e il quarto la curtosi (ossia lo spessore delle code). La Tavola 28.1 riassume le proprietà di cui godono le tipiche *loss distributions*.

28.4 IMPORTANZA RELATIVA DEI RISCHI

L'importanza relativa dei diversi tipi di rischio dipende dal *mix* delle diverse aree di attività. Nel settore dei prestiti commerciali, dei prestiti al dettaglio e dei derivati, il rischio di credito è molto importante. Il rischio di mercato è importante nel *trading* e in alcune attività delle banche d'investimento. Tuttavia, come si è visto nel Capitolo 20, il rischio operativo (in particolare, il rischio informatico, legale e regolamentare) viene spesso ritenuto quello più importante per le istituzioni finanziarie.

Anche nelle «gestioni patrimoniali» (*asset management*) il rischio più importante è quello operativo. Gli *asset managers* possono essere accusati di negligenza e devono a volte affrontare costose cause legali. È il caso dell'European Growth Trust (Riquadro 28.1), di Mercury Asset Management e di Santander.

Esempio 28.6

Mercury Asset Management, una società controllata da Merrill Lynch che gestiva il fondo pensioni di Unilever, aveva garantito che la sotto-*performance* del fondo rispetto a un certo *benchmark* non avrebbe oltrepassato il 3%. Tra il gennaio 1997 e il marzo 1998 la sotto-*performance* rispetto al *benchmark* fu pari al 10,5%. Unilever fece causa a Merrill Lynch per $185 milioni e la questione fu risolta in via extra-giudiziale.

Esempio 28.7

Nel 2009, la banca spagnola Santander ha subìto forti perdite operative sui fondi gestiti per conto di investitori. Li aveva affidati a Bernard Madoff, che aveva costruito una «catena di Sant'Antonio» da $50 miliardi, ossia un *Ponzi game* (dal nome di Charles Ponzi, arrestato per truffa nel 1920).

Interazione tra Rischi

I diversi tipi di rischio interagiscono tra loro. Una delle interazioni riguarda il rischio di credito e il rischio di mercato.

Esempio 28.8

Supponiamo che una banca abbia negoziato uno *swap* con una certa controparte. Se la controparte fallisce, il rischio di credito esiste solo se le variabili di mercato si sono mosse in modo che il valore dello *swap* per la banca sia positivo al momento dell'insolvenza.

Un'altra interazione riguarda la probabilità d'insolvenza e il valore del contratto. È quest'interazione che definisce il *wrong-way risk* (Sezione 18.5).

Esempio 28.9

Supponiamo che una banca abbia negoziato un derivato con una certa controparte. Se la controparte è entrata nel contratto fini di copertura, è lecito attendersi che la probabilità d'insolvenza sia indipendente dal valore del contratto. Se invece la controparte è entrata nel contratto per fini speculativi e la dimensione del contratto è grande in relazione alla dimensione della controparte, è lecito attendersi che la probabilità d'insolvenza e il valore del contratto non siano indipendenti tra loro.

Le vicende di Long-Term Capital Management mostrano chiaramente che ci può essere interazione tra il rischio di liquidità e il rischio di mercato (Riquadro 16.1). Ci sono interazioni anche tra il rischio operativo e il rischio di mercato. È improbabile che avremmo mai saputo delle attività svolte da Jérôme Kerviel a Société Générale se le sue intuizioni circa l'evoluzione degli indici di mercato si fossero rivelate corrette (Riquadro 5.5). È anche improbabile che saremmo mai venuti a conoscenza della violazione delle regole da parte del gestore dell'EGT (Riquadro 28.1) se la violazione avesse comportato un guadagno invece di una perdita.

28.5 AGGREGAZIONE DEL CAPITALE ECONOMICO

In genere, le banche stimano i capitali economici a fronte del rischio di mercato, di credito, operativo e (se possibile) d'impresa per diverse «aree di attività» (*business units*). Devono poi affrontare il problema di come aggregarli per determinare il capitale economico complessivo dell'impresa. Il metodo più semplice è quello di supporre che il capitale economico complessivo, E_{totale}, sia pari alla somma dei capitali economici, E_i ($i = 1, 2, ..., n$), a fronte degli n rischi cui la banca è esposta, ossia

$$E_{\text{totale}} = \sum_{i=1}^{n} E_i. \tag{28.1}$$

Questo è quanto stabilito dal Comitato di Basilea: il requisito patrimoniale complessivo è pari alla somma dei requisiti patrimoniali a fronte del rischio di credito, di mercato e operativo.

L'Equazione (28.1) riflette un'ipotesi molto prudente, ossia che le correlazioni tra i diversi tipi di rischio siano perfette.

Esempio 28.10

Supponiamo di voler calcolare il capitale economico di una banca a un livello di confidenza del 99,9%. L'ipotesi di correlazione perfetta tra i diversi tipi di rischio implica che, se la banca subisse una perdita pari al 99,9-esimo quantile a causa del rischio di mercato, simultaneamente subirebbe una perdita pari al 99,9-esimo quantile anche a causa del rischio di credito e del rischio operativo.

Esempio 28.11

Secondo Rosenberg e Schuermann, la correlazione tra rischio di credito e rischio di mercato è pari a 0,5 e la loro correlazione con il rischio operativo è pari a 0,2. Se così è, l'Equazione (28.1) sovrastima il capitale economico complessivo in misura pari a circa il 40%.

Ipotesi di Normalità

Quando si aggregano tra loro i capitali economici a fronte di n tipi di rischio, una semplice ipotesi è che le *loss distributions* siano normali.

In tal caso, la deviazione standard, σ_{totale}, della perdita complessiva è pari a

$$\sigma_{\text{totale}} = \sqrt{\sum_{i=1}^{n}\sum_{j=1}^{n} \sigma_i \sigma_j \rho_{ij}} \qquad (28.2)$$

dove σ_i è la deviazione standard della perdita derivante dalla i-esima fonte di rischio e ρ_{ij} è la correlazione tra il rischio i e il rischio j.

Il capitale economico può essere calcolato in base a quest'equazione.

Esempio 28.12

Supponiamo che il capitale economico venga calcolato a un livello di confidenza del 99,99%. In tal caso, il capitale economico è pari al prodotto tra 3,090 [$= N^{-1}(0,999)$] e la deviazione standard delle perdite calcolata con l'Equazione (28.2).

Questo metodo tende a sottostimare il capitale economico perché non tiene conto delle asimmetrie e delle curtosi delle *loss distributions*. Secondo Rosenberg e Schuermann, quando si applica questo metodo per aggregare i capitali economici a fronte del rischio di mercato, del rischio di credito e del rischio operativo, il capitale economico complessivo viene sottostimato in misura pari a circa il 40%.

Utilizzo delle Copule

Un metodo più sofisticato per aggregare i capitali economici fa uso delle copule. Le copule sono state descritte nel Capitolo 9. Ogni *loss distribution* viene trasformata, percentile per percentile, in una distribuzione standard. Quindi viene definita la struttura delle correlazioni per le distribuzioni standard e questa a sua volta definisce indirettamente la struttura delle correlazioni per le distribuzioni originali.

Si possono utilizzare diverse copule. Quando si utilizzano le copule Gaussiane, le distribuzioni standard sono normali multivariate. Un'alternativa è rappresentata dalla t di Student multivariata. In questo caso, la probabilità congiunta di valori estremi è più elevata rispetto al caso delle copule Gaussiane (Sezione 9.5).

Metodo Ibrido

Un metodo semplice che sembra funzionare bene è il «metodo ibrido» (*hybrid approach*), che abbiamo già visto nella Sezione 11.9. Quando si segue questo metodo, il capitale economico complessivo, E_{totale}, è così definito

$$E_{\text{totale}} = \sqrt{\sum_{i=1}^{n}\sum_{j=1}^{n} E_i E_j \rho_{ij}} \,. \qquad (28.3)$$

TAVOLA 28.2 Stime del capitale economico.

Tipologia di rischio	Area di attività	
	1	2
Rischio di mercato	30	40
Rischio di credito	70	80
Rischio operativo	30	90

TAVOLA 28.3 Correlazioni tra perdite.

	RM-1	RC-1	RO-1	RM-2	RC-2	RO-2
RM-1	1,0	0,5	0,2	0,4	0,0	0,0
RC-1	0,5	1,0	0,2	0,0	0,6	0,0
RO-1	0,2	0,2	1,0	0,0	0,0	0,0
RM-2	0,4	0,0	0,0	1,0	0,5	0,2
RC-2	0,0	0,6	0,0	0,5	1,0	0,2
RO-2	0,0	0,0	0,0	0,2	0,2	1,0

Nota: RM, RC e RO indicano rispettivamente il rischio di mercato, il rischio di credito e il rischio operativo, mentre 1 e 2 si riferiscono alle aree di attività.

Se le distribuzioni sono normali, questo metodo produce risultati esatti. Se le distribuzioni non sono normali, i risultati sono approssimati, ma riflettono comunque lo spessore delle code delle singole *loss distributions*. Secondo Rosenberg e Schuermann, i risultati forniti dal metodo ibrido sono ragionevolmente simili a quelli ottenuti con i modelli delle copule.

Esempio 28.13

Supponiamo che le stime dei capitali economici per il rischio di mercato, di credito e operativo relativi a due diverse aree di attività siano quelle riportate nella Tavola 28.2.

Le correlazioni tra le perdite sono riportate nella Tavola 28.3. In particolare, la correlazione tra il rischio di credito e il rischio di mercato all'interno della stessa area di attività è pari a 0,5. La correlazione tra il rischio operativo e il rischio di credito o il rischio di mercato all'interno della stessa area di attività è pari a 0,2 (questi valori corrispondono a quelli stimati da Rosenberg e Schuermann).

La correlazione tra tipi di rischio diversi in aree di attività diverse è nulla. La correlazione tra i rischi di mercato relativi alle due aree di attività è pari a 0,4. La correlazione tra i rischi di credito relativi alle due aree di attività è pari a 0,6. Infine, la correlazione tra i rischi operativi relativi alle due aree di attività è pari a 0.

Il capitale economico complessivo può essere aggregato in diversi modi. Il capitale economico complessivo a fronte del rischio di mercato è pari a

$$\sqrt{30^2 + 40^2 + 2 \times 0,4 \times 30 \times 40} = 58,8.$$

Il capitale economico complessivo a fronte del rischio di credito è pari a

$$\sqrt{70^2 + 80^2 + 2 \times 0,6 \times 70 \times 80} = 134,2.$$

Il capitale economico complessivo a fronte del rischio operativo è pari a

$$\sqrt{30^2 + 90^2 + 2 \times 0,0 \times 30 \times 90} = 94,9.$$

Il capitale economico complessivo per l'area di attività 1 è pari a

$$\sqrt{30^2 + 70^2 + 30^2 + 2\times 0{,}5\times 30\times 70 + 2\times 0{,}2\times 30\times 30 + 2\times 0{,}2\times 70\times 30} = 100{,}0.$$

Il capitale economico complessivo per l'area di attività 2 è pari a

$$\sqrt{40^2 + 80^2 + 90^2 + 2\times 0{,}5\times 40\times 80 + 2\times 0{,}2\times 40\times 90 + 2\times 0{,}2\times 80\times 90} = 153{,}7.$$

Il capitale economico complessivo per l'intera impresa è pari a

$$\sqrt{\begin{array}{l}30^2 + 40^2 + 70^2 + 80^2 + 30^2 + 90^2 + 2\times 0{,}4\times 30\times 40 + 2\times 0{,}5\times 30\times 70 + 2\times 0{,}2\times 30\times 30 \\ + 2\times 0{,}5\times 40\times 80 + 2\times 0{,}2\times 40\times 90 + 2\times 0{,}6\times 70\times 80 + 2\times 0{,}2\times 70\times 30 + 2\times 0{,}2\times 80\times 90\end{array}} = 203{,}2.$$

I benefici della diversificazione sono significativi. La somma dei capitali economici a fronte del rischio di mercato, di credito e operativo è pari a 287,9 (= 58,8 + 134,2 + 94,9), mentre la somma dei capitali economici relativi alle due diverse aree di attività è pari a 253,7 (= 100 + 153,7). Entrambi questi valori sono maggiori della stima di 203,2 per l'intero capitale economico.

28.6 ALLOCAZIONE DEL CAPITALE ECONOMICO

Come allocare alle diverse *business units* i benefici della diversificazione, ossia come ripartire tra le diverse *business units* la riduzione di capitale economico resa possibile dalla diversificazione dei rischi? Un esempio illustra meglio il problema.

Esempio 28.14

Supponiamo che la somma dei capitali economici di ogni *business unit*, $\sum_{i=1}^{n} E_i$, sia pari a \$2 miliardi e che il capitale economico complessivo dell'intera banca, calcolato dopo aver tenuto conto del fatto che le correlazioni tra le diverse linee operative non sono perfette, sia pari a \$1,3 miliardi, ossia al 65% (= \$1,3 / \$2) della somma dei capitali economici. Il beneficio della diversificazione è di \$0,7 (= \$2 − \$1,3) miliardi. Come va ripartito tra le diverse *business units*? Una possibilità è quella di ridurre il capitale economico di ogni *business unit* in misura pari al 35% (= 100% − 65%). Tuttavia questo non è probabilmente il metodo migliore.

Esempio 28.15

Supponiamo che nella banca ci siano 50 *business units* e che 2 *business units* abbiano un capitale economico di \$100 milioni, a testa. Supponiamo che quando la prima *business unit* viene esclusa dai calcoli il capitale economico si riduca di \$60 milioni e che quando la seconda *business unit* viene esclusa dai calcoli il capitale economico si riduca di \$10 milioni. È facile sostenere che alla prima *business unit* dovrebbe essere attribuito più capitale economico che non alla seconda, dato che l'impatto incrementale sul capitale economico complessivo della banca è maggiore.

Il problema è simile a quello discusso nella Sezione 11.8 riguardo all'allocazione del VaR. Un metodo è quello di calcolare il capitale economico incrementale per ogni *business unit* e quindi allocare il capitale economico alle diverse *business units* in proporzione al loro capitale incrementale.

Un altro metodo è quello di utilizzare il «capitale economico parziale» (*component economic capital*). Si tratta di attribuire alla *i*-esima *business unit* un capitale economico pari a

$$x_i \frac{\partial E}{\partial x_i}$$

dove E è il capitale economico complessivo e x_i è l'investimento nella *i*-esima *business unit*.

Come si è visto nella Sezione 11.8, il teorema di Eulero assicura che la somma dei capitali economici attribuiti alle *n business units* sia pari a E.

Sia ΔE_i l'incremento del capitale economico complessivo quando aumentiamo x_i in misura pari a Δx_i. L'approssimazione discreta dell'importo allocato alla *i*-esima *business unit* è

$$\frac{\Delta E_i}{\Delta y_i} \qquad (28.4)$$

dove $\Delta y_i = \Delta x_i / x_i$.

Esempio 28.16

Consideriamo di nuovo l'Esempio 28.13. Il capitale economico dell'area di attività 1 è pari a $100 e quello dell'area di attività 2 è pari a $153,7, per un totale di $253,7. Il capitale economico complessivo è pari $203,2, ossia all'80,1% (= $203,2 / $253,7) della somma dei capitali economici.

Come allocare il capitale economico complessivo alle due aree? Una possibilità sarebbe quella di ridurre il capitale economico di ogni area in misura pari al 19,9% (= 100% − 80,1%). In tal caso il capitale allocato all'area di attività 1 è pari a $80,1 (= 0,801 × $100) e il capitale allocato all'area di attività 2 è pari a $123,1 (= 0,801 × $153,7). Tuttavia questo non è il metodo migliore.

L'effetto incrementale dell'area di attività 1 sul capitale economico complessivo è di $49,5 (= $203,2 − $153,7). Analogamente, l'effetto incrementale dell'area di attività 2 sul capitale economico complessivo è di $103,2 (= $203,2 − $100). La somma dei due capitali incrementali, pari a $152,8 (= $49,5 + $103,2), non è uguale al capitale complessivo (com'è la norma). Possiamo utilizzarla come base per ripartire il capitale economico complessivo: il 32,4% (= $49,5 / $152,8) del totale verrà allocato all'area di attività 1 e il restante 67,6% (= $103,2 / $152,8) all'area di attività 2. Pertanto, il capitale economico attribuito all'area 1 è pari a $65,9 (= 0,324 × $203,2) e il capitale economico attribuito all'area 2 è pari a $137,3 (= 0,676 × $203,2).

Per applicare l'Equazione (28.4), possiamo calcolare la derivata parziale analiticamente o approssimarla per via numerica. Se aumentiamo la dimensione dell'area 1 in misura pari all'1%, i capitali economici della Tavola 28.2 a fronte del rischio di mercato, di credito e operativo aumentano, portandosi, rispettivamente, a $30,3 (=$30 × 1,01); $70,7 (= $70 × 1,01) e $30,3 (=$30 × 1,01). Il capitale economico complessivo è pari a $203,906, per cui ΔE_1 = $0,682 (= $203,906 − $203,224).

Se aumentiamo la dimensione dell'area 2 in misura pari all'1%, i capitali economici della Tavola 28.2 a fronte del rischio di mercato, di credito e operativo aumentano, portandosi, rispettivamente, a $40,4 (=$40 × 1,01); $80,8 (= $80 × 1,01) e $90,9 (=$90 × 1,01). Il capitale economico complessivo diventa pari a $204,577, per cui ΔE_2 = $1,353 (= $204,577 − $203,224).

In questo caso stiamo considerando incrementi della dimensione delle due aree pari all'1%, per cui $\Delta y_1 = \Delta y_2 = \Delta x_1/x_1 = \Delta x_2/x_2 = 0{,}01$. In base all'Equazione (28.4), il capitale allocato alle due aree è pari, rispettivamente, a $68,2 (= $0,682 / 0,01) e a $135,3 (= $1,353 / 0,01).

La somma dei due capitali economici, pari a $203,5 (= $68,2 + $135,3), non è esattamente uguale al capitale economico complessivo ($203,2) perché abbiamo approssimato le derivate parziali.

28.7 CAPITALE ECONOMICO DI DEUTSCHE BANK

Deutsche Bank pubblica nel bilancio annuale i calcoli del suo capitale economico.

Esempio 28.17

La Tavola 28.4 riporta il capitale economico e il capitale regolamentare di Deutsche Bank alla fine del 2021. Vi sono esposti i requisiti patrimoniali a fronte del rischio di credito, di mercato, operativo e d'impresa. Deutsche Bank ha calcolato i benefici della diversificazione dovuti all'interazione tra i diversi tipi di rischio. Il capitale economico complessivo è di € 23.542 milioni.

TAVOLA 28.4 Deutsche Bank: capitale economico e capitale regolamentare.

Rischio di credito	11.725
Rischio di mercato	7.920
Rischio operativo	4.937
Rischio strategico	3.173
Benefici della diversificazione	(4.213)
Capitale economico complessivo	23.542
Attività ponderate per il rischio	351.629
Core Tier 1 capital (% delle attività ponderate per il rischio)	13,2
Core Tier 1 + additional Tier 1 capital (% delle attività ponderate per il rischio)	15,6
Tier 1 + Tier 2 capital (% delle attività ponderate per il rischio)	17,7

Nota: gli importi sono espressi in milioni di euro (dicembre 2021).

TAVOLA 28.5 Deutsche Bank: allocazione del capitale economico.

Divisione	*Capitale allocato*
Corporate Bank	3.500
Investment Bank	7.442
Private Bank	3.183
Asset Management	267
Capital Release Unit	1.309
Corporate & Other	7.840
Totale	23.542

Nota: gli importi sono espressi in milioni di euro (dicembre 2021).

Il capitale effettivamente detenuto era pari a € 46.506 (= 13,2% × € 351.629) milioni di *core Tier 1 capital* (ossia capitale azionario), € 8.328 [= (15,6% − 13,2%) × € 351.629] milioni di *additional Tier 1 capital* e € 7.328 [= (17,7% − 15,6%) × € 351.629] milioni di *Tier 2 capital*. La Tavola 28.4 mostra questi importi in rapporto ai *risk-weighted assets*.

Il capitale regolamentare di Deutsche Bank eccede quello richiesto da Basilea III, incluso il capitale aggiuntivo per le G-SIB, che − nel caso di Deutsche Bank − è pari all'1,5% (Tavola 26.6).

La Tavola 28.5 mostra l'allocazione del capitale economico alle diverse *business units*. Un'analisi più dettagliata, riportata da Deutsche Bank nel suo bilancio sul 2021, mostra che il rischio di credito spiegava circa l'85% del capitale economico della Corporate Bank. Il rischio di credito era la componente più importante della Investment Bank, ma il rischio di mercato e il rischio operativo erano relativamente più importanti per la Investment Bank, rispetto alla Corporate Bank.

28.8 RAROC

La «misurazione della *performance* aggiustata per il rischio» (*risk-adjusted performance measurement* - RAPM) è diventata una parte importante della valutazione delle *business units*. I possibili metodi di valutazione sono diversi tra loro, ma hanno una cosa in comune: mettono a confronto il rendimento delle *business units* con il capitale impiegato in modo da incorporare un aggiustamento per il rischio.

Il metodo più comune consiste nel confrontare il rendimento atteso con il capitale economico. Questa misura di *performance* è nota con il nome di «rapporto tra rendimento aggiustato per il rischio e capitale» (*risk-adjusted return on capital* - RAROC). La formula è

$$\text{RAROC} = \frac{\text{Ricavi} - \text{Costi} - \text{Perdite attese}}{\text{Capitale economico}}. \qquad (28.5)$$

Il numeratore può essere calcolato tenendo conto delle imposte oppure no. Molto spesso al numeratore viene aggiunto un importo pari al prodotto tra il capitale economico e il tasso d'interesse privo di rischio.

Esempio 28.18

Una banca con *rating* AA ritiene che le perdite attese sui prestiti effettuati a favore di imprese localizzate in una certa regione del mondo siano pari all'1% annuo del valore nominale dei prestiti e che la *worst-case loss* con probabilità 99,9% (ossia la perdita che può essere oltrepassata solo nello 0,1% dei casi) sia pari al 5% del valore nominale dei prestiti. Come si è visto nell'Esempio 28.2, il capitale economico per ogni $100 di prestiti è pari a $4 [= $100 × (0,05 − 0,01)]. Questo calcolo trascura i benefici della diversificazione di competenza dell'area prestiti.

Lo *spread* tra gli interessi sui prestiti e il costo della raccolta è pari al 2,5%. Sottraendo da questo *spread* la quota delle perdite attese sui prestiti, l'utile atteso su $100 di prestiti risulta pari a $1,50 [= $100 × (0,025 − 0,01)].

Se le spese amministrative dell'area prestiti sono pari allo 0,7% dei prestiti erogati, l'utile atteso su $100 di prestiti si riduce a $0,80 (= $1,50 − $100 × 0,007). Pertanto, il RAROC è pari a

$$\frac{\$0,80}{\$4} = 20\%.$$

Altre volte il RAROC viene calcolato aggiungendo al numeratore un importo pari al prodotto tra il capitale economico e il tasso d'interesse privo di rischio. Supponiamo che il tasso d'interesse privo di rischio sia pari al 2%. In tal caso va aggiunto al numeratore un importo pari a $0,08 (= $4 × 0,02), per cui il RAROC diventa pari a

$$\frac{\$0,88}{\$4} = 22\%.$$

Com'è stato sottolineato da Matten, il metodo descritto dall'Equazione (28.5) dovrebbe essere chiamato «rapporto tra rendimento e capitale aggiustato per il rischio» (*return on risk-adjusted capital* - RORAC).[2] In teoria, il RAROC dovrebbe comportare l'aggiustamento per il rischio del numeratore del rapporto. Invece, nell'Equazione (28.5) è il denominatore, ossia il capitale economico, che viene aggiustato per il rischio.

Sono due i modi in cui il RAROC viene utilizzato: *ex ante* (prima dell'inizio dell'anno) ed *ex post* (dopo la fine dell'anno). I calcoli *ex ante* si basano sulle stime degli utili attesi, mentre i calcoli *ex post* si basano sugli utili effettivamente conseguiti. Il RAROC *ex ante* viene utilizzato per decidere quali *business units* espandere e quali contrarre. Il RAROC *ex post* viene utilizzato per giudicare la *performance* delle diverse *business units* e per determinare le gratifiche di fine anno.

---

[2] Si veda MATTEN, C., *Managing Bank Capital: Capital Allocation and Performance Measurement*, 2nd ed., Chichester, UK: Wiley, 2000.

In genere, non è opportuno utilizzare il RAROC *ex post* per decidere quali *business units* espandere e quali contrarre (anche se si può essere tentati di farlo). È possibile che il RAROC *ex post* sia basso solo perché la *business unit* è incorsa in una cattiva annata. Forse le perdite su crediti sono state molto più elevate della media oppure c'è stata una perdita operativa inaspettatamente elevata. Le decisioni strategiche importanti dovrebbero basarsi sulle prospettive di lungo termine.

SOMMARIO

Il capitale economico è il capitale che le banche e le altre istituzioni finanziarie ritengono necessario per coprire i rischi cui sono esposte. Quando calcolano il capitale economico, le istituzioni finanziarie sono libere di adottare il metodo che preferiscono. Non devono necessariamente utilizzare quello proposto dalle autorità di vigilanza. Tipicamente, vengono prima stimati i capitali economici a fronte dei diversi tipi di rischio (di credito, di mercato, operativo e – se possibile – d'impresa) e poi queste stime vengono aggregate per determinare il capitale economico dell'intera impresa.

Di solito, si suppone che i rischi non siano perfettamente correlati tra loro. I benefici della diversificazione vengono stimati e allocati alle diverse *business units*. Di solito, il metodo utilizzato per allocare i benefici della diversificazione è disegnato in modo da riflettere il contributo delle singole *business units* al capitale economico complessivo.

Le *loss distributions* a 1 anno a fronte del rischio di mercato, di credito e operativo sono molto diverse tra loro. La *loss distribution* per il rischio di mercato è simmetrica, mentre quella per il rischio di credito è asimmetrica e quella per il rischio operativo è fortemente asimmetrica con code molto spesse.

Le istituzioni finanziarie calcolano il *risk-adjusted return on capital* (RAROC) di una *business unit* dividendo il profitto generato dalla *business unit* per il capitale che le è stato allocato. Il RAROC atteso viene utilizzato per decidere quali linee operative vanno estese e quali devono essere invece ridimensionate. Il RAROC effettivo viene utilizzato per valutare la performance delle *business units*.

SUGGERIMENTI PER ULTERIORI LETTURE

Dev, A., *Economic Capital: A Practitioner's Guide*. London: Risk Books, 2004.

Matten, C., *Managing Bank Capital: Capital Allocation and Performance Measurement*, 2nd ed., Chichester, UK: Wiley, 2000.

Rosenberg, J. V., e Schuermann, T., "A General Approach to Integrated Risk Management with Skewed, Fat-Tailed Risks", Federal Reserve Bank of New York, Staff Report No. 185, May 2004.

DOMANDE E PROBLEMI
(le risposte si trovano alla fine del libro)

28.1. Qual è la differenza tra capitale economico e capitale regolamentare?

28.2. In che modo le banche scelgono il livello di confidenza per calcolare il capitale economico?

28.3. Come viene definito il rischio d'impresa?

28.4. Perché è probabile che i modelli utilizzati dalle banche per la stima del capitale economico a fronte dei diversi tipi di rischio (di mercato, di credito e operativo) siano diversi da quelli utilizzati per calcolare il capitale regolamentare?

28.5. Le perdite su crediti annue si distribuiscano in modo log-normale. I logaritmi delle perdite si distribuiscono in modo normale con media pari a ln($0,5) e deviazione standard pari a ln($4). Qual è il capitale economico della banca con un livello di confidenza del 99,97%?

28.6. Supponiamo che i capitali economici delle due aree di attività di una banca siano i seguenti:

Tipologia di rischio	Area di attività	
	1	2
Rischio di mercato	20	40
Rischio di credito	40	30
Rischio operativo	70	10

Le correlazioni sono quelle riportate nella Tavola 28.3. Calcolate il capitale economico complessivo per ognuna delle due aree e per l'intera banca.

28.7. (a) Nel Problema 28.6 qual è l'effetto incrementale di ogni area di attività sul capitale economico complessivo?

(b) Utilizzate la risposta *sub* (a) per allocare il capitale economico complessivo alle diverse aree di attività.

(c) In che misura l'aumento dello 0,5% delle dimensioni delle aree di attività si ripercuote sul capitale economico complessivo?

(d) Verificate che la risposta *sub* (c) sia coerente con il teorema di Eulero.

28.8. Una banca sta considerando di espandere le sue attività nel settore dei fondi comuni d'investimento. Il rischio principale è quello operativo. Si stima che le perdite operative attese nel prossimo anno, derivanti dalla nuova attività, siano pari a $2 milioni e che le perdite operative non eccedibili a un livello di confidenza del 99,97% siano pari a $40 milioni. Le commissioni annue che la banca si attende di ricevere dai sottoscrittori dei fondi sono pari a $12 milioni, a fronte di costi amministrativi annui pari a $5 milioni. Stimate il RAROC prima delle imposte.

28.9. Il RAROC può essere utilizzato in due diversi modi. Quali?

Parte VII: Altri Argomenti

Capitolo 29
Innovazione Finanziaria

Negli anni '80, chi voleva prenotare un volo da New York a Londra si rivolgeva a un'agenzia di viaggi. L'agenzia controllava la disponibilità dei voli, comunicava le varie possibilità, riceveva le istruzioni e infine effettuava la prenotazione. Oggi è probabile che quella stessa persona si rechi sul sito *web* della compagnia aerea ed effettui direttamente la prenotazione. Il processo che è stato appena descritto è noto come «disintermediazione» (*disintermediation*). L'agenzia di viaggi, come intermediaria, non è più necessaria.

Ciò non significa che non ci sia più bisogno di intermediari nel settore dei viaggi. Servizi *online* come Expedia e Travelocity sono nati per essere di aiuto quando i clienti non conoscono la compagnia aerea da utilizzare o vogliono confrontare rapidamente i prezzi offerti dalle diverse compagnie aeree. Tuttavia, la natura degli intermediari nel settore dei viaggi è cambiata e il coinvolgimento umano nelle procedure di prenotazione dei voli è in gran parte scomparso. La creazione di nuovi intermediari, come Expedia e Travelocity, viene chiamata «re-intermediazione» (*re-intermediation*). La disintermediazione seguita dalla re-intermediazione è una «sistematicità» (*pattern*) comune nell'evoluzione tecnologica.

Le banche e le altre istituzioni finanziarie, al pari delle agenzie di viaggio degli anni '80, sono intermediari. Anch'esse sono esposte al rischio che l'innovazione tecnologica ponga fine ai servizi che offrono. Le banche commerciali sono intermediari che incanalano il denaro dai depositanti ai mutuatari. Sono anche intermediari nel sistema dei pagamenti, nella compensazione degli assegni e nel trasferimento dei fondi secondo le istruzioni dei clienti. Le banche d'investimento sono intermediari che facilitano il collocamento di azioni e obbligazioni. Le banche e le altre istituzioni finanziarie sono anche intermediari che offrono servizi di gestione patrimoniale per i clienti e incanalano i loro risparmi verso gli investimenti più appropriati.

La «tecnologia finanziaria» (*financial technology* - FinTech) si occupa dell'applicazione della tecnologia ai servizi finanziari. Molte applicazioni tecnologiche come il «bancomat» (*automated teller machines* - ATMs), l'*online banking* e l'*online trading* sono già realtà. Questo capitolo cerca di rispondere a domande importanti per i professionisti che si occupano oggi di *risk management*. In che modo la FinTech influenzerà in futuro i servizi finanziari? Quali attività verranno digitalizzate? Quali saranno le reazioni dei clienti? In che modo le società di servizi finanziari possono ristrutturarsi per adeguarsi ai rapidi cambiamenti tecnologici?

29.1 PROGRESSO TECNOLOGICO

L'aumento della potenza di elaborazione dei *computers* nei primi 50 anni dalla loro invenzione è stata davvero sorprendente e ha consentito alla società di progredire.

Esempio 29.1

Nel 1965 Gordon Moore, co-fondatore di Intel, predisse correttamente che la potenza di elaborazione del *computer* sarebbe raddoppiata ogni due anni. Ora, uno *smartphone* ha più potenza di elaborazione di quanta ne aveva la NASA quando ha fatto atterrare un uomo sulla luna, nel 1969!

Molte attività che venivano svolte dagli esseri umani sono state automatizzate. Uno sviluppo interessante è l'«automazione dei processi in robotica» (*robotics process automation* - RPA), un *software* applicativo che replica le azioni degli esseri umani quando interagiscono con i sistemi di un'azienda.

Esempio 29.2

Il *software robot* è un lavoratore virtuale che può essere addestrato per eseguire determinati compiti nello stesso modo in cui viene addestrato un essere umano. I suoi compiti potrebbero riguardare l'apertura di un conto per un nuovo cliente o l'assunzione di un nuovo dipendente. In genere, i dati vengono inviati a un certo numero di diversi sistemi all'interno dell'organizzazione.

Machine Learning

La prima rivoluzione industriale, iniziata nel XVIII secolo, ha riguardato l'uso del «vapore» (*steam*) e dell'«energia idrica» (*water power*). La seconda rivoluzione industriale, iniziata nel XIX secolo, ha riguardato l'elettricità e la produzione di massa. La terza rivoluzione industriale, iniziata a metà del XX secolo, ha riguardato la digitalizzazione, ossia l'automazione di attività di *routine* precedentemente svolte dall'uomo. La quarta rivoluzione industriale, che stiamo vivendo ora, riguarda la creazione di intelligenza sulla base di dati.

Il *machine learning* è al centro della quarta rivoluzione industriale.[1] Riguarda l'utilizzo dei *computers* per compiti che non sono semplici attività di *routine*.

Esempio 29.3

Per illustrare la differenza tra *machine learning* e digitalizzazione, prendiamo in esame una banca che desideri automatizzare le sue decisioni in tema di concessione dei prestiti. Se fossero ben definiti, i criteri utilizzati dai suoi funzionari del Servizio Crediti potrebbero essere codificati in un programma per *computers* e le decisioni sulla concessione dei prestiti potrebbero essere prese rapidamente, senza alcun intervento umano. Questa sarebbe un'applicazione degli strumenti della terza rivoluzione industriale, un esempio di digitalizzazione.

Supponiamo, però, che non siano ben noti i precisi criteri adottati dalla banca nelle procedure istruttorie per la concessione dei prestiti. In tal caso, si potrebbero raccogliere i dati sulle «caratteristiche» (*features*) dei potenziali mutuatari unitamente alle decisioni prese dai funzionari del Servizio Crediti. Tra i dati rilevati potrebbero figurare gli «indicatori di qualità creditizia» (*credit scores*), i «redditi» (*incomes*), gli «altri impegni finanziari» (*other financial obligations*), ecc. Date queste informazioni, un algoritmo potrebbe apprendere i criteri decisionali utilizzati dai funzionari del Servizio Crediti e le decisioni sulla concessione dei prestiti potrebbero essere automatizzate. Questa sarebbe un'applicazione di *machine learning*.

---

[1] Si veda HULL, J. C., *Machine Learning in Business: Un'Introduzione alla Scienza dei Dati*, 3a edizione, Kindle Direct Publishing, 2021, un libro che spiega gli strumenti di *machine learning* ai *managers* che vogliono lavorare in modo produttivo con gli «scienziati dei dati» (*data scientists*).

Sez. 29.1 Progresso Tecnologico

```
┌─────────────────────┐        ┌─────────────────────┐
│     Statistica      │        │   Machine Learning  │
└─────────────────────┘        └─────────────────────┘
           │                              │
           ▼                              ▼
┌─────────────────────┐        ┌─────────────────────┐
│     Si sviluppa     │        │  Si raccolgono i dati│
│ e si perfeziona     │        │                     │
│    un'ipotesi       │        │                     │
└─────────────────────┘        └─────────────────────┘
           │                              │
           ▼                              ▼
┌─────────────────────┐        ┌─────────────────────┐
│ Si raccolgono i dati│        │    Si provano       │
│                     │        │   diversi modelli   │
└─────────────────────┘        └─────────────────────┘
           │                              │
           ▼                              ▼
┌─────────────────────┐        ┌─────────────────────┐
│     Si verifica     │        │    Si seleziona     │
│ l'attendibilità     │        │  il modello migliore│
│    dell'ipotesi     │        │                     │
└─────────────────────┘        └─────────────────────┘
```

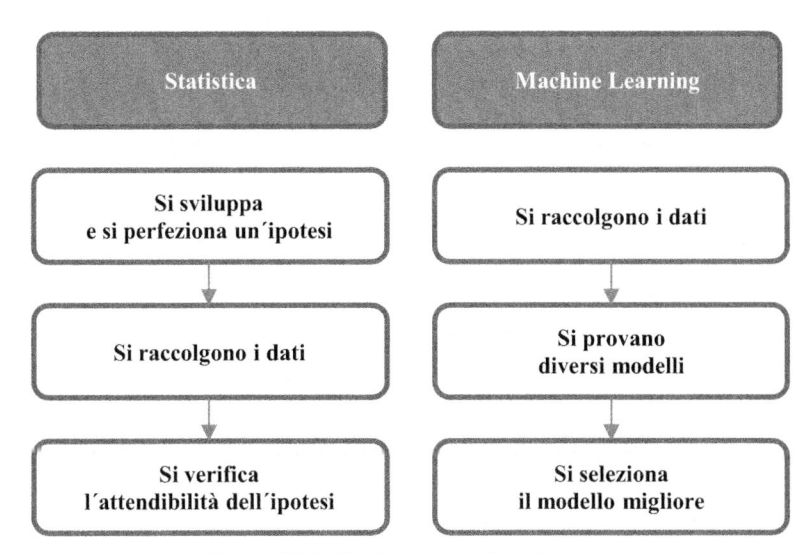

Figura 29.1 Statistica e *machine learning*.

Tuttavia, la banca può anche non fermarsi qui. Potrebbe decidere di fare un ulteriore passo in avanti e cercare di migliorare i criteri attualmente utilizzati. Oltre a raccogliere le informazioni sulle caratteristiche dei mutuatari, la banca potrebbe raccogliere i dati sull'esito dei prestiti, ossia sul fatto che siano stati rimborsati oppure no. Un algoritmo potrebbe poi determinare le probabilità di rimborso in funzione delle caratteristiche dei mutuatari. Questi dati verrebbero infine utilizzati per sviluppare criteri migliori per la concessione dei prestiti. Anche questa sarebbe un'applicazione di *machine learning*.

C'è una differenza fondamentale tra le metodologie utilizzate in statistica e in *machine learning* (Figura 29.1). In statistica, per prima cosa si sviluppa e si perfeziona un'ipotesi, poi si raccolgono i dati e infine si verifica l'attendibilità dell'ipotesi. Invece, nel *machine learning* non ci sono ipotesi. Innanzitutto si raccolgono i dati, poi – per descrivere i dati – si provano diversi modelli e infine si seleziona il modello migliore.

I modelli di *machine learning* possono essere suddivisi in tre categorie:

- «apprendimento senza supervisione» (*unsupervised learning*);
- «apprendimento con supervisione» (*supervised learning*);
- «apprendimento per rinforzo» (*reinforcement learning*).

L'*unsupervised learning* si occupa del riconoscimento di sistematicità presenti nei dati. L'obiettivo principale non è quello di prevedere una certa variabile, ma di comprendere meglio l'ambiente descritto dai dati. È uno strumento diffuso nel *marketing* di prodotti o servizi.

Esempio 29.4

Consideriamo una banca. Ha accesso a molte variabili che descrivono i suoi clienti: «saldo medio del conto» (*average account balance*), numero di transazioni al mese, altri servizi bancari utilizzati ecc. Queste informazioni possono consentire alla banca di identificare un certo numero di «gruppi» (*clusters*) formati da clienti che si comportano in modo simile. Di conseguenza, la banca potrebbe indirizzare meglio la sua pubblicità verso i prodotti (prestiti auto, mutui, servizi di gestione patrimoniale, ecc.) che meglio rispondono alle esigenze di ogni gruppo.

Due strumenti utilizzati spesso dall'*unsupervised learning* sono l'«algoritmo delle *k* medie» (*k-means algorithm*) e l'«analisi delle componenti principali» (*principal components analysis*).

Il *supervised learning* si occupa dell'utilizzo dei dati per fare previsioni. Esistono due tipi di modelli previsivi: i modelli utilizzati per prevedere una variabile continua (come lo stipendio di un soggetto o il prezzo di un'abitazione) e i modelli utilizzati per prevedere una variabile discreta (come la solvibilità o l'insolvenza dei possibili mutuatari) con finalità di classificazione.

Esempio 29.5

Prevedere il valore delle abitazioni in una certa città è un esempio di «previsione del valore» (*value prediction*). Le caratteristiche delle abitazioni possono essere i metri quadri della superficie abitabile, il numero delle camere da letto, la «superficie complessiva» (*lot size*), la «posizione» (*location*), ecc.

Per prevedere il valore delle abitazioni, dobbiamo avere a disposizione un campione di «dati etichettati» (*labeled data*), che riporti il valore dell'abitazione oltre alle sue caratteristiche. L'algoritmo apprende in che modo il valore dipende dalle caratteristiche ed è poi in grado di prevedere il valore di altre abitazioni.

Esempio 29.6

Automatizzare le decisioni di una banca in tema di concessione dei prestiti è un esempio di classificazione. Quando vogliamo modellare le decisioni dei funzionari del Servizio Crediti, i dati sulle caratteristiche dei potenziali mutuatari vengono utilizzati per classificare le domande come «accettate» (*accepted*) o «rifiutate» (*rejected*).

Quando vogliamo migliorare il processo decisionale, i dati sulle caratteristiche dei potenziali mutuatari vengono utilizzati per classificare i prestiti come «completamente rimborsati» (*fully paid back*) o «insoluti» (*defaulted*).

Gli strumenti utilizzati dal *supervised learning* sono numerosi. La regressione lineare (per la previsione del valore) e la regressione logistica (per la classificazione) sono tecniche statistiche ben note che vengono spesso utilizzate nel *machine learning*. Altri strumenti sono l'«algoritmo dei *k* confinanti più vicini» (*k-nearest neighbors algorithm*), gli «alberi decisionali» (*decision trees*), le «macchine a vettori di supporto» (*support vector machines* - SVMs) e le «reti neurali» (*neural networks*).

Uno dei problemi del *machine learning* è l'«adattamento eccessivo» (*overfitting*). Se la nostra ricerca è sufficientemente ampia, possiamo stimare un modello che si adatta molto bene ai dati disponibili, ma è possibile che il modello non descriva bene i nuovi dati. Per questo motivo, è buona norma suddividere i dati disponibili in tre *datasets*:

1. il «campione utilizzato per l'addestramento» (*training set*), che serve a determinare i parametri del modello;
2. il «campione utilizzato per la convalida» (*validation set*), che consente di determinare se il modello si presta a descrivere bene i nuovi dati;
3. il «campione utilizzato per la verifica» (*test set*), che serve a misurare l'accuratezza del modello.

Nel caso di grandi *datasets*, una tipica ripartizione dei dati disponibili è la seguente: il 60% per il *training set*, il 20% per il *validation set* e il 20% per il *test set*.

Tuttavia, la scelta dipende dai modelli utilizzati e dalla quantità di dati disponibili.

Il *reinforcement learning* si occupa dei casi in cui è necessario prendere una serie di decisioni in un ambiente in evoluzione. Un'applicazione riguarda la «copertura» (*hedging*) dei derivati.[2]

Esempio 29.7

Un *trader* potrebbe mettere in atto una strategia di copertura oggi, ribilanciarla domani alla luce delle mutevoli condizioni di mercato, ribilanciarla nuovamente il giorno successivo ecc.

Nel *reinforcement learning*, la migliore strategia viene scelta procedendo «per tentativi» (*by trial and error*).

Esempio 29.8

Il *reinforcement learning* è alla base degli algoritmi che sono stati sviluppati per giocare a Go, a scacchi e ad altri giochi meglio dei migliori giocatori umani. All'algoritmo vengono date le regole del gioco (e nient'altro). L'algoritmo gioca contro se stesso milioni di volte e impara la migliore strategia da seguire nelle diverse situazioni.

Blockchain

I «registri» (*ledgers*) che riportano la proprietà dei beni sono soggetti a frodi e ad «attacchi informatici» (*computer hacking*). Da qui la mancanza di fiducia da parte degli utenti. Molti lettori avranno sentito storie sui «furti d'identità» (*title frauds*), come quando qualcuno che non è il proprietario di una casa ne riesce a rivendicare la proprietà e a ottenere un mutuo. A volte i registri sono tenuti da persone diverse in organizzazioni diverse. Ci possono essere incongruenze e, per risolverle, occorre tempo e denaro.

Blockchain, letteralmente «catena di blocchi», è un «registro distribuito» (*distributed ledger*), in cui molte persone possono aggiungere voci e il cui aggiornamento è controllato da un insieme di utenti. Le registrazioni incoerenti, le frodi e gli attacchi informatici sono impossibili o estremamente improbabili. Le stesse registrazioni sono disponibili su più *computers* e possono essere ispezionate in qualsiasi momento.

La prima *blockchain* è stata sviluppata nel 2009 in connessione con bitcoin, ma sono ora allo studio molte altre applicazioni di questa tecnologia. Il registro che riporta chi possiede cosa è una lunga lista di blocchi. Quando viene creato un nuovo blocco di transazioni (pochi minuti dopo il precedente, nel caso di bitcoin), un nuovo blocco viene aggiunto alla catena. La lista dei blocchi viene costantemente aggiornata e ognuno dei partecipanti la riceve.

Un aspetto importante della *blockchain* è noto come «indirizzamento calcolato» (*hashing*). L'*hash* è una stringa di 64 caratteri. Qualsiasi testo può essere convertito in un *hash*, ma il processo inverso (trasformare l'*hash* in testo) non è possibile. Anche un piccolo cambiamento nel testo cambierà totalmente l'*hash*.

Esempio 29.9

Per illustrare l'*hashing*, possiamo utilizzare un calcolatore di *hash*, lo SHA 256, dove SHA è l'acronimo di *secure hash algorithm*. Il calcolatore è disponibile sul *web* a quest'indirizzo:

http://www.xorbin.com/tools/sha256-hash-calculator

---

[2] Si veda, ad es., CAO, J., CHEN, J., FARGHADANI, S., HULL, J. C., POULOS, Z., WANG, Z.. e YUAN, J., "Gamma and Vega Hedging Using Deep Distributional Reinforcement Learning". Working paper, 2022, SSRN 4106814.

L'*hash* del titolo di questo libro, *Risk Management e Istituzioni Finanziarie* (senza corsivo), è

1dcc48387a27cd95378b08ab26261b161a97c51a7c9146f3d3ff73710d656a3f

Se si aggiunge il numero di quest'edizione, in modo che il testo completo diventa *Risk Management e Istituzioni Finanziarie 6* (di nuovo senza corsivo), l'*hash* è completamente diverso:

a3c479e30a677118f50c3e7f5e7a4a36d056c314bef8990810e76f52b6bf08da

In teoria, è possibile che due diverse stringhe diano origine allo stesso *hash*, ma in pratica questo è «a tutti gli effetti» (*to all intents and purposes*) impossibile. L'*hash* che abbiamo appena visto nell'Esempio 29.9 è formato dai numeri da 0 a 9 e dalle prime sei lettere dell'alfabeto. Ciò significa che il numero dei possibili *hash* è pari a $16^{64} - 1$.[3]

I *records* presenti in ogni blocco di una *blockchain* sono «sigillati» (*sealed*). L'*hash* li protegge dalle «manomissioni» (*tampers*). Uno degli input dell'*hash* è l'*hash* del blocco precedente. Pertanto, ogni tentativo di manomissione di un certo blocco viene immediatamente individuato perché influenza quel blocco e tutti i blocchi successivi.

Affinché la *blockchain* sia libera da interventi esterni, occorre che i partecipanti siano incentivati a controllare i nuovi blocchi e a crearne gli *hashes*.

Esempio 29.10

Per incentivare i partecipanti, chiamati «minatori» (*miners*), bitcoin li invita a cercare una «stringa creata per l'occasione» (*nonce*), che – se aggiunta al blocco – determina un *hash* che inizia con diversi zeri. Il *miner* che trova per primo il *nonce* viene ricompensato con un certo numero di bitcoin. Il nuovo blocco viene trasformato in *hash* per essere poi distribuito a tutti i partecipanti.

Esistono due tipi di *blockchain*:

1. «autorizzate» (*permissioned*)
2. «prive di autorizzazione» (*permissionless*).

Nel caso delle *blockchains* non autorizzate, come ad es. bitcoin, non ci sono restrizioni sulla partecipazione e non c'è bisogno che i partecipanti si conoscano o si fidino l'uno dell'altro. Le *blockchains* autorizzate sono sistemi condivisi privatamente. In questi casi, è possibile che i partecipanti si conoscano e (almeno in parte) si fidino l'uno dell'altro. Le *blockchains* autorizzate consentono alle istituzioni finanziarie di condividere i dati per accelerare il regolamento delle transazioni.

Le «tecnologie di registrazione distribuita» (*distributed ledger technologies* - DLTs), come la *blockchain*, stanno ora ricevendo grande attenzione da parte delle istituzioni finanziarie e delle quattro grandi società di revisione contabile, nonché di molte altre grandi aziende.

Resta da vedere se la *blockchain* e le altre idee delle DLTs «saranno all'altezza delle aspettative» (*live up to hype*). IBM sta lavorando da molti anni con diverse banche per facilitare gli scambi tra piccole e medie imprese attraverso l'utilizzo della tecnologia *blockchain*. La *blockchain* può rendere più agevole il perfezionamento dei trasferimenti elettronici, sia nel mercato domestico sia in quello interna-

---

[3] Il numero delle disposizioni con ripetizione di n elementi della classe k è pari a n^k. In questo caso $n = 16$ (10 cifre + 6 lettere) e $k = 64$ (il numero dei caratteri da cui è composto l'*hash*). Si ha quindi $n^k = 16^{64}$. Il conteggio riportato nel testo esclude l'*hash* composto da 64 zeri. In prima approssimazione, il numero dei possibili *hash* è pari a quello degli atomi osservabili nell'universo conosciuto.

zionale. Altre possibili applicazioni nel settore finanziario riguardano la negoziazione titoli, la liquidazione e la compensazione degli scambi, e altre funzioni di *back-office*. Le DLTs possono accelerare questi processi. In effetti, diventa possibile liquidare le negoziazioni quasi in tempo reale. Questi sono esempi della disintermediazione citata all'inizio del capitolo. Le innovazioni rappresentano, allo stesso tempo, una «minaccia» (*threat*) e un'opportunità. Ridurranno le commissioni bancarie ma sono anche un'opportunità perché possono consentire di offrire nuovi servizi a famiglie e imprese. Il rischio operativo si dovrebbe attenuare, perché ci dovrebbero essere meno frodi e meno attacchi informatici, e questo dovrebbe portare a una riduzione del capitale regolamentare.

29.2 SISTEMI DI PAGAMENTO

La tecnologia ha già avuto un enorme impatto sul modo in cui vengono effettuati i pagamenti. Siamo passati dal contante e dagli assegni alle carte di credito e di debito fino all'uso dei «portafogli mobili» (*mobile wallets*). Sotto certi aspetti, i paesi in via di sviluppo si sono mossi in questa direzione più dei paesi sviluppati, in parte perché i sistemi di pagamento tradizionali non erano altrettanto consolidati. Molte *FinTech start-ups* offrono nuovi servizi. Alcune, come PayPal, Apple Pay e Google Wallet negli Stati Uniti, e Alipay (parte di Alibaba) e Tencent in Cina, sono aziende grandi e consolidate.

Le caratteristiche chiave dei mezzi di pagamento sono la velocità, la convenienza, la sicurezza, la semplicità e il costo. Molti servizi come PayPal trasferiscono i fondi quasi immediatamente.

Esempio 29.11

Nel settembre 2021, PayPal ha diffuso un'*app* che offre diversi strumenti finanziari: i «depositi diretti» (*direct deposits*), il «pagamento delle bollette» (*bill payment*), un «portafoglio digitale» (*digital wallet*) e l'utilizzo delle «criptovalute» (*cryptocurrencies*).

Memorizzare informazioni su un iPhone, o su un dispositivo simile, come se fosse una carta di credito è comodo per molti consumatori. In effetti, data la posizione dominante di Apple nel mercato degli *smartphones*, è stato naturale che Apple si addentrasse nel settore dei pagamenti e dei servizi bancari. Si può immaginare che i dispositivi indossabili, come gli orologi o i braccialetti, o persino gli impianti di *microchips* sottocutanei, potranno essere utilizzati alla stregua degli *smartphones* per rendere più comodo il modo in cui si effettuano i pagamenti.

La sicurezza è un grosso problema per tutte le forme di pagamento. Decine di miliardi di dollari vengono persi ogni anno a causa delle frodi con le carte di credito. I *microchips* e le bande magnetiche nelle carte di credito sono utili, ma non eliminano il problema. È probabile che in futuro assisteremo a grandi cambiamenti nei metodi di contrasto delle frodi. I «portafogli digitali» (*digital wallets*) sono considerati più sicuri delle carte di credito. Molti fornitori di servizi di pagamento, comprese le banche, stanno studiando le autorizzazioni biometriche.

Esempio 29.12

Amazon One, che ha 60 «negozi» (*stores*) negli Stati Uniti, consente di effettuare gli acquisti ponendo il palmo della mano su un lettore.

La «scansione retinica» (*retinal scanning*), il «riconoscimento facciale» (*facial recognition*), l'«autenticazione vocale» (*voice authentication*) e persino il «monitoraggio del battito cardiaco» (*heartbeat monitoring*) sono strumenti che vengono presi in considerazione. Di solito, i costi delle frodi sono a carico dei fornitori dei sistemi di pagamento e vengono da questi girati ai «commercianti» (*merchants*) sotto forma di commissioni. A loro volta, i commercianti si rivalgono sui consumatori. Pertanto, tutti hanno interesse a ridurre le frodi e i metodi che abbiamo menzionato per rendere più sicuri i pagamenti dovrebbero essere tutti accolti favorevolmente.

L'autorizzazione biometrica sembra «inverosimile» (*far-fetched*), ma non è così.

Esempio 29.13
L'India ha rilasciato documenti biometrici (con impronte digitali e scansioni della retina) a oltre un miliardo di persone e sta gettando le basi per una società «senza contanti» (*cashless*).

Accrescere il numero delle persone che fanno parte dell'ecosistema finanziario è un obiettivo importante per lo sviluppo di un Paese. I documenti biometrici hanno anche il vantaggio di consentire la distribuzione dei benefici governativi con un minor coinvolgimento di intermediari. Naturalmente, c'è chi sostiene che la fornitura di informazioni biometriche è una violazione inaccettabile della *privacy*, e questo potrebbe rallentare la loro accettazione nei Paesi sviluppati.

Alcuni sistemi di pagamento consentono agli utenti di prendere in prestito denaro. I tassi d'interesse addebitati dalle società che emettono carte di credito sono molto alti, ma si deve tener presente che gli utenti ottengono credito gratuito per il tempo che passa tra gli acquisti e la successiva scadenza mensile.

Esempio 29.13
Anche PayPal offre credito gratuito (per 14 giorni).

È probabile che in futuro verranno offerti servizi di credito sempre più convenienti, aggiustati in funzione delle esigenze degli utenti.

Esempio 29.14
Alibaba, attraverso le sue filiali, Alipay e Mybank, offre già ora diversi servizi bancari.

Quali altri servizi potranno essere offerti per rendere i sistemi di pagamento sempre più attraenti? Molte persone rimettono regolarmente fondi ai familiari che vivono in altri Paesi. È probabile che i servizi valutari associati a queste transazioni diventeranno sempre più convenienti e competitivi. È probabile che verranno sviluppati servizi di copertura valutaria di facile utilizzo e competitivi rispetto a quelli bancari. La FinTech, con analisi sofisticate delle vendite, consentirà alle imprese di comprendere meglio i propri clienti e di offrire servizi contabili.

Una conseguenza della digitalizzazione dei pagamenti è che diventa molto più facile raccogliere dati sulle abitudini di spesa della gente. Queste informazioni potrebbero essere utili alle banche quando devono prendere decisioni sulla concessione dei prestiti (sapere come un cliente spende il proprio denaro può essere importante quasi quanto conoscere i suoi guadagni).

Ci sono problemi di *privacy*. A volte, i sistemi di pagamento vendono le informazioni dopo averle rese anonime. Spesso, per comprendere meglio le preferenze dei consumatori, i dati vengono analizzati con tecniche di *machine learning*.

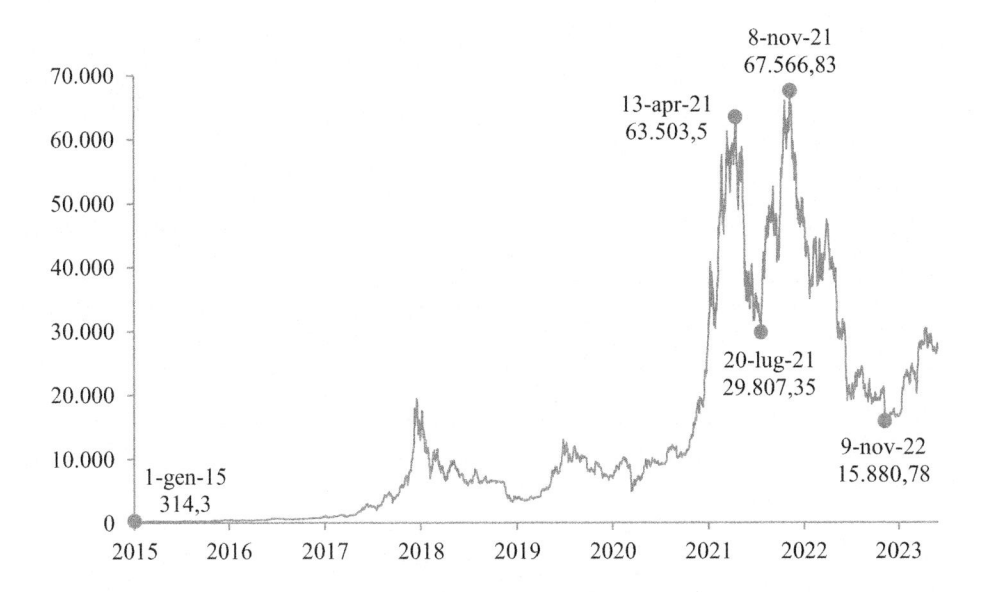

Figura 29.2 Valore di bitcoin in dollari statunitensi.

Criptovalute

L'utilizzo di bitcoin come mezzo di pagamento è cresciuto rapidamente da quando è stato introdotto per la prima volta, nel 2009. La Figura 29.2 mostra il prezzo di bitcoin, espresso in dollari statunitensi, tra il 1° gennaio 2015 e il 31 maggio 2023.

Esempio 29.15

Il prezzo di bitcoin è stato molto volatile. È salito a oltre $63.000 nell'aprile 2021, per scendere a meno di $30.000 nel luglio 2021, salire poi a oltre $67.000 nel novembre 2021 e poi scendere a meno di $16.000 nel novembre 2022.

Il principale vantaggio delle «criptovalute» (*cryptocurrencies*), come bitcoin, è che sono fuori dal controllo di qualsiasi governo e quindi il loro valore non può essere «svalutato» (*debased*) dalle politiche monetarie dei vari Paesi.[4]

Esempio 29.16

Questo vantaggio può essere particolarmente interessante per le persone che vivono in Paesi in via di sviluppo, come il Venezuela o lo Zimbabwe, dove il valore della valuta nazionale è fortemente volatile.

I pagamenti effettuati nelle criptovalute sono sicuri, privati e a basso costo. I soggetti che utilizzano le criptovalute possono rimanere anonimi.

---

[4] L'aumento dell'offerta di *bitcoin* è determinato dagli importi pagati ai *miners* che verificano le transazioni, come si è visto nella Sezione 29.1 (sotto-sezione sul *blockchain*).

Riquadro 29.1 Mt. Gox.

Bitcoin è un mezzo di pagamento sicuro, ma alcune borse, che consentono di scambiare bitcoin con valute tradizionali, hanno avuto problemi. Ci sono state diverse segnalazioni che queste borse siano state oggetto di attacchi informatici. Il caso più eclatante riguarda Mt. Gox, una borsa che ha sede nel distretto Shibuya di Tokyo. Nel febbraio 2014, Mt. Gox ha comunicato che bitcoins per un valore di oltre $450 milioni erano stati probabilmente rubati. Il motivo dell'ammanco, esteso su un certo numero di anni, non è chiaro. Sembra che una scarsa attenzione e un codice non ben controllato abbiano consentito agli *hackers* di rubare bitcoins. C'è stato chi ha accusato il CEO di appropriazione indebita, ma l'accusa non è stata provata. Quale che sia stato il motivo dell'ammanco, Mt. Gox ha dovuto presentare istanza di fallimento nell'aprile 2014.

Come evitare gli ammanchi? I bitcoins non dovrebbero essere «immagazzinati» (*stored*) in borsa. Dovrebbero essere trasferiti a borse *online* affidabili solo quando si desidera scambiarli con valute tradizionali.

Il principale svantaggio delle criptovalute è che il loro valore è più volatile rispetto a quello delle più importanti valute tradizionali.[5]

Le criptovalute non pagano interessi. Vengono spesso associate (a torto o a ragione) ad attività illegali come lo spaccio di droga. Nel settembre 2017, Jamie Dimon, CEO di J.P. Morgan, ha dichiarato: "Bitcoin è una frode che alla fine esploderà". La Cina «ha messo al bando» (*banned*) il bitcoin e le borse che ne consentono la negoziazione.

Chi utilizza le criptovalute si fida del modo in cui le criptovalute vengono create. Se venisse trovato un difetto, la criptovaluta non avrebbe valore. Il protocollo bitcoin non è stato mai violato, ma gli scambi di bitcoins sono stati oggetto di attacchi informatici. Si veda il Riquadro 29.1.

Oltre a bitcoin, ci sono molte altre criptovalute. Nel 2022, le maggiori in termini di capitalizzazione erano ethereum (ETH), tether (USDT), USD coin (USDC), binance coin (BNB), binance USD (BUSD), cardano (ADA), xrp (XRP), solana (SOL), dogecoin (DOGE), polkadot (DOT) e dai (DAI). Le procedure utilizzate da alcune di queste criptovalute per rendere sicure le transazioni sono abbastanza diverse da quella utilizzata da bitcoin. Alcune, come ethereum, facilitano i «contratti intelligenti» (*smart contracts*). Si tratta di contratti che vengono eseguiti automaticamente quando le specifiche condizioni sono soddisfatte. Si elimina così la necessità di intermediari.

Le criptovalute il cui valore è «legato» (*tied*) a quello di un'«attività esterna» (*outside asset*), come il dollaro o l'oro, sono dette *stablecoins*. Alcune delle criptovalute sopra menzionate (ad es. tether e USD coin) sono *stablecoins*. Mantengono il loro valore attraverso la detenzione dell'*outside asset*. Quando si compra una *stablecoin*, l'ammontare equivalente dell'*outside asset* viene comprato. Viceversa, quando si vende una *stablecoin*, l'ammontare equivalente dell'*outside asset* viene venduto. Le *stablecoins* sono definite in modo da avere i vantaggi delle criptovalute, come bitcoin, senza lo svantaggio dell'eccessiva volatilità.

Alcune criptovalute hanno utilizzato algoritmi per ancorare il loro valore a quello dell'*outside asset*. Il meccanismo è stato quello di coniare la criptovaluta o

---

[5] La volatilità del valore in dollari USA di bitcoin, calcolata in base ai dati degli anni 2015-2023 utilizzati per costruire la Figura 29.2 è pari a circa il 61% annuo. La volatilità di una valuta come l'euro, la sterlina inglese o lo yen giapponese, espressa in termini di dollari statunitensi, è in genere inferiore al 20% annuo.

di bruciarla (ossia rimuoverla dalla circolazione) in funzione del valore dell'*outside asset*. Il sistema non ha funzionato e le perdite sono state enormi. È probabile che le *stablecoins* assistite da strategie algoritmiche non incontreranno più il favore degli investitori.

Esempio 29.18
Nel 2022, la stablecoin terraUSD e il «gettone» (*token*) virtuale luna, che utilizzavano un algoritmo, sono falliti in modo spettacolare, causando perdite per circa $60 miliardi.

Central Bank Digital Currencies (CBDCs)

Le banche centrali di tutti i maggiori Paesi del mondo stanno studiando la possibilità di offrire le proprie valute digitali, note come «valute digitali delle banche centrali» (*central bank digital currencies* - CBDCs).

Invece di coniare «monete» (*coins*) e stampare banconote, garantite dallo Stato, la banca centrale emette «moneta elettronica» (*electronic money*), anch'essa garantita dallo Stato.

Esempio 29.19
Alcuni piccoli Paesi hanno iniziato a emettere le proprie valute digitali: la Nigeria l'eNaira nell'ottobre 2021 e la Giamaica il Jam-Dex nel luglio 2022.
È probabile che l'India, la Cina e la Russia saranno i primi grandi Paesi a fare altrettanto. Gli Stati Uniti e il Regno Unito stanno studiando le CBDCs, ma si muovono più lentamente.

Uno dei vantaggi delle CBDCs è che consentono un accesso al denaro più facile e più sicuro per «chi non ha conti correnti bancari» (*the unbanked*). Inoltre, possono accrescere l'efficienza dei sistemi di pagamento domestici e abbassare i costi delle transazioni. Possono anche semplificare il controllo dell'offerta di moneta da parte delle banche centrali.

Si può immaginare un Paese in cui tutti i cittadini hanno un conto in valuta digitale presso la banca centrale e dove i servizi di pagamento vengono offerti da società private in competizione tra loro. Per aumentare la domanda aggregata, la banca centrale potrebbe aumentare l'offerta di moneta accreditando i conti dei cittadini «in modo equo» (*in an equitable way*).

Ovviamente, alcune implicazioni di questi cambiamenti sarebbero del tutto incerte. È probabile che un qualche accordo internazionale sia necessario per consentire la conversione della valuta digitale di un Paese in quella di un altro Paese. La sostituzione delle banconote con le valute digitali consentirebbe a chi risiede in un certo Paese di scambiare molto più facilmente la valuta digitale interna con quella di un altro Paese. Ci sarebbe una nuova forma di concorrenza tra le valute dei diversi Paesi e il controllo dell'offerta di moneta da parte delle banche centrali potrebbe diventare più difficile.

29.3 OPEN BANKING

L'*open banking*, letteralmente "banca aperta", è un sistema bancario in cui viene consentito a «terze parti che forniscono servizi finanziari» (*third-party financial service providers*), spesso società del FinTech relativamente piccole, l'accesso ai dati dei clienti delle banche attraverso l'uso di una «interfaccia di programmazione delle applicazioni» (*application programming interface* - API). I clienti devono dare il consenso al trasferimento dei dati. Il vantaggio per loro è quello di poter utilizzare facilmente i servizi offerti da varie organizzazioni.

Il Regno Unito è stato un *leader* nell'*open banking*. Nel Regno Unito, alla fine del 2021, c'erano ben 4,5 milioni di utenti di *open banking*. Nell'Unione Europea, la «seconda direttiva sui servizi di pagamento» (*payments services directive* - PSD 2) ha richiesto alle banche di mettere a disposizione dei propri clienti i servizi di *open banking*. Altri Paesi, come gli Stati Uniti, dovrebbero introdurre l'*open banking* durante la prima metà degli anni '20. Il vantaggio principale dell'*open banking* è che incoraggia l'innovazione finanziaria e offre ai consumatori l'accesso a una più ampia gamma di servizi finanziari. Tuttavia, la maggiore concorrenza potrebbe portare alla perdita di *business* e alcune banche potrebbero sentirsi in difficoltà.

29.4 PRESTITI

Come tutti gli studenti di materie bancarie sanno, ci sono diverse "c" associate ai prestiti: «carattere» (*character*), con riferimento al modo in cui sono stati onorati gli impegni presi in passato, «capacità» (*capacity*), con riferimento all'entità del debito che il mutuatario può agevolmente contrarre, «capitale» (*capital*), con riferimento al patrimonio di proprietà del mutuatario, «cauzione» (*collateral*), con riferimento alle garanzie che il mutuatario può prestare, ecc. Il *machine learning*, citato in precedenza, ha consentito di automatizzare le decisioni circa la concessione dei prestiti. In linea di principio, gli algoritmi di *machine learning* possono essere più obiettivi e avere meno pregiudizi degli esseri umani.[6]

Vedremo ora due innovazioni (i prestiti P2P e il *crowdfunding*) che non si sono rivelate una «minaccia» (*threat*) per le banche nell'area dei prestiti alla clientela.

Prestiti P2P

Il margine d'interesse netto di una banca è pari alla differenza tra l'interesse corrisposto sulle passività e l'interesse percepito sulle attività.

Esempio 29.20

Se riceve depositi sui quali paga il 2% e presta al 5% i fondi ricevuti, il margine d'interesse netto della banca è pari al 3% (= 5% − 2%). Parte di questo margine (forse l'1%) serve a compensare la banca per le perdite attese sui prestiti. Se il depositante potesse prestare il denaro direttamente al mutuatario, ad es. al 4%, entrambi ne sarebbero avvantaggiati.

I «prestiti da pari a pari» (*peer to peer* - P2P) fanno parte di un processo di disintermediazione e re-intermediazione. Comportano la disintermediazione delle banche, ma danno spazio a nuovi intermediari.

I nuovi intermediari possono offrire i seguenti servizi:

1. creare piattaforme *online* che mettano in contatto creditori e debitori;
2. verificare l'identità, i conti bancari, il lavoro, il reddito, ecc., dei debitori;

---

[6] Tuttavia, è stato dimostrato che il *machine learning* non è completamente privo di pregiudizi. È possibile che i dati utilizzati dagli algoritmi siano stati scelti in modo errato. Inoltre, chi scrive il programma può, consapevolmente o inconsciamente, incorporare pregiudizi nel modo in cui gli algoritmi vengono utilizzati o nel modo in cui le decisioni vengono prese.

3. valutare il rischio di credito dei debitori e, se il prestito viene concesso, determinare il tasso d'interesse appropriato;
4. elaborare i flussi di cassa tra debitori e creditori;
5. tentare di riscuotere i pagamenti dovuti dai debitori che falliscono.

Molti dei debitori che ora utilizzano le piattaforme P2P si sono visti rifiutare il credito bancario. È quindi possibile che i tassi di interesse siano piuttosto elevati rispetto ai prestiti convenzionali (ma comunque inferiori ai tassi sui saldi delle carte di credito e su altre fonti cui possono attingere i debitori a rischio medio-alto).

Esempio 29.21
Esempi di piattaforme per i prestiti P2P sono Kiva, Prosper, Funding Circle e Peerform.

Le piattaforme per i prestiti P2P assegnano i *ratings* ai debitori più o meno come fanno le banche.

Ha chiaramente senso che i creditori diversifichino tra i vari debitori scegliendo essi stessi il portafoglio di prestiti o chiedendo alla piattaforma P2P di costruire un portafoglio che sia coerente con la loro propensione al rischio. La selezione del portafoglio è piuttosto semplice perché spesso le perdite sui crediti sono idiosincratiche e sono quindi basse le correlazioni tra i tassi di rendimento dei vari prestiti.

Alcune piattaforme P2P consentono ai creditori di cedere il prestito prima che sia completamente rimborsato. Ovviamente, ci deve essere la disponibilità di un altro cliente a rilevare il prestito. In questi casi è naturale supporre che, se un creditore vuole cedere un prestito, c'è qualcosa che non va nel debitore.[7]

Tuttavia, è possibile che il creditore abbia problemi di liquidità e desideri monetizzare il suo investimento. Il miglioramento del mercato secondario dei prestiti rappresenta una possibile evoluzione delle piattaforme P2P. Un'idea che può essere utilizzata per aumentarne la liquidità consiste nel creare *tranches* da portafogli di prestiti, com'è stato descritto nel Capitolo 7, e venderle agli investitori.

Crowdfunding

Il *crowdfunding* è un'altra attività che ha il potenziale per essere una forza dirompente in finanza. Il termine *crowdfunding*, letteralmente «finanziamento» (*funding*) dalla «gente» (*crowd*), è il processo che consente di ottenere fondi da un gran numero di investitori. Alcune piattaforme di *crowdfunding* (*donation-based*) non hanno finalità di lucro e gli apporti in denaro provengono da una miriade di donatori. In alcuni casi, i donatori ricevono un servizio o un prodotto fisico in cambio del loro contributo. Altre piattaforme di *crowdfunding* (*equity-based*) sono state progettate per offrire un rendimento agli investitori. Investono in società che potrebbero avere successo.

Il *crowdfunding* consente di investire in azioni di società private a un numero di investitori molto più ampio rispetto ai *venture capitalists* e agli *angel investors*. La valutazione delle società è una parte fondamentale del *crowdfunding* azionario.

---

[7] Questo problema è simile a quello del mercato delle auto usate, dove a volte vengono offerte auto in cattivo stato [in gergo «bidoni» (*lemons*)], ed è noto agli economisti come problema del «mercato dei limoni» (*market for lemons*), dal titolo dell'omonimo articolo pubblicato da George Akerlof nel 1970.

Esempio 29.29

Se il valore della società è pari a $500.000, le azioni che rappresentano l'1% della società richiedono un investimento di $5.000; se è pari a $1 milione, l'investimento richiesto è di $10.000.

La determinazione del valore delle società è affidata a volte alle stesse società e altre volte agli investitori. In quest'ultimo caso, alcune piattaforme si avvalgono di professionisti per gli «accertamenti di natura economico-finanziaria sul patrimonio aziendale» (*due diligence*). In teoria, i professionisti, a cui viene in genere corrisposto un compenso, dovrebbero essere *angel investors* con «un po' di pelle in gioco» (*some skin in the game*). Si dovrebbe riconoscere che, anche nel caso di professionisti esperti, le valutazioni sono molto soggettive.[8]

La crescita del *crowdfunding* azionario è stata rallentata dalla regolamentazione. Nella maggior parte dei Paesi ci sono norme severe sull'emissione di titoli obbligazionari e azionari.

Esempio 29.30

Negli Stati Uniti, il Jumpstart Our Business Startups (JOBS) Act del 2012 prevede esenzioni dalle norme per determinate attività di *crowdfunding*. Ai sensi del JOBS Act, l'importo massimo dei finanziamenti che una società può raccogliere in un anno è limitato a circa $1 milione e il massimo apporto che un investitore può fornire è soggetto a un limite basato sul suo reddito.

Le «offerte iniziali di monete» (*initial coin offerings* - ICOs) sono una forma di *crowdfunding* che riguarda le criptovalute. In genere, le società emettono le proprie criptovalute offrendole in cambio di criptovalute ben note come bitcoin o ethereum. Gli investitori non vantano diritti sulle società emittenti, ma se le società vanno bene, si aspettano che le loro criptovalute aumentino di valore. Le ICOs hanno attirato l'attenzione delle autorità di vigilanza. Molte ICOs si sono rivelate «truffe» (*scams*). In altri casi, sono state lanciate società che hanno avuto successo. La Cina le ha messe al bando e altri Paesi stanno valutando se debbano essere regolamentate allo stesso modo delle IPOs.

29.5 GESTIONI PATRIMONIALI

In passato, le «gestioni patrimoniali» (*wealth management*) hanno sempre rappresentato un'attività molto redditizia per le banche.

Esempio 29.31

Le commissioni annue sono spesso comprese tra l'1% e l'1,5% degli importi investiti. Sono molto più alte se si prendono in considerazione le commissioni nascoste, associate agli investimenti dei fondi comuni e ai costi di negoziazione.

Una volta valutata la propensione al rischio del cliente, il *wealth manager* cerca gli investimenti più appropriati. Spesso il suo compito è facilitato dal fatto che ai clienti che hanno propensioni al rischio simili vengono raccomandati investimenti simili.

---

[8] Come dimostrano spettacoli televisivi divertenti come Shark Tank (un *reality show* statunitense trasmesso sul canale ABC), gli esperti non sono sempre d'accordo nel valutare le imprese che si trovano nella fase iniziale della loro vita.

Non sorprende che il settore delle gestioni patrimoniali sia in procinto di essere «dismesso» (*interrupted*). Come si è visto nel Capitolo 4, John Bogle ha fatto il primo passo verso la riduzione dei costi degli investimenti proponendo nel 1975 il primo «fondo indice» (*index fund*). Da allora gli *index funds* si sono molto diffusi e le commissioni addebitate sono ora molto basse (pari a circa lo 0,15%) e non è necessario l'intervento di un *wealth manager*.

I «robo-consulenti» (*robo-advisers*) sono apparsi per la prima volta intorno al 2010. Nella maggior parte dei Paesi devono registrarsi presso le autorità e sono soggetti ad apposite norme. I *robo-advisers* offrono piattaforme digitali che, dopo aver rilevato la propensione al rischio gli investitori, selezionano i portafogli più appropriati. Di solito, i portafogli sono composti da ETFs che «tracciano» (*track*) indici azionari e da investimenti privi di rischio. I portafogli vengono automaticamente ribilanciati in funzione delle necessità dei clienti. C'è pochissimo intervento umano. Le commissioni annue sono inferiori a quelle praticate sulle gestioni patrimoniali tradizionali. In genere sono pari allo 0,25% dell'importo investito.

Esempio 29.32

Tra i *robo-advisers* più noti figurano Wealthfront and Betterment.

Alcune banche e altri gestori patrimoniali stanno ora rispondendo alla concorrenza offrendo i propri servizi automatizzati. In effetti, è improbabile che riesca a sopravvivere chi non si adeguerà a questa tendenza. Anche le società di gestione che offrono *index funds*, come Vanguard, sono attive in questo settore.

I *robo-advisers* rendono accessibile la consulenza finanziaria a una gamma molto più ampia di individui rispetto al passato. Spesso gli investitori possono iniziare con un minimo di $500 o $1,000, mentre i *wealth managers* tradizionali potrebbero richiedere un investimento minimo di $50.000.

I clienti possono facilmente integrare gli investimenti nei fondi gestiti dai *robo-advisers*. Vengono così incoraggiati a risparmiare. Nei primi tempi, i *robo-advisers* hanno attirato giovani investitori con piccole somme da investire. Ora, i loro servizi vengono utilizzati da una gamma molto più ampia di investitori, compresi quelli classificati come «individui con patrimonio netto elevato» (*high net worth individuals* - HNWIs) e «individui con reddito elevato, ma non ancora ricchi» (*high earners not rich yet* - HENRYs).

Finora, la principale innovazione dei *robo-advisers* è stata quella di offrire servizi di consulenza in un modo nuovo ed economico, ma le strategie d'investimento sono in genere simili a quelle che vengono utilizzate dai consulenti finanziari tradizionali (Capitolo 1). Spesso, le consulenze includono strategie di ottimizzazione tributaria, come la «"mietitura" delle minusvalenze» (*tax loss harvesting*).[9]

C'è ampio spazio per far sì che le strategie diventino più sofisticate. Gli investimenti possono essere meglio diversificati sia a livello internazionale sia per settore. Inoltre, gli obiettivi degli investitori possono essere meglio definiti, tenendo conto dell'età di chi investe, dei piani pensionistici, dei piani sottoscritti per finanziare l'accesso all'istruzione superiore da parte dei figli, e così via.

---

[9] Il *tax loss harvesting* consiste nel chiudere a fine anno le operazioni in perdita, così da contabilizzare minusvalenze, portarle in detrazione delle plusvalenze e ridurre le imposte.

Nel 1992, Fischer Black e Robert Litterman di Goldman Sachs hanno pubblicato un articolo in cui è esposto un metodo, che viene ora ampiamente utilizzato, per incorporare le opinioni dell'investitore nella selezione del suo portfolio.[10] Utilizzando questo metodo, i *robo-advisers* possono ampliare la gamma delle alternative offerte agli investitori. Gli investitori verrebbero invitati a scegliere tra più alternative coerenti con altrettante possibili opinioni sui possibili scenari. Si potrebbe anche fare in modo che le opinioni degli investitori siano un *input* diretto, ma meno strutturato, ai fini della selezione del portafoglio.

Nel Capitolo 24 abbiamo menzionato una serie di distorsioni cognitive che influenzano il processo decisionale. Gli investitori sono soggetti a questi errori. Ad es., sono riluttanti a vendere i titoli in perdita, «inseguono» (*chase*) le tendenze e, quando restano delusi, abbandonano i mercati azionari mentre dovrebbero restarci a lungo termine. Spesso è la capacità di non incorrere in questi errori che distingue un investitore professionista da un dilettante. Sviluppando metodi innovativi per farsi capire, i *robo-advisers* possono evitare che gli investitori commettano questi errori. Infine, i *robo-advisers* possono integrarsi con altre innovazioni finanziarie in modo da investire nei prestiti P2P, o nel *crowdfunding* azionario, una certa quota dei fondi dei clienti.

La robo-consulenza è già diventata importante del panorama finanziario ed è probabile che diventi sempre più diffusa via via che i nati tra il 1981 e il 2000, ossia la «generazione millenaria» (*millennial generation*), accumulerà ricchezza. Per questa generazione, è molto più «interessante» (*cool*) effettuare un investimento servendosi di un iPhone piuttosto che recandosi in banca. Tuttavia, forse è opportuna una nota di cautela. I mercati azionari hanno fatto registrare ottimi risultati negli anni successivi all'avvio della robo-consulenza, nel 2010. L'attrattiva che esercita potrebbe diminuire quando si verificherà una flessione e i clienti subiranno le prime perdite. Si spera che i *robo-advisers* siano in grado di educare gli investitori sull'importanza di rimanere concentrati sul lungo termine.

29.6 ASSICURAZIONI

La InsurTech, dall'unione dei termini «assicurazione» (*insurance*) e «tecnologia» (*technology*), è l'applicazione della tecnologia al settore assicurativo. Anche le compagnie d'assicurazione sono esposte al rischio che l'innovazione tecnologica ponga fine ai servizi che offrono ma, sotto certi aspetti, meno delle banche. Questo perché la natura dell'assicurazione è tale che i clienti vogliono rivolgersi ad aziende gestite in modo prudente e stabile. Ad es., non ha senso acquistare un'assicurazione sulla casa se c'è una probabilità non trascurabile che la compagnia d'assicurazione sia fallita quando la casa verrà distrutta da un incendio. Le autorità di vigilanza controllano attentamente le condizioni finanziarie delle compagnie d'assicurazione ed è molto difficile che nuove società possano entrare nel settore a meno che non dispongano di capitali così ingenti da poter coprire le richieste di risarcimento. Tuttavia, alcune applicazioni della tecnologia si prestano a essere utilizzate anche nel settore assicurativo. Ad es., ora è facile confrontare *online* le quotazioni delle polizze offerte da molte compagnie d'assicurazione.

---

[10] Si veda BLACK, F., e LITTERMAN, R., "Global Portfolio Optimization", *Financial Analysts Journal* 48, n. 5 (1992): 28-43.

Spesso i clienti non trattano direttamente con le compagnie d'assicurazione. Passano attraverso *brokers* o agenti. Questi intermediari sono a volte legati a una sola compagnia d'assicurazione o a un piccolo numero di compagnie d'assicurazione. Non hanno le mani libere per trovare la polizza migliore per il cliente. Uno sviluppo naturale è quello della disintermediazione, con le compagnie d'assicurazione che creano siti *web* per trattare direttamente con i clienti. Alla fine, lo sviluppo dei mercati potrà portare alla scomparsa di *brokers* e agenti, oppure alla loro trasformazione in «fornitori digitalizzati» (*digitized providers*) che mettano a confronto *online* le quotazioni delle polizze offerte da più compagnie d'assicurazione.

Un'importante applicazione dell'InsurTech è la raccolta di dati che consentano alle compagnie d'assicurazione di valutare i rischi in modo più accurato.

Esempio 29.33
L'assicurazione auto è un buon esempio. Inserendo nell'auto una «scatola nera» (*black box*), le compagnie d'assicurazione possono utilizzare la telematica (la branca della tecnologia informatica che si occupa della trasmissione a lunga distanza delle informazioni computerizzate) per accumulare dati sulla guida dei clienti. La scatola nera può registrare le velocità di guida, le distanze percorse, l'ora del giorno o della notte in cui si guida la macchina, lo stile di guida (ad es., la frequenza delle frenate e la velocità in curva) e la strada che viene normalmente percorsa. Tutto ciò consente di tracciare un profilo accurato del conducente. Se il conducente è meno rischioso della media, il premio assicurativo potrà diminuire. Analogamente, se il conducente è più rischioso della media, potrà salire.

La scatola nera può essere utilizzata per istruire chi guida. Gli automobilisti possono accedere a un sito *web* sicuro per scoprire se stanno guidando bene. Il sito può suggerire cambiamenti nello stile di guida e fornire indicazioni per abbattere il costo dell'assicurazione. In linea di principio, ciò potrebbe far migliorare l'abilità nella guida degli assicurati e rendere le strade più sicure. Naturalmente, non tutti possono aspettarsi che la scatola nera porti alla riduzione del premio e alcuni potrebbero considerarla un'intrusione nella *privacy*. Si può ipotizzare che le scatole nere diventeranno sempre più diffuse, che solo i buoni guidatori le useranno e che aumenteranno i premi per chi non le userà.

Per le compagnie d'assicurazione, il vantaggio principale delle scatole nere è che sono in grado di raccogliere dati che consentono di valutare i rischi in modo più accurato. In teoria, i premi assicurativi dovrebbero essere proporzionali ai chilometri percorsi e ai rischi presi dal conducente per ogni chilometro percorso.[11]

Un altro vantaggio per le compagnie d'assicurazione è che le scatole nere potrebbero essere in grado di individuare le responsabilità in caso di incidente e rendere più semplice la gestione delle richieste d'indennizzo.

Un punto generale è che, ora più che mai, le compagnie di assicurazione hanno la possibilità di raccogliere informazioni per valutare meglio i rischi che si stanno assumendo. Queste informazioni possono consentire di migliorare le stime sulle aspettative di vita degli individui, sulla probabilità d'incendio di una certa abitazione o sulle probabilità che si verifichi un uragano in una certa parte del mondo. Il *machine learning* fornisce gli strumenti per analizzare i dati. Il settore assicurativo è per natura (e forse giustamente) conservatore, ed è difficile immaginare che la InsurTech

---

[11] Metromile, una società di San Francisco, è una delle compagnie d'assicurazione che si stanno muovendo in questa direzione. Metromile utilizza un *gadget* per monitorare i chilometri percorsi dai titolari delle polizze e invia loro mensilmente una fattura il cui importo riflette il numero dei chilometri percorsi. In realtà, le polizze sono emesse da una grande compagnia d'assicurazione, ben capitalizzata e molto regolamentata, come la National General Insurance.

cambi radicalmente la struttura del settore (di solito, i nuovi entrati devono necessariamente associarsi con compagnie d'assicurazione affermate). Tuttavia, è probabile che le società più redditizie saranno quelle che sapranno meglio sfruttare le opportunità offerte dai cosiddetti «megadati» (*big data*).

29.7 REGOLAMENTAZIONE E CONFORMITÀ NORMATIVA

Ci sono due aspetti dell'impatto della tecnologia sulla regolamentazione. Il primo riguarda le norme che le autorità di vigilanza devono adottare per le imprese che usano la tecnologia in modi innovativi e che hanno il potenziale per essere una forza dirompente in finanza. Il secondo, noto come «tecnologia regolamentare» (*regulatory technology* - RegTech), riguarda l'utilizzo della tecnologia da parte delle banche per migliorare il rispetto delle adempimenti, ossia la «conformità normativa» (*compliance*). In questa sezione verranno esaminati entrambi gli aspetti.

Regolamentazione dell'Innovazione Finanziaria

Come abbiamo visto in questo libro, le istituzioni finanziarie sono molto regolamentate. La regolamentazione rappresenta una barriera all'entrata per le piccole imprese della FinTech. Ad es., negli Stati Uniti, i creditori P2P devono sottoscrivere un accordo con una banca per conformarsi alle norme vigenti. I Robo-consulenti devono registrarsi presso le autorità di vigilanza e adeguarsi alle norme in materia di «conoscenza della clientela» (*know-your-client* - KYC) anche se, nei loro servizi, l'interazione umana è nulla o limitata.

Se una FinTech non si uniforma alla normativa vigente, è probabile che venga chiusa dalle autorità di vigilanza, almeno temporaneamente, e subisca un «danno reputazionale» (*reputational damage*).

Le autorità di vigilanza non vogliono «soffocare» (*stifle*) l'innovazione finanziaria perché può apportare molti benefici alla società: incoraggia più persone a far parte dell'ecosistema finanziario attraverso lo sviluppo di modalità innovative nel risparmio, negli investimenti e nella concessione dei prestiti. Tuttavia, il sentiero che le autorità di vigilanza devono percorrere è molto stretto. Non vogliono che le «banche ombra» (*shadow banks*), ossia le non-banche che offrono servizi simili alle banche, espongano i clienti a rischi irragionevoli.

Alcune autorità di vigilanza hanno iniziato a sviluppare alcuni programmi «sabbiera» (*sandbox*), dove il termine *sandbox* (un recinto di sabbia destinato ai giochi dei bambini) sta a indicare uno spazio sicuro in cui le imprese possono testare prodotti innovativi, servizi, modelli di *business* e meccanismi di consegna senza doversi immediatamente adeguare a tutte le normali conseguenze normative delle attività-pilota.[12]

Regolamentare le società della FinTech rappresenta una sfida per le autorità di vigilanza. La principale risorsa di un'impresa della FinTech è spesso rappresentata dal suo codice informatico. Non è affatto facile per le autorità di vigilanza valutare il codice allo stesso modo in cui valutano le procedure di *risk management* definite dalle banche.

---

[12] Una delle prime autorità di vigilanza è stata, nel Regno Unito, la Financial Conduct Authority. Si veda FINANCIAL CONDUCT AUTHORITY, "Regulatory Sandbox", November 2015.

Esempio 29.34

Esaminiamo il caso dei «*traders* ad alta frequenza» (*high-frequency traders* - HFT). Le loro negoziazioni sono interamente determinate da un codice informatico. Negli Stati Uniti, il 6 maggio 2010, in gran parte a seguito delle attività degli HFTs (in particolare di Waddell & Reed Financial), si è verificato un «crollo improvviso» (*flash crash*) nel mercato azionario. Il Dow Jones Industrial Average è diminuito di circa il 9% in pochi minuti prima di recuperare parzialmente. Il 1° agosto 2012, un errore nel *software* utilizzato da un HFT (Knight Capital Group) ha causato fortissime variazioni nei prezzi di 148 titoli quotati alla Borsa di New York. La Securities and Exchange Commission ha varato alcune iniziative per fare in modo che problemi simili non si verifichino più, ma è difficile evitare che il *software* possa (intenzionalmente o meno) interferire negativamente con il funzionamento dei mercati finanziari.

Un altro problema per le autorità di vigilanza è che risulta difficile determinare la giurisdizione di alcune società della FinTech, soprattutto di quelle le cui transazioni avvengono in valute digitali.

RegTech

La RegTech è l'applicazione della tecnologia alla regolamentazione e alla «conformità normativa» (*compliance*). Alcune applicazioni sono semplici. Per adempiere agli obblighi previsti dalle «segnalazioni regolamentari» (*regulatory reporting*), documenti per migliaia di pagine vengono periodicamente inviati alle autorità di vigilanza (ad es. ogni trimestre). Mettendo *online* questi documenti e fornendo dati in tempo reale si semplifica sia il lavoro dell'autorità di vigilanza sia quello dell'istituzione finanziaria, e si rende la regolamentazione più tempestiva ed efficiente.

Le multe per il mancato rispetto delle norme possono essere «salatissime» (*steep*).[13]

Esempio 29.35

Nel Capitolo 20 si è visto che una banca francese, BNP Paribas, è stata multata dal governo degli Stati Uniti per un importo pari a circa l'utile di un intero anno per aver violato le sanzioni economiche nei confronti di controparti sudanesi, iraniane e cubane. Non c'è dubbio che quanto è successo è dovuto al fatto che le attività svolte da un piccolo numero di dipendenti non erano ben monitorate dal gruppo di *compliance* della banca.

Le banche devono accertarsi di operare in modo conforme alle leggi e ai regolamenti dei Paesi in cui svolgono la loro attività. La tecnologia può agevolarne il compito. Ad es., può consentire di monitorare in tempo reale sia i nuovi clienti sia le nuove transazioni e di identificare eventuali problemi. Le violazioni della *compliance* nei casi di «riciclaggio di denaro» (*money laundering*), finanziamento del terrorismo e sanzioni economiche nei confronti di certi Stati possono essere efficacemente eliminate se viene utilizzata un'applicazione RegTech in tempo reale, approvata dalle autorità di vigilanza e aggiornata in base alle ultime norme.

È importante che le istituzioni finanziarie impediscano ai propri dipendenti di assumere comportamenti discutibili che possono poi rivelarsi molto costosi in termini di sanzioni amministrative, costi legali e reputazione. Alcune innovazioni consen-

---

[13] Dai tempi della Crisi Finanziaria Globale, le banche di tutto il mondo hanno pagato centinaia di miliardi di dollari per multe comminate dalle autorità di vigilanza. Pertanto, le innovazioni tecnologiche volte a migliorare la *compliance* delle banche possono avere ritorni economici enormi.

tono alle istituzioni finanziarie di tenere traccia delle conversazioni dei propri dipendenti su diversi mezzi di comunicazione.

Esempio 29.36

Digital Reasoning, una società con sede a Nashville e con uffici a Londra, New York e Washington, ha creato un *software* di sorveglianza che viene utilizzato da alcune delle maggiori banche e società di «gestioni patrimoniali» (*asset management*). Il *software* monitora le conversazioni in inglese (gestendo sei diversi dialetti), analizza milioni di *e-mail* e i registri delle *chats*, e rileva le attività sospette o insolite facendo uso del *machine learning*. Se ci si accorge che un dipendente si comporta in modo del tutto diverso dal solito, è possibile giustificare ulteriori indagini. In una società di *asset management*, il mutato comportamento potrebbe segnalare un'attività di *insider trading*, che, se tollerata, potrebbe comportare forti multe. In una banca, il mutato comportamento potrebbe segnalare «negoziazioni infedeli» (*rogue trading*) o la mancanza di rispetto nei rapporti con i subalterni.

Come si è visto nel Capitolo 20, il «rischio informatico» (*cyber risk*) è il più grande rischio operativo cui sono esposte le banche. Sta diventando anche un problema normativo.

Esempio 29.37

Nell'Unione Europea, il «regolamento generale sulla protezione dei dati» (*general data protection regulation* - GDPR) prevede multe salate per le istituzioni finanziarie che perdono dati intesi a rimanere riservati. Alcune applicazioni RegTech aiutano le banche a proteggere i propri dati e a rispettare normative come il GDPR.

Essere a conoscenza di tutte le norme esistenti è un grande problema per le istituzioni finanziarie. Il contesto normativo in cui operano, in tutto il mondo, cambia quasi quotidianamente.

Esempio 29.38

L'applicativo IBM noto col nome di Watson® Regulatory Compliance offre agli utenti l'accesso a una libreria di requisiti normativi il cui contenuto può essere filtrato geograficamente, per tipo di attività, per prodotto e per area di *compliance*. Il *software* può mettere in evidenza automaticamente le parti di un nuovo regolamento che sono rilevanti per una particolare questione e confrontare tra loro le norme su una certa attività adottate in diverse parti del mondo.

Come si è visto nei Capitoli 25-27, la regolamentazione è diventata multidimensionale. Le autorità di vigilanza, che si erano concentrate su una sola dimensione per definire il capitale regolamentare, dispongono ora di due misure patrimoniali (una basata sulle attività ponderate per il rischio e l'altra – più semplice – basata sul *leverage*) e di due indici di liquidità (il *liquidity coverage ratio* e il *net stable funding ratio*). Le varie attività delle banche hanno effetti diversi su questi indicatori. Le imprese tecnologiche possono quindi proporre metodi per l'ottimizzazione delle strategie bancarie o fornire strumenti per l'analisi degli scenari più convenienti.

29.8 COME DOVREBBERO REAGIRE LE ISTITUZIONI FINANZIARIE?

Le grandi banche, così come altre istituzioni finanziarie, sono esposte al rischio strategico rappresentato dalle innovazioni della FinTech. Dato che molti dei loro servizi non verranno più richiesti, come dovrebbero reagire?

Riquadro 29.2 Eastman Kodak e la digitalizzazione della fotografia.

Negli anni '80 e '90, la Eastman Kodak era un'azienda di successo che vendeva macchine fotografiche e pellicole per fotocamere. Quasi da sola, aveva trasformato la fotografia negli Stati Uniti da una riserva esclusiva di fotografi professionisti a qualcosa che quasi tutti facevano. Aveva seguito con successo i cambiamenti tecnologici nel suo settore. Era passata dalle «lastre fotografiche» (*dryplates*) alle pellicole in bianco e nero e poi aveva investito pesantemente nelle pellicole a colori anche quando erano inferiori alle pellicole in bianco e nero, dalle quali proveniva gran parte delle sue entrate. Nel 1997, la sua capitalizzazione di borsa era a circa $30 miliardi.

Steve J. Sasson, un ingegnere di Kodak, ha inventato la prima fotocamera digitale nel 1975. Secondo Sasson, la risposta dell'azienda è stata "È carina, ma è meglio non parlarne con nessuno". In realtà, Kodak non ha ignorato la tendenza verso le fotocamere digitali. Ha investito molto nel settore e, nel 1995, ha portato sul mercato la sua prima fotocamera digitale, la DC40. Nel 2001, ha lanciato la linea EasyShare di fotocamere «punta e scatta» (*point-and-shoot*). Il suo laboratorio di ricerche era eccellente. Kodak era in grado di produrre fotocamere «di prim'ordine» (*state-of-the-art*) che potevano migliorare i colori, regolare automaticamente l'illuminazione, organizzare i portafogli, condividere le foto, rilevare i sorrisi per ottenere scatti migliori, e così via.

Sfortunatamente, Kodak ha mostrato una certa riluttanza a migliorare continuamente i prodotti e a innovare, un errore che le è costato caro in un settore in cui la tecnologia cambia rapidamente. La cannibalizzazione dei prodotti esistenti in nome del progresso è dolorosa, ma necessaria (anche quando i nuovi prodotti sono meno redditizi di quelli vecchi). Kodak sarebbe sopravvissuta alla rivoluzione degli *smartphones* se avesse adottato una strategia diversa? Tutto quello che si può dire è che alcuni dei suoi concorrenti, come Fuji, sono riusciti a cavarsela meglio. Nel 2022, la capitalizzazione di mercato di Fuji superava i $18 miliardi. Invece Kodak, ha dovuto presentare istanza di fallimento alla fine del 2012 e, nel 2022, la capitalizzazione di borsa della società che è nata dalle sue ceneri era pari a circa $400 milioni.

È chiaro che dovrebbero sostenere i cambiamenti tecnologici, piuttosto che sperare che si tratti di una moda destinata a sparire. Dovrebbero però anche valutare attentamente in che modo il comportamento dei clienti verrà influenzato dai cambiamenti tecnologici e modificare di conseguenza il loro modello di *business*.

Esempio 29.39

Il Riquadro 29.2 descrive quel che è successo a Eastman Kodak, una società che non ha seguito bene i cambiamenti tecnologici. Un punto chiave è che Kodak era a conoscenza dei cambiamenti in atto nel suo settore. Anzi, la prima fotocamera digitale fu creata, nel 1975, proprio da un ingegnere che lavorava per Kodak, Steven J. Sasson, e Kodak investì miliardi nella nuova tecnologia. Allora, dov'è che Kodak ha sbagliato? Ha compreso la nuova tecnologia, ma ha capito troppo tardi come stava cambiando il comportamento dei consumatori. In un breve lasso di tempo, un ampio segmento della popolazione (non solo quello giovanile) ha cominciato a condividere le fotografie e a memorizzarle nei *computers*. Non ha più avvertito la necessità di stamparle.

Kodak ha coniato il termine «momento Kodak» (*Kodak moment*), che ha ampiamente utilizzato nella sua pubblicità per convincere la gente che, in ogni momento, avrebbe dovuto avere con sé una fotocamera Kodak, caricata con una pellicola Kodak e pronta per l'uso. È facile essere saggi col senno di poi, ma gli esperti di strategie aziendali sostengono che Kodak avrebbe dovuto estrapolare il suo *slogan* per capire che doveva riposizionare il suo *business* nella «produzione di immagini» (*imaging*), o nel *business* della condivisione dei "momenti", piuttosto che nelle pellicole. Kodak era convinta che la richiesta di fotografie cartacee sarebbe continuata ed è stato questo l'errore che ha portato al suo forte ridimensionamento. Non sapremo mai cosa sarebbe successo se Kodak avesse seguito con più entusiasmo la condivisione elettronica e la memorizzazione delle immagini digitali quando il mercato era nelle sue fasi iniziali (com'è riportato nel Riquadro 29.2, Fuji – che era un'azienda simile a Kodak, ma con sede in Giappone – se l'è cavata molto meglio).

Diversamente da Kodak, le grandi istituzioni finanziarie non sembrano subìre il rapido «stravolgimento» (*disruption*) delle loro attività. Hanno un numero di vantaggi competitivi. Sono ben capitalizzate (ma questo vale anche per Apple, Google e Alibaba). Capiscono come gestire l'ambiente altamente regolamentato in cui operano (diversamente da molte *start-ups* della FinTech). Hanno una base enorme di clienti e godono della loro fiducia, anche se si deve riconoscere che la Crisi Finanziaria Globale e alcuni eventi come la *debacle* di Wells Fargo (Riquadro 24.1) hanno contribuito a eroderla. Si può argomentare che le istituzioni finanziarie non sono così vulnerabili come Kodak in quanto molte persone sono pronte a cambiare il modo in cui fanno le fotografie ma sono meno inclini a sperimentare forme nuove di gestione del loro denaro. Inoltre, molte *start-ups* hanno bisogno di istituzioni finanziarie consolidate per offrire i loro prodotti.

Tuttavia, ci sono alcuni segnali d'allarme di cui le banche farebbero bene a tener conto.

Esempio 29.40

Nel 2014, Scratch (una società del gruppo Viacom) ha condotto un sondaggio noto come Millennial Disruption Index (MDI). Secondo questo sondaggio, il 71% dei *millennials* preferirebbe andare dal dentista piuttosto che dare ascolto a quel che dicono le banche. Inoltre, il 73% preferirebbe rivolgersi a Google, Amazon, Apple, PayPal o Square per le proprie esigenze finanziarie.[14]

Tra le marche meno amate degli oltre 10.000 *millennials* intervistati figurano quattro grandi banche statunitensi. I *millennials* sono importanti futuri utenti di servizi bancari. Nel 2022 rappresentavano il 40% della forza lavoro e entro il 2050 avranno ereditato circa $30.000 miliardi. Via via che invecchiano, potrebbero sentirsi meno inclini a cambiare radicalmente il loro atteggiamento verso i servizi finanziari, ma le banche non dovrebbero farci troppo affidamento.

Le fotocamere digitali incorporate negli *smartphones* hanno messo Kodak fuori mercato. Ovviamente, le istituzioni finanziarie non vogliono diventare anch'esse irrilevanti. Hanno riconosciuto la necessità di offrire «applicazioni per dispositivi mobili» (*mobile apps*) utili per i pagamenti, le gestioni patrimoniali e una miriade di altri servizi. Ma è anche importante che sostengano effettivamente i cambiamenti tecnologici, non solo «a parole» (*to pay a lip service*). Il cambiamento tecnologico nel settore finanziario continuerà a ritmi sostenuti e, in molti casi, eroderà gli utili delle banche (com'è successo per Kodak). Essere sufficientemente flessibili, in modo da adattarsi al cambiamento, sarà una sfida continua.

I nuovi servizi sviluppati dalle banche devono essere convenienti e progettati in modo che i giovani li classifichino come "interessanti" mentre gli anziani li trovano "facili da usare". Sono stati seguiti diversi metodi:

1. alcune istituzioni finanziarie hanno sviluppato i nuovi servizi internamente;
2. altre hanno acquistato *start-ups* che avevano già sviluppato i nuovi servizi;
3. altre ancora hanno stretto accordi di *partnership* con le *start-ups*.

La prima alternativa, sebbene sia la meno costosa e la più attraente per molti che lavorano nel settore dei servizi finanziari, può essere piuttosto difficile, data la cultura un po' «compiacente» (*complacent*) che spesso permea le grandi società.

Per cambiare la cultura aziendale e accelerare i cambiamenti, si possono seguire la seconda o la terza alternativa. Alcune banche hanno ritenuto utile creare un'unità

---

[14] Si veda www.millennialdisruptionindex.com.

organizzativa distinta che abbia la capacità di "importare" talenti esterni quando necessario e possa collaborare con le *start-ups*. Quale che sia il metodo seguito, c'è bisogno di un forte sostegno da parte dell'amministratore delegato e del consiglio d'amministrazione.

Le istituzioni finanziarie che prospereranno sono quelle che riescono a cambiare la propria cultura aziendale in modo da riuscire a fornire servizi in modo rapido e flessibile, attraente per i clienti.

Esempio 29.41
Lou Gerstner è stato nominato CEO di IBM negli anni '90 quando la società stava perdendo denaro. Ha cambiato con successo la cultura aziendale e ha trasformato IBM in una società redditizia. Si dice che abbia detto "la cultura non è solo un aspetto del gioco: è il gioco." Lou Gerstner ha cambiato con successo IBM. Da fornitore di computer *mainframe* è diventata una «società che risolve problemi aziendali» (*business problem solver*), con *teams* ben affiatati.

Le banche sono grandi organizzazioni con molti dipendenti «brillanti» (*bright*) e in questo sono simili a IBM. Il compito dell'Amministratore Delegato è quello di creare una cultura aziendale in cui gli individui sono premiati se adottano gli strumenti offerti dal progresso tecnologico e cercano modi innovativi per rendere i servizi più convenienti e «preziosi» (*valuable*) per i clienti.

SOMMARIO

Come sarà il settore dei servizi finanziari nel 2040? Il ritmo del cambiamento tecnologico è così veloce che è impossibile fare previsioni accurate. Tuttavia, cercare di fare previsioni è un modo conveniente per riassumere alcuni dei punti presentati in questo capitolo.

Gli assegni e le carte di credito tenderanno a scomparire. I «portafogli mobili» (*mobile wallets*) su *smartphones* e «dispositivi indossabili» (*wearables*) diventeranno la norma. La biometria (con la scansione del palmo della mano, la scansione retinica, il riconoscimento facciale, l'autenticazione vocale e persino il monitoraggio del battito cardiaco) verrà utilizzata per rendere i pagamenti più sicuri. Alcune banche centrali decideranno di passare dalle valute cartacee alle valute digitali e aumenterà la diffusione delle transazioni nelle valute digitali. L'«apprendimento automatico» (*machine learning*) consentirà di svolgere molto meglio compiti quali la valutazione il merito del credito e la rilevazione delle frodi. La «tenuta dei registri» (*record keeping*) sarà più sicura e veloce con le *blockchains* e le altre «tecnologie di registrazione distribuita» (*distributed ledger technologies* - DLTs).

Le grandi compagnie d'assicurazione continueranno ad esistere, ma lo sviluppo dei mercati potrà portare alla scomparsa di *brokers* e agenti, oppure alla loro trasformazione in fornitori di quotazioni *online* delle polizze offerte da più compagnie d'assicurazione. Le compagnie d'assicurazione avranno accesso a una mole enorme di informazioni e utilizzeranno il *machine learning* e altre tecniche per valutare i rischi in modo più preciso. Ci saranno *partnerships* tra compagnie d'assicurazione e aziende tecnologiche per fornire servizi assicurativi in modi innovativi.

Vedremo grandi cambiamenti nel settore degli investimenti e della concessione dei prestiti. Il *crowdfunding* e i prestiti P2P verranno più ampiamente utilizzati. Alcune grandi banche cominceranno a offrire questi servizi ai risparmiatori e ai mutuatari. Sarà sempre più insolito che i fondi restino inattivi e la facilità di prendere denaro in prestito e investire farà aumentare il numero delle persone coinvolte nell'ecosistema finanziario.

Le banche che non si adegueranno con entusiasmo alle nuove tecnologie falliranno o saranno acquistate da altre banche. È probabile che il motto «troppo grande per fallire» (*too big to fail*) non sarà più pertinente. Alcune grandi imprese tecnologiche diventeranno banche e offriranno una gamma completa di servizi bancari. La maggior parte dei servizi bancari verrà offerta a condizioni più vantaggiose per i clienti, così che le banche perderanno parte delle loro tradizionali fonti di profitto. Le banche che sopravviveranno dovranno tagliare i costi, riducendo il numero di filiali e il personale. Inoltre, dovranno formare *partnerships* con aziende tecnologiche per mantenere aggiornati i loro servizi.

SUGGERIMENTI PER ULTERIORI LETTURE

CHISHTI, S., e BARBERIS, J., *The FinTech Book: The Financial Technology Handbook for Investors, Entrepreneurs, and Visionaries*. Chichester, UK: John Wiley & Sons, 2016.

CHRISTENSEN, C. M., e RAYNOR, M. E., *The Innovator's Solution*. Boston: Harvard Business Review Press, 2003.

HARVEY, C. R., "Cryptofinance", Working Paper, SSRN 2438299.

INTERNATIONAL ORGANIZATION OF SECURITIES COMMISSIONS, "Research Report on Financial Technologies", February 2017.

SIRONI, P., *FinTech Innovation: From Robo-Advisors to Goal-Based Investing and Gamification*. Chichester, UK: John Wiley & Sons, 2016.

DOMANDE E PROBLEMI
(le risposte si trovano alla fine del libro)

29.1. Spiegate i termini "disintermediazione" e "re-intermediazione".

29.2. Spiegate cosa s'intende per:
   (a) *machine learning*;
   (b) *distributed ledger technologies*.

29.3. Cosa s'intende per "autorizzazione biometrica"? Fornite alcuni esempi.

29.4. Perché le banche centrali potrebbero passare dalle monete tradizionali alle valute digitali?

29.5. Spiegate come funzionano (a) i prestiti P2P e (b) il *crowdfunding* azionario.

29.6. "Se si pensa all'impatto della FinTech, le istituzioni finanziarie dovrebbero essere grate alla regolamentazione." Spiegate il significato di questa affermazione.

29.7. "I fondi indice sono una grande idea, ma se tutti investissero in fondi indice il processo di «rivelazione del prezzo» (*price discovery*) non funzionerebbe più." Siete d'accordo con questa affermazione?

29.8. Cosa s'intende per RegTech? Fornite alcuni esempi.

29.9. "Le banche dovrebbero rispondere ai cambiamenti seguendo l'esempio di IBM e non di Kodak". Discutete quest'affermazione.

Capitolo 30
Risk Management: Errori da Evitare

Fin dalla metà degli anni '80, alcune società hanno subìto perdite «spettacolari» (*spectacular*) nei mercati finanziari (Riquadro 30.1). Questo capitolo passa in rassegna le lezioni che possiamo trarne ed enfatizza alcuni dei punti che sono stati accennati nei capitoli precedenti.

Il fatto sconcertante che emerge dall'elenco del Riquadro 30.1 è che, spesso, enormi perdite sono state causate da un unico dipendente.

Esempio 30.14

Nel 1994, le operazioni condotte da Robert Citron hanno fatto perdere $2 miliardi a Orange County, un ente locale della California. Nello stesso anno Kidder Peabody ha perso $350 milioni a causa delle operazioni effettuate da Joseph Jett. Nel 1995, le operazioni effettuate da Nick Leeson hanno messo in ginocchio una banca inglese, Barings Bank, con 200 anni di storia alle spalle. Nel 2002 sono venute alla luce le perdite per $700 milioni causate da John Rusnak di Allied Irish Bank. Nel 2008, Jérôme Kerviel ha fatto perdere a Société Générale oltre $7 miliardi e, nel 2011, Kweku Adoboli ne ha fatti perdere $2,3 a UBS.

Una lezione chiave è l'importanza dei controlli interni. Molte perdite si sono verificate perché i sistemi erano inadeguati: i rischi delle posizioni assunte erano semplicemente ignoti. È anche importante che i *risk managers* «pensino fuori dagli schemi» (*think outside the box*), si concentrino su cosa potrebbe non andare per il verso giusto e identifichino i possibili eventi avversi.

30.1 LIMITI DI RISCHIO

La prima, e più importante, lezione riguarda i limiti di rischio. È fondamentale che tutte le società (finanziarie e non-finanziarie) definiscano in modo chiaro e senza ambiguità i limiti ai rischi finanziari cui si possono esporre. Devono poi approntare procedure atte ad assicurare il rispetto dei limiti. Teoricamente, i limiti di rischio complessivi dovrebbero essere fissati dal Consiglio di Amministrazione e poi tradursi in limiti per i responsabili dei singoli tipi di rischio. Rapporti giornalieri dovrebbero indicare l'ampiezza dei guadagni e delle perdite che si determinerebbero in conseguenza di certe variazioni delle variabili di mercato. I guadagni e le perdite indicati nei rapporti dovrebbero essere poi confrontati con quelli effettivi, in modo da essere certi che le procedure di valutazione utilizzate nei prospetti siano accurate.

Riquadro 30.1 Perdite ingenti sui mercati finanziari.

Allied Irish Bank (Riquadro 5.5)
Questa banca ha perso circa $700 milioni per le speculazioni effettuate, in più anni, da uno dei suoi *traders* in cambi, John Rusnak. Rusnak nascondeva le perdite creando operazioni fittizie su opzioni.

Archegos Capital Management (Esempio 1.1)
Nel marzo 2021, Archegos, l'*hedge fund* di Bill Hwang, un facoltoso imprenditore statunitense di origine coreana, è fallito a causa di investimenti rischiosi ad alto *leverage*. Diverse banche hanno subito enormi perdite: Credit Suisse ha perso oltre $5 miliardi e Nomura oltre $3 miliardi.

Barings (Riquadro 5.5)
Nel 1995, questa banca inglese con una storia di 200 anni alle spalle è stata distrutta dalle operazioni effettuate a Singapore da un solo *trader*, Nick Leeson. Il mandato ricevuto dal *trader* era quello di effettuare operazioni di arbitraggio tra i prezzi dei *futures* sul Nikkei 225 quotati a Singapore e a Osaka. In realtà, Leeson utilizzò *futures* e opzioni per scommettere sulla futura direzione del Nikkei 225. La perdita complessiva fu di circa $1 miliardo.

Enron (Esempio 30.12)
Enron ha utilizzato contratti «creativi» (*creative*) in modo da occultare ai suoi azionisti le vere condizioni in cui versava. Diverse istituzioni finanziarie che hanno aiutato Enron in queste operazioni hanno dovuto risarcire gli azionisti per un importo complessivo superiore a $1 miliardo.

Hammersmith and Fulham (Riquadro 20.1)
Nel 1988, questo ente locale inglese perse circa $600 milioni su *swaps* e opzioni scritti sui tassi d'interesse in sterline. Sorprendentemente, i due *traders* responsabili delle perdite sapevano davvero poco dei prodotti che avevano negoziato. Più tardi, tutti i contratti vennero dichiarati nulli dalle corti inglesi, a danno delle banche che si trovavano dall'altro lato delle transazioni.

Kidder Peabody (Riquadro 22.2)
Le operazioni su titoli di Stato statunitensi e sui relativi *strips* effettuate da un solo *trader*, Joseph Jett, fecero perdere a questa *investment bank* di New York $350 milioni (gli *strips* sono i titoli rappresentativi di ciascuno dei pagamenti cui dà diritto un titolo di Stato). La perdita fu determinata da un errore circa le modalità di calcolo dei profitti da parte del *software* utilizzato dalla banca.

Long-Term Capital Management (Riquadro 16.1)
Nel 1998, questo *hedge fund* perse circa $4 miliardi. Il fondo seguiva una strategia di «arbitraggio da convergenza» (*convergence-arbitrage*). La perdita fu causata dalla «fuga verso la qualità» (*flight to quality*) che seguì l'insolvenza della Russia sul proprio debito interno.

National Westminster Bank (Esempio 30.9)
Nel 1997, questa banca inglese perse circa $130 milioni a causa dell'utilizzo di un modello non appropriato per la valutazione delle *swaptions*.

Orange County (Appendice 4a)
Nel 1994, quest'ente locale della California perse circa $2 miliardi a causa delle operazioni del suo tesoriere, Robert Citron, che usò i derivati per scommettere contro il rialzo dei tassi d'interesse.

Procter & Gamble (Riquadro 5.4)
Nel 1994, la tesoreria di quest'importante società statunitense perse circa $90 milioni negoziando con Bankers Trust alcuni derivati su tassi d'interesse, particolarmente esotici. Successivamente la società fece causa a Bankers Trust e chiuse poi la vertenza con una transazione extra-giudiziale.

Société Générale (Riquadro 5.5)
Nel gennaio 2008, Jérôme Kerviel, un *trader* su azioni della sede di Parigi, perse oltre $7 miliardi speculando sulla futura direzione degli indici azionari. Si ritiene che abbia mascherato le sue effettive esposizioni attraverso la creazione di negoziazioni fittizie.

Perdite sui Mutui Subprime (Capitolo 7)
Nel 2007, gli investitori hanno perso fiducia nei prodotti strutturati basati sui «mutui di qualità secondaria» (*subprime mortgages*). Ne è seguita una «contrazione del credito» (*credit crunch*) con perdite di decine di miliardi di dollari per le istituzioni finanziarie e la peggiore recessione dagli anni '30.

UBS (Riquadro 5.5)
Nel 2011, Kweku Adoboli ha perso $2,3 miliardi per speculazioni non autorizzate su indici azionari.

Per le società che utilizzano i derivati, il controllo dei rischi è particolarmente importante. I derivati possono essere utilizzati per fini di copertura, speculazione o arbitraggio. Senza un attento controllo è impossibile sapere se un *trader* che opera su derivati, per coperture o arbitraggi, si è trasformato in uno speculatore.

Esempio 30.2
Le perdite subìte da Barings, Société Générale e UBS sono classici esempi di cosa può andar male. In ognuno di questi tre casi, il mandato dei *traders* era quello di effettuare coperture e arbitraggi a basso rischio. A insaputa dei superiori, i *traders* hanno smesso di fare coperture e arbitraggi, e hanno cominciato a fare enormi scommesse sulla futura direzione delle variabili di mercato. I sistemi di controllo all'interno delle banche erano così inadeguati che nessuno era a conoscenza di quello che stavano facendo.

Non stiamo dicendo che bisogna astenersi dall'assumere rischi. Al contrario, si deve consentire ai tesorieri delle società, ai *traders* delle istituzioni finanziarie e ai gestori dei fondi comuni di assumere posizioni sulla futura direzione delle variabili di mercato rilevanti. Tuttavia, si devono porre limiti alle posizioni che è possibile assumere e occorre assicurarsi che i sistemi di controllo interni misurino in modo accurato i rischi che sono stati assunti.

Situazioni Difficili

Che cosa succede se qualcuno supera i limiti di rischio e realizza un profitto? È una situazione difficile da gestire. Il conseguimento di un profitto potrebbe indurre i dirigenti a "chiudere un occhio" sulla violazione dei limiti di rischio. Si tratterebbe, però, di una mossa miope. I limiti di rischio non sarebbero più presi seriamente in considerazione e verrebbe così spianata la strada per un possibile disastro.

Esempio 30.3
L'esempio classico è rappresentato da Orange County. Le operazioni condotte da Robert Citron negli anni 1991-3 erano state molto redditizie e Orange County contava sulle sue operazioni per ulteriori introiti. I suoi superiori decisero di ignorare i rischi che Citron si assumeva perché in passato aveva prodotto utili. Sfortunatamente, le perdite subìte nel 1994 risultarono molto superiori ai profitti conseguiti negli anni precedenti.

Le sanzioni in caso di superamento dei limiti non devono essere influenzate dal fatto che le operazioni si chiudano in utile o in perdita. In caso contrario, i *traders* che subiscono perdite potrebbero continuare ad accrescere le loro posizioni nella speranza che, con il conseguimento di un profitto, il superamento dei limiti possa essere poi perdonato.

Non Pensare di Poter Battere il Mercato

È molto probabile che alcuni *traders* siano più bravi di altri, ma nessuno può avere sempre ragione. È bravo chi riesce a prevedere correttamente la direzione delle variabili di mercato nel 60% dei casi. Se un *trader* mostra una «*performance*» (*track record*) fuori dal comune (come nel caso di Robert Citron all'inizio degli anni '90), è probabile che ciò sia il frutto più di fortuna che di bravura. Come si è visto nel Capitolo 4, a proposito della *performance* dei fondi comuni, l'evidenza empirica supporta l'ipotesi che i migliori risultati sono frutto della fortuna più che della bravura.

Esempio 30.4

Supponiamo che in un'istituzione finanziaria siano impiegati 16 *traders* e che uno di questi consegua profitti in tutti i trimestri dell'anno. Quel *trader* dovrebbe ricevere un *bonus* elevato? I limiti di rischio per quel *trader* dovrebbero essere rivisti verso l'alto?

La risposta alla prima domanda è che inevitabilmente quel *trader* riceverà un *bonus* elevato. La risposta alla seconda domanda dovrebbe essere "no". La probabilità di conseguire un profitto in quattro trimestri consecutivi a fronte di «operazioni dettate dal caso» (*random trading*) è di $0,5^4$, ossia 1 su 16. Ciò vuol dire che, solo per una questione di fortuna, uno dei 16 *traders* «avrà ragione» (*get it right*) in ognuno dei 4 trimestri dell'anno. Non dovremmo supporre che la fortuna del *trader* continuerà ancora e non dovremmo rivedere verso l'alto i limiti di rischio per quel *trader*.

Non Sottostimare i Benefici della Diversificazione

Quando sembra che un *trader* sia bravo nel prevedere una particolare variabile di mercato, c'è la tendenza a rivedere verso l'alto i limiti di rischio previsti per quel *trader*. Abbiamo sostenuto che non si tratta di una buona idea, perché è molto probabile che quel *trader* sia stato fortunato piuttosto che bravo. Tuttavia, supponiamo di essere veramente convinti del suo non comune talento. In che misura siamo disposti a perdere i benefici della diversificazione per sfruttare le particolari capacità del *trader*? La risposta è questa: i benefici della diversificazione (indicati nella Sezione 1.1) sono enormi ed è improbabile che un *trader* possa essere così bravo da farci dimenticare questi benefici per scommettere pesantemente su una sola variabile di mercato.

Un esempio può servire a spiegare questo punto.

Esempio 30.5

Supponiamo che ci siano 20 azioni, i cui tassi di rendimento hanno una media del 10% all'anno e una deviazione standard del 30%. Il coefficiente di correlazione tra i tassi di rendimento di ogni possibile coppia di titoli è di 0,2. La media dei tassi di rendimento di un portafoglio equiponderato formato dalle 20 azioni è del 10% all'anno e la deviazione standard è del 14,7%. Grazie alla diversificazione, il rischio si riduce di oltre la metà. Un altro modo per esprimere lo stesso concetto è che la diversificazione consente di raddoppiare il tasso di rendimento atteso per unità di rischio. Se concentrassimo l'investimento in una sola azione, dovremmo essere estremamente bravi nella «scelta del titolo» (*stock picking*) per ottenere lo stesso risultato.

Effettuare Analisi di Scenario e Stress Testing

Per capire cosa può non andare per il verso giusto, è bene integrare il calcolo delle misure di rischio con analisi di scenario e *stress testing*. Queste tecniche, discusse nel Capitolo 16, sono molto importanti. Gli esseri umani hanno la sfortunata tendenza ad ancorarsi a uno o due scenari quando devono prendere delle decisioni.

Esempio 30.6

Nel 1993-4, Procter & Gamble e Gibson Greetings erano così convinti che i tassi d'interesse sarebbero rimasti bassi da ignorare completamente la possibilità di un aumento di 100 punti base.

Una volta ottenuti, i risultati dello *stress testing* devono diventare un *input* delle decisioni strategiche dell'istituzione finanziaria. Troppo spesso, soprattutto quando le cose vanno bene, i risultati delle prove di *stress* vengono ignorati. Questo è quel che è successo in diverse istituzioni finanziarie prima del luglio 2007.

30.2 GESTIRE LE TRADING ROOMS

Nelle «sale operative» (*trading rooms*) c'è la tendenza a considerare "intoccabili" gli *star traders*, ossia i *traders* che hanno conseguito i migliori risultati. Le loro operazioni non vengono scrutinate come quelle degli altri.

Esempio 30.7
Sembra che Joseph Jett, lo *star trader* di Kidder Peabody sui titoli di Stato, fosse spesso "troppo occupato" per rispondere alle domande dei *risk managers* della società e discutere con loro le sue posizioni.

È importante che tutti i *traders* – in particolare quelli che hanno conseguito profitti elevati – siano pienamente responsabili. È importante che l'istituzione finanziaria sappia se i profitti sono stati conseguiti assumendo rischi eccessivamente elevati. È anche importante verificare che i sistemi di elaborazione e i modelli di valutazione impiegati dall'istituzione finanziaria siano corretti e non siano stati manipolati in alcun modo.

Separare Front Office, Middle Office e Back Office

Il *front office* di un'istituzione finanziaria è composto dai *traders* che effettuano negoziazioni, assumono posizioni, ecc. Il *middle office* è composto dai *risk managers*, ai quali spetta il controllo dei rischi che vengono assunti. Il *back office* è composto dalle persone addette alle registrazioni contabili. Alcuni dei peggiori disastri su derivati si sono verificati a causa della mancata separazione tra queste funzioni.

Esempio 30.8
A Singapore, Nick Leeson controllava *front* e *back office*, per cui fu in grado di nascondere ai suoi superiori di Londra la natura disastrosa delle sue operazioni.

Non Fidarsi Ciecamente dei Modelli

Ci siamo occupati del rischio di modello nel Capitolo 22. Alcune delle forti perdite elencate nel Riquadro 30.1 sono legate all'utilizzo di modelli e di *software* non corretti.

Esempio 30.9
Kidder Peabody fu indotta in errore dai suoi sistemi elettronici. Un altro esempio di perdite causate da modelli non corretti è fornito dalla National Westminster: aveva un modello non corretto per la valutazione delle *swaptions* che le fece perdere $130 milioni.

Se si conseguono elevati profitti con strategie operative relativamente semplici, c'è una buona probabilità che i modelli utilizzati per la determinazione dei profitti siano errati. Analogamente, se un'istituzione finanziaria offre quotazioni per un certo prodotto che sembrano particolarmente competitive, c'è una buona probabilità che stia utilizzando un modello diverso da quello usato dagli altri partecipanti al mercato. Quel modello dovrebbe essere analizzato attentamente. Per il responsabile di una *trading room*, l'avere molte richieste per un certo prodotto può essere altrettanto preoccupante quanto averne poche.

Essere Prudenti nel Riconoscere i Profitti Iniziali

Quando un'istituzione finanziaria vende un nuovo prodotto esotico a una società non finanziaria, la valutazione si basa generalmente su un modello. Ad es., nel caso di prodotti che contengono opzioni a lungo termine su tassi d'interesse, la valutazione può dipendere fortemente dal modello utilizzato per descrivere la dinamica dei tassi d'interesse. In queste circostanze, si dice che il *marking to market* del prodotto è in realtà un *marking to model* perché non ci sono prezzi di mercato che possono essere utilizzati come «punti di riferimento» (*benchmarks*).

Esempio 30.10
Supponiamo che un'istituzione finanziaria riesca a vendere a un cliente un prodotto a $10 milioni in più del suo valore – o meglio a $10 milioni in più rispetto al valore teorico indicato dal modello. I $10 milioni vengono chiamati «profitti iniziali» (*inception profits*). Quando dovrebbero essere riconosciuti? Non c'è omogeneità nella prassi seguita dalle banche d'investimento. Alcune riconoscono i $10 milioni immediatamente mentre altre sono molto più prudenti e li riconoscono gradualmente nel corso della vita del contratto.

È molto pericoloso riconoscere immediatamente gli *inception profits*. In questo modo si incoraggiano i *traders* a utilizzare modelli aggressivi, incassare i *bonus* e andarsene prima che il modello e il valore del contratto vengano accuratamente verificati. È molto meglio riconoscere gradualmente gli *inception profits*, cosicché i *traders*, prima di concludere i contratti, siano ben motivati ad analizzare l'impatto di diversi modelli e di diverse ipotesi.

Non Vendere Prodotti Inappropriati ai Clienti

A volte i *traders* non resistono alla tentazione di vendere ai clienti prodotti inappropriati, soprattutto quando il cliente sembra essere propenso a voler correre i rischi sottostanti. Si tratta, però, di una scelta «miope» (*shortsighted*).

Esempio 30.11
L'esempio più drammatico è rappresentato dalle attività svolte da Bankers Trust (BT) nel periodo che si concluse con la primavera del 1994.
 Molti dei clienti di BT furono indotti a comprare prodotti ad alto rischio e totalmente inappropriati per le loro esigenze. In genere, questi prodotti erano strutturati in modo che il cliente avesse una buona probabilità di ridurre di pochi punti base il costo del finanziamento e una piccola probabilità di perdere una gran quantità di denaro.
 Questi prodotti funzionarono bene, per i clienti di BT, nel 1992 e nel 1993 ma esplosero nel 1994, quando i tassi d'interesse aumentarono improvvisamente. BT fu colpita gravemente dalla cattiva pubblicità che ne seguì. Gli anni che aveva speso per conquistarsi la fiducia dei clienti e per costruirsi un'invidiabile reputazione nel campo dei derivati innovativi risultarono sprecati a causa dell'operato di pochi venditori, eccessivamente aggressivi.
 BT fu costretta a pagare cospicui indennizzi ai suoi clienti, per risolvere in via extragiudiziale le cause che le furono intentate. Nel 1999 venne poi acquistata da Deutsche Bank.

Fare Attenzione ai Facili Profitti

Bisogna fare attenzione ai facili profitti. Le aree di attività in cui sembra facile realizzare profitti elevati devono essere esaminate attentamente sotto il profilo dei rischi di credito, di mercato e operativi.

Esempio 30.12

Enron offre un esempio di come la ricerca troppo aggressiva del *business* possa costare alle banche miliardi di dollari. Fare affari con Enron sembrava essere un'attività molto redditizia e le banche facevano a gara per stabilire nuove relazioni d'affari. Ma il fatto che molte banche cerchino in tutti i modi di entrare in un certo tipo di *business* non vuol dire che quel *business*, in ultima analisi, sia redditizio. Diverse banche che hanno avuto relazioni d'affari con Enron hanno poi dovuto risarcire gli azionisti.

Esempio 30.13

Investire nelle *tranches* con *rating* AAA di ABSs e ABS CDOs, creati sulla base di mutui *subprime* (si veda il Capitolo 7), sembrava a molte banche una «macchina per far soldi» (*money-making machine*). I tassi di rendimento promessi erano più elevati di quelli dei normali investimenti in titoli con *rating* AAA. Pochi investitori si sono chiesti se quest'anomalia fosse dovuta a rischi che non erano stati presi in considerazione.

30.3 NON TRASCURARE IL RISCHIO DI LIQUIDITÀ

Ci siamo occupati del «rischio di liquidità» (*liquidity risk*) nel Capitolo 21. Spesso, per valutare prodotti esotici e strumenti poco negoziati, gli ingegneri finanziari fanno affidamento sui prezzi dei prodotti attivamente negoziati. Ad es.:

1. stimano una *zero curve* sulla base dei titoli di Stato più attivamente trattati (i cosiddetti "*on the run*") e la utilizzano per valutare i titoli meno trattati (i cosiddetti "*off the run*");
2. calcolano le volatilità implicite nelle opzioni più attivamente trattate e le utilizzano per valutare le opzioni meno trattate;
3. stimano i parametri del processo seguito dai tassi d'interesse sulla base di *interest rate caps* e *swaptions* e li utilizzano per valutare prodotti con strutture finanziarie complesse, i cosiddetti «prodotti strutturati» (*structured products*).

Questa prassi non è irragionevole. Tuttavia, è pericoloso supporre che i prodotti meno trattati possano sempre avere quotazioni vicine ai loro prezzi teorici. Quando uno *shock* colpisce i mercati finanziari, spesso si manifestano i *liquidity black holes* (Sezione 21.3). La liquidità diventa molto importante per gli investitori e le quotazioni dei prodotti poco liquidi mostrano forti sconti rispetto ai valori teorici. Sono quindi pericolose le strategie operative basate sull'ipotesi che rilevanti quantità di strumenti relativamente poco liquidi possano essere vendute, con breve preavviso, a prezzi vicini a quelli teorici.

Un esempio dei danni causati dal rischio di liquidità è dato da Long-Term Capital Management (LTCM), un *hedge fund* a cui è stato dedicato il Riquadro 16.1.

Esempio 30.14

LTCM era un *hedge fund* che seguiva una strategia di «arbitraggio da convergenza» (*convergence arbitrage*). Cercava di identificare due titoli (o portafogli di titoli) con uguali valori teorici, per poi comprare il titolo con il prezzo di mercato più basso e vendere quello con il prezzo di mercato più alto. La strategia si basava sull'idea che i prezzi di mercato di due titoli con uguali valori teorici tenderanno a essere, anch'essi, allineati tra loro.

Nell'estate del 1998, LTCM subì delle enormi perdite in conseguenza della *flight to quality* determinata dall'insolvenza della Russia sul suo debito interno. LTCM non aveva una forte esposizione verso i titoli di Stato russi, ma tendeva a essere lunga sui prodotti poco liquidi e corta sui corrispondenti prodotti liquidi. Ad es., era lunga sui titoli *off the run* e corta sugli *on the run*. Dopo l'insolvenza della Russia, gli scarti tra i prezzi dei prodotti liquidi e poco liquidi si allargarono moltissimo. Aumentarono anche i «differenziali creditizi» (*credit spreads*). LTCM, che aveva un elevato grado di *leverage*, subì perdite enormi e, per alcune posizioni, non fu in grado di far fronte alla richiesta di integrazione delle garanzie. Anche la storia di Archegos (Esempio 1.1) enfatizza i pericoli associati al *leverage* elevato.

I casi LTCM e Archegos rafforzano l'importanza delle analisi di scenario e degli *stress tests*, costruiti per farci sapere cos'è che può succedere. È importante considerare non solo le perdite attese, ma anche quelle che possono manifestarsi in condizioni di mercato critiche (Capitolo 16).

Fare Attenzione Quando Tutti Seguono le Stesse Strategie Operative

A volte accade che molti partecipanti al mercato seguano sostanzialmente le stesse strategie operative. Si viene così a creare una situazione pericolosa che può determinare forti movimenti di mercato, instabilità e cospicue perdite.

Esempio 30.15

Nel Riquadro 21.4 ci siamo occupati della *portfolio insurance* e del *crash* dell'ottobre 1987. Nei mesi che precedettero il *crash*, un numero sempre crescente di gestori cercava di assicurare il proprio portafoglio con l'acquisto di *puts* sintetiche. Compravano titoli, o *futures* scritti su un indice azionario, dopo un rialzo e li vendevano dopo un ribasso. Il mercato divenne instabile. Una discesa relativamente piccola dei prezzi delle azioni avrebbe generato un'ondata di vendite da parte dei gestori che cercavano di assicurare i portafogli. Queste vendite avrebbero portato a un'ulteriore discesa dei prezzi, con conseguente ondata di vendite, ecc.. È molto probabile che senza l'assicurazione di portafoglio il *crash* dell'ottobre 1987 sarebbe stato molto meno severo.

Esempio 30.16

Un secondo esempio è dato da LTCM. Nel 1998, la sua posizione fu resa più difficile dal fatto che molti altri *hedge funds* seguivano le sue stesse strategie. Dopo l'insolvenza della Russia e la "fuga verso la qualità", LTCM cercò di liquidare parte del suo portafoglio per far fronte alle richieste di integrazione dei margini. Sfortunatamente, altri *hedge funds* avevano problemi simili a quelli di LTCM e cercavano di fare la stessa cosa. La situazione si aggravò, gli *spreads* di liquidità si allargarono ancora di più e si rafforzò la "fuga verso la qualità". Si consideri, ad es., la posizione di LTCM sui *Treasury bonds* statunitensi. LTCM era lunga sui titoli «poco liquidi» (*off the run*) e corta sui titoli «più liquidi» (*on the run*). La «fuga verso la liquidità» aveva fatto allargare gli *spreads* tra i tassi di rendimento dei due tipi di titoli e LTCM fu costretta a liquidare le sue posizioni vendendo i titoli *off the run* e comprando gli *on the run*. Altri importanti *hedge funds* stavano facendo la stessa cosa. Di conseguenza, i prezzi dei titoli *on the run* aumentarono rispetto ai prezzi degli *off the run* e lo *spread* tra i tassi di rendimento dei due tipi di titoli sia allargò ancora di più.

Esempio 30.17

Un terzo esempio è dato dalle compagnie d'assicurazione inglesi che, sul finire degli anni '90 (Riquadro 3.1), decisero di coprirsi, più o meno allo stesso tempo, dal rischio di una riduzione dei tassi d'interesse. Il risultato fu una rapida discesa dei tassi d'interesse!

Queste storie ci insegnano che bisogna osservare il quadro nel suo insieme, per capire cosa succede sui mercati finanziari e quali sono i rischi che si corrono quando molti partecipanti al mercato seguono la stessa strategia operativa.

Non Finanziare Attività a Lungo Termine con Passività a Breve Termine

Come si è visto nella Sezione 14.4, è importante che le istituzioni finanziarie pareggino le scadenze di attività e passività. Se non lo fanno, sono soggette a un significativo rischio di liquidità.

Esempio 30.18

Nel periodo che ha portato alla Crisi Finanziaria Globale, i mutui *subprime* e altre attività finanziarie a lungo termine sono stati spesso finanziati con «carta commerciale» (*commercial paper*), in attesa di essere «impacchettati» (*packaged*) in «prodotti strutturati» (*structured products*). Questi tipi di finanziamento sono stati abbondantemente utilizzati dagli *special purpose vehicles* (o *conduits*). Di solito, la carta commerciale veniva rinnovata di mese in mese.

Supponiamo che, il 1° aprile, sia stata emessa carta commerciale a 1 mese. Il 1° maggio, questa carta commerciale viene rimborsata con i proventi di nuova carta commerciale a 1 mese. Il 1° giugno, la carta commerciale emessa il mese prima viene rimborsata con i proventi di nuova carta commerciale a 1 mese. E così via. Quando – nell'agosto 2007 – gli investitori hanno perso fiducia nei confronti dei mutui *subprime*, il rinnovo della carta commerciale è diventato impossibile.

In molti casi, le banche che avevano offerto le proprie garanzie sono dovute subentrare con propri finanziamenti. La conseguente carenza di liquidità si è tradotta in una contrazione del credito che si è rivelata più severa di quanto non sarebbe stata altrimenti se i finanziamenti fossero stati a più lungo termine.

Molti dei fallimenti che si sono verificati durante la crisi (ad es., Lehman Brothers e Northern Rock) sono stati causati dal peso eccessivo della provvista a breve. Una volta che il mercato (a torto o a ragione) comincia a preoccuparsi della salute finanziaria di una banca, diventa impossibile rinnovare la provvista quando giunge a scadenza. Alla luce di queste considerazioni, non sorprende che il Comitato di Basilea abbia introdotto nuovi requisiti per tenere sotto controllo il rischio di liquidità.

Approfondire la Comprensione dei Prodotti Strutturati

Una delle lezioni della Crisi Finanziaria Globale è che la trasparenza dei mercati è importante. Prima del 2007 molti investitori hanno acquistato prodotti strutturati senza sapere esattamente quali fossero le attività sottostanti. Tutto quello di cui erano a conoscenza era il *rating* del titolo acquistato. Col senno di poi, avrebbero dovuto chiedere maggiori informazioni sulle attività sottostanti e avrebbero dovuto valutare più approfonditamente i rischi cui si esponevano, ma è facile essere saggi dopo!

A seguito della crisi dei mutui *subprime* dell'agosto 2007, gli investitori hanno perso fiducia nei confronti di tutti i prodotti strutturati e si sono allontanati da quei mercati. Di conseguenza, i prezzi delle *tranches* dei prodotti strutturati sono crollati, portandosi a livelli ben inferiori rispetto a quelli teorici. La *flight to quality* ha portato a un allargamento dei *credit spreads*. Se gli investitori avessero approfondito la comprensione dei prodotti strutturati, ci sarebbero comunque state le perdite sui mutui *subprime*, ma la *flight to quality* e i danni per i mercati sarebbero stati meno pronunciati.

30.4 INSEGNAMENTI PER LE SOCIETÀ NON FINANZIARIE

Passiamo ora a considerare gli insegnamenti per le società non finanziarie.

Essere Certi di Aver Compreso a Pieno le Operazioni

Le società non dovrebbero mai entrare in contratti o seguire strategie operative che non comprendono appieno. Si tratta di un punto piuttosto ovvio ma sono sorprendentemente numerosi i *traders* di società non finanziarie che, dopo aver subìto forti perdite, ammettono di non aver ben capito quel che succedeva e sostengono di essere stati raggirati dalle banche d'investimento. Tra questi figura Robert Citron, il tesoriere di Orange County. Anche i *traders* che lavoravano per Hammersmith e Fulham, nonostante le enormi posizioni che avevano, erano poco informati circa l'effettivo funzionamento degli *swaps* e degli altri derivati su tassi d'interesse.

Se non comprendono a pieno l'operazione, i dirigenti delle società non devono approvarla. Una regola semplice è che, se l'operazione e le sue motivazioni sono così complicate da non essere comprese dalla dirigenza, l'operazione è quasi certamente inappropriata per la società. Sulla base di questo criterio, le operazioni effettuate da Procter & Gamble non sarebbero state approvate.

Un modo per accertarsi di aver compreso a pieno un prodotto finanziario è di valutarlo. Se una società non ha il *know how* per effettuarne la valutazione, quel prodotto non va negoziato. Nella prassi, spesso le società fanno affidamento sulle banche d'investimento, per la valutazione. Si tratta di una prassi pericolosa, come insegna Procter & Gamble che, quando decise di risolvere il contratto, si trovò di fronte ai prezzi prodotti dai modelli interni di Bankers Trust, di cui non poterono verificare l'accuratezza.

Accertarsi che un Hedger non Diventi uno Speculatore

Purtroppo, è un dato di fatto che le operazioni di copertura sono relativamente noiose mentre la speculazione è eccitante. Quando una società assume un *trader* per gestire il rischio di cambio o d'interesse, c'è il pericolo che accada quanto segue. All'inizio il *trader* compie il suo lavoro diligentemente e si conquista la fiducia dei superiori. Misura l'esposizione della società e la copre. Col passare del tempo, il *trader* si convince di poter battere il mercato. Lentamente diventa uno speculatore. Inizialmente le cose vanno bene, ma poi arriva la prima perdita. Per rifarsi, il *trader* raddoppia le scommesse. Alle prime perdite ne seguono altre, e così via. È probabile che il risultato sia disastroso.

Come si è detto prima, i dirigenti devono fissare chiari limiti di rischio. Per assicurarsi che i limiti vengano rispettati, sono necessari dei controlli. La strategia operativa della società deve basarsi sull'analisi dei rischi cui è esposta nel mercato dei cambi, dei tassi d'interesse, delle merci, e così via. Quindi si deve decidere come contenere i rischi entro livelli accettabili. Se, invece, la strategia operativa non è la diretta conseguenza dei rischi cui la società è esposta, c'è evidentemente qualcosa che non funziona.

Essere Cauti nel Trasformare le Tesorerie in Centri di Profitto

Negli ultimi 20 anni c'è stata la tendenza a trasformare le tesorerie delle società in centri di profitto. Sembra essere una buona idea. Si motiva il tesoriere a ridurre i costi dei finanziamenti e a gestire i rischi nel modo più redditizio possibile. Il problema è che il tesoriere ha limitate possibilità di conseguire profitti perché, sia nelle operazioni di provvista sia in quelle di impiego delle eccedenze di cassa, ha di fronte un mercato efficiente. Di solito, può migliorare i risultati economici solo a costo di assumersi ulteriori rischi. I programmi di copertura adottati dalle società offrono ai tesorieri alcuni gradi di libertà per prendere decisioni accorte che facciano crescere gli utili. Ma occorre ricordarsi che l'obiettivo dei programmi di copertura è quello di ridurre i rischi, non di accrescere i profitti attesi. La decisione di coprirsi porterà a risultati che nel 50% dei casi saranno peggiori di quelli che si sarebbero ottenuti in assenza delle coperture. Il pericolo della trasformazione delle tesorerie in centri di profitto è che si motivano i tesorieri ad agire da speculatori. È allora possibile che si producano risultati del tipo Orange County o Procter & Gamble.

30.5 UN'ULTIMA CONSIDERAZIONE

Quasi tutti i rischi considerati in questo libro sono «rischi noti» (*known risks*), ossia rischi – come il rischio di mercato e il rischio di credito – che possono essere quantificati in base ai dati storici. Per le istituzioni finanziarie sono importanti anche altri due tipi di rischio: i «rischi ignoti» (*unknown risks*) e i «rischi irriconoscibili» (*unknowable risks*).

I rischi ignoti sono quelli in cui l'evento che potrebbe causare la perdita è noto, ma la probabilità che l'evento si verifichi non è facilmente determinabile.

Esempio 30.19

Il rischio operativo include molti rischi ignoti. Qual è la probabilità di una perdita dovuta alle attività di un *rogue trader*? Qual è la probabilità di una perdita dovuta all'esito sfavorevole di una causa importante? Qual è la probabilità che le attività di una banca in un'economia emergente vengano spropriate?

Di solito, queste probabilità non possono essere stimate in base ai dati storici. Come si è visto nel Capitolo 16, spesso si usano le probabilità soggettive. In un libro ampiamente citato, Knight (1921) utilizza il termine "rischio" per i rischi noti e il termine "incertezza" per i rischi ignoti.[1]

I rischi irriconoscibili sono quelli in cui non è noto neppure l'evento che potrebbe causare la perdita. I rischi irriconoscibili sono, per diversi aspetti, i più insidiosi perché rappresentano una vera sorpresa e spesso comportano perdite drammatiche. A volte si parla di «cigni neri» (*black swans*) perché in passato non si riteneva possibile che questi animali esistessero, finché non sono stati scoperti in Australia. Com'è stato sottolineato da Taleb, una volta che si sono verificati, gli eventi *black swan* spesso vengono considerati ovvi.[2]

Esempio 30.20

Chi, nel 1970, produceva enciclopedie avrebbe mai pensato che il progresso tecnologico avrebbe annullato il loro valore? Probabilmente no, ma *ex post* questo rischio sembra piuttosto ovvio.

Come si possono gestire i rischi ignoti e quelli irriconoscibili? Lo strumento chiave è la flessibilità. Le società dovrebbero utilizzare un grado di *leverage* non troppo elevato e cercare di far in modo che i loro costi siano variabili piuttosto che fissi. Anche la diversificazione dei prodotti e dei mercati accresce la flessibilità. In futuro, è pos-

---

[1] Si veda KNIGHT, F. H., *Risk, Uncertainty and Profit*. Boston: Houghton Mifflin Company, 1921.
[2] Si veda TALEB, N. N., *The Black Swan: The Impact of the Highly Improbable*. New York: Random House, 2007.

sibile che le compagnie d'assicurazione offriranno polizze contro i rischi ignoti e quelli irriconoscibili. Come si è visto nel Capitolo 20, già esistono polizze che offrono protezione contro alcuni (ignoti) rischi operativi. Offrire polizze contro i rischi irriconoscibili è una bella sfida (non del tutto impossibile).

SOMMARIO

Il principale insegnamento che si può trarre dalle ingenti perdite subìte sui mercati finanziari è l'importanza dei «controlli interni» (*internal controls*). I rischi assunti dai *traders*, i modelli utilizzati e gli importi relativi delle diverse operazioni dovrebbero essere tutti controllati. È importante «ragionare al di fuori degli schemi» (*think outside the box*) per immaginare cosa potrebbe non andare per il verso giusto. LTCM, Enron e molte altre società non lo hanno fatto e le conseguenze finanziarie sono state disastrose.

SUGGERIMENTI PER ULTERIORI LETTURE

DIEBOLD, F. X., DOHERTY, N. A., e HERRING, R. J., *The Known, the Unknown, and the Unknowable in Financial Risk Management*. Princeton, NJ: Princeton University Press, 2010.

DUNBAR, N., *Inventing Money: The Story of Long-Term Capital Management and the Legends Behind It*. Chichester, UK: John Wiley & Sons, 2000.

GOMORY, R., "The Known, the Unknown and the Unknowable", *Scientific American*, June 1995.

JORION, P., *Big Bets Gone Bad: Derivatives and Bankruptcy in Orange County*. New York: Academic Press, 1995.

JORION, P., "How Long-Term Lost Its Capital", *Risk*, (September 1999), 31-6.

JU, X. e PEARSON, N., "Using Value-at-Risk to Control Risk Taking: How Wrong Can You Be?", *Journal of Risk*, 1, 2 (Winter 1998-9), 5-36.

PERSAUD, A. D., ed., *Liquidity Black Holes: Understanding Quantifying and Managing Financial Liquidity Risk*. London: Risk Books, 2003.

SORKIN, A. R., *Too Big to Fail*. New York: Penguin, 2009.

TETT, G., *Fool's Gold: How the Bold Dream of a Small Tribe at JPMorgan Was Corrupted by Wall Street Greed and Unleashed a Catastrophe*. New York: Free Press, 2009.

THOMSON, R., *Apocalypse Roulette: The Lethal World of Derivatives*. London: Macmillan, 1998.

ZHANG, P. G., *Barings Bankruptcy and Financial Derivatives*. Singapore: World Scientific Publishing, 1995.

Risposte a Domande e Problemi

Capitolo 1 *Introduzione: Rischio e Rendimento*

1.1 Il valore atteso e la deviazione standard dei tassi di rendimento sono pari, rispettivamente, al 12,5%:

$$0{,}10 \times (-15\%) + 0{,}25 \times (-5\%) + 0{,}35 \times 15\% + 0{,}20 \times 30\% + 0{,}10 \times 40\% = 12{,}50\%$$

e al 17,07%:

$$\sqrt{\begin{array}{l} 0{,}1 \times (-15\% - 12{,}5\%)^2 + 0{,}25 \times (-5\% - 12{,}5\%)^2 + 0{,}35 \times (15\% - 12{,}5\%)^2 \\ + 0{,}2 \times (30\% - 12{,}5\%)^2 + 0{,}1 \times (40\% - 12{,}5\%)^2 \end{array}} = 17{,}07\%.$$

1.2 In base alle Equazioni (1.1) e (1.2), il valore atteso e la deviazione standard dei tassi di rendimento del portafoglio sono pari, rispettivamente, al 12,5%:

$$0{,}5 \times 12{,}5\% + 0{,}5 \times 12{,}5\% = 12{,}5\%$$

e al 12,94%:

$$\sqrt{0{,}5^2 \times 0{,}1707^2 + 0{,}5^2 \times 0{,}1707^2 + 2 \times 0{,}5 \times 0{,}5 \times 0{,}1707 \times 0{,}1707 \times 0{,}15} = 12{,}94\%.$$

1.3 Le combinazioni rischio/rendimento sono riportate nella tavola seguente:

w_1	w_2	μ_P	$\sigma_P\,(\rho = 0{,}3)$	$\sigma_P\,(\rho = 1)$	$\sigma_P\,(\rho = -1)$
0,0	1,0	15%	24,00%	24,00%	24,00%
0,2	0,8	14%	20,39%	22,40%	16,00%
0,4	0,6	13%	17,42%	20,80%	8,00%
0,6	0,4	12%	15,48%	19,20%	0,00%
0,8	0,2	11%	14,96%	17,60%	8,00%
1,0	0,0	10%	16,00%	16,00%	16,00%

1.4 (a) Il rischio non sistematico può essere diversificato, mentre il rischio sistematico non può essere diversificato.
  (b) Per chi investe in azioni è più importante il rischio sistematico.
  (c) Entrambi i tipi di rischio possono portare la società al fallimento.

1.5 (a) Supponiamo che gli investitori desiderino minimizzare la deviazione standard del tasso di rendimento del loro portafoglio, per un dato tasso di rendimento atteso. Ne segue che tutti vorranno stare sulla frontiera efficiente descritta nella Figura 1.4. In particolare, vorranno combinare lo stesso portafoglio di titoli rischiosi, *M*, con l'investimento o il finanziamento al tasso d'interesse privo di rischio.

(b) Le ipotesi chiave sono le seguenti:
1. gli investitori considerano solo il valore atteso e la deviazione standard dei tassi di rendimento;
2. è possibile prendere e dare denaro in prestito allo stesso tasso d'interesse privo di rischio;
3. le stime dei parametri fondamentali (valore atteso e deviazione standard dei tassi di rendimento, correlazioni) sono le stesse per tutti gli investitori.

1.6 Applicando l'Equazione (1.4) si ottiene:

(a) $0{,}2 \times (12\% - 6\%) = 7{,}2\%$ (b) $0{,}5 \times (12\% - 6\%) = 9{,}0\%$ (c) $1{,}4 \times (12\% - 6\%) = 14{,}4\%$.

1.7 Il *capital asset pricing model* suppone che i tassi di rendimento dei titoli siano spiegati da un solo fattore di rischio. Secondo l'*arbitrage pricing theory* i fattori di rischio possono essere più di uno.

1.8 In molte giurisdizioni gli interessi sul debito sono fiscalmente deducibili, mentre i dividendi non sono deducibili. Pertanto, è più efficiente sotto il profilo fiscale che le società facciano ricorso all'indebitamento piuttosto che all'emissione di azioni. Tuttavia, col crescere del debito cresce anche la probabilità d'insolvenza.

1.9 (a) Sono due i principali metodi che le banche (e le società in generale) possono seguire nella gestione dei rischi. Il primo è quello di identificare i rischi uno per uno, per poi trattarli separatamente. In questo caso si parla di «scomposizione del rischio» (*risk decomposition*). Il secondo metodo consiste nell'essere ben diversificati. In questo caso si parla di «aggregazione del rischio» (*risk aggregation*).
(b) La *risk decomposition* richiede un'approfondita comprensione dei singoli rischi.
(c) La *risk aggregation* richiede un'approfondita comprensione delle correlazioni tra i singoli rischi.

1.10 Quando i rischi possono comportare perdite molto rilevanti non possiamo aggregarli e supporre che siano ben diversificati. È necessario esaminarli uno per uno per poi eliminarli con apposite polizze assicurative o ridurne gli effetti con più rigidi controlli interni, ecc.

1.11 La probabilità che il patrimonio netto della banca tra un anno continui a essere positivo è pari alla probabilità che il rapporto tra l'utile e le attività risulti migliore del −4%. La probabilità che una variabile casuale normale con media pari allo 0,6% e deviazione standard pari all'1,5% assuma un valore maggiore del −4% è pari alla probabilità che una normale standardizzata assuma un valore maggiore di

$$\frac{-4\% - 0{,}6\%}{1{,}5\%} = -3{,}067$$

ossia a $1 - N(-3{,}067)$, dove *N* è la funzione di distribuzione della normale standardizzata. Per le proprietà di simmetria della normale, si ha $1 - N(-3{,}067) = N(3{,}067) = 99{,}89\%$.

1.12 Le banche hanno il privilegio della raccolta di denaro in forma di depositi. Le società che operano nel settore manifatturiero e delle vendite al dettaglio non godono di questo privilegio.

1.13 Onorari di avvocati e revisori (circa $10 milioni al mese), riduzione del fatturato (la gente tende a non fare affari con una società fallita), dimissioni dei dirigenti che ricoprivano i posti chiave (mancanza di continuità).

1.14 Se l'alfa fosse stato nullo, il tasso di rendimento realizzato dal gestore dell'*hedge fund* sarebbe stato pari all'8% [= 5% + 0,6 × (10% − 5%)]. Dato che $\alpha = 4\%$, il tasso di rendimento realizzato dal gestore è stato pari al 12% (= 8% + 4%).

Capitolo 2 *Banche*

2.1 Tra il 1984 e il 2023 (1° trimestre), il grado di concentrazione del sistema bancario statunitense è aumentato. Le banche di maggiore dimensione hanno accresciuto la loro quota di mercato. Il numero complessivo delle banche è diminuito da 17.785 a 4.672 unità (Tavola 2.1).

2.2 All'inizio del XX secolo, molti Stati hanno emanato leggi che limitavano la possibilità di aprire più di una filiale. Nel 1927 è stato emanato il McFadden Act, poi emendato nel 1933, che vietava a tutte le banche di aprire filiali in più di uno Stato. Questa restrizione valeva sia per le «banche d'interesse nazionale» (*nationally chartered banks*) sia per le «banche d'interesse statale» (*state-chartered banks*).

2.3 Il rischio maggiore è che i tassi d'interesse aumentino e che quindi la banca debba pagare interessi più elevati sui depositi. Essendo i prestiti a tasso fisso, gli interessi incassati resterebbero invariati e il *net interest income* della banca si ridurrebbe. C'è inoltre il rischio di liquidità.

2.4 La perdita di $7 milioni subìta da DLC supera l'intero capitale della banca ($5 milioni) e quindi la banca fallisce. I depositanti recuperano interamente i loro fondi, mentre i possessori dei titoli subordinati di lunga scadenza subiscono perdite per $2 (= $7 − $5) milioni.

2.5 I «redditi netti da interessi» (*net interest income*) sono pari al saldo tra gli interessi percepiti e quelli corrisposti.

2.6 (a) La voce più soggetta al rischio di credito è rappresentata dalle «Perdite su crediti».
(b) La voce più soggetta al rischio di mercato è rappresentata dagli «Altri redditi», nei quali sono compresi i profitti e le perdite derivanti dalla negoziazione dei titoli. Anche i «Redditi netti da interessi» sono soggetti al rischio di mercato se non c'è corrispondenza tra attività e passività.
(c) La voce più soggetta al rischio operativo è rappresentata dagli «Altri costi».

2.7 (a) Il *private placement* è un «collocamento con trattativa privata». La banca riceve una «commissione» (*fee*) per collocare i titoli presso una ristretta cerchia di investitori istituzionali, quali compagnie d'assicurazione e fondi pensione. Il *public offering* è un «collocamento con offerta al pubblico». I titoli vengono collocati presso il pubblico dei risparmiatori.
(b) Il *public offering* può essere «al meglio» (*best efforts placement*) o «a fermo» (*firm commitment*):
- nel caso di *best efforts placement*, la banca fa il possibile per collocare i titoli presso gli investitori, ma non garantisce il collocamento. La sua commissione dipende, in una certa misura, dall'esito del collocamento;
- nel caso di *firm commitment*, la banca acquista i titoli dalla società a un certo prezzo per poi collocarli sul mercato a un prezzo leggermente più alto. L'utile d'intermediazione è pari alla differenza tra prezzo di vendita e prezzo d'acquisto. Se il collocamento non ha successo, la banca finirà per mantenere i titoli nel suo portafoglio.

2.8 (a) Le azioni vengono innanzitutto allocate a H, e poi – nell'ordine – a C e F. A questo punto sono state assorbite 140.000 azioni. Ne restano 10.000, ma il successivo aggiudicatario, A, ne ha chieste 20.000. La sua richiesta viene soddisfatta *pro quota*, ossia per $1/2$ (= 10.000 / 20.000).
(b) Il prezzo pagato dagli aggiudicatari (H, C, F, A) è pari al prezzo indicato da A ($100).

2.9 (a) L'asta olandese consente di raggiungere una più vasta fascia di possibili acquirenti, mentre nella classica IPO gli investitori sono in genere rappresentati dalla migliore clientela della banca che cura il collocamento. Inoltre, il prezzo di mercato del primo giorno di quotazione dovrebbe essere in linea con il prezzo che si determina nell'asta olandese, mentre risulta in genere molto più elevato di quello dell'IPO.

(b) L'IPO di Google si è differenziata rispetto alla tipica asta olandese perché Google si è riservato il diritto di modificare il numero delle azioni da emettere e la quota da allocare a ogni «partecipante all'asta» (*bidder*) una volta che fossero state rese note le «proposte d'acquisto» (*bids*).

2.10 Le *poison pills* rafforzano la posizione negoziale del *management*, soprattutto se il consiglio d'amministrazione ha il potere di abolirle o renderle inefficaci. Consentono al *management* di guadagnare tempo per migliorare il prezzo d'acquisto o trovare altri possibili acquirenti. Tuttavia, c'è il pericolo che le *poison pills* inducano i possibili acquirenti a non prendere affatto in considerazione l'ipotesi di un *takeover*, e questo può rappresentare un danno per gli azionisti.

2.11 (a) Tra i conflitti d'interesse presenti nelle banche di grandi dimensioni figurano i seguenti: (i) la *brokerage house*, ossia la sussidiaria specializzata in servizi d'intermediazione mobiliare, potrebbe raccomandare alla propria clientela i titoli che un'altra sussidiaria, la banca d'investimento, sta cercando di collocare; (ii) la sussidiaria che opera da banca commerciale potrebbe passare informazioni confidenziali sulla clientela all'altra sussidiaria che opera da banca d'investimento; (iii) quando la banca ha relazioni d'affari con una certa società (o vuole entrarci in contatto) potrebbe convincere la *brokerage house* a raccomandarne le azioni alla propria clientela; (iv) la sussidiaria che opera da banca commerciale, preoccupata dell'esposizione nei confronti di una certa società, potrebbe convincerla a emettere obbligazioni, il cui collocamento verrebbe poi curato dalla sussidiaria che opera da banca d'investimento.

(b) I conflitti d'interesse vengono gestiti con le cosiddette «muraglie cinesi» (*Chinese walls*), tra le diverse aree di attività. Queste barriere interne impediscono il passaggio delle informazioni da un'area all'altra della banca quando occorre tutelare gli interessi della clientela.

2.12 Il *trading book* è dato dall'insieme di tutti i contratti in cui la banca entra quando effettua operazioni di *trading*. Il *banking book* è formato dall'insieme dei prestiti concessi a persone fisiche o a persone giuridiche.

2.13 In conseguenza dell'IFRS9 e degli analoghi *standards* contabili del FASB, i prestiti concessi dalle banche vanno registrati in bilancio al valore nominale decurtato dalle perdite attese.

2.14 Il «modello "promuovere per distribuire"» (*originate-to-distribute model*) è il modello seguito dalle banche che svolgono l'istruttoria per la concessione dei prestiti, li erogano e poi li passano agli investitori dopo averli «impacchettati» (*packaged*) in prodotti strutturati (*structured products*). L'*originate-to-distribute model* è stato impiegato intensivamente nei sette anni che hanno preceduto il luglio 2007. Nel luglio 2007, gli investitori hanno perso fiducia nei prodotti strutturati e le banche hanno dovuto forzatamente abbandonare, o quantomeno sospendere, l'attuazione di questo modello.

Capitolo 3 *Compagnie d'Assicurazione e Fondi Pensione*

3.1 (a) L'«assicurazione "caso morte" temporanea» (*term life insurance*) dura per un periodo prefissato di anni (ad es. 5 o 10 anni). L'assicurato paga periodicamente un premio. Se muore prima della scadenza della polizza, i beneficiari ricevono un pagamento pari al valore nominale della polizza. L'«assicurazione "caso morte" a vita intera» (*whole life insurance*) dura per l'intera vita dell'assicurato. L'assicurato paga periodicamente un premio, che in genere è stabile nel tempo. Quando l'assicurato muore, i beneficiari ricevono un pagamento pari al valore nominale della polizza. Mentre nella polizza temporanea non c'è certezza che il pagamento venga effettuato, nella polizza vitalizia il pagamento verrà senz'altro effettuato, ammesso che il titolare della polizza continui a versare regolarmente i premi (l'unica incertezza riguarda la data di pagamento).

(b) C'è una componente finanziaria nelle assicurazioni a vita intera, perché i premi relativi ai primi anni sono maggiori dei premi delle corrispondenti polizze temporanee "caso morte". Nei primi anni, la compagnia d'assicurazione investe il *surplus* per far fronte al *deficit* degli ultimi anni. Se l'assicurato fosse lui stesso a investire il *surplus* del premio, i frutti dell'investimento verrebbero tassati annualmente in base alla sua aliquota ordinaria. Se invece è la compagnia d'assicurazione che investe il *surplus* del premio, i frutti dell'investimento vengono tassati solo alla morte dell'assicurato, quando viene effettuato il pagamento a favore dei beneficiari della polizza. Pertanto, le polizze a vita intera consentono di differire il pagamento delle imposte. Ciò rappresenta un vantaggio per l'assicurato, dato che più le imposte vengono differite, più si riduce il loro valore attuale.

3.2 L'«assicurazione a prestazioni variabili» (*variable life insurance*) è una forma di assicurazione sulla vita in cui il *surplus* iniziale dei premi viene investito in un fondo (azionario, obbligazionario o monetario) scelto dall'assicurato. Di solito, nel contratto viene specificato l'importo minimo che verrà pagato ai beneficiari in caso di morte dell'assicurato. L'importo effettivo potrà essere maggiore se la *performance* del fondo è buona. Se il titolare della polizza lo desidera, il reddito dell'investimento può essere portato in deduzione dai premi dovuti. Di solito, l'assicurato può scegliere, in ogni momento, di passare da un fondo all'altro.

L'*universal life insurance* prevede che il titolare possa ridurre il premio fino a un importo minimo prefissato senza che la copertura assicurativa venga meno. Il *surplus* dei premi viene investito in prodotti a tasso fisso, come obbligazioni, mutui e strumenti di mercato monetario. La compagnia d'assicurazione garantisce un certo tasso di rendimento minimo, ad es. il 4%, sui fondi così investiti. L'assicurato ha due possibilità: chiedere che, in caso di morte, venga pagato un importo prefissato ai beneficiari, oppure chiedere che ai beneficiari venga corrisposto un importo più elevato qualora il tasso di rendimento degli investimenti risulti maggiore del minimo garantito. È chiaro che in questo secondo caso i premi dovuti saranno più elevati.

3.3 (a) La compagnia d'assicurazione che offre «rendite vitalizie» (*lifetime annuities*) è più esposta al rischio di longevità.

(b) La compagnia d'assicurazione che offre «contratti a vita intera» (*whole life contracts*) è più esposta al rischio di mortalità.

3.4 Equitable Life vendeva rendite con tasso di rendimento minimo garantito. L'opzione che implicitamente cedeva ai titolari delle rendite è detta *guaranteed annuity option* (GAO).

3.5 La probabilità non condizionata che una donna di 50 anni muoia tra il 50° e il 51° compleanno è pari a 0,003476. Il pagamento atteso nel 1° anno è quindi pari a \$3.476 (= \$1.000.000 × 0,003476). La probabilità che la donna sia in vita al 51° compleanno è pari a 0,996524 (= 1 − 0,003476). Dato che la probabilità non condizionata che una donna di 51 anni muoia tra il 51° e il 52° compleanno è pari a 0,003476, la corrispondente probabilità condizionata è pari a 0,003780 (= 0,996524 × 0,003476). Il pagamento atteso nel 2° anno è quindi pari a \$3.780 (= \$1.000.000 × 0,003780). Se i tassi d'interesse sono nulli, il valore attuale dei pagamenti attesi è pari a \$7.256 (= \$3.476 + \$3.780).

Sia P il premio annuo (costante). Il valore attuale dei premi attesi (pagabili all'inizio del 1° e del 2° anno) è pari a

$$P + 0{,}996524 \times P = 1{,}996524 \times P.$$

Il premio annuo d'equilibrio è quel valore di X che uguaglia il valore attuale dei premi attesi al valore attuale dei pagamenti attesi, ossia è il valore di X che risolve la seguente equazione

$$1{,}996524 \times P = \$7.256$$

da cui

$$P = \frac{\$7.256}{1{,}996524} = \$3.634{,}22.$$

Pertanto, il premio annuo d'equilibrio è pari a \$3.634,22.

3.6 (a) La probabilità che un uomo sia in vita al 30° e al 90° compleanno è pari, rispettivamente a 0,96994 e 0,14370. Pertanto, la probabilità condizionata che, essendo in vita al 30° compleanno, compia 90 anni è pari a 0,14815 (= 0,14370 / 0,96994).

(b) La probabilità che una donna sia in vita al 30° e al 90° compleanno è pari, rispettivamente a 0,98480 e 0,25522. Pertanto, la probabilità condizionata che, essendo in vita al 30° compleanno, compia 90 anni è pari a 0,25916 (= 0,25522 / 0,98480).

3.7 I maggiori rischi delle compagnie d'assicurazione del ramo danni sono quelli legati alle catastrofi (terremoti, uragani, ecc.) e agli infortuni di terzi (ad es. i danni alla salute degli operai causati dall'amianto). In questi casi, la legge dei grandi numeri non è d'aiuto. O l'evento accade, e il risarcimento è enorme, o l'evento non accade, e il risarcimento è nullo.

3.8 Per le compagnie d'assicurazione esposte al rischio di catastrofi (terremoti, uragani, ecc.), i CAT *bonds* (ossia i *catastrophe bonds*) rappresentano un'alternativa alla riassicurazione. I CAT *bonds* sono obbligazioni, con tassi d'interesse più elevati di quelli di mercato, emesse da una sussidiaria della compagnia di assicurazione. In cambio dell'extra rendimento, il portatore dell'obbligazione deve rinunciare agli interessi, e a volte anche al capitale, se il valore complessivo dei risarcimenti effettuati dalla compagnia d'assicurazione cade in una certa fascia prefissata.

3.9 Il CAT *bond* ha un rischio sistematico molto basso, dato che il verificarsi o meno di un certo tipo di catastrofe non dipende dal tasso di rendimento di mercato. Se il portafoglio è sufficientemente grande, è probabile che il rischio del CAT *bond* venga «eliminato grazie alla diversificazione» (*diversified away*). Invece, l'obbligazione societaria con *rating* B ha un rischio sistematico che non può essere eliminato con la diversificazione. È quindi più opportuno che il gestore inserisca nel suo portafoglio un CAT *bond*, piuttosto che un'obbligazione societaria con *rating* B.

3.10 In Canada e nel Regno Unito, quasi tutte le spese mediche sono a carico del sistema sanitario nazionale. Negli Stati Uniti, l'assistenza a carico del sistema sanitario nazionale è limitata e quasi tutti acquistano un'assicurazione sanitaria. Nel Regno Unito c'è un sistema sanitario privato che opera a fianco di quello pubblico (il principale beneficio è quello di ridurre i tempi d'attesa per gli interventi chirurgici non urgenti).

3.11 I problemi ai quali andrà probabilmente incontro la compagnia d'assicurazione vita sono quelli classici dell'azzardo morale e della selezione avversa. Chi acquistasse una polizza assicurativa contro il rischio di licenziamento, potrebbe essere indotto a non comportarsi nel modo migliore sul posto di lavoro. Al limite, potrebbe cercare di farsi licenziare per poter beneficiare della copertura assicurativa! Inoltre, è probabile che i soggetti più interessati all'acquisto della polizza sarebbero proprio quelli il cui posto di lavoro è più a rischio.

3.12 Il capitale proprio delle compagnie d'assicurazione danni è maggiore del capitale proprio delle compagnie d'assicurazione vita perché maggiore è la variabilità dei pagamenti, a causa dei possibili indennizzi per le catastrofi (terremoti, uragani, ecc.) e gli infortuni di terzi (ad es. i danni alla salute degli operai causati dall'amianto).

3.13 (a) Il *loss ratio* è il rapporto tra i risarcimenti effettuati in un certo anno e i premi incassati nello stesso anno. In genere, i *loss ratios* oscillano tra il 60% e l'80%. L'*expense ratio* è il rapporto tra spese e premi incassati. Al numeratore di questo rapporto figurano sia le spese per l'accertamento dei danni sia le spese di distribuzione. In genere, gli *expense ratios* oscillano tra il 25% e il 30%.

(b) Non è vero che la somma del *loss ratio* e dell'*expense ratio* debba essere minore del 100%, affinché la compagnia d'assicurazione sia in utile. Non bisogna trascurare il reddito degli investimenti. I premi vengono incassati all'inizio dell'anno, mentre i pagamenti vengono effettuati durante l'anno o dopo la fine dell'anno.

3.14 Nei piani pensionistici a prestazioni definite, tutti i contributi vengono canalizzati in un unico fondo, che viene utilizzato per pagare le pensioni. Nei piani a prestazioni definite, la

Risposte a Domande e Problemi

pensione che il dipendente riceverà è definita dal piano. In genere, viene calcolata in base a una formula che dipende dal numero degli anni di lavoro e dallo stipendio del dipendente.

Nei piani pensionistici a contributi definiti, i contributi versati dal dipendente (e dal datore di lavoro) affluiscono a un conto intestato al dipendente. Quando va in pensione, il dipendente può di solito scegliere tra due alternative: trasformare il valore accumulato in una rendita vitalizia, oppure ricevere un importo di denaro in unica soluzione.

3.15 Gli stipendi crescono in base al tasso d'inflazione. Sono quindi costanti in termini reali. Supponiamo che siano pari a S all'anno in termini reali (l'unità di misura di S non è importante per i calcoli). Le pensioni sono pari al 75% dell'ultimo stipendio e crescono in base al tasso d'inflazione. Sono quindi pari a $0{,}75 \times S$. Il tasso di rendimento reale è nullo. Dato che i dipendenti lavorano per 40 anni, il valore attuale dei contributi è $40 \times S \times R$, dove R è il tasso di contribuzione (espresso in termini dello stipendio del lavoratore). Dato che le pensioni vengono pagate per 20 anni, il valore attuale dei benefici è pari a $20 \times 0{,}75 \times S$. Pertanto, il tasso di contribuzione, R, che uguaglia costi e benefici si ottiene risolvendo la seguente equazione

$$40 \times S \times R = 20 \times 0{,}75 \times S$$

da cui

$$R = \frac{20 \times 0{,}75}{40} = 0{,}375.$$

Pertanto, la percentuale degli stipendi dei dipendenti che deve essere versata al fondo pensione affinché il fondo rimanga solvibile è pari al 37,5%.

Capitolo 4   *Fondi Comuni d'Investimento, ETFs ed Hedge Funds*

4.1 Nei fondi comuni d'investimento aperti, il numero delle quote aumenta con le sottoscrizioni e diminuisce con i riscatti. Nei fondi comuni d'investimento chiusi, il numero delle quote è fisso (così come in qualsiasi altra società di capitali).

4.2 (a) Il NAV di un fondo comune d'investimento aperto viene calcolato come rapporto tra il valore di mercato delle attività e il numero delle quote in circolazione.
(b) Viene calcolato ogni giorno alle 16:00.

4.3 (a) I fondi chiusi sono quotati in borsa e se ne possono calcolare due NAVs. Il primo è pari alla quotazione di borsa. Il secondo, chiamato anche *fair value*, è pari al valore di mercato del portafoglio del fondo diviso per il numero delle quote.
(b) Di solito, la quotazione dei fondi chiusi è minore del *fair value*.

4.4 (a) L'*index fund* è un fondo che mira a «tracciare» (*to track*), ossia a replicare, la *performance* di un indice azionario, come lo S&P 500 o il FTSE 100.
(b) Viene creato comprando tutte le azioni considerate dall'indice per importi che riflettono il loro peso nell'indice. Un altro modo per replicare l'indice è quello di selezionare un portafoglio più piccolo, composto solo da alcune azioni rappresentative, che sia molto correlato con l'indice. Un altro modo ancora è quello di utilizzare i «*futures* su indici azionari» (*index futures*).

4.5 (a) Le *front-end loads* di un *mutual fund* sono le «commissioni di sottoscrizione» che vengono addebitate agli investitori quando sottoscrivono le quote del fondo. Non tutti i fondi addebitano questo tipo di commissione. Quelli che lo fanno sono chiamati *front-end loaded*. Negli Stati Uniti, le commissioni di sottoscrizione devono essere inferiori all'8,5% del capitale investito.
(b) Le *back-end loads* sono le «commissioni di vendita» che alcuni fondi addebitano quando gli investitori chiedono il rimborso delle quote. In genere, queste commissioni decrescono in funzione della permanenza nel fondo.

4.6 (a) I «fondi trattati in borsa» (*exchange-traded funds* - ETFs) che tracciano lo S&P 500 vengono creati allorché un investitore istituzionale deposita presso l'ETF un portafoglio di titoli che mira a tracciare lo S&P 500 e ne riceve in cambio le quote, dette *creation units*. Queste quote, in tutto o in parte, vengono poi vendute in borsa. La caratteristica fondamentale dell'ETF è che l'investitore istituzionale può sempre scambiare grossi blocchi di quote dell'ETF con i titoli da cui è composto il portafoglio dell'ETF. In altri termini, l'investitore istituzionale può cedere le quote dell'ETF e ricevere in cambio i titoli, oppure può depositare nuovi titoli e ricevere in cambio nuove quote dell'ETF. Questo meccanismo assicura che non ci siano mai differenze apprezzabili tra la quotazione dell'ETF e il suo *fair value*.

(b) Gli ETFs presentano diversi vantaggi rispetto ai fondi aperti:
- possono essere comprati e venduti in qualsiasi ora del giorno;
- possono essere venduti allo scoperto nello stesso modo delle azioni;
- il portafoglio degli ETFs viene reso noto due volte al giorno, in modo da dare un'informativa completa agli investitori. Invece, i fondi comuni d'investimento devono rendere nota la composizione dei propri portafogli a scadenze meno frequenti;
- quando vengono vendute le quote di un fondo comune d'investimento, il gestore del fondo deve spesso vendere le azioni che il fondo detiene per reperire le disponibilità con cui liquidare l'investitore. Quando vengono vendute le quote di un ETF ciò non è necessario, perché è il compratore dell'ETF che fornisce le disponibilità da girare al venditore. In questo modo, si risparmiano costi di transazione e sono meno frequenti i *capital gains* o le *capital losses* non programmati da attribuire ai sottoscrittori;
- l'*expense ratio* degli ETFs tende a essere minore di quello dei fondi comuni d'investimento.

(c) L'aspetto fondamentale che distingue gli ETFs dai fondi chiusi e che li rende più interessanti per gli investitori è rappresentato dal fatto che non ci sono mai differenze apprezzabili tra la quotazione dell'ETF e il suo *fair value*.

4.7 (a) La media aritmetica di n numeri è la somma dei numeri divisa per n. La media geometrica è la radice n-esima del prodotto dei numeri.

(b) La media aritmetica è sempre maggiore o uguale rispetto alla media geometrica. Il tasso di rendimento annuo *ex post* di un investimento pluriennale va calcolato come media geometrica, non come media aritmetica. Più precisamente, si calcolano i «montanti» (*returns*) annui (come somma tra 1 e il tasso di rendimento annuo), se ne calcola la media geometrica e si sottrae 1.

4.8 (a) Il *late trading* è una pratica illegale tra *brokers* e clienti. Consiste nel ritardare la negoziazione delle quote di un fondo comune. Ad es., il *broker* fa acquistare al cliente le quote al prezzo fissato alle 16 quando l'ordine d'acquisto gli viene passato dopo le 16.

(b) Il *market timing* riguarda la «tempistica degli ordini». A clienti privilegiati viene offerta la possibilità di comprare e vendere le quote dei fondi in un arco ristretto di tempo (ad es. pochi giorni) senza pagare commissioni. Uno dei motivi è che i clienti potrebbero così sfruttare il mancato aggiornamento dei prezzi di alcuni titoli del fondo in occasione del calcolo del NAV.

(c) Il *front running* si ha quando la società di gestione, prima di effettuare una transazione che avrà un impatto molto rilevante sul prezzo di mercato di un certo titolo, passa quest'informazione ai propri soci o ad alcuni clienti privilegiati, in modo da consentire loro di operare in anticipo sullo stesso titolo.

(d) Il *directed brokerage* si ha quando una «società specializzata in servizi d'intermediazione mobiliare» (*brokerage house*) si mette d'accordo con una società di gestione di fondi comuni per raccomandare i fondi ai propri clienti in cambio dell'impegno, da parte della società di gestione, di passarle un certo numero di ordini di compravendita su titoli presenti nei portafogli dei fondi comuni.

4.9 1) I sottoscrittori dei fondi comuni d'investimento possono chiedere in qualsiasi momento il rimborso delle quote; 2) il valore delle quote deve essere determinato giornalmente; 3) le politiche d'investimento devono essere rese note; 4) l'utilizzo della «leva finanziaria» (*leverage*) deve essere molto contenuto.

4.10 Se la negoziazione di obbligazioni convertibili è redditizia per un *hedge fund*, lo è a spese delle controparti. Se la maggior parte delle controparti è rappresentata da *hedge funds*, è lecito attendersi che non tutti possano guadagnarci.

4.11 (a) L'*hurdle rate* è il «tasso soglia», ossia il tasso di rendimento minimo che fa scattare l'applicazione dell'*incentive fee* a favore del gestore di un *hedge fund*.

(b) Il *clawback* è il «recupero» di quanto già pagato, ossia la possibilità – per l'investitore – di rientrare, almeno in parte, dalle perdite mediante il rimborso di precedenti *incentive fees*. Una parte delle *incentive fees* incassate dal fondo ogni anno viene accantonata in «conto di recupero» (*recovery account*). All'occorrenza, la riserva rappresentata da questo conto viene utilizzata per far fronte a parte delle perdite subite dagli investitori.

(c) L'*high water mark* è il «segno lasciato dalla piena», ossia il livello massimo raggiunto dal fondo, che va oltrepassato – dopo eventuali perdite – prima di poter applicare l'*incentive fee*.

4.12 Se la struttura delle commissioni di un *hedge fund* è del tipo «2 più 20%» e R è il tasso di rendimento del fondo, le commissioni pagate dall'investitore sono pari a

$$0{,}02 + 0{,}2 \times (R - 0{,}02).$$

Se gli investitori si aspettano un tasso di rendimento del 20% al netto delle commissioni, allora

$$R - 0{,}02 - 0{,}2 \times (R - 0{,}02) = 0{,}2$$

da cui

$$R = \frac{0{,}2 + 0{,}02 - 0{,}2 \times 0{,}02}{1 - 0{,}2} = 0{,}27.$$

Pertanto, affinché le aspettative degli investitori non siano disattese, il tasso di rendimento lordo dell'*hedge fund* deve essere pari al 27%.

4.13 L'affermazione non è corretta. Se il *leverage* è elevato, la *performance* dell'*hedge fund* deve essere buona anche nel breve termine. Le perdite subite nel breve termine potrebbero comportare *margin calls* tali da far fallire il fondo.

4.14 L'affermazione è corretta. Sono i *prime brokers* che decidono il massimo livello di *leverage* degli *hedge funds*. A sua volta, è il *leverage* che contribuisce a definire il livello di rischio degli *hedge funds*.

Capitolo 5 *Prodotti Finanziari*

5.1 Quando assume una posizione lunga su un *forward*, il *trader* si obbliga a «comprare» (*to buy*) l'attività sottostante a una certa data, a un certo prezzo. Quando il *trader* assume una posizione corta su un *forward*, si obbliga a «vendere» (*to sell*) l'attività sottostante a una certa data, a un certo prezzo.

5.2 (a) Si ha «una copertura» (*hedging*) quando una società è esposta alle variazioni del prezzo di un'attività e assume una posizione su *futures* o opzioni per annullare la sua esposizione.

(b) In un'«operazione speculativa» (*speculation*) la società non ha alcuna esposizione da annullare. Scommette sui futuri movimenti di prezzo dell'attività.

(c) L'«arbitraggio» (*arbitrage*) comporta l'assunzione di posizioni in due o più mercati per bloccare un profitto privo di rischio.

5.3 (a) Il *trader* è obbligato a comprare l'attività per $50 (l'investitore non ha scelta).
(b) Il *trader* ha la facoltà di comprare l'attività per $50 (il *trader* non deve necessariamente esercitare l'opzione).

5.4 Quando scriviamo una *call* concediamo a qualcuno il diritto di comprare da noi una certa attività, a un certo prezzo. Quando compriamo una *put* acquistiamo il diritto di vendere l'attività a qualcuno, a un certo prezzo.

5.5 (a) Il *trader* si è impegnato a vendere 100.000 sterline a $1,3000 l'una, mentre il loro valore unitario alla scadenza del contratto è di $1,2900. Profitto = $1.000 [= ($1,3000 − $1,2900) × 100.000].
(b) Il *trader* si è impegnato a vendere 100.000 sterline a $1,3000 l'una, mentre il loro valore unitario alla scadenza del contratto è di $1,3200. Perdita = −$2.000 [= ($1,3000 − $1,3200) × 100.000].

5.6 (a) Il *trader* si è impegnato a vendere a ¢50,0 per libbra qualcosa che vale ¢48,2 per libbra. Profitto = $900 [= ($0,500 − $0,482) × 50.000].
(b) Il *trader* si è impegnato a vendere a ¢50,0 per libbra qualcosa che vale ¢51,3 per libbra. Perdita = −$650 [= ($0,500 − $0,513) × 50.000].

5.7 (a) Avete venduto una *put*. Vi siete impegnati a comprare 100 azioni a $40 per azione nel caso in cui la vostra controparte nel contratto decida di esercitare il suo diritto di vendere a tale prezzo. L'opzione verrà esercitata solo nel caso in cui il prezzo dell'azione sia inferiore a $40.
(b) Se la controparte esercita quando il prezzo è di $30 dovrete comprare, a $40 l'una, 100 azioni che valgono $30. Perdete $10 per azione, ossia $1.000 in totale. Se la controparte esercita quando il prezzo è di $20, perdete $20 per azione, ossia $2.000 in totale. Il peggio che può accadere è che il prezzo dell'azione scenda a zero nel giro di 3 mesi. Quest'evento altamente improbabile vi costerebbe $4.000. In cambio delle possibili future perdite ricevete dall'acquirente il prezzo dell'opzione.

5.8 (a) I mercati di borsa sono mercati organizzati da una borsa dove i *traders* si incontrano fisicamente o comunicano per via elettronica per negoziare contratti definiti dalla borsa. I mercati *over the counter markets* sono «reti» (*networks*) di telefoni e *computers* che consentono ai *traders* che lavorano per le istituzioni finanziarie, ai tesorieri e ai gestori di fondi di negoziare tra loro. Le negoziazioni si svolgono per telefono piuttosto che sul *floor* di una borsa.
(b) 1. OTC; 2. borsa; 3. entrambi; 4. OTC; 5. OTC.

5.9 (a) Una strategia potrebbe essere quella di comprare 200 azioni. Un'altra potrebbe essere quella di comprare 2.000 opzioni.
(b) Se il prezzo dell'azione sale, la seconda strategia comporta guadagni maggiori. Ad es., se il prezzo dell'azione sale fino a $40 guadagnate $14.200 [= 2.000 × ($40 − $30) − $5.800] in base alla seconda strategia e solo $2.200 [= 200 × ($40 − $29)] in base alla prima strategia. Però, se il prezzo dell'azione scende, la seconda strategia comporta perdite maggiori. Ad es., se il prezzo dell'azione scende fino a $25, la prima strategia comporta una perdita di $800 [= 200 × ($29 − $25)], mentre la seconda determina la perdita dell'intero ammontare investito, pari a $5.800. Questo esempio dimostra che le opzioni hanno al loro interno una forte leva finanziaria.

5.10 Potreste comprare 5.000 *puts* (ossia 50 contratti *put*) con prezzo d'esercizio di $25 e data di scadenza tra 4 mesi. Queste opzioni vi offrono una forma temporanea di assicurazione. Se dopo 4 mesi il prezzo dell'azione è minore di $25 vi conviene esercitare le *puts* e vendere le

Risposte a Domande e Problemi **675**

azioni a $25 ognuna. Il costo della strategia è rappresentato dal prezzo che pagate per le opzioni.

5.11 Le opzioni non portano fondi alla società. Vengono vendute da alcuni investitori ad altri e la società non è coinvolta nelle transazioni. Al contrario, le azioni emesse sul mercato primario sono titoli venduti dalla società agli investitori. Portano fondi alla società.

5.12 (a) Trascurando il valore temporale del denaro, il possessore dell'opzione conseguirà un profitto se il prezzo dell'azione alla scadenza dell'opzione è maggiore di $52,5. In tal caso, infatti, il valore finale dell'opzione è superiore al costo sostenuto per comprarla ($2,5).
(b) L'opzione verrà esercitata se, alla scadenza, il prezzo dell'azione supera i $50. Si noti che, se il prezzo dell'azione è compreso tra $50 e $52,5 l'opzione verrà esercitata, ma il possessore dell'opzione subirà nel complesso una perdita.

5.13 (a) Trascurando il valore temporale del denaro, il venditore dell'opzione conseguirà un profitto se il prezzo dell'azione alla scadenza dell'opzione è maggiore di $56. In tal caso, infatti, il valore finale dell'opzione è minore del premio ($4) incassato originariamente.
(b) L'opzione verrà esercitata se, alla scadenza, il prezzo dell'azione è minore di $60. Si noti che, se il prezzo dell'azione è compreso tra $56 e $60 l'opzione verrà esercitata, ma il venditore dell'opzione conseguirà comunque un profitto anche se l'opzione verrà esercitata.

5.14 La società può comprare una *put*, con scadenza tra 4 mesi, scritta sulla valuta estera. In questo modo si assicura che il prezzo di vendita della valuta non sarà mai inferiore al prezzo d'esercizio dell'opzione.

5.15 (a) La società può entrare in un contratto *forward* lungo per acquistare 1 milione di dollari canadesi tra 6 mesi. In tal modo, blocca un tasso di cambio pari al tasso di cambio *forward* corrente.
(b) In alternativa, può comprare una *call* che le dà il diritto (ma non l'obbligo) di acquistare 1 milione di dollari canadesi tra 6 mesi a un certo tasso di cambio. L'opzione le offre una forma di assicurazione contro la forza del dollaro canadese mentre le consente comunque di trarre beneficio da una sua eventuale debolezza.

5.16 Sia S_T il tasso di cambio (misurato in yen per dollaro) alla scadenza dell'ICON. Il valore finale dell'ICON è pari a

$$\begin{array}{lll} \$0 & \text{se} & S_T < ¥84,5 \\ \$1.000 - \$1.000 \times \left(\dfrac{¥169}{S_T} - 1 \right) & \text{se} & ¥84,5 \leq S_T < ¥169 \\ \$1.000 & \text{se} & ¥169 \leq S_T \end{array}$$

Quando $¥84,5 \leq S_T \leq ¥169$ il *payoff* può essere così scritto:

$$\$2.000 - \frac{169.000}{S_T}.$$

Il valore finale di un'ICON è uguale al valore finale del seguente portafoglio:

1. uno *zero-coupon bond* con valore nominale pari a $1.000;
2. una posizione corta su 169.000 *calls* sullo yen, con prezzo d'esercizio pari a $1/169;
3. una posizione lunga su 169.000 *calls* sullo yen, con prezzo d'esercizio pari a $1/84,5.

La dimostrazione è contenuta nella Tavola s1.

TAVOLA s1 Valore finale del portafoglio equivalente a un'ICON.

	$S_T < ¥84,5$	$¥84,5 \leq S_T < ¥169$	$¥169 < S_T$
Zero-coupon bond	$1.000	$1.000	$1.000
Calls corte	$-169.000 \times \left(\dfrac{1}{S_T} - \dfrac{\$1}{169}\right)$	$-169.000 \times \left(\dfrac{1}{S_T} - \dfrac{\$1}{169}\right)$	$0
Calls lunghe	$169.000 \times \left(\dfrac{1}{S_T} - \dfrac{\$1}{84,5}\right)$	$0	$0
Totale	$0	$2.000 - \dfrac{169.000}{S_T}$	$1.000

5.17 (a) Il *trader* compra una *call* a 180 giorni ed entra in un contratto *forward* corto a 180 giorni. Se S_T è il tasso di cambio *spot* alla scadenza, il profitto o la perdita relativi alla *call* lunga sono pari a

$$\max(S_T - \$1{,}27;\, 0) - \$0{,}02$$

mentre il profitto o la perdita relativi al contratto *forward* corto sono pari a

$$\$1{,}3018 - S_T.$$

Pertanto, complessivamente si ha

$$\max(S_T - \$1{,}27;\, 0) - \$0{,}02 + \$1{,}3018 - S_T$$

ossia

$$\max(S_T - \$1{,}27;\, 0) + \$1{,}2818 - S_T.$$

In altri termini,

$$\$1{,}2818 - S_T \quad \text{quando} \quad S_T < \$1{,}27$$
$$\$0{,}0118 \quad \text{quando} \quad \$1{,}27 \leq S_T.$$

Si vede quindi che la strategia consente di conseguire sempre un profitto. In questi calcoli il valore temporale del denaro è stato trascurato. Tuttavia, è probabile che, anche se lo si considerasse, la strategia sarebbe comunque redditizia in qualsiasi circostanza. (Gli interessi da pagare dopo 180 giorni per il finanziamento dell'esborso iniziale di $0,02 dovrebbero essere pari a $0,0118 per annullare il profitto).

(b) Il *trader* compra una *put* a 90 giorni e entra in un contratto *forward* lungo a 90 giorni. Se S_T è il tasso di cambio *spot* alla scadenza, il profitto o la perdita relativi alla *put* lunga sono pari a

$$\max(\$1{,}34 - S_T;\, 0) - \$0{,}02$$

Il profitto o la perdita relativi al *forward* lungo sono pari a

$$S_T - \$1{,}3056.$$

Pertanto, complessivamente si ottiene

$$\max(\$1{,}34 - S_T;\, 0) - \$0{,}02 + S_T + \$1{,}3056$$

ossia

$$\max(\$1{,}34 - S_T;\, 0) + S_T - \$1{,}3256.$$

Risposte a Domande e Problemi 677

In altri termini,

$$\$0{,}0144 \quad \text{quando} \quad S_T < \$1{,}34$$
$$S_T - \$1{,}3256 \quad \text{quando} \quad \$1{,}34 \le S_T.$$

La strategia consente di conseguire sempre un profitto. Anche in questi calcoli il valore temporale del denaro è stato trascurato ma è improbabile che possa compromettere la convenienza della strategia. (Gli interessi da pagare dopo 90 giorni per il finanziamento dell'esborso iniziale di $0,02 dovrebbero essere pari a $0,0144 per annullare il profitto).

5.18 La società entra in uno *swap* a 5 anni in cui paga il 3,30% e riceve il variabile. Nel complesso riceve quindi il tasso variabile − 0,30% (= 3% − 3,30%).

5.19 La società entra in uno *swap* a 5 anni in cui riceve il 3,26% e paga il variabile. Nel complesso paga quindi il tasso variabile + 1,74% (= 5% − 3,26%).

5.20 La società entra in uno *swap* a 3 anni in cui paga il 3,00% e riceve il variabile. Nel complesso paga quindi il 4,00% (= 3,00% + 1%).

5.21 Se le condizioni atmosferiche creano un'incertezza significativa sulla quantità di grano che verrà prodotta, l'agricoltore non dovrebbe entrare in un contratto *futures* corto per proteggersi da un ribasso del prezzo del grano. Il motivo è il seguente. Supponiamo che il cattivo tempo rovini il raccolto dell'agricoltore in questione (e di molti altri agricoltori) facendo aumentare il prezzo del grano. In tal caso, le perdite sulla copertura corta avrebbero l'effetto di accentuare la cattiva sorte dell'agricoltore. Questo problema sottolinea la necessità di osservare il panorama complessivo, piuttosto che il singolo particolare, prima di scegliere una strategia di copertura. È giusto che l'agricoltore si chieda se sia valida una strategia di copertura del solo rischio di prezzo, che trascuri gli altri rischi.

5.22 Ciò che dice il dirigente della compagnia aerea può essere vero. Ma si può sostenere che una compagnia aerea non deve occuparsi di previsioni circa il prezzo del petrolio o non deve esporre gli azionisti al rischio associato con il prezzo del petrolio. La compagnia aerea dovrebbe coprirsi dal rischio e concentrarsi sulla sua attività specifica.

5.23 L'opzione scritta su portafoglio vale sempre meno di un portafoglio di opzioni perché l'aumento del prezzo di una delle attività può essere compensato dalla riduzione del prezzo di un'altra attività. Confrontiamo (i) un'opzione con *strike* $20 scritta su un portafoglio composto da due attività ciascuna del valore di $10 con (ii) un portafoglio di due opzioni con *strike* $10 scritte su ognuna delle due attività. Se i prezzi di entrambe le attività aumentano o diminuiscono, i *payoffs* di (i) e (ii) sono uguali, ma se uno aumenta e l'altro diminuisce, il *payoff* di (i) è minore di quello di (ii). Sono entrambe le caratteristiche della *basket put* scelta da Microsoft, ossia il fatto che sia scritta su un *basket* di valute e che il suo *payoff* dipenda dal prezzo medio del *basket*, che ne riducono il costo, dato che apprezzamenti e deprezzamenti delle valute rispetto al dollaro si possono compensare tra loro.

5.24 (a) Il prezzo della fonte d'energia è soggetto a forti oscillazioni, ma tende a tornare verso la media di lungo periodo.
 (b) L'elettricità e il petrolio sono le fonti d'energia per le quali la velocità di aggiustamento verso la media di lungo periodo è, rispettivamente, massima e minima.

5.25 Se cresce la frequenza con cui si osserva il prezzo dell'attività sottostante, aumenta la probabilità che la barriera venga raggiunta, per cui il valore della *barrier call* del tipo *knock-out* diminuisce.

5.26 La temperatura media giornaliera è di 75°. Pertanto, ogni giorno il CDD è pari a 10° e il CDD cumulato nel mese è di 310° (= 31 × 10°). Ne segue che il valore finale della *call* è di $300.000 [= (310° − 250°) × $5.000/1°].

5.27 L'opzione 5 × 8, con scadenza nel maggio 2024, è un contratto con cui l'utente si assicura la fornitura di elettricità per 5 giorni alla settimana (dal lunedì al venerdì), dalle 23 alle 7 (al di fuori dell'orario di punta), nel corso del mese di maggio 2024.

   (a) Se l'esercizio è giornaliero, il portatore dell'opzione ha il diritto di ricevere, in un qualsiasi giorno del mese (con un giorno di preavviso), una certa quantità di energia al prezzo d'esercizio prefissato.

   (b) Se l'esercizio è mensile, la decisione circa la fornitura di energia elettrica per l'intero mese al prezzo prefissato viene presa all'inizio del mese.

   (c) L'opzione con esercizio giornaliero vale di più.

5.28 Il margine iniziale per una posizione corta su una *call* scoperta scritta su un'azione è pari al maggiore tra i risultati relativi ai due seguenti calcoli:

1. il 100% del ricavato della vendita più il 20% del prezzo dell'azione sottostante meno l'eventuale importo per il quale l'opzione risulti *out of the money*;
2. il 100% del ricavato della vendita più il 10% del prezzo dell'azione sottostante.

In base al primo calcolo si ha

$$5 \times 100 \times [\$3{,}5 + 0{,}2 \times \$57 - (\$60 - \$57)] = \$5.950.$$

In base al secondo calcolo si ha

$$5 \times 100 \times (\$3{,}5 + 0{,}1 \times \$57) = \$4.600.$$

Pertanto, il margine iniziale è pari a $5.950. Una parte di quest'importo è coperta dal ricavato della vendita delle *calls*, pari a $1.750 (= 5 × 100 × $3,5).

5.29 **(a)** Il valore delle azioni è pari a $25.000 (= 500 × $50). Il margine iniziale è quindi pari a $40.000 (= 1,6 × $25.000).

   (b) La *margin call* scatta quando il rapporto tra il saldo del *margin account* e il valore corrente delle azioni scende sotto il 130%, ossia quando

$$\frac{\$40.000}{500 \times S} < 1{,}3$$

dove S è il prezzo dell'azione. Pertanto, la *margin call* scatta quando

$$S > \frac{\$40.000}{500 \times 1{,}3} = \$61{,}54$$

ossia quando il prezzo dell'azione supera i 61,54 dollari.

5.30 I depositi di garanzia amministrati dalla *clearinghouse* vengono rivalutati giornalmente in base alle condizioni di mercato e, giornalmente, i soci della *clearinghouse* devono riportare i conti in linea con il livello prescritto.

   I depositi di garanzia amministrati da un *broker* vengono anch'essi *marked to market* giornalmente. Però, non devono essere riportati al livello del margine iniziale su base giornaliera. Devono essere riportati al livello del margine iniziale solo quando il saldo scende al di sotto del margine di mantenimento. Di solito, il margine di mantenimento è pari al 75% del margine iniziale.

Capitolo 6 *Derivati OTC*

6.1 Nel caso dei contratti OTC regolati in via bilaterale sulla base di un *master agreement* ISDA, ognuno dei due contraenti si espone al rischio d'insolvenza della controparte. Nel caso dei contratti OTC regolati attraverso una CCP, la CCP si interpone tra le parti, per cui è come se ognuno dei due contraenti avesse negoziato direttamente con la CCP.

6.2 **(a)** Le operazioni da regolare attraverso una controparte centralizzata sono quelle standard negoziate sui mercati OTC da due istituzioni finanziarie.

(b) Le operazioni OTC tra istituzioni finanziarie, regolate in via bilaterale, devono essere assoggettate sia ai margini iniziali sia ai margini di variazione.

(c) il margine iniziale va determinato in modo da essere sufficiente, nel 99% dei casi, per coprire le perdite derivanti da un tasso di variazione decadale avverso in condizioni di mercato critiche.

6.3 Con le nuove regole introdotte dopo la Crisi Finanziaria Globale, sono aumentati i depositi di garanzia (tipicamente in contanti o titoli negoziabili) che le istituzioni finanziarie devono costituire a fronte delle posizioni su derivati. Questi provvedimenti potrebbero creare problemi di liquidità ad alcune istituzioni finanziarie.

6.4 Negli accordi di *collateralization* le garanzie vanno depositate in contanti o in titoli. L'*haircut* è la decurtazione operata sul valore di mercato dei titoli dati in garanzia. Ad es., se il valore corrente del titolo è pari a $100 e l'*haircut* è pari al 10%, la garanzia prestata vale $90 [= $100 × (1 − 0,10)].

6.5 Si ha un *event of default* quando la controparte dichiara fallimento, non riesce a effettuare i pagamenti dovuti o non riesce a fornire le garanzie richieste. Subito dopo, la «parte non insolvente» (*non-defaulting party*) può dichiarare l'*early termination event*. Allora, tutti contratti vengono chiusi.

6.6 **(a)** L'esposizione di *A* si riduce a 70 se si include quella verso la CCP, mentre resta pari a 0 se la si esclude. L'esposizione di *B* si riduce a 100 se si include quella verso la CCP, mentre si riduce a 70 se la si esclude. Le esposizioni di *C* restano invariate. L'esposizione media di *A*, *B* e *C* si riduce da 110 a 86,7 se si includono le esposizioni verso la CCP.

(b) L'esposizione media di *A*, *B* e *C* si riduce da 70 a 53,3 se si escludono le esposizioni verso la CCP.

6.7 La società perderà denaro se (i) la CCP fallisce o (ii) uno degli altri soci fallisce e le garanzie fornite non sono sufficienti per coprire gli impegni presi dal socio insolvente.

6.8 In presenza degli accordi di *netting*, le garanzie da fornire vanno calcolate sulla base del valore di mercato netto di tutti i contratti in essere. Se si verifica un *early termination event*, i contratti che hanno un valore positivo vanno compensati con quelli che hanno un valore negativo.

6.9 La *rehypothecation* è una prassi consistente nel riutilizzo di un'attività ricevuta in pegno per stanziarla a garanzia di una propria obbligazione. Se *A* fornisce garanzie a *B* e la *rehypothecation* è consentita, *B* può utilizzare le stesse garanzie per soddisfare la richiesta di garanzie da parte di *C*.

6.10 Le CCPs sono più semplici da regolamentare, rispetto alle banche, perché sono organismi molto meno complessi. In sostanza, le autorità di vigilanza devono solo verificare che la CCP segua una buona prassi quando (i) sceglie i soci, (ii) valuta i contratti, (iii) determina i margini iniziali e i contributi al fondo di garanzia.

6.11 La parte *in bonis* calcola il *settlement amount* in base alla «media dei prezzi denaro e lettera» (*mid-market prices*). Di solito, ha poi la possibilità di adeguare la valutazione a suo favore in misura pari alla metà del «differenziale denaro-lettera» (*bid-ask spread*). L'adeguamento è una sorta di compenso per il fatto che dovrà trovare altri *traders* disposti ad assumere le posizioni della parte insolvente e sarà quindi soggetto al loro *bid-ask spread*.

Capitolo 7 *Cartolarizzazioni e Crisi Finanziaria Globale*

7.1 Spesso i mutui venivano cartolarizzati e le uniche informazioni che venivano passate a chi acquistava i prodotti derivati dalla cartolarizzazione erano il FICO *credit score* del mutuatario e il «rapporto tra l'importo del mutuo e il valore di mercato della casa» (*loan-to-value ratio*). Il motivo per cui le banche non verificavano le informazioni su aspetti quali il reddito del cliente, il numero di anni di residenza all'indirizzo corrente, e così via, era che queste informazioni venivano considerate irrilevanti. La cosa più importante per la banca era se il mutuo poteva essere ceduto ad altri – e questo dipendeva soprattutto dal FICO *score* del cliente e dal *loan-to-value ratio*.

7.2 La «bolla del mercato immobiliare» (*real-estate bubble*) è stata in gran parte causata dalle pratiche di concessione dei mutui. Intorno al 2000, le banche attive nel settore dei mutui hanno iniziato ad allentare il rigore delle proprie istruttorie, consentendo così a molte famiglie, che in precedenza non erano state considerate affidabili, di aver accesso a un mutuo. È così aumentata la domanda di abitazioni e i prezzi sono cresciuti.

7.3 **(a)** Quando sono pari al 5% del valore nominale complessivo, le perdite sul portafoglio di mutui *subprime* vengono interamente assorbite dall'*equity tranche*. Di conseguenza, le perdite non producono alcun effetto né sulla *mezzanine tranche* dell'ABS né sulle tre *tranches* dell'ABS CDO.

(b) Quando le perdite sul portafoglio di mutui *subprime* sono pari al 12% del totale, la *mezzanine tranche* dell'ABS subisce una perdita pari al 35% [= (12% – 5%)/20%] del valore nominale. La perdita del 35% sulla *mezzanine tranche* dell'ABS si traduce nella perdita del 100% sia per l'*equity tranche* sia per la *mezzanine tranche* dell'ABS CDO, che coprono rispettivamente il 5% e il 20% delle perdite sulla *mezzanine tranche* dell'ABS. Il restante 10% (= 35% – 5% – 20%) viene assorbito dalla *senior tranche* dell'ABS CDO. Questa perdita è pari al 13,333% (= 10% / 75%) del valore nominale della *senior tranche* dell'ABS CDO.

7.4 Spesso la *tranche* è sottile e la distribuzione probabilistica delle perdite è molto diversa da quella di un'obbligazione. Se si verifica una perdita, c'è un'alta probabilità che la perdita sia pari al 100%. Nel caso delle obbligazioni, una perdita del 100% è molto meno probabile.

7.5 L'ABS è un insieme di *tranches* create sulla base di un portafoglio di prestiti, obbligazioni, *credit card receivables*, ecc. L'ABS CDO è un ABS creato sulla base delle *tranches* di un certo tipo (ad es. delle *tranches* con *rating* BBB) relative a diversi ABSs.

7.6 Gli investitori hanno sottovalutato quanto alta possa essere la *default correlation* in condizioni di mercato critiche. Inoltre, non hanno sempre ben compreso che le *tranches* sottostanti le ABS CDOs erano di solito molto «sottili» (*thin*), per cui o venivano completamente «cancellate» (*wiped put*) o restavano «intatte» (*untouched*). C'è stata purtroppo la tendenza a supporre che le *tranches* con un certo *rating* potessero essere assimilate a obbligazioni con lo stesso *rating*. Quest'ipotesi non è valida, per i motivi che sono stati appena menzionati.

7.7 **(a)** I «costi d'agenzia» (*agency costs*) sono costi che emergono quando gli interessi delle parti coinvolte in una relazione d'affari non sono perfettamente allineati tra loro.

(b) C'erano costi d'agenzia nel mercato dei mutui statunitensi, dato che gli interessi delle banche che concedevano i mutui non erano perfettamente allineati con gli interessi degli investitori che compravano i prodotti strutturati derivanti dalla cartolarizzazione dei mutui. C'erano anche altri costi d'agenzia perché gli interessi delle istituzioni finanziarie non erano allineati con quelli dei propri dipendenti. Nelle istituzioni finanziarie, gran parte della remunerazione dei dipendenti – quale che sia il loro grado di anzianità – dipende dal *bonus* di fine anno. Questa forma di remunerazione si basa sulla *performance* di breve termine e contrasta con gli obiettivi di crescita stabile delle istituzioni finanziarie.

7.8 La *waterfall* definisce le modalità con cui i pagamenti sul portafoglio sottostante, per interessi e capitale, affluiscono alle diverse *tranches*. In genere, i pagamenti per interessi vengono utilizzati per corrispondere il rendimento promesso alla *tranche* più *senior*. I fondi residui (nella misura in cui esistano) vengono poi utilizzati per corrispondere il rendimento promesso alla successiva *tranche* con più elevata *seniority*. E così via. I pagamenti in conto capitale vengono utilizzare per rimborsare la *tranche* più *senior*, poi la successiva in termini di *seniority*, e così via. L'*equity tranche* riceve gli interessi e il capitale solo dopo che le *tranches* più *senior* sono state pagate.

7.9 (a) In genere, le ABS CDOs vengono create in base alle *tranches* con *rating* BBB degli ABSs.

(b) Il principale motivo che induce a creare le ABS CDOs è che è difficile trovare persone disposte ad acquistare le *tranches* con *rating* BBB degli ABSs.

7.10 Secondo Mian e Sufi, la concessione di mutui è cresciuta in modo molto veloce –tra il 2000 e il 2006 – nelle zone a rischio, ossia in quelle aree urbane, individuate dai «codici di avviamento postale» (*zip codes*), che nel 1996 erano state caratterizzate da un elevata quota di domande di mutuo respinte.

7.11 La *mezzanine tranche* di un ABS o di un'ABS CDO è una *tranche* intermedia per quel che concerne la *seniority*. Viene dopo le *tranches* con maggiore *seniority* ed assorbe quindi le perdite prima di loro. Viene prima dell'*equity tranche*, per cui l'*equity tranche* assorbe le perdite prima della *mezzanine tranche*.

7.12 (a) Col crescere della *default correlation*, la *senior tranche* diventa più vulnerabile, perché cresce la perdita attesa.

(b) Col crescere della *default correlation*, la perdita attesa sull'*equity tranche* diminuisce. Per comprenderne il motivo, si noti che – al limite – quando la correlazione è unitaria (e supponendo che il *recovery rate* sia nullo) tutte le *tranches* comportano le stesse perdite (o nessuna società fallisce o tutte falliscono).

7.13 Nelle istituzioni finanziarie, gran parte della remunerazione dei dipendenti – quale che sia il loro grado di anzianità – dipende dal *bonus* di fine anno. Di solito, il *bonus* di fine anno è commisurato alla *performance* relativa all'ultimo anno. Ciò induce i *traders* e gli altri dipendenti delle banche a concentrarsi sul prossimo *bonus* e ad accorciare quindi l'orizzonte temporale utilizzato per prendere le proprie decisioni. Questa prassi sta cambiando, con l'introduzione dei «bonus differiti» (*deferred bonus*). Se la buona *performance* in un anno viene seguita da una cattiva *performance* nell'anno successivo, una parte del *bonus* non ancora pagato può essere «recuperata» (*clawed back*).

Capitolo 8 *Volatilità*

8.1 La volatilità dell'azione è pari al 2% giornaliero. Pertanto, la volatilità relativa a un periodo di 3 giorni è pari a $0{,}02 \times \sqrt{3} = 0{,}0346$, ossia al 3,46%.

8.2 La volatilità giornaliera è pari a

$$\frac{25}{\sqrt{252}} = 1{,}57\%.$$

La probabilità che una variabile distribuita normalmente sia compresa tra –1,960 e +1,960 deviazioni standard dalla media è pari al 95%. Pertanto, siamo confidenti al 95% che il tasso di variazione giornaliero di una variabile con media nulla sarà inferiore, in valore assoluto, al 3,09% (= 1,960 × 1,57%).

8.3 Le volatilità sono molto più elevate a mercati aperti che non a mercati chiusi. Pertanto, quando utilizzano la volatilità, i *traders* misurano il tempo in giorni lavorativi piuttosto che in giorni di calendario.

8.4 (a) La volatilità implicita è la volatilità che rende il prezzo di un'opzione secondo Black-Scholes-Merton uguale al suo prezzo di mercato.

(b) Viene calcolata con un metodo iterativo.

(c) Dato che opzioni diverse hanno volatilità implicite diverse, se ne deduce che i *traders* non utilizzano le stesse ipotesi di Black-Scholes-Merton (si veda la Sezione 22.4 per una discussione di questo punto).

8.5 (a) In base all'Equazione (8.2), la volatilità giornaliera risulta pari allo 0,547%.
(b) In base all'Equazione (8.4), la volatilità giornaliera risulta pari allo 0,530%.

8.6 In base all'Equazione (8.1), si ha Prob($v > x$) = $Kx^{-\alpha}$, da cui K = Prob($v > x$) x^{α}. Nel caso in questione, si ha K = Prob($v > 500$) × 500^2 = 0,01 × 500^2 = 2.500. Pertanto:
(a) Prob($v > 1.000$) = 2.500 × 1.000^{-2} = 0,25%.
(b) Prob($v > 2.000$) = 2.500 × 2.000^{-2} = 0,0625%.

8.7 Sia

$$u_i = \frac{S_i - S_{i-1}}{S_{i-1}}$$

dove S_i è il valore di una variabile di mercato, osservata il giorno i. Nel modello EWMA, il tasso di varianza della variabile di mercato (ossia il quadrato della volatilità), calcolato per il giorno n, è una media ponderata delle u^2_{n-i} (i = 1, 2, 3, ...). Data una costante λ (0 < λ < 1), il peso assegnato a u^2_{n-i-1} è pari a λ volte il peso assegnato a u^2_{n-i}. La volatilità stimata per il giorno n, σ_n, è legata alla volatilità stimata per il giorno $n-1$, σ_{n-1}, dalla seguente relazione

$$\sigma_n^2 = \lambda \sigma_{n-1}^2 + (1-\lambda) u_{n-1}^2.$$

Questa formula fa vedere che il modello EWMA gode di una proprietà molto interessante. Per calcolare la stima della volatilità per il giorno n è sufficiente conoscere la stima della volatilità per il giorno $n-1$ e il più recente tasso di variazione giornaliero, u_{n-1}.

8.8 Il modello EWMA offre una previsione del tasso di varianza giornaliero per il giorno n che è pari a una media ponderata (a) della previsione per il giorno $n-1$ e (b) del quadrato del tasso di variazione nel giorno $n-1$. Il modello GARCH(1,1) offre una previsione del tasso di varianza giornaliero per il giorno n che è pari a una media ponderata (a) della previsione per il giorno $n-1$, (b) del quadrato del tasso di variazione nel giorno $n-1$ e (c) del tasso di varianza medio di lungo periodo. Il GARCH(1,1) modifica il modello EWMA assegnando un certo peso al tasso di varianza medio di lungo periodo. Diversamente dall'EWMA, il GARCH(1,1) suppone che il tasso di varianza tenda a ritornare verso un livello medio di lungo periodo.

8.9 In questo caso σ_{n-1} = 0,015 e

$$u_n = \frac{\$30,5 - \$30}{\$30} = 0,01667$$

cosicché, in base alla Equazione (8.8), si ha

$$\sigma_n^2 = 0,94 \times 0,015^2 + (1-0,94) \times 0,01667^2 = 0,0002282.$$

Pertanto, la stima della volatilità per il giorno n è pari all'1,5105%:

$$\sqrt{0,0002282} = 0,015105.$$

8.10 Se si riduce il λ da 0,95 a 0,85 si dà un peso maggiore alle osservazioni più recenti di u_i^2 e un peso minore alle osservazioni più lontane nel tempo. Le volatilità calcolate in base a λ = 0,85 reagiranno più velocemente alle nuove informazioni e "oscilleranno" molto di più delle volatilità calcolate in base a λ = 0,95.

8.11 Con la consueta simbologia si ha

$$u_{n-1} = \frac{\$1.060 - \$1.040}{\$1.040} = 0,01923$$

cosicché

$$\sigma_n^2 = 0,000002 + 0,06 \times 0,01923^2 + 0,92 \times 0,01^2 = 0,0001162$$

per cui σ_n = 0,01078. Pertanto, la nuova stima della volatilità giornaliera è pari all'1,078%.

8.12 Il tasso di variazione giornaliero è pari a

$$\frac{\$1{,}495 - \$1{,}5}{\$1{,}5} = -0{,}003333.$$

La stima corrente della varianza giornaliera è pari a

$$0{,}006^2 = 0{,}0000360.$$

La nuova stima della varianza giornaliera è

$$0{,}9 \times 0{,}000036 + 0{,}1 \times 0{,}003333^2 = 0{,}000033511.$$

La nuova volatilità è la radice quadrata di quest'espressione. È pari a 0,005789, ossia allo 0,5789%.

8.13 Il peso assegnato al tasso di varianza medio di lungo periodo è pari a $1 - \alpha - \beta$ ed il tasso di varianza medio di lungo periodo è pari a $\omega/(1 - \alpha - \beta)$. Se ω aumenta, aumenta il tasso di varianza medio di lungo periodo. Se α aumenta, aumenta il peso assegnato alle osservazioni più recenti, si riduce il peso assegnato al tasso di varianza medio di lungo periodo ed aumenta il livello del tasso di varianza medio di lungo periodo. Se β aumenta, aumenta il peso assegnato alla precedente stima della varianza, si riduce il peso assegnato al tasso di varianza medio di lungo periodo ed aumenta il livello del tasso di varianza medio di lungo periodo.

8.14 **(a)** Il tasso di varianza medio di lungo periodo è pari a $\omega/(1 - \alpha - \beta)$ ossia a 0,0001333:

$$V_L = \frac{\omega}{1 - \alpha - \beta} = \frac{0{,}000004}{1 - 0{,}05 - 0{,}92} = 0{,}0001333.$$

La volatilità media di lungo periodo è pari all'1,155%:

$$\sqrt{0{,}0001333} = 0{,}01155.$$

(b) L'equazione che descrive il modo in cui il tasso di varianza ritorna verso il suo livello di lungo periodo è [Equazione (8.14)]

$$E(\sigma^2_{n+k}) = V_L + (\alpha + \beta)^k (\sigma^2_n - V_L).$$

In questo caso

$$E(\sigma^2_{n+k}) = 0{,}0001333 + (0{,}05 + 0{,}92)^k \times (\sigma^2_n - 0{,}0001333).$$

(c) Se la volatilità corrente è del 20% annuo, si ha

$$\sigma_n = \frac{0{,}2}{\sqrt{252}} = 0{,}0126.$$

Il tasso di varianza atteso tra 20 giorni è

$$E(\sigma^2_{n+20}) = 0{,}0001333 + (0{,}05 + 0{,}92)^{20} \times (0{,}0126^2 - 0{,}0001333) = 0{,}0001471.$$

Pertanto, la volatilità giornaliera attesa tra 20 giorni è pari all'1,21%:

$$\sqrt{0{,}0001471} = 0{,}0121.$$

8.15 Il FTSE 100 espresso in dollari è XY, dove X è il FTSE espresso in sterline e Y è il tasso di cambio (valore in dollari di una sterlina). Sia x_i il tasso di variazione di X nel giorno i e y_i il tasso di variazione di Y nel giorno i. Il tasso di variazione di XY nel giorno i è approssimativamente pari a $x_i + y_i$. La deviazione standard di x_i è di 0,018 e la deviazione standard di y_i è di 0,009. La correlazione tra i due tassi di variazione è pari a 0,4. Pertanto, la varianza di $x_i + y_i$ è pari a

$$0{,}018^2 + 0{,}009^2 + 2 \times 0{,}018 \times 0{,}009 \times 0{,}4 = 0{,}0005346$$

cosicché la volatilità di $x_i + y_i$ è pari a 0,0231, ossia al 2,31%.

Questa è la volatilità del FTSE 100 espresso in dollari. Si noti che è maggiore della volatilità del FTSE 100 espresso in sterline (1,8%), dato che la correlazione tra l'indice e il tasso di cambio è positiva. Quando il FTSE cresce anche il valore delle sterline misurato in dollari cresce. Si determina quindi un aumento ancora maggiore del valore del FTSE 100 misurato in dollari. Il contrario accade nel caso di una riduzione di valore del FTSE 100.

8.16 In questo caso $V_L = 0,00015$:

$$V_L = \frac{0,000003}{1-0,04-0,94} = 0,00015.$$

Pertanto, utilizzando l'Equazione (8.14), la stima della varianza giornaliera tra 30 giorni è

$$E(\sigma_{n+30}^2) = 0,00015 + (0,04+0,94)^{30} \times (0,01^2 - 0,00015) = 0,000123.$$

Ne segue che la stima della volatilità giornaliera tra 30 giorni è pari all'1,11%:

$$E(\sigma_{n+30}) = \sqrt{0,000123} = 0,0111.$$

8.17 In questo caso $V_L = 0,0001$:

$$V_L = \frac{0,000002}{1-0,04-0,94} = 0,0001.$$

Inoltre

$$a = \ln\left(\frac{1}{0,04+0,94}\right) = 0,0202$$

e

$$V(0) = 0,013^2 = 0,000169.$$

Pertanto, in base alla (8.15), la stima della varianza media annua nei prossimi 20 giorni è

$$\sigma(20)^2 = 252 \times \left[0,0001 + \frac{1-e^{-0,0202 \times 20}}{0,0202 \times 20} \times (0,000169 - 0,0001)\right] = 0,0395.$$

Ne segue che la stima della volatilità media annua nei prossimi 20 giorni è pari al 19,88%:

$$\sigma(20) = \sqrt{0,0395} = 0,1988.$$

Capitolo 9 Correlazioni e Copule

9.1 Dovete conoscere le deviazioni standard delle due variabili.

9.2 (a) Il coefficiente di correlazione misura la dipendenza lineare tra due variabili, non misura altri tipi di dipendenza.
  (b) Quando $y = x^2$, la dipendenza tra x e y è perfetta ma la correlazione è nulla. Infatti, moltiplicando per x entrambi i membri dell'uguaglianza $y = x^2$ si ottiene $xy = x^3$ da cui $E(xy) = E(x^3)$, dove $E(x^3)$ è il momento terzo dall'origine. Dato che $E(x^3) = 0$ nel caso di una distribuzione normale standardizzata (che è per definizione simmetrica intorno alla media), ne segue che $E(xy) = 0$. Pertanto, in base all'Equazione (9.1), il coefficiente di correlazione tra x e y è nullo.

9.3 (a) Nei modelli fattoriali la correlazione tra due o più variabili dipende esclusivamente dalle loro correlazioni con uno o più fattori di rischio.
  (b) I modelli fattoriali riducono sensibilmente il numero delle stime delle correlazioni che si devono effettuare.

9.4 (a) Una matrice si dice semidefinita positiva se soddisfa l'Equazione (9.4) per qualsiasi **w**.
  (b) Se la matrice delle correlazioni non è semidefinita positiva, le correlazioni non sono internamente coerenti.

9.5 **(a)** La stima corrente della covarianza è
$$0{,}016 \times 0{,}025 \times 0{,}25 = 0{,}0001.$$

(b) I tassi di variazione giornalieri sono pari a
$$\frac{\$20{,}5 - \$20}{\$20} = 0{,}025 \quad \text{e} \quad \frac{\$40{,}5 - \$40}{\$40} = 0{,}0125.$$

La nuova stima della covarianza è
$$0{,}95 \times 0{,}0001 + 0{,}05 \times 0{,}0025 \times 0{,}0125 = 0{,}0001106.$$

La nuova stima della varianza dell'attività A è
$$0{,}95 \times 0{,}016^2 + 0{,}05 \times 0{,}025^2 = 0{,}00027445$$

cosicché la nuova volatilità è 0,0166. La nuova stima della varianza dell'attività B è
$$0{,}95 \times 0{,}025^2 + 0{,}05 \times 0{,}0125^2 = 0{,}000601563$$

cosicché la nuova volatilità è 0,0245. La nuova stima della correlazione è
$$\frac{0{,}0001106}{0{,}0166 \times 0{,}0245} = 0{,}272.$$

9.6 Adottando la simbologia usata nel testo, $\sigma_{u,n-1} = 0{,}01$, $\sigma_{v,n-1} = 0{,}012$ e la stima più recente della covarianza tra i tassi di rendimento delle due attività è
$$\text{cov}_{n-1} = 0{,}01 \times 0{,}012 \times 0{,}50 = 0{,}00006.$$

La variabile
$$u_{n-1} = \frac{\$31 - \$30}{\$30} = 0{,}03333$$

e la variabile
$$v_{n-1} = \frac{\$51 - \$50}{\$50} = 0{,}02.$$

La nuova stima della covarianza, cov_n, è
$$\text{cov}_n = 0{,}000001 + 0{,}04 \times 0{,}03333 \times 0{,}02 + 0{,}94 \times 0{,}00006 = 0{,}0000841.$$

La nuova stima della varianza della prima attività, $\sigma_{u,n}^2$, è
$$\sigma_{u,n}^2 = 0{,}000003 + 0{,}04 \times 0{,}03333^2 + 0{,}94 \times 0{,}01^2 = 0{,}0001414$$

per cui
$$\sigma_{u,n} = \sqrt{0{,}0001414} = 0{,}01189.$$

La nuova stima della varianza della seconda attività, $\sigma_{v,n}^2$, è
$$\sigma_{v,n}^2 = 0{,}000003 + 0{,}04 \times 0{,}02^2 + 0{,}94 \times 0{,}012^2 = 0{,}0001544$$

per cui
$$\sigma_{v,n} = \sqrt{0{,}0001544} = 0{,}01242.$$

Pertanto, la nuova stima della correlazione tra le due attività è
$$\rho = \frac{0{,}0000841}{0{,}01189 \times 0{,}01242} = 0{,}569.$$

9.7 Continuando con la simbologia del Problema 8.15, sia Z lo S&P 500 (misurato in dollari) e z_i il tasso di variazione di Z nel giorno i. La covarianza tra x_i e z_i è
$$0{,}018 \times 0{,}016 \times 0{,}7 = 0{,}0002016.$$

La covarianza tra y_i e z_i è

$$0{,}009 \times 0{,}016 \times 0{,}3 = 0{,}0000432.$$

La covarianza tra $x_i + y_i$ e z_i è uguale alla covarianza tra x_i e z_i più la covarianza tra y_i e z_i. È quindi uguale a

$$0{,}0002016 + 0{,}0000432 = 0{,}0002448.$$

La correlazione tra $x_i + y_i$ e z_i è

$$\frac{0{,}0002448}{0{,}016 \times 0{,}0231} = 0{,}662.$$

Si noti che la correlazione non dipende dalla volatilità dello S&P 500 (0,016), che figura sia al numeratore sia al denominatore e quindi si elide.

9.8 La tavola che riporta la distribuzione congiunta di V_1 e V_2 è la seguente

V_1	V_2		
	0,25	0,50	0,75
0,25	0,095	0,164	0,216
0,50	0,164	0,298	0,413
0,75	0,216	0,413	0,595

9.9 (a) I campioni richiesti, ε_i $(1 \le i \le 3)$, sono

$$\varepsilon_1 = z_1, \quad \varepsilon_2 = \rho_{12}z_1 + z_2\sqrt{1-\rho_{12}^2}, \quad \varepsilon_3 = \alpha_1 z_1 + \alpha_2 z_2 + \alpha_3 z_3$$

dove

$$\alpha_1 = \rho_{13}, \quad \alpha_1 \rho_{12} + \alpha_2 \sqrt{1-\rho_{12}^2} = \rho_{23}, \quad \alpha_1^2 + \alpha_2^2 + \alpha_3^2 = 1.$$

(b) Le tre precedenti espressioni implicano che

$$\alpha_1 = \rho_{13}, \quad \alpha_2 = \frac{\rho_{23} - \rho_{13}\rho_{12}}{\sqrt{1-\rho_{12}^2}}, \quad \alpha_3 = \sqrt{1-\alpha_1^2-\alpha_2^2}.$$

9.10 (a) La «dipendenza nelle code» (*tail dependence*) è la tendenza di due o più variabili ad assumere valori estremi contemporaneamente.

(b) La scelta della copula influenza la *tail dependence*. Ad es., la copula della t di Student comporta una *tail dependence* più accentuata rispetto alla copula Gaussiana.

9.11 Si estrae un campione di osservazioni indipendenti dalla distribuzione bivariata della t di Student, come nella Figura 9.5. Si trasforma, percentile per percentile, ogni osservazione nel corrispondente valore della normale bivariata.

9.12 (a) La funzione di densità di V_2 non condizionata si può ottenere "decumulando" i valori della funzione di distribuzione riportata nella Tavola 9.4. Pertanto: 2% (= 2% − 0%); 6% (= 8% − 2%); 10% (= 18% − 8%); 14% (= 32% − 18%); 18% (= 50% − 32%); 18% (= 68% − 50%); 14% (= 82% − 68%); 10% (= 92% − 82%); 6% (= 98% − 92%); 2% (= 100% − 92%).

(b) La funzione di distribuzione di V_2 condizionata da $V_1 < 0{,}1$ si ottiene dividendo i valori della funzione di distribuzione congiunta (Tavola 9.5) corrispondenti a $V_1 < 0{,}1$ (0,006; 0,017; 0,028; 0,037; 0,044; 0,048; 0,049; 0,050 e 0,050) per la probabilità non condizionata che $V_1 < 0{,}1$, ossia per 0,05 (Tavola 9.3). Si ha quindi 0,12 (= 0,006 / 0,05); 0,34 (= 0,017 / 0,05); 0,56 (= 0,028 / 0,05); 0,74 (= 0,037 / 0,05); 0,88 (= 0,044 / 0,05); 0,96 (= 0,048 / 0,05); 0,98 (= 0,049 / 0,05); 1,00 (= 0,050 / 0,05) e 1,00 (= 0,050 / 0,05). Infine, la funzione di densità di V_2 condizionata da $V_1 < 0{,}1$ si ottiene "decumulando" i valori che sono stati appena ottenuti: 0,12 (= 0,12 − 0); 0,22 (= 0,34 − 0,12); 0,22 (= 0,56 − 0,34); 0,18 (= 0,74 − 0,56); 0,14 (= 0,88 − 0,74); 0,08 (= 0,96 − 0,88); 0,02 (= 0,98 − 0,96); 0,02 (= 1,00 − 0,98); 0,00 (= 1,00 − 1,00).

Risposte a Domande e Problemi

9.13 In base alla Tavola 9.3, quando $V_1 = 0,2$ si ha $U_1 = -0,8416$. La mediana di U_2 condizionata da $U_1 = -0,8416$ è quel valore u_2 tale per cui $\text{Prob}(U_2 < u_2 | U_1 = -0,8416) = 0,5$. In base alle proprietà della distribuzione normale bivariata, si ha $u_2 = 0,5 \times (-0,8416) = -0,4208$. Questo valore si traduce in un valore mediano condizionato di V_2 pari a 0,4105.

9.14 In base all'Equazione (9.10) si ha

$$\text{WCDR}(T,X) = N\left[\frac{N^{-1}(0,015) + \sqrt{0,2}\,N^{-1}(0,995)}{\sqrt{1-0,2}}\right] = 0,127.$$

Pertanto, se si manifesta lo scenario peggiore, le perdite saranno pari a $44,62 [= $500 × 0,127 × 0,7] milioni.

9.15 Le stime di massima verosimiglianza della probabilità d'insolvenza, PD, e della *copula correlation*, ρ, sono pari, rispettivamente, al 3,92% e a 0,1118.

Capitolo 10 *Valutazioni e Scenari*

10.1 In base all'Equazione (10.3), la probabilità che il prezzo dell'azione sia maggiore di $70 tra 2 anni è pari a $N(d_2)$, dove

$$d_2 = \frac{\ln(\$50/\$70) + (0,12 - 0,2^2/2) \times 2}{0,2 \times \sqrt{2}} = -0,48250.$$

Pertanto, la probabilità è pari a $N(-0,48250) = 31,47\%$.

10.2. In base all'Equazione (10.4), il prezzo dell'azione che verrà superato, tra 2 anni, con probabilità pari al 5% è pari a $97,247:

$$\$50 \times \exp[(0,12 - 0,2^2/2) \times 2 - N^{-1}(0,05) \times 0,2 \times \sqrt{2}] = \$97,247.$$

10.3 Secondo il principio della valutazione neutrale verso il rischio, se valutiamo i derivati supponendo che gli investitori siano neutrali verso il rischio (ossia non richiedano compensi per assumersi rischi), otteniamo le risposte corrette in tutti i possibili mondi, incluso il mondo reale.

10.4 (a) Il valore atteso è più elevato nel mondo reale.
(b) La maggiorazione rispetto al valore atteso nel mondo neutrale verso il rischio riflette il compenso per il rischio richiesto dagli investitori.

10.5 In base al principio della valutazione neutrale verso il rischio, il valore corrente dei due derivati, f_d e f_{nd}, è pari, rispettivamente, a

$$f_d = e^{-rT} K p$$
$$f_{nd} = e^{-rT} K (1-p)$$

dove r è il tasso d'interesse privo di rischio, $T = 1$ è la scadenza dei due derivati, $K = \$100$ è il loro *payoff* nel caso in cui finiscano *in the money* e p è la probabilità d'insolvenza.
(a) Pertanto, si ha

$$f_d + f_{nd} = e^{-rT} K$$

da cui si ricava che il tasso d'interesse privo di rischio è pari al 2,0203%:

$$r = \frac{\ln[K/(f_d + f_{nd})]}{T} = \frac{\ln[\$100/(\$3 + \$95)]}{1} = 0,020203.$$

(b) In base alla prima delle equazioni riportate in alto, la probabilità d'insolvenza neutrale verso il rischio è pari al 3,0612%:

$$p = \frac{f_d e^{rT}}{K} = \frac{\$3 \times e^{0,020203 \times 1}}{\$100} = 0,030612.$$

10.6 (a) In base all'Equazione (10.3), la probabilità neutrale verso il rischio che l'opzione (con K = \$30, S_0 = \$25, σ = 0,3, $\mu = r = 0,03$, $T = 0,25$) termini *in the money* è pari al 10,740%:

$$N\left(\frac{\ln(\$25/\$30) + (0,03 - 0,3^2/2) \times 0,25}{0,3 \times \sqrt{0,25}}\right) = 0,10740.$$

Pertanto, il valore dell'opzione binaria è pari a \$10,660:

$$e^{-0,03 \times 0,25} \times \$100 \times 0,10740 = \$10,660.$$

(b) La probabilità – nel mondo reale – che l'opzione termini *in the money* si ottiene ponendo nell'Equazione (10.3) $\mu = 0,10$ invece di $\mu = r = 0,03$. È pari al 13,055%.

10.7 Quando si effettua un'analisi di scenario volta a determinare un intervallo di confidenza per il valore di un certo portafoglio tra 1 anno occorre lavorare sia nel mondo reale, per simulare il valore delle variabili sottostanti tra 1 anno, sia nel mondo neutrale verso il rischio, per calcolare il valore del portafoglio tra 1 anno in ciascuno degli scenari che sono stati generati.

10.8 Il termine *mean reversion* viene utilizzato per descrivere la tendenza dei valori di alcune variabili di mercato, come i tassi d'interesse e i prezzi delle merci, a tornare verso un valore medio di lungo periodo. Naturalmente, a questa componente deterministica si somma una componente aleatoria.

10.9 Il teorema di Girsanov ci dice che, quando passiamo dal mondo reale al mondo neutrale verso il rischio (o viceversa), i tassi di crescita attesi delle variabili di mercato cambiano, ma le volatilità restano inalterate.

Capitolo 11 *Valore a Rischio ed Expected Shortfall*

11.1 (a) Il valore a rischio è il livello delle perdite che riteniamo, con un livello di confidenza X, non venga superato nell'arco di n giorni (per specifici valori dei parametri X e n). L'*expected shortfall* è il valore atteso delle perdite, condizionato dal fatto che la perdita sia maggiore del valore a rischio.
(b) Diversamente dal VaR, l'*expected shortfall* ha il vantaggio di soddisfare sempre la condizione di sub-additività (in altri termini, la diversificazione riduce il rischio).

11.2 (a) Le misure di rischio spettrali sono misure di rischio che assegnano pesi ai quantili della «distribuzione delle perdite» (*loss distribution*).
(b) Affinché sia soddisfatta la condizione di sub-additività, il peso assegnato al q-esimo quantile deve essere una funzione non-decrescente di q.

11.3 C'è una probabilità pari al 5% (= 100% – 95%) che voi perdiate \$6.000 (= 6% × \$100.000) o più in un mese.

11.4 La vostra perdita attesa in un «mese sfortunato» (*bad month*) è di \$6.000 (= 6% × \$100.000). Per mese sfortunato si intende un mese nel quale il risultato di gestione cade a destra del 95-esimo percentile della «distribuzione delle perdite» (*loss distribution*).

11.5 (a) Il VaR al 99% è pari a \$1 milione (il 99-esimo percentile della *loss distribution*).
(b) L'*expected shortfall* al 99% è pari a \$9,1 {= [(99,1% – 99%) × \$1 + 0,9% × \$10] / (100% – 99%)} milioni.
(c) Le perdite subite dal portafoglio composto dai due investimenti possono essere le seguenti: \$2 (= \$1 + \$1) milioni con probabilità pari a 0,9821 (= 0,991 × 0,991), \$11 (= \$1 + \$10) milioni con probabilità 0,0178 (= 2 × 0,991 × 0,009) e \$20 (\$10 + \$10) con probabilità 0,0001 (= 0,009 × 0,009). Il VaR al 99% è pari a \$11 milioni (il 99-esimo percentile della *loss distribution*).
(d) L'*expected shortfall* del portafoglio, al 99%, è pari a \$11.072.900 {= [(98,21% + 1,78% – 99%) × \$11.000.000 + 0,01% × \$20.000.000] / (100% – 99%)}.

Risposte a Domande e Problemi

(e) il VaR del portafoglio, pari a $11 milioni, è maggiore della somma dei VaR relativi ai due investimenti, che è pari a $2 (= $1 + $1) milioni. L'*expected shortfall* del portafoglio, pari a $11.072.900, è minore della somma delle *expected shortfalls* relative ai due investimenti, che è pari a $18,2 (= $9,1 + $9,1) milioni.

11.6 (a) Il valore della normale standardizzata che lascia alla sua sinistra un'area pari al 97,5% della distribuzione è 1,960. Pertanto, in base all'Equazione (11.1), il VaR a 1 giorno, con un livello di confidenza del 97,5%, è pari a $3,920 (= $2 × 1,960) milioni.
(b) In base all'Equazione (11.4), il VaR a 5 giorni, con un livello di confidenza del 97,5%, è pari a $8,765 (= $3,920 × $\sqrt{5}$) milioni.
(c) Il valore della normale standardizzata che lascia alla sua sinistra un'area pari al 99% della distribuzione è 2,326. Pertanto, in base all'Equazione (11.6), il VaR a 5 giorni, con un livello di confidenza del 99%, è pari a $10,404 (= $8,765 × 2,326 / 1,960) milioni.

11.7 (b) In base alla formula contenuta nell'Equazione (11.5), la deviazione standard delle variazioni di valore del portafoglio in un periodo di $N = 5$ giorni è pari a $5,08:

$$\$2 \times \sqrt{5 + 2 \times (5-1) \times 0{,}16 + 2 \times (5-2) \times 0{,}16^2 + 2 \times (5-3) \times 0{,}16^3 + 2 \times (5-4) \times 0{,}16^4} = \$5{,}08.$$

Pertanto, in base all'Equazione (11.1), il VaR a 5 giorni, con un livello di confidenza del 97,5%, è pari a $9,958 (= 1,960 × $5,08) milioni.
(c) Il VaR a 5 giorni, con un livello di confidenza del 99%, è pari a $11,820 (= 2,326 × $5,08) milioni.

11.8 Il VaR marginale dell'i-esima posizione è la derivata parziale del VaR rispetto alla dimensione dell'i-esima posizione. Il VaR incrementale dell'i-esima posizione misura l'effetto incrementale sul VaR derivante da un piccolo incremento nella dimensione dell'i-esima posizione. Il VaR parziale misura l'apporto dell'i-esima posizione al VaR del portafoglio (la somma dei VaR parziali è pari al VaR del portafoglio e, nel caso di portafogli ampiamente diversificati, ogni VaR parziale è all'incirca uguale al VaR incrementale).

11.9 In base alle proprietà della distribuzione binomiale, la probabilità che il VaR venga oltrepassato in 17 o più giorni è pari al 2,64%:

1 − DISTRIB.BINOM.N(17 − 1; 1.000; 1 − 0,99; VERO) = 0,0264.

Pertanto, al livello di confidenza del 5%, possiamo respingere l'ipotesi che il modello sia accurato.

11.10 Per *bunching* si intende la tendenza delle eccezioni a risultare concentrate, invece di distribuirsi uniformemente nel periodo utilizzato per il *back-testing*.

11.11 Siamo interessati alla varianza di $\Delta P_1 + \Delta P_2 + \ldots + \Delta P_N$, dove ΔP_i è la variazione di valore del portafoglio nell'i-esimo giorno. La varianza di questa somma è pari a

$$\sum_{i=1}^{N} \sigma_i^2 + 2 \sum_{i>j} \rho_{ij} \sigma_i \sigma_j$$

dove σ_i è la deviazione standard di ΔP_i e ρ_{ij} è la correlazione tra ΔP_i e ΔP_j.
Nel nostro caso si ha $\sigma_i = \sigma$ per tutte le i e $\rho_{ij} = \rho^{i-j}$ quando $i > j$. Pertanto:

$$N\sigma^2 + 2\sigma^2 \sum_{i>j} \rho^{i-j} = \sigma^2 \left(N + 2 \sum_{i>j} \rho^{i-j} \right)$$

$$= \sigma^2 [N + 2(N-1)\rho + 2(N-2)\rho^2 + 2(N-3)\rho^3 + \ldots + 2\rho^{N-1}].$$

Si è così dimostrata l'Equazione (11.5).

11.12 La deviazione standard trimestrale è pari a $3,464 (= $2 \times \sqrt{3}$) milioni. Inoltre, $N^{-1}(0,98) = 2,054$. Pertanto, il VaR trimestrale al 98% è pari a $7,114 (= $3,464 \times 2,054$) milioni e l'ES corrispondente è pari a $8,386 milioni:

$$\$3,464 \times \frac{e^{-2,054^2/2}}{(1-0,98) \times \sqrt{2\pi}} = \$8,386.$$

Capitolo 12 Simulazioni Storiche ed Extreme Value Theory

12.1 L'ipotesi è che il processo statistico che determina le variazioni delle variabili di mercato tra la fine di oggi e la fine di domani sia uguale a quello che le ha determinate negli ultimi 500 giorni.

12.2 Nello schema di ponderazione in cui i pesi assegnati alle osservazioni diminuiscono in modo esponenziale via via che si utilizzano i dati meno recenti, il peso assegnato al tasso di variazione tra il giorno $n-i$ e il giorno $n-i+1$ è

$$\frac{\lambda^{i-1}(1-\lambda)}{1-\lambda^n} = \frac{\lambda^{i-1}}{1+\lambda+\lambda^2+\ldots+\lambda^{n-1}}.$$

Pertanto, al tendere di λ a 1, i pesi tendono a $1/n$.

12.3 In base alla formula che è stata riportata nella Sezione 12.2, l'errore standard della stima del VaR è pari a $0,69 milioni:

$$\frac{1}{f(x)}\sqrt{\frac{q(1-q)}{n}} = \frac{\$1}{0,01}\sqrt{\frac{0,95 \times (1-0,95)}{1.000}} = \$0,69.$$

12.4 Considerate il foglio "3. VaR (I)" del *file* VaR_ES_Simulazioni_Storiche.xlsx.
  (a) Il VaR giornaliero al 95% è pari alla 25ª peggiore perdita [25 = 500 × (1 – 0,95)]. La 25ª peggiore perdita è pari a $163.620.
  (b) L'ES giornaliera al 95% è pari alla media delle 24 peggiori perdite, ossia a $330.360.
  (c) Il VaR giornaliero al 97% è pari alla 15ª peggiore perdita [25 = 500 × (1 – 0,97)]. La 15ª peggiore perdita è pari a $229.683.
  (d) L'ES giornaliera al 97% è pari alla media delle 14 peggiori perdite, ossia a $428.667.

12.5 Considerate il foglio "3. VaR (I)" del *file* VaR_ES_Simulazioni_Storiche.xlsx. Le quantità da riportare nelle celle R4:U4 devono essere tutte uguali a 2.500. Nel foglio "3. VaR (I)" occorre selezionare le colonne A e B e quindi ordinare le perdite in senso decrescente utilizzando il comando *Ordina* del menu a tendina *Dati*. Il VaR giornaliero al 99% è pari alla 5ª peggiore perdita [5 = 500 × (1 – 0,99)]. La 5ª peggiore perdita è pari a $394.437. L'ES giornaliera al 99% è pari alla media delle 4 peggiori perdite, ossia a $693.536.

12.6 Nel *file* VaR_ES_Simulazioni_Storiche.xlsx [foglio "4. Scenari ponderati"], il valore di λ da riportare nella cella F2 è 0,99 (invece di 0,995). Nel foglio "8. VaR (II)" occorre selezionare le colonne A:C e quindi ordinare le perdite in senso decrescente utilizzando il comando *Ordina* del menu a tendina *Dati*. Il VaR giornaliero al 99% è pari alla perdita in corrispondenza della quale il peso cumulato supera 0,01 (= 1 – 0,99). Il peso relativo alla peggiore perdita (scenario 427, $922.484) è pari a 0,004833. Il peso relativo alla 2ª peggiore perdita (scenario 429, $858.424) è pari a 0,004931 e quello cumulato a 0,009764. Il peso relativo alla 3ª peggiore perdita (scenario 424, $653.542) è pari a 0,004690 e quello cumulato a 0,014454 (maggiore di 0,01). Pertanto, il VaR giornaliero al 99% è pari alla 3ª peggiore perdita, ossia a $653.542. L'ES corrispondente è pari a $884.560:

$$\frac{\$922.484 \times 0,004833 + \$858.424 \times 0,004931 + \$653.542 \times 0,000236}{0,01} = \$884.560$$

dove il peso (0,000236) assegnato a $653.542 è pari a 0,01 – 0,004833 – 0,004931.

12.7 Nel *file* VaR_ES_Simulazioni_Storiche.xlsx [fogli "6. Volatilità" e "9. Scenari aggiustati (II)"], il valore di λ da riportare nelle celle S2 e I2, rispettivamente, è 0,96 (invece di 0,94). Nel foglio "8. VaR (IV)" occorre selezionare le colonne A:B e quindi ordinare le perdite in senso decrescente utilizzando il comando *Ordina* del menu a tendina *Dati*. Il VaR giornaliero al 99% è pari alla 5ª peggiore perdita [5 = 500 × (1 − 0,99)], ossia a $596.180. L'ES corrispondente è pari alla media delle 4 peggiori perdite, ossia a $812.948.

12.8 In base all'Equazione (12.8), la probabilità che il portafoglio subisca – tra l'8 e il 9 luglio 2020 – una perdita superiore al 4% del suo valore ($10 milioni), ossia superiore a $x = \$400.000$ è pari allo 0,9980%:

$$\text{Prob}(v > \$400) = \frac{25}{500} \times \left(1 + 0{,}354 \times \frac{\$400 - \$160}{\$110{,}459}\right)^{-1/0{,}354} = 0{,}009980.$$

Nel *file* VaR_ES_Simulazioni_Storiche.xlsx [foglio "11. EVT"], questo valore si ottiene digitando 400 nella cella M13 per poi massimizzare la verosimiglianza (cella M11), rispetto a β e ξ (celle M8:M9), con il Risolutore di Excel.

12.9 In base all'Equazione (12.9), il VaR giornaliero al 97% è pari a $221.851:

$$\text{VaR} = \$160 + \frac{\$110{,}459}{0{,}354} \times \left\{ \left[\frac{500}{25} \times (1 - 0{,}97)\right]^{-0{,}354} - 1 \right\} = \$221{,}851.$$

Nel *file* VaR_ES_Simulazioni_Storiche.xlsx [foglio "11. EVT"], questo valore si ottiene digitando 97% nella cella M19 per poi massimizzare la verosimiglianza (cella M11), rispetto a β e ξ (celle M8:M9), con il Risolutore di Excel.

12.10 (a) Se $u = \$150$ nella cella G7, le stime di β e ξ, ottenute utilizzando il Risolutore di Excel nel foglio "11. EVT" del *file* VaR_ES_Simulazioni_Storiche.xlsx, sono pari, rispettivamente, a $100,133 e 0,391.

(b) Il VaR giornaliero al 99% risulta pari a $396.210, mentre il VaR giornaliero al 99,9% risulta pari a $1.129.996. Le ES corrispondenti sono pari, rispettivamente, a $718.825 e $1.923.972.

12.11 (a) Innanzitutto occorre sostituire i dati presenti nel foglio "11. EVT" del *file* in formato Excel VaR_ES_Simulazioni_Storiche.xlsx con quelli derivanti dall'applicazione della procedura di aggiornamento delle volatilità. Occorre quindi sostituire "3. VaR (I)" con "8. VaR (III)" nelle colonne A:B. Ponendo $u = \$250$ nella cella H7 e utilizzando il Risolutore per massimizzare la verosimiglianza (cella M11), le stime di β e ξ risultano pari, rispettivamente, a $139,144 e 0,077.

(b) Il VaR giornaliero al 99% è pari a $506.314, mentre il VaR giornaliero al 99,9% è pari a $906.461. Le corrispondenti ES sono pari, rispettivamente, a $678.397 e a $1.111.873.

(c) la probabilità che il portafoglio subisca – tra l'8 e il 9 luglio 2020 – una perdita superiore al 6% del suo valore ($10 milioni), ossia superiore a $x = \$600.000$ è pari a

$$\text{Prob}(v > \$600) = \frac{28}{500} \times \left(1 + 0{,}077 \times \frac{\$600 - \$250}{\$139{,}145}\right)^{-1/0{,}077} = 0{,}005617.$$

Capitolo 13 *Costruzione di un Modello*

13.1 La deviazione standard della variazione giornaliera dell'investimento in ciascuna delle due attività è di $1.000. La varianza delle variazioni giornaliere del valore del portafoglio è

$$(\$1.000)^2 + (\$1.000)^2 + 2 \times 0{,}3 \times \$1.000 \times \$1.000 = \$^2 2.600.000.$$

Pertanto, la deviazione standard delle variazioni giornaliere del valore del portafoglio è

$$\sqrt{\$^2 2.600.000} = \$1.612{,}45.$$

La deviazione standard delle variazioni a 5 giorni del valore del portafoglio è

$$\$1.612{,}45 \times \sqrt{5} = \$3.605{,}55.$$

Inoltre, si ha $N(-1{,}8808)=0{,}03$. In altri termini, c'è una probabilità del 3% che una variabile normale assuma un valore inferiore alla media meno 1,8808 deviazioni standard. Pertanto, il VaR a 5 giorni, con un livello di confidenza del 97%, è pari a

$$\$3.605{,}55 \times 1{,}8808 = \$6.781.$$

L'ES corrispondente è pari a

$$\$3.605{,}55 \times \frac{e^{-1{,}8808^2/2}}{(1-0{,}97) \times \sqrt{2\pi}} = \$8.178.$$

13.2 La relazione approssimata che lega tra loro la variazione giornaliera del valore del portafoglio, ΔP, e il tasso di variazione giornaliero del tasso di cambio, Δx, è

$$\Delta P = \$3.900.000 \times \Delta x.$$

La deviazione standard di Δx è pari alla volatilità giornaliera del tasso di cambio, ossia allo 0,7%. Pertanto, la deviazione standard giornaliera di ΔP è pari a $27.300:

$$\$3.900.000 \times 0{,}7\% = \$27.300.$$

Ne segue che il VaR del portafoglio a 10 giorni, con un livello di confidenza del 99%, è pari a

$$\$27.300 \times \sqrt{10} \times 2{,}326 = \$200.834.$$

13.3. La relazione tra la variazione di valore del portafoglio e il tasso di variazione del tasso di cambio è

$$\Delta P = \$3.900.000 \times \Delta x + \frac{1}{2} \times \$4.300.000 \times (\Delta x)^2$$

da cui

$$\Delta P = \$3.900.000 \times \Delta x + \$2.150.000 \times (\Delta x)^2.$$

13.4 **(a)** Supponiamo che la misura di rischio di un portafoglio (VaR o ES) sia pari al prodotto tra β e la deviazione standard delle variazioni giornaliere del valore del portafoglio, σ_P. Il *risk weight* di un fattore di rischio è pari al prodotto tra β e la sua deviazione standard.
(b) La *risk sensitivity* di un portafoglio è la variazione di valore del portafoglio derivante dall'aumento di 1 p.b. o di 1 punto percentuale del fattore di rischio.

13.5 I fattori calcolati in base all'analisi delle componenti principali non sono correlati tra loro. La varianza giornaliera del portafoglio è pari a

$$6^2 \times (\$20)^2 + 4^2 \times (\$8)^2 = \$^2 15.424$$

e la deviazione standard è

$$\sqrt{\$^2 15.424} = \$124{,}19.$$

Dato che

$$N^{-1}(0{,}9) = 1{,}282$$

il VaR a 5 giorni, con un livello di confidenza del 90%, è pari a

$$1{,}282 \times \$124{,}19 \times \sqrt{5} = \$355{,}89.$$

13.6 La variazione di valore di un'opzione non è legata linearmente alla variazione di valore delle variabili sottostanti. Quando la variazione di valore delle variabili sottostanti è normale, la variazione di valore dell'opzione non è normale. Pertanto, il modello lineare, che ipotizza la normalità, è solo un'approssimazione.

Risposte a Domande e Problemi **693**

13.7 (a) Il contratto *forward* equivale a un portafoglio composto da una posizione lunga su uno *zero-coupon bond* a sei mesi, denominato in sterline, e da una posizione corta su uno *zero-coupon bond* a sei mesi, denominato in dollari. Il valore dello *zero-coupon bond* in sterline è pari a

$$\$1,53 \times e^{-0,05 \times 0,5} = \$1,492.$$

Il valore dello *zero-coupon bond* in dollari è pari a

$$\$1,5 \times e^{-0,05 \times 0,5} = \$1,463.$$

La variazione giornaliera del valore del contratto ha una varianza pari a

$$(\$1,492)^2 \times 0,0006^2 + (\$1,463)^2 \times 0,0005^2 - 2 \times 0,8 \times \$1,492 \times 0,0006 \times \$1,463 \times 0,0005 =$$
$$= \$^2 0,000000289.$$

Pertanto, la deviazione standard è pari a

$$\sqrt{\$^2 0,000000288} = \$0,000537.$$

(b) Il VaR decadale, con un livello di confidenza del 99%, è pari a $0,00395 milioni:

$$2,326 \times \$0,000537 \times \sqrt{10} = \$0,00395.$$

13.8 (a) Nel *file* VaR_ES_Model_Building.xlsx [foglio "1. Pesi uguali"], le quantità da riportare nelle celle W18:Z18 sono tutte uguali a 2.500. Dopo questa modifica, il VaR giornaliero al 99%, ottenuto assegnando uguale peso a tutte le osservazioni, è pari a $275.757. La corrispondente ES è pari a $315.926.

(b) Nel *file* VaR_ES_Model_Building.xlsx [foglio "2. EWMA"], le quantità da riportare nelle celle W3:Z3 sono tutte uguali a 2.500. Il VaR giornaliero al 99%, ottenuto stimando volatilità e correlazioni in base al modello EWMA con $\lambda = 0,94$, è pari a $313.219. La corrispondente ES è pari a $358.844.

13.9 Nel *file* VaR_ES_Model_Building.xlsx [foglio "2. EWMA"], il valore di λ da riportare nella cella H2 è 0,97 (invece di 0,94). Il VaR giornaliero al 99%, ottenuto stimando volatilità e correlazioni in base al modello EWMA con $\lambda = 0,97$ (invece di $\lambda = 0,94$), è pari a $393.300 (contro $302.459). La corrispondente ES è pari a $450.590 (contro $346.516).

Capitolo 14 *Rischio d'Interesse*

14.1 Lo «scompenso» (*mismatch*) è di $10 (= |$5 − $15| = $20 − $10) miliardi. Il reddito netto da interessi diminuirà di $100 (= $10.000 × 1%) milioni all'anno per i prossimi tre anni.

14.2 (a) Se i tassi a lungo termine riflettessero semplicemente le aspettative sui futuri tassi a breve, ci dovremmo attendere che la *term structure* sia inclinata verso il basso tante volte quanto lo è verso l'alto (ci si basa sull'ipotesi che metà delle volte gli investitori si attendono tassi in aumento e metà delle volte tassi in diminuzione). La teoria della preferenza per la liquidità sostiene che i tassi a lungo termine sono in genere più alti dei valori attesi dei futuri tassi a breve termine. Ciò implica che la *term structure* è inclinata verso l'alto più volte di quanto non lo sia verso il basso.

(b) Quando i tassi a lungo termine sono più bassi dei tassi a breve termine, il mercato si aspetta una discesa dei tassi abbastanza accentuata.

14.3 Quando si adotta il metodo della costruzione di un modello per calcolare il VaR, le due procedure alternative per trattare i tassi d'interesse sono: (i) il metodo dei vertici multipli (Sezione 14.2), (ii) l'analisi delle componenti principali (Sezione 14.3).

14.4 Il vertice a 10 anni ha una sensitività pari a $30.000 [= (15 − 12)/(15 − 10) × $50.000] perché l'aumento di 1 p.b. dello *zero rate* a 10 anni determina l'aumento di 0,6 p.b. [= (15 − 12)/(15 − 10)] dello *zero rate* a 12 anni. Analogamente, il vertice a 15 anni ha una sensitività pari a $20.000 [= (12 − 10)/(15 − 10) × $50.000)] perché l'aumento di 1 p.b. dello *zero rate* a 15 anni determina l'aumento di 0,4 p.b. [= (12 − 10)/(15 − 10)] dello *zero rate* a 12 anni. Le sensitività degli altri vertici sono tutte nulle.

14.5 In base all'Equazione (14.1), la deviazione standard delle variazioni giornaliere del valore del portafoglio, σ_P, è pari a $127.138:

$$\sigma_P = \sqrt{(\$10.000\times 7)^2 + (\$8.000\times 8)^2 + 2\times \$10.000 \times \$8.000 \times 7\times 8\times 0{,}8} = \$127.138.$$

In base all'Equazione (11.2), l'ES giornaliera è pari a $307.789:

$$\text{ES} = \mu + \sigma \frac{e^{-Y^2/2}}{(1-X)\sqrt{2\pi}} = \$0 + \$127.138\times \frac{e^{-2{,}054^2/2}}{(1-0{,}98)\sqrt{2\times 3{,}14}} = \$307.789.$$

In base all'Equazione (11.4), l'ES a 5 giorni è pari a $688.236:

$$\text{ES}\sqrt{n} = \$307.789 \times \sqrt{5} = \$688.236.$$

14.6 **(a)** La *duration* di un portafoglio obbligazionario ci offre informazioni sull'effetto che un piccolo spostamento parallelo della *yield curve* provoca sul valore del portafoglio. Il tasso di variazione del valore del portafoglio è pari al prodotto tra la *duration* – cambiata di segno – e la variazione dei tassi d'interesse derivante da un piccolo spostamento parallelo della *yield curve*.

(b) Il principale limite della *duration* è che questa misura di sensitività vale solo per piccoli spostamenti paralleli della *yield curve*.

14.7 **(a)** Il prezzo del titolo è di

$$\$8 \times e^{-0{,}11\times 1} + \$8 \times e^{-0{,}11\times 2} + \$8 \times e^{-0{,}11\times 3} + \$8 \times e^{-0{,}11\times 4} + \$108 \times e^{-0{,}11\times 5} = \$86{,}8.$$

(b) La *duration* del titolo è

$$\frac{1}{\$86{,}8}(1\times \$8e^{-0{,}11} + 2\times \$8e^{-0{,}11\times 2} + 3\times \$8e^{-0{,}11\times 3} + 4\times \$8e^{-0{,}11\times 4} + 5\times \$108e^{-0{,}11\times 5}) = 4{,}256.$$

(c) Dato che, usando la simbologia adottata nel capitolo, si ha

$$\Delta B = -B\,D\,\Delta y$$

l'effetto sul prezzo del titolo determinato da una diminuzione dello 0,2% nel suo tasso di rendimento è pari a

$$\$86{,}8 \times 4{,}256 \times 0{,}002 = \$0{,}74.$$

Il prezzo del titolo dovrebbe aumentare da $86,8 a $87,54 (= $86,80 + $0,74).

(d) Con un tasso di rendimento del 10,8%, il prezzo del titolo è pari a

$$\$8 \times e^{-0{,}108\times 1} + \$8 \times e^{-0{,}108\times 2} + \$8 \times e^{-0{,}108\times 3} + \$8 \times e^{-0{,}108\times 4} + \$108 \times e^{-0{,}108\times 5} = \$87{,}54.$$

Questo risultato è coerente con quello ottenuto *sub* (c).

14.8 **(a)** Il prezzo del titolo è di

$$\frac{\$8}{(1+0{,}11)^1} + \frac{\$8}{(1+0{,}11)^2} + \frac{\$8}{(1+0{,}11)^3} + \frac{\$8}{(1+0{,}11)^4} + \frac{\$108}{(1+0{,}11)^5} = \$88{,}91.$$

(b) La *duration* modificata del titolo, pari a $D/(1 + y/m)$, è

$$\frac{1\times \dfrac{\$8}{(1+0{,}11)^1} + 2\times \dfrac{\$8}{(1+0{,}11)^2} + 3\times \dfrac{\$8}{(1+0{,}11)^3} + 4\times \dfrac{\$8}{(1+0{,}11)^4} + 5\times \dfrac{\$108}{(1+0{,}11)^5}}{\$88{,}91 \times (1+0{,}11)} = 3{,}843.$$

(c) Usando la simbologia adottata nel capitolo, si ha

$$\Delta B = -\frac{BD\Delta y}{(1+y/m)}.$$

Pertanto, l'effetto sul prezzo del titolo determinato da una diminuzione dello 0,2% nel suo tasso di rendimento è pari a

$$\$88,91 \times 3,843 \times 0,002 = \$0,68.$$

Il prezzo del titolo dovrebbe aumentare da $88,91 a $89,60 (= $88,91 + $0,68).

(d) Con un tasso di rendimento del 10,8%, il prezzo del titolo è pari a

$$\frac{\$8}{(1+0,108)^1} + \frac{\$8}{(1+0,108)^2} + \frac{\$8}{(1+0,108)^3} + \frac{\$8}{(1+0,108)^4} + \frac{\$108}{(1+0,108)^5} = \$89,60.$$

Questo risultato è coerente con quello ottenuto *sub* (c).

14.9 (a) Il prezzo del titolo è pari a

$$\$5e^{-0,04\times1} + \$5e^{-0,04\times2} + \$5e^{-0,04\times3} + \$5e^{-0,04\times4} + \$5e^{-0,04\times5} + \$105e^{-0,04\times6} = \$104,80.$$

(b) La *duration* del titolo è

$$\frac{1\times\$5e^{-0,04\times1} + 2\times\$5e^{-0,04\times2} + 3\times\$5e^{-0,04\times3} + 4\times\$5e^{-0,04\times4} + 5\times\$5e^{-0,04\times5} + 6\times\$105e^{-0,04\times6}}{\$104,80}$$

$$= 5,347.$$

(c) La *convexity* del titolo è

$$\frac{1^2\times\$5e^{-0,04\times1} + 2^2\times\$5e^{-0,04\times2} + 3^2\times\$5e^{-0,04\times3} + 4^2\times\$5e^{-0,04\times4} + 5^2\times\$5e^{-0,04\times5} + 6^2\times\$105e^{-0,04\times6}}{\$104,80}$$

$$= 30,601.$$

(d) Dato che, in base all'Equazione (14.8), si ha

$$\Delta B = -BD\,\Delta y + \frac{1}{2}BC(\Delta y)^2$$

l'effetto sul prezzo del titolo determinato da un aumento dell'1% nel suo tasso di rendimento è pari a

$$-\$104,80\times5,347\times0,01 + \frac{1}{2}\times\$104,80\times30,601\times(0,01)^2 = -\$5,44.$$

Il prezzo del titolo dovrebbe diminuire da $104,80 a $99,36 (= $104,80 − $5,44).

(e) Con un tasso di rendimento del 5%, il prezzo del titolo è pari a

$$\$5e^{-0,05\times1} + \$5e^{-0,05\times2} + \$5e^{-0,05\times3} + \$5e^{-0,05\times4} + \$5e^{-0,05\times5} + \$105e^{-0,05\times6} = \$99,36.$$

14.10 Possiamo (i) modificare i vertici della *zero curve* (Figura 14.6), oppure (ii) modificare le sezioni della *zero curve* (Figura 14.8), oppure (iii) modificare le quotazioni di mercato dei titoli utilizzati per costruire la *zero curve*.

14.11 Le *durations* parziali consentono di valutare l'impatto degli spostamenti non-paralleli della *zero curve*. Le misure tradizionali della *duration* consentono di valutare l'impatto degli spostamenti paralleli della *zero curve*.

14.12 L'impatto sul valore del portafoglio, espresso in rapporto al valore del portafoglio, è pari a

$$-(0,2 \times 10 + 0,6 \times 8 + 0,9 \times 7 + 1,6 \times 6 + 2,0 \times 5 - 2,1 \times 3 - 3,0 \times 1)/10.000 = -0,00234.$$

In altri termini, il valore del portafoglio diminuisce in misura pari allo 0,234%.

14.13 La *dollar duration*, $D_\$$, è pari al prodotto tra la *duration* e il prezzo dell'obbligazione. La *dollar convexity*, $C_\$$, è pari al prodotto tra la *convexity* e il prezzo dell'obbligazione.

14.14 (a) La *duration* è pari alla somma delle *partial durations*.
(b) Il DV01 è pari al prodotto tra la *duration*, il valore del portafoglio e 0,0001.

Capitolo 15 *Rischio Derivati*

15.1 Il portafoglio subisce una perdita pari a −$10.500 [= −2.100 × ($1.005 − $1.000)].

15.2 Il valore del portafoglio aumenta di $400 [= ($200 × 100) × (0,14 − 0,12)].

15.3 Il valore del portafoglio aumenta di $60 in entrambi i casi: **(a)** $60 = ½ × (30 / $1) × ($2)^2; **(b)** $60 = ½ × (30 / $1) × (−$2)^2.

15.4 **(a)** Un delta di 0,7 vuol dire che, quando il prezzo dell'azione aumenta di un piccolo importo, il prezzo dell'opzione aumenta del 70% di quest'importo. Analogamente, quando il prezzo dell'azione diminuisce di un piccolo importo il prezzo dell'opzione diminuisce del 70% di questo importo.
(b) Una posizione corta su 1.000 opzioni ha un delta di −700 (= −0,7 × 1.000) e può essere resa neutrale in termini di delta con l'acquisto di 700 azioni.

15.5 **(a)** Un theta di −$100 vuol dire che, se passa un giorno senza che né il prezzo dell'azione né la sua volatilità cambino, il valore dell'opzione si riduce in misura pari a $100.
(b) Se ritengono che né il prezzo dell'azione né la sua volatilità cambino, i *traders* dovrebbero scrivere opzioni con un theta fortemente negativo. I theta maggiormente negativi sono quelli delle opzioni *at the money* con scadenza relativamente breve.

15.6 **(a)** Il gamma di una posizione su opzioni è la derivata del delta rispetto al prezzo del sottostante. Ad es., un gamma di 0,1/$1 indica che, quando il prezzo dell'attività aumenta di un piccolo importo, il delta aumenta in misura pari al prodotto tra 0,1/$1 e questo importo.
(b) Quando il gamma della posizione di chi ha venduto opzioni è grande e negativo e il delta è nullo, chi ha venduto le opzioni subirà perdite significative se si verifica una forte variazione (al rialzo o al ribasso) del prezzo dell'attività sottostante.

15.7 Per coprire una posizione su opzioni è necessario creare sinteticamente una posizione su opzioni di segno opposto. Ad es., per coprire una posizione lunga su una *put* è necessario creare una posizione corta su una *put* sintetica. Ne segue che la procedura per creare una posizione sintetica su opzioni è opposta rispetto a quella necessaria per coprire una posizione su opzioni.

15.8 **(a)** Una posizione lunga su una *put* o su una *call* ha un gamma positivo. Dalla Figura 15.9 si vede che, quando il gamma è positivo, la società consegue un profitto in caso di un'ampia variazione del prezzo dell'azione e subisce una perdita in caso di una piccola variazione del prezzo dell'azione. Pertanto, la società verrà favorita da una situazione in cui si verifichino ampi movimenti del tasso di cambio *spot*.
(b) Se il portafoglio è composto da posizioni corte sulle opzioni, la società verrà favorita da una situazione in cui il tasso di cambio *spot* è quasi costante.

15.9 **(a)** Il delta pari a 30.000 indica che quando il tasso di cambio dollaro/euro aumenta di $0,01, il valore della posizione della banca aumenta in misura pari a

$$\$0{,}01 \times 30.000 = \$300.$$

Il gamma pari a −80.000/$1 indica che quando il tasso di cambio dollaro/euro aumenta di $0,01, il delta del portafoglio diminuisce in misura pari a

$$\$0{,}01 \times 80.000 / \$1 = 800.$$

(b) Per rendere il portafoglio neutrale in termini di delta, si dovrebbero vendere 30.000 euro.
(c) Quando il tasso di cambio passa a $0,93, ci aspettiamo che il delta del portafoglio si riduca in misura pari a

$$(\$0{,}93 - \$0{,}90) \times 80.000 / \$1 = 2.400$$

in modo da portarsi a 27.600 (= 30.000 − 2.400). Pertanto, al fine di mantenere la neutralità del portafoglio in termini di delta, la banca dovrebbe ridurre di 2.400 euro la sua po-

Risposte a Domande e Problemi 697

sizione corta, in modo che ne resti una pari a 27.600 euro. Come si è visto nel testo (Figura 15.9), se il portafoglio è neutrale rispetto al delta e ha un gamma negativo, si subiscono perdite in caso di forti variazioni nel prezzo del sottostante. Possiamo quindi concludere che, probabilmente, la variazione del tasso di cambio ha causato alla banca una perdita.

15.10 Quando la replica statica viene utilizzata nel modo descritto nel testo, essa suppone che la volatilità sia costante. In teoria, potremmo adottare uno schema di replica statica delle opzioni che consideri tre dimensioni: il prezzo dell'azione, S, il tempo, t, e la volatilità, σ. Il valore del portafoglio di prodotti esotici e il valore del portafoglio di opzioni ordinarie utilizzato per la copertura dovrebbero avere lo stesso valore su una superficie dello spazio tridimensionale.

15.11 Avrà bisogno di 10 opzioni ordinarie. Dovranno essere soddisfatte 10 equazioni in 10 incognite, una per ognuno dei punti lungo la barriera.

15.12 Con il passare del tempo cresce il numero delle osservazioni che andranno a formare la media sulla quale si basa il valore finale dell'opzione asiatica. Ciò vuol dire che la nostra incertezza circa il valore finale dell'opzione diminuisce con il passare del tempo.

In particolare, negli ultimi giorni di vita dell'opzione, il delta tende sempre a zero dal momento che il movimento dei prezzi negli ultimi giorni ha un impatto molto piccolo sul valore finale dell'opzione. Ne segue che l'opzione diventa progressivamente più facile da coprire.

15.13 Il mantenimento della neutralità in termini di delta per una posizione su una sola opzione e sull'attività sottostante può essere troppo caro a causa dei costi di transazione. La neutralità in termini di delta è più accessibile nel caso di un ampio portafoglio di opzioni. È necessaria una sola transazione sull'attività sottostante per annullare il delta dell'intero portafoglio. I costi di transazione della copertura vengono assorbiti dai profitti sulle diverse operazioni.

15.14 (a) Il prezzo, il delta, il gamma, il vega, il theta e il rho della *put* sono pari, rispettivamente, a $0,0217, –0,3960, 5,4147/$1, 0,00203, –0,0000625 e –0,00120.

(b) Se il tasso di cambio aumenta di $0,001 (= $0,751 – $0,750), il prezzo della *put* passa da $0,0217 a $0,0213, diminuendo di $0,0004. Questo risultato è coerente con il delta di –0,396, secondo cui il prezzo della *put* dovrebbe diminuire di $0,000396 (= 0,396 × $0,001) se il tasso di cambio aumenta di $0,001.

Capitolo 16 *Analisi di Scenario e Stress Testing*

16.1 Per definire gli scenari si possono: (i) ipotizzare variazioni estreme per variabili chiave quali i tassi d'interesse, le quotazioni delle azioni, ecc.; (ii) utilizzare i dati storici per apportare a tutte le variabili di mercato le stesse variazioni osservate in giorni contraddistinti da condizioni di mercato critiche o (iii) chiedere a un comitato di *senior managers* di generare gli scenari.

16.2 (a) Il *reverse stress testing* consiste nell'utilizzare un algoritmo che individui gli scenari che comportano forti perdite.

(b) Viene utilizzato per completare il quadro degli scenari da utilizzare per lo *stress testing*.

16.3 Le istituzioni finanziarie temono che le autorità di vigilanza possano imporre un aumento di capitale se le perdite rilevate negli scenari presi in esame siano eccessivamente elevate.

16.4 (a) Le *traffic light options* sono opzioni che terminano *in the money* quando si verifica uno degli scenari ipotizzati dalle autorità di vigilanza delle compagnie d'assicurazione.

(b) Il rischio è che, comprando queste opzioni, le compagnie d'assicurazione si proteggano contro una fascia troppo ristretta di eventi. Potrebbero restare esposte al rischio di eventi simili, ma non esattamente uguali, agli scenari protetti dalle *traffic light options*.

TAVOLA s2 Simulazioni storiche e *stress testing*.

Scenario	Perdita (migliaia di $)	Probabilità (%)	Probabilità cumulata (%)
s7	1.400,000	0,050%	0,050%
s6	1.300,000	0,050%	0,100%
s5	1.100,000	0,050%	0,150%
s4	1.000,000	0,200%	0,350%
427	922,484	0,197%	0,547%
429	858,424	0,197%	0,744%
s3	700,000	0,200%	0,944%
424	653,542	0,197%	1,141%
s2	600,000	0,500%	1,641%
415	490,215	0,197%	1,838%
482	422,291	0,197%	2,035%
s1	400,000	0,500%	2,535%
440	362,733	0,197%	2,731%
426	360,532	0,197%	2,928%
431	353,788	0,197%	3,125%
417	323,505	0,197%	3,322%
433	305,216	0,197%	3,519%
...	...	...	...

Nota: i simboli $s1, s2, s3, s4, s5, s6$ e $s7$ identificano i 7 scenari estremi.

16.5 (a) Il *senior management* si trova nella migliore posizione per poter sviluppare gli scenari da utilizzare nello *stress testing*. Trovandosi coinvolti, è probabile che i *senior managers* considerino più seriamente i risultati dello *stress testing* e li utilizzino quando devono prendere decisioni strategiche.

(b) Il coinvolgimento del *senior management* verrebbe garantito se si creasse un apposito *stress-testing committee*. Il compito dello *stress-testing committee* sarebbe quello di eliminare gli scenari giudicati implausibili e di suggerire le modifiche che rendano plausibili altri scenari, prima che siano oggetto di serie valutazioni. Affinché il compito dello *stress-testing committee* non sia proibitivo, un possibile metodo è quello di chiedere ai suoi membri di associare a ogni scenario una probabilità predefinita.

16.6 Il principale vantaggio è che sarebbe possibile valutare il rischio sistemico, dato che tutte le banche utilizzerebbero gli stessi scenari. Inoltre, è probabile che gli scenari sarebbero peggiori di quelli definiti dalle banche (si veda il Problema 16.3). Il principale svantaggio è che quest'approccio potrebbe indurre le banche a non definire i propri scenari.

16.7 Le probabilità oggettive si basano sui dati storici. Le probabilità soggettive si basano sulle opinioni degli individui.

16.8 La probabilità complessivamente assegnata ai 7 scenari estremi è pari all'1,55% (= 0,5% + 0,5% + 0,2% + 0,2% + 0,05% + 0,05% + 0,05%). Di conseguenza, la probabilità complessivamente assegnata ai 500 scenari basati sui dati storici è pari al 98,45% (= 100% − 1,55%). La probabilità associata a ogni singolo scenario storico è quindi pari allo 0,197% (= 98,45% / 500). Se elenchiamo le perdite in ordine discendente, iniziando da quella più elevata, otteniamo i risultati riportati nella Tavola s2. Il VaR giornaliero al 99% è pari alla prima perdita in corrispondenza della quale la probabilità cumulata supera l'1% (= 100% − 99%). Nel nostro caso, il VaR giornaliero al 99% è pari a $653.542.

TAVOLA s3 Portafoglio di opzioni *call* europee.

Quantità (migliaia)	Prezzo d'esercizio ($)	Vita residua (anni)	Valore della posizione (migliaia di $)
+200	50	1,0	941,339
−70	60	1,5	−164,392
−120	40	0,8	−1.349,944
−60	55	0,5	−78,357
			−651,354

16.9 La dimensione e il valore delle posizioni, i prezzi d'esercizio delle opzioni e la loro vita residua sono riportati nella Tavola s3.

Ponendo il vincolo che il prezzo dell'azione sia compreso nel *range* ($40, $60) e che la volatilità sia compresa nel *range* (10%, 30%), le peggiori perdite, pari a $341.390, si determinerebbero se il prezzo dell'azione e la volatilità aumentassero, rispettivamente, da $50 a $60 e dal 20% al 30%. Pertanto, il *reverse stress testing* mostra che l'istituzione finanziaria è esposta a un aumento del prezzo dell'azione del 20% (= $60 / $50 −1) e a un aumento della volatilità del 10% (= 30% − 20%).

Capitolo 17 *Probabilità d'Insolvenza*

17.1 I 10 *ratings* che S&P utilizza per le società *investment grade* sono: AAA, AA+, AA, AA−, A+, A, A−, BBB+, BBB, BBB−.

17.2 L'*hazard rate*, $h(t)$, al tempo t è definito in modo tale che $h(t)\,dt$ è la probabilità di insolvenza tra t e $t + dt$, condizionata dall'assenza d'insolvenza prima del tempo t.

17.3 La probabilità d'insolvenza a 1 anno delle società con *rating* B è pari al 3,18% (Tavola 17.1). In base all'Equazione (17.2), si ha

$$0{,}0318 = 1 - e^{-\bar{\lambda} \times 1}.$$

Pertanto, la media, $\bar{\lambda}$, delle intensità d'insolvenza istantanee durante il 1° anno risulta pari al 3,232%

$$\bar{\lambda} = -\frac{\ln(1 - 0{,}0318)}{1} = 0{,}03232.$$

17.4 In base alla Tavola 17.1, la probabilità non condizionata che una società con *rating* BB risulti insolvente nel 3° anno è pari all'1,470%:

$$0{,}03350 - 0{,}01880 = 0{,}01470$$

e la probabilità che sopravviva fino alla fine del 2° anno è pari al 98,120%:

$$1 - 0{,}01880 = 0{,}98120.$$

Pertanto, la probabilità che risulti insolvente nel 3° anno, condizionata dall'assenza d'insolvenza nei 2 anni precedenti, è pari all'1,498%:

$$\frac{0{,}01470}{0{,}98120} = 0{,}01498.$$

Infine, la media delle intensità d'insolvenza istantanee nel 3° anno, $\bar{\lambda}$, deve soddisfare l'Equazione (17.2):

$$1 - e^{-\bar{\lambda} \times (3-2)} = 0{,}01498.$$

È quindi pari all'1,510%:

$$-\frac{\ln(1-0,01498)}{3-2} = 0,01510.$$

17.5 Il venditore di protezione riceve $900.000 (= $300.000.000 × 0,0060 × 0,5) ogni 6 mesi (dalla fine del 1° semestre alla fine del 4° anno). Alla data dell'insolvenza (dopo 4 anni e 2 mesi), il venditore di protezione riceve un rateo pari a $300.000 (= 2/6 × $900.000) e paga $180.000.000 [= $300.000.000 × (1 – 0,4)].

17.6 A volte è prevista la «consegna fisica» (*physical settlement*), altre volte la «liquidazione per contanti» (*cash settlement*). Se è prevista la consegna fisica e si verifica l'insolvenza della *reference entity*, il compratore cede al venditore di protezione le obbligazioni emesse dalla *reference entity*, ricevendone in cambio il valore nominale. Il valore nominale dei titoli consegnati è pari al valore nozionale del contratto.

Se è prevista la liquidazione per contanti e si verifica l'insolvenza della *reference entity*, l'«agente incaricato» (*calculation agent*) chiede ad alcuni *dealers* di determinare – nella data corrispondente a un numero di giorni prefissato dopo che si è verificata l'insolvenza – il prezzo di mercato delle obbligazioni «a minor costo» (*cheapest-to-deliver*) tra quelle emesse dalla *reference entity*. Il pagamento a favore del compratore di protezione sarà pari alla differenza tra il valore nominale e il valore stimato delle obbligazioni.

17.7 Le probabilità d'insolvenza effettive vengono calcolate sulla base dei dati storici e vanno utilizzate per le analisi di scenario e per il calcolo del VaR creditizio. Le probabilità d'insolvenza neutrali verso il rischio vengono calcolate sulla base delle quotazioni dei *credit default swaps*, degli *asset swaps* o delle obbligazioni e vanno utilizzate per le valutazioni dei contratti.

17.8 Il *payoff* di un CDS è pari a $L(1 – R)$, dove L è il capitale nozionale e R è il tasso di recupero.

17.9 In base all'Equazione (17.3), l'intensità d'insolvenza media, su base annua, relativa ai prossimi 3 anni è pari allo 0,71% annuo:

$$\frac{0,0050}{1-0,3} = 0,0071.$$

17.10 (a) In base all'Equazione (17.3), l'intensità d'insolvenza media, su base annua, relativa ai prossimi 5 anni è pari all'1,3333% annuo:

$$\frac{0,0080}{1-0,4} = 0,013333.$$

(b) Analogamente, l'intensità d'insolvenza media, su base annua, relativa ai prossimi 3 anni è pari all'1,1667% annuo:

$$\frac{0,0070}{1-0,4} = 0,011667.$$

Pertanto, l'intensità d'insolvenza media relativa al biennio formato dal 4° e dal 5° anno è pari all'1,5833% annuo:

$$\frac{0,013333 \times 5 - 0,011667 \times 3}{5-3} = 0,015833.$$

17.11 (a) Le probabilità d'insolvenza effettive vanno utilizzate quando si calcola il VaR creditizio mentre (b) quelle neutrali verso il rischio vanno utilizzate quando si vuole aggiustare il prezzo dei derivati per tener conto delle insolvenze.

17.12 Di solito, il «tasso di recupero» (*recovery rate*) di un'obbligazione è definito come rapporto tra il valore di mercato immediatamente dopo l'insolvenza e il valore nominale del titolo.

Risposte a Domande e Problemi

TAVOLA s4 Valore attuale dell'*expected loss*.

Tempo (anni)	Probabilità d'insolvenza	Importo recuperato ($)	Valore privo di rischio ($)	Loss given default ($)	Fattore di attualizzazione	Valore attuale ($)
1	Q	30	104,78	74,78	0,9704	72,57 Q
2	Q	30	103,88	73,88	0,9418	69,58 Q
3	Q	30	102,96	72,96	0,9139	66,68 Q
4	Q	30	102,00	72,00	0,8869	63,86 Q
					Totale:	272,69 Q

17.13 Dato che la probabilità d'insolvenza a 7 anni per le obbligazioni con *rating* AAA è pari allo 0,50% annuo (Tavola 17.4), il primo numero che figura nella seconda colonna (A) della Tavola 17.5 è pari allo 0,072% annuo:

$$-\frac{\ln(1-0{,}0050)}{7} = 0{,}00072.$$

Dato che la probabilità d'insolvenza a 7 anni per le obbligazioni con *rating* AA è pari allo 0,48% annuo (Tavola 17.4), il secondo numero che figura nella seconda colonna (A) della Tavola 17.5 è pari allo 0,069% annuo:

$$-\frac{\ln(1-0{,}0048)}{7} = 0{,}00069.$$

Gli altri numeri della seconda colonna sono stati calcolati in modo analogo. Ad es. l'ultimo numero, in corrispondenza delle obbligazioni con *rating* CCC/C, è pari al 9,642%:

$$-\frac{\ln(1-0{,}4908)}{7} = 0{,}09642.$$

17.14 Sia Q è la probabilità d'insolvenza (neutrale verso il rischio) non condizionata, espressa su base annua. La Tavola s4 mostra come si calcola il valore attuale della *expected loss* in termini di Q. Per fini illustrativi, si consideri la riga della Tavola s4 che riporta i calcoli dopo 2 anni. Il valore atteso del titolo privo rischio (calcolato in base ai tassi d'interesse *forward*) è pari a

$$\$2 + \$2 \times e^{-0{,}03 \times 0{,}5} + \$2 \times e^{-0{,}03 \times 1{,}0} + \$2 \times e^{-0{,}03 \times 1{,}5} + \$102 \times e^{-0{,}03 \times 2{,}0} = \$103{,}88$$

Data la definizione di *recovery rate*, l'importo recuperato in caso d'insolvenza è di $30 (= 0,30 × $100), per cui la «perdita in caso d'insolvenza» (*loss given default*) è di $73,88 (= $103,88 − $30). Il valore attuale della *loss given default* è di $69,58 (= 0,9418 × $73,88). Pertanto, il valore attuale dell'*expected loss* a 2 anni è di $69,58 Q.

Il valore attuale dell'*expected loss* complessiva è di $272,69 Q. In equilibrio, questo valore deve essere uguale alla differenza tra il valore che il titolo avrebbe se fosse privo di rischio e il suo valore di mercato. Il valore del titolo privo di rischio è pari a

$$\$2 \times e^{-0{,}03 \times 0{,}5} + \$2 \times e^{-0{,}03 \times 1{,}0} + \ldots + \$2 \times e^{-0{,}03 \times 3{,}5} + \$102 \times e^{-0{,}03 \times 4{,}0} = \$103{,}657$$

e il valore di mercato è pari a

$$\$2 \times e^{-0{,}05 \times 0{,}5} + \$2 \times e^{-0{,}05 \times 1{,}0} + \ldots + \$2 \times e^{-0{,}05 \times 3{,}5} + \$102 \times e^{-0{,}05 \times 4{,}0} = \$96{,}194.$$

La differenza tra i due valori, che rappresenta il valore attuale dell'*expected loss*, è pari a

$$\$103.657 - \$96{,}194 = \$7{,}462.$$

TAVOLA s5 Obbligazione n.1: valore attuale dell'*expected loss*.

Tempo (anni)	Probabilità d'insolvenza	Importo recuperato ($)	Valore privo di rischio ($)	Loss given default ($)	Fattore di attualizzazione	Valore attuale ($)
0,5	Q_1	40	103,01	63,01	0,9827	61,92 Q_1
1,5	Q_1	40	102,61	62,61	0,9489	59,41 Q_1
2,5	Q_1	40	102,20	62,20	0,9162	56,98 Q_1
					Totale:	178,31 Q_1

Uguagliando tra loro le due espressioni per il valore attuale dell'*expected loss*, si ha
$$\$272{,}69\, Q = \$7{,}462$$
da cui
$$Q = \frac{\$7{,}462}{\$272{,}69} = 0{,}0274.$$

Pertanto, i dati sono coerenti con una probabilità d'insolvenza non condizionata del 2,74%.

17.15 La Tavola s5 mostra che il valore attuale della *expected loss* sull'obbligazione n. 1 è pari a $178,31 Q_1. In equilibrio, questo valore deve essere uguale alla differenza tra il valore che il titolo avrebbe se fosse privo di rischio
$$\$4 \times e^{-0{,}035 \times 1} + \$4 \times e^{-0{,}035 \times 2} + \$104 \times e^{-0{,}035 \times 3} = \$101{,}23$$
e il valore di mercato
$$\$4 \times e^{-0{,}045 \times 1} + \$4 \times e^{-0{,}045 \times 2} + \$104 \times e^{-0{,}045 \times 3} = \$98{,}35$$
ossia a $2,88:
$$\$101{,}23 - \$98{,}35 = \$2{,}88.$$
Uguagliando le due espressioni per il valore attuale dell'*expected loss*
$$\$178{,}31\, Q_1 = \$2{,}88$$
si ottiene
$$Q_1 = \frac{\$2{,}88}{\$178{,}31} = 0{,}0161.$$

La Tavola s6 mostra che il valore attuale della *expected loss* sull'obbligazione n. 2 è pari a $180,56 Q_1 + $108,53 Q_2. In equilibrio, questo valore deve essere uguale alla differenza tra il valore che il titolo avrebbe se fosse privo di rischio
$$\$4 \times (e^{-0{,}035 \times 1} + e^{-0{,}035 \times 2} + e^{-0{,}035 \times 3} + e^{-0{,}035 \times 4}) + \$104 \times e^{-0{,}035 \times 5} = \$101{,}97$$
e il valore di mercato
$$\$4 \times (e^{-0{,}0475 \times 1} + e^{-0{,}0475 \times 2} + e^{-0{,}0475 \times 3} + e^{-0{,}0475 \times 4}) + \$104 \times e^{-0{,}0475 \times 5} = \$96{,}24$$
ossia a $5,73:
$$\$101{,}97 - \$96{,}24 = \$5{,}73.$$
Uguagliando le due espressioni
$$\$180{,}56\, Q_1 + \$108{,}53\, Q_2 = \$5{,}73$$
e sostituendo $Q_1 = 0{,}0161$, si ottiene
$$Q_2 = \frac{\$5{,}73 - \$180{,}56 \times 0{,}0161}{\$108{,}53} = 0{,}0259.$$

Pertanto, le probabilità d'insolvenza implicite nelle due obbligazioni sono uguali all'1,61% per primi 3 anni e al 2,59% per i successivi 2 anni.

Risposte a Domande e Problemi

TAVOLA s6 Obbligazione n.2: valore attuale dell'*expected loss*.

Tempo (anni)	Probabilità d'insolvenza	Importo recuperato ($)	Valore privo di rischio ($)	Loss given default ($)	Fattore di attualizzazione	Valore attuale ($)
0,5	Q_1	40	103,77	63,77	0,9827	62,67 Q_1
1,5	Q_1	40	103,40	63,40	0,9489	60,16 Q_1
2,5	Q_1	40	103,01	63,01	0,9162	57,73 Q_1
3,5	Q_2	40	102,61	62,61	0,8847	55,39 Q_2
4,5	Q_2	40	102,20	62,20	0,8543	53,13 Q_2

Totale: $(62,67 + 60,16 + 57,73)\, Q_1 + (55,39 + 53,13)\, Q_2 = 180,56\, Q_1 + 108,53\, Q_2$

17.16 Possiamo supporre, senza cambiare il valore dello *swap*, che alla fine del contratto si paghi e si riceva anche il capitale nozionale. Supponiamo che il capitale nozionale sia pari a 1. Se lo *spread* fosse nullo, il valore attuale dei pagamenti variabili sarebbe pari a 1. Pertanto, in presenza dello *spread* il valore attuale dei pagamenti variabili è pari a $1 + V$. Il valore attuale del titolo privo di rischio è pari a B^*. Il versamento iniziale cui è tenuto chi si è impegnato a pagare il fisso è $1 - B$ (quest'importo può essere negativo, nel qual caso viene pagato da chi si è impegnato a pagare il variabile). Dato che il valore iniziale dell'*asset swap* è nullo, si ha

$$1 + V = B^* + 1 - B$$

da cui

$$V = B^* - B.$$

17.17 Sia $L = De^{-rT} / V_0$, da cui $De^{-rT} = L\, V_0$. Nel modello di Merton, il valore corrente del debito è pari a $V_0 - E_0$ ossia a

$$V_0 - V_0\, N(d_1) + D\, e^{-rT} N(d_2) = V_0\, N(-d_1) + D\, e^{-rT} N(d_2).$$

Se s è lo *spread* creditizio, il valore corrente del debito è anche pari a $De^{-(r+s)T}$ per cui

$$D\, e^{-(r+s)T} = V_0\, N(-d_1) + D\, e^{-rT} N(d_2).$$

Sostituendo $L\, V_0$ a De^{-rT} si ottiene

$$L\, V_0\, e^{-sT} = V_0\, N(-d_1) + L\, V_0\, N(d_2)$$

da cui

$$L\, e^{-sT} = N(-d_1) + L\, N(d_2)$$

Pertanto

$$s = -\ln[N(d_2) + N(-d_1) / L].$$

17.18 In questo caso si ha

$$E_0 = \$2 \quad \sigma_E = 0{,}5 \quad D = \$5 \quad T = 1 \quad \text{e} \quad r = 0{,}04.$$

Sistemando i dati in Excel, possiamo risolvere le Equazioni (17.4) e (17.5) utilizzando il Risolutore per cercare i valori di V_0 e σ_V che minimizzano il quadrato della differenza tra il lato sinistro e il lato destro dell'Equazione (17.4) più il quadrato della differenza tra il lato sinistro e il lato destro dell'Equazione (17.5). La soluzione del sistema è $V_0 = \$6{,}801$ e $\sigma_V = 0{,}1482$. La probabilità d'insolvenza è $N(-d_2)$, ossia l'1,15%.

17.19 A fine trimestre, in ciascuno dei primi 4 anni, il venditore di protezione riceve $1.000.000 (= 4% / 4 × $100.000.000). Il venditore di protezione paga $70 [= (1 − 0,30) × $100] milioni dopo 4 anni e 2 mesi. Alla stessa data riceve un rateo finale pari a $666.667 [= (2 / 3) × $1.000.000].

17.20 I *credit default swaps* assicurano le obbligazioni contro il rischio d'insolvenza dell'emittente. In prima approssimazione, si può dire che trasformano le obbligazioni in titoli privi di rischio. Pertanto, il compratore di protezione scambia un'obbligazione con un titolo privo di rischio. In altri termini, va lungo su un titolo privo di rischio e corto su un'obbligazione.

17.21 È possibile che nei *credit default swaps* ci sia un problema di asimmetrie informative. Si può sostenere che alcuni operatori abbiano più informazioni di altri sull'effettiva situazione finanziaria della società su cui il CDS è scritto (Riquadro 17.2).

17.22 (a) Se fosse privo del rischio d'insolvenza, il titolo avrebbe un valore pari a
$$\$2,5 \times e^{-0,06\times0,5} + \$2,5 \times e^{-0,06\times1,0} + \ldots + \$2,5 \times e^{-0,06\times4,5} + \$102,5 \times e^{-0,06\times5,0} = \$95,3579.$$

Pertanto il valore attuale dell'*expected loss* è pari a \$5,3579 (= \$95,3579 − \$90).

(b) L'*asset swap* viene strutturato in modo che una delle due parti paghi \$10 (= \$100 − \$90) inizialmente e poi \$2,5 (= 5% / 2 × \$100) ogni 6 mesi. In cambio, riceve gli interessi variabili calcolati applicando al capitale di \$100 il tasso variabile più uno *spread*.

(c) Il valore attuale dei pagamenti a tasso fisso è pari a \$105,3579:
$$\$10 + \$2,5 \times e^{-0,06\times0,5} + \$2,5 \times e^{-0,06\times1,0} + \ldots + \$2,5 \times e^{-0,06\times4,5} + \$102,5 \times e^{-0,06\times5,0} = \$105,3579.$$

Ne segue che lo *spread* deve avere un valore attuale di \$5,3597 (= \$105,3597 − \$100).

Il valore attuale di una rendita unitaria a 5 anni con pagamenti semestrali è pari a 8,5104:
$$e^{-0,06\times0,5} + e^{-0,06\times1,0} + \ldots + e^{-0,06\times4,5} + e^{-0,06\times5,0} = 8,5104.$$

Pertanto, la maggiorazione semestrale rispetto agli interessi variabili deve essere pari a
$$\frac{\$5,3579}{8,5104} = \$0,6296.$$

Lo *spread* dell'*asset swap* è quindi pari all'1,2591% (= \$0,6296% / \$100 × 2) annuo.
Questo problema serve anche a illustrare il risultato ottenuto nel Problema 17.16.

Capitolo 18   XVAs

18.1 L'esposizione della banca nei confronti della controparte aumenta se la nuova transazione tende ad avere un valore positivo quando il valore del contratto pre-esistente è positivo e un valore negativo quando il valore del contratto pre-esistente è negativo. Viceversa, se la nuova transazione tende a compensare il valore del contratto pre-esistente, l'esposizione della banca nei confronti della controparte si riduce.

18.2 Le azioni della stessa società non offrirebbero una buona garanzia. Se la società risulta insolvente sul contratto oggetto dell'accordo di *collateralization*, è molto probabile che le azioni della società valgano molto poco.

18.3 Le affermazioni *sub* **(a)** e *sub* **(b)** sono esatte, mentre quella *sub* **(c)** non lo è. Supponiamo che v_X e v_Y siano le esposizioni dell'istituzione finanziaria nei confronti della controparte X e della controparte Y, rispettivamente. Il valore atteso di $v_X + v_Y$ è pari al valore atteso di v_X più il valore atteso di v_Y. Lo stesso non vale per gli intervalli di confidenza (al 95%).

18.4 Ipotizziamo che l'insolvenza possa avvenire solo alla scadenza del contratto *forward*. In un mondo privo del rischio d'insolvenza il *forward* equivale alla combinazione di una posizione lunga su una *call* europea e di una posizione corta su una *put* europea dove il prezzo d'esercizio e la scadenza delle opzioni sono uguali al prezzo di consegna e alla scadenza del *forward*, rispettivamente. Se il valore finale del *forward* in assenza d'insolvenza è positivo, la *call* ha un valore positivo e la *put* un valore nullo. L'impatto dell'insolvenza sul *forward* è uguale a quello sulla *call*. Se il valore finale del *forward* in assenza d'insolvenza è negativo, la *call* ha un valore nullo e la *put* un valore positivo. In questo caso, l'insolvenza non produ-

Risposte a Domande e Problemi 705

ce alcun effetto né sul *forward* né sulla *call*. Ne segue che il *forward* equivale alla combinazione di una posizione lunga su una *call* soggetta al rischio d'insolvenza e di una posizione corta su una *put* non soggetta al rischio d'insolvenza.

18.5 Il valore Black-Scholes-Merton va moltiplicato per $e^{-0,012 \times 3} = 0,965$. Pertanto, il modello Black-Scholes-Merton sopravvaluta l'opzione in misura pari al 3,5% (= 1 − 0,965).

18.6 Se sono presenti in molti contratti, è possibile che i *downgrade triggers* facciano aumentare il rischio d'insolvenza. Se la società X subisce un *downgrading* e il *downgrade trigger* si attiva, le controparti di X in contratti che hanno per loro un valore positivo cercheranno di chiuderli. Di conseguenza, è probabile che la società X vada incontro a problemi di liquidità che potrebbero determinarne il fallimento.

18.7 (a) Il *wrong-way risk* tende a manifestarsi quando le controparti utilizzano i *credit default swaps* per vendere protezione ai *traders* o entrano nei contratti per fini speculativi.
(b) Analogamente, il *right-way risk* tende a manifestarsi quando le controparti utilizzano i *credit default swaps* per comprare protezione dai *traders* o entrano nei contratti per coprire parte delle posizioni in essere.

18.8 Il *cure period* (o *margin period at risk*) è l'intervallo di tempo di 10 - 20 giorni lavorativi che passa tra la data in cui la controparte interrompe il versamento delle garanzie e la data dell'insolvenza, ossia la «data in cui i contratti vengono chiusi» (*close-out date*).

18.9 Se la controparte, B, risulta insolvente, tutti i contratti tra A e B vengono considerati come un unico contratto. Pertanto, è il valore complessivo di tutti i contratti in essere che determina l'eventuale perdita per A.

18.10 Quando una banca si trova in difficoltà finanziarie, la sua probabilità d'insolvenza aumenta. Aumenta quindi il valore attuale della perdita attesa dalle controparti per l'insolvenza della banca, ossia il DVA. Gli *standards* contabili richiedono che il «valore di libro» (*book value*) dei derivati venga calcolato sottraendo il CVA e aggiungendo il DVA al loro valore in assenza del rischio d'insolvenza. Pertanto, se il DVA aumenta, anche l'utile netto della banca aumenta.

18.11 Le autorità di vigilanza chiedono che, nel calcolare i requisiti patrimoniali a fronte del rischio di mercato, si tenga conto della parte dei CVAs che è determinata dalle variazioni dei *credit spreads* delle controparti.

18.12 Il modello della banca per la stima del CVA farà registrare una perdita se il valore dei contratti per la banca diventerà positivo nei 15 giorni immediatamente precedenti il punto centrale di uno degli intervalli. Si suppone che la banca non riceverà garanzie aggiuntive dalla controparte.

Capitolo 19 *VaR Creditizio*

19.1 (a) Nel modello di Vasicek e in Credit Risk Plus, la perdita creditizia viene riconosciuta solo quando si verifica un'insolvenza. In CreditMetrics la perdita creditizia viene riconosciuta sia quando c'è un'insolvenza sia quando c'è un *downgrading*.
(b) In Credit Risk Plus, si ipotizza una certa distribuzione probabilistica per il tasso d'insolvenza annuale. In CreditMetrics si utilizza la copula Gaussiana per definire le transizioni di *rating*.

19.2 L'ipotesi di costanza del livello di rischio consiste nel supporre che, dopo un certo periodo di tempo t, il contratto X (la cui qualità creditizia è peggiorata) venga sostituito dal contratto Y, il cui rischio di credito è pari a quello originale di X. Dopo un ulteriore periodo di tempo t, Y (la cui qualità creditizia è peggiorata) verrà sostituito da Z, il cui rischio di credito è pari a quello originale di X, e così via.

19.3 (a) La probabilità che, dopo 2 anni, il *rating* resti invariato ad AAA è pari all'80,82%.
(b) La probabilità che passi ad AA è pari al 16,88%.

19.4 (a) La probabilità che, dopo 6 mesi, il *rating* resti invariato ad AAA è pari al 94,80%.
  (b) La probabilità che passi ad AA è pari al 4,91%.

19.5 (a) Si potrebbero considerare le variazioni dei *credit spreads* delle obbligazioni negli ultimi 500 giorni e si potrebbe poi supporre che le variazioni dei *credit spreads* che verranno osservate domani rappresentino un campione casuale estratto dalla distribuzione osservata storicamente.
  (b) Gli svantaggi di questo metodo sono rappresentati dal fatto che i) potrebbero non essere disponibili dati giornalieri accurati sui *credit spreads* di tutte le obbligazioni e ii) tutte le società avrebbero una probabilità d'insolvenza nulla (non essendo fallite storicamente).

19.6 In base alla distribuzione binomiale, la probabilità di osservare 6 o più insolvenze è pari allo 0,053% [= 1 − DISTRIB.BINOM.N(6 − 1; 100; 1%; VERO)].

19.7 In questo caso, dobbiamo far la media tra i risultati ottenuti utilizzando due distribuzioni binomiali, la prima con probabilità d'insolvenza pari allo 0,5% e la seconda con probabilità d'insolvenza pari all'1,5%. La probabilità di osservare 6 o più insolvenze è pari al 2,1%. Si vede quindi che la presenza di correlazione fa aumentare il *tail risk*.

19.8 (a) L'autocorrelazione è piuttosto alta: 0,456109.
  (b) La presenza di autocorrelazione suggerisce che la stima del VaR creditizio, effettuata con il modello Credit Risk Plus, dovrebbe tener conto dell'ultimo tasso d'insolvenza osservato. Se il tasso d'insolvenza dello scorso anno è risultato elevato, è probabile che risulti elevato anche quest'anno.

Capitolo 20 *Rischio Operativo*

20.1 (a) La definizione del Comitato di Basilea comprende tutti i rischi interni ed esterni, con due eccezioni.
  (b) Fanno eccezione il rischio di reputazione ed il rischio strategico.

20.2 Secondo Shih *et al.* (Sezione 20.3), la perdita potrebbe essere pari a $128,75 milioni:

$$\$100 \times \left(\frac{\$3.000}{\$1.000}\right)^{0,23} = \$128,75.$$

20.3 In base alla *power law*, si ha

$$\text{Prob}(v > x) = K x^{-\alpha}.$$

Pertanto, risolvendo rispetto a K si ottiene

$$K = x^{\alpha} \text{Prob}(v > x) = x^{\alpha} [1 - \text{Prob}(v \leq x)].$$

Nel nostro caso

$$x = \$20 \quad \text{Prob}(v \leq \$20) = 0,90 \quad e \quad \alpha = 0,8.$$

Pertanto

$$K = \$20^{\,0,8} \times (1 - 0,90) = 1,0986.$$

Ne segue che
  (a) la probabilità che la perdita superi i $40 milioni è pari al 5,74%:

$$\text{Prob}(v > \$40) = 1,0986 \times \$40^{-0,8} = 0,0574.$$

  (b) la probabilità che la perdita superi gli $80 milioni è pari al 3,30%:

$$\text{Prob}(v > \$80) = 1,0986 \times \$80^{-0,8} = 0,0330.$$

  (c) la probabilità che la perdita superi i $200 milioni è pari all'1,58%:

$$\text{Prob}(v > \$200) = 1,0986 \times \$200^{-0,8} = 0,0158.$$

Risposte a Domande e Problemi   **707**

20.4 Le problematiche connesse con il *moral hazard* vengono risolte con le franchigie e facendo variare i premi in funzione delle richieste d'indennizzo. L'*adverse selection* viene gestita chiedendo quante più informazioni è possibile sul guidatore, prima di stipulare il contratto, e poi, col passare del tempo, aggiustando il premio in funzione degli ulteriori elementi (numero di incidenti, numero delle violazioni dei limiti di velocità, ...) che si riescono ad acquisire.

20.5 I CEOs è devono sottoscrivere un documento di accompagnamento della «relazione di revisione» (*audit report*) con il quale si assumono le loro responsabilità in ordine alla veridicità del bilancio. Nell'eventualità che il bilancio venga successivamente rettificato, i CEOs devono restituire i *bonus* di cui hanno beneficiato.

20.6 Se i *traders* operano all'interno dei limiti di rischio prefissati, la perdita deriva dal rischio di mercato. Se invece i limiti vengono violati, la perdita va classificata come derivante dal rischio operativo.

20.7 **(a)** È improbabile che un individuo non badi alla sua salute dopo essere entrato in un contratto di assicurazione sulla vita, ma è successo che il beneficiario della polizza abbia ucciso il contraente per incassare il *payoff* del contratto!
(b) È probabile che le polizze caso morte vengano acquistate più dagli individui con speranze di vita brevi che non da quelli con speranze di vita lunghe.

20.8 **(a)** I dati esterni sulle perdite sono dati che si riferiscono alle perdite subite da altre banche.
(b) Le possibili fonti sono due: i *database* bancari condivisi e i dati pubblicamente disponibili raccolti in modo sistematico da società specializzate nella vendita di dati.
(c) Vengono utilizzati per stimare la severità relativa delle perdite. Possono fornire utili indicazioni sui rapporti tra i valori medi delle perdite (o le deviazioni standard delle perdite) relative a due diverse aree di attività.

20.9 Di solito si usa la distribuzione di Poisson per approssimare la *loss frequency distribution* e la distribuzione log-normale per approssimare la *loss severity distribution*.

20.10 Il *turnover* dei personale, il numero delle transazioni non eseguite, il numero di posti occupati da collaboratori temporanei, il rapporto tra controllanti e controllati, il numero dei posti vacanti, la percentuale dei dipendenti che non si è presa 10 giorni consecutivi di vacanza negli ultimi 12 mesi.

20.11 **(a)** Se la *loss frequency* è pari a 3 ($\lambda = 3$), la media è pari a circa 3,3 e la deviazione standard è pari a circa 2,0.
(b) Se la *loss frequency* è pari a 4 ($\lambda = 4$), la media è pari a circa 4,4 e la deviazione standard è pari a circa 2,4.

20.12 I dati fondamentali richiesti dallo *standardized measurement approach* (SMA) per determinare il capitale regolamentare a fronte del rischio operativo sono il *business indicator* (BI) e, limitatamente alle banche con BI > $1 miliardo, le perdite sperimentate nei precedenti 10 anni. Il *business indicator* di una banca misura la dimensione rilevante ai fini dell'esposizione al rischio operativo.

20.13 Le due banche devono calcolare la *loss component* in base alla seguente formula:

$$loss\ component = 15\ X$$

dove X è la media delle perdite operative complessive annue registrate negli ultimi 10 anni. Pertanto, per entrambe le banche, la *loss component* (LC) è pari a $300.000.000:

$$LC = 15 \times \$20.000.000 = \$300.000.000.$$

L'*internal loss multiplier* (ILM) è pari a 1,1319:

$$ILM = \ln\left[e - 1 + \left(\frac{LC}{BIC}\right)^{0,8}\right] = \ln\left[e - 1 + \left(\frac{€300.000.000}{€200.000.000}\right)^{0,8}\right] = 1,1319.$$

Pertanto, il capitale regolamentare richiesto dallo SMA alle banche A e B è pari, per entrambe, a € 226.373.542:

$$BIC \times ILM = €\ 200.000.000 \times 1,1319 = €\ 226.373.542.$$

Capitolo 21 Rischio di Liquidità

21.1 Gli investitori non avevano molte informazioni sui mutui sottostanti le *tranches* create con le cartolarizzazioni. Inoltre, queste informazioni erano rese opache dalla complessità delle regole a «cascata» (*waterfalls*) che definiscono le modalità con cui i pagamenti sui mutui vengono canalizzati verso le *tranches*.

21.2 (a) Il *dealer* che espone le quotazioni è pronto a comprare al prezzo *bid* ($50) e a vendere al prezzo *ask* ($55).
(b) Il *bid-ask spread* è pari a $5 (= $55 − $50) e il *mid-market price* è pari a $52,5 [= ($50 + $55)/2]. Pertanto, il *bid-ask spread* relativo è pari al 9,52% (= $5 / $52,5).

21.3 In base all'Equazione (21.1, il costo della liquidazione del portafoglio in condizioni di mercato normali è pari a $55:

$$v_1 \frac{h_1}{2} + v_2 \frac{h_2}{2} = \$5.000 \frac{0,01}{2} + \$3.000 \frac{0,02}{2} = \$25 + \$30 = \$55.$$

21.4 Il costo di liquidazione in condizioni di mercato critiche è dato dall'Equazione (21.2), dove:
$q_1 \mu_1 = (\mu_1/M_1) \times (M_1\ q_1) = 0,01 \times \$5.000 = \$50$;
$q_1 \sigma_1 = (\sigma_1/M_1) \times (M_1\ q_1) = 0,01 \times \$5.000 = \$50$;
$q_2 \mu_2 = (\mu_2/M_1) \times (M_2\ q_2) = 0,02 \times \$3.000 = \$60$;
$q_2 \sigma_2 = (\sigma_2/M_2) \times (M_2\ q_2) = 0,03 \times \$3.000 = \$90$;
e $\lambda_1 = \lambda_2 = N^{-1}(0,95) = 1,645$. È quindi pari a $170,14:

$$= \frac{q_1\mu_1 + q_1\sigma_1\lambda_1}{2} + \frac{q_2\mu_2 + q_2\sigma_2\lambda_2}{2}$$
$$= \frac{\$50 + \$50 \times 1,645}{2} + \frac{\$60 + \$90 \times 1,645}{2} = \$66,12 + \$104,02 = \$170,14.$$

Si noti che quest'importo è pari a oltre 3 volte il costo di liquidazione ($55) in condizioni di mercato normali.

21.5 Se il livello di confidenza è pari al 95%, le quantità da vendere nei giorni 1-10, sono pari, rispettivamente, a 15,9; 12,9; 10,1; 7,4; 5,2; 3,4; 2,2; 1,4; 0,9 e 0,7 milioni. Il costo di liquidazione del portafoglio è pari a $13,4 milioni. La deviazione standard del valore delle azioni vendute giornalmente è pari a $6,05 milioni. Ne segue che, essendo $\lambda = N^{-1}(0,95) = 1,645$, il VaR giornaliero al 95% è pari a $9,9 (= 1,645 × $6,05) milioni. Pertanto, il *liquidity-adjusted* VaR (che è la funzione-obiettivo da minimizzare) è pari a $23,3 (= $13,4 + $9,9) milioni.

21.6 Il *liquidity coverage ratio* (LCR) verifica se la liquidità della banca le consente di sopravvivere a 30 giorni di *stress* estremo (*downgrades*, perdita di depositi, revoca delle linee di credito, ecc.). Il *net stable funding ratio* (NSFR) verifica se c'è corrispondenza tra le scadenze di attività e passività e disincentiva l'utilizzo della provvista a breve per la concessione di prestiti a lungo termine.

21.7 È rischioso fare affidamento sulle fonti di provvista all'ingrosso perché sono quelle maggiormente suscettibili di svanire quando le condizioni di mercato diventano critiche.

21.8 Le operazioni effettuate da Ashanti Goldfields e Metallgesellschaft hanno comportato perdite sulle coperture e profitti sulle posizioni da coprire. Le perdite sulle coperture hanno dato origine a richieste d'integrazione dei depositi di garanzia. Sfortunatamente, le posizioni da coprire – il cui valore era aumentato – non erano liquide e non potevano quindi essere utilizzate per far fronte alle *margin calls*.

21.9 (a) Il *negative-feedback trading* è l'insieme delle operazioni effettuate dagli operatori anticiclici, che comprano quando i prezzi scendono e vendono quando i prezzi salgono. Il *positive-feedback trading* è l'insieme delle operazioni effettuate dagli operatori pro-ciclici, che vendono quando i prezzi scendono e comprano quando i prezzi salgono.

(b) Il *positive-feedback trading* può comportare problemi di liquidità. Quando sono i *traders* pro-ciclici che predominano, i prezzi diventano instabili e il mercato diventa illiquido. Se il prezzo di un'attività scende, i *traders* vendono e il prezzo continua a scendere. Se, invece, il prezzo di un'attività sale, i *traders* comprano e il prezzo continua a salire.

21.10 Quando liquidano una posizione, le istituzioni finanziarie sostengono un costo pari alla metà del *bid-ask spread*. Il *liquidity-adjusted* VaR tiene conto di questa perdita.

21.11 (a) I *liquidity black holes* si verificano quando la liquidità scompare perché tutti vogliono vendere e non c'è nessuno che vuole comprare, o viceversa. Negli ultimi tempi c'è stato un progressivo rafforzamento dei «comportamenti a mo' di gregge» (*herd behaviors*), in cui tutti vogliono effettuare simultaneamente lo stesso tipo di negoziazione. Durante le fasi che sono caratterizzate da forti pressioni delle vendite, la liquidità scompare e le vendite possono essere eseguite solo a «prezzi di liquidazione» (*fire-sale prices*).

(b) Il raggiungimento di una regolamentazione uniforme è un fatto positivo, ma non è privo di costi. Tutte le banche tendono a rispondere nello stesso modo agli eventi esterni.

21.12 I *liquidity black holes* sono causati dal fatto che molti *traders* seguono le stesse strategie. Se i *traders* seguissero strategie diverse, i *liquidity black holes* sarebbero meno frequenti.

Capitolo 22 *Rischio di Modello*

22.1 (a) Con il termine *marking to market* si indica la prassi di rivalutare (di norma ogni giorno) i prodotti attivamente negoziati, in modo che le valutazioni siano coerenti con quelle di mercato. I prezzi calcolati per i prodotti attivamente negoziati riflettono i prezzi di mercato ed i modelli vengono utilizzati solo come strumenti di comunicazione.

(b) Con il termine *marking to model* si indica la prassi di valutare i prodotti strutturati sulla base di un modello.

22.2 Le due cause principali del rischio di modello sono:
1. il modello può contenere errori fondamentali se viene visto nell'ottica degli obiettivi per i quali è stato costruito. Gli errori possono riguardare i dati utilizzati, le modalità di calcolo, le procedure numeriche, le ipotesi, ecc.;
2. il modello può essere utilizzato in modo non corretto o non appropriato. È importante capire i limiti dei modelli. Un certo modello può essere stato costruito sulla base di ipotesi circa le condizioni di mercato o il comportamento di un particolare tipo di cliente. Quando le ipotesi non sono più valide, il modello non è più appropriato.

22.3 È importante che il modello sia ben documentato:
(i) se «chi ha sviluppato il modello» (*model developer*) esce dall'organizzazione e non lascia una buona documentazione, è difficile che altri si assumano la responsabilità di quel che è stato fatto. Di conseguenza, il lavoro svolto verrebbe perso;
(ii) spesso, quando valutano le procedure utilizzate dalle istituzioni finanziarie, le autorità di vigilanza chiedono di visionare la documentazione dei modelli;
(iii) se il modello è ben documentato, ne risulta agevolato il processo di convalida e di revisione periodica.

22.4 Quando devono valutare le opzioni ordinarie, di tipo *call* e *put*, i *traders* utilizzano effettivamente il modello Black-Scholes alla stregua di un sofisticato strumento di interpolazione. Calcolano le volatilità implicite nelle opzioni per le quali esistono quotazioni di mercato. Quindi stimano, mediante interpolazione, le volatilità implicite delle opzioni non quotate. Le stime ottenute vengono inserite nelle formule di Black e Scholes per ottenere i prezzi di queste opzioni. Il modello Black-Scholes è più di uno strumento di interpolazione quando viene utilizzato per suggerire ai *traders* le coperture da effettuare.

22.5 Se devono valutare un'opzione a 8 mesi con un prezzo d'esercizio di 1,04, sulla base dei dati riportati nella Tavola 22.1, i *traders* interpolano tra due coppie di volatilità, (12,5% e 13,5%) e (13,4% e 14,0%), in modo da ottenere una volatilità del 13,45% [= 12,83% + β × (13,60% − 12,83%)], dove 12,83% = 12,5% + α × (13,5% − 12,5%), 13,60% = 13,4% + α × (14,0% − 13,4%), $\alpha = (8/12 - 6/12)/(12/12 - 6/12) = 0,3\overline{3}$ e $\beta = (1,04 - 1)/(1,05 - 1) = 0,80$. In alternativa, i *traders* possono interpolare tra altre due coppie di volatilità, (12,5% e 13,4%) e (13,5% e 14,0%), in modo da ottenere lo stesso risultato, ossia una volatilità del 13,45% [= 13,22% + α × (13,90% − 13,22%)], dove 13,22% = 12,5% + β × (13,4% − 12,5%) e 13,90% = 13,5% + β × (14,0% − 13,5%).

22.6 I modelli utilizzati in fisica descrivono i processi fisici e sono molto accurati. Invece, i modelli utilizzati in finanza descrivono il comportamento delle variabili di mercato, ed essendo questo comportamento il risultato delle azioni di esseri umani, sono in grado di offrire solo una descrizione approssimata. Questo è il motivo per cui esiste il rischio di modello.

22.7 Ci sono tre modi per capirlo: (i) le negoziazioni si concentrano troppo su certe tipologie perché i prezzi quotati dall'istituzione finanziaria sono molto diversi da quelli quotati dalla concorrenza; (ii) l'istituzione finanziaria non riesce a chiudere le sue posizioni a prezzi vicini a quelli forniti dai propri sistemi informatici; (iii) l'istituzione finanziaria può sottoscrivere i servizi offerti da alcune società di brokeraggio, che offrono le quotazioni di mercato per transazioni standard.

22.8 Le «coperture all'interno del modello» (*within model hedging*) tengono conto del rischio determinato da variabili che il modello considera aleatorie. Le «coperture all'esterno del modello» (*outside model hedging*) tengono conto del rischio determinato da variabili che il modello considera costanti o deterministiche.

22.9 La «scomposizione di profitti e perdite» [*profit and loss (P&L) decomposition*] è la procedura con cui si analizzano le variazioni giornaliere del valore del portafoglio per distinguere:
(i) le variazioni derivanti dai rischi non coperti;
(ii) le variazioni derivanti dalle imperfezioni del modello utilizzato;
(iii) le variazioni derivanti dai nuovi contratti negoziati durante il giorno.

22.10 I contratti presenti nel *trading book* vanno distinti in 3 categorie:
(i) contratti per i quali esistono quotazioni in «mercati attivi» (*active markets*) ["valutazioni di 1° livello"];
(ii) contratti per i quali esistono quotazioni in «mercati non attivi» (*not active markets*) o quotazioni di attività simili in mercati attivi ["valutazioni di 2° livello"];
(iii) contratti la cui valutazione si basa su ipotesi fatte dalla banca ["valutazioni di 3° livello"]. In questo caso, il termine utilizzato è *marking to model*.

22.11 Uno dei pericoli presenti nella costruzione dei modelli è rappresentato dalla «ricerca di un eccessivo accostamento tra prezzi teorici e prezzi effettivi» (*over-fitting*). Un altro pericolo è quello dell'«utilizzo di un numero eccessivo di parametri» (*over-parameterization*).

22.12 Se devono valutare un'opzione a 1,5 anni con un prezzo d'esercizio di 0,92 sulla base dei dati riportati nella Tavola 22.1 (come nell'Esempio 22.17), i *traders* possono anche interpolare prima tra i prezzi d'esercizio e poi tra le scadenze. In tal caso, considerano altre due coppie di volatilità, (14,7% e 14,0%) e (15,0% e 14,4%), e ottengono lo stesso risultato, ossia una volatilità del 14,59% [= 14,42% + α × (14,76% − 14,42%)], dove $\alpha = (1,5 - 1,0)/(2,0 - 1,0) = 0,5$; $\beta = (0,92 - 0,90)/(0,95 - 0,90) = 0,40$; 14,42% = 14,7% + β × (14,0% − 14,7%) e 14,76% = 15,0% + β × (14,4% − 15,0%).

Risposte a Domande e Problemi **711**

22.13 Il termine *marking to market* si riferisci alla prassi consistente nel rivalutare i portafogli, di solito con frequenza giornaliera, in modo che le valutazioni siano allineate alle quotazioni di mercato. I valori dei prodotti attivamente negoziati vengono determinati in base ai prezzi di mercato e i modelli vengono utilizzati solo come strumenti di interpolazione. Pertanto, il termine *marking to market* è appropriato quando si tratta di valutare prodotti attivamente negoziati. Invece, la valutazione dei prodotti strutturati e delle opzioni esotiche dipende dal modello che viene utilizzato. È per questo che si parla di *marking to model*.

Capitolo 23   *Rischio Climatico, ESG e Sostenibilità*

23.1 Quando vengono bruciati, i combustibili fossili rilasciano «anidride carbonica» (*carbon dioxide* - CO_2) e altri gas serra. Questo porta a un aumento del riscaldamento globale perché i gas serra imprigionano il calore nella nostra atmosfera, impedendo che si diffonda nello spazio.

23.2 L'«Accordo di Parigi» (*Paris Agreement*) del 2015 ha posto un limite di 1,5 gradi Celsius all'aumento della temperatura, nel XXI secolo, rispetto ai livelli preindustriali.

23.3 Gli SSPs sono i «percorsi socioeconomici condivisi» (*shared socioeconomic pathways*) definiti dall'Intergovernmental Panel on Climate Change (IPCC). Si tratta di scenari climatici che stimano l'aumento della temperatura sotto diverse ipotesi.

23.4 La *carbon tax* è la "tassa sul carbonio". La base imponibile è rappresentata dalle tonnellate di CO_2 emesse dalle imprese. Il *cap and trade*, letteralmente "limita e scambia", è un provvedimento adottato in molte giurisdizioni, compresa la Cina e alcuni stati degli Stati Uniti, che pone un limite alle emissioni di CO_2 da parte delle imprese. Le imprese hanno comunque la possibilità di negoziare tra loro le quote di emissione assegnate. Se un'impresa non ha bisogno di utilizzare tutta la sua quota, può vendere la parte inutilizzata a un'altra impresa che vuole emettere CO_2 in misura superiore alla quota assegnata.

23.5 I «rischi fisici» (*physical risks*) sono quelli derivanti da eventi climatici estremi come le inondazioni, l'innalzamento del livello del mare, gli uragani, ecc. I «rischi di transizione» (*transition risks*) sono quelli associati al passaggio verso un futuro con emissioni più basse. Tra questi figurano i costi connessi con la chiusura degli impianti inquinanti, la modifica delle pratiche commerciali, ecc.

23.6 Non c'è dubbio che i rischi climatici renderanno più impegnativa la gestione delle compagnie d'assicurazione. Sembra quasi certo che, in futuro, i disastri naturali si verificheranno con maggiore frequenza. La prassi attuariale che consiste nel mediare il costo dei rischi passati per stimare il costo dei rischi futuri non è valida. Le compagnie devono dedicare risorse per comprendere le tendenze climatiche e quantificare il loro effetto sui rischi che si assumono.

23.7 ESG è l'acronimo di «*environmental, social, governance*» (ambiente, sociale, governo).

23.8 Per *greenwashing* s'intende l'ecologismo di facciata, che induce le aziende a presentarsi come ecologicamente responsabili anche se, in realtà, non lo sono. Questo comportamento si basa sulla sulla convinzione che, se due prodotti sono simili ma uno viene pubblicizzato come ecologico e l'altro no, molti consumatori preferiscono acquistare il primo invece del secondo.

Capitolo 24   *Rischio d'Impresa*

24.1 (a) Negli approcci *top-down*, i limiti di rischio vengono fissati – dal *senior management* o dal consiglio di amministrazione – per l'intera istituzione finanziaria. Negli approcci *bottom-up*, i limiti di rischio vengono fissati per le singole linee operative.

(b) Nell'ERM, entrambi gli approcci sono necessari perché occorre garantire che i limiti di rischio delle linee operative, una volta aggregati, siano coerenti con il limite di rischio per l'intera istituzione finanziaria.

24.2 Il paradosso di Bowman è il risultato empirico secondo cui l'assunzione di maggiori rischi tende a ridurre i tassi di rendimento, almeno per quel che riguarda gli investimenti strategici più importanti.

24.3 C'è il pericolo che vengano prese decisioni redditizie nel breve termine, ma problematiche nel medio-lungo termine (pubblicità negativa, perdita di reputazione, azioni legali, ecc.). Si veda il Riquadro 5.4, il Riquadro 24.2, il Riquadro 24.3 e il Riquadro 24.3.

24.4 Una parte dei *bonus* può essere differita e possono essere introdotte clausole che ne prevedano il «recupero» (*clawback*) qualora i successivi eventi segnalino che le operazioni non erano poi così redditizie come appariva inizialmente.

24.5 L'ERM mira a gestire i rischi in modo unitario, con un approccio globale, piuttosto che considerare separatamente le diverse tipologie (rischio di credito, rischio di mercato, rischio operativo, ecc.).

24.6 Poniamo $R = -0,2$, $R_F = 0,03$, $\mu_M = 0,1188$, $\sigma_M = 0,1723$ e $p = 0,9$ nell'Equazione (24.1). Nel caso in esame il beta risulta pari a 1,74.

24.7 Dopo la fine del 2° anno, il tasso sarebbe aumentato in misura pari al 4% [= 2 × (8% − 6%)] in ogni trimestre, salendo dall'1,76% al 65,76% (= 1,76% + 16 × 4%) dopo 16 trimestri.

24.8 Quattro esempi di distorsioni cognitive: (i) l'ancoraggio (apportare modifiche troppo piccole a una stima iniziale), (ii) la disponibilità (dare troppo peso alle informazioni più recenti), (iii) la rappresentatività (fare troppo affidamento sull'esperienza quando l'esperienza è limitata o non è rappresentativa della situazione attuale), (iv) l'inversione della condizionalità.

Capitolo 25   Basilea I, Basilea II e Solvency II

25.1 La scomparsa di un concorrente può comportare benefici. Tuttavia, le banche risultano intrecciate tra loro da diversi contratti. Quando una banca fallisce, le altre banche possono subire perdite sui contratti che hanno in essere con la banca fallita. Inoltre, le altre banche possono subire contraccolpi negativi se il fallimento comporta una riduzione del livello di fiducia dei risparmiatori nei confronti del sistema bancario.

25.2 L'assicurazione dei depositi fa sì che i depositanti siano al sicuro, indipendentemente dai rischi assunti dalle istituzioni finanziarie. Può quindi indurre le istituzioni finanziarie a prendersi più rischi di quanti ne avrebbero presi altrimenti, dato che possono farlo senza il rischio di perdere la fiducia dei depositanti. Questo si traduce in un maggior numero di fallimenti bancari e di richieste di rimborso al sistema di assicurazione dei depositi. Per evitare che ciò si verifichi sono necessarie regole sui requisiti patrimoniali delle banche.

25.3 Il rischio di credito dello *swap* è il rischio che la controparte fallisca e che, alla data del fallimento, il valore dello *swap* sia positivo per la banca.

25.4 Il valore dei *currency swaps* può deviare dallo zero iniziale in maniera più accentuata degli *interest-rate swaps* a causa dello scambio finale dei capitali. Di conseguenza, la possibile perdita derivante dall'insolvenza della controparte è maggiore.

25.5 (a) L'istituzione finanziaria è comunque esposta al rischio di credito. Se la controparte fallisse ora, non ci sarebbero perdite. Tuttavia, i tassi d'interesse possono cambiare e far sì che, in futuro, il valore dello *swap* risulti positivo per l'istituzione finanziaria. Se la controparte fallisse allora, l'istituzione finanziaria subirebbe una perdita.

(b) In base alla Tavola 25.2, il requisito patrimoniale previsto dal Basilea I è pari allo 0,5% del capitale nozionale dello *swap*.

25.6 In base all'Equazione (25.1), l'equivalente creditizio di un derivato è pari a

$$\max(V, 0) + a L$$

dove V è il valore corrente del derivato, a è una «maggiorazione» (*add-on factor*) e L è il valore nominale (gli *add-on factors* sono riportati nella Tavola 25.2). Le attività ponderate per il rischio sono pari al prodotto tra l'equivalente creditizio e il *risk weight*, che nel caso specifico dei derivati che hanno per controparte una società è pari a 0,5. Pertanto, le attività ponderate per il rischio relative ai tre derivati in questione sono pari a:
(i) $\$1,875$ [$= 0,5 \times (\$0 + 1,5\% \times \$250)$] milioni;
(ii) $\$2$ [$= 0,5 \times (\$3,5 + 0,5\% \times \$100)$] milioni;
(iii) $\$3$ [$= 0,5 \times (\$1 + 10\% \times \$50)$] milioni.
Pertanto, in totale, le attività ponderate per il rischio sono pari a $\$6,875$ ($= \$1,875 + \$2 + \$3$) milioni. Il requisito patrimoniale minimo previsto da Basilea I è pari all'8% delle attività ponderate per il rischio. È pari quindi a $\$0,55$ ($= 0,08 \times \$6,875$) milioni.

25.7 In base all'Emendamento del 1996, l'equivalente creditizio è pari a

$$\max\left(\sum_{i=1}^{N} V_i, 0\right) + (0,4 + 0,6 \times \text{NRR}) \sum_{i=1}^{N} a_i L_i.$$

dove V_i è il valore corrente dell'i-esimo derivato, a_i è una «maggiorazione» *add-on factor*), L_i è il valore nominale e NRR è il «rapporto di rimpiazzo netto» (*net replacement ratio - NRR*), così definito

$$\text{NRR} = \frac{\max\left(\sum_{i=1}^{N} V_i, 0\right)}{\sum_{i=1}^{N} \max(V_i, 0)}$$

Pertanto nel caso preso in esame dal Problema 25.6, il *net replacement ratio* è pari a 0,556

$$\text{NRR} = \frac{\max(-\$2 + \$3,5 + \$1;\ 0)}{\max(-\$2;\ 0) + \max(\$3,5;\ 0) + \max(\$1;\ 0)} = \frac{\$2,5}{\$4,5} = 0,556$$

e l'equivalente creditizio è pari a $9,28 milioni:

$$\max(-\$2 + \$3,5 + \$1;\ 0) + (0,4 + 0,6 \times 0,556) \times (1,5\% \times \$250 + 0,5\% \times \$100 + 10\% \times \$50) = \$9,28.$$

Il *risk weight* dei derivati che hanno per controparte una società è pari a 0,5. Pertanto, le attività ponderate per il rischio sono pari a $\$4,64$ ($= 0,5 \times \$9,28$) milioni e il capitale regolamentare è pari all'8% delle attività ponderate, ossia a $\$0,371$ ($= 0,08 \times \$4,64$) milioni.

25.8 La clausola di *netting* non ha alcun valore per la banca.

25.9 Moltiplicando per 12,5 ($= 1 / 0,08$) i requisiti patrimoniali a fronte del rischio di credito, di mercato e operativo si ottengono le attività ponderate per il rischio, il cui 8% rappresenta il requisito patrimoniale complessivo.

25.10 (a) Il *trading book* è formato da contratti che sono attivamente negoziati e vengono rivalutati con frequenza giornaliera. Il *banking book* è formato soprattutto da prestiti e non viene rivalutato giornalmente.
(b) L'effetto del cambiamento è che il debito del cliente nei confronti della banca passa dal *banking book* al *trading book*. In genere, il passaggio al *trading book* comporta una riduzione dei requisiti patrimoniali. Tuttavia l'*incremental risk charge* di Basilea II.5 (Capitolo 26) riporta i requisiti patrimoniali al livello precedente.

25.11 (a) Sotto Basilea I, i requisiti patrimoniali a fronte del rischio di credito non dipendono dal *rating* della controparte. Ciò fa sì che il rendimento del capitale dato in prestito a società con *rating* elevato sia relativamente basso.

(b) Sotto Basilea II, i requisiti patrimoniali a fronte del rischio di credito sono legati molto più attentamente al merito di credito del cliente. Di conseguenza, i prestiti a clienti con *rating* elevato possono diventare di nuovo convenienti.

25.12 L'arbitraggio regolamentare è un'operazione (o una serie di operazioni) che ha l'unico fine di ridurre i requisiti patrimoniali previsti dalla normativa.

25.13 L'*exposure at default* (EAD) è la stima dell'esposizione nei confronti del rischio d'insolvenza. La *loss given default* (LGD) è la stima della perdita in caso d'insolvenza. Il *worst-case default rate* (WCDR) è la stima della probabilità d'insolvenza a 1 anno in un anno cattivo che si verifica solo una volta su 1.000 mentre la *probability of default* (PD) è la stima della probabilità d'insolvenza a 1 anno in un anno medio. Il *maturity adjustment* (MA) è l'aggiustamento in funzione della scadenza. Quest'ultimo tiene conto del fatto che, nel caso degli strumenti con scadenza oltre l'anno, ci possono essere perdite derivanti dal peggioramento del merito di credito della controparte, o dalla sua insolvenza.

25.14 Nel metodo semplificato il *risk weight* della controparte viene sostituito dal *risk weight* della garanzia reale (per la parte dell'esposizione coperta dalla garanzia reale). Nel metodo integrale l'esposizione viene aumentata per tener conti di possibili futuri aumenti e la garanzia reale viene ridotta per tener conta di possibili future riduzioni di valore. Il *risk weight* della controparte viene applicato al saldo tra questi due valori.

25.15 Il metodo standardizzato utilizza i *ratings* esterni per determinare i requisiti patrimoniali (ma in modo più sofisticato rispetto a Basilea I). Nel metodo IRB di base viene utilizzato il modello di Basilea II per la «correlazione tra le insolvenze» (*default correlation*), ma PD viene stimata dalla banca. Nel metodo IRB avanzato, viene utilizzato il modello di Basilea II per la *default correlation*, ma EAD, PD, LGD e MA vengono determinati dalla banca.

25.16 Nel metodo base, i requisiti patrimoniali sono pari al 15% della media annua del «margine d'intermediazione» (*gross income*) rilevato negli ultimi tre esercizi. Nel metodo standardizzato, viene calcolato il margine d'intermediazione relativo a otto linee di *business* ed il requisito patrimoniale per ciascuna linea è calcolato moltiplicando il margine d'intermediazione per il fattore attribuito a quella linea. Nel metodo avanzato, la banca utilizza i suoi modelli interni per il calcolo delle perdite operative che, a un livello di confidenza del 99,9%, non verranno eccedute nel corso di un anno.

25.17 **(a)** In base all'Equazione (25.11) si ha

$$\rho = 0{,}03 + 0{,}13 \times e^{-35 \times 0{,}01} = 0{,}1216.$$

In base all'Equazione (25.6), si ha

$$\text{WCDR} = N\left[\frac{N^{-1}(0{,}01) + \sqrt{0{,}1216}\, N^{-1}(0{,}999)}{\sqrt{1 - 0{,}1216}}\right] = 0{,}0914.$$

In base all'Equazione (25.9), priva del *maturity adjustment* MA, come prevede Basilea II per i prestiti al dettaglio, le attività ponderate per il rischio secondo il metodo IRB di Basilea II sono pari a $11,39 milioni:

$$\text{EAD} \times \text{LGD} \times (\text{WCDR} - \text{PD}) = \$200 \times 0{,}7 \times (0{,}0914 - 0{,}01) = \$11{,}39.$$

(b) Almeno la metà di quest'importo deve essere rappresentata da capitale di classe 1.

25.18 La probabilità che si verifichino 5 o più eccezioni è pari al 10,78%:

$$1 - \text{DISTRIB.BINOM.N}(5 - 1;\ 250;\ 1 - 0{,}99;\ \text{VERO}) = 0{,}1078.$$

Si potrebbe sostenere che le autorità di vigilanza stiano utilizzando un livello di confidenza del 10,78% (invece del più comune 5%) nel decidere se convalidare o meno un modello VaR.

Capitolo 26 *Basilea II.5, Basilea III e Altre Modifiche Post-Crisi*

26.1 Le 3 più importanti componenti di Basel II.5 sono: i) il calcolo del VaR stressato, ii) il nuovo *incremental risk charge* e iii) la *comprehensive risk measure* per gli strumenti che dipendono dalla *credit correlation*.

26.2 Le 6 più importanti componenti di Basilea III sono: i) le definizioni di mezzi propri e i requisiti patrimoniali, ii) il *capital conservation buffer*, iii) il *countercyclical buffer*, iv) il *leverage ratio*, v) il *liquidity coverage ratio* (LCR) e il *net stable funding ratio* (NSFR), vi) il *counterparty credit risk*.

26.3 Il VaR ordinario, così come viene tradizionalmente calcolato, si basa sui dati rilevati in un arco di tempo che copre gli ultimi 1 - 4 anni. Il VaR stressato viene calcolato sulla base di un periodo di 250 giorni caratterizzato da condizioni di mercato critiche.

26.4 **(a)** L'*incremental risk charge* è il VaR annuale al 99,9% dovuto alle perdite sulle posizioni del *trading book* soggette al rischio di credito. Tiene conto delle variazioni di *rating* e dei *liquidity horizons*.
(b) È stato introdotto perché spesso le posizioni presenti nel *trading book* assorbivano meno capitale delle posizioni equivalenti riportate nel *banking book*.

26.5 In base alla Tavola 26.1, il capitale assorbito da un ABS con *rating* AAA è pari all'1,6% del valore nominale, mentre il capitale assorbito da una ABS CDO con *rating* AAA è pari al 3,2% del valore nominale.

26.6 Il *Tier 1 equity capital* è passato dal 2% al 7% (e il campo di definizione dell'*equity capital* è stato ulteriormente circoscritto).

26.7 **(a)** 40%, **(b)** 20%. Cfr. Tavola 26.2 e Tavola 26.3.

26.8 Nel *leverage ratio*, il denominatore non è rappresentato dai *risk-weighted assets*, ma dalle attività di bilancio (non ponderate per il rischio) e da alcune voci fuori bilancio, tra cui i «fidi» (*loan commitments*).

26.9 Il *liquidity coverage ratio* (LCR) è il rapporto tra attività liquide di elevata qualità e deflussi di cassa netti in un periodo di 30 giorni caratterizzato da gravi tensioni per la liquidità. Il *net stable funding ratio* (NSFR) è il rapporto tra la somma ponderata di alcune voci del passivo (compreso il patrimonio netto) e la somma ponderata di alcune voci dell'attivo.

26.10 L'ammontare disponibile di provvista stabile passerebbe da $72 a $81,6 e il *net stable funding ratio* (NSFR) diventerebbe pari al 109,9% (= $81,6 / $74,25).

26.11 **(a)** Il CVA è una componente negativa di reddito che misura i costi attesi sui derivati causati dall'insolvenza della controparte.
(b) In base alle nuove regole, la sensitività del CVA rispetto ai *credit spreads* va inclusa nel calcolo dei requisiti patrimoniali a fronte del rischio di mercato.

26.12 **(a)** I CoCos vengono automaticamente trasformati in azioni quando una condizione prefissata segnala che i mezzi propri della banca sono troppo bassi.
(b) Sono interessanti per le banche perché, prima della conversione, non producono effetti sul ROE.
(c) Sono interessanti per le autorità di vigilanza perché sono fonte di mezzi propri, pronti ad assorbire le perdite in condizioni di mercato critiche.

Capitolo 27 *Trading Book*

27.1 **(a)** In Basilea I, i requisiti patrimoniali a fronte del rischio di mercato vengono calcolati sulla base del VaR decadale corrente al 99%, che si suppone essere pari al prodotto tra il corrispondente VaR giornaliero e $\sqrt{10}$.
(b) In Basilea II.5, ci sono due componenti: una viene calcolata sulla base del VaR decadale corrente al 99% (come in Basilea I), mentre l'altra viene calcolata sulla base del VaR

decadale stressato al 99%. Si suppone che ognuna delle due componenti sia pari al prodotto tra il corrispondente VaR giornaliero e $\sqrt{10}$.

(c) Nella FRTB, i requisiti patrimoniali a fronte del rischio di mercato vengono calcolati sulla base dell'ES stressata al 97,5%, con orizzonti temporali delle variabili di mercato determinati in base alla loro liquidità.

27.2 L'ES al 97,5% è pari a

$$\mathrm{ES} = \mu + \sigma \frac{e^{-Y^2/2}}{(1-X)\sqrt{2\pi}} = \mu + \sigma \frac{e^{-1,960^2/2}}{(1-0,975)\times\sqrt{2\pi}} = \mu + 2{,}338 \times \sigma.$$

27.3 Come funzionano le simulazioni storiche? Consideriamo il tasso di variazione dal giorno 0 al giorno 10 e il tasso di variazione dal giorno 1 al giorno 11. I giorni in comune sono 9. È chiaro che i due tassi di variazione non sono indipendenti tra loro. In realtà, ci aspettiamo che non siano molto diversi l'uno dall'altro.

27.4 Uno dei vantaggi dell'ES rispetto al VaR è che l'ES, diversamente dal VaR, rispetta la condizione di sub-additività, secondo cui la diversificazione aiuta a ridurre i rischi (Sezione 11.5). Un altro vantaggio è che misura meglio il «rischio presente nella coda destra della distribuzione delle perdite» (*tail risk*).

27.5 (a) Il *trading book* è formato da contratti che sono attivamente negoziati e che vengono «rivalutati» (*marked to market*) con frequenza giornaliera. Il *banking book* è formato da attività (prestiti, titoli, ecc.) che ci si attende di detenere fino a scadenza e che vengono valutate al costo storico, a meno che non si verifichi una «seria riduzione di valore» (*serious impairment*).

(b) Dato che i requisiti patrimoniali per il *trading book* e il *banking book* vengono calcolati in modo molto diversi tra loro, la FRTB cerca di evitare che le banche scelgano in quale dei due allocare certe voci in modo da ridurre il capitale regolamentare.

27.6 Nella FRTB, il *credit spread risk* viene trattato nello stesso modo degli altri rischi di mercato. Il *jump-to-default risk* viene trattato in modo analogo al rischio di credito associato alle voci che figurano nel *banking book*.

Capitolo 28 *Capitale Economico e RAROC*

28.1 Il capitale economico è il capitale che la banca ritiene necessario in base alle sue proprie stime. Il capitale regolamentare è quello richiesto alla banca dalle autorità di vigilanza.

28.2 Il livello di confidenza per il calcolo del capitale economico viene scelto in modo coerente con il *rating* della banca. Ad es., se la banca ha un *rating* AA e la probabilità d'insolvenza delle società con *rating* AA è pari allo 0,03%, il livello di confidenza appropriato per il calcolo del capitale economico è pari al 99,97% (= 100% − 0,03%).

28.3 Il «rischio d'impresa» (*business risk*) è composto dal «rischio strategico» (*strategic risk*), legato alle decisioni circa l'ingresso in nuovi mercati e lo sviluppo di nuovi prodotti, e dal «rischio di reputazione» (*reputational risk*).

28.4 È probabile che i modelli utilizzati dalle banche per calcolare il capitale economico e il capitale regolamentare siano abbastanza simili solo nel caso del rischio di mercato e del rischio operativo. Invece, quando calcolano il capitale economico a fronte del rischio di credito, è probabile che le banche utilizzino i propri modelli per la correlazione tra le insolvenze e le proprie stime dei coefficienti di correlazione.

28.5 Il valore del logaritmo della perdita che non verrà oltrepassato nel 99,97% dei casi è pari a 14,23 (= 0,5 + 3,43 × 4) dove 3,43 = $N^{-1}(0{,}9997)$. Pertanto, la perdita che non verrà oltrepassata nel 99,97% dei casi è pari a $1.508.246 (= $e^{14,23}$). Per le proprietà della distribuzione log-normale, la perdita attesa è pari a $4.915 [= exp(0,5 + 4²/2)]. Pertanto il capitale economico è pari a $1.503.331 (= $1.508.246 − $4.915).

28.6 Il capitale economico complessivo per l'area di attività 1 è pari a

$$\sqrt{20^2 + 40^2 + 70^2 + 2\times 0,5\times 20\times 40 + 2\times 0,2\times 20\times 70 + 2\times 0,2\times 40\times 70} = 96,85.$$

Il capitale economico complessivo per l'area di attività 2 è pari a

$$\sqrt{40^2 + 30^2 + 10^2 + 2\times 0,5\times 40\times 30 + 2\times 0,2\times 40\times 10 + 2\times 0,2\times 30\times 10} = 63,87.$$

Il capitale economico complessivo per l'intera impresa è pari a

$$\sqrt{\begin{array}{l}20^2 + 40^2 + 40^2 + 30^2 + 70^2 + 10^2 + 2\times 0,4\times 20\times 40 + 2\times 0,5\times 20\times 40 + 2\times 0,2\times 20\times 70 \\ + 2\times 0,5\times 40\times 30 + 2\times 0,2\times 40\times 10 + 2\times 0,6\times 40\times 30 + 2\times 0,2\times 40\times 70 + 2\times 0,2\times 30\times 10\end{array}} = 124,66.$$

28.7 (a) L'effetto incrementale dell'area di attività 1 sul capitale economico complessivo è pari a 60,78 (= 124,66 − 63,87). Analogamente, l'effetto incrementale dell'area di attività 2 sul capitale economico complessivo è pari a 27,81 (= 124,66 − 96,85).
(b) La somma dei due capitali incrementali è pari a $88,59 (= $60,78 + $27,81). Possiamo utilizzarla come base per ripartire il capitale economico complessivo: il 68,61% (= $60,78 / $88,59) del totale verrà allocato all'area di attività 1 e il restante 31,39% (= $27,81 / $88,59) all'area di attività 2. Pertanto, il capitale economico attribuito all'area 1 è pari $85,53 (= 0,6861 × $124,66) e il capitale economico attribuito all'area 2 è pari a $39,13 (= 0,3139 × $124,66).
(c) L'effetto marginale sul capitale economico complessivo di un aumento dello 0,5% delle dimensioni dell'area di attività 1 è pari a $0,4182. L'effetto marginale di un aumento dello 0,5% delle dimensioni dell'area di attività 2 è pari a $0,2056.
(d) In questo caso stiamo considerando incrementi della dimensione delle due aree pari allo 0,5%, per cui $\Delta y_1 = \Delta y_2 = \Delta x_1/x_1 = \Delta x_2/x_2 = 0,005$. In base all'Equazione (28.4), il capitale allocato alle due aree è pari, rispettivamente, a $83,64 (= $0,4182 / 0,005) e a $41,12 (= $0,2056 / 0,005). Il teorema di Eulero è soddisfatto perché la somma di questi due importi, pari a $124,76 (= $83,64 + $41,12), è approssimativamente uguale al capitale economico complessivo ($124,66).

28.8 Il capitale economico della nuova area di attività è pari a $38 (= $40 − $2) milioni e l'utile atteso prima delle imposte è pari a $5 (= $12 − $5 − $2) milioni. Pertanto, il RAROC prima delle imposte è pari al 13,2% (= $5 / $38). L'allocazione del capitale economico complessivo alle diverse aree di attività potrà ridurre il capitale economico allocato al settore dei fondi comuni e accrescerne il RAROC.

28.9 Il primo dei due modi in cui si può utilizzare il RAROC è come strumento per giudicare la *performance* delle diverse *business units*, determinare le gratifiche di fino anno, ecc. Il secondo è come strumento per decidere quali *business units* espandere e quali contrarre. In questo caso la previsione del RAROC per le singole *business units* viene confrontata con il «valore soglia» (*threshold*) fissato dalla banca per il tasso di rendimento del capitale.

Capitolo 29 *Innovazione Finanziaria*

29.1 La "disintermediazione" è il processo che si osserva quando due parti, che in precedenza interagivano attraverso un intermediario, iniziano a interagire direttamente tra loro. La "reintermediazione" è il processo che segue la "disintermediazione", quando un nuovo intermediario tecnologico (che offre un servizio diverso da quello offerto dall'intermediario precedente) entra nel mercato.

29.2 **(a)** Il *machine learning*, o "apprendimento automatico", è una branca dell'«intelligenza artificiale» (*artificial intelligence* - AI) in cui i *computers* imparano senza essere esplicitamente programmati.

(b) Le *distributed ledger technologies*, o "tecnologie di registrazione distribuita", sono tecnologie – come la *blockchain* – in cui un *database* viene condiviso e sincronizzato da più *computers*.

29.3 Le autorizzazioni biometriche utilizzano le caratteristiche biologiche tipiche degli individui per verificare la loro identità. Tra gli strumenti che possono essere utilizzati figurano la rilevazione delle «impronte digitali» (*fingerprints*), la «scansione retinica» (*retinal scanning*), il «riconoscimento facciale» (*facial recognition*), l'«autenticazione vocale» (*voice authentication*) e il «monitoraggio del battito cardiaco» (*heartbeat monitoring*).

29.4 Le banche centrali potrebbero passare dalle monete tradizionali alle valute digitali se ritenessero che questo semplificherebbe il controllo dell'offerta di moneta e la gestione dell'inflazione.

29.5 **(a)** Nei prestiti P2P, creditori e debitori negoziano direttamente tra loro mediante una piattaforma *online* messa a disposizione da una società tecnologica.

(b) Il *crowdfunding* azionario è un meccanismo che consente a un ampio gruppo di investitori di finanziare una *start-up* attraverso una piattaforma *online*.

29.6 Si può sostenere che la regolamentazione rappresenti una «barriera all'entrata» (*barrier to entry*) per le società della FinTech. A volte, per osservare la normativa vigente, le società della FinTech devono offrire i loro servizi attraverso un'istituzione finanziaria consolidata.

29.7 È vero che, se tutti investissero in fondi indice, il processo di «rivelazione del prezzo» (*price discovery*) non funzionerebbe più. Abbiamo bisogno di investitori e gestori che elaborino le informazioni disponibili e cerchino attivamente i titoli da comprare e da vendere.

29.8 La RegTech è l'applicazione della tecnologia alla regolamentazione e alla «conformità normativa» (*compliance*). Alcune applicazioni sono semplici: (i) i sistemi per mettere *online* i documenti richiesti dalle autorità di vigilanza, rendendoli disponibili in tempo reale; (ii) i sistemi che monitorano clienti e transazioni per evitare problemi di *compliance*; (iii) le biblioteche *online* che consentono alle istituzioni finanziarie di recuperare informazioni sulla norme vigenti nei vari Paesi.

29.9 IBM si è resa conto che non poteva fare affidamento sulla vendita dei «computers per l'elaborazione centralizzata dei dati» (*mainframes*) e ha cambiato sia la sua cultura aziendale sia il modello di *business* per adeguarsi ai cambiamenti in atto nel mercato. Kodak non l'ha fatto, quantomeno con la stessa determinazione, per adeguarsi ai cambiamenti in atto nel mercato delle fotografie. Per sopravvivere, le banche dovranno cambiare sia la loro cultura aziendale sia il modello di *business*.

Glossario dei Termini

A Fermo (*Firm Commitment*): si ha un *firm commitment placement* quando la banca acquista i titoli a un certo prezzo e cerca poi di collocarli sul mercato a un prezzo leggermente più alto. Se non riesce a collocarli, finirà per tenerli nel suo portafoglio.

ABS (*Asset-Backed Security*): titolo creato sulla base dei pagamenti relativi a obbligazioni, mutui, «prestiti con carte di credito» (*credit card receivables*), ecc.

ABS CDO (*ABS CDO*): titolo creato sulla base delle *tranches* di diversi ABSs.

Accordo di Basilea (*BIS Accord*): accordo sulla regolamentazione bancaria raggiunto nel 1988 dalle banche centrali di 12 Paesi.

Adeguatezza del Capitale (*Capital Adequacy*): rispondenza del capitale di una banca o di un'altra istituzione finanziaria in relazione ai rischi cui è esposta.

Aggancio al Mercato (*Marking to Market*): pratica consistente nel rivalutare uno strumento finanziario in modo che rifletta il valore corrente delle variabili di mercato rilevanti.

Aggancio al Modello (*Marking to Model*): pratica consistente nel rivalutare uno strumento finanziario in modo che rifletta il valore teorico fornito da un modello.

Aggiornamento delle Volatilità (*Volatility Scaling*): procedura per aumentare o ridurre le variazioni giornaliere osservate storicamente a seconda che la volatilità corrente sia maggiore o minore di quella osservata in passato.

Aggiustamento del Valore del Credito (*Credit Value Adjustment* - CVA): il valore attuale della perdita attesa per l'insolvenza della controparte.

Aggiustamento del Valore del Debito (*Debt Value Adjustment* o *Debit Value Adjustment* - DVA): il valore attuale della perdita attesa – per la controparte – a causa della nostra insolvenza.

Aggiustamento per la Convessità (*Convexity Adjustment*): termine con più di un significato. Si può riferire, ad es., all'aggiustamento necessario per passare da un tasso *futures* a un tasso *forward* o all'aggiustamento del tasso *forward* che è a volte necessario quando si utilizza il modello di Black.

Al Meglio (*Best Effort*): si ha un *best efforts placement* quando la banca fa il possibile per collocare i titoli presso gli investitori, ma non garantisce che l'emissione verrà collocata.

Albero (*Tree*): rappresentazione delle possibili evoluzioni del prezzo di una variabile di mercato al fine di valutare un'opzione o altro derivato.

Albero Binomiale (*Binomial Tree*): albero che illustra le possibili evoluzioni del prezzo di un'attività secondo il modello binomiale.

Alfa (*Alpha*): tasso di rendimento extra rispetto a quello atteso in base al *capital asset pricing model*.

Allegato di Supporto al Credito (*Credit Support Annex*): supplemento del *master agreement* ISDA in cui vengono definite le garanzie che ognuna delle due parti (o solo una delle due) deve prestare all'altra, le attività che possono essere date in garanzia, gli *haircuts*, e così via.

Analisi delle Componenti Principali (*Principal Components Analysis*): analisi volta a trovare, all'interno di un ampio insieme di variabili correlate, un piccolo numero di fattori che descrivono la maggior parte della varianza di una variabile (simile all'analisi fattoriale).

Analisi di Scenario (*Scenario Analysis*): analisi degli effetti sul valore del portafoglio provocati da varie possibili evoluzioni delle variabili di mercato.

Analisi Fattoriale (*Factor Analysis*): analisi volta a trovare, all'interno di un ampio insieme di variabili correlate, un piccolo numero di fattori che descrivono la maggior parte della varianza di una variabile (simile all'analisi delle componenti principali).

Apprendimento Automatico (*Machine Learning*): un ramo dell'«intelligenza artificiale» (*artificial intelligence* - AI) che consente ai *computers* di apprendere senza essere esplicitamente programmati.

Arbitraggio (*Arbitrage*): strategia operativa mirante a trarre vantaggio delle discrepanze di prezzo tra due o più titoli.

Arbitraggio Regolamentare (*Regulatory Arbitrage*): transazioni volte a ridurre il capitale regolamentare delle banche.

Arbitraggista (*Arbitrageur*): colui che effettua un'operazione di arbitraggio.

Asimmetria (*Skewness*): una misura della mancanza di simmetria delle distribuzioni probabilistiche.

Asset Swap (*Asset Swap*): *swap* in cui si scambiano le cedole di un'obbligazione con il Libor maggiorato di uno *spread*.

Assicurazione "Caso Morte" a Vita Intera (*Whole Life Insurance o Permanent Life Insurance*): assicurazione che offre protezione per l'intera vita dell'assicurato. Il titolare della polizza è tenuto a corrispondere alla compagnia d'assicurazione i premi pattuiti (mensili o annuali) fino alla sua morte. In tale data, il valore nominale della polizza viene pagato ai beneficiari.

Assicurazione a Prestazioni Definite (*Endowment Life Insurance*): assicurazione che dura per un periodo prefissato e paga ai beneficiari un certo importo, prima della scadenza, se il titolare della polizza muore o, alla scadenza, se è ancora in vita.

Assicurazione Collettiva sulla Vita (*Group Life Insurance*): assicurazione che offre protezione a molte persone con un'unica polizza.

Assicurazione Danni (*Property-Casualty Insurance o Non-Life Insurance*): assicurazione che offre al titolare della polizza un risarcimento dei danni a beni di proprietà o di terzi.

Assicurazione dei Depositi (*Deposit Insurance*): piano assicurativo che garantisce i depositanti dal rischio di perdite sui depositi bancari, almeno fino a un certo livello.

Assicurazione di Portafoglio (*Portfolio Insurance*): procedura per assicurare che il valore di un portafoglio non scenda al di sotto di un certo livello.

Assicurazione Temporanea "Caso Morte" (*Term Life*): assicurazione che dura un predeterminato numero di anni e paga ai beneficiari un importo predeterminato, pari al valore nominale della polizza, se il titolare dell'assicurazione muore durante la vita della polizza.

Assicurazione Vita (*Life Insurance*): assicurazione che offre al titolare della polizza un pagamento che dipende dal verificarsi dell'evento "morte".

Asta Olandese (*Dutch Auction*): procedura utilizzata per collocare titoli presso gli investitori. All'asta partecipano persone fisiche e giuridiche che indicano il numero delle azioni che vogliono comprare e il prezzo unitario che sono disposte a pagare. Le azioni vengono allocate al miglior offerente, quindi al successivo e così via, finché l'intera offerta non viene assorbita. Il prezzo pagato da tutti gli «aggiudicatari» (*successful bidders*) è pari al prezzo più basso tra quelli da essi indicati. Le richieste fatte a questo prezzo vengono soddisfatte *pro quota*.

Attività Bancaria al Dettaglio (*Retail Banking*): consiste nel raccogliere depositi, relativamente piccoli, da persone fisiche o imprese e nel concedere prestiti, relativamente piccoli, agli stessi soggetti.

Attività Bancaria all'Ingrosso (*Wholesale Banking*): consiste nel fornire servizi bancari a società medio-grandi, gestori di fondi e altre istituzioni finanziarie.

Attività Ponderate per il Rischio (*Risk-Weighted Assets o Risk-Weighted Amount*): quantità calcolata in Basilea I e Basilea II. Il patrimonio complessivo delle banche deve essere almeno pari all'8 per cento dei *risk-weighted assets*.

Autocorrelazione (*Autocorrelation*): correlazione tra il valore di una variabile a una certa data e il valore della stessa variabile k giorni prima, dove k è il «ritardo temporale» (*time lag*).

Automazione dei Processi in Robotica (*Robotics Process Automation - RPA*): un *software* applicativo che replica le azioni degli esseri umani quando interagiscono con i sistemi di un'azienda.

Azzardo Morale (*Moral Hazard*): possibilità che il comportamento di un soggetto cambi a seguito dell'esistenza di un contratto d'assicurazione.

Back Office (*Back Office*): l'area all'interno di un'istituzione finanziaria cui sono delegate le rilevazioni contabili.

Back-End Load (*Back-End Load*): commissione addebitata dalle società di gestione dei fondi comuni quando l'investitore chiede il rimborso delle quote.

Back-Testing (*Back-Testing*): verifica di un modello di calcolo del valore a rischio (o di un altro modello) sulla base di dati storici.

Banca Commerciale (*Commercial Bank*): banca che raccoglie depositi e concede prestiti.

Banca d'Investimento (*Investment Bank*): banca che aiuta le società a emettere titoli azionari o obbligazionari.

Banking Book (*Banking Book*): portafoglio bancario composto da contratti che la banca si attende di mantenere fino alla scadenza.

Base (*Basis*): differenza tra prezzo *spot* e prezzo *futures* di un'attività.

Basilea I (*Basel I*): primo accordo internazionale sulla regolamentazione delle banche. È entrato in vigore nel 1988.

Basilea II (*Basel II*): nuovo accordo internazionale per determinare i requisiti patrimoniali delle banche. È entrato in vigore nel 2007-8.

Basilea II.5 (*Basel II.5*): modifiche regolamentari, introdotte dopo la crisi creditizia, volte ad accrescere i requisiti patrimoniali per il *trading book*.

Basilea III (*Basel III*): normativa internazionale sull'attività bancaria entrata in vigore nel 2010. Riguarda, tra l'altro, il capitale regolamentare per il *banking book* e i coefficienti di liquidità.

Basket Credit Default Swap (*Basket Credit Default Swap*): *credit default swap* con più «soggetti di riferimento» (*reference entities*).

Bene d'Investimento (*Investment Asset*): attività detenuta per fini di investimento invece che di consumo.

Bene di Consumo (*Consumption Asset*): attività detenuta per fini di consumo invece che di investimento.

Beta (*Beta*): misura del rischio sistematico di un'attività.

Binary Credit Default Swap (*Binary Credit Default Swap*): *credit default swap* con *payoff* prefissato in caso d'insolvenza di una certa società.

Bitcoin (*Bitcoin*): la prima criptovaluta.

Blockchain (*Blockchain*): tecnologia di registrazione distribuita in cui un *database* sicuro viene condiviso e sincronizzato da più *computers*.

Buchi Neri di Liquidità (*Liquidity Black Holes*): episodi in cui la liquidità scompare del tutto perché tutti vogliono effettuare simultaneamente lo stesso tipo di negoziazione.

Buono Ordinario del Tesoro (*Treasury Bill*): titolo privo di cedole a breve termine emesso dal Tesoro.

Buono Poliennale del Tesoro (*Treasury Bond*): titolo provvisto di cedole a medio-lungo termine emesso dal Tesoro.

Calcolo Giorni (*Day Count*): convenzione usata per quotare i tassi di interesse.

Calendario delle Festività (*Holiday Calendar*): calendario che definisce le festività, utilizzato per determinare le date di pagamento di uno *swap*.

Calibratura (*Calibration*): metodo per determinare i parametri di volatilità impliciti nei prezzi delle opzioni attivamente negoziate.

Glossario dei Termini

Call Coperta (*Covered Call*): posizione corta su una *call* combinata con una posizione lunga sull'attività sottostante.

Cap (*Cap o Interest-Rate Cap*): portafoglio di opzioni i cui valori finali sono positivo quando un certo tasso d'interesse variabile, osservato periodicamente, si trova sopra il tasso *cap*.

Capitale (*Principal*): valore nominale o facciale di un'obbligazione.

Capitale Economico (*Economic Capital*): stima interna del capitale di cui la banca ha bisogno per far fronte ai rischi cui è esposta.

Capitale Nozionale (*Notional Principal*): capitale usato per calcolare i pagamenti di uno *swap* su tassi d'interesse. Il capitale è detto "nozionale" perché non viene scambiato.

Capitale Regolamentare (*Regulatory Capital*): requisiti patrimoniali che le autorità di vigilanza hanno previsto per le banche.

Capitalizzazione Continua (*Continuous Compounding*): convenzione usata per la definizione dei tassi d'interesse. Rappresenta il limite che si ottiene aumentando sempre più la frequenza con cui si capitalizzano gli interessi.

Caplet (*Caplet*): una delle opzioni che formano il *cap* su tassi d'interesse.

Cartolarizzazione (*Securitization*): creazione di prodotti strutturati, le cui *tranches* vengono poi cedute agli investitori.

Cascata (*Waterfall*): insieme di regole che definiscono il modo in cui i pagamenti che affluiscono al portafoglio sottostante vengono canalizzati verso le *tranches* del prodotto strutturato.

Case-Shiller Index (*Case-Shiller Index*): indice dei prezzi delle abitazioni negli Stati Uniti.

Cassa di Compensazione (*Clearinghouse* o *Clearing Corporation*): organo che garantisce la solvibilità delle parti coinvolte nelle negoziazioni di derivati effettuate in borsa.

Cauzione (*Collateral*): contanti o titoli che devono essere prestati da una parte all'altra come garanzia di una transazione su derivati.

CCAR (*CCAR*): acronimo di *comprehensive capital analysis and review*, uno *stress test* utilizzato negli Stati Uniti per tutte le banche (G-SIBs e D-SIBs) con attività per oltre $50 miliardi.

CCP (*CCP*):*si veda* Controparte centralizzata.

CDD (*Cooling Degree Days*): gradi di raffreddamento giorno, ossia il massimo tra zero e lo scarto tra la temperatura media giornaliera e 65 gradi Fahrenheit. La temperatura media è la media aritmetica semplice delle temperature minima e massima misurate nel corso della giornata (da mezzanotte a mezzanotte) presso la stazione atmosferica specificata.

CDO (*Collateralized Debt Obligation o CDO*): un tipo molto diffuso di *asset-backed security*. Le attività che vengono «cartolarizzate» (*securitized*) sono costituite da obbligazioni. A fronte di queste attività vengono create *tranches* di titoli con diverso rischio di credito. Le CDOs rappresentano un modo per creare debito di alta qualità da debito di media (o anche bassa) qualità.

CDO Sintetica (*Synthetic CDO*): CDO creata attraverso la vendita di *credit default swaps*.

CDO Squared (*CDO Squared*): contratto con il quale i rischi d'insolvenza di un portafoglio di CDO *tranches* vengono allocati a nuovi titoli.

CDS-Bond Basis (*CDS-Bond Basis*): la differenza tra il CDS *spread* e l'*asset swap spread*.

CDX NA IG (*CDX NA IG*): indice della qualità creditizia di 125 società nordamericane con «merito di credito elevato» (*investment grade*).

Cedola (*Coupon*): pagamento per interessi relativo a un'obbligazione.

Certificato del Tesoro a Tasso Fisso (*Treasury Note*): titolo provvisto di cedole a medio termine emesso dal Tesoro.

Clawback (*Clawback*): clausola contrattuale che (i) nel caso degli *hedge funds*, dà all'investitore la possibilità di recuperare parte delle perdite attraverso il rimborso delle *incentive fees* erogate in precedenza al gestore e che (ii) nel caso dei *bonus* differiti, ne consente il recupero se la *performance* finanziaria degli assegnatari peggiora.

CMO (*Collateralized Mortgage Obligation*): particolare tipologia dei titoli garantiti da ipoteche (*mortgage-backed securities*). Gli investitori sono suddivisi in classi e ogni classe è regolata diversamente per quanto riguarda l'attribuzione dei flussi di pagamento determinati dalle estinzioni anticipate.

CoCo (*CoCo*): si veda Obbligazioni convertibili condizionate.

Coefficiente di Rischio (*Risk Weight*): quando si usa il metodo delle sensitività ponderate, il *risk weight* di un fattore di rischio è pari a un multiplo della volatilità giornaliera o della deviazione standard giornaliera del fattore di rischio.

Collar (*Collar, Floor-Ceiling Agreement o Interest-Rate Collar*): combinazione di un *cap* e di un *floor* su tassi d'interesse.

Collateralization (*Collateralization*): sistema di garanzie utilizzato nelle transazioni su derivati.

Collocamento con Trattativa Privata (*Private Placement*): si ha quando la banca riceve una «commissione» (*fee*) per collocare i titoli presso una ristretta cerchia di investitori istituzionali, quali compagnie d'assicurazione e fondi pensione.

Comitato di Basilea (*Basel Committee*): comitato composto dalle autorità di vigilanza di tutto il mondo. Fissa gli *standards* che devono essere rispettati dalle banche di tutti i Paesi.

Compensazione Bilaterale (*Bilateral Clearing*): accordo tra due parti per la gestione di contratti OTC. Spesso richiede la sottoscrizione di un *master agreement* ISDA.

Compensazione Centralizzata (*Central Clearing*): l'utilizzo di una *central counterparty* (CCP) per i contratti *over the counter*.

Compra e Tieni (*Buy and hold*): strategia di *trading* che consiste nell'acquistare un'attività finanziaria per mantenerla in portafoglio.

Concentrazione (*Bunching*): fenomeno per cui le perdite maggiori del VaR tendono a concentrarsi in determinati periodi.

Conferma (*Confirmation*): contratto che conferma un accordo verbale tra due parti per l'esecuzione di una transazione sul mercato *over the counter*.

Contagio Creditizio (*Credit Contagion*): «effetto domino» per cui l'insolvenza di una società porta a determinare l'insolvenza di altre società.

Contrattazioni Elettroniche (*Electronic Trading*): sistema di negoziazione in cui l'incontro tra la domanda e l'offerta viene gestito da un *computer*.

Contratto Forward (*Forward Contract*): contratto che obbliga il portatore a comprare o vendere un'attività a una certa data futura, per un certo prezzo.

Contratto Futures (*Futures Contract*): contratto che obbliga il portatore a comprare o vendere un'attività durante un certo periodo futuro, per un certo prezzo. Il contratto viene *marked to market* giornalmente.

Contratto Quadro ISDA (*ISDA Master Agreement*): contratto che regola i derivati OTC negoziati tra due parti.

Contrazione Creditizia (*Deleveraging*): il processo che porta individui e società a ridurre il loro grado di indebitamento.

Controparte (*Counterparty*): la parte opposta in una transazione finanziaria.

Controparte Centralizzata (*Central Counterparty - CCP*): *clearinghouse* per i contratti *over the counter*.

Convessità (*Convexity*): misura la curvatura della relazione che lega i prezzi delle obbligazioni ai loro tassi di rendimento.

Convexity in Dollari (*Dollar Convexity*): il prodotto tra la *convexity* e il prezzo dell'obbligazione.

Copertura (*Hedge*): operazione volta a ridurre il rischio.

Copertura Dinamica (*Dynamic Hedging*): procedura per coprire una posizione su opzioni consistente nel cambiare periodicamente la posizione sulle attività sottostanti. Di solito, l'obiettivo è quello di fare in modo che la posizione complessiva risulti neutrale rispetto al delta.

Copertura Statica (*Static Hedge*): copertura che non deve essere modificata.

Coperture all'Esterno del Modello (*Outside-Model Hedging*): coperture che tengono conto del rischio determinato dalle variabili che il modello considera costanti o deterministiche.

Coperture all'Interno del Modello (*Within-Model Hedging*): coperture che tengono conto del rischio determinato dalle variabili che il modello considera aleatorie.

Copula (*Copula*): un modo per definire la correlazione tra variabili aleatorie con distribuzioni note.

Copula della t di Student (*Student-t Copula*): copula basata sulla distribuzione multivariata della *t* di Student.

Copula Fattoriale (*Factor Copulas*): la copula che, in un modello fattoriale, descrive la struttura delle correlazioni tra le variabili trasformate.

Correlazione (*Correlation*): misura della dipendenza lineare tra due variabili.

Correlazione nelle Code (*Tail Correlation*): correlazione tra le code di due distribuzioni. Determina la misura in cui i valori estremi tendono a verificarsi simultaneamente.

Correlazione tra le Insolvenze (*Default Correlation*): misura la tendenza di due società a fallire contemporaneamente.

Costo d'Agenzia (*Agency Cost*): costo che emerge quando gli interessi delle parti coinvolte in una relazione d'affari non sono perfettamente allineati tra loro.

Costo di Immagazzinamento (*Storage Costs*): costo sostenuto per immagazzinare una merce.

Costo di Transazione (*Transaction Cost*): costo di esecuzione di un'operazione (pari alle commissioni più il valore assoluto della differenza tra il prezzo ottenuto e il punto centrale del differenziale denaro-lettera).

Costo di Trasferimento (*Cost of Carry*): costo di immagazzinamento di una attività più gli interessi pagati per finanziarne l'acquisto meno il reddito percepito sull'attività.

Covarianza (*Covariance*): misura della relazione lineare tra due variabili. È pari al prodotto tra il coefficiente di correlazione tra le due variabili e le rispettive deviazioni standard.

Crash-fobia (*Crashphobia*): paura che il mercato azionario subisca un crollo simile a quello dell'ottobre 1987. È una delle ipotesi fatte per spiegare i prezzi relativamente elevati delle *deep-out-of-the-money options*.

Credit Default Swap (*Credit Default Swap*): *swap* che dà diritto, alla parte che effettua dei pagamenti periodici, di vendere un'obbligazione al valore nominale in caso d'insolvenza dell'emittente.

Credit Risk Plus (*Credit Risk Plus*): una procedura per il calcolo del VaR creditizio.

CreditMetrics (*CreditMetrics*): procedura di calcolo del VaR creditizio.

Criptovaluta (*Cryptocurrency*): valuta digitale creata per fungere da mezzo di scambio sicuro.

Crowdfunding (*Crowdfunding*): finanziamento di un progetto o di una società attraverso una piattaforma *online*.

Cultura del Rischio (*Risk Culture*): riguarda le modalità con cui vengono prese le decisioni in un'istituzione finanziaria. I rischi devono essere considerati in relazione ai possibili benefici e alla propensione aziendale al rischio.

Curtosi (*Kurtosis*): misura lo spessore (*fatness*) delle code di una distribuzione.

Curva degli Zero Rates (*Zero-Coupon Yield Curve o Zero Curve*): curva che descrive la relazione tra i tassi d'interesse *zero coupon* e la scadenza dei titoli.

Curvatura (*Curvature*): si veda *Gamma*.

CVA (*CVA*): si veda *Aggiustamento del Valore del Credito*.

Data di Estinzione (*Expiration Date*): fine della vita di un contratto.

Data di Revisione (*Reset Date*): data prevista in uno *swap* (o in *cap/floor*) per la revisione del tasso variabile.

Data di Scadenza (*Maturity Date*): fine della vita di un contratto.

Glossario dei Termini

Data di Stacco dei Dividendi (*Ex-Dividend Date*): quando si annuncia il dividendo si specifica una data di stacco. Gli investitori che, nelle date di stacco dei dividendi, possiedono azioni di una società hanno titolo per ricevere i dividendi.

Day Trade (*Day Trade*): operazione che viene aperta e chiusa nello stesso giorno.

Delta (*Delta*): derivata del prezzo di un'opzione (o di altro derivato) rispetto al prezzo dell'attività sottostante.

Delta Hedging (*Delta Hedging*): schema di copertura disegnato in modo che il valore di un portafoglio di derivati risulti immunizzato dalle piccole variazioni di prezzo dell'attività sottostante.

Delta Nodale (*Node Delta*): quando la *term structure* è una «funzione lineare a tratti» (*piecewise linear function*) con «punti di congiunzione» (*vertices*) in corrispondenza delle scadenze dei titoli utilizzati per le stime, il delta nodale relativo a un certo punto è il rapporto tra la variazione di valore del portafoglio e la variazione di 1 p.b. apportata in quel punto, lasciando invariati tutti gli altri.

DerivaGem (*DerivaGem*): *software* per la valutazione delle opzioni disponibile sul sito dell'autore.

Derivato (*Derivative*): contratto il cui valore dipende da una certa variabile sottostante.

Derivato Atmosferico (*Weather Derivative*): derivato il cui valore finale dipende dalle condizioni atmosferiche.

Derivato Creditizio (*Credit Derivative*): derivato il cui valore finale dipende dal merito di credito di uno o più soggetti.

Derivato su Tassi d'Interesse (*Interest-Rate Derivative*): derivato il cui valore finale dipende dai futuri tassi d'interesse.

DFAST (*DFAST*): il Dodd-Frank Act Stress Test è uno *stress test* cui sono soggette le banche statunitensi con attività consolidate per oltre $10 miliardi.

Differenziale Denaro-Lettera (*Bid-Ask Spread* o *Bid-Offer Spread*): differenza tra prezzo lettera e prezzo denaro.

Differenziale Libor-OIS (*Libor-OIS Spread*): differenza tra il Libor a 3 mesi e l'OIS *rate* a 3 mesi.

Differenziazione Aggiunta (*Adjoint Differentiation*): una tecnica matematica per modificare un programma in modo da rendere più efficiente il calcolo delle lettere greche.

Dipendenza (*Dependence*): due variabili sono statisticamente dipendenti se la conoscenza di una delle due influenza la distribuzione probabilistica dell'altra.

Dipendenza nelle Code (*Tail Dependence*): dipendenza tra le code di due distribuzioni. Determina la misura in cui i valori estremi tendono a verificarsi simultaneamente.

Disintermediazione (*Disintermediation*): il processo che si osserva quando due parti, che in precedenza interagivano attraverso un intermediario, iniziano a interagire direttamente tra loro.

Distanza dall'Insolvenza (*Distance to Default*): numero di deviazioni standard che separano il valore delle attività aziendali dal valore soglia che innescherebbe l'insolvenza.

Distorsione Cognitiva (*Cognitive Bias*): termine utilizzato per descrivere il fatto che gli esseri umani tendono a pensare in certi modi e a non essere del tutto razionali.

Distribuzione della t di Student (*Student-t Distribution*): distribuzione con code più spesse di quelle della normale.

Distribuzione di Poisson (*Poisson Distribution*): distribuzione del numero di eventi in un certo periodo.

Distribuzione Log-Normale (*Lognormal Distribution*): una variabile si distribuisce in modo log-normale se il logaritmo naturale della variabile si distribuisce in modo normale.

Distribuzione Marginale (*Marginal Distribution*): distribuzione probabilistica non condizionata di una variabile.

Distribuzione Normale (*Normal Distribution*): distribuzione statistica standard a forma di campana.

Distribuzione Normale Bivariata (*Bivariate Normal Distribution*): distribuzione congiunta di due variabili correlate, ciascuna delle quali è normale.

Distribuzione Normale Multivariata (*Multivariate Normal Distribution*): distribuzione congiunta di più variabili, ciascuna delle quali è normale.

Distribuzione Normale Standardizzata (*Standard Normal Distribution*): distribuzione normale con media nulla e deviazione standard unitaria.

Diversificazione (*Diversification*): pratica consistente nel ripartire un investimento su più attività, in modo da ridurre il rischio.

Dividendo (*Dividend*): pagamento in contanti effettuato a favore del proprietario di un'azione.

Dodd-Frank Act (*Dodd-Frank Act*): legge emanata negli Stati Uniti, in seguito alla crisi creditizia, per proteggere consumatori e investitori, evitare futuri «salvataggi» (*bailouts*) e monitorare più attentamente il funzionamento del sistema finanziario.

Downgrade Trigger (*Downgrade Trigger*): clausola che determina la risoluzione del contratto (con conseguente liquidazione per contanti) se il *rating* di una delle due parti scende al di sotto di un certo livello.

Durata Finanziaria (*Duration* o *Macaulay's Duration*): misura il tempo che il portatore di un titolo deve attendere, in media, prima di ricevere capitale e interessi. È, inoltre, approssimativamente uguale al rapporto tra la variazione proporzionale del prezzo di un titolo e la variazione assoluta del suo tasso di rendimento.

Durata Finanziaria Modificata (*Modified Duration*): modifica della misura standard di duration che consente di descrivere più accuratamente la relazione tra le variazioni proporzionali del prezzo di un'obbligazione e le variazioni assolute del suo tasso di rendimento. La modifica tiene conto della frequenza di capitalizzazione degli interessi adottata per la quotazione del tasso di rendimento.

Glossario dei Termini 729

Durata Finanziaria Parziale (*Partial Duration*): variazione proporzionale del valore di un portafoglio determinata da una piccola variazione della *zero curve* concentrata in un solo punto, a parità di tutti gli altri.

Duration in Dollari (*Dollar Duration*): il prodotto tra la *duration* modificata e il prezzo dell'obbligazione.

DV01 (*DV01*): variazione di valore del portafoglio conseguente a uno spostamento parallelo della *zero curve* pari a 1 punto base.

DVA (*DVA*): si veda *Aggiustamento del Valore del Debito*.

EAD (*EAD*): si veda *Esposizione Soggetta all'Insolvenza*.

Eccezione (*Exception*): situazione in cui – nel *back-testing* – le perdite subìte eccedono quelle misurate dal VaR.

Equity Tranche (*Equity Tranche*): la *tranche* di un prodotto strutturato che viene colpita per prima in caso di perdite sul portafoglio sottostante.

Equivalente Creditizio (*Credit Equivalent Amount*): dimensione del prestito che Basilea I riteneva equivalente a una transazione fuori bilancio.

ERM (*ERM*): si veda *Gestione del Rischio d'Impresa*.

Errore di Tracciamento (*Tracking Error*): una misura dell'errore commesso da una strategia di *trading* che mira a replicare un indice azionario.

ES (*ES*): si veda *Valore a Rischio Condizionato*.

ES Stressata (*Stressed ES*): *expected shortfall* calcolata utilizzando un periodo di 251 giorni con condizioni di mercato particolarmente critiche per l'istituzione finanziaria.

Esercizio Anticipato (*Early Exercise*): esercizio di un'opzione americana prima della data di scadenza.

Espansione Creditizia (*Leveraging*): il processo che porta individui e società ad aumentare il loro grado di indebitamento.

Espansione di Cornish e Fisher (*Cornish-Fisher Expansion*): approssimazione analitica della relazione tra i frattili di una distribuzione probabilistica e i suoi momenti.

Espansione in Serie di Taylor (*Taylor Series Expansion*): approssimazione della variazione di valore di una funzione di diverse variabili.

Esposizione di Punta (*Peak Exposure*): un elevato percentile (ad es. il 97,5%) della distribuzione delle esposizioni stimata con il metodo Monte Carlo.

Esposizione Soggetta all'Insolvenza (*Exposure at Default - EAD*): il massimo importo che si può perdere in caso d'insolvenza, assumendo che il tasso di recupero sia nullo.

Eurodollaro (*Eurodollar*): dollaro depositato in una banca al di fuori degli Stati Uniti.

Eurovaluta (*Eurocurrency*): valuta che è al di fuori del controllo formale da parte delle autorità del Paese emittente.

Evento Creditizio (*Credit Event*): l'insolvenza della *reference entity*, o un altro evento, che rende esigibile un pagamento nei *credit default swaps*.

Evento d'Insolvenza (*Event of Default*): si ha un *event of default* quando la controparte dichiara fallimento, non riesce a effettuare i pagamenti dovuti o non riesce a fornire le garanzie richieste.

Evento di Risoluzione Anticipata (*Early Termination Event*): chiusura anticipata di un contratto OTC, determinata dall'insolvenza della controparte.

EWMA (*EWMA*): media mobile pesata esponenzialmente (*exponentially weighted moving average*).

Excess Spread (*Excess Spread*): situazione in cui il tasso di rendimento complessivo promesso a chi investe nelle *tranches* di un prodotto strutturato è minore del tasso di rendimento promesso sul portafoglio sottostante.

Expected Shortfall (*Expected Shortfall*): si veda *Valore a Rischio Condizionato*.

Expected Tail Loss (*Expected Tail Loss*): si veda *Valore a Rischio Condizionato*.

Fair-Value Accounting (*Fair-Value Accounting*): procedura contabile in base alla quale i valori di attività e passività vanno costantemente allineati alle quotazioni di mercato.

Fascia di Costo Extra (*Excess Cost Layer*): fascia di costo entro la quale rientrano i risarcimenti effettuati dalla compagnia d'assicurazione.

Fattore (*Factor*): fonte d'incertezza.

Fattore di Conversione (*Conversion Factor*): fattore moltiplicativo utilizzato per trasformare una voce fuori bilancio nel suo equivalente creditizio.

Fattore di Provvista Stabile Obbligatoria (*RSF Factor*): coefficiente moltiplicativo applicato alle fonti di provvista per il calcolo dell'«indice di provvista stabile netta» (*net stable funding ratio* - NSFR).

Fattore di Rischio (*Risk Factor*): variabile di mercato (tasso di cambio, prezzo di una merce, tasso d'interesse, ecc.).

FICO Credit Score (*FICO Credit Score*): indicatore di qualità creditizia sviluppato da Fair Isaac Corporation.

Floor (*Floor o Interest-Rate Floor*): portafoglio di opzioni i cui valor finali sono positivi quando un certo tasso d'interesse variabile, osservato periodicamente, si trova sotto il tasso *floor*.

Floor-Ceiling Agreement (*Floor-Ceiling Agreement*): si veda *Collar*.

Floorlet (*Floorlet*): una delle opzioni che formano il *floor* su tassi d'interesse.

Fondo Comune Aperto (*Open-End Fund*): fondo comune d'investimento con numero di quote variabile, in funzione delle sottoscrizioni e dei riscatti.

Fondo Comune Chiuso (*Closed-End Fund*): fondo comune d'investimento con numero di quote prefissato.

Fondo Comune d'Investimento (*Mutual Fund o Unit Trust*): veicolo che canalizza i capitali di investitori relativamente piccoli verso gli investimenti scelti dal gestore del fondo.

Fondo di Fondi (*Fund of Funds*): *hedge fund* che investe in altri *hedge funds*.

Fondo Indice (*Index Fund*): fondo comune d'investimento che mira a «tracciare» (*to track*), ossia a replicare, la *performance* di un indice azionario.

Fondo Negoziato in Borsa (*Exchange-traded fund* - ETF)): fondo comune le cui quote possono essere scambiate dagli investitori istituzionali con i titoli sottostanti.

Glossario dei Termini

Fondo Pensione a Contributi Definiti (*Defined-Contribution Plan*): fondo pensione le cui prestazioni variano in funzione dei contributi versati dal dipendente e dal datore di lavoro. Quando va in pensione, il dipendente può di solito scegliere tra una rendita vitalizia e un importo di denaro in unica soluzione.

Fondo Pensione a Prestazioni Definite (*Defined-Benefit Plan*): fondo pensione le cui prestazioni sono definite da una formula che dipende dal numero degli anni di lavoro e dallo stipendio del dipendente.

Fondo Sovrano (*Sovereign Wealth Fund*): fondo istituito per fare investimenti nell'interesse di un Paese.

Forward-Rate Agreement (*Forward-Rate Agreement o FRA*): contratto *forward* in cui due parti si mettono d'accordo sul tasso d'interesse da applicare a un certo capitale per un certo periodo di tempo futuro.

Frequenza di Capitalizzazione (*Compounding Frequency*): frequenza con la quale gli interessi vengono capitalizzati (e fruttano altri interessi).

Front Office (*Front Office*): l'area all'interno di un'istituzione finanziaria cui sono delegate le attività di negoziazione.

Front Running (*Front Running*): si ha quando una società di gestione, prima di effettuare una transazione che avrà un impatto molto rilevante sul prezzo di mercato di un certo titolo, passa quest'informazione ai propri soci o ad alcuni clienti privilegiati, in modo da consentire loro di operare in anticipo sullo stesso titolo.

Front-End Load (*Front-End Load*): commissione addebitata dalle società di gestione dei fondi comuni quando l'investitore sottoscrive le quote.

Frontiera Efficiente (*Efficient Frontier*): luogo dei punti di massimo rendimento a parità di deviazione standard.

FRTB (*FRTB*): si veda Revisione Fondamentale del Portafoglio di Negoziazione.

Funzione di Distribuzione Cumulata (*Cumulative Distribution Function*): funzione che misura la probabilità che una variabile casuale assuma un valore inferiore a x (dove x è una delle possibili realizzazioni della variabile).

Futures su Eurodollari (*Eurodollar Futures Contract*): contratto *futures* scritto su un deposito in eurodollari.

Futures su un Indice Azionario (*Stock Index Futures*): contratto *futures* scritto su un indice azionario.

Gamma (*Gamma*): derivata del delta di un'opzione (o di un altro derivato) rispetto al prezzo dell'attività sottostante.

Gestione degli Sbilanci tra Attivo e Passivo (*Gap Management*): portafoglio con gamma nullo.

Gestione del Rischio d'Impresa (*Enterprise Risk Management*): approccio unitario alla gestione del rischio.

Giorni di Calendario (*Calendar Days*): numero di giorni calcolati in base al calendario civile e non a quello di mercato (che riguarda solo i giorni lavorativi).

Giorni Lavorativi (*Trading Days*): giorni in cui i mercati sono aperti.

Glass-Steagall Act (*Glass-Steagall Act*): legge statunitense che impediva alle banche commerciali, che raccolgono risparmio sotto forma di depositi, di svolgere le attività tipiche delle banche d'investimento.

Grida (*Open Outcry*): sistema di negoziazione in cui l'incontro tra la domanda e l'offerta avviene sul *parterre* (*floor*) di una borsa.

G-SIB (*G-SIB*): le «banche globali sistemicamente importanti» (*global systemically important banks*).

Haircut (*Haircut*): decurtazione del valore di un'attività posta a garanzia di una transazione.

HDD (*Heating Degree Days*): gradi di riscaldamento giorno, ossia il massimo tra zero e lo scarto tra 65 gradi Fahrenheit e la temperatura media giornaliera. La temperatura media è la media aritmetica semplice delle temperature minima e massima misurate nel corso della giornata (da mezzanotte a mezzanotte) presso la stazione atmosferica specificata.

Hedge Fund (*Hedge Fund*): fondo soggetto a minori restrizioni e a minori regole rispetto ai «fondi comuni d'investimento» (*mutual funds*). Può utilizzare derivati ed effettuare vendite allo scoperto, ma non può sollecitare il pubblico risparmio.

Hedger (*Hedger*): colui che effettua un'operazione di copertura.

IFRS9 (*IFRS9*): l'International Financial Reporting Standard n. 9 è uno standard contabile che impone ai creditori di aggiustare il valore del portafoglio crediti in base alle stime delle perdite attese.

Immunizzazione del Portafoglio (*Portfolio Immunization*): procedura per far sì che un portafoglio diventi relativamente insensibile alle variazioni dei tassi d'interesse.

Importo Indipendente (*Independent Amount*): garanzie richieste dalla banca in un contratto OTC negoziato in via bilaterale. Le garanzie non dipendono dal valore delle transazioni in essere.

Importo Minimo dei Trasferimenti (*Minimum Transfer Amount*): importo minimo trasferito alla controparte in base alla «clausola sulle garanzie accessorie» (*collateralization agreement*).

Indicatori Chiave di Rischio (*Key Risk Indicators - KRIs*): indicatori, quali il *turnover* dei dipendenti e il numero delle transazioni non eseguite, volti a misurare il rischio operativo.

Indice Azionario (*Stock Index*): indice che registra le variazioni di valore di un portafoglio di azioni.

Indice Complessivo di Spesa (*Total Expense Ratio*): rapporto tra il totale degli oneri posti a carico del fondo comune d'investimento e il patrimonio medio dello stesso.

Indice Creditizio (*Credit Index*): indice che misura il costo della protezione contro il rischio d'insolvenza delle società incluse in un certo portafoglio.

Indice di Copertura della Liquidità (*Liquidity Coverage Ratio*): misura la capacità della banca di far fronte ai «deflussi di cassa» (*liquidity disruptions*) nel breve termine (30 giorni). È definito come rapporto tra attività liquide di elevata qualità e deflussi di cassa netti nei successivi 30 giorni.

Glossario dei Termini 733

Indice di Provvista Stabile Netta (*Net Stable Funding Ratio*): rapporto che vede al numeratore l'ammontare disponibile di provvista stabile e al denominatore l'ammontare obbligatorio di provvista stabile.

Indice VIX (*VIX Index*): indice delle volatilità implicite nelle opzioni a 1 mese scritte sullo S&P 500.

Indipendenza (*Independence*): due variabili sono statisticamente indipendenti se la conoscenza di una delle due non influenza la distribuzione probabilistica dell'altra.

Induzione all'Indietro (*Backward Induction o Roll-Back*): procedura nella quale si torna indietro dalla fine all'inizio di un albero, al fine di calcolare il valore di un'opzione.

Intensità d'Insolvenza (*Default Intensity o Hazard Rate*): misura la probabilità d'insolvenza in un arco di tempo breve, condizionata dal fatto che l'insolvenza non si sia già verificata.

Interesse Maturato (*Accrued Interest*): interesse di un'obbligazione relativo al periodo trascorso dalla data di pagamento dell'ultima cedola.

Intermediario Finanziario (*Financial Intermediary*): banca, o altra istituzione finanziaria, che facilita il flusso dei fondi tra diverse soggetti economici.

Intermediario Mobiliare Primario (*Prime Broker*): banca che offre i propri servizi agli *hedge funds*.

Intermediazione Finanziaria Non-Bancaria (*Shadow Banking*): servizi bancari offerti da non-banche.

Intermediazione Mobiliare Direzionale (*Directed Brokerage*): pratica che si osserva quando una «società specializzata in servizi d'intermediazione mobiliare» (*brokerage house*) si mette d'accordo con una società di gestione di fondi comuni per raccomandare i fondi ai propri clienti in cambio dell'impegno, da parte della società di gestione, di passarle un certo numero di ordini di compravendita su titoli presenti nei suoi fondi comuni.

Investimento Alternativo (*Alternative Investment*): si veda *Hedge Funds*.

Investment Grade (*Investment Grade*): titolo di «primaria qualità creditizia» con *rating* BBB (Baa) o migliore.

IPO (*IPO*): si veda *Offerta Pubblica Iniziale*.

Ipotesi dei Mercati Efficienti (*Efficient-Market Hypothesis*): ipotesi che i prezzi delle attività finanziarie riflettano tutta l'informazione rilevante.

IRC (*IRC*): si veda *Requisito Patrimoniale per il Rischio Aggiuntivo*.

ISDA (*ISDA*): International Swaps and Derivatives Association.

iTraxx Europe (*iTraxx Europe*): indice della qualità creditizia di 125 società europee con «merito di credito elevato» (*investment grade*).

Late Trading (*Late Trading*): compravendita di un fondo comune d'investimento effettuata dopo le 16, al prezzo delle 16.

Legge di Potenza (*Power Law*): legge che descrive bene le code di molte distribuzioni probabilistiche che si incontrano in pratica.

Leptocurtosi (*Excess Kurtosis*): entrambe le code della distribuzione sono più spesse di quelle della distribuzione normale.

Lettere Greche (*Greeks*): parametri utilizzati per le operazioni di copertura (delta, gamma, vega, theta, rho).

LGD (*LGD*): si veda *Perdita in Caso d'Insolvenza*.

Libid (*Libid*): *London Interbank BID rate*. Tasso al quale le maggiori banche di Londra chiedono fondi ad altre banche (ossia, tasso denaro al quale le banche sono disposte a prendere in prestito denaro da altre banche).

Libor (*Libor*): *London InterBank Offered Rate*. Tasso al quale le maggiori banche di Londra offrono fondi ad altre banche (ossia, tasso lettera al quale le banche sono disposte a dare in prestito denaro ad altre banche).

Libor/Swap Zero Curve (*Libor/Swap Zero Curve, Libor Zero Curve o Swap Zero Curve*): curva che descrive gli *zero-rates* in funzione della scadenza. La curva è stimata in base ai tassi Libor. ai tassi *swap* e ai prezzi dei *futures* su euro-depositi.

Liquidazione per Contanti (*Cash Settlement*): procedura che consente di liquidare le posizioni su *futures* mediante contanti, piuttosto che con la consegna dell'attività sottostante.

Livello di Confidenza (*Confidence Level*): la probabilità associata a un evento. Nel calcolo del VaR, il livello di confidenza è la probabilità che la perdita non supererà il valore a rischio.

Livello di Rischio Costante (*Constant Level of Risk*): l'ipotesi, nel calcolo di una misura di rischio, che la banca (diversamente dalle strategie *buy and hold*) abbia la possibilità di modificare la composizione del portafoglio nel corso dell'anno in modo da mantenere costante il livello di rischio.

Livello Medio di Lungo Periodo (*Reversion Level*): livello al quale tende il valore di una variabile di mercato (ad es. un tasso d'interesse).

Maggiorazione (*Add-on Factor*): percentuale del valore nominale che viene aggiunta all'esposizione corrente, per tener conto delle future variazioni di valore del contratto, quando si calcola l'equivalente creditizio di un derivato.

Margine (*Margin*): Deposito in contanti (o in titoli) richiesto dal *broker* ai clienti che operano su *futures* o opzioni.

Margine d'Intermediazione (*Gross Income*): utile netto più redditi diversi dagli interessi.

Margine di Compensazione (*Clearing Margin*): deposito aperto da uno dei soci della Cassa di Compensazione presso la stessa Cassa.

Margine di Mantenimento (*Maintenance Margin*): se il saldo del conto di deposito scende al di sotto del margine di mantenimento, l'investitore riceve una richiesta d'integrazione (*margin call*) e in brevissimo tempo deve integrare il suo deposito di garanzia.

Margine di Variazione (*Variation Margin*): il margine richiesto per portare il saldo del conto di deposito al livello richiesto.

Margine Iniziale (*Initial Margin*): ammontare di denaro che deve essere depositato dall'investitore al momento della stipula di un contratto *futures*.

Market Maker (*Market Maker*): operatore che quota un prezzo denaro (*bid*) e un prezzo lettera (*ask*) ai quali è disposto a comprare o vendere, rispettivamente, una certa attività.

Glossario dei Termini

Matrice delle Correlazioni (*Correlation Matrix*): matrice che contiene i coefficienti correlazione tra coppie di variabili.

Matrice delle Varianze e Covarianze (*Variance-Covariance Matrix*): matrice che riporta varianze e covarianze di un certo numero di variabili di mercato.

Matrice di Transizione dei Ratings (*Credit Ratings Transition Matrix*): tavola che mostra le probabilità di migrazione da un certo *rating* a un altro, in un dato intervallo di tempo.

Mercato di Borsa (*Exchange-Traded Market*): mercato organizzato da una borsa, come la New York Stock Exchange o la Chicago Board Options Exchange).

Mercato Fuori Borsa (*Over-the Counter Market*): mercato parallelo in cui gli operatori (istituzioni finanziarie, società e gestori di fondi) concludono le negoziazioni direttamente tra di loro, senza passare gli ordini in borsa.

Mercato Normale (*Normal Market*): mercato in cui i prezzi *futures* aumentano con il crescere della scadenza.

Metodo a Cascata (*Cascade Approach*): metodo utilizzato per il calcolo di VaR ed ES nella *fundamental review of trading book* (FRTB).

Metodo Avanzato di Misurazione (*Advanced Measurement Approach - AMA*): metodo adottato dalle banche più sofisticate per calcolare i requisiti patrimoniali previsti da Basilea II a fronte del rischio operativo.

Metodo Base (*Basic Indicator Approach*): metodo semplificato per calcolare i requisiti patrimoniali previsti da Basilea II a fronte del rischio operativo.

Metodo Bootstrap (*Bootstrap Method*): procedura per il calcolo della *term structure* degli *zero rates* in base ai dati di mercato.

Metodo dei Formulari (*Scorecard Approach*): metodo di rilevazione dei rischi operativi consistente nella predisposizione di appositi formulari che vengono poi inviati ai responsabili delle aree di attività della banca.

Metodo dell'Esposizione Corrente (*Current Exposure Method*): metodo per calcolare l'*exposure at default* (EAD) sui derivati, in Basilea I e II. L'EAD è pari all'«esposizione corrente» (*current exposure*) più una «maggiorazione» (*add-on factor*).

Metodo della Costruzione di un Modello (*Model-Building Approach*): utilizzo di un modello per la stima del VaR.

Metodo della Massima Verosimiglianza (*Maximum Likelihood Method*): metodo di stima che consiste nello scegliere i valori dei parametri che massimizzano la probabilità (o verosimiglianza) di osservazione del campione.

Metodo delle Simulazioni Parziali (*Partial Simulation Approach*): metodo di calcolo del VaR in cui le lettere greche e le espansioni in serie di Taylor vengono utilizzate per approssimare le variazioni di valore del portafoglio.

Metodo di Misurazione Standardizzato (*Standardized Measurement Approach*): nuovo metodo di calcolo del capitale regolamentare a fronte del rischio operativo proposto dal Comitato di Basilea.

Metodo Ibrido (*Hybrid Approach*): metodo per aggregare diversi tipi di capitale economico.

Metodo IRB (*IRB Approach*): metodo, basato sui *ratings* interni delle banche, volto a determinare – in Basilea II – i requisiti patrimoniali a fronte del rischio di credito.

Metodo Standardizzato per il Rischio d'Insolvenza della Controparte (*Standardized Approach for Counterparty Credit Risk* - SA-CCR): metodo per il calcolo dell'*exposure at default* quando si usa lo *standardized approach*. È più sofisticato rispetto al metodo dell'esposizione corrente.

Mezzanine Tranche (*Mezzanine Tranche*): la *tranche* di un prodotto strutturato che viene colpita dopo l'*equity tranche* in caso di perdite sul portafoglio sottostante.

Middle Office (*Middle Office*): l'area all'interno di un'istituzione finanziaria cui sono delegate le attività di gestione dei rischi.

Migrazione del Rischio di Credito (*Credit Risk Migration*): passaggio di una società da una certa classe di *rating* a un'altra.

Misura di Rischio Coerente (*Coherent Risk Measure*): misura di rischio che soddisfa un certo numero di condizioni.

Misura di Rischio Omnicomprensiva (*Comprehensive Risk Measure*): misura di rischio utilizzata per calcolare il capitale regolamentare per gli strumenti che dipendono dalla correlazione creditizia.

Misura di Rischio Spettrale (*Spectral Risk Measure*): misura di rischio che assegna pesi non-decrescenti ai quantili della *loss distribution*.

Modello 'Promuovere per Distribuire' (*Originate-to-Distribute Model*): prassi bancaria consistente nel concedere prestiti per poi impacchettarli in prodotti strutturati da vendere agli investitori.

Modello Binomiale (*Binomial Model*): modello che descrive la dinamica del prezzo di un'attività in successivi intervalli di tempo, sotto l'ipotesi che, in ogni intervallo, le variazioni di prezzo possibili siano solo due.

Modello Black-Scholes-Merton (*Black-Scholes-Merton Model*): modello di valutazione delle opzioni europee su azioni, sviluppato da Fischer Black, Myron Scholes e Robert Merton.

Modello della Copula Gaussiana (*Gaussian Copula Model*): modello di copula basato sulla distribuzione normale multivariata.

Modello di Black (*Black's Model*): estensione del modello di Black e Scholes per valutare le opzioni europee su *futures*. Viene spesso utilizzato in pratica per valutare le opzioni europee scritte su attività il cui prezzo si distribuisce in modo log-normale alla scadenza delle opzioni.

Modello di Mercato (*Market Model*): modello utilizzato dai *traders*.

Modello di Merton (*Merton's Model*): modello che utilizza i prezzi delle azioni per la stima delle probabilità d'insolvenza (talvolta, anche altri modelli proposti da Merton vengono chiamati con questo stesso nome).

Modello di Valutazione delle Attività Finanziarie (*Capital Asset Pricing Model* - CAPM): modello che lega il tasso di rendimento atteso di un'attività finanziaria al suo beta.

Modello di Valutazione in Assenza di Opportunità di Arbitraggio (*Arbitrage Pricing Theory* - APT): teoria della valutazione in assenza di opportunità di arbitraggio, in cui i tassi di rendimento degli investimenti dipendono da diversi fattori.

Modello di Vasicek (*Vasicek's Model*): modello della *default correlation* basato sulla copula Gaussiana (talvolta, anche altri modelli proposti da Vasicek vengono chiamati con questo stesso nome).

Modello EWMA (*Exponentially Weighted Moving Average Model*): modello in cui si usa la ponderazione esponenziale per fare previsioni di una variabile basandosi su dati storici. Viene a volte utilizzato per stimare il tasso di varianza ai fini di calcolo del valore a rischio.

Modello Fattoriale (*Factor Model*): modello in cui si assume che un insieme di variabili non correlate dipenda linearmente da alcuni fattori non correlati tra loro.

Modello GARCH (*GARCH Model*): modello, utilizzato per prevedere la volatilità, in cui il tasso di varianza segue un processo *mean-reverting*.

Modello Lineare (*Linear Model*): modello in cui la variazione di valore del portafoglio dipende in modo lineare dai tassi di variazione delle variabili di mercato.

Modello Quadratico (*Quadratic Model*): relazione quadratica tra la variazione di valore di un portafoglio e i tassi di variazione delle variabili di mercato.

Modello Standard del Margine Iniziale (*Standard Initial Margin Model - SIMM*): modello utilizzato per determinare i margini iniziali nel caso dei derivati negoziati nei mercati OTC.

Mondo Neutrale verso il Rischio (*Risk-Neutral World*): mondo in cui gli operatori non chiedono, in media, extra rendimenti per sopportare i rischi.

Mondo Reale (*Real World*): il mondo in cui viviamo, che è diverso dal mondo neutrale verso il rischio (il mondo artificiale utilizzato per la valutazione dei derivati).

Money Center Bank (*Money Center Bank*): banca che opera prevalentemente nel settore del *wholesale banking* e che fa provvista sui mercati finanziari.

Multibank Holding Company (*Multibank Holding Company*): società finanziaria con partecipazioni in diverse banche (struttura organizzativa creata per aggirare il McFadden Act del 1927).

Muraglie Cinesi (*Chinese Walls*): barriere tra le diverse aree di attività di una banca volte a evitare comportamenti scorretti a danno dei clienti.

Mutuo Subprime (*Subprime Mortgage*): mutuo di qualità secondaria.

National Association of Insurance Commissioners (*National Association of Insurance Commissioners*): associazione statunitense che offre supporto alle autorità di vigilanza statali sulle compagnie d'assicurazione.

Negoziazione in Proprio (*Proprietary Trading*): negoziazione svolta da una banca per proprio conto, invece che per conto della clientela.

Negoziazioni ad Alta Frequenza (*High-Frequency Trading - HFT*): negoziazioni interamente determinate da un codice informatico.

Negoziazioni non Regolate (*Uncleared Trades*): contratti non regolati attraverso una CCP.

Netting (*Netting*): procedura di compensazione dei contratti con valori positivi e negativi in caso d'insolvenza della controparte.

NINJA (*Ninja*): acronimo coniato per descrivere i mutui concessi a persone «senza redditi, senza lavoro, senza proprietà» (*no income, no job, no assets*).

Obbligazione Catastrofale (*CAT Bond*): obbligazione i cui pagamenti per interessi e, a volte, per capitale vengono ridotti se le richieste di risarcimento dei danni subiti in una particolare categoria di catastrofi supera un certo limite.

Obbligazione Cheapest to Deliver (*Cheapest-to-Deliver Bond*): obbligazione più conveniente da consegnare nei *futures* su *T-bonds* o nei *credit default swaps*.

Obbligazione Convertibile (*Convertible Bond*): obbligazione emessa da una società che può essere scambiata, in certe date, con un certo numero di azioni della società emittente.

Obbligazione Convertibile Condizionata (*Contingent Convertible Bond* o *CoCo*): obbligazioni che vengono automaticamente trasformate in azioni se si verificano certe condizioni. In genere, queste condizioni si determinano quando la società si trova in difficoltà finanziarie.

Obbligazione di Longevità (*Longevity Bond* o *Survivor Bond*): titolo le cui cedole sono direttamente proporzionali al numero degli individui di una certa popolazione che sono ancora in vita quando la cedola viene determinata.

Obbligazione Rimborsabile Anticipatamente (*Callable Bond*): obbligazione che l'emittente può rimborsare anticipatamente a un prezzo prefissato, a certe date prefissate.

Obbligazione Riscattabile (*Puttable Bond*): obbligazione che il portatore può rivendere all'emittente a un prezzo prefissato, a certe date prefissate.

Offerta Pubblica (*Public Offering*): offerta di titoli al pubblico dei risparmiatori.

Offerta Pubblica Iniziale (*Initial Public Offering - IPO*): offerta al pubblico delle azioni di una società non quotata, in vista della sua quotazione in borsa.

OIS (*OIS*): si veda *Overnight Indexed Swap*.

Oneri Fallimentari (*Bankruptcy Costs*): costi derivanti dall'apertura della procedura fallimentare, quali riduzione del fatturato, perdita dei *managers* migliori, onorari a revisori e avvocati (questi costi non si associano agli eventi avversi che hanno portato l'impresa al fallimento).

Open Interest (*Open Interest*): numero complessivo dei contratti in essere, definito come somma di tutte le posizioni lunghe ovvero di tutte le posizioni corte.

Opzione (*Option*): facoltà di acquisto o di vendita dell'attività sottostante.

Opzione alla Pari (*At-the-Money Option*): opzione il cui prezzo d'esercizio è pari al prezzo dell'attività sottostante.

Opzione Americana (*American Option*): opzione che può essere esercitata in qualsiasi momento della sua vita.

Opzione Asiatica (*Asian Option*): opzione il cui valore finale dipende dal prezzo medio dell'attività sottostante osservato durante un certo periodo.

Opzione Bermuda (*Bermudan Option*): opzione che può essere esercitata in certe date prefissate.

Opzione Binaria (*Binary Option*): opzione del tipo «contanti o niente» o «attività o niente».

Opzione Call (*Call Option*): opzione che dà al portatore il diritto di comprare una attività entro una certa data, per un certo prezzo.

Opzione Call Scritta sul Prezzo Medio (*Average Price Call Option*): opzione il cui valore finale è pari al maggiore tra zero e la differenza tra il prezzo medio dell'attività sottostante e il prezzo d'esercizio.

Opzione Composta (*Compound Option*): opzione scritta su un'opzione.

Opzione con Barriera (*Barrier Option*): opzione il cui valore finale dipende dal fatto che il prezzo dell'attività sottostante raggiunga o meno, in un certo periodo di tempo, una barriera (ossia un dato livello).

Opzione con Prezzo d'Esercizio Medio (*Average Strike Option*): opzione il cui valore finale dipende dalla differenza tra il prezzo finale e il prezzo medio dell'attività sottostante.

Opzione Esotica (*Exotic Option*): opzione fuori standard.

Opzione Europea (*European Option*): opzione che può essere esercitata solo alla data di scadenza.

Opzione fuori Denaro (*Out-of-the-Money Option*): (a) opzione *call* il cui prezzo d'esercizio è maggiore del prezzo dell'attività sottostante o (b) opzione *put* il cui prezzo d'esercizio è minore del prezzo dell'attività sottostante.

Opzione Giù e Dentro (*Down-and-In Option*): opzione che inizia a esistere se il prezzo dell'attività sottostante scende fino a un livello predeterminato.

Opzione Giù e Fuori (*Down-and-Out Option*): opzione che cessa di esistere se il prezzo dell'attività sottostante scende fino a un livello predeterminato.

Opzione in Denaro (*In-the-Money Option*): (a) opzione *call* il cui prezzo d'esercizio è minore del prezzo dell'attività sottostante o (b) opzione *put* il cui prezzo d'esercizio è maggiore del prezzo dell'attività sottostante.

Opzione Incorporata (*Embedded Option*): opzione che è parte inseparabile di un altro strumento finanziario.

Opzione Put (*Put Option*): opzione che dà al portatore il diritto di vendere una attività entro una certa data, per un certo prezzo.

Opzione Put Scritta sul Prezzo Medio (*Average Price Put Option*): opzione il cui valore finale è pari al maggiore tra zero e la differenza tra il prezzo d'esercizio e il prezzo medio dell'attività sottostante.

Opzione Retrospettiva (*Lookback Option*): opzione il cui valore finale dipende dal prezzo minimo o massimo raggiunto dall'azione durante un certo periodo.

Opzione Sintetica (*Synthetic Option*): opzione che si crea con acquisti e vendite dell'attività sottostante.

Opzione Su e Dentro (*Up-and-In Option*): opzione che inizia a esistere se il prezzo dell'attività sottostante sale fino a un livello predeterminato.

Opzione Su e Fuori (*Up-and-Out Option*): opzione che cessa di esistere se il prezzo dell'attività sottostante sale fino a un livello predeterminato.

Opzione su Futures (*Futures Option*): opzione scritta su un contratto *futures*.

Opzione su Tassi d'Interesse (*Interest-Rate Option*): opzione il cui valore finale dipende dai futuri tassi d'interesse.

Opzione su un Indice Azionario (*Stock Index Option*): contratto di opzione scritto su un indice azionario.

Opzione su un Paniere (*Basket Option*): opzione il cui valore finale dipende dal valore di un portafoglio di attività.

Opzione su un'Azione (*Stock Option*): contratto di opzione scritto su un'azione.

Opzione su un'Obbligazione (*Bond Option*): opzione la cui attività sottostante è rappresentata da un'obbligazione.

Opzione su una Valuta Estera (*Foreign Currency Option*): opzione scritta su un tasso di cambio.

Ordine con Limite di Perdita (*Stop-Loss Order*): ordini di vendita (acquisto) che consentono ai *traders* di limitare le perdite se il prezzo di un'attività che hanno comprato (venduto allo scoperto) scende al di sotto (sale al di sopra) di un certo livello.

Orizzonte di Liquidità (*Liquidity Horizon*): il periodo di tempo associato dalla Fundamental Review of Trading Book (FRTB) a un certo fattore di rischio per il calcolo dell'*expected shortfall* (ES).

OTC (*OTC*): si veda *Mercato Fuori Borsa*.

OTF (*OTF*): si veda *Piattaforma per la Negoziazione Organizzata*.

Over-Collateralization (*Over-Collateralization*): si ha quando il valore del portafoglio sottostante è maggiore del valore complessivo delle *tranches* che formano il prodotto strutturato.

Overnight Indexed Swap (*Overnight Indexed Swap*): *swap* in cui si scambia il tasso fisso con la media geometrica dei tassi *overnight* in un certo periodo (1 mese, 3 mesi, 1 anno, 2 anni, ecc.).

Par Yield (*Par Yield*): tasso cedolare di un'obbligazione che assicura l'uguaglianza tra prezzo di mercato e valore nominale.

Pareggiamento delle Durations (*Duration Matching*): procedura per equilibrare le *durations* delle attività e passività di un'istituzione finanziaria.

Patrimonio di Classe 1 (*Tier 1 Capital*): patrimonio primario in forma di azioni ordinarie e di azioni privilegiate irredimibili senza diritto di priorità cumulativo, al netto dell'avviamento.

Patrimonio di Classe 2 (*Tier 2 Capital*): patrimonio supplementare in forma di azioni privilegiate con diritto di priorità cumulabile, alcuni tipi di obbligazioni a 99 anni e il debito subordinato a 5 anni o più (calcolati all'origine).

Patrimonio di Classe 3 (*Tier 3 Capital*): debiti subordinati a breve termine, con scadenza originaria di almeno 2 anni, non garantiti e interamente versati.

PD (*PD*): si veda *Probabilità d'Insolvenza*.

Perdita in Caso d'Insolvenza (*Loss Given Default - LGD*): quota dell'esposizione nei confronti di una certa controparte che viene persa in caso d'insolvenza della controparte.

Periodo di Grazia (*Cure Period* o *Margin Period at Risk*): intervallo di tempo tra la data in cui si verifica un *default event* e la data in cui vengono chiusi i derivati OTC negoziati bilateralmente.

Peso Fattoriale (*Factor Loading*): valore assunto da una variabile in un modello fattoriale in cui uno dei fattori è pari all'unità e tutti gli altri sono nulli.

Piattaforma per la Negoziazione degli Swaps (*Swap Execution Facility - SEF*): piattaforma elettronica utilizzata negli Stati Uniti per la negoziazione dei derivati standard sui mercati *over the counter*.

Piattaforma per la Negoziazione Organizzata (*Organized Trading Facility - OTF*): piattaforma elettronica utilizzata in Europa per la negoziazione dei derivati standard sui mercati *over the counter*.

Pillola Avvelenata (*Poison Pill*): azione intrapresa da una società per evitare di essere oggetto di una fusione o di una scalata.

Plain Vanilla (*Plain Vanilla*): termine usato per definire una negoziazione standard.

Ponderazione Esponenziale (*Exponential Weighting*): schema di ponderazione in cui il peso assegnato a un'osservazione dipende da quanto è recente. Il peso assegnato a un'osservazione che è lontana t periodi da ora è pari a λ volte il peso assegnato a un'osservazione che è lontana $t-1$ periodi da ora, con $\lambda < 1$.

Portafoglio di Mercato (*Market Portfolio*): portafoglio composto dall'insieme di tutti i possibili investimenti.

Portafoglio Neutrale in Termini di Delta (*Delta-Neutral Portfolio*): portafoglio con delta nullo, immunizzato dalle piccole variazioni di prezzo dell'attività sottostante.

Portafoglio Neutrale in Termini di Gamma (*Gamma-Neutral Portfolio*): portafoglio con gamma nullo.

Portafoglio Neutrale in Termini di Vega (*Vega-Neutral Portfolio*): portafoglio con vega nullo, immunizzato dalle piccole variazioni di volatilità della attività sottostante.

Posizione Corta (*Short Position*): posizione che si crea con la vendita di una certa attività di cui non si ha il possesso.

Posizione Lunga (*Long Position*): posizione che si crea con l'acquisto di una certa attività.

Posizione Scoperta (*Naked Position*): posizione, lunga o corta, su un contratto che non è combinata con alcuna posizione di segno opposto sull'attività sottostante.

Premio (*Premium*): prezzo di un'opzione.

Premio per la Liquidità (*Liquidity Premium*): differenziale positivo tra tassi d'interesse *forward* e valore atteso dei futuri tassi *spot*.

Prestito Bugiardo (*Liar Loan*): prestito concesso a un individuo che non è stato sincero nel compilare l'apposito modello.

Prestito da Pari a Pari (*P2P Loan*): nei prestiti P2P, creditori e debitori negoziano direttamente tra loro mediante una piattaforma *online* messa a disposizione da una società tecnologica.

Prestito in Bonis (*Performing Loan*): prestito che viene così classificato quando il debitore è in regola con i pagamenti.

Prestito in Sofferenza (*Non-Performing Loan*): prestito che viene così classificato quando il debitore è in mora con i pagamenti da oltre 90 giorni.

Prezzo a Pronti (*Spot Price*): prezzo per consegna immediata.

Prezzo d'Esercizio (*Exercise Price* o *Strike Price*): prezzo al quale è possibile comprare o vendere l'attività sottostante a un'opzione.

Prezzo Denaro (*Bid Price*): prezzo al quale un *dealer* è disposto ad acquistare una certa attività.

Prezzo di Consegna (*Delivery Price*): prezzo pattuito in un contratto *forward* (stipulato ora o in passato).

Prezzo Effettivo di un'Obbligazione (*Dirty Price of Bond*): prezzo al quale l'obbligazione viene effettivamente scambiata.

Prezzo Forward (*Forward Price*): prezzo di consegna, previsto in un contratto *forward*, che rende nullo il valore iniziale del contratto.

Prezzo Futures (*Futures Price*): prezzo di consegna, previsto in un contratto *futures*, che rende nullo il valore iniziale del contratto.

Prezzo Lettera (*Ask, Asked* o *Offer Price*): prezzo al quale un *dealer* è disposto a vendere una certa attività.

Prezzo Secco di un'Obbligazione (*Clean Price of Bond*): prezzo al quale la obbligazione viene quotata. Il prezzo effettivamente pagato (*cash price*), detto anche prezzo sporco (*dirty price*), è pari al prezzo pulito più l'interesse maturato.

Probabilità d'Insolvenza (*Probability of Default* - PD): probabilità che un soggetto non sia in grado di far fronte agli impegni presi.

Probabilità d'Insolvenza Implicita (*Implied Default Probability*): si veda *Probabilità d'Insolvenza Neutrale verso il Rischio*.

Probabilità d'Insolvenza Neutrale verso il Rischio (*Risk-Neutral Default Probability*): probabilità d'insolvenza implicita nel *credit spread*.

Probabilità d'Insolvenza Non Condizionata (*Unconditional Default Probability*): probabilità che l'insolvenza si verifichi in un certo periodo, determinata sulle base delle informazioni disponibili al tempo 0.

Probabilità Oggettiva (*Objective Probability*): probabilità di un evento che viene calcolata osservando la frequenza con cui l'evento si verifica in successive osservazioni.

Probabilità Soggettiva (*Subjective Probability*): la probabilità che un individuo, basandosi sul proprio giudizio e sulla propria esperienza, assegna a un certo evento.

Probabilità Storica d'Insolvenza (*Historical* o *Physical Default Probability*): tasso d'insolvenza basato su dati storici.

Problema Inverso delle Prove di Stress (*Reverse Stress Testing*): consiste nel cercare di individuare gli scenari che comportano forti perdite.

Procedura Numerica (*Numerical Procedure*): metodo di valutazione di un derivato quando non sono disponibili formule chiuse.

Processo di Poisson (*Poisson Process*): processo in cui la variabile è soggetta a discontinuità. La probabilità di un salto nel periodo Δt è pari a $\lambda \Delta t$, dove λ è l'intensità del processo.

Prodotto Lineare (*Linear Product*): prodotto il cui prezzo dipende in modo lineare da una o più variabili sottostanti.

Prodotto Non-Lineare (*Non-Linear Product*): prodotto il cui prezzo dipende in modo non lineare da una o più variabili sottostanti.

Prodotto Strutturato (*Structured Product*): derivato creato da un'istituzione finanziaria per andar incontro alle necessità di un cliente.

Profitto Iniziale (*Inception Profit*): profitto derivante dalla vendita di un derivato a un prezzo più elevato di quello teorico.

Propensione al Rischio (*Risk Appetite*): il livello di rischio che la banca è disposta ad assumersi per raggiungere i propri obiettivi strategici e i propri piani industriali.

Punteggio Fattoriale (*Factor Score*): quantità di uno dei fattori di un modello fattoriale associati a una certa osservazione.

Punto Base (*Basis Point*): unità di misura per i tassi d'interesse, pari a un centesimo di punto percentuale (0,01 per cento).

Put-Call Parity (*Put-Call Parity*): relazione tra il prezzo di una *call* e di una *put* europee con uguale prezzo d'esercizio e uguale scadenza.

QIS (*QIS*): si veda *Studio sull'Impatto Quantitativo*.

Raccomandazioni del Gruppo dei Trenta (*G-30 Policy Recommendations*): insieme di raccomandazioni sui derivati proposte da un gruppo di operatori dei mercati finanziari.

Rapporto di Cooke (*Cooke Ratio*): rapporto, previsto da Basilea I, che vede al numeratore il patrimonio della banca e al denominatore le attività ponderate per il rischio.

Rapporto di Copertura (*Hedge Ratio*): rapporto tra la dimensione della posizione sullo strumento utilizzato per la copertura e la dimensione della posizione da coprire.

Rapporto di Sostituzione Netto (*Net Replacement Ratio*): rapporto che vede al numeratore l'esposizione corrente con il *netting* e al denominatore l'esposizione corrente senza il *netting*.

Rapporto di Spesa (*Expense Ratio*): il rapporto tra le commissioni di gestione annualizzate e il valore delle attività del fondo.

RAROC (*RAROC*): rendimento del capitale aggiustato per il rischio (acronimo di *risk-adjusted return on capital*).

Rating (*Credit Rating*): misura dell'affidabilità di un'emissione obbligazionaria.

Rating Interno (*Internal Credit Rating*): *rating* prodotto internamente da un'istituzione finanziaria piuttosto che da un'agenzia di *rating*, come Moody's o Standard & Poor's.

RCSA (*RCSA*): si veda *Risk and Control Self Assessment*.

Reddito Netto da Interessi (*Net Interest Income*): saldo tra gli interessi percepiti e quelli corrisposti.

Regola di Volcker (*Volcker Rule*): norma presente nel Dodd-Frank Act che proibisce le «negoziazioni in proprio» (*proprietary trading*).

Re-Intermediazione (*Reintermediation*): il processo che segue la "disintermediazione", quando un nuovo intermediario tecnologico (che offre un servizio diverso da quello offerto dall'intermediario precedente) entra nel mercato.

Re-Ipotecazione (*Rehypothecation*): prassi consistente nel riutilizzo di un'attività ricevuta in pegno per stanziarla a garanzia di una propria obbligazione.

Rendita Costante (*Fixed Annuity*): rendita le cui rate sono costanti nel tempo.

Rendita Differita (*Deferred annuity*): rendita le cui rate iniziano a essere pagate dopo che è trascorso un certo tempo dal versamento dei fondi.

Rendita Variabile (*Variable Annuity*): rendita le cui rate sono variabili nel tempo.

Replica Statica delle Opzioni (*Static Options Replication*): procedura, per la copertura di un portafoglio, che comporta l'individuazione di un altro portafoglio di valore approssimativamente uguale in un certo contorno.

Repo (*Repurchase Agreement o Repo*): riporto. Contratto con cui si prende in prestito denaro e si danno in prestito titoli.

Requisito Patrimoniale a Fronte dei Rischi Specifici (*Specific Risk Charge*): requisito patrimoniale a fronte dei rischi idiosincratici presenti nel *trading book* delle banche.

Requisito Patrimoniale per il Rischio Aggiuntivo (*Incremental Risk Charge - IRC*): L'IRC richiede che le banche calcolino il VaR annuale al 99,9% per le perdite sui prodotti creditizi presenti nel *trading book*. Questo requisito patrimoniale aggiuntivo è stato introdotto da Basilea II.5 per bloccare gli arbitraggi regolamentari (le banche hanno spesso scelto di detenere nel *trading book* i contratti sensibili al rischio di credito, perché comportavano requisiti patrimoniali inferiori a quelli richiesti nel caso in cui fossero stati collocati *nel banking book*).

Rete Neurale (*Neural Network*): strumento progettati per imitare il modo in cui gli esseri umani riconoscono le sistematicità.

Revisione Fondamentale del Portafoglio di Negoziazione (*Fundamental Review of the Trading Book*): un nuovo metodo proposto dal Comitato di Basilea per determinare i requisiti patrimoniali a fronte del rischio di mercato.

Rho (*Rho*): derivata del prezzo di un'opzione (o di un altro derivato) rispetto al tasso di interesse.

Riassicurazione (*Reinsurance*): contratto con cui una compagnia d'assicurazione trasferisce il rischio a un'altra compagnia, per proteggersi dalle perdite di grandi dimensioni.

Ribilanciamento (*Rebalancing*): procedura di aggiustamento periodico di una posizione. Di solito, il fine è quello di assicurare la neutralità del portafoglio rispetto al delta.

Ricerca Empirica (*Empirical Research*): ricerca che si basa sull'analisi delle serie storiche.

Richiesta d'Integrazione (*Margin Call*): richiesta di un versamento aggiuntivo che si ha quando il saldo del conto di deposito scende al di sotto del margine di mantenimento.

Glossario dei Termini

Rischio Appropriato (*Right-Way Risk*): situazione in cui la probabilità d'insolvenza della controparte tende ad essere bassa (alta) quando l'esposizione è alta (bassa).

Rischio Base (*Basis Risk*): rischio delle operazioni di copertura determinato dalla incertezza circa la futura ampiezza della base.

Rischio d'Impresa (*Business Risk*): rischio composto dal «rischio strategico» (*strategic risk*), legato alle decisioni circa l'ingresso in nuovi mercati e lo sviluppo di nuovi prodotti, e dal «rischio di reputazione» (*reputational risk*).

Rischio d'Improvvisa Insolvenza (*Jump-to-Default Risk*): il rischio che l'improvvisa insolvenza porti a una perdita immediata, o a un guadagno immediato, per la banca.

Rischio d'Insolvenza (*Solvency Risk*): rischio che il valore delle passività superi il valore delle attività.

Rischio di Credito (*Credit Risk*): rischio di subìre una perdita a causa della insolvenza della controparte.

Rischio di Liquidità nella Provvista (*Liquidity Funding Risk*): rischio che un'istituzione finanziaria non riesca a far fronte alle necessità di cassa, quando si manifestano.

Rischio di Liquidità nelle Negoziazioni (*Liquidity Trading Risk*): rischio che non sia possibile vendere una certa attività al suo prezzo teorico.

Rischio di Longevità (*Longevity Risk*): il rischio che i progressi della medicina e i cambiamenti negli stili di vita facciano sì che la gente viva più a lungo.

Rischio di Mercato (*Market Risk*): rischio determinato dalle variazioni delle variabili di mercato.

Rischio di Modello (*Model Risk*): rischio relativo all'utilizzo di modelli per la valutazione e la copertura di derivati.

Rischio di Mortalità (*Mortality Risk*): il rischio che guerre, epidemie come l'AIDS, o pandemie come l'influenza spagnola, facciano sì che la gente viva meno a lungo.

Rischio di Strascichi (*Long-Tail Risk*): rischio che le richieste di risarcimento vengano avanzate molti anni dopo il termine del periodo coperto dalla polizza assicurativa.

Rischio Non Appropriato (*Wrong-Way Risk*): situazione in cui la probabilità d'insolvenza della controparte tende ad essere alta (bassa) quando l'esposizione è alta (bassa).

Rischio Non-Sistematico (*Non-systematic* o *Unsystematic Risk*): rischio che può essere eliminato con la diversificazione.

Rischio Operativo (*Operational Risk*): rischio di perdite derivanti dalla inadeguatezza o dalla disfunzione di procedure, risorse umane e sistemi interni, oppure da eventi esogeni.

Rischio Sistematico (*Systematic Risk*): rischio che non può essere eliminato con la diversificazione.

Rischio Sistemico (*Systemic Risk*): rischio che l'insolvenza di un'istituzione finanziaria possa creare un effetto domino, ossia l'insolvenza a catena di altre istituzioni finanziarie.

Riserva Obbligatoria (*Reserve Requirements*): quota dei depositi della clientela che le banche sono tenute a detenere in contanti o presso la banca centrale.

Riserve Anti-Cicliche (*Countercyclical Buffer*): capitale regolamentare aggiuntivo la cui determinazione è lasciata da Basilea III alla discrezione delle autorità di vigilanza nazionali.

Riserve Patrimoniali (*Capital Conservation Buffer*): capitale azionario extra che, sotto Basilea III, deve essere detenuto per assorbire le perdite nelle fasi di congiuntura negativa.

Risk and Control Self Assessment (*Risk and Control Self Assessment - RCSA*): auto-valutazione dei rischi operativi e del sistema di controlli.

Risultato Analitico (*Analytic Result*): risultato in cui la risposta è in forma di equazione.

Ritorno Verso la Media (*Mean Reversion*): tendenza di una variabile (quale un tasso d'interesse) a ritornare verso un livello medio di lungo periodo.

RMFI (*RMFI*): il software che accompagna questo libro.

Robo-Consulente (*Robo Adviser*): fornitori *online* di servizi di *wealth management*.

Sarbanes-Oxley (*Sarbanes-Oxley*): legge del 2002 emanata negli Stati Uniti per accrescere le responsabilità del consiglio di amministrazione, e in particolare del CEO e CFO, delle società ad azionariato diffuso.

Scenario Dinamico (*Dynamic Scenario*): scenario che tiene conto di come l'istituzione che conduce le prove di *stress* e le altre istituzioni finanziarie reagirebbero allo *shock*.

Scomposizione di Cholesky (*Cholesky Decomposition*): metodo per estrarre campioni casuali da una distribuzione normale multivariata.

Scomposizione di Profitti e Perdite (*P&L Decomposition*): l'analisi dei motivi che determinano i profitti e le perdite giornalieri.

Scrivere un'Opzione (*Writing an Option*): vendere un'opzione.

SEC (*SEC*): Securities and Exchange Commission.

SEF (*SEF*): si veda *Piattaforma per la Negoziazione degli Swaps*.

Segno Lasciato dalla Piena (*High Water Mark*): quotazione massima raggiunta da un *hedge fund*, che va oltrepassata – dopo eventuali perdite – prima di poter applicare l'*incentive fee*.

Selezione Avversa (*Adverse Selection*): fenomeno che si manifesta quando le compagnie d'assicurazione, offrendo a tutti i possibili clienti le stesse condizioni contrattuali, tendono ad assicurare i rischi peggiori.

Semidefinita Positiva (*Positive Semidefinite*): condizione di validità per una matrice di varianze e covarianze.

Senior Tranche (*Senior Tranche*): la *tranche* di un prodotto strutturato che viene colpita per ultima in caso di perdite sul portafoglio sottostante.

Sensitività Ponderata (*Weighted Sensitivity*): sinonimo di delta quando si usa il metodo delle sensitività ponderate.

SIFI (*SIFI*): acronimo di «istituzione finanziaria sistemicamente importante» (*systemically important financial institution*).

SIMM (*SIMM*): si veda *Modello Standard per il Calcolo del Margine Iniziale*.

Simulazione Monte Carlo (*Monte Carlo Simulation*): procedura per estrarre campioni casuali delle possibili variazioni delle variabili di mercato, al fine di valutare un derivato.

Simulazione Storica (*Historical Simulation*): simulazione basata su dati storici.

Smorfia di Volatilità (*Volatility Skew*): termine usato per descrivere la configurazione delle volatilità implicite, in funzione del prezzo d'esercizio delle opzioni, quando la struttura non è simmetrica.

Soggetto di Riferimento (*Reference entity*): società o Paese contro il rischio della cui insolvenza ci si assicura in un *credit default swap*.

Solvibilità I (*Solvency I*): normativa corrente per le compagnie d'assicurazione che operano nell'Unione Europea.

Solvibilità II (*Solvency II*): iniziativa dell'Unione Europea volta a introdurre requisiti patrimoniali per le compagnie d'assicurazione analoghi a quelli stabiliti da Basilea II per le banche.

Sorriso di Volatilità (*Volatility Smile*): configurazione delle volatilità implicite in funzione del prezzo d'esercizio delle opzioni.

Speculatore (*Speculator*): soggetto che assume una posizione sul mercato, scommettendo - di solito - sul rialzo o il ribasso di una certa attività.

Spostamento Parallelo (*Parallel Shift*): movimento della curva dei tassi di rendimento in cui ogni punto della curva si sposta di uno stesso importo.

Spread Creditizio (*Credit Spread*): costo per l'acquisto di protezione creditizia o differenziale tra il tasso di rendimento promesso da un'obbligazione e il corrispondente tasso di rendimento privo di rischio.

SR 11-7 (*SR 11-7*): lettera di «supervisione e regolamentazione» (*supervision and regulation* - SR) pubblicata nell'aprile 2011 dal Board of Governors della Federal Reserve con le linee guida per un efficace gestione del rischio di modello da parte delle banche.

Strategia Anticiclica (*Negative Feedback Trading*): strategia seguita da *traders* che comprano quando i prezzi scendono e vendono quando i prezzi salgono.

Strategia Pro-Ciclica (*Positive Feedback Trading*): strategia seguita da *traders* che comprano quando i prezzi salgono e vendono quando i prezzi scendono.

Stress Testing (*Stress Testing*): stima dell'impatto sul portafoglio di movimenti di mercato estremi.

Struttura per Scadenza dei Tassi d'Interesse (*Term Structure of Interest Rates o Yield Curve*): curva che descrive la relazione che lega i tassi d'interesse alla scadenza degli investimenti.

Struttura per Scadenza delle Volatilità (*Volatility Term Structure*): configurazione delle volatilità implicite in funzione della scadenza delle opzioni.

Studio sull'Impatto Quantitativo (*Quantitative Impact Studies - QIS*): studi effettuati dal Comitato di Basilea per misurare l'effetto delle modifiche regolamentari sui requisiti patrimoniali delle banche.

Superficie di Volatilità (*Volatility Surface*): tavola che riporta le volatilità implicite in funzione del prezzo d'esercizio e della scadenza dell'opzione.

Swap (*Swap*): contratto per scambiarsi dei futuri flussi di cassa, secondo una formula predefinita.

Swap a Capitalizzazione (*Compounding Swap*): *swap* in cui gli interessi vengono capitalizzati invece di essere pagati.

Swap a Libor Posticipato (*Libor-in-Arrears Swap*): *swap* in cui il tasso variabile viene determinato nella stessa data in cui è pagato.

Swap Cancellabile (*Cancelable Swap*): *swap* in cui una parte ha la facoltà di chiudere il contratto anticipatamente, in una o più date.

Swap Riscattabile (*Puttable Swap*): *swap* la cui vita può essere ridotta su decisione di una delle due parti.

Swap su Azioni (*Equity Swap*): *swap* in cui i dividendi e i guadagni in conto capitale relativi a un indice azionario vengono scambiati con un tasso d'interesse fisso o variabile.

Swap su Tassi d'Interesse (*Interest-Rate Swap*): *swap* in cui si scambiano interessi, a tasso fisso e a tasso variabile, calcolati sulla base dello stesso capitale nozionale.

Swap su Valute (*Currency Swap*): *swap* in cui si scambiano capitale e interessi denominati in una certa valuta con capitale e interessi denominati in un'altra valuta.

Swaption (*Swaption*): opzione per concludere uno *swap* su tassi d'interesse a un tasso *swap* predeterminato.

Tasso Cap (*Cap rate*): il tasso fisso che contribuisce a determinare il valore finale di un *interest rate cap*.

Tasso Cap (*Cap Rate*): tasso fisso che rappresenta il prezzo d'esercizio delle opzioni presenti in un *cap* su tassi d'interesse.

Tasso Civetta (*Teaser Rate*): tasso d'interesse che ha caratterizzato alcuni mutui *subprime*. Molto basso all'inizio, era destinato a raggiungere, dopo 2 o 3 anni, livelli molto più elevati.

Tasso d'Azzardo (*Hazard Rate o Default Intensity*): probabilità d'insolvenza in un breve intervallo di tempo condizionata dal fatto che l'insolvenza non si sia già verificata.

Tasso d'Insolvenza nello Scenario Peggiore (*Worst Case Default Rate - WCDR*): tasso d'insolvenza che non verrà oltrepassato, con probabilità X, entro il tempo T.

Tasso d'Interesse a Pronti (*Spot Interest Rate*): tasso d'interesse su un investimento che viene fatto oggi.

Tasso d'Interesse Forward (*Forward Interest Rate*): tasso d'interesse, implicito nei tassi correnti *spot*, relativo a un futuro periodo di tempo.

Tasso d'Interesse in Eurodollari (*Eurodollar Interest Rate*): tasso d'interesse su un deposito in eurodollari.

Tasso d'Interesse Privo di Rischio (*Risk-Free Rate*): tasso d'interesse su titoli privi del rischio d'insolvenza dell'emittente.

Tasso di Cambio Forward (*Forward Exchange Rate*): prezzo *forward* di un'unità di valuta estera.

Glossario dei Termini

Tasso di Convenienza (*Convenience Yield*): misura i benefici che derivano dal possesso di un'attività, benefici che non vengono goduti da chi ha un contratto *futures* lungo sulla stessa attività.

Tasso di Recupero (*Recovery Rate*): importo recuperato in sede fallimentare, considerato in rapporto al credito esigibile.

Tasso di Rendimento (*Yield*): tasso di rendimento di uno strumento finanziario.

Tasso di Rendimento da Dividendi (*Dividend Yield*): dividendo espresso in rapporto al prezzo del titolo.

Tasso di Rendimento Effettivo (*Bond Yield*): tasso di attualizzazione che, applicato a tutti i pagamenti previsti da un'obbligazione, fa sì che il valore attuale dei pagamenti sia uguale al prezzo di mercato del titolo.

Tasso di Riporto (*Repo Rate*): tasso d'interesse relativo a un contratto di riporto.

Tasso di Sconto (*Discount Rate*): rendimento annualizzato di un *Treasury bill*, o strumento analogo, espresso in rapporto al valore nominale del titolo.

Tasso di Varianza (*Variance Rate*): il quadrato della volatilità.

Tasso Floor (*Floor Rate*): tasso fisso in un *floor* su tassi d'interesse.

Tasso Forward (*Forward Rate*): tasso d'interesse, implicito negli *spot rates* correnti, relativo a un futuro intervallo di tempo.

Tasso Forward Istantaneo (*Instantaneous Forward Rate*): tasso *forward* valido per un arco di tempo brevissimo.

Tasso OIS (*OIS Rate*): il tasso fisso che si scambia con la media geometrica dei tassi *overnight* in un *overnight indexed swap*.

Tasso Soglia (*Hurdle Rate*): tasso di rendimento minimo che fa scattare l'applicazione dell'*incentive fee*.

Tasso Swap (*Swap Rate*): tasso fisso di un *interest-rate swap* che rende nullo il valore iniziale del contratto.

Tecnica Negoziale Predatoria (*Predatory Trading*): tecnica attuata per accrescere le difficoltà di chi deve smobilizzare, in breve tempo, una posizione relativamente grande.

Tecnologia Finanziaria (*FinTech*): applicazione della tecnologia ai servizi finanziari.

Tecnologia Regolamentare (*RegTech*): applicazione della tecnologia per migliorare il rispetto delle norme fissate dalle autorità di vigilanza.

Tempistica degli Ordini (*Market Timing*): investire in azioni quando si prevede un «rialzo» (*upturn*) e investire in titoli sicuri, come i *Treasury bills*, quando si prevede un «ribasso» (*downturn*) del mercato azionario. Nel settore dei fondi comuni, pratica consistente nello sfruttare il mancato aggiornamento dei prezzi di alcuni titoli del fondo in occasione del calcolo del NAV.

Teorema del Limite Centrale (*Central Limit Theorem*): teorema secondo cui la somma di un gran numero di variabili casuali indipendenti e identicamente distribuite si distribuisce in modo approssimativamente normale anche se le variabili non sono normali.

Teorema di Girsanov (*Girsanov's Theorem*): Il teorema di Girsanov ci dice che, quando passiamo dal mondo reale al mondo neutrale verso il rischio (o viceversa), i tassi di crescita attesi delle variabili di mercato cambiano, ma le volatilità restano inalterate.

Teorema di Isserlis (*Isserlis' Theorem*): teorema che consente di calcolare il valore atteso del prodotto di più variabili normali con media nulla.

Teoria dei Valori Estremi (*Extreme Value Theory*): teoria che consente di stimare in base ai dati la forma delle code di una distribuzione.

Teoria della Preferenza per la Liquidità (*Liquidity Preference Theory*): teoria secondo la quale i tassi d'interesse *forward* sono più elevati del valore atteso dei futuri tassi *spot*.

Teoria delle Aspettative (*Expectations Theory*): teoria secondo la quale i tassi d'interesse *forward* sono uguali al valore atteso dei futuri tassi *spot*.

Testamento Biologico (*Living Will*): descrizione di come alcune attività di una banca possano essere liquidate in sicurezza, in caso di fallimento, in modo che altre possano sopravvivere.

Theta (*Theta o Time Decay*): derivata del prezzo di un'opzione (o di un altro derivato) rispetto al tempo.

Titolare della Polizza (*Policy Holder*): intestatario della polizza assicurativa, o contraente assicurato.

Titolo Spazzatura (*Junk Bond o Non-Investment Grade Bond o Speculative Grade Bond*): titolo di «scarsa qualità creditizia», con *rating* peggiore di BBB (Baa).

Total Return Swap (*Total Return Swap*): *swap* in cui si scambiano i tasso di rendimento di due attività, o di due portafogli di attività.

Trading Book (*Trading Book*): portafoglio bancario composto da strumenti che la banca si attende di rivendere.

Tranche (*Tranche*): titoli con particolari caratteristiche di rischio, quali ad es. le *tranches* di CDOs o CMOs.

Trasformazione dei Pagamenti (*Cash Flow Mapping*): procedura, utilizzata per il calcolo del valore a rischio, che consente di rappresentare un titolo obbligazionario come un portafoglio di *zero-coupon bonds* con scadenze standard.

Universal Life Insurance (*Universal Life Insurance*): assicurazione a vita intera in cui il titolare può ridurre il premio fino a un importo minimo prefissato senza che la copertura assicurativa venga meno. Il pagamento finale dipende dagli importi versati, dalla *performance* degli investimenti e dai costi sostenuti dalla compagnia d'assicurazione.

Valore a Rischio (*Value at Risk - VaR*): perdita che non verrà oltrepassata, a un certo livello di confidenza, in un dato intervallo di tempo.

Valore a Rischio Condizionato (*Conditional Value at Risk, C-VaR, Expected Shortfall o Tail Loss*): perdita attesa nei prossimi N giorni condizionata dal fatto che ci troviamo nella coda della distribuzione, a sinistra del $(100 - X)$-esimo percentile. La variabile N è il numero dei giorni e X è il livello di confidenza, in percentuale.

Valore a Rischio Condizionato Parziale (*Partial Expected Shortfall*): stima dell'*expected shortfall* effettuata «perturbando» (*shocking*) le variabili presenti in una categoria di rischio e lasciando invariate tutte le altre.

Glossario dei Termini

Valore Atteso di una Variabile (*Expected Value of a Variable*): media ponderata dei valori di una variabile, con pesi pari alle rispettive probabilità.

Valore Finale (*Payoff o Terminal Value*): valore di un'opzione o di un altro derivato al termine della sua vita.

Valore Intrinseco (*Intrinsic Value*): il massimo tra zero e il valore che l'opzione avrebbe se fosse esercitata immediatamente.

Valore Nominale (*Par Value*): capitale di un'obbligazione.

Valore Patrimoniale Netto (*Net Asset Value*): rapporto tra il patrimonio netto di un fondo comune d'investimento e il numero delle quote in circolazione.

Valore Soglia (*Threshold*): il fido accordato da un'istituzione finanziaria alla controparte in base alla «clausola sulle garanzie accessorie» (*collateralization agreement*).

Valore Temporale (*Time Value*): valore di un'opzione derivante dalla sua vita residua (pari al prezzo dell'opzione meno il suo valore intrinseco).

Valuta Digitale (*Digital Currency*): un tipo di valuta disponibile solo in forma digitale. Non è disponibile in forma di banconote o monete.

Valutazione Neutrale verso il Rischio (*Risk-Neutral Valuation*): valutazione di un'opzione o altro derivato effettuata nell'ipotesi che gli operatori siano neutrali rispetto al rischio. Il prezzo teorico ottenuto è comunque corretto, quale che sia la propensione al rischio degli operatori.

VaR (*VaR*): si veda *Valore a Rischio*.

VaR Aggiustato per il Rischio di Liquidità (*Liquidity-Adjusted VaR*): VaR che tiene conto dei *bid-ask spreads* presenti nei mercati dove è possibile chiudere le posizioni in essere.

VaR Creditizio (*Credit Value at Risk*): l'importo delle perdite creditizie che, a un dato livello di confidenza, non verrà oltrepassato in un certo arco di tempo.

VaR Incrementale (*Incremental VaR*): effetto incrementale sul VaR determinato da una nuova operazione o dalla chiusura di una vecchia operazione.

VaR Marginale (*Marginal VaR*): sensitività del VaR rispetto all'importo investito nella i-esima componente.

VaR o ES Corrente (*Current VaR or ES*): VaR o ES calcolati in base agli ultimi dati disponibili, non in base ai dati relativi a un periodo con condizioni di mercato critiche.

VaR Parziale (*Component VaR*): VaR relativo a una delle componenti di un portafoglio. È definito in modo che la somma dei VaR parziali sia pari al VaR complessivo.

VaR Stressato (*Stressed VaR*): *value at risk* calcolato utilizzando un periodo di 251 giorni con condizioni di mercato particolarmente critiche per l'istituzione finanziaria.

Variabile Deterministica (*Deterministic Variable*): variabile i cui futuri valori sono noti.

Variabile Sottostante (*Underlying Variable*): variabile da cui dipende il prezzo di un'opzione o altro derivato.

Variabile Stocastica (*Stochastic Variable*): variabile il cui valore futuro è incerto.

Variable Life Insurance (*Variable Life Insurance*): assicurazione a prestazioni variabili in cui il *surplus* iniziale dei premi viene investito in un fondo (azionario, obbligazionario o monetario) scelto dall'assicurato. Di solito, nel contratto viene specificato l'importo minimo che verrà pagato ai beneficiari in caso di morte dell'assicurato, ma l'importo effettivo potrà essere maggiore se la *performance* del fondo è buona. Se il titolare della polizza lo desidera, il reddito prodotto dall'investimento potrà essere portato in deduzione dai premi dovuti.

Vega (*Kappa, Lambda, Sigma o Vega*): derivata del prezzo di un'opzione (o di un altro derivato) rispetto alla volatilità dell'attività sottostante.

Velocità di Aggiustamento (*Reversion Rate*): velocità con cui una variabile di mercato (ad es. un tasso d'interesse) tende a tornare verso il suo livello medio di lungo periodo.

Vendita allo Scoperto (*Short Selling*): vendita di titoli che sono stati presi in prestito da un altro investitore.

Vendita allo Scoperto (*Short Selling*): vendita di titoli che sono stati presi in prestito da un altro investitore.

Volatilità (*Volatility*): misura dell'incertezza del tasso di rendimento di una attività.

Volatilità Implicita (*Implied Volatility*): volatilità implicita nel prezzo di un'opzione, calcolata in base al modello Black-Scholes o simile.

Volatilità Spot (*Spot Volatilities*): volatilità utilizzate per valutare ciascuno dei *caplets* da cui è composto un *cap*.

Volatilità Storica (*Historical Volatility*): volatilità stimata in base ai dati storici.

Zero Rate (*Zero-Coupon Interest Rate o Zero Rate*): tasso di rendimento di un titolo privo di cedole.

Zero-Coupon Bond (*Discount Bond, Discount Instrument o Zero-Coupon Bond*): titolo obbligazionario privo di cedole, come il *Treasury bill*.

Z-Score (*Z-Score*): numero che indica la probabilità d'insolvenza di una società.

Software RMFI

Il *software* RMFI (versione 1.00a) che accompagna *Risk Management e Istituzioni Finanziarie* può essere scaricato dal mio sito *web*:
www-2.rotman.utoronto.ca/~hull/software.

Come Iniziare

La cosa più difficile è iniziare a utilizzare il *software*. Ecco una guida passo-passo per valutare una *put* americana a 5 mesi scritta su un'azione che non paga dividendi:

1. aprite il *file* RMFI Software v1.00a.xls che avete appena scaricato;
2. se utilizzate Office 2010, fate *click* sul pulsante *Abilita contenuto*. Se utilizzate Office 2007, fate *click* sul pulsante *Opzioni* (il pulsante si trova nella parte alta del vostro schermo, sopra la colonna F). Vi verrà chiesto se volete attivare le macro. Dovete fare *click* su *Attiva macro*. Chi utilizza Excel 2000 o Excel 2003 deve accertarsi che il *Livello di Protezione* per le macro sia *Medio* o *Basso*, facendo *click* su *Strumenti => Macro => Protezione*;
3. fate *click* sulla scheda del foglio "Equity_FX_Indx_Fut_Opts_Calc" nella parte bassa dello schermo;
4. nel menu a tendina *Underlying Type*, selezionate il tipo di sottostante: una valuta (*Currency*). Nel menu a tendina *Option Type*, selezionate il tipo di opzione: americana binomiale (*Binomial American*). Per segnalare che l'opzione in esame è una *put*, premete il relativo pulsante. Lasciate «non marcata» (*unchecked*) la casella di controllo *Imply Volatility*;
5. siete ora pronti per valutare la *put* americana scritta su una valuta estera. Dovete inserire 4 dati sull'attività sottostante nella tavola *Underlying Type* e 3 dati sull'opzione nella tavola *Option Type*: «Tasso di cambio ($ / valuta estera)» [*Exchange Rate ($ / foreign)*], «Volatilità (% per anno)» [*Volatility (% per year)*], «Tasso privo di rischio (% per anno)» [*Risk-Free Rate (% per year)*], «Tasso estero privo di rischio (% per anno)» [*Foreign Risk-Free Rate (% per year)*], «Vita residua (anni)» [*Life (years)*], «Prezzo d'esercizio ($)» [*Strike Price*], «Stadi dell'albero» [*Tree Steps*]. Nelle celle D5, D6, D7, D8, D13, D14 e D15 immettete 1,61; 12%; 8%; 9%; 1; 1,6 e 4, rispettivamente (per cambiare il valore di una cella, occorre premere *Invio* sulla tastiera);

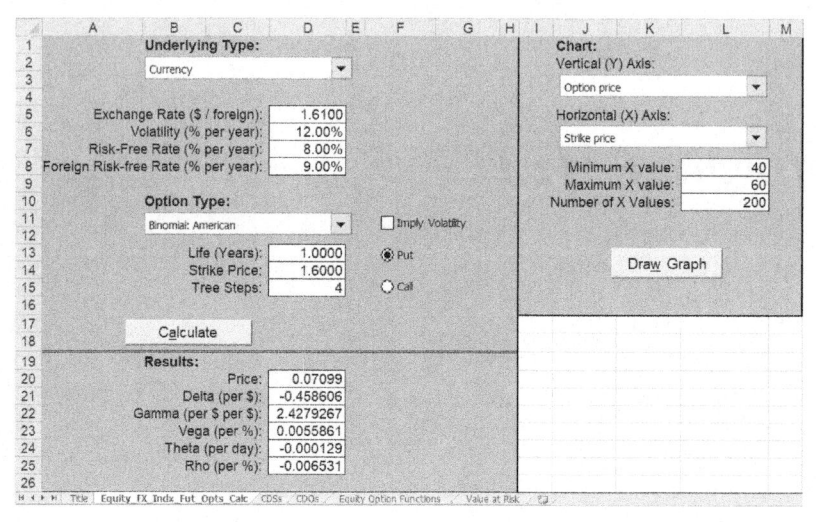

Figura s1 Valutazione di una *put* americana con RMFI 1.00a.

6. dopo aver immesso i dati di *input*, premete il pulsante di comando *Calculate*. Nella cella D20 vedrete il prezzo della *put* americana (0,07099) e nelle celle D21:D25 i valori delle lettere greche (Figura s1);
7. premete il pulsante di comando *Display Tree* per visualizzare l'albero. Vedrete l'albero binomiale utilizzato per valutare l'opzione.

Passi Successivi

Non dovreste ora avere difficoltà altri tipi di opzione scritti su altri sottostanti. Potete anche calcolare la volatilità implicita. Dovete marcare l'apposita casella di controllo (*Imply Volatility*) e inserire il prezzo dell'opzione nella cella D20, che ha alla sua sinistra l'etichetta *Price*. Dopo aver immesso i dati di *input*, premete il pulsante di comando *Calculate*. La volatilità implicita verrà visualizzata nella cella D6, che ha alla sua sinistra l'etichetta *Volatility (% per year)*.

RMFI consente di visualizzare diversi grafici. Per visualizzarli, dovete selezionare la variabile dell'asse verticale (*Vertical Axis*) e la variabile dell'asse orizzontale (*Horizontal Axis*). Quindi dovete immettere gli estremi dell'asse orizzontale (*Minimum X Value, Maximum X Value*), premendo ogni volta *Invio* sulla tastiera, e infine premere il pulsante di comando *Draw Graph*.

Opzioni su Azioni, Valute, Indici e Futures

Il primo foglio ("Equity_FX_Indx_Fut_Opts_Calc") va utilizzato per valutare le opzioni scritte su azioni, valute, indici e *futures*. Innanzitutto si deve selezionare, nel menu a tendina *Underlying Type*, il tipo di sottostante: un'azione (*Equity*), una valuta (*Currency*), un indice azionario (*Index*) o un contratto *futures* (*Futures*). Quindi si deve selezionare, nel menu a tendina *Option Type*, il tipo di opzione: europea analitica (*Analytic European*), europea binomiale (*Binomial European*), americana binomiale (*Binomial American*), asiatica *average price* (*Asian*), barriera "su e dentro" (*Barrier: Up and In*), barriera "su e fuori" (*Barrier: Up and Out*), barriera "giù e dentro" (*Barrier: Down and In*), barriera "giù e fuori" (*Barrier: Down and Out*), binaria "contanti o niente" (*Binary: Cash or Nothing*), binaria "attività o niente" (*Binary: Asset or Nothing*), a scelta (*Chooser*), composta su *call* (*Compound: Option on Call*), composta su *put* (*Compound: Option on Put*), retrospettiva (*Floating Lookback* o *Fixed Lookback*).

Se l'opzione (europea o americana) è scritta su un'azione, c'è una tavola dove vanno immessi i dati sui dividendi che verranno pagati durante la vita dell'opzione. Nella prima colonna va inserito il tempo (in anni) mancante alla data di stacco e nella seconda il dividendo. I dividendi devono essere immessi in ordine cronologico.

Quando si sceglie il tipo di opzione *Analytic European*, RMFI utilizza le equazioni dell'Appendice 5c per calcolare il prezzo dell'opzione e le greche. Quando si sceglie *Binomial European* o *Binomial American*, l'albero viene costruito in base alla procedura numerica descritta nell'Appendice 5d. Si possono utilizzare fino a 500 intervalli. Le lettere greche delle opzioni fuori standard vengono calcolate «perturbando» (*perturbing*) i parametri, ossia modificando lievemente i valori rispetto a quelli immessi.

Il tipo di dati da immettere è spiegato dalle etichette poste a sinistra delle varie celle. Nel caso delle opzioni asiatiche, la media corrente (*Current Average*) è il prezzo medio osservato dall'origine dell'opzione. Se l'opzione asiatica è nuova (tempo dall'origine uguale a zero), la cella *Current Average* è irrilevante e può essere lasciata vuota. Nel caso delle opzioni *lookback*, si deve immettere il prezzo minimo (*Minimum to Date*) o massimo (*Maximum to Date*) osservato dall'origine dell'opzione a seconda che l'opzione sia, rispettivamente, di tipo *call* o *put*. Se l'opzione *lookback* è nuova, queste due celle devono contenere il prezzo corrente dell'attività sottostante. I tassi d'interesse sono quelli composti continuamente.

CDSs

Il secondo foglio ("CDSs") va utilizzato per calcolare gli *hazard rates* sulla base dei CDS *spreads*, premendo il pulsante di opzione *Imply Hazard Rates*, o per calcolare i CDS *spreads* sulla base degli *hazard rates*, premendo il pulsante di opzione *Calculate Spreads*. Entrambi i calcoli richiedono che venga specificato il tasso di recupero in caso d'insolvenza (*Recovery Rate*).

Nelle apposite tavole (*CDS Data* e *Default Rate Data*) si devono immettere i CDS *spreads* o gli *hazard rates*. I CDS *spreads* vanno immessi in punti base. Il primo *hazard rate* si riferisce al periodo $(0, t_1)$, il secondo *hazard rate* si riferisce al periodo (t_1, t_2), e così via. Gli *hazard rates* sono composti continuamente. Pertanto, se si indica con $h(t)$ l'*hazard rate* relativo al periodo $(t, t + \Delta t)$, la probabilità d'insolvenza nel periodo $(t, t + \Delta t)$, condizionata dalla sopravvivenza fino al tempo t, è pari a $h(t)\Delta t$.

I calcoli vengono effettuati ipotizzando che l'insolvenza possa verificarsi solo a metà periodo, nel punto intermedio tra date di pagamento adiacenti. È questa la stessa ipotesi fatta negli esempi dell'Appendice 17a. Si noti, però, che in quegli esempi gli *hazard rates* erano pari al 2% composto annualmente. Gli equivalenti *hazard rates* composti continuamente sono pari al 2,02% [= $\ln(1/0,98)$].

Nel menu a tendina *Payment Frequency* si deve selezionare la frequenza dei pagamenti: trimestrale (*Quarterly*), semestrale (*Semi-Annual*) o annuale (*Annual*). Si devono poi immettere gli *zero rates* nell'apposita tavola (*Term Structure*): nella pri-

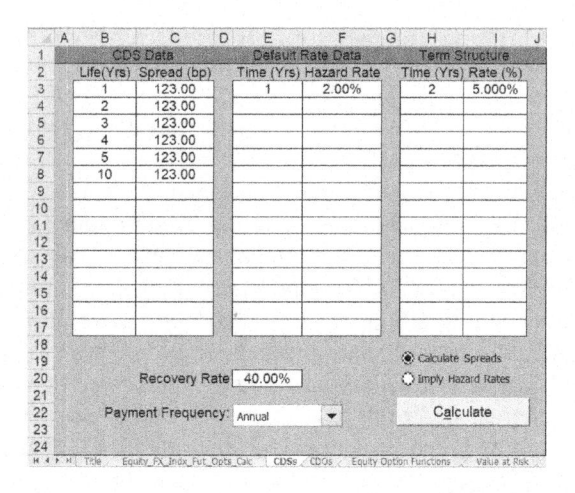

Figura s2 Calcolo dei CDS *spreads* con RMFI 1.00a.

ma colonna va inserita la scadenza (in anni) e nella seconda il corrispondente *zero rate* (composto continuamente). Le scadenze devono essere immesse in ordine cronologico. RMFI ipotizza che la *zero curve* sia lineare tra i punti immessi come *input*, analogamente alla Figura 4a.1.

Una volta che tutti i dati sono stati immessi, si deve premere il tasto *Calculate* (Figura s2). RMFI mostra un grafico a gradini con gli *hazard rates* relativi ai periodi $(0, t_1)$, (t_1, t_2), e così via.

CDOs

Il terzo foglio ("CDOs") utilizza il modello della copula Gaussiana per calcolare le quotazioni delle *tranches* di una *collateralized debt obligation* sulla base delle *compound correlations* (dette anche *tranche correlations*) tra le *reference entities*, o, viceversa, per calcolare le correlazioni implicite [*compound correlations* (*Tranche Corr*)] sulla base delle quotazioni delle *tranches* della CDO. Nel primo caso si deve lasciare vuota la casella di controllo *Imply Corr.*, mentre nel secondo caso la casella deve essere marcata.

Nella tavola *CDO data* vanno immessi i dati relativi alla CDO: la vita residua in anni [*Life (Years)*], il tasso di recupero (*Recovery Rate*), il numero delle *reference entities* (*Number of Names*) e il numero dei punti utilizzati per l'integrazione numerica [Appendice 17b] con il metodo dei polinomi di Hermite (*No. of Integration Points*). Il numero dei punti utilizzati per l'integrazione numerica definisce l'accuratezza dei calcoli. Il valore originario (10) è sufficiente nella maggior parte dei casi (il numero massimo che è possibile indicare è 30).

Nel menu a tendina *Payment Frequency* si deve selezionare la frequenza dei pagamenti: trimestrale (*Quarterly*), semestrale (*Semi-Annual*) o annuale (*Annual*). Nella tavola *Default Rate Data* vanno immessi gli *hazard rates* e nella tavola *Term Structure* gli *zero rates*: nella prima colonna va inserita la scadenza (in anni) e nella seconda il corrispondente *hazard rate / zero rate* (composto continuamente). Le scadenze devono essere immesse in ordine cronologico. RMFI ipotizza che la *zero curve* sia lineare tra i punti immessi come *input*, analogamente alla Figura 4a.1.

Software RMFI 757

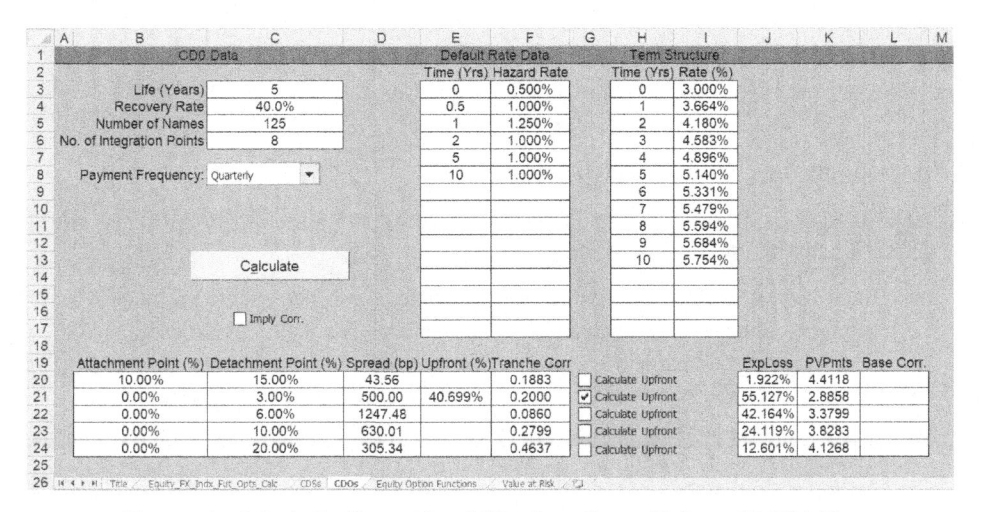

Figura s3 Calcolo degli *spreads* e dell'*upfront* di una CDO con RMFI 1.00a.

Si devono poi immettere gli *attachment / detachment points* delle singole *tranches*. Inoltre:

1. se si vogliono calcolare le correlazioni implicite, si devono immettere le quotazioni delle *tranches* della CDO. Vanno indicati gli *spreads*, da corrispondere periodicamente, e gli eventuali *upfront*, da corrispondere solo all'origine. Gli *spreads* vanno inseriti in punti base, mentre gli *upfront* devono essere espressi in percentuale del capitale nozionale (ad es., nell'iTraxx Europe e nel CDX NA IG, lo *spread* dell'*equity tranche* è sempre pari a 500 punti base, mentre l'*upfront* varia in funzione delle condizioni di mercato);
2. se si vogliono calcolare le quotazioni delle *tranches* della CDO sulla base delle correlazioni e si vuole determinare l'*upfront* (in percentuale del capitale nozionale), occorre fissare lo *spread* (in punti base) e marcare la casella di controllo *Calculate upfront*. Occorre poi inserire nella colonna *Tranche Corr.* le *compound correlations*.

Una volta che tutti i dati sono stati immessi, si deve premere il tasto *Calculate* (Figura s3). Per ciascuna *tranche*, RMFI mostra,

1. nella colonna *ExpLoss*, la perdita attesa (espressa in percentuale del capitale nozionale della *tranche*);
2. nella colonna *PVPmts*, il valore attuale dei pagamenti attesi (al tasso di 10.000 punti base all'anno);
3. nella colonna *Base Corr*, le *base correlations* (a condizione che l'*attachment point* della prima *tranche* sia pari allo 0% e che gli *attachment point* delle altre *tranches* siano pari ai *detachment points* delle *tranches* precedenti).

Il calcolo degli *spreads* (in punti base) e dell'*upfront* (in percentuale del capitale nozionale della *tranche*) fa uso delle seguenti equazioni:

$$Spread = ExpLoss \times \frac{10.000}{PVPmts}$$

e

$$Upfront = ExpLoss - \frac{Spread \times PVPmts}{10.000}.$$

Funzioni per la Valutazione delle Opzioni

Il quarto foglio ("Equity Option Functions") contiene 9 funzioni (dalla n. 16 alla n. 24) per la valutazione delle opzioni:

16. Black_Scholes. Esegue i calcoli per le opzioni europee scritte su azioni, indici azionari, valute e *futures*, utilizzando il modello Black-Scholes-Merton.
17. TreeEquityOpt. Esegue i calcoli per le opzioni europee e americane scritte su azioni, indici azionari, valute e *futures*, utilizzando un albero binomiale.
18. BinaryOption. Esegue i calcoli per le opzioni binarie scritte su azioni, indici azionari, valute e *futures*.
19. BarrierOption. Esegue i calcoli per le opzioni con barriera scritte su azioni che non pagano dividendi, indici azionari, valute e *futures*.
20. AverageOption. Esegue i calcoli per le opzioni asiatiche scritte su azioni che non pagano dividendi, indici azionari, valute e *futures*.
21. ChooserOption. Esegue i calcoli per le *chooser options* scritte su azioni che non pagano dividendi, indici azionari, valute e *futures*.
22. CompoundOption. Esegue i calcoli per le opzioni composte scritte su azioni che non pagano dividendi, indici azionari, valute e *futures*.
23. LookbackOption. Esegue i calcoli per le *lookback options* scritte su azioni che non pagano dividendi, indici azionari, valute e *futures*.
24. EPortfolio. Esegue i calcoli per un portafoglio di opzioni scritte su azioni, indici azionari, valute e *futures*.

Le funzioni possono essere utilizzate dal lettore per approfondire le proprietà delle opzioni.

Valore a Rischio

Il quinto foglio ("Value at Risk") mostra il calcolo del VaR per un portafoglio di opzioni che dipendono da una sola azione. I metodi utilizzati sono tre:

1. il modello lineare (Sezione 13.2);
2. il modello non lineare basato sui primi tre momenti (Sezione 13.6);
3. un metodo analitico che genera valori ugualmente probabili del portafoglio.

Greche

Le greche sono così calcolate:

      delta: variazione del prezzo dell'opzione per l'aumento di $1 del sottostante;
    gamma: variazione del delta per l'aumento di $1 del sottostante;
      vega: variazione del prezzo dell'opzione per l'aumento dell'1% della volatilità (ad es., la volatilità passa dal 20% al 21%);
       rho: variazione del prezzo dell'opzione per l'aumento dell'1% del tasso d'interesse (ad es., il tasso d'interesse passa dal 5% al 6%);
     theta: variazione del prezzo dell'opzione col passare di 1 giorno (calendario civile).

TAVOLA PER $N(x)$ QUANDO $x \leq 0$

Questa tavola mostra i valori di $N(x)$ per $x \leq 0$. La tavola va utilizzata con l'interpolazione. Ad es.:
$$N(-0,1234) = N(-0,12) - 0,34[N(-0,12) - N(-0,13)]$$
$$= 0,4522 - 0,34 \times (0,4522 - 0,4483) = 0,4509$$

x	0,00	0,01	0,02	0,03	0,04	0,05	0,06	0,07	0,08	0,09
-0,0	0,5000	0,4960	0,4920	0,4880	0,4840	0,4801	0,4761	0,4721	0,4681	0,4641
-0,1	0,4602	0,4562	0,4522	0,4483	0,4443	0,4404	0,4364	0,4325	0,4286	0,4247
-0,2	0,4207	0,4168	0,4129	0,4090	0,4052	0,4013	0,3974	0,3936	0,3897	0,3859
-0,3	0,3821	0,3783	0,3745	0,3707	0,3669	0,3632	0,3594	0,3557	0,3520	0,3483
-0,4	0,3446	0,3409	0,3372	0,3336	0,3300	0,3264	0,3228	0,3192	0,3156	0,3121
-0,5	0,3085	0,3050	0,3015	0,2981	0,2946	0,2912	0,2877	0,2843	0,2810	0,2776
-0,6	0,2743	0,2709	0,2676	0,2643	0,2611	0,2578	0,2546	0,2514	0,2483	0,2451
-0,7	0,2420	0,2389	0,2358	0,2327	0,2296	0,2266	0,2236	0,2206	0,2177	0,2148
-0,8	0,2119	0,2090	0,2061	0,2033	0,2005	0,1977	0,1949	0,1922	0,1894	0,1867
-0,9	0,1841	0,1814	0,1788	0,1762	0,1736	0,1711	0,1685	0,1660	0,1635	0,1611
-1,0	0,1587	0,1562	0,1539	0,1515	0,1492	0,1469	0,1446	0,1423	0,1401	0,1379
-1,1	0,1357	0,1335	0,1314	0,1292	0,1271	0,1251	0,1230	0,1210	0,1190	0,1170
-1,2	0,1151	0,1131	0,1112	0,1093	0,1075	0,1056	0,1038	0,1020	0,1003	0,0985
-1,3	0,0968	0,0951	0,0934	0,0918	0,0901	0,0885	0,0869	0,0853	0,0838	0,0823
-1,4	0,0808	0,0793	0,0778	0,0764	0,0749	0,0735	0,0721	0,0708	0,0694	0,0681
-1,5	0,0668	0,0655	0,0643	0,0630	0,0618	0,0606	0,0594	0,0582	0,0571	0,0559
-1,6	0,0548	0,0537	0,0526	0,0516	0,0505	0,0495	0,0485	0,0475	0,0465	0,0455
-1,7	0,0446	0,0436	0,0427	0,0418	0,0409	0,0401	0,0392	0,0384	0,0375	0,0367
-1,8	0,0359	0,0351	0,0344	0,0336	0,0329	0,0322	0,0314	0,0307	0,0301	0,0294
-1,9	0,0287	0,0281	0,0274	0,0268	0,0262	0,0256	0,0250	0,0244	0,0239	0,0233
-2,0	0,0228	0,0222	0,0217	0,0212	0,0207	0,0202	0,0197	0,0192	0,0188	0,0183
-2,1	0,0179	0,0174	0,0170	0,0166	0,0162	0,0158	0,0154	0,0150	0,0146	0,0143
-2,2	0,0139	0,0136	0,0132	0,0129	0,0125	0,0122	0,0119	0,0116	0,0113	0,0110
-2,3	0,0107	0,0104	0,0102	0,0099	0,0096	0,0094	0,0091	0,0089	0,0087	0,0084
-2,4	0,0082	0,0080	0,0078	0,0075	0,0073	0,0071	0,0069	0,0068	0,0066	0,0064
-2,5	0,0062	0,0060	0,0059	0,0057	0,0055	0,0054	0,0052	0,0051	0,0049	0,0048
-2,6	0,0047	0,0045	0,0044	0,0043	0,0041	0,0040	0,0039	0,0038	0,0037	0,0036
-2,7	0,0035	0,0034	0,0033	0,0032	0,0031	0,0030	0,0029	0,0028	0,0027	0,0026
-2,8	0,0026	0,0025	0,0024	0,0023	0,0023	0,0022	0,0021	0,0021	0,0020	0,0019
-2,9	0,0019	0,0018	0,0018	0,0017	0,0016	0,0016	0,0015	0,0015	0,0014	0,0014
-3,0	0,0014	0,0013	0,0013	0,0012	0,0012	0,0011	0,0011	0,0011	0,0010	0,0010
-3,1	0,0010	0,0009	0,0009	0,0009	0,0008	0,0008	0,0008	0,0008	0,0007	0,0007
-3,2	0,0007	0,0007	0,0006	0,0006	0,0006	0,0006	0,0006	0,0005	0,0005	0,0005
-3,3	0,0005	0,0005	0,0005	0,0004	0,0004	0,0004	0,0004	0,0004	0,0004	0,0003
-3,4	0,0003	0,0003	0,0003	0,0003	0,0003	0,0003	0,0003	0,0003	0,0003	0,0002
-3,5	0,0002	0,0002	0,0002	0,0002	0,0002	0,0002	0,0002	0,0002	0,0002	0,0002
-3,6	0,0002	0,0002	0,0001	0,0001	0,0001	0,0001	0,0001	0,0001	0,0001	0,0001
-3,7	0,0001	0,0001	0,0001	0,0001	0,0001	0,0001	0,0001	0,0001	0,0001	0,0001
-3,8	0,0001	0,0001	0,0001	0,0001	0,0001	0,0001	0,0001	0,0001	0,0001	0,0001
-3,9	0,0000	0,0000	0,0000	0,0000	0,0000	0,0000	0,0000	0,0000	0,0000	0,0000
-4,0	0,0000	0,0000	0,0000	0,0000	0,0000	0,0000	0,0000	0,0000	0,0000	0,0000

TAVOLA PER $N(x)$ QUANDO $x \geq 0$

Questa tavola mostra i valori di $N(x)$ per $x \geq 0$. La tavola va utilizzata con l'interpolazione. Ad es.:
$N(0,6278) = N(0,62) + 0,78[N(0,63) - N(0,62)]$
$= 0,7324 + 0,78 \times (0,7357 - 0,7324) = 0,7350$

x	0,00	0,01	0,02	0,03	0,04	0,05	0,06	0,07	0,08	0,09
0,0	0,5000	0,5040	0,5080	0,5120	0,5160	0,5199	0,5239	0,5279	0,5319	0,5359
0,1	0,5398	0,5438	0,5478	0,5517	0,5557	0,5596	0,5636	0,5675	0,5714	0,5753
0,2	0,5793	0,5832	0,5871	0,5910	0,5948	0,5987	0,6026	0,6064	0,6103	0,6141
0,3	0,6179	0,6217	0,6255	0,6293	0,6331	0,6368	0,6406	0,6443	0,6480	0,6517
0,4	0,6554	0,6591	0,6628	0,6664	0,6700	0,6736	0,6772	0,6808	0,6844	0,6879
0,5	0,6915	0,6950	0,6985	0,7019	0,7054	0,7088	0,7123	0,7157	0,7190	0,7224
0,6	0,7257	0,7291	0,7324	0,7357	0,7389	0,7422	0,7454	0,7486	0,7517	0,7549
0,7	0,7580	0,7611	0,7642	0,7673	0,7704	0,7734	0,7764	0,7794	0,7823	0,7852
0,8	0,7881	0,7910	0,7939	0,7967	0,7995	0,8023	0,8051	0,8078	0,8106	0,8133
0,9	0,8159	0,8186	0,8212	0,8238	0,8264	0,8289	0,8315	0,8340	0,8365	0,8389
1,0	0,8413	0,8438	0,8461	0,8485	0,8508	0,8531	0,8554	0,8577	0,8599	0,8621
1,1	0,8643	0,8665	0,8686	0,8708	0,8729	0,8749	0,8770	0,8790	0,8810	0,8830
1,2	0,8849	0,8869	0,8888	0,8907	0,8925	0,8944	0,8962	0,8980	0,8997	0,9015
1,3	0,9032	0,9049	0,9066	0,9082	0,9099	0,9115	0,9131	0,9147	0,9162	0,9177
1,4	0,9192	0,9207	0,9222	0,9236	0,9251	0,9265	0,9279	0,9292	0,9306	0,9319
1,5	0,9332	0,9345	0,9357	0,9370	0,9382	0,9394	0,9406	0,9418	0,9429	0,9441
1,6	0,9452	0,9463	0,9474	0,9484	0,9495	0,9505	0,9515	0,9525	0,9535	0,9545
1,7	0,9554	0,9564	0,9573	0,9582	0,9591	0,9599	0,9608	0,9616	0,9625	0,9633
1,8	0,9641	0,9649	0,9656	0,9664	0,9671	0,9678	0,9686	0,9693	0,9699	0,9706
1,9	0,9713	0,9719	0,9726	0,9732	0,9738	0,9744	0,9750	0,9756	0,9761	0,9767
2,0	0,9772	0,9778	0,9783	0,9788	0,9793	0,9798	0,9803	0,9808	0,9812	0,9817
2,1	0,9821	0,9826	0,9830	0,9834	0,9838	0,9842	0,9846	0,9850	0,9854	0,9857
2,2	0,9861	0,9864	0,9868	0,9871	0,9875	0,9878	0,9881	0,9884	0,9887	0,9890
2,3	0,9893	0,9896	0,9898	0,9901	0,9904	0,9906	0,9909	0,9911	0,9913	0,9916
2,4	0,9918	0,9920	0,9922	0,9925	0,9927	0,9929	0,9931	0,9932	0,9934	0,9936
2,5	0,9938	0,9940	0,9941	0,9943	0,9945	0,9946	0,9948	0,9949	0,9951	0,9952
2,6	0,9953	0,9955	0,9956	0,9957	0,9959	0,9960	0,9961	0,9962	0,9963	0,9964
2,7	0,9965	0,9966	0,9967	0,9968	0,9969	0,9970	0,9971	0,9972	0,9973	0,9974
2,8	0,9974	0,9975	0,9976	0,9977	0,9977	0,9978	0,9979	0,9979	0,9980	0,9981
2,9	0,9981	0,9982	0,9982	0,9983	0,9984	0,9984	0,9985	0,9985	0,9986	0,9986
3,0	0,9986	0,9987	0,9987	0,9988	0,9988	0,9989	0,9989	0,9989	0,9990	0,9990
3,1	0,9990	0,9991	0,9991	0,9991	0,9992	0,9992	0,9992	0,9992	0,9993	0,9993
3,2	0,9993	0,9993	0,9994	0,9994	0,9994	0,9994	0,9994	0,9995	0,9995	0,9995
3,3	0,9995	0,9995	0,9995	0,9996	0,9996	0,9996	0,9996	0,9996	0,9996	0,9997
3,4	0,9997	0,9997	0,9997	0,9997	0,9997	0,9997	0,9997	0,9997	0,9997	0,9998
3,5	0,9998	0,9998	0,9998	0,9998	0,9998	0,9998	0,9998	0,9998	0,9998	0,9998
3,6	0,9998	0,9998	0,9999	0,9999	0,9999	0,9999	0,9999	0,9999	0,9999	0,9999
3,7	0,9999	0,9999	0,9999	0,9999	0,9999	0,9999	0,9999	0,9999	0,9999	0,9999
3,8	0,9999	0,9999	0,9999	0,9999	0,9999	0,9999	0,9999	0,9999	0,9999	0,9999
3,9	1,0000	1,0000	1,0000	1,0000	1,0000	1,0000	1,0000	1,0000	1,0000	1,0000
4,0	1,0000	1,0000	1,0000	1,0000	1,0000	1,0000	1,0000	1,0000	1,0000	1,0000

Indice degli Autori

A

Abraham, Ann · 49
Acharya, V. V. · 594
Aitken, J. · 153; 155
Akerlof, G. · 641
Alexander, C. · 369
Almgren, R. · 467; 486
Altman, E. I. · 374; 379; 390; 396; 424
Amato, J. D. · 391
Ambachtsheer, K. P. · 69
Amihud, Y. · 469
Aragonés, J. R. · 369
Artzner, P. · 242; 256
Avellaneda, M. · 506

B

Babbel, D. · 458
Bai, J. · 386
Bangia, A. · 467; 486
Barberis, J. · 652
Basak, S. · 256
Basel Committee on Banking Supervision · 155; 369; 413; 420; 449; 458; 476; 486; 561; 565; 570; 574; 575; 577; 580; 584; 585; 594; 597; 604; 610
Bates, D. S. · 506
Baud, N. · 458
Baxter, M. · 232
Bayes, T. · 366
Beaglehole, D. R. · 55; 69
Beaver, W. · 319
Beder, T. · 256
Berd, A. · 420
Berkowitz, J. · 366; 369
Black, F. · 528; 644
Blanco, C. · 369
Blankfein, L. · 533
Bluff, R. · 506
Board of Governors of the Federal Reserve System · 490; 506
Bogle, J. C. · 369
Bollerslev, T. · 185; 196

Boudoukh, J. · 256; 266; 277
Bowman, E. H. · 529
Box, G. E. P. · 192
Boyle, F. · 129
Boyle, P. · 129
Brady, B. · 379
Brunel, V. · 458
Brunner, K. · 505
Brunnermeier, M. K. · 486
Buffett, Warren · 60

C

Campagne, C. A. · 64
Canabarro, E. · 407; 420
Canter, M. S. · 69
Cao, J. · 633
Chen, J. · 633
Cherubini, U. · 219
Chishti, S. · 652
Chorafas, D. N. · 458
Chriss, N. · 467; 486
Christensen, C. M. · 652
Christoffersen, P. F. · 255; 271
Clemens, R. · 358; 369
Clunie, J. · 478; 486
Cole, J. B. · 69
Collin-Dufresne, P. · 386
Cont, R. · 506
Cooley, T. F. · 594
Credit Suisse Financial Products · 427; 435
Cumby, R. · 197
Curry, T. J. · 442

D

Darling, A. · 470
Davis, E. · 458
De Fontnouvelle, P. · 454; 458
De Jesus-Rueff, V. · 454; 458
De Wit, J. · 386
Delbaen, F. · 242; 256
Demarta, S. · 219
Denison, E. · 15

Derman, E. · 349; 496; 505; 506
Dev, A. · 625
Diebold, F. X. · 467; 486; 664
Doff, R. · 69
Doherty, N. A. · 664
Dowd, K. · 256; 369
Duffie, D. · 151; 155; 256; 319; 369; 396; 407; 420
Dunbar, N. · 664
Dupire, B. · 505
Dutta, K. · 458

E

Eber, J.-M. · 242; 256
Elices, A. · 503; 506
Embrechts, P. · 277
Engle, R. F. · 183; 185; 189; 197; 204; 219
Ergener, D. · 349
Euler, L. · 250

F

Fabozzi, F. J. · 319
Fama, E. F. · 175; 196
Farghadani, S. · 633
Federal Insurance Office · 69
Figlewski, S. · 197; 500
Financial Conduct Authority · 646
Financial Stability Board · 531
Finger, C. C. · 358; 369; 435; 576; 594
Flannery, B. P. · 322
Flavell, R. · 129
Fleming, M. J. · 15
Fons, J. S. · 390; 396
Frachot, A. · 458
Fraser, J. · 539
French, K. R. · 175; 196
Friedman, C. · 506
Froot, K. A. · 69
Frye, J. · 293

G

Geczy, C. · 129
Giles, M. · 412
Giménez, E. · 503; 506
Girling, P. X. · 458
Girsanov, I. V. · 228
Glasserman, P. · 369; 412; 506
Gnedenko, D. V. · 272
Gomory, R. · 664
Gonçalves, S. · 271
Gordy, M. B. · 426; 435; 560; 570
Gorton, G. · 165; 171
Graham, B. · 90
Grandchamp, N. · 506
Greenspan, A. · 482
Gregory, J. · 407; 420

H

Harvey, C. R. · 652
Hasbrook, J. · 197

Hassani, B. · 369
Heath, D. · 242; 256
Hendricks, D. · 278
Henrard, M. · 412
Heron, R. A. · 34; 41
Herring, R. J. · 664
Hopper, G. · 256
Hua, P. · 256; 369
Hull, J. C. · 137; 140; 154; 155; 171; 218; 222; 226; 231; 232; 268; 278; 293; 385; 389; 394; 396; 403; 407; 414; 420; 426; 498; 505; 507; 630; 633

I

Iben, T. · 396
International Organization of Securities Commissions · 155; 652
International Swaps and Derivatives Association · 351

J

J.P. Morgan · 185; 435
J.P. Morgan Chase · 507
Jackson, P. · 256
Jamshidian, F. · 293
Jarrow, R. A. · 437
Jensen, M. C. · 81; 97
Jones, F. J. · 129
Jordan, J. · 454; 458
Jorgensen, P. L. · 365
Jorion, P. · 256; 319; 664
Ju, X. · 664

K

Kahneman, D. · 535
Kane, A. · 197
Kang, C. · 369
Kang, W. · 369
Kani, I. · 349; 505
Kao, D. · 424
Kealhofer, S. · 396
Kendall, M. G. · 264
Keys, B. J. · 161; 171
Khorana, A. · 78; 97
Kim, J. · 358; 369
Kluppelberg, C · 277
Knight, F. H. · 663
Krinsman, A. N. · 171
Kruk, L. · 506
Kupiec, P. · 254; 358; 369

L

Lambrigger, D. D. · 458
Lando, D. · 424; 437
Lhabitant, F.-S. · 97
Lie, E. · 34; 41
Litterman, R. · 396; 528; 644
Litzenberger, R. H. · 55; 69; 129
Ljung, G. M. · 192
Longin, F. M. · 256

Indice degli Autori

Lopez, J. · 561; 570
Lucas, R. E. · 505
Luciano, E. · 219

M

Markowitz, H. · 2; 19; 283
Marshall, C. · 256
Matten, C. · 624; 625
Maude, D.-J. · 256
McCormack, P. · 458
McNeil, A. J. · 219; 278
Medapa, P. · 447
Meltzer, A. H. · 505
Merton, R. C. · 392; 393; 394; 396
Mezrich, J. · 189; 197; 204; 219
Mian, A. · 159; 171
Mikosch, T. · 277
Miller, M. H. · 129
Minton, B. A. · 129
Mukherjee, T. · 161; 171

N

Neftci, S. N. · 278
Nelken, I. · 394
Nelson, D. · 185; 197
Newman, J. · 506
Ng, V. · 185; 197
Noh, J. · 197

O

Osborn, T. · 539

P

Pan, J. · 256
Panjer, H. H. · 445
Parker, G. · 319
Passarelli, D. · 349
Pearson, N. · 664
Pedersen, L. H. · 486
Pengelley, M. · 420
Perraudin, W. · 256
Persaud, A. D. · 478; 486; 664
Picault, E. · 407; 420
Porter, M. E. · 537; 539
Poulos, Z. · 633
Predescu, M. · 385; 389; 396; 426
Press, W. H. · 322
Pykhtin, M. · 407; 420

R

Raynor, M. E. · 652
Rebonato, R. · 366; 369
Reitano, R. · 314; 319
Remolona, E. M. · 391
Rennie, A. · 232
Resti, A. · 379
Reynolds, C. E. · 55; 69
Richardson, M. · 256; 266; 277; 594
Rodriguez, R. J. · 396

Roll, R. · 175; 196
Roncalli, T. · 458
Rösch, D. · 369
Rosenberg, J. V. · 616; 619; 620; 625
Rosengren, E. · 454; 458
Ross, S. A. · 3; 19; 80; 97; 232
Rubinstein, M. · 505

S

Samad-Khan, A. · 447
Sandor, R. L. · 69
Sarkar, A. · 15
Scheule, H. · 369
Schrand, C. · 129
Schuermann, T. · 467; 486; 616; 619; 620; 625
Scott Reckard, E. · 539
Seru, A. · 161
Servaes, H. · 78; 97
Shapiro, A. · 256
Sharpe, W. · 2; 20
Sheedy, E. A. · 369
Sheen, A. · 458
Shevchenko, P. V. · 458
Shih, J. · 447
Siegel, M. · 256
Simkins, J. · 539
Singh, M. · 153; 155
Singleton, K. · 396
Sironi, A. · 379
Sironi, P. · 652
Skodeberg, T. · 424
Slovic, P. · 535
Smith, C. W. · 20
Smith, D. J. · 126
Sokol, A. · 231; 232; 420
Sorkin, A. R. · 171; 664
Stroughair, J. · 467; 486
Stuart, A. · 264
Stulz, R. M. · 20
Sufi, A. · 159; 171
Suo, W. · 505; 507

T

Taleb, N. N. · 349; 369; 537; 663
Tett, G. · 172; 664
Teukolsky, S. A. · 322
Teweles, R. J. · 129
Thomson, R. · 664
Tilman, L. · 407; 420
Tufano, P. · 97
Turnbull, S. M. · 437
Tversky, A. · 535

U

Umande, P. · 458

V

Vasicek, O. A. · 215; 219; 436; 570
Vecchiato, W. · 219
Vetterling, W. T. · 322

Vig, V. · 161; 171

W

Walter, I. · 594
Wang, Z. · 633
Warwick, B. · 129
White, A. · 218; 231; 232; 268; 278; 293; 385; 389; 394; 396; 407; 414; 420; 426
Whitelaw, R. · 256; 266; 277
Wilmott, P. · 256; 369
Winkler, R. · 358; 369
Wüthrich, M. V. · 458

X

Xu, X. · 506

Y

Yuan, J. · 633

Z

Zhang, P. G. · 664
Zhu, H. · 151; 155
Zhu, Y. · 293
Zimmerman, T. · 159; 172

Indice degli Argomenti

A

A fermo, 30, 719
A pronti, 105
A. W. Jones & Co., 85
Abacus, 453, 532
ABCP, *si veda* Asset-backed commercial paper
ABS CDOs, 163, 166, 169, 502, 659, 719
    CDO *of* CDO, 165
    high grade, 165
    mezzanine, 165
ABSs, *si veda* Asset-backed securities
Abu Dhabi Investment Authority, 41
Accettazioni bancarie, 547
Accordo di Basilea, 543, 545–49, 719
Accrual accounting, 38
Active strategies, 92
Add-on factors, 547, 558, 734
Adeguatezza del capitale, 27, 545, 719
Adjoint differentiation, 727
Adjustable-rate mortgages (ARMs), 158
Adoboli, Kweku, 653, 654
ADRs, *si veda* American Depository Receipts
Advanced IRB, 556
Advanced measurement approach (AMA), 441–43, 565
Adverse selection, 59, 455, 746
Agenzie di *rating*, 373
Aggiustamenti per la convessità, 497, 498, 719
AIDS, 53, 745
AIG, 149, 380, 410, 413
Akepa, 521
Al meglio, 30, 720
Alberi, 720
Alfa, 720
Alibaba, 635, 636
Alipay, 636
Allied Irish Bank, 451, 653, 654
Alpha multiplier, 413
Alternative investments, 84
AMA, *si veda* Advanced measurement approach
Amaranth, 89
Amazon, 650
Ambac, 410

Ameribor, 115
American Depository Receipts (ADRs), 94
American Financial Exchange, 115
AMP Capital Investors, 159
Analisi delle componenti principali, 323–24
Analisi di scenario, 448–49, 343–48, 355–68, 448–49, 720
    valutazione neutrale verso il rischio, e, 228–29
Analisi discriminante, 374
Analisi tecnica, 94
APIs, *si veda* Application programming interfaces
Apple, 635, 650
Application programming interfaces (APIs), 639–40
APT, *si veda* Arbitrage pricing theory
Arbitrage pricing theory (APT), 13, 736
Arbitraggi, 720
    regolamentari, 720
Arbitraggisti, 720
Archegos, 1, 654
Aree di controllo, regioni che producono elettricità, 124
Argentina, 94
ARMs, *si veda* Adjustable-rate mortgages
Arthur Andersen, 457
Ashanti Goldfields, 413, 474
Asian options, 125
Asimmetria, 345, 617
    negativa, 10, 345
    positiva, 344
Ask prices, 35, 142
Asset / liability management, 305
Asset class, 482
Asset correlation, 426
Asset management, 76
Asset swaps, 93, 385, 720
    spreads, 385
Asset-backed commercial paper (ABCP), 473
Asset-backed securities (ABSs), 161–65, 575, 576, 659, 719
    equity tranche, 162, 729
    mezzanine tranche, 162, 736

senior tranche, 162, 746
waterfall, 146, 162, 723
Assets under management, 86
Assicurazione dei depositi, 29–30, 544, 721
Assicurazione di portafoglio, 660, 721
Assicurazioni, 644–46
Assicurazioni danni, 43, 53–56, 61, 721
    beni di proprietà, 53
    beni di terzi, 53
    responsabilità civili, 53
Assicurazioni sanitarie, 43, 56–58
    piani collettivi, 58
Assicurazioni vita, 43, 44–53, 721
    a prestazioni definite, 47, 720
    a prestazioni definite caso-vita, 47
    a vita intera caso-morte, 44
    benefici fiscali, 45
    collettive, 47, 721
    temporanee, 721
    temporanee caso-morte, 44
    unit-linked, 47
    universal, 46
    variable, 46
    variable-universal, 47
    with profits, 47
Asta olandese, 31, 33, 721
At the money (opzioni), 738
ATMs, *si veda* Automated teller machines
Attività finanziarie
    prezzi e volatilità, 222–23
Attività ponderate per il rischio, 546, 721
Audits, 86
Australia, 79, 126
Autocorrelazione, 721
    tassi di rendimento (VaR), 247
    volatilità (GARCH), 191
Automated teller machines (ATMs), 37, 629
Available stable funding (ASF) *factor*, 476, 583
Average-price calls, 739
Average-price puts, 739
Average-strike calls, 739
Average-strike puts, 739
Azionari, indici, 732
    futures su, 731
    opzioni su, 740
Azzardo morale, 58

B

Back office, 452, 657, 721
Back-end loads, 78, 721
Backfilling, 95
Back-testing, 95, 252–55, 722
    eccezioni, 252
Backward induction, 733
Backward looking, 355, 368
Bail-in, 587
Bail-out, 16, 544, 587
Banca europea per gli investimenti (BEI), 517
Banca mondiale, 517
Banche commerciali, 24–30, 722
Banche d'investimento, 30–35
Banche di grandi dimensioni, 37–40
Banche e progresso tecnologico, 648–51

Bank for International Settlements (BIS), 108, 109, 545
Bank Holding Company Act (1956), 25
    Douglas Amendment (1957), 25
    emendamenti del 1970, 25
Bank of America, 36, 472
Bank of England (BoE), 470, 473, 474, 546
Bank runs, 29, 461, 470
Bankers Trust (BT), 126, 127, 532, 654, 658, 662
Banking book, 38, 168, 552, 555, 558, 566, 575, 722
    vs. *trading book*, 609
Bankruptcy filing, 147
Barclay Hedge Fund Indices, 90, 96
Barings Bank, 128, 544, 653, 654, 655, 664
Barrier options, 125
Base, 722
Basic indicator approach, 565
Basilea I, 545–49, 557, 594, 722
Basilea IA, 238, 552–55
Basilea II, 555–65, 722
    controllo prudenziale, 566–67
    disciplina di mercato, 567
    internal-rating based (IRB), 556, 559–65
    IRB avanzato, 556, 558
    IRB di base, 556, 561
    metodo standardizzato, 556
    rischio di credito, 556–65
    rischio operativo, 565–66
    tre pilastri, 555
Basilea II.5, 573–77, 593, 722
Basilea III, 413, 573, 577–86, 593, 623, 722
    capital conservation buffer, 579–80
    countercyclical buffer, 580
    leverage ratio, 580–81
    requisiti patrimoniali, 578–79
    rischio di controparte, 584–86
    rischio di liquidità, 581–84
Basket credit default swaps, 722
Basket options, 125
Bayes, teorema di, 366, 536
BBC, *si veda* British Broadcasting Corporation
Bear markets, 90
Bear Stearns, 26, 36, 306, 473
BEI, *si veda* Banca europea per gli investimenti
Beni di consumo, 722
Berkshire Hathaway, 60, 85, 519
Bespoke products, 363
Best efforts placements, 30, 720
Best, Alfred M., 55
Beta, 9, 526, 722
Beta-neutral strategies, 91
BI, *si veda* Business indicator
Bid prices, 35, 142
Bid-ask spreads, 35, 142, 148, 462, 727
    relativi, 465
Big data, 646
Bilateral clearing, 147
Binary credit default swaps, 722
Binary options, 125
Binomiale, modello, 736
Binomiali, alberi, 720
BIS, *si veda* Bank for International Settlements
Bitcoin, 634, 637, 638, 642, 722

Indice degli Argomenti

Black boxes, 506, 645
Black swans, 663
Black, modello di, 736
BlackRock, 519
Black-Scholes-Merton, modello, 736
Blockchain, 633–35, 722
    permissioned, 634
    permissionless, 634
Bloomberg Short-term Bank Yield Index (Bsby), 115
Bloomberg, Michael, 512
BNP Paribas, 441, 647
BoE, *si veda* Bank of England
Boesky, Ivan, 92
Bogle, John, 77, 643
Bolle, mercato immobiliare, 169
Bond funds, 77
Bond yield spreads, 384
Bond yields, 307–9, 384
Bonus, 592
Book value, 548
Brady Commission, 480
Brain storming, 358, 361
Branson, Richard, 470
Brasile, 94
Brent, indice dei prezzi, 123
BRI, *si veda* Bank for International Settlements
Brin, Sergei, 33
British Broadcasting Corporation (BBC), 470
Brokerage houses, 84
Brokerage services, 23
Brokers, 35
    discount, 35, 37
    full-service, 35, 37
Brookings Institute, 520
Brundtland, Gro Harlem, 520
Bsby, *si veda* Bloomberg Short-term Bank Yield Index
BT, *si veda* Bankers Trust
Bubbles, 483
Buchi neri di liquidità, 722
Buckets, 317, 354
Buffett, Warren, 85, 519
Bull markets, 90
Bunching, 254, 725
Business environment and internal control factors (BEICFs), 453
Business indicator (BI), 449
Business risks, 62, 615
Buy and hold, 724
Buying on margin, 106, 120

C

Calendario delle festività, 722
Calibrating instruments, 502
Calibration test, 568
Calibratura, 722
California, 55, 653, 654
California State Teachers' Retirement System (CalSTRS), 517
Call (opzioni), 118, 739
    average price, 739
    average strike, 739
    coperte, 723
    definizione, 118
Callable bonds, 738
CalSTRS, *si veda* California State Teachers' Retirement System
Cambiamenti di regime, 505
Campionatura con rimpiazzo, 271
Campioni casuali, generazione di, 206
Canada, 57, 79, 475
Cancelable swaps, 748
Cap and trade, 513
Cap rates, 121, 748
Capital adequacy, 545, 719
Capital asset pricing model (CAPM), 2, 8–13, 9, 91, 207, 736
Capital conservation buffer, 579–80, 746
Capital gains, 11
Capital value adjustment (KVA), 406, 420
Capitale, 723
    economico, 723
    nozionale, 115, 379, 723
    regolamentare, 543–69, 723
Capitale economico, 40, 611–25
    aggregazione, 618–21, 621–22
    componenti, 613–16
    definizione, 611–13
    parziale, 621
Capitalizzazione continua, 72–73, 723
Caplets, 723
CAPM, *si veda* Capital asset pricing model
Caps (su tassi d'interesse), 121, 723
    caplets, 723
    tasso *cap*, 121, 748
Carbon tax, 512, 513
Carney, Mark, 512, 519
Cartolarizzazioni, 161–65, 161, 723
Cascade approach, 735
Case-Shiller *index*, 157, 723
Cash
    flow mapping, 750
    settlement, 734
CAT *bonds*, 55, 738
Catastrophic risks, 54
Cayman Islands, 85
CBDCs, *si veda* Central bank digital currencies
CBOE, *si veda* Chicago Board Options Exchange
CBOT, *si veda* Chicago Board of Trade
CCAR, *si veda* Comprehensive capital analysis and review
CDDs, *si veda* Cooling degree days
CDOs, *si veda* Collateralized debt obligations
CDS *spread*, 381
CDS-*bond basis*, 385, 724
CDSs, *si veda* Credit default swaps
CDX NA IG, 382, 724
Central bank digital currencies (CBDCs), 639
Central Bank Digital Currencies (CBDCs)
    eNaira, 639
    Jam-Dex, 639
Central clearing, 145–46, 724
Central counterparties (CCPs), 143, 145, 589, 725
CFA Institute, 522
Chancellor of the Exchequer, 470

Channel Islands, 470
Chase Manhattan Bank, 26
Cheapest-to-deliver bonds, 381, 382, 738
Chemical Banking Corp., 26
Chicago Board of Trade (CBOT), 141
Chicago Board Options Exchange (CBOE), 118, 141
Chicago Mercantile Exchange (CME), 112, 122
Chinese walls, 37, 737
Cholesky, scomposizione di, 206, 746
Cina, 43, 635, 638
Citadel LLC, 87
Citicorp, 39
Citigroup, 24, 39, 41, 167, 483
Citron, Robert, 100, 653, 654, 655, 662
Clausole di co-assicurazione, 58
Clawbacks, 86, 534, 593, 724
    recovery account, 86
Clearing, 141–48
Clearinghouses, 145–46, 723
ClearPort, 146
Cliff risk, 166
Climate awareness bond, 517
Closed-end funds, 79, 730
CME, *si veda* Chicago Mercantile Exchange
CME Clearing, 154
CME Group, 123, 146
CO_2
    riduzione delle emissioni, 513, 516
Co-assicurazioni, 455
Coca-Cola, 522
CoCos, *si veda* Obbligazioni Convertibili Condizionate
Cohn, Gary, 533
Co-insurance provisions, 58, 455
Collars, 724, 730
Collateralization, 550, 724
Collateralization agreements, 144, 408
Collateralized debt obligations (CDOs), 163, 723
    sintetiche, 402–3
    squared, 724
    synthetic, 724
    valutazione, 402–3
Collateralized mortgage obligations (CMOs), 724
Collaterals, 558, 723
Combined ratios, 56
    after dividends, 56
Comitato di Basilea, 545, 573, 590, 593, 724
Commercial banking, 23
Commodity Futures Trading Commission (CFTC), 589
Compagnie d'assicurazione
    regolamentazione, 62–64
    rischi, 61–62
Compliance, 646–48, 646, 647
Component economic capital, 621
Component VaR, 250
Componenti principali, analisi delle, 720
Compound options, 125
Compounding swaps, 748
Comprehensive approach, 558
Comprehensive capital analysis and review (CCAR), 364, 723

Comprehensive risk measure (CRM), 576–77, 608, 736
Conditional default probabilities, 376
Conditional stress testing, 358
Conditional tail expectation, 241
Conditional VaR (C-VaR), 241, 750
Conduits, 162, 473, 661
Conferme, 725
Conflitti d'interesse, 35–37
Consegna, prezzi di, 742
Consumer Financial Protection Bureau, 590
Contagio creditizio, 391
Continental Illinois, 306
Contingency plans, 477
Contingent convertible bonds (CoCos), 586–89, 738
Contrattazioni elettroniche, 725
Contratti *forward*, 109–11, 474, 725
    confronto con i *futures*, 111–15
    confronto con le opzioni, 118–21
    definizione, 109
    e rischio di credito, 417–18
    posizione corta su, 109
    posizione lunga su, 109
    valore, 132
    valore finale, 110–11
Contratti *futures*, 111–15, 475, 725
    confronto con i *forwards*, 111–15
    definizione, 111–15
    differenze rispetto ai contratti di opzione, 118–21
    prezzi, 742
    su eurodollari, 731
    su indici azionari, 77
Controlli interni, 653
Controparti, 725
Convenience yields, 749
Convergence arbitrages, 359, 654, 659
Convertible bonds, 93
Convexity, 310–11, 310, 725
    di un portafoglio, 311–14
    in dollari, 311, 725
Convexity adjustments, 498
Cooke ratio, 546, 743
Cooke, Peter, 546
Cooling degree days (CDDs), 122, 723
Coperture
    dinamiche, 341, 479
    opzioni esotiche, 341–43
    statiche, 341–43
Copula correlation, 210, 560
Copule, 199, 207–13, 725
    aggregazione del capitale economico, 619
    Basilea II, 559–65
    fattoriali, 213
    Gaussiane, 208, 210
    Gaussiane multivariate, 213
    multivariate, 213
    portafogli di prestiti, 213–18
    t di Student, 211, 725
Core Tier 1 capital, 578, 623
Core variables, 358
Cornish e Fisher, espansione di, 345–46, 729
Corporate social responsibility (CSR), 517

CorporateMetrics, 238
Correlation matrices, 203
Correlazioni, 199–218, 725
    definizione, 199–201
    dipendenza e, 200
    matrici delle, 207, 735
    monitoraggio, 201–3
    nelle code, 726
    tra le insolvenze, 726
Corte, posizioni, 109, 741
Cost of carry, 726
Costi
    di immagazzinamento, 726
    di transazione, 333, 726
    fallimentari, 738
Costi d'agenzia, 168, 726
Countercyclical buffer, 580, 746
Counterparty credit risk, 584–86
Countrywide, 472
Coupon, 724
Coupon rates, 383
Covarianze, 726
    aggiornamento con il modello GARCH, 203
Covered calls, 723
Covid-19, pandemia, 53, 68, 177, 189, 261, 262, 290, 357, 515, 518
Crash-fobia, 726
Creation units, 80
Credit card receivables, 39, 719
Credit contagion, 391
Credit correlation, 423
Credit crunch, 654
    errori di valutazione, 165–66
Credit default swaps (CDSs), 85, 93, 379–83, 380, 399–401, 464, 565, 726
    index, 383
    reference entity, 379
    spread, 381, 384
Credit derivatives, 727
Credit equivalent amount, 547
Credit event, 379, 729
Credit mitigants, 563
Credit Risk Plus, 427–29, 615, 726
Credit scores
    FICO, 161, 730
Credit spread risk, 608
Credit spreads, 90, 384–86, 387, 481, 660, 747
Credit Suisse, 1, 586, 587, 654
Credit Suisse Financial Products, 427
Credit Suisse First Boston, 33
Credit support annexes (CSAs), 147, 149, 408, 410, 720
Credit value adjustment (CVA), 407–14, 412–13, 584, 719
    alcuni esempi, 415–18
    impatto di una nuova transazione, 410–11
Creditizi, *ratings*, 373
CreditMetrics, 238, 429–35, 615, 726
Credito, rischio di
    migrazione, 736
Creditworthiness, 373
Criptovalute, 637–39, 726
    binance coin (BNB), 638
    binance USD (BUSD), 638
    cardano (ADA), 638
    dai (DAI), 638
    dogecoin (DOGE), 638
    ethereum (ETH), 638
    polkadot (DOT), 638
    solana (SOL), 638
    terraUSD (UST), 639
    tether (USDT), 638
    USD coin (USDC), 638
    xrp (XRP), 638
Crisi finanziaria del 2007, 392
CRM, *si veda* Comprehensive risk measure
Cross gamma, 292
Crowdfunding, 641–42, 726
CSAs, *si veda* Credit support annexes
CSR, *si veda* Corporate social responsibility
Cultura del rischio, 531–34
Cure periods, 408–9, 408, 741
Currency swaps, 134–35
Current exposure method, 735
Current ratio, 374
Curry, Thomas J., 442
Curtosi, 178, 346, 617, 726
    leptocurtosi, 10
Curvature, 310, 334, 726
CVA, *si veda* Credit value adjustment
C-VaR, *si veda* Conditional VaR
Cyber risks, 441, 648

D

Danish Financial Supervisory Authority (DFSA), 365
Data mining, 95
Date
    di estinzione, 118, 726
    di scadenza, 118, 726
    di stacco dei dividendi, 727
Day traders, 10, 727
Debentures, 548
Debit value adjustment (DVA), 414, 719
Debt repudiation, 39
Debt rescheduling, 39
Debt-to-equity ratio, 374
Dedicated short strategies, 91
Deductibles, 58, 455
Default correlations, 165, 199–218, 199, 429
Default intensities, 376–77, 387, 733, 748
Default rates, 26, 216, 391, 427
    worst case, 214, 216, 559, 748
Default risk charge, 600, 604
Defaulted bonds, 91
Defined benefits, 64
Defined contributions, 64
Deleveraging, 481, 725
Delta, 325–33, 727
    call, 330
Delta hedging, 93, 360, 727
Delta neutral, 462
Denaro, prezzo, 724, 742
Deposit insurance, 544
DerivaGem, 727
Derivati, 108–21, 727
    altri, 121–27

atmosferici, 90, 121–23, 727
creditizi, 727
plain vanilla, 109–21, 741
sulla longevità, 53
Derivati su tassi d'interesse, 727
Deutsche Asset & Wealth Management (DWS), 522
Deutsche Bank, 522, 617, 658
capitale economico, 622–23
Deutsche Morgan Grenfell, 617
Developed countries, 94
Developing countries, 94
DFAST, *si veda* Dodd-Frank Act Stress Test
DFSA, *si veda* Danish Financial Supervisory Authority
Differenziali denaro-lettera, 35, 462
Digital Reasoning, 648
Digital wallets, 635
Dimon, Jamie, 638
Dipendenza, 200, 727
nelle code, 727
Directed brokerage, 84, 733
Directional strategies, 93
Direttiva sui requisiti patrimoniali, 591–93
Disclosure, 567
Disconoscimento del debito, 39
Discriminant analysis, 374
Disintermediazione, 629, 727
Distance to default, 395, 728
Distorsioni cognitive, 535–37, 644, 728
anchoring, 535
availability, 536
inversione della condizionalità, 536
representativeness, 536
sunk costs, 536
wishful thinking, 535
Distressed
bonds, 91
debt, 85
Distributed ledger technologies (DLTs), 634
Distribuzione cumulata, funzione di, 731
Distribuzioni
marginali, 728
normali, 177–80
normali multivariate, 205–7
normali standardizzate, 136, 728
Diversificazione, 663, 728
benefici della, 286
Dividend yields
continui, 749
Dividendi, 728
dividend yields, 749
DJX, *si veda* Dow Jones Industrial Average
DLTs, *si veda* Distributed ledger technologies
Dodd-Frank Act (2010), 26, 35, 63, 105, 167, 573, 589–90, 590, 591, 592, 593, 594, 728
Dodd-Frank Act Stress Test (DFAST), 364, 727
Dollar convexity, 311
Dollar duration, 309
Dollar-neutral strategies, 91
Domestic deposits, 29
Double defaults, 565
Douglas Amendment (1957), 25
Douglas, Michel, 93

Dow Jones Industrial Average (DJX), 176, 480, 647
Downgrade triggers, 410, 471, 550, 563, 728
Downgrades, 373
Downgrading, 164, 167
Downturn, 374
Draw-downs, 471
Drexel, 544
Driving record, 57
Duration, 307–9, 728
di Macaulay, 309, 728
di un portafoglio, 311–14
in dollari, 309, 729
matching, 740
modificata, 309
parziale, 314, 729
Dutch auction, 31, 33, 721
DV01, 299, 729
DVA, *si veda* Debit value adjustment
DWS, *si veda* Deutsche Asset & Wealth Management

E

EAD, *si veda* Exposure at default
Early termination event, 730
Early termination provision, 147
Early-warning indicators, 477
Eastman Kodak, 649
ECB, *si veda* European Central Bank
Effetti domino, 544
Effettivi, prezzi, 742
EGT, *si veda* European Growth Trust
EIB, *si veda* European Investment Bank
Eigenvalues, 321–22
Eigenvectors, 321–22
Electronic trading, 141, 725
Electronic trading platforms, 148
Elettricità, derivati sull', 124–25
Embedded triggers, 363
Emendamento del 1996, 552–55
Emerging countries, 94
Encumbered assets, 477
Endowment life insurance, 47, 720
pure, 47
unit-linked, 47
with profits, 47
Enron, 410, 457, 654, 659
Enterprise risk management (ERM), 525–38, 731
approcci *top-down* e *bottom-up*, 525
Environmental Protection Agency (EPA), 510
Environmental, Social, and Governance (ESG), 519–20
EPA, *si veda* Environmental Protection Agency
Equazione dello scambio di calore, 496
Equity, 548, 569
Equity capital, 578
Equity funds, 77
Equity swaps, 748
Equity-market neutral strategies, 91
Equivalente creditizio, 547, 729
ERM, *si veda* Enterprise risk management
ES, *si veda* Expected shortfall
Esercizio

Indice degli Argomenti

anticipato, 729
data di, 118
prezzo di, 118, 742
ESG, *si veda* Environmental, Social, and Governance
Esposizioni
al dettaglio, 564
correnti, 547
Ester (Euro Short-TErm Rate), 296
Esuberanza irrazionale, 167, 482
ETFs, *si veda* Exchange-traded funds
Ethereum, 642
E-trade, 35
Eulero, teorema di, 250, 622
Eurobbligazioni, 94
Eurodollari, 729
European Central Bank (ECB), 473
European Growth Trust (EGT), 617
European Investment Bank (EIB), 517
Eurovalute, 729
Event of default, 147, 729
EVT, *si veda* Extreme value theory
EWMA, *si veda* Modello a media mobile con pesi esponenziali
Exceptions, 554, 729
Excess cost layers, 60
Excess expected rate of return, 9, 231
Excess spreads, 730
Excess-of-loss reinsurance contracts, 60
Exchange-traded funds (ETFs), 75, 80, 85, 643, 730
actively managed, 80
Spider (SPY), 80
Expected losses, 388, 405, 407, 559, 563, 584, 612
Expected shortfall (ES), 241, 274, 730, 750
aggiustata per la liquidità, 605
corrente, 751
partial, 750
parziale, 607
weighted (WES), 607
Expedia, 629
Expense ratios, 55, 78, 743
Exposure at default (EAD), 560, 729
Extreme value theory (EVT), 272–74, 355, 750
esempio, 275–77
VaR, 274
Exxon, 521

F

Fabrice Tourre, 453
Face value, 379
Facial recognition, 636
Factor copulas, 213, 725
Factor loadings, 741
Factor scores, 743
Factor-neutral strategies, 91
Fair Isaac Corporation (FICO), 161, 730
Fair values, 80, 91, 93, 94, 671
Fair-value accounting, 504, 552, 730
Fannie Mae, 590, *si veda* Federal National Mortgage Association
FAS 157, 504

FASB, *si veda* Financial Accounting Standards Board
Fat tails, 177
Fattore moltiplicativo (requisiti patrimoniali), 554
Fattori, 730
di conversione, 730
Fattoriale, analisi, 720
FDIC, *si veda* Federal Deposit Insurance Corporation
FDIC Improvement Act (1991), 29
Federal Deposit Insurance Corporation (FDIC), 29, 589, 590
Federal Home Loan Mortgage Corporation (FHLMC), 39, 473, 590
Federal Insurance Office, 63, 567
Federal National Mortgage Association (FNMA), 39, 473, 590
Federal Reserve, 25
Federal Reserve Board (FRB), 36, 167, 473, 482, 590
FHLMC, *si veda* Federal Home Loan Mortgage Corporation
FICO, *si veda* Fair Isaac Corporation
FICO scores, 161, 534, 730
Fidelity, 76
Financial Accounting Standards Board (FASB), 504
Financial Conduct Authority (FCA)
sandbox, 646
Financial Services Authority (FSA), 108, 470
Financial Services Modernization Act (1999), 36
Financial Stability Board (FSB), 148, 512, 531
Financial Stability Oversight Council (FSOC), 589
Finanzwende, 522
Finer, Barry, 497
Fink, Larry, 519
FinTech, 629–52, 636, 749
Fire-sale prices, 461, 478
Firm commitments, 30, 719
Fisica, modelli della, 496–99
Fitch, 18, 373
Fixed-income securities, 93
Flash crash (6 maggio 2010), 647
Waddell & Reed Financial, 647
Flight to quality, 167, 357, 359, 392, 481, 654, 660, 661
Floor (in borsa), 141
Floor rates, 749
Floor-ceiling agreements, 724
Floorlets, 730
Floors, 121, 730
Florida, 60
FNMA, *si veda* Federal National Mortgage Association
Fondi comuni d'investimento, 75–84, 730
aperti, 75, 730
azionari, 77
chiusi, 79, 730
commissioni di collocamento, 78
commissioni di gestione, 78
commissioni di sottoscrizione, 78
commissioni di vendita, 78
costi di transazione, 78

gestiti in modo attivo, 81
index funds, 77, 730
misti, 77
obbligazionari, 77
quote, 75
riscatti, 75
spese di gestione, 78
tassi di rendimento, 83
valore patrimoniale netto, 77, 751
Fondi pensione, 64–67
a contributi definiti, 64, 731
a prestazioni definite, 64, 731
Foreclosures, 160, 590
Fortune, 85
Forward
prezzi, 742
tassi d'interesse, 748, 749
tassi di cambio, 748
tassi istantanei, 749
Forward rate agreements, 731
Forwards, si veda Contratti *forward*
Foundation IRB, 556
Fourier, trasformata di, 445
Franchigie, 58, 455
Frattili, 245
FRB, *si veda* Federal Reserve Board
Freddie Mac, *si veda* Federal Home Loan Mortgage Corporation
Frequenze di capitalizzazione, 71–73, 731
formule di conversione, 72–73
Friedman, Milton, 519
Front office, 657, 731
Front running, 84, 731
Front-end loads, 78, 731
Frontiera efficiente, 5–8, 528, 731
FRTB, *si veda* Fundamental review of the trading book
FSA, *si veda* Financial Services Authority
FTSE 100, 77
Fuji, 649
Fundamental review of the trading book (FRTB), 292, 597–609, 744
back testing, 607
default risk charge, 603–4
metodo dei modelli interni, 604–8
metodo standardizzato, 600–604
profit and loss attribution, 607–8
residual risk add-on, 604
sensitivities-based risk charge, 600–603
Funding value adjustment (FVA), 406, 420
Funds of funds, 85, 87, 730
Fusioni e acquisizioni
servizi di consulenza per, 33
Futures options, 136
Futures, contratti, *si veda* Contratti *futures*
FVA, *si veda* Funding value adjustment

G

Gamma, 333–35, 731
cross, 292
neutralità rispetto al, 334–35
neutralità rispetto al vega e al, 335, 336
GAO, *si veda* Guaranteed annuity option

Gap management, 317, 731
Garanzie, 408–9
personali, 565
principio di sostituzione, 565
reali, 558
GARP, *si veda* Global Association of Risk Professionals
Gas naturale, derivati sul, 89, 123–24
Gaussian copulas, 208, 211
GDPR, *si veda* General Data Protection Regulation
Gekko, Gordon, 93
General data protection regulation (GDPR), 648
General partnerships, 85
Gennaio 1988 - 8, 357
Germania
costi della transizione energetica, 512
Gerstner, Lou, 651
Gestioni patrimoniali, 642–44
high earners not rich yet (HENRYs), 643
high net worth individuals (HNWIs), 643
millennial generation, 644
tax loss harvesting, 643
GFANZ, *si veda* Glasgow Financial Alliance for Net Zero
Ghana, 474
Giappone, 101, 126
Ginnie Mae, *si veda* Government National Mortgage Association
Giorni
di calendario, 731
lavorativi, 731
Girsanov, teorema di, 228, 232, 749
Glasgow Financial Alliance for Net Zero (GFANZ), 512, 519
Glass-Steagall Act (1933), 36, 732
Global Association of Risk Professionals (GARP), 522
Global Reporting Initiative, 521
GNMA, *si veda* Government National Mortgage Association
Goldman Sachs, 36, 90, 453, 520, 532, 644
Goodwill, 548
Google, 33, 650
Government National Mortgage Association (GNMA), 39
Granite, 470
Grecia, 43
Green bonds, 517
Greenspan, Alan, 167, 482
Greenwashing, 521–22
Grida, 732
Griffin, Ken, 87
Group health insurance plans, 58
Group life insurances, 47, 721
contributory, 47
noncontributory, 47
Gruppo dei Trenta, raccomandazioni del, 549, 743
G-SIBs, 732
GSO Capital Partners, 382
Guaranteed annuity option (GAO), 49

Indice degli Argomenti 773

H

Hackers, 638
Haircuts, 145, 473, 474, 732
Hammersmith e Fulham, 452, 654, 662
Hashing, 633
Hazard rates, 376–77, 387, 733, 748
HDDs, *si veda* Heating degree days
Health insurance, 43, 56–58
Heartbeat monitoring, 636
Heat-exchange equation, 496
Heating degree days (HDDs), 122, 732
Hedge, 725
    funds, 732
    ratio, 743
Hedge funds, 75, 84–96, 360, 482
    assets under management, 86
    clawback, 86
    distressed debt, 85
    funds of funds, 85, 87, 730
    high water marks, 86
    hurdle rates, 85, 86, 749
    incentive fees, 86
    liquidità e, 484
    lock-up period, 86
    merger arbitrages, 85
    negotiating clouts, 90
    performance, 95–96
    performance fees, 85
    prime brokers, 89, 90, 733
    proportional adjustment clauses, 86
    recovery accounts, 86
    spin-offs, 85
    stock picking, 90
    strategie, 90–95
Hedgers, 732
Hedging
    delta, 325–33
    gamma, 333–35
    nella pratica, 66
    outside model, 725
    theta, 337
    vega, 335–36
    within model, 501, 725
Herd behaviors, 478
High water marks, 86, 746
    proportional adjustment clauses, 86
High-frequency trading (HFT), 647, 737
    Knight Capital Group, 647
    Waddell & Reed Financial, 647
Historical simulations, 259–77
HM Treasury, 470
Homogeneous expectations, 11
Hong Kong and Shanghai Banking Corporation (HSBC), 517
House of Lords, 452
Hovnanian enterprises, 382
HSBC, *si veda* Hong Kong and Shanghai Banking Corporation
Hunter, Brian, 89
Hurdle rates, 85, 86, 749
Hwang, Bill, 1, 654
Hybrid funds, 77

I

IAS 39, 504
IASB, *si veda* International Accounting Standards Board
IBM, 77, 105, 106, 634, 648, 651
    Watson® Regulatory Compliance, 648
ICE, *si veda* Intercontinental Exchange
ICE Clear Credit, 146
ICOs, *si veda* Initial coin offerings
Ida, uragano, 511
IDRC, *si veda* Incremental default risk charge
IEA, *si veda* International Energy Agency
IFRS9, 38, 732
IG, *si veda* Investment grade
IKB Deutsche Industriebank AG, 532
IKEA, 522
Iksil, Bruno, 494
Immunizzazione di portafoglio, 314
Implied volatilities, 499
In arrears, 379, 381
In the money (opzioni), 739
Incentive fees, 86
Inception profits, 658, 743
Incertezza (e rischio), 663
Incremental default risk charge (IDRC), 575
Incremental risk charge (IRC), 574, 575–76, 575, 599, 609, 615, 744
Incremental VaR, 250
Independent amount, 732
Index CDSs, 383
Index funds, 77, 82
Index futures, 77
Index spreads, 383
Indexation, 64
Indice VIX, 733
Indici creditizi, 382–83, 732
Indicizzazione, 64
Indipendenza, 733
Informazioni asimmetriche, 382
Initial coin offerings (ICOs), 642
Initial margins, 144
Initial public offerings (IPOs), 31, 33, 520, 738
Innocent drinks, 522
Innovazione finanziaria, 629–52
Inside information, 93
Insider trading, 444
Insolvenze
    CCPs, 154
    definizione, 381
    gestione delle, 150
    sui mutui, 167
Instantaneous conditional default rates, 376–77
InsurTech, 644–46
Intangible assets, 548
Intel, 118, 630
Intensità d'insolvenza, 376–77, 387, 733
Intercontinental Exchange (ICE), 123, 146
Interessi maturati, 733
Interest-rate futures, 93
Interest-rate options, 121
Interest-rate swaps, 133–34
Intergovernmental Panel on Climate Change (IPCC), 510

Intermediari finanziari, ruolo degli, 733
Internal loss multiplier, 450
Internal model-based approach, 568
International Accounting Standards Board (IASB), 504
International Energy Agency (IEA), 510
International Swaps and Derivatives Association (ISDA), 147, 380, 550, 733
Interstate banking, 25, 26
Investimenti alternativi, 733
Investimento, beni di
    beni di consumo e, 722
Investment banking, 23, 250
Investment banks, 30, 722
Investment Company Institute, 76, 80, 81, 85
Investment grade (IG), 18, 373, 382, 724, 733
Investment risks, 567
IPCC, *si veda* Intergovernmental Panel on Climate Change
IPOs, *si veda* Initial public offerings
Ipoteche, di 1° e 2° grado, 157
Ipotesi di costanza del livello di rischio, 434–35, 434, 576
IRB, *si veda* Basilea II - internal-rating based
IRC, *si veda* Incremental risk charge
Irlanda, 474
Irrational exuberance, 482
Isserlis, Leon, 347
Isserlis, teorema di, 347–48, 750
Itô, lemma di, 393
iTraxx Europe, 383, 733

J

J.P. Morgan, 26, 185, 237, 238, 429, 638
J.P. Morgan Chase, 24, 36, 76, 473, 494, 585
Jensen, Michael, 81
Jett, Joseph, 497, 498, 653, 654, 657
JOBS Act, *si veda* Jumpstart Our Business Startups Act
Jones, Alfred Winslow, 85, 90, 91
Jump to default risk, 608
Jumpstart Our Business Startups Act (2012), 642
Jump-to-default risk, 745
Junk bonds, 18, 91, 750

K

Kamakura, 374, 394
Kaufmann, Daniel, 520
Kerviel, Jérôme, 128, 442, 443, 618, 653, 654
Keurig, 522
Key risk indicators (KRIs), 453, 732
Kidder Peabody, 497, 498, 653, 654
Kirk, Stuart, 517
KMV, 374, 394
Knock-on effects, 359
Kray, Aart, 520
KRIs, *si veda* Key risk indicators
Kurtosis, 10, 346
Kuwait, 41
KVA, *si veda* Capital value adjustment

L

Late trading, 83
LCH Clearnet, 146, 154
LCR, *si veda* Liquidity coverage ratio
LDCs, *si veda* Less developed countries
Leeson, Nick, 128, 653, 654, 657
Legge dei grandi numeri, 54
Lehman Brothers, 16, 36, 90, 153, 167, 306, 357, 380, 411, 544, 582, 592, 661
Leptocurtiche, distribuzioni, 178, 179
Leptocurtosi, 733
Less developed countries (LDCs), 39, 94
Lettera, prezzi, 742
Lettere greche, 734, *si vedano anche* Delta, gamma, rho, theta e vega
    delta, 325–33
    gamma, 333–35
    relazione tra delta, theta e gamma, 339–41
    rho, 338–39
    theta, 337
    utilizzo delle, 325–43
    vega, 335–36
Leva finanziaria, 84, 673
Leverage, 84, 89, 93, 95, 359, 480, 660, 673
Leveraging, 481, 729
LGD, *si veda* Loss given default
Liability insurance, 53
Liar loans, 159, 741
Libor, curva, 734
Libor-in-arrears swaps, 498, 499, 748
Libor-OIS spread, 727
Life assurance vs. life insurance, 44
Life expectancy, 49, 52
Life insurances, 43, 721
Lifetime annuities, 47
    accumulated value, 48
    deferred, 48
    embedded options, 48
    penalty-free withdrawals, 48
    surrender value, 48
Limite centrale, teorema del, 178, 293, 614
Limiti di indennizzo, 455
Lineare, modello, 286–89, 737
Linee di credito
    a sostegno dell'emissione di titoli, 547
Lipper Tass hedge funds dataset, 95
Liquidità, 461–84, 461, 470
    rischio, 461–84
    teoria della preferenza per la, 750
Liquidity backstop arrangements, 473
Liquidity black holes, 478–84, 659
Liquidity coverage ratio (LCR), 582, 648, 732
Liquidity horizons, 576, 598, 604, 740
Liquidity ratios, 167
Liquidity shortfalls, 477
Liquidity-adjusted VaR, 467
Livelli di confidenza, 248, 734
Livello di rischio costante, 734
Livello medio di lungo periodo, 734
Living wills, 590, 592, 750
Ljung-Box, statistica di, 192
Lloyd's Banking Group, 587
Loan facilities, 472

Indice degli Argomenti 775

Loan-to-value ratios, 161
Local currency bonds, 94
Lock-up period, 86
Logaritmo naturale, 73
Log-normale, distribuzione, 728
London interbank bid rate (Libid), 734
London interbank offer rate (Libor), 734
London Stock Exchange (LSE), 470
London whale, 441, 464, 493, 494
Lone Star Funds, 165, 465
Long / short equity strategies, 90
Long position, 112
Longevity
    bonds, 53, 738
    derivatives, 53
    risk, 52–53, 745
Long-tail risks, 54, 745
Long-Term Capital Management (LTCM), 89, 93, 95, 359, 464, 481, 654, 659, 660
Lookback (opzioni), 125, 739
Loomis, Carol, 85
Loss adjustment expenses, 55
Loss distributions, 245, 616–17
    frequenza, 445, 446
    severità, 445, 446
Loss given default (LGD), 388, 560, 734, 740
Loss ratios, 55
LSE, *si veda* London Stock Exchange
LTCM, *si veda* Long-Term Capital Management
Lunghe, posizioni, 109, 741

M

M&A, *si veda* Mergers and acquisitions
MA, *si veda* Maturity adjustment
Macaulay, Frederick, 309
Machine learning, 489, 645, 648, 720
Madoff, Bernard, 128, 617
Management fees, 78
Manchester United, 535
Marcos, Ferdinand, 39
Margin calls, 474
Margin period at risk, 408, 741
Marginal VaR, 250
Margine d'intermediazione, 566, 734
Margini, 734
    di compensazione, 734
    di mantenimento, 734
    di variazione, 144, 734
    futures, 143–45
    iniziali, 144, 734
    opzioni, 120
    richieste di integrazione, 744
Market
    discipline, 555
    makers, 35, 734
    portfolio, 8
    timing, 12, 84, 749
    turmoil, 386
Market abuse, 148
Marketable securities, 471
Market-neutral strategies, 93
Marking
    to market (MTM), 38, 113, 464, 474, 552, 658, 719
    to model, 38, 658, 719
Massimali, 59
Master agreements, 147, 408, 410, 550, 592, 725
Matrici
    delle correlazioni, 203–5
    delle transizioni di *rating*, 424–25, **Errore. Segnalibro non valido nella voce a pagina** 437, 735
    delle varianze e covarianze, 203–5, 735
    positive semi-definite, 204
Maturity adjustment (MA), 426, 562
Maximum likelihood, 187–92
Maximum peak exposure, 409
May, Theresa, 109
McCarran-Ferguson Act (1945), 62
McDonough ratios, 557
McDonough, William, 557
McFadden Act (1927), 25
MCR, *si veda* Minimum capital requirement
Mean reversion, 186, 193
Media, ritorno verso la, 186, 193, 746
Medicaid, 57
Mercati
    di borsa, 735
    fuori borsa, 35
    normali, 735
    over the counter, 735
Mercati efficienti, ipotesi dei, 733
Mercato
    modello di, 736
    portafoglio di, 741
Mercato immobiliare, bolla del, 157–60
Mercury Asset Management, 617
Merger arbitrages, 85, 92
Mergers and acquisitions (M&A), 33
Merrill Lynch, 36, 164, 167, 465, 617
Merton, modello di, 392–95, 394, 395, 736
Mesocurtiche, distribuzioni, 178
Metallgesellschaft (MG), 464, 474, 475
Metodi
    avanzati di misurazione (AMA), 441–43, 565, 735
    base, 565, 735
    di massima verosimiglianza, 187–92, 735
    ibridi, 619, 735
    integrali, 558
    IRB, 559–65, 736
    model building, 735
    scorecard, 735
    standardizzati, 557–59, 565
Metodo *bootstrap*, 735
    tassi *forward*, 133
    VaR, 271
    zero rates, 101–2, 102
Metodo IRB
    avanzato, 563
    di base, 562
Metodo standardizzato
    rischio di credito, 557
    rischio operativo, 441, 565
Metro do Porto (MdP), 532
Metromile, 645

Mezzanine tranches, 166
MG, *si veda* Metallgesellschaft
Microsoft, 126
Middle office, 17, 657, 736
Mid-market prices, 118, 144, 148, 252, 408, 462, 465, 467
Millennial Disruption Index (MDI), 650
Millieudefensie, 516
Miners, 634, 637
Minimum capital requirements, 555, 568
Minimum transfer amount, 588, 732
Mismatches, 474
Misure di rischio
    coerenti, 244–45, 736
    spettrali, 245, 736
    spettrali esponenziali, 245
Model validation groups, 492–95
Modelli
    a media mobile con pesi esponenziali (EWMA), 737
    APT, 13, 736
    ARCH, 183
    binomiali, 736
    Black-Scholes-Merton, 736
    CAPM, 2, 91, 736
    condizionati, 615
    copula Gaussiana, 736
    di Black, 736
    di mercato, 736
    di Merton, 392–95, 736
    fattoriali, 737
    lineari, 286, 737
    non condizionati, 615
    pericoli, 505–6
    quadratici, 737
    specifici rispetto al ciclo, 615
    Vasicek, 215, 737
Modello a media mobile con pesi esponenziali (EWMA), 173, 183–85, 186, 189, 192, 730
    confronto con il GARCH, 186
    massima verosimiglianza, 187–92
Modello autoregressivo a eteroschedasticità condizionata (ARCH), 173
Modello autoregressivo generalizzato a eteroschedasticità condizionata (GARCH), 173, 185–86, 186, 189, 191, 737
    previsioni della volatilità, 192–95
    stima dei parametri, 187–92
    valutazione, 187–92
Modello della copula Gaussiana, 208, 213, 430
    unifattoriale, 559
Modello di Vasicek, 426
Modified duration, 309, 728
Money center banks, 23, 737
Money laundering, 444, 647
Money machines, 89, 168
Moneyness (opzioni), 118
Monte Carlo, simulazioni con il metodo, 409, 411, 747
    generazione di campioni casuali, 206
    simulazioni parziali, 735
    simulazioni ponderate, 503
Moody's, 18, 373, 394, 425
    Investor's Service, 378

Moore, Gordon, 630
Moral hazard, 58, 455, 456, 544, 592, 721
Morgan Stanley, 33, 36, 90
Mortality risk, 52–53, 745
Mortgages, 39
Mt. Gox, 638
Multibank holding companies, 25, 737
Mutual funds, 75–84, 84, 730
    actively managed, 81
    net asset value (NAV), 77, 79, 83, 84, 671, 751
    open-ended, 75
    redemptions, 75
    shares, 75
Mutui *subprime*, 654, 661
MVA, *si veda* Margin value adjustment
Mybank, 636

N

NA, *si veda* Nord America
NAIC, *si veda* National Association of Insurance Commissioners
NASA, 630
Nasdaq, 520
Nasdaq 100, indice, 176
National Association of Insurance Commissioners (NAIC), 62, 567, 737
National General Insurance, 645
National Westminster Bank, 654, 657
Nationally chartered banks, 25
NAV, *si veda* Mutual funds - net asset value
Negotiated ratings, 163
Negotiating clouts, 90
Negoziazione titoli, 35
Net interest income, 26
Net long biased strategies, 91
Net replacement ratio (NRR), 551, 743
Net short biased strategies, 91
Net stable funding ratio (NSFR), 475, 582, 648, 733
Netting, 147, 550–52, 738
Network for Greening the Financial System (NGFS), 510
Neural networks, 744
Neutrale verso il rischio
    mondo, 737
    probabilità, 392
    probabilità d'insolvenza, 742
    valutazione, 751
New York Stock Exchange (NYSE), 141, 462
NGFS, *si veda* Network for Greening the Financial System
NIF, *si veda* Note issuance facilities
Nikkei 225, 128, 654
NINJA, 159, 738
Node deltas, 727
Nomura, 1, 654
Non sistematici, rischi, 8, 745
Nonces, 634
Non-cumulative perpetual preferred stock, 548, 578
Non-investment-grade bonds, 18, 85, 91, 379, 462, 750

Indice degli Argomenti

Non-performing loans, 742
Nord America (NA), 382
Normale
    distribuzione bivariata, 205, 285, 728
    distribuzione multivariata, 728
    distribuzione univariata, 728
    mercato, 735
Northern Rock, 16, 306, 461, 470, 472, 474, 582, 661
Note issuance facilities (NIF), 547
Nozionale, capitale, 115, 379, 723
NRR, *si veda* Net replacement ratio
NSFR, *si veda* Net stable funding ratio
NYSE, *si veda* New York Stock Exchange

O

Obama, Barack, 26, 57, 573
Obbligazioni
    CAT *bonds*, 738
    catastrofali, 55
    cheapest to deliver, 738
    convertibili, 93, 738
    defaulted, 91
    distressed, 91
    junk, 18, 91
    non-investment grade, 18, 91, 379, 462
    off-the-run, 659
    on-the-run, 659
    rimborsabili anticipatamente, 738
    riscattabili, 738
    speculative grade, 379
    unsecured, 415
    valutazione, 100–101
    zero-coupon, 752
Objective probabilities, 367
OCC, *si veda* Office of the Comptroller of the Currency
OCSE, *si veda* Organizzazione per la Cooperazione e lo Sviluppo Economico
Off the run, 660
Off-balance-sheet items, 545, 546
Offer prices, 142, 742
Office of Credit Ratings, 590
Office of Financial Research (OFR), 589
Office of the Comptroller of the Currency (OCC), 442
OISs, *si veda* Overnight indexed swaps
Olayan Group LLC, 587
On the run, 660
One-bank holding companies, 25
Oneri fallimentari, 14–15
Open banking, 639–40
Open interest, 738
Open-end funds, 730
Operating ratios, 56
Operational risks, 27, 62, 565–66, 567
Opzioni, 118–21, 738
    americane, 118, 138–40, 738
    americane ed europee, 118
    asiatiche, 125, 738
    at the money, 738
    Bermuda, 738
    binarie, 125, 225–26, 739

    call, 118, 739
    composte, 125, 739
    con barriera, 125, 739
    definizione, 118
    differenze rispetto a *futures* e *forwards*, 118
    down-and-in, 739
    down-and-out, 739
    esotiche, 125–27, 739
    europee, 136–37, 739
    in the money, 739
    incorporate, 739
    lookback, 739
    modello non lineare, 292
    moneyness, 118
    premio, 118
    prezzo d'esercizio, 118
    put, 739
    replica statica, 744
    retrospettive, 125
    scadenza, 118
    sintetiche, 739
    su azioni, 740
    su *futures*, 739
    su obbligazioni, 740
    su panieri, 125, 740
    su tassi d'interesse, 121, 740
    su valute, 740
Orange County, 100, 653, 654, 662, 663
Organized trading facilities (OTFs), 149, 741
Organizzazione per la Cooperazione e lo Sviluppo Economico (OCSE), 546
Originate-to-distribute model, 38, 161, 473, 736
Origination, 30
Originators, 38, 472
Osaka, 654
OTC, *si veda* Over-the-counter
OTF, *si veda* Organized trading facilities
Ottobre 1987 - 19, 356, 479, 480, 660
Out of sample, 95
Out of the money (opzioni), 739
Over-collateralizations, 165, 740
Over-fitting, 505
Overnight indexed swaps (OISs), 740
    tasso fisso, 749
Overnight, riporto, 298
Over-parameterization, 505
Over-the-counter (OTC), mercati, 35
    collateralization, 359

P

P&G, *si veda* Procter & Gamble
P&L decomposition, 502, 710, 746
P2P, *si veda* Peer to peer
P2P loans, 741
Pacific, Gas & Electric (PG&E), 515
Page, Larry, 33
Panjer, algoritmo di, 445
Par values, 379, 751
Par yields, 384, 740
Paradosso di Bowman, 529
Paralleli, spostamenti (*term structure*), 311, 747
Paretiane, distribuzioni, 266, 272
    scale parameter, 273

shape parameter, 273
Partnership for Carbon Accounting Financials (PCAF), 514
Parziale, *duration*, 729
Parziali, simulazioni, 735
Passive, strategie, 92
Patient Protection and Affordable Care Act (2010), 57
Patrimonio
    di classe 1, 740
    di classe 2, 740
    di classe 3, 740
    primario, 548
    supplementare, 548
Paulson, John, 534
PayPal, 636, 650
PBGC, *si veda* Pension Benefit Guaranty Corporation (PBGC)
PCAF, *si veda* Partnership for Carbon Accounting Financials
PD, *si veda* Probabilità d'insolvenza
Peak exposure, 409–14, 729
Peer to peer (P2P), 640–41
    Funding Circle, 641
    Kiva, 641
    Peerform, 641
    Prosper, 641
Pension Benefit Guaranty Corporation (PBGC), 67
Pension plans, 401(k), 65
PeopleSoft, 34
Percentili, 245
Perdite su crediti, 405–20
    attese, 406–7
Pérez de Cuéller, Javier, 520
Perfect storm, 65
Performance fees, 85
Performing loans, 742
Peripheral variables, 358
Permanent life insurances, 44, 720
Peston, Robert, 470
Petrolio grezzo, derivati sul, 123
PG&E, *si veda* Pacific, Gas & Electric (PG&E)
Physical delivery, 379
PIL, *si veda* Prodotto interno lordo
Placing, 30
Platicurtiche, distribuzioni, 178
PNL, *si veda* Prodotto nazionale lordo
Poison pills, 33, 741
Poisson
    distribuzione di, 728
    processo di, 427
Policy limits, 59, 455
Policyholders, 43, 750
Ponderazione esponenziale, 741
Ponzi *games*, 128, 617
Ponzi, Charles, 128, 617
Portafogli
    immunizzazione dei, 732
    neutrali in termini di delta, 328, 741
    neutrali in termini di gamma, 334–35, 741
    neutrali in termini di vega, 335, 741
Portfolio selection theory, 283
Position limits, 465

Positive semi-definite, matrici, 746
Posizioni su opzioni (lunghe o corte), 120
Power law, 173, 178, 255, 274, 454, 733
Predatory lending, 159
Predatory trading, 464, 480, 749
Premi
    costo delle opzioni, 741
    per la liquidità, 741
Premiums, 43
Prestiti, 640–42
    crowdfunding, 641–42
    in bonis, 742
    in sofferenza, 742
    P2P, 640–41, 741
Prezzi
    d'esercizio, 118, 742
    denaro, 35, 142
    dinamica, 229–30
    forward, 132
    futures, 132
    lettera, 35, 142
    spot, 742
    tasso di crescita atteso, 230–31
Primary capital, 548
Prime brokers, 89, 90, 733
Prime rates, 296
Prince, Chuck, 483
Principal protected notes, 126
Private placements, 30, 62, 724
Probabilità
    oggettive, 367, 742
    soggettive, 368, 742
Probabilità d'insolvenza (PD), 559, 742
    asset swaps, 385
    condizionate, 376
    dati storici e, 375–78, 742
    e *credit spreads*, 386–88
    implicite, 742
    non condizionate, 376, 399, 742
    prezzi delle azioni e, 392–95
    prezzi delle obbligazioni e, 373–75
Probabilità di sopravvivenza, 376
Processi stocastici
    di Poisson, 743
Procter & Gamble (P&G), 126, 127, 532, 654, 656, 662, 663
Prodotti
    lineari, 326, 327, 496–97, 743
    non-lineari, 328, 743
    standard, valutazione, 499–504
    strutturati, 125–27, 659, 661, 743
Prodotto interno lordo (PIL), 364
Prodotto nazionale lordo (PNL), 13
Profitti e perdite, scomposizione, 502, 710, 746
Progresso tecnologico, 630–35
Propensione al rischio, 31, 526–31, 743
Property assessors, 161
Property-casualty insurances, 43, 53–56, 721
Proprietary trading, 167, 737
Prospect theory, 535
Public offerings, 30, 738
Punto base, 308, 743
Put (opzioni), 118, 739
    average price, 739

Indice degli Argomenti 779

definizione, 118
Put-call parity, 743
Puttable
    obbligazioni, 738
    swaps, 748

Q

Qatar Holding LLC, 587
QISs, *si veda* Quantitative impact studies
Quadratura Gaussiana, 403
Quality option, 382
Quantili, 245
Quantitative impact studies (QISs), 555, 568, 597, 747
Quantum Fund, 94
Quartili, 245

R

Rabobank Nederlands, 587
RAPM, *si veda* Risk-adjusted performance measurement
Rapporto di sostituzione netto, 551, 743
RAROC, *si veda* Risk-adjusted return on capital
Rate through the cycle, 374
Ratings, 373, 743
    concordati, 163
    interni, 374, 743
Ratings momentum, 424
RCSA, *si veda* Risk and control self assessment
Real world, 221, 737
Real-estate bubble, 157, 159
Recovery accounts, 86
Recovery rates, 378–79, 387
Redditi netti da interessi, 26, 304–7, 306, 743
Reference entity, 379, 747
Regime shifts, 505
Regno Unito, 48, 57, 160, 470, 473, 475
Regolamentazione, 483, 543–69, 646–48
    bancaria, 543–67, 573–95
    bancaria, prima del 1988, 545
    compagnie d'assicurazione, 62–64
    derivati OTC, 141–55
    dopo la crisi, 148–50
Regole di calcolo giorni, 722
RegTech, 646, 647–48, 749
Regulatory capital, 40
Rehypothecation, 152, 153, 744
Re-intermediazione, 629, 744
Relative-value strategies, 93, 481
Relazioni di causalità, 451
Renaissance Technologies, 86, 87
Rendite
    costanti, 744
    posticipate, 744
    variabili, 744
Rendite vitalizie, 47–48
    benefici fiscali, 48
    differite, 48
    opzioni incorporate, 48
    prelievi senza penali, 48
    valore accumulato, 48
    valore di recesso, 48

Repos, *si veda* Riporti
Repurchase agreements, *si veda* Riporti
Reputational risk, 615
Requisiti patrimoniali, 26–28, 578–79
    Basilea II.5, 573–77
    Basilea III, 577–86
    compagnie d'assicurazione, 60–61
Reserve requirements, 475
Reset dates, 726
Residential mortgages, 39
Residual risk add-on, 600, 604
Restructuring, 381, 386
Retail banking, 23, 721
Retinal scanning, 636
Return on assets (ROA), 374
Return on risk-adjusted capital (RORAC), 624
Reversals, 373
Reverse stress testing, 363
Reversion rate, 193, 752
Revisioni contabili, 86
Revolving loans, 564
RFRs, *si veda* Risk-Free Rates
Rho, 338, 744
Riassicurazioni, 59–60, 744
    extra perdite, 60
    fasce di costo extra, 60, 730
Ribilanciamenti, 330, 744
Ricerche empiriche, 744
Riegel-Neal Act (1994), 26
Right-way risk, 413–14, 745
Riporti, 297, 744
    a lunga scadenza, 298
    overnight, 298
Ripple effects, 473, 544
Rischi
    bancari, 40–41
    base, 745
    catastrofici, 54
    d'impresa, 745
    di credito, 745
    di liquidità, 659
    di mercato, 17, 745
    di modello, 745
    di reputazione, 14, 37, 363, 443, 456, 473, 516, 517, 529, 530, 532, 538, 613, 647
    di strascichi, 54
    di transizione, 512
    fisici, 512
    identificazione, 534–37
    industriali, 62
    non sistematici, 8, 745
    operativi, 27, 62, 745
    sistematici, 8, 745
    sistemici, 544, 745
    specifici, 744
Rischio
    aggregazione del, 17
    scomposizione del, 16
Rischio climatico, 509–19, 515
    ECB *stress test*, 514
    riduzione del valore delle abitazioni, 514
Rischio d'impresa
    capitale economico, 615
Rischio d'interesse, 93, 295–318

difficoltà di valutazione, 295
Rischio di credito, 93
   analisi storica delle insolvenze, 375–78
   Basilea III, 577–86
   capitale economico, 614
   contagio, 725
   mitigazione, 550
   quantificazione in base ai dati storici, 375–78
   quantificazione in base ai prezzi delle azioni, 392–95
   quantificazione in base ai prezzi delle obbligazioni, 389–92
   ratings, 373–75
   tassi d'interesse e, 296
   tassi di riporto, 297–98
Rischio di liquidità, 461–84, 581–84, 659–60
   black holes, 462, 464, 478–84
   funding, 462, 469–78, 745
   trading, 462–69, 745
Rischio di longevità, 52–53, 745
Rischio di mercato
   capitale economico, 613
   requisiti patrimoniali, 554
   rischio di credito e, 444
   rischio operativo e, 442
   valore a rischio, 553
Rischio di modello, 489–506
Rischio di mortalità, 52–53, 745
Rischio e rendimento
   investitori, 2–5
   società, 13–15
Rischio operativo, 565–66
   AMA, 441–43
   assicurazione, 455–56
   attività ponderate per il rischio, 556
   classificazione, 444–45
   definizione, 443–44
   frequenza e severità delle perdite, 445–49
   metodo avanzato di misurazione, 441–43
   metodo base, 441
   metodo standardizzato, 441
   RCSA e KRIs, 452
   requisiti patrimoniali, 556
Riserve obbligatorie, 475, 746
Risk aggregation, 17
Risk and control self assessment (RCSA), 452, 746
Risk appetite, 31, 526–31, 743
Risk culture, 726
Risk decomposition, 16
Risk factors, 286, 598, 730
Risk management
   pianificazione strategica e, 537–38
   sfide, 127
Risk sharing, 67
Risk weights, 292, 351, 546, 555, 600, 724
Risk-adjusted performance measurement (RAPM), 623–25
Risk-adjusted return on capital (RAROC), 611, 623–25, 743
Risk-free interest rates, 384
Risk-Free Rates (RFRs), 115
RiskMetrics, 185, 238
Risk-neutral world, 221, 737

Risk-weighted assets (RWA), 546, 562
Risultati analitici, 746
RMFI (*software*), 137, 139, 140, 338, 339, 360, 401, 403, 746, 753–58
   aspetti generali, 753–54
   CDOs, 756–58
   CDSs, 755–56
   lettere greche, 758
   opzioni su azioni, valute, indici azionari e *futures*, 754–55
ROA, *si veda* Return on assets
Road show, 30
Robertson, Julian, 85, 94
Robo advisers, 746
Robo-advisers, 642–44
   Betterment, 643
   Vanguard, 643
   Wealthfront, 643
Robotics process automation (RPA), 721
Robotics process automation (RPA), 630
Rogue trader insurance policies, 456
Rogue trader risk, 443, 452, 663
Rogue trading, 648
Roll back, 733
Rolling over, 306
RORAC, *si veda* Return on risk-adjusted capital
Royal Dutch Shell, 516
RSF factors, 583, 730
Rusnak, John, 128, 653, 654
Russia, 94, 357, 360, 481, 654
RWA, *si veda* Risk-weighted assets
Ryanair, 522

S

S&P, *si veda* Standard and Poor's
S&P 500, 48, 66, 77, 81, 96, 126, 132, 176, 356, 357, 733
S&P/Case-Shiller Composite 10, 157
SA-CCR, 561, *si veda* Standardized approach for counterparty credit risk
Sampling with replacement, 271
Santander, 532, 617
Sarbanes-Oxley Act (2002), 456–57, 746
Saron (Swiss Average Rate OverNight), 296
SASB, *si veda* Sustainability Accounting Standards Board
Sasson, Steven J., 649
Scandali nel settore dei fondi comuni d'investimento
   directed brokerage, 84
   front running, 84
   late trading, 83, 733
   market timing, 84
Scenari dinamici, 360, 746
Schemi di copertura dinamici, 725
Schloss, Walter J., 85
Schmidt, Eric, 33
Scoperte, posizioni coperte e, 741
Scoperto, vendite allo, 106–8, 106–8, 752
SCR, *si veda* Solvency capital requirement
Scratch, 650
Scrivere un'opzione, 120, 746

Indice degli Argomenti

SEC, *si veda* Securities and Exchange Commission
Secchi, prezzi, 742
Sector-neutral strategies, 91
Securities, 30
Securities and Exchange Commission (SEC), 33, 80, 83, 85, 520, 647, 746
Securities firms, 35
Securities trading, 35
Securitizations, 161, 723
SEFs, *si veda* Swap execution facilities
Selezione avversa, 59
Selling expenses, 55
Seniority, 382, 563
Senn, Magdalena, 522
Sensitivities-based risk charge, 600, 603, 604
Sensitivity, 9
  in dollari, 311
Settembre 2001 - 11, 357
Settembre 2008 - 15, 357
Settlement amount, 148
Shadow banking, 646, 733
Shadow banks, 535
Shared socioeconomic pathways (SSPs), 510
Shark Tank, 642
Short position, 112
Short selling, 80, 106–8
SIFIs, *si veda* Systemically important financial institutions
SIMM, *si veda* Standard initial margin model
Simons, Jim, 86, 87
Simple approach, 558
Simulazioni storiche, 259–77, 355
Singapore, 41, 654
Sistematici, rischi, 8
Sistemi di pagamento, 635–39
  Alipay, 635
  ApplePay, 635
  Google Wallet, 635
  PayPal, 635
  Tencent, 635
Skewness, 10, 345, 720
Smart contracts, 638
Société Générale (SocGen), 127, 128, 441, 442, 618, 653, 654
Software, *si veda* RMFI
Soggetto di riferimento, 379
Solar radiation management, 512
Solvency, 461, 470
Solvency capital requirement (SCR), 568, 579
Solvency I, 64, 567, 747
Solvency II, 567–69, 747
  metodo dei modelli interni, 568
  metodo standardizzato, 568
Solvency Risk, 745
Sonia (Sterling OverNight Index Average), 296
Soros, George, 85, 94
Sostenibilità, 520–21
Sovereign bonds, 18
Sovereign wealth funds (SWFs), 41, 484, 731
Special purpose vehicles (SPVs), 162, 661
Specific risk capital charge, 615
Specific risk charge (SRC), 553
Speculative grade bonds, 18, 379, 750

Speranza di vita, 49, 52
Spinning, 31
Spin-offs, 85
Spot, tassi d'interesse, 748
Spreads
  creditizi, 660
  di liquidità, 660
SPVs, *si veda* Special purpose vehicles
Square, 650
Squeeze, 106
SR 11-7, 490, 747
SRC, *si veda* Specific risk charge
SSPs, *si veda* Shared socioeconomic pathways
Stakeholders, 92
Standard & Poor's (S&P), 18, 159, 373
Standard initial margin model (SIMM), 150, 737
Standardized approach, 556, 565, 568
Standardized approach for counterparty credit risk (SA-CCR), 588–89, 736
Standardized measurement approach (SMA), 735
Start-ups, 635, 650
State-chartered banks, 25
Statiche, coperture, 725
Statistical quality test, 568
Stock options, 169
Stock picking, 79, 90
Stop-loss orders, 479, 740
Storiche
  analisi delle insolvenze, 375–78
  simulazioni, 747
Strategic risk, 615
Strategie di *trading*
  attive, 92
  beta-neutral, 91
  convertible arbitrage, 93
  dedicated short, 91
  directional, 93
  dollar-neutral, 91
  equity-market neutral, 91
  factor neutral, 91
  global macro, 94
  long / short equity, 90
  market neutral, 93
  merger arbitrage, 92
  net long biased, 91
  net short biased, 91
  passive, 92
  relative value, 93, 481
  sector neutral, 91
Stress testing, 89, 355–68, 656, 747
  condizionato, 358
  reverse, 360, 742
Stressed ES, 264, 729
Stressed VaR, 264, 574–75, 751
Structured products, 659, 661
Student t-copula, 211
Stumpf, John, 530
Subjective probabilities, 368
Subordinated debt, 548, 578
Subprime mortgages, 157, 654, 661, 737
Substitution approach, 565
Supervisory review, 555, 568
Supplementary capital, 548
Survival probabilities, 376

Survivor bonds, 53, 738
Sustainability Accounting Standards Board (SASB), 521
Sutton, Willie, 442
Swap execution facilities (SEFs), 149, 741
Swap rates, 749
SwapClear, 146
Swaps, 115–18, 748
   credit default, 379–83
   su tassi d'interesse, 115, 121, 133–34, 748
   su valute, 134–35, 748
   trasformazione delle attività mediante, 117
   trasformazione delle passività mediante, 116–17
Swaptions, 121, 654, 748
SWFs, *si veda* Sovereign wealth funds
Swing options (energia), 125
Swings, 360
Swiss Re, 60
Synthetic CDOs, 402–3
Systemic risks, 544
Systemically important financial institutions (SIFIs), 590, 592

T

t di Student, distribuzione, 728
   bivariata, 211
Tail correlation, 211
Tail dependence, 727
Tail loss, 241, 750
Take-and-pay options (energia), 125
Target companies, 92
Task Force on Climate-Related Financial Disclosures (TCFD), 512, 516, 518
Tassi
   cap, 121
   cedolari, 383
   d'azzardo, 376–77, 387, 748
   di covarianza, 201
   di recupero, 243, 378–79, 749
   di rendimento, 749
   di riporto, 749
   di sconto, 749
   di varianza, 180, 749
Tassi *cap*, 748
Tassi d'insolvenza, 26, 391, 427
   istantanei condizionati, 376–77
   nello scenario peggiore, 214, 559, 563, 748
Tassi d'interesse
   dei titoli di Stato, 101–2
   forward rates, 99
   in eurodollari, 748
   privi di rischio, 384, 748
   zero curve, 99
   zero rates, 99
Tassi di rendimento
   alla pari, 384
   effettivi, 307–9, 749
   obbligazioni, 101, 384
Tassi di riporto
   a lunga scadenza, 298
Tassi, tipologie
   dei titoli di Stato, 296
   di riporto, 297–98
Tavole di mortalità, 49–52
Taylor, Brook
   espansione in serie di, 351–54, 339, 729
TCFD, *si veda* Task Force on Climate-Related Financial Disclosures
Teaser interest rates, 158, 748
Technical analysis, 94
Temporale
   declino, 337
   orizzonte, 246–47
Teorema del limite centrale, 749
Teoria della selezione del portafoglio, 283
Teoria delle aspettative, 750
Term repos, 298
Term structure
   tassi d'interesse, 747
   volatilità, 747
Test
   di calibratura, 568
   di qualità statistica, 568
   di utilizzo, 568
Theta, 337, 750
Threshold, 751
Ticker, 118
Tier 1 capital, 548, 554, 567, 569, 578, 623
Tier 1 equity capital, 578, 587
Tier 2 capital, 548, 554, 567, 569, 578
Tier 3 capital, 554, 567, 569
Time decay, 186
Time to default, 213
Tonar (Tokyo OverNight Average Rate), 296
Too big to fail, 544, 592
Total expense ratios, 78, 732
Total exposure, 580
Total return swaps, 750
Total shareholder costs, 78
Tourre, Fabrice, 534
Track record, 95
Tracking errors, 78, 729
Tracking portfolios, 77
Trade repositories, 148, 149
Trading
   negative feedback, 478, 747
   positive feedback, 478, 747
Trading book, 38, 168, 552, 558, 575, 750
   credit spreads, 431–35
   incremental risk charge, 574
   vs. *banking book*, 609
Trading rules, 95
Traffic light options, 365
Tranche spread, 402
Tranches, 750
Tranching out, 464
Travelocity, 629
Treasury bills, 296, 722
Treasury bonds, 296, 722
Treasury notes, 724
Treasury rates, 101, 296
Tripartite Authority, 470
Troubled Asset Relief Program (TARP), 593
Type I error, 375
Type II error, 375

Indice degli Argomenti

U

U.S. Department of Energy, 121
UBS, 167, 586, 653, 654
UE, *si veda* Unione Europea
UL, *si veda* Universal life insurance
Uncleared trades, 149–50, 737
Unconditional default probabilities, 376
Underwriting, 30
    risks, 567
Unexpected losses, 563, 612
Unilever, 617
Unione Europea (UE), 63, 473, 555, 591
Unit trusts, 75, 730
Universal life insurance (UL), 46, 750
Unwinding, 464
Up-and-in (opzioni), 739
Up-and-out (opzioni), 739
Upgrades, 373
Up-tick, regola dell', 107, 108
US Department of Social Security, 49
Use test, 568

V

Valdez, nave, 521
Valore
    atteso di una variabile, 751
    finale, 751
    intrinseco (opzioni), 751
    nominale, 751
    temporale (opzioni), 751
Valore a rischio (VaR), 750
    accuratezza, 264–66
    aggiustato per il rischio di liquidità, 467, 751
    back-testing, 252–55
    benefici della diversificazione, 286
    condizionato (C-VaR), 241, 750
    corrente, 751
    costruzione di un modello e simulazioni
        storiche, 292
    creditizio, 423–35, 751
    creditizio e capitale economico, 614
    definizione, 237
    determinazione, 283–86
    di mercato, 584
    esempi, 238–40
    estensioni, 266–71
    expected shortfall e, 240–42
    historical simulation approach, 259–77
    incrementale, 250, 751
    livelli patrimoniali minimi, 242–44, 245–49
    marginale, 250, 751
    metodo varianze-covarianze, 283–93
    metodologia base, 259–64
    model-building approach, 283–93
    modello lineare, 286–89, 290–91, 737
    nuove misure, 597–608
    parziale, 250, 751
    stressato, 574–75
Valore finale
    call, 329
    forward, 110–11
Valutazione neutrale verso il rischio, 223–27
    analisi di scenario, e, 228–29
    Black, Scholes e Merton, 226
    forwards, 224–25
    opzioni binarie, 225–26
    probabilità d'insolvenza, 227
    uno o più eventi, 226–27
Valute digitali, 751
Vanguard 500 Index Fund, 77
Variabili
    deterministiche, 751
    sottostanti, 751
    stocastiche, 751
Variabili di mercato
    variazioni estreme, 356–61
Variable life insurances (VL), 46, 752
Variable-universal life insurance (VUL), 47
Variance rate, 174, 180
Variance targeting, 189
Variance-covariance matrices, 204
Vasicek, modello di, 215, 737
Vaults, 475
Vega, 335–36, 752
    hedging, 335–36
Vendite allo scoperto, 80, 106–8
Venezuela, 94
Viacom, 650
Virgin Group, 470
VIX, indice, 176–77
VL, *si veda* Variable life insurance
Voci fuori bilancio, 545, 546
Voice authentication, 636
Volatilità, 173–95, 752
    aggiornamento, 268, 719
    definizione, 173–75
    implicite, 176–77, 499, 752
    metodi di massima verosimiglianza, 187–92
    modello EWMA, 183–85
    modello GARCH per le previsioni, 192–95
    modello GARCH per le stime, 185–86
    spot, 752
    storiche, 752
    superfici di, 499, 501, 747
    term structure, 747
    vega, sensitività alle variazioni della, 335–36
Volatility
    skews, 747
    smiles, 747
    surfaces, 499, 501, 747
Volcker rule, 105, 589, 592, 744
Volcker, Paul, 589
VUL, *si veda* Variable-universal life insurance
VXD, indice, 176
VXN, indice, 176

W

Wall Street, 93
Washington Mutual, 26
WCDR, *si veda* Worst-case default rate
Weather derivatives, 727
Weather Risk Management Association, 122
Weatherstone, Dennis, 238
Weighted sensitivities, 292, 351, 600, 746
Wells Fargo, 530, 650

WGI, *si veda* Worldwide governance indicators
Whole life insurances, 44, 720
Wholesale banking, 23, 721
Withdrawals, 471
World Bank, 517, 520
World Trade Center, 357
Worldwide governance indicators (WGI), 520
Worst-case
  default rate (WCDR), 426, 559
  scenarios, 360, 461
Wrong-way risk, 363, 413–14, 745

X

Xerox, 410

Y

Yield curve play, 100
Young, Peter, 617

Z

Zero curve, 726
  metodo *bootstrap*, 101–2
  spostamenti non paralleli, 314–17
  spostamenti paralleli, 311–14
Zero emissioni, obiettivo, 518
Zero rate, 752
Zero-coupon bonds
  tassi d'interesse, 752
Z-scores, 374, 752

Indice delle Figure

Figura 1.1 Titoli rischiosi: possibili alternative.   3
Figura 1.2 Due titoli rischiosi: combinazioni rischio/rendimento.   5
Figura 1.3 Frontiera efficiente dei titoli rischiosi.   6
Figura 1.4 Frontiera efficiente (titoli rischiosi e non rischiosi).   7
Figura 1.5 *Capital asset pricing model*.   9
Figura 1.6 Relazione tra $E(R_P)$ e R_M.   12
Figura 3.1 Assicurazione "a vita intera" per un uomo di 40 anni: *cash flow* atteso.   46
Figura 4a.1 Curva degli *zero rates* costruita in base al metodo *bootstrap*.   102
Figura 5.1 Dimensione dei mercati dei derivati trattati in borsa e *over the counter*.   108
Figura 5.2 Valore finale del contratto *forward*.   110
Figura 5.3 Un *interest-rate swap* del tipo *plain vanilla*.   116
Figura 5.4 Acquisto di una *call* e di una *put* su 100 azioni Intel.   120
Figura 5d.1 Albero binomiale per una *put* americana.   139
Figura 6.1 Mercati OTC: (a) *bilateral clearing*, (b) *central clearing*.   143
Figura 6.2 Ruolo della CCP nei mercati OTC.   145
Figura 6.3 *Clearing*: tre *traders* e una CCP (contratti standard e fuori standard).   152
Figura 7.1 Mercato immobiliare USA: indice S&P/Case-Shiller Composite 10.   158
Figura 7.2 *Asset-backed security* (ABS).   162
Figura 7.3 *Waterfall* (ABS).   163
Figura 7.4 ABS CDO semplificato.   164
Figura 7.5 ABS, Mezzanine ABS CDO e CDO di CDO.   166
Figura 8.1 Indice VIX (gennaio 2004 - maggio 2023).   176
Figura 8.2 Distribuzione leptocurtica e distribuzione normale.   179
Figura 8.3 *Power law*: tassi di variazione dei tassi di cambio.   180
Figura 8.4 S&P 500 (2 febbraio 2017 - 1° febbraio 2022).   190
Figura 8.5 S&P 500: volatilità giornaliera (6 febbraio 2017 - 1° febbraio 2022).   190
Figura 8.6 Dinamica attesa del tasso di varianza.   193
Figura 9.1 Tre esempi dei modi in cui V_2 può dipendere da V_1.   201
Figura 9.2 Funzioni di densità triangolari di V_1 e V_2.   208
Figura 9.3 Come definire con una copula la distribuzione congiunta di V_1 e V_2.   210
Figura 9.4 5.000 osservazioni estratte da una normale bivariata.   212
Figura 9.5 5.000 osservazioni estratte da una *t* di Student bivariata.   212
Figura 9.6 Funzione di densità del *default rate*.   217
Figura 11.1 Distribuzione dei profitti: il VaR all'$X\%$ è pari a V.   238

Figura 11.2	Distribuzione delle perdite: il VaR all'$X\%$ è pari a V.	239
Figura 11.3	Funzione di distribuzione delle perdite.	240
Figura 11.4	Perdita potenziale maggiore rispetto alla Figura 11.1 (a parità di VaR).	241
Figura 11.5	Misure di rischio spettrali.	246
Figura 12.1	Istogramma delle perdite stimate per il 9 luglio 2020.	262
Figura 14.1	Zero curve dopo lo spostamento del tasso a 5 anni.	299
Figura 14.2	I tre principali fattori che guidano l'evoluzione dei *Treasury rates*.	303
Figura 14.3	Portafogli obbligazionari con uguale *duration* ma diversa *convexity*.	310
Figura 14.4	Zero curve: spostamento parallelo.	312
Figura 14.5	Zero curve.	315
Figura 14.6	Zero curve dopo lo spostamento di uno dei suoi punti.	315
Figura 14.7	Zero curve dopo la rotazione.	316
Figura 14.8	Zero curve dopo la modifica considerata dal metodo dei *buckets*.	317
Figura 15.1	Un prodotto lineare.	327
Figura 15.2	Valore di una *call* in funzione del prezzo dell'azione sottostante.	329
Figura 15.3	Delta di una *call* in funzione del prezzo dell'azione sottostante.	330
Figura 15.4	L'errore di copertura determinato dalla curvatura (o gamma).	333
Figura 15.5	Il gamma di un'opzione in funzione del prezzo dell'azione.	334
Figura 15.6	Il vega di un'opzione in funzione del prezzo dell'azione.	336
Figura 15.7	Il theta di una *call* europea in funzione del prezzo dell'azione.	337
Figura 15.8	Il theta di una *call* europea in funzione della vita residua.	338
Figura 15.9	Possibili relazioni tra il ΔP e il ΔS di un portafoglio con delta nullo.	340
Figura 15.10	Replica statica delle opzioni esotiche.	343
Figura 15.11	Distribuzione probabilistica del valore di una *call* lunga.	344
Figura 15.12	Distribuzione probabilistica del valore di una *call* corta.	345
Figura 15a.1	Relazione tra λ e β.	353
Figura 17.1	*Credit default swap*.	380
Figura 18.1	Esposizione attesa su coppie di *interest-rate swaps* e *currency swaps*.	416
Figura 18.2	La Banca A entra in due *interest rate swaps* di segno opposto.	419
Figura 19.1	Distribuzione delle perdite per insolvenza.	429
Figura 19.2	CreditMetrics: transizioni di *rating*.	432
Figura 20.1	Rischio operativo: stima Monte Carlo della *loss distribution*.	446
Figura 21.1	Prezzi *bid* e *ask* in funzione della quantità negoziata.	463
Figura 21.2	*Leveraging*.	481
Figura 21.3	*Deleveraging*.	481
Figura 22.1	Metodo usato per valutare i contratti fuori standard.	502
Figura 24.1	Tassi di rendimento di un portafoglio: media e deviazione standard.	527
Figura 25.1	Funzione di densità delle perdite e requisiti patrimoniali.	559
Figura 27.1	*Curvature risk charge*: metodo di calcolo.	603
Figura 28.1	*Loss distribution* a 1 anno e capitale economico.	612
Figura 28.2	Classificazione dei rischi e capitale regolamentare.	613
Figura 28.3	*Loss distribution*: rischio di mercato.	616
Figura 28.4	*Loss distribution*: rischio di credito.	616
Figura 28.5	*Loss distribution*: rischio operativo.	616
Figura 29.1	Statistica e *machine learning*.	631
Figura 29.2	Valore di un *bitcoin* in dollari statunitensi.	637
Figura s1	Valutazione di una *put* americana con RMFI 1.00a.	754
Figura s2	Calcolo dei CDS *spreads* con RMFI 1.00a.	756
Figura s3	Calcolo degli *spreads* e dell'*upfront* di una CDO con RMFI 1.00a.	757

Indice delle Tavole

Tavola 1.1   Azioni: tassi di rendimento a 1 anno   2
Tavola 1.2   Valore atteso e deviazione standard di un portafoglio.   4
Tavola 2.1   Concentrazione bancaria negli Stati Uniti.   24
Tavola 2.2   Stato patrimoniale di DLC (fine 2023, $ milioni).   27
Tavola 2.3   Conto economico di DLC (2023, $ milioni).   27
Tavola 2.4   Stato patrimoniale di DLC: nuova ipotesi (fine 2018, $ milioni).   28
Tavola 3.1   Tavola di mortalità (U.S.A, 2020)   50
Tavola 3.2   Assicurazioni danni: *operating ratio*.   56
Tavola 3.3   Compagnie d'assicurazione vita: schema semplificato del bilancio.   61
Tavola 3.4   Compagnie d'assicurazione danni: schema semplificato del bilancio.   61
Tavola 3a.1 Capitalizzazione degli interessi e valore finale di un investimento.   72
Tavola 4.1   Fondi comuni aperti in USA: attività in portafoglio.   76
Tavola 4.2   Fondi comuni: rapporto tra *total shareholder cost* e attività (%).   79
Tavola 4.3   Fondi comuni d'investimento: persistenza degli alfa positivi.   82
Tavola 4.4   Investire in un *hedge fund*: tasso di rendimento atteso.   88
Tavola 4.5   *Performance* degli *hedge funds* (2008-22).   96
Tavola 4a.1 *Zero rates*.   100
Tavola 4a.2 Calcolo dei tassi *forward*.   100
Tavola 4a.3 *Zero rates* (metodo *bootstrap*).   102
Tavola 5.1   Acquisti a pronti e vendite allo scoperto di azioni: flussi di cassa.   107
Tavola 5.2   Tasso di cambio USD/GBP *spot* e *forward* (21 giugno 2023).   109
Tavola 5.3   Confronto tra contratti *forward* e contratti *futures*.   113
Tavola 5.4   Un *interest-rate swap* da 100 milioni di dollari.   116
Tavola 5.5   Quotazioni dei tassi *swap*.   117
Tavola 5.6   Quotazioni delle opzioni su Intel (24 gennaio 2022).   119
Tavola 5b.1 *Interest rate swap* a 14 mesi con pagamenti semestrali.   134
Tavola 5b.2 *Currency swap* a 3 anni con pagamenti annuali.   135
Tavola 5c.1 Greche di opzioni su azioni con *dividend yield* continuo al tasso q.   137
Tavola 7.1   Perdite assorbite dalla *senior tranche* di un ABS CDO.   165
Tavola 8.1   Distribuzione effettiva e teorica dei tassi di cambio.   177
Tavola 8.2   *Power law*.   179
Tavola 8.3   Calcolo della volatilità.   181
Tavola 8.4   Stima dei parametri del GARCH(1,1).   189
Tavola 8.5   Autocorrelazioni prima e dopo la stima del GARCH (1,1).   191

Tavola 8.6	Term structure delle volatilità basate sul GARCH(1,1).	194
Tavola 8.7	Impatto dell'aumento della volatilità istantanea (+1%).	195
Tavola 9.1	Matrice delle correlazioni.	203
Tavola 9.2	Matrice delle varianze-covarianze.	204
Tavola 9.3	Trasformazione di V_1 in U_1.	208
Tavola 9.4	Trasformazione di V_2 in U_2.	209
Tavola 9.5	Copula Gaussiana: funzione di distribuzione congiunta di V_1 e V_2.	209
Tavola 9.6	Tassi d'insolvenza annui.	214
Tavola 11.1	Autocorrelazione: rapporto tra VaR a n giorni e VaR giornaliero.	248
Tavola 12.1	Portafoglio utilizzato per illustrare il calcolo del VaR.	261
Tavola 12.2	Metodo delle simulazioni storiche: dati per la stima del VaR.	261
Tavola 12.3	Scenari per il 9 luglio 2020 (giorno 501).	261
Tavola 12.4	Simulazioni storiche: metodo base.	263
Tavola 12.5	Simulazioni storiche: ponderazione delle osservazioni.	267
Tavola 12.6	Stime della volatilità (%) con EWMA ($\lambda = 0{,}94$).	269
Tavola 12.7	Simulazioni storiche: aggiornamento delle volatilità (I).	269
Tavola 12.8	Stime della deviazioni standard ($) con EWMA ($\lambda = 0{,}94$).	270
Tavola 12.9	Simulazioni storiche: aggiornamento delle volatilità (II).	270
Tavola 12.10	Simulazioni storiche: extreme value theory.	275
Tavola 13.1	Matrice delle correlazioni (dati equiponderati).	289
Tavola 13.2	Matrice delle varianze-covarianze (dati equiponderati).	289
Tavola 13.3	Matrice delle varianze-covarianze (EWMA con $\lambda = 0{,}94$).	289
Tavola 13.4	Volatilità giornaliere (%): dati equiponderati ed EWMA.	290
Tavola 13.5	Matrice delle correlazioni (EWMA con $\lambda = 0{,}94$).	290
Tavola 14.1	Delta del portafoglio e deviazioni standard degli zero rates.	301
Tavola 14.2	Matrice delle correlazioni tra gli zero rates.	301
Tavola 14.3	Factor loadings per i dati sui Treasury rates.	302
Tavola 14.4	Deviazioni standard dei factor scores (punti base).	302
Tavola 14.5	Variazione di valore del portafoglio (milioni di dollari).	304
Tavola 14.6	Tassi bancari attivi e passivi.	305
Tavola 14.7	Modifica dei tassi bancari, attivi e passivi.	306
Tavola 14.8	Calcolo della duration.	308
Tavola 14.9	Zero rates (composti continuamente).	314
Tavola 14.10	Durations parziali.	316
Tavola 15.1	Il book di un trader.	326
Tavola 15.2	Simulazione di delta hedging (l'opzione termina in the money).	331
Tavola 15.3	Simulazione di delta hedging (l'opzione termina out of the money).	332
Tavola 15.4	Greche calcolate con il software RMFI.	339
Tavola 15.5	Profitti o perdite in diversi possibili scenari (milioni di dollari).	343
Tavola 16.1	Simulazioni storiche e stress testing.	367
Tavola 17.1	Probabilità d'insolvenza: valori medi cumulati (%).	376
Tavola 17.2	Tassi di recupero su obbligazioni.	378
Tavola 17.3	Valore attuale della expected loss.	388
Tavola 17.4	Probabilità d'insolvenza e credit spread.	389
Tavola 17.5	Intensità d'insolvenza a 7 anni: stime a confronto.	390
Tavola 17.a1	Probabilità d'insolvenza e di sopravvivenza.	400
Tavola 17.a2	Valore attuale dei pagamenti attesi.	400
Tavola 17.a3	Valore attuale del payoff atteso di un credit default swap.	400
Tavola 17.a4	Valore attuale del rateo.	400
Tavola 19.1	Matrice delle transizioni di rating: probabilità a 1 anno (%).	425

Indice delle Tavole

Tavola 19.2	Matrice delle transizioni di *rating*: probabilità a 5 anni (%).	425
Tavola 19.3	Matrice delle transizioni di *rating*: probabilità a 1 mese (%).	425
Tavola 19.4	Distribuzione probabilistica del numero delle insolvenze ($\mu = 4$).	428
Tavola 19.5	Perdite su uno *zero-coupon bond*.	434
Tavola 20.1	Calcolo della BIC in base al BI.	450
Tavola 22.1	*Volatility surface* (%).	500
Tavola 23.1	IPCC: percorsi socioeconomici condivisi.	510
Tavola 23.2	Emissioni di gas serra per settore economico (Stati Uniti, 2020).	510
Tavola 23.3	Rischi climàtici (fisici e di transizione): effetti sulle banche.	515
Tavola 24.1	S&P 500: tasso di rendimento annuo (%), inclusi i dividendi.	528
Tavola 25.1	Basilea I: coefficienti di rischio per le voci di bilancio.	546
Tavola 25.2	*Add-on factors* per i derivati (in percentuale del valore nominale).	547
Tavola 25.3	Portafoglio di derivati negoziati con una certa controparte.	551
Tavola 25.4	Basilea II - metodo standardizzato: coefficienti di rischio (%).	557
Tavola 25.5	Dipendenza di WCDR da PD e ρ.	561
Tavola 25.6	Relazione tra PD, ρ e WCDR per Stati sovrani, banche e società.	562
Tavola 25.7	Relazione tra PD, ρ e WCDR per i prestiti al dettaglio.	564
Tavola 26.1	*Comprehensive risk measure*: metodo standardizzato.	577
Tavola 26.2	*Capital conservation buffer*: restrizioni sui dividendi (I).	579
Tavola 26.3	*Capital conservation buffer*: restrizioni sui dividendi (II).	580
Tavola 26.4	Fattori ASF per il calcolo del *net stable funding ratio*.	583
Tavola 26.5	Fattori RSF per il calcolo del *net stable funding ratio*.	583
Tavola 26.6	G-SIBs (novembre 2021).	585
Tavola 27.1	Orizzonti di liquidità.	599
Tavola 28.1	Caratteristiche delle *loss distributions* per diversi tipi di rischio.	617
Tavola 28.2	Stime del capitale economico.	620
Tavola 28.3	Correlazioni tra perdite.	620
Tavola 28.4	Deutsche Bank: capitale economico e capitale regolamentare.	623
Tavola 28.5	Deutsche Bank: allocazione del capitale economico.	623
Tavola s1	Valore finale del portafoglio equivalente a un'ICON.	676
Tavola s2	Simulazioni storiche e *stress testing*.	698
Tavola s3	Portafoglio di opzioni *call* europee.	699
Tavola s4	Valore attuale dell'*expected loss*.	701
Tavola s5	Obbligazione n.1: valore attuale dell'*expected loss*.	702
Tavola s6	Obbligazione n.2: valore attuale dell'*expected loss*.	703

Indice dei Riquadri

Riquadro 1.1	I costi occulti del fallimento.	15
Riquadro 2.1	L'IPO di Google.	33
Riquadro 2.2	Special Purpose Acquisition Companies (SPACs): il caso Trump.	34
Riquadro 2.3	Come evitare di far emergere i prestiti in sofferenza.	39
Riquadro 3.1	Equitable Life.	49
Riquadro 3.2	Una tempesta perfetta.	66
Riquadro 4.1	I tassi di rendimento dei fondi comuni possono essere fuorvianti.	83
Riquadro 5.1	Contratti *futures*: la consegna non prevista.	112
Riquadro 5.2	Un difetto del sistema informatico?	113
Riquadro 5.3	Le coperture di Microsoft.	126
Riquadro 5.4	Lo strano contratto di Procter & Gamble.	127
Riquadro 5.5	Le forti perdite di Société Générale nel 2008.	128
Riquadro 6.1	Re-ipotecazione.	153
Riquadro 7.1	Non tutte le BBBs sono uguali.	166
Riquadro 7.2	Un'opportunità di *trading*?	171
Riquadro 8.1	Cos'è che determina la volatilità?	175
Riquadro 8.2	Come far soldi con le *currency options*.	178
Riquadro 11.1	Cenni storici sul VaR.	238
Riquadro 15.1	Le coperture effettuate dalle compagnie minerarie aurifere.	328
Riquadro 15.2	Le coperture dinamiche nella pratica.	342
Riquadro 15.3	La copertura delle opzioni esotiche è più facile o più difficile?	342
Riquadro 16.1	Le forti perdite di Long Term Capital Management.	359
Riquadro 16.2	*Traffic light options*.	365
Riquadro 17.1	Il mercato dei CDSs.	380
Riquadro 17.2	Il mercato dei CDSs e le informazioni asimmetriche.	382
Riquadro 17.3	Contagio creditizio.	392
Riquadro 20.1	Il caso Hammersmith & Fulham.	452
Riquadro 20.2	Polizze assicurative contro il rischio di frodi da parte dei *traders*.	456
Riquadro 21.1	Northern Rock.	470
Riquadro 21.2	Ashanti Goldfields.	474
Riquadro 21.3	Il caso Metallgesellschaft: una copertura finita male.	475
Riquadro 21.4	Il *crash* del 1987.	480
Riquadro 22.1	London Whale.	494
Riquadro 22.2	Il caso Kidder Peabody: un errore imbarazzante.	497

Riquadro 22.3	Come far soldi sfruttando i difetti dei modelli altrui.	498
Riquadro 23.1	Costi della transizione energetica in Germania.	512
Riquadro 23.2	Rischio di reputazione: il caso HSBC.	517
Riquadro 24.1	Wells Fargo: *cross-selling* aggressivo.	530
Riquadro 24.2	Santander e Metro do Porto.	533
Riquadro 24.3	Abacus.	534
Riquadro 25.1	Rischio sistemico.	544
Riquadro 26.1	I CoCos di Credit Suisse.	587
Riquadro 28.1	European Growth Trust (EGT).	617
Riquadro 29.1	Mt. Gox.	638
Riquadro 29.2	Eastman Kodak e la digitalizzazione della fotografia.	649
Riquadro 30.1	Perdite ingenti sui mercati finanziari.	654

Files in Formato Excel

File 8.1	GARCH_su_S&P500.xlsx	188
File 9.1	Tassi_d'Insolvenza.xlsx	217
File 9.2	Normale_Bivariata.xlsm	220
File 12.1	VaR_ES_Simulazioni_Storiche.xlsx	259
File 13.1	VaR_ES_Model_Building.xlsx	288
File 14.1	Rischio_d'Interesse.xlsx	301
File 14.2	Analisi_delle_Componenti_Principali.xlsm	302
File 14.3	Eigenvectors_ed_Eigenvalues.xlsm	322
File 16.1	Black_Scholes_Merton.xlsm	360
File 17.1	Modello_di_Merton.xlsm	394
File 17.2	Polinomi_di_Hermite_e_Integrazione_Numerica.xlsm	403
File 20.1	Rischio_Operativo.xlsx	446
File 21.1	VaR_Liquidity_Adjusted.xlsx	469

Printed by Amazon Italia Logistica S.r.l.
Torrazza Piemonte (TO), Italy